Großkommentare der Praxis

Strafgesetzbuch

Leipziger Kommentar

Großkommentar

12., neu bearbeitete Auflage

herausgegeben von

Heinrich Wilhelm Laufhütte
Ruth Rissing-van Saan
Klaus Tiedemann

Siebenter Band

§§ 211 bis 241a

2. Teilband

§§ 232 bis 241a

Bearbeiter:

§§ 232–233b, 237: Hans Kudlich
§§ 234–236: Christoph Krehl
§ 238: Christoph Krehl/Georg-Friedrich Güntge
§§ 239–239c, 241, 241a: Wilhelm Schluckebier
§ 240: Gerhard Altvater
Sachregister: Christian Klie

De Gruyter

Stand der Bearbeitung: 15. Oktober 2014

Redaktor: Ruth Rissing-van Saan

ISBN 978-3-11-037497-1
e-ISBN (E-Book) 978-3-11-036922-9
e-ISBN (E-PUB) 978-3-11-038610-3

Bibliografische Information der Deutschen Nationalbibliothek

Die Deutsche Nationalbibliothek verzeichnet diese Publikation in der Deutschen Nationalbibliografie; detaillierte bibliografische Daten sind im Internet über http://dnb.d-nb.de abrufbar.

Datenkonvertierung/Satz: Werksatz Schmidt & Schulz GmbH, Gräfenhainichen

♾ Gedruckt auf säurefreiem Papier

Printed in Germany

www.degruyter.com

Verzeichnis der Bearbeiter der 12. Auflage

Dr. **Dietlinde Albrecht**, Referentin im Innenministerium des Landes Mecklenburg-Vorpommern, Schwerin

Gerhard Altvater, Bundesanwalt beim Bundesgerichtshof, Karlsruhe

Dr. **Georg Bauer**, Oberstaatsanwalt beim Bundesgerichtshof, Karlsruhe

Dr. **Gerhard Dannecker**, Universitätsprofessor an der Ruprecht-Karls-Universität Heidelberg

Dr. **Karlhans Dippel**, Vorsitzender Richter am Oberlandesgericht a.D., Kronberg i.Ts.

Dr. **Robert Esser**, Universitätsprofessor an der Universität Passau

Dr. **Klaus Geppert**, em. Universitätsprofessor an der Freien Universität Berlin

Dr. **Ferdinand Gillmeister**, Rechtsanwalt, Freiburg

Duscha Gmel, Oberstaatsanwältin beim Bundesgerichtshof, Karlsruhe

Michael Grotz, Bundesanwalt beim Bundesgerichtshof a.D., Nationales Mitglied von Eurojust, Den Haag

Dr. **Georg-Friedrich Güntge**, Oberstaatsanwalt bei der Generalstaatsanwaltschaft in Schleswig

Joachim Häger (†), Richter am Bundesgerichtshof, Karlsruhe

Dr. **Ernst-Walter Hanack**, em. Universitätsprofessor an der Johannes-Gutenberg-Universität Mainz

Dr. Dr. **Eric Hilgendorf**, Universitätsprofessor an der Julius-Maximilians-Universität Würzburg

Dr. Dr. h.c. **Thomas Hillenkamp**, Universitätsprofessor an der Ruprecht-Karls-Universität Heidelberg

Dr. **Tatjana Hörnle**, Universitätsprofessorin an der Humboldt-Universität zu Berlin

Dr. **Kristian Hohn**, Wissenschaftlicher Assistent an der Bucerius Law School Hamburg

Dr. **Jutta Hubrach**, Richterin am Oberlandesgericht Düsseldorf

Dr. **Florian Jeßberger**, Universitätsprofessor an der Humboldt-Universität zu Berlin

Stefan Kirsch, Rechtsanwalt, Frankfurt am Main

Dr. **Peter König**, Richter am Bundesgerichtshof, Karlsruhe, Honorarprofessor an der Ludwig-Maximilians-Universität München

Juliane Krause, Staatsanwältin als Gruppenleiterin bei der Staatsanwaltschaft Hof

Dr. **Matthias Krauß**, Oberstaatsanwalt beim Bundesgerichtshof, Karlsruhe

Dr. **Christoph Krehl**, Richter am Bundesgerichtshof, Karlsruhe, Honorarprofessor an der Goethe-Universität Frankfurt am Main

Perdita Kröger, Regierungsdirektorin im Bundesministerium der Justiz, Berlin

Dr. **Hans Kudlich**, Universitätsprofessor an der Friedrich-Alexander-Universität Erlangen-Nürnberg

Annette Kuschel, Richterin am Landgericht Hamburg

Heinrich Wilhelm Laufhütte, Vorsitzender Richter am Bundesgerichtshof a.D., Berlin

Dr. **Hans Lilie**, Universitätsprofessor an der Martin Luther-Universität Halle-Wittenberg

Dr. **Manfred Möhrenschlager**, Ministerialrat a.D., Bonn

Dr. **Jens Peglau**, Richter am Oberlandesgericht, Hamm

Dr. **Andreas Popp**, Privatdozent an der Universität Passau

Dr. **Ruth Rissing-van Saan**, Vorsitzende Richterin am Bundesgerichtshof a.D., Bochum, Honorarprofessorin an der Ruhr-Universität Bochum

Dr. **Thomas Rönnau**, Universitätsprofessor an der Bucerius Law School Hamburg

Ellen Roggenbuck, Richterin am Bundesgerichtshof, Karlsruhe

Dr. **Henning Rosenau**, Universitätsprofessor an der Universität Augsburg

Dr. **Wolfgang Ruß**, Vorsitzender Richter am Bundesgerichtshof a.D., Karlsruhe

Wilhelm Schluckebier, Richter am Bundesverfassungsgericht, Karlsruhe

Johann Schmid, Oberstaatsanwalt beim Bundesgerichtshof, Karlsruhe

Dr. **Wilhelm Schmidt**, Bundesanwalt beim Bundesgerichtshof, Karlsruhe

Dr. **Hendrik Schneider**, Universitätsprofessor an der Universität Leipzig

Dr. **Heinz Schöch**, Universitätsprofessor an der Ludwig-Maximilians-Universität München

Dr. Dres. h.c. **Friedrich-Christian Schroeder**, em. Universitätsprofessor an der Universität Regensburg

Dr. Dr. h.c. mult. **Bernd Schünemann**, Universitätsprofessor an der Ludwig-Maximilians-Universität München

Dr. **Christoph Sowada**, Universitätsprofessor an der Ernst-Moritz-Arndt-Universität Greifswald

Werner Theune, Richter am Bundesgerichtshof a.D., Karlsruhe

Dr. Dr. h.c. mult. **Klaus Tiedemann**, em. Universitätsprofessor an der Albert-Ludwigs-Universität Freiburg

Dr. **Brian Valerius**, Universitätsprofessor an der Universität Bayreuth

Dr. **Joachim Vogel**, Universitätsprofessor an der Ludwig-Maximilians-Universität München, Richter am Oberlandesgericht München

Dr. Dr. **Thomas Vormbaum**, Universitätsprofessor an der Fern-Universität Hagen

Dr. **Tonio Walter**, Universitätsprofessor an der Universität Regensburg

Dr. **Thomas Weigend**, Universitätsprofessor an der Universität zu Köln

Dr. **Gerhard Werle**, Universitätsprofessor an der Humboldt-Universität zu Berlin

Hagen Wolff, Vorsitzender Richter am Oberlandesgericht a.D., Celle

Dr. **Frank Zieschang**, Universitätsprofessor an der Julius-Maximilians-Universität Würzburg

Vorwort

Band 7/Teilband 2 enthält die Erläuterungen des 18. Abschnitts des Strafgesetzbuches. Die dort geregelten *Delikte gegen die persönliche Freiheit* umfassen ein breites Spektrum von Beeinträchtigungen der individuellen Freiheit. Über die „klassischen" strafbaren Verletzungen der persönlichen Bewegungs- und Entschlussfreiheit als *Freiheitsberaubung* und *Nötigung* mit ihren verschiedenen Erscheinungsformen hinaus, einschließlich der das Persönlichkeitsgefüge des Opfers erschütternden *Nachstellung*, werden hier auch zwangsweise Eingriffe in das elterliche oder familiäre Sorgerecht, die mit Zwang verbundenen und auf der Täterseite finanziell motivierten Verletzungen der Freiheit des Tatopfers, sich für oder gegen eine sexuell dominierte Beschäftigung oder andere beruflichen Betätigung zu entscheiden erfasst; ebenso sind hier ähnlich strukturierte, aber politisch motivierte Taten aufgeführt.

Diese facettenreiche Regelungsmaterie ist teils erst nach dem Erscheinen der 11. Auflage in das Strafgesetzbuch eingestellt worden, teils wurden die bereits vorhandenen Tatbestände auch nur neu gefasst oder ergänzt: So wurde u.a. der sog. *Menschenhandel* durch Art. 1 Nr. 10 und 11 des 37. StÄG vom 11.2.2005 in den § 232–§ 234 umfassend neu geregelt und in den 18. Abschnitt eingefügt, die §§ 180b, 181 a.F. wurden gestrichen. Die *Nachstellung* in § 238 wurde durch das 40. StÄG vom 22.3.2007 neu in das Strafgesetzbuch aufgenommen, ebenso die *Zwangsheirat* in § 237 durch das Gesetz zur Bekämpfung der Zwangsheirat vom 23.6.2011, parallel wurde § 240 Abs. 4 Satz 2 Nr. 1 abgeändert. Nicht unerheblich modifiziert bzw. erweitert wurden ferner die Straftatbestände der *Entziehung Minderjähriger* und des *Kinderhandels* in den §§ 235, 236. Zu den Einzelheiten, auch der übrigen Vorschriften, muss hier insoweit auf die jeweiligen Erläuterungen verwiesen werden.

Nicht nur das Gesetz, sondern auch der Autorenkreis hat sich verändert. Ausgeschieden sind Günter Gribbohm und Ernst Träger, denen der aufrichtige Dank des Verlages und der Herausgeber für ihre vorausgehenden Kommentierungen gilt, die in den jetzigen Erläuterungen zu den älteren Vorschriften fortwirken. Einen Teil der Erläuterungen haben Gerhard Altvater und Wilhelm Schluckebier übernommen, die auch schon als Co-Autoren von Ernst Träger in der 11. Auflage mitgewirkt haben. Neu als Autoren hinzugetreten sind jedoch Hans Kudlich und Christoph Krehl, die nunmehr die Partien von Günter Gribbohm und die Kommentierung der neuen Vorschriften übernommen haben.

Die Erläuterungen befinden sich durchweg auf dem Stand vom 15. Oktober 2014.

Bochum, im Oktober 2014 — Ruth Rissing-van Saan

Inhaltsübersicht

ERLÄUTERUNGEN

BESONDERER TEIL

Achtzehner Abschnitt
Straftaten gegen die persönliche Freiheit

Abkürzungsverzeichnis

AA	Auswärtiges Amt
aA	anderer Ansicht
aaO	am angegebenen Ort
AbfG	Gesetz über die Vermeidung und Entsorgung von Abfällen (Abfallgesetz)
AbfVerbrG	Gesetz über die Überwachung und Kontrolle der grenzüberschreitenden Verbringung von Abfällen (Abfallverbringungsgesetz)
Abg.	Abgeordneter
AbgO	Reichsabgabenordnung
abgedr.	abgedruckt
Abk.	Abkommen
abl.	ablehnend
ABl.	Amtsblatt
AblEU	Amtsblatt der Europäischen Union (ab 2003); Ausgabe C: Mitteilungen und Bekanntmachungen; Ausgabe L: Rechtsvorschriften
AblKR	Amtsblatt des Kontrollrats
Abs.	Absatz
Abschn.	Abschnitt
abw.	abweichend
AbwAG	Abwasserabgabengesetz
AcP	Archiv für civilistische Praxis (zit. nach Band u. Seite)
AdVermiG	Gesetz über die Vermittlung der Annahme als Kind und über das Verbot der Vermittlung von Ersatzmüttern (Adoptionsvermittlungsgesetz)
AE	Alternativ-Entwurf eines StGB, 1966 ff
a.E.	am Ende
AEUV	Vertrag über die Arbeitsweise der Europäischen Union
ÄndG	Änderungsgesetz
ÄndVO	Änderungsverordnung
a.F.	alte Fassung
AFG	Arbeitsförderungsgesetz
AfP	Archiv für Presserecht
AG	Amtsgericht; in Verbindung mit einem Gesetz: Ausführungsgesetz
AGBG/AGB-Gesetz	Gesetz zur Regelung des Rechts der Allgemeinen Geschäftsbedingungen
AHK	Alliierte Hohe Kommission
AIDP	Association Internationale de Droit Pénal
AktG	Gesetz über Aktiengesellschaften und Kommanditgesellschaften auf Aktien (Aktiengesetz)
AktO	Anweisung für die Verwaltung des Schriftguts bei den Geschäftsstellen der Gerichte und der Staatsanwaltschaften (Aktenordnung)
allg.	allgemein
allg. M.	allgemeine Meinung
Alt.	Alternative
aM	anderer Meinung
A&M	Arzneimittel und Recht (Zeitschrift für Arzneimittel und Arzneimittelpolitik)
AMG	Arzneimittelgesetz

amtl. Begr.	amtliche Begründung
and.	anders
Angekl.	Angeklagte(r)
Anh.	Anhang
AnhRügG	Gesetz über die Rechtsbehelfe bei Verletzung des Anspruchs auf rechtliches Gehör (Anhörungsrügengesetz)
Anl.	Anlage
Anm.	Anmerkung
Annalen	Annalen des Reichsgerichts
AnwBl.	Anwaltsblatt
ao	außerordentlich
AO 1977	Abgabenordnung
AöR	Archiv des öffentlichen Rechts
AOStrÄndG	Gesetz zur Änderung strafrechtlicher Vorschriften der Reichsabgabenordnung und anderer Gesetze
AP	Arbeitsrechtliche Praxis (Nachschlagewerk des Bundesarbeitsgerichts)
AR	Arztrecht
ArchKrim.	Archiv für Kriminologie
ArchPF	Archiv für das Post- und Fernmeldewesen
ArchPR	Archiv für Presserecht
ArchPT	Archiv für Post und Telekommunikation
ARSP	Archiv für Rechts- und Sozialphilosophie
Art.	Artikel
AT	Allgemeiner Teil des Strafgesetzbuches
AtG/AtomG	Gesetz über die friedliche Verwendung der Kernenergie und den Schutz gegen ihre Gefahren (Atomgesetz)
AÜG	Arbeitnehmerüberlassungsgesetz
Auff.	Auffassung
aufgehob.	aufgehoben
Aufl.	Auflage
Aufs.	Aufsatz
AuR	Arbeit und Recht
ausdrückl.	ausdrücklich
ausführl.	ausführlich
AusfVO	Ausführungsverordnung
ausl.	ausländisch
AuslG	Ausländergesetz
AusnVO	Ausnahmeverordnung
ausschl.	ausschließlich
AV	Allgemeine Verfügung
AVG	Angestelltenversicherungsgesetz
AWG	Außenwirtschaftsgesetz
AWG/StÄG	Gesetz zur Änderung des Außenwirtschaftsgesetzes, des Strafgesetzbuches und anderer Gesetze
Az.	Aktenzeichen
b.	bei
BA	Blutalkohol, Wissenschaftliche Zeitschrift für die medizinische und die juristische Praxis
BAG	Bundesarbeitsgericht
BAGE	Entscheidungen des Bundesarbeitsgerichts (zit. nach Band u. Seite)
BAK	Blutalkoholkonzentration
BÄK	Bundesärztekammer
BÄO	Bundesärzteordnung
BAnz.	Bundesanzeiger

BauFordSiG	Bauforderungssicherungsgesetz
BauGB	Baugesetzbuch
BauR	Zeitschrift für das gesamte öffentliche und private Baurecht
Bay.	Bayern, bayerisch
BayBS	Bereinigte Sammlung des Bayerischen Landesrechts (1802–1956)
BayLSG	Bayerisches Landessozialgericht
BayObLG	Bayerisches Oberstes Landesgericht
BayObLGSt	Sammlung von Entscheidungen des Bayerischen Obersten Landesgerichts in Strafsachen
BayVBl.	Bayerische Verwaltungsblätter
BayVerf.	Verfassung des Freistaates Bayern
BayVerwBl.	Bayerische Verwaltungsblätter
BayVerfGHE	s. BayVGHE
BayVGH	Bayerischer Verwaltungsgerichtshof
BayVGHE	Sammlung von Entscheidungen des Bayerischen Verwaltungsgerichtshofs mit Entscheidungen des Bayerischen Verfassungsgerichtshofs, des Bayerischen Dienststrafhofs und des Bayerischen Gerichtshofs für Kompetenzkonflikte
BayZ	Zeitschrift für Rechtspflege in Bayern (1905–1934)
BB	Betriebs-Berater
BBG	Bundesbeamtengesetz
BBodSchG	Gesetz zum Schutz vor schädlichen Bodenveränderungen und zur Sanierung von Altlasten (Bundes-Bodenschutzgesetz)
Bd., Bde	Band, Bände
BDH	Bundesdisziplinarhof
BDO	Bundesdisziplinarordnung
BDSG	Bundesdatenschutzgesetz
Bearb.	Bearbeitung
BeckRS	Beck-Rechtsprechung
begl.	beglaubigt
BegleitG zum TKG	Begleitgesetz zum Telekommunikationsgesetz
Begr., begr.	Begründung, begründet
Bek.	Bekanntmachung
Bekl., bekl.	Beklagter, beklagt
Bem.	Bemerkung
ber.	berichtigt
bes.	besonders, besondere(r, s)
Beschl.	Beschluss
Beschw.	Beschwerde
Bespr.	Besprechung
Best.	Bestimmung
BestechungsVO	Bestechungsverordnung
bestr.	bestritten
betr.	betreffend
BeurkG	Beurkundungsgesetz
BewH	Bewährungshilfe
BezG	Bezirksgericht
BFH	Bundesfinanzhof
BFHE	Entscheidungen des Bundesfinanzhofs (zit. nach Band u. Seite)
BfJG	Gesetz über die Errichtung des Bundesamtes für Justiz = Art. 1 des Gesetzes zur Errichtung und zur Regelung der Aufgaben des Bundesamtes für Justiz
BG	Bundesgericht (Schweiz)
BGB	Bürgerliches Gesetzbuch
BGBl. I, II, III	Bundesgesetzblatt Teil I, II und III

BGE	Entscheidungen des Schweizerischen Bundesgerichts (Amtliche Sammlung)
BGH	Bundesgerichtshof
BGHGrS	Bundesgerichtshof, Großer Senat
BGHR	BGH-Rechtsprechung
BGHSt	Entscheidungen des Bundesgerichtshofes in Strafsachen
BGHZ	Entscheidungen des Bundesgerichtshofes in Zivilsachen
BG Pr.	Die Praxis des Bundesgerichts (Entscheidungen des schweizerischen Bundesgerichts)
BilMoG	Gesetz zur Modernisierung des Bilanzrechts
BImSchG	Bundes-Immissionsschutzgesetz
BImSchVO	Bundes-Immissionsschutzverordnung
BinnSchiffG/BinSchG	Gesetz betr. die privatrechtlichen Verhältnisses der Binnenschifffahrt (Binnenschiffahrtsgesetz)
BiRiLiG	Bilanzrichtlinien-Gesetz
BJagdG	Bundesjagdgesetz
BJM	Basler Juristische Mitteilungen
BK	Basler Kommentar zum Strafgesetzbuch; auch: Bonner Kommentar zum Grundgesetz
BKA	Bundeskriminalamt
BKAG/BKrimAG	Gesetz über die Einrichtung eines Bundeskriminalpolizeiamtes (Bundeskriminalamtes)
BlStSozArbR	Blätter für Steuern, Sozialversicherung und Arbeitsrecht
Bln.	Berlin
Bln.GVBl.Sb.	Sammlung des bereinigten Berliner Landesrechts, Sonderband I (1806–1945) und II (1945–1967)
Blutalkohol	Blutalkohol, Wissenschaftliche Zeitschrift für die medizinische und juristische Praxis
BMI	Bundesminister(ium) des Inneren
BMJ	Bundesminister(ium) der Justiz
BNatSchG	Gesetz über Naturschutz und Landschaftspflege (Bundesnaturschutzgesetz)
BNotÄndG	Drittes Gesetz zur Änderung der Bundesnotarordnung und anderer Gesetze
BNotO	Bundesnotarordnung
BR	Bundesrat
BRAGO	Bundesgebührenordnung für Rechtsanwälte
BRAK	Bundesrechtsanwaltskammer
BranntwMG/BranntwMonG	Branntweinmonopolgesetz
BRAO	Bundesrechtsanwaltsordnung
BRAOÄndG	Gesetz zur Änderung der Bundesrechtsanwaltsordnung, der Patentrechtsanwaltsordnung und anderer Gesetze
BRD	Bundesrepublik Deutschland
BR-Drs./BRDrucks.	Bundesrats-Drucksache
BReg.	Bundesregierung
Brem.	Bremen
BRProt.	Protokolle des Bundesrates
BRRG	Beamtenrechtsrahmengesetz
BRStenBer.	Verhandlungen des Bundesrates, Stenographische Berichte (zit. nach Sitzung u. Seite)
BS	Sammlung des bereinigten Landesrechts
BSeuchG	Bundes-Seuchengesetz
BSG	Bundessozialgericht
BSGE	Entscheidungen des Bundessozialgerichts (zit. nach Band u. Seite)
BSGE	Entscheidungen des Bundessozialgerichts

BSHG	Bundessozialhilfegesetz
Bsp.	Beispiel
BStBl.	Bundessteuerblatt
BT	Besonderer Teil des StGB; auch: Bundestag
BT-Drs./BTDrucks.	Bundestags-Drucksache
BtMG	Gesetz über den Verkehr mit Betäubungsmitteln (Betäubungsmittelgesetz)
BTProt.	s. BTVerh.
BTRAussch.	Rechtsausschuss des Deutschen Bundestags
BTStenBer.	Verhandlungen des deutschen Bundestages, Stenographische Berichte (zit. nach Wahlperiode u. Seite)
BTVerh.	Verhandlungen des Deutschen Bundestages
Buchst.	Buchstabe
BVerfG	Bundesverfassungsgericht
BVerfGE	Entscheidungen des Bundesverfassungsgerichts
BVerfGG	Gesetz über das Bundesverfassungsgericht
BVerwG	Bundesverwaltungsgericht
BVerwGE	Entscheidungen des Bundesverwaltungsgerichts
BVV	Beitragsverfahrensverordnung
BVwVfG	(Bundes-)Verwaltungsverfahrensgesetz
BW	Baden-Württemberg
bzgl.	bezüglich
BZR	Bundeszentralregister
BZRG	Gesetz über das Bundeszentralregister und das Erziehungsregister (Bundeszentralregistergesetz)
bzw.	beziehungsweise
ca.	circa
CCZ	Corporate Compliance Zeitschrift
ChemG	Gesetz zum Schutz vor gefährlichen Stoffen (Chemikaliengesetz)
CR	Computer und Recht
CWÜAG	AusführungsG zum Chemiewaffenübereinkommen (CWÜ-AG)
DA	Deutschland Archiv
DÄBl.	Deutsches Ärzteblatt
dagg.	dagegen
DAR	Deutsches Autorecht
DAV	Deutscher Anwaltsverein
DB	Der Betrieb
DDevR	Deutsche Devisen-Rundschau (1951–1959)
DDR	Deutsche Demokratische Republik
DDT-G	Gesetz über den Verkehr mit DDT
DepotG	Gesetz über die Verwahrung und Anschaffung von Wertpapieren (Depotgesetz)
ders./dies.	derselbe/dieselbe
dgl.	dergleichen
DGVZ	Deutsche Gerichtsvollzieher-Zeitung
d.h.	das heißt
dies.	dieselbe(n)
Diff., diff.	Differenzierung, differenzierend
Diss.	Dissertation
DJ	Deutsche Justiz, Rechtspflege und Rechtspolitik
DJT	Deutscher Juristentag
DJZ	Deutsche Juristenzeitung (1896–1936)
DMW	Deutsche Medizinische Wochenschrift

DNA-AnalysG	Gesetz zur Novellierung der forensischen DNA-Analyse
DNutzG	Gesetz zur effektiven Nutzung von Dateien im Bereich der Staatsanwaltschaften
DÖV	Die Öffentliche Verwaltung
DOGE	Entscheidungen des Deutschen Obergerichts für das Vereinigte Wirtschaftsgebiet
DR	Deutsches Recht, Wochenausgabe (vereinigt mit Juristische Wochenschrift) (1931–1945)
DRechtsw.	Deutsche Rechtswissenschaft (1936–1943)
DRiB	Deutscher Richterbund
DRiG	Deutsches Richtergesetz
DRiZ	Deutsche Richterzeitung
DRM	Deutsches Recht, Monatsausgabe (vereinigt mit Deutsche Rechtspflege)
DRpfl.	Deutsche Rechtspflege (1936–1939)
Drs./Drucks.	Drucksache
DRsp.	Deutsche Rechtsprechung, hrsg. von Feuerhake (Loseblattsammlung)
DRZ	Deutsche Rechts-Zeitschrift (1946–1950)
DSB	Datenschutzberater
DStrR	Deutsches Steuerrecht
DStR	Deutsches Strafrecht (1934–1944); jetzt: Deutsches Steuerrecht
DStrZ	Deutsche Strafrechts-Zeitung (1914–1922)
DStZ A	Deutsche Steuerzeitung, bis Jg. 67 (1979): Ausgabe A
dt.	deutsch
DtZ	Deutsch-Deutsche Rechts-Zeitschrift
DuD	Datenschutz und Datensicherheit
DuR	Demokratie und Recht
DV	Datenverarbeitung
DVBl.	Deutsches Verwaltungsblatt
DVJJ	Deutsche Vereinigung für Jugendgerichte und Jugendgerichtshilfen e.V.
DVO	Durchführungsverordnung
DVollzO	Dienst- und Vollzugsordnung
DVP	Deutsche Verwaltungspraxis
DVR	Datenverarbeitung im Recht (bis 1985, danach vereinigt mit IuR)
DWW	Deutsche Wohnungswirtschaft
DZWIR	Deutsche Zeitschrift für Wirtschafts- und Insolvenzrecht
E	Entwurf; auch: Entscheidung
E 1927	Entwurf eines Allgemeinen Deutschen Strafgesetzbuches nebst Begründung (Reichstagsvorlage) 1927
E 62	Entwurf eines Strafgesetzbuches mit Begründung 1962
EAO	Entwurf einer Abgabenordnung
ec	electronic cash
ebd.	ebenda
ebso.	ebenso
EBM	Einheitlicher Bewertungsmaßstab
ed(s)	editor(s)
EDV	Elektronische Datenverarbeitung
EEGOWiG	Entwurf eines Einführungsgesetzes zum Gesetz über Ordnungswidrigkeiten
EEGStGB	Entwurf eines Einführungsgesetzes zum Strafgesetzbuch (EGStGB)
EFG	Entscheidungen der Finanzgerichte
EG	Einführungsgesetz bzw. Europäische Gemeinschaft(en) bzw. Erinnerungsgabe
EGBGB	Einführungsgesetz zum Bürgerlichen Gesetzbuch

EG-FinanzschutzG/ EGFinSchG	Gesetz zum Übereinkommen v. 26.8.1995 über den Schutz der finanziellen Interessen der Europäischen Gemeinschaften
EGGVG	Einführungsgesetz zum Gerichtsverfassungsgesetz
EGH/EhrenGHE	Ehrengerichtliche Entscheidungen der Ehrengerichtshöfe der Rechtsanwaltschaft des Bundesgebiets und des Landes Berlin
EGInsO	Einführungsgesetz zur Insolvenzordnung
EGInsOÄndG	Gesetz zur Änderung des Einführungsgesetzes zur Insolvenzordnung und anderer Gesetze
EGKS	Europäische Gemeinschaft für Kohle und Stahl
EGMR	Europäischer Gerichtshof für Menschenrechte
EGOWiG	Einführungsgesetz zum Gesetz über Ordnungswidrigkeiten
EGStGB	Einführungsgesetz zum Strafgesetzbuch
EGStPO	Einführungsgesetz zur Strafprozeßordnung
EGV	Vertrag zur Gründung der Europäischen Gemeinschaft
EheG	Ehegesetz
ehem.	ehemalig
Einf.	Einführung
eingeh.	eingehend
einschl.	einschließlich
einschr.	einschränkend
Einl.	Einleitung
EJF	Entscheidungen aus dem Jugend- und Familienrecht (1951–1969)
EKMR	Europäische Kommission für Menschenrechte
EmmingerVO	Verordnung über Gerichtsverfassung und Strafrechtspflege
EMRK	Europäische Menschenrechtskonvention
entgg.	entgegen
Entsch.	Entscheidung
entspr.	entsprechend
Entw.	Entwurf
Erg.	Ergebnis bzw. Ergänzung
ErgBd.	Ergänzungsband
ErgThG	Ergotherapeutengesetz
Erl.	Erläuterung
Erw.	Erwiderung
ESchG	Embryonenschutzgesetz
EssGespr.	Essener Gespräche zum Thema Staat und Kirche
EStG	Einkommensteuergesetz
etc.	et cetera
Ethik Med.	Ethik in der Medizin
ETS	European Treaty Series
EU	Europäische Union
EU-ABl	Amtsblatt der Europäischen Union
EUBestG	Gesetz zum Protokoll v. 27.9.1996 zum Übereinkommen über den Schutz der finanziellen Interessen der Europäischen Gemeinschaften (EU-Bestechungsgesetz)
EuCLR	European Criminal Law Review
eucrim	The European Criminal Law Associations' Forum
EuGH	Gerichtshof der Europäischen Gemeinschaft
EuGHE	Entscheidungen des Gerichtshofs der Europäischen Gemeinschaften – Amtliche Sammlung
EuGRZ	Europäische Grundrechte-Zeitschrift
EuHbG	Gesetz zur Umsetzung des Rahmenbeschlusses über den Europäischen Haftbefehl und die Übergabeverfahren zwischen den Mitgliedstaaten der Europäischen Union (Europäisches Haftbefehlsgesetz – EuHbG)

EuR	Europarecht
EurGHMR	Europäischer Gerichtshof für Menschenrechte
EurKomMR	Europäische Kommission für Menschenrechte
europ.	europäisch
EuropolG	Europol-Gesetz
EUV	Vertrag über die Europäische Union
EuZW	Europäische Zeitschrift für Wirtschaftsrecht
EV	Vertrag zwischen der Bundesrepublik Deutschland und der Deutschen Demokratischen Republik über die Herstellung der Einheit Deutschlands – Einigungsvertrag
EV I bzw. II	Anlage I bzw. II zum EV
evtl.	eventuell
EWG	Europäische Wirtschaftsgemeinschaft
EWGV	Vertrag zur Gründung der Europäischen Wirtschaftsgemeinschaft
EWIR	Entscheidungen zum Wirtschaftsrecht
EWiV	Europäische wirtschaftliche Interessenvereinigung
EWR	Schriftenreihe zum europäischen Weinrecht; auch: Europäischer Wirtschafts-Raum
EzSt	Entscheidungssammlung zum Straf- u. Ordnungswidrigkeitenrecht, hrsg. von Lemke
f, ff	folgende, fortfolgende
FA	Fachanwalt für Arbeitsrecht
FAG	Gesetz über Fernmeldeanlagen
FamRZ	Ehe und Familie im privaten und öffentlichen Recht. Zeitschrift für das gesamte Familienrecht
FAO	Fachanwaltsordnung
FAZ	Frankfurter Allgemeine Zeitung
Festschr.	Festschrift
FG	Finanzgericht; auch: Festgabe
FGG	Gesetz über die Angelegenheiten der freiwilligen Gerichtsbarkeit
FGO	Finanzgerichtsordnung
fin.	finanziell
FinDAG	Finanzdienstleistungsaufsichtsgesetz
FinVerwG/FVG	Gesetz über die Finanzverwaltung
FlaggRG/FlRG	Gesetz über das Flaggenrecht der Seeschiffe und die Flaggenführung der Binnenschiffe (Flaggenrechtsgesetz)
FLF	Finanzierung, Leasing, Factoring
FlRV	Flaggenrechtsverordnung
FMStG	Finanzmarktstabilisierungsgesetz
Fn.	Fußnote
Forens Psychiatr Psychol Kriminol	Forensische Psychiatrie, Psychologie, Kriminologie
Fortschr Neurol Psychiat	Fortschritte der Neurologie. Psychiatrie
fragl.	fraglich
FS	Festschrift
G bzw. Ges.	Gesetz
G 10	Gesetz zur Beschränkung des Brief-, Post- und Fernmeldegeheimnisses (Gesetz zu Artikel 10 Grundgesetz)
GA	Goltdammer's Archiv für Strafrecht, zit. nach Jahr u. Seite (bis 1933: Archiv für Strafrecht und Strafprozeß, zit. nach Band u. Seite)
GAA	Geldausgabeautomat
GBA	Generalbundesanwalt
GBG	Gesetz über die Beförderung gefährlicher Güter

GBl.	Gesetzblatt
GbR	Gesellschaft bürgerlichen Rechts
GebFra	Geburtshilfe und Frauenheilkunde
GedS	Gedächtnisschrift
gem.	gemäß
Gemeinsame-Dateien-Gesetz	Gesetz zur Errichtung gemeinsamer Dateien von Polizeibehörden und Nachrichtendiensten des Bundes und der Länder
GenG	Gesetz betreffend die Erwerbs- und Wirtschaftsgenossenschaften
GenStA	Generalstaatsanwalt
GerS	Der Gerichtssaal
GeschlKG/GeschlkrG	Gesetz zur Bekämpfung der Geschlechtskrankheiten
GeschO	Geschäftsordnung
gesetzl.	gesetzlich
GesO	Gesamtvollstreckungsordnung
GesR	Gesundheitsrecht (Zeitschrift für Arztrecht, Krankenrecht, Apotheken- und Arzneimittelrecht)
GesRZ	Der Gesellschafter
GewArch	Gewerbearchiv, Zeitschrift für Gewerbe- und Wirtschaftsverwaltungsrecht
GewO	Gewerbeordnung
GewVerbrG	Gesetz gegen gefährliche Gewohnheitsverbrecher und über Maßregeln der Sicherung und Besserung
gg.	gegen
GG	Grundgesetz für die Bundesrepublik Deutschland
ggf.	gegebenenfalls
GjS/GjSM	Gesetz über die Verbreitung jugendgefährdender Schriften und Medieninhalte
GKG	Gerichtskostengesetz
GKÖD	Gesamtkommentar Öffentliches Dienstrecht
gl.	gleich
GmbHG	Gesetz betreffend die Gesellschaften mit beschränkter Haftung
GmbHR/GmbH-Rdsch	GmbH-Rundschau (vorher: Rundschau für GmbH)
GMBl.	Gemeinsames Ministerialblatt
GnO	Gnadenordnung (Landesrecht)
GOÄ	Gebührenordnung für Ärzte
GoB	Grundsätze ordnungsmäßiger Buchführung
GoBi	Grundsätze ordnungsmäßiger Bilanzierung
grdl.	grundlegend
grds.	grundsätzlich
GrS	Großer Senat
GrSSt	Großer Senat in Strafsachen
GRUR	Gewerblicher Rechtsschutz und Urheberrecht
GS	Der Gerichtssaal (zit. nach Band u. Seite); auch: Gedächtnisschrift
GSNW	Sammlung des bereinigten Landesrechts Nordrhein-Westfalen (1945–1956)
GSSchlH	Sammlung des schleswig-holsteinischen Landesrechts, 2 Bde (1963)
GÜG	Gesetz zur Überwachung des Verkehrs mit Grundstoffen, die für die unerlaubte Herstellung von Betäubungsmitteln mißbraucht werden können
GV	Gemeinsame Verfügung (mehrerer Ministerien) (auch: Grundlagenvertrag)
GVBl.	Gesetz- und Verordnungsblatt
GVBl. I–III	Sammlung des bereinigten Hessischen Landesrechts
GVG	Gerichtsverfassungsgesetz
GWB	Gesetz gegen Wettbewerbsbeschränkungen

GwG	Gesetz über das Aufspüren von Gewinnen aus schweren Straftaten (Geldwäschegesetz)
h.A.	herrschende Ansicht
HaagLKO/HLKO	Haager Abkommen betr. die Gesetze und Gebräuche des Landkriegs
HAG	Heimarbeitsgesetz
Halbs./Hbs.	Halbsatz
Hamb.	Hamburg
HambJVBl	Hamburgisches Justizverwaltungsblatt
HannRpfl	Hannoversche Rechtspflege
Hans.	Hanseatisch
HansGZ bzw. HGZ	Hanseatische Gerichtszeitung (1889–1927)
HansJVBl	Hanseatisches Justizverwaltungsblatt (bis 1946/47)
HansOLGSt	Entscheidungen des Hanseatischen Oberlandesgerichts in Strafsachen (1879–1932/33)
HansRGZ	Hanseatische Rechts- und Gerichtszeitschrift (1928–43), vorher:
HansRZ	Hanseatische Rechtszeitschrift für Handel, Schiffahrt und Versicherung, Kolonial- und Auslandsbeziehungen sowie für Hansestädtisches Recht (1918–1927)
Hdb.	Handbuch
HdbStR	Isensee/Kirchhof (Hrsg.), Handbuch des Staatsrechts der Bundesrepublik Deutschland
HeilPrG	Gesetz über die berufsmäßige Ausübung der Heilkunde ohne Bestallung (Heilpraktikergesetz)
Hess.	Hessen
HeSt	Höchstrichterliche Entscheidungen, Sammlung von Entscheidungen der Oberlandesgerichte und der Obersten Gerichte in Strafsachen (1948–49)
HFR	Höchstrichterliche Finanzrechtsprechung
HGB	Handelsgesetzbuch
hins.	hinsichtlich
Hinw.	Hinweis
h.L.	herrschende Lehre
h.M.	herrschende Meinung
HöchstRR	Höchstrichterliche Rechtsprechung auf dem Gebiete des Strafrechts, Beilage zur Zeitschrift für die gesamte Strafrechtswissenschaft (1 zu Bd. 46, 2 zu Bd. 47, 3 zu Bd. 48)
HRR	Höchstrichterliche Rechtsprechung (1928–1942), bis 1927: Die Rechtsprechung, Beilage zur Zeitschrift Juristische Rundschau
HRRS	Höchstrichterliche Rechtsprechung im Strafrecht
Hrsg. bzw. hrsg.	Herausgeber bzw. herausgegeben
h. Rspr.	herrschende Rechtsprechung
HWiStR	Krekeler/Tiedemann/Ulsenheimer/Weinmann (Hrsg.) Handwörterbuch des Wirtschafts- und Steuerstrafrechts
i. Allg.	im Allgemeinen
i. allg. S.	im allgemeinen Sinne
i.d.F.	in der Fassung
i.d.R.	in der Regel
i.d.S.	in diesem Sinne
i.E./i. Erg.	im Ergebnis
i.e.S.	im engeren Sinne
IGH	Internationaler Gerichtshof
i. gl. S.	im gleichen Sinne

i. Grds.	im Grundsatz
IHK	Industrie- und Handelskammer
i.H.v.	in Höhe von
ILC	International Law Commission
ILM	International Legal Materials
IM	Innenminister(ium)
IMT	International Military Tribunal (Nürnberg)
inl.	inländisch
insb./insbes.	insbesondere
insges.	insgesamt
InsO	Insolvenzordnung
IntBestG	Gesetz zur Bekämpfung internationaler Bestechung
inzw.	inzwischen
IPBPR	Internationaler Pakt über bürgerliche und politische Rechte
i.R.d.	im Rahmen der/des
i.R.v.	im Rahmen von
IStGH-Statut	Internationaler Strafgerichtshof – Statut
IStR	Internationales Strafrecht
i.S.	im Sinne
i.S.d.	im Sinne der/des
i.S.e.	im Sinne einer(s)
IStGH	(ständiger) Internationaler Strafgerichtshof (Den Haag)
i.S.v.	im Sinne von
i. techn. S.	im technischen Sinne
ITRB	IT-Rechtsberater
i.U.	im Unterschied
i. Üb.	im Übrigen
IuKDG	Gesetz zur Regelung der Rahmenbedingungen für Informations- und Kommunikationsdienste (Informations- und Kommunikationsdienstegesetz)
IuR	Informatik und Recht
iuris	Rechtsportal der iuris-GmbH
iurisPR	iuris-Praxis-Report (Anmerkungen)
i.V.m.	in Verbindung mit
i.W.	im Wesentlichen
i.w.S.	im weiteren Sinne
i.Z.m.	im Zusammenhang mit
JA	Juristische Arbeitsblätter für Ausbildung und Examen
JahrbÖR	Jahrbuch des öffentlichen Rechts der Gegenwart
JahrbPostw.	Jahrbuch des Postwesens (1937–1941/42)
JA-R	Juristische Arbeitsblätter – Rechtsprechung
JAVollzO	Jugendarrestvollzugsordnung
JBeitrO	Justizbeitreibungsordnung
JBl.	Justizblatt; auch: Juristische Blätter (Österreich)
JBlRhPf.	Justizblatt Rheinland-Pfalz
JBl Saar	Justizblatt des Saarlandes
JbVerkR	Jahrbuch Verkehrsrecht
jew.	jeweils
JFGErg.	Entscheidungen des Kammergerichts und des Oberlandesgerichts München in Kosten-, Straf-, Miet- und Pachtschutzsachen (= Jahrbuch für Entscheidungen in Angelegenheiten der freiwilligen Gerichtsbarkeit und des Grundbuchrechts. ErgBd.)
JGG	Jugendgerichtsgesetz
JK	Jura-Kartei

JKomG	Gesetz über die Verwendung elektronischer Kommunikationsformen in der Justiz (Justizkommunikationsgesetz)
JM	Justizminister(ium)
JMBlNRW/JMBlNW	Justizministerialblatt für das Land Nordrhein-Westfalen
JÖSchG	Gesetz zum Schutze der Jugend in der Öffentlichkeit
JOR	Jahrbuch für Ostrecht
JR	Juristische Rundschau
JRE	Jahrbuch für Recht und Ethik
JSt	Journal für Strafrecht
JStGH	Internationaler Strafgerichtshof für das ehemalige Jugoslawien
JStGH-Statut	Internationaler Strafgerichtshof für das ehemalige Jugoslawien – Statut
1. JuMoG	Erstes Gesetz zur Modernisierung der Justiz (1. Justizmodernisierungsgesetz)
2. JuMoG	Zweites Gesetz zur Modernisierung der Justiz (2. Justizmodernisierungsgesetz)
JurA	Juristische Analysen
Jura	Juristische Ausbildung
JurBl./JBl.	Juristische Blätter
JurJahrb.	Juristen-Jahrbuch
JurPC	Internet-Zeitschrift für Rechtsinformatik und Informationsrecht
JuS	Juristische Schulung, Zeitschrift für Studium und Ausbildung
Justiz	Die Justiz, Amtsblatt des Justizministeriums von Baden-Württemberg
JuV	Justiz und Verwaltung
JVA	Justizvollzugsanstalt
JVBl.	Justizverwaltungsblatt
JVKostO	Gesetz über Kosten im Bereich der Justizverwaltung
JVollz.	Jugendstrafvollzugsordnung; s. auch JAVollzO
JW	Juristische Wochenschrift
JWG	Jugendwohlfahrtsgesetz
JZ	Juristenzeitung
JZ-GD	Juristenzeitung – Gesetzgebungsdienst
Kap.	Kapitel
KastG/KastrG	Gesetz über die freiwillige Kastration
KE	Kommissionsentwurf
KFG	Gesetz über den Verkehr mit Kraftfahrzeugen
Kfz.	Kraftfahrzeug
KG	Kammergericht bzw. Kommanditgesellschaft
KGJ	Jahrbuch für Entscheidungen des Kammergerichts in Sachen der freiwilligen Gerichtsbarkeit, in Kosten-, Stempel- und Strafsachen (1881–1922)
KindRG	Gesetz zur Reform des Kindschaftsrechts
KJ	Kritische Justiz
KKZ	Kommunal-Kassen-Zeitschrift
KO	Konkursordnung
KOM	(EU-)Kommission
KorBekG/KorrBekG/KorrBG	Gesetz zur Bekämpfung der Korruption
K&R	Kommunikation und Recht
KRABl.	s. ABlKR
KreditwesenG/KWG	Gesetz über das Kreditwesen
KRG	Kontrollratsgesetz
KriegswaffKG/KWKG	Gesetz über die Kontrolle von Kriegswaffen
KrimAbh.	Kriminalistische Abhandlungen, hrsg. von Exner

KrimGwFr	Kriminologische Gegenwartsfragen (zit. nach Band u. Seite)
Kriminalistik	Kriminalistik, Zeitschrift für die gesamte kriminalistische Wissenschaft und Praxis
KrimJournal	Kriminologisches Journal
krit.	kritisch
KritJ/Krit. Justiz	Kritische Justiz
KritV/KritVj	Kritische Vierteljahresschrift für Gesetzgebung und Rechtsprechung
KrW-/AbfG	Gesetz zur Förderung der Kreislaufwirtschaft und Sicherung der umweltverträglichen Beseitigung von Abfällen (Kreislaufwirtschafts- und Abfallgesetz)
KTS	Konkurs-, Treuhand- und Schiedsgerichtswesen (jetzt: Zeitschrift für Insolvenzrecht)
KunstUrhG/KUrhG	Kunsturhebergesetz
KuT	Konkurs-, Treuhand- und Schiedsgerichtswesen
KuV/k+v/K+V	Kraftfahrt und Verkehrsrecht, Zeitschrift der Akademie für Verkehrswissenschaft, Hamburg
KWG	s. KreditwesenG
LegPer.	Legislaturperiode
LFGB	Lebens- und Futtermittelgesetzbuch
LG	Landgericht
LKRZ	Zeitschrift für Landes- und Kommunalrecht Hessen/Rheinland-Pfalz/Saarland
lit.	littera (Buchstabe)
Lit.	Literatur
LM	Nachschlagewerk des Bundesgerichtshofs, hrsg. v. Lindenmaier/Möhring u.a. (zit. nach Paragraph und Nummer)
LMBG	Gesetz über den Verkehr mit Lebensmitteln, Tabakerzeugnissen, kosmetischen Mitteln und sonstigen Bedarfsgegenständen (Lebensmittel- und Bedarfsgegenständegesetz)
LPG	Landespressegesetz
LPK	Lehr- und Praxiskommentar
LRA	Landratsamt
LRE	Sammlung lebensmittelrechtlicher Entscheidungen
LS	Leitsatz
lt.	laut
LT	Landtag
Ltd.	Limited (Private company limited by shares)
LuftSiG	Gesetz zur Neuregelung von Luftsicherheitsaufgaben (Luftsicherheitsgesetz)
LuftVG	Luftverkehrgesetz
LuftVO/LuftVVO	Verordnung über den Luftverkehr
LuftVZO	Luftverkehrs-Zulassungs-Ordnung
LVerf.	Landesverfassung
LZ	Leipziger Zeitschrift für Deutsches Recht (1907–1933)
m.	mit
m. Anm.	mit Anmerkung
Mat.	Materialien zur Strafrechtsreform (1954). Band I: Gutachten der Strafrechtslehrer. Band II: Rechtsvergleichende Arbeiten
m.a.W.	mit anderen Worten
m. Bespr.	mit Besprechung
MdB	Mitglied des Bundestages
MdL	Mitglied des Landtages

MDR	Monatsschrift für Deutsches Recht
MDStV	Staatsvertrag über Mediendienste
MedR	Medizinrecht
MedSach	Der Medizinische Sachverständige
MfS	Ministerium für Staatssicherheit
mit Nachw.	mit Nachweisen
MiStra	Anordnung über Mitteilungen in Strafsachen
mißverst./missverst.	mißverständlich/missverständlich
Mitt.	Mitteilung
MittIKV	Mitteilungen der Internationalen Kriminalistischen Vereinigung (1889–1914; 1926–1933)
MK	Münchener Kommentar zum Strafgesetzbuch
m. krit. Anm.	mit kritischer Anmerkung (von)
MMR	MultiMedia und Recht
MMW	Münchner Medizinische Wochenschrift
MoMiG	Gesetz zur Modernisierung des GmbH-Rechts und zur Bekämpfung von Missbräuchen
MRG	Militärregierungsgesetz
MschrKrim./MonKrim.	Monatsschrift für Kriminologie und Strafrechtsreform
MschrKrimBiol/ MonKrimBiol.	Monatsschrift für Kriminalbiologie und Strafrechtsreform
MschrKrimPsych/ MonKrimPsych.	Monatsschrift für Kriminalpsychologie und Strafrechtsreform (1904/05–1936)
MStGO	Militärstrafgerichtsordnung
m.w.N.	mit weiteren Nachweisen
m. zust./abl. Anm.	mit zustimmender/ablehnender Anmerkung
Nachtr.	Nachtrag
Nachw.	Nachweis
NATO-Truppenstatut/NTS	Abkommen zwischen den Parteien des Nordatlantikvertrags v. 19.6.1951 über die Rechtsstellung ihrer Truppen (NATO-Truppenstatut)
Nds.	Niedersachsen
NdsRpfl./Nds.Rpfl	Niedersächsische Rechtspflege
NEhelG	Gesetz über die Rechtsstellung der nichtehelichen Kinder
n.F.	neue Fassung
Niederschr./Niederschriften	Niederschriften über die Sitzungen der Großen Strafrechtskommission
Nieders.GVBl. (Sb. I, II)	Niedersächsisches Gesetz- und Verordnungsblatt, Sonderband I und II, Sammlung des bereinigten niedersächsischen Rechts
NJ	Neue Justiz
NJOZ	Neue Juristische Online-Zeitschrift
NJW	Neue Juristische Wochenschrift
NJW-CoR	Computerreport der Neuen Juristischen Wochenschrift
NJW-RR	NJW-Rechtsprechungs-Report Zivilrecht
NK	Nomos Kommentar zum Strafgesetzbuch
NKrimP	Neue Kriminalpolitik
NPA	Neues Polizei-Archiv
Nr.(n)	Nummer(n)
NRW	Nordrhein-Westfalen
NStE	Neue Entscheidungssammlung für Strafrecht, hrsg. von Rebmann, Dahs und Miebach
NStZ	Neue Zeitschrift für Strafrecht
NStZ-RR	NStZ-Rechtsprechungs-Report Strafrecht
NuR	Natur und Recht

NVwZ	Neue Zeitschrift für Verwaltungsrecht
NWB	Neue Wirtschaftsbriefe für Steuer- und Wirtschaftsrecht
NWVBl	Nordrhein-Westfälische Verwaltungsblätter
NZA	Neue Zeitschrift für Arbeits- und Sozialrecht
NZA-RR	NZA-Rechtsprechungsreport Arbeitsrecht
NZBau	Neue Zeitschrift für Baurecht und Vergaberecht
NZG	Neue Zeitschrift für Gesellschaftsrecht
NZI	Neue Zeitschrift für das Recht der Insolvenz und Sanierung
NZM	Neue Zeitschrift für Miet- und Wohnungsrecht
NZS	Neue Zeitschrift für Sozialrecht
NZV	Neue Zeitschrift für Verkehrsrecht
NZWehrr/NZWehrR	Neue Zeitschrift für Wehrrecht
NZWiSt	Neue Zeitschrift für Wirtschafts-, Steuer- und Unternehmensstrafrecht
o.	oben
o.ä.	oder ähnlich
ob. dict.	obiter dictum
OBGer	Obergericht (Schweizer Kantone)
öffentl.	öffentlich
OECD	Organisation for Economic Cooperation and Development
ÖJZ/ÖstJZ	Österreichische Juristenzeitung
Öst OGH	Österreichischer Oberster Gerichtshof; ohne Zusatz: Entscheidung des Öst OGH in Strafsachen (zit. nach Band und Seite)
o.g.	oben genannt
OG	Oberstes Gericht der DDR
OGDDR	Entscheidungen des Obersten Gerichts der DDR
OGH	Oberster Gerichtshof (Österreich)
OGHSt	Entscheidungen des Obersten Gerichtshofes für die Britische Zone in Strafsachen (1949/50)
OHG	Offene Handelsgesellschaft
OLG	Oberlandesgericht
OLGSt	Entscheidungen der Oberlandesgerichte zum Straf- u. Strafverfahrensrecht (zit. nach Paragraph u. Seite, n.F. nach Paragraph u. Nummer)
OR	Obligationenrecht (Schweiz)
o.R.	ohne Rechnung
OrgK	Organisierte Kriminalität
OrgKG	Gesetz zur Bekämpfung des illegalen Rauschgifthandels und anderer Erscheinungsformen der Organisierten Kriminalität
OrgKVerbG	Gesetz zur Verbesserung der Bekämpfung der Organisierten Kriminalität
OVG	Oberverwaltungsgericht
OWiG	Gesetz über Ordnungswidrigkeiten
PartG	Gesetz über die politischen Parteien (Parteiengesetz)
PartGG	Partnerschaftsgesellschaftsgesetz
PatG	Patentgesetz
PAuswG	Gesetz über Personalausweise
PersV	Die Personalverwaltung
PflanzenSchG/PflSchG	Gesetz zum Schutz der Kulturpflanzen (Pflanzenschutzgesetz)
PharmR	PharmaRecht
PHI	Produkthaftpflicht International
PIF	Protection des Intérêts Financiers (EU)
PIN	Personal Identification Number
PlProt.	Plenarprotokoll
PolG	Polizeigesetz

polit.	politisch
Polizei	Die Polizei (seit 1955: Die Polizei – Polizeipraxis)
PolV/PolVO	Polizeiverordnung
PostG	Gesetz über das Postwesen (Postgesetz)
PostO	Postordnung
Pr.	Preußen
PrG	Pressegesetz
PrGS	Preußische Gesetzessammlung (1810–1945)
ProdSG	Produktsicherheitsgesetz
Prot.	Protokolle über die Sitzungen des Sonderausschusses für die Strafrechtsreform
Pr. OT	Preußisches Obertribunal
PrPVG	Preußisches Polizeiverwaltungsgesetz
Prot. BT-RA	Protokolle des Rechtsausschusses des Deutschen Bundestages (zit. nach Nummern)
PrOVG	Preußisches Oberverwaltungsgericht
PrZeugnVerwG	Gesetz über das Zeugnisverweigerungsrecht der Mitarbeiter von Presse und Rundfunk
PStG	Personenstandsgesetz
PStR	Praxis Steuerstrafrecht
psych.	psychisch
PsychThG	Gesetz über die Berufe des psychologischen Psychotherapeuten und des Kinder- und Jugendlichenpsychotherapeuten (PsychotherapeutenG)
PTV	Polizei, Technik, Verkehr
PVT	Polizei, Verkehr und Technik
qualif.	qualifizierend
R	Rechtsprechung des Reichsgerichts in Strafsachen (zit. nach Band u. Seite)
R & P	Recht und Psychiatrie
RabgO/RAO	Reichsabgabenordnung
RAussch.	Rechtsausschuß/Rechtsausschuss
RBerG	Gesetz zur Verhütung von Mißbrauch auf dem Gebiet der Rechtsberatung
RdA	Recht der Arbeit
RdErl.	Runderlaß/Runderlass
RdJB	Recht der Jugend und des Bildungswesens
RdK	Das Recht des Kraftfahrers, Unabhängige Monatsschrift des Kraftverkehrsrechts (1926–43, 1949–55)
Rdn.	Randnummer
Rdschr./RdSchr.	Rundschreiben
RDStH	Entscheidungen des Reichsdienststrafhofs (1939–41)
RDStO	Reichsdienststrafordnung
RDV	Recht der Datenverarbeitung
Recht	Das Recht, begründet von Soergel (1897–1944)
RechtsM	Rechtsmedizin
rechtspol.	rechtspolitisch
RechtsTh	Rechtstheorie
rechtsvergl.	rechtsvergleichend
RefE	Referentenentwurf
Reg.	Regierung
RegBl.	Regierungsblatt
rel.	relativ

RfStV	Rundfunkstaatsvertrag
RG	Reichsgericht
RGBl., RGBl. I, II	Reichsgesetzblatt, von 1922–1945 Teil I und Teil II
RGRspr.	Rechtsprechung des Reichsgerichts in Strafsachen (1879–1888)
RGSt	Entscheidungen des Reichsgerichts in Strafsachen
RGZ	Entscheidungen des Reichsgerichts in Zivilsachen
RHG	Rechnungshofgesetz
RHilfeG/RHG	Gesetz über die innerdeutsche Rechts- und Amtshilfe in Strafsachen
RhPf.	Rheinland-Pfalz
RiAA	Grundsätze des anwaltlichen Standesrechts – Richtlinien gem. § 177 Abs. 2 Satz 2 BRAO
RIDP	Revue internationale de droit pénal
RiJGG	Richtlinien der Landesjustizverwaltungen zum Jugendgerichtsgesetz
RiOWiG	Gemeinsame Anordnung über die Zuständigkeit der Staatsanwaltschaft zur Verfolgung von Ordnungswidrigkeiten und über die Zusammenarbeit mit den Verwaltungsbehörden
RiStBV	Richtlinien für das Strafverfahren und das Bußgeldverfahren
RiVASt	Richtlinien für den Rechtshilfeverkehr mit dem Ausland in strafrechtlichen Angelegenheiten
RIW	Recht der Internationalen Wirtschaft
RKG/RKnappschG	Reichsknappschaftsgesetz
RKGE	Entscheidungen des Reichskriegsgerichts
RMBl.	Reichsministerialblatt, Zentralblatt für das Deutsche Reich (1923–45)
RMG/RMilGE	Entscheidungen des Reichsmilitärgerichts (zit. nach Band u. Seite)
RöntgVO/RöV	Röntgenverordnung
ROW	Recht in Ost und West. Zeitschrift für Rechtsvergleichung und interzonale Rechtsprobleme
R & P	Recht und Psychiatrie
Rpfleger	Der Deutsche Rechtspfleger
RpflG	Rechtspflegergesetz
Rspr.	Rechtsprechung
RStGH	Internationaler Strafgerichtshof für Ruanda
RStGH-Statut	Internationaler Strafgerichtshof für Ruanda – Statut
RT	Reichstag
RTDrucks.	Drucksachen des Reichstages
RTVerh.	Verhandlungen des Reichstages
RuP	Recht und Politik. Vierteljahreshefte für Rechts- und Verwaltungspolitik
RVG	Rechtsanwaltsvergütungsgesetz
RVO	Reichsversicherungsordnung
s.	siehe
S.	Seite oder Satz
s.a.	siehe auch
SA	Sonderausschuss für die Strafrechtsreform
SaarRZ	Saarländische Rechts- und Steuerzeitschrift
SaBremR	Sammlung des bremischen Rechts (1964)
SächsArch.	Sächsisches Archiv für Rechtspflege, seit 1924 (bis 1941/42). Archiv für Rechtspflege in Sachsen, Thüringen und Anhalt
SächsOLG	Annalen des Sächsischen Oberlandesgerichts zu Dresden (1880–1920)
Sarl	Societé à responsabilité limitée
SchAZtg	Schiedsamts-Zeitung
ScheckG/SchG	Scheckgesetz

SchiedsmZ	Schiedsmannszeitung (1926–1945), seit 1950 Der Schiedsmann
SchKG	Gesetz zur Vermeidung und Bewältigung von Schwangerschaftskonflikten (Schwangerschaftskonfliktgesetz)
SchlH	Schleswig-Holstein
SchlHA	Schleswig-Holsteinische Anzeigen
Schriften der MGH	Schriften der Monumenta Germanicae historica
SchwangUG	(DDR-)Gesetz über die Unterbrechung der Schwangerschaft
SchwarzArbG	Schwarzarbeitsbekämpfungsgesetz
schweiz.	schweizerisch
SchwJZ	Schweizerische Juristen-Zeitung
SchwZStr.	Schweizer Zeitschrift für Strafrecht
SeemannsG	Seemannsgesetz
SeeRÜbk./SRÜ	Seerechtsübereinkommen der Vereinten Nationen; Vertragsgesetz
Sen.	Senat
SeuffBl.	Seufferts Blätter für Rechtsanwendung (1836–1913)
SexualdelikteBekG	Gesetz zur Bekämpfung von Sexualdelikten und anderen gefährlichen Straftaten – Sexualdeliktebekämpfungsgesetz –
SFHÄndG	Schwangeren- und Familienhilfeänderungsgesetz
SFHG	Gesetz zum Schutz des vorgeburtlichen/werdenden Lebens, zur Förderung einer kinderfreundlicheren Gesellschaft, für Hilfen im Schwangerschaftskonflikt und zur Regelung des Schwangerschaftsabbruchs (Schwangeren- und Familienhilfegesetz)
SG/SoldatG	Gesetz über die Rechtsstellung der Soldaten
SGB I, III, IV, V, VIII, X, XI	I: Sozialgesetzbuch, Allgemeiner Teil III: Sozialgesetzbuch, Arbeitsförderung IV: Sozialgesetzbuch, Gemeinsame Vorschriften für die Sozialversicherung V: Sozialgesetzbuch, Gesetzliche Krankenversicherung VIII: Sozialgesetzbuch, Kinder- und Jugendhilfe X: Sozialgesetzbuch, Verwaltungsverfahren, Zusammenarbeit der Leistungsträger und ihre Beziehung zu Dritten XI: Soziale Pflegeversicherung
SGb.	Sozialgerichtsbarkeit
SGG	Sozialgerichtsgesetz
SGV.NW	Sammlung des bereinigten Gesetz- und Verordnungsblatts für das Land Nordrhein-Westfalen (Loseblattsammlung)
SichVG	Gesetz zur Rechtsvereinheitlichung der Sicherungsverwahrung
SJZ	Süddeutsche Juristen-Zeitung (1946–50), dann Juristenzeitung
SK	Systematischer Kommentar zum Strafgesetzbuch
Slg.	Sammlung der Rechtsprechung des EuGH
s.o.	siehe oben
sog.	sogenannt(e)
Sonderausschuss	Sonderausschuss des Bundestages für die Strafrechtsreform, Niederschriften zitiert nach Wahlperiode und Sitzung
SortenSchG	Gesetz über den Schutz von Pflanzensorten (Sortenschutzgesetz)
SozVers	Die Sozialversicherung
spez.	speziell
SprengG/SprengstoffG	Gesetz über explosionsgefährliche Stoffe (Sprengstoffgesetz)
SpuRT	Zeitschrift für Sport und Recht
SSt	Entscheidungen des österreichischen Obersten Gerichtshofes in Strafsachen und Disziplinarangelegenheiten
StA	Staatsanwalt(schaft)
StaatsGH	Staatsgerichtshof
StaatsschStrafsG	Gesetz zur allgemeinen Einführung eines zweiten Rechtszuges in Staatsschutz-Strafsachen

StÄG	s. StRÄndG
StAZ	Das Standesamt. Zeitschrift für Standesamtswesen, Personenstandsrecht, Ehe- u. Kindschaftsrecht, Staatsangehörigkeitsrecht
StB	Der Steuerberater
StenB/StenBer	Stenographischer Bericht
StGB	Strafgesetzbuch
StPO	Strafprozeßordnung
str.	streitig, strittig
StrAbh.	Strafrechtliche Abhandlungen
StRÄndG	Strafrechtsänderungsgesetz (1. vom 30.8.1951) 18. ~ Gesetz zur Bekämpfung der Umweltkriminalität 27. ~ – Kinderpornographie 28. ~ – Abgeordnetenbestechung 31. ~ – Zweites Gesetz zur Bekämpfung der Umweltkriminalität 37. ~ – §§ 180b, 181 StGB 40. ~ – Gesetz zur Strafbarkeit beharrlicher Nachstellungen 41. ~ – Bekämpfung der Computerkriminalität 42. – Anhebung der Höchstgrenze des Tagessatzes bei Geldstrafen
StraffreiheitsG/StrFG	Gesetz über Straffreiheit
StraFo	Strafverteidigerforum
strafr.	strafrechtlich
StrafrAbh.	Strafrechtliche Abhandlungen, hrsg. von Bennecke, dann von Beling, v. Lilienthal und Schoetensack
StraßVerkSichG/	1. Gesetz zur Sicherung des Straßenverkehrs (Straßenverkehrssicherungsgesetz – StraßenVSichG)
StrEG	Gesetz über die Entschädigung für Strafverfolgungsmaßnahmen
StREG	Gesetz über ergänzende Maßnahmen zum 5. StrRG (Strafrechtsreformergänzungsgesetz)
StrlSchuV/StrlSchVO	Strahlenschutzverordnung
StrRG	Gesetz zur Reform des Strafrechts (1. ~, 2. ~, … 6. ~)
StRR	Strafrechtsreport
st. Rspr.	ständige Rechtsprechung
StS	Strafsenat
StuR	Staat und Recht
StV/StrVert.	Strafverteidiger
StVE	Straßenverkehrsentscheidungen, hrsg. von Cramer, Berz, Gontard, Loseblattsammlung (zit. nach Paragraph u. Nummer)
StVG	Straßenverkehrsgesetz
StVGÄndG	Gesetz zur Änderung des Straßenverkehrsgesetzes und anderer Gesetze
StVj/StVJ	Steuerliche Vierteljahresschrift
StVK	Strafvollstreckungskammer
StVO	Straßenverkehrsordnung
StVollstrO	Strafvollstreckungsordnung
StVollzÄndG	Gesetz zur Änderung des Strafvollzugsgesetzes
StVollzG	Gesetz über den Vollzug der Freiheitsstrafe und der freiheitsentziehenden Maßregeln der Besserung und Sicherung – Strafvollzugsgesetz
StVollzK	Blätter für Strafvollzugskunde (Beilage zur Zeitschrift „Der Vollzugsdienst“)
1. StVRG	Erstes Gesetz zur Reform des Strafverfahrensrechts
1. StVRErgG	Erstes Gesetz zur Ergänzung des 1. StVRG
StVZO	Straßenverkehrs-Zulassungs-Ordnung
s.u.	siehe unten

SubvG	Subventionsgesetz
SV	Sachverhalt
TDG	Gesetz über die Nutzung von Telediensten
TerrorBekG	Gesetz zur Bekämpfung des internationalen Terrorismus (Terrorismusbekämpfungsgesetz)
TerrorBekErgG	Gesetz zur Ergänzung des Terrorismusbekämpfungsgesetzes (Terrorismusbekämpfungsergänzungsgesetz)
TierschG/TierschutzG	Tierschutzgesetz
Tit.	Titel
TKG	Telekommunikationsgesetz
TPG	Gesetz über die Spende, Entnahme und Übertragung von Organen – Transplantationsgesetz
TV	Truppenvertrag
Tz.	Textziffer, -zahl
u.	unten (auch: und)
u.a.	unter anderem (auch: andere)
u.ä.	und ähnliche
u.a.m.	und anderes mehr
UdG	Urkundsbeamter der Geschäftsstelle
Üb.	Überblick; Übersicht
Übereink./Übk.	Übereinkommen
ÜbergangsAO	Übergangsanordnung
ü. M.	überwiegende Meinung
UFITA	Archiv für Urheber-, Film-, Funk- und Theaterrecht
UG	Unternehmergesellschaft
U-Haft	Untersuchungshaft
UMAG	Gesetz zur Unternehmensintegrität und Modernisierung des Anfechtungsrechts
umstr.	umstritten
UmwRG	Umweltrahmengesetz der DDR
UNO	United Nations Organization (Vereinte Nationen)
UNTS	United Nations Treaty Series
unv.	unveröffentlicht
UPR	Umwelt- und Planungsrecht
UrhG	Gesetz über Urheberrecht und verwandte Schutzrechte (Urheberrechtsgesetz)
UStG	Umsatzsteuergesetz
usw.	und so weiter
UTR	Umwelt- und Technikrecht, Schriftenreihe des Instituts für Umwelt- und Technikrecht der Universität Trier, hrsg. von Rüdiger Breuer u.a.
u.U.	unter Umständen
UVNVAG	Ausführungsgesetz v. 23.7.1998 (BGBl. I S. 1882) zu dem Vertrag v. 24.9.1996 über das umfassende Verbot von Nuklearversuchen – Zustimmungsgesetz
UWG	Gesetz gegen den unlauteren Wettbewerb
UZwG	Gesetz über den unmittelbaren Zwang bei Ausübung öffentlicher Gewalt durch Vollzugsbeamte des Bundes
UZwGBw	Gesetz über die Anwendung unmittelbaren Zwanges und die Ausübung besonderer Befugnisse durch Soldaten der Bundeswehr und zivile Wachpersonen
v.	von, vom
VAE	Verkehrsrechtliche Abhandlungen und Entscheidungen

VAG	Versicherungsaufsichtsgesetz
v.A.w.	von Amts wegen
VBlBW	Verwaltungsblätter für Baden-Württemberg
VD	Verkehrsdienst
VDA bzw. VDB	Vergleichende Darstellung des deutschen und ausländischen Strafrechts, Allgemeiner bzw. Besonderer Teil
VE	Vorentwurf
VerbrBekG	Gesetz zur Änderung des Strafgesetzbuches, der Strafprozeßordnung und anderer Gesetze (Verbrechensbekämpfungsgesetz)
VerbringungsverbG	Gesetz zur Überwachung strafrechtlicher und anderer Verbringungsverbote
VereinfVO	Vereinfachungsverordnung 1. ~, VO über Maßnahmen auf dem Gebiet der Gerichtsverfassung und Rechtspflege 2. ~, VO zur weiteren Vereinfachung der Strafrechtspflege 3. ~, Dritte VO zur Vereinfachung der Strafrechtspflege 4. ~, Vierte VO zur Vereinfachung der Strafrechtspflege
VereinhG	Gesetz zur Wiederherstellung der Rechtseinheit auf dem Gebiete der Gerichtsverfassung, der bürgerlichen Rechtspflege, des Strafverfahrens und des Kostenrechts
VereinsG	Gesetz zur Regelung des öffentlichen Vereinsrechts (Vereinsgesetz)
VerfGH	Verfassungsgerichtshof
VerglO	Vergleichsordnung
Verh.	Verhandlungen des Deutschen Bundestages (BT), des Deutschen Juristentages (DJT) usw.
VerjährG	Gesetz über das Ruhen der Verjährung bei SED-Unrechtstaten 2. VerjährG, Gesetz zur Verlängerung strafrechtlicher Verjährungsfristen vom 27.9.1993 3. VerjährG, Gesetz zur weiteren Verlängerung strafrechtlicher Verjährungsfristen vom 22.12.1997
VerkMitt/VerkMitt./VM	Verkehrsrechtliche Mitteilungen
VerkProspektG	Wertpapiere-Verkaufsprospektgesetz
vermitt.	vermittelnd
VerpflG	Gesetz über die förmliche Verpflichtung nichtbeamteter Personen (Verpflichtungsgesetz) i.d.F. v. Art. 42 EGStGB
VerschG	Verschollenheitsgesetz
VersG	Gesetz über Versammlungen und Aufzüge (Versammlungsgesetz)
VersR	Versicherungsrecht, Juristische Rundschau für die Individualversicherung
VerwArch.	Verwaltungsarchiv
VG	Verwaltungsgericht
VGH	Verwaltungsgerichtshof
vgl.	vergleiche
Vhdlgen	s. Verh.
VJZ	Zeitschrift für Vermögems- und Immobilienrecht
VN	Vereinte Nationen
VN-Satzung	Satzung der Vereinten Nationen
VO	Verordnung
VOBl.	Verordnungsblatt
VOR	Zeitschrift für Verkehrs- und Ordnungswidrigkeitenrecht
Voraufl.	Vorauflage
Vorbem.	Vorbemerkung
VorE	Vorentwurf
vorgen.	vorgenannt

VRS	Verkehrsrechts-Sammlung, Entscheidungen aus allen Gebieten des Verkehrsrechts
VStGB	Völkerstrafgesetzbuch
VVDStRL	Veröffentlichungen der Vereinigung deutscher Staatsrechtslehrer (zit. nach Heft u. Seite)
VVG	Gesetz über den Versicherungsvertrag
VwBlBW	Verwaltungsblätter Baden-Württemberg
VwGO	Verwaltungsgerichtsordnung
VwVfG	Verwaltungsverfahrensgesetz
VwVG	Verwaltungsvollstreckungsgesetz
VwZG	Verwaltungszustellungsgesetz
WaffG/WaffenG	Waffengesetz
Warn./WarnRspr	Sammlung zivilrechtlicher Entscheidungen des RG, hrsg. von Warneyer (zit. nach Jahr und Nummer)
WBl	Wirtschaftsrechtliche Blätter (Österreich)
WDO	Wehrdisziplinarordnung
WehrpflG	Wehrpflichtgesetz
WeimVerf./WV	Verfassung des Deutschen Reichs (sog. „Weimarer Verfassung")
WeinG	Weingesetz
weitergeh.	weitergehend
WHG	Gesetz zur Ordnung des Wasserhaushalts (Wasserhaushaltsgesetz)
WiB	Wirtschaftsrechtliche Beratung
1. WiKG	1. Gesetz zur Bekämpfung der Wirtschaftskriminalität
2. WiKG	2. Gesetz zur Bekämpfung der Wirtschaftskriminalität
WiStG	Gesetz zur weiteren Vereinfachung des Wirtschaftsstrafrechts (Wirtschaftsstrafgesetz 1954)
wistra	Zeitschrift für Wirtschaft, Steuer, Strafrecht; dann: Zeitschrift für Wirtschafts- und Steuerstrafrecht
WissR	Wissenschaftsrecht
WiVerw	Wirtschaft und Verwaltung
WK	Wiener Kommentar zum Strafgesetzbuch
WM	Wertpapier-Mitteilungen
w.N.b.	weitere Nachweise bei
WoÜbG	Gesetz zur Umsetzung des Urteils des Bundesverfassungsgerichts vom 3. März 2004 (akustische Wohnraumüberwachung) v. 24.6.2005
WuM	Wohnungswirtschaft und Mietrecht
WPg	Die Wirtschaftsprüfung
WpHG	Gesetz über Wertpapierhandel
WRP	Wettbewerb in Recht und Praxis
WStG	Wehrstrafgesetz
WZG	Warenzeichengesetz
z.	zur, zum
(Z)	Entscheidung in Zivilsachen
ZAG	Zahlungsdiensteaufsichtsgesetz
ZahlVGJG	Gesetz über den Zahlungsverkehr mit Gerichten und Justizbehörden
ZAkDR	Zeitschrift der Akademie für Deutsches Recht (1934–1944)
ZaöRV	Zeitschrift für ausländisches öffentliches Recht und Völkerrecht
z.B.	zum Beispiel
ZBB	Zeitschrift für Bankrecht und Bankwirtschaft
ZbernJV/ZBJV	Zeitschrift des Bernischen Juristenvereins

ZBl. f. Verk. Med.	Zentralblatt für Verkehrsmedizin, Verkehrspsychologie, Luft- und Raumfahrtmedizin
ZDG	Gesetz über den Zivildienst der Kriegsdienstverweigerer (Zivildienstgesetz)
ZfB	Zeitschrift für Binnenschifffahrt und Wasserstraßen
ZfBR	Zeitschrift für deutsches und internationales Baurecht
Z. f. d. ges. Sachverst.wesen	Zeitschrift für das gesamte Sachverständigenwesen
ZFIS	Zeitschrift für innere Sicherheit
ZfJ	Zentralblatt für Jugendrecht
ZfRV	Zeitschrift für Rechtsvergleichung, Internationales Privatrecht und Europarecht
ZfS/ZfSch	Zeitschrift für Schadensrecht
ZfStrVo	Zeitschrift für Strafvollzug und Straffälligenhilfe
ZfW	Zeitschrift für Wasserrecht
ZfWG	Zeitschrift für Wett- und Glücksspielrecht
ZfZ	Zeitschrift für Zölle und Verbrauchssteuern
ZG	Zeitschrift für Gesetzgebung
ZGR	Zeitschrift für Unternehmens- und Gesellschaftsrecht
ZHR	Zeitschrift für das gesamte Handelsrecht und Wirtschaftsrecht, begr. v. Goldschmidt
Zif./Ziff.	Ziffer(n)
ZInsO	Zeitschrift für das gesamte Insolvenzrecht
ZIP	Zeitschrift für Wirtschaftsrecht
ZIS	Zeitschrift für Internationale Strafrechtsdogmatik
zit.	zitiert
ZJS	Zeitschrift für das Juristische Studium
ZMR	Zeitschrift für Miet- und Raumrecht
ZNER	Zeitschrift für Neues Energierecht
ZollG	Zollgesetz
ZPO	Zivilprozeßordnung
ZRP	Zeitschrift für Rechtspolitik
ZSchwR	Zeitschrift für Schweizerisches Recht
ZStW	Zeitschrift für die gesamte Strafrechtswissenschaft
z.T.	zum Teil
ZUM	Zeitschrift für Urheber- und Medienrecht/Film und Recht
zusf.	zusammenfassend
zust.	zustimmend
ZustErgG	Gesetz zur Ergänzung von Zuständigkeiten auf den Gebieten des Bürgerlichen Rechts, des Handelsrechts und des Strafrechts (Zuständigkeitsergänzungsgesetz)
ZustG	Zustimmungsgesetz
ZustVO	Verordnung über die Zuständigkeit der Strafgerichte, die Sondergerichte und sonstige strafverfahrensrechtliche Vorschriften
zutr.	zutreffend
z.V.b.	zur Veröffentlichung bestimmt
ZVG	Gesetz über die Zwangsversteigerung und die Zwangsverwaltung (Zwangsversteigerungsgesetz)
ZVS	Zeitschrift für Verkehrssicherheit
zw.	zweifelhaft (auch: zweifelnd)
ZWehrR	Zeitschrift für Wehrrecht (1936/37–1944)
ZWH	Zeitschrift für Wirtschaftsstrafrecht und Haftung im Unternehmen
z.Z.	zur Zeit
ZZP	Zeitschrift für Zivilprozeß

Strafgesetzbuch

vom 15. Mai 1871 (RGBl. 1871, 127);
neugefasst durch Bek. v. 13.11.1998 (BGBl. I 3322);
zuletzt geändert durch Art. 1 Gesetz v. 23.4.2014 (BGBl. I 410)

BESONDERER TEIL

ACHTZEHNTER ABSCHNITT

Straftaten gegen die persönliche Freiheit

§ 232
Menschenhandel zum Zweck der sexuellen Ausbeutung

(1) Wer eine andere Person unter Ausnutzung einer Zwangslage oder der Hilflosigkeit, die mit ihrem Aufenthalt in einem fremden Land verbunden ist, zur Aufnahme oder Fortsetzung der Prostitution oder dazu bringt, sexuelle Handlungen, durch die sie ausgebeutet wird, an oder vor dem Täter oder einem Dritten vorzunehmen oder von dem Täter oder einem Dritten an sich vornehmen zu lassen, wird mit Freiheitsstrafe von sechs Monaten bis zu zehn Jahren bestraft. Ebenso wird bestraft, wer eine Person unter einundzwanzig Jahren zur Aufnahme oder Fortsetzung der Prostitution oder zu den sonst in Satz 1 bezeichneten sexuellen Handlungen bringt.

(2) Der Versuch ist strafbar.

(3) Auf Freiheitsstrafe von einem Jahr bis zu zehn Jahren ist zu erkennen, wenn

1. das Opfer der Tat ein Kind (§ 176 Abs. 1) ist,
2. der Täter das Opfer bei der Tat körperlich schwer misshandelt oder durch die Tat in die Gefahr des Todes bringt oder
3. der Täter die Tat gewerbsmäßig oder als Mitglied einer Bande, die sich zur fortgesetzten Begehung solcher Taten verbunden hat, begeht.

(4) Nach Absatz 3 wird auch bestraft, wer

1. eine andere Person mit Gewalt, durch Drohung mit einem empfindlichen Übel oder durch List zur Aufnahme oder Fortsetzung der Prostitution oder zu den sonst in Absatz 1 Satz 1 bezeichneten sexuellen Handlungen bringt oder
2. sich einer anderen Person mit Gewalt, durch Drohung mit einem empfindlichen Übel oder durch List bemächtigt, um sie zur Aufnahme oder Fortsetzung der Prostitution oder zu den sonst in Absatz 1 Satz 1 bezeichneten sexuellen Handlungen zu bringen.

(5) In minder schweren Fällen des Absatzes 1 ist auf Freiheitsstrafe von drei Monaten bis zu fünf Jahren, in minder schweren Fällen der Absätze 3 und 4 ist auf Freiheitsstrafe von sechs Monaten bis zu fünf Jahren zu erkennen.

Schrifttum

Dencker Prostituierte als Opfer von Menschenhandel, NStZ **1989** 249; *Dreixler* Der Mensch als Ware, 1998; *Frommel* Die Reform der Strafbarkeit von Menschen- und Frauenhandel aus kriminologischer Sicht, NKrimPol. **2005** 57; *Frommel/Schaar* Einwände gegen den am 19.2.2005 neu gefassten Straftatbestand des Menschenhandels in § 232 Abs. 1 StGB, NKrimPol. **2005** 61; *Gössel* Das neue Sexualstrafrecht, 2005; *Heger* Zum Einfluß des Prostitutionsgesetzes auf das Strafrecht, StV **2003** 350; *Heinz* Menschenhandel und Menschenschmuggel, Gedächtnisschrift Vogler (2004), 127; *Hempel* Menschenhandel zu, Zweck der sexuellen Ausbeutung, 2011; *Herz/Minthe* Straftatbestand Menschenhandel, 2006; *Hofmann* Menschenhandel, 2002; *Klaffer* Menschenhandel zum Zweck der sexuellen Ausbeutung – Unterstützungs- und Schutzmöglichkeiten und die Rolle der Frauen aus europäischen Drittstaaten: Eine Analyse vor dem und während des Strafverfahrens, 2012; *Knospe* Die Grenzen des Arbeitsrechts: Menschenhandel zum Zweck der Arbeitsausbeutung im Lichte einer interdisziplinären und internationalen Wirkungsanalyse, RdA **2011** 348; *Kudlich* Die Unterstützung fremder Straftaten durch berufsbedingtes Verhalten, 2004; *Küpper* Der europäische Kampf gegen den organisierten Menschenhandel, jurisPR-StrafR **24/2011** Anm 1; *Laubenthal* Sexualstraftaten, 2000; *Mentz* Frauenhandel als migrationsrechtliches Problem, 2001; *Lindner* Anspruch auf umfassenden Schutz vor Menschenhandel nach Art. 4 EMRK, ZAR **2010** 137; *Minthe* Zur Rechtstatsächlichkeit des Straftatbestandes Menschenhandel, MSchrKrim **2007** 374; *Niesner/Jones-Pauly* Frauenhandel in Europa, 2001; *Pati* Der Schutz der EMRK gegen Menschenhandel, NJW **2011** 128; *Pfuhl* Menschenhandel zum Zweck der sexuellen Ausbeutung §§ 232, 233a StGB, 2012; *ders.* Menschenhandel zum Zweck der sexuellen Ausbeutung (§ 232 StGB) – ein Dauerdelikt?, JR **2014** 234; *ders.* Die Nachfrage nach Opfern von Menschenhandel – Einführung einer Strafvorschrift?, JR **2014** 278; *Rackow* Neutrale Handlungen als Problem des Strafrechts, 2007; *Reintzsch* Strafbarkeit des Menschenhandels zum Zweck der sexuellen Ausbeutung, 2013; *Renzikowski* Frauenhandel – Freiheit für die Täter, Abschiebung für die Opfer?, ZRP **1999** 53; *ders.* Die Reform der Straftatbestände gegen den Menschenhandel, JZ **2005** 879; *ders.* Ausländerrechtliche Probleme des Frauenhandels, ZAR **2006** 55; *ders.* Überfällige Reglementierung der Prostitution, ZPR **2014** 75; *Rolf* Die Bekämpfung des Frauenhandels mit den Mitteln des Strafrechts, des Öffentlichen Rechts und des Zivilrechts, 2005; *Schaar* Der Grundtatbestand des Menschenhandels zum Zweck der sexuellen Ausbeutung in § 232 Abs. 1 StGB, 2014; *Schmidbauer* Menschenhandel und polizeiliche Bekämpfungsansätze, Kriminalistik **2005** 548; *Schott* Menschenhandel, Kriminalistik **2008** 156; *Schroeder* Die Revolution des Sexualstrafrechts 1992–1998, JZ **1999** 827; *ders.* Irrwege aktionistischer Gesetzgebung – das 26. StrÄndG (Menschenhandel), JZ **1995** 231; *ders.* Gesetzestechnische Fehler im 37. Strafrechtsänderungsgesetz, GA **2005** 307; *ders.* Das 37. Strafrechtsänderungsgesetz: Neue Vorschriften zur Bekämpfung des „Menschenhandels“, NJW **2005** 1393; *Sieber/Bögel* Logistik der Organisierten Kriminalität, **1993** 78; *Thoma* Strafverfahren gegen Frauenhändler, NKrimPol. **2005** 52; *Thiée* Von White Slavery, Zwangsprostitution, Opferschutz und dem Wunsch, durch Strafe Gutes zu tun, KJ **2005** 387; *Wolters* Anmerkung zu BGH v. 16.7.1996 – 1 StR 221/96, NStZ **1997** 339.

Entstehungsgeschichte

§ 232 StGB hat **keinen direkten Vorläufer im StGB von 1871.** Vorschriften über den Menschenhandel wurden in das StGB erstmals durch das 4. StRG vom 23. November 1973 (BGBl. I 1725) in Form der §§ 180a Abs. 3, 4 und 181 StGB a.F. eingeführt.[1] § 181 StGB a.F. erfasste dabei unter der Überschrift „Menschenhandel“ die Nötigung oder Überlistung zur Prostitutionsausübung (Nr. 1) und – als „Nachaktsabsichtsdelikt“[2] – das

[1] *Laufhütte* LK[11] § 180b und § 181, jeweils vor Rdn. 1; zur Bekämpfung des organisierten Menschenhandels ab 1900 außerhalb des StGB vgl. *Hofmann* S. 60 ff.

[2] *Schroeder* JZ **1995** 231.

Anwerben oder Entführen eines anderen, um ihn unter Ausnutzung seiner auslandsbedingten Hilflosigkeit zu sexuellen Handlungen zu bringen. Demgegenüber stellte § 180a Abs. 3 StGB a.F. das gewerbsmäßige Anwerben zur Prostitution unter Strafe. § 180a Abs. 4 StGB a.F. schließlich sollte alle Personen unter einundzwanzig Jahren davor schützen, dass sie der Prostitutionsausübung zugeführt werden oder dass auf sie eingewirkt wird, um sie zur Aufnahme oder Fortsetzung der Prostitution zu bestimmen. Auf Druck der Öffentlichkeit wurden diese Vorschriften dann durch das 26. StrÄndG vom 14. Juli 1992 (BGBl. I 1255) grundlegend umgestaltet:[3] Die bisherigen Absätze 3 und 4 des § 180a StGB a.F. wurden zu einem eigenen Tatbestand (§ 180b StGB a.F.) mit der Überschrift „Menschenhandel" umgewandelt. § 181 a.F. wurde mit der Überschrift „Schwerer Menschenhandel" versehen, wodurch allerdings nicht geklärt wurde, ob es sich hierbei um eine Qualifikation des neuen § 180b StGB a.F. handelte.[4] Gemäß der Zielrichtung des 26. StrÄndG, den Schutz „insbesondere ausländischer Mädchen und Frauen vor sexueller Ausbeutung" zu verstärken (BTDrucks. 12/2046, S. 1), wurde dem Merkmal der „Hilflosigkeit, die mit dem Aufenthalt in einem fremden Land verbunden ist", erhöhte Bedeutung zuteil (vgl. §§ 180b Abs. 1 S. 2, Abs. 2 Nr. 1, 181 Abs. 1 Nr. 2, 3 StGB a.F.). In mehrfacher Hinsicht wurden die Sanktionsnormen dabei nicht nur durch Anhebung des Mindeststrafrahmens, sondern auch durch materielle Erweiterungen verschärft: Tathandlung beim Veranlassen der Prostitution sollte nicht mehr das Anwerben, sondern schon das Einwirken sein (BTDrucks. 12/2046, S. 5). Der strafrechtliche Schutz wurde auf Personen ausgedehnt, die bereits der Prostitution nachgehen.[5] Statt der Gewerbsmäßigkeit sollte nun ein Handeln des Täters um „seines Vermögensvorteils wegen" ausreichen (BTDrucks. 12/2046, S. 6). Das 6. StrRG vom 26. Januar 1998 (BGBl. I 164) und das SexualdelÄndG vom 27. Dezember 2003 (BGBl. I 3007) ließen die Menschenhandel-Tatbestände unverändert.

Mit dem **37. StrÄndG** vom 19. Februar 2005 (BGBl. I 239) wurde der Menschenhandel schließlich unter Aufhebung der §§ 180b, 181 StGB a.F. aus dem 13. Abschnitt betreffend die Delikte gegen die sexuelle Selbstbestimmung entfernt und als § 232 ff StGB in den 18. Abschnitt inkorporiert, der die Straftaten gegen die persönliche Freiheit enthält.[6] Anlass zur Reform gaben völker- und europarechtliche Vorgaben,[7] die daher auch für die Auslegung des deutschen Rechts von Bedeutung sind, nämlich zum einen das Übereinkommen gegen die grenzüberschreitende organisierte Kriminalität der Vereinten Nationen samt einem Zusatzprotokoll zur Verhütung, Bekämpfung und Bestrafung des Menschenhandels, insbesondere des Frauen- und Kinderhandels (UN Doc. A/55/383; deutsche Fassung in BTDrucks. 15/5150, S. 46 ff – Palermo-Protokoll), und zum anderen der Rahmenbeschluss zur Bekämpfung des Menschenhandels des Rates der EU vom 19.7.2002 (ABl. EG L 203, S. 1 ff, auf Vorschlag der Kommission, KOM 2000 854 end).

---

3 Krit. *Schroeder* JZ **1995** 231, 233: „hysterische" bzw. „aktionistische Gesetzgebung". Das Ergebnis als „Murks" bezeichnend *Knospe* RdA **2011** 348, 350 (thematisch vor allem zu § 233).

4 *Schroeder* JZ **1995** 231 m.w.N. in Fn. 1, 236.

5 *Laufhütte* LK[11] § 180b vor Rdn. 1.

6 Zur Gesetzgebungsgeschichte *Reintzsch* S. 21 ff; *Schaar* S. 5 ff; *Schroeder* NJW **2005** 1393.

7 Dazu *Renzikowski* MK Rdn. 18 ff (auch zu frühen Vorläufern wie dem Internationalen Übereinkommen zur Bekämpfung des Mädchenhandels" vom 4.5.2010), *Knospe* RdA 2011 348, 351 ff, sowie eingehend auch *Reintzsch* S. 27 ff und insbesondere *Pfuhl* S. 39 ff (auf S. 205 ff auch zu internationalen Aktivitäten nach dem deutschen Gesetzesbeschluss); zu den Aktivitäten verschiedener internationaler Organisationen *Küpper* jurisPR-StrafR **24/2011** Anm 1.

Das **Zusatzprotokoll der Vereinten Nationen** tendierte zu einer Ausweitung der Strafbarkeit. Neben Menschenhandel zum Zweck der sexuellen Ausbeutung sollte auch derjenige zum Zweck der Ausbeutung der Arbeitskraft und zum Zweck der Organtransplantation erfasst werden (Art. 3 lit. a). Bei Opfern über 18 Jahren sollten besondere Formen der Beeinflussung als Mittel zur Tatbegehung erforderlich sein; bei Kindern, d.h. Personen unter 18 Jahren, soll dagegen das bloße „Rekrutieren" u.a. zum Zweck der sexuellen Ausbeutung genügen (Art. 3 lit. c, d). Den Unterzeichnerstaaten wurde eine Pönalisierungspflicht, und zwar grundsätzlich in Form der Täterschaft (Art. 5 Abs. 2 lit. b), auferlegt. Der **Rahmenbeschluss der EU** zur Bekämpfung des Menschenhandels orientiert sich in seiner Beschreibung der strafbaren Handlungen am Zusatzprotokoll der Vereinten Nationen,[8] geht allerdings in einigen Punkten darüber hinaus. Insbesondere fordert er in Art. 2, den Versuch der jeweiligen Tat unter Strafe zu stellen. Allerdings ist zweifelhaft, ob es durch die Umsetzung in das deutsche Recht zu einer Ausweitung der Strafbarkeit gekommen ist, weil gleichzeitig die Tathandlung des „Einwirkens" wieder aufgegeben und der Menschenhandel hin zu einem Erfolgsdelikt „verengt" wurde (vgl. auch § 233a Rdn. 2).

§ 232 StGB hat in seiner heutigen Form nunmehr **folgende Struktur:** Absatz 1 geht im Wesentlichen auf § 180b StGB a.F. zurück; Absatz 2 stellt den Versuch unter Strafe. Die Absätze 3 und 4 schließlich bauen auf dem „Schweren Menschenhandel" des § 181 StGB a.F. auf. Das 37. StrÄndG hat den Anwendungsbereich – auch gemäß den internationalen Vorgaben – beträchtlich umgestaltet: Das subjektive Merkmal der „Kenntnis" einer Zwangslage oder ausländerspezifischen Hilflosigkeit wurde durch das objektive Merkmal von deren Ausnutzung ersetzt; statt der Tathandlung des „Bestimmens" ist nun ein „Bringen" zur Prostitution oder sexuellen Handlungen vorausgesetzt; statt des Handelns des Täters „um seines Vermögensvorteils willen" wird nun auf die „Ausbeutung" des Opfers abgestellt.

Neue Impulse, die *de lege ferenda* zu Änderungen führen könnten,[9] sich bislang aber noch nicht niedergeschlagen haben, könnte die **Richtlinie 2011/36/EU**[10] bringen,[11] die den Rahmenbeschluss aus dem Jahr 2002 ersetzt. Unter Berufung auf Art. 5 Abs. 3 GRC (der den Menschenhandel ausdrücklich verbietet) und mit Blick auf Art. 83 Abs. 1 AEUV, der den Menschenhandel zu den Bereichen besonders schwerer Kriminalität zählt, die eine grenzüberschreitende Dimension haben und daher gemeinsam bekämpft werden sollen, wird hier (i.V.m. Art. 82 Abs. 2 AEUV) ein Vereinheitlichungsvorstoß unternommen, dessen Umsetzung auch zu gewissen Änderungen des deutschen Rechts führen könnte, etwa durch die **Erweiterung auf Fälle der Bettelei, der Organentnahme oder der Ausnutzung zur Begehung von Straftaten** (vgl. Art. 2 Abs. 3 RL). Für schwerwiegende Begehungsmodalitäten sollen **Mindeststrafen** von 10 Jahren eingeführt werden (vgl. Art. 4 Abs. 2 RL), während umgekehrt **Menschenhandelsopfer** von einer Bestrafung für Taten, zu denen sie sich „als unmittelbare Folge davon, dass sie Straftaten im Sinne des Artikels 2 ausgesetzt waren, gezwungen sahen", **freigestellt** werden sollen (vgl. Art. 8 RL). Nur als Auftrag zum „Erwägen" wird den Mitgliedstaaten in Art. 18 Abs. 4 RL zur Überlegung aufgegeben, ob nicht das **„Nachfragen"** von Menschenhandelsopfern bzw. den von diesen erbrachten Tätigkeiten unter Strafe gestellt werden sollten. Jedenfalls in

---

8 *Renzikowski* MK Rdn. 22.

9 Die Richtlinie war von den Mitgliedstaaten bis 6.4.2013 umzusetzen.

10 RL des Europäischen Parlaments und des Rates vom 5.4.2011 zur Verhütung und Bekämpfung des Menschenhandels und zum Schutz seiner Opfer – ABl L 101 v. 15.4.2011, S. 1 ff. Vgl. dazu auch BTDrucks. 17, 13706 (nicht umgesetzt).

11 Vgl. dazu auch *Renzikowski* MK Rdn. 25.

dieser pauschalen Form wäre auch dies eine (im Detail zweifelhafte) Strafbarkeitserweiterung; in gewissen Grenzen ist dies schon *de lege lata* möglich (vgl. Rdn. 39 sowie § 233 Rdn. 19). Für das zukünftige legislative, vor allem aber auch judikative und exekutive Handeln (einschließlich der transnationalen Zusammenarbeit) sollte ferner beachtet werden, dass der EGMR im Jahre 2010 im Fall Rantsev/Zypern und Russland[12] explizit betont, dass **Art. 4 EMRK**, der Sklaverei, Knechtschaft sowie Zwangs- und Pflichtarbeit verbietet, bei einer Auslegung im Lichte der heutigen Umstände auch Fälle des Menschenhandels erfasse(n könne) und dass die Garantie des Art. 4 EMRK von den Konventionsstaaten die Schaffung effektiver Normen zur Verfolgung und Bestrafung von Menschenhandel, aber auch Effektivität bei der Arbeit von Behörden und Justiz bei der Bekämpfung des Menschenhandels einschließlich des Engagements in der internationaler Zusammenarbeit verlange.

Gesetzesmaterialien: BT-Drs. 15/3045 (04.05.2004 – SPD und Grüne), BT-Drs. 15/4048 (27.10.2004 – Beschlussempfehlung und Bericht des Rechtsausschusses), BT-Drs. 15/4380 (30.11.2004 – Unterrichtung durch den Bundesrat), BT-Drs. 15/5326 (19.04.2005 – CDU/CSU).

Folgediskussion: BT-Drs. 16/1006 (16.03.2006 – LINKE), BT-Drs. 16/1125 (04.04.2006 – Grüne), BT-Drs. 16/1343 (26.04.2006 – Gesetzesentwurf).

Diskussion zum Freiertatbestand: BR-Drs. 140/05 (24.02.2005 – Gesetzesantrag Bayerns), BT-Plenarprotokol 15/135 S. 12368 ff. (28.10.2004 – Beratung eines StrÄndG), BT-Drs. 15/5326 (19.04.2005 – Gesetzentwurf), BR-Drs. 136/06 (siehe BR-Drs. 140/05).

Übersicht

[12] EGMR NJW 2010 3003. Vgl. dazu *Lindner* ZAR 2010 137 sowie *Pati* NJW 2011 128.

Alphabetische Übersicht

A. Rechtstatsächliche Aspekte

1 Menschenhandel ist weltweit betrachtet ein ernstes Problem, das spätestens mit dem Fall des Eisernen Vorhanges auch in Europa akut geworden ist.[13] Die Bedeutung des § 232 StGB in der **Verfolgungspraxis** wird gleichwohl als gering eingeschätzt.[14] Als Ursache für die wenig effiziente Strafverfolgung[15] wird v.a. die Konfliktsituation ausgemacht, in der sich Tatopfer aus Nicht-EU-Staaten befinden.[16] Ihnen droht nach § 58 AufenthaltsG die Abschiebung, da sie sich in der Regel widerrechtlich im Bundesgebiet aufhalten,[17] und es daher vorziehen, sich den Strafverfolgungsbehörden nicht als Zeugen

[13] Vgl. *Küpper* jurisPR-StrafR **24/2011** Anm 1; zur Phänomenologie auch *Pfuhl* S. 25 ff.

[14] *Renzikowski* MK Rdn. 9 ff. Die zum Stand April 2014 in juris nachgewiesene Rechtsprechung zu § 232 StGB enthält nur rund ein Dutzend Gerichtsentscheidungen.

[15] Zu deren Mitteln *Schmidbauer* Kriminalistik **2005** 548, 551 ff; exemplarisch für die Schwierigkeiten, die in „Aussage-gegen-Aussage-Konstellationen" entstehen können, LG Arnsberg 6 KLs 7/12 v. 28.08.2012 (juris); zum „Schicksal der Straftat Menschenhandel" im sich anschließenden Strafprozess *Minthe* MSchrKrim **2007** 374, 377 ff. Sehr kritisch auch *Knospe* RdA **2011** 348, 350 f, der von einem „nur näherungsweisen und in unbefriedigendem Ausmaß" gewährleisteten Schutz spricht und die einschlägigen Vorschriften als „handwerklich unzureichend zusammengefügt" sowie „weitgehend vermurkst" bezeichnet (thematisch vor allem zu § 233).

[16] Hierzu sowie zu anderen Gründen vertiefend auch *Renzikowski* MK Rdn. 10 ff, sowie monographisch *Rolf*; zur Situation von Frauen nach der Befreiung aus der Zwangslage auch *Klaffer*.

[17] *Renzikowski* MK Rdn. 110. Die Illegalität rührt entweder daher, dass die Opfer schon illegal eingereist sind oder aber dass sie nach

zur Verfügung zu stellen.[18] Zudem werden das Opfer bzw. seine Angehörigen im Herkunftsstaat oftmals bedroht, um es an einer Aussage zu hindern.[19] Das „Bundeslagebild Menschenhandel“ berichtet von 534 Ermittlungsverfahren wegen Menschenhandels zum Zwecke der sexuellen Ausbeutung, die im Jahr 2009 abgeschlossen wurden, und von 470 Verfahren (also einem Rückgang um ca. 12 % nach einer Steigerung um über 10 % von 2008 zu 2009) für das Jahr 2010.[20] Die PKS führt – auf insgesamt stabilem, im Hellfeld sogar leicht rückläufigem Niveau[21] – für das Jahr 2012 insgesamt 558 Fälle auf,[22] davon über einen längeren Zeitraum jeweils rund zwei Drittel nach Absatz 1. Die Aufklärungsquote ist verhältnismäßig hoch, sie liegt zwischen 85 und 90 %. Ob die Dunkelziffer tatsächlich wesentlich höher ist, wie immer wieder – auch medial stark angetrieben – kolportiert wird,[23] ist schwer einzuschätzen.[24]

B. Regelungszweck

Ob mit der „Transplantation“ der Vorschriften über den Menschenhandel aus dem 13. in den 18. Abschnitt des StGB eine **Änderung des Schutzzwecks** des § 232 StGB einhergeht, ist umstritten. Eine Ansicht im Schrifttum sieht nach dem 37. StrÄndG nur noch den Schutz des Willens des Opfers vor Beeinflussung oder Beugung, mithin die persönliche Freiheit, als Gesetzeszweck an.[25] Demgegenüber geht die Gegenansicht davon aus, dass (weiterhin) die sexuelle Selbstbestimmung Schutzgut des § 232 StGB ist.[26] Klar ist, dass es jedenfalls nicht um die Zurückdrängung der Prostitution als solcher gehen 2

---

legaler Einreise mittlerweile ungenehmigt einer Erwerbstätigkeit durch Prostitution nachgehen, vgl. *Heinz* GS Vogler 127, 140. Zur Möglichkeit einer Erlaubnis zum vorübergehenden Aufenthalt für Opfer von Menschenhandelsdelikten unter bestimmten Voraussetzungen vgl. § 25 Abs. 4a AufenthaltsG.

18 *Heinz* GS Vogler 127, 138. Zur Bedeutung der nunmehr in nationales Recht umgesetzten EU-Opferschutzrichtlinie (RL 2004/81/EG) in diesem Zusammenhang *Schott* Kriminalistik 2008 156, 159 ff und *Thoma* NKrimPol 2005 52, 53.

19 *Heinz* GS Vogler 127, 139 (dort auch zu den Voraussetzungen, die gegeben sein müssen, um die Opfer zu einer Aussage zu bewegen).

20 *Bundeskriminalamt* Menschenhandel, Bundeslagebild 2008 – pressefreie Kurzfassung –, S. 4, bzw. Menschenhandel, Bundeslagebild 2009 – pressefreie Kurzfassung –, S. 5, bzw. Menschenhandel, Bundeslagebild 2010 – pressefreie Kurzfassung –, S. 5.

21 Nach einer Studie der EU-Kommission soll freilich einer geringeren Zahl von gefasten und verurteilten Tätern eine steigende Zahl von Opfern gegenüber stehen, vgl. *Drewes* DRiZ 2013 153.

22 Zur Entwicklung: Für 2011 werden insgesamt 636, für 2010 insgesamt 621 und für 2009 insgesamt 704 erfasste Fälle des Menschenhandels nach § 232 StGB aufgeführt.

23 Vgl. etwa die Mitteilung der Europäischen Kommission an den Rat und das Europäische Parlament zum Thema „Frauenhandel mit dem Ziel der sexuellen Ausbeutung“ (KOM 567 end. vom 20. November 1996), in der unter Berufung auf verschiedene Schätzungen für das Jahr 1995 von einer Zahl von 500.000 illegal in die EU verschleppten Frauen ausgegangen wird. Die Medienkampagnen, die insbesondere im Vorfeld der Fußball-WM 2006 in Deutschland „Zwangsprostitution“ „zwischen voyeuristisch-aufgeregter ‚Anteilnahme‘ und hysterisierter Opfer-Rhetorik“ zum Thema gemacht und die in keinem Verhältnis zu der tatsächlich verschwindend geringen Anzahl von Fällen im Zuge der WM gestanden hätten, kritisiert *Fischer* Rdn. 2b.

24 Zu den Schwierigkeiten, verlässliche Schätzungen anzustellen, *Heinz* GS Vogler 127, 129.

25 *Thoma* NKrimPol 2005 52.

26 *Lackner/Kühl* Rdn. 1; *Renzikowski* MK Rdn. 2; *ders.* JZ 2005 879.

kann,[27] zumal diese durch das ProstG vom 20. Dezember 2001 (BGBl. I S. 3983) anderen (legalen) Beschäftigungen durchaus angeglichen wurde.[28] Darüber hinaus wäre es wohl schon kein legitimes Ziel strafrechtlichen Schutzes, was auch der Gesetzgeber erkannt hat.[29]

3 Richtigerweise ist davon auszugehen, dass die sexuelle Selbstbestimmung – freilich als besonderer Ausschnitt aus der allgemeinen Handlungsfreiheit – nach wie vor **Schutzgut des § 232 StGB** ist; die Änderung der Gesetzessystematik sollte zwar den Zusammenhang mit § 233 StGB verdeutlichen, doch ist der Schutz der persönlichen Freiheit des 18. Abschnitts eben nur das Bindeglied der Vorschriften, gewissermaßen der „kleinste gemeinsame Nenner". § 232 dient folglich dem Schutz der persönlichen Freiheit des Opfers einschließlich seiner sexuellen Selbstbestimmung vor Ausbeutung.[30] Anders als die „genuinen" Freiheitsdelikte der §§ 234–241a schützt § 232 aber nicht allein oder ganz überwiegend die persönliche Freiheit; diese ist vielmehr nur immanent bzw. neben anderen Rechtsgütern nur zusätzlich mitgeschützt.[31] Darüber hinaus werden durch Absatz 1 Satz 2 junge Menschen vor fremdbestimmten sexuellen Handlungen[32] geschützt, die ihre sexuelle Entwicklung nachteilig zu beeinflussen geeignet sind.[33] Ob darüber hinaus außerdem noch das Vermögen von Personen geschützt wird, deren Mitwirkung an sexuellen Handlungen ausgebeutet wird, ist umstritten. Abgelehnt wird dies mit dem Argument, dass es im Rahmen von § 232 anders als bei § 233 auf den Marktwert der vom Opfer erbrachten Leistung nicht ankomme.[34] Dem ist aber entgegenzuhalten, dass „Ausbeutung" auch im Rahmen des § 232 „wirtschaftliche Ausbeutung" im Sinne eines groben, nach den Umständen des Einzelfalls unvertretbaren Missverhältnisses zwischen Leistung und Gegenleistung meint (vgl. Rdn. 21). Um aber beurteilen zu können, ob eine unangemessen niedrige Gegenleistung vorliegt, muss als Maßstab der Marktwert der Leistung ermittelt werden (können). Da es daher doch auf die Frage des marktgerechten Entgelts ankommt, ist auch das Vermögen des Opfers, d.h. das Recht, dieses Entgelt zu er- und auch zu behalten, als weiteres Schutzgut anzuerkennen.[35]

C. Die Varianten des Grundtatbestandes (§ 232 Abs. 1)

I. Überblick

4 § 232 Abs. 1 StGB enthält **zwei alternative Tatbestände**, die sich in den freiheitsbeeinträchtigenden Situationen einer- und in der Schutzaltersgrenze der Opfer andererseits unterscheiden. Satz 1 schützt jedermann davor, in bestimmten Zwangssituationen zur

---

27 *Zimmermann* SSW Rdn. 7.

28 Zum Einfluss des Prostitutionsgesetze auf das Strafrecht *Heger* StV **2003** 350 (insbes. 354 zum Menschenhandel).

29 Vgl. BTDrucks. 12/2046, S. 5.

30 *Sch/Schröder/Eisele* Rdn. 7; *Schroeder* NJW **2005** 1393, 1395; *Valerius* vHH Rdn. 2. Vgl. auch *Schaar* S. 107 ff, insb. 135 f, der einerseits die sexuelle Selbstbestimmung als Schutzgut ablehnt, dieses aber im „Ausnutzen sozioökonomischer, struktureller Zwänge" sieht, die der Täter gerade ausnutzt, um das Opfer „zur Aufnahme der Prostitution oder von sexuellen Handlungen zu veranlassen"; hier scheinen die „Rechtsgutsstufen", die durchlaufen werden müssen, identisch zu sein und nur andere Stufen für die schlagwortartige Benennung der Abfolge herangezogen zu werden.

31 *Sch/Schröder/Eisele/Eser* Vor §§ 234 ff Rdn. 1.

32 Zutr. *Renzikowski* MK Rdn. 3.

33 *Wolters* SSW[1] Rdn. 3.

34 *Böse* NK Rdn. 1.

35 *Fischer* Rdn. 2a; *Kindhäuser* LPK Rdn. 1; *Sch/Schröder/Eisele* Rdn. 7 („einschließlich Vermögen").

Prostitution oder ausbeuterischen sexuellen Handlungen gebracht zu werden.[36] Demgegenüber erfasst der Schutz des Satzes 2 nur Personen unter 21 Jahre, dafür aber generell davor, zur Prostitution oder sexuellen Handlungen gebracht zu werden, ohne dass es auf eine besondere Zwangslage ankäme. Die **Tathandlungen sind jeweils identisch** umschrieben mit dem „Bringen zur Aufnahme oder Fortsetzung der Prostitution oder zu sexuellen Handlungen, durch die das Opfer ausgebeutet wird". Dass Satz 2 des Absatzes 1 als Tathandlung neben dem „Bringen zu den sonst in Satz 1 bezeichneten sexuellen Handlungen" das „Bringen zur Aufnahme oder Fortsetzung der Prostitution" gesondert erwähnt, erklärt sich daraus, dass sich letzteres lediglich aus sprachlichen Gründen nicht unter den Begriff der „sexuellen Handlung" subsumieren lässt. Die Erwähnung der „sexuellen Handlungen" erfasst im Übrigen auch deren ausbeuterischen Charakter. In beiden Tatbeständen ist es gleichgültig, ob das Opfer die sexuellen Handlungen an sich, dem Täter oder einem Dritten vornimmt oder ob es sie seitens des Täters oder eines Dritten an sich erdulden soll. Die Vollendung beider Tatbestände setzt voraus, dass es zur Ausübung der Prostitution oder den sexuellen Handlungen gekommen ist; damit handelt es sich jeweils um Verletzungs-[37] bzw. Erfolgsdelikte[38].

II. Opfer und Tatsituation

Aus dem systematischen Standort ergibt sich, dass beide Tatalternativen des Abs. 1 **5** sich zumindest auch gegen die persönliche, d.h. die Willensentschließungs- und insbesondere die Willensbetätigungsfreiheit[39] richten. Die strafwürdige Einschränkung der Willensbetätigungsfreiheit ergibt sich in der Tatbestandsalternative des Absatz 1 Satz 1 nicht zwingend aus einem nötigenden Verhalten des Täters, sondern aus seinem Ausnutzen einer das Opfer nötigenden Zwangslage (in die es freilich durch den Täter erst gebracht worden sein kann). Geschützt wird jede Person.

Die **Strafwürdigkeit** der Handlungsalternative des **Satzes 2** ist dagegen **nicht unmittelbar einsichtig.** **6** Denn hier wird jede Person unter einundzwanzig Jahren nicht nur davor geschützt, Opfer ausbeuterischer sexueller Handlungen zu werden, sondern auch vor der Aufnahme oder Fortsetzung der Prostitution. Die Schutzaltersgrenze von einundzwanzig Jahren ist zwar mit internationalen Vorgaben kompatibel, jedoch im StGB wie überhaupt im deutschen Recht systemwidrig.[40] Nachdem die Prostitution durch das ProstG vom 20. Dezember 2001 (BGBl. I S. 3983) mehr oder minder den sozialen Status einer gewöhnlichen Erwerbstätigkeit erlangt hat, ist schwerlich nachvollziehbar, warum Personen über achtzehn Jahren vor der entsprechenden Berufswahl geschützt werden müssen.[41] Eine solche Wahlfreiheit ab Vollendung des achtzehnten Lebensjahres ergibt sich systematisch schon aus den Schutzaltersgrenzen der §§ 180, 180a Abs. 2 StGB[42] und im Übrigen aus der Wertung des § 2 BGB, der die Volljährigkeit mit Vollendung des achtzehnten Lebensjahres und spätestens damit die rechtliche Verantwortlichkeit für das

---

36 Eingehende kommentarartige Darstellung der Merkmale dieser Variante auch bei *Hempel* S. 26 ff.

37 *Renzikowski* MK Rdn. 5.

38 *Sch/Schröder/Eisele* Rdn. 8.

39 Zu diesen Erscheinungsformen der persönlichen Freiheit vgl. *Sch/Schröder/Eisele/Eser* Vor §§ 234 ff Rdn. 2 ff.

40 *Fischer* Rdn. 17; zu den Rechtfertigungsversuchen durch den Gesetzgeber zusammenfassend *Pfuhl* S. 103 ff.

41 *Sch/Schröder/Eisele* Rdn. 20.

42 *Thoma* NKrimPol 2005 52, 53.

eigene Tun anerkennt. Da sich § 232 Abs. 1 StGB weder in Satz 1 noch in Satz 2 gegen die Prostitution als solche richtet (vgl. oben Rdn. 2), kann sich diese Tatbestandsalternative nur aus dem Schutz der persönlichen Freiheit rechtfertigen. Es ist jedoch **zweifelhaft**, ob sich die angedrohte Strafe mit der Vermutung begründen lässt, Personen unter einundzwanzig Jahren seien – vergleichbar einer Person in der in Satz 1 umschriebenen Zwangslage – nicht fähig, ihren Willen frei zu betätigen, und daher vor zur Prostitution „verführenden" Einflüssen zu schützen. Und selbst damit wäre noch nicht erklärt, warum sich dieser Schutz gerade nur auf das Prostitutionsgewerbe bezieht[43] (und nicht auch auf andere, zumindest körperlich stark belastende Berufe, die für Achtzehnjährige ebenfalls eine Gefahr bedeuten können). Die Begründung des Gesetzgebers, junge erwachsene Frauen stellten die größte Opfer-Gruppe dar (BTDrucks. 15/4048, 12), ist zirkelschlüssig:[44] Denn mit der Festlegung der geschützten Gruppe auf Personen unter einundzwanzig Jahren werden diese ja überhaupt erst zu Opfern im Sinne der Strafvorschrift. Ob das tatsächliche Phänomen, dass junge Frauen besonders häufig als Prostituierte arbeiten, demgegenüber ausreicht, diejenigen mit einer Freiheitsstrafe bis zu zehn Jahren zu belegen, die sie (wohlgemerkt: ohne jede weitere Zwangseinwirkung und ohne, dass die Prostitution ausbeuterischen Charakter[45] bekäme) dazu gebracht haben, darf bezweifelt werden.

1. Ausnutzen von Zwangslagen (§ 232 Abs. 1 S. 1)

7 a) **Opfer.** § 232 Abs. 1 S. 1 StGB enthält hinsichtlich des Opfers keinerlei Einschränkungen; geschützt ist „eine andere Person", und damit jedermann, unabhängig von Alter, Geschlecht, Nationalität usw.

8 b) **Zwangslagen.** Das Opfer muss sich in einer **Zwangslage** befinden. Gegenüber dem Begriff der „Notlage" als „dringenden wirtschaftlichen Not", wie er etwa in § 291 StGB verwendet wird, ist derjenige der „Zwangslage" weiter: Er erfasst jede ernste wirtschaftliche oder persönliche Bedrängnis, die mit einer wesentlichen Einschränkung der Entscheidungs- und Handlungsmöglichkeiten verbunden ist und der die Gefahr anhaftet, den Widerstand des Opfers gegen Angriffe auf die sexuelle Selbstbestimmung herabzusetzen.[46] Damit erfüllen **auch nicht-wirtschaftliche Notsituationen** den Tatbestand. Zur Auslegung des Begriffs „Zwangslage" kann auch nicht generell auf die Alternative der „auslandsspezifischen Hilflosigkeit" zurückgegriffen, weil letztere nur die spezifische Situation in einem fremden Land erfasst, und eine Zwangslage auch nicht unbedingt zur Hilflosigkeit führt (wohingegen die auslandsspezifische Hilflosigkeit wohl stets auch

---

[43] Vgl. auch *Fischer* Rdn. 17.

[44] *Fischer* Rdn. 17.

[45] Mit dem Merkmal der „Ausbeutung" begründet freilich *Sch/Schröder/Eisele* Rdn. 20 unter Berufung auf BTDrucks. 15/4048, 12 den drohenden Wertungswiderspruch zum Sexualstrafrecht. Allerdings lässt sich dem Wortlaut nicht entnehmen, dass auch die Prostitution wie die sexuellen Handlungen ausbeuterischen Charakter haben muss. Denn der Relativsatz „durch die sie ausgebeutet wird" bezieht sich nur auf die sexuellen Handlungen, und diese stellen wiederum gerade keinen Oberbegriff dar, der auch die Prostitution erfasst. Auch aus der amtlichen Überschrift „Menschenhandel zum Zwecke der sexuellen Ausbeutung" lässt sich nicht schließen, dass die Prostitution ausbeuterischen Charakter haben muss. Dass ihr dieser Charakter nicht *a priori* zukommt, belegt das ProstG, weil es sonst nicht erklärlich wäre, warum eine Tätigkeit, die stets von Dritten ausgebeutet wird, legalisiert wird.

[46] BGHSt 42 399, 400 f (zu § 182 Abs. 1 Nr. 1); *Sch/Schröder/Eisele* Rdn. 10; *Fischer* Rdn. 9; *Valerius* vHH Rdn. 9.

gleichzeitig eine „Zwangslage" begründet). Dagegen ist es unerheblich, ob der Täter die Zwangslage erst selbst schafft oder schon vorfindet,[47] oder ob das Opfer für sie selbst verantwortlich ist.[48] Auch muss die Zwangslage nicht auf objektiven Umständen beruhen; vielmehr genügt es, dass das Opfer sich subjektiv in einer Zwangslage sieht, solange diese Selbsteinschätzung nicht auf Unvernunft oder Übertreibung beruht.[49] Dagegen scheidet der Tatbestand aus, wenn objektiv Umstände vorliegen, die ein neutraler Beobachter zwar als Zwangslage einschätzen würde, das Opfer selbst diese aber nicht als solche empfindet.[50] Aus dem Zweck der Vorschrift, die Willensfreiheit des Opfers zu schützen, folgt darüber hinaus, dass Zwangslagen keine Rolle spielen, von denen das Opfer glaubt, sie durch die vom Täter angesonnene Handlung nicht abwenden zu können.[51]

Eine solche Zwangslage begründen nach h.M.[52] etwa drohender wirtschaftlicher Ruin, **9**
die Furcht vor Ausweisung oder Abschiebung bei illegalem Aufenthalt im Staatsgebiet, Wohnungslosigkeit, persönliche Ausnahmesituationen (Scheidung, Arbeitslosigkeit etc.), die Furcht vor Ächtung bei Rückkehr ins Heimatland, u.U. auch Krankheit, nicht jedoch die bloße Unzufriedenheit des Opfers mit seinen bisherigen Lebensverhältnissen.

c) **Insb. Hilflosigkeit durch Aufenthalt in fremdem Land.** Alternativ genießen Perso- **10**
nen Schutz, die sich aufgrund des **Aufenthalts in einem fremden Land in einer hilflosen Lage** befinden. Dabei dürfte in jedem Fall der auslandsspezifischen Hilflosigkeit gleichzeitig auch eine Zwangslage im oben genannten Sinne vorliegen, so dass der Begriff der „Zwangslage" den Oberbegriff bildet,[53] aber keine darüber hinausgehende Begründung des Zwangscharakters im Einzelfall mehr erforderlich ist. Dem Wortlaut nach erfasst sind sowohl ausländische Opfer in Deutschland als auch deutsche Opfer im Ausland;[54] dabei gilt nach § 6 Nr. 4 StGB (Weltrechtsprinzip) § 232 Abs. 1 StGB auch für Taten im Ausland, ohne dass es auf eine entsprechende Strafdrohung nach dem Recht des Tatorts ankäme.[55]

Hilflosigkeit ist gegeben, wenn das Opfer in der konkreten Situation nach seinen per- **11**
sönlichen Fähigkeiten nicht oder nur erheblich eingeschränkt in der Lage ist, die ihm angetragene sexuelle Betätigung aus eigener Kraft zurückzuweisen. Diese Hilflosigkeit muss auf dem Aufenthalt in einem fremden Land beruhen; regelmäßig werden mangelnde Kenntnisse der fremden Sprache eine Rolle spielen, aber auch die Unkenntnis der fremden Lebensverhältnisse, der (rechtlichen) Schutzmöglichkeiten, die soziale Isolation u.ä. Die Rechtsprechung geht von „auslandsspezifischer Hilflosigkeit" aus, „wenn das Opfer der deutschen Sprache nicht mächtig ist, über keinerlei Barmittel verfügt und bezüglich Unterkunft und Verpflegung auf den Täter angewiesen ist, wobei die Hilflosigkeit durch die Wegnahme des Passes noch verstärkt wird".[56] Daraus folgt auch, dass es nicht auf eine Fremdheit im Sinne der Staatsangehörigkeit ankommen kann, sondern vielmehr eine

47 *Renzikowski* MK Rdn. 31.
48 Lackner/*Kühl* Rdn. 5; *Hempel* S. 54.
49 *Fischer* Rdn. 9; *Valerius* vHH Rdn. 9.
50 *Sch/Schröder/Eisele* Rdn. 10.
51 *Sch/Schröder/Eisele* Rdn. 10; *Renzikowski* MK Rdn. 31.
52 Vgl. *Fischer* Rdn. 9; *Renzikowski* MK Rdn. 30; *Valerius* vHH Rdn. 9.1.
53 In diese Richtung wohl auch *Renzikowski* MK Rdn. 32.
54 *Schroeder* JZ 2005 231, 233; *Zimmermann* SSW Rdn. 18.
55 *Renzikowski* MK Rdn. 106.
56 Vgl. BGHSt **45** 158, 161; NStZ-RR **1997** 293 f (zu § 181 Abs. 1 Nr. 2 a.F.); NStZ **1999** 349 und NStZ-RR **2004** 233 (zu § 180 Abs. 2 Nr. 1 a.F; NStZ-RR **2007** 46, 47; kritisch *Fischer* Rdn. 10a.

teleologische Betrachtung vorgenommen werden muss. So hält sich eine seit ihrer Geburt in Deutschland lebende Ausländerin dort nicht in einem fremden Land auf, was aber sehr wohl der Fall sein kann, wenn sie in das Land reist, dessen Staatsangehörige sie ist.[57] Dies findet sich auch in der sprachlichen Formulierung des Gesetzestexts wieder, denn dieser spricht nicht von einem Aufenthalt im „Ausland“, sondern in einem „fremden Land“.[58] Aus dem gleichen Grund wird die auslandsspezifische Hilfslosigkeit auch zu verneinen sein, wenn in der Heimat des Opfers und am Tatort vergleichbare Lebensverhältnisse herrschen und die gleiche Sprach gesprochen wird.[59]

12 Ein **kausaler Zusammenhang** zwischen der Hilflosigkeit und dem Aufenthalt in dem fremden Land ist aber jedenfalls dann ausgeschlossen, wenn die gleiche Hilflosigkeit auch im Heimatland gegeben wäre bzw. ist, etwa bei allgemeinen Sprach- oder Verständnisschwierigkeiten; in solchen Fällen liegt freilich die Annahme einer allgemeinen „Zwangslage“ im Sinne der ersten Alternative nahe.[60] Dagegen dürfte ein kausaler Zusammenhang dann zu bejahen sein, wenn „allgemeine Lebensschwierigkeiten“ durch den Aufenthalt in einem fremden Land noch verschärft werden, und dadurch die „Anfälligkeit“ für die vom Täter angesonnene sexuelle Betätigung erhöht wird. Umstritten ist, ob Zwangslagen, die sich aus legalen staatlichen Maßnahmen ergeben, von der auslandsspezifischen Hilflosigkeit auszunehmen sind, ob also insbesondere eine drohende rechtmäßige Abschiebung den Tatbestand erfüllt. Das wird zum Teil mit dem Argument abgelehnt, das Verbot des Menschenhandels dürfe nicht zur Erzwingung von Einwanderung missbraucht werden.[61] Dagegen spricht jedoch, dass es auch bei der Zwangslage, die für die auslandsspezifische Hilflosigkeit den Oberbegriff bildet (vgl. Rdn. 10), nicht auf deren Entstehungsgrund ankommt, diese sogar vom Opfer selbst verschuldet sein kann. Es wäre auch nicht einsichtig, warum Personen, die aufgrund ihrer Angst vor Abschiebung unzweifelhaft besonderen Gefahren für ihre Willensfreiheit ausgesetzt sind, für sexuelle Handlungen keinen Schutz gegen Ausbeutung genießen sollten. Freilich ist der Streit seit der Neufassung dadurch entschärft, dass auch in diesen Fällen jedenfalls eine „Zwangslage“ angenommen werden kann.[62]

13 In jedem Fall ist immer eine **konkrete Einzelfallbetrachtung** vorzunehmen, in der sämtliche objektiven und subjektiven Umstände, die für und gegen Hilflosigkeit sprechen, gegeneinander abgewogen werden. Entscheidend sind die individuellen Eigenschaften und Fähigkeiten des Opfers und das Umfeld, in dem es sich konkret befindet.[63] Einen Automatismus dergestalt, dass beispielsweise bei mangelnden Sprachkenntnissen stets Hilflosigkeit anzunehmen ist, kann es nicht geben, weil diese durchaus durch andere Fähigkeiten kompensiert werden können (etwa Unkenntnis hinsichtlich der deutschen Sprache, aber sichere Kenntnisse des Englischen). Andererseits ist es im Rahmen von § 261 StPO gerechtfertigt, bestimmten Umständen eine Indizwirkung hinsichtlich der darauf beruhenden Hilflosigkeit zuzusprechen, so etwa den mangelnden Sprachkenntnissen, der Einbehaltung oder Wegnahme des Passes durch den Täter oder Dritte oder dem Abschneiden von Außen-Kommunikation.[64]

---

[57] Vgl. *Renzikowski* MK Rdn. 32.

[58] Insofern ist die gebräuchliche Bezeichnung der „auslandsspezifischen Hilflosigkeit“ für diese Tatbestandsalternative etwas zu eng.

[59] Vgl. *Hempel* S. 58 (mit dem Beispiel Österreich – Deutschland: ein österreichisches Opfer wird in Deutschland üblicherweise nicht „auslandsspezifisch hilflos“ sein).

[60] Vgl. *Wolters* SK Rdn. 15.

[61] So *Schroeder* JZ **2005** 231, 233; ebenso *Wolters* SK Rdn. 15.

[62] *Renzikowski* MK Rdn. 33.

[63] BGHSt **45** 158, 161; BGHSt **42** 179, 180; BGH NStZ-RR **2004** 233; *Wolters* SK Rdn. 15.

[64] Vgl. *Fischer* Rdn. 10a.

2. Personen unter 21 Jahren. Als weitere Personengruppe neben derjenigen in einer (u.U. auf auslandsspezifischer Hilflosigkeit beruhender) Zwangslage schützt § 232 Abs. 1 in Satz 2 jede **„Person unter einundzwanzig Jahren"**. Dabei kommt es nicht darauf an, ob sich die geschützte Person tatsächlich in einem (auf ihrem Alter beruhenden) Zustand befindet, der ähnlich dem einer „Zwangslage" die Gefahr erhöht, sich dem sexuellen Ansinnen des Täters nicht verschließen zu können.[65] Vielmehr begründet der Tatbestand eine unwiderlegliche Vermutung dafür, dass Personen bis zur Vollendung des einundzwanzigsten Lebensjahres sich in einer der „Zwangslage" entsprechenden (sexuellen) Unmündigkeit befinden[66] – auf die Ungereimtheiten, die sich hieraus für nach § 2 BGB Volljährige ergeben, wurde bereits hingewiesen (s. unter Rdn. 6). **14**

Ungeachtet dieser Ungereimtheiten ist aber auch in dieser Tatbestandsalternative jedenfalls die **Personenverschiedenheit zwischen Täter und Opfer** erforderlich, was schon daraus folgt, dass sich niemand selbst zu etwas „bringt". V.a. begründet auch § 232 Abs. 1 S. 2 (selbstverständlich) kein allgemeines, an Personen unter einundzwanzig Jahren gerichtetes Verbot, sich zu prostituieren.[67] **15**

III. Tathandlung und Taterfolg

1. Allgemeines. § 232 Abs. 1 umschreibt die Tathandlungen mit dem Bringen zu einer sexuellen Betätigung, wobei dieses in Satz 1 zusätzlich noch unter Ausnutzung einer Zwangslage geschehen muss. **16**

2. Bewirkung der Ausübung der Prostitution bzw. der Vornahme bestimmter sexueller Handlungen. Taterfolg des § 232 Abs. 1 ist entweder, dass das Opfer zur Ausübung oder Fortsetzung der Prostitution, oder aber zur Vornahme oder Duldung von ausbeuterischen sexuellen Handlungen gebracht wird. **17**

a) **Aufnahme bzw. Fortsetzung der Prostitution. Prostitution** ist die wiederholte Vornahme von sexuellen Handlungen mit verschiedenen Personen gegen Entgelt.[68] Das Anerbieten sexueller Kontakte gegen Entgelt reicht für die Erfüllung des Tatbestandes aus,[69] weil dadurch bereits die sexuelle Integrität des Opfers massiv beeinträchtigt wird. Es ist also nicht erforderlich, dass es auch zu sexuellen Handlungen kommt[70] (deren tatsächliche Vornahme vom zweiten möglichen Taterfolg erfasst wird, sofern sie ausbeuterischen Charakter haben). Ob dagegen auch schon das bloße „Bereithalten" im Sinne des § 1 S. 2 ProstG vom Tatbestand erfasst ist, ist zweifelhaft, nach seiner Schutzrichtung jedoch wohl zu bejahen.[71] Nicht erfasst sind aber bloße Verhandlungen mit dem Bordellbetreiber über die Tätigkeitsbedingungen.[72] Anders als für die Vornahme oder Duldung sexueller Handlungen ist es nicht erforderlich, dass die Prostitutionstätigkeit ausgebeutet **18**

65 *Sch/Schröder/Eisele* Rdn. 20; *Fischer* Rdn. 16; Lackner/*Kühl* Rdn. 8.
66 *Wolters* SSW¹ Rdn. 20.
67 *Wolters* SSW¹ Rdn. 20.
68 BGH NStZ 2000 368, 369; *Zimmermann* SSW Rdn. 9.
69 *Fischer* Rdn. 5; *Renzikowski* MK Rdn. 41; *Valerius* vHH Rdn. 3. Wohl auch BGH NStZ 2000 86, 87 (zu § 180b a.F.).
70 *Renzikowski* MK Rdn. 41; *Zimmermann* SSW Rdn. 11 (anders noch in der Vorauflage *Wolters* SSW¹ Rdn. 6).
71 **AA** *Wolters* SSW¹ Rdn. 6.
72 BGH NStZ-RR 1997 294 (zu § 181 Abs. 1 Nr. 1 a.F.).

oder dies auch nur beabsichtigt wird.[73] Dies folgt aus dem Wortlaut der Vorschrift; der Passus „durch die sie ausgebeutet wird“ kann sich nur auf die von der Prostitution verschiedenen „sexuellen Handlungen“ beziehen, weil erst danach der weitere Relativsatz „an oder vor (…) zu lassen“ folgt, der sich eindeutig ebenfalls nur auf die sexuellen Handlungen und nicht auch auf die Prostitution bezieht (vgl. schon Fn. 45). Eine andere Beurteilung kann auch nicht aus der amtlichen Überschrift folgen, weil diese den insoweit klaren Wortlaut nicht zu korrigieren vermag.[74]

19 Die **Aufnahme der Prostitution** (Alt. 1) setzt voraus, dass das Opfer den Entschluss fasst, der Prostitution nachzugehen, und diesen auch tatsächlich umsetzt.[75] Daraus folgt, dass nicht zur Aufnahme der Prostitution gebracht werden kann, wer zum Tatzeitpunkt der Prostitution (bereits und auch noch) nachgeht.[76] Zur **Fortsetzung der Prostitution** (Alt. 2) werden Prostituierte zum einen gebracht, wenn sie die Tätigkeit einschränken oder ganz aufgeben wollen und dazu veranlasst werden, die Prostitution in demselben Umfang weiter zu betreiben wie bisher.[77] Erfasst sind zum anderen aber auch die Fälle, in denen der Täter das Opfer veranlasst, die Prostitution in weiterem Umfang zu betreiben als bisher;[78] dabei ist insbesondere an eine qualitativ andere Form der Prostitution zu denken, durch die die Selbstbestimmung des Opfers stärker eingeschränkt wird (etwa wesentliche zeitliche Ausweitung, Wechsel von einer gelegentlichen und unabhängigen zur dauernden und abhängigen Tätigkeit[79] oder von der Wohnungs- in die Straßenprostitution usw.).

20 b) **Ausbeuterische sexuelle Handlungen.** Zum Begriff der **„sexuellen Handlung“** vgl. § 184g Nr. 1 und die Kommentierung in § 184g Rdn. 1 ff. Im Unterschied zur Prostitution muss es hier tatsächlich zu einem Sexualkontakt gekommen sein,[80] soweit das Opfer die Handlung nicht selbst an sich vornimmt. Dafür ist (beabsichtigte) Entgeltlichkeit oder ein sonst wie prostitutiver Charakter nicht erforderlich; dem Wortlaut nach erfasst sind daher auch ohne weiteres Sexualkontakte innerhalb fester Partnerschaften.[81] Kriminalpolitisch im Focus des Interesses stehen freilich Handlungen im Rahmen von Peepshows, Strip- und Liveshows sowie als Darsteller in der Pornographie-Industrie.[82] Erfasst werden soll nach dem gesetzgeberischen Willen außerdem auch die „menschenverachtende ‚Vermarktung‘ (…) im Heiratshandel“.[83] Dieser zeichnet sich dadurch aus, dass (zumeist) Frauen in ihren Heimatländern angeworben und später in Deutschland verschiedenen Interessenten (in sexueller Hinsicht) „probeweise“ angeboten werden. Dagegen ist für Handlungen **innerhalb einer Ehe** zu unterscheiden, ob das Opfer gleichsam „alternativlos“ dazu gebracht wurde, die Ehe einzugehen oder ob es eine – wenngleich

---

73 *Fischer* Rdn. 5b; *Steen* StV **2007** 665, 666; *Zimmermann* SSW Rdn. 10; **aA** *Sch/Schröder/Eisele* Rdn. 16 (dazu bereits oben Fn. 45); *Schroeder* NJW **2005** 1393, 1395.

74 Im Übrigen ist der amtlichen Überschrift ohnehin nicht allzu viel Aussagekraft zuzumessen; schließlich befasst sich die gesamte Vorschrift zu keinem Zeitpunkt mit „Menschenhandel“, wie man das Wort unbefangen als Austausch von „Ware Mensch“ gegen Bezahlung verstehen würde.

75 Vgl. *Zimmermann* SSW Rdn. 11.

76 BGH NStZ **2000** 368, 369; *Renzikowski* MK Rdn. 42.

77 *Fischer* Rdn. 5a; *Valerius* vHH Rdn. 3. Nach *Reintzsch* S. 119 ff kann dem nicht der Fall gleichgesetzt werden, dass das Opfer auf Grund des bestimmenden Einflusses des Täters den Wunsch zur Beendigung gar nicht erst fassen kann.

78 *Sch/Schröder/Eisele* Rdn. 14; *Fischer* Rdn. 5a.

79 BayObLG NJW **1985** 277 (zu § 180a Abs. 4 a.F.) m. Anm. *Bottke* JR **1985** 381.

80 *Renzikowski* MK Rdn. 44.

81 *Renzikowski* MK Rdn. 54.

82 *Fischer* Rdn. 6.

83 BTDrucks. 15/3045, S. 8.

finanziell motivierte – eigene Entscheidung war, bei der es im Regelfall an einer Zwangslage fehlt.[84]

Dem gesetzlichen Wortlaut nach muss das Opfer „durch" die sexuellen Handlungen ausgebeutet werden; gemeint ist aber wohl nicht die Ausbeutung mittels der sexuellen Handlungen, sondern die **Ausbeutung der Handlungen** selbst,[85] weil Ausbeutung nach dem gesetzgeberischen Willen hier **im wirtschaftlichen Sinne** zu verstehen ist.[86] Ausbeutung ist demnach nicht Ausnutzen zu jedwedem Zweck und insbesondere auch nicht, um einen Vorteil aus der Missachtung des sexuellen Selbstbestimmungsrechts und der Menschenwürde des Opfers zu erlangen,[87] sondern wirtschaftliche Ausbeutung, d.h. ein grobes, nach den Umständen des Einzelfalls unvertretbares Missverhältnis zwischen Leistung und Gegenleistung bzw. ein rücksichtsloses, die persönlichen und wirtschaftlichen Belange des Opfers missachtendes Gewinnen wirtschaftlicher Vorteile aus den Leistungen einer anderen Person.[88] Dies wirft freilich erhebliche Auslegungsschwierigkeiten – und bei konsequenter Anwendung auch möglicherweise als solche empfundene Strafbarkeitslücken – auf: Einerseits kann auf die „Gegenleistung", die das Opfer erhält, nicht (generell) abgestellt werden, weil etwa die sexuelle Ausbeutung Minderjähriger nicht durch eine „ordentliche Bezahlung" (wann wäre eine solche auch überhaupt angemessen?) „geheilt" werden kann.[89] Auch auf die Erlangung übermäßiger eigener Vermögensvorteile des Täters kann es nicht ankommen, weil nicht erkennbar ist, welchen wirtschaftlichen Vorteil ein Täter genießt, der die Zwangslage einer Person zu eigenen Sexualkontakten mit ihr ausnutzt.[90] Ausbeutung ist vielmehr dann gegeben, wenn der Täter oder ein Dritter an den sexuellen Handlungen einer Person verdient.[91] Dass dies im Einzelfall die Strafbarkeit potentiell weit ausdehnen kann, ist hinzunehmen, da diese immer noch von bestimmten Tatsituationen abhängt; die Ausnutzung einer Zwangslage zu „schlichten" sexuellen Handlungen (etwa auch im Rahmen von Abhängigkeitsverhältnissen) unterfällt damit aber nicht dem Tatbestand. 21

Mit der Umgestaltung der Vorschrift ging eine Erweiterung des Schutzes im Vergleich zu § 180b a.F. einher: Neben sexuellen Handlungen des Opfers an oder vor einem Dritten bzw. an dem Opfer durch den Dritten sind nun auch **sexuelle Handlungen des Opfers** an, vor oder durch den Täter selbst erfasst.[92] Nicht tatbestandlich sind dagegen Handlungen des Täters oder eines Dritten vor dem Opfer.[93] 22

Die gesetzliche Formulierung klärt nicht eindeutig, ob sich die **Verweisung in Absatz 1 Satz 2** nur auf spezifische sexuelle Handlungen oder auch auf den Relativsatz „durch die sie ausgebeutet wird" bezieht. Letzteres ist aber anzunehmen. Zum einen entspricht dies 23

---

[84] *Renzikowski* MK Rdn. 54.

[85] *Fischer* Rdn. 7; *Schroeder* GA 2005 307, 309; wohl auch *Zimmermann* SSW Rdn. 13.

[86] BTDrucks. 15/4048, S. 12, wonach das Merkmal der „Ausbeutung" die ursprünglich vorgeschlagene Formulierung „seines Vermögensvorteils wegen" ersetzen sollte. Eingehend zur Frage, inwiefern beim Merkmal der Ausbeutung an die sexuelle Selbstbestimmung und/oder an eine wirtschaftliche Betrachtung anzuknüpfen ist, *Pfuhl* S. 124 ff; *Reintzsch* S. 59 ff.

[87] Zu dieser weiten Auslegung und den Gründen, die gegen sie sprechen *Renzikowski* MK Rdn. 47 ff.

[88] *Fischer* Rdn. 7; Lackner/*Kühl* Rdn. 4.

[89] *Sch/Schröder/Eisele* Rdn. 16; vgl. auch *Renzikowski* MK Rdn. 51. Dagegen stellt *Wolters* SSW[1] Rdn. 9 auf das Missverhältnis zwischen dem Opfer tatsächlich verbleibenden Einnahmen einer- und den potentiellen Verdienstmöglichkeiten auf dem „freien Markt" andererseits ab.

[90] *Fischer* Rdn. 7; *Renzikowski* MK Rdn. 51.

[91] *Renzikowski* MK Rdn. 53; *ders.* JZ 2005, 881; ähnlich *Sch/Schröder/Eisele* Rdn. 16; *Zimmermann* SSW Rdn. 13.

[92] *Valerius* vHH Rdn. 5.

[93] *Sch/Schröder/Eisele* Rdn. 15; *Renzikowski* MK Rdn. 44.

eher der gesetzgeberischen Intention, das Merkmal der **„Ausbeutung"** anstelle des Merkmals „seines Vermögensvorteils wegen" aus der Vorläufervorschrift des § 180b Abs. 1 S. 2 in diese Tatbestandsalternative aufzunehmen.[94] Zum anderen liegt diese Deutung auch sprachlich näher, weil die Formulierung der „sonst in Satz 1 bezeichneten sexuellen Handlungen" offensichtlich jedenfalls die Modalitäten der Vornahme in dem Relativsatz „an oder vor dem Täter (...) vornehmen zu lassen" erfasst, und nicht einsichtig wäre, warum der davor stehende Relativsatz zur Bestimmung der sexuellen Handlungen ausgeklammert werden sollte.

24 c) **Bewirkung der Handlungen („dazu bringt").** Der **Erfolg** der Tat besteht darin, dass der Täter das Opfer zur Prostitution oder den näher bezeichneten Handlungen bringt. Eine konkrete Definition der Tathandlung ist damit nicht verbunden; vielmehr bestimmt diese sich nach dem Taterfolg, also danach, wozu der Täter das Opfer gebracht hat. **„Dazu Bringen"** bedeutet demnach sowohl das Opfer dazu zu „veranlassen" oder zu „bestimmen",[95] als auch den Taterfolg auf sonst irgendeine Weise zu verursachen.[96] Das Überschreiten einer bestimmten Intensitätsschwelle, das die Rechtsprechung für das Tatbestandsmerkmal des „Einwirkens" in den Vorgängervorschriften noch verlangte („gewisse Hartnäckigkeit"[97]), wird zwar zumeist vorliegen;[98] nach der Neufassung ist jedenfalls ein „wiederholtes Drängen und Überreden"[99] o.ä. aber nun nicht mehr unbedingt erforderlich.[100] Danach reicht jetzt grundsätzlich objektiv jede schlichte kausale Verursachung,[101] etwa durch einen Hinweis auf Verdienstmöglichkeiten oder durch eine Anregung. Ob auch das bloße Schaffen der den Entschluss zur Vornahme sexueller Handlungen hervorrufenden Umweltbedingungen[102] stets genügt, ist dagegen fraglich, denn zumindest die allgemeine Bereitstellung einer Infrastruktur ohne spezifischen Opferbezug zeigt nicht das typische Unrecht des § 232.[103]

25 Der Tatbestand ist nur erfüllt, wenn das Opfer gerade durch die Handlung des Täters zu dem näher umschriebenen Verhalten gebracht wurde. Wer also schon beispielsweise zur Aufnahme der Prostitution entschlossen ist (**omnimodo facturus / factura** – oder aber dieser sogar schon nachkommt und sie nicht aufzugeben plant[104]), kann nicht mehr vom

---

94 *Wolters* SSW[1] Rdn. 21. Vgl. auch oben Fn. 86.

95 *Fischer* Rdn. 8; *Schroeder* GA **2005** 307, 308.

96 *Sch/Schröder/Eisele* Rdn. 18; *Schroeder* NJW **2005** 1395; *Zimmermann* SSW Rdn. 20; *Pfuhl* S. 83 ff. Anders *Renzikowski* MK Rdn. 36: erforderlich sei eine kommunikative Beeinflussung, welche freilich meistens vorliegen wird. Eingehend zu den Anforderungen *Reintzsch* S. 99 ff.

97 BGH NStZ 2000 86 (zu § 180b Abs. 2 a.F.); BGH NJW **1989** 1044, 1045 (zu § 180a Abs. 4 a.F.); BGH NStZ-RR **2004** 233, 234.

98 *Fischer* Rdn. 8.

99 Vgl. BGH NStZ 2000 368, 369 (zu § 180 Abs. 4 a.F.); vgl. auch BGH NJW **1985** 924: Ausnutzen der väterlichen Autorität bei sehr jungem Opfer (zu § 180a Abs. 4 a.F.); BGH NJW **1990** 196: wiederholtes Drängen, Überreden, Versprechungen, Wecken von Neugier, Einsatz von Autorität, Täuschung, Einschüchterung, Drohung, aber auch Gewalteinwirkung (zu § 180a Abs. 4 a.F.).

100 BGH NStZ-RR **2005**, 234; *Sch/Schröder/Eisele* Rdn. 18; *Fischer* Rdn. 8; *Kindhäuser* LPK Rdn. 5; Lackner/*Kühl* Rdn. 2.

101 Vgl. auch BGH StV **2010** 296 (zu § 233 StGB: ausreichend ist jede ursächliche Herbeiführung, nicht notwendig im Wege der Kommunikation).

102 Vgl. *Wolters* SSW[1] Rdn. 10.

103 Vgl. auch OLG Hamm NStZ-RR 2010 279 (dort nur Ls) zur gewerblichen Vermietung von Zimmern u.a. auch an Prostituierte.

104 Zu einem solchen Fall vgl. OLG Hamm NStZ-RR **2010** 279; vgl. auch BGH StraFo **2009** 429.

„Täter" dazu gebracht werden,[105] auch wenn er das Opfer noch so sehr bedrängt;[106] in Betracht kommt dann jedoch ein strafbarer Versuch der Tat nach Absatz 2.[107] Auch fehlt es am Dazu-Bringen, wenn für den Erfolg eine vom Opfer unabhängig von seiner Lage getroffene eigenverantwortliche Entscheidung maßgebend war.[108]

3. Ausnutzung der Zwangslage. Das Merkmal des **Ausnutzens** unterstellt nur diejenigen Personen dem Schutz des § 232 Abs. 1 S. 1, die **in ihrer Entscheidungsfreiheit aktuell eingeschränkt** sind.[109] Daraus folgt, dass es für die Erfüllung des Tatbestandes nicht ausreichen kann, wenn die Zwangslage oder Hilflosigkeit erst durch die Tathandlung herbeigeführt worden ist,[110] weil zunächst eine die freie Willensbetätigung beeinträchtigende Situation bestehen muss, die der Täter dann für seine Zwecke ausnutzen kann. Freilich kann das Schaffen einer solchen Situation § 233a unterfallen. Außerdem folgt aus dem Merkmal, dass die Zwangslage oder Hilflosigkeit noch zum Zeitpunkt der Aufnahme der Prostitution usw. gegeben sein muss.[111] **26**

Unter Ausnutzung der nötigenden Situation handelt der Täter, wenn die **Schwächesituation sein Vorhaben ermöglicht oder jedenfalls begünstigt**, er dies bewusst als einen Faktor einkalkuliert und die ihm damit gebotene besondere Gelegenheit dann wahrnimmt.[112] Erforderlich ist damit ein innerer Bezug zur Zwangslage (so dass ein nur zufälliges zeitliches Nebeneinander nicht genügt). Ein Ausnutzen liegt auch vor, wenn die Beseitigung der nötigenden Umstände durch den Täter von der Vornahme der angesonnenen Handlungen abhängig gemacht wird.[113] Geht der Täter **unzutreffenderweise** von Umständen aus, die für das Opfer eine nötigende Situation begründen würden, und versucht, diese auszunutzen, liegt ein nach Absatz 2 strafbarer **Versuch** vor (während die irrige Bewertung bestimmter Umstände als Zwangslage etc. nur zu einem Wahndelikt führen).[114] Für den Nachweis des Ausnutzungsbewusstseins im Rahmen des § 261 StPO dürfte der objektiven Erkennbarkeit der nötigenden Umstände indizielle Bedeutung beizumessen sein. **27**

Für die Tatbestandsalternative des Absatz 1 Satz 2 spielt dagegen ein Ausnutzen (etwa der – sexuellen – Unerfahrenheit) des Tatopfers oder bestimmter Situationen nach dem eindeutigen gesetzlichen Wortlaut keine Rolle, was wohl daran liegt, dass die Schutzaltersgrenze gerade im Bereich zwischen achtzehn und einundzwanzig Jahren eine (wenngleich systemwidrige) Fiktion darstellt. **28**

IV. Subjektiver Tatbestand

Für die Erfüllung des subjektiven Tatbestandes genügt **dolus eventualis;**[115] dies gilt insbesondere auch für die Voraussetzungen einer Zwangslage oder auslandsspezifischer Hilflosigkeit sowie für die Kausalität.[116] Der Täter muss die Umstände kennen, aus **29**

---

105 Vgl. auch OLG Celle NStZ-RR 2013, 144.
106 *Renzikowski* MK Rdn. 38 (der allerdings zu Recht darauf hinweist, dass es bei genauerer Betrachtung nicht selten an der Freiwilligkeit der Handlung fehlen wird); *Wolters* SSW[1] Rdn. 11.
107 *Sch/Schröder/Eisele* Rdn. 17.
108 Vgl BGH StV 2010 296 (zu § 233).
109 *Renzikowski* MK Rdn. 34.
110 *Renzikowski* MK Rdn. 34; **aA** *Sch/Schröder/Eisele* Rdn. 12 („spätestens durch die Tathandlung" genügt noch); *Valerius* vHH Rdn. 8.
111 *Wolters* SSW[1] Rdn. 14.
112 *Sch/Schröder/Eisele* Rdn. 12; Lackner/*Kühl* Rdn. 7.
113 Vgl. *Sch/Schröder/Eisele* Rdn. 12.
114 *Renzikowski* MK Rdn. 34.
115 *Kindhäuser* LPK Rdn. 9; *Valerius* vHH Rdn. 12.
116 *Fischer* Rdn. 15.

denen sich die persönliche oder wirtschaftliche Bedrängnis des Opfers ergibt, und ihm muss auch bewusst sein, dass das Opfer gerade wegen dieser Umstände in seiner Willensfreiheit eingeschränkt ist;[117] anderenfalls wäre er nicht in der Lage, diese Umstände zu seinen Zwecken „auszunutzen". Die korrekte rechtliche Subsumtion, d.h. das Erfassen der Umstände als „Zwangslage" oder „auslandsspezifische Hilflosigkeit" ist dagegen – wie stets – nicht erforderlich.[118]

30 Geht der Täter davon aus, das Opfer sei zur Aufnahme der Prostitution usw. ohnehin entschlossen (omnimodo facturus / factura), so fehlt es am erforderlichen Vorsatz hinsichtlich der Kausalität seines Verhaltens für die entsprechende Handlung. Allerdings dürfte der Widerspruch zwischen dieser angeblichen Vorstellung und einem objektiv nachweisbaren (intensiven) Bemühen im Rahmen des § 261 StPO zu Lasten des Angeklagten ausgehen.[119] Der auf die Fortsetzung der Prostitution gerichtete Vorsatz setzt die Vorstellung voraus, das Opfer würde die bisherige Tätigkeit reduzieren oder komplett aufgeben wollen.

31 Umstritten ist, ob die Tathandlung selbst, also das **„Dazu-Bringen"**, eine **subjektive Finalkomponente** aufweisen muss, ob der Täter also die entsprechende Handlung des Opfers bezwecken muss. Stellt man sich auf den Standpunkt, dass auch hier dolus eventualis ausreicht, so würde bei einem fehlenden Finalzusammenhang zumindest das „Ausnutzen" abzulehnen sein.[120] Richtigerweise wird man aber bereits die Tathandlung des „Dazu-Bringens" als ein finales Handeln begreifen müssen.[121] Denn dem Merkmal der „Ausnutzung" kann nur im Rahmen der Tatbestandsalternative des Absatzes 1 Satz 1 eine „Auffangfunktion" zukommen. Dagegen setzt Absatz 1 Satz 2 zwar ein „Dazu-Bringen", aber kein „Ausnutzen" voraus. Es wäre aber nicht recht einsichtig, warum die (ohnehin unglücklich weite) Tatbestandsalternative des Satzes 2 keine Finalkomponente aufweisen soll, die des Satzes 1 dagegen schon.

32 In der Alternative des Absatz 1 **Satz 2** muss sich der **Vorsatz auf das Alter des Opfers** beziehen. Hält der Täter das Opfer für einundzwanzig Jahre oder älter, fehlt es am entsprechenden Vorsatz. Dagegen kommt Versuch nach Absatz 2 in Betracht, wenn der Täter das Opfer fälschlicherweise für jünger als einundzwanzig Jahre hält.[122]

D. Tatbegehung durch Unterlassen

33 Nach einer Ansicht kann § 232 Abs. 1 nicht durch **Unterlassen** begangen werden, weil die Untätigkeit nicht dem Ausnutzen einer Zwangslage entspreche; lediglich die Teilnahme durch Unterlassen komme in Betracht, wenn der Obhutsgarant nicht gegen die Tat eines Dritten einschreite.[123] Dem ist jedoch entgegenzuhalten, dass sich die Entsprechensklausel des § 13 Abs. 1 vornehmlich auf die Tathandlung des „Dazu-Bringens" erstreckt, und da diese nun nicht mehr (wie das frühere „Einwirken") eine hartnäckige Beeinflussung voraussetzt, sondern schlichte Kausalität für die Vornahme der entsprechenden Handlungen genügen lässt, ist die Möglichkeit einer Unterlassungstäterschaft **für den Obhutsgaranten** durchaus zu bejahen.[124] Im Übrigen wäre, wenn es an der Ent-

---

117 *Zimmermann* SSW Rdn. 23.
118 *Renzikowski* MK Rdn. 55.
119 Vgl. *Wolters* SSW[1] Rdn. 15.
120 So *Wolters* SSW[1] Rdn. 15.
121 So *Sch/Schröder/Eisele* Rdn. 18; Lackner/*Kühl* Rdn. 9; *Renzikowski* MK Rdn. 36.
122 *Sch/Schröder/Eisele* Rdn. 21; *Renzikowski* MK Rdn. 55.
123 *Renzikowski* MK Rdn. 39.
124 *Wolters* SK Rdn. 22; *ders.* SSW Rdn. 17. So auch *Sch/Schröder/Eisele* Rdn. 20.

sprechung zum „Ausnutzen" fehlt, zumindest eine Strafbarkeit durch Unterlassen nach Absatz 1 Satz 2 möglich. So ist der Garant für die Selbstbestimmung des sich in der nötigenden Situation befindlichen Schützlings nach § 232 Abs. 1 zu bestrafen, wenn er seinen Schützling aus dieser Lage in der Vorstellung nicht befreit, dass dieser hierdurch zur Aufnahme der Prostitution usw. gebracht wird.

Da der Tatbestand voraussetzt, dass der Täter den Taterfolg kausal herbeiführt, kann **34** sich allerdings auch der Obhutsgarant nicht dadurch strafbar machen, dass er die seiner Obhut unterstellte Person nicht aus der Prostitution befreit. Denn es besteht keine Pflicht des Garanten, Rechtsgutsverletzung wieder zu beseitigen, sondern nur neue Verletzungen oder Vertiefungen zu verhindern. Selbst wenn nach der Rettungsmöglichkeit weitere prostitutive Handlungen vorgenommen werden, lägen darin keine neuen Rechtsgutsverletzungen, weil die Tat nach zutreffender herrschender Meinung mit Aufnahme der Prostitution oder der ersten Fortsetzungshandlung vollendet ist.

E. Versuchsstrafbarkeit

§ 232 Abs. 2. erklärt den **Versuch der Tat** für **strafbar**, und kommt damit der Pflicht **35** aus Art. 2 des Rahmenbeschlusses zur Bekämpfung des Menschenhandels des Rates der EU (ABl. EG L 203, S. 1 ff) nach.[125] Handlungen, die der Versuchsstrafbarkeit vorgelagert sind, können nach § 233a strafbar sein. Für den Tatentschluss gelten die allgemeinen Regeln, d.h. der Vorsatz des Täters muss auf alle nach dem objektiven Tatbestand relevanten Umstände gerichtet sein (vgl. auch Rdn. 29 ff).

Ein unmittelbares Ansetzen zur Verwirklichung des Tatbestands[126] sollte demgegen- **36** über nicht in jedem Fall schon in der Vornahme der kausalen Handlung bzw. in der letzten dieser unmittelbar vorgelagerten Handlung erblickt werden.[127] Das liegt allerdings nicht allein daran, dass der Tatbestand eine bestimmte Täterhandlung nicht benennt, also als reines Erfolgsdelikt ausgestaltet ist; denn das ist etwa auch bei § 212 Abs. 1 der Fall. Entscheidend ist vielmehr, dass der Tatbestand stets die Mitwirkung des Tatopfers, sei es durch eine prostitutive, sei es durch eine sonstige sexualbezogene Handlung verlangt.[128] Das Delikt **ähnelt damit den Fällen der mittelbaren Täterschaft**, in denen der Täter das Opfer als Werkzeug gegen sich selbst gebraucht. Zu Recht wird auch in diesen Fällen weder auf die Handlung des Täters, noch auf die des Opfers abgestellt, sondern darauf, wann der Täter „das Geschehen aus der Hand" gibt und damit nach seiner Vorstellung das geschützte Rechtsgut unmittelbar gefährdet wird. Das ist etwa dann (noch) nicht der Fall, wenn die Tathandlung in einem „Anwerben" im Ausland besteht und das Opfer erst noch zum Ort der Prostitutionsausübung verbracht werden soll usw. Wegen der Parallele zur mittelbaren Täterschaft (auch das Opfer des § 232 Abs. 1 befindet sich ja in einem Zustand, der die freie Willensbetätigung zumindest einschränkt, und der damit einem für die mittelbare Täterschaft erforderlichen Zurechnungsdefizit zumindest nahe kommt) ist es gerechtfertigt, dieselben Kriterien hier anzuwenden, d.h. für das unmittelbare Ansetzen entscheidend ist der Zeitpunkt, in welchem das von § 232 Abs. 1 geschützte Rechtsgut **nach Vorstellung des Täters unmittelbar gefährdet** ist. Das kann durch seine Tat-

---

125 *Valerius* Beck-OK Rdn. 13.

126 Eingehend *Pfuhl* S. 160 ff; *Reintzsch* S. 137 ff.

127 *Wolters* SSW[1] Rdn. 18; **aA** aber *Zimmermann* SSW Rdn. 27 sowie *Böse* NK Rdn. 27; Lackner/*Kühl* Rdn. 10; weiter wohl auch *Renzikowski* MK Rdn. 86.

128 *Wolters* SSW[1] Rdn. 18, der allerdings zu einem anderen Ergebnis kommt.

handlung genauso der Fall sein, wie durch die Mitwirkungshandlung des Opfers, oder aber einen anderen Umstand, wie etwa die Handlung eines Dritten.

37 Nach einer Ansicht muss beim Versuch des Abs. 1 S. 1 die auslandsspezifische Hilflosigkeit zum Zeitpunkt der Tathandlung noch nicht zwingend vorliegen;[129] Das „Anwerben" im Ausland wäre dann u.U. auch dann ein unmittelbares Ansetzen, wenn die „auslandsspezifische Hilflosigkeit" des Opfers erst mit seinem Verbringen in das Land des Erfolgseintritts entstehen würde. Die Frage ist freilich nur dann relevant, wenn im Einzelfall die Tathandlung des Täters überhaupt das unmittelbare Ansetzen darstellt (s. Rdn. 36). Ist dies der Fall, muss die jeweilige Schwächesituation aber bereits vorliegen, weil sie sonst durch die Tathandlung nicht „ausgenutzt" werden könnte.

F. Täterschaft und Teilnahme

38 Bei § 232 Abs. 1 handelt es sich um ein **„Jedermannsdelikt"**[130] (das freilich genauso gut auch von Frauen begangen werden kann[131]). Die Formulierung der Tathandlung als bloßes „Dazu-Bringen" ist sehr weit (vgl. Rdn. 24 f), entsprechend viele Handlungen sind als Täterschaft, und nicht als bloße Teilnahme zu qualifizieren. Eigenhändige Begehung ist nicht erforderlich.[132] Es steht der Tatherrschaft auch nicht entgegen, dass die Tat die **„Mitwirkung" des Opfers** voraussetzt; zum einen schon allein deshalb, weil es wegen der zwingenden „Mitwirkungshandlung" (die ja gleichzeitig den Taterfolg ausmacht) sonst gar keine Täterschaft gäbe, und zum anderen, weil der Täter die Tatherrschaft gerade durch das Ausnutzen der Bedrängnislage des Opfers erlangt, um es in eine bestimmte Richtung zu lenken.[133]

39 Nach ganz überwiegender Ansicht ist der **„Freier"** einer Prostituierten **grundsätzlich nicht strafbar.**[134] Hier ist allerdings zu differenzieren: Die Ansicht überzeugt, soweit es sich um die Tatbestandsalternative handelt, die als Taterfolg die „Aufnahme" oder „Fortsetzung der Prostitution" vorsieht. Denn eine bestimmte im Rahmen der Prostitutionsausübung erbrachte sexuelle Dienstleistung kann kaum als „Aufnahme" oder „Fortsetzung der Prostitution" gewertet werden, zu der der „Freier" das Opfer gebracht hat, und auch ein Einwirken („dazu bringt") liegt insoweit nicht vor.[135] **Anders** ist dies jedoch hinsichtlich der Tatbestandsalternative, die auf die Vornahme **einzelner sexueller Handlungen** abhebt, durch die das Opfer ausgebeutet wird.[136] Denn der Tatbestand lässt es ausreichen, dass diese Handlungen „an oder vor dem Täter" oder „von dem Täter" vorgenommen werden, was umgekehrt bedeutet, dass derjenige, der an der jeweiligen sexuellen Handlung mitwirkt (also eben auch der Freier) Täter ist, wenn die übrigen Tat-

---

129 *Fischer* Rdn. 19; **aA** *Böse* NK Rdn. 27.

130 *Fischer* Rdn. 33; *Sch/Schröder/Eisele* Rdn. 36.

131 *Renzikowski* MK Rdn. 82.

132 *Renzikowski* MK Rdn. 82.

133 Vgl. *Zimmermann* SSW Rdn. 25.

134 *Böse* NK Rdn. 28; *S/S/Eisele* Rdn. 6 und 36; im Grundsatz auch *Renzikowski* MK Rdn. 84. Zur Diskussion *de lege ferenda* etwa *Hempel* S. 146 ff; *Pfuhl* S. 231 ff; *ders.* JR 2014 278 ff; *Reintzsch* S. 215 ff. Allgemein zur Diskussion um die Reglementierung der Prostitution *Renzikowski* ZRP 2014 75 ff.

135 Vgl. *Böse* NK Rdn. 28.

136 Vgl. zum Ganzen *Wolters* SSW[1] Rdn. 16; relativierend in der Folgeauflage *Zimmermann* SSW Rdn. 26; wohl zustimmend dagegen *Reintzsch* S. 218 ff; krit. *Pfuhl* JR 2014 234 (235), der sich auch gegen die Konstruktion einer Beihilfestrafbarkeit durch Annahme eines Dauerdelikts wendet (237 ff).

bestandsmerkmale erfüllt sind. Hat der Freier also das Opfer unter Ausnutzung der näher umschriebenen Bedrängnis zur Vornahme der sexuellen Handlung gebracht, durch die das Opfer ausgebeutet wird, so macht er sich nach § 232 Abs. 1 strafbar, wenn er die nach dem objektiven Tatbestand relevanten Umstände kennt. Das ist jedenfalls dann anzunehmen, wenn der Freier weiß, dass er ein weit unter dem marktgängigen Niveau liegendes Entgelt für die sexuelle Dienstleistung erbringt. Dagegen ist der Tatbestand nicht schon dann erfüllt, wenn das Opfer die marktgängige Vergütung zu einem großen Teil an einen Zuhälter abführen muss, und der Freier dies weiß.[137] Denn zwar würde die Formulierung dieser Tatbestandsalternative eine solche Auslegung zulassen, weil es nicht unbedingt der Täter sein muss, der die sexuellen Handlungen des Opfers ausbeutet. Allerdings wäre im Fall des ein angemessenes Entgelt zahlenden Freiers nicht ersichtlich, worin die „rechtmäßige Alternativhandlung" bestünde, die das Gesetz dem Täter ja immer zur Verfügung stellen muss. Sieht man nämlich den Zweck des § 232 Abs. 1 auch im mittelbaren Schutz davor, sich „zu billig zu verkaufen", so würde man dem „Freier" in letzter Konsequenz vorwerfen, das später durch die Ausbeutung durch einen Dritten geschädigte Rechtsgut überhaupt erst geschaffen zu haben. Letztlich müsste man ihm also die Inanspruchnahme der sexuellen Dienstleistung generell verbieten, was aber einem teilweisen (mittelbaren) Verbot der Prostitution selbst gleichkäme, das § 232 Abs. 1 aber gerade nicht bezweckt.

Teilnahme ist **nach allgemeinen Grundsätzen** möglich.[138] Die **„Gewerbsmäßigkeit"** 40
der Qualifikation aus Absatz 3 Nr. 3 Alt. 1 ist ein besonderes persönliches Merkmal im Sinne des § 28 Abs. 2, ebenso wie die Zugehörigkeit zu einer Bande nach Absatz 3 Nr. 3 Alt. 2[139] (vgl. auch unten Rdn. 47 f). Die in Abs. 4 Nr. 2 beschriebenen Mittel „Gewalt", „Drohung" oder „List" sind dagegen tatbezogen, so dass § 28 nicht anwendbar ist.[140] § 233a hat zudem spezifische Teilnahmehandlungen auch ohne Vorliegen einer Haupttat zur Täterschaft aufgewertet.

Ob eine **Beihilfestrafbarkeit durch „neutrale Handlungen"**,[141] wie etwa das Vermie- 41
ten von Räumlichkeiten, in denen die Prostitution ausgeübt bzw. die sexuellen Handlungen vorgenommen werden sollen, möglich ist, ist, wie auch bei anderen Tatbeständen, nach gemischt objektiv-subjektiven Kriterien zu beurteilen, d.h. eine Strafbarkeit ist entweder nur bei unbedingtem Vorsatz oder aber dann anzunehmen, wenn die betreffende Person bei bedingtem Vorsatz zumindest „triftige Anhaltspunkte" für die Verwendung der erbrachten Leistung gerade zum Zwecke der Begehung einer Straftat nach § 232 hat.[142]

Das durch die Vorschrift geschützte **Opfer** ist als **notwendiger Teilnehmer** stets straf- 42
los.[143] Auch und v.a. im Rahmen der Teilnahme wird diskutiert, ob sich derjenige strafbar macht, der die Dienste einer ausgebeuteten Prostituierten in Anspruch nimmt, ohne sie im Sinne der Vorschrift dazu gebracht zu haben. Hierbei ist im Einzelfall fraglich, ob eine etwaige Haupttat nicht schon beendet und daher nicht mehr teilnahmefähig ist.[144] Auch wird vorgebracht, das Verhalten des „Freiers" sei so weit vom „Multiplikatorun-

137 So aber *Wolters* SSW[1] Rdn. 16.
138 *Renzikowski* MK Rdn. 83.
139 *Renzikowski* MK Rdn. 83.
140 *Fischer* Rdn. 33.
141 Eingehend *Kudlich* passim.
142 Vgl. näher in der Kommentierung zu § 233a Rdn. 8, der typische – und nicht selten auch als berufsbedingt vorstellbare – Beihilfekonstellationen betrifft.
143 *Sch/Schröder/Eisele* Rdn. 36; *Renzikowski* MK Rdn. 83.
144 Vgl. BTDrucks. 15, 4380, 4; *Sch/Schröder/Eisele* Rdn. 6; zweifelnd *Böse* NK Rdn. 28 (mit Fn. 166).

recht" des § 232 entfernt, dass deswegen eine Strafbarkeit ausscheide.[145] Wertungsmäßig überzeugt es, die isoliert betrachtet insoweit nicht sozialinadäquate Inanspruchnahme des Dienstes einer Prostituierten nicht als Teilnahme zu bestrafen (vgl. auch die Überlegungen in Rdn. 39), wenngleich das Ergebnis dogmatisch nicht ganz einfach zu begründen ist.

G. Qualifikationen des Absatz 1 nach Absatz 3

43 In Fällen des **§ 232 Abs. 3** misst der Gesetzgeber dem Menschenhandel zum Zweck der sexuellen Ausbeutung **Verbrechensqualität** bei. Die Qualifikationen gehen zum Teil auf § 181 a.F. zurück und orientieren sich an den europarechtlichen Vorgaben von Art. 3 Abs. 2 des Rahmenbeschlusses zur Bekämpfung des Menschenhandels des Rates der EU (ABl. EG L 203, S. 1 ff).[146] Ist der Tatbestand erfüllt, so ist dies **im Tenor** dadurch **klarzustellen**, dass der Täter eines „schweren Menschenhandels zum Zweck der sexuellen Ausbeutung" schuldig ist.[147] Zusätzlich ist die Verwirklichung der Qualifikation in den „angewendeten Vorschriften" im Sinne des § 260 Abs. 5 S. 1 StPO durch genaue Bezeichnung der Normen[148] zu verdeutlichen.

I. Tatopfer Kind (Nr. 1)

44 Abs. 3 Nr. 1 qualifiziert die Tat zu einem Verbrechen, wenn das **Opfer ein Kind** im Sinne des § 176 Abs. 1, d.h. eine Person unter vierzehn Jahren, ist. Unter „Tat" in Absatz 3 Nr. 1 ist nur eine solche nach Absatz 1 S. 2 zu verstehen, weil es nach dem Rahmenbeschluss nicht auf das Ausnutzen einer Zwangslage oder der auslandsspezifischen Hilflosigkeit ankommt.[149] Schwer überwindliche Verständnisschwierigkeiten bereitet das Verhältnis von § 232 Abs. 3 Nr. 1 i.Vm. Abs. 1 S. 2 zu § 176a Abs. 3. Dieser bedroht nämlich bereits die Absicht, den sexuellen Missbrauch eines Kindes zum Gegenstand einer zu verbreitenden pornographischen Schrift zu machen, mit einer Freiheitsstrafe von 2 bis 15 Jahren, während das Veranlassen eines Kindes zu sexuellen Handlungen, die durch die tatsächliche Verbreitung pornographischer Schriften ausgebeutet werden, nach Absatz 3 S. 1 lediglich mit einer Freiheitsstrafe von einem bis zu 10 Jahren geahndet werden kann.[150]

---

145 Vgl. *Böse* NK Rdn. 28.

146 BTDrucks. 15/4048, 12; *Böse* NK Rdn. 20; *Fischer* Rdn. 21.

147 BGH NStZ 2008 203; Fischer Rn. 3; Valerius vHH Rn. 17.

148 Vgl. § 260 Abs. 5 S. 1 StPO, der selbst eine Aufführung „nach Paragraph, Absatz, Nummer, Buchstabe und mit der Bezeichnung des Gesetzes" verlangt; dazu *Eschelbach* BeckOK-StPO § 260 Rdn. 30; *Meyer-Goßner* NStZ **1988** 529, 530.

149 Vgl. *Fischer* Rdn. 22; *Renzikowski* MK Rdn. 57.

150 Vgl. *Böse* NK Rdn. 21 (dort auch zu Gesetzentwürfen, die diese Ungereimtheiten durch Anhebung des Strafrahmens des § 232 Abs. 3 Nr. 1 beseitigen wollen); *Sch/Schröder/Eisele* Rdn. 25; *Fischer* Rdn. 22; *Renzikowski* JZ **2005** 879, 882.

II. Schwere Misshandlung oder Gefahr des Todes (Nr. 2)

§ 232 Abs. 3 S. 2 qualifiziert **besonders schwerwiegende oder gefährliche Begehungsweisen** zum Verbrechen; anders als bei Absatz 3 Nr. 1 sind hier sowohl Taten nach Absatz 1 S. 1 als auch nach Absatz 1 S. 2 als Grunddelikte anzusehen.[151] Nach § 232 Abs. 3 Nr. 2 Alt. 1 wird die schwere körperliche Misshandlung des Opfers durch den Täter bei der Tat bestraft. Inhaltlich entspricht dieses Qualifikationsmerkmal dem des § 177 Abs. 4 Nr. 2a (vgl. *Hörnle* § 177 Rdn. 297 ff).[152] Zu beachten ist aber, dass „bei der Tat" hier nicht die sexuellen Handlungen oder Handlungen bei der Prostitutionsausübung meint, sondern vielmehr die **Tathandlung „dazu bringen"**, die nur ausnahmsweise mit den sexualbezogenen Handlungen zusammenfallen kann.[153] Eine schwere Misshandlung durch Teilnehmer oder Dritte bei Vornahme der sexuellen Handlungen wird daher nicht erfasst,[154] ebenso wenig die des Täters, wenn vorher, bei der Einwirkung auf den Willen des Opfers, noch keine schwere Misshandlung gegeben war. Schwer ist die körperliche Misshandlung nicht erst dann, wenn sie den in § 226 vorgesehenen Grad erreicht; allerdings muss sie mit erheblichen Schmerzen verbunden sein.[155] Das Merkmal der **konkreten Todesgefahr** entspricht dem in § 177 Abs. 4 Nr. 2b (vgl. *Hörnle* § 177 Rdn. 302).[156] Anders als bei der körperlichen Misshandlung wird der Tatbestand nach verbreiteter Auffassung sowohl erfüllt, wenn die Todesgefahr durch die Einwirkungshandlung geschaffen wird, als auch, wenn sie auf der Vornahme einer sexuellen Handlung oder einer Handlung bei der Prostitutionsausübung beruht („durch die Tat" statt „bei der Tat");[157] sprachlich trägt diese Unterscheidung – ob die Differenzierung wirklich bewusste gesetzgeberische Entscheidung ist, erscheint dagegen fraglich. Ob eine auch nur mittelbar herbeigeführte Todesgefahr (z.B. Suizidgefahr) erfasst wird, ist umstritten.[158] Bei § 232 Abs. 3 Nr. 2 Alt. 2 handelt es sich nicht um eine Erfolgsqualifikation im Sinne des § 18, so dass die Herbeiführung der konkreten Todesgefahr vom Vorsatz erfasst sein muss.[159] 45

III. Gewerbs- oder bandenmäßige Begehung (Nr. 3)

Weitere Qualifikationen des § 232 Abs. 1 S. 1 und 2 enthält Abs. 3 Nr. 3 mit der **„Gewerbsmäßigkeit"** und der **„Bandenmitgliedschaft"**. Die Merkmale müssen nicht kumulativ vorliegen.[160] Gewerbsmäßig handelt, wer die Tat in der Absicht begeht, sich durch wiederholte Begehung der Tat nach Abs. 1 eine fortlaufende Einnahmequelle von einiger Dauer und einigem Umfang zu verschaffen.[161] Bereits die erste in Wiederholungs- 46

---

151 *Fischer* Rdn. 23.
152 *Zimmermann* SSW Rdn. 35.
153 *Böse* NK Rdn. 22; *Fischer* Rdn. 23. **AA** *Sch/Schröder/Eisele* Rdn. 26; *Renzikowski* MK Rdn. 62.
154 *Böse* NK Rdn. 22; *Sch/Schröder/Eisele* Rdn. 26.
155 BGH NStZ **1998** 461 (zu § 250 Abs. 2 Nr. 3 lit. a), BGH NJW **2000** 3655 (zu § 177 Abs. 4 Nr. 2 lit. a); *Böse* NK Rdn. 22.
156 *Zimmermann* SSW Rdn. 35.
157 *Böse* NK Rdn. 22; *Fischer* Rdn. 23; *Kindhäuser* LPK Rdn. 11.
158 Bejahend *Böse* NK Rdn. 22; *Sch/Schröder/Eisele* Rdn. 26. **AA** wohl *Fischer* Rdn. 23 („unmittelbar" Herbeiführung der Todesgefahr vorausgesetzt).
159 BGHSt **46** 225, 226 (zu § 177 Abs. 4 Nr. 2 lit. b); *Sch/Schröder/Eisele* Rdn. 26; *Fischer* Rdn. 23; Lackner/*Kühl* Rdn. 11. **AA** *Böse* NK Rdn. 22.
160 *Fischer* Rdn. 23.
161 BGH StraFo **2008** 447; *Böse* NK Rdn. 23.

absicht begangene Tat erfüllt den Tatbestand,[162] allerdings muss für eine Verurteilung nach § 232 Abs. 3 Nr. 3 dann auch eine solche Wiederholungsabsicht dargetan sein,[163] da das einmalige Bringen einer (einzigen) Person zur Prostitution auch dann, wenn der Täter sich dadurch eine dauerhafte Einnahmequelle sichern will, schlicht eine Tat nach § 232 Abs. 1 bleibt, auch wenn das Opfer dann immer wieder Handlungen im Rahmen der Prostitutionsausübung vornimmt.

47 Die **Gewerbsmäßigkeit** ist als **subjektives Merkmal** ein strafschärfendes besonderes persönliches Merkmal im Sinne des **§ 28 Abs. 2.**[164] Daher können selbst nicht gewerbsmäßig handelnde Beteiligte an einer Tat nach § 232 Abs. 3 Nr. 3 Alt. 1 nur nach dem Grundtatbestand des Abs. 1 (ggf. gemildert nach § 27 Abs. 2) bestraft werden.

48 Die Alternative der **bandenmäßigen Begehung** stimmt inhaltlich grundsätzlich mit § 244 Abs. 1 Nr. 2 überein (vgl. § 244 Rdn. 51 ff). Allerdings ist hier nicht wie dort erforderlich, dass die Tat „unter Mitwirkung eines anderen Bandenmitglieds" begangen worden ist.[165] Es genügt daher, dass nur der Täter selbst an der konkreten Tat beteiligt ist.[166] Eine Bande ist dabei der Zusammenschluss von mindestens drei Personen.[167] Die Taten, zu deren fortgesetzter Begehung sich die Bande zusammengeschlossen hat, sind nur solche nach § 232 Abs. 1; nicht ausreichend sein sollen Delikte nach §§ 181a, 232 Abs. 4; 233 und 233a.[168] Weil die Mitgliedschaft in der Bande für die Strafschärfung ausreicht und es nicht erforderlich ist, dass ein weiteres Bandenmitglied bei der Tatausführung anwesend ist, gründet sich der erhöhte Unrechtsgehalt eher auf ein subjektives und weniger auf ein Merkmal der Außenwelt. Aus diesem Grund ist auch die Bandenmitgliedschaft als besonderes persönliches Merkmal im Sinne des § 28 Abs. 2 anzusehen.[169]

H. Tatbestände nach Abs. 4

49 Die Tatbestände nach Abs. 4 sind **keine Qualifikationen, sondern eigenständige Delikte.**[170] Sie setzen daher auch nicht das Vorliegen der Merkmale des Abs. 1 voraus.[171] Die Formulierung, der Täter werde „nach Abs. 3" bestraft, ist insofern missverständlich und nur als **Verweisung auf die Rechtsfolge** im Sinne einer Strafbarkeit „wie nach Abs. 3" zu lesen. Die Taten nach Abs. 4 sind folglich ebenfalls Verbrechen, ihr Versuch daher strafbar (§ 24 Abs. 1).

---

162 BGH StraFo 2008 447; *Renzikowski* MK Rdn. 66.

163 BGH StraFo 2008 447; *Fischer* Rdn. 24.

164 *Sch/Schröder/Eisele* Rdn. 27; *Renzikowski* MK Rdn. 83; *Zimmermann* SSW Rdn. 36.

165 *Renzikowski* MK Rdn. 67; *Zimmermann* SSW Rdn. 36.

166 Lackner/*Kühl* Rdn. 11.

167 BGHSt **46** 321, 328 ff; *Renzikowski* MK Rdn. 67.

168 *Böse* NK Rdn. 23; *Sch/Schröder/Eisele* Rdn. 27; *Fischer* Rdn. 24.

169 *Böse* NK Rdn. 23; Lackner/*Kühl* Rdn. 11; *Renzikowski* MK Rdn. 83; *Zimmermann* SSW Rdn. 36. **AA** *Sch/Schröder/Eisele* Rdn. 27.

170 *Böse* NK Rdn. 24; *Sch/Schröder/Eisele* Rdn. 28; Lackner/*Kühl* Rdn. 12; *Renzikowski* MK Rdn. 68; *Schroeder* NJW 2005 1393, 1396; *Zimmermann* SSW Rdn. 38.

171 *Fischer* Rdn. 25; *Renzikowski* MK Rdn. 68; *Valerius* vHH Rdn. 17.

I. Verleiten zur Prostitution etc. durch Nötigung oder List (Nr. 1)

Der Taterfolg entspricht mit der Aufnahme oder Fortsetzung der Prostitution bzw. den in Abs. 1 bezeichneten sexuellen Handlungen den oben umschriebenen Verhaltensweisen (Rdn. 18 ff); die Tathandlung des „Dazu-Bringens" ist ebenfalls mit derjenigen aus Abs. 1 identisch (vgl. Rdn. 24 ff), allerdings muss der Täter in Abs. 4 Nr. 1 **bestimmte Nötigungsmittel** einsetzen. Dabei entsprechen die Nötigungsmittel der „Gewalt" und der „Drohung mit einem empfindlichen Übel" im Wesentlichen denen in § 240 Abs. 1, allerdings ist es nicht erforderlich, wie bei § 240 Abs. 2 die Verwerflichkeit des Mitteleinsatzes positiv festzustellen, weil diese per se aus dem angestrebten Ziel folgt.[172] **50**

Als Nötigungshandlung kommt zum einen der **Einsatz von Gewalt** in Betracht. Der Gewaltbegriff stimmt mit dem in § 240 verwendeten überein, was insbesondere die parallele Verwendung der Drohungsalternative zeigt,[173] d.h. erfasst ist jede körperliche Tätigkeit, durch die körperlich wirkender Zwang ausgeübt wird, um geleisteten oder erwarteten Widerstand zu überwinden.[174] Die Gewalt muss sich dabei nicht zwingend gegen Personen richten.[175] Soweit eine Tätigkeit des Opfers erzwungen werden soll (was nur bei der Variante der Vornahme einer sexuellen Handlung an dem Opfer nicht der Fall ist), ist unter „Gewalt" nur *vis compulsiva* zu verstehen, weil die *vis absoluta* gerade jedes Tätigwerden des Opfers im Sinne einer zurechenbaren Handlung ausschließt.[176] **51**

Auch hinsichtlich des Nötigungsmittels der **Drohung mit einem empfindlichen Übel** besteht kein inhaltlicher Unterschied zum gleichlautenden Merkmal in § 240 (vgl. dort Rdn. 76 ff), d.h. erfasst ist jede Ankündigung eines künftigen (gegen das Opfer selbst, aber auch gegen einen Angehörigen gerichteten[177]) Übels, auf dessen Eintritt der Ankündigende Einfluss zu haben vorgibt und das von einer Erheblichkeit ist, dass vom Bedrohten in seiner konkreten Lage nicht erwartet werden kann, dass er der Drohung in besonnener Selbstbehauptung standhält.[178] Das Übel kann auch in einem Unterlassen bestehen, so etwa, wenn der Täter dem Opfer – konkludent – zu verstehen gibt, er werde ein ihm bereits zugefügtes Übel, beispielsweise die Wegnahme der Ausweispapiere und des Gepäcks in einem fremden Land, nicht wieder rückgängig machen, bis das Opfer seine Schulden „abgearbeitet" habe.[179] Soweit die Wirkungen dieses angedrohten Übels hierbei aber nicht über die Hilflosigkeit hinausgehen, die für des Deutschen nicht mächtige Opfer mit ihrem Aufenthalt in Deutschland ohnehin verbunden ist, wird nach Auffassung des 3. Strafsenats eine hierdurch bewirkte Willensbeugung bereits (und ausschließlich) durch § 232 Abs. 1 S. 1 erfasst, so dass Abs. 4 S. 1 nicht eingreift.[180] **52**

Das letzte Tatmittel ist die **List.** Darunter ist jede Verhaltensweise zu verstehen, die darauf abzielt, unter geflissentlichem oder geschicktem Verbergen der wahren Absichten und Umstände die Ziele des Täters durchzusetzen (vgl. § 234 Rdn. 26 ff).[181] Für § 181 **53**

---

172 BGH NStZ 2000 86, 87 (zu § 181 Abs. 1 Nr. 1 a.F.); *Böse* NK Rdn. 24; *Sch/Schröder/Eisele* Rdn. 31; *Renzikowski* Rdn. 73.

173 *Sch/Schröder/*Eisele Rdn. 30; **aA** *Laufhütte* LK[11] § 181 Rdn. 2: Gewaltbegriff des § 177, d.h. erfasst sei nur Gewalt gegen Personen.

174 *Renzikowski* MK Rdn. 71.

175 *Sch/Schröder/Eisele* Rdn. 30; *Renzikowski* MK Rdn. 71.

176 *Sch/Schröder/Eisele* Rdn. 30; *Renzikowski* MK Rdn. 71.

177 *Renzikowski* MK Rdn. 72.

178 BGH NStZ **2011** 156, 157 (unter Verweis auf die Definition in BGHSt **31** 195, 201 zur Nötigung).

179 BGH NStZ 2000 86, 87 (zu § 181 Abs. 1 Nr. 1 a.F.).

180 BGH NStZ **2011**, 156, 157.

181 BGH NStZ **1996** 276 (zu § 237); *Böse* NK Rdn. 24; *Renzikowski* MK Rdn. 74.

Abs. 1 Nr. 1 a.F. war eine **restriktive Auslegung** dahingehend anerkannt, dass Verhaltensweisen nicht erfasst sein sollten, die das Opfer zwar z.B. über den Zweck der Prostitutionsausübung („Schaffung einer gemeinsamen Lebensgrundlage") täuschen, die es aber über die Tatsache der Prostitutionsausübung an sich nicht im Unklaren lassen.[182] Diese Auslegung ist für § 232 Abs. 4 Nr. 1 beizubehalten.[183] Nicht ausreichend ist es auch, dass eine Person durch List in eine Lage gebracht wird, in der sie Opfer einer Straftat nach § 232 Abs. 1 wird (bzw. werden kann); denn dann bringt der Täter das Opfer nicht zur Aufnahme der Prostitution usw., sondern nur in eine Lage, in dem es zur Aufnahme der Prostitution gebracht werden kann. Das ist aber ein Fall des § 233a Abs. 1.[184] Anderes mag man annehmen, wenn der Täter das Opfer durch List in eine Lage versetzt, in der es sich selbst zur Aufnahme der Prostitution gezwungen sieht (vgl. auch oben Rdn. 24),[185] denn die Grenze des Wortlautes „zur ... bringt" dürfte hier noch nicht überschritten sein (zumal die „Ausübung der Prostitution" ja stets eine mehr oder weniger aktive Opfermitwirkung voraussetzt). Weiterhin erfasst der Tatbestand Fälle, in denen das Opfer zwar nicht darüber getäuscht wird, dass es überhaupt zu sexuellen Handlungen kommt, wohl aber über deren Qualität, und insbesondere auch über den Umstand der Ausbeutung; so etwa bei der Täuschung darüber, dass die sexuellen Handlungen zum Zweck der Herstellung pornographischer Schriften aufgezeichnet werden.[186]

54 Auch § 232 Abs. 4 Nr. 1 setzt voraus, dass das Handeln des Täters **kausal für den Nötigungserfolg** ist.[187] War das Opfer als omnimodo facturus / factura ohnehin zur Aufnahme der Prostitution usw. entschlossen, kommt lediglich eine Strafbarkeit wegen Versuchs in Betracht.

55 Der **Versuch** des Verbrechens nach § 232 Abs. 4 Nr. 1 ist stets strafbar. Das unmittelbare Ansetzen ist allerdings nicht wie bei Abs. 1 zu beurteilen, bei welchem die Tathandlung nicht unbedingt die Schwelle zum strafbaren Versuch markiert. Vielmehr beginnt der Versuch bei § 232 Abs. 4 Nr. 1 entsprechend wie bei § 240 Abs. 1, 3 mit dem unmittelbaren Ansetzen zur Nötigungshandlung. Denn diese weist, anders als das sehr weit gefasste „dazu Bringen" des Abs. 1, bereits an sich einen Unrechtsgehalt auf.

II. Sich-Bemächtigen des Opfers (Nr. 2)

56 Der objektive Tatbestand des § 232 Abs. 4 Nr. 2 setzt voraus, dass der Täter sich einer anderen Person mit Gewalt, durch Drohung mit einem empfindlichen Übel oder durch List bemächtigt. Die Tathandlung des **Sich-Bemächtigens** entspricht der in § 234[188] (s. § 234 Rdn. 3 f), d.h. gemeint ist das Erlangen der physischen Herrschaft über die andere Person,[189] wobei ein Fortschaffen des Opfers o.ä. nicht erforderlich ist.[190] Ein darüber hinausgehender Taterfolg, insbesondere auch das Erreichen des Versuchsstadiums nach Absatz 1 und 2,[191] ist nicht vorausgesetzt; vielmehr erfordert der subjektive Tatbestand die über den Tatbestandsvorsatz hinausgehende **Absicht**, das

---

182 *Schroeder* JR **1977** 357 f; *Steen* StV **2007** 665, 667; *Wolters* SSW[1] Rdn. 33.

183 *Böse* NK Rdn. 24; *Renzikowski* MK Rdn. 74; **aA** mit Berufung auf die europäischen Grundlagen *Zimmermann* SSW Rdn. 40.

184 *Renzikowski* MK Rdn. 75.

185 Ebenso *Wolters* SSW[1] Rdn. 33; *Laubenthal* Rdn. 673; **aA** *Renzikowski* MK Rdn. 75.

186 *Renzikowski* MK Rdn. 75.

187 *Sch/Schröder/Eisele* Rdn. 29; *Valerius* vHH Rdn. 18.

188 Lackner/*Kühl* Rdn. 12; *Renzikowski* MK Rdn. 77; *Valerius* vHH Rdn. 19.

189 *Fischer* Rdn. 31.

190 *Sch/Schröder/Eisele* Rdn. 34.

191 Vgl. *Sch/Schröder/Eisele* Rdn. 34; *Renzikowski* MK Rdn. 77.

Opfer zur Aufnahme oder Fortsetzung der Prostitution oder zu den sonst in Absatz 1 bezeichneten sexuellen Handlungen (dazu oben Rdn. 19 ff) zu bringen (dazu oben Rdn. 24 ff). Es handelt sich also um ein Delikt mit **überschießender Innentendenz**. Zwischen der Begründung der physischen Herrschaft über das Opfer und der geplanten sexuellen Ausbeutung muss ein funktionaler und zeitlicher Zusammenhang bestehen.

Die Tatmittel entsprechen denen in § 232 Abs. 4 Nr. 1 (vgl. Rdn. 51 ff). **57**

I. Strafe

Der **Strafrahmen** nach **Abs. 1** beträgt Freiheitsstrafe von sechs Monaten bis zu zehn **58** Jahren (was nach § 78 Abs. 3 zu einer Verjährungsfrist von 10 Jahren führt).[192] § 47 Abs. 2 ist folglich nicht anwendbar, so dass die Verhängung einer Geldstrafe ausgeschlossen ist, sofern nicht spezielle Milderungsgründe des AT eingreifen.[193] Im Rahmen des § 46 können strafschärfend ins Gewicht fallen:[194] eine länger andauernde Ausbeutung des Opfers oder seine entwürdigende Behandlung, auch durch besondere Erniedrigungen aufgrund der Art und Weise der sexuellen Handlungen; die physischen und psychischen Folgen der Tat; der Umstand, dass der Täter die von ihm ausgenutzte Zwangslage zuvor selbst herbeigeführt hat, ebenso wie die Höhe seiner Bereicherung. Ebenfalls **strafschärfend** ist die Verwirklichung mehrerer Alternativen des § 232 Abs. 1 zu berücksichtigen.[195] **Strafmildernd** kann demgegenüber zu berücksichtigen sein, dass es nur zu einer kurzfristigen oder geringfügigen Ausübung der Prostitution oder dass es nur zu sexuellen Handlungen ohne Körperberührung des Opfers gekommen ist.[196] Bei Absatz 1 S. 2 ist auch das Alter des Opfers berücksichtigungsfähig.[197]

Absätze 3 und 4 geben als Strafrahmen eine Freiheitsstrafe von einem bis zu zehn Jah- **59** ren vor. Neben den oben Rdn. 58 angegebenen nach § 46 berücksichtigungsfähigen Umständen können hier etwa die Schwere der dem Opfer beigebrachten Verletzungen (Abs. 3 Nr. 2), der Grad der Organisation bei der bandenmäßigen Begehung (Abs. 4 Nr. 1) oder die Zeitspanne, in der sich das Opfer in der Gewalt des Täters befunden hat (Abs. 4 Nr. 2), zu einer Strafschärfung führen.[198]

Absatz 5 gibt für **minder schwere Fälle** des Absatz 1 einen Strafrahmen von drei **60** Monaten[199], und für minder schwere Fälle der Absätze 3 und 4 einen Strafrahmen von sechs Monaten bis zu fünf Jahren Freiheitsstrafe vor. Ein (unbenannter) minder schwerer Fall des Absatz 1 kann z.B. angenommen werden bei nur kurzfristiger Ausübung der Prostitution oder bei sexuellen Handlungen geringen Gewichts, bei erheblicher Mitschuld der betroffenen Person, wenn die sexuellen Handlungen nur knapp über der Erheblichkeitsschwelle des § 184f Nr. 1 liegen oder wenn der Täter selbst auch Tatopfer ist; in Fällen des Absatz 1 Satz 2, wenn das Alter des Opfers nur knapp unter der Schutzaltersgrenze liegt oder bei von vornherein untauglichen Versuchen.[200] Ein minder schwerer Fall nach Absatz 3 Nr. 3 kann vorliegen, wenn es sich um den ersten Akt der Ge-

---

192 Zum Verjährungsbeginn nach § 78a *Renzikowski* MK Rdn. 100.
193 *Renzikowski* MK Rdn. 94.
194 Aufzählung bei *Sch/Schröder/Eisele* Rdn. 38; *Renzikowski* MK Rdn. 94.
195 *Renzikowski* MK Rdn. 89.
196 Vgl. *Renzikowski* MK Rdn. 94.
197 *Sch/Schröder/Eisele* Rdn. 38.
198 *Renzikowski* MK Rdn. 95.
199 Unter den Voraussetzungen des § 47 kann hier daher auch eine Geldstrafe verhängt werden.
200 Vgl. *Fischer* Rdn. 34.

werbsmäßigkeit handelt,[201] und nach Absatz 4 Nr. 2, wenn der Täter freiwillig die sexuelle Ausbeutung des Opfers verhindert.[202]

J. Konkurrenzen und Bezugnahmen

61 Innerhalb des Absatzes 1 Satz 1 ist die Ausübung der Prostitution nicht zwingend mit der Vornahme einer sexuellen Handlung verknüpft, sondern kann schon davor einsetzen (s.o. Rdn. 18). Nichtsdestoweniger **schließt die Prostitutionsausübung die sexuellen Handlungen**, wenn es zu solchen gekommen ist, **mit ein**,[203] so dass beim Zusammentreffen beider Alternativen nur die des Bringens zur Prostitution erfüllt ist.[204] Treffen dagegen die Alternativen des Absatzes 1 Satz 1 und 2 zusammen, so ist insgesamt nur von einer Tat nach Absatz 1 auszugehen, weil ein identisches Rechtsgut lediglich durch unterschiedliche Begehensweisen angegriffen wird.[205] Die **Grundtatbestände** des Absatzes 1 werden durch die **Qualifikationen** nach Absatz 3 verdrängt.[206] Die Alternative des Absatzes 4 Nr. 1 geht dem subsidiären Absatz 1 vor, weil der Einsatz bestimmter qualifizierender Tatmittel im Unrechtsgehalt schwerer wiegt als das bloße Ausnutzen einer vorgefundenen Schwächesituation.[207] Dagegen besteht zwischen Absatz 4 Nr. 2 und Absatz 1 **Tateinheit**, weil bereits im Tenor klarzustellen ist, dass es zur Verwirklichung der Absicht nach Absatz 4 Nr. 2 gekommen ist.[208] Die Alternative des Absatzes 4 Nr. 2 tritt hinter die Nr. 1 zurück.[209] Bei gleichzeitiger Verwirklichung mehrerer Alternativen der Absätze 3 und 4 ist nur eine einzige Tat, nicht Tateinheit anzunehmen.[210] Tateinheit liegt dagegen bei Taten zu Lasten mehrerer Personen durch dieselbe Handlung vor.[211]

62 § 232 überschneidet sich in vielfältiger Weise mit den **Sexualdelikten**; entscheidend für die Abgrenzung ist u.a., dass § 232 sexuelle Handlungen verlangt, durch die das Opfer ausgebeutet wird.[212] Tateinheit ist möglich, soweit mit den Sexualdelikten der Missbrauch einer besonderen Stellung Voraussetzung für die Erfüllung des Tatbestands ist, so in §§ 174, 174a, 174b, 174c, 180 Abs. 3, sowie auch mit §§ 176a, 176b, 177, 178, 179, 180a, 181a.[213] Verdrängt wird dagegen § 176 von § 232 Abs. 3 Nr. 1, weil der Unrechtsgehalt des sexuellen Kindesmissbrauchs in der Vorschrift vollständig enthalten ist.[214] Die **Jugendschutzdelikte** der §§ 180 Abs. 1, 2, 182 treten aufgrund Subsidiarität hinter § 232 Abs. 1 S. 2 zurück.[215] Im Verhältnis zu **Straftatbeständen außerhalb der Sexualdelikte** ist Tateinheit denkbar mit §§ 223 ff, 239, 240.[216] § 239 wird allerdings

---

201 *Sch/Schröder/Eisele* Rdn. 38; *Renzikowski* MK Rdn. 96.
202 *Renzikowski* MK Rdn. 96.
203 BGHSt **42** 179, 183.
204 *Zimmermann* SSW Rdn. 42.
205 *Renzikowski* MK Rdn. 89. **AA** *Böse* NK Rdn. 30; *Sch/Schröder/Eisele* Rdn. 37: Tateinheit zwischen Satz 1 und 2 aufgrund abweichender Schutzrichtung.
206 *Böse* NK Rdn. 30; *Sch/Schröder/Eisele* Rdn. 37; *Zimmermann* SSW Rdn. 42.
207 *Böse* NK Rdn. 30; *Sch/Schröder/Eisele* Rdn. 37.
208 *Sch/Schröder/Eisele* Rdn. 37. **AA** *Renzikowski* MK Rdn. 90; *Zimmermann* SSW Rdn. 42.
209 *Renzikowski* MK Rdn. 90.
210 *Renzikowski* MK Rdn. 90. **AA** *Fischer* Rdn. 35: Tateinheit.
211 BGH NStZ-RR **2004** 233; *Sch/Schröder/Eisele* Rdn. 37; *Fischer* Rdn. 36.
212 *Sch/Schröder/Eisele* Rdn. 37; *Renzikowski* MK Rdn. 91; ähnlich auch *Böse* NK Rdn. 31.
213 *Renzikowski* MK Rdn. 91.
214 *Sch/Schröder/Eisele* Rdn. 37; *Renzikowski* MK Rdn. 91; **aA** *Fischer* Rdn. 35: Tateinheit.
215 *Sch/Schröder/Eisele* Rdn. 37; *Renzikowski* MK Rdn. 91. Für das Verhältnis von § 232 Abs. 1 S. 2 zu § 180 Abs. 2 auch BGH NStZ-RR **2010** 78.
216 *Böse* NK Rdn. 30; *Renzikowski* MK Rdn. 92.

von § 232 Abs. 4 verdrängt, sofern die Freiheitsberaubung als Tatmittel eingesetzt wird, und ebenso tritt § 240 zurück, wenn die Nötigung allein auf eine sexuelle Betätigung nach Absatz 4 Nr. 1 abzielt.[217] Tateinheit ist ebenfalls möglich mit §§ 233, 234, 235 und 236.[218] Im Verhältnis zu § 239b ist zu beachten, dass unter Anwendung der Rechtsprechung zum Zwei-Personen-Verhältnis (dazu § 239b Rdn. 14, 17) in der Regel bereits der Tatbestand des § 239b nicht erfüllt sein dürfte, wenn der Täter sich des Opfers im Sinne des § 232 Abs. 4 Nr. 2 bemächtigt und das Mittel zur Begründung der physischen Herrschaft mit dem Nötigungsmittel zusammenfällt.[219] Zu den Konkurrenzen mit **ausländerrechtlichen Vorschriften** vgl. *Renzikowski* MK Rdn. 79.

Verweisungen auf § 232 Abs. 1 und 2 kommen in § 261 Abs. 1 S. 2, und auf § 232 **63**
Abs. 3, 4 und 5 in §§ 126 Abs. 1 Nr. 4 und 138 Abs. 1 Nr. 6 vor. Die Verweisungen auf die Absätze 3, 4 und 5 erfolgen „jeweils soweit es sich um ein Verbrechen handelt". Vor dem Hintergrund des § 12 Abs. 3 ist diese Einschränkung eigentlich überflüssig, verdeutlicht aber, dass die Verweisung auch bei Anwendung des Strafrahmens für einen milderen Fall einschlägig ist.[220]

§ 232 ist eine **Katalogstraftat** nach § 255a Abs. 2 S. 1 (Vorführung der Bild-Ton-Auf- **64**
zeichnung einer Zeugenvernehmung), § 395 Abs. 1 Nr. 4 (Nebenklagebefugnis), § 397a Abs. 1 Nr. 1 StPO (Nebenklagebeistand) und nach § 100a Abs. 2 Nr. 1i (Überwachung der Telekommunikation). Ferner ist § 232 Abs. 3, 4 und 5 im Katalog des § 100c Abs. 2 Nr. 1g StPO (Wohnraumüberwachung) aufgeführt, wiederum mit der (unnötigen, s.o. Rdn. 63) Einschränkung „jeweils soweit es sich um ein Verbrechen handelt". Wer einen Ausländer beschäftigt und dabei eine Lage ausnutzt, in der sich dieser durch eine gegen ihn gerichtete Tat eines Dritten nach § 232 befindet, macht sich nach § 10a Schwarzarbeitsbekämpfungsgesetz (SchwarzArbG[221]) strafbar. § 232 sollte (nicht nur in seinen zum Verbrechen qualifizierten Absätzen 3 und 4) – trotz der stets zu beachtenden Umstände des Einzelfalles[222] – regelmäßig als Straftat von erheblicher Bedeutung i.S. des § 81g Abs. 1 StPO und entsprechend auch von § 2 DNA-IdentitätsfestG betrachtet werden, da es sich nach seinem Strafrahmen um ein schwerwiegendes Vergehen handelt und auch eine ersichtliche Nähe zu den ebenfalls beispielhaft genannten Straftaten gegen die sexuelle Selbstbestimmung besteht.[223] Nach § 154c Abs. 2 StPO kann bei einem Menschenhandelopfer, das zur Prostitution genötigt worden ist, von der Verfolgung des Verstoßes gegen § 95 AufenthaltsG abgesehen werden, soweit es durch die Anzeige des Menschenhandels gleichzeitig die eigene Straftat offenbart. Damit sollen die Opfer von Menschenhändlern zur Kooperation mit den Strafverfolgungsbehörden ermutigt werden.[224] Eine Verurteilung nach § 232 führt zu einer Speicherung der sog. „Warndaten" nach § 2 Abs. 1 Nr. 1c Visa-Warndateigesetz (VWDG).[225]

---

217 *Renzikowski* MK Rdn. 92; *Zimmermann* SSW Rdn. 43.

218 *Valerius* vHH Rdn. 21.

219 Vgl. *Renzikowski* MK Rdn. 92.

220 Vgl. *Wolters* SSW[1] Rdn. 38.

221 BGBl. I 2004, S. 1842), zuletzt geändert durch Art. 7 des Gesetzes vom 21. Juli 2012 (BGBl. I, S. 1566).

222 Vgl. etwa BVerfG NJW **2001** 2321 und dies für § 81g StPO betonend LR/*Krause* § 81g Rdn. 16.

223 Enger *Renzikowski* MK Rdn. 101 (*de lege lata* auf die Verbrechensqualifikationen begrenzt), was auch von ihm selbst für rechtspolitisch verfehlt gehalten wird, aber auf Grund des weiten Merkmals „Straftaten von erheblicher Bedeutung, insb. …" auch nicht erforderlich ist.

224 Vgl. BTDrucks. 15/3045, S. 10; zweifelnd *Thoma* NKrimPol **2005** 53 f.

225 BGBl. I 2011, S. 3037 ff.

K. Internationales Strafrecht

65 Für Taten nach § 232 ist in § 6 Nr. 4 das **Weltrechtsprinzip** angeordnet, d.h. unabhängig vom Begehungsort ist deutsches Strafrecht anwendbar. Jedenfalls für Taten, die im Ausland von Ausländern an Ausländern begangen werden (auf Taten mit deutscher Beteiligung wäre freilich auch ohne Geltung des Weltrechtsprinzips schon nach § 7 in vielen Fällen deutsches Strafrecht anwendbar), wird man auch hier einen zusätzlichen **legitimierenden Anknüpfungspunkt im Einzelfall**[226] verlangen müssen (vgl. *Werle/Jeßberger* § 6 Rdn. 28).

§ 233
Menschenhandel zum Zweck der Ausbeutung der Arbeitskraft

(1) Wer eine andere Person unter Ausnutzung einer Zwangslage oder der Hilflosigkeit, die mit ihrem Aufenthalt in einem fremden Land verbunden ist, in Sklaverei, Leibeigenschaft oder Schuldknechtschaft oder zur Aufnahme oder Fortsetzung einer Beschäftigung bei ihm oder einem Dritten zu Arbeitsbedingungen, die in einem auffälligen Missverhältnis zu den Arbeitsbedingungen anderer Arbeitnehmerinnen oder Arbeitnehmer stehen, welche die gleiche oder eine vergleichbare Tätigkeit ausüben, bringt, wird mit Freiheitsstrafe von sechs Monaten bis zu zehn Jahren bestraft. Ebenso wird bestraft, wer eine Person unter einundzwanzig Jahren in Sklaverei, Leibeigenschaft oder Schuldknechtschaft oder zur Aufnahme oder Fortsetzung einer in Satz 1 bezeichneten Beschäftigung bringt.

(2) Der Versuch ist strafbar.

(3) § 232 Abs. 3 bis 5 gilt entsprechend.

Schrifttum

Vgl. zunächst die Nachweise zu § 232. Weiter *Arlacchi* Ware Mensch – Der Skandal des modernen Sklavenhandels, 1999, *Bales* Die neue Sklaverei, 2001, *Eydner* Der neue § 233 – Ansätze zum Verständnis der „Ausbeutung der Arbeitskraft“, NStZ **2006** 10–14, *Steenfatt* Der strafrechtliche Schutz des Arbeitnehmers vor einer Beschäftigung unter ungünstigen Arbeitsbedingungen, 2010.

Entstehungsgeschichte

§ 233 wurde durch das 37. StrÄndG vom 11.2.2005 (BGBl I 239) in das StGB aufgenommen. Strukturell orientiert sich die Vorschrift an § 232; sie geht zum einen auf Art. 3 lit. a des UN-Zusatzprotokolls zur Verhütung, Bekämpfung und Bestrafung des Menschenhandels, insbesondere des Frauen- und Kinderhandels (UN Doc. A/55/383; deutsche Fassung in 15/5150, S. 46 ff), und zum anderen auf Art. 1 Abs. 1 des Rahmenbeschlusses zur Bekämpfung des Menschenhandels des Rates der EU (ABl. EG L 203, S. 1 ff, auf Vorschlag der Kommission, KOM 2000 854 end) zurück.[1] Gänzlich neu war die Strafbarkeit der Ausbeutung fremder Arbeitskraft freilich nicht; so wurden unverhältnis-

---

[226] Vgl. – in anderem Kontext, aber hinsichtlich der völkerrechtlich gebotenen (vgl. BGH NStZ **1999** 236) restriktiven Auslegung übertragbar – etwa BGHSt **45** 64, 66.

[1] Zu den internationalen Verpflichtungen vgl. bereits Entstehungsgeschichte zu § 232.

mäßig schlechte Arbeitsbedingungen auch schon vorher von den §§ 291 Abs. 1 Nr. 3 StGB (Wucher), 15a Abs. 1 AÜG (Entleihung von Arbeitnehmern ohne Genehmigung) und 10 SchwarzArbG (ehedem § 406 SGB III – Beschäftigung von Ausländern ohne Genehmigung und zu ungünstigen Arbeitsbedingungen) erfasst.[2] Diese Vorschriften existieren nach wie vor; ihr Verhältnis zu § 233 ist auf Konkurrenzebene zu klären. Gestrichen wurde dagegen die Alternative des § 234 Abs. 1, die die Verbringung in Sklaverei und Leibeigenschaft pönalisierte; sie war durch die Einführung des § 233 überflüssig geworden.[3]

Gesetzesmaterialien: (zum 37. StrÄndG): Vgl. die Nachweise zu § 232

Übersicht

Alphabetische Übersicht

A. Rechtstatsächliche Aspekte

Die PKS 2012 führt 37 (2011: 43; 2010: 61; 2009: 24) erfasste Fälle des Menschenhandels nach § 233 StGB auf, der jeweils deutlich größere Teil davon sind solche nach Absatz 1. Angesichts der geringen Zahlen dürften selbst diese prozentual großen Schwankungen aber nicht aussagekräftig für die Kriminalitätsentwicklung in diesem Bereich 1

---

[2] *Renzikowski* MK Rdn. 10.

[3] BTDrucks. 15/3045, S. 9.

sein.[4] Das „Bundeslagebild Menschenhandel" verweist bis in die jüngste Vergangenheit auf die nach wie vor **geringe Erfahrung der Ermittlungsbehörden** mit dem verhältnismäßig neuen Delikt, aufgrund derer noch **keine gesicherten Erkenntnisse zum Ausmaß** des Menschenhandels zum Zwecke der Arbeitskraft gewonnen werden können.[5] Die kriminalpolitische Bedeutung dürfte allerdings, auch im Verhältnis zu § 232,[6] doch sehr gering sein,[7] obwohl Deutschland durch seine zentrale Lage in Europa und seine weltweit wirkende wirtschaftliche Attraktivität als Transit und Zielland für Arbeitsmigration und damit strukturell auch für den Menschenhandel attraktiv sein dürfte.[8] Auch die Geltung des Weltrechtsprinzips aus § 6 Nr. 4 trägt vermutlich kaum zu einer Steigerung der Bedeutung bei, weil es gerade in den Staaten, in denen die Ausbeutung absoluter Armut (auch durch Kinder- und Zwangsarbeit) an der Tagesordnung ist, am ehesten am notwendigen Willen zur Zusammenarbeit fehlen wird, so dass § 233 in die Gefahr gerät, zu einem Beispiel folgenloser Symbolik zu werden.[9] Immerhin lässt sich aber wohl ein gewisser Deliktsschwerpunkt im Gaststättengewerbe zum Nachteil sich illegal in der Bundesrepublik aufhaltender Ausländer und bei der Ausbeutung der Opfer als Haushaltskräfte ausmachen.[10]

B. Regelungszweck

2 Ebenso wie in § 232, so ist auch die Überschrift des § 233 als „Menschenhandel" missverständlich, denn das Wesen der Tat liegt darin, dass der Täter die **Arbeitskraft des Opfers ausbeutet**, nicht, dass er mit dem Opfer als „Ware" Handel betreibt und diesen ausbeutet.[11] Zweck der Norm ist ersichtlich der **Schutz der Menschenwürde** des Opfers, da durch den Status als Leibeigener oder Sklave die Subjektsqualität evident gefährdet ist. Die Verortung der Vorschrift in den Freiheitsdelikten weist auf das Schutzgut der persönlichen Freiheit in der Ausprägung der beruflichen und wirtschaftlichen Betätigungsfreiheit hin.[12] In besonderer Weise gilt dies alles bei Personen unter 21 Jahren, bei denen auf die positive Feststellung der Verletzung der Willensfreiheit verzichtet wird, da ein Mangel an Urteilsvermögen gleichsam vermutet wird.[13] Geschützt sind außerdem das Vermögen der Opfer[14] sowie deren Gesundheit, weil die unzulässigen Arbeitsbedingungen nicht nur das Leistungs-Lohn-Verhältnis, sondern etwa auch die Sicherheit am Arbeitsplatz erfassen.[15]

---

4 So sollen nach einer Studie der EU-Kommission im Bereich des Menschenhandels insgesamt einer geringeren Zahl von gefasten und verurteilten Tätern eine steigende Zahl von Opfern gegenüber stehen, vgl. *Drewes* DRiZ **2013** 153.

5 Menschenhandel, Bundeslagebild 2008 – pressefreie Kurzfassung –, S. 11, sowie Menschenhandel, Bundeslagebild 2009 – pressefreie Kurzfassung –, S. 11.

6 S. dort Rdn. 1.

7 Vgl. *Fischer* Rdn. 3: „weitgehende Bedeutungslosigkeit". Das Bundeslagebild Menschenhandel 2009 (vgl. Fn. 5), S. 11, nennt 24 Fälle (zuzüglich sieben Fällen der Förderung nach § 233a StGB).

8 Zutr. *Knospe* RdA **2011**, 348.

9 *Fischer* Rdn. 3. Gerade den Symbolcharakter als Rechtfertigung für die Norm heranziehend *Sonnen* NK² § 234 Rdn. 12.

10 Menschenhandel, Bundeslagebild 2008 – pressefreie Kurzfassung –, S. 11 (nicht mehr aufgenommen in der Ausgabe 2009, wobei das kein Hinweis für inhaltliche Änderungen sein dürfte).

11 Vgl. *Böse* NK Rdn. 1; *Sch/Schröder/Eisele* Rdn. 1; *Renzikowski* MK Rdn. 1; *Steenfatt* 137.

12 *Renzikowski* MK Rdn. 1; *Steenfatt* 131.

13 *Renzikowski* MK Rdn. 2.

14 *Böse* NK Rdn. 1; *Fischer* Rdn. 2; a.A. Lackner/*Kühl* Rdn. 1.

15 *Renzikowski* MK Rdn. 1; a.A. *Böse* NK Rdn. 1.

Neben diesen Individualrechtsgütern werden außerdem auch ganz allgemein die **Phänomene der Sklaverei, Leibeigenschaft und ähnliche Ausbeutungsverhältnisse bekämpft,** die mit Kernanliegen eines sozialen Rechtsstaats ersichtlich nicht kompatibel sind. Allenfalls als Reflex geschützt ist dagegen der Schutz des Arbeitsmarktes vor den Gefahren durch Lohndumping.[16] 3

C. Die Varianten des Grundtatbestandes (§ 233 Abs. 1)

I. Überblick

§ 233 ist **strukturell** stark an § 232 angelehnt (vgl. dort Rdn. 4).[17] Die Grundfälle des Menschenhandels zum Zweck der Ausbeutung der Arbeitskraft finden sich in Absatz 1. Dieser enthält zwei Tatbestandsalternativen, die sich je nach der Situation des Opfers unterscheiden. In Satz 1 befindet es sich in einer **Zwangslage** oder ist aufgrund seines **Aufenthalts in einem fremden Land hilflos,** in Satz 2 dagegen schlicht **unter einundzwanzig Jahre** alt. Pönalisiert wird jeweils das „Bringen in Sklaverei, Leibeigenschaft oder Schuldknechtschaft“ oder zur Aufnahme oder Fortsetzung von näher umschriebenen ungünstigen Arbeitsverhältnissen. Anders als in § 232 Abs. 1 ist das Merkmal einer ausbeuterischen Tätigkeit nicht gesondert erwähnt, allerdings zeigt die Überschrift, dass es insgesamt um die Ausbeutung der Arbeitskraft geht. Absatz 2 erklärt den Versuch für strafbar, Absatz 3 die Absätze 3 bis 5 des § 232 für entsprechend anwendbar. 4

II. Opfer und Tatsituation

Opfer und Tatsituation in § 233 Abs. 1 entsprechen denen in § 232 Abs. 1 StGB (vgl. dort Rdn. 5 ff), d.h. die Willensfreiheit des Opfers wird in Satz 1 durch das Ausnutzen einer bestehenden Zwangslage angegriffen, während Satz 2 eine unwiderlegliche gesetzliche Vermutung dahingehend anstellt, dass Personen unter einundzwanzig Jahre konstitutionell zur Bildung eines eigenen Willens (noch) nicht (uneingeschränkt) in der Lage und daher stets gefährdet sind, bezüglich ihrer Arbeitskraft ausgenutzt zu werden. 5

III. Tathandlung und Taterfolg

1. Tathandlung und Tatsituation. Die **„Zwangslage“** ist wie in § 232 Abs. 1 S. 1 (dort Rdn. 7) jede ernste wirtschaftliche oder persönliche Bedrängnis, die mit einer wesentlichen Einschränkung der Entscheidungs- und Handlungsmöglichkeiten verbunden ist und der die Gefahr anhaftet, den Widerstand des Opfers gegen Angriffe auf die persönliche Freiheit herabzusetzen. Die **„auslandsspezifische Hilflosigkeit“** (dazu § 232 Rdn. 9 ff) liegt demgegenüber vor, wenn das Opfer in der konkreten Situation nach seinen persönlichen Fähigkeiten nicht oder nur erheblich eingeschränkt in der Lage ist, die ihm angebotene Beschäftigung zurückzuweisen. Der Wortlaut erfasst sowohl ausländische Opfer in Deutschland, als auch deutsche Opfer im Ausland.[18] Die Hilflosigkeit 6

16 *Renzikowski* MK Rdn. 1.
17 Kritisch zur Formulierung *Schroeder* GA 2005 307, 309.
18 *Renzikowski* MK Rdn. 16.

muss kausal auf dem Aufenthalt im fremden Land (das aber nicht unbedingt „Ausland" sein muss, vgl. § 232 Rdn. 10 a.E.) beruhen. Unter Ausnutzung der jeweiligen Schwächesituation handelt der Täter, wenn die Lage des Opfers sein Vorhaben ermöglicht oder zumindest begünstigt, er sich dessen bewusst ist und die besondere Gelegenheit dann wahrnimmt (vgl. ausführlich § 233 Rdn. 26 ff).

7 **Tathandlung** ist das (sehr weit gefasste) **„dazu Bringen"**. Gemeint ist damit sowohl ein „Veranlassen" als auch ein „Bestimmen", aber darüber hinaus letztlich auch jedes andere kausale Bewirken[19] des jeweiligen Taterfolges (vgl. ausführlich § 232 Rdn. 24 f).

2. Taterfolg (pönalisierte Verhältnisse)

8 a) Eine Definition der **Sklaverei** findet sich in Art. 1 Nr. 1 des Genfer Übereinkommens über die Sklaverei vom 25.9.1926 in der Fassung des Änderungsprotokolls vom 7.12.1953 (BGBl. 1972 II S. 1473) und in Art. 7 lit. a des Zusatzübereinkommens über die Abschaffung der Sklaverei, des Sklavenhandels und sklavereiähnlicher Einrichtungen und Praktiken vom 7.9.1956 (BGBl. 1958 II S. 203, neu bekannt gemacht aufgrund Art. 2 des Gesetzes vom 8.9.1972, BGBl. 1972 II S. 1069). Danach ist Sklaverei die Rechtsstellung oder Lage einer Person, an der einzelne oder alle mit dem Eigentumsrecht verbundene Befugnisse ausgeübt werden.[20] Die Alternativen des Bringens in Sklaverei oder Leibeigenschaft setzen voraus, dass das Opfer nicht nur in einem solchen Verhältnis lebt, sondern darüber hinaus auch einer Rechtsordnung unterworfen ist, die die Rechtsstellung eines Sklaven oder Leibeigenen kennt oder zumindest duldet.[21] In der Bundesrepublik Deutschland ist dies wegen Art. 4 Abs. 1 EMRK nicht der Fall.[22] „Faktische Ausbeutungsverhältnisse" werden von der vierten Alternative erfasst, so dass sich die ersten beiden Alternativen („Sklaverei" und „Leibeigenschaft") auf Auslandstaten beschränken.[23]

9 b) **Leibeigenschaft** bezeichnet die Stellung einer Person, die durch Gesetz, Gewohnheitsrecht oder Vereinbarung verpflichtet ist, auf einem einer anderen Person gehörenden Grundstück zu leben und zu arbeiten und dieser Person bestimmte entgeltliche oder unentgeltliche Dienste zu leisten, ohne seine Stellung selbstständig ändern zu können.[24] Auch die Alternative des „Bringens in Leibeigenschaft" setzt voraus, dass diese Form der Ausbeutung durch die Rechtsordnung zumindest toleriert wird, was in Deutschland nicht der Fall ist (vgl. bereits Rdn. 8).

10 c) Der Begriff der **„Schuldknechtschaft"** setzt ein Abhängigkeitsverhältnis voraus, bei dem der Gläubiger die Arbeitskraft eines Schuldners über einen längeren Zeitraum mit dem Ziel ausbeutet, dass tatsächlich bestehende oder auch nur vermeintliche Schulden abgetragen werden.[25] In den einschlägigen Sachverhaltskonstellationen behält der Täter das dem Opfer an sich zustehende Arbeitsentgelt zurück, bis dieses beispielsweise die Kosten für die Einschleusung oder ein Darlehen abgearbeitet hat.[26] **Kennzeichnend** ist, dass die grundlegenden **zivilen Rechte** des Opfers, wie die Rechts- oder Geschäftsfähig-

---

19 Wie hier BGH StV **2010** 296; **aA** *Renzikowski* MK Rdn. 19: nur kommunikative Beeinflussung.

20 Übernommen von EGMR NJW 2007 41.

21 BGHSt **39** 214; *Fischer* Rdn. 5.

22 *Böse* NK Rdn. 4; *Renzikowski* MK Rdn. 24.

23 *Böse* NK Rdn. 4.

24 *Sch/Schröder/Eisele* Rdn. 4; *Zimmermann* SSW Rdn. 4.

25 BTDrucks. 15/3045, S. 9; Lackner/*Kühl* Rdn. 4; *Zimmermann* SSW Rdn. 5.

26 *Renzikowski* MK Rdn. 26.

keit, zwar nicht wie bei Sklaverei und Leibeigenschaft formalrechtlich, wohl aber zumindest **faktisch eingeschränkt** werden und das Opfer dadurch der freien Willkür des Schuldherrn unterworfen wird.[27]

d) Gewissermaßen als Auffangtatbestand fungiert das Bringen des Opfers zur „**Aufnahme oder Fortsetzung einer Beschäftigung** bei ihm (d.i. dem Täter) oder einem Dritten zu **Arbeitsbedingungen**, die **in einem auffälligen Missverhältnis** zu den Arbeitsbedingungen anderer Arbeitnehmerinnen oder Arbeitnehmer stehen, welche die gleiche oder eine vergleichbare Tätigkeit ausüben". Der Gesetzgeber erblickt hierin den (nach der Schuldknechtschaft) zweiten Unterfall der „sklavereiähnlichen Verhältnisse"[28], woraus schon ersichtlich wird, dass das Arbeitsverhältnis **nicht nur einfach verhältnismäßig ungünstig** sein darf, sondern seiner Ausgestaltung nach an die formalrechtliche Sklaverei heranreichen muss. „Beschäftigung" ist jede abhängige Tätigkeit im Dienste des Täters oder eines Dritten. Selbständige Tätigkeiten sind nicht erfasst (sog. „Scheinselbständige" dagegen schon).[29] Die zivilrechtliche Wirksamkeit des Arbeitsvertrages ist nicht erforderlich und wäre wegen §§ 134, 138 BGB im Übrigen wohl auch selten gegeben.[30] „Arbeitsbedingungen" sind sämtliche Umstände, Rechte und Pflichten, die das Arbeitsverhältnis ausgestalten, insbesondere die Arbeitszeiten, das Arbeitsentgelt, die Art der ausgeübten Tätigkeit, Einsatzorte, Urlaubsansprüche und sonstige Sachbezüge,[31] wobei nicht die vereinbarten, sondern die tatsächlichen Bedingungen maßgeblich sind.[32] Zur Aufnahme bzw. Fortsetzung der Beschäftigung vgl. § 232 Rdn. 18 f. **11**

Die Beschäftigung muss in einem „**auffälligen Missverhältnis**" zu derjenigen der Vergleichsgruppe, also der Arbeitnehmer mit gleicher oder vergleichbarer (gemeint: „ähnlicher"[33]) Tätigkeit, stehen. Der Begriff wird auch in § 291 Abs. 1 S. 1 gebraucht, ferner in § 15a Abs. 1 AÜG und § 10 SchwarzArbG (bzw. der Vorgängervorschrift des § 406 SGB III). In § 291 Abs. 1 S. 1 ist ein auffälliges Missverhältnis gegeben, wenn der Kundige nach Aufklärung des Sachverhalts ohne weiteres erkennen kann, dass die Leistung im Verhältnis zur Gegenleistung nach den Umständen völlig unangemessen ist (vgl. § 291 Rdn. 28).[34] Im AÜG wird im besonders wichtigen Bereich der Vergütung als Faustformel ein auffälliges Missverhältnis oft bei einem Lohn, der 20 % unter demjenigen der Vergleichsgruppe für die vergleichbare Arbeit liegt,[35] oder bei Sittenwidrigkeit des betreffenden Arbeitsvertrags wegen Verstoßes gegen § 138 BGB angenommen.[36] Im Rahmen einer Gesamtbetrachtung muss sich erweisen, dass es der Vergleichsgruppe – in welchem Punkt auch immer – deutlich besser geht.[37] Tätigkeiten sind gleich, wenn sie in ihrer wesentlichen Ausgestaltung einander entsprechen, und vergleichbar, wenn sie sich überwiegend ähneln, wenngleich auch in einzelnen Punkten voneinander abweichen.[38] Problematisch hierbei ist, dass ein Missverhältnis dann nicht festgestellt werden kann, wenn andere **12**

---

27 *Eydner* NStZ 2006 10 12.
28 BTDrucks. 15/3045, S. 9.
29 *Böse* NK Rdn. 6; *Sch/Schröder/Eisele* Rdn. 6; *Fischer* Rdn. 10; *Steenfatt* 142 f.
30 Vgl. *Sch/Schröder/Eisele* Rdn. 6; Lackner/*Kühl* Rdn. 5; *Renzikowski* MK Rdn. 27.
31 *Böse* NK Rdn. 6; *Eydner* NStZ 2006 10 13.
32 *Sch/Schröder/Eisele* Rdn. 6; Thüsing/*Kudlich* AÜG 3. Auflage (2012), § 15 Rdn. 22; *Valerius* vHH Rdn. 8.
33 Hinweis bei *Fischer* Rdn. 11.
34 BGHSt 43 60; *Steefatt* 145. Ausführliche Diskussion verschiedener Ansätze bei *Renzikowski* MK Rdn. 30 ff.
35 Thüsing/*Kudlich* AÜG 3. Auflage (2012), § 15 Rdn. 24.
36 Thüsing/*Kudlich* AÜG 3. Auflage (2012), § 15 Rdn. 25; *Valerius* vHH Rdn. 9.
37 Vgl. Lackner/*Kühl* Rdn. 5.
38 Thüsing/*Kudlich* AÜG 3. Auflage (2012), § 15 Rdn. 18; *Valerius* vHH Rdn. 10.

Arbeitnehmer mit gleicher oder vergleichbarer Beschäftigung ebenso schlecht behandelt werden. Insbesondere in den Fällen der Kinderarbeit wird das häufig so sein; man kann sich hier auch nicht mit einem Vergleich zwischen der Beschäftigung von Kindern in der sog. „Dritten Welt" und der von Erwachsenen in Deutschland behelfen, weil diese nicht im Sinne des Gesetzes „vergleichbar" sind.[39] Allerdings kommt es bei dem Vergleich nicht auf die tatsächlichen Arbeitsbedingungen der Vergleichsgruppe an, sondern auf die rechtlich geschuldeten. Daher ist es zulässig, auf entsprechende **geltende gesetzliche Bestimmungen zu rekurrieren**, die Aussagen darüber treffen, wie vergleichbare Arbeitsverhältnisse beschaffen sein sollen, ohne dass es darauf ankommt, ob sie tatsächlich so beschaffen sind. So können etwa tarifliche Mindestlohnvereinbarungen oder geltende Arbeitnehmerschutzbestimmungen als Vergleichsgrundlage herangezogen werden.[40]

13 Es ist **zweifelhaft**, ob der Begriff des „auffälligen Missverhältnisses" in § 233 Abs. 1 ebenso verstanden werden darf, wie etwa in § 15a Abs. 1 AÜG, oder ob er nicht einer **weiteren Restriktion** bedarf. Für eine teleologische Reduktion spricht der im Verhältnis deutlich höhere Strafrahmen.[41] Auch der Gesetzgeber ging davon aus, mit der Formulierung des „auffälligen Missverhältnisses" (nur) „sklavereiähnliche Verhältnisse" zu erfassen.[42] Den Gegnern einer teleologischen Reduktion ist zwar zuzugeben, dass die Beschränkung auf „sklavereiähnliche Verhältnisse" im Wortlaut der Vorschrift direkt keine Stütze findet;[43] doch ist zumindest aus der **systematischen Zusammenschau** mit den anderen Alternativen zu erkennen, dass die vierte Alternative des „auffälligen Missverhältnisses" in ihrer Intensität nicht wesentlich hinter Sklaverei, Leibeigenschaft und Schuldknechtschaft zurückstehen sollte.[44] Zudem ist daran zu erinnern, dass nicht wie bei § 291 Abs. 1 allein das Vermögen geschützt werden soll, sondern dass § 233 Abs. 1 v.a. den **Angriff auf die Menschenwürde des Opfers** pönalisiert, was die Forderung nach einer deutlich höheren Eingriffsintensität nahe legt.

IV. Subjektiver Tatbestand

14 Für die Erfüllung des subjektiven Tatbestands genügt **bedingter Vorsatz**, der aber auch die Voraussetzungen des ausbeuterischen Missverhältnisses umfassen muss, sowie in Satz 1 diejenigen der Zwangslage oder Hilflosigkeit und in Satz 2 das Alter des Opfers (vgl. näher § 232 Rdn. 29 ff).

D. Tatbegehung durch Unterlassen

15 Eine Tatbegehung durch Unterlassen ist wie bei § 232 Abs. 1 (vgl. dort Rdn. 33 f) grundsätzlich möglich, etwa dadurch, dass der Obhutsgarant seinen Schützling nicht davor bewahrt, zu einer Beschäftigung nach Absatz 1 gebracht zu werden.

---

39 Vgl. *Fischer* Rdn. 11.
40 Vgl. *Renzikowski* MK Rdn. 31.
41 Vgl. *Renzikowski* MK Rdn. 34 („zwangsarbeitsähnliche Ausbeutungsverhältnisse"); *Sch/Schröder/Eisele* Rdn. 9; *Schroeder* NJW 2005 1393 1396; *Valerius* vHH Rdn. 9; *Zimmermann* SSW Rdn. 8. Allgemein zur strafrahmenorientierten Auslegung *Kudlich* Die strafrahmenorientierte Auslegung im System der strafrechtlichen Rechtsfindung, ZStW 2003 1; *Steenfatt* 151.
42 BTDrucks. 15/3045, S. 9.
43 Lackner/*Kühl* Rdn. 5.
44 Vgl. auch *Eydner* NStZ 2006 10 14.

E. Versuchsstrafbarkeit

§ 233 Abs. 2 erklärt den Versuch des Absatz 1 für strafbar. Erforderlich ist ein auf Verwirklichung aller nach dem objektiven Tatbestand relevanten Umstände gerichteter Tatentschluss, der dem subjektiven Tatbestand (oben Rdn. 14) entspricht (vgl. auch § 232 Rdn. 35. **16**

Für das **unmittelbare Ansetzen** zur Verwirklichung des Tatbestandes nach Absatz 1 gilt das zu § 232 Gesagte entsprechend (dort Rdn. 36). Das bedeutet: Ein unmittelbares Ansetzen ist wegen der uferlosen Weite der Tathandlung des „Dazu-Bringens" nicht in jedem Fall bei dem dieser Ausführungshandlung unmittelbar vorgelagertem Verhalten anzunehmen. Vielmehr sind, da der Eintritt des Taterfolgs stets von einer Mitwirkungshandlung des Opfers abhängt, die zum unmittelbaren Ansetzen des mittelbaren Täters entwickelten Grundsätze anzuwenden. Dies wird der Struktur des Tatbestands am ehesten gerecht. Ein unmittelbares Ansetzen liegt demnach dann vor, wenn der Täter „das **Geschehen aus der Hand**" gibt und damit nach seiner Vorstellung das geschützte Rechtsgut unmittelbar gefährdet wird, was mit der Tathandlung zusammenfallen kann, aber nicht muss. **17**

F. Täterschaft und Teilnahme

Bei § 233 Abs. 1 handelt es sich um ein „Jedermannsdelikt". Eigenhändigkeit ist nicht vorausgesetzt. Die Beteiligung richtet sich nach den allgemeinen Grundsätzen. Das Opfer selbst ist als notwendiger Teilnehmer stets straflos.[45] Vgl. im Übrigen § 232 Rdn. 38, 40–42. **18**

In der Literatur wird eine **Teilnahmestrafbarkeit** desjenigen **Arbeitgebers** abgelehnt, der in Kenntnis der Haupttat Dienste des Opfers, beispielsweise eines Leiharbeiters, lediglich nachfragt; vielmehr sei die Strafbarkeitsschwelle erst erreicht, wenn der potentielle Arbeitgeber auf die Tathandlung des Haupttäters selbst abziele, indem er beispielsweise „Nachschub" an billigen Arbeitskräften fordere.[46] Dogmatisch ist es hier nicht einfach, eine zumindest psychische Beihilfe (Bestärkung des Tatentschlusses durch Begründung des Bedarfs) zu verneinen. Rechtspolitisch mag man eine solche einschränkende Auslegung erwägen, wenn der Arbeitgeber nur bestehende Möglichkeiten nutzt, da den Opfern schwerlich geholfen wäre, wenn in einem bestehenden Ausnutzungsverhältnis ihre Dienste nicht einmal nachgefragt würden. Eine Strafbarkeit des **Arbeitgebers als Haupttäter** ist, anders als die des Freiers in § 232 Abs. 1 (vgl. dort Rdn. 39), durchaus denkbar. Zwar stellt § 233 Abs. 1 in jeder Alternative auf ein längerfristiges Verhältnis ab, so dass, anders als bei § 232 Abs. 1, die Strafbarkeit nicht auf die Inanspruchnahme einzelner „Dienstleistungshandlungen" gegründet werden kann; doch anders als der Freier der Prostituierten hat der Arbeitgeber typischerweise auch eine länger andauernde Beziehung zu dem Arbeitnehmer, so dass durchaus von einem Bringen zur Aufnahme oder Fortsetzung eines solchen ungünstigen Arbeitsverhältnisses gesprochen werden kann, wenn sich der Täter durch die Tat als Arbeitgeber selbst begünstigt. Nach § 10a Schwarzarbeitsbekämpfungsgesetz (SchwarzArbG[47]) ist ferner eigenständig pönalisiert, entgegen § 4 Abs. 3 S 2 des Aufenthaltsgesetzes einen Ausländer zu beschäftigen und hierbei eine Lage auszunutzen, in der sich der Ausländer durch eine gegen ihn gerichtete Tat eines Dritten nach § 233 befindet. **19**

---

[45] Vgl. *Renzikowski* MK Rdn. 52.
[46] *Renzikowski* MK Rdn. 52.
[47] BGBl. I 2004, S. 1842), zuletzt geändert durch Art. 7 des Gesetzes vom 21. Juli 2012 (BGBl. I, S. 1566)

G. Qualifizierte Fälle des Abs. 3

20 Durch die Verweisung in § 233 Abs. 3 auf § 232 Abs. 3 gelten die dortigen Qualifikationen entsprechend (vgl. dazu § 232 Rdn. 43 ff). Die Todesgefahr des § 232 Abs. 3 Nr. 2 muss „durch die Tat" eintreten, wozu nicht nur die Tathandlung, sondern auch der Taterfolg zählt, so dass beispielsweise auch eine durch eine gefahrenträchtige und im Vergleich ungesicherte Arbeitsstelle hervorgerufene Todesgefahr den Tatbestand erfüllt; allerdings muss sich der Vorsatz des Täters bereits bei der Tathandlung hierauf beziehen, weil § 18 gerade nicht gilt.[48]

H. Tatbestände nach Abs. 4

21 Die Verweisung in § 233 Abs. 3 auf § 232 Abs. 4 erklärt die dortigen selbständigen Tatbestände für entsprechend anwendbar. Im Einzelnen vgl. § 232 Rdn. 49 ff.

I. Strafe

22 **Absatz 1** sieht eine Strafe von sechs Monaten bis zehn Jahren Freiheitsstrafe vor. Geldstrafe ist grundsätzlich ausgeschlossen, es sei denn, ein Milderungsgrund des AT griffe ein, weil § 47 Abs. 2 nicht anwendbar ist.[49] Für die **Strafzumessung** nach § 46 relevante Umstände sind etwa eine länger andauernde Ausbeutung der Arbeitskraft des Opfers, eine entwürdigende Behandlung, die physischen und psychischen Folgen der Tat, das Herbeiführen der Zwangslage oder Hilflosigkeit nach Satz 1 durch den Täter selbst, das Alter des Opfers im Rahmen von Satz 2 sowie die Höhe der Bereicherung durch den Täter.[50]

23 Über **Absatz 3** i.V.m. § 232 Abs. 3 und 4 ist für die Qualifikationen bzw. die eigenständigen schwereren Tatbestände eine Strafe von einem bis zu zehn Jahren Freiheitsstrafe angedroht. Die Tat ist folglich ein Verbrechen, ihr Versuch nach §§ 23 Abs. 1, 12 Abs. 1 stets strafbar. Neben den für Absatz 1 bedeutsamen Strafzumessungserwägungen (vgl. oben Rdn. 22) fallen hier zusätzlich ins Gewicht: die Schwere der Verletzungen (§ 232 Abs. 3 Nr. 2), der Grad der Organisation (§ 232 Abs. 3 Nr. 3), eine erhebliche Gewaltausübung (§ 232 Abs. 4 Nr. 1) oder die Zeit, die sich das Opfer in der Gewalt des Täters befunden hat, sowie die ihm dort zuteil gewordene Behandlung (§ 232 Abs. 4 Nr. 2).[51]

24 Schließlich ist nach § **233 Abs. 3** auch § 232 Abs. 5 entsprechend anzuwenden. Der Strafrahmen für minderschwere Fälle des Absatz 1 verkürzt sich auf drei Monate bis zu fünf Jahren Freiheitsstrafe; § 47 Abs. 2 macht hier die Verhängung einer Geldstrafe möglich. Bei den Taten nach Absatz 3 und 4 des § 232 beträgt die Mindeststrafe sechs Monate Freiheitsstrafe. Argumente für die Annahme eines **minderschweren Falles** sind etwa, dass der Täter freiwillig die Ausbeutung des Opfers verhindert hat (§ 232 Abs. 4 Nr. 2), dass das Ausbeutungsverhältnis nur kurze Zeit angedauert hat, dass die Grenze zum „auffälligen Missverhältnis" nur knapp überschritten wurde oder dass der Täter das erste Mal gewerbsmäßig gehandelt hat (§ 232 Abs. 3 Nr. 3).[52]

---

48 *Fischer* Rdn. 16.
49 *Renzikowski* MK Rdn. 60.
50 Vgl. *Renzikowski* MK Rdn. 60.
51 *Renzikowski* MK Rdn. 61.
52 *Renzikowski* MK Rdn. 62.

J. Konkurrenzen und Bezugnahmen

25 Vgl. zunächst § 232 Rdn. 61 zur inner- und Rdn. 62 zu außertatbestandlichen Konkurrenzen. Für das Verhältnis zu § 291, § 15a AÜG, § 10 SchwarzArbG und § 58 JArbSchG gilt folgendes: Soweit § 233 erfüllt ist, treten die anderen, ggf. mitverwirklichten Tatbestände im Wege der Subsidiarität zurück, weil der in ihnen enthaltene Unrechtsgehalt vollständig von dem des Menschenhandels zum Zweck der Ausbeutung der Arbeitskraft erfasst wird.[53] **Idealkonkurrenz** ist möglich mit § 263 und § 266a.[54]

26 Auf § 232 Abs. 1 und 2 wird in § 261 Abs. 1 S. 2, und auf § 232 Abs. 3, 4 und 5 in §§ 126 Abs. 1 Nr. 4 und 138 Abs. 1 Nr. 6 verwiesen. Vgl. näher § 232 Rdn. 63.

27 Für prozessuale Bezugnahmen und außerstrafrechtliche Folgen vgl. die Aufzählung in § 232 Rdn. 64.

K. Internationales Strafrecht

28 Die Geltung des **Weltrechts-Grundsatzes nach § 6 Abs. 4** ermöglicht zwar grundsätzlich die Ahndung von im Ausland begangenen Taten, was insbesondere unter dem Aspekt der (Ausbeutung von) Kinderarbeit wichtig ist; allerdings dürften hier nicht nur gravierende tatsächliche Hindernisse für die Rechtsverfolgung bestehen (s. bereits oben Rdn. 1), sondern jedenfalls für Taten, die im Ausland von Ausländern an Ausländern begangen werden (auf Taten mit deutscher Beteiligung wäre freilich auch ohne Geltung des Weltrechtsprinzips schon nach § 7 in vielen Fällen deutsches Strafrecht anwendbar), wird man auch hier einen zusätzlichen legitimierenden Anknüpfungspunkt im Einzelfall[55] verlangen müssen (vgl. *Werle/Jeßberger* § 6 Rdn. 28). Für die den Tatbeständen zugrunde liegenden internationalen Verpflichtungen vgl. oben Entstehungsgeschichte und Entstehungsgeschichte zu § 232.

§ 233a
Förderung des Menschenhandels

(1) Wer einem Menschenhandel nach § 232 oder § 233 Vorschub leistet, indem er eine andere Person anwirbt, befördert, weitergibt, beherbergt oder aufnimmt, wird mit Freiheitsstrafe von drei Monaten bis zu fünf Jahren bestraft.

(2) Auf Freiheitsstrafe von sechs Monaten bis zu zehn Jahren ist zu erkennen, wenn
1. **das Opfer der Tat ein Kind (§ 176 Abs. 1) ist,**
2. **der Täter das Opfer bei der Tat körperlich schwer misshandelt oder durch die Tat in die Gefahr des Todes bringt oder**

---

[53] *Renzikowski* MK Rdn. 59; speziell zu § 291 Abs. 1 S. 1 Nr. 3 wohl **aA** und *Fischer* Rdn. 9; vgl. auch *Sch/Schröder/Eisele* Rdn. 17.

[54] *Sch/Schröder/Eisele* Rdn. 17; *Renzikowski* MK Rdn. 59; **aA** zu § 263 *Fischer* Rdn. 19: Ausbeuten durch List als speziellerer Tatbestand.

[55] Vgl. – in anderem Kontext, aber hinsichtlich der völkerrechtlich gebotenen (vgl. BGH NStZ **1999** 236) restriktiven Auslegung übertragbar – etwa BGHSt **45** 64 66.

3. der Täter die Tat mit Gewalt oder durch Drohung mit einem empfindlichen Übel oder gewerbsmäßig oder als Mitglied einer Bande, die sich zur fortgesetzten Begehung solcher Taten verbunden hat, begeht.

(3) Der Versuch ist strafbar.

Schrifttum

Kudlich Berufsbedingtes Vorschubleisten, Festschrift Roxin II (2011), 881. Vgl. im Übrigen die Nachweise zu §§ 232, 233.

Entstehungsgeschichte

§ 233a ist eine Vorschrift ohne Vorläuferregelung im eigentlichen Sinne. Sie ergänzt den Strafrechtsschutz der §§ 232, 233 durch eine Ausdehnung ins zeitliche Vorfeld (wobei umstritten ist, ob dies auch für Handlungen des späteren Täters selbst gilt, vgl. Rdn. 4) und ist in dieser Gestalt den europarechtlichen Vorgaben geschuldet, welche in Art. 1 des „Rahmenbeschlusses zur Bekämpfung des Menschenhandels" (ABl. EG Nr. L 203 vom 1.8.2002) eine Aufzählung verschiedener Förderungshandlungen im Vorfeld der Ausbeutung der Sexualität bzw. der Arbeitskraft enthalten und das Erfordernis einer selbständigen Strafbarkeit dieser Vorfeldhandlungen anordnen. Die Umsetzung dieser Vorgaben durch eine eigene Strafvorschrift, welche Lücken der allgemeinen akzessorischen Teilnahmehandlungen etwa in Fällen schließt, in denen es nicht zum Versuch der Haupttat kommt, wurde im Laufe des Gesetzgebungsverfahrens zum 37. StrÄndG erst im Rechtsausschuss des Bundestages in den Entwurf aufgenommen (vgl. BT-Drs. 15/3045, S. 16 f. einer- und 15/4048, S. 13 f andererseits)[1]. Denkbare Umsetzungslücken der europarechtlichen Vorgaben für Handlungen nach Vollendung des Menschenhandels (vgl. BT-Drs. 15/4380, S. 2 f) werden dagegen als praktisch nicht bedeutsam eingestuft.[2]

Übersicht

[1] Krit. *Schroeder* NJW 2005 1393 1396 („deutsche Gründlichkeit" der Sachverständigen im Rechtsausschuss, in deren Folge diesen „der Mut verlassen habe", die weit vorverlagerten Absichtsdelikte des Rahmenbeschlusses als Erfolgsdelikte mit Versuchsstrafbarkeit zu belassen).

[2] Vgl. *Renzikowski* MK Rdn. 5. Zu den Gesetzesmaterialien des 37. StrÄndG vgl. im Übrigen die Darstellung der Entstehungsgeschichte zu § 232.

Alphabetische Übersicht

A. Rechtstatsächliche Aspekte

1 In der **PKS** 2012 sind 28, in derjenigen für 2011 37 Fälle gegenüber 67 Fällen für 2010 und 49 Fällen im Jahr 2009 erfasst; auch hier dürften die prozentual hohen Schwankungen angesichts der geringen Fallzahlen nur bedingt aussagekräftig sein.[3] Zum Stand Mai 2014 ist in der Datenbank Juris nur eine einzige Entscheidung zu § 233a ausgewiesen, die von einem Zivilgericht im Zusammenhang mit der Nutzung einer Eigentumswohnung zur Prostitutionsausübung erlassen worden ist.[4] Die **überschaubare praktische Bedeutung** erstaunt nicht, wenn man berücksichtigt, dass isolierte Förderungshandlungen als solche oft schon nicht erkennbar sind, jedenfalls aber nicht verfolgt werden dürften. Kommt es dann tatsächlich zu einer Tatbegehung, liegt der Verfolgungsschwerpunkt gewiss auf den §§ 232, 233 samt der Beteiligung daran selbst, insbesondere wenn mit einer verbreiteten Auffassung (vgl. näher unten Rdn. 32) in solchen Fällen ohnehin eine Konsumtion des § 233a angenommen wird.

B. Regelungszweck

2 § 233a knüpft an die §§ 232, 233 an und bildet zu diesen eine **frühzeitig ansetzende** (im untechnischen Sinn) **Teilnahme-, nach umstrittener Ansicht** aber auch eine umfassende (d.h. auch den späteren Haupttäter selbst betreffende) **Vorbereitungshandlung** (vgl. näher Rdn. 3 f). Die weite Ausdehnung der Strafbarkeit auf Vorbereitungshandlungen (zumindest durch Dritte, vgl. näher sogleich Rdn. 3 f) ist zum einen und vorrangig den **europarechtlichen Vorgaben** geschuldet (vgl. oben zur Entstehungsgeschichte), ist aber bei Betrachtung der historischen Gesetzesentwicklung zum anderen auch geeignet, Strafbarkeitslücken zu schließen; welche dadurch aufgetan worden sind, dass §§ 232, 233 als Erfolgsdelikte strukturiert sind („bringen", vgl. § 232 Rdn. 24; § 233 Rdn. 7 ff), während etwa §§ 180b und 181 a.F. mit ihren Tathandlungen „einwirken, um …" (vgl.

---

[3] So sollen nach einer Studie der EU-Kommission im Bereich des Menschenhandels insgesamt einer geringeren Zahl von gefasten und verurteilten Tätern eine steigende Zahl von Opfern gegenüber stehen, vgl. *Drewes* DRiZ **2013** 153.

[4] OLG Zweibrücken ZWE **2009** 142 f.

§ 180b a.F.,[5] auch im Unterschied zum „Dazu-Bringen“ der 2. Alt.) bzw. „anwerben“ (§ 181 I Nr. 3 a.F.) keinen Taterfolg im Sinn einer Aufnahme der entsprechenden Tätigkeit vorausgesetzt haben.

3 Nach einhelliger Auffassung bildet § 233a jedenfalls eine **beihilfeähnliche, eigenständig pönalisierte Beteiligungshandlung**, die in Fällen von Bedeutung ist, in denen entweder die Haupttat nicht bis ins Versuchsstadium gelangt und daher eine Teilnahme nach allgemeinen Regeln nicht möglich ist, oder aber die Beihilfehandlung selbst im Versuchsstadium stecken bleibt und daher (arg. e contrario § 30 Abs. 1) nicht strafbar ist.[6] Dogmatisch ist eine solche Vorfeldstrafbarkeit der Beteiligten stringent geregelt, wenn der Gesetzgeber sich europarechtlich zu ihr verpflichtet fühlt. **Bemerkenswert** ist die Regelung für Vergehen (!), bei denen auch nicht etwa strukturelle Strafbarkeitslücken im Kernbereich der Vollendungsstrafbarkeit drohen,[7] indes allemal, da sie etwa über diejenigen eines Tötungsdeliktes i.V.m. den allgemeinen Beteiligungs- und Versuchsregeln weit hinausgeht.

4 Weniger klar und auch **umstritten** ist dagegen, ob darüber hinaus auch eigene **Vorbereitungshandlungen** des späteren Täters erfasst sind, was eine Ausdehnung der Strafbarkeit in sonst straflose Vorbereitungsbereiche der täterschaftlichen Begehung bedeuten würde. Während in der Literatur teilweise § 233a auf Beihilfehandlungen beschränkt wird,[8] lässt die wohl überwiegende Ansicht auch Handlungen zur Vorbereitung eines selbst zu begehenden Menschenhandels genügen.[9] Der **Wortlaut** der Vorschrift lässt eine solche weite Auslegung wohl zu, wenngleich rein sprachlich ein „Vorschubleisten“ üblicherweise eher im Zusammenhang mit Handlungen Dritter stehen dürfte. Auch das StGB verwendet den Begriff etwa in der geltenden Fassung des § 180 explizit im Zusammenhang mit Handlungen anderer Personen, während im Zusammenhang mit späteren eigenen Handlungen z.B. von „Vorbereiten“ die Rede ist (vgl. etwa aus der neueren Gesetzesgeschichte § 202c Abs. 1, welcher den Begriff des „Vorbereitens“ – freilich auch sowohl auf spätere eigene als auch auf fremde Taten bezogen – verwendet). Mit Blick auf die systematisch durchaus fragwürdige Strafbarkeitsausweitung (vgl. bereits oben Rdn. 3) spricht daher bei isolierter Betrachtung des Gesetzes durchaus viel für eine **restriktive Auslegung**. Dass bei einem solchen Verständnis die Vorbereitung einer eigenen späteren Tat weniger weitgehend sanktioniert würde als die im Vorbereitungsstadium erfolgende Beteiligung an einer fremden Tat ist der geltenden Beteiligungsdogmatik auch sonst keineswegs fremd: So können etwa Beihilfebeiträge im Vorbereitungsstadium geleistet werden, die (wenn es später zur Haupttat kommt) strafbar sind, während das täterschaftliche Verhalten im Vorbereitungsstadium alleine noch straflos bleibt. Auch § 30 Abs. 2 zeigt, dass mit der Beteiligung mehrere an einer Straftat die Grenzen der Strafbarkeit zeitlich ins Vorbereitungsstadium ausgeweitet werden können. Dem gegenüber führt die wohl herrschende Auffassung in der Literatur das Gebot zur völkerrechtskonformen bzw. rahmenbeschlusskonformen Auslegung der Vorschrift an und verweist insoweit

---

5 Zur Vollendung dieses Tatbestandes *Renzikowski* MK § 180b Rdn. 63.

6 Vgl. nur *Fischer* Rdn. 2; *Renzikowski* MK Rdn. 2, 5; *Böse* NK Rdn. 1; *Sch/Schroeder/Eisele* Rdn. 2; *Hempel* S. 122.

7 Wie sie etwa bei der Absatzhilfe nach § 259 vorliegen würden, gäbe es diese eigenständig pönalisierte Unterstützung des Vortäters nicht.

8 Vgl. *Fischer* Rdn. 2.

9 Vgl. Böse NK Rdn. 1; *Renzikowski* MK Rdn. 9; *Sch/Schroeder/Stree/Eisele* Rdn. 1; *Wolters* SK Rdn. 1; *Zimmermann* SSW Rdn. 3 („angesichts entsprechender Vorgaben in der EU-Richtlinie auch zwingend“).

auf Art. 1 Abs. 1 des Rahmenbeschlusses zur Bekämpfung des Menschenhandels (2002/629/JI, ABL EG L 203/1 vom 1.8.2002),[10] in dem unterschiedslos von „Anwerbung, Beförderung, Weitergabe, Beherbergung und spätere(r) Aufnahme einer Person" die Rede ist, wenn diese „zum Zwecke der Ausbeutung der Person" im Zusammenhang mit der Arbeitskraft bzw. der sexuellen Selbstbestimmung erfolgt. Dies ist ein gewichtiges Argument, wenngleich **Art. 2 des Rahmenbeschlusses**, der die erforderlichen Maßnahmen fordert, „um sicherzustellen, dass die Anstiftung oder Beihilfe zur Begehung einer Straftat sowie die versuchte Begehung einer Straftat nach Art. 1 unter Strafe gestellt werden", auch als Beleg dafür gelesen werden könnte, dass die allgemeine Versuchs- und Beteiligungsdogmatik nicht außer Kraft gesetzt sein soll und daher gerade nicht sämtliche Beteiligungsformen und Deliktsstadien erfassende „Super-Auffangtatbestände" geschaffen werden müssen. Selbst wenn man vor diesem Hintergrund eine restriktive Auslegung der Vorschrift favorisiert, so verlangt sie jedoch auch nicht explizit das Vorliegen einer „rein fremden" Tat, so dass auf jeden Fall genügen muss, wenn die geförderte Tat täterschaftlich noch von einem anderen als Mittäter begangen werden soll.

C. Objektiver Tatbestand

I. Gemeinsame Zielrichtung: Vorschub leisten zum Menschenhandel

Objektiv (und nicht nur als subjektive Absicht formuliert) ist bei allen Handlungen 5
erforderlich, dass durch sie einem Menschenhandel nach §§ 232, 233 **Vorschub geleistet** wird. Der Begriff des Vorschubsleistens ist als solcher weit zu verstehen (wenngleich die denkbaren Tathandlungen im Weiteren noch näher konkretisiert werden, vgl. dazu unten Rdn. 9) und gleicht insoweit dem Hilfeleisten in § 27. Verbreitet wird er auch mit dem **Schaffen günstiger Bedingungen** für den Menschenhandel umschrieben,[11] wobei im Unterschied zum akzessorisch ausgestalteten Beihilfetatbestand gerade nicht erforderlich ist, dass es tatsächlich zu einer Tat nach § 232 bzw. § 233 (und sei es auch nur im Versuchsstadium) kommt. Würde man die Vorschrift – im Übrigen auch nicht richtlinienkonform – anders lesen, würde sie aufgrund der höheren Strafdrohung der Beihilfe (i.V.m. § 49 Abs. 1 Nr. 2 Obergrenze bis zu 7,5 Jahren) praktisch leer laufen.

Aus der objektiven Formulierung des Merkmals des „Vorschubleistens", das neben 6
die Tathandlungen (vgl. Rdn. 7 ff) tritt, ist abzuleiten, dass die „günstigen Bedingungen" für die spätere Tat gewissermaßen einen „Gefährdungszwischenerfolg" bilden, oder anders gewendet: Mangels einer objektiven Gefahrschaffung liegt keine vollendete Tat vor, wenn durch die Tathandlung die tatsächliche Gefahr der Tatbegehung nicht erhöht wurde, weil die Gelegenheit dazu nicht verbessert wurde. Nicht zuletzt aus diesem Erfordernis eines **„Gefährdungszwischenerfolges"** ist abzuleiten,[12] dass auch bereits eine gewisse Konkretisierung der „Zieltat" erfolgt sein muss und nicht irgendeine abstrakte Verbesserung der Tatsituation für Taten in ferner Zukunft genügen kann. Dabei steht die Person des Opfers nach dem Tatbestand freilich ohnehin bereits fest. Auch Ort und Zeit des Menschenhandels müssen bereits hinreichend konkretisiert sein.[13] Ob auch ihre

---

10 *Böse* NK Rdn. 1; *Zimmermann* SSW Rdn. 3.
11 Vgl. *Böse* NK Rdn. 2; *Renzikowski* MK Rdn. 9.
12 Vgl. auch *Zimmermann* SSW Rdn. 5; *Sch/Schroeder/Eisele* Rdn. 5; *Böse* NK Rdn. 2.
13 Vgl. *Böse* NK Rdn. 2; *Renzikowski* MK Rdn. 9.

Täter schon feststehen müssen, wird in der Literatur unterschiedlich beurteilt;[14] jedenfalls nicht zu verlangen sein dürfte bereits eine Konkretisierung der Nutznießer der Ausbeutung der Sexualität bzw. der Arbeitskraft.[15]

II. Tathandlungen

7 **1. Allgemeines.** Die Vorschrift umfasst – auch insoweit in Anlehnung an die Aufzählung im Rahmenbeschluss – anders als § 27 nicht jede Förderung (bzw. konkreter: nicht jedes Vorschubleisten), sondern nur ein Vorschubleisten durch **abschließend aufgezählte Verhaltensweisen**, die sich auf eine „andere Person" beziehen müssen. Gemeint ist hiermit wohl nur die Person, die Opfer der späteren Tat nach §§ 232 bzw. 233 werden soll. Der Transport des späteren Täters o.ä. ist damit nicht erfasst.

8 Dabei nennt das Gesetz zumindest teilweise Handlungen (insbesondere das Befördern oder Beherbergen, vgl. dazu unten Rdn. 11 bzw. 13), welche grundsätzlich auch völlig **sozialadäquat und etwa in Ausübung des Berufes** erbracht werden können. Die Interessenlage ist hier in ihrem Spannungsverhältnis zwischen einer drohenden unverhältnismäßigen Einschränkung der Berufsfreiheit auf der einen Seite und der ersichtlichen Insuffizienz einer Berufung auf die „bloße Erfüllung des Jobs" bei dem Vorwurf der vorsätzlichen Förderung fremder Straftaten – angesichts der Nähe des Merkmals Vorschubleistens zum Hilfeleisten in § 27 StGB auch weniger erstaunlich – ganz ähnlich wie bei der in den letzten Jahren heftig diskutierten und umstrittenen „berufsbedingten", „neutralen" Beihilfe.[16] Da die Lösung für die Fälle der neutralen Beihilfe – wie auch immer man sie im Detail konstruiert – letztlich auf Zurechnungsgrundsätzen aufbauen muss, welche die verfassungsrechtlichen Grenzen der Pönalisierung des (insbesondere beruflichen) Verhaltens berücksichtigen,[17] sind die dort anzuwendenden Grundsätze als **Ausprägung des Prinzips der objektiven Zurechnung** insoweit auch für die Auslegung des § 233a zu berücksichtigen.[18] Etwas anderes ergibt sich insoweit auch weder daraus, dass der Gesetzgeber (anders als bei § 27) spezielle Verhaltensweisen als Tathandlungen expliziert hat (da diese in gleicher Weise wie das allgemeine „Hilfeleisten" alltäglich-berufsbedingt neutrales wie deliktisch-kollusives Verhalten umfassen können) noch aus den europarechtlichen Wurzeln der Vorschrift,[19] da auch eine europarechtskonforme Auslegung jedenfalls nicht ohne weiteres (und d.h. hier jedenfalls: nicht ohne klare Hinweise, dass dies gewollt ist) allgemeine Zurechnungsstrukturen außer Kraft setzt. Überträgt man diese allgemeinen Lösungsregeln auf § 233a, so führt dies jedenfalls bei der berufsbedingten Verwirklichung der Tatbestandsmerkmale „Befördern" oder „Beherbergen" (etwa durch einen Taxifahrer oder einen Hotelier) nur zu einer Strafbarkeit, wenn der Täter hinsichtlich der späteren Haupttat entweder mit direktem Vorsatz handelt oder

---

14 Bejahend *Schroeder* NJW 2005 1393 1396; verneinend *Renzikowski* MK Rdn. 9; im Unterschied zu Zeit und Ort auch nicht genannt von *Böse* NK Rdn. 2.

15 Zutreffend *Renzikowski* MK Rdn. 9

16 Vgl. zum Meinungsstand mit zahlreichen Nachw. nur *Schünemann* LK § 27 Rdn. 17 ff; aus der Rechtsprechung vgl. BGH NStZ 2000 34; BGHSt **46**, 107; BGH NJW 2001 2409; eingehend *Kudlich*, passim, sowie *Rackow*, passim.

17 Vgl. zu den „Lösungsformeln" für die neutrale Beihilfe noch einmal BGH NStZ 2000 34; BGHSt **46**, 107, 112; ausführlicher und weiter differenzierend *Kudlich*, S. 439 ff (zustimmend etwa *Kühl*, AT, § 20 Rdn. 222c; teils abweichend *Rackow*, S. 508 ff, 535 ff).

18 Eingehend *Kudlich* FS Roxin II, 881, 885 ff.

19 Vgl. *Kudlich* FS Roxin II, 881, 889 f.

aber (zusätzlich zu dem nach allgemeinen Grundsätzen erforderlichen „Für-möglich-Halten“ und „Billigenden-Inkaufnehmen“) triftige Anhaltspunkte dafür hat, dass gerade durch seine Handlung einer späteren Straftat Vorschub geleistet wird.[20]

2. Die einzelnen Tathandlungen. Das Merkmal des **Anwerbens** geht auf § 181 Abs. 1 Nr. 2 a.F. zurück und setzt voraus, dass der Täter als treibende Kraft[21] mit dem Opfer eine (möglicherweise auch unwirksame[22]) Vereinbarung trifft, nach der sich die angeworbene Person – ausdrücklich oder stillschweigend – gegenüber ihm oder einem Dritten verpflichtet (bzw. zumindest verpflichtet fühlt) eine bestimmte Tätigkeit auszuüben. Damit ist durch das Anwerben einerseits zwar nicht nur ein finales Handeln im Sinn eines „Werbens“ um den anderen gemeint, sondern auch ein Erfolg vorausgesetzt;[23] andererseits ist es unerheblich, ob die angesonnene Tätigkeit, zu welcher sich das Opfer verpflichtet fühlt, später auch tatsächlich aufgenommen wird. Die aufzunehmende Handlung muss im Übrigen (für das Vorliegen des Merkmals Anwerbens) noch nicht näher konkretisiert sein, solange der Angeworbene sich nur verpflichtet sieht, die vom Anwerber oder einem Dritten inhaltlich zu bestimmende Tätigkeit aufzunehmen. Daher ist der Tatbestand auch erfüllt, wenn der Angeworbene zunächst nicht die Verpflichtung zur Vornahme sexueller Handlungen etc. (explizit) eingeht, sondern etwa als „Barfrau“ angeworben wird.[24] Umgekehrt muss die Vereinbarung Grundlage dafür sein, dass die angeworbene Person später zu einer bestimmten Tätigkeit gebracht werden kann; nicht ausreichend ist daher, wenn jemand lediglich durch allgemeine Versprechungen (bessere Zukunft an einem anderen Ort; Arbeitsstelle) zum Verlassen seiner Heimat verleitet wird.[25] 9

Das für das Merkmal in § 181 Abs. 1 Nr. 2 a.F. geforderte **„besonders massive Einwirken“** auf das Opfer wird in der Literatur teilweise nicht mehr verlangt;[26] soweit eine solche Massivität weiterhin als Voraussetzung angesehen wird,[27] ist dies wohl im Zusammenhang mit einer generell restriktiven Auslegung der Tatbestände zu sehen.[28] Unabhängig davon **kein Anwerben** liegt jedenfalls vor, wenn der Vertrag auf die Initiative des Angeworbenen hin abgeschlossen wird, es sei denn, er ist diesem vom Täter die Tätigkeit in besonderer Weise „schmackhaft“ gemacht worden.[29] 10

Ein **Befördern** liegt im Transportieren des späteren Tatopfers von einem an einen anderen Ort durch den Täter selbst. Die bloße Organisation des Beförderungsvorganges oder gar der Erwerb einer Fahrkarte genügt also – abgesehen von Fällen der mittelbaren Täterschaft[30] – nicht. Vgl. im Übrigen die allgemeinen Hinweise in Rdn. 8. 11

Das Opfer wird **weitergegeben**, wenn der Täter es aus seinem eigenen Herrschaftsbereich in denjenigen eines Dritten gelangen lässt. Dies kann dadurch erfolgen, dass der Täter dem Dritten – vergleichbar mit einer Gewahrsamsübertragung – die physische Gewalt über das Opfer überträgt; ausreichend ist aber auch die Übertragung der Kontrolle, etwa im Sinn einer entgeltlichen „Abtretung“ der Person, also des Handels mit Menschen im eigentlichen Sinne.[31] Ein Ortswechsel ist damit nicht unbedingt erforderlich.[32] 12

---

[20] Näher nochmals *Kudlich* FS Roxin II, 881, 890 ff.
[21] Vgl. BGH bei *Janßen* NStZ-RR **1998** 321 323 f (zu § 181 Abs. 1 Nr. 2 a.F.); *Renzikowski* MK Rdn. 14.
[22] Vgl. *Böse* NK Rdn. 3.
[23] *Renzikowski* MK Rdn. 13.
[24] *Wolters* SSW[1] Rdn. 7.
[25] *Renzikowski* MK Rdn. 13.
[26] *Renzikowski* MK Rdn. 14.
[27] *Böse* NK Rdn. 3.
[28] *Böse* NK § 232 Rdn. 16.
[29] *Renzikowski* MK Rdn. 14.
[30] Zutreffend *Renzikowski* MK Rdn. 15.
[31] *Renzikowski* MK Rdn. 16.
[32] *Böse* NK Rdn. 3; *Sch/Schroeder/Eisele* Rdn. 4; *Lackner/Kühl* Rdn. 3.

13 **Beherbergt** wird die andere Person, wenn ihr Unterkunft – gleichgültig welcher Art (vom Hotelzimmer bis zum Wohnwagen) – gewährt wird. Insoweit wird – anders als beim Befördern (Rdn. 11) – keine eigene Tätigkeit des Täters dahingehend verlangt, dass er „selbst das Zimmer bereitet", sondern es genügt, wenn er etwa eine Wohnung oder ein Hotelzimmer anmietet.[33] Überwiegend wird verlangt, dass die Unterkunft „mehr als nur vorübergehend" gewährt wird.[34] Die Gegenauffassung hält die Dauer für nicht erforderlich und lässt auch die vorübergehende Gewährung von Unterkunft genügen.[35] Wie groß die Unterschiede zwischen diesen Auffassungen sind, hängt letztlich natürlich davon ab, wo die Grenze des unscharfen Begriffs „vorübergehend" gezogen wird; nach dem allgemeinen Sprachverständnis, das hier insbesondere das Gewähren eines Nachtlagers umfassen dürfte,[36] dürfte jedenfalls die Unterkunft für die Dauer einer Nacht genügen, eine wesentlich kürzere Unterkunft aber auch nicht ausreichend sein. Vgl. im Übrigen auch die allgemeinen Hinweise in Rdn. 8.

14 Der Begriff des **Aufnehmens** wird teilweise als gleichsam **allgemeiner Fall der Beherbergung,**[37] teilweise als **Pendant zur Weitergabe** (Rdn. 12) als „Inempfangnehmen" durch denjenigen, an den das Opfer weitergegeben wird, verstanden.[38] Für die letztgenannte Auffassung spricht der englische bzw. französische Text des Rahmenbeschlusses; für die erstgenannte Auffassung die Systematik der deutschen Fassung, in welcher das Aufnehmen nicht hinter dem Weitergeben, sondern hinter dem Beherbergen genannt ist. Wenn in Art. 1 Abs. 1 des Rahmenbeschlusses zur Bekämpfung des Menschenhandels die Rede von der „Aufnahme einer Person, einschließlich Tausch der Kontrolle oder Weitergabe der Kontrolle über sie" ist, wird daraus jedoch deutlich, dass das Element einer „Kontrolle" spiegelbildlich zur Weitergabe eine Rolle spielen dürfte, wobei der Wortlaut des Gesetzestextes „aufnehmen" auch in Verbindung mit dem Rahmenbeschluss (welcher die „spätere Aufnahme" in einen Zusammenhang mit der „Beherbergung" offenbar auf dem Weg zum späteren Ziel) stellt, nahe legen, dass diese Kontrolle nicht nur abstrakt, sondern gerade auch in Gestalt der Gewährung von Wohnraum auszuüben ist.

15 **3. Tatbegehung durch Unterlassen.** Da das Vorschubleisten einen Gefährdungserfolg in Gestalt günstigerer Bedingungen für die spätere Tat voraussetzt, ist der Tatbestand grundsätzlich **nach allgemeinen Regeln auch durch Unterlassen** denkbar, freilich muss dieses Unterlassen dann auch einer der speziellen Tathandlungen (Rdn. 9–14) entsprechen. Die praktische Relevanz entsprechender Fälle erscheint als gering, und insbesondere beim Anwerben (welches den Täter als „treibende Kraft" voraussetzt) und beim Aufnehmen (soweit man in ihm ein Pendant zur Weitergabe sieht, vgl. zum Streitstand Rdn. 14) können sich im Einzelfall Fragen der Modalitätenäquivalenz beim Unterlassungsdelikt stellen.

---

33 *Renzikowski* MK Rdn. 17.

34 *Böse* NK Rdn. 3; *Wolters* SK Rdn. 11; *Lackner/Kühl* Rdn. 3.

35 *Renzikowski* MK Rdn. 17; wohl auch *Sch/Schroeder/Eisele* Rdn. 4.

36 Zutreffend *Wolters* SSW[1] Rdn. 7.

37 Vgl. *Fischer* Rdn. 4 (als im Gegensatz zum Beherbergen auf Dauer angelegte Gewährung von Wohnung); vgl. auch *Wolters* SK Rdn. 11 sowie zust. *Hempel* S. 130 ff.

38 *Renzikowski* MK Rdn. 18; *Böse* NK Rdn. 3; *Zimmermann* SWW Rdn. 7.

III. Subjektiver Tatbestand

Nach allgemeinen Grundsätzen ist für die Tat **Vorsatz** erforderlich (§ 15), wobei **dolus eventualis** ausreicht.[39] Nach der Struktur des Tatbestandes muss der Vorsatz dabei ähnlich wie beim Gehilfen ein „doppelter" sein und sowohl auf die konkrete Vorschubhandlung als auch auf die Erleichterung der späteren Tat (nur deren Konkretisierung nach Maßgabe von Rdn. 6 sich auch subjektiv widerspiegeln muss) gerichtet sein. **16**

Abweichend von Rdn. 16 ist bedingter Vorsatz allerdings nicht bzw. nicht immer (vgl. näher Rdn. 8) ausreichend, soweit die **Tathandlung in einer „neutralen", insbesondere berufsbedingten Tätigkeit** besteht. Da dies bei den in der Vorschrift abschließend aufgezählten Tathandlungsvarianten zumindest strukturell häufig der Fall sein kann, ist hierauf besonderes Augenmerk zu richten. **17**

D. Versuchsstrafbarkeit

Nach Abs. 3 ist auch der **Versuch der Tatbegehung** strafbar (vgl. § 23 Abs. 1 Alt. 2). Im Ergebnis führt dies zu einer Strafbarkeit auch des „Versuchs der Beihilfe" bzw. nach teilweise vertretener Auffassung (vgl. oben Rdn. 4) zur Strafbarkeit des Versuchs der eigenen Tatvorbereitungshandlung und damit insgesamt zu einer **fast maximalen Vorverlagerung der Strafbarkeit.**[40] Dass diese kriminalpolitisch im Verhältnis zu anderen, schwerwiegenderen Vorschriften des traditionellen Kernbestandes des StGB (etwa den Tötungsdelikten) nur schwer verständlich, andererseits aber europarechtlich motiviert ist, wurde oben bereits erwähnt (vgl. Entstehungsgeschichte sowie Rdn. 3). **18**

Der Tatentschluss muss auf alle Merkmale des objektiven Tatbestandes gerichtet sein (vgl. Rdn. 5 ff) und damit auch schon auf eine zumindest hinreichend konkretisierte Opferperson (vgl. auch Rdn. 16).[41] **19**

Für das **unmittelbare Ansetzen** gelten die allgemeinen Regeln (vgl. § 22). Der Versuch beginnt also mit dem (aus Tätersicht) unmittelbaren Ansetzen zum Anwerben, Transportieren etc. Ob dies voraussetzt, dass das tatbestandlich geschützte Rechtsgut nach der Tätervorstellung bereits zu diesem Zeitpunkt dergestalt gefährdet wird, dass das Opfer sich schon in einer Zwangslage etc. befindet,[42] erscheint zweifelhaft, da sogar die vollendete Tat nach § 233a nur eine Vorbereitungshandlung zu den (eine Zwangslage etc. voraussetzenden) Taten nach §§ 232, 233 darstellt und das Vorliegen dieser Tatsituation deshalb noch nicht notwendig voraussetzt. **20**

E. Täterschaft und Teilnahme

§ 233a ist eine **Jedermannsdelikt** und setzt somit keine besonderen Tätereigenschaften voraus. Die Beteiligung daran (täterschaftliche Begehung sowie Teilnahme) folgt den allgemeinen Regeln. Da § 233a ein eigenständig und damit täterschaftlich pönalisiertes Verhalten zum Gegenstand hat, ist eine Teilnahme daran auch als Teilnahme zu § 233a und zumindest nicht automatisch (wie dies etwa bei der Kettenanstiftung oder der Kettenbeihilfe der Fall wäre) als Teilnahme zur späteren Tat nach §§ 232, 233 zu bestrafen. Aller- **21**

[39] *Wolters* SSW Rdn. 8; *Böse* NK Rdn. 4; *Fischer* Rdn. 6.
[40] Kritisch *Fischer* Rdn. 8.
[41] Vgl. *Böse* NK Rdn. 6.
[42] So *Wolters* SSW[1] Rdn. 9.

dings ist im Einzelfall vorstellbar, dass die **Unterstützung einer Tat nach § 233a zugleich auch eine Beihilfe zu § 232 bzw.** § 233 darstellt, welche nach Gesetzessystematik und Strafrahmenvergleich die Teilnahme an § 233a auf Konkurrenzebene verdrängen muss.

F. Qualifikationen nach Abs. 2

22 **Qualifikationen** mit einer Erhöhung der Strafe auf einen Strafrahmen von sechs Monaten bis zu zehn Jahren (und damit auf die gleiche Höhe wie §§ 232, 233 im Grundtatbestand) tritt ein, wenn ein Fall aus dem **heterogenen Katalog des Abs. 2** vorliegt, in welchem überwiegend Konstellationen genannt sind, die auch in § 232 Abs. 3 (ggf. i.V.m. § 233 Abs. 3) als Qualifikationsmerkmale genannt sind:

I. Tatopfer Kind (Nr. 1)

23 Ein qualifizierter Fall liegt zunächst vor, wenn das Opfer ein **Kind** i.S.d. § 176 Abs. 1, mithin also noch unter 14 Jahre alt ist. Hier gelten die Ausführungen zu § 232 Rdn. 44 entsprechend.

II. Schwere Misshandlung oder Gefahr des Todes (Nr. 2)

24 Eine weitere Qualifikation bilden **besonders schwerwiegende oder gefährliche Begehungsweisen**, durch die das Opfer bei der Tat entweder körperlich schwer misshandelt oder in die Gefahr des Todes gebracht wird. Da die Tathandlungen des Grunddeliktes nicht notwendig ein gewaltsames Vorgehen voraussetzen, sind die in dieser Qualifikation genannten Gefahren tatbestandsstrukturell nicht unbedingt nahe liegend, werden jedoch phänomenologisch immer wieder auftauchen. Insbesondere das Hervorrufen einer Todesgefahr ist dabei nicht nur auf „Begleithandlungen" beschränkt, sondern im Einzelfall auch unmittelbar durch die Tathandlung des Abs. 1 denkbar, etwa wenn die Beförderung unter besonders gefährlichen Umständen erfolgt, welche vom Schutzzweck der Norm erfasst werden (etwa Transport im Kofferraum über eine längere Strecke mit zu wenig Sauerstoff; wohl nicht dagegen einfache Geschwindigkeitsüberschreitung des Fahrers eines Kleinbusses, welcher Opfer „normal" auf einer Autobahn transportiert). Auch in der Variante des „In die Gefahr des Todes Bringens" ist Nr. 2 **keine Erfolgsqualifikation**, d.h. es ist auch hinsichtlich der Todesgefahr Vorsatz erforderlich. Vgl. im Übrigen die Kommentierung zu § 232 Rdn. 45.

III. Nötigende, gewerbs- oder bandenmäßige Begehung (Nr. 3)

25 Die Qualifikation nach Nr. 3 enthält Merkmale, die sich auch in zahlreichen anderen Straftatbeständen bzw. Qualifikationsnormen des StGB finden; insbesondere sind die Merkmale auch in der Qualifikation des § 232 Abs. 3 Nr. 3 bzw. (teilweise) im Tatbestand des § 232 Abs. 4 Nr. 1 enthalten. Für die qualifizierende Wirkung reicht dabei aus, dass (anders als etwa bei § 263 Abs. 4) eines der Merkmale verwirklicht ist.

26 Die Voraussetzungen der **nötigenden Begehung** („mit Gewalt oder durch Drohung mit einem empfindlichen Übel") gelten die Begrifflichkeiten und Definitionen wie in § 240. Vgl. im Übrigen auch die Darstellung in § 232 Rdn. 51 f.

Auch die **gewerbsmäßige Begehung** richtet sich nach der allgemein bekannten Definition, wonach der Täter in der Absicht handeln muss, sich durch Tathandlungen der in Abs. 1 beschriebenen Art eine fortlaufende Einnahmequelle von einiger Dauer und einigem Umfang zu verschaffen.[43] Die Gewerbsmäßigkeit ist (da durch das subjektive Gewinnstreben des Täters geprägt) ein strafschärfendes besonderes persönliches Merkmal nach § 28 Abs. 2, so dass nicht gewerbsmäßig handelnde Beteiligte sich nur wegen Teilnahme am Grundtatbestand strafbar machen. Vgl. im Übrigen die Kommentierung zu § 232 Rdn. 47. 27

Bei der Begehung „**als Mitglied einer Bande**, die sich zur fortgesetzten Begehung solcher Taten verbunden hat“ ist der Bandenbegriff wie aus § 244 bekannt auszulegen und setzt daher nach schon lange h.L. und mittlerweile auch der Rechtsprechung mindestens drei Mitglieder voraus. Die Begehung muss „als Mitglied“ und damit in einem inneren Bezug zur Bandenmitgliedschaft erfolgen. „Solche“ Taten dürften hier (anders als bei § 232 Rdn. 48) nicht nur Delikte nach § 233a selbst, sondern auch nach den ausdrücklich in Absatz 1 erwähnten §§ 232 und 233 sein (was im Einzelfall von Bedeutung sein kann, wenn die fortgesetzte Begehung sich insbesondere auf diese beiden Tatbestände richtet). Vgl. im Übrigen auch die Kommentierung zu § 232 Rdn. 48. 28

G. Strafe

In Fällen des Abs. 1 beträgt der **Strafrahmen** drei Monate bis fünf Jahre Freiheitsstrafe. Für die Strafzumessung im engeren Sinne gelten die allgemeinen Regeln des § 46. Hierbei können die konkrete Art der (etwa gewalttätigen) Tatbegehung bzw. die Auswirkungen der Tat auch unterhalb der Qualifikationsschwelle des Abs. 2 in der Strafzumessung in Fällen des Abs. 1 **strafschärfend** wirken. Vgl. ergänzend die Strafzumessungserwägungen in § 232 Rdn. 58. 29

In **qualifizierten Fällen** des Abs. 2 beträgt die Freiheitsstrafe sechs Monate bis zu zehn Jahren; damit ist hier auch die Möglichkeit einer (nur ausnahmsweisen) Geldstrafe nach § 47 Abs. 2 S. 1 ausgeschlossen. Für die **Strafzumessung im engeren Sinne** gelten auch hier die allgemeinen Regelungen des § 46, wobei insbesondere bei der Bewertung der Tatbegehung bzw. der Tatfolgen in Fällen des Abs. 2 das Doppelverwertungsverbot des § 46 Abs. 3 im Auge zu behalten ist. Vgl. ergänzend die Strafzumessungserwägungen in § 232 Rdn. 59. 30

H. Konkurrenzen und Bezugnahmen

Innerhalb des § 233a selbst stehen mehrere Tathandlungen zueinander nicht in einem Konkurrenzverhältnis, sondern bilden insgesamt nur eine Tat; die **Verwirklichung mehrerer Alternativen** ist aber im Rahmen der Strafzumessung zu berücksichtigen.[44] (Teil-) identische Ausführungshandlungen, die sich gegen mehrere Opfer richten, stehen zueinander in gleichartiger Idealkonkurrenz. Im Verhältnis zu anderen Tatbeständen kommt **Tateinheit** mit vielen Straftatbeständen gegen die sexuelle Selbstbestimmung bzw. die persönliche Freiheit oder auch die körperliche Integrität (etwa §§ 176, 177; 223 ff ggf. auch §§ 239, 239b) in Betracht. Gegenüber § 240 ist § 233a Abs. 2 Nr. 3 Alt. 1 lex spe- 31

---

[43] Vgl. allgemein BGHSt 1 383 f.

[44] *Renzikowski* MK Rdn. 33.

cialis; umgekehrt wird § 233a von §§ 232, 233 konsumiert. Für das **Verhältnis zwischen § 233a und einer Beihilfe zu § 232 oder § 233** werden die unterschiedlichsten Konzepte vom generellen Vorrang des § 233a über Tateinheit bis zum generellen Vorrang der Beihilfe vertreten.[45] Der grundsätzlichen Systematik dürfte es am besten entsprechen, einen generellen Vorrang der Teilnahme an § 232 bzw. § 233 vor selbständigen Taten nach § 233a anzunehmen, da letzteren nur ein Auffangcharakter zukommt und auch der nach § 27 Abs. 2 S. 2 i.V.m. § 49 gemilderte Strafrahmen bei der Beihilfe eine deutlich höhere Höchststrafe nach sich zieht. Dies gilt zwar nicht in Fällen des § 233a Abs. 2; vielfach (wenngleich nicht notwendig) werden diese aber in den meisten Fällen dann auch zu einer Qualifikation nach § 232 Abs. 3 (ggf. i.V.m. § 233 Abs. 3) führen. Wo dies nicht der Fall ist, mag man einen Vorgang des § 233a dann annehmen, wenn dieser zu einem höheren Strafrahmen führt, wenn man nicht schlicht vor der überbordenden und nicht immer systematisch aufeinander abgestimmten Regelung innerhalb der betroffenen Vorschriften resignieren will.

32 Auf § 233a wird – anders als auf bestimmte Fälle nach §§ 232, 233 (was insoweit auch Sinn macht, als die Planung einer Tat nach § 233a regelmäßig auch eine solche nach § 232 oder § 233 voraussetzt) – zwar nicht in § 138 verwiesen; der Tatbestand ist aber im **Katalog** des § 261 (dort Abs. 1 S. 2 Nr. 4a bei gewerbs- oder bandenmäßiger Begehung) enthalten, was wiederum ebenso Sinn macht, da auch aus isolierten „Vorschubleistungshandlungen" durchaus geldwäschefähige Gewinne erzielt werden können.

33 **Strafprozessual** sind insbesondere die **Bezugnahmen** auf die Vorschrift in §§ 68b S. 2 Nr. 2 (Zeugenbeistand), 255a Abs. 2 S. 1 (Vorführung von Bild- und Tonaufzeichnung einer Zeugenvernehmung) sowie 395 Abs. 1 Nr. 1d StPO (Nebenklagefähigkeit der Tat samt Möglichkeit eines Nebenklagebeistandes, vgl. § 397a Abs. 1 S. 1 StPO) zu nennen. Schließlich ist § 233a auch Katalogtat nach § 100a Abs. 2 Nr. 1i StPO (Überwachung der Telekommunikation), anders als bestimmte Fälle der §§ 232, 233 aber nicht auch nach § 100c Abs. 2 Nr. 1g (großer Lauschangriff). Eine Verurteilung nach § 233a führt zu einer Speicherung der sog. „Warndaten" nach § 2 Abs. 1 Nr. 1c Visa-Warndateigesetz (VWDG).[46]

I. Internationales Strafrecht

34 Auch für Taten nach § 233a gilt gem. § 6 Nr. 4 das Weltrechtsprinzip. Zu seinen Konsequenzen und zur Auslegung des § 6 (insbesondere zum Erfordernis eines hinreichenden Anknüpfungspunktes) vgl. *Werle/Jeßberger* § 6 Rdn. 28. Dies ist zwar im Interesse des geschützten Rechtsguts sinnvoll, da die Vorbereitungshandlungen nicht selten im Ausland stattfinden werden; gleichwohl weist *Fischer* (§ 233a Rdn. 8) nicht zu Unrecht darauf hin, dass damit „ein Anwendungsbereich gegeben (ist), dem die Möglichkeiten in keiner Weise entsprechen".

---

[45] Vgl. etwa *Sch/Schroeder/Eisele* Rdn. 10; *Renzikowski* MK Rdn. 34, jeweils m.w.N.

[46] BGBl. I 2011, S. 3037 ff.

§ 233b
Führungsaufsicht, Erweiterter Verfall

(1) In den Fällen der §§ 232 bis 233a kann das Gericht Führungsaufsicht anordnen (§ 68 Abs. 1).

(2) In den Fällen der §§ 232 bis 233a ist § 73d anzuwenden, wenn der Täter gewerbsmäßig oder als Mitglied einer Bande handelt, die sich zur fortgesetzten Begehung solcher Taten verbunden hat.

Schrifttum

Vgl. die Nachweise zu §§ 232, 233.

Entstehungsgeschichte

Die Vorschrift wurde in der vorliegenden Form durch das **37. StrÄndG** eingeführt, hatte aber für §§ 180 b, 181 a.F. entsprechende Vorläuferregelungen in §§ 181b, 181c a.F.

Gesetzesmaterialien zum 37. StrÄndG vgl. Entstehungsgeschichte zu § 232

Alphabetische Übersicht

A. Regelungszweck

1 Der Verweis auf Führungsaufsicht und erweiterten Verfall (ohne den nach § 68 Abs. 1 bzw. § 73d Abs. 1 S. 1 beide Institute nicht zur Anwendung kommen können) bezweckt – wie regelmäßig bei Anwendung der Vorschriften – eine über die Strafverbüßung hinausreichende Sicherung vor „gefährdeten und gefährlichen Tätern“[1] durch Führung und Überwachung bzw. eine Gewinnabschöpfung zum Ausgleich unrechtmäßiger Vermögensverschiebungen (die nach BVerfG NJW **2004** 2073 keinen eigenen Strafcharakter haben soll). Da dieser Zweck von Beteiligungsform und zumindest teilweise auch Verwirklichungsgrad unabhängig ist, gilt die Vorschrift auch bei Versuch, Teilnahme und versuchter Beteiligung nach § 30.[2]

B. Überblick zu den Voraussetzungen im Einzelnen

I. Führungsaufsicht

2 Nach § 68 Abs. 1 ist die Anordnung von Führungsaufsicht nur möglich, wenn dies im Besonderen Teil ausdrücklich vorgesehen ist, was vorliegend durch § 233b Abs. 1 der Fall ist. Weitere Voraussetzungen sind die Verurteilung zu einer Freiheitsstrafe von

1 *Fischer* Vor § 68 Rdn. 2; *Schneider* LK Vor § 68 Rdn. 1.

2 *Renzikowski* MK Rdn. 1.

mindestens sechs Monaten sowie die Prognose, dass der Täter weitere Straftaten begehen wird.

3 Der Anwendungsbereich des § 68 Abs. 1 ist allerdings aus mehreren Richtungen eingeschränkt: Zum einen tritt die Führungsaufsicht in einer Reihe von Fällen kraft Gesetzes ein (vgl. § 68 Abs. 2), sei es im Zusammenhang mit dem Maßregelvollzug, sei es wenn eine Freiheitsstrafe von mindestens zwei Jahren vollständig vollstreckt wird (vgl. § 68 f Abs. 1 S. 1 Alt. 1). Zum anderen ist die Anordnung bei längeren Haftstrafen entbehrlich, wenn eine bedingte Entlassung erfolgt, bei der nach § 57 Abs. 3 S. 1 i.V.m. § 56d ein Bewährungshelfer bestellt wird.[3]

II. Erweiterter Verfall

4 Der erweiterte Verfall bezweckt generell einen erleichterten Zugriff auf das Vermögen des Täters oder Teilnehmers, um rechtswidrige Vermögensvorteile abzuschöpfen (vgl. Rdn. 1) und insbesondere der Organisierten Kriminalität dadurch ihre finanzielle Basis zu entziehen. § 233b Abs. 2 ermöglicht dies nun in allen Fällen des gewerbs- oder bandenmäßigen Menschenhandels (unabhängig davon, in welche Richtung die Ausbeutung des Opfers erfolgt ist bzw. erfolgen soll), mithin also bei Taten nach § 232 Abs. 3 Nr. 3 (ggf. i.V.m. 233 Abs. 3) und auch schon nach § 233a Abs. 2 Nr. 3. Rechtfertigen Umstände zur Überzeugung des Gerichts die Annahme, dass Vermögensbestandteile des Täters im Zusammenhang mit diesen Delikten stehen (insbesondere also aus diesen erlangt sind), so ermöglicht § 73d die Anordnung des erweiterten Verfalls. Zur Beschlagnahme zur Sicherung des (Erweiterten) Verfalls vgl. §§ 111b ff StPO.; zum Verfahren zur Durchführung des Erweiterten Verfalls vgl. §§ 430 ff StPO.

5 Wie stets im Anwendungsbereich des § 73d werden damit Schwierigkeiten beim Nachweis der kriminellen Herkunft von Vermögenswerten, die bei Tatbeteiligten gefunden werden, durch eine Beweislastumkehr beseitigt, was freilich verfassungsrechtlichen Bedenken ausgesetzt ist,[4] welche BGH (St **40** 371; NJW **1995** 470) und BVerfG (E **110** 1 ff; NJW **2004** 2073) zwar nicht mit der Konsequenz einer Nichtigkeit der Vorschrift teilen, aber auch nach Auffassung der Rechtsprechung zu einer verfassungskonformen Auslegung zwingen. Vgl. im Einzelnen § 73d Rdn. 12 ff, 17 ff, 20a.

6 Da der Vorrang der Entschädigung des Verletzten gemäß § 73 Abs. 1 S. 2 nach § 73d Abs. 1 S. 3 auch beim erweiterten Verfall gilt, sind etwa Ansprüche des Opfers, dem Prostitutionserlöse (§ 232) vorenthalten worden sind (vgl. BGH NStZ **2003** 533 zu § 181a[5]) oder dem auf Grund des ausbeuterisch geringen Lohns (§ 233) für seine Arbeit noch Ersatzansprüche zustehen, vorrangig zu befriedigen. Dies hindert freilich nicht die Beschlagnahme (vgl. § 111 StPO) einerseits als Zurückgewinnungshilfe, andererseits aber auch wegen der subsidiären Zugriffsmöglichkeit des Staates, falls das Opfer keinen (fristgerechten) Schadensersatz geltend macht.

---

3 *Fischer* § 68 Rdn. 6; *Renzikowski* MK Rdn. 2.

4 *Eser* FS Stree/Wessels S. 833, 846; *Weßlau* StV **1991** 226; *Julius* ZStW **109** (1997) 58, 94 ff.

5 Für eine Gleichbehandlung in Fällen des § 232 auch *Renzikowski* MK Rdn. 7, der ergänzend darauf hinweist, dass nach einer etwaigen Abschiebung des Opfers (oder in anderen Gründen der fehlenden Geltendmachung eines Schadensersatzanspruchs innerhalb der gesetzlichen Frist) der Fiskus auf etwaiges nach § 111i StPO beschlagnahmtes Vermögen zugreifen kann.

Vorbemerkungen zu §§ 234 bis 238

Schrifttum

Bohnert Der entwendete Säugling, JuS **1977** 746; *Bohnert* Das Tatbestandsmerkmal „List" im Strafgesetzbuch, GA **1978** 353; *Bohnert* Zu § 236, ZStW **100** (1988), 508; *Dreher* Zum Meinungsstreit im Bundesgerichtshof um § 237 StGB, NJW **1972** 1641; *Eidam* Die Straftaten gegen die persönliche Freiheit in der strafrechtlichen Examensklausur, JuS **2010** 869, 963; *Eisele/Majer* Strafbarkeit der Zwangsheirat nach § 237 StGB im Lichte des Internationalen Straf- und Privatrechts, NStZ **2011** 546; *Fezer* Die persönliche Freiheit im System des Rechtsgüterschutzes, JZ **1974** 599; *Finger* Das Übereinkommen über die Rechte des Kindes (UN-Kinderrechtskonvention) und sein Einfluss auf das deutsche Kindschafts- und Familienrecht, JR **1992** 177; *Geilen* Zur Problematik der gewaltsamen Entführung (§ 237 StGB), JZ **1974** 540; *Grein* Die Entführung, Diss. Bielefeld 1974 (betr. § 237); *Heger* Rechtsprechung Strafrecht/Menschenraub, Freiheitsberaubung, JA **2001**, 631; *Kienzle* Der Widerstreit der Tatbestandsmerkmale „List" und „wider ihren Willen" in § 237 StGB, Diss. Freiburg 1985; *Küper* Drohung und Warnung, Zur Rekonstruktion und Revision des klassischen Drohungsbegriffs GA **2006** 439; *Lenckner* Das 33. Strafrechtsänderungsgesetz – das Ende einer langen Geschichte, NJW **1997** 2801; *Maurach* Das Gesetz zum Schutz der persönlichen Freiheit (§§ 234a, 241a StGB), NJW **1952** 163; *Pfuhl* Menschenhandel zum Zwecke der sexuellen Ausbeutung (§ 232 StGB) – ein Dauerdelikt?, JR **2014**, 234; *Puppe* Exklusivität von Tatbeständen, JR **1984** 229; *Regel* „Entziehen" und „Entführen" Minderjähriger, Diss. Münster 1975; *Roth-Stielow* „Entführen" i.S. §§ 236 und 237 StGB, NJW **1966** 1496; *Schmitt* Reform der Reform des § 237 StGB? Lackner-Festschrift S. 621; *Schroeder* Die Straftaten gegen die persönliche Freiheit – Erscheinungsformen und System, JuS **2009** 14; *ders.* Gesetzestechnische Fehler im 37. Strafrechtsänderungsgesetz, GA 2005, 307; *ders.* Neue Vorschriften zur Bekämpfung des „Menschenhandels" NJW **2005** 1393; *Schünemann* Die Freiheitsdelikte im künftigen Strafrecht, MSchrKrim. **1970** 250; *Schwarz* Entwicklung und Reform der Entführungsdelikte, §§ 235–238 StGB (1972); *Wagner* Zur Auslegung der Staatsschutzvorschriften über den Schutz der persönlichen Freiheit, MDR **1967** 629, 709.

Übersicht

I. Allgemeines

1 Die §§ 234–238 spiegeln die Heterogenität der Vorschriften zum Schutze der persönlichen Freiheit eindrucksvoll wieder[1] und belegen für sich, wie wenig systematisch der strafrechtliche Schutz insoweit im StGB konzipiert ist (vgl. *Schroeder* JuS **2009** 14, 15). Taten gegen die körperliche Bewegungsfreiheit (wie § 234 als klassisches Freiheitsdelikt)[2] finden sich ebenso wie solche gegen die Freiheit der Willensentschließung (wie neuerdings § 237), etwa im Zusammenhang mit der Ausübung des Personensorgerechts (wie im Falle des § 235). Die neue Vorschrift gegen Kinderhandel (§ 236 i.d.F. des 6. StrRG vom 26.1.1998, BGBl. I S. 164) fügt sich scheinbar in diesen Zusammenhang ein, wenn

[1] S. *Sonnen* NK § 234 Rdn. 1; *Wieck-Noodt* MK Vorbemerkung §§ 234 ff Rdn. 1. S. auch *Sch/Schröder-Eser/Eisele,* Vorbem. zu den §§ 234–241a Rdn. 1

[2] *Sonnen* NK § 234 Rdn. 3; s. auch *Schroeder* JuS 2009 14.

man sie zugleich als Delikt gegen den wohlverstandenen Willen des Kindes begreift.[3] Einzelheiten zum jeweils geschützten Rechtsgut bei den einzelnen Strafvorschriften.[4]

II. Gesamtentwicklung der §§ 234 bis 238

2 § 234a wurde – ebenso wie § 241a – durch das Gesetz zum Schutze der persönlichen Freiheit vom 15.7.1951 (BGBl. I S. 448) in das Strafgesetzbuch eingefügt; die §§ 235 bis 238 wurden durch das **1. StrRG** neugefasst. Dabei wurde die Reihenfolge der früheren Tatbestände „Entführung gegen den Willen" (§ 236) und „Entführung mit Willen" (§ 237) innerhalb des 18. Abschnitts so geändert, dass auch äußerlich „Kindesentziehung" (§ 235) und „Entführung mit Willen der Entführten" (§ 236) als die Bestimmungen zusammenrückten, die dem Schutz der Muntgewalt dienten. Der Tatbestand der „Entführung gegen den Willen der Entführten" (§ 237) schützte demgegenüber die freie Selbstbestimmung der Frau bei ihren geschlechtlichen Beziehungen. Die Vorschrift wurde durch das **33. StRÄndG** aufgehoben (Rdn. 3). § 238 regelte seitdem nur noch für die §§ 235 und 236 das Strafantragserfordernis sowie ein Verfahrenshindernis für den Fall, dass der Entführer die Entführte heiratet.

3 Art. 1 Nr. 5 des **33. StRÄndG** – §§ 177 bis 179 StGB – vom 1.7.1997 (BGBl. I S. 1607) hat **§ 237** mit Wirkung vom 5.7.1997 aufgehoben. Art. 1 Nr. 6 des Gesetzes ersetzte demgemäß in § 238 Abs. 1 und 2 die Angabe „§§ 235 bis 237" jeweils durch die Angabe „§§ 235 und 236". Nach der Begründung des Entwurfs (BTDrucks. 13/7324 S. 7) sollte der Anwendungsbereich des früheren Tatbestands der Entführung gegen den Willen der Entführten (§ 237) von der Erweiterung des § 177 Abs. 1 (durch dessen neue Tatbestandsalternative „Ausnutzen einer schutzlosen Lage") mit erfasst werden.[5]

4 Das **6. StrRG** vom 26.1.1998 (BGBl. I S. 164), in Kraft seit 1.4.1998 (Art. 9), änderte den **§ 234** („Menschenraub") im Tatbestand (Abs. 1) und durch Anfügung einer Strafrahmenmilderung für minder schwere Fälle (Abs. 2). Es gestaltete den Tatbestand der „Kindesentziehung" (**§ 235**) unter der Überschrift „Entziehung Minderjähriger" wesentlich um (§ 235 Abs. 1 und 2 n.F.), erklärte für einige Varianten den Versuch für strafbar (§ 235 Abs. 3 n.F.), führte Strafschärfungen für bestimmte qualifizierte Fälle ein (§ 235 Abs. 4 und 5 n.F.) und räumte insoweit die Möglichkeit von Strafmilderungen zu (§ 235 Abs. 6 n.F.).

5 Das **6. StrRG** hob ferner den Tatbestand der „Entführung mit Willen" (**§ 236**) ersatzlos auf; es fügte unter derselben Paragraphenbezeichnung einen neuen Straftatbestand „Kinderhandel" in das StGB ein. **§ 238** („Voraussetzungen der Verfolgung") mit der Strafantragsregelung und dem Verfahrenshindernis der Eheschließung – zuletzt für Fälle der §§ 235, 236 a.F. – fiel weg. Bestimmungen über ein allerdings eingeschränktes Strafantragserfordernis sind in § 235 Abs. 7 n.F. aufgenommen worden. Schließlich wurden die Vorschriften des internationalen Strafrechts erweitert. Nach der neuen Bestimmung des **§ 5 Nr. 6a** n.F. wird die Entziehung eines Kindes in den Fällen des § 235 Abs. 2 Nr. 2 n.F. unabhängig vom Recht des ausländischen Tatorts mit Strafe bedroht (vgl. *Schroeder* JuS **2009** 14, 15)

6 Eine Änderung erfuhr **§ 236** im Wege der Umsetzung des Fakultativprotokolls zum Übereinkommen der Vereinigten Nationen über die Rechte des Kindes betreffend den Verkauf von Kindern, die Kinderprostitution und die Kinderpornographie vom 20.11.1989

---

3 *Wieck-Noodt* MK Vorbem. §§ 234 ff Rdn. 4.

4 Zur Systematik s. auch *Pfuhl* JR **2014** 234, 236.

5 *Lenckner* NJW **1997** 2802.

(BGBl. II 121, 990).[6] Durch Art. 1 Nr. 20 des Selbstbestimmungsgesetzes (SelbstbG vom 27.12.2003, BGBl. I 3007), welches am 1.4.2004 in Kraft getreten ist, wurde § 236 StGB geändert bzw. angepasst. In Abs. 1 wurde das Mindestalter von 14 Jahren auf 18 Jahre heraufgesetzt, der Schutzbereich des § 236 um Mündel und Pfleglinge erweitert und somit in Abs. 1 S. 1, 2 neben den Eltern auch der Vormund und der Pfleger in den Täterkreis mit aufgenommen. In Abs. 5 wird nunmehr ausdrücklich auf Abs. 3 Bezug genommen und damit klargestellt, dass auch bei einer versuchten Tatbestandsverwirklichung eine Strafmilderung bzw. ein Absehen von der Strafe möglich ist.

Das **37. StRÄndG** vom 11.2.2005 (BGBl. I 239), in Kraft seit 19.2.2005, hat die bisherigen Vorschriften über den Menschenhandel (180b, 181 jeweils in der Fassung durch das 26. StRÄndG vom 14.7.1992) in erweiterter Form in den 18. Abschnitt übernommen (§§ 232–233b), § **234** neu gefasst und § 240 Abs. 4 Nr. 1 um die Alternative 2 (Nötigung zur Eingehung einer Zwangsehe als Regelbeispiel eines besonders schweren Falles) ergänzt. Zweck der abermaligen Reform (vgl. BTDrucks 15/3045 S. 1, 6) war es, die strafrechtliche Definition des Menschenhandels, insbesondere des Frauenhandels, entsprechend den Vorgaben der Vereinten Nationen und der EU zu erweitern. Im Hinblick auf die Übernahme von Tathandlungen aus § 234 in den neuen § 233 wurde der Tatbestand des Menschenraubs und zugleich die Strafdrohung angepasst. 7

Mit dem Gesetz zur Strafbarkeit beharrlicher Nachstellungen (**40. StrÄndG**) vom 22. März 2007 (BGBl. I, 354), in Kraft seit 31. März 2007, wurde § **238** neu in das StGB eingefügt. 8

Mit dem **Gesetz zur Umsetzung des Rahmenbeschlusses des Rates der Europäischen Union zur Bekämpfung der sexuellen Ausbeutung von Kindern** und der Kinderpornographie vom 31.10.2008 (BGBl. I 2149), in Kraft seit 5.11.2008, wurde § **236** um Absatz 2 Satz 2 erweitert (Erweiterung der Strafbarkeit einer Adoptionsvermittlung) und dadurch eine weitere Voraussetzung für die Ratifizierung des Fakultativprotokolls zu dem Übereinkommen der Vereinten Nationen vom 20. November 1989 über die Rechte des Kindes betreffend den Verkauf von Kindern, die Kinderprostitution und die Kinderpornographie geschaffen. 9

Mit dem **Gesetz zur Bekämpfung der Zwangsheirat** vom 23.6.2011 mit Wirkung zum **1.7.2011** ins StGB eingefügt (BGBl. I 1266 Nr. 33) und ersetzte das erst wenige Jahre vorher durch das 37. Strafrechtsänderungsgesetz eingeführte Regelbeispiel des besonders schweren Falls der Nötigung § 240 Abs. 4 S. 2 Nr. 1 Var. 2 StGB (Nötigung zur Eingehung der Ehe). 10

III. Bedeutung der Vorschriften

Die kriminalpolitische Bedeutung der Vorschriften ist gering, von praktischer Relevanz ist insbesondere noch § **238**. Dies zeigen auch die jährlich veröffentlichten Kriminal- und Strafverfolgungsstatistiken. Die polizeiliche Kriminalstatistik des Bundeskriminalamtes, die die Straftaten der §§ **234 bis 236** zu einer Straftatengruppe zusammenfasst, weist folgende Zahlen aus: 11

Jahr	1998	2002	2006	2009	2010	2011	2012	2013
Fälle	1951	1898	1596	1810	1699	1688	1643	1702

6 Zu den internationalen Einflüssen insoweit ausführlich *Sonnen* NK § 236 Rdn. 5 ff.

Seit dem Jahr 2006 nimmt die Kriminalstatistik eine weitere Untergliederung nach Straftatbeständen vor:

Jahr	2006	2009	2010	2011	2012	2013
§ 234 StGB	18	11	7	5	10	7
§ 235 StGB	1549	1781	1685	1676	1627	1684
§ 236 StGB	5	18	7	7	6	11

Hinsichtlich §§, 237, 238 weist die Statistik folgende Fälle aus.

Jahr	2009	2010	2011	2012	2013
§ 237 StGB	–	–	–	56	62
§ 238 StGB	28536	26848	25038	24592	23831

Nach der Rechtspflegestatistik des Statistischen Bundesamtes, Strafverfolgung (Fachserie 10, Reihe 3), sind folgende Aburteilungen festgehalten:

Jahr	2006	2007	2008	2009	2010	2011	2012
§ 234	5	8	6	8	6	10	3
§ 234a	–	1	–	1	1	–	2
§ 235	112	113	123	123	107	110	126
§ 236	10	7	5	9	5	7	4
§ 237	–	–	–	–	–	–	1
§ 238	–	110	778	988	748	711	590

IV. Anhang

12 **Das Recht des Einigungsvertrags.** Die Geltung der §§ 234 a.F., 234a und 235 a.F. erstreckte sich seit der deutschen Wiedervereinigung auf das Beitrittsgebiet (Vor § 3 Rdn. 444, 446). Dagegen galt **§ 236 a.F.** („Entführung mit Willen der Entführten"), der durch das 6. StrRG ersatzlos aufgehoben wurde, in den neuen Bundesländern nicht (Vor § 3 Rdn. 444, 446).

§ 234
Menschenraub

(1) Wer sich einer anderen Person mit Gewalt, durch Drohung mit einem empfindlichen Übel oder durch List bemächtigt, um sie in hilfloser Lage auszusetzen oder dem Dienst in einer militärischen oder militärähnlichen Einrichtung im Ausland zuzuführen, wird mit Freiheitsstrafe von einem Jahr bis zu zehn Jahren bestraft.

(2) In minder schweren Fällen ist die Strafe Freiheitsstrafe von sechs Monaten bis zu fünf Jahren.

Schrifttum

Bohnert Der entwendete Säugling, JuS **1977** 746; *Bohnert* Das Tatbestandsmerkmal „List" im Strafgesetzbuch, GA **1978** 353; *Geilen* Zur Problematik der gewaltsamen Entführung (§ 237 StGB), JZ **1974** 540; *Heger* Menschenraub, Freiheitsberaubung, JA **2001** 631; *Krack* List als Tatbestandsmerkmal (1994); *Lobe* Menschenraub, DJZ **1930** 662; *Meyer-Gerhards* Sexueller Mißbrauch, Entführung und Freiheitsberaubung bei Bewußtlosigkeit, JuS **1974** 566; *Schroeder* Das 37. Strafrechtsänderungsgesetz: Neue Vorschriften zur Bekämpfung des „Menschenhandels", NJW **2005** 1393; *ders.* Gesetzestechnische Fehler im 37. Strafrechtsänderungsgesetz, GA **2005** 307; *Simma/Fastenrath* Menschenrechte, 6. Aufl. (2010); *Strupp/Schlochauer* Wörterbuch des Völkerrechts, 2. Aufl., 3. Bd. (1962); *Wagner* Zur Auslegung der Staatsschutzvorschriften über den Schutz der persönlichen Freiheit, MDR **1967** 629, 709; *Wolter* Gewaltanwendung und Gewalttätigkeit, NStZ **1985** 193 und 245.

Materialien

Zum 6. StRG: Gesetzentwurf des Bundesrates: Entwurf eines Gesetzes zur Bereinigung des Strafgesetzbuches und zur Reform der Strafvorschriften gegen Kinderhandel, BTDrucks. 13/6038; Gesetzentwurf der Fraktionen der CDU/CSU und FDP: Entwurf eines Sechsten Gesetzes zur Reform des Strafrechts (6. StrRG), BTDrucks. 13/7164; Gesetzentwurf der Bundesregierung: Entwurf eines Sechsten Gesetzes zur Reform des Strafrechts (6. StrRG), BTDrucks. 13/8587; Beschlussempfehlung des Rechtsausschusses (6. Ausschuss), BTDrucks. 13/8991; Bericht des Rechtsausschusses (6. Ausschuss), BTDrucks. 13/9064 (zu Drucks. 13/8991); Gesetzentwurf der Abgeordneten Schmidt, Schewe-Gerigk u.a.: Entwurf eines Strafrechtsänderungsgesetzes – §§ 177 bis 179 StGB (... StrÄndG), BTDrucks. 13/7324, Begr. S. 7; Beschlussempfehlung und Bericht des Rechtsausschusses (6. Ausschuss), BTDrucks. 13/7663; Gesetzentwurf der Bundesregierung: Entwurf eines Gesetzes zur Reform des Kindschaftsrechts (**Kindschaftsrechtsreformgesetz** – KindRG), BTDrucks. 13/4899; Beschlussempfehlung und Bericht des Rechtsausschusses (6. Ausschuss), BTDrucks. 13/8511; Information des Bundesministeriums der Justiz: Zusammenfassende Darstellung des Regierungsentwurfs eines Gesetzes zur Reform des Kindschaftsrechts vom 28.2.1996 unter Berücksichtigung der Beschlüsse des Rechtsausschusses des Deutschen Bundestages vom 26.6.1997, S. 7 ff; Gesetzentwurf der Bundesregierung: Entwurf eines **Gesetzes zur Abschaffung der gesetzlichen Amtspflegschaft und Neuordnung des Rechts der Beistandschaft** (Beistandschaftsgesetz), BTDrucks. 13/892.

Zum 37. StrÄndG: Gesetzentwurf der Abgeordneten Stünker, Bachmaier u.a.: Entwurf eines ... Strafrechtsänderungsgesetzes – §§ 180b, 181 StGB (... StrÄndG), BTDrucks. 15/3045; Beschlussempfehlung und Bericht des Rechtsausschusses (6. Ausschuss), BTDrucks. 15/4048; Verhandlungen des Deutschen Bundestages vom 28. Oktober 2004, 15. Wahlperiode, 135. Sitzung, S. 12368; Gesetzesbeschluss des Deutschen Bundestages: ... Strafrechtsänderungsgesetz – §§ 180b, 181 StGB (... StrÄndG), BRDrucks. 846/04; Empfehlungen des Rechtsausschusses, des Ausschusses für Innere Angelegenheiten und des Ausschusses für Frauen und Jugend, BRDrucks. 846/1/04; Antrag des Landes Baden-Württemberg, BRDrucks. 846/2/04; Anrufung des Vermittlungsausschusses durch den Bundesrat, BR-Drucks. 846/04 (Beschluss); Unterrichtung durch den Bundesrat, BTDrucks. 15/4380; Einigungsvorschlag des Vermittlungsausschusses, BRDrucks. 988/04; Beschluss des Bundesrates, BRDrucks. 988/04 (Beschluss).

Entstehungsgeschichte

§ 234 lautete **vor Inkrafttreten des 6. StrRG** am 1.4.1998:

Wer sich eines Menschen durch List, Drohung oder Gewalt bemächtigt, um ihn in hilfloser Lage auszusetzen oder in Sklaverei, Leibeigenschaft oder in auswärtige Kriegs- oder Schiffsdienste zu bringen, wird mit Freiheitsstrafe nicht unter einem Jahr bestraft.

§ 234 hatte **bis zum Inkrafttreten des 37. StRÄndG** am 19.2.2005 folgenden Wortlaut:

(1) Wer sich eines Menschen mit Gewalt, durch Drohung mit einem empfindlichen Übel oder durch List bemächtigt, um ihn in hilfloser Lage auszusetzen, in Sklaverei oder Leibeigenschaft zu bringen oder dem Dienst in einer militärischen oder militärähnlichen Einrichtung im Ausland zuzuführen, wird mit Freiheitsstrafe nicht unter einem Jahr bestraft.

(2) In minder schweren Fällen ist die Strafe Freiheitsstrafe von sechs Monaten bis zu fünf Jahren.

Die Vorschrift hat eine lange Entwicklungsgeschichte.[1] Sie hatte einen Vorläufer schon in § 204 PrStGB 1851. Sie ist auch im Zusammenhang mit dem Gesetz vom 28.7.1895, betreffend die Bestrafung des Sklavenraubs und des Sklavenhandels (LK vor § 3 Rdn. 68), und mit den internationalen Übereinkommen vom 25.9.1926 über die Sklaverei (RGBl. 1929 II S. 63) in der Fassung des Änderungsprotokolls vom 7.12.1953 (Bek. vom 19.10.1972, BGBl. II S. 1489) sowie mit dem am 4.7.1958 ergangenen Gesetz über den Beitritt der Bundesrepublik Deutschland zu dem Zusatzübereinkommen vom 7.9.1956 über die Abschaffung der Sklaverei, des Sklavenhandels und sklavereiähnlicher Einrichtungen und Praktiken (BGBl. 1958 II 203 ff; Bek. vom 14.3.1959, BGBl. II S. 407) zu sehen, welche die Bekämpfung der Sklaverei zum Ziel haben (LK vor § 3 Rdn. 58, 60). Diesem Zweck dienende Bestimmungen finden sich ferner in Art. 13 HoSeeÜbk von 1958 (vor § 3 Rdn. 94, 97) und in Art. 99 SeeRÜbk von 1982 (vor § 3 Rdn. 94).

Die Vorschrift (§ 234) ist durch das EGStGB 1974 nicht geändert worden. Bereits der Entwurf 1927 wollte auf sie verzichten in der Erwägung, dass sie praktisch kaum zur Anwendung komme und andere Vorschriften sie genügend ersetzten (Begr. S. 138). Ebenso sollte sie nach dem Entwurf 1962 gestrichen werden, weil Zuwiderhandlungen durch das Gesetz von 1895 (LK 11. Aufl. vor § 3 Rdn. 20) sowie durch die §§ 234a und 239 hinreichend erfasst würden (E 1962, Begr. S. 301). Auch der Alternativentwurf verzichtete auf eine entsprechende Bestimmung. Ein Gesetzentwurf des Bundesrates aus dem Jahre 1996 schlug vor, die Tatbestandsalternativen des § 234 teils aufzuheben und teils in § 221 einzustellen (E I S. 1). Das 6. StrRG hat sie lediglich sprachlich modernisiert und in Abs. 2 um minder schwere Fälle erweitert (*Sonnen* SK Rdn. 5); das 37. StrÄndG vom 11. Februar 2005 (BGBl. I S. 239) hat den Tatbestand durch Verlagerung von Tathandlungen nach § 233 eingeschränkt und die in Abs. 1 vorgesehene Höchststrafe auf 10 Jahre abgesenkt (*Wolters* SK Rdn. 1).

Die Bedeutung, die § 234 für die Rechtsordnung hat,[1a] sollte gleichwohl nicht völlig unterschätzt werden, und zwar im Hinblick auf die vielfältigen europäischen und völkerrechtlichen Bemühungen, Menschenwürde und Menschenrechte zu schützen. Zwar wurde durch das 37. StrÄndG die Verbringung in Sklaverei oder Leibeigenschaft in § 233 StGB n.F. übernommen. Die Vorschrift ohne diese Tatvariante aufzuheben, schien jedoch unangebracht, weil die Bundesrepublik mit der durch das 6. StrRG eingeführten Tathandlung der Zuführung zum Dienst einer militärischen oder militärähnlichen Einrichtung im Hinblick auf die vorgenannten Bemühungen einen ansonsten straflosen Fall regelt, nämlich den Schutz des Einzelnen vor der mit dem Verlust der persönlichen Freiheit verbundenen Gefahr der Tötung im Krieg. Mit diesen Erwägungen steht es im Einklang, dass Menschenraub als eigenständiger Straftatbestand im 37. StrÄndG mit geringfügigen Änderungen auch ohne die Tatbestandsalternative der Verbringung in Sklaverei oder Leibeigenschaft aufrechterhalten worden ist. Zu bedenken ist freilich, dass die Streichung der Vorschrift mit Blick auf die Tatbestände nach §§ 221, 239 eine wesentliche Strafbarkeitslücke wohl nicht hinterließe (dazu auch: *Sonnen* NK Rdn. 12; *Lackner/Kühl* Rdn. 1) und die praktische Bedeutung gering ist (*Braasch* NKGesStR Rdn. 1; SSW-*Schluckebier* Rdn. 1; *Wolters* SK Rdn. 1; *Wieck-Noodt* MK Rdn. 2). Da allein eine zwar auch international nicht zu unterschätzende symbolische Bedeutung (*Sonnen* NK Rdn. 12; *Matt/Renzikowski-Eidam* Rdn. 2) für sich einen Straftatbestand nicht rechtfertigen kann (anders wohl *Braasch* NKGesStR Rdn. 1; *Lackner/Kühl* Rdn. 1), ist sie im Rahmen künftiger Reformbemühungen § 234 erneut auf den Prüfstand zu stellen.

---

[1] *Lobe* DJZ **1930** 662. Vgl. auch *Sonnen* NK, Rdn. 5.

[1a] Nach der Strafverfolgungsstatistik: 6 Verurteilungen im Jahr 2008.

Übersicht

I. Geschütztes Rechtsgut

1 Bei § 234 handelt es sich um einen Spezialfall des § 239,[2] der durch eine besondere Absicht des Täters besonders gekennzeichnet wird und dadurch seinen eigenen Anwendungsbereich erhält.[2a] Geschütztes Rechtsgut ist die auch verfassungsrechtlich verbürgte (SSW-*Schluckebier* Rdn. 1) **persönliche Freiheit**, also der Zustand eines Menschen, in dem er seine natürliche Fähigkeit zur Selbstbestimmung körperlich unbehindert zur Geltung bringen kann (vgl. RGSt. **48** 346, 348 zu § 240).[3] Das Opfer soll davor geschützt werden, unfreiwillig einem mit nur sehr geringen eigenen Freiheitsrechten ausgestatteten, durch Über- und Unterordnung gekennzeichneten formalisierten Verhältnis unterworfen zu werden (BGHSt **39** 212, 214).

II. Objektiver Tatbestand

2 **1. Tatopfer** kann jede andere Person (die Ersetzung von „Mensch" in § 234 a.F. durch „andere Person" ist lediglich als geschlechtsneutrale Umformulierung ohne Absicht inhaltlicher Änderungen zu verstehen) sein, ohne Rücksicht auf ihr Alter, ihr Geschlecht und ihre Willensfähigkeit.[4] Die Fähigkeit des Opfers, einen natürlichen Willen zur Ortsveränderung zu bilden, wird nicht vorausgesetzt.[5] Die Vorschrift geht daher über § 239 hinaus (*Wieck-Noodt* MK Rdn. 13). Deshalb kann sich die Tat auch gegen ein in diesem Sinne willenloses Kleinkind richten (vgl. BGHSt **26** 70, 71, 72 = JR **1975** 423 mit Anm. *Lampe*)[6],

---

2 *Fischer* Rdn. 2; *Sch/Schröder-Eser/Eisele* Rdn. 1; *Wolters* SK Rdn. 7; *Lackner/Kühl* Rdn. 1; *Frank* Anm. I; vgl. *Bohnert* JuS 1977 747; *Otto* Grundkurs § 26 Rdn. 6, § 28 Rdn. 20.

2a *Matt/Renzikowski-Eidam* Rdn. 2.*Wieck-Noodt* MK Rdn. 2.

3 *Fischer* Rdn. 1; *Sonnen* NK Rdn. 6; *Wieck-Noodt* MK Rdn. 1.

4 *Sch/Schröder-Eser/Eisele* Rdn. 3; *Ebermayer* LK[4] Anm. 3; *Sonnen* NK Rdn. 13; *von Olshausen* 12. Aufl. Anm. 2.

5 *Maurach/Schroeder* 1, 6. Aufl. § 15 IV; *Wieck-Noodt* MK Rdn. 13.

6 SSW-*Schluckebier* Rdn. 2; *Bohnert* JuS 1977 747.

wobei dessen Einverständnis nicht durch den Erziehungsberechtigten ersetzt werden kann. Zumindest missverständlich ist deshalb der Hinweis in der Literatur, bei einem Kleinkind komme es auf den Willen des Personensorgeberechtigten an.[7] Im Gegensatz zu § 109h schützt § 234 nicht nur Deutsche, sondern auch Ausländer und Staatenlose.

3 2. **Tathandlung** ist das Sichbemächtigen eines Menschen. Es besteht in der Begründung eigener **körperlicher Herrschaft** oder tatsächlicher Verfügungsgewalt über den Körper eines anderen, sei es auch nur für eine kurze Zeit.[7a] Erforderlich ist hierbei, dass das Opfer körperlich an der freien Bestimmung über sich selbst gehindert ist (BGHR § 239a I Sichbemächtigen 3), etwa durch Bedrohen mit einer Schusswaffe aus einer gewissen Distanz. Dazu gehört nicht notwendig, dass der Täter das Opfer von dessen gewöhnlichem Aufenthaltsort oder vom Tatort fortschafft oder vom gewöhnlichen Aufenthaltsort fernhält.[8] Auch muss die nach § 234 erforderliche Absicht nicht verwirklicht sein.[9] Ob das Opfer seine Lage erkennt oder nicht, ist unerheblich (BGH StV 1999, 646; *Wieck-Noodt* MK Rdn. 13; SSW-*Schluckebier* Rdn. 3)

4 Nicht ausreichend ist eine allein **psychische Beherrschung** des Opfers.[9a] Ebenso wenig ist es Voraussetzung, dass das Opfer seine Lage erkennt (BGH GA **1975** 53). In einem solchen Fall kommt es nur darauf an, dass das Opfer tatsächlich gehindert ist, Aufenthalts- oder Zielort frei zu bestimmen, wenn es ihn ändern wollte.

5 3. Als **Tatmittel** nennt das Gesetz wie in § 232 Abs. 4 Nr. 1, 2 Gewalt, Drohung mit einem empfindlichen Übel oder List. Die Ergänzung des Tatmittels der Drohung (vgl. § 234 in der bis 31.3.1998 maßgebenden Fassung) um die Worte „mit einem empfindlichen Übel" durch das 6. StrRG diente insoweit allein dem Zweck, den Wortlaut anderen Vorschriften des StGB anzupassen (s. näher dazu Rdn. 22).

6 Die **alternative (wahlweise) Feststellung** der Tatmittel ist zulässig.[10] Drohung und Gewalt können jeweils **auch kumulativ** mit List vorliegen (*Bohnert* GA **1978** 360, 364). Es besteht dann eine einfache Konkurrenz von Tatbestandsmerkmalen im Rahmen einer Tat (vgl. BGHR § 250 Abs. 1 Konkurrenzen 2).[11]

7 Die Tatmittel können nicht nur **gegenüber** dem **Tatopfer**, sondern auch gegenüber **Dritten** angewendet werden, die schutzbereit sind oder unter deren Obhut sich das Opfer befindet.[12] Bei „Wegnahme" eines willensunfähigen Kleinkindes (Rdn. 2) ist die Tatbegehung nur so möglich, es sei denn, die Wegnahme wäre etwa mit einem gewaltsamen Einbruch in einen verschlossenen Raum verbunden.

---

7 *Wolters* SK Rdn. 2.

7a BGHSt **26** 70, 72; BGH, Beschl. vom 25. Juni 1992 – 1 StR 325/92 zu § 239b; *Lackner/Kühl* Rdn. 2; *Sonnen* NK Rdn. 15.

8 *Braasch* NKGesStR Rdn. 3; *Sch/Schröder-Eser/ Eisele* Rdn. 4; *Wieck-Noodt* MK Rdn. 13; *Sonnen* NK Rdn. 15; SSW-*Schluckebier* Rdn. 3; vgl. BGHSt. **26** 70, 72 = BGH MDR **1975** 155 zu § 239b; BGH NStZ **1996** 277 zu § 239a.

9 *Tröndle/Fischer* 52. Aufl. Rdn. 2; *Ebermayer* LK[4] Anm. 2; *Frank* Anm. I 3; *von Olshausen* 12. Aufl. Anm. 1.

9a Vgl. aber auch *Wieck-Noodt* MK Rdn. 16: psychische Herrschaft tatbestandsmäßig, wenn das Opfer, das die Absicht des Opfers erkannt hat, dem Herrschaftsbereich des Täters nicht mehr entkommt.

10 *Tröndle/Fischer* 52. Aufl. Rdn. 3; *Wieck-Noodt* MK Rdn. 21; *Bohnert* GA **1978** 353, 364.

11 Vgl. *Wieck-Noodt* MK Rdn. 21; *Bohnert* GA **1978** 353, 360; ders. JuS **1977** 746 Fn. 8.

12 *Meyer-Gerhards* JuS **1974** 568; *Lackner/Kühl* Rdn. 2; *Sch/Schröder-Eser/Eisele* Rdn. 5; SSW-*Schluckebier* Rdn. 5; *Wieck-Noodt* MK Rdn. 35.

Der Einsatz des Tatmittels muss zum „Sichbemächtigen“ führen; beides muss **ursächlich** miteinander verknüpft sein. Deshalb reicht die schlichte Übernahme eines bereits in fremder Gewalt befindlichen Opfers von einem anderen ebensowenig aus wie der Entschluss des Täters, das „objektiv“ bereits in seiner Gewalt (zum Beispiel als Anhalter im Auto) befindliche Opfer nunmehr auch „subjektiv“ seinen Zwecken zuzuführen.[13] 8

§ 234 kann in solchen Fällen freilich gegeben sein, wenn der Täter nach „Übernahme“ des Opfers oder nach Fassen des Tatentschlusses mit einem der bezeichneten Tatmittel die **„Bemächtigungslage“ fortdauern lässt.**[14] Gegenüber einem im Gewahrsam des Täters befindlichen Opfer kann das Delikt also etwa dadurch begangen werden, dass er die Bemächtigungslage durch Gewalt, Drohung oder List aufrechterhält. 9

a) **Gewalt**

aa) **Arten von Gewalt.** Das Gesetz schränkt den Gewaltbegriff in § 234 – ebenso wie in den §§ 234a und 235 – nicht durch zusätzliche Kriterien ein. Als Tatmittel genügt die Anwendung **einfacher** Gewalt,[15] d.h. in der Regel körperlicher Kraft zur Überwindung eines geleisteten oder erwarteten Widerstandes. Sie braucht weder unwiderstehlich noch unmittelbar **gegen Personen** gerichtet zu sein; Gewalt **gegen Sachen** reicht aus (SSW-*Schluckebier* Rdn. 4: zumeist wird hier die Drohungsalternative näher liegen). Die Anwendung von Gewalt setzt die Möglichkeit eines Widerstandes seitens des Opfers voraus; trotz Kraftaufwendung ist das einfache Wegtragen eines Säuglings noch keine Gewalt.[15a] Freilich wird die Überwindung eines generellen Abwehrwillens oder auch die präventive Verhinderung mutmaßlich geleisteten Widerstands bei Schlafenden oder Bewusstlosen als ausreichend angesehen (BGHSt **4** 210, 212; **20** 32, 33; **25** 237, 238). 10

Dabei kann es sich um körperliche Einwirkungen handeln, durch die dem Betroffenen eine Willensbildung oder -betätigung schlechthin unmöglich gemacht wird (**vis absoluta**), zum Beispiel durch Schlagen, Quälen, Foltern, Fesseln, gewaltsames Betäuben oder Einsperren,[16] oder um den Einsatz körperlicher Kraft, mit welcher der entgegenstehende Wille des Betroffenen gebeugt und in eine bestimmte Richtung getrieben wird (**vis compulsiva**),[17] sei es durch körperliche Einwirkung auf ihn (als Tatopfer) oder auf einen anderen, oder sei es durch Gewalt gegen Sachen,[18] wie Zerstörung eines Transportmittels, der Unterkunft oder von Abwehrwaffen.[19] Beide Arten von Gewalt – vis absoluta und vis compulsiva – erfüllen das Tatbestandsmerkmal „Gewalt“ in § 234.[20] 11

Gewalt kann – wie beim Einsperren – auch in der **Errichtung gegenständlicher Hindernisse** liegen, welche das Opfer gegen seinen Willen an einem Orte festhalten oder an der Fortbewegung hindern (BGHSt **41** 182, 185 f).[21] 12

---

13 *Braasch* NKGesStR Rdn. 3; OKBeck-StGB-*Valerius* Rdn. 3; *Wieck-Noodt* MK Rdn. 21; *Wolters* SK Rdn. 3.

14 *Wieck-Noodt* MK Rdn. 21; *Wolters* SK Rdn. 3.

15 *Wagner* MDR **1967** 710.

15a *Wieck-Noodt* MK Rdn. 22.

16 Beispiele bei *Wagner* MDR **1967** 710; ferner: SSW-*Schluckebier* Rdn. 4.

17 Zu dieser Unterscheidung der Arten von Gewalt s. RGSt. **64** 113, 115 ff; *Altvater* LK § 240 Rdn. 7; *Fischer* § 240 Rdn. 9; *Sch/Schröder-Eser/Eisele* Vor § 234 Rdn. 12 ff; *Wieck-Noodt* MK Rdn. 23 ff.

18 Vgl. *Altvater*LK § 240 Rdn. 8, 60 ff. Dazu schon oben Rdn. 10. Bejahend auch: *Sonnen* NK Rdn. 20.

19 Beispiele bei *Wagner* MDR **1967** 710; instruktiv *Wieck-Noodt* MK Rdn. 26, der darauf hinweist, dass Gewalt gegen Sachen nur dann ausreichend ist, wenn sie geeignet ist, bei der bemächtigten Person psychischen Zwang auszuüben und dadurch auf deren Willen einzuwirken: Wegnahme eines Rollstuhls als Fortbewegungsmittel eines Behinderten.

20 *Lobe* DJZ **1930** 663.

21 Vgl. auch die Rechtsprechungsnachweise bei Seidl/Söllner/Rupp (abweichende

13 **bb) Gewaltloses Beibringen von Betäubungsmitteln.** Schließlich wurde das **Betäuben des Opfers** durch gewaltloses Beibringen von Betäubungs- oder Rauschmitteln in der Rechtsprechung des Bundesgerichtshofs als Gewalt angesehen (BGHSt **1** 145, 146 ff – Chloraethyl; BGH NJW **1953** 351; BGH NStZ **1992** 490 – Schlafmittel; BGHR § 249 Abs. 1 Gewalt 6 – Beruhigungsmittel; anders noch das Reichsgericht RGSt **56** 87, 88; **58** 98, 99 und **64** 113, 115 ff).[22] Der Rechtsprechung liegt die Auffassung zugrunde, es komme nach dem **Gesetzeszweck** nur darauf an, ob der Täter durch eine körperliche Handlung (unabhängig vom Maß der gebrauchten Körperkraft) die Ursache dafür setze, dass der wirkliche oder erwartete Widerstand des Angegriffenen durch ein unmittelbar auf dessen Körper einwirkendes Mittel gebrochen oder verhindert werde (zur Entwicklung der Rechtsprechung *Altvater* LK § 240 Rdn. 9 ff, 12). Die rasch lähmende Wirkung eines Betäubungsmittels sei daher nicht anders zu beurteilen als ein betäubender Schlag oder ein anderer körperlicher Zwang (BGH NJW **1953** 351). Nach *Altvater* LK § 240 Rdn. 58 ist ein Fall mittelbarer Gewalt (im Sinne einer Veranlassung des Opfers, sich selbst zu schädigen) gegeben, wenn das Opfer außerstande ist, die Handlung, die zu seiner Widerstandsunfähigkeit führt, in ihrer Tragweite einzuschätzen.

14 Diese Rechtsansicht, die insbesondere zum Raub entwickelt worden ist, hat auch für die Tatbestände des Menschenraubs (§ 234), der Verschleppung (§ 234a) und der Kindesentziehung (§ 235) insofern Bedeutung, als der Einsatz von Drogen und Alkohol in diesem Bereich nicht selten eine Rolle spielt.[23] Sie soll im Hinblick auf die zweite Entscheidung des **BVerfG zur Nötigung** (§ 240) bei Sitzblockaden (BVerfGE **92** 1 = NJW **1995** 1141) nach einer im Schrifttum vertretenen Meinung[24] nicht mehr zulässig sein. Dem ist im Ergebnis zuzustimmen. Das BVerfG hat sich in der bezeichneten Entscheidung zwar nicht zum Gewaltbegriff beim Verabreichen von Betäubungs- und Rauschmitteln geäußert. Sie gibt jedoch Anlass, die Frage neu zu überdenken.

15 Es fällt nach dem möglichen **Wortsinn** des Ausdrucks „Gewalt“ schwer, darunter bloß heimliches Eingeben eines solchen Mittels zu verstehen (bejahend wohl *Wieck-Noodt* MK Rdn. 24). Der mögliche Wortsinn des Strafgesetzes aber markiert die äußerste **Grenze** zulässiger richterlicher Interpretation (BVerfGE **92** 1, 12 = NJW **1995** 1141 = NStZ **1995** 275 mit Anm. *Altvater*). Der Hinweis allein auf den Gesetzeszweck (BGH NJW **1953** 351, Rdn. 13) kann die Auslegung einer Strafnorm nicht tragen. Vermeintliche Sinnwidrigkeit rechtfertigt es nicht, eine Gesetzeslücke im Strafrecht unter Verstoß gegen das verfassungsrechtliche Bestimmtheitsgebot und Analogieverbot zu schließen (BVerfGE **92** 1, 13 = NJW **1995** 1141 f, 1143). Die Entscheidung BGHSt **41** 182, die zur Nötigung durch Straßenblockade ergangen ist, wird von den hier geäußerten Bedenken nicht berührt (vgl. BGHSt **41** 182, 186).

16 Das Problem der Auslegung des Gewaltbegriffs (Rdn. 13 ff) kann im Zusammenhang mit den an dieser Stelle allein zu behandelnden **§§ 234, 234a und 235** im Ergebnis auf sich beruhen. Strafbarkeitslücken können dadurch in diesem Bereich nicht auftreten, weil das Gesetz nach seinem Inhalt Abhilfe bietet. Schon *Ebermayer* (LK[4] Anm. 5d a.E.) meint zutreffend, die Frage sei für § 234 ohne praktische Bedeutung, weil die Tatmittel

---

Meinung zu BVerfGE **92** 1) NJW **1995** 1143, 1144.

[22] Vgl. BGH NJW **1994** 1166 – Salzsäure; **aA** RGSt. **56** 87, 88 f – Morphium; **58** 98, 99 – Chloroform; **72** 349, 351 f – Chloroformgemisch. Vgl. auch RGSt. **64** 113, 115 ff, 118 – Hypnose; *Calliess* NJW **1985** 1506, 1510; *Tröndle/Fischer* 52. Aufl. Rdn. 3; *Lackner/Kühl* Rdn. 2; *Sch/Schröder-Eser/Eisele* Vor § 234 Rdn. 13; SSW-*Schluckebier* Rdn. 4; *Ebermayer* LK[4] Anm. 5d.

[23] Vgl. *Wagner* MDR **1967** 710.

[24] *Sonnen* NK Rdn. 19; *Tröndle* 49. Aufl. § 240 Rdn. 8.

des Sichbemächtigens gleichwertig seien und alternative Feststellung zulässig sei. Ungeachtet der Frage des Vorliegens von Gewalt ist die Annahme nicht ausgeschlossen, der Täter habe (auch) ein anderes Tatmittel eingesetzt, sich insbesondere einer **List** (Rdn. 26) bedient (zustimmend: *Sonnen* NK Rdn. 19).

Für die Praxis ergibt sich daraus Folgendes: Ein Teil der in Betracht kommenden Fälle wird weiterhin mit dem althergebrachten **Gewaltbegriff** (Rdn. 10 ff) zu lösen sein, so wenn das Opfer mit Nachdruck, etwa durch Führen des gefüllten Glases an den Mund, zur Einnahme des Mittels gezwungen wird (BGHSt **14** 81, 82 – Alkohol).[25] Ein weiterer Teil wird sich unter den Begriff der **Drohung mit einem empfindlichen Übel** (Rdn. 19 ff) subsumieren lassen, weil sich das Opfer bei der Tat – wie vom Täter gewollt – in bedrängter Lage sieht und körperliche Gewalt gegen sich befürchten muss. Soweit es sich schließlich um den Bereich tatsächlich gewalt- und drohungsfreien Eingebens von Narkotika handelt, kommt die Annahme von **List** (Rdn. 27 ff) in Betracht. Das heimliche Eingeben betäubender oder berauschender Mittel (zum Beispiel sogenannter K.O.-Tropfen) kann ein typischer Fall der Anwendung eines auf Täuschung berechneten „Kunstgriffs" sein (RGSt **56** 87, 89; **58** 98, 99; BGHR § 249 Abs. 1 Gewalt 6; vgl. Rdn. 27). 17

Nach allem ist es jedenfalls im Rahmen des § 234 (und bei den §§ 234a, 235) nicht naheliegend, den Gewaltbegriff extensiv auszulegen und sich damit in die **Nähe der verbotenen Analogie** zu begeben.[26] Im Übrigen wird zum Gewaltbegriff, dessen Auslegung dort freilich den gleichen verfassungsrechtlichen Bedenken ausgesetzt ist, auf die Erläuterungen zu § 240 verwiesen.[27] 18

b) **Drohung mit einem empfindlichen Übel. Das Tatmittel der Drohung** steht im Gesetz – in § 234 ebenso wie in den §§ 234a und 235 – zwischen der Gewalt einerseits und der List andererseits. Sie liegt auch sachlich zwischen beiden. Sie wirkt wie die List gewaltfrei auf den Willen eines anderen und kann doch Gewalt nahekommen, wenn ihr Gegenstand Gewalt ist. Von Gewalt unterscheidet sie sich in diesem Falle dadurch, dass sie das Übel lediglich in Aussicht stellt, während es bei Anwendung von Gewalt bereits gegenwärtig ist (RGSt **64** 113, 116).[28] 19

Das Gesetz sagte bis zum 6. StrRG – einheitlich für die §§ 234, 234a und 235 – nicht, **womit** der Täter drohen muss. Doch gehört es zum **Wesen der Drohung**, dass er dem Bedrohten ein Übel in Aussicht stellt, dessen Verwirklichung von seinem (des Täters) Willen abhängt.[29] Das in Aussicht gestellte Übel war als ein nach Art und Gewicht unterschiedliches künftiges Geschehen zu verstehen, welches dem Bedrohten im weiten Sinne (nicht nur körperlich oder wirtschaftlich) nachteilig ist. Es musste sich um „irgendein **Übel** im Rechtssinne" handeln,[30] das der Bedrohte zu fürchten hat.[31] 20

Schon aus dem Begriff „Übel" folgte, dass es eine wenigstens „nicht ganz **unerhebliche Beeinträchtigung**" für den Betroffenen[32] sein muss, um dessen Beeinflussung es geht. Bloße 21

---

[25] Vgl. *Sch/Schröder-Eser/Eisele* Vor § 234 Rdn. 13.

[26] Zustimmend *Wieck-Noodt* MK Rdn. 24; *Sonnen* NK Rdn. 19. Vgl. noch *von Olshausen* 12. Aufl. Anm. 5d, der auf die überholte Möglichkeit strafbegründender Analogie gemäß § 2 i.d.F. des Ges. vom 28.06.1935 (RGBl. I S. 839) verweist.

[27] Vgl. *Altvater* LK § 240 Rdn. 7 ff, 56 ff.

[28] *Schäfer* LK[10] § 240 Rdn. 5 a.E.; *Sch/Schröder-Eser/Eisele* vor § 234 Rdn. 37; *Wieck-Noodt* MK Rdn. 36.

[29] Vgl. *Schäfer* LK[10] § 40 Rdn. 51; dazu: *Fischer* § 240 Rdn. 36: fehlt es nach der Vorstellung des Täters an einer Einflussmöglichkeit, so ist eine bloße **Warnung** gegeben.

[30] *von Olshausen* 12. Aufl. Anm. 5b.

[31] *Niethammer* S. 216.

[32] Vgl. *Tröndle* 49. Aufl. § 240 Rdn. 17.

Unannehmlichkeiten, Enttäuschungen, unbestimmte Weiterungen und Schwierigkeiten genügten nicht.[33] Davon abzugrenzen war das „empfindliche Übel" im Sinne von § 240 mit der Folge, dass im Rahmen der §§ 234 a.F., 234a und 235 a.F. theoretisch auch eine nach § 240 noch nicht tatbestandsmäßige Drohung ausreichen konnte.[34] Wo die Abgrenzung zwischen der Androhung eines „Übels" und der eines **„empfindlichen Übels"** verläuft, war und ist als Frage des Einzelfalls unter normativer Bewertung zu ermitteln.[35]

22 Das **6. StrRG** hat in § 234 ebenso wie in § 235 n.F., nicht aber in § 234a, das Tatmittel „Drohung" durch den Zusatz **„mit einem empfindlichen Übel"** präzisiert. In der Begründung des Entwurfs (BTDrucks. 13/7164, S. 38) wird darauf hingewiesen, dass der Zusatz keine sachliche Änderung des geltenden Rechts bedeute. Die Ergänzung stelle vielmehr im Einklang mit der bisherigen Rechtsprechung nur klar, dass Drohungen ohne eine ins Gewicht fallende Nötigungswirkung den Tatbestand nicht erfüllten. Zugleich solle die Formulierung der Tatmittel anderen Strafvorschriften (vgl. § 181 Abs. 1 Nrn. 1 und 2 [aufgehoben durch Art. 1 Nr. 6 des 37. StRÄndG], außerdem § 106 Abs. 1, § 108 Abs. 1, § 240 Abs. 1, § 253 Abs. 1) angeglichen werden. Diese gesetzgeberischen Erwägungen erweisen sich als widersprüchlich, weil die beabsichtigte Angleichung nicht nur eine Klarstellung im Sinne der Rechtsprechung darstellt, sondern durch die Ergänzung um das Merkmal „empfindlich" zu einer – wenn auch vielleicht praktisch wenig bedeutsamen – Änderung der Strafbarkeitsvoraussetzungen führt. Dies wird im Rahmen der Auslegung des § 234a zu berücksichtigen sein, nachdem der Gesetzgeber des 6. StrRG den Wortlaut dort unverändert gelassen hat.[36]

23 Da das Gesetz als Tatmittel in den §§ 234, 234a und 235 außer List und Gewalt allein die **Drohung** (mit einem empfindlichen Übel) nennt, wird die **Zufügung** eines **gegenwärtigen** Übels, welches nicht in List oder Gewalt besteht, von den bezeichneten Vorschriften grundsätzlich nicht erfasst.[37] Drohung im Rechtssinne ist lediglich die **Ankündigung** eines **künftigen** Übels (Rdn. 19 ff).

24 Doch ergibt sich daraus **keine** ernsthafte **Strafbarkeitslücke.** Denn wenn es dem Täter darum geht, das Verhalten des Opfers durch Einwirkung auf dessen Willen zu beeinflussen, liegt in der gegenwärtigen Zufügung eines Übels (zum Beispiel durch ehrabschneidende und rufschädigende Behauptungen) oft zugleich eine (konkludente) Ankündigung (und damit die Drohung), auch künftig von dem Übel Gebrauch zu machen, wenn sich das Opfer nicht willfährig zeigt.[38] Im Übrigen würde die (wirkliche oder vermeintliche) Sinnwidrigkeit einer Strafbarkeitslücke, die sich aus der gesetzlichen **Beschränkung der Tatmittel** ergeben könnte, es nicht rechtfertigen, die Lücke unter Verstoß gegen das **Analogieverbot** (Art. 103 Abs. 2 GG) zu schließen.

25 Vergleiche zum Begriff der Drohung im Einzelnen die Erläuterungen zu § 240.[39]

26 c) **List. List** ist nach alltäglichem Sprachgebrauch ein Mittel, mit dessen Hilfe man (andere täuschend) etwas zu erreichen sucht, was man auf normalem Wege nicht erreichen könnte.[40] Demgemäß ist unter List im Sinne der §§ 234, 234a und 235 in erster

---

33 *Altvater* LK § 240 Rdn. 80.

34 Vgl. *Maurach* NJW **1952** 165.

35 *Altvater* LK § 240 Rdn. 80; *Sch/Schröder-Eser/Eisele* § 240 Rdn. 9. **AA** noch *Gribbohm* Voraufl. Rdn. 21: Tatfrage.

36 **AA**; *Sonnen* NK Rdn. 21; *Wieck-Noodt* MK Rdn. 32; auch noch *Gribbohm* Voraufl. Rdn. 23; so anscheinend auch *Tröndle/Fischer* 52. Aufl. Rdn. 3.

37 Vgl. *Schäfer* LK[10] § 240 Rdn. 56; *Wieck-Noodt* MK Rdn. 34.

38 *Fischer* § 240 Rdn. 35; *Schäfer* LK[10] § 240 Rdn. 56.

39 *Altvater* LK § 240 Rdn. 7 ff.

40 *Duden* Deutsches Universalwörterbuch (1983), S. 791.

Linie der Einsatz von Täuschung oder eines auf Täuschung berechneten Mittels zu verstehen (RGRspr. **8** 465, 466).[41] Sie wird oft in der (ausdrücklichen) **Vorspiegelung „falscher Tatsachen"** bestehen (vgl. BGHSt **1** 199, 201; **1** 364, 366; BGH NStZ **1996** 276, 277), etwa in dem Vorspiegeln von Fluchtwilligkeit (BGHSt **43** 125, 128 zu § 234a), besonders günstiger Lebensverhältnisse (vgl. BGH MDR **1962** 750 zu § 235) oder der bei einem Kind geweckten Vorstellung, die Aufforderung zum Mitkommen widerspreche nicht dem Willen der Eltern (BGHSt **16** 58, 62). Hierfür reicht allerdings eine einfache, leicht durchschaubare Lüge nicht ohne Weiteres (RG JW **1924** 305, 306 mit krit. Anm. *Mittermaier* und *Bendix*; OLG Bremen JR **1961** 107, 108).[41a]

Im Vorspiegeln falscher Tatsachen erschöpft sich der Begriff jedoch nicht. Die Anwen- **27**
dung von List kann auch in einem anderen **auf Täuschung berechneten** Anschlag oder **„Kunstgriff"** liegen,[42] etwa in einem Verhalten, mit dem unter **geflissentlichem und geschicktem Verbergen** der wahren Absicht oder der zu ihrer Realisierung eingesetzten Mittel ein bestimmtes Ziel erreicht werden soll (BGHSt **1** 199, 201; **16** 58, 62; **32** 267, 269; **44** 355, 360; BGH MDR **1962** 750, 751).[43] Ein Beispiel hierfür ist die heimliche Beibringung sogenannter K.O.-Tropfen in einem Getränk, die das Opfer bewusstlos machen (Rdn. 16 f; *Matt/Renzikowski-Eidam* Rdn. 5; SSW-*Schluckebier* Rdn. 4: zugleich auch Gewalt). Weitere Beispiele (s. auch *Wieck-Noodt* MK Rdn. 42) sollen die Einladung zu einer Autofahrt zu einer vermeintlichen Party (BGH NStZ **2001** 247; *Fischer* § 232 Rdn. 31a; *Sonnen* NK Rdn. 22), das Auftreten als vermeintlicher Polizeibeamter (BGHSt **39** 212; *Sonnen* NK Rdn. 22) oder das Vortäuschen eines bestimmten Anlasses, den Täter zu begleiten (*Fischer* § 232 Rdn. 31a). Nicht immer wird dabei aber zwischen „schlauer geflissentlicher Täuschung" und lediglich „schlauem, geflissentlichen Verbergen" korrekt unterschieden (so noch BGHSt **1** 364, 366).

In der Regel werden durch das listige Verhalten **falsche Vorstellungen** bei den Beteilig- **28**
ten über die Absicht des Täters geweckt (vgl. BGHSt **16** 58, 62). Notwendig ist das zur Verwirklichung des Tatbestands aber nicht (RGSt **17** 90, 93). Es genügt die **Ausnutzung** eines schon vorhandenen Irrtums (BGHSt **10** 376, 378 f; vgl. RGSt. **17** 90, 91; zustimmend wohl auch *Bohnert* GA **1978** 353, 364; **aA** *Krack,* S. 75) oder **einer bloßen Unkenntnis,** die auf der Verdeckung eines dem Täter bekannten Sachverhalts beruht und deren Beseitigung geeignet wäre, seine Absicht zu durchkreuzen (vgl. RGSt **17** 90, 93; BGHSt **1** 364, 366).[44] Das Opfer braucht seine Lage nicht zu erkennen (BGH StV 1999 646 m. Anm. *Renzikowski)*. Unverzichtbar aber ist eine den Anforderungen von List entsprechende, aktive, tatsächliche Umstände verschleiernde Tathandlung gegenüber dem Opfer (OLG Celle NJW **1996** 2666; so auch ausdrücklich: *Fischer* § 232 Rdn. 31a).

Ob danach das **Verstecken eines Kindes** an einem unbekannten Ort, den der Berech- **29**
tigte nicht kennt, als List angesehen werden kann, erscheint fraglich. Reichsgericht und

---

41 *Ebermayer* LK[4] Anm. 5a; *Frank* Anm. I 2.

41a OLG Hamburg HESt. **2** 300, 301; OLG Celle NJW **1996** 2666; *Sch/Schröder-Eser/Eisele* vor § 234 Rdn. 38; *Wieck-Noodt* MK Rdn. 38.

42 *Niethammer* S. 216.

43 OLG Hamburg HESt. **2** 300; OLG Celle NJW **1996** 2666; *Wieck-Noodt* MK Rdn. 37; *Fischer*; § 232 Rdn. 31a; *Sch/Schröder-Eser/Eisele* vor § 234 Rdn. 38; *Sonnen* NK Rdn. 22; *von Olshausen* 12. Aufl. Anm. 5; *Otto* Grundkurs § 28 Rdn. 21; krit. *Krack,* S. 18.

44 *Braasch* NKGesStR Rdn. 4; *Fischer*; § 232 Rdn. 31a; *Lackner/Kühl* Rdn. 2; *Matt/Renzikowski-Eidam* Rdn. 5; OKBeck-StGB-*Valerius* Rdn. 4; **aA** *Bohnert* GA **1978** 353, 362; *Krack,* S. 25, der eine tatsächliche Beeinflussung des Denk- und Vorstellungsvermögens des Opfers fordert.

Bundesgerichtshof[45] haben dies mit nicht überzeugender Begründung bejaht.[46] So lässt es der Bundesgerichtshof genügen, dass eine Mutter zunächst durch ihr Versprechen (am nächsten Tag Kindesumgang zu gewähren) die zwangsweise Umsetzung des Umgangsrechts verhindert und sodann die hierdurch geschaffene Lage klug und geschickt ausnutzt, indem sie mit ihrem Kind vor dem erwarteten Eintreffen des Ehemanns mit ihrem Kind an einen für diesen unbekannten Ort verschwindet (BGHSt **10** 376, 378). Der BGH nimmt List an, obwohl er nicht feststellt, dass die Mutter die Absicht schon zum Zeitpunkt ihres gegenüber dem Ehemann geäußerten Versprechens gefasst hätte. Dies kann nicht überzeugen; es fehlt hier an einem geflissentlichen Verbergen der Absicht oder der hierzu eingesetzten Mittel dem Ehemann gegenüber, der zum Treffpunkt kommt und dort – vor vollendete Tatsachen gestellt – niemand vorfindet. Das einfache Fortfahren an einen unbekannten Ort in Abwesenheit des umgangsberechtigten Ehemanns ist kein listiges Verhalten, weil dieser das Entfernen im Augenblick der Tat gar nicht wahrnimmt und deshalb ein „Verbergen" der Absicht diesem gegenüber nicht vorliegt. Es ist vielmehr allein die schlichte, nicht strafbewehrte Nichterfüllung der bestehenden Pflicht zur Umgangsgewährung. Ob der BGH heute noch an dieser Rechtsprechung festhalten würde, erscheint allerdings fraglich. So hat das OLC Celle mittlerweile überzeugend sogar das Verstecken des Kindes und die sich anschließende Auskunftsverweigerung über den Aufenthaltsort gegenüber dem Berechtigten nicht als listiges Verhalten angesehen, weil es bei dem offenen Vorgehen des Täters „an dem gewissen Grad von Klugheit, Schlauheit und Fertigkeit" und damit an einem geflissentlichen Verbergen der Absicht oder der zur Erreichung der Absicht gebrauchten Mittel fehlt.[47]

30 List setzt **Heimlichkeit** des Vorgehens nicht voraus.[48] Sie kann, wie zu § 235 a.F. geklärt ist, auch **gegenüber Dritten** (Obhuts- und Mittelspersonen) angewendet werden (Rdn. 7), sofern der Täter davon ausgeht, sie würden für den Fortbestand des Obhutsverhältnisses eintreten,[49] so gegenüber einer Heimleitung (BGH NJW **1963** 1412, 1413) oder gegenüber Beamten der Kriminalpolizei, die mit der Aufklärung einer Entführung befasst sind (BGH bei *Dallinger* MDR **1968** 728), ferner gegenüber einem Minderjährigen als Tatopfer, der unter Obhut steht (BGH MDR **1962** 750, 751).

31 Ist das **Opfer** wegen geringen Alters oder aus anderen Gründen willensunfähig (vgl. Rdn. 2), insbesondere bewusstlos, so kommt die Anwendung von List nur gegenüber schutzbereiten Personen, nicht aber gegenüber dem Opfer selbst in Betracht (BGHSt **25** 237, 238 = JZ **1974** 555).[50] Hat der Täter die Bemächtigungslage in nicht tatbestandsmäßiger Weise geschaffen und lässt er sie anschließend fortdauern, so reicht in diesem Tatabschnitt bei § 234 eine Täuschung nicht schutzbereiter Dritter, die in keiner Beziehung zum Tatopfer stehen, zur Erfüllung des Tatbestands nicht aus; so etwa dann, wenn der Täter seine Umgebung darüber täuscht, dass er sich des Säuglings, der sich bei ihm befindet, bemächtigt hat (vgl. RG HRR **1942** 131 zu § 235 a.F. und dazu jetzt § 235 Abs. 1 Nr. 2 n.F.).

---

45 RGRspr. **8** 465, 466 ff; RGSt. **17** 90, 93 f; BGHSt. **10** 376, 378 f; ferner: OLG Hamburg HESt. **2** 300 f.

46 **AA** *Sch/Schröder-Eser/Eisele* vor § 234 Rdn. 38; *Bohnert* GA **1978 353**, 362.

47 OLG Celle NJW **1996** 2666. So auch *Lackner/Kühl* Rdn. 2. Vgl. dazu auch *Wieck-Noodt* MK Rdn. 40.

48 RGSt **15**, 340, 343; *Matt/Renzikowski-Eidam* Rdn. 5; *Wieck-Noodt* MK Rdn. 41; *Tröndle* 49. Aufl. Rdn. 3; *Frank* Anm. I 2.

49 Vgl. BGHSt. **16** 58, 62; **25** 237, 238 = JZ **1974** 555; *Braasch* NKGesStR Rdn. 4; *Lackner/Kühl* Rdn. 2; *Matt/Renzikowski-Eidam* Rdn. 5; *Wieck-Noodt* MK Rdn. 41; *Geilen* JZ **1974** 540; *Meyer-Gerhards* JuS **1974** 566, 567.

50 *Geilen* JZ **1974** 540 f; *Meyer-Gerhards* JuS **1974** 568; *Sch/Schröder-Eser/Eisele* Vor § 234 Rdn. 38; *Wieck-Noodt* MK Rdn. 41.

III. Innere Tatseite

1. Vorsatz. Die Tat setzt **Vorsatz** voraus. Er muss sich auf das Sichbemächtigen eines Menschen durch eines der genannten Tatmittel erstrecken; insoweit kann er auch bedingt sein (*Braasch* NKGesStR Rdn. 5; *Sonnen* NK Rdn. 23; SSW-*Schluckebier* Rdn. 6; *Wieck-Noodt* MK Rdn.38). 32

2. Absicht. Darüber hinaus ist die **Absicht** des Täters erforderlich, das Opfer in hilfloser Lage auszusetzen oder dem Dienst in einer militärischen oder militärähnlichen Einrichtung im Ausland zuzuführen. Sein Wille muss auf dieses **Ziel** gerichtet sein.[51] Bedingter Vorsatz genügt nicht (s. auch unten Rdn. 41),[52] auch nicht ein direkter Vorsatz, bei dem es dem Täter nicht auf den Erfolg ankommt. 33

Doch kennzeichnet die Absicht **nicht** notwendig den Endzweck oder **Beweggrund** (das Tatmotiv) des Handelns.[53] Der angestrebte Erfolg kann auch bloßes **Zwischenziel** auf dem Wege zu einem anderen außertatbestandlichen Endziel sein.[54] Absicht in diesem Sinne kann vorliegen, selbst wenn der Vorsatz, der sich auf das Sichbemächtigen und das Tatmittel bezieht (Rdn. 33), nur bedingt ist.[55] 34

Die Absicht muss **bei Anwendung des Tatmittels** vorliegen, mit dem der Bemächtigungserfolg erreicht oder aufrechterhalten werden soll. Nicht ausreichend ist es, eine zunächst mit anderen Absichten geschaffene Lage später zur Verfolgung eines tatbestandsmäßigen Zwecks auszunutzen. Geht das Sichbemächtigen der Absicht voraus, so scheidet also § 234 aus; die erreichten Zwecke sind dann selbständig strafrechtlich zu würdigen.[56] Nicht ausgeschlossen ist es allerdings, dass das Delikt auch gegenüber einem bereits bemächtigten Opfer durch eine erneute Tathandlung (Gewalt, Drohung, List) bei Vorliegen der erforderlichen Absicht begangen werden kann (*Wolters* SK Rdn. 4). S. dazu auch Rdn. 8 f. 35

3. Handlungsziele

a) **Aussetzen.** § 234 a.F. enthielt – trotz Verwendung des Begriffs „Aussetzen" im Tatbestand – keine allgemeine Verweisung auf § 221 a.F., dessen Überschrift (für beide Tatbestandsalternativen) „Aussetzung" lautete. Vielmehr hatte er einen eigenständigen Charakter, was unter anderem darin zum Ausdruck kommt, dass Menschenraub ein Sichbemächtigen des Opfers verlangt und hinsichtlich der Aussetzung bloßes Absichtsdelikt ist. An dieser Eigenständigkeit des § 234 hat sich durch das 6. StrRG (und auch durch das 37. StrÄndG) nichts geändert, zumal die Vorschrift im Kernbereich unverändert geblieben (vgl. BTDrucks. 13/7164 u. 13/8587, jeweils S. 37 f) und in der Praxis ein Bedürfnis, sie zu erweitern, nirgends hervorgetreten ist (s. Entstehungsgeschichte). Die Änderung des § 221 (vor allem im Hinblick auf die Aufnahme einer besonderen Gefahrverursachungsklausel im Tatbestand) hat also nicht automatisch eine Änderung des im 36

---

[51] BGH NStZ **2001** 247 m. Anm. *Heger* JA 2001, 631; *Braasch* NKGesStR Rdn. 5; *Fischer* Rdn. 4a; *Matt/Renzikowski-Eidam* Rdn. 6; *Lackner/Kühl* Rdn. 3; *Sch/Schröder-Eser/Eisele* Rdn. 6; *Sonnen* NK Rdn. 23; *Wieck-Noodt* MK Rdn. 45.

[52] *Fischer* Rdn. 4a; *Sch/Schröder-/Eser/Eisele* Rdn. 6; *Lackner/Kühl* Rdn. 3; *Sonnen* NK Rdn. 23.

[53] Vgl. *Vogler* LK[10] Rdn. 7.

[54] *Fischer* § 15 Rdn. 6; *Lackner/Kühl* § 15 Rdn. 20; ebenso wohl – trotz anderer Formulierungen – *Lobe* DJZ **1930** 664 f.

[55] *Fischer* § 15 Rdn. 6.

[56] *Wieck-Noodt* MK Rdn. 46; *Wolters* SK Rdn. 4; ähnlich zu § 234a *Wagner* MDR **1967** 711.

Wesentlichen unveränderten § 234 zur Folge; maßgebend bleibt die Auslegung des Begriffs „Aussetzen" in § 234 (vgl. BGH NStZ **2001** 247; *Heger* JA **2001** 631, 632; s. auch *Sonnen* NK Rdn. 24; allgemein zur Problematik strafrechtlicher Bezugstatbestände *Dannecker* LK § 2 Rdn. 88 ff).

37 **Aussetzen** im Sinne des § 234 ist also nach wie vor das Verbringen des Opfers aus seinen bisherigen Verhältnissen heraus in eine Lage, in der es – unfähig zur Selbsthilfe – auf fremde Hilfe angewiesen und an Leib oder Leben gefährdet ist.[57] Nicht erforderlich ist aber, dass im Sinne besonderer Gefahrenverursachung die Gefahr des Todes oder einer schweren Gesundheitsbeschädigung herbeigeführt wird. Aussetzen in diesem Sinne setzt eine Änderung der räumlichen Beziehungen des Opfers zu seiner Umgebung voraus, im Regelfall eine **Ortsveränderung**, welche der Täter bewirkt (BGH NStZ **1985** 501; vgl. BGHSt **38** 78),[58] indem er zum Beispiel dazu beiträgt, dass das Opfer aus dem Westsektor Berlins in den Ostsektor entführt wird und in einem Konzentrationslager des Ostens verschwindet (BGHSt **1** 391, 392 f, 395).

38 Anders als in § 221 wird in § 234 das **„Im-Stich-lassen"** des Opfers in hilfloser Lage (§ 221 Abs. 1 Nr. 2 n.F.) dem Versetzen in eine solche Lage nicht gleichgestellt. Das schließt nicht aus, dass Aussetzen auch im Rahmen des Menschenraubs **durch** pflichtwidriges **Unterlassen** begangen werden kann.[59] Auf den Streit über die Reichweite des früheren Merkmals „Verlassen"[60] (nach § 221 Abs. 1 Nr. 2 n.F.: „Im-Stich-lassen") kommt es beim Menschenraub nicht an, weil es nicht Tatbestandsmerkmal ist.

39 Die Absicht des Täters muss darauf gerichtet sein, das Opfer **„in hilfloser Lage"** auszusetzen. Anders als in § 221 a.F. wird der **geschützte Personenkreis** durch den Tatbestand nicht begrenzt, so wie es jetzt auch in § 221 Abs. 1 Nrn. 1 und 2 der Fall ist (missverständlich, BTDrucks. 13/7164 u. 13/8587, jeweils S. 34). Denn auch Erwachsene und gesunde Personen brauchen Schutz gegen Aussetzung, wenn sie sie hilflos macht (*Wieck-Noodt* MK Rdn. 49).

40 Es ist also nicht erforderlich, dass das Opfer schon **vor der Tat** hilflos ist.[61] Es genügt, dass der Geraubte **durch die Tat** hilflos werden soll. Die Aussetzung macht ihn **hilflos**, wenn er – zur Selbsthilfe unfähig – durch sie in eine Lage gerät, in der er Hilfe braucht und an Leib oder Leben gefährdet ist, falls nicht ein Zufall Rettung bringt.[62] Die Hilflosigkeit kann auch darauf beruhen, dass er infolge der Ortsveränderung der Gewalt und Willkür anderer schutzlos preisgegeben ist (*Wieck-Noodt* MK Rdn. 49), so im konkreten Fall bei Verschleppung in ein Konzentrationslager (vgl. BGHSt **1** 391, 392 f, 395).

41 Die **Absicht** des Täters muss sich auf die Herbeiführung der hilflosen Lage des Opfers und damit auch auf dessen konkrete Gefährdung erstrecken.[63] Bei § 221 genügt insoweit zwar bedingter Vorsatz. Das lässt wegen der unterschiedlichen Tatbestandsfassung aber

---

[57] BGH NStZ **2001** 247 m. Anm. *Heger* JA **2001** 631; NStZ **2011** 158 *Fischer* Rdn. 5; *Wieck-Noodt* MK Rdn. 48 f; *Braasch* NKGesStR Rdn. 6.

[58] Vgl. *Jähnke* LK[11] § 221 Rdn. 2, 7, 12; *Tröndle* 49. Aufl. Rdn. 5.

[59] Vgl. *Jähnke* LK[11] § 221 Rdn. 21.

[60] Vgl. *Jähnke* LK[11] § 221 Rdn. 13 f und LK[11] § 221 Rdn. 23.

[61] *Tröndle/Fischer* 52. Aufl. Rdn. 4; *Sch/Schröder-Eser/Eisele* Rdn. 6; *Wieck-Noodt* MK Rdn. 49.

[62] BGH NStZ **2001** 247 m. Anm. *Heger* JA **2001** 631; vgl. auch BGH NStZ **2011** 158: nicht ausreichend ist es, wenn eine Person an einen unbekannten Ort verbracht und dort unter Ausnutzung der Hilflosigkeit „gefügig" gemacht werden soll.

[63] Offen gelassen von BGH NStZ **2001** 247 m. Anm. *Heger* JA **2001** 631; ebenso BGH NStZ **2011** 158; wie hier: *Braasch* NKGesStR Rdn. 6; *Fischer* Rdn. 5; *Sch/Schröder-Eser/Eisele* Rdn. 6; *Sonnen* NK Rdn. 24; *Wieck-Noodt* Rdn. 50.

nicht den Schluss zu, das gleiche habe auch für § 234 zu gelten.[64] Gerade die zum Tatbestand gehörende Absicht, den Betroffenen hilflos zu machen, rechtfertigt es, die Aussetzung in § 234 den anderen Handlungszielen gleichzustellen.

b) **Zuführung zum Dienst in einer militärischen oder militärähnlichen Einrichtung im Ausland.** Die Absicht, das Opfer einem solchen Dienst zuzuführen, ist durch das 6. StrRG in den Tatbestand gelangt. Der genannte Dienst tritt als Tatbestandsmerkmal an die Stelle des früheren Merkmals „auswärtige Kriegs- oder Schiffsdienste". Mit dieser Änderung hat der Gesetzgeber den Tatbestand des § 234 in Anlehnung an § 109h Abs. 1 umformuliert, wobei auf die Hervorhebung des Verbringens in „auswärtige Schiffsdienste" verzichtet wurde, weil dies durch die „militärähnlichen Einrichtungen" mit erfasst sei.[65] **42**

Militärische oder militärähnliche Einrichtung. Militärische oder militärähnliche Einrichtungen sind bewaffnete, nach militärischen Befehlsstrukturen organisierte Einheiten. Sie sind nur gegeben, wenn eine dauerhafte, von konkreten Personen unabhängige Verwaltungs- und Befehlsstruktur gegeben ist;[66] dass diese für das einzelne Mitglied transparent ist, ist nicht erforderlich.[67] Erfasst werden staatliche militärische Einrichtungen, in erster Linie also **Militär- und Polizeieinheiten**, auch Geheimdienste fallen darunter, wenn sie militärähnliche Organisationseinheiten besitzen oder auf solche Zugriff haben. Auf die Waffengattung (Heer, Kriegsmarine, Luftwaffe) kommt es nicht an. Trotz Streichung der „Schiffsdienste" im Tatbestand wird auch der Dienst in einer fremden Kriegsmarine erfasst. Aber auch nicht-staatliche Einheiten wie etwa **Bürgerkriegsarmeen, Guerilla-Organisationen** oder **paramilitärische Organisationen** fallen darunter, sofern sie mit staatlicher Duldung operieren.[68] Nicht erfasst sind aber von der individuellen Zusammensetzung abhängige „Kommandos". **43**

Der Dienst, dem das Opfer zugeführt werden soll, muss kein militärischer Dienst im engeren Sinn sein;[69] es reicht auch die beabsichtigte **Eingliederung in den Sanitäts- oder auch Verwaltungsdienst** der entsprechenden Militäreinheit. Dagegen reicht bloßer **Zivildienst** – zum Beispiel in der ausländischen Rüstungsindustrie – nicht aus.[70] **44**

Anders als bei § 234 a.F. kommt es nicht mehr darauf an, ob es sich bei dem Dienst um **„Kriegsdienste"**, d.h. Dienste im Kriege handelt.[71] Der Tatbestand ist auch erfüllt, wenn das Opfer **unabhängig von einem Kriegszustand** fremden Streitkräften zugeführt wird, sei es während der Zeit einer Kriegsvorbereitung (Mobilmachung) oder in tiefem Frieden. Damit erübrigt sich die mitunter schwierige Beantwortung der Frage, ob eine bewaffnete Auseinandersetzung im Einzelfall Krieg ist, der einen Kriegszustand zwischen mindestens zwei Parteien voraussetzt.[72] Zugleich ist nach der Neufassung des Tatbestands die frühere Streitfrage gegenstandslos, ob Dienste während einer Kriegsvorbereitung tatbestandsmäßig sind.[73] **45**

---

64 **AA** *Vogler* LK[10] Rdn. 8; SSW-*Schluckebier* Rdn. 6; Wolters SK Rdn. 4.

65 BTDrucks. 13/7164, S. 37 f; BTDrucks. 13/8587, S. 38.

66 *Fischer* Rdn. 6; SSW-*Schluckebier* Rdn. 7; *Wieck-Noodt* MK Rdn. 51.

67 *Fischer* Rdn. 6.

68 *Braasch* NKGesStR Rdn. 7; *Fischer* Rdn. 6; Wieck-*Noodt* MK Rdn. 51; **aA** SSW-*Schluckebier* Rdn. 7.

69 SSW-*Schluckebier* Rdn. 7.

70 *Braasch* NKGesStR Rdn. 7; *Fischer* Rdn. 6; *Wieck-Noodt* Rdn. 52; s. auch *Sonnen* NK Rdn. 29.

71 *Fischer* Rdn. 6; *Wieck-Noodt* Rdn. 52; zum Begriff „Kriegsdienst" noch *Lobe* DJZ 1930 666.

72 *Lobe* DJZ **1930** 666.

73 Vgl. einerseits *Lobe* DJZ **1930** 666, andererseits *Ebermayer* LK[4] Anm. 7b; *von Olshausen* 12. Aufl. Anm. 8c.

46 **Ausland.** Ausland ist jedes nicht zum deutschen Inland gehörige Gebiet, also auch solches, das nicht unter irgendeiner Staatshoheit steht (zum Begriff des Auslands siehe vor § 3 Rdn. 322 ff). Das Merkmal **„im Ausland"** bezieht sich zunächst auf die militärische oder militärähnliche Einrichtung und kennzeichnet diese als „ausländische". Nicht tatbestandsmäßig ist danach eine Tat, die darauf abzielt, jemanden dem Dienst in einer deutschen Truppe zuzuführen, sei es im Inland oder Ausland. Darüber hinaus stellt das Merkmal auch einen Bezug auf den Ort des beabsichtigten Dienstes her. Ebenso wenig fällt daher eine Tat in den Anwendungsbereich des § 234, bei der das Opfer dem Dienst in einer ausländischen Einrichtung mit einem Einsatzort im Inland zugeführt werden soll.[74] Das ist sinnvoll, wenn es sich bei den im Inland stationierten Truppen um Verbündete handelt. Das Ergebnis erscheint aber fragwürdig, wenn ein Deutscher oder ein Ausländer im Kriegsfall mit den durch § 234 verbotenen Mitteln zum Dienst bei feindlichen Truppen gepresst werden soll, die inländisches Gebiet besetzt halten. Bei der **Anwerbung eines Deutschen** wird der entsprechende Fall von **§ 109h Abs. 1** erfasst, weil es bei der Formulierung „zugunsten einer ausländischen Macht" nicht darauf ankommt, ob der Dienst im In- oder Ausland geleistet wird. Auch greift § 109h unabhängig vom Einsatz verbotener Mittel bei der Anwerbung ein, weil diese ohne Rücksicht auf ihre rechtliche Wirksamkeit mit Strafe bedroht wird (vgl. BGH NStZ **1994** 78 f).[75]

47 Der Begriff „Dienst (...) im Ausland" ist **aus deutscher Sicht** zu verstehen; er hängt nicht von der Staatsangehörigkeit eines ausländischen Tatopfers ab. Er bezeichnet **nicht** notwendig einen Gegensatz zum **Heimatland des Geraubten.**[76] Der Tatbestand des § 234 kann also zum Beispiel auch dadurch erfüllt werden, dass der Täter im Inland in der Absicht handelt, einen Ausländer den Streitkräften von dessen Heimatland zuzuführen. Diese Gesetzesauslegung ist sinnvoll gerade vor dem Hintergrund, dass bei Fahnenflucht eine Auslieferung ans Ausland nach § 7 IRG unzulässig ist. Diese Auslegung wird auch dem Hauptanliegen des Gesetzes gerecht, die mit Gewalt, Drohung oder List verbundene freiheitsgefährdende **Anwerbung von Söldnern für fremde Heere** zu verhindern. Außerhalb des Schutzzwecks des § 234 ist die verbotene Inlandswerbung für ausländischen Wehrdienst nach § 109h strafbar.

48 **Zuführung.** Unter der Absicht, das Opfer der Einrichtung zuzuführen, versteht man jede diesbezügliche vermittelnde Tätigkeit.[77] Einer tatsächlichen Auslieferung des Opfers, dessen man sich mit Hilfe der Tatmittel bemächtigt hat, bedarf es nicht.[78]

IV. Täterschaft und Teilnahme

49 Der Tatbestand kann in **mittelbarer** Täterschaft erfüllt werden, so wenn der Täter Gewalt, Drohung oder List durch einen anderen vornehmen und sich danach die physische Macht über das Opfer vermitteln lässt.[79] Auf **Teilnehmer** findet § 28 keine Anwendung, da es sich bei der Absicht um ein tatbezogenes Merkmal handelt.[80]

---

74 SSW-*Schluckebier* Rdn. 7; OKBeckStGB-*Valerius* Rdn. 8; *Wieck-Noodt* Rdn. 53.

75 *Rudolphi* SK § 109h Rdn. 5.

76 *Braasch* NKGesStR Rdn. 7; *Fischer* Rdn. 6; *Matt/Renzikowski-Eidam* Rdn. 8; *Sonnen* NK Rdn. 29; Sch/Schröder-*Eser/Eisele* Rdn. 6; OKBeckStGB-*Valerius* Rdn. 8; **aA** *Lackner/Kühl* Rdn. 3; zu § 234 a.F. *Vogler* LK[10] Rdn. 11; *Tröndle* 48. Aufl. Rdn. 4; *Lobe* DJZ **1930** 666; *von Olshausen* 12. Aufl. Anm. 8c; *Niethammer* S. 217.

77 *Fischer* Rdn. 6a; SSW-*Schluckebier* Rdn. 7.

78 *Braasch* NKGesStR Rdn. 7; *Wieck-Noodt* MK Rdn. 54.

79 *Wieck-Noodt* MK Rdn. 55; Wolters SK Rdn. 3.

80 *Sch/Schröder-Eser/Eisele* Rdn. 6.

V. Versuch und Vollendung

Der nach § 23 Abs. 1 strafbare **Versuch** des Menschenraubs beginnt bei Vorliegen der erforderlichen Absicht mit dem auf das Sichbemächtigen gerichteten Handeln, mag es ein Akt der Nötigung oder der List sein (z.B. Einladung des Opfers zu einer angeblichen Vergnügungsfahrt).[81] Die Tat ist **vollendet**, sobald die tatsächliche Herrschaftsgewalt hergestellt ist, auch wenn der Angegriffene dies nicht sofort erkennt. Die weitergehende Absicht des Täters braucht nicht verwirklicht zu werden;[82] die Verwirklichung der Absicht führt zu keiner weiteren Strafbarkeit.[83] Insoweit ist § 234 ein kupiertes Erfolgsdelikt.[84] Eine Regelung zur tätigen Reue entsprechend § 239a Abs. 4 fehlt. **50**

VI. Einwilligung

Eine wirksame Einwilligung des Verletzten kann die Strafbarkeit des Täters wegen Menschenraubs entfallen lassen, solange die Tat noch nicht vollendet ist.[85] Zumeist wird es dann schon an einem Sichbemächtigen fehlen.[86] Ein Einverständnis allerdings, das durch Anwendung der Tatmittel gegenüber dem Opfer erlangt wird, ist wirkungslos.[87] Durchschaut das Opfer die List und folgt es gleichwohl den Weisungen des Täters, so begründet schon die Anwendung der Tatmittel die Versuchsstrafbarkeit. Werden die Tatmittel gegenüber Dritten angewendet, so kann die Einwilligung des Betroffenen zum Tatbestandsausschluss führen, wenn dieser auch mit den Zwecken, die der Täter mit ihm verfolgt, einverstanden ist. Es wird dann regelmäßig am Merkmal „Sichbemächtigen" fehlen, so wenn jemand vom Täter in auswärtige Kriegsdienste gebracht werden will.[88] Die Einwilligung findet ihre Grenze dort, wo sie einer Selbstaufgabe des Opfers gleichkommen und seine Menschenwürde schwer beeinträchtigen würde (*Wieck-Noodt* MK Rdn. 17). Dementsprechend kann das Einverständnis eines noch willensunfähigen Kleinkindes nicht durch den Erziehungsberechtigten ersetzt werden (vgl. BGHSt **26** 70, 72 = JR **1975** 423 mit Anm. *Lampe*).[89] Dessen Einverständnis kann vielmehr Teilnahme an der Tat des Menschenräubers sein.[90] **51**

VII. Verjährung

§ 234 ist ein **Dauerdelikt,** das solange andauert, wie sich das Opfer in der Gewalt des Täters befindet (RG DR **1942** 438, 439 zu § 235 Abs. 3 a.F.), und erst mit dem Ende des Sichbemächtigen beendet ist.[91] Die Verjährung beginnt deshalb erst mit der Beendigung **52**

---

81 *Braasch* NKGesStR Rdn. 8; *Wieck-Noodt* MK Rdn. 57; *Wolters* SK Rdn. 6.
82 *Fischer* Rdn. 7; OKBeck-*Valerius* Rdn. 9.
83 *Sonnen* SK Rdn. 31; *Wieck-Noodt* MK Rdn. 3. Bedenken dagegen bei *Ebermayer* LK[4] Anm. 2 im Hinblick auf § 221 Abs. 3.
84 *Wieck-Noodt* MK Rdn. 3.
85 *Wieck-Noodt* MK Rdn. 19; *Wolters* SK Rdn. 3.
86 SSW-*Schluckebier* Rdn. 10.
87 *Fischer* Rdn. 6a; *Sch/Schröder-Eser/Eisele* Rdn. 5; SSW-*Schluckebier* Rdn. 10.
88 *Wolters* SK Rdn. 3; *Sonnen* NK Rdn. 30; *Wieck-Noodt* MK Rdn. 18.
89 SSW-*Schluckebier* Rdn. 10; *Sonnen* NK Rdn. 30; *Wieck-Noodt* MK Rdn. 20.
90 *Sonnen* NK Rdn. 30; *Wieck-Noodt* MK Rdn. 20.
91 *Fischer* Rdn. 7; *Lackner/Kühl* Rdn. 1; *Matt/Renzikowski-Eidam* Rdn. 2; *Sch/Schröder-Eser/Eisele* Rdn. 9; *Wieck-Noodt* MK Rdn. 2; *Otto* Grundkurs § 28 Rdn. 20; *Pfuhl* JR 2014, 234, 236.

des Gewaltverhältnisses, das der Täter geschaffen hat.[92] Dagegen liegt der mit der Tat erstrebte Erfolg – zum Beispiel die Zuführung zum Dienst in einer militärischen Einrichtung im Ausland – außerhalb des Tatbestands, so dass sein Eintritt und seine Dauer für den Verjährungsbeginn ohne Bedeutung sind, es sei denn, die Gewalt des Täters dauert auch insoweit weiter an.

VIII. Strafe

53 § 234 ist nach dem Strafrahmen des Absatzes 1 ein Verbrechen und sieht jetzt Freiheitsstrafe von einem Jahr bis zehn Jahren vor.[93] Das 6. StrRG hat ihn in Absatz 2 um einen besonderen Strafrahmen für minder schwere Fälle ergänzt und ihn dadurch der Strafdrohung anderer Verbrechenstatbestände (vgl. § 249 Abs. 2) angeglichen.[94] Durch das 37. StrÄndG wurde die Obergrenze von ursprünglich 15 Jahren auf 10 Jahre reduziert und damit derjenigen der §§ 232 Abs. 1, 233 Abs. 1 angepasst.[95] Die Abstimmung des Strafrahmens mit § 239b, der wegen der Ausweitung auf Zwei-Personen-Verhältnisse die Mehrzahl der Taten nach § 234 erfasst und selbst bei tätiger Reue eine Mindeststrafe von 2 Jahren androht (§§ 239a Abs. 4, 239b Abs. 2, 49 Abs. 1 Nr. 3), ist nicht gelungen.[96]

IX. Konkurrenzen

54 Auch wenn sich die Tatmittel gegen mehrere Personen richten, liegt nur ein Menschenraub vor, falls nur eine Person geraubt wird. Werden durch eine Handlung mehrere geraubt, ist (gleichartige) Tateinheit gegeben.[97] Idealkonkurrenz kommt mit den §§ 109, 234a, 235, 239 Abs. 3 und Abs. 4, 239a, 239b (hierzu eingehend: *Fischer* Rdn. 10; SSW-*Schluckebier* Rdn. 12; *Wieck-Noodt* MK Rdn. 60 f; ferner: *Braasch* NKGesStR Rdn. 9) in Betracht (*Sonnen* NK Rdn. 33; *Wolters* SK Rdn. 7). § 239 Abs. 1 wird durch § 234 verdrängt (BGHSt **1** 391, 395),[98] ebenso § 240.[99] Setzt der Täter das Opfer, dessen er sich bemächtigt hat, seiner Absicht gemäß aus, so tritt das Vergehen nach § 221 Abs. 1 Nr. 1 als mitbestrafte Nachtat gegenüber dem Verbrechen nach § 234 zurück.[100] Das gleiche gilt im Hinblick auf die umgesetzte Absicht, eine Person einer ausländischen militärischen Einrichtung zuzuführen.[101]

---

92 *Sonnen* SK Rdn. 32; *Wieck-Noodt* MK Rdn. 69.

93 Vgl. *Wieck-Noodt* MK Rdn. 64 f unter Hinweis auf BRDrucks. 875/95, S. 9 zur Diskrepanz dieses Strafrahmens im Vergleich zu § 221 Abs. 1 Nr. 1 im Fall einer beabsichtigten Aussetzung.

94 BTDrucks. 13/7164, S. 38; zur praktischen Relevanz von Abs. 2 *Sonnen* SK Rdn. 34: lediglich 2 Verurteilungen im Jahr 2003, dies zu Freiheitsstrafen mit Bewährung, also offensichtlich minder schwere Fälle, die bestätigen, dass es richtig war, § 234 um einen milderen Strafrahmen entsprechend Abs. 2 zu ergänzen.

95 *Braasch* NKGesStR Rdn. 9.

96 *Fischer* Rdn. 9; *Sonnen* SK Rdn. 35.

97 SSW-*Schluckebier* Rdn. 12; *Wieck-Noodt* MK Rdn. 63.

98 *Fischer* Rdn. 10; *Sch/Schröder-Eser/Eisele* Rdn. 9; Wolters SK Rdn. 7; vgl. *Ebermayer* LK[4] Anm. 2; *Frank* Anm. I.

99 *Fischer* Rdn. 10.

100 Gesetzeskonkurrenz; **aA** *Jähnke* LK[11] § 221 Rdn. 41; *Matt/Renzikowski-Eidam* Rdn. 9; *Wieck-Noodt* MK Rdn. 62.

101 **AA** trotz allgemeinen Hinweisen, dass die Realisierung der Absicht keine neue Strafbarkeit begründe, die h.M.: *Sonnen* NK Rdn. 33.

X. Andere Strafvorschriften im Zusammenhang mit § 234

Eine Anzeigepflicht für einen geplanten Menschenraub besteht nach § 138 Abs. 1 Nr. 6. Ein Verbot der Androhung ist in § 126 Abs. 1 Nr. 4 enthalten; die Belohnung oder Billigung eines Menschenraubs steht in § 140 unter Strafe, die Anleitung dazu in § 130a. Das Verbot einer Vortäuschung ergibt sich aus § 145d Abs. 1 Nr. 2, Abs. 2 Nr. 2, die Zusage einer Belohnung vor der Tat fällt aber als Mittel der Anstiftung unter § 234.[102] § 234 ist mögliches Anlassdelikt für eine nachträgliche Sicherungsverwahrung (§ 66b Abs. 1). 55

XI. Strafprozessuales

In Fällen des Menschenraubs gibt die StPO die Möglichkeit zu intensiven Ermittlungseingriffen. § 234 ist etwa Katalogtat in § 100a Abs. 2 Nr. 1 Buchst. i StPO oder in § 100c Abs. 2 Nr. 1 Buchst. g StPO, daneben kommt auch eine Maßnahme nach § 98a StPO in Betracht (Abs. 1 Nr. 4). § 234 gibt das Recht zur Nebenklage (§ 395 Abs. 1 Nr. 1 Buchst. d StPO). § 234 wird gemäß § 30a BZRG in ein erweitertes Führungszeugnis aufgenommen. 56

XII. Anhang

Das Recht des Einigungsvertrags. Das StGB-DDR kannte in § 87 einen Tatbestand der „Anwerbung für imperialistische Kriegsdienste", der allerdings keine dem § 234 entsprechende Tathandlung (in Form des Sichbemächtigens) verlangte, ferner in § 105 eine Vorschrift gegen „staatsfeindlichen Menschenhandel", in der die Abwerbung, Verschleppung und Ausschleusung von DDR-Bürgern ins Ausland sowie die Verhinderung ihrer Rückkehr mit Strafe bedroht wurden, und schließlich in § 132 einen Tatbestand „Menschenhandel", der u.a. die gewaltsame Entführung, den rechtswidrigen Zwang zum Aufenthalt in bestimmten Gebieten und das Verbringen ins Ausland unter Strafe stellte (Wortlaut Rdn. 74 Voraufl.). Das 6. StRÄndG-DDR vom 29.6.1990 (GBl.-DDR 1990 Teil I Nr. 39 S. 526) ersetzte in § 87 StGB-DDR das Wort „imperialistische" durch das Wort „fremde" (Anl. 1 Nr. 35) und § 105 StGB-DDR durch eine § 102 (Angriff gegen Organe und Vertreter ausländischer Staaten) vergleichbare Bestimmung (Anl. 1 Nr. 38). Der Einigungsvertrag hat die §§ 87 und 132 StGB-DDR aufgehoben und die Geltung des § 234 auf das Beitrittsgebiet erstreckt. 57

§ 234a
Verschleppung

(1) Wer einen anderen durch List, Drohung oder Gewalt in ein Gebiet außerhalb des räumlichen Geltungsbereichs dieses Gesetzes verbringt oder veranlasst, sich dorthin zu begeben, oder davon abhält, von dort zurückzukehren, und dadurch der Gefahr aussetzt, aus politischen Gründen verfolgt zu werden und hierbei im Widerspruch zu rechtsstaatlichen Grundsätzen durch Gewalt- oder Willkürmaßnahmen Schaden an Leib oder Leben zu erleiden, der Freiheit beraubt oder in seiner beruflichen oder wirtschaftlichen Stellung empfindlich beeinträchtigt zu werden, wird mit Freiheitsstrafe nicht unter einem Jahr bestraft.

---

102 *Fischer* Rdn. 11.

(2) In minder schweren Fällen ist die Strafe Freiheitsstrafe von drei Monaten bis zu fünf Jahren.

(3) Wer eine solche Tat vorbereitet, wird mit Freiheitsstrafe bis zu fünf Jahren oder mit Geldstrafe bestraft.

Schrifttum

Bohnert Strafrechtlicher Übungsfall – An der DDR-Grenze, Jura **1993** 451; *Hoppe* Strafbarkeit ausländischer Beamter bei Gefangenentransporten durch deutschen Luftraum, ZStW (2008) 941; *Kirchner* Der Fall Argoud und das Auslieferungsrecht, NJW **1964** 853; *Krey/Arenz* Schutz von DDR-Bürgern durch das Strafrecht der Bundesrepublik Deutschland?, JR **1985** 399; *Kramer* Der Zweck heiligt die Mittel, Betrifft Justiz **2006** 234; *Lange* Strafrechtsänderungs- und Freiheitsschutzgesetz (1952); *Maurach* Das Gesetz zum Schutz der persönlichen Freiheit, NJW **1952** 163; *Neuhaus* Die strafbare Deliktsvorbereitung unter besonderer Berücksichtigung des § 234a Abs. 3 StGB (1993); *Reich* Recht und Politik im sowjetischen Sozialismus, ZRP **1970** 278; *Quaritsch* Strafrechtliche und berufsrechtliche Aufarbeitung der DDR-Vergangenheit, Thieme-FS (**1993**) 29; *Renzikowski* Vergangenheitsbewältigung durch Vergeltung?, JR **1992** 270; *Schroth* Differenzierung zwischen Inland und räumlichem Geltungsbereich des Strafrechts?, NJW **1981** 500; *Wagner* Aus der Rechtsprechung in Staatschutzverfahren, GA **1962** 197; **1966** 77, 307 f; **1968** 297; *Wagner* Zur Auslegung der Staatsschutzvorschriften über den Schutz der persönlichen Freiheit, MDR **1967** 629, 709; Denkschrift des Bundesjustizministeriums, Das Gesetz zum Schutz der persönlichen Freiheit, DRiZ **1951** 162; *Braun/Diehl* Die Umsetzung der Konvention gegen das Verschwindenlassen in Deutschland, ZIS 2011 241.

Entstehungsgeschichte

Das 6. StrRG und das 37. StRÄndG haben die Vorschrift unverändert gelassen. Sie ist – ebenso wie § 241a – durch das Gesetz zum Schutz der persönlichen Freiheit vom 15.07.1951 (BGBl. I S. 448) in den 18. Abschnitt eingeführt worden.[1] Den Anlass dafür bildeten Verschleppungen aus der Bundesrepublik und West-Berlin nach Ost-Berlin und in die DDR (BGHSt **30** 1, 2),[2] gegen die der Rechtsschutz nach früherem Recht nicht ausreichte, insbesondere, wenn sich das Schicksal der verschleppten oder angezeigten Personen nicht aufklären ließ (*Lackner/Kühl* Rdn. 1; *Matt/Renzikowski-Eidam* Rdn. 1; *Sonnen* NK Rdn. 1; *Wieck-Noodt* MK Rdn. 5). Deshalb lässt § 234a (wie auch § 241a) eine konkrete Gefährdung des Opfers für die Strafbarkeit genügen. Unbeschadet des gesetzgeberischen Anlasses beschränkt sich die Wirkung der Vorschrift nicht auf das Verhältnis zur DDR und zu Ost-Berlin; vielmehr kommen als fremde Gebiete alle Territorien mit einem dem Humanitätsgedanken widersprechenden Regime in Betracht.[3] Neuerdings spielt § 234a auch im Zusammenhang mit Abschiebungen und Überstellungen von Beschuldigten und Strafgefangenen bei Nutzung deutschen Luftraums eine Rolle (vgl. *Hoppe* ZStW **2008** 941). Die Vorschrift ist deshalb durch die Veränderung der politischen Verhältnisse in Deutschland infolge der Wiedervereinigung nicht gegenstandslos geworden. Auch im Zusammenhang mit der rechtlichen „Bewältigung" der DDR-Vergangenheit hat die Vorschrift ihre grundsätzliche Bedeutung behalten, wenn auch ihre

---

[1] Vgl. Entwurf eines Gesetzes zum Schutz der persönlichen Freiheit, BTDrucks. 1/2344; Bericht des Ausschusses für Rechtswesen und Verfassungsrecht, BTDrucks. 1/2377; Denkschrift DRiZ **1951** 162; *Sonnen* NK Rdn. 2; *Maurach* NJW **1952** 163; *Wagner* MDR **1967** 629, 709. Ausführlich zur Historie *Neuhaus*, S. 5 ff.

[2] *Wagner* MDR **1967** 629; *Sonnen* NK Rdn. 1.

[3] *Maurach* NJW **1952** 165; *Wieck-Noodt* MK Rdn. 6; *Horn/Wolters* SK Rdn. 1.

praktische Relevanz insgesamt immer mehr abnimmt. Im Jahr 2010 weist die Strafverfolgungsstatistik lediglich eine Aburteilung eines Heranwachsenden nach Jugendstrafrecht aus, im Jahr 2009 ein eingestelltes Verfahren gegen einen Erwachsenen (*Sonnen* NK Rdn. 4; zu weiteren Zahlen s. Vor § 234 Rdn. 11). Im Hinblick auf den hohen Stellenwert des geschützten Rechtsguts ist die Existenzberechtigung der Vorschrift gleichwohl nicht in Frage gestellt (*Sonnen* NK Rdn. 5). Zudem ist zu berücksichtigen, dass seit dem 23.12.2010 die Konvention gegen das „Verschwindenlassen", das aus Militärdiktaturen bekannt ist, gilt. Vorstellbar wäre daher eine Erweiterung des Tatbestands des § 234a um die Variante des „Verschwindenlassens" (*Sonnen* NK Rdn. 5; *Braun/Diehl* ZIS 2011, 214).

In Berlin galt bis zum 31.3.1970 § 2 des Freiheitsschutzgesetzes vom 14.6.1951 (GVBl. S. 417). Seit dem 1.4.1970 gilt § 234a auch dort (Art. 103 Abs. 2 des 1. StrRG; vgl. BGH NJW **1997** 2609, 2610). § 234a ist durch das EGStGB 1974 im Wesentlichen unverändert geblieben und nur in sprachlicher Hinsicht der neuen Terminologie („minder schwere Fälle" statt „mildernder Umstände" in Abs. 2) angepasst worden. Der Entwurf 1962 sah eine entsprechende Bestimmung in § 166 vor, die jedoch in einigen Punkten von der bisherigen Regelung abwich. So fehlte das „Abhalten von der Rückkehr"; auch sollte der Schutzgegenstand auf die Freiheit und die körperliche Unversehrtheit des Betroffenen beschränkt werden (vgl. Begr. S. 304 f). Nach § 121 AE sollte der Tatbestand unpolitisch gefasst und sein Schutzumfang dadurch erweitert werden, dass an die Stelle des Schutzes vor einem ausländischen „Willkürverfahren" der Schutz vor einer Entfernung ins Ausland überhaupt tritt (AE BT Straftaten gegen die Person 1. Halbbd., Begr. S. 71). Ein Regierungsentwurf zur Änderung des StGB, der sich auf die §§ 234a und 241a bezieht, hat im Juni 1993 dem Bundestag vorgelegen.[4] Zur Entstehungsgeschichte vergleiche im übrigen *Schroeder* NStZ **1981** 179 f. Eine größere Zahl von meist nicht veröffentlichten älteren Entscheidungen, die zu § 234a und § 2 FrhSchG (sowie § 241a) ergangen sind, werden von *Wagner* GA **1962** 196 ff, **1966** 77, 307 f, **1968** 297 mit kurzen Leitsätzen aufgeführt.

Übersicht

[4] *Weck* ZRP **1993** 233.

I. Geschütztes Rechtsgut

1 In gewissem Sinne knüpft die Vorschrift, ebenso wie § 241a, an das Kontrollratsgesetz (KRG) Nr. 10 über Verbrechen gegen die Menschlichkeit an,[5] ohne dass jedoch dieser Gesichtspunkt gegenüber dem Schutz des einzelnen in den Vordergrund getreten wäre. Geschütztes Rechtsgut ist weder die **Menschenwürde**[6] noch allein die **Freiheit**[7] oder die **Schutzmöglichkeit der Person durch Gemeinschaft und Rechtsstaat** (so aber *Otto* Grundkurs § 37 Rdn. 1, der darauf abstellen will, weil die Vollendung einer Verschleppung nicht voraussetzt, dass die die persönlichen Rechtsgüter des Opfers verletzt werden, vielmehr ihre konkrete Gefährdung genügt). Auch den Schutz staatlicher Autorität hat die Vorschrift nicht im Blick (**aA** *Neuhaus,* S. 10 ff*)*. Geschützt werden vielmehr die in Absatz 1 genannten Rechtsgüter insgesamt, d.h. die persönliche Freiheit des Einzelnen, seine körperliche Unversehrtheit und seine wirtschaftliche und berufliche Betätigungsfreiheit als „Gesamtheit von Freiheit und Würde" (*Sonnen* NK Rdn. 3).[8] Der *Schwerpunkt* liegt dabei auf der Sicherung der **persönlichen Freiheit** (vgl. BGH NJW **1960** 1211; BGHSt **14** 104, 107), wie die Aufnahme der Vorschrift in den 18. Abschnitt des Besonderen Teils des Strafgesetzbuchs zeigt.[9]

II. Objektiver Tatbestand

2 **1. Geschützter Personenkreis.** Die Verschleppung richtet sich nach dem Gesetzeswortlaut gegen „einen anderen". Das kann – außer Tätern und Teilnehmern – grundsätzlich **jedermann** sein. In Betracht kommen **Inländer** und **Ausländer,**[10] und zwar sowohl **im Inland** als auch (mit Einschränkungen) **im Ausland.** Geschützt sollen auch Personen sein, die aus dem Ausland kommen und auf dem Weg in ein Drittland Zwischenstation in der Bundesrepublik machen (vgl. Mitteilung des GBA vom 25. August 2005 – 3 ARP 71/05-3, Betrifft JUSTIZ **2006** 236; vgl. auch *Hoppe* ZStW **2008 941,** 943; s. dazu auch Rdn. 5). Allerdings ist bei Auslandstaten, die unabhängig vom Recht des Tatorts verfolgt werden, die Beschränkung auf Deutsche als Opfer mit Wohnsitz oder gewöhnlichem Aufenthaltsort im Inland zu beachten (§ 5 Nr. 6).[11] Besteht Strafbarkeit am Tatort, etwa, weil es zu einer Verletzung der auch im Ausland strafrechtlich geschützten Rechtsgüter kommt (Freiheitsberaubung, Körperverletzung) so werden nach § 7 Abs. 1 auch Taten gegen deutsche Opfer mit Wohnsitz und gewöhnlichem Aufenthalt im Ausland erfasst (*Werle/Jeßberger* LK § 5 Rdn. 98). Bei Auslandsstrafbarkeit kann auch eine Auslandstat gegen einen Ausländer im Inland strafbar sein (§ 7 Abs. 2 Nr. 1 oder 2).

[5] Denkschrift DRiZ **1951** 162; *Maurach* NJW **1952** 163 f; *Schroeder* NStZ **1981** 179.

[6] **AA** *Maurach* NJW **1952** 163 f; *Maurach/Schroeder* I, 6. Aufl., § 12 II 4d; vgl. ferner die Nachweise bei *Wagner* MDR **1967** 630.

[7] **AA** *Welzel* 11. Aufl. § 43 III 2.

[8] *Braasch* NKGesStR Rdn. 1; *Fischer* Rdn. 1; *Horn/Wolters* SK Rdn. 2; *Lackner/Kühl* Rdn. 1; *Matt/Renzikowski-Eidam* Rdn. 1; OKBeckStGB-*Valerius* Rdn. 1; *Sch/Schröder-Eser/Eisele* Rdn. 1; SSW-*Schluckebier* Rdn. 1; *Wieck-Noodt* MK Rdn. 1; *Wagner* MDR **1967** 630.

[9] *Wagner* MDR **1967** 629.

[10] *Sonnen* NK Rdn. 6; *Sch/Schröder-Eser/Eisele* Rdn. 1; SSW-*Schluckebier* Rdn. 2; *Horn/Wolters* SK Rdn. 2.

[11] Zutreffend *Horn/Wolters* SK Rdn. 2; SSW-*Schluckebier* Rdn. 2; *Wieck-Noodt* MK Rdn. 8. Vgl. im Zusammenhang mit der Anwendung des § 5 Nr. 6 auf in der ehemaligen DDR begangene Taten: BGHSt **30** 1, 5; **40** 125, 130 m. Anm. *Seebode* JZ **1995** 417.

3 Eine **teleologische**, am Anlass und Schutzzweck der Vorschrift orientierte **Auslegung**, wie sie *Gribbohm* in der Voraufl. befürwortet und so (gegenüber dem Wortlaut) zu einer **Einengung des geschützten Personenkreises gelangt**, ist weder mit Blick auf die Entstehungsgeschichte noch auf den von *Gribbohm* beschriebenen (angeblichen) Zweck der Vorschrift (Schutzgewalt der Bundesrepublik, die durch § 234a strafrechtlich sanktioniert werde) zu rechtfertigen.[12] Soweit dies dazu führt, dass nur solche Personen in den Anwendungsbereich der Vorschrift gelangen, die in einer **räumlich-persönlichen Beziehung** zur Bundesrepublik stehen, führt dies im Übrigen zu keinerlei Abweichungen in Fällen von Inlandstaten; ohne Rücksicht auf Staatsangehörigkeit und Nationalität werden Inländer und Ausländer geschützt. Dies gilt auch mit Blick auf § 5 Nr. 6, der im Hinblick auf Deutsche gerade Ausdruck einer besonderen Nähebeziehung ist. Als problematisch erweist sich die Ansicht von *Gribbohm* noch aus einem anderen Grund. Denn sie führt nicht nur zu einer Einengung, sondern auch zu einer **Erweiterung** des geschützten Personenkreises. Wenn nämlich wegen des Fortbestands der räumlich-persönlichen Beziehungen auch solche Personen in den Schutzbereich des § 234a mit einzubeziehen wären (*Gribbohm* Voraufl. Rdn. 5), die sich nur **vorübergehend** (zum Beispiel auf Geschäftsreisen oder im Urlaub) **im Ausland** aufhalten, führte dies dazu, dass – entgegen der gesetzlichen Wertung in § 5 Nr. 6 – auch nur vorübergehend im Ausland sich befindende Ausländer als potentielle Opfer in Betracht kämen.

2. Tathandlungen

4 a) **Verbringen.** Es setzt voraus, dass sich der Täter tatsächliche Gewalt über den anderen verschafft, indem er sich seiner bemächtigt (§ 234 Rdn. 3 f), und dass er diese Gewalt dazu ausnutzt, die Ortsveränderung („in ein Gebiet außerhalb des räumlichen Geltungsbereichs dieses Gesetzes") zu bewirken. Beispiele sind etwa die zwangsweise Beförderung im Kfz oder Flugzeug (s. *Fischer* Rdn. 2: erfasst werden grundsätzlich auch Ausweisungen oder Abschiebungen von Ausländern in ein Gefahrengebiet) sowie das Ausnutzen von Krankheit, Erschöpfung, Alkoholisierung und Drogeneinfluss.[13] Eine nur psychische Beeinflussung reicht hierfür ebensowenig aus wie bei § 234 (dort Rdn. 4).[14]

5 **Ausgangspunkt der Verbringung** ist nach dem Wortlaut (für Fälle aus der Zeit nach der Wiedervereinigung Deutschlands) grundsätzlich die **Bundesrepublik.**[15] Dazu zählen auch Exterritorialität genießende Räumlichkeiten deutscher Exterritorialer im Ausland.[16] Eine Ausnahme ist vorstellbar: Wird eine Person vom Inland ins Ausland gelockt in der Absicht, sie von dort zu verschleppen (ohne dass insoweit schon der Tatbestand erfüllt wäre), und führt der Täter sein Vorhaben wie geplant später aus, so handelt es sich um eine nach § 234a Abs. 1 Satz 1 1. Alt. gestreckte strafbare Inlandstat (§ 3). Das Herauslocken aus dem Inland gehört insoweit wenigstens zur strafbaren Vorbereitung (§ 234a Abs. 3). Nicht erfasst sind dagegen Fälle der Verschleppung aus dem Ausland, die über eine Zwischenstation in der Bundesrepublik in einem Drittstaat enden (**aA** wohl ohne nähere Begründung BGHR StGB § 234a Politische Verfolgung 1). Die Verbringung nach Deutschland selbst (die als Auslandstat ohnehin nur nach § 5 Nr. 6 StGB zu verfolgen

---

12 S. auch *Sch/Schröder-Eser/Eisele* Rdn. 1 a.E.

13 Vgl. *Wieck-Noodt* MK Rdn. 12.

14 Denkschrift DRiZ **1951** 163; *Matt/Renzikowski-Eidam* Rdn. 2; *Sch/Schröder-Eser/Eisele* Rdn. 3 bis 5; *Wagner* MDR **1967** 709.

15 So wohl auch *Wagner* MDR **1967** 631; SSW-*Schluckebier* Rdn. 3; **aA** wohl *Fischer* Rdn. 2.

16 *Horn/Wolters* SK Rdn. 4; *Wieck-Noodt* MK Rdn. 11 (deutsche Botschaft im Ausland); **aA** *Gribbohm* Voraufl. Rdn. 6.

wäre) ist mangels hier bestehender Gefahr einer politischen Verfolgung nicht strafbar. Die weitere Verschleppung in das Drittland könnte nur dann tatbestandsmäßig sein, wenn man eine Zäsur annähme und als Ausgangspunkt der Verbringung allein Deutschland ansähe. Das wird regelmäßig ausscheiden, wenn das psychische Herrschaftsverhältnis über das Opfer ohne erkennbare Unterbrechung andauert und sich das Geschehen als eine fortdauernde Tat, die ihren Ausgangspunkt im Ausland hat und in einen Drittstaat führt, darstellt. Gestützt wird dieses Ergebnis durch eine am Schutzzweck orientierte Auslegung. Ein im Geltungsbereich des Gesetzes vorgenommener Eingriff in Freiheitsrechte des Opfers, den § 234a StGB sanktionieren will, liegt nicht vor; denn das Opfer, dessen der Täter sich bereits vorher bemächtigt hatte, war zu keinem Zeitpunkt während des späteren Aufenthalts im Geltungsbereich des Gesetzes in der Lage, über seinen Aufenthaltsort frei zu entscheiden.

6 Der **Verbringungsort** muss außerhalb des räumlichen Geltungsbereichs des § 234a liegen. Der Begriff **„räumlicher Geltungsbereich"** stimmt seit der deutschen Wiedervereinigung mit dem des Inlands überein In der Zeit davor umfasste er nur die Bundesrepublik und West-Berlin, nicht dagegen die DDR und Ost-Berlin. Als Verbringungsort kommen alle Territorien mit einem dem Humanitätsgedanken widersprechenden Regime in Betracht.[17] Hierzu zählen grundsätzlich auch entsprechende ausländische Botschaften solcher Länder in der Bundesrepublik, so dass auch Verbringungen dorthin unter den Tatbestand des § 234a fallen können. Entführungen vom Gebiet der Bundesrepublik in Staaten, in denen rechtsstaatliche Grundsätze gelten, werden von § 234a nicht erfasst,[18] weil dort die in § 234a bezeichneten Gefahren ausgeschlossen sind.

7 b) **Veranlassen.** Dem Verbringen ist das Veranlassen gleichgestellt, sich in ein solches Gefahrengebiet (Rdn. 6) zu begeben (*Valerius* OKBeckStGB Rdn. 3). Es wird im Allgemeinen durch psychische Beeinflussung in die Wege geleitet. Als **Mittel** kommen insbesondere List (zum Beispiel Vorspiegeln der Möglichkeit günstiger Geschäftsabschlüsse oder einer Erkrankung Angehöriger) oder Drohung in Betracht; denkbar ist aber auch Veranlassen durch Gewalt in Form der vis compulsiva (§ 234 Rdn. 11).[19] Es kann mit einem Verbringen zusammentreffen, so wenn der Täter das Opfer zu einer gemeinsamen Auslandsreise überredet und es auf der Fahrt in seine Gewalt bringt.[20]

8 c) **Abhalten von der Rückkehr.** Diese tatbestandlich als Auslandstat konzipierte (*Werle/Jeßberger* LK § 5 Rdn. 99) Alternative setzt voraus, dass das Opfer die Rückkehr plant und dazu veranlasst wird, im Ausland zu bleiben. Hier verhindert der Täter also eine Ortsveränderung.[21] Erfasst werden nicht nur die Fälle, in denen sich das Opfer freiwillig in das Gefahrengebiet (Rdn. 6) begeben hat, sondern auch die, in denen es bereits verschleppt worden ist und gehindert wird, eine günstige Gelegenheit zur Rückkehr auszunutzen.[22]

9 Der **Begriff „zurückkehren"** lässt sich entgegen *Gribbohm* Voraufl. Rdn. 13, der darunter nicht allein das Wiederaufsuchen des früheren Aufenthaltsorts, sondern allge-

---

17 *Braasch* NKGesStR Rdn. 1; *Sonnen* NK Rdn. 7; *Wieck-Noodt* MK Rdn. 6 u. 11; *Maurach* NJW **1952** 165.

18 *Kirchner* NJW **1964** 853 Fn. 1; *Wieck-Noodt* MK Rdn. 11.

19 *Braasch* NKGesStR Rdn. 4; *Matt/Renzikowski-Eidam* Rdn. 3; SSW-*Schluckebier* Rdn. 4; *Wieck-Noodt* MK Rdn. 14; vgl. *Wagner* MDR **1967** 711.

20 *Wagner* MDR **1967** 711.

21 *Sonnen* NK Rdn. 7; *Wagner* MDR **1967** 709.

22 *Matt/Renzikowski-Eidam* Rdn 4; SSW-*Schluckebier* Rdn. 4; *Wagner* MDR **1967** 711.

mein das **Wiederverlassen des Gefahrenbereichs** verstanden hat,[23] nicht in weitem Sinne auszulegen. Die Gesetzessystematik geht davon aus, dass eine Person sich „außerhalb des räumlichen Geltungsbereichs dieses Gesetzes" befindet und daran gehindert wird, von dort „zurückzukehren". Dies kann nach dem Wortlaut nur dahin verstanden werden, dass gerade die **Rückkehr** in den räumlichen Geltungsbereich des Gesetzes verhindert wird. Zwar können der Ausgangsort der Tat und der Ort seiner (beabsichtigten) „Rückkehr" auseinanderfallen, beide müssen jedoch grundsätzlich im Geltungsbereich des Gesetzes liegen. Anders kann der Fall nur dann liegen, wenn der mit der unmittelbaren Ausreise anvisierte Ort der Rückkehr zwar nicht im Geltungsbereich des Gesetzes liegt, aber letztlich nur Durchgangsstation auf dem Weg dorthin ist.

Die Annahme, der Täter könne bei der Tatbestandsalternative „abhalten" nur außer- **10**
halb des Geltungsbereichs des § 234a handeln,[24] trifft nicht zu. Der Täter kann seinen Tatbeitrag auch hierbei von der Bundesrepublik aus leisten, zum Beispiel durch schriftliche oder telefonische Einwirkung. **Tatort** ist dann (auch und in erster Linie) das Inland (*Werle/Jeßberger* LK § 9 Rdn. 55 ff). Handelt er freilich im Ausland, ist § 5 Nr. 6 zu beachten (*Werle/Jeßberger* LK § 5 Rdn. 99).

3. Tatmittel. Sie sind für alle Formen der Verschleppung (Verbringen, Veranlassen **11**
und Abhalten) dieselben wie beim Menschenraub. Hierzu wird verwiesen auf § 234 Rdn. 26 ff (List), 19 ff (Drohung) und 10 ff (Gewalt). Die Tatmittel können gegenüber dem Opfer oder einem Dritten angewendet werden, der bereit wäre, der Tat entgegenzutreten (vgl. § 234 Rdn. 7; *Wieck-Noodt* MK Rdn 35). Die einzelne Tathandlung muss auch nicht „eigenhändig" vom Täter unternommen sein; sie kann über eine dritte Person erfolgt sein (*Horn/Wolters* SK Rdn. 8). Das 6. StrRG hat in § 234a das Tatbestandsmerkmal „Drohung" nicht durch den Zusatz „mit einem empfindlichen Übel" begrenzt (vgl. dazu schon ausführlich § 234 Rdn. 22). Dies soll nach h.M. ohne praktische Bedeutung sein, da der Zusatz „mit einem empfindlichen Übel" lediglich klarstellende Funktion haben sollte (*Matt/Renzikowski-Eidam* Rdn. 5; OKBeckStGB-*Valerius* Rdn. 5; *Sonnen* NK Rdn. 8; SSW-*Schluckebier* Rdn. 5; *Wieck-Noodt* MK Rdn. 19); dies ist wenig überzeugend, ist doch mit der Ergänzung des Tatbestandes in § 234 eine, wenn auch sich kaum auswirkende Änderung der Strafbarkeitsvoraussetzungen verbunden. Für § 234a bedeutet dies, dass nach dem Wortlaut jede Drohung ausreichend ist; es ist nicht erforderlich, dass diese sich auf ein „empfindliches Übel" bezieht.

List bedeutet auch bei § 234a geflissentliches und geschicktes Verbergen wirklicher **12**
Absichten. Sie ist in der Rechtsprechung angenommen worden: in einem Fall, in dem der Täter unter Verschweigen seiner Beziehungen zum sowjetzonalen Staatssicherheitsdienst einen „Republikflüchtigen" veranlasst, in die SBZ zurückzukehren (OLG Frankfurt a.M. bei *Wagner* GA **1962** 197 Nr. 13); bei Tarnung eines sowjetzonalen oder DDR-Kraftfahrzeugs, mit dem das Opfer aus den Berliner Westsektoren in den Ostsektor entführt werden soll, mit einem West-Berliner Kennzeichen (BGH bei *Wagner* GA **1962** 208 Nr. 9) oder als „Firmen-Pkw" (vgl. BGHSt **41** 292, 297); in einem Fall, in dem der Täter das Opfer absichtlich in Trunkenheit versetzt, um es sodann zu verschleppen (BGH bei *Wagner* GA **1962** 209 Nr. 18); schließlich bei Vorspiegeln eigener Fluchtabsichten, die einen Fluchthelfer zur Einreise in die damalige DDR veranlasste, um dort seine Festnahme zu ermöglichen (LG Berlin NJ **1993** 518; s. auch BGH NJW **1997** 2609, 2610).

---

[23] So wohl auch *Braasch* NKGesStR Rdn. 4; *Fischer* Rdn. 4; SSW-*Schluckebier* Rdn. 4; *Wieck-Noodt* MK Rdn. 15; *Wagner* MDR **1967** 711.

[24] *Wagner* MDR **1967** 711; **aA** SSW-*Schluckebier* Rdn. 4.

13 **4. Unterlassen.** Ob eine Verschleppung durch **Unterlassen** in Betracht kommt, ist mehr als zweifelhaft. *Horn/Wolters* SK Rdn. 11 und *Wieck-Noodt* MK Rdn. 22 bejahen es. Zwar dürfte die Annahme einer Garantenstellung gerade für die Abwendung solcher Gefahren, deren Eintritt die Vorschrift vermeiden will, denkbar sein, etwa ein Vater im Verhältnis zu einem ausreisewilligen Sohn. Zu weitgehend ist freilich die Ansicht, ein deutscher Botschafter in einem Krisenland sei Garant für das Leben aller Deutschen. Soweit für eine Unterlassenstrafbarkeit über eine Garantenstellung hinaus grundsätzlich erforderlich ist, dass das Unterlassen einem aktiven Verhalten unter Anwendung von List, Drohung oder Gewalt rechtlich gleichstünde, ist dies angesichts der besonderen erforderlichen Tatmittel kaum vorstellbar. Dies gilt für sämtliche der diskutierten Fallgruppen: das im Inland befindliche ahnungslose Opfer, das im Begriff ist, sich in ein Gefährdungsgebiet zu begeben; das bereits im Krisengebiet sich aufhaltende, gleichfalls ahnungslose Opfer wird über die konkret drohenden Gefahren nicht aufgeklärt; diesem wird keine Ausreisemöglichkeit zur Verfügung gestellt, obwohl ein Tätigwerden dem Unterlassenden möglich und zumutbar wäre. In allen diesen Fällen fehlt es an der spezifischen Gleichwertigkeit des Unterlassens mit dem durch besondere Verhaltensqualität geprägten Tun.

5. Gefährdung

14 **a) Verschleppung als konkretes Gefährdungsdelikt.** Der vom Täter mit einem der Tatmittel verursachte Aufenthalt in dem Gebiet außerhalb des Geltungsbereichs des Gesetzes erfüllt den objektiven Tatbestand, wenn das Opfer dadurch einer der **Gefahren** ausgesetzt wird, die § 234a näher bezeichnet. Es ist nicht notwendig, dass der Schaden eintritt oder unmittelbar bevorsteht, ebenso wenig die Gewissheit darüber, dass der Schaden eintreten werde (*Matt/Renzikowski-Eidam* Rdn. 7). Die Tat ist ein konkretes Gefährdungsdelikt (BGHSt **14** 104, 108; **40** 125, 137).[25] Es genügt also die ernste und naheliegende Besorgnis, der Verschleppte werde zu Schaden kommen; dagegen reicht die bloße Möglichkeit eines Gefahreneintritts nicht aus.[26]

15 Die Gefahr muss **konkret**, d.h. nach den Umständen des Einzelfalls drohend sein. Dazu gehören **bestimmte** und nachweisbare **Anhaltspunkte**, welche die Wahrscheinlichkeit begründen, das Opfer werde Schäden der im Gesetz genannten Art und damit jenes Schicksal erleiden, dem der Gesetzgeber hat vorbeugen wollen (BGH bei *Wagner* GA **1962** 197 Nr. 14). Das ist zwar nicht schon dadurch ausgeschlossen, dass sich das Opfer noch im Inland befindet, während der zu befürchtende Verletzungserfolg als solcher nur im Ausland eintreten kann; wohl aber müssen hinreichende Anhaltspunkte dafür bestehen, dass das im Inland befindliche Opfer in die Hand der ausländischen Macht geraten könnte, etwa bei einer unmittelbar bevorstehenden Reise in Gefahren bringende Gebiete (vgl. LG Koblenz NStZ **1983** 509, SSW-*Schluckebier* Rdn. 6). Eine rein theoretische Gefahr, zum Beispiel auf Grund allgemeiner Erkenntnisse über die Gefährlichkeit des betreffenden Gebiets, reicht nicht aus (BGH bei *Wagner* GA **1962** 198 Nr. 7; **1962** 201 Nr. 24; LG Koblenz NStZ **1983** 508, 509; *Braasch* NKGesStR Rdn. 6; *Wieck-Noodt* MK Rdn. 21).

16 **Einzelfälle aus der Vergangenheit** (auch im Zusammenhang mit § 241a). Solche **Anhaltspunkte** (Rdn. 15) können sein: die Entführung in die Sowjetzone durch den SSD oder auf dessen Veranlassung (BGH bei *Wagner* GA **1962** 196 Nr. 1), die Verfolgung

---

[25] *Fischer* Rdn. 1, 5; *Sch/Schröder-Eser/Eisele* Rdn. 9a; *Lackner/Kühl* Rdn. 1; *Horn/Wolters* SK Rdn. 5; *Wieck-Noodt* MK Rdn. 21.

[26] Vgl. auch *Wagner* MDR **1967** 633.

wegen „Republikflucht“ (BGHSt **14** 104, 107 f; BGH NJW **1960** 1211 = JZ **1961** 99 mit Anm. *Baumann*; BGH bei *Wagner* GA **1962** 201 Nr. 27; **1966** 308 Nr. 21) oder „Boykotthetze“ (BGH bei *Wagner* GA **1962** 205 Nr. 16), ferner die Zugehörigkeit zu einem westlichen Geheimdienst (BGH bei *Wagner* GA **1962** 197 Nr. 9; **1962** 204 Nr. 11; OLG Celle bei *Wagner* GA **1962** 199 Nr. 8).

Die Annahme einer konkreten Gefährdung ist **verneint** worden bei einer (bloßen) **17**
Überwachung des Betroffenen innerhalb der DDR, verbunden mit einer Verhinderung der Ausreise (BGH bei *Wagner* GA **1962** 198 Nr. 7 = bei *Wagner* MDR **1967** 633 Fn. 82), und bei der Möglichkeit, dass anlässlich eines gewöhnlichen Strafverfahrens auch politische Delikte aufgedeckt werden könnten (OLG Frankfurt a.M. bei *Wagner* GA **1962** 200 Nr. 16 = bei *Wagner* MDR **1967** 633 Fn. 83).

b) Die Gefährdung im Einzelnen

aa) **Anlass der Gefährdung.** Das Opfer muss der Gefahr ausgesetzt sein, **aus politi-** **18**
schen Gründen (*Horn/Wolters* SK Rdn. 6 leugnen die eigenständige Bedeutung des Merkmals; s. dazu unten Rdn. 33 ff) verfolgt zu werden. **Politische Gründe** liegen in Orientierung an dem auch Art. 16a Abs. 1 GG zugrunde liegenden Begriff der politischen Verfolgung (vgl. *Fischer* Rdn. 6; *Horn/Wolters* SK Rdn. 6) vor, wenn die Verfolgung von einem fremden staatlichen Regime aus Gründen der Rasse, Religion, Nationalität, Zugehörigkeit zu einer bestimmten sozialen Gruppe oder der politischen Überzeugung ausgeht und dabei dem Opfer mit Blick auf die genannten Merkmale Rechtsverletzungen zugefügt werden, die ihn ihrer Intensität nach aus der übergreifenden Friedensordnung der staatlichen Ordnung ausgrenzen (vgl. BVerfGE 80, 315, 334 f).[27] Politische Gründe sind aber auch gegeben, wenn die Verfolgung nur oder auch dem **Zweck** dient, den **Bestand** und die Sicherheit **eines totalitären Regimes** zu erhalten und seine Entwicklung durch Zwangsmaßnahmen (insbesondere) gegen die Einwohner zu fördern (BGHSt **14** 104, 106; BGHR StGB § 234a Politische Verfolgung 1 bejahend: OKBeckStGB-*Valerius* Rdn. 7.1; *Sonnen* NK Rdn. 9; SSW-*Schluckebier* Rdn. 8; s. auch *Sch/Schröder-Eser/Eisele* Rdn. 9: Verschleppung von Ingenieuren oder Wissenschaftlern zur Zwangsarbeit). Das trifft vor allem zu, wenn derjenige, der Verbote eines Zwangsregimes übertritt, gerade wegen der Übertretung als politischer Gegner angesehen wird (BGHSt **14** 104, 106). Erfasst ist aber auch der Fall, dass für das Vorgehen gegen den Verfolgten nach dem positiven Rechts des autoritären Regimes keine (gesetzliche) Grundlage besteht oder eine solche im Widerspruch mit rechtsstaatlichen Grundsätzen steht (BGHR StGB § 234a Politische Verfolgung 1; *Sonnen* NK Rdn. 9; OKBeckStGB-*Valerius* Rdn. 7.1).

Der **Zusammenhang mit Unrechtsmaßnahmen** und einem autoritären Regime kann **19**
also einen Anhaltspunkt dafür bieten, dass die Verfolgung auf politischen Gründen beruht (BGH bei *Wagner* GA **1968** 297 Nr. 17). Das Merkmal ist stets zu bejahen, wenn der Verschleppte aus Gründen der **Machtausübung** oder der Machtkämpfe eines fremden Regimes verfolgt wird.[28]

---

27 *Fischer* Rdn. 6; OKBeckStGB-*Valerius* Rdn. 6; SSW-*Schluckebier* Rdn. 8; *Wieck-Noodt* MK Rdn. 25; *Maurach/Schroeder/Maiwald* BT/1 § 15 Rdn. 12. S. auch die ablehnende Entscheidung des GBA im Fall Abu Omar, die Ermittlungen wegen Verschleppung zu übernehmen: Betrifft JUSTIZ 2006 236, 237 m. Anm. *Cramer* Betrifft JUSTIZ **2006** 234. S. auch *Matt/Renzikowski-Eidam* Rdn. 8: das Regime muss nicht notwenig ein totalitäres Regime sein.

28 *Lackner/Kühl* Rdn. 3; *Matt/Renzikowski-Eidam* Rdn. 8; *Sch/Schröder-Eser/Eisele* Rdn. 9; *Sonnen* NK Rdn. 9; vgl. *Arndt* SJZ **1950** 107, 112.

20 Bei bestimmten Umständen, welche den Zugriff auslösen, ist die Rechtsprechung in der Vergangenheit **regelmäßig** davon ausgegangen, dass die Verfolgung politischer Art ist, zum Beispiel bei **„Republikflucht"** (BGHSt **14** 104, 106 ff, 108 = NJW **1960** 876, 877; BGH ROW **1961** 22; BGH bei *Wagner* GA **1966** 308 Nr. 21; BGH NJW **1997** 2609; OLG Düsseldorf NJW **1979** 59),[29] **„Boykotthetze"** (BGH bei *Wagner* GA **1962** 205 Nr. 16; bei *Wagner* MDR **1967** 632 Fn. 56) und **Desertion** eines Soldaten, der sich dem Schießbefehl an der Mauer durch Flucht entzogen hat (BGH bei *Wagner* GA **1966** 308 Nr. 21); ferner bei einem Betroffenen, der in dem Verdacht stand, ein westlicher **Agent** zu sein (KG NJW **1957** 684), oder der durch eine Entführung zur Agententätigkeit für einen östlichen Geheimdienst genötigt werden sollte (vgl. BGHSt **41** 292, 296 f, 300). Zur **Fluchthilfe** s. LG Berlin NJ **1993** 518, 519. Dazu zählt auch die willkürliche Durchführung eines Strafverfahrens zum Machterhalt einer Regierung (BGHR StGB § 234a Politische Verfolgung 1).

21 Unter den Begriff „politische Gründe" fallen auch – wie oben erläutert (Rdn. 18) – **rassische, religiöse** und **weltanschauliche** Motive für eine Verfolgung.[30] Der Gesetzgeber hat sie im Gesetz nicht ausdrücklich aufgeführt, weil sie im Moment des Politischen ohne weiteres enthalten sind.[31]

22 Der politische Grund braucht nicht allein zur Verfolgung zu führen. Es genügt, dass er dafür **mitbestimmend** ist.[32] Die Annahme politischer Verfolgung wird deshalb nicht dadurch ausgeschlossen, dass sich Maßnahmen formell im Rahmen des positiven Rechts eines autoritären Zwangsstaats halten (BGHSt **14** 104, 106 ff = LM § 241a Nr. 3 mit Anm. *Jagusch; Sonnen* NK Rdn. 10: diese positivrechtlichen Normen sind an rechtsstaatlichen Grundsätzen zu messen).

23 Politische Verfolgung kann sich demgemäß mit dem Anschein der **Bekämpfung kriminellen Unrechts** tarnen.[33] Sie kann selbst bei der Ahndung von Taten vorliegen, die auch nach rechtsstaatlichen Grundsätzen als kriminelle Handlung verfolgbar sind (BGHSt **6** 166 f; **14** 104, 106; BGH bei *Wagner* GA **1962** 202 Nr. 28; **1968** 297 Nr. 17),[34] vorausgesetzt jedoch, dass aus politischen, d.h. außerhalb des Strafzwecks liegenden Gründen eine rechtsstaatswidrige Verfolgung zu befürchten ist (*Sch/Schröder-Eser/Eisele* Rdn. 9; s. dazu auch LG Koblenz NStZ **1983** 508; OLG Koblenz NStZ **1982** 525). Hierzu gehören etwa die Fälle schwerer Bestrafung unter dem Vorwand wirklicher oder angeblicher Wirtschafts- oder Eigentumsdelikte, wie bei Verschleppung von Technikern, Wissenschaftlern und Forschern zur Zwangsarbeit.[35]

24 Die **Abgrenzung** zwischen politischer Verfolgung und Verfolgung allgemein strafwürdigen Unrechts kann nach diesen Kriterien im Einzelfall schwierig sein (so auch SSW-

---

29 Vgl. aber BGHSt **40** 125 zu § 241a.

30 *Fischer* Rdn. 6; *Lackner/Kühl* Rdn. 3; *Sch/Schröder-Eser/Eisele* Rdn. 9; SSW-*Schluckebier* Rdn. 8; *Wieck-Noodt* MK Rdn. 25; *Wagner* MDR **1967** 631.

31 Denkschrift DRiZ **1951** 163.

32 BGHR StGB § 234a Politische Verfolgung 1; *Fischer* Rdn. 7; *Sch/Schröder-Eser/Eisele* Rdn. 9; OKBeckStGB-*Valerius* Rdn. 6; *Wieck-Noodt* MK Rdn. 28.

33 BGHR StGB § 234a Politische Verfolgung; Denkschrift DRiZ **1951** 163; *Maurach* NJW **1952** 165; *Wagner* MDR **1967** 631; *Otto* Grundkurs § 37 Rdn. 2; *Fischer* Rdn. 7; *Lackner/Kühl* Rdn. 3; OKBeckStGB-*Valerius* Rdn. 7.1; SSW-*Schluckebier* Rdn. 8; *Wieck-Noodt* MK Rdn. 28 f.

34 Kritisch hierzu: *Maurach/Schroeder/Maiwald*, BT 1, § 15, Rdn. 14: verfolgt ein Staat bei der Verfolgung kriminellen Unrechts insgeheim politische Ziele, werde dies nicht erfasst; dies sei erst dann der Fall, wenn die Verfolgung kriminellen Unrechts auf politische Gegner beschränkt sei. S. auch *Schroeder* JR **1986** 164.

35 Vgl. *Wagner* MDR **1967** 632.

Schluckebier Rdn. 8). Die Annahme, es drohe die Gefahr politischer Verfolgung, ist im Zusammenhang mit einer politischen Verdächtigung (§ 241a) abgelehnt worden bei einer Anzeige wegen Betäubungsmittelhandels und verbotenen Waffenbesitzes (LG Koblenz NStZ **1983** 508 f) sowie bei Hinweisen auf Verstöße gegen das Devisengesetz der DDR (BGHSt **33** 238 = JR **1986** 160 mit krit. Anm. *Schroeder*; **aA** BGH bei *Wagner* GA **1966** 77 Nr. 30).

Der Begriff „aus politischen Gründen" erfasst nur Verfolgungen, die **von staatlichen Stellen** durchgeführt, veranlasst oder jedenfalls gedeckt werden, zum Beispiel im Zuge von Zwangskollektivierungsmaßnahmen.[36] Mit dieser Einschränkung gehören auch parteiamtliche Maßnahmen und unter Umständen sogar Verfolgungen von privater Seite dazu, nicht jedoch ohne weiteres solche durch politisch motivierte „Mordkommandos" oder Erpresserbanden[37] ohne Ausnutzung des sittenwidrigen Machtgefälles gegenüber dem Opfer.[38] Zu weitgehend erscheint es, schon eine nichtstaatliche Verfolgung ausreichen zu lassen, die von einem ausländischen Staat faktisch nicht verhindert werden kann (so wohl auch OKBeck-*Valerius* Rdn. 7; dagegen wohl *Fischer* Rdn. 8). 25

Von den USA veranlasste Entführungen von Personen aus europäischen Staaten über die Bundesrepublik (mit Zwischenlandung) in totalitäre Drittstaaten (etwa Ägypten) können nach Maßgabe von Rdn. 5 den Straftatbestand der Verschleppung erfüllen. Ihnen kann dort, auch wenn ausschließliches Ziel der USA die präventive bzw. repressive Bekämpfung des radikal islamistischen Terrorismus ist, politische Verfolgung drohen. Entscheidend ist nämlich nicht, wie sich der eigentliche Täter der Verschleppung eine Verfolgung des Verschleppten vorstellt; maßgeblich ist, wie sich die Verfolgung durch den Drittstaat objektiv darstellt und in welcher Weise der Täter dies in seinen Vorsatz aufgenommen hat. Allein das „hehre" Ziel der Bekämpfung des radikal islamistischen Terrorismus (auch durch den Drittstaat) in den Vordergrund zu stellen, reicht nicht (ebenso *Sonnen* NK Rdn. 10); schon die im Raum stehende Folter solcher entführter Personen lässt Zweifel daran aufkommen, ob nicht die (vermeintliche) Absicht der Bekämpfung des Terrorismus in den Dienst politischer Ziele gestellt worden sein könnte (zum ganzen *Kramer* Betrifft JUSTIZ **2006** 234; vgl. zum zwangsweisen Transport von Ausländern durch deutschen Luftraum ohne Zwischenlandung vgl. *Hoppe* ZStW 2008 941). 26

bb) Mittel und Modalitäten der Gefährdung. Im Zuge der Gefahr politischer Verfolgung muss das Opfer der Gefahr ausgesetzt sein, **im Widerspruch zu rechtsstaatlichen Grundsätzen** durch **Gewalt- oder Willkürmaßnahmen** geschädigt zu werden (vgl. *Maurach* NJW **1952** 163, 165: Gefahr sog. Humanitätsverbrechen). 27

Der Begriff **„im Widerspruch zu rechtsstaatlichen Grundsätzen"** hat nicht nur formale, sondern auch sachliche Bedeutung. Er weist auf die Grundsätze der Menschenwürde und der Gerechtigkeit hin.[39] Im Widerspruch zu rechtsstaatlichen Grundsätzen steht danach eine Maßnahme, die den Zwecken, Zielen und Ideologien des fremden Staates entspricht, ohne sich an allgemeinen rechtsstaatlichen Grundsätzen wie Gerechtigkeit, Menschenwürde und Menschlichkeit zu orientieren (*Matt/Renzikowski-Eidam* Rdn. 9; *Wieck-Noodt* MK Rdn. 31). In Betracht kommen danach insbesondere die Ver- 28

---

[36] Vgl. den Fall OLG Frankfurt a.M. NStZ **1991** 585; *Fischer* Rdn. 8; *Sonnen* NK Rdn. 11; *Wieck-Noodt* MK Rdn. 25.

[37] *Horn/Wolters* SK Rdn. 6; vgl. Denkschrift DRiZ **1951** 163.

[38] *Maurach* NJW **1952** 165.

[39] *Maurach* NJW **1952** 165.

folgung ohne jegliche Rechtsgrundlage (Rdn. 30), die willkürliche Beschneidung von Verfahrensrechten (Rdn. 30) sowie ein grobes Missverhältnis von Verfolgungsanlass und staatlicher Reaktion (Rdn. 31).

29 Das **positive Recht des Verfolgungsstaats** ist für die Beurteilung nicht maßgebend; dieses kann seinerseits rechtsstaatswidrig sein. Unter die rechtsstaatswidrigen Maßnahmen kann demnach auch eine (Straf-)Verfolgung fallen, die sich formell im Rahmen des geltenden Rechts des Verfolgerstaats hält.[40]

30 Eine Verfolgung ohne Prozess oder **ohne gesetzliche Grundlage** erfüllt stets den Tatbestand genauso wie die Nichtgewährung eines geordneten Verfahrens, dem es an unabdingbaren prozessualen Voraussetzungen (vgl. *Schroeder* JR **1986** 164) sowie den in UN-Konventionen konkretisierten völkerrechtlichen Mindeststandards fehlt (vgl. BGHSt **1** 391, 398 ff; dazu auch: *Sch/Schröder-Eser/Eisele* Rdn. 11; *Sonnen* Rdn. 12). Das gleiche gilt bei willkürlicher Beschneidung von Verfahrensrechten (SSW-*Schluckebier* Rdn. 7; ähnlich *Sonnen* Rdn. 12: menschenrechtswidrige Verfolgungsmethoden) oder für den Fall, dass eine gesetzliche Grundlage nach dem Recht des Verfolgerstaats zwar vorhanden ist, sie aber nur als Vorwand für ein gerichtliches Scheinverfahren dient (BGHSt **6** 166; **33** 238, 243).[41]

31 Rechtsstaatswidrig ist auch die Verhängung **grob ungerechter** oder im Gesetz nicht vorgesehener **Strafen** oder Maßnahmen (BGH NJW **1997** 2609; BGH bei *Wagner* GA **1966** 307 f Nr. 36; KG NJW **1957** 684; bei *Wagner* GA **1962** 207 Nr. 27),[42] ebenso die Verhängung bzw. Vollstreckung der Todesstrafe (*Fischer* Rdn. 9; OKBeckStGB-*Valerius* Rdn. 8.1). Aus einer nach der Verschleppung verhängten nicht unangemessenen Strafe darf umgekehrt aber nicht ohne weiteres geschlossen werden, es habe keine Schädigung gedroht, die rechtsstaatlichen Grundsätzen widerspreche.

32 Kennzeichnend für eine **Gewalt- oder Willkürmaßnahme** ist eine Behandlung, die ausschließlich an den Zwecken und Vorstellungen des fremden Regimes ausgerichtet ist; der Betroffene ist ihr schutz- und wehrlos preisgegeben, so dass mit ihm nach Belieben verfahren werden kann (BGHSt **41** 292, 300; krit. zu diesem Merkmal *Schünemann* MschrKrim **1970** 256).[43] Der Begriff der **„Maßnahme"** ist weiter als der des Verfahrens, so dass auch Handlungen von Parteien, Organisationen und einzelnen Personen darunter fallen können.[44] Allerdings werden nicht alle Maßnahmen eines der Rechtsstaatlichkeit nicht verpflichteten Staates allein deshalb, weil sie überhaupt der Förderung staatlicher Ziele dienen und zu einschlägigen Nachteilen führen, als Gewalt- oder Willkürmaßnahmen anzusehen sein (vgl. *Sch/Schröder-Eser/Eisele* Rdn. 12; *Sonnen* Rdn. 13). Es muss insoweit etwas zur Rechtsstaatswidrigkeit hinzukommen, etwa bei einer Verurteilung aufgrund eines in der DDR geltenden Strafgesetzes, dass mit einer Bestrafung gerechnet werden musste, die in einem unerträglichen Missverhältnis zur Tat steht, so dass sie als grob ungerecht und als schwerer, offensichtlicher Verstoß gegen die Menschenrechte

---

[40] *Matt/Renzikowski-Eidam* Rdn. 8; OKBeckStGB-*Valerius* Rdn. 8; *Maurach* NJW **1952** 165; *Wagner* MDR 1967 632.

[41] Denkschrift DRiZ **1951** 163; *Fischer* Rdn. 9; *Sch/Schröder-Eser/Eisele* Rdn. 11; *Lackner/Kühl* Rdn. 3 a.E.; OKBeckStGB-*Valerius* Rdn. 8.1; *Wieck-Noodt* MK Rdn. 32; einschränkend: *Maurach/Schroeder/Maiwald*, BT 1, § 15, Rdn. 14.

[42] Denkschrift DRiZ **1951** 163; *Sch/Schröder-Eser*/Eisele Rdn. 11; SSW-*Schluckebier* Rdn. 7; *Wieck-Noodt* MK Rdn. 32.

[43] Zur Auslegung des Begriffs „Gewalt- oder Willkürmaßnahme" durch die Rechtsprechung zum KRG Nr. 10 vgl. *Wagner* MDR **1967** 632 mit Nachweisen.

[44] *Wagner* MDR **1967** 633; *Sch/Schröder-Eser/Eisele* Rdn. 12.

erscheinen musste oder dass in dem Ermittlungs- oder Strafverfahren sonst mit schweren Verstößen gegen die Menschenrechte zu rechnen war.[45]

cc) **Verhältnis der Gefahr politischer Verfolgung zur Gefahr rechtsstaatswidriger Schädigung durch Gewalt- oder Willkürmaßnahmen.** *Horn/Wolters* (SK Rdn. 6) sind der Meinung, das Merkmal der Gefahr, **aus politischen Gründen verfolgt** zu werden, habe gegenüber den anderen in § 234a genannten Gefahren, nämlich Rechtsgutverletzungen bestimmter Art in Widerspruch zu rechtsstaatlichen Grundsätzen durch Gewalt- oder Willkürmaßnahmen zu erleiden, „keinen eigenständigen, tragfähigen Sinn". Vielmehr werde die Annahme, es handle sich um eine „Verfolgung aus politischen Gründen", immer davon abhängig zu machen sein, ob eine entsprechende Maßnahme „im Widerspruch zu rechtsstaatlichen Grundsätzen" stehe oder stehen würde. **33**

Hieraus ziehen *Horn/Wolters* weitgehende Schlüsse. Sie meinen, unter „Verfolgung aus politischen Gründen" im Sinne des § 234a sei nur eine solche zu begreifen, die entweder durch **kein Gesetz des Verfolgungslandes** erlaubt sei oder deren **gesetzliche Grundlage** zu den rechtsstaatlichen Auffassungen und Grundsätzen **in Widerspruch** stehe (*Horn/Wolters* SK Rdn. 6). Aus dem Bereich des § 234a hätten demnach die Fälle auszuscheiden, in denen Kriminelle zugleich aus politischen Gründen verfolgt werden, ferner auch die Fälle der Verhängung grob ungerechter, übermäßiger Strafen, wenn sie auf nicht rechtsstaatswidrigen Strafgesetzen beruhten – eine Rechtsansicht übrigens, die der BGH schon im Zusammenhang mit der Ahndung von Rechtsbeugung während der NS-Zeit überwunden hat.[46] **34**

Die von *Horn/Wolters* vertretene Auffassung überzeugt nicht.[47] Sie entspricht nicht dem Gesetz. Nach dem eindeutigen Wortlaut des § 234a stehen **beide Tatbestandsmerkmale** – die Gefahr politischer Verfolgung und die Gefahr rechtsstaatswidriger Schädigung – **selbständig nebeneinander.** Sie sind im Tatsächlichen zwar eng miteinander verbunden; denn politische Verfolgung äußert sich häufig in rechtsstaatswidrigen Gewalt- oder Willkürakten, und bei solchen Maßnahmen von staatlicher Seite wird in der Regel die Annahme nahe liegen, sie seien Ausdruck einer politischen Verfolgung. Notwendig ist diese Verknüpfung aber nicht. Es gibt politische Verfolgung, die nicht rechtsstaatswidrig ist, und auch Gewalt oder Willkür von staatlicher Seite muss nicht stets auf politischen Gründen beruhen. Man denke etwa an eine angemessene Bestrafung wegen Verunglimpfung staatlicher Hoheitssymbole (vgl. § 90a Abs. 1 Nr. 2, § 104) oder an tätliche Übergriffe von Aufsehern gegen einen kriminellen Gefangenen im gewöhnlichen Strafvollzug. **35**

dd) **Art der drohenden Schäden.** Durch die Gefahr politischer Verfolgung mit den sich daraus ergebenden Gewalt- oder Willkürmaßnahmen muss das Opfer bestimmten Individualgefahren ausgesetzt sein. Schaden an **Leib oder Leben** kann das Opfer z.B. durch zu harte Strafvollstreckung oder Gewaltanwendung in der Haft oder Folter erleiden.[48] **Freiheitsberaubung** droht bei Verbringung in Haft oder in ein Konzentrations- **36**

---

45 Vgl. BGHSt **40** 125, 136 mit Anm. *Reimer* NStZ **1995** 83; kritisch zu dieser Rechtsprechung *Gribbohm* Voraufl. Rdn. 37 ff. S. auch BGHSt **33** 238 m. krit. Anm. *Schroeder* JR **1986** 162: zw. bei der Verfolgung von Devisenverstößen in der ehemaligen DDR; dazu auch *Fischer* Rdn. 9.

46 *Gribbohm* NJW **1988** 2842, 2847.

47 Vgl. *Maurach* NJW **1952** 166; *Wagner* MDR **1967** 632; *Vogler* LK[10] Rdn. 14.; *Sch/Schröder-Eser/Eisele* Rdn. 9, 11; *Wieck-Noodt* MK Rdn. 32, 37.

48 *Wieck-Noodt* MK Rdn. 33.

oder Arbeitslager (vgl. BGHSt **1** 391, 397 f; **33** 238, 239; **42** 332, 338; s. auch *Braasch* NKGesStR Rdn. 8; *Wieck-Noodt* MK Rdn. 35). Drohen dem Betroffenen (nur) rechtsstaatswidrige Überwachung („Beschattung“) und Verweigerung der Ausreise, so ist er damit noch nicht der Gefahr der Freiheitsberaubung ausgesetzt (BGH bei *Wagner* GA **1962** 198 Nr. 7).[49]

37 Eine **Beeinträchtigung der beruflichen oder wirtschaftlichen Stellung** des Opfers muss empfindlich sein.[50] Sie kann in einem Berufsverbot oder einer Vermögenseinziehung liegen.[51] Die Einbeziehung wirtschaftlicher Nachteile in den Tatbestand beruht auf der Erfahrung, dass totalitäre Staaten dazu neigen, politisch unliebsame Personen unter der Behauptung angeblich begangener Straftaten durch Behinderung ihrer beruflichen Tätigkeit oder Enteignung ihres Vermögens zu schädigen.[52]

38 **5. Ursachenzusammenhang.** Zwischen **Tathandlung** (Rdn. 4 ff) und konkreter **Gefährdung** (Rdn. 14 ff) muss ein ursächlicher Zusammenhang in der Weise bestehen, dass das Verhalten des Täters eine doppelte Gefahr schafft, sowohl die Gefahr politischer Verfolgung als auch die besondere Schädigungsgefahr, wie sich aus dem Gesetzeswortlaut („und dadurch“) ergibt.[53]

39 Auch **Verfolgungs-** und **Schädigungsgefahr** müssen kausal miteinander verknüpft sein, und zwar dergestalt, dass die erste die allgemeine Voraussetzung („hierbei“) für die zweite ist. Die Schädigungsgefahr muss sich gerade aus der Gefahrensituation ergeben, die mit einer politischen Verfolgung verbunden ist. Sie braucht aber nicht deren Zweck oder Ziel zu sein. Es genügt, dass die Schädigung wegen Gewalt- oder Willkürmaßnahmen **bei oder anlässlich der politischen Verfolgung** droht. Bei Inhaftierung des politisch Verfolgten in einem Konzentrationslager kann die konkrete Gefahr von üblichen Gewaltexzessen der Bewachungsmannschaft also tatbestandsmäßig sein, selbst wenn übergeordnete Stellen solche Exzesse verboten hätten. Das gleiche gilt für Schäden, wie sie sich nicht selten in Zeiten des Mangels aus der ungenügenden Versorgung und Betreuung der Gefangenen ergeben. Für die Feststellung entsprechender Gefahren bedarf es aber regelmäßig **konkreter Umstände**, bloße Vermutungen oder Annahmen ohne hinreichende Tatsachengrundlage genügt insoweit nicht.

40 Die Beispiele (Rdn. 39) zeigen zugleich, dass die tatbestandsmäßige Handlung nicht die einzige Ursache der Gefährdung sein muss (vgl. auch *Wieck-Noodt* MK Rdn. 37). **Andere Ursachen** können mitwirken, gleich ob sie im Verhalten des Opfers oder Dritter liegen (vgl. OLG Düsseldorf NJW **1979** 79) oder von ihnen unabhängig auftreten. Es genügt, dass der Täter eine bereits vorhandene Gefahr vergrößert (vgl. BGH bei *Wagner* GA **1962** 203 Nr. 5), ebenso, dass eine von ihm geschaffene Ausgangslage durch Zutun Dritter in eine Gefahr umschlägt und erst recht, wenn eine von ihm geschaffene Gefahr durch das Eingreifen anderer Personen in eine Schädigung umschlägt (OLG Düsseldorf NJW **1979** 59).

---

[49] Vgl. auch KG bei *Wagner* GA **1962** 201 Nr. 23.

[50] *Wagner* MDR **1967** 633.

[51] *Braasch* NKGesStR Rdn. 8; *Fischer* Rdn. 10; *Sch/Schröder-Eser/Eisele* Rdn. 13. *Wieck-Noodt* MK Rdn. 36.

[52] Denkschrift DRiZ **1951** 163; *Wagner* MDR **1967** 633.

[53] Vgl. *Sonnen* Rdn. 14; *Wieck-Noodt* MK Rdn. 37; *Wagner* MDR **1967** 633.

III. Innere Tatseite

Der subjektive Tatbestand setzt **Vorsatz** voraus; bedingter Vorsatz genügt (BGHR StGB § 234a Politische Verfolgung 1; BGH ROW **1961** 22; BGH bei *Wagner* GA **1966** 77 Nrn. 31 und 33; OLG Düsseldorf NJW **1979** 59, 60).[54] Der Vorsatz muss sich auf die Tathandlung (Rdn. 4 ff), die Tatmittel (Rdn. 11), die besondere Art der Gefährdung (Rdn. 14)[55] und den Ursachenzusammenhang (Rdn. 38 ff) beziehen (LG Dortmund NJW **1954** 1539; *Braasch* NKGesStR Rdn. 10; *Fischer* Rdn. 11; *Sonnen* NK Rdn. 15). nicht dagegen auf den Gefährdungsort. Gefährdungsabsicht ist nicht erforderlich. Erforderlich ist nicht, dass der Täter Einzelheiten der drohenden Verfolgungsmaßnahmen kennt; es reicht aus, wenn ihm diejenigen Umstände bekannt sind, die die konkrete Gefahr der rechtsstaatswidrigen Verfolgung bedingen, und er den Eintritt der Gefahr zumindest billigend in Kauf nimmt (vgl. auch SSW-*Schluckebier* Rdn. 10). Es kommt auch nicht darauf an, ob der Täter den Unterschied zwischen rechtsstaatsmäßigen und rechtsstaatswidrigen Verschleppungen begrifflich näher umschreiben kann; vielmehr reicht es für den bedingten Vorsatz aus, wenn er sich der Möglichkeit bewusst ist und in Kauf nimmt, dass die Behörden im Gefahrengebiet mit Maßnahmen vorgehen werden, die in einem Rechtsstaat unmöglich wären. Hinsichtlich des „Widerspruchs zu rechtsstaatlichen Grundsätzen" wie auch der „Gewalt und Willkürmaßnahmen" genügt die **Parallelwertung** in der Laiensphäre (vgl. BGH bei *Wagner* GA **1966** 77 Nrn. 31 bis 33; LG Dortmund NJW **1954** 1539, 1540).[56] **41**

IV. Versuch und Vorbereitung

Verschleppung (§ 234a Abs. 1) ist Verbrechen, der **Versuch** also strafbar (§ 23 Abs. 1). **42**
Absatz 3 bedroht auch die **Vorbereitung** mit Strafe, und zwar mit eigenem Strafrahmen. Diese Tat ist selbständiges Vergehen (BGHSt **6** 85, 86 = JZ **1954** 637 mit zust. Anm. *Maurach*), dessen Versuch nicht strafbar ist (§ 23 Abs. 1),[57] es sei denn, er wäre selbst schon als (noch entferntere) Vorbereitung der Haupttat zu werten.[58] Absatz 3 gilt mit seiner Vorverlagerung der Strafbarkeit zu Recht als „exotische Blüte des Strafgesetzbuches" (*Rackow* Maiwald-FS, S. 634).

Für die **Abgrenzung** von Vorbereitung und Versuch gelten die allgemeinen Grundsätze. **43**
Entscheidungen, die aus der Zeit vor Inkrafttreten der Neufassung des Versuchsbegriffs (§ 22 i.d.F. des 2. StrRG) stammen, d.h. vor dem 1.1.1975 getroffen wurden, sind dafür nicht mehr ohne weiteres maßgebend. Zu einer Ausdehnung des Versuchsbereichs besteht bei § 234a Abs. 1 umso weniger Anlass, als auch Vorbereitungshandlungen mit Strafe bedroht sind (BGH bei *Wagner* GA **1966** 307 Nr. 16). Der Versuch beginnt mit dem unmittelbaren Ansetzen zu sämtlichen Tathandlungen unmittelbar vor der Verschleppung, mit der die eigentliche Tatausführung bereits beginnt, also etwa mit

---

54 *Fischer* Rdn. 11; *Horn/Wolters* SK Rdn. 9; *Sch/Schröder-Eser/*Eisele Rdn. 14; *Wieck-Noodt* MK Rdn. 38.

55 *Lackner/Kühl* Rdn. 4; *Sch/Schröder-Eser/* Eisele Rdn. 14; Denkschrift DRiZ **1951** 163; *Maurach* NJW **1952** 165.

56 *Fischer* Rdn. 11; *Matt/Renzikowski-Eidam* Rdn. 11; OKBeckStGB-*Valerius* Rdn. 9; *Sonnen* NK Rdn. 15; SSW-*Schluckebier* Rdn. 10; *Wieck-Noodt* MK Rdn. 38.

57 *Braasch* NKGesStR Rdn. 12; *Fischer* Rdn. 13; *Matt/Renzikowski-Eidam* Rdn. 12; *Wieck-Noodt* MK Rdn. 45.

58 Vgl. dagegen BGHSt **6** 85, 87 = JZ **1954** 637 mit zust. Anm. *Maurach*.

dem Warten im Entführungsfahrzeug oder mit dem Beginn des Einsatzes der Tatmittel (*Braasch* NKGesStR Rdn. 12; *Wieck-Noodt* MK Rdn. 43).

44a Der BGH hat noch auf der Grundlage des § 43 a.F. **Versuch** angenommen bei einem Täter, der getarnt durchs Brandenburger Tor fuhr und plante, sich des Opfers innerhalb weniger Minuten zu bemächtigen (BGH bei *Wagner* GA **1962** 208 Nr. 9), ebenso in einem Fall, in dem die Täter dem Opfer vor dessen Wohnung auf der Straße auflauerten, um es in einem Pkw in das sowjetisch besetzte Gebiet zu entführen (BGH NJW **1956** 30, 31), ferner auch in einem Fall, in welchem der Täter das Opfer betrunken machte, um es später zu verschleppen (BGH bei *Wagner* GA **1962** 209 Nr. 18).[59]

44b Als **Vorbereitungshandlungen (Abs. 3)** – zu eigenen Taten (Sch/Schröder-*Eser-Eisele* Rdn. 15, *Neuhaus,* 171 ff: bei unterstützender Vorbereitung einer von einem Dritten geplanten Tat lediglich Beihilfe zu dessen Tat) – kommen in Betracht: das Aufstellen von Listen mit Personen, die entführt werden sollen; das Beobachten oder Beobachtenlassen solcher Personen (sog. Beschatten), das Auskundschaften ihrer Verhältnisse („Bespitzelung" – KG bei *Wagner* GA **1962** 206 Nr. 19)[60] sowie die briefliche Aufforderung an einen Dritten, das Opfer abzuholen (vgl. BGHSt **6** 85 = NJW **1954** 1209 = JZ **1954** 637 mit Anm. *Maurach*).

45 Für das **Konkurrenzverhältnis** von **Vorbereitung** einer Verschleppung (§ 234a Abs. 3) und **Versuch der Beteiligung** (§ 30) gilt: § 30 verdrängt § 234a Abs. 3.[61] Der Gesetzgeber wollte mit der Vorschrift des § 234 a einen erhöhten Strafschutz gegen besonders gefährliche Menschenverschleppung gewähren. Deshalb hat er auch die Tatvorbereitung unter Strafe gestellt. Diesem Normzweck würde es widersprechen, wenn § 234a Abs. 3 andere Strafvorschriften verdrängen würde, die (wie § 30) die Verhängung einer höheren Strafe ermöglichen. Demnach trifft § 234a Abs. 3 nur Fälle, in denen sich „eine der Schwere der Tat angemessene Strafbarkeit der Vorbereitungshandlung" nicht schon aus den sonstigen Bestimmungen des StGB ergibt.

46 Die Anwendbarkeit des **§ 234a Abs. 3** beschränkt sich also auf Fälle, in denen der **Täter allein** handelt oder (hinsichtlich der Haupttat) handeln will, während der Sachverhalt nach § 30 Abs. 1 oder 2 zu beurteilen ist, wenn ein Täter einen anderen zu bestimmen versucht oder mit ihm einverständlich zusammenwirkt (BGHSt **6** 85, 86 = NJW **1954** 1209 = JZ **1954** 637 mit Anm. *Maurach*; BGH bei *Wagner* GA **1966** 307 Nr. 16; BayObLG bei *Wagner* GA **1962** 197 Nr. 8).[62]

47 Wird § 234a Abs. 3 durch § 30 verdrängt, so greift bei **Rücktritt** § 31 ein. Aber auch wenn die Vorbereitung einer Tat gilt, die der Täter allein ausführen will, ist zu seinen Gunsten auf § 234a Abs. 3 die Vorschrift des § 31 entsprechend anzuwenden (BGHSt **6** 85, 87 f = NJW **1954** 1209 f = JZ **1954** 637 mit Anm. *Maurach*; BGH NJW **1956** 30).[63]

---

59 Weitere Beispiele bei *Wagner* MDR **1967** 711.

60 Denkschrift DRiZ **1951** 163; *Maurach* NJW **1952** 165. Dazu auch: Sch/Sch-*Eser/Eisele* Rdn. 15; SSW-*Schluckebier* Rdn. 11.

61 *Braasch* NKGesStR Rdn. 12; *Fischer* Rdn. 13; *Sch/Schröder-Eser/Eisele* Rdn. 15.

62 *Fischer* Rdn. 13; *Sch/Schröder/Eser* Rdn. 15; *Lackner/Kühl* Rdn. 6; *Horn/Wolters* SK Rdn. 13; *Sonnen* NK Rdn. 18; SSW-*Schluckebier* Rdn. 11; *Wieck-Noodt* MK Rdn. 41.

63 *Fischer* Rdn. 13; *Sch/Schröder-Eser/Eisele* Rdn. 15; *Lackner/Kühl* Rdn. 6; OKBeck-StGB-*Valerius* Rdn. 11; *Sonnen* NK Rdn. 18.

V. Täterschaft und Teilnahme

48 Verschleppung kann in **mittelbarer Täterschaft** begangen werden. Sie ist zum Beispiel anzunehmen, wenn der Täter sich einer List gegenüber einem gutgläubigen Angehörigen des Opfers bedient, der anschließend, wie vom Täter gewollt, entscheidend auf es einwirkt.[64]

49 Möglich ist auch **Teilnahme** an der **Vorbereitung** nach Absatz 3, weil es sich bei der Vorschrift um einen selbständigen Tatbestand mit eigener Strafdrohung handelt (vgl. BGHSt **14** 156, 157 = NJW **1960** 1163 mit Anm. *Dreher*).[65] Erfasst werden Fälle, die ansonsten straflos blieben, weil versuchte Beihilfe zu einem nicht versuchten Verbrechen als Haupttat nicht unter Strafe steht.[66]

VI. Einwilligung

50 Lässt sich der Betroffene aus freien Stücken in ein Gefährdungsgebiet bringen oder bleibt er freiwillig dort, etwa um einen Agentenauftrag auszuführen, so fehlt es schon am objektiven **Tatbestand** des § 234a Abs. 1 (*Sonnen* SK Rdn. 16). Im Übrigen ist eine Einwilligung unwirksam, wenn sie mit einem der Tatmittel erlangt wird (*Matt/Renzikowski-Eidam* Rdn. 10; *Wieck-Noodt* MK Rdn. 13).

VII. Verjährung

51 Die Verschleppung ist rechtlich **vollendet**, sobald eine der in § 234a bezeichneten Tathandlungen (Verbringen, Veranlassen oder Abhalten, Rdn. 4 ff) vorgenommen und – in der Regel gleichzeitig – die konkrete Gefährdung (Rdn. 14 ff) als zum Tatbestand gehörender Handlungserfolg eingetreten ist. **Beendet** im Sinne des § 78a ist die Tat aber erst, wenn das Handeln des Täters abgeschlossen ist (OKBeckStGB-*Valerius* Rdn. 10). Erst dann beginnt die **Verjährung** (*Sch/Schroeder-Eser/Eisele* Rdn. 19: 20 Jahre im Fall von Abs. 1, 5 Jahre bei Abs. 3). Dagegen kommt es für deren Beginn nicht darauf an, wie lange die Gefährdung dauert, ob und – wenn ja – wann sie in einen Schaden umschlägt und wann er (etwa bei einem Freiheitsverlust) aufhört (vgl. BGHSt 32 293, 294).[67]

52 Dauert die **Gefährdung** lange, so führt sie (als ein durch die Tat verursachter **Zustand**) nicht zu einer Verzögerung des Verjährungsbeginns über das Ende der Handlung hinaus, die diesen Zustand bewirkt oder ihn vertieft hat (BGHSt **32** 293, 294 zu § 241a).[68]

---

64 Vgl. *Wagner* MDR **1967** 709; s. auch SSW-*Schluckebier* Rdn. 12; *Wieck-Noodt* MK Rdn. 40 f.

65 *Fischer* Rdn. 13; OKBeckStGB-*Valerius* Rdn. 11; *Sch/Schröder-Eser/Eisele* Rdn. 15; *Wieck-Noodt* MK Rdn. 42.

66 *Schünemann* LK § 30 Rdn. 77.

67 *Matt/Renzikowski-Eidam* Rdn. 14; *Wieck-Noodt* MK Rdn. 54; *Jähnke* LK[11] § 78a Rdn. 11. Zur Verjährung im Zusammenhang mit DDR-Taten *Sch/Schröder-Eser*, 27. Aufl., Rdn. 18; auch *Sonnen* NK Rdn. 20: „Die Verjährungsprobleme bei sogenannten DDR-Altfällen stellen sich hier nicht, weil sich die Frage der Verjährung ausschließlich nach dem StGB richtet".

68 Vgl. auch BGHSt **36** 255, 256 ff = JR **1990** 512 mit zust. Anm. *Laubenthal* (zu § 326 Abs. 1); *Jähnke* LK[11] § 78a Rdn. 7; Fischer Rdn. 12.

VIII. Strafe

53 Die **Regelstrafe nach Abs. 1** reicht von einem Jahr bis zu 15 Jahren Freiheitsstrafe. Die Zulassung **minder schwerer Fälle** nach Absatz 2 (Freiheitsstrafe von drei Monaten bis zu fünf Jahren) beruht auf der Erwägung, dass es Sachverhalte geben könne, bei denen der Täter unter besonderem, insbesondere politischem Druck handelt, ohne dass die Voraussetzungen eines rechtfertigenden oder entschuldigenden Notstands (§ 35) vorliegen könnten.[69] Eine Entschuldigung des Täters nach § 35 dürfte regelmäßig daran scheitern, dass er die eigene Gefährdung selbst verschuldet hat.

54 Absatz 3 ist als Vergehenstatbestand mit einem **selbständigen Strafrahmen** (Freiheitsstrafe bis zu fünf Jahren oder Geldstrafe) versehen, der bei möglicher Beihilfe (Rdn. 49) nach § 27 Abs. 2 Satz 2 zu mildern ist.

IX. Konkurrenzen

55 **Tateinheit** kommt in Betracht mit **Tötungs- und Körperverletzungsdelikten** sowie mit **Nötigung** (§ 240) und **Landesverrat** (§ 94),[70] auch mit **§ 241a,** wenn die Verschleppung mit einer Anzeige entsprechend § 241a einhergeht und dadurch die Verfolgungsgefahr verstärkt wird (SSW-*Schluckebier* Rdn. 14).

56 Für das Konkurrenzverhältnis des § 234a zu **§ 239** gilt Folgendes: Der **Versuch** der Freiheitsberaubung tritt hinter § 234a als der spezielleren Vorschrift zurück (vgl. BGH NJW **1960** 1211 = ROW **1961** 22, 23).[71] Das gleiche gilt grundsätzlich bei einer Verschleppung durch Gewalt für die **vollendete** Freiheitsberaubung nach § 239 Abs. 1 (BGH ROW **1959** 202; BGH bei *Wagner* GA **1962** 209 Nr. 16; SSW-*Schluckebier* Rdn. 14; *Wieck-Noodt* MK Rdn. 47). Verschleppung durch gewaltsame Verbringung in ein Gefährdungsgebiet kann aber mit vollendeter oder versuchter Freiheitsberaubung in Tateinheit stehen, wenn die durch die Verschleppung begründete Gefahr einer **weitergehenden** Freiheitsberaubung verwirklicht wird oder verwirklicht werden soll (BGH ROW **1959** 202).

57 Im Übrigen ist **Tateinheit** mit § 239 Abs. 1 allgemein möglich, soweit § 234a (vollendete) Freiheitsberaubung nicht voraussetzt (BGH bei *Wagner* GA **1962** 207 Nr. 2), ferner in allen Fällen des § 234a mit vollendeter qualifizierter Freiheitsberaubung nach § 239 Abs. 2 und 3 a.F.[72] (§ 239 Abs. 3 und 4 n.F.).

58 Werden **mehrere Personen** durch eine Handlung verschleppt, so sind in gleichartiger Tateinheit so viele Taten begangen, wie es der Zahl der Opfer entspricht (LG Stuttgart bei *Wagner* GA **1962** 197 Nr. 12).[73]

---

69 Denkschrift DRiZ **1951** 163. Dazu auch: SSW-*Schluckebier* Rdn. 13.

70 Fischer Rdn. 14; *Sch/Schröder-Eser/Eisele* Rdn. 17; SSW-*Schluckebier* Rdn. 14; *Wieck-Noodt* MK Rdn. 46; *Wagner* MDR **1967** 711.

71 *Sch/Schröder-Eser/Eisele* Rdn. 17; SSW-*Schluckebier* Rdn. 14; **aA** *Vogler* LK[10] Rdn. 36; *Horn/Wolters* SK Rdn. 14 (Tateinheit): „§ 234a beschreibt keinen Spezialfall des § 239".

72 *Braasch* NKGesStR Rdn. 14; *Horn/Wolters* SK Rdn. 14; *Sonnen* NK Rdn. 19; OKBeckStGB-*Valerius* Rdn. 12; *Wieck-Noodt* MK Rdn. 47; **aA** ohne weitere Differenzierung *Sch/Schröder-Eser/Eisele* Rdn. 17 (§ 234a „regelmäßig" das speziellere Delikt gegenüber § 239).

73 Vgl. *Wagner* MDR **1967** 630; SSW-*Schluckebier* Rdn. 14; *Wieck-Noodt* MK Rdn. 48.

Betrug und Verschleppung bilden eine prozessuale Tat im Rechtssinne, wenn der Betrug zugleich Vorbereitung der Verschleppung (§ 234a Abs. 3) ist; in einem solchen Fall verbraucht die Rechtskraft der Verurteilung (nur) wegen Betrugs die Strafklage wegen Verschleppung (BGH, Beschluss vom 18.10.1977 – 5 StR 577/77). 59

X. Auslandstaten und DDR-Alttaten

Wird die **Tat im Ausland** begangen, so gilt für sie – unabhängig vom Recht des Tatorts – deutsches Strafrecht, wenn sich die Tat gegen einen Deutschen mit Wohnsitz oder gewöhnlichem Aufenthalt im Inland richtet (§ 5 Nr. 6). Diese Vorschrift hat praktische Bedeutung für Fälle, in denen das Opfer davon abgehalten wird, aus dem Gefährdungsgebiet zurückzukehren (s. schon Rdn. 2, 8). Bei den anderen Tathandlungen dürfte ein Tatort in der Regel (jedenfalls auch) im Inland liegen (§ 9 Abs. 1).[74] 60

Zur Anwendung des § 234a auf **DDR-Alttaten** aus der Zeit vor der Wiedervereinigung siehe LK Voraufl. Vor § 3 Rdn. 216 ff, 222 und § 5 Rdn. 28 ff; *Maurach/Schroeder/Maiwald* BT 1, § 15, Rdn. 17). Nach § 5 Nr. 6 waren auch Bürger der DDR geschützt, die dort wohnten oder ihren gewöhnlichen Aufenthalt hatten (BGHSt 30 1, 6 f, 9 = NStZ **1981** 179 mit Anm. *Schroeder*; BGHSt **32** 293, 296; **40** 125, 131 f). Die Problematik der Verfolgung von Alttaten ist inzwischen durch Ablauf der Verjährungsfristen praktisch erledigt. Zu den Schwierigkeiten, die sich insoweit früher aus der Anwendung der Grundsätze des interlokalen Strafrechts (Vor § 3 Rdn. 378 ff) hätten ergeben können, vgl. KG NJW **1956** 1570.[75] 61

XI. Andere Strafvorschriften im Zusammenhang mit § 234a

Das Vorhaben und die Ausführung einer Verschleppung sind gemäß § 138 Abs. 1 Nr. 7 anzeigepflichtig. Ein Verbot der Androhung ist in § 126 Abs. 1 Nr. 4 enthalten, die Belohnung oder Billigung der Tat steht in § 140 unter Strafe, die Anleitung dazu in § 130a. Das Verbot einer Vortäuschung ergibt sich aus § 145d Abs. 1 Nr. 2, Abs. 2 Nr. 2. 62

XII. Strafprozessuales

Zur gerichtlichen Zuständigkeit vgl. § 74a Abs. 1 Nr. 5, Abs. 2, § 120 Abs. 2 Nr. 1, § 142a GVG. §§ 153c und d StPO geben die Möglichkeit, von der Verfolgung der (politischen) oder Auslandstat abzusehen. § 234a ist Katalogtat für die Telefonüberwachung (§ 100a Abs. 2 Nr. 1 Buchst. i StPO), ebenso für die Wohnraumüberwachung (§ 100c Abs. 2 Nr. 1 Buchst g StPO). Auch eine Rasterfahndung kommt in Betracht (§ 98a Abs. 1 Nr. 4 StPO). § 234a gibt das Recht zur Nebenklage (§ 395 Abs. 1 Nr. 1 Buchst. d StPO). 63

---

74 Vgl. *Wagner* MDR **1967** 630.

75 Ferner OLG Hamm bei *Wagner* GA **1962** 199 Nr. 11; OLG Celle bei *Wagner* GA **1962** 200 Nr. 15.

XIII. Anhang

64 **Das Recht des Einigungsvertrags.** § 234a ist von der Erstreckung der Geltung des Strafrechts der Bundesrepublik auf die neuen Bundesländer nicht ausgenommen worden. Das StGB-DDR i.d.F. nach dem 4. StRÄndG-DDR vom 18.12.1987 (GBl.-DDR I Nr. 31 S. 301) kannte – gleichsam als Gegenstück zu § 234a – einen Tatbestand der „völkerrechtswidrigen Verfolgung von Bürgern der Deutschen Demokratischen Republik" (§ 90 StGB-DDR). Die Vorschrift wurde bereits vor der Wiedervereinigung durch Anlage 1 Nr. 36 des 6. StRÄndG-DDR vom 29.6.1990 (GBl.-DDR I Nr. 39 S. 526) aufgehoben. Zu den §§ 105 und 132 StGB-DDR vgl. § 234 Rdn. 57.

§ 235
Entziehung Minderjähriger

(1) Mit Freiheitsstrafe bis zu fünf Jahren oder mit Geldstrafe wird bestraft, wer
1. eine Person unter achtzehn Jahren mit Gewalt, durch Drohung mit einem empfindlichen Übel oder durch List oder
2. ein Kind, ohne dessen Angehöriger zu sein,

den Eltern, einem Elternteil, dem Vormund oder dem Pfleger entzieht oder vorenthält.

(2) Ebenso wird bestraft, wer ein Kind den Eltern, einem Elternteil, dem Vormund oder dem Pfleger
1. entzieht, um es in das Ausland zu verbringen, oder
2. im Ausland vorenthält, nachdem es dorthin verbracht worden ist oder es sich dorthin begeben hat.

(3) In den Fällen des Absatzes 1 Nr. 2 und des Absatzes 2 Nr. 1 ist der Versuch strafbar.

(4) Auf Freiheitsstrafe von einem Jahr bis zu zehn Jahren ist zu erkennen, wenn der Täter
1. das Opfer durch die Tat in die Gefahr des Todes oder einer schweren Gesundheitsschädigung oder einer erheblichen Schädigung der körperlichen oder seelischen Entwicklung bringt oder
2. die Tat gegen Entgelt oder in der Absicht begeht, sich oder einen Dritten zu bereichern.

(5) Verursacht der Täter durch die Tat den Tod des Opfers, so ist die Strafe Freiheitsstrafe nicht unter drei Jahren.

(6) In minder schweren Fällen des Absatzes 4 ist auf Freiheitsstrafe von sechs Monaten bis zu fünf Jahren, in minder schweren Fällen des Absatzes 5 auf Freiheitsstrafe von einem Jahr bis zu zehn Jahren zu erkennen.

(7) Die Entziehung Minderjähriger wird in den Fällen der Absätze 1 bis 3 nur auf Antrag verfolgt, es sei denn, dass die Strafverfolgungsbehörde wegen des besonderen öffentlichen Interesses an der Strafverfolgung ein Einschreiten von Amts wegen für geboten hält.

Schrifttum

Albrecht Kinderhandel – Der Stand des empirischen Wissens im Bereich des (kommerziellen) Handels mit Kindern (1994); *ders.* Grenzgänger: internationale Adoption und Kinderhandel in: Internationaler Kinderschutz (hrsg. v. Thilo Marauhn) 97 (2005); *Baer* Legal Kidnapping, ZRP 1990 209; *Bohnert,* Das Tatbestandsmerkmal „List" im StGB, GA 1978 353; *Böhmer* Das Europäische und das Haager Übereinkommen über internationale Kindesentführungen von 1980, Praxis des Internationalen Privat- und Verfahrensrechts (IPrax) **1984** 282; *Bottke* Strafrechtslose Pflegekinder? Zentralblatt für Jugendrecht und Jugendwohlfahrt (ZBlJugR) **1981** 426; *Caspary* Strafrechtliche Aspekte der Kindesentführung, FPR **2001** 215; *Coester-Waltjen* Rechtliche Probleme der für andere übernommenen Mutterschaft, NJW **1982** 2528; *Dötsch* Internationale Kindesentführung, NJW-Spezial **2008** 100; *Fahl* Freiheitsberaubende Kindesentziehung ohne Strafantrag?, GA **1996** 476; *Finger* Internationale Kindesentführung, JR **2009** 441; *Geppert* Zur strafbaren Kindesentziehung (§ 235 StGB) beim „Kampf" um das gemeinsame Kind, Gedächtnisschrift H. Kaufmann (1986) 759; *Giesen* Das Wohl des Kindes im Falle eines Elternkonfliktes zwischen Sorge- und Verkehrsberechtigtem, NJW **1972** 225; *Hillenkamp* Beweisnot und materielles Recht, Festschrift Wassermann (1985) 861; *Hohloch* Kinder mit drei Eltern, Das Standesamt (StAZ) **1986** 153; *Holl*, Funktion und Bestimmung des gewöhnlichen Aufenthalts bei internationaler Kindesentführung (2001); *Hoyer* Zur Akzessorietät der Teilnahme bei überschießenden Innentendenzen, GA **2012** 123; *König* Vom Standesamt zum Staatsanwalt FPR **2006** 370; *Krack*, List als Tatbestandsmerkmal (1994); *Krug/Grüner/Dalichan* Kinder- und Jugendhilfe – SGB VIII; *Mielitz* Anonyme Kindesabgabe (2005); *Regel* „Entziehen" und „Entführen" Minderjähriger, Diss. Münster 1975; *Nelles* Straftaten gegen die persönliche Freiheit und die sexuelle Selbstbestimmung, in: *Dencker/Struensee/Nelles/Stein:* Einführung in das 6. Strafrechtsreformgesetz (**1998**); *Rieck*, Kindesentführung und die Konkurrenz zwischen dem HKÜ und der EheEuGVVO 2003 (Brüssel II a), NJW **2008** 182; *Sallum* Die strafrechtlichen Probleme der internationalen Kindesentziehung beim Streit um das gemeinsame Kind (2008); *Sautner* Straflose „Kindesentführung"? ÖJZ **2001** 175; *Schwarz* Entwicklung und Reform der Entführungsdelikte, §§ 235–238 StGB (1972); *Schramm*, Ehe und Familie im Strafrecht, 2011; *Schünemann* Was heißt und zu welchem Ende betreibt man Strafrechtsdogmatik?, GA **2011** 445; *Vomberg* Sorgerecht, Umgangsrecht, Kindesentzug bei Scheidung und Trennung der Eltern FPR 2011, 444; *Wiesner/Fegert/Mörsberger/Oberloskamp/Struck* SGB VIII – Kinder- und Jugendhilfe (2006).

Materialien

Gesetzentwurf des Bundesrates: Entwurf eines Gesetzes zur Bereinigung des Strafgesetzbuches und zur Reform der Strafvorschriften gegen Kinderhandel, BTDrucks. 13/6038; Gesetzentwurf der Fraktionen der CDU/CSU und FDP: Entwurf eines Sechsten Gesetzes zur Reform des Strafrechts (6. StrRG), BTDrucks. 13/7164; Gesetzentwurf der Bundesregierung: Entwurf eines Sechsten Gesetzes zur Reform des Strafrechts (6. StrRG), BTDrucks. 13/8587; Beschlussempfehlung des Rechtsausschusses (6. Ausschuss), BTDrucks. 13/8991; Bericht des Rechtsausschusses (6. Ausschuss), BTDrucks. 13/9064 (zu Drucks. 13/8991); Gesetzentwurf der Abgeordneten Schmidt, Schewe-Gerigk u.a.: Entwurf eines Strafrechtsänderungsgesetzes – §§ 177 bis 179 StGB (... StrÄndG), BTDrucks. 13/7324; Beschlussempfehlung und Bericht des Rechtsausschusses (6. Ausschuss), BTDrucks. 13/7663; Gesetzentwurf der Bundesregierung: Entwurf eines Gesetzes zur Reform des Kindschaftsrechts (Kindschaftsrechtsreformgesetz – KindRG), BTDrucks. 13/4899; Beschlussempfehlung und Bericht des Rechtsausschusses (6. Ausschuss), BTDrucks. 13/8511; Gesetzentwurf der Bundesregierung: Entwurf eines Gesetzes zur Abschaffung der gesetzlichen Amtspflegschaft und Neuordnung des Rechts der Beistandschaft (Beistandschaftsgesetz), BTDrucks. 13/892.

Entstehungsgeschichte

§ 235 gilt seit dem 1.4.1998 i.d.F. des 6. StrRG (Überblick über die Änderungen bei *Kreß* NJW **1998** 641). Zuvor hat sich die Vorschrift im Wesentlichen wie folgt entwickelt (vgl. auch *Sonnen* NK Rdn. 3):

Bis zum 1.4.1970 enthielt sie im Grundtatbestand ein Vergehen (Absätze 1 und 2) sowie für qualifizierte Fälle (Absatz 3) ein Verbrechen. Sie wurde durch das **1. StrRG** vom 25.6.1969 geändert und neugefasst.[1] Sie wurde im Ganzen zu einem Vergehen

[1] *Sturm* NJW **1969** 1606, 1609 f.

herabgestuft mit einem Sonderstrafrahmen für besonders schwere Fälle. Das Schutzalter wurde von unter 21 auf „unter achtzehn Jahren" herabgesetzt, so dass nicht mehr alle Minderjährigen geschützt waren. Das Vergehen wurde zu einem relativen Antragsdelikt umgestaltet (§ 238 Abs. 1 a.F.; zu den Auswirkungen auf schwebende Verfahren OLG Hamm NJW **1970** 578). Da nach Herabsetzung der für die Volljährigkeit maßgebenden Altersgrenze mit der Vollendung des achtzehnten Lebensjahres auch Volljährigkeit eintritt (§ 2 BGB i.d.F. des Ges. vom 31.7.1974, BGBl. I S. 1713), § 235 seitdem also (wieder) alle Minderjährigen betraf, brauchte der Personenkreis, der Objekt der Kindesentziehung sein konnte, außer durch die Altersangabe nicht länger durch den Zusatz „minderjährig" gekennzeichnet zu werden. Art. 19 Nr. 109 **EGStGB** vom 2.3.1974 brachte die entsprechende redaktionelle Änderung der Vorschrift.

Im Hinblick auf die geänderte Strafdrohung (Freiheitsstrafe bis zu fünf Jahren oder Geldstrafe) konnte der frühere Absatz 2 gestrichen werden, der nur bei mildernden Umständen Geldstrafe zuließ. Im Rahmen der besonders schweren Fälle nannte der neugefasste § 235 Abs. 2 als Regelbeispiel allein Handeln aus Gewinnsucht. Das Merkmal der Absicht, den Minderjährigen zur Unzucht zu bringen, fiel gemäß Art. 1 Nr. 21 des **4. StrRG** vom 23.11.1973 (BGBl. I S. 1725) weg. Demgemäß lautete § 235 in der Fassung vor dem 1.4.1998:

Kindesentziehung

(1) Wer eine Person unter 18 Jahren durch List, Drohung oder Gewalt ihren Eltern, ihrem Vormund oder ihrem Pfleger entzieht, wird mit Freiheitsstrafe bis zu fünf Jahren oder mit Geldstrafe bestraft.

(2) In besonders schweren Fällen ist die Strafe Freiheitsstrafe von sechs Monaten bis zu zehn Jahren. Ein besonders schwerer Fall liegt in der Regel vor, wenn der Täter aus Gewinnsucht handelt.

Der **Entwurf 1962** wollte die §§ 235 und 237 a.F. nach dem Vorbild früherer Entwürfe in einer Vorschrift (§ 196) vereinigen und vereinfachen (vgl. E 1962 Begr. S. 350). Der **Alternativentwurf** differenzierte in § 131 zwischen Minderjährigen unter und über sechzehn Jahren und in den Strafdrohungen nach der Dauer der Entziehung (AE BT Straftaten gegen die Person 1. Halbbd. S. 93).

Nach den **Geschäftszahlen** der Strafverfolgungsbehörden hat das Delikt in der strafrechtlichen Praxis keine bedeutende Rolle gespielt.[2] Der Entwurf BTDrucks. 13/7164 geht davon aus, dass die meisten der angezeigten Fälle einer Kindesentziehung auf Streitigkeiten geschiedener oder getrennt lebender Eltern um das gemeinsame Kind zurückzuführen sind (Begr. S. 25).[3] In der Polizeilichen Kriminalstatistik sind für das Jahr 2013 1684 Fälle erfasst; nach der Strafverfolgungsstatistik gab es im Jahr 2012 bei 123 Aburteilungen 77 Verurteilungen. Weitere Zahlen auch früherer Jahre, die darauf hindeuten, dass die Vorschrift durch die Neufassung in der Praxis nicht an Bedeutung gewonnen hat, finden sich bei *Sonnen* NK Rdn. 6–8.

---

2 *Geppert* GedS H. Kaufmann, S. 760 ff; *Albrecht* S. 73 ff, 121.

3 Vgl. auch *Böhmer* IPrax **1984** 282 f.

Übersicht

I. Geschütztes Rechtsgut, kriminalpolitische Bedeutung und geschützter Personenkreis

1 § 235 hat den sogenannten Muntbruch zum Gegenstand. Geschützt wird zum einen das (elterliche oder sonst familienrechtliche) **Sorgerecht** der für den jungen Menschen verantwortlichen Personen (BGHSt **1** 364; **10** 376, 378; **16** 58, 61; **39** 239, 242 = BGH NStZ **1994** 80 mit Anm. *Bottke*; BGH NJW **1963** 1412, 1413; weiter Rdn. 2 ff),[4] zum anderen seit dem Inkrafttreten des 6. StrRG unmittelbar (vgl. BGHSt **39** 239, 242 m. Anm. *Bottke* NStZ **1994** 81; BGHSt **44** 355, 357 zu § 235 a.F.: nur mittelbarer Schutz des Minderjährigen) aber auch „die **entzogene Person**" selbst, zumindest bezüglich ihrer **ungestörten körperlichen und seelischen Entwicklung** (BTDrucks. 13/7164, Begr. S. 38, BTDrucks. 13/8587, Begr. S. 38; BGH NJW **1999** 1344, 1345; BGH NStZ **2006** 447, 448; dazu unten Rdn. 32 ff);[5] zum Teil wird insoweit die **familiäre Ordnung** als Schutzgut betrachtet, innerhalb dieser den Rechten der Kinder größerer Raum zukommen soll (vgl. *Nelles*, S. 3, 27 f). Die erweiterte Zielrichtung der Vorschrift, die mit der Schließung von Strafbarkeitslücken einhergegangen ist, hat ihr weder in der Praxis eine größere (**kriminalpolitische**) **Bedeutung** verschafft noch ist es damit gelungen, dem Strafrecht bei der Bewältigung der hinter dem Tatvorwurf stehenden familiären Konflikte eine größere Rolle zu kommen zu lassen. Dies gilt insbesondere in den Fällen der Verbringung von Kindern ins Ausland, in denen es trotz einer ausgeweiteten Strafbarkeit nicht gelingt, solche Fälle generalpräventiv zu verhindern, und die – insoweit auch als „stumpfes Schwert" bezeichnete (*Caspary* FPR **2001** 216) – Strafvorschrift auch nichts dazu beitragen kann, Kinder wieder dem Sorgerechtsberechtigten zuzuführen (vgl. *Sonnen* NK Rdn. 10). Insoweit ist zwar die Existenz einer Strafnorm wie § 235 nicht grundsätzlich in Frage zu stellen, doch weisen die Befunde auf die Notwendigkeit hin, die zugrunde liegenden Konflikte in erster Linie mit familienrechtlichen Mitteln zu lösen. Dies wirft freilich zumindest die Frage auf, ob nicht auch familienrechtliche Sanktionen ausreichen könnten und damit elterliche Auseinandersetzungen von einem unangebrachten und ineffizienten strafrechtlichen Druck befreit werden könnten (vgl *Staudinger-Peschel-Gutzeit,* BGB, *Altaufl.*, § 1634, Rdn. 36).

1. Sorgerecht

2 a) **Inhalt und Schutzumfang.** Das Sorgerecht umfasst nach § 1631 BGB insbesondere das **Recht**, den Minderjährigen zu pflegen, **zu erziehen**, zu **beaufsichtigen** und seinen **Aufenthalt zu bestimmen** (vgl. RG JW **1932** 3104, 3105; **1938** 1388; DR **1942** 438). Es erstreckt sich strafrechtlich auch auf das Recht **zum persönlichen Umgang** mit dem Kind (§ 1634 BGB in der bis zum 30.6.1998 geltenden Fassung – BGHSt **10** 376, 378; OLG Hamm MDR **1982** 1040;[6] § 1684 BGB i.d.F. des Art. 1 Nr. 24 des Gesetzes zur Reform des Kindschaftsrechts[7] vom 16.12.1997, BGBl. I S. 2942, in Kraft seit dem 1.7.1998).

---

[4] RGSt **18** 273, 276; **37** 1, 2 f; **37** 162, 163; **48** 325, 326; **66** 254, 255; *Fischer* Rdn. 2; *Wieck-Noodt* MK Rdn. 1, 8; *Sch/Schröder-Eser/Eisele* Rdn. 1; *Lackner/Kühl* Rdn. 1; *Wolters* SK Rdn. 2; *Geppert* GedS H. Kaufmann, S. 771; *Regel* S. 9 ff, 15.

[5] *Wolters* SK Rdn. 2; *Lackner/Kühl* Rdn. 1; *Sonnen* NK Rdn. 5; SSW-*Schluckebier* Rdn. 2; *Wieck-Noodt* MK Rdn. 8; *Otto* BT § 65 Rdn. 34; *Wessels/Hettinger* BT 1 Rdn. 438; s. auch *Sallum,* S. 27, 63.

[6] So auch *Sonnen* NK Rdn. 4, 11; SSW-*Schluckebier* Rdn. 2; OKBeckStGB-*Valerius* Rdn. 2; *Wieck-Noodt* MK Rdn. 28; *Lackner/Kühl* Rdn. 2; *Regel* S. 28 ff, 31, 65 f; **aA** *Geppert* GedS H. Kaufmann, S. 774 f; *Otto* BT § 65 Rdn. 36; *Sallum* S. 51 f, die das Umgangsrecht nicht im Verhältnis zum Sorgeberechtigten als geschützt ansieht.

[7] Kindschaftsrechtsreformgesetz – KindRG.

Geschützt wird das Personensorgerecht gleichviel, ob es dem Inhaber **insgesamt** oder **nur teilweise** zusteht, sei es, dass es zum Teil bei einem anderen Inhaber liegt (vgl. § 1630 Abs. 1, 3, § 1666 Abs. 1, 4, § 1666a BGB i.d.F. des KindRG), oder sei es, dass der Umfang des Rechts kraft Gesetzes beschränkt ist (§ 1633 BGB). **3**

Als Ausschnitt aus dem Sorgerecht wird auch das elterliche **Recht zum persönlichen Umgang** mit dem Kind geschützt. Früher war es in erster Linie eine Befugnis, die dem Elternteil verblieb, welchem die Personensorge für das gemeinsame eheliche Kind nicht zustand (§ 1634 Abs. 1 BGB a.F.). Nach § 1684 Abs. 1 BGB i.d.F. des KindRG hat nun jeder Elternteil das Recht auf Umgang mit dem Kind. Auf die Frage, wer Inhaber des (zivilrechtlichen) Sorgerechts ist, kommt es dafür – anders als nach § 1634 Abs. 4 BGB a.F. – nicht mehr an (E KindRG, BTDrucks. 14/4899, Begr. S. 68). Auch wenn diese familienrechtliche Änderung das Umgangsrecht rechtsdogmatisch nicht mehr als Restbestandteil (der durch § 235 StGB geschützten Personensorge), sondern als selbständig neben dem Personensorgerecht stehendes Recht ansieht, so gebietet der Sinn und Zweck des Umgangsrechts nach wie vor eine Einbeziehung in den Schutzbereich des § 235 StGB (vgl. RGSt **66** 254, 255 = JW **1932** 3104, 3105).[8] Im gleichen Sinne noch zu § 235 a.F. BGHSt **44**, 355 = BGH NJW **1999**, 1344, 1345. Siehe hierzu auch die Ausführungen Rdn. 17, 18. **4**

Die Personensorge für einen Minderjährigen, der verheiratet war, beschränkt sich ebenso wie bei einem verheirateten auf die **Vertretung in den persönlichen Angelegenheiten** (§ 1633 BGB). Auch dieses **restliche Sorgerecht** kann – ähnlich wie das Recht zum persönlichen Umgang mit dem Kind – als **Teilrecht** grundsätzlich ebenso unter den Strafrechtsschutz fallen wie die uneingeschränkte Personensorge. Es ist nicht von vornherein ausgeschlossen, dass zum Beispiel eine Entführung dieses Teilrecht im Einzelfall erheblich beeinträchtigen kann, mag eine Beeinträchtigung in der Regel auch eher die tatsächliche Fürsorge berühren. **5**

Geschützt wird die **Rechtsposition**, also das Personensorgerecht **als solches**, nicht nur dessen tatsächliche Ausübung.[9] Es kommt demnach grundsätzlich nicht darauf an, ob der Berechtigte seine Befugnisse zur Zeit der Tat überhaupt, selbst oder durch andere wahrgenommen hat (BGHSt **16** 58, 62; BGH NJW **1963** 1412, 1413). Folgerichtig werden diejenigen, derer sich der Rechtsinhaber bei der Ausübung seines Personensorgerechts bedient oder denen er die Ausübung überlässt, nicht selbständig durch § 235 geschützt (RGSt **37** 1, 3; Rdn. 27).[10] **6**

Verfehlt ist die Auffassung, bloße **Rechtsinhaberschaft** der Eltern erscheine nicht schutzwürdig. Schutzgegenstand des § 235 sei nicht das Sorgerecht an sich, sondern dessen tatsächliche Ausübung oder wenigstens Ausübbarkeit.[11] Ob der Berechtigte das Sorgerecht ausübt oder zu dessen Ausübung in der Lage ist, betrifft nicht die Frage nach dem geschützten Rechtsgut. Der Gesichtspunkt kann nur für die Prüfung erheblich sein, ob eine Tat fremdes Sorgerecht wesentlich beeinträchtigt (Rdn. 41, 64). Die hier abgelehnte Auffassung hätte Konsequenzen, so wenn unter „Ausübbarkeit" die Möglichkeit **7**

---

[8] Zum Verhältnis von Personensorge- und Verkehrsrecht in zivilrechtlicher Sicht *Giesen* NJW **1972** 225 ff, 227.

[9] *Wieck-Noodt* MK Rdn. 7; *Geppert* GedS H Kaufmann, S. 772.

[10] RGSt **48** 325, 326; RG JW **1935** 3108; **1938** 1388, 1389; DR **1942** 413; s. auch *Wieck-Noodt* MK Rdn. 35.

[11] So wohl *Maurach/Schroeder/Maiwald* II, § 63 V Rdn. 60 (Rechtsgut sei die zur Ausübung der Personensorge erforderliche tatsächliche Einwirkungsmöglichkeit), 55; *Regel* S. 19 ff, 23, 26 f.

gegenwärtiger Obhut über das Kind im Rahmen des eigenen unmittelbaren Einflussbereichs verstanden wird. Sie müsste dazu führen, dass der Täter, der einem anderen ein von diesem „entzogenes" Kind entführt, von vornherein nicht unter den Tatbestand des § 235 fiele[12] (vgl. Rdn. 62). Diese Meinung lässt außer Betracht, dass das Sorgerecht auch ausgeübt wird, wenn der Berechtigte nach dem Verbleib eines verschwundenen Kindes forscht oder polizeiliche Ermittlungen veranlasst. Überdies führt nicht schon objektive Unmöglichkeit, die Obhut auszuüben, zum Rechtsverlust (und damit zum Verlust des Strafrechtsschutzes), sondern allenfalls länger währendes Unvermögen, und dies in der Regel auch nicht automatisch, sondern auf Grund gerichtlicher Entscheidung (arg. §§ 1674, 1675; §§ 1800, 1886 ff; §§ 1909, 1915 BGB).

8 Das **Sorgerecht** gehört zu den **Individualrechtsgütern.** Es wird als solches von § 235 geschützt, und zwar ohne Rücksicht auf die Nationalität des Rechtsgutsträgers oder die Belegenheit des Rechtsguts (vor § 3 Rdn. 271 ff, 274). In diese Richtung weist auch Art. 1 Buchst. b des Haager Übereinkommens über die zivilrechtlichen Aspekte internationaler Kindesentführung vom 25.10.1980 (HKiEntfÜbk. – G vom 5.4.1990, BGBl. II S. 206, in Kraft seit dem 1.12.1990 – Bek. vom 11.12.1990, BGBl. 1991 II S. 329; G vom 5.4.1990 zur Ausführung des Übereinkommens, BGBl. I S. 701). Danach soll gewährleistet werden, dass das in einem Vertragsstaat bestehende Sorgerecht und Recht zum persönlichen Umgang in den anderen Vertragsstaaten tatsächlich beachtet wird. Das Übereinkommen soll weiter verhindern, dass ein Kind unter Vorstoß gegen das Sorgerecht und somit widerrechtlich ins Ausland verbracht wird (vgl. BVerfG NJW **1996** 1402, 1403; **1996** 3145).[13]

9 Maßgebend für die Prüfung, wem das Sorgerecht zusteht, ist das **deutsche Recht,** und zwar einschließlich des **internationalen Privatrechts** (Art. 14, 19, 20 EGBGB; vgl. OLG Hamm MDR **1982** 1040; OLG Karlsruhe MDR **1986** 873).[14] Das gilt bei **Inlandstaten** mit Auslandsberührung, zum Beispiel wegen fremder Staatsangehörigkeit einer oder beider Eheleute (dazu umfassend unter besonderem Hinweis auf das Haager Übereinkommen vom 19.10.1996 über die Zuständigkeit, das anzuwendende Recht, die Anerkennung, Vollstreckung und Zusammenarbeit auf dem Gebiet der elterlichen Verantwortung und der Maßnahmen zum Schutz von Kindern – Haager Kinderschutzübereinkommen, in Deutschland in Kraft getreten am 1.1.2011, BGBl 2009 II S. 602, *Vomberg* FPR **2011** 444). Zur Beurteilung zivilrechtlicher Vorfragen bei **Auslandstaten** vergleiche § 7 Rdn. 21 ff, insbesondere Rdn. 22.

b) Die Inhaber des Sorgerechts

10 **aa) Die Eltern gemeinsam.** Es sind dies zunächst Mutter (§ 1591 BGB) und Vater (§§ 1592, 1593 BGB) als **eheliche leibliche Eltern** (§ 1626 Abs. 1 BGB), und zwar **beide gemeinschaftlich.**

§ 1591 BGB stellt für die Fälle der **Ei- oder Embryonenspende** klar, dass Mutter des Kindes im Rechtssinne allein die Frau ist, die das Kind geboren hat (BTDrucks. 13/4899, Begr. S. 52). § 1592 Nr. 1 BGB gilt für den verheirateten Mann auch für den Fall der Samenspende eines anderen. Das BGB in der Fassung des Kindschaftsrechtsreformgesetzes enthält keine vom früheren Recht abweichenden Regelungen über die abstammungsrechtlichen Folgen einer **Samenspende (heterologe Insemination).** Der Grund hier-

12 So in der Tat *Regel* S. 21 ff.

13 Vgl. auch *Böhmer* IPrax **1984** 282 f; ferner *Vomberg* FPR **2011** 444.

14 BTDrucks. 13/7164, Begr. zu § 5 Nr. 6 a.E., S. 27.

für ist, dass die Zulässigkeit der Samenspende nach wie vor umstritten ist und eine bundesgesetzliche Regelung (Art. 74 Abs. 1 Nr. 26 GG) noch aussteht; lediglich das ärztliche Standesrecht hat mittlerweile Richtlinien hierfür geschaffen.

Sind die Eltern **nicht miteinander verheiratet**, so steht zunächst der Mutter das alleinige Sorgerecht zu. Nach der Neuregelung des § 1626a BGB durch die Reform der elterlichen Sorge nicht miteinander verheirateter Eltern vom 16.4.2013 (BGBl. I 795; in Kraft seit dem 19.5.2013) ist aber auf Antrag (auch ohne die Zustimmung der Mutter) die Begründung der gemeinsamen elterlichen Sorge durch das Familiengericht möglich, wenn und soweit es dem Kindeswohl nicht widerspricht (vgl. dazu und zu der davor geltenden Rechtslage *Kreuz/Jürschik* ZJS **2014** 1). Fälle der Kindesentziehung durch den nicht mit der Mutter verheirateten Vater kommt demnach solange in Betracht, wie ihm nicht das Sorgerecht durch das Familiengericht übertragen worden ist. Bloße Antragstellung beim Familiengericht reicht nicht aus, um den strafrechtlichen Schutz des Sorgerechts der Mutter entfallen zu lassen. **11**

Eltern im Sinne der Vorschrift sind auch **Adoptiveltern**, die durch Volladoption nach § 1754 BGB den Status ehelicher Eltern erlangen, während für die leiblichen Eltern das rechtliche Verwandtschaftsverhältnis und damit zugleich der Schutz durch § 235 erlischt (§ 1755 BGB).[15] **12**

Pflegeeltern werden selbständig nur geschützt, wenn ihre in tatsächlicher Hinsicht elternschaftsähnliche Stellung (*Bottke* JR **1981** 388, 389) auf familienrechtlicher Grundlage beruht, wenn ihnen das Gericht also das Sorgerecht gemäß §§ 1666, 1666a BGB übertragen hat (RGSt **37** 1, 4; **48** 198, 199 f; OLG Düsseldorf NStZ **1981** 103 = JR **1981** 386 mit Anm. *Bottke*).[16] Faktische Ausübung des Erziehungsrechts allein genügt nicht. Im Falle des § 1630 Abs. 3 BGB hat die Pflegeperson die Rechte und Pflichten eines Pflegers (vgl. demgegenüber § 1688 BGB; s. dazu Rdn. 28), so dass § 235 zu ihren Gunsten gilt. Auch **Stiefeltern** genießen selbständigen Schutz nur, wenn sie auf gesetzlicher Grundlage zur Personensorge berechtigt sind.[17] **13**

bb) Ein Elternteil allein. Geschützt wird auch ein Elternteil allein, sofern sich aus dem Personensorgerecht oder einer gerichtlichen Anordnung ergibt, dass er verfügungs- oder anordnungsbefugt ist (RGSt **48** 325, 326; RG JW **1932** 3104, 3105),[18] so bei dauerndem Getrenntleben (§ 1671 BGB), bei tatsächlicher Verhinderung eines Elternteils, das Sorgerecht auszuüben, oder bei dessen Ruhen (§ 1678 BGB) sowie dann, wenn einem Elternteil das Sorgerecht entzogen wird (§ 1680 BGB). **14**

Der **Mutter eines nichtehelichen Kindes** steht die elterliche Sorge allein nur im Rahmen des § 1626a Abs. 3 BGB zu (vgl. schon oben Rdn. 11). Das Sorgerecht wird durch eine Beistandschaft gemäß § 1712 BGB nicht beeinträchtigt; denn sie bezieht sich nicht auf Erziehung, Beaufsichtigung und Aufenthaltsbestimmung. Die elterliche Sorge wird dadurch nicht eingeschränkt (§ 1716 Satz 1 BGB). **15**

---

15 *Fischer* Rdn. 3; *Bottke* JR **1981** 387 f; für eine Beschränkung des Begriffs „Eltern" auf die leiblichen Eltern noch *Frank* Anm. II.

16 *Lackner/Kühl* Rdn. 2; *Sch/Schröder-Eser-Eisele* Rdn. 4; *Wieck-Noodt* MK Rdn. 26; *Geppert* GedS H. Kaufmann, S. 774; *Bottke* ZBl.JR **1981** 426, 431. Weiter einschränkend („Pflegeeltern auf Grund des § 1630 Abs. 3 BGB") *Fischer* Rdn. 3; *Wolters* SK Rdn. 8.

17 *Wolters* SK Rdn. 8; *Lackner/Kühl* Rdn. 2; *Matt/Renzikowski-Eidam* Rdn. 4; *Wieck-Noodt* MK Rdn. 26; wohl auch OKBeck-StGB-*Valerius* Rdn. 2; **aA** *Kohlrausch/Lange* Anm. II.

18 *Sch/Schröder/Eser-Eisele* Rdn. 4; RG bei *Kloeppel* JW **1916** 852; bei *Kallir* JW **1916** 1198.

16 Nach neuem Recht (jetzt § 1671 Abs. 2 BGB) kann die elterliche Sorge ganz oder zum Teil auch allein dem **Vater eines nichtehelichen Kindes** übertragen werden (s. auch insoweit Rdn. 11). Nach der früheren gesetzlichen Regelung konnte er sie nur durch Ehelicherklärung (§§ 1723, 1736, 1738; 1740a, 1740 f BGB a.F.), Adoption (§ 1741 Abs. 3 Satz 2, § 1754 Abs. 2 BGB a.F.) oder Bestellung zum Vormund (§ 1779 Abs. 2 Satz 3 BGB a.F.) erlangen (vgl. BTDrucks. 13/4899, Begr. S. 31). Der Vater hatte früher kein eigenes gesetzliches Recht zum Umgang mit seinem nichtehelichen Kind. Doch konnte das Vormundschaftsgericht ihm die Befugnis zum persönlichen Umgang zusprechen mit der Folge, dass er während der Dauer des Umgangs auch Anordnungen mit Wirkung für und gegen Dritte treffen konnte (§ 1711 Abs. 2 in Verbindung mit § 1632 Abs. 2 und § 1634 Abs. 2 BGB a.F.). Bei unbefugten Eingriffen Dritter in das Umgangsrecht, etwa durch eine Entführung des Kindes aus der Wohnung des Vaters, wird zugleich das Personensorgerecht der Mutter betroffen.

17 In Fällen, in denen eine Verfügungs- oder Anordnungsbefugnis bei einem Elternteil allein oder bei beiden als Mitinhabern liegt, ist das Personensorge- oder Umgangsrecht (Rdn. 2) auch **im Verhältnis des einen zum anderen Elternteil** geschützt (RGSt **48** 325, 326; **66** 254, 255; BGHSt **10** 376, 378; BGH NStZ **2006** 447; OLG Hamm MDR **1982** 1040 = JR **1983** 513 mit Anm. *Oehler*).[19] Um dies klarzustellen, nennt § 235 Abs. 1 n.F. neben den Eltern auch einen Elternteil allein als geschützte Person (BTDrucks. 13/7164, 13/8587, jeweils Begr. S. 38). Soweit sich *Geppert* (GedS H. Kaufmann, S. 775 ff, 787 f) allgemein und insbesondere im Verhältnis der Eltern zueinander dagegen wendet, das **Umgangsrecht** (§ 1634 BGB a.F., jetzt § 1684 BGB) in den Strafrechtsschutz des § 235 miteinzubeziehen, vermögen seine Ausführungen nicht zu überzeugen. Im gleichen Sinne auch AG Hamburg, Urteil vom 21.12.2005 – 843-159/05 (juris); noch zu § 235 a.F.: BGHSt **44** 355 = BGH NJW **1999** 1344, 1345 m. Anm. *Peschel-Gutzeit* FPR **1999** 250; *Baier* JA **1999** 835. Erfasst wird danach grundsätzlich auch die Tat eines sorgeberechtigten Elternteils, sowohl gegenüber einem Mitinhaber der elterlichen Sorge als auch gegenüber einem Elternteil, dem lediglich Umgangs- oder Besuchsrecht eingeräumt ist (vgl. *Wieck-Noodt* MK Rdn. 28 f).

18 Allerdings unterschied das **Zivilrecht** in § 1634 Abs. 1 a.F. BGB begrifflich zwischen persönlichem Umgang und Personensorge. Die Vorschrift ließ die Auslegung zu, dass das bezeichnete Umgangsrecht zivilrechtlich nicht Teil der Personensorge sei.[20] Doch war das **Strafrecht** bei der Bestimmung des geschützten Rechtsguts und seines Umfangs an diese Unterscheidung nicht strikt gebunden, zumal es den Begriff „Personensorge" in § 235 nicht verwendet. Nach dem **Wortlaut des Tatbestandes** ist kein Hindernis für die Annahme ersichtlich, ein Kind könne dem umgangsberechtigten Elternteil durch Vereitelung des Umgangsrechts entzogen werden, auch wenn dieses Recht als Ausdruck des „natürlichen Elternrechts"[21] verstanden wird.

19 *Gepperts* nicht näher ausgeführte Behauptung, § 235 schütze **nur** das **volle Personensorgerecht,**[22] erweist sich demgegenüber als petitio principii. In der Sache überzeugt sie

---

[19] Ebenso *Fischer* Rdn. 3; *Lackner/Kühl* Rdn. 2; *Matt/Renzikowski-Eidam* Rdn. 4; *Sch/Schroeder-Eser/Eisele* Rdn. 4, 11; *Sonnen* NK Rdn. 14; *Wieck-Noodt* MK Rdn. 28; *Maurach/Schroeder/Maiwald* II, § 63 V Rdn. 59; *Wessels/Hettinger* BT 1, Rdn. 438; **aA** hinsichtlich des Verkehrsrechts; *Geppert* GedS H. Kaufmann, S. 775 ff.

[20] Zum zivilrechtlichen Streit um die Rechtsnatur des Umgangsrechts vgl. *Palandt/Diederichsen* § 1684, 68. Aufl., Rdn. 5.

[21] Vgl. *Geppert* GedS H. Kaufmann, S. 777.

[22] *Geppert* GedS H. Kaufmann, S. 774, 778.

aus sich selbst heraus nicht. Sie lässt von vornherein die Fälle außer Betracht, in denen zum Beispiel das **Recht zur Aufenthaltsbestimmung** durch gerichtliche Entscheidung von der allgemeinen Personensorge abgespalten und einem Pfleger oder einem der Elternteile übertragen wird.[23] Wenn zur Erfüllung des Tatbestands des § 235 erforderlich wäre, dass der verletzte Sorgeberechtigte im Besitz des vollen Sorgerechts sein müsste, so wäre bei einer Teilung des Rechts der Tatbestand überhaupt unanwendbar (OLG Bremen JR **1961** 107), dies sogar im Verhältnis der Berechtigten zu Dritten.

Auch genügt, wie *Geppert* (aaO S. 779) einräumt, zur Erfüllung des Tatbestands, dass die Tat das Personensorgerecht nur in einem **Teil verletzt**. Es ist nicht erkennbar, unter welchem rechtlichen Gesichtspunkt es strafrechtlich darauf ankommen sollte, ob der verletzte Teil Ausschnitt der bei einem Berechtigten liegenden einheitlichen Personensorge ist oder (nach der Zuordnung zu einem anderen Inhaber) ein rechtlich verselbständigter Teil dieses Rechts. Auch ein solcher Teil fällt unter den Schutz des § 235 (RG Das Recht **1906** 574 Nr. 1402; OLG Bremen JR **1961** 107).[24] **20**

cc) **Vormund.** Wer Vormund ist, bestimmt sich nach bürgerlichem Recht (§§ 1773 ff BGB). Vormund eines Minderjährigen ist in der Regel eine **natürliche Person.** Doch können auch ein rechtsfähiger **Verein** (§ 1791a BGB) und das **Jugendamt** (§ 1791b BGB) zum Vormund bestellt werden (vgl. ferner §§ 55 f SGB VIII – Kinder- und Jugendhilfe). Das Jugendamt wird überdies nach § 1791c BGB Vormund eines nichtehelichen Kindes, das einen Vormund braucht (minderjährige Mutter), d.h. insbesondere dann, wenn ein Sorgeberechtigter nicht vorhanden ist (§ 1773 Abs. 1 BGB). **21**

Wird das **Jugendamt** zum Vormund eines Minderjährigen bestellt oder tritt kraft Gesetzes Amtsvormundschaft ein, so wird es in seinem Sorgerecht (§ 1631 BGB in Verb. mit §§ 1793, 1800 BGB) durch § 235 geschützt.[25] Überholt ist die Rechtsprechung, soweit sie nach der früheren Regelung des § 1707 a.F. BGB und der §§ 35 ff JWG (rechtliche Stellung des Jugendamtes als **Beistand** im Fall der Amtsvormundschaft) dessen eigenständigen Schutz abgelehnt hat (BGHSt **1** 364 f; OLG Bremen JR **1961** 107). Nach geltendem Recht (§§ 1712 ff BGB, §§ 55 ff SGB VIII) kann das Jugendamt Beistand des Kindes für die Feststellung der Vaterschaft und die Geltendmachung von Unterhaltsansprüchen werden, ohne dadurch das Sorgerecht zu erlangen (§ 1716 Satz 2 BGB). **22**

Mängel bei der Bestellung des Vormunds sind erheblich, wenn sie die Nichtigkeit der Ernennung zur Folge haben und der Bestellte nicht als Vormund anzusehen ist (RGSt **45** 309, 311; s. auch BGHSt **16** 58, 62).[26] Die strafrechtliche Relevanz des Mangels ergibt sich in einem solchen Fall daraus, dass die Bestellung dem Ernannten wegen Unwirksamkeit kein familienrechtliches Sorgerecht verschafft, sondern allenfalls ein tatsächliches Gewaltverhältnis zwischen ihm und dem Minderjährigen herstellt, welches Strafrechtsschutz nach § 235 jedoch nicht begründet. **23**

Unwirksamkeit ist zum Beispiel anzunehmen bei der Bestellung eines Geschäftsunfähigen (§ 1780 BGB).[27] Bloße Untauglichkeit zum Vormund gemäß § 1781 BGB steht **24**

---

23 *Palandt/Götz* § 1671 Rdn. 55; *Regel* S. 16 ff.

24 *Regel* S. 18.

25 Vgl. *Fischer* Rdn. 3; *Lackner/Kühl* Rdn. 2; *Matt/Renzikowski-Eidam* Rdn. 4; *Sch/Schröder-Eser*/Eisele Rdn. 4; *Wieck-Noodt* MK Rdn. 30: Jugendamt im Falle der Übertragung des vollen Personensorgerechts oder des dem Sorgeberechtigten entzogenen Aufenthaltsbestimmungsrechts. S. BGHSt **1** 364; OLG Düsseldorf NStZ **1981** 103 m. Anm. *Bottke* JR **1981** 387; OLG Bremen JR **1961** 107.

26 *Wieck-Noodt* MK Rdn. 33; *Sch/Schröder-Eser*/Eisele Rdn. 4.

27 RGSt **45** 309, 311; *Wieck-Noodt* MK Rdn. 33; *Palandt/Götz* § 1780 Rdn. 1.

der Wirksamkeit der Bestellung jedoch nicht entgegen, wie sich schon aus dem Charakter der genannten Bestimmung als Sollvorschrift ergibt.[28]

25 dd) **Pfleger.** Die Voraussetzungen der Pflegschaft sind in §§ 1909 ff BGB geregelt. Auch dem Pfleger kann, je nach der Art der ihm zugewiesenen Aufgaben, die Personensorge zustehen (§ 1915 Abs. 1 BGB). Pfleger kann auch ein rechtsfähiger Verein oder das Jugendamt sein (§ 1915 BGB in Verb. mit § 1791b BGB). Da sich die Anwendung des § 235 darauf beschränkt, das Sorgerecht für die Person des Minderjährigen zu schützen (Rdn. 1 ff), kommen hier nur Fälle in Betracht, in denen die Pflegschaft diese Sorge zum Inhalt hat, sei es im ganzen oder nur teilweise (vgl. § 1909 Abs. 1 BGB). Es ist also zu prüfen, ob dem Pfleger das Sorgerecht (§ 1915 Abs. 1 BGB) über das Kind zusteht.[29]

26 Nach dem Gesetz zur Abschaffung der **gesetzlichen Amtspflegschaft** und Neuordnung des Rechts der Beistandschaft (Beistandschaftsgesetz) vom 4.12.1997 (BGBl. I S. 2846) ist die gesetzliche Amtspflegschaft für nichteheliche Kinder (§§ 1706 bis 1710 BGB, aufgehoben durch Art. 1 Nr. 48 KindRG, Rdn. 2) durch eine freiwillige Beistandschaft des Jugendamtes (Rdn. 22) ersetzt worden (vgl. §§ 55 ff SGB VIII).

27 c) **Andere Aufsichtsstellen und -personen. Heime**, etwa bei freiwilliger Erziehungshilfe (vgl. §§ 27 ff, 38 SGB VIII, ab 1.7.1998 i.d.F. des BeistandschG, Rdn. 26), haben grundsätzlich kein eigenes Sorgerecht (BGH NJW **1963** 1412, 1413; OLG Düsseldorf NStZ **1981** 103 = JR **1981** 386 mit Anm. *Bottke*). Ist der Minderjährige sonst **anderen Personen** als den Sorgeberechtigten unterstellt, insbesondere bei nur tatsächlichen Erziehungs- und Fürsorgeverhältnissen (vgl. RG JW **1938** 1388, 1389), so ist die Entziehung auch solchen Personen gegenüber nicht strafbar (BGH NJW **1963** 1412; OLG Düsseldorf NStZ **1981** 103 = JR **1981** 386 mit Anm. *Bottke*; Rdn. 4, 17).[30] Doch kommt in allen diesen Fällen grundsätzlich – das soll in der Regel der Fall sein (BGH NJW **1963** 1412, 1413; **1981** 2015; OLG Düsseldorf NStZ **1981** 103 = JR **1981** 386 mit Anm. *Bottke)*[31] – ein Eingriff in die Rechte des Sorgeberechtigten in Betracht (RG GA **53** (1906(287).

28 aa) **Erziehungs- und Eingliederungshilfe.** An der rechtlichen Beurteilung (Rdn. 27) ändert sich nichts durch die begrenzte Vertretungsbefugnis der Person, die im Rahmen der Familienpflege (§ 1688 Abs. 1 BGB) oder der **Erziehungs- und Eingliederungshilfe** (§ 38 SGB VIII) die Erziehung und Betreuung des Minderjährigen übernommen hat. Durch diese Regelungen werden die Rechte der Eltern oder sonstiger Personensorgeberechtigter nicht eingeschränkt (*Wiesner* SGB VIII § 38 Rdn. 25; *Krug/Grüner/Dalichan* SGB VIII § 38 Erl. I 2, II 1). Es handelt sich um eine Form der **gesetzlichen Vertretung** (*Krug/Grüner/Dalichan* aaO Erl. II 1).

---

[28] *Palandt/Götz* § 1781 Rdn. 2.

[29] RGSt 75 65; *Wolters* SK Rdn. 8; *Matt/Renzikowski-Eidam* Rdn. 4; OKBeckStGB-*Valerius* Rdn. 3; *Sch/Schroeder-Eser/Eisele* Rdn. 4; *Wieck-Noodt* MK Rdn. 31. Vgl. auch SSW-*Schluckebier* Rdn. 5, der darüber hinausgehend Verfahrenspflegschaften geschützt wissen will.

[30] *Fischer* Rdn. 4; *Sch/Schröder-Eser/Eisele* Rdn. 4; *Matt/Renzikowski-Eidam* Rdn. 4; OKBeckStGB-*Valerius* Rdn. 3; *Wieck-Noodt* MK Rdn. 32; **aA** (insoweit wegen Anwendung des § 2 i.d.F. des Ges. vom 28.6.1935, RGBl. I S. 839, aber überholt) *v. Olshausen* Anm. 4c im Anschluss an RGSt 75 65, 67 f.

[31] *Sch/Schröder-Eser/Eisele* Rdn. 4; *Lackner/Kühl* Rdn. 2 a.E.; *Wolters* SK Rdn. 4; *Regel* S. 91 ff.

29 bb) **Inobhutnahme und Herausnahme von Kindern und Jugendlichen.** Nimmt das **Jugendamt** einen Minderjährigen auf dessen Bitte (§ 42 Abs. 1 Nr. 1 SGB VIII)[32] oder bei dringender Gefahr für dessen Wohl (§ 42 Abs. 1 Nr. 2 SGB VIII) oder weil ein Minderjähriger unbegleitet nach Deutschland kommt, in Obhut und bringt es ihn vorläufig bei einer geeigneten Person, in einer Einrichtung oder in einer sonstigen betreuten Wohnform unter (**Inobhutnahme** von Kindern **und** Jugendlichen, § 42 Abs. 1 Nrn. 1 bis 3 SGB VIII), so übt es während der Dauer der Unterbringung das Recht der Beaufsichtigung, Erziehung und Aufenthaltsbestimmung aus (§ 42 Abs. 2 Satz 4 SGB VIII). Die Inobhutnahme bewirkt für die Eltern oder sonst Berechtigten also nicht den Verlust des Personensorgerechts. Deren Rechte gehen auch nicht auf das Jugendamt über; es wird nicht Inhaber des Sorgerechts (*Wiesner* SGB VIII § 42 Rdn. 30; *Krug/Grüner/Dalichan* SGB VIII § 42 Erl. IV 3). Da es sich nur um eine **gesetzliche Ermächtigung** zur Ausübung des Rechts eines anderen (des Sorgeberechtigten) handelt, verletzt die Kindesentziehung auch in einem solchen Fall allein dessen Recht.

30 Mit dieser Beurteilung steht im Einklang, dass bei Maßnahmen des Jugendamts der mutmaßliche Wille des Sorgeberechtigten Vorrang hat (*Wiesner* SGB VIII § 42 Rdn. 32) und die Befugnis des Jugendamts, in den bezeichneten Teilbereichen auch die tatsächliche Personensorge auszuüben (*Wiesner* SGB VIII § 42 Rdn. 30), mit der Weigerung der Eltern endet. Das Jugendamt hat dann den Minderjährigen an den Personensorgeberechtigten oder dem Erziehungsberechtigten zu übergeben, es sei denn dass dadurch eine Gefährdung des Kindeswohl einhergeht. Im letzten Fall ist das Familiengericht einzuschalten (§ 42 Abs. 1 i.V.m Abs. 3 SGB VIII; vgl. *Wiesner* SGB VIII § 42 Rdn. 43). Die Inobhutnahme endet nicht schon mit dem Widerspruch, sondern erst mit der Übergabe (*Wiesner* SGB VIII § 42 Rdn. 44).

31 d) **Weitere Umgangsberechtigte.** Nicht durch § 235 geschützt wird das Umgangsrecht weiterer Personen (Großeltern, Geschwister, Stiefeltern und früherer Pflegepersonen), über das das Familiengericht entscheidet (§ 1685 BGB). Es kann auf sich beruhen, ob dieses Umgangsrecht, das wegen seiner Verknüpfung mit dem Kindeswohl nur in verhältnismäßig engen Grenzen bestehen soll (BTDrucks. 13/4899, Begr. S. 106 f), in rechtlicher Hinsicht dem der Eltern gleichzuachten oder anders zu bewerten ist. Sein strafrechtlicher Schutz nach § 235 kommt schon deshalb nicht in Betracht, weil der Kreis der geschützten Sorgeberechtigten (im Sinne von Rdn. 2) in dieser Vorschrift abschließend aufgezählt wird. Das **Recht des Kindes auf Umgang mit jedem Elternteil** (§ 1684 Abs. 1 BGB) gehört rechtlich nicht zu den Personensorgerechten des § 235. Es wird aber mittelbar mit geschützt, wenn das Kind selbst durch die Strafvorschrift unmittelbar geschützt wird (Rdn. 32 ff).

2. Ungestörte körperliche und seelische Entwicklung des Minderjährigen

32 a) **Rechtsentwicklung.** Bis zur Einführung des 6. StrRG diente § 235 nach herrschender Meinung dem Interesse des Minderjährigen nur mittelbar; denn die Aufrechterhaltung des Schutzrechts der Eltern oder sonst Sorgeberechtigten gereicht ihm in der Regel zum Vorteil (BGHSt **39** 239, 242; RGSt **18** 273, 276; **66** 254, 255; RG DR **1942** 438).[33] Insoweit handelte es sich um einen **Reflex** des strafrechtlichen Schutzes, den das Gesetz

[32] Neubekanntmachung des SGB VIII vom 14.12.2006. (BGBl. I S. 3134) in der ab 1.1.2007 geltenden Fassung.

[33] S. nur *Wolters* SK Rdn. 2; *Lackner/Kühl* Rdn. 1; *Sonnen* NK Rdn. 5; *Geppert* GedS H. Kaufmann, S. 771 f.

den Sorgeberechtigten bietet.[34] Diese Rechtsansicht wirkte sich – unabhängig von anderem – im Zusammenhang mit der Frage aus, ob der Minderjährige rechtswirksam in die Tat einwilligen kann.

33 Das 6. **StrRG** weicht nach den Entwürfen BTDrucks. 13/7164 und BTDrucks. 13/8567 von der herrschenden Meinung zum Schutzzweck des früheren § 235 ab (jeweils Begr. S. 23, 38). Es geht davon aus, dass die Neufassung der Vorschrift nicht nur die elterliche oder sonstige familienrechtliche Sorge schützt, sondern **unmittelbar** auch die **entzogene Person** (BTDrucks. 13/7164 und BTDrucks. 13/8587, jeweils Begr. S. 38). Das soll sich insbesondere aus § 235 Abs. 4 Satz 2 Nr. 1 StGB ergeben, weil diese Bestimmung auf die ungestörte körperliche und seelische Entwicklung des jungen Menschen abstellt (Begr. S. 38).

34 Der Auffassung der Entwürfe ist im Ergebnis zu folgen.[35] Es ist zwar fraglich, ob ein Rechtsgut, dessen Gefährdung oder Verletzung bei der Strafzumessung als gesetzliches Regelbeispiel die Annahme eines besonders schweren Falles rechtfertigt, damit schon zu den durch den Tatbestand geschützten Rechtsgütern gehört. Man wird die Frage verneinen müssen; denn für die Strafzumessung erlangen gerade Umstände Bedeutung, die außerhalb des gesetzlichen Tatbestandes liegen. Doch kann die Frage hier auf sich beruhen. Der Gesetzgeber hat § 235 Abs. 4 Nr. 1 StGB entgegen dem Vorschlag der Entwürfe zum qualifizierten Tatbestand erhoben, der eine Verbrechensstrafe androht für den Fall, dass das Opfer durch die Tat in die Gefahr des Todes, einer schweren Gesundheitsschädigung oder einer erheblichen Schädigung der körperlichen oder seelischen Entwicklung gebracht wird. Vor dem Hintergrund der bis zum 6. StrRG herrschenden Meinung liegt es nahe, von diesem Qualifikationstatbestand Rückschlüsse auch bei der Bestimmung des geschützten Rechtsguts und des Rechtsgutsträgers beim Grundtatbestand des § 235 Abs. 1 zu ziehen.

35 **b) Das neben dem Sorgerecht betroffene Rechtsgut.** Die Entwürfe zum 6. StrRG (BTDrucks. 13/7164 und BTDrucks. 13/8587, jeweils Begr. S. 38) verweisen zutreffend auf „die ungestörte körperliche und seelische Entwicklung des jungen Menschen"; sie gehört zur freien Entfaltung der Persönlichkeit (Art. 2 Abs. 1 GG) und insoweit zu den durch den 18. Abschnitt des Besonderen Teils des StGB geschützten Freiheitsrechten (vgl. vor § 234 Rdn. 1).

36 Sie in diesem Rahmen zu einem eigenständigen Rechtsgut zu erheben, rechtfertigt sich nicht allein nach dem Wortlaut des § 235 Abs. 4 Nr. 1 StGB, sondern auch unter Berücksichtigung des neuen Kindschaftsrechts. Danach hat sich die elterliche Personensorge in erster Linie nach dem körperlichen, geistigen und seelischen Wohl des Kindes zu richten (vgl. § 1626 Abs. 3 Satz 1, § 1632 Abs. 4, § 1666 Abs. 1, § 1671 Abs. 2 Nr. 1, § 1678 Abs. 2, § 1680 Abs. 2, §§ 1682, 1686, 1687 Abs. 2, §§ 1687a, 1688 Abs. 3, 1696 Abs. 1, § 1697a BGB). Dabei geht das Gesetz davon aus, dass das Kind in der Regel am besten in der elterlichen Familie aufgehoben ist (§ 1666a BGB). Auch das durch § 235 mitgeschützte Umgangsrecht (Rdn. 2) wird durch das allgemein geltende **Kindeswohlprinzip** (§ 1697a BGB) begrenzt (§ 1684 Abs. 3 BGB). Dieses Prinzip ist überdies völkerrechtlich anerkannt (vgl. das Haager Übereinkommen vom 25.10.1980, Rdn. 8).

---

[34] So *Regel* S. 13.

[35] So auch BGH NStZ 2006 447, 448. Ferner: *Fischer* Rdn. 2; *Wolters* SK Rdn. 2; *Lackner/Kühl* Rdn. 1; *Matt/Renzikowski-Eidam* Rdn. 2; *Sch/Schroedr-Eser/Eisele* Rdn. 1; *Sonnen* NK Rdn. 5; SSW-*Schluckebier* Rdn. 2; *Wieck-Noodt* MK Rdn. 1, 8; *Kreß* NJW 1998 633, 641.

c) **Der Minderjährige als Rechtsgutsträger und der Umfang seines Schutzes.** Da es um die ungestörte körperliche, geistige und seelische Entwicklung des Minderjährigen als Ausdruck eines ihm zustehenden Rechts der persönlichen Freiheit geht, ist er Träger des hier erörterten Rechtsguts. Es gibt keinen triftigen Grund, es auch den Sorgeberechtigten zuzuordnen. Sie werden durch die strafrechtliche Bewehrung ihres Sorgerechts ausreichend geschützt, in dem sich das Entwicklungsrecht des Minderjährigen gleichsam widerspiegelt. Sorgerecht der Eltern und Entwicklungsrecht des Minderjährigen sind unter dem Gesichtspunkt des Rechtsgüterschutzes nur zwei verschiedene Aspekte eines und desselben Rechtsgedankens. **37**

Die Neufassung des § 235 schützt die Minderjährigen nicht mehr einheitlich, sondern unterscheidet nach **Altersstufen** zwischen Personen unter achtzehn Jahren (§ 235 Abs. 1 Nr. 1) und Kindern (§ 235 Abs. 1 Nr. 2, Abs. 2 Nrn. 1 und 2, Abs. 3). Dabei wird unter einem **Kind** eine Person unter vierzehn Jahren verstanden, dies im Gegensatz zum **Jugendlichen,** der zur Gruppe der Minderjährigen von vierzehn bis unter achtzehn Jahren gehört (BTDrucks. 13/7164, Begr. S. 25; vgl. Bericht, BTDrucks. 13/9064 S. 8 Nr. 11; *Schramm* S. 458). Beide Altersstufen – Kinder und Jugendliche – bilden zusammen die Gruppe der **„Personen unter achtzehn Jahren"** (BTDrucks. 13/7164 und BTDrucks. 13/8587, jeweils Begr. S. 38), die damit der der „minderjährigen Kinder" im Recht der elterlichen Sorge (§§ 1626 ff BGB) entspricht. Der Schutz des Kindes geht über den des Jugendlichen hinaus, weil das Gesetz beim Kind die Strafbarkeit des Täters unter bestimmten Voraussetzungen nicht vom Einsatz tatbestandsmäßig umschriebener Tatmittel abhängig macht (§ 235 Abs. 1 Nr. 2, Abs. 2 Nrn. 1 und 2) und insoweit überdies zum Teil den Versuch des Vergehens für strafbar erklärt (§ 235 Abs. 3 in Verb. mit Abs. 1 Nr. 2 und Abs. 2 Nr. 1). **38**

II. Tathandlungen nach Abs. 1 und 2

§ 235 n.F. nennt als Tathandlungen: in **Entziehen** (Abs. 1, Abs. 2 Nr. 1) und **Vorenthalten** (Abs. 1, Abs. 2 Nr. 2). Das 6. StrRG hat das Vorenthalten als Tatbestandsmerkmal eingeführt, um bei Auslandstaten (§ 235 Abs. 2 Nr. 2) Strafbarkeitslücken zu schließen. Sie konnten sich nach altem Recht ergeben, wenn der Täter mit dem Kind ins Ausland reiste und es dort bei sich behielt, ohne dass sich die Anwendung eines der Tatmittel des § 235 Abs. 1 a.F. nachweisen ließ. Im Rahmen des Absatzes 1 ist eine **Ausdehnung der Strafbarkeit** mit Hilfe des Merkmals „Vorenthalten" nicht beabsichtigt. Die Entwürfe BTDrucks. 13/7164 und BTDrucks. 13/8587 gehen vielmehr von der Annahme aus, dass sich der Anwendungsbereich beider Merkmale (Entziehen und Vorenthalten) dort im wesentlichen decke, zumal der **Übergang** zwischen „aktivem" und „passivem" Entziehen **fließend** sei. **39**

Täter einer Tat nach **Abs. 1 Nr. 1** sowie nach **Abs. 2 (Taten mit Auslandsbezug)** kann **jeder** sein (SSW-*Schluckebier* Rdn. 4), insbesondere auch ein Angehöriger oder ein sorgeberechtigter Elternteil gegenüber dem anderen Elternteil. Eine Tat nach **Abs. 1 Nr. 2** kann dagegen nur von einem **Nichtangehörigen** begangen werden. Durch die Einengung des Täterkreises wird hier vermieden, dass unter Angehörigen Konflikte um ein Kind mit strafrechtlichen Mitteln ausgetragen werden können, soweit nicht die besonderen Tatmittel nach Abs. 1 Nr. 1 verwendet worden sind oder ein Auslandsbezug besteht (*Fischer* Rdn. 10; *Nelles* S. 30, 32). Geschützt ist im Abs. 1 Nr. 1 **jede Person unter 18 Jahren,** während dies bei Abs. 1 Nr. 2 und Abs. 2 das **Kind** ist. (s. Rdn. 38). **40**

41 **1. Entziehen. Entziehen** liegt vor, wenn das Recht zur Erziehung, Beaufsichtigung und Aufenthaltsbestimmung (§ 1631 BGB) durch räumliche Trennung für eine gewisse, nicht ganz vorübergehende Dauer unwirksam gemacht oder so beeinträchtigt wird, dass es nicht ausgeübt werden kann (vgl. BGHSt **10** 376, 378; **16** 58, 61; BGHR § 235 Abs. 1 Entziehung 1 = BGH NStZ **1996** 333).[36]

42 a) **Wesentliche Beeinträchtigung des Personensorgerechts.** Maßgebend danach ist, ob der Täter durch sein Verhalten das **Personensorgerecht** des Berechtigten im Einzelfall **wesentlich beeinträchtigt** hat. Ob der der Fall ist, soll nach der Rechtsprechung des BGH **Tatfrage** sein (BGHSt **10** 376, 378; **16** 58, 61; RGSt **24** 133, 137 f; RG JW **1935** 3108; DR **1940** 2060). Richtigerweise ist auch dies als Frage der Rechtsanwendung anzusehen, die von den **Umständen des Einzelfalls, aber** vor allem auch vom **Zweck des Gesetzes** bestimmt wird (vgl. BGHSt **1** 199, 200). Dementsprechend hat der Begriff des Entziehens jenseits der Frage seiner zeitlichen Dauer (s. dazu Rdn. 51 ff) durch die Rechtsprechung des BGH, aber auch schon des RG feste Konturen erlangt.

43 „Entziehen" als Tathandlung wird häufig **körperliche Wegnahme** sein. Darin aber erschöpft sich der Begriff nicht. Vielmehr reicht zur Erfüllung des Tatbestands jede Handlung aus, durch welche die **Sorgeberechtigten faktisch gehindert** werden, ihr Obhutsrecht zu verwirklichen (vgl. RGSt **24** 133, 138; **37** 162, 163). Eine wesentliche Beeinträchtigung **in Teilbereichen** genügt grundsätzlich (vgl. BGHSt **1** 199, 200), das Vereiteln einzelner Erziehungsmaßnahmen reicht, sofern darin eine wesentliche Beeinträchtigung des Sorgerechts liegt (RG JW **35** 3108, **38** 1388; mit gutem Grund fordern *Sch/Schroeder-Eser-Eisele* Rdn. 6 insoweit eine räumliche Trennung des Minderjährigen vom Berechtigten). Aus diesem Grund erweist sich auch ein wesentlicher Eingriff allein in das **Umgangsrecht** (s. dazu schon Rdn. 2 ff, 17 ff; ferner unten Rdn. 57) des nichtsorgeberechtigten Elternteils durch den allein sorgeberechtigten Elternteil als taugliche Entziehenshandlung nach § 235 (BGH NJW **1999** 1344, 1345 = BGHSt **44** 355). Beim „Kampf der Eltern um das gemeinsame Kind" ist ein Entziehen nicht erst dann anzunehmen, wenn ein Elternteil die personensorgerechtliche Stellung zum Kind „insgesamt und auf Dauer widerrechtlich für sich beansprucht" (so aber *Geppert* GedS H. Kaufmann, S. 755 ff, 759, 783; offengelassen zu § 235 a.F. in BGHR § 235 Abs. 1 Entziehung 1 = BGH NStZ **1996** 333, 334). Auch hier genügt die wesentliche Beeinträchtigung der Personensorge bzw. des Umgangsrechts. Hinweise für eine abweichende Auslegung finden sich weder im Wortlaut noch im Zweck der Bestimmung des § 235.[37]

44 Der **Zweck** der Entziehung ist unbeachtlich; er muss nicht gerade in der Aneignung der personensorgerechtlichen Stellung als ganzer bzw. als solcher liegen (s. schon oben Rdn. 43). Es genügt also, wenn die Entziehung lediglich als Mittel zur Erlangung tatsächlicher Verfügungsgewalt über die minderjährige Person dient, um eigene sexuelle Bedürfnisse zu erfüllen (BGH NStZ **1996**, 333; *Fischer* Rdn. 6; *Wieck-Noodt* MK Rdn. 47). Im Übrigen ist es ohne Bedeutung, ob die **Initiative zur Tat** vom Täter oder von dem Minderjährigen ausgegangen ist (*Sch/Schroeder-Eser/Eisele* Rdn. 6).

45 b) **Räumliche Trennung.** Voraussetzung für ein Entziehen ist eine **räumliche Trennung** des Minderjährigen von dem Personensorgeberechtigten, deren Aufhebung nicht

---

[36] Vgl. schon BGHSt 1 199, 200: noch ohne Betonung der räumlichen Trennung.

[37] Wie hier *Fischer* Rdn. 6; **aA** *Wolters* SK Rdn. 5; *Wieck-Noodt* MK Rdn. 46; *Sch/Schröder-Eser/Eisele* Rdn. 6; *Maurach/Schroeder/Maiwald* II, § 63 V Rdn. 61. Unklar *Matt/Renzikowski-Eidam* Rdn. 6.

ohne Weiteres möglich ist.[38] Entziehungsfälle ohne jegliche räumliche Änderung im Verhältnis der Betroffenen zueinander sind nicht nur schwer vorstellbar und auch aus der Praxis nicht bekannt. Auch aus der Notwendigkeit einer „wesentlichen Beeinträchtigung" des Personensorgerechts lässt sich folgern, dass eine räumliche Trennung erforderlich ist. Deshalb kann in einer nur **seelischen Entfremdung** eine strafrechtlich relevante Entziehung nicht gefunden werden, wenn das Kind in der Wohnung und Familiengemeinschaft der Eltern bleibt.[39]

Die räumliche Trennung wird regelmäßig dadurch herbeigeführt, dass der Minderjährige an einen Ort gebracht wird, an dem er dem Einfluss des Berechtigten entzogen wird. Auch ohne **Ortsveränderung** des Minderjährigen kann es dann zu einer räumlichen Trennung kommen, wenn dem Berechtigten, etwa durch eigene Einsperrung, der Zugang zu ihm verweigert wird.[40] **46**

c) **Ausübung der Obhut.** Ein Entziehen kann gegeben sein, auch wenn der Sorgeberechtigte sein Obhutsrecht im Tatzeitpunkt tatsächlich nicht ausübt (Rdn. 6). Das „Entziehen" braucht deshalb nicht im unmittelbaren **Herrschaftsbereich des Berechtigten** (zum Beispiel in der elterlichen Wohnung) seinen Ausgang zu nehmen; die Tat kann auch an einem Kind begangen werden, das zum Beispiel unbeaufsichtigt auf der Straße spielt (BGHSt **16** 58, 61 f; BGH NJW **1963** 1412, 1413). **47**

Lebt der Minderjährige bereits selbständig und von zu Hause getrennt (zum Beispiel als Schüler oder Auszubildender am fernen Schul- oder Ausbildungsort, aber auch in einer sonstigen Unterbringung), so erfüllt eine **Entfernung aus dem dem Sorgeberechtigten bekannten Aufenthaltsort** den Tatbestand, wenn das Sorgerecht der Eltern dadurch wesentlich beeinträchtigt wird (*Sch/Schröder-Eser/Eisele* Rdn. 6; vgl. auch – allerdings nicht klar – BGH NJW **1963** 1412, 1413). Das wird der Fall sein, wenn durch die Wegführung des Minderjährigen der Kontakt mit den Eltern wesentlich erschwert oder verhindert und der Minderjährige dadurch ihrem erzieherischen Einfluss entzogen wird. Allein aus Gründen der Rechtsklarheit und -sicherheit sowie zur leichteren Feststellbarkeit der tatbestandlichen Voraussetzungen (so aber *Wieck-Noodt* MK Rdn. 40; im Ergebnis auch: *Wolters* SK Rdn. 4) auf die Prüfung einer wesentlichen Beeinträchtigung des Sorgerechts zu verzichten oder eine solche in diesen Fällen grundsätzlich anzunehmen, wird einer stringenten, einheitlichen Auslegung der Vorschrift nicht gerecht. Deshalb wird in diesen Fällen eine Strafbarkeit auch davon abhängen, ob der Sorgeberechtigte Kenntnis von der Wegführung des Minderjährigen hatte und gerade dadurch sein erzieherischer Einfluss wesentlich beeinträchtigt war. Davon zu unterscheiden sind die Fälle, in denen sich der Minderjährige in **tatsächlicher Obhut anderer** befindet. Bei räumlicher Trennung von diesen, liegt durch den Verlust diesen übertragener Einflussmöglichkeiten regelmäßig eine **„mittelbare" Entziehung gegenüber dem Berechtigten** vor (vgl. Rdn. 27).[41] **48**

---

38 Ausdrücklich: BGH NStZ **1996** 333; ferner: *Wolters* SK Rdn. 4; *Lackner/Kühl* Rdn. 3; *Matt/Renzikowski-Eidam* Rdn. 6; *Sonnen* SK Rdn. 6; SSW-*Schluckebier* Rdn. 6; *Wieck-Noodt* MK Rdn. 37. Gegen die Herbeiführung einer räumlichen Trennung als unabdingbare Voraussetzung des Entziehens *Regel* S. 72.

39 *Wieck-Noodt* MK Rdn. 41; *Geppert* GedS H. Kaufmann, S. 780; *Regel* S. 73 ff.

40 Vgl. auch *Wolters* SK Rdn. 4; *Sch/Schröder-Eser/Eisele* Rdn. 6; *Wieck-Noodt* MK Rdn. 38; *Sallum* S. 74 ff.

41 *Wolters* SK Rdn. 4; *Wieck-Noodt* MK Rdn. 38.

49 Ist ein Kind den Eltern durch eine Tat nach § 235 bereits entzogen worden, kann eine **weitere Entführung** oder **Überlassung aus der Obhut des ersten Täters** ein erneutes Entziehen im Sinne von § 235 sein. Dies hängt auch in diesem Fall davon ab, ob durch die **neue Tat** eine (weitere) **wesentliche Beeinträchtigung** des Sorgerechts eingetreten ist. Wird das Kind (gegen den Willen des Ersttäters) entzogen, liegt darin zwar keine Verletzung eines dem Ersttäter zustehenden Rechts, der regelmäßig auch nicht für die eigentlich Sorgeberechtigten die Obhut über das Kind übernommen hat. Es liegt aber grundsätzlich der Fall einer (weiteren) „mittelbaren" Entziehung gegenüber dem Berechtigten vor (s. Rdn. 48), die auch die schon durch die Ersttat vorhandene Beeinträchtigung verstärken dürfte und damit für den letztlich eingetretenen Entziehungserfolg ursächlich würde. Im Fall der einverständlichen Überlassung liegt, soweit die Vortat noch nicht beendet ist, Teilnahme an der Tat des Ersttäters nahe. Ansonsten stellt sich die Lage nicht wesentlich anders als beim Entziehen gegen den Willen des Ersttäters dar. Problematisch bei diesen Fallgestaltungen sind die Fälle des § 235 Abs. 1 Nr. 1, in denen der Tatbestand den Einsatz eines bestimmten **Tatmittels** voraussetzt. Hier ist fraglich, ob ggf. dessen Anwendung gegenüber dem Ersttäter ausreicht, obwohl dieser das Sorgerecht der Eltern weder schützt noch schützen will (s. dazu Rdn. 70).

50 Zum „Entziehen" gehört nicht notwendig, dass durch die Tat ein **neues Abhängigkeits- oder Sorgeverhältnis** begründet wird (RGSt **18** 273, 276; BGH NStZ **1996** 333 f),[42] obwohl dies, jedenfalls bei kleinen Kindern, in der Regel so sein wird. Auch Freiheitsberaubung gehört nicht zum Begriff (BGHSt **1** 199 f, 201 f).

51 d) **Dauer und Intensität des Eingriffs.** Eine **gewisse Dauer** der Entziehung wird allgemein für erforderlich gehalten.[43] Sie ist abzugrenzen gegenüber einer nur **vorübergehenden Trennung** des Minderjährigen vom Erziehungsberechtigten, die wenigstens „bei Jugendlichen im vorgerückten Alter" nicht genügt (BGHSt **16** 58, 62 = LM § 235 Nr. 4 mit Anm. *Martin*), so zum Beispiel bei Vereitelung eines einmaligen kurzen Besuchs der Mutter (RG HRR **1925** 60).

52 Bei der Unterscheidung zwischen „gewisser Dauer" und „vorübergehender Trennung" kommt es **nicht** auf die **in der Tat angelegte Dauer** an (so aber *Gribbohm* Voraufl. Rdn. 52). Maßgeblich ist für den objektiven Tatbestand allein die **faktische Dauer**, nach der zu beurteilen ist, ob ein strafrechtlich relevantes „Entziehen" gegeben ist (s. dazu weiter Rdn. 53). Ansonsten geriete man in die Gefahr, allein die entsprechenden Absichten des Täters zu poenalisieren. Dies aber verbietet sich in den Fällen des Abs. 1 Nr. 1 schon mit Blick auf die fehlende Versuchsstrafbarkeit. Das heißt nicht, dass deshalb ein Vater, der ein Kleinkind auf offener Straße mit Gewalt entreißt, um es einem kinderlosen Ehepaar gegen Entgelt zu vermitteln, und schon Augenblicke später auf der Flucht festgenommen wird, zwangsläufig straflos bleiben muss. Schon eine nur kurzfristige Entziehung kann tatbestandsmäßig sein.

53 Die Frage, **wie lange** die Trennung währen muss, um den Tatbestand zu erfüllen, beantwortet die Rechtsprechung nicht generell und in festen, gleichbleibenden Zeiteinheiten. Es kommt auf die Umstände des Einzelfalls an (BGHSt **10** 376, 378 = LM § 235 Nr. 3 mit Anm. *Martin*; BGHSt **16** 58, 61 f = LM § 235 Nr. 4 mit Anm. *Martin*;

---

[42] Heute h.M.; *Sch/Schröder-Eser/Eisele* Rdn. 6; *Geppert* GedS H. Kaufmann, S. 779 f; *Regel* S. 80. Zum älteren Schrifttum vgl. *Regel* S. 75 ff.

[43] Vgl. *Wolters* SK Rdn. 5; *Fischer* Rdn. 6; *Lackner/Kühl* Rdn. 3; *Matt/Renzikowski-Eidam* Rdn. 6; *Sch/Schröder-Eser/Eisele* Rdn. 6; *SSW-Schluckebier* Rdn. 6; *Wieck-Noodt* MK Rdn. 42 ff; *Geppert* GedS H. Kaufmann, S. 781; *Regel* S. 54.

OLG Hamm JMBl.NRW **1966** 236, 237; RG JW **1935** 3108; **1938** 1388). Bei Entführung eines dreizehnjährigen Kindes soll eine Trennung von zwei Tagen und Nächten genügen (BGHR § 235 Abs. 1 Entziehung 1 = NStZ **1996** 333). Im Hinblick auf die Verhinderung des Umgangsrechts eines Elternteils mit einem Kind (insgesamt) lässt sie bereits Stunden ausreichen, weil der Berechtigte nur in dieser Zeit Einwirkungsmöglichkeiten hat (BGHSt **10** 376, 378 = LM § 235 Nr. 3 mit Anm. *Martin*). Bei einem vier Jahre alten Kleinkind hat die Rechtsprechung eine wesentliche Beeinträchtigung des elterlichen Obhutsrechts schon bei einer Entziehung von zehn Minuten für möglich erachtet (BGHSt **16** 58, 61 f),[44] bei einem achtjährigen Mädchen bei einer solchen von zwei Stunden (OLG Hamm JMBl.NRW **1966** 236, 237).

Diese **Rechtsprechung**, die zu weit auseinander liegenden Ergebnissen kommt, kann **nicht überzeugen**, schon, weil sie bis in ganz kurzfristige Beeinträchtigungen hinein zu Verurteilungen gekommen ist, die vom Sinn und Zweck der Vorschrift her nicht zu rechtfertigen sind (vgl. hierzu *Bohnert* GA **1978** 356). Auch wenn an einer Einzelfallbetrachtung nichts vorbei geht, ist doch deutlicher als bisher bei der Festlegung der Zeitdauer auf **Art und Maß des Eingriffs in das geschützte Rechtsgut** abzustellen (so auch *Matt/Renzikowski-Eidam* Rdn. 6). Für die Beurteilung, ob das Sorgerecht durch die Trennung wesentlich beeinträchtigt ist, spielt also nicht nur die **zeitliche Komponente** als solche eine Rolle; von Bedeutung ist auch die **Intensität des Eingriffs**, das **Alter** und die **Schutzbedürftigkeit des Minderjährigen**, nicht zuletzt auch, ob er durch die Tat **in körperlicher oder geistiger Hinsicht gefährdet** (vgl. § 235 Abs. 4 Nr. 1) worden ist (so auch: *Matt/Renzikowski-Eidam* Rdn. 6; *Sch/Schroeder-Eser/Eisele* Rdn. 6; SSW-*Schluckebier* Rdn. 6; *Wieck-Noodt* MK Rdn. 44). Generell gilt: Die erforderliche **Intensität** des Eingriffs (s. dazu Rdn. 55), die in anderen Fällen allein auf Grund einer längeren Dauer der Kindesvorenthaltung anzunehmen wäre, kann bei kürzerer zeitlicher Dauer durch eine hinzukommende Gefährdung oder größere Schutz- und Fürsorgebedürftigkeit des Minderjährigen erreicht werden (so auch *Wieck-Noodt* MK Rdn. 44; *Wolters* SK Rdn. 5; einschränkend *Regel* S. 51 ff). 54

An der erforderlichen **Intensität** des Eingriffs etwa in die Befugnisse eines Vormunds kann es zum Beispiel fehlen, wenn das Mündel entlaufen ist, er dessen Aufenthalt kennt und die Personen, die das Mündel aufgenommen haben, dem Herausgabeverlangen des Vormunds nur mit fadenscheinigen Ausflüchten („alltäglicher Unwahrhaftigkeit") begegnen (RG JW **1924** 305, 306 mit insoweit zust. Anm. *Mittermaier* und *Bendix*). Unter diesem rechtlichen Aspekt lässt sich allgemein sagen, dass die **bloße Aufnahme** eines entlaufenen Kindes keine Entziehung ist, wenn der Aufnehmende keine zusätzlichen Vorkehrungen gegen dessen Rückführung oder den Kontakt mit den Eltern trifft.[45] Dies gilt unabhängig von der Zeitdauer, die der Minderjährige aufgenommen wird. 55

Eine die Strafbarkeit begründende **Rechtsgutsbeeinträchtigung** wird grundsätzlich bei Entziehung nur von Minuten oder auch Stunden kaum in Betracht zu ziehen sein.[46] Dies gilt auch bei kleineren Kindern; lässt sich hier aber feststellen, dass es schon in kurzen Zeiträumen zu konkreten Gefahren für das körperliche oder geistige Wohl des Kindes gekommen ist, können hier kleinere Zeiteinheiten (Stunden) genügen. Allein aber die Absicht eines Täters, ein Kind sexuell zu missbrauchen, ohne dass es insoweit zu diese 56

---

[44] Dagegen *Matt/Renzikowski-Eidam* Rdn. 6; *Sch/Schröder-EserEisele* Rdn. 6; *Wolters* SK Rdn. 5; *Regel* S. 55 ff; *Hillenkamp* FS Wassermann S. 871 f, 873 sieht in dieser Entscheidung eine „Überinterpretation" des § 235 zu dem Zweck, einen „Verdachtsfall" (aus dem Bereich der Sexualstraftaten) nicht straflos ausgehen zu lassen. Ihm zustimmend *Geppert* GedS H. Kaufmann, S. 781.

[45] Vgl. *Sch/Schröder-Eser/Eisele* Rdn. 6.

[46] So auch: *Matt/Renzikowki-Eidam* Rdn. 6.

Absicht konkretisierenden Handlungen gekommen ist, zum Anlass zu nehmen, einen kürzeren Zeitraum als relevant anzunehmen, ginge zu weit (vgl. RG DR **1940** 2060). Grundsätzliche Bedenken gegen die **Berücksichtigung des Gefährdungsmoments** gibt es zwar nicht (vgl. aber *Regel* S. 56 ff); dies darf aber nicht dazu führen, allein mit einem abstrakten Bezug zum geschützten Rechtsgut an sich noch nicht strafwürdige Verhaltensweisen als vom Tatbestand erfasst anzusehen. So wie bei jüngeren Schutzpersonen kürzere Zeiträume als strafrechtlich relevant anzusehen sein können, sind bei älteren, an die Volljährigkeit heranreichenden Jugendlichen längere Zeiten der Entziehung strafrechtlich noch unbeachtlich. Dementsprechend hat die Rechtsprechung auch schon bei einem achtzehnjährigen (nach früherem Recht noch minderjährigen) Mädchen eine Beeinträchtigung des elterlichen Erziehungsrechts allein im Hinblick auf das Alter und die Persönlichkeit ausgeschlossen (BayObLG JW **1928** 3054).

57 **Entziehungsfälle aus dem familiären Bereich** sollten jenseits der Fälle mit Auslandsbezug nach Abs. 2 nicht in jedem Fall Anlass zum strafrechtlichen Einschreiten sein. Hier ist in besonderer Weise zu prüfen, ob der Eingriff in das Sorge- oder Umgangsrecht zu dessen wesentlicher Beeinträchtigung geführt hat. Eine rein formale Betrachtungsweise dabei, die etwa allein auf die gerichtliche Regelung des betroffenen Rechts und deren Missachtung abstellt, greift insoweit viel zu kurz. Bedacht zu nehmen ist – ohne die getroffene Regelung damit grundsätzlich in Frage zu stellen – auf den hinter der Entziehung stehenden materiellen Konflikt, insbesondere auch vor dem Hintergrund des wohlverstandenen, aber auch des tatsächlichen Kindesinteresses, sowie vor allem auf Art und Umfang des Eingriffs in das geschützte Rechtsgut. **Beeinträchtigungen des Umgangsrechts** fallen deshalb zwar grundsätzlich nicht aus dem Anwendungsbereich des § 235 heraus, etwa dann nicht, wenn das Umgangsrecht vom sorgeberechtigten Elternteil gänzlich vereitelt wird (vgl. BGHSt **10** 376, 378; BGH NJW **1999** 1344, 1345 = BGHSt **44** 355). Sie können aber auch strafrechtlich irrelevant sein, wenn sie dieses Recht nur quantitativ einschränken und es nicht grundsätzlich in Frage stellen. Maßgebend ist, ob und in welchem Umfang der Zweck des Umgangsrechts – dem nicht sorgeberechtigten Elternteil soll insbesondere ermöglicht werden, sich von dem körperlichen und geistigen Befindens des Kindes und seiner Entwicklung zu überzeugen, die verwandtschaftlichen Beziehungen zu dem Kind aufrechtzuerhalten sowie dem gegenseitigen Liebesbedürfnis beider Teile Rechnung zu tragen (BGH NJW **1999** 1344, 1345 = BGHSt **44** 355) – (noch) erreicht wird. Umgekehrt ist es nicht ausgeschlossen, dass eine zeitliche **Überschreitung des Umgangsrechts** einen wesentlichen **Eingriff in das Sorgerecht** darstellt. Dazu wird jedenfalls nicht jede geringfügige Verlängerung genügen.[47] Ist etwa das Umgangsrecht aus in der Person des nicht sorgeberechtigten Elternteil besonders beschränkt oder führt die zeitliche Ausdehnung des Umgangsrechts zu besonderen Einschränkungen in der persönlichen Sorge, etwa in der konkreten Lebensgestaltung des Kindes, kann unter Umständen aber auch eine kürzere Zeitspanne (von einigen Stunden) schon genügen (**aA** wohl *Wieck-Noodt* MK Rdn. 46; *Wolters* SK Rdn. 5; *Geppert* GedS H. Kaufmann, S. 783, die vollendete Entziehung erst dann annehmen wollen, wenn ein Elternteil die personensorgeberechtigte Stellung zum Kind insgesamt und auf Dauer für sich usurpieren will; dagegen zu Recht *Fischer* Rdn. 6: dies ergibt sich nicht aus dem Gesetz).

---

[47] Zutreffend OLG Karlsruhe ZFE **2002** 351, das § 235 verneint, obwohl das Kind bei gemeinsamem Sorgerecht 4 Tage verspätet aus dem Urlaub zurückgebracht worden ist. Offen gelassen von BGH NStZ **1996** 333, 334. Zustimmend: *Fischer* Rdn. 7; *Matt/Renzikowski-Eidam* Rdn. 6; *Sch/Schroeder-Eser/Eisele* Rdn. 6; *Sonnen* NK Rdn. 16; SSW-*Schluckebier* Rdn. 7.

e) **Sonderproblem: Durch List oder Täuschung gerichtlich erlangtes Sorgerecht.** Fraglich ist, ob bei einem durch List oder Täuschung gerichtlich erlangten Sorgerecht, aufgrund dessen das Kind herausverlangt werden kann, ein Entziehen im Sinne von § 235 Abs. 1 Nr. 1 angenommen werden kann. Das OLG Stuttgart hat diese Frage früh, allerdings nicht tragend, verneint, weil § 235 die tatsächliche Ausübung des Sorgerechts, nicht deren rechtlichen Bestand schütze (NJW **1963** 1341, 1342). In der Literatur sind die Stimmen geteilt. Die überwiegende Meinung folgt dem OLG Stuttgart,[48] eine Mindermeinung sieht in einer durch List bzw. Täuschung erreichten widerrechtlichen Einschränkung oder Aufhebung des Sorge- oder Umgangsrechts eine besonders intensive (und daher auch strafwürdige) Beeinträchtigung diese Rechts (*Fischer* Rdn. 9; *Gribbohm* Voraufl. Rdn. 46; *Wieck-Noodt* MK Rdn. 6; wohl auch: *Matt/Renzikowski-Eidam*, Rdn. 10). **58**

Ausgehend vom **Wortlaut des § 235**, der vom Entziehen eines Kindes (und nicht eines Rechtes, das die Personensorge über dieses Kind gibt) spricht, kann allein die durch Täuschung bzw. List bewirkte **Aufhebung oder Einschränkung des Sorge- oder Umgangsrechts** nicht tatbestandsmäßig sein, weil es (noch) an einem **Entziehen des Minderjährigen fehlt**; der betroffene Berechtigte übt das Recht weiterhin aus (so etwa auch *Gribbohm* Voraufl. Rdn. 44). Da der Versuch des § 235 Abs. 1 Nr. 1 nicht strafbar ist, bleibt das Verhalten bis zu diesem Zeitpunkt auf jeden Fall straflos. **59**

Setzt der Täter wie beabsichtigt die gerichtlich erlangte Sorgerechtsentscheidung zu seinen Gunsten um und verschafft sich die **Obhut über den Minderjährigen**, liegt aber auch darin kein strafrechtlich relevantes Entziehen. Er handelt **formal berechtigt** und setzt „lediglich" die formal nicht zu beanstandende gerichtliche Entscheidung um, die nicht nichtig ist (**aA** *Gribbohm* Voraufl. Rdn. 46, der es genügen lassen will, dass der Täter bei Tatbeginn das Sorgerecht nicht innehatte, und – dogmatisch nicht erläutert – in Kauf nimmt, dass dies bei Vornahme der eigentlichen Tathandlung nicht mehr der Fall ist). Dadurch unterscheidet sich der Fall auch von denjenigen Konstellationen **mittelbarer Täterschaft**, in denen es über die Einschaltung hoheitlicher Gewalt etwa aufgrund der Vorläge gefälschter Herausgabetitel zur Übergabe des Minderjährigen kommt (vgl. dazu *Wieck-Noodt* MK Rdn. 6). In diesen Fällen fehlt es gerade an der ausreichenden formalen Legitimation zur Obhutsverschaffung des Minderjährigen. Schließlich ergibt sich auch kein Wertungswiderspruch für den Fall, dass sich der Sorgerechtsinhaber der widerrechtlich erlangten Gerichtsentscheidung schon vor deren Rechtskraft beugt und den Minderjährigen herausgibt (so aber wohl *Gribbohm* Voraufl. Rdn. 46). Man mag hier ein „Entziehen" annehmen, weil es an der förmlichen Berechtigung für ein Herausgabeverlangen fehlt; strafbar wäre ein solches Verhalten aber dennoch nicht, weil dieses Entziehen als eigentliche Tathandlung nicht mit einem der in Abs. 1 Nr. 1 angegebenen Tatmittel bewirkt worden ist und ein Ausnutzen der durch Täuschung geschaffenen Ausgangslage hierfür nicht ausreicht. **60**

f) **Entziehen durch Unterlassen. Entziehung** kann auch durch unechtes **Unterlassen** begangen werden (**h.M.:** *Fischer* Rdn. 8; *Matt/Renzikowski-Eidam* Rdn. 6; OKBeck-StGB-*Valerius* Rdn. 7; *Wieck-Noodt* MK Rdn. 49). Dazu muss dem Täter als Garanten eine Pflicht obliegen, den Eintritt des Entziehungserfolges abzuwenden bzw. eine bestehende Trennung zu beenden; außerdem muss das Unterlassen dem entsprechenden **61**

---

[48] *Lackner/Kühl* Rdn. 3; *Sch/Schröder-Eser/Eisele* Rdn. 6; *Vogler* LK[10] Rdn. 9; *Geppert* GedS H. Kaufmann, S. 772; *Maurach/Schroeder/Maiwald* II, § 63 V Rdn. 55; *Regel* S. 80 ff; *Sallum* S. 58 ff; *Schwarz* S. 159.

aktiven Handeln gleichwertig sein (§ 13). Eine Pflicht zum Handeln kann sich auch aus vorausgegangenem pflichtwidrigen Tun ergeben (vgl. dazu Rdn. 75). In der Regel besteht bereits eine rechtswidrige räumliche Trennung des Kindes vom Sorgeberechtigten; in diesen Fällen besteht der Vorwurf darin, dass der Unterlassenstäter – wie beim Verschweigen des Aufenthaltsorts eines Minderjährigen durch einen Garanten (BGH bei *Dallinger* MDR **1968** 728) – nicht an der Aufhebung der Trennung mitwirkt. Denkbar sind aber auch Fälle, in denen es im Zeitpunkt des Unterlassens noch am Entziehungserfolg, der räumlichen Trennung auf gewisse Dauer, fehlt; insoweit zielt der Vorwurf darauf, den Eintritt dieses Erfolgs nicht durch rechtzeitiges Handeln verhindert zu haben.

62 Die **Abgrenzung** des Entziehens durch Unterlassen **zum Vorenthalten** (s. dazu Rdn. 65) ist unklar (s. auch *Fischer* Rdn. 7; *Wolters* SK Rdn. 6; *Matt/Renzikowski-Eidam* Rdn. 6; *Sch/Schroeder-Eser/Eisele* Rdn. 7; *Sallum* S. 81). Der Gesetzgeber hat dieses Problem zwar gesehen, letztlich aber aus seiner Sicht offen gelassen. Er geht davon aus, dass sich der Anwendungsbereich beider Merkmale insgesamt (Entziehen/Vorenthalten) im Rahmen des Abs. 1 im Wesentlichen decke und im Übrigen der Übergang vom „aktiven" zum „passiven" Entziehen fließend sei (BTDrucks. 13/7164 und BTDrucks. 13/8587, jeweils Begr. S. 38).

63 In der Vergangenheit (vor Einführung des Merkmals „Vorenthalten") entschiedene Fälle des Entziehens durch Unterlassen betrafen im Wesentlichen Gestaltungen, in denen eine zunächst straflose oder rechtlich schon vollendete **Entziehung** des Minderjährigen aus der Gewalt des Sorgeberechtigten aufgrund der Untätigkeit des Täters **fortbestand** (vgl. etwa BGH bei Dallinger MDR **1968** 728; RG DR **1941** 1840 = HRR **1942** 131; OLG Hamburg HESt **2** 300, 301; s. ferner Rdn. 75 ff). Sie dürften nach der Neufassung (eher bzw. auch) von der Tatbestandsalternative des Vorenthaltens erfasst sein (vgl. *Sch/Schroeder-Eser/Eisele* Rdn. 7; *Wieck-Noodt* MK Rdn. 49; *Sallum* S. 81).

64 **g) Entziehen, um ins Ausland zu verbringen (Abs. 2 Nr. 1).** Für den damit geregelten Fall einer sog. „aktiven Entführung" genügt das schlichte Entziehen eines Kindes ohne den Einsatz der in Abs. 1 Nr. 1 genannten Tatmittel (dazu Rdn. 68). Die Entziehung, die im Inland erfolgen muss (ausführlich dazu: *Sch/Schroeder-Eser/Eisele* Rdn. 14), muss in der **Absicht** erfolgen, das Opfer in das Ausland zu verbringen. Sie muss im Zeitpunkt der Vollendung des Delikts vorliegen, braucht aber nicht realisiert zu werden (SSW-*Schluckebier* Rdn. 9). Tatsächliche Verbringung ins Ausland ist deshalb nicht erforderlich, wird aber regelmäßig gegeben sein (zu möglichen Sachverhaltskonstellationen mit Auslandsbezug s. *Sonnen* SK Rdn. 21) Der Verzicht auf die spezifischen Entziehungsmittel von Abs. 1 Nr. 1 wird dadurch aufgewogen, dass im Ausland eine deutsche Entscheidung über die Personensorge oft nicht oder nur schwer durchzusetzen wäre (vgl. BTDrucks. 13/8587, Begr. S. 38). Die Alternative des Abs 2 Nr. 1 hat neben Abs. 1 Nr. 2 nur eigenständige Bedeutung, wenn der Täter Angehöriger ist (*Fischer* Rdn. 11; OKBeckStGB-*Valerius* Rdn. 10.1). Die Absicht ist **kein besonderes persönliches Merkmal** im Sinne von § 28; es genügt für den Teilnehmer, wenn er deren Vorhandensein beim entziehenden Haupttäter kennt (*Wolters* SK Rdn. 14; *Wieck-Noodt* MK Rdn. 97). Der **Versuch** von Abs. 2 Nr. 1 ist nach Abs. 3 unter Strafe gestellt (s. Rdn. 118).

2. Vorenthalten

65 a) **Begriff. Vorenthalten** ist nach dem 6. StRG in Anlehnung an § **1632 Abs. 1 BGB** (so *Wolters* SK Rdn. 6; *Sonnen* NK Rdn. 16; *Wieck/Noodt* MK Rdn. 50), zu verstehen (vgl. BTDrucks. 13/8587, Begr. S. 38), der den Eltern einen Herausgabeanspruch gegen die Person einräumt, die ihnen das Kind widerrechtlich **vorenthält.** § 1632 Abs. 1 BGB knüpft damit an den Umstand an, dass das Kind sich in der Gewalt einer dritten Person befindet, die die Verwirklichung des Aufenthaltsrechts der Eltern erheblich erschwert (vgl. *Huber* MK BGB § 1632 Rdn. 10). Legt man den **strafrechtlichen Begriff des Vorenthaltens** entsprechend aus, lässt sich darunter die **Aufrechterhaltung der räumlichen Trennung des Minderjährigen von dem Berechtigten und eine damit verbundene wesentliche Beeinträchtigung des Personensorgerechts** verstehen (*Matt/Renzikowsi-Eidam* Rdn. 7; OKBeckStGB-*Valerius* Rdn. 8). Demgegenüber erfasst der **Begriff des „Entziehens"** die Fallkonstellationen, in denen die räumliche Trennung des Opfers von dem Sorgeberechtigten durch den Täter herbeigeführt wird (*Gribbohm* Voraufl. Rdn. 64; *Matt/Renzikowski-Eidam* Rdn. 8; *Otto* BT § 65 Rdn. 35).[49]

Mit der Einfügung der Tathandlung des Vorenthaltens war im Rahmen des Abs. 1 **66**
keine Ausweitung der Strafbarkeit beabsichtigt (BTDrucks. 13/8587, Begr. S. 38); sie erweitert lediglich den Tatbestand in Abs. 2 Nr. 2, wenn die Strafbarkeit des **Vorenthaltens in Auslandsfällen** (s. Rdn. 67) nicht von der Anwendung eines der Tatmittel des Absatzes 1 Nr. 1 abhängig gemacht wird. Vorenthalten als Aufrechterhaltung einer bestehenden räumlichen Trennung kann sowohl durch **Tun** als auch durch **Unterlassen** bewirkt werden (*Fischer* Rdn. 7; *Matt/Renzikowski-Eidam* Rdn. 7; *Wieck-Noodt* MK Rdn. 51). **Beispiele** für das Vorenthalten, das wie das Entziehen eine erhebliche Beeinträchtigung des fremden Sorgerechts voraussetzt, sind etwa die unberechtigte **Verweigerung der Herausgabe eines Kindes** (*Fischer* Rdn. 7) oder die **Weitergabe des Kindes an eine dritte Person** (*Huber* MK BGB § 1632 Rdn. 10). Die **Verheimlichung des Kindesaufenthalts** dürfte als bloße Unterlassenstat hingegen nur als Tat eines Garanten tatbestandsmäßig sein.[50] Ob die **Beeinflussung eines Minderjährigen**, dem Herausgabebegehren des Berechtigten nicht zu folgen, in jedem Fall ein Vorenthalten ist (so aber **die h.M.**: s. nur *Sch/Schroeder-Eser/Eisele* Rdn. 7; *Wieck-Noodt* MK Rdn. 50; *Nelles* S. 63), bedarf sorgfältiger Prüfung. Dies hängt etwa von dem Alter des Kindes und auch von dem Umstand ab, wo sich das Kind aufhält. Die bloße Beratung eines Jugendlichen, der sich nicht bei dem „Berater" aufhält, dürfte zwar ein Verhalten sein, das ursächlich zur Aufrechterhaltung einer bestehenden räumlichen Trennung beiträgt; ob es im Wortsinn aber ein Vorenthalten sein kann, wenn sich das Tun in einer Bestärkung des Minderjährigen

---

[49] Ob bei dieser Abgrenzung der beiden Alternativen die Annahme des Gesetzgebers, der Anwendungsbereich beider Tathandlungen decke sich im Wesentlichen, tatsächlich zutreffend ist, mag dahinstehen. Jedenfalls bietet sie eine praktische Handhabe, beide Alternativen (auch in den verschiedenen Begehungsformen von Tun und Unterlassen) auseinanderzuhalten. Dies gilt umso mehr, als sich eine abweichende Unterscheidung, etwa dahin, dass Entziehen stets Tun, Vorenthalten dagegen bloßes Unterlassen sei, nicht treffen lässt.

[50] So wohl auch *SSW-Schluckebier* Rdn. 7; *Sonnen* NK Rdn. 16; **aA** OKBeckStGB-*Valerius* Rdn. 7, der ausdrücklich Strafbarkeit auch bei einem Nichtgaranten annehmen möchte; wohl auch *Wolters* SK Rdn. 6, der zusätzlich von der Möglichkeit eines Garanten spricht, der es unterlässt, den drohenden Entziehungserfolg abzuwenden; *Sch/Schroeder-Eser/Eisele* Rdn. 7, die in der Verweigerung einer Auskunft über den Aufenthalt eines Kindes „unschwer" ein Vorenthalten sehen. Im Übrigen wird in der Literatur nicht ausdrücklich unterschieden und allgemein von der Strafbarkeit des Verschweigens des Kindesaufenthalts gesprochen (vgl. etwa *Fischer* Rdn. 7). Ließe man dies zu, würde – entgegen der Absicht des Gesetzgebers – durch das Merkmal des Vorenthaltens Strafbarkeit ausgeweitet; denn zuvor waren diese Fälle als „Entziehen durch Unterlassen" nur bei Vorliegen einer Garantenstellung erfasst.

(etwa am Telefon) erschöpft, ohne dass dieser sich dauerhaft im räumlichen Bereich des Dritten bewegt, erscheint doch mehr als fraglich (vgl. aber auch Rdn. 117). Ein Vorenthalten ist im Übrigen nicht anzunehmen, wenn der Täter lediglich die Voraussetzungen dafür schafft, dass das „Kind" auf den Inhaber des Sorgerechts nicht angewiesen ist, indem er zum Beispiel Unterkunft und Verpflegung gewährt, sich aber im Übrigen **gegenüber dem Herausgabeanspruch passiv verhält** (*Fischer* Rdn. 7; *Wolters* SK Rdn. 6; s. auch BTDrucks. 13/8587, Begr. S. 38). Dies entspricht der Auslegung zum Begriff des Entziehens (Rdn. 55). Er dürfte allerdings im Hinblick darauf, dass sich § 235 in Absatz 1 Nr. 2 und Absatz 2 allein auf „Kinder" (also Personen unter vierzehn Jahren) bezieht, praktisch nur im Rahmen von Absatz 1 Nr. 1 vorkommen. Dort wird er oft aber auch deshalb als nicht tatbestandsmäßig ausscheiden, weil es an der Anwendung eines der bezeichneten Tatmittel fehlt.

67 **b) Vorenthalten im Ausland (Abs. 2 Nr. 2).** Tathandlung ist das schlichte Vorenthalten des Kindes im Ausland ohne den Einsatz von Tatmitteln nach Abs. 1 Nr. 1 (vgl. *Schramm* S. 459). Erfasst werden zuvor nicht strafbare Fälle, in denen der Täter das sich bereits im Ausland befindliche Kind nicht ins Inland zurückkehren lässt. Dies kann dadurch geschehen, dass der Täter die Rückkehr des Kindes zu den Obhutspersonen im Inland **aktiv verhindert.** Dies betrifft etwa auch den Fall, dass ein im Ausland befindliches Kind in ein anderes, dem Sorgeberechtigten nicht bekanntes Land verbracht wird (vgl. *Sch/Schroeder-Eser/Eisele* Rdn. 14 f); die Verbringung zurück ins Inland ohne Rückführung zum Sorgeberechtigten fällt nicht darunter, kann aber nach Abs. 1 strafbar sein (ebenso: *Fischer* Rdn. 11b). Ebenso erfasst ist es, wenn der Täter es als Garant für die Aufhebung der Trennung **unterlässt,** für die Rückkehr ins Inland und die Realisierung des im Inland bestehenden Sorgerechts zu sorgen (*Wolters* SK Rdn. 15); dazu zählt etwa die Nichtabgabe der nach ausländischem Recht erforderlichen Zustimmungserklärung zur Ausreise (vgl. BVerfG StraFO **2007** 369 m. Anm. *Kraatz* Jura **2007** 854). Es kommt nicht darauf an, unter welchen Umständen das Kind ins Ausland gelangt ist. Dies kann bereits gewaltsam, auf strafbare oder bereits dem Willen des Sorgeberechtigten widersprechender Weise geschehen sein (*Sch/Schroeder-Eser/Eisele* Rdn. 15; *Wieck-Noodt* MK Rdn. 58). Das Kind kann aber auch im Einvernehmen mit dem Sorgeberechtigten ins Ausland, etwa zu einer Urlaubsreise, verbracht worden sein (vgl. dazu auch verschiedene Fallkonstellationen bei *Sonnen* SK Rdn. 21). Erforderlich ist aber, dass dies vom Inland aus geschehen ist. Das verletzte **Sorgerecht** muss bereits **in der Bundesrepublik ausgeübt** worden sein (vgl. BTDrucks. 13/9064, Begr. S. 17; *Lackner/Kühl* Rdn. 5). Dies soll verhindern, dass ein in Deutschland anerkannter Asylbewerber unter Berufung auf § 235 Abs. 2 Nr. 2 den Vorwurf erhebt, sein Ehegatte halte gemeinsame Kinder widerrechtlich im Ausland, d.h. in dessen Heimatland, zurück. Hier erschien dem Gesetzgeber der Inlandsbezug zu schwach, um den Einsatz des deutschen Strafrechts zu rechtfertigen (vgl. dazu *Wieck-Noodt* MK Rdn. 58). Abs. 2 Nr. 2 ist regelmäßig eine **Auslandsstraftat,** obwohl Tatbeiträge im Inland zum Vorenthalten im Ausland denkbar sind. Die Strafbarkeit ergibt sich schon aus Abs. 2 Nr. 2 selbst (*Sch/Schroeder-Eser/Eisele* Rdn. 18: Strafbegründungsnorm); die Anwendbarkeit deutschen Strafrechts wird jedoch ausdrücklich durch § 5 Nr. 6a sichergestellt. Danach gilt deutsches Strafrecht, sofern das Kind oder die sorgeberechtigte Person ihren Wohnsitz oder gewöhnlichen Aufenthalt im Inland hat (*Wolters* SK Rdn. 15; *Lackner/Kühl* Rdn. 3 zu § 5; *Sch/Schroeder-Eser/Eisele* Rdn. 18; **aA** *Fischer* Rdn. 11b: auf Wohnsitz oder Aufenthalt des Kindes kommt es nicht an). Der Versuch nach Abs. 2 Nr. 2 ist nicht unter Strafe gestellt.

III. Tatmittel (in § 235 Abs. 1 Nr. 1)

Das Gesetz sieht **besondere Tatmittel** nur noch in § 235 Abs. 1 Nr. 1 vor. Es sind dieselben wie beim Menschenraub. Hierzu wird auf § 234 Rdn. 10 ff (Gewalt), 19 ff (Drohung mit einem empfindlichen Übel) und 26 ff (List) verwiesen. In den anderen Fällen der Entziehung oder Vorenthaltung (Absatz 1 Nr. 2, Absatz 2 Nrn. 1 und 2) kommt es auf den Einsatz eines bestimmten Tatmittels nicht an. Das gilt insbesondere auch beim Grundtatbestand des § 235 Abs. 1 Nr. 2, bei dem der Täter nicht **Angehöriger** des Kindes ist. Für den Angehörigenbegriff gilt § 11 Abs. 1 Nr. 1 Buchst. a und b (BTDrucks. 13/7164 und BTDrucks. 13/8587, jeweils Begr. S. 25); siehe hierzu § 11 Rdn. 2 ff. 68

1. Richtung ihrer Anwendung. Es kommt in der Regel nicht darauf an, **gegen wen** die Tatmittel angewendet werden. Sie können sich gegen den **Sorgeberechtigten**, gegen den **Minderjährigen** (BGHSt **16** 58, 62; BGH MDR **1962** 750, 751; RG JW **1936** 1296) oder gegen **andere Personen** richten,[51] so im letzten Fall bei Vorspiegelung eines harmlosen Geschehens, um ein Mädchen der Aufsicht eines Heimes oder einer Betreuerin zu entziehen (BGH NJW **1963** 1412, 1413; NJW **1984** 673, 674, insoweit in BGHSt **32** 183 nicht abgedruckt), bei irreführenden Angaben gegenüber dem Vormundschaftsgericht (RGSt **15** 340, 342 f) oder ermittelnden Kriminalbeamten (BGH bei *Dallinger* MDR **1968** 728), oder bei Gewaltanwendung gegen den Gerichtsvollzieher, der den Jugendlichen abholen und den Eltern zurückbringen soll.[52] 69

In der dritten Fallgruppe – Einsatz eines Tatmittels gegenüber anderen Personen als dem Sorgeberechtigten und dem Minderjährigen – ist allerdings eine **Einschränkung** zu machen. Das Tatmittel muss gegenüber jemand angewendet werden, der tatsächlich oder aus der Sicht des Täters **bereit** ist, das bedrohte Obhutsverhältnis **zu schützen.**[53] Das ist in der Regel der Fall bei Personen, die das Kind oder den Jugendlichen für den Berechtigten in ihrer (tatsächlichen) Obhut haben, ferner aber auch bei Behörden oder Stellen, die – wie Vormundschafts- oder Familiengericht und Kriminalpolizei – mit der Angelegenheit befasst sind (BGHSt **44** 355, 360 = NJW **1999** 1344, 1345; *Fischer* Rdn. 9; *Matt/Renzikowski-Eidam* Rdn. 10; **aA** OKBeckStGB-*Valerius* Rdn. 9). Das trifft jedoch nicht ohne weiteres zu bei **beliebigen Dritten**, denen gegenüber der Täter das Kind zum Beispiel als eigenes oder das von Verwandten oder Bekannten ausgibt, um allgemein unverdächtig zu erscheinen; ferner nicht bei einem **Täter** (oder Teilnehmer), der den Eltern oder sonst Sorgeberechtigten das betroffene Kind durch eine Tat nach § 235 entzogen hat, um es für sich zu behalten (vgl. Rdn. 49). 70

Würde man diese Einschränkung nicht machen, so könnte das zu einer nicht gerechtfertigten erheblichen Ausdehnung des Tatbestands führen, dies vor allem im Hinblick darauf, dass auch die Aufrechterhaltung einer (zunächst ohne die bezeichneten Tatmittel bewirkten) Entziehung Minderjähriger durch nachträgliche Anwendung von List den Tatbestand des § 235 Abs. 1 Nr. 1 erfüllt (Rdn. 43). Das RG (DR **1941** 1840 = HRR **1942** 131) ist auf diesem Wege zur (nachträglich einsetzenden) Strafbarkeit des vor dem 6. StrRG an sich straflosen „Diebstahls“ eines Säuglings gelangt. 71

---

51 *Wieck-Noodt* MK Rdn. 62.

52 Zum Ganzen wie hier *Fischer* Rdn. 9; *Sch/Schröder-Eser/Eisele* Rdn. 9; *Lackner/Kühl* Rdn. 4; *Wolters* SK Rdn. 10 a.E.

53 Zutreffend: *Wolters* SK Rdn. 10 a.E.; OKBeckStGB-*Valerius* Rdn. 9; *Sch/Schröder-Eser/Eisele* Rdn. 9; *Wieck-Noodt* MK Rdn. 67; *Geppert* GedS H. Kaufmann, S. 784.

72 **2. List.** List ist im Sinne des § 235 ist **geflissentliches und geschicktes Verbergen der wahren Absicht** (Anwendung eines „Kunstgriffs“, § 234 Rdn. 27)[54] nicht erforderlich ist, dass derjenige, demgegenüber List angewandt wird, „überlistet“ wird. List ist zum Beispiel angenommen worden bei Täuschung über den Zweck einer Auslandsreise, welche die Mutter mit den Kindern macht, um sich von ihrem Ehemann zu trennen (OLG Karlsruhe NJW **1984** 572, 573). An ihr fehlt es bei der schlichten (diebstahlsähnlichen) **Wegnahme eines Säuglings**, soweit es sich nicht um ein Verhalten wie bei einem „Trickdiebstahl“ handelt. (Der Fall ist nunmehr zum Teil durch § 235 Abs. 1 Nr. 2 besonders geregelt.) Dagegen kann die Zuwendung von Geschenken an den Minderjährigen ausreichen, wenn sie mit der Aufforderung an ihn verbunden wird, den Eltern nichts zu erzählen (OLG Hamm JMBl. NRW **1966** 236, 237).[55] Ebenso genügen Versprechungen gegenüber einem Kind, um dessen Vertrauen zu erwerben oder dessen Interesse zu erwecken und es sich dadurch gefügig zu machen (OLG Hamm JMBl. NRW **1966** 236, 237). Nicht ausreichend ist es dagegen, das Kind lediglich zu verstecken und anschließend die Auskunft über dessen Aufenthalt zu verweigern (§ 234 Rdn. 29; so auch OLG Celle NJW **1996** 2666; dagegen noch heute: *Wieck-Noodt* MK Rdn. 66). Erst recht nicht ausreichend ist das bloße Verbringen eines Minderjährigen an einen anderen Ort durch den nur umgangsberechtigten Vater (*Matt/Renzikowski-Eidam* Rdn. 11; s. auch FamRZ **1997** 774). Zur weitgehenden älteren Rechtsprechung, die etwa Verschwinden mit dem Kinde durch eine klug und geschickt agierende Täterin (BGHSt **10** 386, 379) als List ansah vgl. *Wolters* SK Rdn. 10; krit. auch *Bohnert* GA **1978** 362 ff; *Krack* S. 43, 51.

73 Was die reinen **Wegnahmefälle** (Rdn. 72) betrifft, so bestand nach früherem Recht eine als unbefriedigend empfundene **Strafbarkeitslücke.** Der Versuch des RG (Rdn. 71), sie zu schließen, mochte in manchen Fällen gangbar sein. Er traf aber gleichwohl nicht den Unrechtskern solcher Taten, der in der Wegnahme, nicht im anschließenden Geschehen liegt. § 235 Abs. 1 Nr. 2 n.F. schließt diese Lücke, indem er bei Tätern, die nicht Angehörige des Kindes sind, auf die Anwendung bestimmter Tatmittel verzichtet (BTDrucks. 13/7164, Begr. S. 39; BTDrucks. 13/8587, Begr. S. 38).[56] Nach wie vor straffrei ist also die Mutter, die dem sorgeberechtigten Vater das eigene Kleinkind entführt, ohne eines der gesetzlichen Tatmittel anzuwenden. Dies gilt auch für die anonyme Kindesabgabe der Mutter in eine Babyklappe (*Wolters* SK Rdn. 10; *Sch/Schroeder-Eser/Eisele* Rdn. 9; *Steinheuser* NStZ **2001** 175, 177).

IV. Rechtsnatur der Tat und Tatmodalitäten

74 Entziehung Minderjähriger (§ 235 Abs. 1 und 2) ist ein **Erfolgsdelikt,**[57] sie ist zugleich **Dauerdelikt** (vgl. *Sch/Schroeder-Eser/Eisele* Rdn. 25.) Die Tat ist **vollendet** (zur **Tatbeendigung** s. Rdn. 127), sobald der Entziehungs- oder Vorenthaltungserfolg, etwa durch Entführung des Minderjährigen, eingetreten ist. Der tatbestandsmäßige Erfolg besteht in der durch Entziehen oder Vorenthalten bewirkten erheblichen Beeinträchtigung fremden Sorgerechts, die im Falle des § 235 Abs. 2 Nr. 2 (jedenfalls auch) im Ausland begangen sein muss. **Ausland** sind alle Land-, See- und Lufträume, die nicht zum deutschen Hoheitsbereich gehören (vor § 3 Rdn. 228 ff). Die Tat wird in der Regel durch **positives Tun** verübt. Als Erfolgsdelikt kann sie aber auch durch **unechtes Unterlassen**

---

[54] *Geppert* FS H. Kaufmann, S. 784 ff.

[55] **AA** *Vogler* LK[10] Rdn. 13; *Sch/Schröder-Eser/Eisele* Rdn. 9, *Wieck-Noodt* MK Rdn. 68.

[56] *Fischer* Rdn. 10; *Hörnle* Jura **1998** 180; *Sander/Hohmann* NStZ **1998** 276.

[57] *Geppert* GedS H. Kaufmann, S. 779.

(s. dazu schon Rdn. 61, 66 f) begangen werden, wenn den Täter eine Garantenpflicht zur Erfolgsabwendung trifft (§ 13).[58] Eine solche Pflicht kann sich auch aus vorausgegangenem pflichtwidrigem Tun („Ingerenz") ergeben.

In den **Unterlassungsfällen** trägt der Täter zur Fortdauer der (in der Regel schon bestehenden) rechtswidrigen räumlichen Trennung des Kindes vom Sorgeberechtigten dadurch bei, dass er pflichtwidrig nicht daran mitwirkt, diese Trennung aufzuheben und das Kind dem Berechtigten wieder zuzuführen. Das kann auch dadurch geschehen, dass er den ihm bekannten **Aufenthaltsort** des Minderjährigen gegenüber dem Berechtigten oder einer Behörde **verschweigt.**[59] Das hat die Rechtsprechung zum Beispiel angenommen bei einem **früheren Vormund** (RGSt **24** 133, 135 f, 140; vgl. RGSt **37** 162, 165 f) und bei einem **Fluchtbeteiligten,** der durch sein früheres Verhalten wesentlich dazu beigetragen hat, dass der Minderjährige von zu Hause weglief (BGH bei *Dallinger* MDR **1968** 728). Gleiches soll nach den Entwürfen BTDrucks. 13/7164 und BTDrucks. 13/8587 (jeweils Begr. S. 38, 39) gelten, wenn sich der Täter bei einer Auslandsreise mit einem Kind erst nachträglich entschließt, es nicht wieder herauszugeben. **75**

Allerdings erfüllt im Rahmen des Absatzes 1 Nr. 1 nur **listiges Verheimlichen** des Aufenthaltsorts den Tatbestand des § 235. An der Anwendung von List fehlt es nicht nur wenn sich der Täter erkennbar darauf beschränkt, die verlangte Auskunft zu verweigern; auch in dem Fall, in dem er das **Kind** zugleich **versteckt** hält, ist das erforderliche geflissentliche und geschickte Verbergen der wahren Absichten nicht gegeben (vgl. oben Rdn. 72; § 234 Rdn. 29 f). **76**

Eine rechtlich bereits vollendete Entziehung Minderjähriger kann zwar noch dadurch fortgesetzt werden, dass der Täter den Entziehungserfolg durch zusätzliches Handeln weiter aufrechterhält (Rdn. 43), indem er zum Beispiel durch häufigen Ortswechsel die Spuren über den Verbleib des entzogenen Kindes planmäßig verwischt. Ist aber die Tat beendet, so macht er sich nicht erneut dadurch strafbar, dass er es unterlässt, den Minderjährigen dem Sorgeberechtigten wieder zuzuführen. Aus der Begehung einer Straftat (durch positives Tun) erwächst dem Täter **keine Garantenpflicht** dafür, den bewusst und gewollt herbeigeführten **Taterfolg zur Vermeidung weiterer Strafbarkeit nach demselben Strafgesetz rückgängig zu machen.** So ist die Tat beendet, sobald der Täter das Kleinkind, das er den Eltern entzogen hat, als ihm angeblich unbekanntes Findelkind in einem fernen Heim abliefert, auch wenn es erst Monate später zu den Eltern zurückgelangt. Eine Strafbarkeit wegen Unterlassens ergibt sich für die Zeit zwischen Abgabe des Kindes an das Heim und Wiederaufnahme bei den Eltern nicht. Eine **Verurteilung,** die **während andauernder Entziehung** Minderjähriger erfolgt, hatte bislang eine **Zäsur** zur Folge, so dass eine erneute Verurteilung wegen der fortdauernden Tat möglich war (RGSt **47** 154, 155; BGHSt **14** 280, 281; BGH NStZ **2006** 447, 448). Dies hat das BVerfG in einer Entscheidung aus dem Jahre 2006 verfassungsrechtlich beanstandet. Es hat zwar eine erneute Verurteilung bei einem „Unterlassungsdauerdelikt" bei zwischenzeitlicher strafgerichtlicher Verurteilung nicht grundsätzlich ausgeschlossen, sieht aber in solchen Fallgestaltungen eine mögliche Kollision mit dem **Schuldprinzip.** So müsse insbesondere geprüft werden, ob der Täter „einen neuen, von dem ersten qualitativ verschiedenen, weil die vorausgegangene Verurteilung außer Acht lassenden Tatentschluss" gefasst hat. Auch könne ein Verstoß gegen den Schuldgrundsatz darin liegen, dass sich die erneute **77**

---

58 *Fischer* Rdn. 8; *Sch/Schröder-Eser/Eisele* Rdn. 7; *Regel* S.131 ff.

59 *Sch/Schröder-Eser/Eisele* Rdn. 7; *Lackner/Kühl* Rdn. 3; einschränkend *Wolters* SK Rdn. 10.

Verurteilung von ihrer Bestimmung löse, gerechter Schuldausgleich zu sein.[60] Angesichts dieses überzeugenden verfassungsrechtlichen Ausgangspunktes dürfte es allenfalls in Ausnahmefällen noch zu einer Verurteilung kommen.

V. Ursachenzusammenhang

78 Die einzelnen Teile des Tatbestandes müssen ursächlich miteinander verknüpft sein. Die **Tathandlung** (Rdn. 39 ff) muss den **Taterfolg** – die erhebliche Beeinträchtigung des fremden Sorgerechts (Rdn. 74) durch räumliche Trennung (Rdn. 45) – bewirken, im Falle des § 235 Abs. 1 Nr. 1 mit einem gesetzlichen **Tatmittel**.[61]

79 Im Fall der Entführung eines bereits **zuvor „entzogenen" Kindes** (Rdn. 49) scheitert die Ursächlichkeit der zweiten Tat für die Rechtsverletzung nicht an der Überlegung, dass sie ohne die erste (so) überhaupt nicht hätte stattfinden können. Vielmehr kommt es darauf an, ob die zweite Tat ohne die erste die Voraussetzungen einer Entziehung Minderjähriger (in Form des Entziehens oder Vorenthaltens) erfüllt, also eine (weitere) Verletzung des Sorgerechts des Berechtigten bedeutet. Daran fehlt es zum Beispiel, wenn der zweite Täter einen zehnjährigen Jungen auf dessen Bitten nachmittags einmal zum Angeln an einen Bach mitnimmt.

VI. Qualifizierte Tatbestände

80 § 235 enthält in den Absätzen 1 und 2 verschiedene Vergehenstatbestände. Die Nummern 1 und 2 des **Absatzes 4** sind demgegenüber Qualifikationstatbestände mit eigenständiger Strafdrohung (Absätze 4 und 6), die **Verbrechen** (§ 12 Abs. 1, 3) sind. Die Entwürfe zum 6. StRG (BTDrucks. 13/7164 u. 13/8587) sahen in Absatz 4 jeweils nur einen Sonderstrafrahmen für besonders schwere Fälle mit Regelbeispielen vor (zur Gesamttendenz des 6. StrRG bei der Festlegung der Strafrahmen – Zurückdrängung der Regelbeispielstechnik – siehe *Kreß* NJW **1998** 636).

81 **1. Absatz 4 Nr. 1.** Es handelt sich um ein **konkretes Gefährdungsdelikt**, bei dessen Begehung die Verwirklichung einer der bezeichneten Gefahren wahrscheinlicher sein muss als das Ausbleiben des Schadens. Die Gefährdung muss **durch die Tat** verursacht sein, etwa als Folge der eigentlichen Tathandlung oder als Auswirkung des Taterfolgs (vgl. *Fischer* Rdn. 16a; *Wolters* SK Rdn. 18; *Sch/Schroeder-Eser/Eisele* Rdn. 22). Die **konkrete Gefahr** setzt eine kritische Situation voraus, in der die Wahrscheinlichkeit eines Schadens derart gesteigert ist, dass ein Eintritt „nahe liegt" bzw. es nur noch vom nicht mehr beherrschbaren Zufall abhängt, ob der Tod, die schwere Gesundheitsschädigung bzw. die erhebliche Schädigung der körperlichen oder seelischen Entwicklung eintritt oder nicht (ausdrücklich zu § 235 Abs. 4: BGH NStZ **2006** 447). Der Gesetzgeber hat den Katalog der Gefahren gegenüber dem der Regelbeispiele in den ursprünglichen Entwürfen um die Gefahr des **Todes** erweitert, in die das Opfer durch die Tat gebracht wird.

---

[60] BVerfG StraFO **2007** 369 = BVerfGK **10** 134 m. Anm. *Kraatz* Jura **2007** 854. S. auch *Matt/Renzikowski-Eidam* Rdn. 20; SSW-*Schluckebier* Rdn. 18.

[61] *Fischer* Rdn. 9; *Wolters* SK Rdn. 9.

Das Gesetz sagt nicht ausdrücklich, wen es als **„Opfer"** ansieht. Es gebraucht im Absatz 4 ein Merkmal, das es in den Grundtatbeständen (§ 235 Abs. 1 und 2) nicht verwendet. Aus der Entwurfsbegründung zum 6. StrRG (BTDrucks. 13/7164 u. 13/8587, jeweils Begr. S. 39) wird jedoch deutlich, dass es mit der Ausdehnung des Schutzguts auf die ungestörte Entwicklung des jungen Menschen den von der Tat betroffenen **Minderjährigen** meint. Deshalb kommt auch der beteiligte **Sorgeberechtigte** insoweit als Opfer nicht in Betracht (ausführlich BGH NStZ **2006** 447, 448; ebenso *Fischer* Rdn. 16a; **aA** *Gribbohm* LK Voraufl. Rdn. 82; *Sonnen* SK Rdn. 23), ebenso wenig der **schutzbereite Dritte** 1 aus; denn § 235 dient nicht einmal seinem Schutze, dies selbst dann nicht, wenn Gewalt gegen ihn angewendet wird (Rdn. 1, 6). 82

Der Begriff der **schweren Gesundheitsschädigung** ist § 218 Abs. 2 Satz 2 Nr. 2, § 330 Satz 2 Nrn. 1 und 2, § 330a Abs. 1 i.d.F. des 31. StRÄndG (2. UKG) vom 27.6.1994 (BGBl. I S. 1440) entnommen. Er reicht weiter als der in § 224 a.F. abschließend umschriebene frühere objektive Tatbestand der schweren Körperverletzung, der den Verlust eines wichtigen Körpergliedes, des Sehvermögens auf einem oder beiden Augen, des Gehörs, der Sprache oder der Zeugungsfähigkeit oder eine erhebliche Entstellung auf Dauer oder den Verfall in Siechtum, Lähmung oder Geisteskrankheit voraussetzte. Bei § 235 Abs. 4 Nr. 1 kommt es nicht darauf an, ob der Täter eine dieser schweren Folgen herbeigeführt hat. Es reicht aus, dass das Opfer in ernste, langwierige Krankheit verfällt oder seine Arbeitskraft erheblich beeinträchtigt wird (BTDrucks. 13/7164 u. 13/8587, jeweils Begr. S. 28). Die erforderliche Schwere der Gesundheitsbeeinträchtigung kann sich dabei aus ihrer Art, aber auch aus ihrer Dauer ergeben (vgl. *Wolters* SK Rdn. 18; SSW-*Schluckebier* Rdn. 12). 83

Die konkrete Gefahr einer erheblichen Schädigung der **körperlichen oder seelischen Entwicklung** kann gegeben sein, wenn der Täter das Kind für längere Zeit in ein asoziales Milieu bringt, wenn er auf unübersehbare Zeit einen Zustand erhöhter Schutzlosigkeit des Kindes herbeiführt oder wenn er sich aus egoistischen Motiven hemmungslos über die berechtigten Interessen des Kindes und der Mutter hinwegsetzt (E II und III, jeweils Begr. S. 39 unter Hinweis auf BGH NJW **1990** 1489, 1490; LG Koblenz NStZ **1988** 312, 313).[62] Die **bloße Kindesentziehung** kann, auch wenn sie mit einem Verbringen des Kindes in das Ausland verbunden ist, für die Annahme einer solchen Gefahr nicht ausreichen. Das Verbringen in einen fremden Kulturkreis erfüllt den Qualifikationstatbestand erst, wenn damit eine **konkrete Gefahr** für die körperliche, seelische oder psychische Entwicklung des Minderjährigen verbunden ist, etwa wenn unter massivem Einfluss einer fremden Religion die Gefahr einer Entwicklungsschädigung droht. Dies erfordert regelmäßig konkrete Feststellungen (BGH NStZ **2006** 447; zur Verbringung nach Pakistan s. BGH NJW **1990** 1489, 1490, in den Libanon LG Koblenz NStZ **1988** 312 f; s. ferner *Lackner/Kühl* Rdn. 7; SSW-*Schluckebier* Rdn. 12). Nicht ausreichend ist es, dass der Täter sich aus egoistischen Motiven über die berechtigten Interessen des Kindes oder der Mutter hinwegsetzt; diese Beschreibung eines Täterverhaltens besagt nichts darüber, ob das Kind der konkreten Gefahr einer erheblichen Schädigung ausgesetzt ist (ähnlich *Sch/Schroeder-Eser/Eisele* Rdn. 22; anders aber BTDrucks. 13/7164, Begr. S. 39; *Wieck-Noodt* MK Rdn. 79). Wird die Tat zu dem Zweck begangen, an dem Opfer später sexuelle Handlungen vorzunehmen oder von diesem vornehmen zu lassen, ist die konkrete Gefahr einer Entwicklungsschädigung erst anzunehmen, wenn sich über die eigent- 84

---

62 *Fischer* Rdn. 16a; *Sch/Schröder-Eser/Eisele* Rdn. 22; *Sonnen* NK Rdn. 23; *Wieck-Noodt* MK Rdn. 79.

liche Entziehungshandlung hinaus die Gefahr objektiv verdichtet, dass es zu den beabsichtigten sexuellen Handlungen auch kommen kann (großzügiger wohl *Wieck-Noodt* MK Rdn. 80, der Gefahr läuft, damit allein die reine **Absicht** des Täters qualifikationsbegründend genügen zu lassen).

85 **2. Absatz 4 Nr. 2.** Die Vorschrift ersetzt das in § 235 Abs. 2 Satz 2 a.F. genannte einzige Regelbeispiel eines besonders schweren Falles der Kindesentziehung (Handeln aus Gewinnsucht) im Rahmen eines Qualifikationstatbestandes durch die weiter reichenden Merkmale des **Handelns gegen Entgelt** oder in **Bereicherungsabsicht,** dies mit dem Ziel, die Anwendung des verschärften Strafrahmens auf Erscheinungsformen eines kommerziellen und organisierten Kinderhandels gegenüber dem geltenden Recht zu erleichtern (BTDrucks. 13/7164 u. 13/8587, jeweils Begr. S. 39; BGHSt **55**, 229, 233). Zur Frage, ob dies **besondere persönliche Merkmale** sind vgl. Rdn. 123.

86 **a) Das frühere Merkmal „Gewinnsucht".** Unter **Gewinnsucht** im Sinne des § 235 Abs. 2 Satz 2 a.F. war die Steigerung des Erwerbssinns auf ein ungewöhnliches, ungesundes, **sittlich anstößiges Maß** zu verstehen.[63] Die Absicht, sich oder einem Dritten **überhaupt** einen **Vermögensvorteil** oder anderen materiellen Vorteil zu verschaffen, genügte dafür allein nicht (RGSt **43** 175, 176).[64] So schied Gewinnsucht in der Regel aus, wenn sich der Täter Nahrungs- oder Genussmittel oder andere Gegenstände des hauswirtschaftlichen Verbrauchs in geringer Menge oder von unbedeutendem Wert **zum alsbaldigen Verbrauch**[65] verschaffen wollte (vgl. RGSt **43** 175, 176 f; **50** 396, 397).

87 Die ungewöhnliche **Steigerung des Erwerbssinns**, welche bei Gewinnsucht vorausgesetzt wurde, konnte einerseits von der **Höhe des materiellen Vorteils** abhängen, den der Täter erstrebte, andererseits aber auch von den **Tatmotiven**, die ihn bei der Tat beherrschten. Handeln **aus Not** stand der Annahme von Gewinnsucht in der Regel entgegen; die Absicht, den Vorteil **einem anderen zuzuwenden**, schloß sie nicht notwendig aus (RGSt **56** 244, 245). Doch konnten mitwirkende **altruistische Zwecke** die Beurteilung im Einzelfall beeinflussen. Aus Gewinnsucht konnte auch handeln, wer von den Eltern des Minderjährigen ein hohes **Lösegeld erpressen** wollte.[66] Dieser Auffassung stand die Entscheidung RGSt **70** 136 = JW **1936** 1296 im Hinblick auf die bei ihrem Erlass geltende besondere Gesetzesfassung (Rdn. 120) nicht entgegen. Das RG unterschied insoweit zwischen einer Tat „aus Gewinnsucht" und einer solchen in der Absicht, das Kind „zu gewinnsüchtigen Zwecken zu gebrauchen".

88 **b) Die Neufassung** durch das 6. StrRG weicht vom Vorschlag der ursprünglichen Entwürfe ab, die eine Strafzumessungslösung vorsahen. Sie ist nicht unproblematisch und verschärfte die Strafbarkeit erheblich.[67] Denn sie knüpft die Verbrechensstrafe (Freiheitsstrafe von einem Jahr bis zu zehn Jahren) an relativ **geringe** tatbestandsmäßige **Voraussetzungen.** Eine ungewöhnliche Steigerung des Erwerbssinns wird, anders als früher bei der Gewinnsucht (Rdn. 86 f), nicht mehr verlangt. Der beabsichtigte Vermögensvorteil, der zielgerichtet erstrebt sein muss (*Matt/Renzikowski-Eidam* Rdn. 14) muss nicht rechtswidrig sein (**h.M.;** vgl. nur *Fischer Rdn. 17; Lackner/Kühl* Rdn. 7; *Wieck-Noodt* MK Rdn. 86; *Wessels/Hettinger* BT 1 Rdn. 443; *Sch/Schroeder-Eser/Eisele* Rdn. 22;

[63] Vgl. BGHSt **1** 388 ff; **3** 30, 32; BGH GA **1953** 154; **1961** 171; OLG Hamm NJW **1949** 191.

[64] *Sch/Schröder-Eser* 25. Aufl. Rdn. 17.

[65] Vgl. § 370 Abs. 1 Nr. 5 bis zu dessen Aufhebung durch Art. 1 Nr. 30 des 2. StrRG.

[66] *Sch/Schröder-Eser* 25. Aufl. Rdn. 17.

[67] Vgl. *Tröndle/Fischer* 52. Aufl. Rdn. 17.

aA *Nelles* Rdn. 37; *Tröndle/Fischer* 49. Aufl. Rdn. 13 findet; ebenso *Sonnen* NK Rdn. 24, der dies aber angesichts des klaren Wortlauts verwirft und auf die Möglichkeit eines minder schweren Falls verweist). Das Entgelt, das der Täter mit der Tat erstrebt (§ 11 Nr. 9, § 11 Rdn. 106 ff), kann gering, die Absicht, sich oder einen Dritten zu bereichern, auch auf einen unbedeutenden Vermögensvorteil gerichtet sein. Beide Begriffe (Entgelt und Bereicherungsabsicht) hängen nicht von der **Höhe der** wirtschaftlichen **Leistung** ab, auf die sie sich beziehen. Vorteile, die mit dem Aufenthalt des Minderjährigen verbunden sind (Unterhalt, öffentliche Unterstützung) reichen, auch wenn sie dem Täter zufließen, regelmäßig nicht aus; insoweit wird es schon an der entsprechenden Absicht fehlen, sich oder einen Dritten zu bereichern (**aA** *Fischer* Rdn. 17; OKStGB-*Valerius* Rdn. 17; *Wieck-Noodt* MK Rdn. 86). Auf die **Motivlage des Täters** kommt es – anders als bei der Prüfung eines besonders schweren Falles nach § 235 Abs. 2 Satz 2 a.F. und auch im Sinne der Entwürfe (Rdn. 85, 87) – für die rechtliche Beurteilung der Tat als Verbrechen in der Regel nicht an. Dem Richter bleibt nur, in minder schweren Fällen auf den milderen Strafrahmen des Absatzes 6 auszuweichen.

VII. Die Erfolgsqualifikation nach Absatz 5

Als solche hat das 6. StrRG Abs. 5 für den Fall ausgestaltet, dass der Täter durch die **89** Tat den **Tod des Opfers verursacht.** Bloße Kausalität reicht dafür noch nicht aus. Es muss sich vielmehr das spezifische Risiko der Todesgefahr des Grundtatbestandes realisiert haben (*Sonnen* SK Rdn. 25; *Wieck-Noodt* MK Rdn. 90). Zur inneren Tatseite ist insoweit wenigstens **einfache Fahrlässigkeit** erforderlich, aber auch ausreichend (§ 18).[68] Die Neufassung folgt hier der Beschlussempfehlung des Rechtsausschusses (S. 16). Sie weicht damit von den Entwürfen ab, die einen Qualifikationstatbestand mit **leichtfertiger** Verursachung der Todesfolge schaffen wollten (BTDrucks. 13/7164, S. 7, Begr. S. 39; BTDrucks. 13/8185, S. 8, Begr. S. 39). Zur Einschränkung des Verursachungsbegriffs bei erfolgsqualifizierten Delikten s. § 18 Rdn. 28, 31 ff. In Fällen einfacher Fahrlässigkeit wird regelmäßig der mildere Strafrahmen des Absatzes 6 nahe liegen.

Nach *Kreß* (NJW **1998** 637) beruht die Entscheidung des Gesetzgebers für einfache **90** Fahrlässigkeit als ausreichende **Schuldform für die Qualifizierung** nach Abs. 5 auf folgender formaler Überlegung: Dem 6. StrRG liege ein **Differenzierungsmodell** (im Anschluss an die Gegenäußerung der Bundesregierung, BTDrucks. 13/8587, S. 79) zugrunde. Auf das Leichtfertigkeitserfordernis werde dort verzichtet, wo der Grundtatbestand zu der Todeserfolgsqualifikation (hier also: § 235 Abs. 1 und 2) im Höchstmaß Freiheitsstrafe von nicht mehr als fünf Jahren androhe und damit nicht über die entsprechende Strafdrohung bei der fahrlässigen Tötung hinausgehe. Denn anderenfalls (d.h. also: wenn man in solchen Fällen die schwerere Schuldform der Leichtfertigkeit verlangen würde) drohe hier beim Höchstmaß ein – als zu gravierend erachteter – „Strafrahmensprung" von zehn Jahren, je nachdem, ob Leichtfertigkeit oder lediglich einfache Fahrlässigkeit bei der Todesverursachung angenommen werde.

Diese formale Differenzierung befriedigt nicht. Sie vermeidet schematisch zwar den großen „Strafrahmensprung". Sie eröffnet für die Tat aber einen Regelstrafrahmen, der bei einfacher Fahrlässigkeit mit einer Höchststrafe von fünfzehn Jahren (§ 38 Abs. 2)

---

[68] *Fischer* Rdn. 18; *Wolters* Rdn. 20; SSW-*Schluckebier* Rdn. 13; *Sch/Schröder-Eser/Eisele* Rdn. 23; *Wieck-Noodt* MK Rdn. 90; *Wessels/Hettinger* BT 1 Rdn. 443.

schuldunangemessen ist, dies jedenfalls wenn der Qualifizierung (nur) ein Grundtatbestand nach § 235 Abs. 1 oder 2 zugrunde liegt (vgl. auch *Bussmann* GA **1999** 28). Zum Begriff „Opfer" in Absatz 5 vergleiche Rdn. 82.

VIII. Tatbestandsausschluss und Rechtfertigung

1. Einwilligung

91 a) Die **Einwilligung des Sorgeberechtigten** muss sich sowohl auf die räumliche Trennung des Minderjährigen von diesem als auch auf den vom Täter beabsichtigten Zweck beziehen (BGHSt **1** 199, 200). Ihre **Wirkung** ist im einzelnen umstritten.[69] Nach manchen ist sie bei der Prüfung der Tatbestandsmäßigkeit zu berücksichtigen,[70] nach anderen bei der Rechtswidrigkeit (vgl. RG DR **1942** 438). Regelmäßig betrifft ein vorliegendes Einverständnis bereits den **Tatbestand** (**aA** *Gribbohm* LK Voraufl. Rdn. 92: je nach Lage des Falles Tatbestand oder Rechtswidrigkeit).

92 Das Handeln **gegen den Willen des Sorgeberechtigten** ist ausdrücklich nicht Voraussetzung tatbestandsmäßigen Handelns nach § 235. Die Tathandlungen, Entziehen bzw. Vorenthalten, setzen aber voraus, dass die Herstellung bzw. Aufrechterhaltung der räumlichen Trennung jedenfalls ohne deren Zustimmung erfolgt. Ein Einverständnis des Sorgeberechtigten führt deshalb ohne Weiteres dazu, dass die von § 235 vorausgesetzten Tathandlungen nicht mehr gegeben sind und der Tatbestand entfällt (**h.M.**: s. nur *Fischer* Rdn. 14; *Wolters* SK Rdn. 7; *Lackner/Kühl* Rdn. 3; *Sch/Schroeder-Eser/Eisele* Rdn. 8; *Wieck-Noodt* MK Rdn. 91).

93 Dies gilt auch, wenn der Täter bei seinem Vorgehen **Tatmittel nach Abs. 1 Nr. 1 gegen den Minderjährigen oder einen schutzbereiten Dritten** anwendet, obwohl ein Einverständnis des Sorgeberechtigten vorliegt (*Wolters* SK Rdn. 7; *Matt/Renzikowski-Eidam* Rdn. 12; *Sch/Schroeder-Eser/Eisele* Rdn. 8). Auch insoweit fehlt es an der erforderlichen Tathandlung; die Einwilligung braucht sich nicht auf den Einsatz der Tatmittel zu beziehen, wenn der Sorgeberechtigte jedenfalls mit dem vom Täter erstrebten Erfolg, der räumlichen Trennung, einverstanden ist (**aA** *Gribbohm* LK Voraufl. Rdn. 99, wonach in diesem Fall der Taterfolg durch die tatbestandsmäßige Handlung herbeigeführt sei; ihm im Ergebnis folgend: *Fischer* Rdn. 14; *Sonnen* NK Rdn. 30; *Wieck-Noodt* Rdn. 92).

94 Das Einverständnis ist **unwirksam**, wenn es **durch Gewalt**, **Drohung** mit einem empfindlichen Übel oder **List** herbeigeführt wird (BGHSt **1** 199, 200; **1** 364, 366; vgl. RG DR **1942** 438 f).[71] Das gilt in der Regel auch, wenn der Täter nur **über** den mit der räumlichen Trennung verfolgten **Zweck** täuscht (BGHSt **1** 199, 200; RG DR **1942** 438), so etwa, wenn er vorgibt, dem minderjährigen Mädchen in der Großstadt eine Stellung als „Bürokraft" zu verschaffen, während er es in Wirklichkeit zur Prostitution veranlassen will.[72] Dies ergibt sich ohne Weiteres bei Tathandlungen nach Abs. 1 Nr. 1, weil

---

69 Vgl. *Regel* S. 88 f.

70 So *Wolters* SK Rdn. 7; *Lackner/Kühl* Rdn. 3; *Matt/Renzikowski-Eidam* Rdn. 12; *Sch/Schröder-Eser/Eisele* Rdn. 8; OKBeckStGB-*Valerius* Rdn. 4; *Vogler* LK[10] Rdn. 20, 22 f; *Regel* S. 90. Differenzierend: *Fischer* Rdn. 14; *Sonnen* NK Rdn. 29; *Wieck-Noodt* MK Rdn. 91.

71 *Wolters* SK Rdn. 7; *Lackner/Kühl* Rdn. 3; *Sch/Schröder-Eser/Eisele* Rdn. 8; *Sonnen* NK Rdn. 30; *Wieck-Noodt* MK Rdn. 91.

72 *Wolters* SK Rdn. 7; *Sch/Schröder-Eser/Eisele* Rdn. 8; *Sonnen* NK Rdn. 30; im Ergebnis auch *Vogler* LK[10] Rdn. 21; *Regel* S. 93 ff.

damit der Einsatz der dort genannten Tatmittel beschrieben ist, der zu dem missbilligten erfolg führt. In den anderen Fällen entfaltet das Einverständnis keine tatbestandsausschließende Wirkung, weil es nicht – wie allgemein vorausgesetzt – auf zureichender Tatsachengrundlage beruht und nicht aus freien Stücken abgegeben ist.

Abweichungen von dem Zweck, welcher nach der dem Täter bekannten Vorstellung **95**
des Sorgeberechtigten dessen Einverständnis zugrunde liegt, bzw. Täuschungen hierüber lassen die Wirksamkeit unberührt, wenn sie unwesentlich sind, so etwa, wenn der Täter mit der Tochter von Bekannten ins Kino gehen darf und statt dessen eine Tanzveranstaltung mit ihr besucht,[73] ferner dann, wenn sie sich nachträglich ergeben und durch **mutmaßliche Einwilligung** gedeckt sind.

Ein möglicher Verstoß des Einverständnisses **gegen die guten Sitten** ist **unbeachtlich.**[74] **96**
Maßgeblich ist auch hier der Gesichtspunkt, dass durch das tatsächliche Vorliegen des Einverständnisses die Tathandlungen des Entziehens bzw. Vorenthaltens nicht mehr gegeben sind; rechtliche Aspekte sind demgegenüber unbeachtlich.

Soweit dem Verstoß gegen die guten Sitten jedenfalls bei der **rechtfertigenden Einwilli-** **97**
gung (für die nach hiesiger Ansicht ohnehin kein Raum ist) Bedeutung beigemessen wird (vgl. *Gribbohm* LK Voraufl. Rdn. 95 etwa früher in den Fällen, in denen der Täter insbesondere unter den Voraussetzungen des § 235 Abs. 3 a.F. in der Absicht handelte, den Minderjährigen „zu unsittlichen Zwecken oder Beschäftigungen zu gebrauchen", RG DJ **1942** 438, oder gegenwärtig dann, wenn die Tat unter § 235 Abs. 4 Nr. 1 oder unter Abs. 5 fällt, sofern die Todesfolge, wie vom Sorgeberechtigten erkannt, vorsätzlich oder leichtfertig herbeigeführt wird), führt dies zu einer von dem gesetzlichen Schutzzweck abweichenden Zielrichtung der Vorschrift. Diese will vor Eingriffen in das gesetzliche Sorgerecht und nicht den Minderjährigen vor einem möglichen Missbrauch des Sorgerechts durch den Sorgerechtsberechtigten schützen. Absichten und Eingriffe, wie sie oben genannt sind, können allenfalls nach anderen dem Jugendschutz dienenden oder allgemeinen Vorschriften, bei Vorliegen eines Einverständnisses aber nicht nach § 235 bestraft werden.

Dies zeigt sich auch in der in diesem Zusammenhang entwickelten Kriterium für **98**
andere Fallkonstellationen, in denen darauf abgestellt wird, ob mit der Überlassung des Minderjährigen die dem Berechtigten obliegenden **Obhuts- und Erziehungspflichten** in gröblichster Weise (§ 180 Abs. 1 Satz 2) verletzt werden (vgl. *Gribbohm* LK Voraufl. Rdn. 96). Dass die gröbliche Verletzung der Erziehungspflicht im Rahmen des § 235 als geeigneter Anknüpfungspunkt für die Prüfung der Wirksamkeit der Einwilligung angesehen wird, weil die Vorschrift unmittelbar auch dem Schutz des Minderjährigen diene (so auch *Sonnen* NK Rdn. 30), macht deutlich, dass damit der Schutzzweck der Vorschrift ausgetauscht, zumindest aber völlig neu gewichtet wird.

Sind **mehrere Personen gemeinsam** zur Sorge für die Person des Minderjährigen **99**
berechtigt, so liegt eine wirksame Einwilligung nur vor, wenn sie von allen erteilt oder von einem Berechtigten im Einvernehmen mit den übrigen erteilt wird (vgl. für die Eltern §§ 1626 ff BGB).[75] Dagegen hängt die Wirksamkeit einer Einwilligung des oder der Sorgeberechtigten grundsätzlich nicht von der Zustimmung des Minderjährigen ab, obwohl dieser durch § 235 nunmehr auch unmittelbar geschützt wird (Rdn. 101).

---

[73] Vgl. auch *Sch/Schröder-Eser/Eisele* Rdn. 8, wonach § 235 entfällt, wenn der Täter sonstigen Anweisungen des Sorgeberechtigten zuwider handelt.

[74] So auch *Gribbohm* LK Voraufl. Rdn. 97.

[75] *Matt/Renzikowski-Eidam* Rdn. 12; *Sch/Schröder-Eser/Eisele* Rdn. 8, 11.

100 b) **Die Einwilligung des Minderjährigen.** Da der **Minderjährige bis zum 6. StrRG** durch § 235 **nicht unmittelbar** geschützt wurde (Rdn. 32), geschütztes Rechtsgut vielmehr allein das Sorgerecht des Berechtigten war, war seine **Einwilligung** für den Schuldspruch in der Regel bedeutungslos.[76] Doch konnte und kann sie – bei Freiwilligkeit auf seiner Seite in Kenntnis aller Tatumstände – den Tatbestand insoweit ausschließen, als es um die Anwendung eines tatbestandsmäßigen Tatmittels nach Abs. 1 Nr. 1 im Verhältnis zu ihm geht. Der Täter macht sich in solchem Falle, wenn der Minderjährige ohne Täuschung freiwillig mitgeht, nur strafbar, wenn er ein Tatmittel gegen den Sorgeberechtigten oder einen schutzbereiten Dritten einsetzt.

101 Die **Erstreckung** des **unmittelbaren** gesetzlichen Schutzes auf den Minderjährigen selbst durch das 6. StrG (Rdn. 33) ist im Hinblick auf die familienrechtliche Sorgerechtsregelung nicht geeignet, diese Rechtslage (Rdn. 100) im Grundsatz zu ändern. Das **Einverständnis** nur **des Minderjährigen** kann die Tat prinzipiell nicht rechtfertigen.[77] Der Sorgeberechtigte ist im Rahmen seines Rechts zwar befugt, über das geschützte Rechtsgut des Minderjährigen – dessen Recht auf eine ungestörte körperliche, geistige und seelische Entwicklung (Rdn. 37 f) – zu bestimmen, nicht aber hat der Minderjährige innerhalb der dadurch für ihn gezogenen Schranken eine eigene Bestimmungsbefugnis; damit hat er auch nicht die Befugnis, das Sorgerecht der Berechtigten (Rdn. 9 ff) durch eine eigenmächtige Entscheidung beiseite zu schieben. Das ist im Hinblick auf die gesetzliche Regelung der Personensorge (§§ 1626 ff BGB) offensichtlich.

102 c) **Die Einwilligung eines schutzbereiten Dritten.** Für die Einwilligung eines **schutzbereiten Dritten** oder eines die Obhut tatsächlich ausübenden Dritten gilt sinngemäß das Gleiche (Rdn. 130), weil auch er kein eigenes familienrechtlich begründetes Sorgerecht hat (*Wieck-Noodt* MK Rdn 93, 94). Doch kann ihn **der Sorgeberechtigte** ermächtigen, den Minderjährigen unter bestimmten Voraussetzungen oder nach pflichtgemäßem Ermessen aus der eigenen Obhut zu entlassen und sie einem anderen zu übertragen (RGSt **29** 404, 409 ff),[78] so etwa dann, wenn die Obhutsperson dem Minderjährigen erlauben darf, mit einer Jugendgruppe unter Aufsicht eines Leiters an einem Zeltlager teilzunehmen.

103 Auch gibt es Fälle, in denen natürliche Personen oder behördliche Stellen, welche die tatsächliche Obhut über den Minderjährigen haben, **kraft Gesetzes** befugt sind, fremdes Sorgerecht nach dem mutmaßlichen Willen des Berechtigten auszuüben oder als dessen Vertreter mit begrenzter Vertretungsmacht wahrzunehmen (Rdn. 27–30). In all diesen Fällen kann ein Einverständnis, das sich im Rahmen der rechtsgeschäftlichen oder gesetzlichen Ermächtigung hält, auch strafrechtlich erheblich sein.

104 2. **Weitere Rechtfertigungsgründe.** Notwehr (§ 32) und rechtfertigender Notstand (§ 34) können die Rechtswidrigkeit ausschließen, ebenso Selbsthilfe nach § 229 BGB (RG bei *Kallir* JW **1916** 1198 f), die jedoch nur in Betracht kommt, wenn obrigkeitliche Hilfe nicht rechtzeitig zu erlangen ist und Gefahr droht (RG aaO).[79] Solche Fälle können vorkommen, wenn das Kind vom Sorgeberechtigten zum Beispiel misshandelt wird. Die eigenmächtige Korrektur einer vom Täter für verfehlt gehaltenen gerichtlichen Sorgerechtsentscheidung kann dagegen nicht rechtfertigend wirken.

---

76 S. *Ebermayer* LK⁴ Anm. 1.

77 **H.M.:** *Fischer* Rdn. 14; *Lackner/Kühl* Rdn. 3; *Matt/Renzikowski-Eidam* Rdn. 12; *Wieck-Noodt* MK Rdn. 94; *Otto* Grundkurs § 65 Rdn. 40; *Krack* S. 6; *Sallum* S. 63.

78 Ausführlich dazu *Regel* S. 91 ff.

79 *Fischer* Rdn. 14; *Sch/Schröder-Eser/Eisele* Rdn. 20; *Geppert* GedS H. Kaufmann S. 786 f; *Sallum* S. 97 ff.

Behördliche Maßnahmen, etwa nach § 42 SGB VIII, können rechtfertigend wirken (vgl. *Fischer* Rdn. 14; *Sonnen* SK Rdn. 31 f). Die Inobhutnahme eines Jugendlichen bei angenommener Kindeswohlgefährdung rechtfertigt auch gegen den Widerspruch des Sorgerechtsberechtigten die räumliche Trennung von diesem, jedenfalls solange, bis eine gerichtliche Entscheidung getroffen ist (vgl. § 42 Abs. 2 SGB VIII). **105**

IX. Innere Tatseite

1. Vorsatz. Die innere Tatseite setzt Vorsatz voraus. Er muss sich auf alle Tatbestandsmerkmale beziehen, insbesondere auf das Alter des Kindes oder Jugendlichen (*Fischer* Rdn. 13; *Sch/Schroeder-Eser/Eisele* Rdn. 19; SSW-*Schluckebier* Rdn. 11), auf die Tathandlung, das gesetzliche Tatmittel in **Absatz 1 Nr. 1** (RGSt **29** 199, 201) und den Entziehungserfolg (vgl. *Sonnen* SK Rdn. 26; *Wieck-Noodt* MK Rdn. 70). Bedingter Vorsatz genügt.[80] Der Vorsatz muss auch umfassen: bei **Absatz 1 Nr. 2** den Umstand, dass der Täter nicht Angehöriger des Kindes ist (*Sonnen* SK Rdn. 26), und bei **Absatz 4 Nr. 1** die Gefahr, in die das Opfer durch die Tat gebracht wird (vgl. *Sonnen* SK Rdn. 26). Im Falle des **Absatzes 5** genügt gemäß § 18, dass der Täter den Tod des Opfers fahrlässig verschuldet (Rdn. 89). **106**

2. Absicht. In den Fällen des **Absatzes 2 Nr. 1** und des **Absatzes 4** muss die dort jeweils beschriebene Absicht (der **Verbringung ins Ausland** oder der **Bereicherung**) hinzutreten (s. Rdn. 64, 85) **107**

3. Irrtum. Ein vorsatzausschließender **Tatbestandsirrtum** ist insbesondere bei einem Irrtum im Zusammenhang mit dem Sorgerecht möglich, so bei der irrtümlichen Annahme, (noch) ein eigenes Sorgerecht zu haben (OKBeckStGB-*Valerius* Rdn. 11; *Wieck-Noodt* MK Rdn. 74), bei einem Irrtum darüber, welchem Elternteil das alleinige Sorgerecht zusteht (BGH LM § 235 Nr. 1)[81] oder ob eine insoweit ergangene zivilgerichtliche Entscheidung rechtskräftig ist (BGH LM § 235 Nr. 1); bei irrtümlicher Annahme, der Sorgeberechtigte sei mit der Tat einverstanden;[82] ferner im Falle mutmaßlicher Einwilligung, wenn sich nachträglich herausstellt, dass der Sorgeberechtigte die Genehmigung aus triftigen Gründen versagt (RG GA **60** [1913] 82).[83] Unerheblich ist die Fehlvorstellung eines (dritten) Täters, dass derjenige, welcher die Obhut über das Kind hat, der Sorgeberechtigte sei, während er sie in Wirklichkeit nur für diesen ausübt, und umgekehrt. Insoweit betrifft die Fehlvorstellung jeweils nur eine unerhebliche Abweichung des wirklichen vom vorgestellten Sachverhalt. **108**

Ein **Verbotsirrtum** liegt vor, wenn der Täter auf Grund eines zutreffend erkannten Sachverhalts die eigenen Befugnisse falsch beurteilt, das Handeln deshalb für erlaubt hält (*Wieck-Noodt* MK Rdn. 75), so wenn etwa die Mutter annimmt, sie dürfe sich – ohne Anrufung des Gerichts – des eigenen Kindes in Notwehr oder erlaubter Selbsthilfe bemächtigen, um das ihr zustehende Verkehrsrecht gegenüber dem Ehemann durchzu- **109**

80 **H.M.:** *Fischer* Rdn. 13; *Lackner/Kühl* Rdn. 6; *Wieck-Noodt* MK Rdn. 69.

81 *Fischer* Rdn. 13; *Wolters* SK Rdn. 12; *Lackner/Kühl* Rdn. 6; *Sch/Schröder-Eser/Eisele* Rdn. 19; *Sonnen* NK Rdn. 27; *Wieck-Noodt* MK Rdn. 73.

82 *Fischer* Rdn. 13; *Wolters* SK Rdn. 12; *Matt/Renzikowski-Eidam* Rdn. 13; *Sch/Schröder-Eser/Eisele* Rdn. 19; *Wieck-Noodt* MK Rdn. 73.

83 *Tröndle* 48. Aufl. Rdn. 9; *Wieck-Noodt* MK Rdn. 73.

setzen (RG bei *Kallir* JW **1916** 1198 f); ferner dann, wenn die Mutter dem Vater das Kind entzieht in der Vorstellung, ihr komme das alleinige Sorgerecht zu, weil der (zum Verkehr mit dem Kind berechtigte) Vater das Kind „verderbe"[84] oder nicht im rechten Glauben erziehe (vgl. RGSt **24** 133, 137).

110 In den Fällen des Absatzes 1 Nr. 2 und des Absatzes 2 Nr. 1 kommt bei einem Irrtum über das Alter des Kindes **Versuch** (§ 235 Abs. 3) in Betracht (*Fischer* Rdn. 13), ebenso dann, wenn der Täter irrig annimmt, er dürfe das Kind nicht behalten, obwohl dies etwa aufgrund eines ihm zustehenden, aber nicht bekannten Sorgerechts erlaubt ist. Im Übrigen ist ein Verhalten als (nicht strafbares) **Wahndelikt** zu werten, wenn der Täter fälschlich annimmt, trotz einer ihm zustehenden Befugnis zur Aufenthaltsbestimmung sei es ihm nicht gestattet, sein Kind bei Verwandten unterzubringen.

X. Täterschaft und Teilnahme

111 1. Auch **Angehörige des Minderjährigen und Sorgeberechtigte** können – mit Ausnahme der Angehörigen im Fall des § 235 Abs. 1 Nr. 2 – Täter sein, wenn ihnen das Sorgerecht nicht oder nicht allein zusteht; so ein Elternteil gegenüber dem anderen und zwar nicht nur gegenüber einem (mit-)sorgeberechtigten Elternteil, sondern auch gegenüber demjenigen, dem lediglich das Besuchs- oder Umgangsrecht (§ 1684 BGB) zusteht (Rdn. 17 ff; BGHSt **10** 376; OLG Hamm MDR **1982** 1040 = JR **1983** 513 mit Anm. *Oehler*; OLG Karlsruhe MDR **1986** 873),[85] der Vater des nichtehelichen Kindes gegenüber dessen Mutter; diese im Verhältnis zum Vormund, wenn ihr Sorgerecht vormundschaftsgerichtlich beschränkt ist (RG GA **53** [1906] 287), und der Vormund gegenüber dem Aufsichtsrecht des Jugendamtes.[86]

112 2. **Der Minderjährige** kann als notwendig Beteiligter weder Täter noch Teilnehmer an der Tat (§ 235) sein.[87] Dies gilt unabhängig davon, ob seine Mitwirkung am Geschehen die Grenzen notwendiger Beteiligung überschreitet.[88] Flieht er aus eigenem Antrieb, um sich einem Heraugabeverlangen zu widersetzen, erfüllt dies nicht den Tatbestand des § 235 (*Krack* S. 7).

113 Dies folgt daraus, dass § 235 unmittelbar auch dem Schutz des Minderjährigen dient (Rdn. 32 ff), die Vorschrift das ihn selbst betreffende Sorgerecht aber nicht vor Angriffen von seiner Seite schützen soll, gleich ob er sie direkt (durch „Selbstentziehung") oder indirekt (durch Veranlassung anderer zu oder ihre Unterstützung bei seiner „Entziehung") unternimmt. (RGSt **18** 273, 281).[89]

---

[84] *Wolters* SK Rdn. 12; *Tröndle* 48. Aufl. Rdn. 9; *Geppert* GedS H. Kaufmann S. 786.

[85] RGSt **48** 325, 326; 48 427, 429; *Lackner/Kühl* Rdn. 2; *Wolters* SK Rdn. 11; *Wieck-Noodt* MK Rdn. 28; *Fischer* Rdn. 3; *Sch/Schröder/Eser* Rdn. 11; *Sonnen* NK 14; *Maurach/Schroeder/Maiwald* 2, 9. Aufl. § 63 V Rdn. 59; siehe auch *Ebermayer* LK[4] Anm. 5; *Frank* Anm. IV, *von Olshausen* 12. Aufl. Anm. 6. *AA, aber überholt, da die Vorschrift nun ausdrücklich auch auf einen Elternteil abstellt (BT-Drucks. 13/8587, S. 38) Geppert* GedS H. Kaufmann S. 775; *Otto* Grundkurs 7. Aufl. § 65 Rdn. 36; *Sch/Schröder-Eser* 25. Aufl. Rdn. 14; *Maurach/Schroeder/Maiwald* 2, 8. Aufl. § 63 V Rdn. 59.

[86] *Sch/Schröder-Eser/Eisele* Rdn. 11.

[87] **H.M.:** *Sch/Schroeder-Eser/Eisele* Rdn. 11; *Wieck-Noodt* MK Rdn. 95; *Otto* Grundkurs 7. Aufl. § 65 Rdn. 36 und 40.

[88] *Fischer* Rdn. 20; *Lackner/Kühl* Rdn. 1; OKBeckStGB-*Valerius* Rdn. 15; *Maurach/Schroeder/Maiwald* 2, 9. Aufl. § 63 V Rdn. 65.

[89] Vgl. *Schünemann* LK Vor § 26 Rdn. 26 ff.

3. Beteiligung an „Selbstentziehung" des Minderjährigen und Täterschaft. Da der Minderjährige selbst weder Täter noch Teilnehmer einer Tat nach § 235 sein kann, die ihn selbst betrifft (Rdn. 112 f), ist prinzipiell auch derjenige straflos, der ihn zur Selbstentziehung anstiftet oder ihm dabei hilft.[90] Insoweit fehlt es an einer mit Strafe bedrohten („teilnahmefähigen") Haupttat.[91] Doch ist problematisch, wie die straflose Teilnahme an einer solchen „Selbstentziehung" von der strafbaren täterschaftlichen Begehung einer Kindesentziehung **abzugrenzen** ist, an der sich der Minderjährige seinerseits nur (straflos, Rdn. 112 f) beteiligt. 114

Das RG hat auf der Grundlage der subjektiven Theorie darauf abgehoben, ob der Anstifter oder Helfer des Minderjährigen mit **Täterwillen** gehandelt habe (RGSt **18** 273, 281 f).[92] Dies allein genügt heute nicht mehr. Vielmehr kommt es, wie allgemein bei der Unterscheidung von Täterschaft und Teilnahme, auch auf **Tatherrschaft** und **Tatinteresse** an.[93] 115

Unter diesen Gesichtspunkten liegt **täterschaftliches Entziehen** nahe, wenn heimlich Verlobte gemeinsam nach Amerika fliehen wollen, der Mann seine minderjährige Braut nachts an einem verabredeten Treffpunkt erwartet, sie mit falschem Pass, Reisegeld und Fahrzeug ausstattet und mit einem Begleiter vorausschickt, um ihr zwei Tage später zu folgen (RGSt **18** 273 f). Ebenso ist es, wenn der Beschuldigte im eigenen Interesse einen Siebzehnjährigen nach längerer Überredung für den Plan einer gemeinsamen heimlichen Reise nach Berlin gewinnt und die Fahrt ausführt, obwohl er weiß, dass der Vormund aus triftigem Grunde gegen seine Verbindung zu dem Jungen ist (RG JW **1938** 1388 f). Diese Fälle sind dadurch gekennzeichnet, dass es bei wertender Betrachtung einen „betreibenden und bestimmenden Teil" (vgl. BGH NStZ **1981** 62 zum früheren § 236; s. auch *Wieck-Noodt* MK Rdn. 96) gibt, der letztlich den Minderjährigen zur Tat (mit)veranlasst. Ob das der Fall ist, richtet sich insbesondere nach der Intensität des Einflusses auf den Minderjährigen (bzw. ggf. der Entziehungsmittel), der bis zum Erfolgseintritt anhalten muss (*Wolters* SK Rdn. 11). Bei der Flucht zweier Minderjähriger wird nach diesem Maßstäben besonders sorgfältig zu prüfen sein, ob es bei gleicher Interessenlage tatsächlich einen solchen „bestimmenden" Teil gibt, der Täter der Entziehung des anderen Minderjährigen ist. 116

4. Raterteilung an Täter als Teilnahme. Erteilung eines anwaltlichen Rats, der sich auf die Vereitelung einer Besuchsregelung bezieht, kann Beihilfe zur Kindesentziehung sein, wenn sich der Sorgerechtsinhaber durch die Befolgung des Rats nach § 235 strafbar macht (BGHSt **10** 376, 377, 379). 117

XI. Versuch

1. Umfang der Versuchsstrafbarkeit. § 235 enthält in den Absätzen 1 und 2 Vergehenstatbestände (§ 12 Abs. 2), in den Absätzen 4 und 5 dagegen Verbrechen (§ 12 Abs. 1). Der Versuch der Verbrechen ist in beiden Fällen strafbar, der Versuch der Vergehen nach **Abs. 3** nur in den gesetzlich bestimmten Fällen der Absätze 1 Nr. 2 und 2 Nr. 1 (§ 23 118

---

[90] *Fischer* Rdn. 20; *Wolters* SK Rdn. 11; OKBeckStGB-*Valerius* Rdn. 15; *Sch/Schroeder-Eser/Eisele* Rdn. 11; *Wieck-Noodt* MK Rdn. 96; *Geppert* GedS H. Kaufmann S. 772 f; *Regel* S. 109; *Schramm* S. 453 f.

[91] RG JW **1938** 1388.

[92] Vgl. dazu auch noch *Ebermayer* LK[4] Anm. 6.

[93] Vgl. *Geppert* GedS H. Kaufmann S. 773; *Regel* S. 125 ff.

Abs. 1). Ein **erfolgsqualifizierter Versuch von Abs. 5** ist nach allgemeinen Grundsätzen möglich, bei fahrlässiger Todesverursachung jedoch nur im Hinblick auf die nur dann gegebene erforderliche Versuchsstrafbarkeit des Grunddelikts in den in Abs. 3 genannten Fällen (*Lackner/Kühl* Rdn. 8; *Sch/Schroeder-Eser/Eisele* Rdn. 25a; weitergehend, insbesondere zum Versuch des Abs. 4 Nr. 1: *Wieck-Noodt* MK Rdn. 100; vgl. auch *Hardtung* Versuch und Rücktritt bei den Teilvorsatzdelikten des § 11 Abs. 2 StGB, **2002,** S. 148).

119 **2. Motive des Gesetzgebers.** Die Neufassung des § 235 durch das 6. StrRG reicht damit über das frühere Recht weit hinaus. Einen strafbaren Versuch der Kindesentziehung (§ 235 a.F.) gab es vor dem 1.4.1998 nicht, weder als Verbrechen noch als Vergehen (Rdn. 120). Anlass für die Begründung der Versuchsstrafbarkeit bei den neuen Vergehen war es, wirksam den in der Praxis nicht seltenen Fällen vorzubeugen, in denen der Täter einen Säugling oder ein Kleinkind in einem unbeobachteten Moment zum Beispiel aus der Wohnung der Eltern, einem Krankenhaus oder einem Kinderwagen auf der Straße entführt (§ 235 Abs. 1 Nr. 2). Auch sollen Fälle unterbunden werden, in denen er ein Kind gegen den Willen des Elternteils, der Inhaber der elterlichen Sorge ist, doch ohne Einsatz eines der in Absatz 1 Nr. 1 genannten Tatmittel ins Ausland zu bringen sucht (§ 235 Abs. 2 Nr. 1). Der Gesetzgeber hat einen unerträglichen Wertungswiderspruch darin gesehen, dass bis zum Inkrafttreten des 6. StrRG zwar der versuchte Diebstahl eines Kinderwagens strafbar war, nicht aber die versuchte Wegnahme eines in dem Kinderwagen liegenden Säuglings (vgl. BTDrucks. 13/ 7164, Begr. S. 24). Außerdem sollte durch die Vorverlagerung der Strafbarkeit erreicht werden, bereits vor Tatvollendung Ermittlungen aufnehmen zu können, um ggf. die Ausreise des Kindes ins Ausland zu verhindern (kritisch mit Blick auf die dahinter stehenden präventivpolizeilichen Erwägungen: *Fischer* Rdn. 12, der freilich zu Recht darauf hinweist, dass es in diesen Fällen schwierig sein dürfte, einen Versuchsbeginn zu bestimmen und nachzuweisen).

XII. Strafe

120 **1. Entwicklung der Strafdrohung.** § 235 in der Fassung vor dem 1. StrRG enthielt nach der Regelstrafdrohung ein Vergehen (Absatz 1) mit der Möglichkeit, bei mildernden Umständen auf Geldstrafe zu erkennen (Absatz 2). Die Tat war Verbrechen, wenn der Täter in der Absicht handelte, „die Person zum Betteln oder zu gewinnsüchtigen oder unsittlichen Zwecken oder Beschäftigungen zu gebrauchen" (Absatz 3). § 235 i.d.F. des Art. 1 Nr. 64 des 1. StrRG ersetzte den Qualifikationstatbestand des früheren Absatzes 3 mit Wirkung vom 1.4.1970 durch eine Strafrahmenschärfung für besonders schwere Fälle (§ 235 Abs. 2), wonach ein Regelbeispiel für einen solchen Fall vorlag, „wenn der Täter aus der Gewinnsucht oder in der Absicht handelt, den Minderjährigen zur Unzucht zu bringen". Das zweite dieser Regelbeispiele fiel gemäß Art. 1 Nr. 21 des 4. StrRG weg (Entstehungsgeschichte).

2. Die Strafrahmen

121 **a) § 235 Abs. 1 und 2.** Die Vorschriften enthalten dieselbe Regelstrafdrohung wie § 235 Abs. 1 a.F. für den früheren Tatbestand der Kindesentziehung.

122 **b) § 235 Abs. 4 und 6.** Die Entwürfe zum 6. StrRG knüpften an die bisherige Entwicklung des Strafzumessungsrechts an, indem sie § 235 Abs. 4 als Sonderstrafrahmen (Freiheitsstrafe von einem Jahr bis zu zehn Jahren) für **besonders schwere Fälle** ausgestal-

teten. Zugleich dehnten sie den Umfang der gesetzlichen Regelqualifikation erheblich aus, indem sie die Regelbeispiele auf die in Absatz 4 Nr. 1 bezeichneten schweren Gefahren erstreckten und in Absatz 4 Nr. 2 das Merkmal des Handelns aus Gewinnsucht (Rdn. 86 f) durch die des Handelns gegen Entgelt oder in Bereicherungsabsicht ersetzten (BTDrucks. 7164 und 13/8587, jeweils Begr. S. 39). Der Sonderstrafrahmen sollte im Hinblick auf die Erweiterung des durch § 235 geschützten Rechtsguts (Rdn. 32 ff) in der Mindeststrafe von sechs Monaten auf ein Jahr Freiheitsstrafe angehoben werden. Im Einklang mit der Empfehlung des Rechtsausschusses wurde Absatz 4 in einen **qualifizierten Tatbestand** umgewandelt mit der in den Entwürfen vorgeschlagenen verschärften Strafdrohung als Regelstrafe (Absatz 4) und einer Strafmilderungsmöglichkeit für minder schwere Fälle (Absatz 6 – Beschlussempfehlung BTDrucks. 13/8991, S. 18, Bericht BTDrucks. 13/ 9064 S. 17).

Begehung der Tat **gegen Entgelt** oder **in Bereicherungsabsicht** im Sinne des § 235 **123**
Abs. 4 Nr. 2 ist kein persönliches Merkmal (§ 14 Abs. 1), sondern ein tatbezogenes; dies hat der BGH jetzt auch für das Merkmal der Bereicherungsabsicht klargestellt, das als ein verkapptes Element des äußeren Tatgeschehens erscheint und sich so als ein die Tat beschreibender Faktor erweist.[94] Das Merkmal der Begehung gegen Entgelt ist tatbezogen, da die Entgeltlichkeit einen die Tat beschreibenden Umstand darstellt (BGHSt 55, 229, 232). Auch die Bereicherungsabsicht ist tatbezogen, da sie mit überschießender Innentendenz als verkapptes Element des äußeren Tatgeschehens erscheint (BGHSt 55, 229, 232 m. Hinweis auf § 271 Abs. 3; s. dazu *Zieschang* LK Rdn. 108; dagegen wenig überzeugend *Schünemann* GA **2011** 449, 455: § 235 Abs. 4 sei kein Erfolgsdelikt, weil das Entgelt mit dem geschützten Rechtsgut nichts zu tun habe; das Entgelt beschreibe nicht die Tat, sondern sei Gegenleistung für die Tat). Beide Merkmale beschreiben das dem kommerziellen und organisierten Kinderhandel (gegen den mit Hilfe von Abs. 4 Nr. 2 strafrechtlich effektiver vorgegangen werden sollte) immanente Tatunrecht (*Wieck-Noodt* NStZ **2011**, 458, 459 m. Hinweis auf § 203 Abs. 5; **aA** *Hoyer* GA **2012**, 124, 125, 127 mit einem anderen Verständnis von Tatunrecht). Für Teilnehmer (Anstifter und Gehilfen) gilt § 28 also nicht. Handelt der Täter in Bereicherungsabsicht oder gegen Entgelt, sind Teilnehmer, die dies wissen und in Kauf nehmen, nach Abs. 4 Nr. 2 strafbar. Verwirklicht nur der Teilnehmer (Anstifter oder Gehilfe) diese Merkmale, der eigentliche Täter aber nicht, bleibt für den Teilnehmer nur eine Strafbarkeit nach dem Grundtatbestand (Abs. 1, 2).

Umstände, die früher die Annahme eines besonders schweren Falles außerhalb des **124**
gesetzlichen Regelbeispiels (§ 235 Abs. 2 a.F.) rechtfertigten, können nunmehr für die **Ablehnung eines minder schweren Falles** (§ 235 Abs. 6, 1. Halbsatz) von Bedeutung sein, etwa: Art und Dauer der Entziehung, so zum Beispiel, wenn das Kind für längere Zeit in ein asoziales Milieu gebracht[95] oder in den Orient geschafft wird (BGHR § 235 Abs. 2 = NJW **1990** 1489 f; LG Koblenz NStZ **1988** 312), das Alter des Kindes und die mit der Tat verfolgten Zwecke.[96] Die Absicht, das Kind oder den Jugendlichen zu sexuellen Zwecken zu missbrauchen, kann auch nach Aufhebung der früheren einschlägigen Qua-

---

94 BGHSt 55 229, 231 = NJW **2010** 3669, 3669 f. NStZ **2011** 457, 458 m. zust. Anm. *Wieck-Noodt*. Ebenso: *Lackner/Kühl* Rdn. 7; SSW-*Schluckebier* Rdn. 15; **aA** *Schünemann* GA **2011** 449, 451; *Hoyer* GA **2012** 124 ff; *Sonnen* NK Rdn. 28; wohl auch *Sch/Schroeder-Eser/Eisele* Rdn. 22; zweifelnd ohne eigene Einschätzung *Fischer* Rdn. 20.

95 *Sch/Schröder-Eser* 25. Aufl. Rdn. 17; *Wieck-Noodt* MK Rdn. 110.

96 *Wolters* SK Rdn. 23; *Wieck-Noodt* MK Rdn. 110.

lifikationsgründe (Rdn. 120) mit Anlass zur Nichtanwendung des milderen Strafrahmens sein.[97] Im Übrigen können diese Umstände allgemein bei der Strafbemessung Berücksichtigung finden (§ 46 Abs. 2).

125 c) **§ 235 Abs. 5 und 6.** Der Verbrechenstatbestand nach Abs. 5 enthält die schwerste Strafdrohung des § 235, dies auch unter Berücksichtigung des besonderen Strafrahmens für minderschwere Fälle (Absatz 6). Selbst die gemilderte Strafdrohung entspricht immer noch der Regelstrafe des Absatzes 4. Sie deckt sich mit dem Strafrahmen für minder schwere Fälle des *Totschlags* (§ 213 n.F.), obwohl sie auch Entziehungsfälle von – für sich genommen – leichter Art umfasst, bei denen ohne Einsatz von Gewalt oder Drohung eine Unachtsamkeit des Täters zum Tode des Kindes führt. Die Einschränkung des Verursachungsbegriffs bei erfolgsqualifizierten Delikten (vgl. § 18 Rdn. 17 ff) muss insoweit als notwendiges Korrektiv wirken.

XIII. Verjährung

126 Die Tat ist **Dauerdelikt.**[98] Die **Verjährungsfrist** richtet sich bei einem Vergehen nach den Absätzen 1 und 2 des § 235 nach § 78 Abs. 3 Nr. 4, bei einem Verbrechen gemäß Absatz 4 nach § 78 Abs. 3 Nr. 3 und bei einer gemäß Absatz 5 erfolgsqualifizierten Tat nach § 78 Abs. 3 Nr. 2, das letzte selbst bei Annahme eines minder schweren Falles nach Absatz 6 (§ 78 Abs. 4).

127 Die Verjährungsfrist **beginnt** grundsätzlich nicht schon mit der rechtlichen Vollendung der Tat, sondern erst mit deren tatsächlicher Beendigung (§ 78a). Verjährungsbeginn ist also:
bei einem Vergehen nach **Absatz 1 Nr. 1** der Zeitpunkt, in dem der Täter den tatbestandsmäßigen Entziehungs- oder Vorenthaltungserfolg auf die gesetzlich beschriebene Weise herbeigeführt hat und ihn nicht länger mit einem der tatbestandsmäßigen Mittel aufrechterhält;
bei einem Vergehen nach **Absatz 1 Nr. 2** oder **Absatz 2 Nrn. 1 und 2** der Zeitpunkt, in dem der Täter das Kind an den Sorgeberechtigten zurückgelangen lässt;
bei einem Verbrechen nach **Absatz 4** spätestens mit dem Eintritt einer der konkreten Gefährdungen, wenn sie den oben (zu den Absätzen 1 und 2) genannten Zeitpunkten nachfolgt (*Wieck-Noodt* MK Rdn. 111);
schließlich bei einem Verbrechen nach **Absatz 5** spätestens mit dem Tod des Opfers (*Wieck-Noodt* MK Rdn. 111).

128 Im Fall des **Absatzes 1 Nr. 1** beginnt die Verjährungsfrist auch mit der Vollendung des achtzehnten Lebensjahrs des Minderjährigen, wenn auch die Entziehung oder das Vorenthalten im tatsächlichen Sinn andauern.[99]

129 Ungenau, selbst wenn im Ergebnis häufig richtig, sind die zu **§ 235 a.F.** (jetzt: § 235 Abs. 1 Nr. 1) vorkommenden Formulierungen, „dass die Entziehung … so lange andauert, als der **Zustand fortwährt**, vermöge dessen die minderjährige Person der den Eltern … gesetzlich zustehenden Beaufsichtigung … entrückt ist" (RGSt **15** 340, 341;

---

97 *Tröndle/Fischer* 50. Aufl. Rdn. 16; einschränkend *Vogler* LK[10] Rdn. 31; *Sch/Schröder-Eser* 25. Aufl. Rdn. 17.

98 *Matt/Renzikowski-Eidam* Rdn. 18; *Sonnen* NK Rdn. 34; *Wieck-Noodt* MK Rdn. 10, 111; *Regel* S. 136; *Pfuhl* JR **2014** 234, 237.

99 *Wieck*-Noodt MK Rdn. 112. S. auch RG DR **1942** 438, 439.

s. auch *Fischer* Rdn. 12: bis zur Aufhebung des rechtswidrigen Zustands), und für den Verjährungsbeginn komme es auf den Zeitpunkt der **„Wiederherstellung der elterlichen Einflussmöglichkeit“** an (vgl. RGSt **15** 340, 341).[100] Diese Formulierungen, die die Fortdauer der Minderjährigkeit des Tatopfers voraussetzen, lassen zweierlei außer Acht: Zum einen kann der Zustand der „Entziehung“ auch ohne weitere Mitwirkung des Täters fortdauern, sei es, dass der Minderjährige aus freien Stücken von zu Hause fortbleibt, oder sei es, dass besondere Umstände ihn, unabhängig vom eigenen Willen oder vom Willen des Täters, daran hindern heimzukehren; und zum anderen macht sich der Täter nicht dadurch erneut strafbar, dass er es unterlässt, den Taterfolg rückgängig zu machen, den er zwar in strafbarer Weise selbst herbeigeführt hat, nicht aber unter Einsatz eines der im Gesetz genannten Tatmittel weiter aufrechterhält (Rdn. 77).

Zur Erläuterung: Wenn in dem **Verlobtenfall** (Rdn. 116) die 16-jährige Braut sich **130** nach der gemeinsamen Flucht alsbald von ihrem Verlobten trennt, um sich einen anderen Mann zuzuwenden und nicht nach Hause zurück zu kehren, ist die Tat des früheren Verlobten mit der Trennung beendet. Er entzieht selbst nicht weiter das Tatopfer den Sorgerechtsberechtigten. Zudem trifft ihn keine Pflicht, das Tatopfer nach Hause zurück zu bringen. Da es ihm ohnehin an der Möglichkeit einer Rückführung fehlen dürfte, beginnt die Verjährung deshalb mit der Trennung und nicht erst mit der Volljährigkeit der früheren Verlobten.

Die Verjährung einer Tat nach **Absatz 1 Nr. 2** und **Absatz 2 Nrn. 1 und 2** beginnt **131** spätestens mit der Vollendung des 14. Lebensjahres des Kindes (vgl. auch Rdn. 128). Denn für die nachfolgende Zeit scheidet ein nach dieser Vorschrift tatbestandsmäßiges Handeln aus (*Wieck-Noodt* MK Rdn. 112). In einem solchen Fall kann das über diesen Zeitpunkt hinausreichende Verhalten des Täters aber unter Umständen noch nach dem Tatbestand des Absatzes 1 Nr. 1 strafbar sein.

XIV. Konkurrenzen

1. Innerhalb des § 235. Die verschiedenen Tatbestände der **Absätze 1 und 2** können **132** bei Identität des betroffenen Minderjährigen zueinander im Verhältnis der **Tateinheit** oder **natürlicher Handlungseinheit** stehen (*Sch/Schroeder-Eser/Eisele* Rdn. 26; *Wieck-Noodt* MK Rdn. 102); in Tateinheit zum Beispiel, wenn die Tathandlung sowohl den Tatbestand von Abs. 1 Nr. 1 wie auch den von Nr. 2 erfüllt (**aA** *Fischer* Rdn. 22; *Sch/Schroeder-Eser/Eisele* Rdn. 26: Nr. 2 wird verdrängt); und in natürlicher Handlungseinheit etwa, wenn der Täter eine Entziehung, die unter Absatz 1 Nr. 2 fällt, nach Vollendung des vierzehnten Lebensjahrs des Minderjährigen mit den Mitteln der Nr. 1 ohne Unterbrechung aufrechterhält.

Die **Absätze 4 und 5** verdrängen als **Spezialvorschriften** die Absätze 1 und 2, deren **133** Erfüllung in der einen oder anderen Tatbestandsform sie notwendig voraussetzen (*Matt/Renzikowski-Eidam* Rdn. 18). Nicht Gesetzeskonkurrenz, sondern **Tateinheit** ist dagegen anzunehmen, wenn die Tat sowohl einen Tatbestand des Absatzes 4 als auch den des Absatzes 5 erfüllt. Tateinheit gilt grundsätzlich nicht nur im Verhältnis der Nr. 2, sondern auch der Nr. 1 des Absatzes 4 zu Abs. 5. Doch hat Absatz 4 Nr. 1 vor Abs. 5 zurückzutreten, wenn gerade eine Lebensgefahr für das Opfer, die der Täter durch die

---

100 Wie das RG: *Matt/Renzikowski-Eidam* Rdn. 18; OKBeckStGB-*Valerius* Rdn. 14; *Sch/Schröder-Eser/Eisele* Rdn. 25; SSW-*Schluckebier* Rdn. 14; *Wieck-Noodt* MK Rdn. 111.

Tat vorsätzlich herbeiführt, die qualifizierende Todesfolge verursacht (*Wieck-Noodt* MK Rdn. 102). Innerhalb des Absatzes 4 ist Tateinheit zwischen den Nrn. 1 und 2 möglich.[101]

134 **2. Mit anderen Tatbeständen. Tateinheit** ist in der Regel – wegen Verschiedenheit der geschützten Rechtsgüter – möglich mit Gefangenenbefreiung, § 120 Abs. 4 (BGH NJW **1963** 1412, 1413),[102] mit Amtsanmaßung, § 132 (BGH NJW **1963** 1412), mit Personenstandsfälschung, § 169,[103] sowie mit sexueller Nötigung oder Vergewaltigung (§ 177), wenn die Tatbestände einander überschneiden (vgl. BGHR § 236 Entführung 1), so etwa, wenn die bei der Kindesentziehung angewendete Gewalt gegen die Minderjährige zugleich der Vornahme sexueller Handlungen dient und sie ermöglicht (BGH NStZ **1996** 133, 134: doch fasst § 235 Abs. 1 a.F. mehrere selbständige Vergewaltigungen, die mit ihm in Tateinheit verbunden sind, nicht ihrerseits zur Tateinheit zusammen; s. auch *Sch/Schroeder-Eser/Eisele* Rdn. 26; *Wieck-Noodt* MK Rdn. 106). § 235 kann (als Dauerdelikt) mehrere Tatbestände, zu denen er jeweils in Tateinheit steht, zur Tateinheit verklammern, auch wenn eines der Delikte (Vergewaltigung) schwerer wiegt (BGH NStZ-RR **2010** 141).

135 **Tateinheit** kommt weiter in Betracht mit Menschenraub, § 234,[104] mit § 236 (SSW-*Schluckebier* Rdn. 18; *Wieck-Noodt* MK Rdn. 104), mit Freiheitsberaubung, § 239 (BGHSt **39** 239, 241 ff = NJW **1993** 2758 f = NStZ **1994** mit zust. Anm. *Bottke*),[105] mit erpresserischem Menschenraub, § 239a,[106] mit Geiselnahme, § 239b,[107] und mit Nötigung (§ 240), wenn sie sich nicht in der Entziehung Minderjähriger erschöpft, sondern darüber hinaus reicht.[108] Anderenfalls, wenn also die Nötigung allein die Entziehung betrifft, besteht **Gesetzeskonkurrenz**, bei der § 240 hinter § 235 zurücktritt.[109] Zur Verfolgbarkeit der Nötigung siehe Rdn. 145.

136 Über das Verhältnis des § 235 zur **Beleidigung** vergleiche BGHSt **16** 58, 62 f; OLG Hamm JMBl.NRW **1966** 236 f.

XV. Strafantragserfordernis

137 **1. § 235 als Antragsdelikt.** § 235 war, anders als die aufgehobenen Tatbestände der Entführung mit Willen und gegen den Willen der Entführten (§ 236 a.F., § 237), bis zur Änderung durch das 1. StrRG kein Antragsdelikt. In der Folgezeit war die Tat bis zum Inkrafttreten des 6. StrRG am 1.4.1998 nur auf Antrag verfolgbar (§ 238 Abs. 1).

---

101 Vgl. BGH NStZ **1994** 285 (zu § 250); *Wieck-Noodt* MK Rdn. 103; **aA** BGH NStZ **1994** 284 (zu § 250).

102 *Fischer* Rdn. 22; *Lackner/Kühl* Rdn. 10; *Wieck-Noodt* MK Rdn. 103.

103 *Fischer* Rdn. 22; *Sch/Schröder-Eser/Eisele* Rdn. 26; *Wieck-Noodt* MK Rdn. 104.

104 BGHSt **1** 199, 203; *Fischer* Rdn. 22; *Wolters* SK Rdn. 21; *Lackner/Kühl* Rdn. 10; *Sch/Schröder-Eser/Eisele* Rdn. 26; *Wieck-Noodt* MK Rdn. 104.

105 *Fischer* Rdn. 22; *Wolters* SK Rdn. 21; *Sch/Schröder-Eser/Eisele* Rdn. 26. Krit. *Fahl* GA **1996** 476.

106 *Fischer* Rdn. 22; *Wolters* SK Rdn. 21; *Sch/Schröder-Eser/Eisele* Rdn. 26; *Lackner/Kühl* Rdn. 10; *Wieck-Noodt* MK Rdn. 104; **aA** *Tröndle* 49. Aufl. Rdn. 17 (Gesetzeskonkurrenz mit Vorrang des § 239a).

107 *Fischer* Rdn. 22; *Wolters* SK Rdn. 21; *Sch/Schroeder-Eser/Eisele* Rdn: 26; *Wieck-Noodt* MK Rdn. 104; **aA** *Tröndle* 49. Aufl. Rdn. 17 (Gesetzeskonkurrenz mit Vorrang des § 239b).

108 **AA** *Lackner/Kühl* Rdn. 10 (§ 240 tritt immer zurück).

109 *Fischer* Rdn. 22; *Wolters* SK Rdn. 21; *Matt/Renzikowski-Eidam* Rdn. 19; *Wieck-Noodt* MK Rdn. 105.

Das 6. StrRG hat den Tatbestand der Entziehung Minderjähriger (§ 235) in den **Absätzen 1 bis 3** zu einem **„relativen Antragsdelikt"** umgestaltet (BTDrucks. 13/7164, Begr. S. 25, 38), das eine Strafverfolgung nicht nur auf Antrag, sondern auch von Amts wegen gestattet, und zwar dann, wenn dies wegen eines besonderen öffentlichen Interesses an der Strafverfolgung geboten ist (§ 235 **Abs.** 7). Die qualifizierten Tatbestände des **Absatzes 4** und das erfolgsqualifizierte Delikt des **Absatzes 5** sind als Verbrechen (§ 12 Abs. 1) ohnehin **Offizialdelikte.** **138**

2. Antragsberechtigte. § 235 Abs. 7 sagt nicht, wer antragsberechtigt ist. Demnach sind es die durch die Tat **„Verletzten"** (§ 77 Abs. 1). Das sind diejenigen, deren Sorgerecht durch § 235 geschützt wird (Rdn. 9 ff),[110] neuerdings – seit dem 1.4.1998 – aber auch das **Kind und der Jugendliche,** deren Recht auf ungestörte körperliche und seelische Entwicklung durch die Tat unmittelbar betroffen wird (Rdn. 32 ff).[111] Doch sind, soweit die Tat die eigene Rechtsposition (§ 235 Abs. 1 bis 3) des Minderjährigen betrifft, an dessen Stelle gemäß § 77 Abs. 3 der gesetzliche Vertreter in den persönlichen Angelegenheiten und der Personensorgeberechtigte zur Stellung des Strafantrags berechtigt (*Wieck-Noodt* MK Rdn. 116) und zwar jeder allein (§ 77 Abs. 4), wenn es sich um verschiedene Personen handelt und sie nebeneinander zur gesetzlichen Vertretung und zur Personensorge berufen sind. Bei Tatbeteiligung eines Elternteils ist ein Pfleger zu bestellen (*Sch/Schroeder-Eser/Eisele* Rdn. 27). **139**

In Fällen der Erziehungs- und Eingliederungshilfe (Rdn. 28) kann die Person, welche die Erziehung und Betreuung übernommen hat, **in Vertretung** des verletzten Sorgeberechtigten Strafantrag stellen. Übt das Jugendamt in besonderen Fällen (Rdn. 29) zeitweise das Recht zur Beaufsichtigung, Erziehung und Aufenthaltsbestimmung aus, so kann es auf Grund der **gesetzlichen Ermächtigung** zur Ausübung der Personensorge **aus fremdem Recht** Strafantrag stellen, dies allerdings nicht gegen den (mutmaßlichen oder ausdrücklichen) Willen des Sorgeberechtigten (vgl. *Sch/Schroeder-Eser/Eisele* Rdn. 27; s. auch LG Düsseldorf NStZ **1981** 103). **140**

Werden **mehrere Sorgeberechtigte** von der Tat betroffen (vgl. Rdn. 11), so kann **jeder** den Antrag (aus eigenem Recht) selbständig stellen (§ 77 Abs. 4; BayObLG NJW **1961** 1033). Das gilt auch, wenn einem Elternteil das Personensorgerecht (im zivilrechtlichen Sinne) allein zusteht, während der andere lediglich das Recht zum persönlichen Umgang hat (Rdn. 4). In einem solchen Fall kann der Umgangsberechtigte Strafantrag auch gegen den Willen des Personensorgeberechtigten stellen.[112] **141**

Ist von mehreren Sorgeberechtigten **einer** mit der Tat **einverstanden,** so scheidet er aus dem Kreis der Verletzten aus, ohne dass seine Einwilligung die Tatbestandsmäßigkeit oder Rechtswidrigkeit der Tat im Verhältnis zu den anderen berührt (vgl. BayObLG NJW **1961** 1033 a.E.). Es geht in diesem Zusammenhang, d.h. bei der Erörterung der jeweils eigenen Rechtsposition der Sorgeberechtigten, nicht um Fragen des § 77 Abs. 3, insbesondere der **elterlichen Gesamtvertretung** des der elterlichen Obhut entzogenen Minderjährigen (BayObLG NJW **1961** 1033).[113] Vielmehr machen die Berechtigten mit der Stellung des Strafantrags ein **eigenes Recht** geltend, das ihnen aus der Verletzung **142**

---

110 *Fischer* Rdn. 21; *Wolters* SK Rdn. 24; *Wieck-Noodt* MK Rdn. 116.

111 *Fischer* Rdn. 21; *Wolters* SK Rdn. 24; OKBeckStGB-*Valerius* Rdn. 23; *Wieck-Noodt* MK Rdn. 116 **aA** *Sch/Schröder-Eser/Eisele* Rdn. 27. *Lackner/Kühl* Rdn. 11 bezeichnen es als nicht klar; krit. deshalb *Nelles* Rdn. 39.

112 *Wieck-Noodt* MK Rdn. 116.

113 S. *Sch/Schröder-Eser/Eisele* Rdn. 27; Wieck-Noodt MK Rdn. 116.

ihres (im strafrechtlichen Sinne verstandenen) Sorgerechts für die Minderjährigen erwachsen ist. Fragen der gesetzlichen Vertretung spielen nur eine Rolle, soweit neuerdings auch der Minderjährige selbst Verletzter sein kann.

143 Ein **Übergang** des Antragsrechts nach § 77 Abs. 2 ist ausgeschlossen, da ein solcher im Gesetz nicht besonders vorgesehen ist.[114] Wechselt die Person des **Vormunds** oder **Pflegers**, so ist dies kein Fall des Übergangs nach dieser Vorschrift, weil die Antragsberechtigung mit dem Amt verbunden ist und beim (jeweiligen) Amtsinhaber liegt. Gleiches gilt bei einem Wechsel in der Person des Sorgeberechtigten (OLG Celle NJW **1996** 2666).[115]

144 **3. Reichweite des Antragsrechts.** Die Strafantragsbefugnis beschränkt sich auf das **Antragsdelikt** (§ 235 Abs. 1 bis 3). Sie erstreckt sich nicht notwendig auf die ganze Tat im prozessualen Sinne, welche den Gegenstand des Verfahrens bildet. Die Verfolgung von Straftaten, die mit § 235 in Tateinheit stehen, bleibt auch bei Fehlen eines Strafantrags möglich. Das hat der BGH (BGHSt **39** 239, 241 ff = NJW **1993** 2758 = NStZ **1994** 80 mit insoweit zust. Anm. *Bottke*) ausdrücklich für die Freiheitsberaubung nach § 239 entschieden.[116] Entscheidend für seine Auffassung ist, dass die Vorschriften gegen Kindesentziehung (§ 235 a.F.) und Freiheitsberaubung **verschiedene Rechtsgüter** schützen (das Personensorgerecht des Sorgerechtsinhabers einerseits und die persönliche Freiheit des Betroffenen andererseits) und dass deshalb § 235 a.F. nicht etwa als spezielles Delikt § 239 vorgeht. Aus dieser Begründung folgt, dass bei Fehlen eines Strafantrags eine Verfolgung wegen Nötigung ausscheidet, soweit diese sich in der Entziehung als solcher erschöpft (vgl. Rdn. 135).[117]

145 Das Problem hat sich im Übrigen mit der Gesetzesänderung durch das 6. StRG entschärft. Denn die Staatsanwaltschaft hat die Möglichkeit, das **besondere öffentliche Interesse an der Strafverfolgung** anzunehmen. Dies wird sie zwar nicht allein deshalb tun können, weil zugleich der Verdacht einer Straftat besteht, wegen derer sie prinzipiell von Amts wegen einschreiten muss (so aber *Gribbohm* LK Voraufl. Rdn. 144). Die Bejahung des besonderen öffentlichen Interesses kommt etwa in Betracht, wenn der Täter einschlägig vorbestraft ist oder er sich gegenüber den Eltern oder dem Kind besonders rücksichtslos oder verwerflich verhalten hat (BTDrucks. 13/8587, Begr. S. 39). Sie wird zudem näher liegen bei Taten außenstehender Dritter und in Fällen von Auslandsberührung. Auch bei gewinnorientiertem Vorgehen jenseits von Abs. 4 Nr. 2 wird die Staatsanwaltschaft ein Einschreiten von Amts wegen zu erwägen haben (vgl. *Sonnen* NK Rdn. 36).

146 **4. Antragsfrist.** Sie beträgt, wie allgemein, drei Monate (§ 77b Abs. 1). Sie beginnt nach Beendigung der Tat (Rdn. 127 ff; RGSt **43** 285, 286 f; s. auch *Wieck-Noodt* MK Rdn. 117) mit Ablauf des Tages, an dem der Berechtigte von der Tat und der Person des Täters Kenntnis erlangt (§ 77b Abs. 2 Satz 1). Auch für das Antragsrecht des Minderjährigen als Verletzten (Rdn. 139) kommt es auf die Kenntnis des gesetzlichen Vertreters oder Sorgeberechtigten an (§ 77 Abs. 2 Satz 3). Ein gestellter Antrag kann zurückgenommen werden.

---

114 *Jähnke* LK[11] § 77 Rdn. 57.
115 Vgl. auch *Wolters* SK Rdn. 24.
116 **AA** noch BGH, Beschluss vom 20.06.1989 – 4 StR 82/89; OLG Düsseldorf NStZ **1981** 103 = JR **1981** 386, 387 mit (damals) zust. Anm. *Bottke*; *Fahl* GA **1996** 484, der zur Annahme von Gesetzeskonkurrenz bei Konsumtion neigt.
117 Hierzu nach der früheren Rechtslage *Bottke* NStZ **1994** 81 f; *Fahl* GA **1996** 485, 487 ff.

XVI. Altfälle

„Altfälle" aus der Zeit vor dem Inkrafttreten des 6. StrRG, d.h. vor dem 1.4.1998 **147** (Art. 9 des 6. StrRG), dürfte es nur im Ausnahmefall noch geben. Bei ihnen kommt es im Hinblick auf § 2 Abs. 3 für die rechtliche Beurteilung darauf an, welches Gesetz **im Einzelfall** für den Angeklagten günstiger ist (§ 2 Rdn. 18 ff). Die Beantwortung der Frage richtet sich grundsätzlich nach materiellem Recht (§ 2 Rdn. 6 ff). Bestimmungen über den Strafantrag treten in der Regel zugleich mit dem Gesetz in Kraft, das sie aufstellt, und sie äußern ihre Wirkung auch innerhalb bereits anhängiger Verfahren (OLG Hamm NJW **1970** 578).

1. **Sachlichrechtliches. Absatz 1** Nr. 1 des § 235 ist nicht milder als § 235 Abs. 1 a.F. **148** Absatz 1 Nr. 2 und **Absatz 2** Nrn. 1 und 2 sind strenger als § 235 Abs. 1 a.F., weil sie den Tatbestand der Entziehung Minderjähriger erheblich erweitern, indem sie für ihren Bereich auf eine Begrenzung der Strafbarkeit durch Anführung gesetzlich bestimmter Tatmittel verzichten. **Absatz 3** verschärft die Rechtslage dadurch, dass er den Versuch des Vergehens für bestimmte Modalitäten für strafbar erklärt. Die **Absätze 4 und 5** sind – auch unter Berücksichtigung des **Absatzes 6** und des § 235 Abs. 2 a.F. – strenger als das alte Recht, weil sie neue Straftatbestände enthalten, die Verbrechen bilden.

2. **Prozessuales.** Die allgemeine Verschärfung der Gesetzeslage durch **Absatz** 7 (in **149** Verbindung mit der Aufhebung des § 238 Abs. 1 und 2 a.F.) hat bei dem nach § 2 Abs. 3 gebotenen Gesetzesvergleich grundsätzlich außer Betracht zu bleiben, weil es sich um eine Verfahrensvorschrift handelt (Rdn. 147). Demgemäß kann seit dem 1.4.1998 auch eine Tat bestraft werden, die vorher wegen einer bestehenden Ehe unverfolgbar war (§ 238 Abs. 2 a.F.). Doch sollte das Fehlen des nach altem Recht hierfür erforderlichen Strafantrags die Strafverfolgung endgültig hindern, wenn die Strafantragsfrist bei Inkrafttreten des 6. StrRG bereits abgelaufen war; in einem solchen Fall lässt sich die Verfolgbarkeit nicht dadurch herstellen, dass die Staatsanwaltschaft von der erst ab 1.4.1998 geltenden Möglichkeit Gebrauch macht, von Amts wegen einzuschreiten.

Aus der Praxis zu § 232 i.d.F. vor dem 6. StrRG lässt sich Gegenteiliges nicht her- **150** leiten. Danach konnte die Staatsanwaltschaft das besondere öffentliche Interesse an einer Verfolgung von Amts wegen wirksam zwar auch durch Anklage wegen des Antragsdelikts oder in der Revisionsinstanz erklären, nachdem die Strafantragsfrist abgelaufen war, ohne dass ein Strafantrag gestellt worden wäre.[118] Diese Praxis bezieht sich aber auf Fälle, in denen die gesetzliche Möglichkeit, von Amts wegen einzuschreiten, schon zur Tatzeit gegolten hat. In den hier erörterten „Altfällen" wurde sie jedoch erst geschaffen, nachdem die Tat wegen Ablaufs der Strafantragsfrist endgültig unverfolgbar geworden war. Die nachträgliche Verfolgung von Amts wegen wäre insoweit im Hinblick auf Art. 103 Abs. 2 GG ebenso unzulässig wie die nachträgliche Aufhebung oder Verlängerung einer Verjährungsfrist für bereits verjährte Taten (§ 1 Rdn. 25).

---

118 Vgl. BGHSt **6** 282, 284 f; **16** 225, 227; **19** 377, 379.

XVII. Internationales Strafrecht

151 Taten nach § 235 Abs. 2 Nr. 2 wären nach dem Territorialitätsprinzip (vor § 3 Rdn. 126, 152; § 3 Rdn. 1) nicht strafbar, sofern der Tatort im Ausland liegt (§ 9 Abs. 1). Die Erstreckung der Strafbarkeit auf Auslandstaten nach § 7 Abs. 1 und 2 scheidet aus, wenn die Tat nach dem ausländischen Tatortrecht nicht mit Strafe bedroht ist. Obwohl sich die Strafbarkeit auch von Inlandstaten eigentlich aus Abs. 2 Nr. 2 ergibt (S. dazu schon oben Rdn. 67), stellt der Gesetzgeber in § 5 Nr. 6 Buchst. a klar, dass für eine bestimmte Fallgruppe Strafbarkeit unabhängig vom Tatortrecht besteht (vgl. *Sch/Schroeder-Eser/Eisele* Rdn. 18).

152 Vorausgesetzt wird, dass sich die Tat gegen „eine Person" richtet, die im Inland ihren Wohnsitz oder gewöhnlichen Aufenthalt hat. Das ist der Fall, wenn entweder der Sorgeberechtigte oder das ihm im Ausland vorenthaltene Kind (*Matt/Renzikowski-Eidam* Rdn. 20; *Sch/Schroeder-Eser/Eisele* Rdn. 18; **aA** *Fischer* Rdn. 11b: auf Wohnsitz oder Aufenthalt des Kindes kommt es nicht an) in der Bundesrepublik den Mittelpunkt seines Lebens hat; auf beider Staatsangehörigkeit kommt es nicht an (BTDrucks. 13/7164 und 13/8587, jeweils Begr. S. 27).

XVIII. Anhang: Das Recht des Einigungsvertrags

153 Der Einigungsvertrag hat § 235 a.F. von der Erstreckung des Bundesrechts auf das Beitrittsgebiet nicht ausgenommen (vor § 3 Rdn. 405). Das StGB-DDR i.d.F. des 6. StRÄndG-DDR vom 29.06.1990 (GBl.-DDR I Nr. 39 S. 526) kannte in § 144 eine dem § 235 StGB entsprechende Vorschrift. Sie lautet:

154 *§ 144*

Entführung von Kindern oder Jugendlichen

(1) Wer ein Kind oder einen Jugendlichen unter sechzehn Jahren den Eltern oder anderen Erziehungsberechtigten entführt oder rechtswidrig vorenthält, wird mit Freiheitsstrafe bis zu einem Jahr oder mit Verurteilung auf Bewährung, Geldstrafe oder mit öffentlichem Tadel bestraft.

(2) Wer

1. *die Tat unter Anwendung von List, Drohung oder Gewalt begeht;*
2. *mit der Tat eine erhebliche Schädigung des Kindes oder des Jugendlichen fahrlässig verursacht, wird mit Freiheitsstrafe von einem Jahr bis zu fünf Jahren bestraft.*

(3) Wer die Tat in der Absicht begeht, das Kind oder den Jugendlichen ins Ausland zu entführen, wird mit Freiheitsstrafe von einem Jahr bis zu acht Jahren bestraft.

(4) Der Versuch ist strafbar, im Falle des Absatzes 3 auch die Vorbereitung.

155 Diese Vorschrift gehörte nicht zu den Bestimmungen des DDR-Rechts, die nach der Wiedervereinigung in den neuen Bundesländern in Kraft geblieben sind (vor § 3 Rdn. 405). Sie trat demgemäß am 3.10.1990 außer Kraft (vgl. BTDrucks. 13/7164 und 13/8587, jeweils Begr. S. 25).

§ 236
Kinderhandel

(1) Wer sein noch nicht achtzehn Jahre altes Kind oder seinen noch nicht achtzehn Jahre alten Mündel oder Pflegling unter grober Vernachlässigung der Fürsorge- oder Erziehungspflicht einem anderen auf Dauer überlässt und dabei gegen Entgelt oder in der Absicht handelt, sich oder einen Dritten zu bereichern, wird mit Freiheitsstrafe bis zu fünf Jahren oder mit Geldstrafe bestraft. Ebenso wird bestraft, wer in den Fällen des Satzes 1 das Kind, den Mündel oder den Pflegling auf Dauer bei sich aufnimmt und dafür ein Entgelt gewährt.

(2) Wer unbefugt
1. die Adoption einer Person unter achtzehn Jahren vermittelt oder
2. eine Vermittlungstätigkeit ausübt, die zum Ziel hat, dass ein Dritter eine Person unter achtzehn Jahren auf Dauer bei sich aufnimmt,

und dabei gegen Entgelt oder in der Absicht handelt, sich oder einen Dritten zu bereichern, wird mit Freiheitsstrafe bis zu drei Jahren oder mit Geldstrafe bestraft. Ebenso wird bestraft, wer als Vermittler der Adoption einer Person unter achtzehn Jahren einer Person für die Erteilung der erforderlichen Zustimmung zur Adoption ein Entgelt gewährt. Bewirkt der Täter in den Fällen des Satzes 1, dass die vermittelte Person in das Inland oder in das Ausland verbracht wird, so ist die Strafe Freiheitsstrafe bis zu fünf Jahren oder Geldstrafe.

(3) Der Versuch ist strafbar.

(4) Auf Freiheitsstrafe von sechs Monaten bis zu zehn Jahren ist zu erkennen, wenn der Täter
1. aus Gewinnsucht, gewerbsmäßig oder als Mitglied einer Bande handelt, die sich zur fortgesetzten Begehung eines Kinderhandels verbunden hat, oder
2. das Kind oder die vermittelte Person durch die Tat in die Gefahr einer erheblichen Schädigung der körperlichen oder seelischen Entwicklung bringt.

(5) In den Fällen des Absatzes 1 und 3 kann das Gericht bei Beteiligten und in den Fällen des Absatzes 2 und 3 bei Teilnehmern, deren Schuld unter Berücksichtigung des körperlichen oder seelischen Wohls des Kindes oder der vermittelten Person gering ist, die Strafe nach seinem Ermessen mildern (§ 49 Abs. 2) oder von Strafe nach den Absätzen 1 bis 3 absehen.

Schrifttum

Aktionsplan der Bundesregierung zum Schutz von Kindern und Jugendlichen vor sexueller Gewalt und Ausbeutung, Jugendamt 2003 232; *Albrecht* Kinderhandel – Der Stand des empirischen Wissens im Bereich des (kommerziellen) Handels mit Kindern (1994/2000); *Bach* Neue Regelungen gegen Kinderhandel und Ersatzmuttervermittlung, FamRZ 1990 574; *Baer* Übereinkommen der Vereinten Nationen über die Rechte des Kindes, NJW 1993 2309; *Heusel* Resolutionen der Generalversammlung als Auslegungsmaßstab im deutschen Polizeirecht? NJW 1989 2174; *Lüderitz* Verbot von Kinderhandel und Ersatzmuttervermittlung durch Änderung des Adoptionsvermittlungsgesetzes, NJW 1990 1633; *Mauer* Das Gesetz zur Regelung von Rechtsfragen auf dem Gebiet der internationalen Adoption und zur Weiterentwicklung des Adoptionsvermittlungsrechts, FamRZ 2003 1337; *Timmermann/Pfeifer, T.* Im Kampf gegen Kinderhandel und Kinderprostitution: Japan, Thailand, Philippinen, Indonesien; herausgegeben vom Übersee-Institut Hamburg, 2004; *Will* Papiertiger oder Phönix? – Internationale Adoptionskonventionen gegen den blühenden Kinderhandel, in: Entwicklungen im europäischen Familienrecht, Schriftenreihe der wissenschaftlichen Gesellschaft für Personenstandswesen und verwandte Gebiete, NF Bd. 42 (1995), S. 66.

Vergleiche im Übrigen vor § 234 und zu § 235.

Materialien

Zum Kindschaftsreformgesetz und zur Neufassung durch das 6. StRG: Gesetzentwurf des Bundesrates: Entwurf eines Gesetzes zur Bereinigung des Strafgesetzbuches und zur Reform der Strafvorschriften gegen Kinderhandel, BTDrucks. 13/6038; Gesetzentwurf der Fraktionen der CDU/CSU und FDP: Entwurf eines Sechsten Gesetzes zur Reform des Strafrechts (6. StrRG), BTDrucks. 13/7164; Gesetzentwurf der Bundesregierung: Entwurf eines Sechsten Gesetzes zur Reform des Strafrechts (6. StrRG), BTDrucks. 13/8587; Beschlussempfehlung des Rechtsausschusses (6. Ausschuss), BTDrucks. 13/8991; Bericht des Rechtsausschusses (6. Ausschuss), BTDrucks. 13/9064 (zu Drucks. 13/8991); Gesetzentwurf der Abgeordneten Schmidt, Schewe-Gerigk u.a.: Entwurf eines Strafrechtsänderungsgesetzes – §§ 177 bis 179 StGB (... StrÄndG), BTDrucks. 13/7324; Beschlussempfehlung und Bericht des Rechtsausschusses (6. Ausschuss), BTDrucks. 13/7663; Gesetzentwurf der Bundesregierung: Entwurf eines Gesetzes zur Reform des Kindschaftsrechts (Kindschaftsrechtsreformgesetz – KindRG), BTDrucks. 13/4899; Beschlussempfehlung und Bericht des Rechtsausschusses (6. Ausschuss), BTDrucks. 13/8511; Gesetzentwurf der Bundesregierung: Entwurf eines Gesetzes zur Abschaffung der gesetzlichen Amtspflegschaft und Neuordnung des Rechts der Beistandschaft (Beistandschaftsgesetz), BTDrucks. 13/892.

Zum SexualdelÄndG: Gesetzentwurf der SPD, Bündnis 90/Die Grünen, BTDrucks. 15/350; Beschlussempfehlung und Bericht des Rechtsausschusses, BTDrucks. 15/1311; Gesetzesbeschluss des Deutschen Bundestages, BRDrucks. 603/03; Empfehlung des Rechtsausschusses, des Aussschusses für Frauen und Jugend und des Ausschusses für Innere Angelegenheiten, BRDrucks. 603/1/03; Anrufung des Vermittlungsausschusses des Bundesrates, BRDrucks. 603/03 (Beschluss); Unterrichtung durch den Bundesrat, BTDrucks. 15/1642; Mitteilung des Vermittlungsausschusses der BRDrucks. 853/03; Antrag Bayern BRDrucks. 853/1/03

Zum Gesetz zur Umsetzung des Rahmenbeschluss des Rates der Europäischen Union zur Bekämpfung der sexuellen Ausbeutung von Kindern und der Kinderpornographie: Gesetzentwurf der Bundesregierung (CDU/CSU und SPD), BRDrucks. 625/06; Stellungnahme BR und GegÄuß BRg, BTDrucks. 16/3439; Beschlussempfehlung und Bericht des Rechtsausschusses (6. Ausschuss), BTDrucks. 16/9646; Änderungsantrag von Fraktion Bündnis 90/ Die Grünen, BTDrucks. 16/9652; Unterrichtung über Gesetzesbeschluss des BT, BRDrucks. 614/08.

Gesetz zum Fakultativprotokoll vom 25. Mai 2000 zum Übereinkommen über die Rechte des Kindes betreffend den Verkauf von Kindern, die Kinderprostitution und die Kinderpornographie: Gesetzentwurf der Bundesregierung (CDU/CSU und SPD) mit Wortlaut des Fakultativprotokolls sowie Denkschrift, BRDrucks. 630/06, BTDrucks. 16/3440; Beschlussempfehlung und Bericht des Rechtsausschusses (6. Aussschuss), BTDrucks. 16/9644; Unterrichtung über Gesetzesbeschluss des BT, BRDrucks. 613/08.

Entstehungsgeschichte

§ 236 in der Fassung **vor dem 6. StrRG** enthielt den Tatbestand der **„Entführung mit Willen der Entführten“**. Die Vorschrift war in den neuen Bundesländern nicht anzuwenden (vor § 3 Rdn. 402). Der Gesetzgeber hat sie für praktisch bedeutungslos gehalten und durch das 6. StrRG beseitigt (vgl. BTDrucks. 13/6038 Art. 2 Nr. 5, Begr. S. 10 f; BTDrucks. 13/7164 und BTDrucks. 13/8587, jeweils Art. 1 Nr. 31, Begr. S. 39).

Der seit dem 01.04.1998 geltende § 236 **i.d.F. des** Art. 1 Nr. 41 des **6. StrRG** enthält im Strafgesetzbuch neue Tatbestände unter der Bezeichnung **„Kinderhandel“** (zur Entstehungsgeschichte weiter: *Sch/Schroeder-Eser/Eisele* Rdn. 1; *Sonnen* SK Rdn. 5 ff). Seine Einführung geht gemäß Art. 4 Abs. 3 des 6. StrRG einher mit der Aufhebung der bisherigen Strafvorschriften gegen Kinderhandel. Sie befanden sich in § 14a des Gesetzes über die Vermittlung der Annahme als Kind und über das Verbot der Vermittlung von Ersatzmüttern (Adoptionsvermittlungsgesetz – AdVermiG) i.d.F. der Bek. vom 27.11.1989

(BGBl. I S. 2016)1[1]. Die erste Änderung erfuhr § 236 StGB im Wege der Umsetzung des Fakultativprotokolls vom 20. Mai 2000 zum Übereinkommen der Vereinigten Nationen über die Rechte des Kindes betreffend den Verkauf von Kindern, die Kinderprostitution und die Kinderpornographie vom 20. November 1989 (BGBl. II 121; 990). In Verwirklichung der Ziele dieses Übereinkommens, – nämlich die Gewährleistung, dass Kinder – d.h. Menschen bis zum 18. Lebensjahr – Schutz und Unterstützung erhalten, damit sie ihre Persönlichkeit entfalten können, verpflichtet Art. 1 und 3 Abs. 1 Buchstabe a des Fakultativprotokolls sämtliche Vertragsstaaten, bestimmte Handlungen in Bezug auf den Verkauf von Kindern zu verbieten und unter Strafe zu stellen. Durch Art. 1 Nr. 20 des Gesetzes zur Änderung der Vorschrift über die Straftaten gegen die sexuelle Selbstbestimmung (SexualdelÄndG vom 27.12.2003, BGBl. I 3007), welches am 1.4.2004 in Kraft getreten ist, wurde § 236 StGB entsprechend angepasst. In Abs.1 wurde das Mindestalter von 14 Jahren auf 18 Jahre heraufgesetzt und der Schutzbereich des § 236 um Mündel und Pfleglinge erweitert. Somit ist der bisher straffreie Verkauf eines Waisen durch seinen Vormund strafbar. In Abs. 5 wird nunmehr ausdrücklich auf Abs. 3 Bezug genommen und damit klargestellt, dass auch bei einer versuchten Tatbestandsverwirklichung eine Strafmilderung möglich ist. Eine letzte Änderung erfuhr § 236 StGB durch Art. 1 Nr. 15 des Gesetzes zur Umsetzung des Rahmenbeschlusses des Rates der Europäischen Union zur Bekämpfung der sexuellen Ausbeutung von Kindern und der Kinderpornographie vom 31. Oktober 2008 (BGBl. I S. 2149). Diese Änderung schaffte eine weitere Voraussetzung zur Ratifizierung des Fakultativprotokolls vom 25. Mai 2000 zum Übereinkommen der Vereinigten Nationen vom 20. Nov. 1989 über die Rechte des Kindes betreffend den Verkauf von Kindern, die Kinderprostitution und die Kinderpornographie. Nach dessen Artikel 3 Abs. 1 Buchstabe a Doppelbuchstabe ii sind die Vertragsstaaten verpflichtet, das unstatthafte Herbeiführen der Zustimmung zur Adoption eines Kindes unter Verstoß gegen die anwendbaren internationalen Übereinkünfte betreffend die Adoption für den Vermittler mit Strafe zu bedrohen. Hier sieht das Haager Übereinkommen vom 29. Mai 1993 über den Schutz von Kindern und die Zusammenarbeit auf dem Gebiet der internationalen Adoptionen (Adoptionsübereinkommen, BGBl. 2001 II S. 1034) nach dessen Artikel 4 Buchstabe c Nr. 2, 3 und Buchstabe d Nr. 3, 4 vor, dass sich die Behörden des Heimatstaates insbesondere darüber zu vergewissern haben, dass die Personen, deren Zustimmung zur Adoption erforderlich ist, ihre Zustimmung unbeeinflusst erteilt haben und die Zustimmung nicht durch irgendeine Zahlung oder andere Gegenleistung herbeigeführt worden ist. Dem wurde die Bundesrepublik Deutschland schon nach geltendem Recht durch die Vorschriften von § 235 Abs. 1, 4 Nr. 2, § 236 Abs. 1, jeweils in Verbindung mit § 26, sowie durch die Vorschrift des § 240 im Wesentlichen gerecht. Nicht mit Strafe bedroht war allerdings die Herbeiführung der nach dem jeweils anwendbaren Recht erforderlichen Zustimmung weiterer Personen, insbesondere des Kindes selbst, durch eine Geldzahlung, da es insoweit an einer vorsätzlichen rechtswidrigen Haupttat fehlt. Diese Lücke wird nun durch den neuen Absatz 2 Satz 2, der am 5.11.2008 in Kraft getreten ist, geschlossen. Danach wird bestraft, wer als Vermittler der Adoption einer Person unter achtzehn Jahren einer Person für die Erteilung der erforderlichen Zustimmung zur Adoption ein Entgelt gewährt.

Die insoweit früher einschlägige Vorschrift des § 14a AdVermiG wurde mit der Einführung des § 236 StGB aufgehoben.

---

[1] Letzte Änderung durch Gesetz vom 16.12.1997, BGBl. I S. 2942; frühere Bezeichnung: Gesetz über die Vermittlung der Annahme als Kind – Adoptionsvermittlungsgesetz – (AdVermiG) vom 2.7.1976, BGBl. I S. 1762.

§ 14a
Strafvorschriften gegen Kinderhandel

(1) Wer für eine in § 14 Abs. 1 Nr. 1 bezeichnete Handlung einen Vermögensvorteil erhält oder sich versprechen läßt, wird mit Freiheitsstrafe bis zu einem Jahr oder Geldstrafe bestraft. Handelt der Täter gewerbs- oder geschäftsmäßig, so ist die Strafe Freiheitsstrafe bis zu drei Jahren oder Geldstrafe.

(2) Wer für eine in § 14 Abs. 2 Nr. 1 bezeichnete Handlung einen Vermögensvorteil erhält oder sich versprechen läßt, wird mit Freiheitsstrafe bis zu drei Jahren oder Geldstrafe bestraft. Handelt der Täter gewerbs- oder geschäftsmäßig, so ist die Strafe Freiheitsstrafe bis zu fünf Jahren oder Geldstrafe.

(3) In den Fällen der Absätze 1 und 2 werden nicht bestraft die leiblichen Eltern des vermittelten Kindes und die Personen, die das Kind auf Dauer bei sich aufnehmen wollen.

§ **14 AdVermiG** in der Fassung vom 22.12.2001 (BGBl. 2002, 354) enthält ergänzend zu § 236 Abs. 2 StGB Bußgeldvorschriften gegen die unerlaubte Vermittlungstätigkeit, das Suchen oder Anbieten von Kindern, Ersatzmütter oder Bestelleltern sowie die gewerbs- oder geschäftsmäßige Teilnahme an der Weggabe eines Kindes durch eine Schwangere.

§ 14
Bußgeldvorschriften

(1) Ordnungswidrig handelt, wer
1. *entgegen § 5 Abs. 1 oder 4 Satz 1 eine Vermittlungstätigkeit ausübt oder*
2. *entgegen § 6 Abs. 1 Satz 1, auch in Verbindung mit Abs. 2 oder 3, oder § 13d durch öffentliche Erklärungen*
   a) Kinder zur Annahme als Kind oder Adoptionsbewerber,
   b) Kinder oder Dritte zu den in § 5 Abs. 4 Satz 1 genannten Zwecken oder
   c) Ersatzmütter oder Bestelleltern

sucht oder anbietet.

(2) Ordnungswidrig handelt auch, wer
1. *entgegen § 5 Abs. 1 oder 4 Satz 1 eine Vermittlungstätigkeit ausübt und dadurch bewirkt, daß das Kind in den Geltungsbereich dieses Gesetzes oder aus dem Geltungsbereich dieses Gesetzes verbracht wird, oder*
2. *gewerbs- oder geschäftsmäßig*
   a) entgegen § 5 Abs. 3 Nr. 1 eine Schwangere zu der Weggabe ihres Kindes bestimmt oder
   b) entgegen § 5 Abs. 3 Nr. 2 einer Schwangeren zu der Weggabe ihres Kindes Hilfe leistet.

(3) Die Ordnungswidrigkeit kann in den Fällen des Absatzes 1 mit einer Geldbuße bis zu zehntausend Deutsche Mark, in den Fällen des Absatzes 2 mit einer Geldbuße bis zu fünfzigtausend Deutsche Mark geahndet werden.

§ 5
Vermittlungsverbote

(1) Die Adoptionsvermittlung ist nur den nach § 2 Abs. 1 befugten Jugendämtern und Landesjugendämtern und den nach § 2 Abs. 2 berechtigten Stellen gestattet; anderen ist die Adoptionsvermittlung untersagt.

(2) Das Vermittlungsverbot gilt nicht
1. *für Personen, die mit dem Adoptionsbewerber oder dem Kind bis zum dritten Grad verwandt oder verschwägert sind;*
2. *für andere Personen, die in einem Einzelfall und unentgeltlich die Gelegenheit nachweisen, ein Kind anzunehmen oder annehmen zu lassen, sofern sie eine Adoptionsvermittlungsstelle oder ein Jugendamt hiervon unverzüglich benachrichtigen.*

(3) Es ist untersagt, Schwangere, die ihren Wohnsitz oder gewöhnlichen Aufenthalt im Geltungsbereich dieses Gesetzes haben, gewerbs- oder geschäftsmäßig durch Gewähren oder Verschaffen von Gelegenheit zur Entbindung außerhalb des Geltungsbereichs dieses Gesetzes
1. zu bestimmen, dort ihr Kind zur Annahme als Kind wegzugeben,
2. ihnen zu einer solchen Weggabe Hilfe zu leisten.

(4) Es ist untersagt, Vermittlungstätigkeiten auszuüben, die zum Ziel haben, dass ein Dritter ein Kind auf Dauer bei sich aufnimmt, insbesondere dadurch, daß ein Mann die Vaterschaft für ein nichteheliches Kind zum Zwecke der Ehelicherklärung dieses Kindes anerkennt, ohne dessen Vater zu sein. Vermittlungsbefugnisse, die sich aus anderen Rechtsvorschriften ergeben, bleiben unberührt.

§ 2
Adoptionsvermittlungsstellen

(1) Die Adoptionsvermittlung ist Aufgabe des Jugendamtes und des Landesjugendamtes. Das Jugendamt darf die Adoptionsvermittlung nur durchführen, wenn es eine Adoptionsvermittlungsstelle eingerichtet hat; das Landesjugendamt hat eine zentrale Adoptionsstelle einzurichten. Jugendämter benachbarter Gemeinden oder Kreise können mit Zustimmung der zentralen Adoptionsstelle des Landesjugendamtes eine gemeinsame Adoptionsvermittlungsstelle errichten. Landesjugendämter können eine gemeinsame zentrale Adoptionsstelle bilden. In den Ländern Berlin, Hamburg und Saarland können dem Landesjugendamt die Aufgaben der Adoptionsvermittlungsstelle des Jugendamtes übertragen werden.

(2) Zur Adoptionsvermittlung sind auch die örtlichen und zentralen Stellen des Diakonischen Werks, des Deutschen Caritasverbandes, der Arbeiterwohlfahrt und der diesen Verbänden angeschlossenen Fachverbände sowie sonstiger Organisationen mit Sitz im Inland berechtigt, wenn die Stellen von der zentralen Adoptionsstelle des Landesjugendamtes als Adoptionsvermittlungsstellen anerkannt worden sind.

(3) Die Adoptionsvermittlungsstellen der Jugendämter und die zentralen Adoptionsstellen der Landesjugendämter arbeiten mit den in Absatz 2 genannten Adoptionsvermittlungsstellen partnerschaftlich zusammen.

§ 1
Adoptionsvermittlung

Adoptionsvermittlung ist das Zusammenführen von Kindern unter 18 Jahren und Personen, die ein Kind annehmen wollen (Adoptionsbewerber), mit dem Ziel der Annahme als Kind. Adoptionsvermittlung ist auch der Nachweis der Gelegenheit, ein Kind anzunehmen oder annehmen zu lassen, und zwar auch dann, wenn das Kind noch nicht geboren oder noch nicht gezeugt ist. Die Ersatzmuttervermittlung gilt nicht als Adoptionsvermittlung.

Der aufgehobene § 14a AdVermiG richtete sich gegen den Kinderhandel, der in den letzten Jahren zugenommen hatte, vor allem bei der illegalen Vermittlung von Kindern zur Adoption aus Ländern der Dritten Welt (vgl. BTDrucks. 13/6038, Begr. S. 6; *Will* S. 66; *Bach* FamRZ **1990** 575). Die Strafvorschrift war erst durch das Änderungsgesetz vom 27.11.1989 (BGBl. I S. 2014) geschaffen worden. In der früheren Fassung des Adoptionsvermittlungsgesetzes war sie nicht vorgesehen.[2]

In der **strafrechtlichen** Praxis ist § 236 bedeutungslos (vgl. *Albrecht* S. I, 66, 104, 110). Die PKS 2013 erfasst elf Fälle, die Rechtspflegestatistik des Statistischen Bundesamtes, Strafverfolgung, führt bei vier Aburteilungen lediglich zwei Verurteilungen auf. Letztlich sind – ungeachtet eines vermuteten Dunkelfeldes – nur Einzelfälle nachgewiesen (vgl. *Sonnen* NK Rdn. 11). Immerhin zeigten vereinzelte Entscheidungen aus dem

---

[2] Zum früheren Rechtszustand vgl. *Heusel* NJW **1989** 2174; zu den angewandten Methoden im internationalen Kinderhandel *Will* S. 67.

Bereich des Zivil- und Verwaltungsrechts, dass Fälle dieser Art überhaupt vorkommen (OLG Oldenburg NJW **1991** 2216 – „Lieferung" eines Kindes aus Manila; VGH Kassel NJW **1988** 1281 – Betreiben einer Informationsstelle durch ein privatrechtlich organisiertes Unternehmen mit dem Ziel, kinderlose, adoptionswillige Ehepaare über die Möglichkeiten einer Adoption im Ausland über den Weg einer sogenannten „Ersatz-(Leih-)mutterschaft" zu beraten und entsprechende Verträge anzubahnen).

§ 236 entspricht in seiner ursprünglichen Fassung nach Inhalt und Aufbau im Wesentlichen dem Gesetzentwurf der Fraktionen von CDU/CSU und FDP (BTDrucks. 13/7164), der Bundesregierung (BTDrucks. 13/8587). Doch wurde auf Empfehlung des Rechtsausschusses (Bericht S. 17) in Absatz 1 in Übereinstimmung mit Absatz 2 der Tatbestand des Handelns gegen Entgelt um den des Handelns in Bereicherungsabsicht erweitert. Auch enthält Absatz 4 qualifizierte Tatbestände anstelle des Sonderstrafrahmens, den die Entwürfe BTDrucks. 13/7164 und BTDrucks. 13/8587 für besonders schwere Fälle mit Regelbeispielen vorgeschlagen hatten. Die Änderung durch Art. 1 Nr. 20 des SexualdelÄndG, in Kraft seit 01.04.2004, basiert auf dem Entwurf von Bündnis 90/Die Grünen (BTDrucks. 15/350). Die letzten Änderungen aufgrund des Gesetzes zur Umsetzung des Rahmenbeschlusses des Rates der Europäischen Union zur Bekämpfung der sexuellen Ausbeutung von Kindern und der Kinderpornographie vom 31. Oktober 2008 (BGBl. I S. 2149) gehen auf den Gesetzentwurf der Regierung (BTDrucks. 16/3439) zurück.

Übersicht

I. Sinn und Zweck der Vorschrift

1. Ziele des Gesetzgebers. Kinderhandel steht in engem Zusammenhang mit Adoptionen, nicht selten von Kindern aus dem Ausland. Die Strafvorschrift des § 14a AdVermiG wurde als unzureichend empfunden. Es wurde kritisch angemerkt, dass sie – trotz unbestrittener Verwerflichkeit des Kinderhandels und trotz des Gewichts der Tat – nicht im Strafgesetzbuch angesiedelt sei.[3] Sie enthielt in Absatz 3 einen Strafausschließungsgrund für leibliche Eltern des vermittelten Kindes und für Personen, die das Kind auf Dauer bei sich aufnehmen wollen (kritisch dazu *Bach* FamRZ **1990** 577). Bekannt gewordene Einzelfälle, in denen ausländische **Eltern** ihre Kinder aus Profitgründen wie Handelsware zum Kauf anboten, gaben Anlass, den bezeichneten Strafausschließungsgrund zu beseitigen und Notfällen durch § 236 Abs. 5 n.F. Rechnung zu tragen (BTDrucks. 13/6038, Begr. S. 6). Gegenüber § 14a AdVermiG wurden die Strafrahmen erheblich verschärft. **1**

Zugleich sollten mit § 236 n.F. **Bestrebungen der Staatengemeinschaft** unterstützt werden, die Rechtsstellung des Kindes zu stärken und Entführung und Verkauf von Kindern sowie Kinderhandel zu verhindern (BTDrucks. 13/6038, Begr. S. 6).[4] Vergleiche hierzu aus älterer Zeit: Internationales Übereinkommen zur Bekämpfung des Mädchenhandels vom 4.5.1910, RGBl. 1913 S. 31; Internationale Übereinkunft vom 30.9.1921 zur Unterdrückung des Frauen- und Kinderhandels, RGBl. 1924 II S. 180; in Kraft für **2**

---

[3] *Lüderitz* NJW **1990** 1636.

[4] Vgl. *Will* S. 68 ff.

das Deutsche Reich am 8.7.1924, Bek. vom 24.7.1924, RGBl. II S. 202; Protokoll vom 12.11.1947 zur Änderung der am 30.9.1921 in Genf geschlossenen Übereinkunft zur Unterdrückung des Frauen- und Kinderhandels und des am 11.10.1933 in Genf geschlossenen Übereinkommens zur Unterdrückung des Handels mit volljährigen Frauen – G. vom 8.9.1972, BGBl. II S. 1074, 1081; Bek. vom 19.10.1972 der Übereinkunft i.d.F. des Änderungsprotokolls vom 12.11.1947, BGBl. 1972 II S. 1489; in Kraft für die Bundesrepublik Deutschland in der geänderten Fassung am 29.5.1973 – Bek. vom 22.10.1973, BGBl. II S. 1677; Europäisches Übereinkommen vom 24.4.1967 über die Adoption von Kindern – G. vom 25.8.1980, BGBl. II S. 1093; in Kraft für die Bundesrepublik Deutschland am 11.2.1981 – Bek. vom 21.1.1981, BGBl. II S. 72; Übereinkommen vom 20.11.1989 über die Rechte des Kindes – G. vom 17.2.1992, BGBl. II S. 121; in Kraft für Deutschland am 5.4.1992 – Bek. vom 10.7.1992, BGBl. II S. 990;[5] insbesondere Art. 11, 35 des Übereinkommens. Es lauten:

Art. 11 Abs. 1:

„Die Vertragsstaaten treffen Maßnahmen, um das rechtswidrige Verbringen von Kindern ins Ausland und ihre rechtswidrige Nichtrückgabe zu bekämpfen."

und Art. 35:

„Die Vertragsstaaten treffen alle geeigneten innerstaatlichen, zweiseitigen und mehrseitigen Maßnahmen, um die Entführung und den Verkauf von Kindern sowie den Handel mit Kindern zu irgendeinem Zweck und in irgendeiner Form zu verhindern."[6]

3 Durch die Aufnahme der Strafvorschrift gegen den Kinderhandel in das Strafgesetzbuch wurde schließlich deren Bedeutung betont und mehr in das allgemeine Rechtsbewusstsein gerückt werden (BTDrucks. 13/6038, Begr. S. 7). Dahinter steht ein national und international gewachsenes Bewusstsein, die Rechte von Kindern zu stärken, weil ansonsten die Gefahr besteht, dass sie zur bloßen Handelsware und damit zum Objekt von (häufig auch sexueller) Ausbeutung werden (vgl. auch *Sonnen* NK Rdn. 1 ff).

4 **2. Geschütztes Rechtsgut.** § 236 dient dem **Schutz der Menschenwürde** von Kindern, die nicht zum „Objekt" von Interessen anderer Menschen werden sollen (*Lackner/Kühl* Rdn. 1; *Sonnen* NK Rdn. 9). Als konkret geschütztes Rechtsgut lässt sich einheitlich für § 236 das körperliche und seelische **Wohl des Minderjährigen** bestimmen, das nach den Vorstellungen des Gesetzgebers durch die Tat gefährdet wird (vgl. § 236 Abs. 4 Nr. 2). Der Gesetzgeber (BTDrucks. 13/7164 und BTDrucks. 13/8587, jeweils Begr. S.40) wollte demgegenüber nach den einzelnen Tatbeständen differenzieren (jeweils Begr. S. 40). Während geschütztes Rechtsgut des **Absatzes 1** die ungestörte **körperliche und seelische Entwicklung** des noch nicht achtzehn Jahre alten Kindes, Mündel und Pfleglings sein sollte (vgl. auch *Schramm* S. 455; *Schroeder* Rolinski-FS S. 155, 160), wurde es bei **Absatz 2** in dem Zweck gesehen, die in § 5 Abs. 1 und 4 Satz 1 AdVermiG festgelegten **Vermittlungsverbote** strafrechtlich **abzusichern** (so auch: *Sonnen* NK Rdn. 9). Dabei bleibt außer Betracht, dass auch diese Verbote im Vorfeld dem Schutz des Minderjährigen dienen, also keinen darüber hinausgehenden oder eigenen Zweck verfolgen (*Fischer* Rdn. 2; *Matt/Renzikowki-Eidam* Rdn. 2; *Sch/Schroeder-Eser/Eisele* Rdn. 1; *Wolters* SK Rdn. 2). Zu den Folgerungen aus der genannten Differenzierung für die Strafdrohung

[5] Vgl. *Graf Vitzthum* (Hrsg.) Völkerrecht (1997), 3. Abschn. Rdn. 216 f; *Finger* JR **1992** 177; *Baer* NJW **1993** 2209.

[6] Vgl. dazu *Finger* JR **1992** 178, 180.

vgl. Rdn. 119. Da die Tatvollendung nicht den Eintritt einer tatsächlichen Schädigung oder Gefährdung voraussetzt, ist § 236 **abstraktes Gefährdungsdelikt** (**h.M.**: *Fischer* Rdn. 2; *Wolters* SK Rdn. 2; *Wieck-Noodt* MK Rdn. 3; *Pfuhl* JR **2014** 234, 238).

II. Die Grundtatbestände (Absätze 1 und 2 Satz 1 und 2)

1. Täterkreis. Die Grundtatbestände können jeweils (nur) von eine bestimmten Täterkreis verwirklicht werden. Grundsätzlich gilt: Dieser ist nicht auf Inländer oder Personen mit Wohnsitz im Inland beschränkt (VGH Kassel NJW **1988** 1281, 1282). 5

a) **Eltern.** Als Täter kommen zunächst die Eltern in Betracht (**Abs. 1 Satz 1**).[7] Das Gesetz sagt dies zwar nicht ausdrücklich, jedoch sinngemäß durch die Verwendung der Formulierung: „Wer sein ... Kind". Das Possessivpronomen „sein" weist hier auf ein Eltern-Kind-Verhältnis hin, das notwendige Voraussetzung der Täterschaft ist. Bei der Tat handelt es sich also um ein **echtes Sonderdelikt.**[8] Für diese Auslegung der Vorschrift spricht neben dem Wortlaut die Entstehungsgeschichte des Gesetzes, nach der die Einbeziehung der Eltern des Kindes in den Täterkreis gerade Ziel der Tatbestandserweiterung beim Kinderhandel war (Rdn. 1). 6

Der Begriff „Eltern" ist zunächst im bürgerlich-rechtlichen Sinne zu verstehen. Er umfasst nicht nur die **leiblichen Eltern** (§§ 1591, 1592 BGB) einschließlich des „Scheinvaters"[9] (vgl. § 1592 Nr. 1 BGB; s. dazu: BTDrucks. 13/7164 und BTDrucks. 13/8587, jeweils Begr. S. 40), sondern auch **Adoptiveltern** (BTDrucks. 13/7164 und BTDrucks. 13/8587, jeweils aaO). Pflegeeltern und Stiefeltern fallen unter den Begriff, wenn sie in tatsächlicher Hinsicht eine elterngleiche Stellung haben, die zudem auf familienrechtlicher Grundlage beruht (§ 235 Rdn. 13). 7

b) **Vormund und Pfleger (Abs. 1 Satz 1 2. und 3. Alt).** Durch Art. 1 Nr. 20 des SexualdelÄndG vom 27.12.2003 wurden neben den Eltern auch der **Vormund** und der **Pfleger** in den Täterkreis mitaufgenommen. Vormund und Pfleger, welche die elterliche Sorge ganz oder teilweise ausüben, gelten nicht von vornherein als Eltern im Sinne des § 236 Abs. 1 Satz 1. Das ergibt schon ein Vergleich mit § 235, wo beide Personengruppen (Vormund und Pfleger) besonders neben den Eltern genannt werden. Personen, insbesondere Angehörige, welche ohne eigene familienrechtliche Befugnisse nur **in tatsächlicher Hinsicht eine elternähnliche Position** haben, scheiden als Täter nach Absatz 1 Satz 1 aus. Sie kommen lediglich als Teilnehmer an einer Tat nach Abs. 1 oder als Täter nach Abs. 2 in Betracht (*Lackner/Kühl* Rdn. 2; *Sch/Schroeder-Eser/Eisele* Rdn. 3). 8

Mit der Erweiterung des Täterkreises wird der Verkauf eines Minderjährigen auch für Vormund und Pfleger nach § 236 StGB unter Strafe gestellt. Die bisherige Strafbarkeitslücke – der **Verkauf eines Waisen durch den Vormund** – wurde damit geschlossen (vgl. BTDrucks. 15/350, S. 22: i.d.R. unterfällt der Verkauf eines Mündels oder Pfleglings bereits § 235 Abs. 1, nicht allerdings eines Waisen; s. ferner: *Fischer* Rdn. 3; *Lackner/Kühl* Rdn. 2; *Wolters* SK Rdn. 3). 9

[7] *Fischer* Rdn. 3; *Wolters* SK Rdn. 3.
[8] *Fischer* Rdn. 3; *Sonnen* NK Rdn. 13; *Wieck-Noodt* MK Rdn 4.
[9] *Fischer* Rdn. 3; *Sch/Schröder-Eser/Eisele* Rdn. 3; *Sonnen* NK Rdn 13.

10 c) **Jedermann (Absatz 1 Satz 2 und Absatz 2 Satz 1 und 2) mit Ausnahmen.** Nach diesen Vorschriften kann Täter („Käufer" des Kindes und Vermittler) grundsätzlich **jedermann** sein. Doch gibt es **Ausnahmen**, die sich aus dem Zusammenhang des Normengefüges ergeben.

11 aa) **Elternteile, Vormund, Pfleger.** Als Täter im Fall des **Absatzes 1 Satz 2** scheiden Elternteile aus. Das folgt zwar nicht zwingend aus dem Wortlaut, wohl aber aus dem Aufbau des Gesetzes. Eltern sind nach Absatz 1 nur als „Verkäufer" strafbar (Satz 1), nicht als „Käufer" des eigenen Kindes (Satz 2). Der „Käufer" in Satz 2 ist vielmehr identisch mit „dem anderen", der in Satz 1 ersichtlich nicht als Elternteil erscheint. Auch nach der Entstehungsgeschichte ist nichts dafür ersichtlich, es sei gewollt gewesen, Eltern wegen Kinderhandels zu bestrafen, wenn der eine Teil dem anderen das gemeinsame Kind auf Dauer überlasse, und sei es auch im Rahmen finanzieller Regelungen. Dies gilt auch den Vormund und den Pfleger.

12 bb) **Verwandte und Verschwägerte.** Als Täter nach **Absatz 2 Satz 1 Nr. 1** (und insoweit auch nach Satz 2) scheidet aus, wer mit dem Adoptionsbewerber oder dem Kind (im Sinne des § 1, 5 Abs. 2 AdVermiG)[10] bis zum dritten Grad **verwandt oder verschwägert** ist. Das folgt daraus, dass § 236 Abs. 2 Nr. 1 dazu dient, das Verbot des § 5 Abs. 1 AdVermiG (Verbot der Adoptionsvermittlung durch Nichtbefugte) durchzusetzen, demnach also nicht bei Personengruppen eingreift, für die dieses Verbot – wie bei den bezeichneten Verwandten und Verschwägerten – generell nicht gilt (§ 5 Abs. 2 Nr. 1 AdVermiG).

13 Verwandtschaft und Schwägerschaft sowie ihr Grad bestimmen sich nach den §§ 1589, 1590 BGB. Auf ihre Art (in gerader Linie oder in der Seitenlinie) kommt es nicht an.[11]

14 Die Zulässigkeit (der Vermittlung) von sog. **Verwandtenadoptionen** ohne Einschaltung einer Adoptionsvermittlungsstelle nach § 5 Abs. 2 Nr. 1 AdVermiG führt danach ohne Weiteres zur Straflosigkeit nach § 236. Auf den Sinn und Zweck der Ausnahmeregelung nach dem AdVermiG kommt es nach dem klaren Wortlaut der Norm nicht an.[12]

15 cc) **Nachweisvermittler.** § 5 Abs. 2 Nr. 2 AdVermiG enthält eine weitere Ausnahme vom Vermittlungsverbot des § 5 Abs. 1 AdVermiG, und zwar für die unentgeltliche Nachweisvermittlung im Einzelfall. Dies wird wegen der fehlenden Entgeltlichkeit bzw. der regelmäßig nicht gegebenen Bereicherungsabsicht in der Regel ohnehin nicht vom Tatbestand des § 236 Abs. 2 Satz 1 Nr. 1 erfasst.[13]

---

[10] Der Wortlaut der Norm findet sich bei der „Entstehungsgeschichte".

[11] Einzelheiten bei *Erbs/Kohlhaas-Wache* K 96 § 5 Rdn. 4.

[12] Fraglich insoweit *Erbs/Kohlhaas-Wache* K 96 § 5 Rdn. 3: das Kind bleibe im Bereich der weiteren Familie. Dies erscheint im Übrigen nur bedingt zutreffend. Denn § 5 Abs. 2 Nr. 1 AdVermiG stellt nicht auf Verwandtschaft oder Schwägerschaft zwischen Adoptionsbewerber und Kind ab, sondern auf die des Vermittlers mit einem von beiden. Die Ausnahme vom Vermittlungsverbot trifft also auch den Fall, dass der Onkel des Kindes dessen Adoption durch einen Fremden vermittelt. Insofern vermag auch der Hinweis auf § 44 Abs. 1 Nr. 3 SGB VIII nicht zu überzeugen, wonach als Pflegeperson keine behördliche Erlaubnis braucht, wer ein Kind oder einen Jugendlichen als Verwandter oder Verschwägerter bis zum dritten Grad betreut.

[13] Zu den Voraussetzungen im Einzelnen *Erbs/Kohlhaas-Wache* K 96 § 5 Rn. 5, 6.

dd) **Der Minderjährige** kann als Opfer und in dieser Rolle notwendig Beteiligter, gegen den sich die Tat richtet, nicht selbst Täter oder Mittäter sein (*Wieck-Noodt* MK Rn. 62). Das ergibt sich aus dem Gesetzeswortlaut und Sinnzusammenhang, wonach Vermittler und Vermittelter eindeutig verschiedene Personen sind (*Sch/Schroeder-Eser/Eisele* Rdn. 3). Das Ergebnis steht im Einklang mit der überkommenen Rechtsprechung zur Kindesentziehung (§ 235 Rdn. 112 f). 16

2. Tatopfer. Tatopfer ist grundsätzlich das noch nicht achtzehn Jahre alte Kind sowie der noch nicht achtzehn Jahre alte Mündel oder Pflegling. Die Altersgruppe der Minderjährigen von vierzehn bis unter achtzehn Jahren fällt nun im Gegensatz zu § 236 a.F. auch unter den Schutz von Absatz 1. 17

Das Gesetz (§ 236) verwendet auf der Opferseite mehrere **verschiedene Begriffe**, um den von der Tat Betroffenen zu kennzeichnen: Ein noch nicht achtzehn Jahre altes Kind, noch nicht achtzehn Jahre alter Mündel oder Pflegling (Absatz 1 Satz 1), Kind, Mündel, Pflegling (Absatz 1 Satz 2), Person unter achtzehn Jahren (Absatz 2 Satz 1 Nrn. 1 und 2, Satz 2), vermittelte Person (Absatz 2 Satz 3) sowie Kind oder vermittelte Person (Absatz 4 Nr. 2, Absatz 5). 18

Eine sachliche Unterscheidung ist mit der unterschiedlichen Begrifflichkeit (zu den Gründen vgl. *Gribbohm* LK Voraufl. Rdn. 18; ferner: *Matt/Renzikowski-Eidam* Rdn. 6, der zusätzlich auf die internationalen Vorgaben verweist, die für unterschiedliche Begriffsbestimmungen verantwortlich seien) nicht verbunden. Geschützt sind **minderjährige Personen** (d.h. unter 18 Jahren), die Kind, Mündel oder Pflegling des Täters sind (Abs. 1 Satz 1) oder als solche zum Gegenstand einer Adoptionsvermittlung durch Dritte werden. Soweit der Begriff des Kindes ohne besonderen Zusatz auf das Schutzalter verwandt wird, ist – anders als im Übrigen StGB (vgl. nur § 235) – damit keine Begrenzung auf einen Schutz nur bis zum 14. Lebensjahr verbunden. 19

a) **Kind unter achtzehn Jahren.** Sie werden durch alle Tatbestände des Kinderhandels (§ 236) geschützt. Ausdrücklich genannt werden sie in Absatz 1. Sie gehören aber auch im Rahmen des strafrechtlichen Schutzes unerlaubter Adoptionsvermittlung zu den Personen unter achtzehn Jahren (Absatz 2 Satz 1 Nrn. 1 und 2) wie auch zu den vermittelten Personen (Absatz 2 Satz 2), dies wohl auch im Fall des Absatzes 4 Nr. 2, wo sie unter der Bezeichnung „Kind" neben der „vermittelten Person" besonders genannt werden, weil die Qualifikation sowohl für Absatz 1 als auch für Absatz 2 gilt. 20

b) Mündel oder Pflegling (unter achtzehn Jahren). § 236 **Abs. 1** schützt nach der Änderung durch Art. 1 Nr. 20 SexualdelÄndG ausdrücklich zwei weitere Personengruppen, den Mündel und den Pflegling. Diese werden auch von **Abs. 2** erfasst, sofern es sich dabei – wie regelmäßig – um eine „Person unter 18 Jahren" handelt. Wenn die Strafnorm wie in **Abs. 4 Nr. 2** und **Abs. 5** lediglich von „Kind" und von „vermittelter Person" spricht, den Mündel und den Pflegling dagegen unerwähnt lässt, so stellt sich die Frage, ob diese von den Bestimmungen insoweit erfasst werden. Abs. 4 Nr. 2 und Abs. 5 verweisen mit dem Begriff „Kind" auf Fälle des Abs. 1 und mit der „vermittelten Person" auf solche des Abs. 2. Handelt es sich bei den vermittelten Personen um Mündel bzw. Pfleglinge, fallen diese im Anschluss an Fälle des Abs. 2 auch unter Abs. 4 Nr. 2 bzw. 5. Der Begriff „Kind" schließt an die Formulierung in Abs. 1 „sein Kind" an und schließt deshalb Mündel und Pfleglinge, die selbst nicht ausdrücklich in Abs. 4 und 5 erwähnt werden, nicht ein. Aus diesem Grund werden Fälle nach Abs. 1, die sich auf Mündel und Pfleglinge beziehen, von diesen Vorschriften grundsätzlich nicht erfasst. Im 21

Hinblick auf Abs. 5 lässt sich an eine entsprechende Anwendung zugunsten des Täters denken (s. Rdn. 67, 121).

22 Auf die **Staatsangehörigkeit** des Kindes oder Jugendlichen kommt es grundsätzlich nicht an (vgl. VGH Kassel NJW **1988** 1281, 1282), es sei denn, aus den Regeln des internationalen Strafrechts ergäbe sich im Einzelfall etwas anderes.

3. Tathandlungen

23 **a) Überlassen und Aufnehmen (Absatz 1).** Der neue Tatbestand des Kinderhandels setzt notwendig mindestens **zwei Täter** voraus, die auf verschiedenen Seiten an dem Geschehen mitwirken und miteinander korrespondierende Tathandlungen vornehmen: Eltern, ein Elternteil, Vormund oder Pfleger als „Verkäufer" eines noch nicht achtzehn Jahre alten Kindes, Mündels oder Pfleglings (Satz 1) und einen anderen Beteiligten als „Käufer" (Satz 2). Die gesetzliche Überschrift („Kinderhandel") macht aber deutlich, dass nicht nur Fälle erfasst werden sollen, in denen das Kind gegen Geld weggegeben wird, sondern auch solche, in denen als Entgelt Sachleistungen (z.B. Konsumgüter) gewährt werden (vgl. BTDrucks. 13/6038, Begr. S. 8 f).

24 Die Tat ist auf beiden Seiten formal ein **Erfolgsdelikt,** unter dem Blickwinkel des geschützten Rechtsguts (Rdn. 4) allerdings bloß **abstraktes Gefährdungsdelikt.**[14] Die Gesetzesüberschrift („Kinderhandel") legt die Annahme eines Erfolgsdelikts zwar nicht nahe; denn es handelt auch, wer mit einem Geschäft scheitert. Doch charakterisiert die gesetzliche Umschreibung des inkriminierten Verhaltens – Überlassen und Aufnahme eines Kindes auf Dauer – die Tat äußerlich eindeutig als Erfolgsdelikt.

25 **aa) Überlassen (Satz 1).** Der „Verkäufer" muss sein Kind, Mündel oder Pflegling dem „Käufer" auf Dauer überlassen. Solches Überlassen setzt Verfügungsgewalt über das Kind, Mündel, Pflegling, gleichsam dessen **„Besitz"** voraus, wobei es nicht auf eine Berechtigung ankommt. Das Überlassen verlangt grundsätzlich die Verschaffung eines rein tatsächlichen Gewaltverhältnisses über die minderjährige Person[15] und besteht regelmäßig in einer Übergabe des Kindes mit dem Willen, es nicht zurückzufordern. Ausreichend ist es aber auch, wenn die Übernahme durch einen anderen (z.B. bei Begründung eines Pflegeverhältnisses, s. unten Rdn. 26) geduldet wird (*Lackner/Kühl* Rdn. 2; *Matt/Renzikowski-Eidam* Rdn. 7; *Sch/Schroeder-Eser/Eisele* Rdn. 4). Dies wird regelmäßig die Eingliederung in den Haushalt des Aufnehmenden zur Folge haben (großzügiger die **h.M.**, die die Übertragung des tatsächlichen Bestimmungsrechts über das Kind für ausreichend erachtet: vgl. *Fischer* Rdn. 4; *Wieck-Noodt* MK Rdn. 20). Eine Überlassung **„auf Dauer"** liegt vor, wenn sie auf unübersehbare Zeit erfolgen soll (*Matt/Renzikowski-Eidam* Rdn. 7; OKStGB-*Valerius* Rdn. 4; *Sonnen* NK Rdn. 15; SSW-*Schluckebier* Rdn. 3). Nicht erfasst wird ein nur vorübergehendes Überlassen, auch dann nicht, wenn es zu einer nachhaltigen Entfremdung des Minderjährigen aus seiner gewohnten Umgebung führt (so aber *Sch/Schroeder-Eser/Eisele* Rdn. 4; *Lackner/Kühl* Rdn. 2; *Wieck-Noodt* MK Rdn. 21 unter Hinweis auf den Schutzzweck der Norm). Maßgeblich für die Beurteilung, ob eine Überlassung auf Dauer vorliegt, können nicht nach der Besitzverschaffung liegende Umstände wie die mögliche Entfremdung des Minderjährigen sein; entscheidend ist der im Zeitpunkt der Besitzverschaffung vorhandene Wille, der auf eine

---

14 *Fischer* Rdn. 2; *Sch/Schröder-Eser/Eisele* Rdn. 1 a.E.; *Wieck-Noodt* MK Rdn. 3; *Wolters* SK Rdn. 2; *Otto* BT § 65 Rdn. 40.

15 *Fischer* Rdn. 4, *Sch/Schröder-Eser/Eisele* Rdn. 4; *Wolters* SK Rdn. 4.

dauerhafte Lösung des bisherigen Sorgeverhältnisses gerichtet sein muss (so auch: *Fischer* Rdn. 4; *Matt/Renzikowski-Eidam* Rdn. 7; *Wieck-Noodt* MK Rdn. 21; *Wolters* SK Rdn. 4); insoweit wäre auch der Fall einer nur auf gewisse Dauer angelegten Überlassung nicht tatbestandsmäßig, der von der Vorstellung einer dadurch eintretenden Entfremdung des Minderjährigen begleitet ist. Die Überlassung einer von Abs. 1 geschützten Person im Rahmen eines nur auf einige Monate angelegten Auslandsaufenthalts wird ebenso wenig erfasst (*Wieck-Noodt* MK Rdn. 21; vgl. dagegen *Sch/Schroeder-Eser/Eisele* Rdn. 4, die es jedenfalls nicht grundsätzlich ausschließen) wie etwa bei einer (zeitlich begrenzten) Überlassung als Arbeitskraft oder ähnlichen Zwecken (BTDrucks. 13/6028, Begr. S. 9; s. dazu auch *Lackner/Kühl* Rdn. 2; *Wieck-Noodt* MK Rdn. 23 mit dem Hinweis auf Ahndungsmöglichkeiten nach dem JArbSchG); wird ein nur befristeter Aufenthalt nachträglich zu einer auf Dauer angelegten Überlassung, kann ab diesem Zeitpunkt der Tatbestand erfüllt sein (*Wieck-Noodt* MK Rdn. 22). Die Tat ist mit dem Übernahmeakt des „Käufers" vollendet und in der Regel auch beendet (*Pfuhl* JR **2014** 234, 237), der Tatbestand also erfüllt, selbst wenn das Kind – etwa infolge eines behördlichen Eingreifens – alsbald zu den Eltern, zum Vormund, Pfleger zurückkehrt (vgl. *Fischer* Rdn. 4; *Sonnen* SK Rdn. 15; SSW-*Schluckebier* Rdn. 3; *Wolters* SK Rdn. 4).

bb) **Aufnehmen (Satz 2).** Der „Käufer" muss die minderjährige Person **auf Dauer** bei sich aufnehmen. Dieses Tatbestandsmerkmal ist das Gegenstück zum „Überlassen" auf der Verkäuferseite. (vgl. *Matt/Renzikowski-Eidam* Rdn. 10; *Sonnen* NK Rdn. 16). Der „Käufer" muss die minderjährige Person also vom beteiligten Elternteil, Vormund oder Pfleger entgegennehmen mit dem Willen, sie endgültig bei sich zu behalten. Eine solche Aufnahme kann zum Beispiel durch Anerkennung der Vaterschaft (§ 1592 Nr. 2 BGB), durch Begründung eines Pflegeverhältnisses oder auch allein durch tatsächliche Aufnahme des Kindes in den Haushalt des „Käufers" begründet werden.[16] **26**

Wer nicht den Willen hat, die minderjährige Person „auf Dauer bei sich" aufzunehmen, scheidet als Täter, auch als Mittäter, nach Abs. 1 Satz 2 aus. Die Notwendigkeit, das Opfer **bei sich** aufzunehmen, schränkt den Tatbestand erheblich ein. Erfasst wird so nicht der **Zwischenhändler**, welcher die minderjährige Person den Eltern, dem Vormund oder Pfleger zwar auf Dauer „abnimmt", sie aber nicht bei sich behalten will, sondern zum „Weiterverkauf" erwirbt und sie absichtsgemäß weiter veräußert. **27**

In Betracht kommt in solchen Fällen aber eine Bestrafung wegen Teilnahme an der Tat des „Verkäufers" und dessen, der das Kind „kauft". Dieser „Käufer" fällt trotz Einschaltung des Zwischenhändlers unter die Vorschrift des Absatzes 1 Satz 2, weil Täterschaft nach ihr nicht notwendig einen Erwerb unmittelbar vom „verkaufenden" Elternteil voraussetzt. Ob das Verhalten des Zwischenhändlers als Vermittlungstätigkeit nach Absatz 2 Nr. 2 beurteilt werden kann, ist zweifelhaft; denn er führt Eltern, Vormund, Pfleger und Enderwerber nicht zusammen, sondern handelt auf eigene Rechnung. **28**

Die Tat dessen, der die minderjährige Person nach Absatz 1 Satz 2 auf Dauer übernimmt, ist allerdings mit solcher Übernahme allein noch nicht vollendet. Anders als der Tatbestand des Satzes 1 ist der des Satzes 2 als **zweiaktiges Delikt** ausgestaltet: Tatbestandsmäßigkeit des Handelns auf der Käuferseite setzt außer der Übernahme voraus, dass der Täter „dafür ein Entgelt gewährt" (Rdn. 31).[17] Eine Anzahlung reicht zur rechtlichen Vollendung auf Seiten des Käufers aus, nicht aber das bloße Versprechen einer **29**

---

16 Vgl. *Erbs/Kohlhaas/Wache* K 96 § 5 Rn. 13; *Fischer* Rdn. 4; *Wieck-Noodt* MK Rdn 20.

17 *Wolters* SK Rdn. 5; *Sch/Schröder-Eser/Eisele* Rdn. 5.

Leistung (s. näher Rdn. 34). Dabei muss es sich nicht um „einen zumindest wesentlichen Teil des vereinbarten Entgelts" handeln (so aber *Wolters* SK Rdn. 5). Auf die Höhe der geleisteten Zahlung kann es insoweit nicht ankommen.

30 cc) **Entgeltlichkeit und Bereicherungsabsicht beim Kinderhandel (Satz 1).** Die Merkmale grenzen den Tatbestand ein, um zu vermeiden, dass sozial akzeptierte Vorgänge wie etwa die Unterbringung eines Kindes bei Verwandten (z.B. wegen längerer berufs- oder urlaubsbedingter Abwesenheit der Eltern) oder die Begründung anderer ähnlicher anerkennenswerter Pflegeverhältnisse (vgl. BTDrucks. 13/7164 und BTDrucks. 13/8587, jeweils Begr. S. 40) erfasst werden. Doch entsprechen die beiden Tatbestände der Sätze 1 und 2 einander insoweit nicht völlig.

31 Der **„Verkäufer"** muss gegen Entgelt oder in Bereicherungsabsicht handeln, wobei Bereicherung eines Dritten genügt. Das Merkmal der Bereicherungsabsicht ist erst durch den Rechtsausschuss in den Gesetzentwurf eingefügt worden (Bericht S. 17). Der **„Käufer"** dagegen muss ein Entgelt für die Überlassung des Kindes gewähren; dieses Merkmal steht bei ihm allein, nicht alternativ neben einer Bereicherungsabsicht.

32 Der **Entgeltbegriff** (§ 11 Rdn. 106 ff) ist für beide Seiten des Handels derselbe. **Entgelt** ist eine vermögenswerte Vergütung („Gegenleistung") für eine Leistung (gleich welcher Art), die man (als „Verkäufer") erbringt oder (als „Käufer") empfängt. Das Entgelt, Geldzahlung, aber auch Sachleistung (*Lackner/Kühl* Rdn. 2; *Sch/Schroeder-Eser/Eisele* Rdn. 5; *Wieck-Noodt* MK Rdn. 26) wird von dem Erbringer der Leistung erwartet, verlangt oder empfangen sowie von ihrem Empfänger versprochen oder gewährt.

33 Nach Abs. 1 Satz 1 genügt es, dass der Elternteil, Vormund, Pfleger, der die minderjährige Person auf Dauer weggibt, **„gegen Entgelt"** handelt. Dieses (auch subjektive) Merkmal ist in allen drei oben genannten Fällen erfüllt (erwarten, verlangen oder empfangen). Der **„Verkäufer"** braucht das Entgelt also nicht zu erhalten; die Tatbestandsmäßigkeit seines Verhaltens und die Vollendung seiner Tat hängen nicht vom Empfang des Entgelts ab.[18]

34 Der **„Käufer"** dagegen muss das Entgelt „dafür" (d.h. für die Überlassung der minderjährigen Person auf Dauer) tatsächlich „gewähren". Doch muss der Entgeltempfänger nicht unmittelbar der beteiligte Elternteil, Vermund oder Pfleger sein. Es kann auch ein Dritter sein, wenn nur der erforderliche Zweckzusammenhang zwischen den Leistungen besteht (vgl. Rdn. 27 f). Leistungen an den Minderjährigen selbst reichen aber nicht, auch wenn sie zu einer finanziellen Entlastung, z.B. durch Freistellung von Unterhaltsleistungen, führt (BTDrucks. 13/6068, Begr. S. 9; s. weiter *Sch/Schroeder-Eser/Eisele* Rdn. 5; *Wieck-Noodt* MK Rdn. 31). Anbieten, Inaussichtstellen oder festes Versprechen eines Entgelts reicht auf Seiten des „Käufers" zur Tatbestandserfüllung (Satz 2) nicht aus (*Fischer* Rdn. 9; *Matt/Renzikowski-Eidam* Rdn. 10; OKStGB-*Valerius* Rdn. 8; *Sch/Schroeder-Eser/Eisele Rdn. 5; Wolters* SK Rdn. 5 **aA** *Wieck-Noodt* MK Rdn. 32).

35 Dieser Unterschied zu Satz 1, der die äußere Tatseite betrifft, kann trotz des dargelegten Zusammenhangs beider Tatbestände (Rdn. 23 ff) dazu führen, dass sich im Einzelfall der beteiligte Elternteil, Vormund, Pfleger nach Satz 1 wegen vollendeter Tat strafbar macht, während der andere Beteiligte nach Satz 2 nur wegen Versuchs strafbar ist.

---

[18] Vgl. *Fischer* Rdn 6 a.E.; OKStGB-*Valerius* Rdn. 6; *Sch/Schroeder-Eser/Eisele* Rdn. 4; **aA** unter Hinweis auf den Wortlaut und die Entstehungsgeschichte *Matt/Renzikowski-Eidam* Rdn. 9; SSW-*Schluckebier* Rdn. 3; *Wieck-Noodt* Rdn. 27. Dass die Bereicherungsabsicht mit der hier vertretenen Ansicht gegenstandslos wäre, lässt sich feilich nicht sagen, zumindest mit Blick auf die Bereicherung von Dritten.

36 Handeln in **Bereicherungsabsicht**, das nach Satz 1 beim **„Verkäufer"** an die Stelle des Handelns gegen Entgelt treten kann, zielt auf einen wirtschaftlichen Vorteil, der (anders als beim Entgelt) die Aufwendungen im Zusammenhang mit der Tat übersteigen muss und so zu einem Gewinn führt. Die Bereicherung braucht aber nicht auf der Entgeltzahlung des „Käufers" zu beruhen. Sie kann sich (ursächlich) auch mittelbar aus dem Handel ergeben, etwa daraus, dass sich die Eltern durch die Tat tatsächlich von einer sie treffenden Unterhaltslast befreien.

37 Eine Bereicherungsabsicht des **„Käufers"** sieht das Gesetz Abs. 1 Satz 2 als subjektives Merkmal nicht vor (Rdn. 31). Der Gesetzgeber trägt damit dem Umstand Rechnung, dass derjenige, der die minderjährige Person auf Dauer bei sich aufnimmt, in der Regel aus ideellen Motiven handelt, insbesondere in dem Bestreben, sich einen anders unerfüllbaren Kinderwunsch zu erfüllen. Ob **„Zwischenhändler"** zum Weiterverkauf beschaffte Kinder „auf Dauer bei sich" aufnehmen, ist (auch) aus Rechtsgründen zweifelhaft (Rdn. 27 f). Doch haben Fälle qualifizierten Kinderhandels, die sie aus Gewinnsucht oder gewerbsmäßig begehen, auch für sie als Teilnehmer einer Tat nach Absatz 1 die Anwendung des § 236 Abs. 4 Nr. 1 zur Folge (§ 28 Abs. 2).

38 **dd)** Die **grobe Vernachlässigung der Fürsorge- oder Erziehungspflicht** wird als Tatbestandsmerkmal nur in Satz 1 in Verbindung mit dem Elternteil, Vormund und Pfleger genannt, welcher sein Kind, Mündel oder Pflegling auf Dauer einem anderen überlässt. Sie hat aber auch Bedeutung für den Tatbestand des Satzes 2. Wegen der Verweisung auf die „Fälle des Satzes 1" hängt auch die Strafbarkeit des „Käufers" davon ab, dass der „Verkäufer" seine Fürsorge- oder Erziehungspflicht durch den Kinderhandel gröblich vernachlässigt (**H.M.:** vgl. nur *Sch/Schroeder-Eser/Eisele Rdn.* 5; SSW-*Schluckebier* Rdn. 4; *Wieck-Noodt* MK Rdn. 29). Man kann insofern von einer „akzessorischen Ausgestaltung" des Tatbestandes des Satzes 2 sprechen, was Bedeutung für die innere Tatseite beim „Käufer" hat (BTDrucks. 13/7163 und BTDrucks. 13/8587, jeweils Begr. S. 40).

39 In den Entwürfen wird die besondere **strafbarkeitseinschränkende Funktion** des Merkmals hervorgehoben, die sozial akzeptierte Vorgänge wie die Unterbringung bei Verwandten oder die Begründung ähnlich anerkennenswerter Pflegeverhältnisse aus dem Tatbestand ausscheiden soll (BTDrucks. 13/7163 und BTDrucks. 13/8587, jeweils Begr. S. 40). Es ist der „gröblichen Verletzung der Fürsorge- oder Erziehungspflicht" im Sinne des § 171 StGB (früher 170d StGB) nachgebildet; zu seiner Auslegung wird in den Gesetzesmaterialien in allgemeiner Form lediglich auf Rechtsprechung und Schrifttum zu jener Vorschrift hingewiesen (BTDrucks. 13/7164 und BTDrucks. 13/8587, jeweils Begr. S. 40). Zum Teil wird die Notwendigkeit eines solchen Merkmals in Frage gestellt, weil die gewünschte Begrenzung der Strafbarkeit – was nicht in jedem Fall zutreffen muss – bereits durch die Merkmale „gegen Entgelt" bzw. „Bereicherungsabsicht" gewährleistet sei (*SSW-Schluckebier* Rdn. 3; krit. *Wessels/Hettinger* BT 1 Rdn. 446, weil dies zu einem Schlupfloch für Täter nach Satz 2 führe, die sich wohl darauf berufen könnten, sie hätten lediglich den Eltern bzw. dem Kind aus der Not helfen wollen; s. dazu auch ablehnend der BRat in: BTDrucks. 13/8587, S. 62, 84; auch unten Rdn. 72).

40 Die **Fürsorge- und Erziehungspflicht**, um deren gröbliche Verletzung es geht, kann als **Entstehungsgrund** auf Gesetz, behördlicher Übertragung, Vertrag oder tatsächlicher Übernahme beruhen.[19] Sie kann also auch einen Elternteil treffen, der familienrechtlich von der Personensorge für das Kind ausgeschlossen ist (§ 235 Rdn. 14), insbesondere

---

19 Vgl. *Dippel* LK[11] § 171 Rdn. 5.

auch dann, wenn er das Kind im Rahmen der Ausübung seines Umgangsrechts (§ 1684 BGB) bei sich hat.

41 **Gröblichkeit der Pflichtverletzung** setzt voraus, dass die Tat **objektiv** und **subjektiv** schwer wiegt.[20] Sie ergibt sich nicht gleichsam automatisch schon aus der Überlassung der minderjährigen Person an den anderen, auch dann nicht, wenn sie gegen Entgelt oder in Bereicherungsabsicht erfolgt (ähnlich: *Matt/Renzikowski-Eidam* Rdn. 8). Das Vorliegen des Tatbestandes im Übrigen ist aber ein wichtiges Indiz, ändert jedoch nichts daran, dass die Gröblichkeit der Pflichtverletzung in jedem Fall positiv festgestellt werden muss (so auch *Fischer* Rdn. 6). So ergibt sich nicht schon aus einer ungewöhnlich hohen Entgeltzahlung eine grobe Pflichtverletzung, sondern vielmehr erst aus der Gesamtwürdigung des Geschehens, die sich als „Verkauf" des zum Objekt gewordenen Minderjährigen darstellt (ähnlich auch: *Wolters* SK Rdn. 4; s. auch: *Wieck-Noodt* MK Rdn. 28).

42 Missverständlich sind insoweit die Entwürfe BTDrucks. 13/7164 und BTDrucks. 13/8587 (jeweils Begr. S. 40) mit dem Hinweis, dass in § 236 bereits eine **einmalige Handlung** – der „Verkauf" des Kindes – als subjektiv und objektiv schwerwiegende Pflichtverletzung gewertet werde (so aber auch: *Sch/Schroeder-Eser/Eisele* Rdn. 4). Wäre das stets der Fall, so könnte das Tatbestandsmerkmal die ihm zugedachte strafbarkeitseinschränkende Funktion (Rdn. 39) nicht haben; es wäre überflüssig.

43 Die Annahme einer **groben Pflichtverletzung scheidet** jedenfalls dann **aus**, wenn das Kindeswohl infolge ungünstiger Lebensverhältnisse bei den Eltern, dem Vormund, dem Pfleger weitaus mehr gefährdet wäre als beim „Käufer", der das Beste für das Kind erreichen möchte und dazu voraussichtlich auch in der Lage ist (so auch: *Matt/Renzikowski-Eidam* Rdn. 8).

44 Die Tatbestandsmäßigkeit eines Verhaltens hängt bei § 236 Abs. 1 (anders als bei § 171) nicht von den **Folgen der Tat** für das Kind ab, also davon, ob die grobe Pflichtverletzung des beteiligten Elternteils, Vormunds oder Pflegers die körperliche oder seelische Entwicklung des Kindes tatsächlich schädigt oder im Einzelfall konkret gefährdet. Denn der Grundtatbestand mit den miteinander korrespondierenden beiden Erscheinungsformen des Überlassens und Aufnehmens ist ein **abstraktes Gefährdungsdelikt** (BTDrucks. 13/7164 und BTDrucks. 13/8587, jeweils Begr. S. 41).

45 b) **Vermittlung (Absatz 2 Satz 1 und 2).** Die Vorschrift unterscheidet im Anschluss an das Adoptionsvermittlungsgesetz zwischen **drei Tatbeständen** verbotener Vermittlung: der Adoptionsvermittlung (Nummer 1; früher: § 14a Abs. 1 i.V.m. § 14 Abs. 1 Nr. 1, § 5 Abs. 1 AdVermiG), der Vermittlungstätigkeit mit dem Ziel, dass ein Dritter eine Person unter achtzehn Jahren auf Dauer bei sich aufnimmt (Nummer 2; früher: § 14a Abs. 1 i.V.m. § 14 Abs. 1 Nr. 1, § 5 Abs. 4 Satz 1 AdVermiG) und neuerdings der Herbeiführung der Zustimmung durch Gewährung von Entgelt. Alle drei Tatbestände sind – anders als die des § 236 Abs. 1 – schlichte **Tätigkeitsdelikte** jedenfalls insofern, als sie nicht zum Erfolg – einer Adoption oder Aufnahme – führen müssen.

46 aa) **Adoptionsvermittlung (Nummer 1).** Dies gilt auch für den Tatbestand nach Abs. 2 Nr. 1. Die Vorschrift ließe – bei isolierter Betrachtung – allein vom Wortlaut her zwar eine andere Auslegung zu. So wird im Schrifttum die Vollendung der Tat davon abhängig gemacht, ob es tatsächlich zu einer rechtsgültigen Adoption gekommen ist.[21]

---

[20] Vgl. *Dippel* LK[11] § 171 Rdn. 9

[21] So *Wolters* SK Rdn. 8.

Bei § 236 Abs. 2 ist aber der Zusammenhang mit den §§ 1 und 5 Abs. 1 AdVermiG zu berücksichtigen. § 5 Abs. 1 AdVermiG untersagt die „Adoptionsvermittlung", unter der nach der Definition des § 1 AdVermiG **schon** das **Zusammenführen** von Personen unter achtzehn Jahren und Adoptionsbewerbern zu verstehen ist mit dem Ziel der Annahme als Kind, ferner auch der **Nachweis einer Gelegenheit** zur Adoption. Diese Definition ist zugleich im Rahmen des § 236 Abs. 2 Satz 1 Nr. 1 maßgebend.[22] Denn dieser Straftatbestand soll das Adoptionsvermittlungsverbot des § 5 Abs. 1 AdVermiG durchsetzen (*Lackner/Kühl* Rdn. 4). Ist es dem Täter nicht gelungen, die Beteiligten zusammenzuführen oder eine Gelegenheit zur Adoption nachzuweisen, so kommt ein strafbarer **Versuch** nach Nummer 1 in Betracht (§ 236 Abs. 3).

Adoptionsvermittlung ist der bloße Nachweis einer Gelegenheit, ein Kind anzunehmen oder annehmen zu lassen, nach der ausdrücklichen Regelung § 1 Satz 2 AdVermiG i.d.F. des Gesetzes vom 27.11.1989 selbst dann, wenn das **Kind** noch **nicht geboren** oder noch **nicht gezeugt** ist. Schon vor der Neufassung des Gesetzes wurde als Nachweis einer Gelegenheit auch der Hinweis auf die Möglichkeit gesehen, ein erst noch zu gebärendes Kind anzunehmen (VGH Kassel NJW **1988** 1281, 1282).[23] **47**

Ersatzmuttervermittlung (§ 13b AdVermiG) gilt dagegen jetzt nicht mehr als Adoptionsvermittlung (§ 1 Satz 3 AdVermiG; **aA** zur Rechtslage vor der Neufassung des AdVermiG i.d.F. der Bek. vom 27.11.1989 VGH Kassel NJW **1988** 1281). Sie ist in den §§ 13a ff AdVermiG geregelt; zum Begriff der Ersatzmutter vgl. § 13a AdVermiG.[24] Ein anschauliches Beispiel aus der zivilrechtlichen Praxis bietet der Fall OLG Hamm NJW **1986** 781. Besondere Strafvorschriften gegen Ersatzmuttervermittlung enthält § 14b AdVermiG. **48**

bb) Aufnahmevermittlung (Nummer 2). Vorläufer dieser Vorschrift ist § 14a Abs. 1 i.V.m. § 14 Abs. 1 Nr. 1, § 5 Abs. 4 Satz 1 AdVermiG. **49**

Anlass für das Verbot der Aufnahmevermittlung (§ 5 Abs. 4 Satz 1 AdVermiG) war eine bekannt gewordene Vermittlungspraxis, bei der Vermittler schwangere Frauen und Männer, die ein Kind zur dauernden Aufnahme bei sich suchten, zusammengeführt wurden, damit diese nach der Geburt des Kindes wahrheitswidrig die Vaterschaft anerkennen konnten (vgl. *Sch/Schroeder-Eser/Eisele* Rdn. 8). Hierin wurde keine (verbotene) Adoptionsvermittlung gesehen.[25] Durch die Einfügung von § 5 Abs. 4 mit dem Gesetz zur Änderung des AdVermiG vom 27.11.1989 (BGBl. I 2014) sollte die Strafbarkeitslücke geschlossen werden. **50**

Tathandlung ist das **Ausüben einer Vermittlungstätigkeit,** die die dauerhafte Aufnahme einer minderjährigen Person durch einen Dritten zum Ziel haben muss. Die Vermittlungstätigkeit muss nicht auf Adoption gerichtet ein; sie kann auf jede Art der Aufnahme auf Dauer, etwa auch im Rahmen dauerhafter Pflegeverhältnisse (zum Begriff des Aufnehmens auf Dauer siehe Rdn. 26) gerichtet sein (*Fischer* Rdn. 14; *Matt/Renzikowski-Eidam* Rdn. 13; SSW-*Schluckebier* Rdn. 6; *Wieck-Noodt* MK Rdn. 37). Der Charakter des Tatbestands der Nummer 2 als bloßes **Tätigkeitsdelikt** (*Sch/Schroeder-* **51**

---

22 *Fischer* Rdn. 13; *Matt/Renzikowski-Eidam* Rdn. 12; *Sch/Schroeder-Eser/Eisele* Rdn. 8; SSW-*Schluckebier* Rdn. 5; *Wieck-Noodt* MK Rdn. 67; **aA** *Wolters* SK Rdn. 8.

23 *Lüderitz* NJW **1990** 1634.

24 Dazu *Lüderitz* NJW **1990** 1634 f; *Bach* FamRZ **1990** 574 f.

25 *Erbs/Kohlhaas/Wache* K 96 § 5 Rn. 13; *Lüderitz* NJW **1990** 1634; zu den Praktiken des kommerziellen Kinderhandels mit Kindern vor allem aus Ländern der Dritten Welt vgl. *Bach* FamRZ **1990** 576 f.

Eser/Eisele Rdn. 8) ergibt sich unmissverständlich aus dem Gesetzeswortlaut, der lediglich ein Ausüben der bezeichneten Vermittlungstätigkeit verlangt. Es kommt für die Vollendung der Tat deshalb nicht darauf an, ob die Tätigkeit dazu führt, dass ein Dritter den Minderjährigen auf Dauer bei sich aufnimmt.[26]

52 Bei der **Abgrenzung** zwischen **Versuch und Vollendung** unterscheidet sich die Tat nach Nummer 2 von der nach Nummer 1 und der von Satz 2 (siehe Rdn. 53a). Hier – bei Nummer 2 – bedeutet eine bloße Vermittlungstätigkeit für sich allein, selbst wenn sie weder die Beteiligten zusammenbringt noch zum Nachweis einer Aufnahmegelegenheit führt, in der Regel bereits Tatvollendung. In den Fällen der Nummer 1 des Satzes 2 dagegen reicht das Versuchsstadium weiter; es schlägt erst mit der Zusammenführung der Beteiligten oder dem Gelegenheitsnachweis (Nr. 1) bzw. mit der Annahme des Entgelts durch den Zustimmungsberechtigten (Satz 2) in Vollendung um (s. zum Versuch unten Rdn. 85 f).

53 Dieser **Unterschied** lässt sich mit der unterschiedlichen Gefährlichkeit gleichartigen Verhaltens in den bezeichneten Fällen erklären. Eine verbotene Vermittlungstätigkeit zur Aufnahme einer Person unter achtzehn Jahren ist für den Betroffenen (abstrakt) gefährlicher als eine solche Tätigkeit mit dem Ziel einer Adoption. Denn im Adoptionsverfahren bildet die Mitwirkung der zuständigen Behörden eine zusätzliche Barriere für den Täter (vgl. §§ 1741 ff, 1753 BGB, § 51 SGB VIII), während die endgültige Aufnahme nach Nummer 2 außerhalb jeder rechtlichen Kontrolle stattfindet.

54 cc) **Entgeltlichkeit und Bereicherungsabsicht bei der Vermittlung (Satz 1 und 2).** Die Begriffe „gegen Entgelt“ und Bereicherungsabsicht bedeuten in Absatz 2 Satz 1 dasselbe wie in Absatz 1 (Rdn. 32 ff, 36). Anders als dort geht es hier aber nur um einen Beteiligten (den Vermittler), dessen Verhalten eines der beiden Merkmale erfüllen muss. § 14a Abs. 1 Satz 1 AdVermiG setzte voraus, dass der Täter für die Vermittlung einen Vermögensvorteil erhält oder sich versprechen lässt. Fehlt es an dem subjektiven Element, kommt eine Ordnungswidrigkeit nach § 14 Abs. 1 Nr. 1, Abs. 2 Nr. 1 AdVermiG in Betracht (OKStGB-*Valerius* Rdn. 12; *Sch/Schroeder-Eser/Eisele* Rdn. 8; *Wieck-Noodt* MK Rdn. 38). Mit dem neu eingeführten Satz 2 wird die Gewährung von Entgelt seitens des Vermittlers an eine Person, deren Zustimmung zur Adoption erforderlich ist, unter Strafe gestellt (s. Rdn. 57a f).

55 dd) **Bedeutung des Merkmals „unbefugt“ (Satz 1).** § 236 verwendet das Merkmal nur in Absatz 2 Satz 1, dies im Gegensatz zum Bundesratsentwurf, der es auch in Absatz 1 vorsah (BTDrucks. 13/6038 § 234, Begr. S. 9). Es hat – entsprechend seiner Verwendung in anderen Vorschriften – die Bedeutung, darauf hinzuweisen, dass **Fälle befugter Adoptions- oder Aufnahmevermittlung** nicht vom Tatbestand erfasst werden.

56 **Bei der Adoptionsvermittlung (Nummer 1).** Sie ist Aufgabe der **Jugendämter** und **Landesjugendämter**, wenn sie zugelassene Adoptionsvermittlungsstellen eingerichtet haben (§ 2 Abs. 1 AdVermiG), ferner Aufgabe der örtlichen und zentralen Stellen des **Diakonischen Werkes**, des **Deutschen Caritasverbandes**, der **Arbeiterwohlfahrt**, der ihnen angeschlossenen Fachverbände und sonstiger Organisationen, wenn die Stellen als Adoptionsvermittlungsstellen anerkannt worden sind (§ 2 Abs. 2 AdVermiG). Für diese Stellen gilt das Verbot des § 5 Abs. 1 AdVermiG also nicht (vgl. *Lackner/Kühl* Rdn. 4; *Sonnen* NK Rdn. 17; *Wieck-Noodt* MK Rdn. 35; s. auch *Fischer* Rdn. 13 zur Befugnis im inter-

---

[26] Ebenso *Wolters* SK Rdn. 9; *Wieck-Noodt* MK Rdn. 68.

nationalen Bereich). Es gilt des Weiteren nicht für **Verwandte und Verschwägerte** bis zum dritten Grad (§ 5 Abs. 2 Nr. 1 AdVermiG; vgl. Rdn. 10 ff) sowie – unter einschränkenden Voraussetzungen – für **andere Personen**, die im Einzelfall eine Gelegenheit zur Adoption nachweisen (§ 5 Abs. 2 Nr. 2 AdVermiG).

Bei der Aufnahmevermittlung (Nummer 2). Insoweit (§ 236 Abs. 2 Satz 1 Nr. 2) bleiben Vermittlungsbefugnisse unberührt, die sich aus anderen Rechtsvorschriften als dem Adoptionsvermittlungsgesetz ergeben (§ 5 Abs. 4 Satz 2 AdVermiG). So hat das Jugendamt dem Familiengericht nach § 53 Abs. 1 SGB VIII Personen vorzuschlagen, die sich im Einzelfall zum Pfleger eignen (*Fischer* Rdn. 14; unklar OKStGB-*Valerius* Rdn. 12). **57**

ee) **Zustimmungsherbeiführung durch Gewährung von Entgelt (Absatz 2 Satz 2).** Die Einfügung des Satzes 2 war eine weitere Voraussetzung für die Ratifizierung des Fakultativprotokolls zum Übereinkommen der Vereinigten Nationen vom 20. November 1989 über die Rechte des Kindes betreffend den Verkauf von Kindern, die Kinderprostitution und die Kinderpornographie. Das Fakultativprotokoll verpflichtet die Vertragsstaaten, bei ihren Strafvorschriften gegen Vermittler von Adoptionen die anwendbaren internationalen Übereinkünfte zu berücksichtigen. Gemäß dem Haager Übereinkommen über Schutz von Kindern und die Zusammenarbeit auf dem Gebiet der internationalen Adoptionen vom 29. Mai 1993 (BGBl. 2001 II, 1034) müssen sich die Behörden des Heimatstaates vergewissern, dass die Personen, deren Zustimmung zur Adoption erforderlich ist, diese unbeeinflusst erteilt haben und die Zustimmung nicht durch eine Zahlung oder eine andere Gegenleistung herbeigeführt worden ist. Zu einer Strafbarkeit des Vermittlers, der die Zustimmung von Eltern, Vormund oder Pfleger herbeigeführt hat, gelangte man über § 235 Abs. 1, Abs. 4 Nr. 2 und § 236 Abs. 1 jeweils in Verbindung mit § 26. Fehlte es allerdings an einer strafbaren Haupttat, wie in den Fällen, in denen der Minderjährige selbst oder weitere Personen zustimmungsberechtigt waren, so war die Beeinflussung nicht strafbar. Diese Lücke wurde durch die Einfügung von Satz 2 geschlossen, der die §§ 235, 236 Abs. 1 insoweit ergänzt (BTDrucks. 16/3439, S. 9 f; s. auch *Sch/Schroeder-Eser/Eisele* Rdn. 8a; *Weitzel* NJW 2008 186). **57a**

Der Begriff **„gewähren"** setzt voraus, dass die vermögenswerte Gegenleistung (SSW-*Schluckebier* Rdn. 7: die Erstattung von Auslagen genügt nicht) vom Zustimmungsberechtigten tatsächlich angenommen wurde. Allein das Anbieten des Entgelts, ohne dass es der Zustimmungsberechtigte erhält, genügt nicht (OKStGB-*Valerius* Rdn. 12a; *Sch/Schroeder-Eser/Eisele* Rdn. 8a). **Vermittler** ist jeder, der eine Vermittlungstätigkeit im Sinne von Abs. 2 Nr. 1 ausübt (s. auch *Matt/Renzikowski-Eidam* Rdn. 14), erfasst wird aber auch befugt tätige Vermittler, also auch die nach dem AdVermiG anerkannten Vermittlungsstellen (SSW-*Schluckebier* Rdn. 7). **57b**

III. Qualifizierte Tatbestände (Absatz 2 Satz 3 und Absatz 4)

§ 236 enthält neben den Grundtatbeständen (Absatz 1 und 2 Satz 1 und 2) mehrere qualifizierte Tatbestände. Von ihnen bezieht sich der Qualifikationstatbestand der grenzüberschreitenden Vermittlung (Absatz 2 Satz 3) nur auf die Vermittlungsfälle des Absatzes 2 Satz 1 Nrn. 1 und 2 (vgl. SSW-*Schluckebier* Rdn. 8; *Wolters* SK Rdn. 10), während die Qualifikationen des Absatzes 4 an alle Grundtatbestände (auch solchen nach Abs. 2) und überdies an den Qualifikationstatbestand des Absatzes 2 Satz 3 anknüpfen können (so wohl auch *Lackner/Kühl* Rdn. 6; *Matt/Renzikowski-Eidam* Rdn. 17; *Sch/Schroeder-Eser/Eisele* Rdn. 11; *Sonnen* NK Rdn. 19; *Wolters* SK Rdn. 11, jeweils allerdings ohne ausdrücklichen Bezug auf Abs. 2 Satz 3; *Wieck-Noodt* MK Rdn. 50 ff. **58**

59 Nach der Fassung des Absatzes 4 sind Zweifel an diesem Gesetzesverständnis ausgeschlossen, dies auch zu Absatz 4 Nr. 1, weil die Verwendung des Ausdrucks „Kinderhandel" dort mit der Überschrift des § 236 übereinstimmt, die sich nicht allein auf die Fälle des Absatzes 1 bezieht, sondern auch auf die Vermittlungsfälle des Absatzes 2. Die hier vertretene Auslegung hat zur Folge, dass die Qualifizierung nach Absatz 4 Nr. 1 in den Vermittlungsfällen zur Erhöhung der Strafrahmenobergrenze von drei Jahren auf zehn Jahre führt (vgl. BTDrucks. 13/7164, Begr. S. 41; BTDrucks. 13/8587, Begr. S. 40).

1. Grenzüberschreitende Vermittlung (Absatz 2 Satz 3)

60 a) **Rechtsnatur.** Diese Qualifikation entspricht dem früheren § 14a Abs. 2 Satz 1 AdVermiG (BTDrucks. 13/7164 und BTDrucks. 13/8587, jeweils Begr. S. 40) in seinem Verhältnis zu Absatz 1 Satz 1 derselben Vorschrift. Die Qualifikation bleibt **Vergehen** (§ 12 Abs. 2). Sie bildet jedoch mit der Vermittlung nach Satz 1 Nr. 1 oder 2 eine **zweiaktige Tat**, die im Hinblick auf das tatbestandsmäßige Bewirken insgesamt von einem Tätigkeitsdelikt (Rdn. 45) zu einem **Erfolgsdelikt** wird.

61 § 236 Abs. 2 Satz 3 gehört **nicht** zu den sogenannten erfolgsqualifizierten Delikten im Sinne des § **18**, bei denen es ausreicht, dass dem Täter hinsichtlich der besonderen **Tatfolge** Fahrlässigkeit zur Last fällt (**h.M.:** *Fischer* Rdn. 16; **aA** offenbar, allerdings ohne Begründung: SSW-*Schluckebier* Rdn. 8). Hier geht es nicht nur um eine besondere Tatfolge, sondern dem Täter wird eine zusätzliche **Handlung** vorgeworfen, ein **Bewirken**, dass der Minderjährige ins Inland oder ins Ausland (dazu: *Werle/Jeßberger* LK vor § 3 Rdn. 322 ff) verbracht wird. Der **Vorsatz** muss sich also auch auf diese Handlung und den zugehörigen Verbringungserfolg erstrecken. Für die hier vertretene Auffassung spricht die eindeutige tatbestandsmäßige Unterscheidung der Fälle der Absätze 1 Satz 1 und 2 im Rahmen der Vorläufervorschrift des § 14a AdVermiG.

62 b) **Bewirken** des Verbrachtwerdens ist jedes ursächliche Herbeiführen des Grenzübertritts in Folge der Vermittlungstätigkeit (*Fischer* Rdn. 16). Ein Ursachenzusammenhang muss also nicht nur zwischen dem Bewirken und dem Verbrachtwerden als Eintritt des Verbringungserfolgs bestehen (§ 236 Abs. 2 Satz 3), sondern auch zwischen den beiden Handlungen, dem Vermitteln und dem Bewirken. Das ergibt sich zwar nicht notwendig aus dem Gesetzeswortlaut mit der Verweisungsklausel „in den Fällen des Satzes 1", wohl aber aus dem Sinnzusammenhang beider Sätze des Absatzes 2. Es ist für das Bewirken nicht erforderlich, dass der Vermittler persönlich den Minderjährigen beim Grenzübertritt begleitet. Es reicht aus, dass er die Ein- oder Ausreise, etwa durch Zurverfügungstellung des Transportmittels (*Wieck-Noodt* MK Rdn. 48) oder Einschaltung eines Dritten, organisiert. Auch eine ohne sie vollzogene Ein- oder Ausreise des Minderjährigen kann so unter Umständen genügen, sofern sie von dem Vermittler oder von einem von ihm beauftragten Dritten organisiert wird und der Minderjährige nicht aktiv allein den Grenzübertritt vollzieht. Nach dem Wortlaut ist es nämlich erforderlich, dass die vermittelte Person ins In- bzw. Ausland **verbracht wird,** sich also nicht von selbst dorthin begibt. Aus diesem Grund wird auch ein von der minderjährigen Person allein organisierter und vollzogener Ortswechsel nicht genügen, auch wenn er von dem Vermittler, sei es auch durch Geldzahlungen, initiiert worden ist, etwa durch die Aufforderung, jemanden zu begleiten (so aber *Lackner/Kühl* Rdn. 4; *Wieck-Noodt* MK Rdn. 48; wohl auch *Fischer* Rdn. 16; *Sch/Schroeder-Eser/Eisele* Rdn. 11, denen offenbar die kausale Veranlassung der Grenzüberschreitung durch den Minderjährigen genügt; noch großzügiger wohl OKStGB-*Valerius* Rdn. 13, nach dem es bei Vorliegen irgendeiner ursächlichen Herbeiführung völlig unerheblich ist, auf welche Weise und auf wessen

Initiative, unter Umständen des Minderjährigen selbst, der Grenzübertritt letztlich erfolgt). Auf das Beförderungsmittel kommt es nicht an, der Ortswechsel kann auch zu Fuß erfolgen (*Lackner/Kühl* Rdn. 4). Handeln gegen den Willen des Minderjährigen ist nicht erforderlich (vgl. *Fischer* Rdn. 16).

Ersichtlich hat der Gesetzgeber eine Vermittlung, die den Minderjährigen über Grenzen hinweg in eine andere Umgebung führt, abstrakt für gefährlicher gehalten, als wenn der Minderjährige in seinem Heimatland bliebe. **Vollendung** liegt damit erst vor, wenn das Opfer die entsprechenden Landesgrenzen tatsächlich überschritten hat (*Wieck-Noodt* MK Rdn. 49; *Wolters* SK Rdn. 10). **63**

2. Die Taten nach Absatz 4

a) **Rechtsnatur.** Auch diese Taten sind im Hinblick auf die vorgesehene Mindeststrafe trotz der angedrohten Höchststrafe von zehn Jahren **Vergehen** (§ 12 Abs. 2). **64**

Die Vorschrift enthält **eigenständige Straftatbestände**, dies im Gegensatz zu den Entwürfen, welche – mit Ausnahme des Bundesratsentwurfs (BTDrucks. 13/6038, § 234 Abs. 3, Begr. S. 10) – verschärfte Strafrahmen für besonders schwere Fälle mit entsprechenden Regelbeispielen vorsahen (BTDrucks. 13/7164 und BTDrucks. 13/8587, jeweils Begr. S. 41). Das 6. StrRG kehrte zu der Fassung des Bundesratsentwurfs zurück, ohne dass der Bericht des Rechtsausschusses (S. 17) dazu Stellung genommen hätte. In der Sache bedeutet die Änderung eine Verschärfung, weil der Richter nunmehr an den strengeren Strafrahmen gebunden ist, wenn dessen tatbestandliche Voraussetzungen vorliegen. **65**

aa) **Gewinnsüchtiger, gewerbsmäßiger oder bandenmäßiger Handel (Nummer 1).** Er erfasst schwerwiegende Erscheinungsformen eines kommerziellen und organisierten Kinderhandels (vgl. BTDrucks. 13/6038, Begr. S. 10; BTDrucks. 13/7164 und BTDrucks. 13/8587, jeweils Begr. S. 41). Dies geschieht durch Einführung **besonderer persönlicher Merkmale**, welche die Strafe schärfen (§§ 14, 28 Abs. 2): Handeln aus Gewinnsucht, gewerbsmäßig oder als Mitglied einer Bande, die sich zur fortgesetzten Begehung eines Kinderhandels verbunden hat. Diese **Tatmodalitäten** lassen den Charakter (als Tätigkeits- oder Erfolgsdelikt) unberührt, welchen die durch sie qualifizierte Tat hat (vgl. Rdn. 60 in Verbindung mit Rdn. 24 und 45). **66**

bb) **Gefahrenträchtiger Kinderhandel (Nummer 2).** Diese Qualifikation setzt voraus, dass der Täter das Kind oder die vermittelte Person (vgl. oben Rdn. 21: nicht erfasst nach dem Wortlaut Mündel oder Pfleglinge in Fällen des Abs. 1) „durch die Tat" in eine der bezeichneten Gefahren bringt. Die konkrete Gefahr muss im Einzelfall festgestellt werden.[27] Der Kinderhandel wird durch die Qualifikation insoweit zu einem **konkreten Gefährdungsdelikt**, als er nach dem zugehörigen Grundtatbestand – wie in den Vermittlungsfällen – ein schlichtes Tätigkeits- und abstraktes Gefährdungsdelikt wäre (vgl. BTDrucks. 13/7164 und BTDrucks. 13/8587, jeweils Begr. S. 41). **67**

b) Die Voraussetzungen der Qualifikationen im Einzelnen

aa) **bei Nummer 1.** Unter **Gewinnsucht** ist die Steigerung des Erwerbssinns auf ein ungewöhnliches, ungesundes, sittlich anstößiges Maß zu verstehen (dazu § 235 Rdn. 86 ff). Ausreichend ist auf keinen Fall die bloße Absicht, sich oder einem Dritten einen Vermö- **68**

---

27 *Otto* Grundkurs § 65 Rdn. 46.

gensvorteil oder irgendeinen anderen Vorteil zu verschaffen (*Lackner/Kühl* Rdn. 6; *Matt/Renzikowski-Eidam* Rdn. 17; *Sch/Schroeder-Eser/Eisele* Rdn. 11). Zwar kann Gewinnsucht auch bei einer nur auf vorübergehendem Genuss oder als baldigem Verbrauch gerichteten Absicht in Betracht kommen (vgl. RGSt **55** 256), doch maßgeblich ist letztlich, inwieweit der Täter bereit ist, elementare Entwicklungsinteressen des Kindes seinen Gewinnaussichten unterzuordnen (*Fischer* Rdn. 18; *Sch/Schroeder-Eser/Eisele* Rdn. 11; *Wieck-Noodt* MK Rdn. 52; krit. *Kelker* Zur Legitimität von Gewinnsuchtsmerkmalen 2007 S. 555).

Gewerbsmäßig handelt, wer die Tat in der Absicht begeht, sich aus dem Kinderhandel eine fortlaufende Einnahmequelle von einiger Dauer zu verschaffen.[28] Unter diesen Voraussetzungen kann Gewerbsmäßigkeit schon bei einer einmaligen Tat anzunehmen sein.[29]

69 Zum Handeln **als Mitglied einer Bande**, die sich zur fortgesetzten Begehung von Kinderhandel gebildet hat, ist erforderlich, dass sich mindestens drei Täter mit dem Willen verbunden haben, künftig für eine gewisse Dauer mehrere selbständige, im Einzelnen noch unbestimmte Taten des Kindeshandels (alle Tatvarianten) zu begehen (vgl. BGHSt **46** 321).[30] Der Bundesratsentwurf hebt ausdrücklich hervor, dass er sich insoweit an einschlägige Regelungen anlehne, mit denen das StGB z.B. in den Fällen des § 260 Abs. 1 und des § 261 Abs. 4 auf organisierte Kriminalität reagiere (BTDrucks. 13/6038, Begr. S. 10).

70 Mit der Wendung **„zur fortgesetzten Begehung"** knüpft das Gesetz – wie schon früher (vgl. BGHSt **35** 374, 376 ff) – auch jetzt nicht an den inzwischen von der Praxis aufgegebenen Begriff der fortgesetzten Handlung (BGHSt **40** 138)[31] an. Gemeint ist vielmehr eine mehrfach wiederholte Begehung von Kinderhandel, wobei es sich um verschiedene selbständige Fälle handelt. Wiederholte Betätigungen im Rahmen nur eines Handels mit einem bestimmten Opfer reichen nicht aus.[32]

71 **bb) Bei Nummer 2.** Zum Begriff der **Gefahr einer erheblichen Schädigung** der körperlichen oder seelischen Entwicklung vgl. § 235 Rdn. 84.

IV. Innere Tatseite

72 **1. Vorsatz.** Zur inneren Tatseite wird bei allen Tatbeständen – den Grundtatbeständen und den qualifizierten Tatbeständen – Vorsatz, der auch das Alter der geschützten Personen umfassen muss (*Lackner/Kühl* Rdn. 5; *Sch/Schroeder-Eser/Eisele* Rdn. 9), vorausgesetzt, wobei bedingter Vorsatz genügt.[33] Wegen der Wechselbezüglichkeit (der „akzessorischen Ausgestaltung") der beiden Tatbestände des Absatzes 1 hat sich der Vorsatz des „Käufers" auch auf die Tat des „Verkäufers" zu erstrecken, insbesondere auf dessen grobe Vernachlässigung der Fürsorge- und Erziehungspflicht (BTDrucks. 13/7164 und BTDrucks. 13/8587, jeweils Begr. S. 40; s. dazu auch *Fischer* Rdn. 10; *Lackner/Kühl* Rdn. 5; *Wieck-Noodt* MK Rdn. 42). Ob das der Fall ist, kann fraglich sein, wenn der „Käufer", etwa bei Kinderadoptionen von Not leidenden Familien aus Entwicklungs-

---

28 Vgl. SSW-*Schluckebier* Rdn. 9.
29 *Wieck-Noodt* MK Rdn. 53.
30 *Lackner/Kühl* Rdn. 6; SSW-*Schluckebier* Rdn. 9. S. auch *Wieck-Noodt* MK Rdn. 54 f. mit Hinweisen auf ältere Rechtsprechung.
31 Vgl. dazu *Gribbohm* FS Odersky, S. 387 ff.
32 Vgl. *Wieck-Noodt* MK Rdn. 55.
33 *Fischer* Rdn. 7, 10; *Lackner/Kühl* Rdn. 5; *Sonnen* NK Rdn. 23; *Wieck-Noodt* MK Rdn. 41.

ländern, meint, der „Verkäufer" handele mit der Tat zum Besten des Kindes.[34] Bei den qualifizierten Tatbeständen muss der Vorsatz auch umfassen: in Absatz 2 Satz 3 die Verbringung des Minderjährigen ins Inland oder Ausland (Rdn. 61) sowie in Absatz 4 Nr. 2 die dort genannte Schädigungsgefahr (Rdn. 71).

2. Besondere Absichten. Sie müssen zum Tatvorsatz hinzutreten, soweit sie zu einzelnen Tatbeständen des Kinderhandels gehören (*Sonnen* NK Rdn. 24; *Wieck-Noodt* MK Rdn. 45, 58): so beim Handeln „gegen Entgelt" oder „in der Absicht ..., sich oder einen Dritten zu bereichern" (Absatz 1 Satz 1, Absatz 2 Satz 1), ferner beim Handeln „aus Gewinnsucht" (Absatz 4 Nr. 1; Rdn. 68) oder in Wiederholungsabsicht bei Gewerbsmäßigkeit oder Bandenmitgliedschaft (Absatz 4 Nr. 1; Rdn. 68 ff). 73

3. Irrtumsfragen. Die Verwendung **normativer Merkmale** in § 236 (wie „unter grober Verletzung der Fürsorge- oder Erziehungspflicht" in Absatz 1 Satz 1 und „Gefahr einer erheblichen Schädigung der körperlichen oder seelischen Entwicklung" in Absatz 4 Nr. 2) kann im Einzelfall zu Schwierigkeiten bei der Abgrenzung des Tatbestands- vom Verbotsirrtum führen (vgl. auch *Sonnen* NK Rdn. 23). In der Regel wird eine falsche rechtliche Subsumtion in diesem Bereich dem **Verbotsirrtum** zuzuordnen sein, der bei Vermeidbarkeit nicht von Strafe befreit; so, wenn der Täter meint, schon weil seine Einkünfte nur knapp zur Ernährung seiner großen Familie ausreichten, sei es vernünftig, eines seiner Kinder „zu verkaufen". 74

Hält ein Verwandter oder Verschwägerter, der unter die Ausnahmeregelung des § 5 Abs. 2 Nr. 1 AdVermiG fällt, seine Vermittlung fälschlich für strafbar, so begeht er ein strafloses **Wahndelikt.** Strafbarer **Versuch** (§ 236 Abs. 3) wäre dagegen anzunehmen, wenn er von der Verwandtschaft oder Schwägerschaft nichts wusste. 75

V. Unrechts- und Schuldausschluss

Es gelten die allgemeinen Unrechts- und Schuldausschließungsgründe. Im Hinblick auf die Kriterien, welche die Tatbestände des Kinderhandels einschränken, ist jedoch im Einzelfall zu prüfen, ob das Verhalten des Täters etwa in einer Notlage überhaupt tatbestandsmäßig ist. 76

Das wäre zum Beispiel zu verneinen, wenn das Verhalten des Elternteils, der sein Kind einem anderen auf Dauer überlässt, im Hinblick auf die eigene außerordentliche Notlage nicht als grobe Verletzung der Fürsorge- oder Erziehungspflicht gewertet werden könnte. Eine derartige Notlage ist auch beim Vormund oder Pfleger denkbar. 77

VI. Versuch und Vollendung

1. Umfang der Versuchsstrafbarkeit. Kinderhandel ist in allen Tatbestandsformen **Vergehen** (§ 12 Abs. 2), dessen Versuch nach ausdrücklicher gesetzlicher Anordnung strafbar ist (§ 23 Abs. 1, § 236 Abs. 3). Das gilt nach der **Stellung des Absatzes 3** im Rahmen des § 236 eindeutig für Taten nach den Absätzen 1 und 2, hat aber, wie eine 78

---

[34] *Fischer* Rdn. 10; *Lackner/Kühl* Rdn. 5; *Matt/Renzikowski-Eidam* Rdn. 16; OKStGB-*Valerius* Rdn. 9; *Sch/Schroeder-Eser/Eisele* Rdn. 9; *Sonnen* NK Rdn. 23; krit. *Wesssels/Hettinger* BT 1 Rdn. 446.

sachgerechte Auslegung ergibt, auch für Taten nach Absatz 4 zu gelten. Allein aus der Stellung, welche die Anordnung der Versuchsstrafbarkeit (Absatz 3) zwischen den Absätzen 1 und 2 einerseits sowie Absatz 4 andererseits hat, lässt sich nicht schließen, dass sie Taten nach Absatz 4 nicht erfassen soll (absolut **h.M.:** *Fischer* Rdn. 17; *Lackner/Kühl* Rdn. 6; *Matt/Renzikowski-Eidam* Rdn. 19; *Sch/Schroeder-Eser/Eisele* Rdn. 13¸ *Sonnen* NK Rdn. 25; SSW-*Schluckebier* Rdn. 11; *Wolters* SK Rdn. 14; *Wieck-Noodt* MK Rdn. 64).

79 Die **Gesetzesmaterialien** schweigen zu dieser Frage. Der Bundesratsentwurf, der die Qualifikationen – anders als die späteren Entwürfe – bereits als Tatbestände formuliert hatte, stellte die Versuchsregelung konsequenterweise als Absatz 4, also hinter die in Absatz 3 aufgenommenen Qualifikationen, in die Strafvorschrift ein (BTDrucks. 13/6038, § 234). Das war eindeutig. Doch kann das rechtliche Ergebnis bei der unergiebigen Entstehungsgeschichte aus sachlichen Gründen von der hier erörterten Reihenfolge der Regelung nicht abhängen.

80 Bei **allgemeiner** Betrachtung wäre es unverständlich, den Versuch eines Grundtatbestands für strafwürdig zu erachten, den Versuch eines ihm gegenüber schwereren Qualifikationstatbestands aber nicht.

81 **Speziell** zu **§ 236** wäre es auf der einen Seite kaum sinnvoll, den (möglicherweise nach Versuchsgrundsätzen gemilderten) schärferen Strafrahmen des Absatzes 4 nicht anzuwenden, obwohl eine Tat nach Absatz 1 oder 2 versucht und dabei eines der **qualifizierenden Merkmale** des Absatzes 4 Nr. 1 oder 2 **erfüllt** worden ist. Auf der anderen Seite ist es auch sachgerecht, zusätzlich Versuch nach Absatz 4 anzunehmen, wenn eine Tat nach Absatz 1 oder 2 vollendet worden, die Qualifizierung aber **im Versuch steckengeblieben** ist, so zum Beispiel, wenn der Täter vergeblich versucht hat, nach Tatbeginn ein anderes Bandenmitglied hinzuzuziehen, oder wenn er nach den Umständen fälschlich mit der Wahrscheinlichkeit gerechnet hat, das Kind werde durch die Tat in seiner körperlichen oder seelischen Entwicklung erheblich geschädigt. In Fällen wie diesen ist der nach Versuchsgrundsätzen gemilderte Strafrahmen des Absatzes 4 (Höchststrafe: 7½ Jahre) immer noch strenger als der Regelstrafrahmen für eine vollendete Tat nach Absatz 1 oder Absatz 2 Satz 2 (Höchststrafe: 5 Jahre) sowie nach Absatz 2 Satz 1 (Höchststrafe 3 Jahre).

82 Zwei der Entwürfe zum neuen § 236 haben die Qualifikationen des Absatzes 4 als Regelbeispiele für einen besonders schweren Fall des Kinderhandels ausgestaltet (BTDrucks. 13/7164, Begr. S. 41 und BTDrucks. 13/8587, Begr. S. 40 f). Wären sie Gesetz geworden, wäre die Versuchsstrafbarkeit nach dem schärferen Strafrahmen jedenfalls für Fälle unproblematisch gewesen, welche insgesamt über das Versuchsstadium nicht hinausgelangt sind; das ergibt sich aus der Rechtsprechung zu § 243 (BGHSt **33** 370; vgl. BGH NStZ **1984** 262).

83 **2. Einzelheiten.** Zur **Deliktsnatur** der einzelnen Tatbestände des § 236, welche für die Abgrenzung von Vorbereitung, Versuch und Vollendung wesentlich ist, vergleiche Rdn. 25 f, 45 ff, 60 und 66 f.[35]

84 **Versuch** ist zum Beispiel anzunehmen: bei **Absatz 1** für beide Seiten, wenn die Verhandlungen über den Kinderhandel abgeschlossen sind und die Übergabe der minderjährigen Person unmittelbar bevorsteht (*Fischer* Rdn. 17 großzügiger: konkrete Verhand-

---

[35] Zur Versuchsproblematik vgl. auch *Fischer* Rdn. 17; *Wieck-Noodt* Rdn. 64 ff.

lungen über den Modus des Überlassens oder Vermittelns; ebenso OKStGB-*Valerius* Rdn. 14; *Sch/Schroeder-Eser/Eisele* Rdn. 13; zu weitgehend aber – wie offenbar kritisch *Wieck-Noodt* MK Rdn. 65 – bloße Erklärung oder generelle Anzeige der Bereitschaft zur Überlassung oder Aufnahme des Minderjährigen), ebenso im Fall einer vereinbarten „Probezeit" (*Wieck-Noodt* MK Rdn. 60; *Wolters* SK Rdn. 14), für den „Käufer" auch noch nach der Aufnahme, bis er das Entgelt gewährt (vgl. auch *Wolters* SK Rdn. 14);

bei **Absatz 2 Satz 1 Nr. 1**, wenn der Vermittler seine Tätigkeit in einem bestimmten Fall bereits aufgenommen, die Beteiligten (den Minderjährigen und den Adoptionsbewerber) aber noch nicht zusammengeführt oder eine Adoptionsgelegenheit noch nicht nachgewiesen hat (zu weitgehend *Wieck-Noodt* MK Rdn. 66; *Wolters* SK Rdn. 14: mit Kontaktaufnahme zum Zwecke der Adoptionsvermittlung); bei **Absatz 2 Satz 2**, wenn der Vermittler dem Zustimmungsberechtigten für die Herbeiführung der Zustimmung Entgelt anbietet (*Wolters* SK Rdn. 14; weitergehend auch hier wohl *Wieck-Noodt* MK Rdn. 66: Kontaktaufnahme mit dem Ziel einer Entgeltgewährung für die Erteilung einer Zustimmung); **85**

bei **Absatz 2 Satz 1 Nr. 2**, wenn der Vermittler zur Vermittlungstätigkeit unmittelbar ansetzt – der Raum, der hier zwischen Vorbereitung und Vollendung für die Annahme eines Versuchs zur Verfügung steht, ist klein (vgl. auch *Sch/Schroeder-Eser/Eisele* Rdn. 13 mit grundsätzlichen Bedenken zum Versuch eines unechten Unternehmensdelikts), weil die Vermittlungstätigkeit als solche schon Vollendung ist (Rdn. 49); **86**

bei **Absatz 2 Satz 3** entweder, wenn ein Versuch nach einer der Nummern des Satzes 1 mit dem Ziel unternommen wird, die vermittelte Person in das Inland oder Ausland zu verbringen (anders *Wolters* SK Rdn. 14: nicht schon beim Versuch des Grunddelikts, erst bei unmittelbar bevorstehendem Grenzübertritt), oder aber, wenn unter Vollendung einer Tat nach Absatz 2 Satz 1 die gewollte Verbringung über das Versuchsstadium nicht hinausgelangt; schließlich **87**

bei **Absatz 4** entweder, wenn ein Versuch nach Absatz 1 oder 2 unter Erfüllung einer der Qualifikationen des Absatzes 4 Nr. 1 oder 2 begangen wird, oder aber, wenn eine vollendete Tat nach Absatz 1 oder 2, soweit rechtlich möglich, mit einer versuchten Qualifikation nach Absatz 4 zusammentrifft (vgl. Rdn. 78 ff; s. *Wolters* SK Rdn. 14). **88**

Zur **Konkurrenzfrage** beim Zusammentreffen von vollendeter Tat und schwerer wiegender versuchter Qualifikation (Rdn. 87 und 88) siehe Rdn. 113. **89**

VII. Teilnahme

Für sie gelten die allgemeinen Regeln. Teilnehmer (Anstifter und Gehilfe) kann danach grundsätzlich **jedermann** sein, auch wenn und soweit es sich bei § 236 – wie im Falle des Absatzes 1 Satz 1 – um ein echtes Sonderdelikt handelt (Rdn. 6). Doch sind einige Einschränkungen zu machen: **90**

1. Einschränkungen

a) Eltern, Vormund, Pfleger

aa) Zu Absatz 1. Der Elternteil, Vormund oder Pfleger, welcher sein **Kind, Mündel oder Pflegling** in „Besitz" **hat** und es nach Absatz 1 Satz 1 „verkauft", kann als notwendiger Teilnehmer an der Tat des „Käufers" nicht zugleich wegen Anstiftung oder Beihilfe zu dessen Tat (gemäß Absatz 1 Satz 2) bestraft werden. Denn beide Handlungen gehören als einheitliches Geschehen zusammen; die eine ist ohne die andere tatbestandsmäßig **91**

nicht möglich. Was für den „Verkäufer“ gilt, trifft sinngemäß auch auf den „Käufer“ zu. Er kann sich als notwendiger Täter nicht in zusätzlich strafbarer Weise an der Tat nach Satz 1 beteiligen (*Fischer* Rdn. 21; *Sch-Schroeder-Eser/Eisele* Rdn. 14).

92 Doch kann ein Elternteil, der das **Kind nicht hat** und als Täter ausscheidet (Rdn. 5 ff, 11), als Teilnehmer sowohl auf Seiten des „verkaufenden“ Elternteils als auch auf Seiten des „kaufenden“ anderen Beteiligten an der Tat mitwirken.

93 **bb) Zu Absatz 2.** Eltern oder derjenige, welcher das Kind auf Dauer bei sich aufnimmt (Absatz 1 Satz 2), können tatbestandsmäßig Anstifter oder Gehilfen bei einer Vermittlung nach **Absatz 2** des § 236 sein. Beteiligung an einem Kinderhandel nach Absatz 1 bedeutet nicht notwendig Teilnahme an einer Vermittlung nach Absatz 2. Eine Einschränkung ist in der Hinsicht zu machen, dass Beteiligte, die sich bei einer Adoptionsvermittlung zusammenführen lassen (§ 1 Satz 1 AdVermiG), sich allein dadurch nicht wegen Beihilfe zur Vermittlung strafbar machen. Zur Konkurrenzfrage siehe Rdn. 108.

b) Vermittler

94 **aa) Kein notwendiger Teilnehmer nach Absatz 1.** Vermittlung nach Absatz 2 ist nicht notwendige Teilnahme an einem Kinderhandel nach Absatz 1.

95 **bb) Als Täter nach Absatz 2.** Eine Vermittlung nach Absatz 2 kann eine grundsätzliche Strafbarkeit des Vermittlers wegen Teilnahme nach Absatz 1 in der ersten Fallgruppe nicht hindern. Sie ist als bloßes **Gefährdungsdelikt**, dessen Bestrafung die Durchsetzung des Vermittlungsverbots des § 5 Abs. 1 und 4 AdVermiG sichern soll (Rdn. 4), nicht in der Lage, die schwerer wiegende Teilnahme an einem Vergehen nach Absatz 1 zu verdrängen. Das ergibt schon ein Vergleich der Strafrahmen der Absätze 1 und 2 Satz 1.

96 Zur Frage, in welchem Verhältnis Teilnahme nach Absatz 1 und Täterschaft nach Absatz 2 zueinander stehen, siehe Rdn. 109.

97 **c) Der Minderjährige als Betroffener.** Er kommt ebenso wie als Täter (Rdn. 16) auch als Teilnehmer nicht in Betracht. Denn alle Tatbestände des § 236 dienen seinem Schutz, nicht aber sollen sie seine Bestrafung ermöglichen (*Fischer* Rdn. 21; OKBeckStGB-*Valerius* Rdn. 17; *Wieck-Noodt* MK Rdn. 62). Aus gleichen Erwägungen hat die Rechtsprechung zur Kindesentziehung (§ 235 a.F.) es dort stets abgelehnt, den Minderjährigen wegen Teilnahme an der ihn betreffenden Haupttat strafrechtlich zur Verantwortung zu ziehen (§ 235 Rdn. 112 f).

2. Besondere persönliche Merkmale

98 **a) Strafbarkeitsbegründender Art.** Zu solchen persönlichen Eigenschaften, Verhältnissen und Umständen (§ 14 Abs. 1), welche die Strafbarkeit des Täters begründen (§ 28 Abs. 1), gehören im Rahmen des § 236 Absatz 1 Satz 1 die Elterneigenschaft (das Eltern-Kind-Verhältnis)[36] und der „Besitz“ des Kindes (die tatsächliche körperliche Verfügungsmacht darüber),[37] ferner die dem Elternteil, Vormund und Pfleger obliegende Fürsorge-

---

[36] *Fischer* Rdn. 3; *Lackner/Kühl* Rdn. 2; *Matt/Renzikowski-Eidam* Rdn. 18; *Sch/Schroeder-Eser/Eisele* Rdn. 3; SSW-*Schluckebier* Rdn. 12; *Wieck-Noodt* MK Rdn. 60; *Wolters* SK Rdn. 7.

[37] Vgl. *Wieck-Noodt* MK Rdn. 60; *Schünemann* LK[12] § 28 Rdn. 59 f.

und Erziehungspflicht,[38] nicht aber die Bereicherungsabsicht, die hier ebenso wie in Absatz 2 tatbezogen ist.[39] Wer sich nur an der Tat des „Käufers“ beteiligt, haftet nach den allgemeinen Akzessorietätsregeln.[40] Doch scheidet als Mittäter aus, wer das Kind nicht „bei sich“ aufnehmen will.

b) **Strafschärfender Art.** Besondere persönliche Merkmale, welche die Strafe schärfen (§ 28 Abs. 2), sind in § 236 Abs. 4 Nr. 1 die Merkmale „aus Gewinnsucht“,[41] „gewerbsmäßig“[42] und auch „als Mitglied einer Bande, ...“ (BGHSt **12** 220, 226 f).[43] Sie werden also dem Teilnehmer nicht zugerechnet, bei dem sie fehlen. **99**

VIII. Verjährung

1. **Fristen.** Siehe § 78 Abs. 3 und 4; im Einzelnen: **100**
zu § 236 Abs. 1 Satz 1 und 2 sowie zu Absatz 2 Satz 3 – § 78 Abs. 3 Nr. 4;
zu § 236 Abs. 2 Satz 1 Nrn. 1 und 2 und Satz 2 – § 78 Abs. 3 Nr. 4;
zu § 236 Abs. 4 Nrn. 1 und 2 – § 78 Abs. 3 Nr. 3.

2. **Beginn.** Die Verjährung beginnt nach § 78a beim Kinderhandel gemäß § 236 **Abs. 1 Satz 1 und 2** in der Regel mit dem Eintritt des tatbestandsmäßigen Erfolges, d.h. mit der Überlassung und Aufnahme auf Dauer.[44] Doch ist die Tat erst mit der Zahlung des vorgesehenen Entgelts beendet, wenn die Zahlung der Übergabe des Minderjährigen nachfolgt. Das ist eindeutig bei der Tat des „Käufers“, weil sie ein zweiaktiges Delikt ist. Es trifft aber auch – im Sinne einer faktischen Beendigung des Handels – auf den beteiligten Elternteil zu. **101**

Bleibt das Kind nach der Aufnahme lange beim „Käufer“, so ist dieser Zeitraum für den Verjährungsbeginn unerheblich. Soweit nämlich mit der Überlassung und Aufnahme des Minderjährigen auf Dauer ein rechtswidriger Zustand geschaffen wird, fällt allein dessen Aufrechterhaltung durch den „Käufer“ nicht mehr unter Absatz 1.[45] Kinderhandel ist kein Dauerdelikt (*Pfuhl* JR **2014** 234, 237), für das andere Regeln gelten würden.[46] **102**

Bei der Adoptions- und Aufnahmevermittlung nach **Absatz 2 Satz 1 Nrn. 1, 2** beginnt die Verjährung mit dem Ende der Vermittlungstätigkeit im konkreten Einzelfall (*Wieck-Noodt* MK Rdn. 85). Sie kann bei Nummer 1 auch über die Zusammenführung der Beteiligten oder den Gelegenheitsnachweis hinaus andauern. Wird die vermittelte Person im Falle des **Absatzes 2 Satz 3** erst nach Abschluss der Vermittlungstätigkeit in das Inland oder Ausland verbracht, so ist der Zeitpunkt dieses tatbestandsmäßigen Erfolgseintritts maßgebend (*Wieck-Noodt* MK Rdn. 85). Bei Absatz 2 Satz 2 beginnt die Verjährung mit der Annahme des Entgelts durch den Zustimmungsberechtigten. **103**

Für den Qualifikationstatbestand des **Absatzes 4 Nr. 1** gelten keine Besonderheiten. Bei **Absatz 4 Nr. 2** ist es vorstellbar, dass die dort bezeichnete konkrete Gefahr (als tatbe- **104**

---

38 Vgl. SSW-*Schluckebier* Rdn. 12; *Wolters* SK Rdn. 7; *Schünemann* LK[12] § 28 Rdn. 59 f.
39 Vgl. *Walter* LK[12] § 259 Rdn. 84.
40 *Matt/Renzikowski-Eidam* Rdn. 18; *Wieck-Noodt* MK Rdn. 62; *Wolters* SK Rdn. 7.
41 Vgl. *Matt/Renzikowski-Eidam* Rdn. 18; SSW-*Schluckebier* Rdn. 12; *Wieck-Noodt* MK Rdn. 61.
42 S. SSW-*Schluckebier* Rdn. 12; *Wieck-Noodt* MK Rdn. 61; *Schünemann* LK[12] § 28 Rdn. 66.
43 SSW-*Schluckebier* Rdn. 12; *Wieck-Noodt* MK Rdn. 61; *Schünemann* LK[12] § 28 Rdn. 26.
44 Vgl. *Wieck-Noodt* MK Rdn. 84.
45 Vgl. *Schmid* LK[12] § 78a Rdn. 10.
46 Vgl. *Schmid* LK[12] § 78a Rdn. 12.

standsmäßiger Erfolg) erst nach Beendigung des zugrundeliegenden, durch sie qualifizierten Delikts (z.B. nach Absatz 1) eintritt und damit für den Verjährungsbeginn entscheidend ist.

105 Zum Verjährungsbeginn beim Versuch nach **Absatz** 3 vergleiche *Schmid* LK[12] § 78a Rdn. 17.

IX. Konkurrenzen

1. Innerhalb des § 236

a) beim Handel mit einem Opfer

106 **aa) Täterschaft und Teilnahme im Rahmen des Absatzes 1.** Der Täter nach Absatz 1 Satz 1 ist **notwendiger Teilnehmer** an der Tat nach Absatz 1 Satz 2 und umgekehrt; Bestrafung wegen Teilnahme scheidet damit aus (Rdn. 91), ohne dass hierfür auf den Gedanken der Gesetzeskonkurrenz abgestellt werden müsste.

107 Das hat auch zu gelten, wenn der „Verkäufer" aus Gewinnsucht (Absatz 4 Nr. 1) handelt. Ob dieser Qualifikationstatbestand beim „Käufer" eingreift, hängt von dessen Tatmotiv ab (§ 28 Abs. 2; Rdn. 99). Sind die qualifizierenden Tatbestandsmerkmale des Absatzes 4 Nr. 2 erfüllt, so werden sie dem Beteiligten zugerechnet, der die Tatsachen kennt oder wenigstens in Kauf genommen hat.

108 **bb) Täterschaft nach Absatz 1 und Beteiligung nach Absatz 2.** Wer im Zusammenhang mit einem bestimmten Fall von Kinderhandel (§ 236) wegen Täterschaft nach Absatz 1 bestraft wird, kann nicht zugleich wegen Täterschaft oder Teilnahme an einer denselben Fall betreffenden Tat nach Absatz 2 Satz 1, 2 oder 3 verurteilt werden. Zwar trifft der Gesichtspunkt der notwendigen Teilnahme insoweit nicht zu (Rdn. 93). Doch folgt das Ergebnis aus dem Gedanken der **Gesetzeskonkurrenz**, nach welchem bei Beeinträchtigung desselben Rechtsguts das schwerere Delikt ein leichteres oder nicht schwereres aus dem Schuldspruch verdrängen kann (*Fischer* Rdn. 21; OKStGBBeck-*Valerius* Rdn. 17; *Wieck-Noodt* MK Rdn. 70). Hier wäre es nicht sinnvoll, den Täter, der das durch Absatz 1 geschützte Rechtsgut (Rdn. 4) unmittelbar verletzt oder gefährdet, zugleich wegen Übertretung des Vermittlungsverbots zu bestrafen, das hinsichtlich derselben minderjährigen Person im Vorfeld mittelbar dem Schutz desselben Rechtsguts dient.

109 **cc) Teilnahme nach Absatz 1 und Beteiligung nach Absatz 2.** Teilnahme an einer Tat nach Absatz 1 verdrängt Täterschaft und Teilnahme nach Absatz 2, die sich auf denselben Fall beziehen. Auch insoweit besteht **Gesetzeskonkurrenz** (*Wieck-Noodt* MK Rdn. 70; zweifelnd ohne nähere Begründung: *Fischer* Rdn. 21; ähnlich: OKStGBBeck-*Valerius* Rdn. 17). Verbotene Vermittlung nach Absatz 2 ist in diesem Bereich zur Täterschaft erhobene, verselbständigte Teilnahme an (erfolglosem) Kinderhandel, die im Verhältnis zu Absatz 1 als leichteres Delikt zurücktritt.

110 **dd) Verhältnis des Absatzes 2 Satz 3 zu dessen Satz 1 und 2.** Der Qualifikationstatbestand des Absatzes 2 Satz 3 schließt als spezielles und schwereres Delikt eine Bestrafung zugleich nach Satz 1 Nr. 1 oder 2 aus (*Sonnen* NK Rdn. 26; *Wieck-Noodt* MK Rdn. 71). Mit Absatz 2 Nr. 2 besteht Tateinheit, ebenso wie Absatz 2 Satz 1 und Satz 2 in Tateinheit stehen.

111 **ee) Verhältnis des Absatzes 4 zu den Absätzen 1 und 2.** Aus demselben rechtlichen Grund gehen die qualifizierten Tatbestände des Absatzes 4 Nrn. 1 und 2 allen Tatbeständen der Absätze 1 und 2 vor (SSW-*Schluckebier* Rdn. 14; *Sonnen* NK Rdn. 26; *Wieck-*

Noodt MK Rdn. 71). Dass Absatz 4 auch für Fälle des Absatzes 2 gilt, wurde im Gesetzgebungsverfahren hervorgehoben, dort allerdings noch auf der Grundlage der Annahme, Absatz 4 werde als Strafzumessungsvorschrift für besonders schwere Fälle mit Regelbeispielen ausgestaltet (BTDrucks. 13/7164, Begr. S. 41; BTDrucks. 13/8587, Begr. S. 40).

ff) **Innerhalb des Absatzes 4.** Zwischen den gleich schweren Tatbeständen der Nummern 1 und 2 des Absatzes 4 ist **Tateinheit** möglich (*Fischer* Rdn. 21; *Wieck-Noodt* MK Rdn. 72), dies auch bei einheitlichem Grundtatbestand (vgl. dagegen BGHR § 250 Abs. 1 Konkurrenzen 2). In einem solchen Fall müsste der Schuldspruch etwa lauten: „Der Angeklagte wird wegen schweren Kinderhandels, begangen aus Gewinnsucht und unter erheblicher Gefährdung des Kindes, zu ... verurteilt. Angewendete Strafvorschriften: § 236 Abs. 4 Nrn. 1 und 2 (in Verbindung mit § 236 Abs. 1 Satz 1), § 52 Abs. 1 StGB.“ **112**

gg) **Versuch und Vollendung innerhalb des § 236.** Was in Rdn. 102 bis 108 für vollendete Taten ausgeführt ist, gilt grundsätzlich auch für den Versuch (Absatz 3). Doch ist **Tateinheit** möglich zwischen vollendeter Tat nach Absatz 2 Satz 1 einerseits und Versuch nach Absatz 2 Satz 3 oder Absatz 4 andererseits, weil diese Versuchstaten schwerer wiegen als die genannte Vollendung. Das ergibt sich schon aus den unterschiedlichen Strafdrohungen. In einem solchen Falle würde eine Verurteilung nur wegen Vollendung den Unrechts- und Schuldgehalt der Tat nicht hinreichend zum Ausdruck bringen (vgl. BGHSt **39** 100, 108 f). **113**

hh) **Mehrheit von Tatakten.** Mehrere äußerlich trennbare Handlungen, welche sich auf den Handel mit einem bestimmten Opfer beziehen, werden, solange der Geschäftspartner nicht wechselt, durch das einheitliche Handlungsziel in der Regel zu einer Handlung (**Bewertungseinheit**) verbunden. **114**

b) **Beim Handel mit einer Mehrheit von Opfern.** Bezieht sich ein einheitliches Geschäft, sei es ein Kinderhandel nach Absatz 1 oder eine verbotene Vermittlung nach Absatz 2, zugleich auf mehrere Minderjährige, so liegt, wenn die die einzelnen Opfer betreffenden Handlungen zusammenfallen oder einander überschneiden (*Wieck-Noodt* Mk Rdn. 72; **aA** für eine Anzeige, in denen mehrere Minderjährige angeboten werden: *Fischer* Rdn. 21), gleichartige **Tateinheit** (§ 52 Abs. 1) vor (*Fischer* Rdn. 21). Laufen Handlungen, die sich auf verschiedene Opfer beziehen, nur zeitgleich nebeneinander her oder folgen sie aufeinander, so ist in aller Regel eine **Mehrheit selbständiger gleichartiger Taten** anzunehmen (*Fischer* Rdn. 21; *Wieck-Noodt* MK Rdn. 72), dies auch, wenn sie auf einem einheitlichen Entschluss beruhen. **115**

2. Mit anderen Vorschriften

a) **Andere Straftaten.** Nach den allgemeinen Regeln ist zu entscheiden, ob Tateinheit oder Tatmehrheit anzunehmen ist, wenn Kinderhandel (§ 236) mit einer oder mehreren Taten zusammentrifft, die nach anderen Vorschriften **strafbar** sind. Zu denken ist insbesondere an Personenstandsfälschung (§ 169), Verletzung der Personen- und Fürsorgepflicht (§ 171), Entziehung Minderjähriger (§ 235), Freiheitsberaubung (§ 239) und Nötigung (§ 240).[47] **116**

---

[47] Zu den Konkurrenzen vgl. insoweit *Fischer* Rdn. 21; *Lackner/Kühl* Rdn. 8; *Matt/Renzikowski-Eidam* Rdn. 20; OKStGBBeck-*Valerius* Rdn. 18; *Sch/Schroeder-Eser/Eisele*

117 b) **Ordnungswidrigkeiten.** Treffen Ordnungswidrigkeiten (§ 1 OWiG) **in derselben Handlung** mit Kinderhandel zusammen, so wird nach § 21 Abs. 1 OWiG nur § 236 angewendet (*Matt/Renzikowski-Eidam* Rdn. 20; OKStGBBeck-*Valerius* Rdn. 18; SSW-*Schluckebier* Rdn. 14; *Wieck-Noodt* MK Rdn. 74). In Betracht kommen zum Beispiel uneigennützige Vermittlungstätigkeit (§ 14 Abs. 1 Nr. 1, Abs. 2 Nr. 1 AdVermiG), Aufgabe von Suchanzeigen im Rahmen uneigennütziger Adoptions- oder Aufnahmevermittlung (§ 14 Abs. 1 Nr. 2 Buchst. a und b AdVermiG) sowie gewerbs- oder geschäftsmäßige Bestimmung einer Schwangeren zur Weggabe ihres Kindes oder Hilfeleistung dabei (§ 14 Abs. 2 Nr. 2 Buchst. a und b AdVermiG).

X. Strafe

118 Kinderhandel ist in allen Formen (Absätze 1, 2 Satz 1 und 2, Absatz 4) **Vergehen** (§ 12 Abs. 2 in Verbindung mit Absatz 1). Das gilt trotz der Strafobergrenze von zehn Jahren auch für Absatz 4, weil die Mindeststrafe dieses qualifizierten Delikts unter einem Jahr liegt.

119 Die Entwürfe begründen die verschiedenen Strafrahmen der Absätze 1 und 2 Satz 1 mit der unterschiedlichen **Schutzrichtung** der Vorschriften (BTDrucks. 13/7164, Begr. S. 40 f; BTDrucks. 13/8587, Begr. S. 40). Das ist vertretbar, selbst wenn das geschützte Rechtsgut in beiden Bestimmungen identisch ist (Rdn. 3). Denn in den Fällen des Absatzes 1 wird die minderjährige Person von dem Handel unmittelbar betroffen, während seine Gefährdung bei einem Verstoß gegen die Vermittlungsverbote (Absatz 2 Satz 1) noch im Vorfeld des Handels liegt und damit geringer zu veranschlagen ist.

120 Bei **Teilnahme** eines Dritten am Sonderdelikt des Absatzes 1 Satz 1 ist § 28 Absatz 1, bei Teilnahme an der qualifizierten Tat nach Absatz 4 Nr. 1 § 28 Abs. 2 zu beachten. Zur Frage, ob die Strafe des Gehilfen im ersten Fall (nach § 27 Abs. 2 Satz 2 und § 28 Abs. 1) doppelt zu mildern ist, vergleiche *Schünemann* LK[12] § 28 Rdn. 83.[48]

XI. Strafmilderung und Absehen von Strafe (Absatz 5)

121 **1. Voraussetzungen.** Die Vorschrift des Absatzes 5 wurde durch Art. 1 Nr. 20 des SexualdelÄndG v. 27.12.2003 ergänzt. Es wurde der Verweis auf Abs. 3 aufgenommen und damit klargestellt, dass bei Versuch ein Absehen von der Strafe und neuerdings auch eine Strafmilderung in Betracht kommen (*Lackner/Kühl* Rdn. 7). Die Vorschrift des Absatzes 5 gilt in den Fällen des Kinderhandels nach § 236 Abs. 1 und 3 für Täter und Teilnehmer (Anstifter und Gehilfen), in Fällen verbotener Vermittlung nach § 236 Abs. 2 dagegen nur für Teilnehmer (BTDrucks. 13/7164 und BTDrucks. 13/8587, jeweils Begr. S. 41). Seinem **Wortlaut** nach kommt Absatz 5 nur bei geringer Schuld unter Berücksichtigung des körperlichen und seelischen Wohls des **Kindes** oder **der vermittelten Person** in Betracht. Nicht erfasst sind insoweit Taten, in denen **Mündel** oder **Pfleglinge** als Opfer betroffen sind, wenn man sie nicht unter den Begriff des Kindes fallen lassen kann (vgl. Rdn. 21). Insoweit spricht aber nichts dagegen, die Vorschrift ihrer Zielrichtung gemäß entsprechend anzuwenden.

Rdn. 14; *Sonnen* NK Rdn. 26; SSW-*Schluckebier* Rdn. 14; *Wieck-Noodt* MK Rdn. 73; *Wolters* SK Rdn. 16; *Lüderitz* NJW **1990** 1634, 1635.

48 Für die „strikte Doppelmilderungskonzeption“ auch *Gribbohm* FS Salger, S. 39, 42 f, 44.

122 a) **Begünstigte.** Die Regelung der ersten Alternative, welche sich nur auf **Absatz 1** bezieht, ist im Hinblick darauf getroffen worden, dass der obligatorische Strafausschließungsgrund des § 14a Abs. 3 AdVermiG für leibliche Eltern und diejenigen, welche das Kind oder den Minderjährigen auf Dauer bei sich aufnehmen wollen, im Zuge der Reform der Strafbestimmungen über den Kinderhandel weggefallen ist. Insoweit brauchte man für Fälle, die nicht schwer wiegen, ein Regulativ, das auf Teilnehmer erstreckt worden ist.

123 In Fällen verbotener Adoptions- und Aufnahmevermittlung (**Absatz 2**) wird der Kreis der durch Absatz 5 Begünstigten auf Anstifter und Gehilfen beschränkt, weil Strafmilderung (nach § 49 Abs. 2) und Absehen von Strafe nicht dem Vermittler als Täter zu Gute kommen sollen, dem es in der Regel nur ums Geschäft geht (BTDrucks. 13/7164 und BTDrucks. 13/8587, jeweils Begr. S. 41; dazu auch: *Matt/Renzikowski-Eidam* Rdn. 21; *Wieck-Noodt* MK Rdn. 77). Bei den begünstigten Teilnehmern ist in erster Linie auch hier an die **Eltern, den Vormund, den Pfleger** und **aufnahmewillige Personen** gedacht, die sich bei Einschaltung eines illegalen Vermittlers wegen Anstiftung oder Beihilfe strafbar machen können (BTDrucks. 13/7164 und BTDrucks. 13/8587, jeweils Begr. S. 41), dies jedenfalls dann, wenn die Tat nach Absatz 1 nicht bis zum Versuch gedeiht (Rdn. 93, 108). Für andere Teilnehmer (als Eltern, Vormund, Pfleger und Aufnahmewillige) wird eine Vergünstigung nach Absatz 5 in der Regel nicht in Betracht kommen (BTDrucks. 13/7164 und BTDrucks. 13/8587, jeweils Begr. S. 41; s. *Wieck-Noodt* MK Rdn. 82).

124 b) **Erfordernis geringer Schuld.** Voraussetzung für die Anwendung des § 236 Abs. 5 ist in allen Fällen **geringe Schuld** unter Berücksichtigung des körperlichen oder seelischen Wohls der Opfer (s. dazu schon Rdn. 121). Die Schuld kann – soweit der Tatbestand im Übrigen überhaupt gegeben ist (also insbesondere eine vorsätzliche grobe Pflichtverletzung anzunehmen ist) – zum Beispiel gering sein, wenn die Eltern aus unverschuldeter Not oder in einer sonstigen Zwangslage handeln oder wenn sich die Aufnahmewilligen von einem anders für sie unerfüllbaren Kinderwunsch leiten lassen.[49] In jedem Fall, sowohl bei Absatz 1 als auch bei Absatz 2, ist es erforderlich, dass die Gewährung einer Vergünstigung nach Absatz 5 mit dem Wohl des Kindes oder Jugendlichen zu vereinbaren ist. Dies lässt sich in der Regel annehmen, wenn die Minderjährigen in der körperlichen oder seelischen Entwicklung nicht geschädigt worden sind (BTDrucks. 13/7164 und BTDrucks. 13/8587, jeweils Begr. S. 41; s. *Sonnen* NK Rdn. 28).

125 2. **Folgen.** Unter den dargelegten Voraussetzungen (Rdn. 121 ff) kann das Gericht in Fällen der Absätze 1 und 2 und damit auch in diese Taten betreffenden Versuchsfällen die Strafe nach seinem Ermessen mildern (§ 49 Abs. 2) und in den Fällen der Absätze 1 bis 3 auch ganz von Strafe absehen. Liegen die Voraussetzungen für ein Absehen von Strafe vor, ist eine Einstellung nach § 153b StPO möglich.[50] Die qualifizierten Tatbestände des **Absatzes 4** sind von diesen Vergünstigungen gesetzlich ausgeschlossen (*Wieck-Noodt* MK Rdn. 83).

126 Das hat auch zu gelten, wenn eine Tat nach Absatz 4 **versucht** worden ist. Unter den Begriffen „Strafe nach den Absätzen 1 bis 3" bzw. „Fälle der Absätze 1 und 3" sowie „Fälle der Absätze 2 und 3" sind in Absatz 5 nur Strafen zu verstehen, die angedroht

---

49 *Fischer* Rdn. 20; *Lackner/Kühl* Rdn. 7; *Matt/Renzikowski-Eidam* Rdn. 21; *Sonnen* NK Rdn 28; *Wieck-Noodt* MK Rdn. 80.

50 *Lackner/Kühl* Rdn. 7; OKStGBBeck-*Valerius* Rdn. 16; Sch/*Schroeder-Eser/Eisele* Rdn. 12; *Sonnen* NK Rdn. 29; *Wieck-Noodt* MK Rdn. 83; krit.: *Nelles* Rdn. 45.

sind entweder wegen einer vollendeten Tat nach den Absätzen 1 oder 2 oder aber wegen Versuchs nach Absatz 3 in Verbindung mit den Absätzen 1 und 2 sowie § 23 Abs. 2 und § 49 Abs. 1. Das ergibt eine sachgerechte Auslegung schon auf Grund des **Normzusammenhangs** des Absatzes 5, der für Vergünstigungen eingangs überhaupt nur Fälle der Absätze 1 und 2 in Betracht zieht. Zum gleichen Ergebnis führt eine typisierende Betrachtung, die sich an der **Schwere der Delikte** und der für sie angedrohten Höchststrafen orientiert. Für Taten nach den Absätzen 1 und 2 Satz 2 sieht das Gesetz als Höchststrafe fünf Jahre Freiheitsstrafe vor, für eine Tat nach Absatz 4, selbst wenn sie im Versuch steckenbleibt, dagegen zehn Jahre.

XII. „Altfälle"

127 **§ 14a AdVermiG** galt bis zum 31.3.1998, und zwar seit dem 28.11.1989 in den alten Bundesländern (Entstehungsgeschichte) und seit der deutschen Wiedervereinigung am 3.10.1990 auch in den neuen (Rdn. 131). Bei der Anwendung auf „Altfälle" aus dieser Zeit (heute im Regelfall wegen Verjährung nicht mehr verfolgbar) war **§ 236** in der Regel **nicht milder** (§ 2 Abs. 3) als § 14a AdVermiG. Ausnahmen waren denkbar, weil Absatz 5 im Einzelfall die Möglichkeit bot, bei einem nach § 14a AdVermiG strafbaren Sachverhalt von Strafe abzusehen.

128 § 236 war **strenger**, soweit er neue Tatbestände geschaffen hat (wie in Absatz 1 und Absatz 2 Nr. 2) oder für einen schon früher bestehenden Tatbestand eine schärfere Strafe androht (wie zum Teil in Absatz 4 Nr. 1).

XIII. Internationales Strafrecht

129 Nach den allgemeinen Vorschriften (§§ 3 ff) ist zu beurteilen, ob und in welchem Umfang § 236 auch für Taten mit Auslandsbezug gilt, der sich bei einem Tatort im Ausland oder daraus ergeben kann, dass Täter oder Opfer Ausländer sind (vgl. Rdn. 5, 19). Auch für § 14a AdVermiG galt insoweit nichts Besonderes.

130 Für § 236 fehlt eine § 5 Nr. 6a (zu § 235) entsprechende Vorschrift. Kinderhandel ist, obwohl er zu den internationalen Delikten zählt, auch nicht dem Weltrechtsprinzip des § 6 unterstellt, weder auf Grund einer Sonderbestimmung noch auf Grund einer völkerrechtlichen Vereinbarung über eine Transformation nach § 6 Nr. 9 (vergleiche hierzu oben Rdn. 2 und § 6 Rdn. 65 ff; **aA:** *Sch/Schroeder-/Eser/Eisele* Rdn. 15; *Sonnen* NK Rdn. 12).

XIV. Anhang: Das Recht des Einigungsvertrags

131 1. **§ 14a AdVermiG.** Die Vorschriften des Adoptionsvermittlungsgesetzes traten nach Art. 8 EVertr. am 3.10.1990 in den neuen Bundesländern in Kraft. Hiervon Abweichendes ist im Einigungsvertrag nicht bestimmt.

132 2. **§ 236 a.F.** Der Tatbestand (Entführung mit Willen der Entführten) war in den neuen Bundesländern unanwendbar (vor § 3 Rdn. 402). In seinem Geltungsbereich vor der Wiedervereinigung blieb er bis zum 31.3.1998 in Kraft (Art. 9 des 6. StrRG). Vgl. im Übrigen § 235 Rdn. 154 f.

§ 237
Zwangsheirat

(1) Wer einen Menschen rechtswidrig mit Gewalt oder durch Drohung mit einem empfindlichen Übel zur Eingehung der Ehe nötigt, wird mit Freiheitsstrafe von sechs Monaten bis zu fünf Jahren bestraft. Rechtswidrig ist die Tat, wenn die Anwendung der Gewalt oder die Androhung des Übels zu dem angestrebten Zweck als verwerflich anzusehen ist.

(2) Ebenso wird bestraft, wer zur Begehung einer Tat nach Absatz 1 den Menschen durch Gewalt, Drohung mit einem empfindlichen Übel oder durch List in ein Gebiet außerhalb des räumlichen Geltungsbereiches dieses Gesetzes verbringt oder veranlasst, sich dorthin zu begeben, oder davon abhält, von dort zurückzukehren.

(3) Der Versuch ist strafbar.

(4) In minder schweren Fällen ist die Strafe Freiheitsstrafe bis zu drei Jahren oder Geldstrafe.

Schrifttum

Bülte/Becker Der Begriff der Ehe in § 237 StGB, ZIS 2012 61; *Bülte/Becker* Überblick über die Strafvorschrift gegen die Zwangsheirat (§ 237 StGB), JA 2013 7; *Eisele/Majer* Strafbarkeit der Zwangsheirat nach § 237 StGB im Lichte des Internationalen Straf- und Privatrechts, NStZ 2011 546; *Ensenbach* Die Zwangsheirat gemäß § 237 StGB, Jura 2012 507; *Haas* Der neue Straftatbestand der Zwangsheirat (§ 237 StGB) – eine kriminalpolitische Erwägung, JZ 2013 72; *Hefendehl* Der fragmentarische Charakter des Strafrechts JA 2011 406; *Hörnle* Kultur, Religion, Strafrecht – Neue Herausforderungen in einer pluralistischen Gesellschaft, Gutachten C zum 70. Deutschen Juristentag 2014; *Letzgus* Der neue Straftatbestand der Zwangsheirat, FPR 2011 451; *Letzgus* Strafrechtliche Bekämpfung der Zwangsheirat, Festschrift für Ingeborg Puppe 2011 1231; *Kaiser* Zwangsheirat FamRZ 2013 77; *Karakaşoğlu /Subaşı* Ausmaß und Ursachen von Zwangsverheiratungen in europäischer Perspektive. Ein Blick auf Forschungsergebnisse aus Deutschland, Österreich, England und der Türkei, in: Zwangsverheiratung in Deutschland 2007 99; *Kubik/Zimmermann* Sozialadäquate Zwangsverheiratungen? – Zur Bedeutung der Verwerflichkeitsklausel des § 237 Abs. 1 Satz 2 StGB, JR 2013 192; *Rohe* Das islamische Recht 2013; *Schubert/Möbius* Zwangsheirat – Mehr als nur ein Straftatbestand: Neue Wege zum Schutz der Opfer, ZRP 2006 33; *Schuhmann* Der neue Straftatbestand der Zwangsheirat (§ 237 StGB), JuS 2011 789; *Sering* Das neue „Zwangsheirat-Bekämpfungsgesetz", NJW 2011, 2161; *Valerius* Gedanken zum Straftatbestand der Zwangsheirat (§ 237 StGB), JR 2011 430; *Yerlikaya* Zwangsehen, Eine kriminologisch-strafrechtliche Untersuchung 2012; *Yerlikaya/Çakır-Ceylan* Zwangs- und Scheinehen im Fokus staatlicher Kontrolle, Eine Betrachtung des jüngsten Gesetzesentwurfes zur Bekämpfung der Zwangsheirat und Verhinderung von Scheinehen im Lichte des Opferschutzes, ZIS 2011 205.

Entstehungsgeschichte

Unter Zwangsheirat versteht man gemeinhin eine Eheschließung, bei der mindestens ein Ehepartner genötigt wird, die Ehe zu schließen.[1] Ein solcher Zwang stellt nach westlichem

[1] BT-Drs. 17/1213 S. 7; *Schubert/Möbius* ZRP 2006 33 34; eingehend dazu auch *Yerlikaya* Zwangsehen 2012 24 f; der Gesetzgeber wird für die gewählte Überschrift kritisiert, da der Begriff der „Zwangsverheiratung" nicht nur „anschaulicher", vgl. *Sonnen* NK § 237 Rdn. 1, sondern auch dogmatisch passender erscheint in Anbetracht dessen, dass nicht der Erfolg der „Heirat" alleiniger Anknüpfungspunkt ist, sondern die freiheitsbeschränkende Handlung, vgl. auch *Valerius* vHH Rdn. 1.3.

Verständnis eine **Menschenrechtsverletzung** dar, die UNO bezeichnet die Zwangsheirat als moderne Form der Sklaverei. Die heutige Fassung des § 237 StGB wurde durch das **Gesetz zur Bekämpfung der Zwangsheirat** vom 23.6.2011 mit Wirkung zum **1.7.2011** ins StGB eingefügt[2] und ersetzte das erst wenige Jahre vorher durch das 37. Strafrechtsänderungsgesetz[3] eingeführte Regelbeispiel des besonders schweren Falls der Nötigung § 240 Abs. 4 S. 2 Nr. 1 Var. 2 StGB (Nötigung zur Eingehung der Ehe).[4] § 237 Abs. 2 erfasst in Anlehnung an den Tatbestand der Verschleppung gem. § 234a StGB Vorbereitungshandlungen wie das Verbringen oder Belassen des Opfers im Ausland zum Zwecke der Zwangsverheiratung.

Der Regelung liegen diverse Initiativen[5] und Erwägungen zugrunde: Aus **nationalrechtlicher Perspektive** wird nach ständiger Rechtsprechung des BVerfG durch die **Eheschließungsfreiheit des Art. 6 Abs. 1 GG** das Recht eines jeden Menschen geschützt, selbstbestimmt die Ehe mit einer eigenständig gewählten Person einzugehen.[6] Im **konventions- und völkerrechtlichen Rechtssystem** gewähren insbesondere Art. 16 der Allgemeinen Erklärung der Menschenrechte der Vereinten Nationen und Art. 12 der Europäischen Konvention zum Schutz der Menschenrechte und Grundfreiheiten den Schutz der freien Eheschließung und Partnerwahl.[7] Eine weiterer Aspekt auf internationaler Ebene ist die Empfehlung **Nr. 21 des UN-Komitees zur Abschaffung aller Formen der Diskriminierung**, die hervorhebt, dass das Recht zur selbstbestimmten Partnerwahl und Eheschließung von zentraler Bedeutung für die **Würde** und **Gleichberechtigung** einer Frau sind.[8] Im Unionsrecht hat die EU demonstrativ bereits in den Jahren 2002 bis 2005 allein **elf Richtlinien** mit dem Ziel der Verhinderung von Zwangsehen erlassen, welche bis 2006 in nationales Recht umgesetzt werden sollten.[9] In Deutschland geschah dies fragmentarisch und zeitlich verzögert, vielleicht auch wegen eines (scheinbaren[10]) Grundrechtskonflikts zwischen der von **Art. 6 Abs. 1 GG** geschützten Eheschließungsfreiheit mit der in **Art. 4 Abs. 2 GG** verankerten Religionsfreiheit.[11]

Der heutigen Fassung des § 237 StGB ist eine Reihe verschiedener Gesetzesanträge vorangegangen, die zu einer rund sieben Jahre andauernden parlamentarischen Debatte führten. Exemplarisch genannt seien der Beginn der ersten Bundesratsinitiativen im Jahr 2004 durch die Länder Baden Württemberg[12] und Berlin[13] und das Ende durch den letzten **Beschluss des Bundesrates am 12.2.2010** auf Antrag der Länder Hessen und Baden-Württemberg zu einem Zwangsheiratsbekämpfungsgesetz, wobei trotz der Vielfältigkeit zunächst keine der Initiativen Berücksichtigung fand.[14] Unumgänglich wurde das Vor-

---

2 BGBl. I 1266, 2011 Nr. 33.

3 BGBl. I 239 (noch nicht in den Gesetzesmaterialien enthalten).

4 BGBl. I 2011 Nr. 33; weiterführende Hinweisen zur Entstehungsgeschichte bei *Bülte/Becker* JA **2013** 7; *Wieck-Noodt* MK Rdn. 19 sowie *Valerius* vHH Rdn. 1.2.

5 Näher *Bülte/Becker* JA **2013** 7.

6 Vgl. u.a. BVerfGE **31** 58, 67; BVerfGE **76** 1, 42; aus der hier einschlägigen Literatur zust. etwa: *Bülte/Becker* JA **2013** 7; *Letzgus* FPR **2011** 451, 452; *Sering* NJW **2011** 2161 mit Hinweis auf *Letzgus* FS Puppe **2011** 1231, 1233.

7 Vgl. dazu im Einzelnen: *Letzgus* FPR **2011** 451, 452; *Sering* NJW **2011** 2161.

8 Convention on the elimination of all forms of discrimination against women, Art. 16 Nr. 1 a) und b); im Erg. auch bei: *Letzgus* FPR **2011** 451, 452; *Sonnen* NK Rdn. 2; *Sering* NJW **2011** 2161.

9 *Letzgus* FPR **2011** 451, 452; *Sering* NJW **2011** 2161.

10 Zur Kritik *Letzgus* FPR **2011** 451, 452; *ders.* FS Puppe **2011** 1231, 1233; *Sering* NJW **2011** 2161.

11 *Letzgus* FPR **2011** 451, 452.

12 BR-Drs. 767/04.

13 BR-Drs. 436/05.

14 *Letzgus* FPR **2011** 451, 453.

legen des eigenen Gesetzesentwurfs der Bundesregierung mit dem Titel **„Gesetz zur Bekämpfung der Zwangsheirat sowie zur Änderung weiterer aufenthalts- und asylrechtlicher Vorschriften“** nicht zuletzt auch durch den Auftrag im Koalitionsvertrag zwischen CDU/CSU und FDP vom 26.10.2009.[15] Zeitlich mit diesem Entwurf korrespondierend brachten alle drei Oppositionsparteien, wie auch einzelne Abgeordnete, insgesamt acht eigene Gesetzesentwürfe und Anträge zur Thematik der Zwangsheirat ein.[16] Die erste Lesung im Bundestag erfolgte am 20.1.2011 und nach einer öffentlichen Anhörung von insgesamt sieben Sachverständigen im Innenausschuss am 14.3.2011 gab dieser schon zwei Tage später den Bericht und eine ausführliche Beschlussempfehlung ab.[17] Die inhaltlich **entscheidenden Abweichungen** zwischen dem Bundesratsentwurf § 234b Abs. 2 und Abs. 3 StGB-E und § 237 StGB bestehen darin, dass die Strafbarkeit des Heiratshandels mit sogenannten Importbräuten und damit die Tatbestandsmäßigkeit der Ausnutzung einer „auslandsspezifischen Hilflosigkeit“ auch ohne Nötigung keinen Eingang in die geltende Fassung gefunden haben.[18]

Das Gesetz wurde am 29.6.2011 im Bundesgesetzblatt verkündet und ist am **1.7.2011 in Kraft** getreten, nachdem es bereits am 15.4.2011 vom Bundesrat gebilligt worden war. Der Grund für diesen langen Zeitraum bestand darin, dass durch eine **offensichtliche Unrichtigkeit im beschlossenen Gesetzeswortlaut**, basierend auf der Eile mit der das Gesetz beschlossen wurde, erst ein Berichtigungsverfahren durchgeführt werden musste.[19] Die Einführung des § 237 StGB wird ergänzt durch **Änderungen in anderen Gesetzen**, namentlich in der StPO, im BGB und im AufenthaltsG: Um den in § 237 StGB intendierten grundlegenden **Schutz der Opfer**, welche in erster Linie minderjährige Migrantinnen sind, umfänglich zu gewährleisten, wurden diese (über die durch die bisherige Aufzählung der §§ 232 bis § 238 StGB bereits gewährleistete **Möglichkeit der Nebenklage** in **§ 395 Abs. 1 Nr. 4 StPO** hinaus) in den durch **§ 397a StPO** privilegierten Kreis von Opfern aufgenommen, denen im Falle einer Nebenklage ein Beistand zu bestellen sein kann.[20]

Um die aufenthalts- und asylrechtlichen Probleme, die bei der Zwangsheirat entstehen können, zu entschärfen,[21] gewährt § 37 Abs. 2a AufenthG nun ein **eigenständiges Wiederkehrrecht** für ausländische Zwangsverheiratete.[22] Zusätzlich wurde § 31 Abs. 1 S. 1 Nr. 1 AufenthaltsG, den Zweck der Prävention von Scheinehen verfolgend, dahingehend modifiziert, dass ein **eigenständiges Aufenthaltsrecht** erst gegeben ist, wenn die Ehe nicht wie bisher zwei Jahre, sondern nunmehr **drei Jahre** im Bundesgebiet besteht.[23] Ergänzt wird der Schutz der Opfer durch **§ 51 Abs. 4 AufenthaltsG**, wonach ihr Aufenthaltstitel trotz Ausreise nicht erlischt, wenn die Voraussetzungen des § 37 Abs. 1 Nr. 1 AufenthaltsG vorliegen, sie rechtswidrig mit Gewalt oder Drohung mit einem empfindlichen Übel zur Eingehung der Ehe genötigt und von der Rückkehr nach Deutschland abgehalten werden und innerhalb von drei Monaten nach Wegfall der Zwangslage **bis spätestens nach zehn Jahren** wieder einreisen.[24] Eine signifikante Änderung im BGB besteht in der Verlängerung der **Antragsfrist** für die Aufhebung einer aufgrund wider-

[15] BR-Drs. 704/10; *Letzgus* FPR 2011 451, 453.
[16] *Letzgus* FPR 2011 451, 453 m.w.N. zu den einzelnen Gesetzesmaterialien.
[17] BT-Drs. 17/5093; *Letzgus* FPR 2011 451, 453.
[18] *Letzgus* FPR 2011 451, 454.
[19] *Letzgus* FPR 2011 451, 453.
[20] *Sonnen* NK Rdn. 4; *Letzgus* FPR 2011 451, 456; *Sering* NJW 2011 2161, 2163.
[21] BT-Drs. 17/4401, S. 1; vgl. *Valerius* JA 2011 430.
[22] BGBl. I, 162; so auch bei *Sering* NJW 2011 2161 2164; *Valerius* JA 2011 430, 431.
[23] BT-Drs. 17/4401, S. 9; *Sering* NJW 2011 2161, 2164; *Valerius* JR 2011 430, 431.
[24] *Sering* NJW 2011 2161, 2164.

rechtlicher Drohung geschlossenen Ehe gemäß § 1314 Abs. 2 Nr. 4 BGB, von einem auf **drei Jahre** gemäß § 1317 Abs. 1 S. 1 BGB. Dies gilt jedoch nicht, wenn die Zwangsehe im Nachhinein bestätigt wird.[25]

Gesetzesmaterialien

BR-Drs. 767/04 (6.10.2004 – Bundesratsantrag Baden-Württemberg), BR-Drs. 436/05 (3.6.2005 – Bundesratsantrag Berlin), BR-Drs. 546/05 (8.7.2005 – Beschluss), BT-Drs. 15/5951 (11.8.2005 – Zwangsheiratsbekämpfungsgesetz), BR-Drs. 36/10 (Zwangsheiratsbekämpfungsgesetz), BT-Drs. 16/1035 (23.3.2006 – Entwurf des Bundesrates), BT-Drs. 17/1213 (24.3.2010 – Letzter Entwurf des Bundesrates), BR-Drs. 704/10 (5.11.2010 – Koalitionsvertrag CDU/CSU und FDP, Gesetzesentwurf), BT-Drs. 17/2491 (7.7.2010 – Antrag der Fraktion Bündnis 90/Die Grünen), BT-Drs. 17/4401 (13.1.2011 – Gesetzentwurf der Bunderegierung zur Bekämpfung der Zwangsheirat und zum besseren Schutz der Opfer von Zwangsheirat sowie zur Änderung weiterer aufenthalts- und asylrechtlicher Vorschriften), BT-Drs. 17/4681 (8.2.2011 – Antrag der Fraktion Die Linken)

Übersicht

[25] Vgl. *Sering* NJW **2011** 2161, 2163: Dies wird insbesondere damit begründet, dass trotz des Verstoßes gegen Art. 6 Abs. 1 GG, das Selbstbestimmungsrecht des Betroffenen den Vorrang genießt; zu weiteren Regelungen auf anderen Rechtsgebieten *Kaiser* FamRZ **2013**, 77.

Alphabetische Übersicht

A. Rechtstatsächliche Aspekte

I. Phänomenologie (Grundkonstellationen)

Als Grundtypen der Zwangsverheiratung haben sich vier Fälle herauskristallisiert,[26] auch wenn sie nicht allumfassend sind und sich mitunter überschneiden.[27] 1

[26] Eine (Vorfeld-)Strafbarkeit des Heiratshandels besteht durch § 237 StGB nicht, wird aber teilweise durch § 232 StGB gewährleistet, vgl. auch *Wieck-Noodt* MK Rdn. 28.

[27] *Wieck-Noodt* MK Rdn. 7; *Eisele/Majer* NStZ **2011** 547 f, die von insgesamt drei Grundtypen ausgehen; *Ensenbach* Jura **2012** 507; *Letzgus* FPR **2011** 451, 452; *ders.* FS Puppe **2011** 1231, 1232; *Schubert/Möbius* ZRP **2006** 33, 34; *Yerlikaya/Çakır-Ceylan,* ZIS **2011** 205, 206, die sogar von sieben Grundformen sprechen, ergänzend die Zwangsehen von sexuell gleichgeschlechtlich orientierten, den Zwang zur Aufrechterhaltung der Ehe und die Verheiratung mit einer Person aus der Türkei anführen.

2 **1. Verheiratung in Deutschland.** Der vermeintlich häufigste Fall ist die Nötigung zur Verheiratung **in Deutschland lebender junger Frauen** mit Migrationshintergrund.[28] Als Opfer kommen ebenso hierzulande lebende noch minderjährige Mädchen in Betracht, die in patriarchalisch und demzufolge genderasymmetrisch (mit Migrationshintergrund) geprägten Familien aufwachsen.[29]

3 **2. „Importbräute".** Eine weitere Konstellation besteht darin, Mädchen und junge Frauen in ihrem Herkunftsland zu nötigen, bereits in Deutschland lebende Migranten zu heiraten und diesen nach Deutschland zu folgen.[30] Dies geschieht nicht selten durch Vereinbarungen, die zwischen den Familien der beiden Eheleute geschlossen werden und gegen welche sich die Frauen, insbesondere aufgrund mangelnder Kenntnisse von Deutschland angesichts Kultur und Sprache kaum wehren (können – sog. **„Importbräute"**).[31]

4 **3. Ferienverheiratung.** Eine dritte Fallgestaltung bildet die sogenannte **„Ferienverheiratung"** oder auch **Heiratsverschleppung** genannt. Dazu werden junge (oft minderjährige) Frauen/Mädchen, die in Deutschland aufgewachsen sind und ihre Ferien im Heimatland verbringen, dort genötigt zu heiraten, ohne vorher bei ihrer Abreise davon informiert worden zu sein.[32]

5 **4. Verheiratung für Einladungsticket.** Zuletzt ist die **„Verheiratung für ein Einladungsticket"** zu nennen, deren Kerngedanke es ist, der nachreisenden Person ein Aufenthaltsrecht in Deutschland zu verschaffen.[33] Als Paradebeispiel gilt der Fall der Verheiratung einer Frau mit gesichertem Aufenthaltsstatus in Deutschland mit einem noch im Ausland lebenden Mann, sodass die Frau im Wege des **Ehegattennachzugs** als Mittel zum Zweck zur legalen Einwanderung des Mannes dient, unter Umständen von dem (Leit-)Motiv der Familie getragen, die finanzielle Versorgung der Tochter (und auch ihre eigene?) sicherzustellen und traditionelle Machtverhältnisse zu wahren.[34]

II. Begehungs- und Verfolgungshäufigkeit

6 Zum Stand 1.7.2014 ist in der Datenbank juris noch keine Entscheidung zu § 237 StGB verzeichnet, was (natürlich nicht ausschließt, dass es instanzgerichtliche Entscheidungen gibt, aber doch) ahnen lässt, dass die Vorschrift in der Verfolgungspraxis (noch) keine große Rolle spielt. Auch sonst gibt es über das Ausmaß der Zwangsverheiratung in Deutschland empirisch keine gesicherten Erkenntnisse.[35] Dementsprechend verweist der

---

[28] BT-Drs. 17/4401 S. 8 f; *Ensenbach* Jura **2012** 507; *Letzgus* FPR **2011** 451, 452.

[29] BT-Drs. 17/4401 S. 8 f.

[30] BT-Drs. 17/4401 S. 8 f; *Ensenbach* Jura **2012** 507; *Letzgus* FPR **2011** 451, 452.

[31] *Ensenbach* Jura **2012** 507; *Letzgus* FPR **2011** 451, 452; *Yerlikaya/Çakır-Ceylan,* ZIS **2011** 205, 206.

[32] BT-Drs. 17/4401 S. 8 f; *Ensenbach* Jura **2012** 507; *Letzgus* FPR **2011** 451, 452; *Yerlikaya/Çakır-Ceylan,* ZIS **2011** 205, 206.

[33] BT-Drs. 17/4401 S. 8 f; *Ensenbach* Jura **2012** 507, *Letzgus* FPR **2011** 451, 452; *Yerlikaya/Çakır-Ceylan,* ZIS **2011** 205, 206.

[34] BT-Drs. 16/1035 S. 7; *Eisele/Majer* NStZ **2011** 546 547; *Letzgus* FPR **2011** 451, 452.

[35] Bestätigt werden konnte insbesondere nicht die geschätzte Zahl von 30.000 Zwangsverheiratungen jährlich bei Menschen mit Migrationshintergrund, Bundesministerium für Familie, Senioren, Frauen und Jugend, *Karakaşoğlu/Subaşı* 2007 99, 103. Ausführlich zu bisherigen Studien vgl. *Haas* JZ **2013** 72, 73 f; zur kriminalpolitischen Bedeutung vgl. auch *Wieck-Noodt* MK Rdn. 16.

Gesetzgeber auf die Erhebung des Berliner Senats bei 50 Jugend- und Beratungseinrichtungen, welche im Jahr 2002 von ca. 220 Frauen aufgesucht wurden.[36] Verwiesen wird unter anderem auch auf Umfragen in Beratungseinrichtungen in Berlin (2004), Baden-Württemberg (2005) und Hamburg (2006), in denen **jeweils bezogen auf die Stadt** bzw. Region **200 bis 300 Beratungsfälle pro Jahr** in direktem Zusammenhang mit Zwangsehen bekannt wurden.[37] Bedeutend ist, dass laut einer Berliner Kriseneinrichtung 68 % der Opfer minderjährige Mädchen sind, von denen 80 % im Vorfeld misshandelt oder missbraucht wurden und 30 % sogar Suizidabsichten äußerten.[38]

In der polizeilichen Kriminalstatistik (PKS) sind für das **Jahr 2010** noch **158** Fälle der Nötigung zur Eingehung der Ehe nach § 240 Abs. 4 StGB erfasst, während es 2011 nur noch 129 Fälle waren, die Erfassung der Fälle sich mithin um 18,4 % verringerte.[39] Für die Folgejahre entsteht unter Geltung des § 237 StGB tendenziell der Eindruck einer Abnahme der bekanntgewordenen Fälle. Im **Jahr 2012** wurden insgesamt nur **56 Fälle** der in § 237 StGB normierten Zwangsheirat in der PKS erfasst, von denen in 28 Fällen die Tat nur versucht wurde.[40] Die Aufklärungsrate betrug im Jahr 2012 89,3 % (50 Fälle), wobei von 90 tatverdächtigen Personen 69 männlich und 21 weiblich waren.[41] Der Anteil der nichtdeutschen Tatverdächtigen betrug 61 (67,8 %).[42] Im Jahr **2013** wurden insgesamt **62 Fälle** von Zwangsverheiratungen aufgenommen, von denen 39 unter den Versuch fallen.[43] Innerhalb dieser Zahlen ergibt sich eine Aufklärungsrate von 91,9 %, mithin wurden 57 Fälle aufgeklärt.[44] Von 99 Personen, die im Jahr 2013 tatverdächtig waren, sind 70 männlich und 29 weiblich gewesen.[45] Der Anteil von nichtdeutschen Tatverdächtigen liegt bei 66,7 % (66). Freilich ist bei all diesen Zahlen zu berücksichtigen, dass Zwangsverheiratungen stets durch psychische und physische Gewalt geprägt sind, verbunden mit der Einschüchterung der Opfer, die durch kulturelle Unterschiede und das Umfeld häufig verstärkt wird.[46] Diese Umstände implizieren, dass es insgesamt eine hohe Dunkelziffer gibt, welche zusätzlich durch das verminderte Anzeigeverhalten aufgrund kultureller Umstände intensiviert wird. Es bleibt abzuwarten, ob ein eigener Straftatbestand dies zu ändern vermag.[47] **7**

36 BT-Drs. 17/4401 S. 8; BT-Drs. 17/1213 S. 8; *Eisele/Majer* NStZ **2011** 546, 547.

37 *Karakaşoğlu/Subaşı* 2007 99, 104, verweisend auf weitere Studien die u.a. auf der Befragung von Mitarbeitern von Beratungsstellungen und Frauen beruhen.

38 BT-Drs. 16/1035 S. 6.

39 PKS 2011 zuletzt abgerufen am 14.07.2014: http://www.bka.de/nn_193232/DE/Publikationen/Polizeiliche Kriminalstatistik/AeltereAusgaben/aeltereAusgaben__node.html?__nnn=true.

40 PKS 2012 zuletzt abgerufen am 14.07.2014: http://www.bka.de/DE/Publikationen/PolizeilicheKriminalstatistik/2012/2012Standardtabellen/pks2012StandardtabellenFaelleUebersicht.html. In keinem der bekanntgewordenen Fälle wurde mit einer Schusswaffe gedroht oder eine solche eingesetzt.

41 PKS 2012 zuletzt abgerufen am 14.07.2014: http://www.bka.de/DE/Publikationen/PolizeilicheKriminalstatistik/2012/2012Standardtabellen/pks2012StandardtabellenFaelleUebersicht.html.

42 PKS 2012 zuletzt abgerufen am 14.07.2014: http://www.bka.de/DE/Publikationen/PolizeilicheKriminalstatistik/2012/2012Standardtabellen/pks2012StandardtabellenFaelleUebersicht.html.

43 In zwei Fällen wurde mit einer Schusswaffe gedroht.

44 PKS 2013 zuletzt abgerufen am 13.07.2014, http://www.bka.de/DE/Publikationen/PolizeilicheKriminalstatistik/2013/2013Standardtabellen/pks2013StandardtabellenFaelleUebersicht.html.

45 PKS 2013zuletzt abgerufen am 13.07.2014, http://www.bka.de/DE/Publikationen/PolizeilicheKriminalstatistik/2013/2013Standardtabellen/pks2013StandardtabellenFaelleUebersicht.html.

46 *Eisele/Majer* NStZ **2011** 546, 547.

47 *Eisele/Majer* NStZ **2011** 546, 547.

B. Regelungszweck

I. Geschütztes Rechtsgut

8 Ausweislich der Begründung des Gesetzesentwurfs schützt § 237 StGB das Rechtsgut der **Eheschließungsfreiheit.**[48] Dabei handelt es sich freilich nicht um ein völlig neues und losgelöst zu betrachtendes Rechtsgut, sondern man wird hierin letztlich eine **spezielle Ausprägung** der Willensentschließungs- und Betätigungsfreiheit in einem grundrechtlich noch einmal gesondert geschützten Bereich zu sehen haben.[49] Geschützt wird demnach das Recht eines jeden Menschen, die Ehe selbstbestimmt und mit einer selbst gewählten Person einzugehen,[50] wobei die strafrechtliche Sanktion auf eine Beeinträchtigung der negativen Eheschließungsfreiheit begrenzt ist; geschützt ist also das Recht sich gegen die Eingehung der Ehe zu entscheiden. Demgegenüber wird die positive Freiheit, die Ehe einzugehen, nach wie vor nur in allgemeiner Form von § 240 StGB geschützt.[51]

II. Normzweck

9 Der Normzweck und das geschützte Rechtsgut der Eheschließungsfreiheit korrespondieren weitgehend. Eine weitere Ergänzung erfährt der Schutzzweck der Norm durch das zusätzlich schutzwürdige Rechtsgut der **Menschenwürde**, da ein Verstoß gegen dieses für eine Eheschließung durch Zwang häufig charakteristisch sein wird.[52] Wohl **nicht** zum Schutz*zweck* gehört (sondern allenfalls reflexhaft geschützt ist) die **sexuelle Selbstbestimmung;**[53] als brauchbarer Schutzzweck zu vage ist die mitunter herangezogene Schutzmöglichkeit der Person durch die Gemeinschaft und den Rechtsstaat.[54]

10 Neben den geschützten oder eben gerade nicht geschützten Rechtsgütern wird man als Zweck des § 237 StGB darüber hinaus das **rechtspolitische Signal** einer eigenständigen Sanktionierung der Zwangsheirat durch das nationale **Strafrecht** sehen.[55] Durch die Schaffung des § 237 StGB wird deutlich zum Ausdruck gebracht, dass eine Zwangsheirat in letzter Konsequenz das Strafrecht als *ultima ratio* fordert und das durch sie entstandene **Unrecht nicht phlegmatisch hingenommen** werden darf.[56] Die Erforderlichkeit eines eigenständigen Tatbestandes ergibt sich aus denen bis dato defizitär ausgestalteten Strafverfolgungsmöglichkeiten, denen es an Effizienz zur Bekämpfung des verstärkt auftreten-

---

[48] BT-Drs. 17/4401, S. 8; vgl. neben vieler: *Bülte/Becker* ZIS **2012** 61; *dies.* JA **2013** 7; *Eisele/Majer* NStZ **2011** 546, 547; *Lackner/Kühl* Rdn. 2; Sch/Schröder/*Eisele* Rdn. 4; *Schluckebier* SSW Rdn. 1; *Letzgus* FPR **2011** 451, 452.

[49] *Bülte/Becker* JA **2013** 7 m.w.N.; *Letzgus* FPR **2011** 451, 454; *Sonnen* NK Rdn. 9.

[50] *Bülte/Becker* ZIS **2012** 61; *dies.* JA **2013** 7.

[51] *Bülte/Becker* JA **2013** 7 m.w.N.

[52] *Letzgus* FPR **2011** 451, 454; *Wieck-Noodt* MK Rdn. 11; **aA** *Eisele/Majer* NStZ **2011** 546, 547; krit. hinsichtlich der Menschenwürde als Rechtsgut *Sonnen* NK Rdn. 9.

[53] *Wieck-Noodt* MK Rdn. 11.

[54] Weitergehend aber noch *Letzgus* FPR **2011** 451, 454; vermittelnd *Eisele/Majer* NStZ **2011** 546, 547 m.w.N.

[55] Krit. dazu: *Valerius* JR **2011** 430, 431 und *ders.* vHH Rdn. 1.3, der von einer primär „symbolischen Begründung" der Sanktionierung ausgeht, so im Ergebnis auch: *Kubik/Zimmermann* JR **2013** 192, 203; *Hefendehl* JA **2011** 406; eine ganz andere Frage ist, ob die Aufnahme einer Vorschrift in das Kernstrafrecht per se zu einem vermeidbaren Verbotsirrtum führt, in diese Richtung *Sonnen* NK Rdn. 30.

[56] *Bülte/Becker* ZIS **2012** 61; *dies.* JA **2013** 7; *Eisele/Majer* NStZ **2011** 546; *Schluckebier* SSW Rdn. 1; *Wieck-Noodt* MK Rdn. 5.

den Problems der Zwangsheirat mangelte.[57] Der Sanktionscharakter des § 237 StGB soll damit in gebotener Weise der Fehlvorstellung entgegenwirken, dass es sich bei einer Zwangsheirat um eine zu tolerierende Tradition aus früheren Zeiten oder patriarchalischen Kulturkreisen handelt.[58] Es ist auch nicht ersichtlich, warum eine solche Klarstellung durch einen eigens geschaffenen Straftatbestand weniger bis gar nicht zu erreichen sein sollte.[59] Gerade ein solcher könnte der einzige nicht nur gangbare, sondern auch zum Ziel führende Weg sein, Menschen innerhalb gefestigter Gesellschaftsstrukturen überhaupt im Kern zu erreichen, um ihnen plakativ das **nach westlichem Rechtsverständnis** aus nicht zu tolerierende Unrecht in ihr Bewusstsein zu rufen.[60] Dem steht auch nicht, wie teilweise[61] behauptet, die Gefahr einer (zumindest scheinbaren) Diskriminierung von Menschen aus patriarchalischen Gesellschaften entgegen. Es ist im Strafrecht nicht ungewöhnlich, wenn seine Verbote sich (faktisch oder sogar rechtlich) auf Personengruppen beschränken, von denen ein als strafwürdiges Unrecht empfundenes Verhalten vorrangig begangen wird (oder sogar ausschließlich begangen werden kann[62]).

C. Die beiden Varianten der Zwangsehe

I. Allgemeines

11 **1. Struktur der Norm.** § 237 StGB enthält insgesamt vier Absätze, in denen die **zwei verschiedenen Varianten** von Straftatbeständen in Abs. 1 und Abs. 2 geregelt sind:

12 a) **Abs. 1.** In § 237 Abs. 1 StGB wird die **Nötigung zur Eingehung der Ehe** unter Strafe gestellt. Dies bedeutet, dass das Opfer entgegen seinem Willen zur Schließung der Ehe veranlasst wird. Der Strafrahmen reicht von 6 Monaten bis zu 5 Jahren Freiheitsstrafe. Täter kann jede Person sein, wird aber regelmäßig, wenn es nicht der zukünftige Ehepartner ist, jedenfalls aus dem näheren familiären Umfeld stammen. Auch Opfer einer Zwangsheirat kann jedermann werden; praktisch bedeutsam als Opfer sind indes minderjährige Mädchen oder junge Frauen mit Migrationshintergrund.[63]

13 b) **Abs. 2.** In § 237 Abs. 2 StGB wird dieselbe Strafe für denjenigen angedroht, der zur Begehung einer Tat nach Abs. 1 einen anderen durch Gewalt, Drohung mit einem empfindlichen Übel oder durch List in ein Gebiet außerhalb des räumlichen Geltungsbereichs des StGB verbringt oder veranlasst sich dorthin zu begeben oder davon abhält, von dort zurückzukommen (**Verschleppung zur Zwangsheirat**).[64] Vom Tatbestand des Absatzes 2 sind daher sowohl psychische als auch physische Verhaltensweisen des Täters erfasst.[65]

---

57 *Letzgus* FS Puppe 2011 1231, 1235.

58 BT-Drs. 17/4401 S. 9; Vgl. *Bülte/Becker* ZIS 2012 61; *dies.* JA 2013 7.

59 Im Ergebnis zutr.: *Letzgus* FS Puppe 2011 1231, 1237, der nicht nur von der Rechtfertigung, sondern von der Erforderlichkeit eines eigenständigen neuen Tatbestandes ausgeht; krit. *Yerlikaya/Çakır-Ceylan* ZIS 2011 205, 213.

60 AA: *Valerius* JR 2011 430, 431; *Yerlikaya/Çakır-Ceylan* ZIS 2011 205, 213.

61 *Valerius* JR 2011 430, 431.

62 Exemplarisch: Beamte hinsichtlich der Korruptionsdelikte oder Geschäftsführer in Bezug auf Insolvenzverschleppung.

63 BT-Drs. 17/4401 S. 8 f; *Sonnen* NK Rdn. 19.

64 BT-Drs. 17/4401 S. 12; *Bülte/Becker* JA 2013 7 f.

65 *Valerius* vHH Rdn. 9.

14 c) **Verhältnis der Varianten zueinander.** Im **Verhältnis beider Varianten zueinander** betrifft Abs. 2 Vorbereitungshandlungen („zur Begehung einer Tat nach Abs. 1") zu Abs. 1 in Konstellationen, in denen dieser meist der deutschen Strafgewalt nicht unterliegen würde,[66] sodass hier der strafrechtliche Schutz vorverlagert wird.[67] Die beiden Tatbestände stehen jedoch nicht, wie teilweise[68] angenommen, in einem Stufenverhältnis zueinander, vornehmlich stellt Abs. 2 weder eine Qualifizierung noch eine Privilegierung des Abs. 1 S. 1 dar.[69] Damit geht auch die häufig verwendete Bezeichnung des Abs. 1 als Grundtatbestand fehl.[70]

15 d) **Versuchsstrafbarkeit und minder schwere Fälle.** § 237 Abs. 3 StGB normiert sowohl **für Abs. 1 als auch für Abs. 2** die Versuchsstrafbarkeit, die in Betracht kommt, wenn es etwa nicht kausal durch die Nötigung zur Eheschließung kommt.[71] Auch im Fall, in dem die Ehe unabhängig von dem eingesetzten Nötigungsmittel geschlossen wird, führt dies gegebenenfalls zur Strafbarkeit wegen Versuchs.[72] In § 237 Abs. 4 StGB ist eine Strafrahmenverschiebung für **minder schwere Fälle** geregelt.

2. Begriff der Ehe

16 a) **Gültige deutsche Ehe.** Taterfolg (in Abs. 1) bzw. Tatmotivation (in Abs. 2) muss der Abschluss einer **Ehe** sein. Gerade wegen des nicht selten bestehenden Auslandsbezuges der Straftaten kann im Einzelfall fraglich sein, was mit „Ehe" gemeint ist. Unproblematisch erfasst ist die gültige deutsche Ehe, die nach deutschem bürgerlichen Recht wirksam geschlossen wurde, **§§ 1310 ff BGB**[73] (zur Frage der Einbeziehung anderer „eheähnlicher" Verbindungen vgl. unten Rdn. 20 f).

17 b) **Hinkende Ehe.** Problematisch ist die Beurteilung der Konstellationen, in denen sich die Wirksamkeit der Ehe in verschiedenen Staaten unterschiedlich beurteilt, die sogenannte **„Hinkende Ehe"**.[74] Da der Ehe jedoch mindestens in einem Staat rechtliche Wirkung zukommt, ist davonzugehen, dass der Gesetzgeber diese unter den Tatbestand des § 237 StGB fassen wollte.[75] Dafür streitet im Besonderen, dass die hinkende Ehe im Einzelnen selbst dann Rechtsfolgen entfalten kann, wenn sie in Deutschland nicht als wirksam anerkannt wird.[76]

18 c) **Ehe nach ausländischem Recht und Handschuhehe.** Ebenfalls weitgehend unproblematisch vom Schutz erfasst sind Ehen, die zwar nicht nach deutschem, aber **nach gültigem ausländischem Recht, vorzugsweise nach dem des Heimatstaates der Eheleute,**

---

66 Rechtspolitisch führt das zu der Frage, ob eine Modifikation des Strafanwendungsrechts gegenüber einer solchen Vorverlagerung nicht weniger eingriffsintensiv und zugleich leichter handhabbar gewesen wäre.

67 *Valerius* vHH Rdn. 8. Vgl. insbesondere zum internationalen Strafrecht unten Rdn. 60 ff; *Bülte/Becker* JA **2013** 7 8; *dies.* ZIS **2012** 61, 62; *Letzgus* FPR **2011** 451, 455 f.

68 Vgl. im Ergebnis: **aA** *Eisele/Majer* NStZ **2011** 547 f; *Letzgus* FPR **2011** 451, 455.

69 *Bülte/Becker* JA **2013** 7 f; Sch/Schröder/*Eisele* Rdn. 5.

70 *Bülte/Becker* JA **2013** 7, 8; **aA** *Eisele/Majer* NStZ **2011** 547 f; *Letzgus* FPR **2011** 451, 455.

71 *Bülte/Becker* ZIS **2012** 61, 62; *Letzgus* FPR **2011** 451, 455 f.

72 *Bülte/Becker* JA **2013** 7, 10.

73 *Bülte/Becker* JA **2013** 7, 10.

74 *Ensenbach* Jura **2012** 507, 509, 510.

75 *Ensenbach* Jura **2012** 507, 510.

76 *Ensenbach* Jura **2012** 507, 510 m.w.N.

geschlossen werden. Das ist zwingend, wenn sie gemäß Art. 11, 13 EGBGB nach deutschem Recht gültig sind.[77] Gestützt wird dieser Schutz durch die Auslegung des Art. 6 Abs. 1 GG und den völkerrechtlichen Bezug der Gesetzesbegründung, in der explizit auf Art. 12 EMRK und auf Art. 16 der Allgemeinen Erklärung der Menschenrechte rekurriert wird.[78] Gleiches gilt aber auch für die sogenannte **Handschuhehe,** bei der das Opfer nicht, wie in Deutschland vorgeschrieben, persönlich vor einer staatlichen Stelle einvernehmlich das Eheversprechen gibt.[79] Diese Form der Ehe ist nach deutschem Recht zwar gemäß § 1311 BGB nicht zulässig, verstößt jedoch international anerkanntermaßen nicht gegen den *ordre public* des Art. 6 EGBGB und ist wirksam.[80]

d) **Echte Stellvertreterehe.** Selbst von diesem weiten strafrechtlichen Ehebegriff **ausgenommen** ist dagegen die **echte Stellvertreterehe.** Diese (Sub-)Variante der Handschuhehe liegt vor, wenn der Stellvertreter einen eigenen ihm überlassenen Entscheidungsspielraum hat.[81] Sie tritt insbesondere in Ländern mit einer islamisch geprägten Rechtstradition auf und kennzeichnet sich dadurch, dass ein Ehevormund, wenn es sich um den Vater oder Großvater der Frau handelt, eine Ehe für ein minderjähriges Mädchen und teilweise sogar für eine Volljährige gegen ihren Willen wirksam schließen kann.[82] Diese Form der Ehe mag als materielle Ehevoraussetzung angesehen werden, für welche das Heimatrecht der Parteien und nicht Art. 13 EGBGB einschlägig ist, verstößt aber als Stellvertretung im Willen gegen den *ordre public* gemäß Art. 6 EGBGB, da der Braut die Selbstbestimmung in höchstpersönlichen Angelegenheiten verwehrt bleibt, weshalb die Ehe bei Vorliegen dieser Voraussetzungen gar nicht erst wirksam geschlossen wurde. **19**

e) **Gleichgeschlechtliche Partnerschaften und nichtige Ehen.** Wohl unstreitig **nicht** von § 237 StGB erfasst sind eingetragene **gleichgeschlechtliche Partnerschaften,** die nach dem LPartG geschlossen werden.[83] Systematisch ist das nicht recht erklärbar, aber die wohl fehlende praktische Relevanz macht hier eine spezifische Strafdrohung überflüssig, zumal durch § 240 Abs. 4 S. 1 StGB der erforderliche Schutz nach wie vor gewährleistet wird.[84] Darüber hinaus ergeben sich Probleme bei der Beurteilung, ob **Nichtehen** und **unwirksame Ehen nach Maßgabe des deutschen Zivilrechts** erfasst sind. Auf der Ebene des BGB bestehen zwei verschiedene Folgen anfänglicher Mängel der Ehe: Unter den Fällen der **Aufhebbarkeit der Ehe ex nunc** aus den in § 1314 BGB (abschließend) normierten Gründen ist hier vornehmlich an die Fälle der widerrechtlichen Drohung nach § 1314 Abs. 2 Nr. 4 BGB zu denken, die in den Fällen des § 237 StGB, in denen eine **20**

77 *Bülte/Becker* JA 2013 7, 10; *Wieck-Noodt* MK Rdn. 26; *Eisele/Majer* NStZ 2011 546, 549 m.w.N.

78 BT-Drs. 17/4401 S. 8; *Bülte/Becker* JA 2013 7, 10.

79 *Eisele/Majer* NStZ 2011 546, 549: Beispielsweise kann nach niederländischem oder italienischem Recht die Ehe mittels eines Stellvertreters geschlossen werden.

80 *Bülte/Becker* JA 2013 7, 10; *Sonnen* NK Rdn. 24; *Eisele/Majer* NStZ 2011 546, 549: Als Begründung für die Wirksamkeit wird angeführt, der Gesetzgeber habe die Zulassung einer Stellvertretung bei der Ehe selbst in Betracht gezogen, insbesondere ausländische Eheformen gemäß Art. 11 Abs. 1 S. 2 EGBGB anerkannt und sich dazu im Haager Ehewirkungsübereinkommen verpflichtet hat.

81 *Eisele/Majer* NStZ 2011 546, 549.

82 *Eisele/Majer* NStZ 2011 546, 550: Dies ist zum Beispiel im iranischen oder pakistanischen Recht der Fall; *Rohe* Das islamische Recht 2013 25.

83 *Bülte/Becker* JA 2013 7, 10; *Eisele/Majer* NStZ 2011 546, 549; *Ensenbach* Jura 2012 507, 510. Zur Frage einer Versuchsstrafbarkeit in solchen Fällen vgl. unten Rdn. 52.

84 Anders in § 106 Abs. 1 Nr. 3 öStGB vgl. Sch/Schröder/*Eisele* Rdn. 10.

rechtswidrige Nötigung zu bejahen ist, regelmäßig vorliegen wird;[85] indes ist auch eine später aufhebbare Ehe anfänglich wirksam und vermag daher den Tatbestand des § 237 StGB zu erfüllen.[86] Dagegen ist die **sogenannte „Nichtehe"** nicht tatbestandsmäßig im Sinne des § 237 StGB;[87] eine solche liegt vor, wenn die Ehe an derart schweren formellen oder materiellen Mängeln krankt, dass eine wirksame Ehe erst gar nicht entstehen konnte. Beispielhaft dafür ist ein Verstoß gegen die Formvorschrift des § 1310 Abs. 1 BGB oder das Fehlen eines Konsenses über die Eingehung der Ehe.[88]

21 f) **Vorrangig religiöse Verbindungen im Ausland.** Problematisch ist die Würdigung von **vorrangig religiös geschlossenen Ehen/kulturellen Verbindungen**, die im Ausland nicht-staatlich geschlossen werden.[89] Um einen effektiven strafrechtlichen Schutz zu gewähren, ist es vorzugswürdig die im Ausland geschlossene Ehe auch **ohne staatliche Beteiligung** anzuerkennen, wenn sie im Herkunftsland der Eheleute dennoch mit **besonderen** (rechtlichen) **Folgen** versehen ist.[90] Nicht vom Schutzzweck erfasst sein sollen dagegen nach dem Willen des Gesetzgebers solche Verbindungen, die **rein moralisch, sozial, kulturell oder religiös** verwurzelt sind und im Herkunftsland auch gerade bewusst als „nicht-staatlich" und nicht rechtlich verbindlich wahrgenommen werden.[91] Dies ist in letzter Konsequenz Ausfluss des Bestimmtheitsgebotes nach Art. 103 Abs. 2 GG, da der Begriff der „Ehe" – aber wohl auch ein etwaiges Tatbestandsmerkmal der „eheähnlichen Verbindung" de lege ferenda[92] – ohne die Notwendigkeit einer rechtlichen Anerkennung kaum klare Strukturen hätte.[93]

II. Absatz 1: Nötigung zur Eingehung der Ehe

1. Allgemeines

22 a) **Verhältnis Abs. 1 zu Abs. 2.** Was das Verhältnis von Abs. 1 zu Abs. 2 angeht, ist der partiell verwendete Terminus von „Abs. 1 als Grundtatbestand" untechnisch zu verstehen, wenn nicht sogar fehlgehend, da **Abs. 2 keine Qualifikation** zu Abs. 1 darstellt.[94] Vielmehr stellt Abs. 1 den Ausgangspunkt der Vorschrift und das eigentliche Verletzungsdelikt dar, während Abs. 2 das dazu korrespondierende Gefährdungsdelikt ist.

23 b) **Verhältnis zu § 240 StGB.** Die heutige Fassung des § 237 StGB ist unmittelbar dem besonders schweren Fall der Nötigung zur Eingehung der Ehe, die in **§ 240 Abs. 4 StGB a.F.** normiert war, **nachgebildet**, stellt nun aber die für derart gelagerte Fälle

---

85 *Eisele/Majer* NStZ **2011** 546, 550.
86 *Eisele/Majer* NStZ **2011** 546, 550.
87 Differenzierend zur Zivilrechtsakzessorietät aber Sch/Schröder/*Eisele* Rdn. 14.
88 *Eisele/Majer* NStZ **2011** 546, 550; *Schluckebier* SSW Rdn. 4.
89 *Bülte/Becker* ZIS 2012 1, 6 65.
90 *Bülte/Becker* JA **2013** 7, 10; so auch *Eisele/Majer* NStZ **2011** 546, 551; krit. *Valerius* JR **2011** 430, 432. Stärker auf die staatliche Mitwirkung als auf die (auch nach deutschem Recht etwa bei der Verlobung ja nicht an hohe Hürden geknüpften) rechtlichen Folgen abstellend in anderem Zusammenhang aber wohl BVerfGE **29** 166, 176; **62** 323, 331.
91 *Bülte/Becker* JA **2013** 7, 10 nach denen kein Schutz des Einzelnen vor dem „als verheiratet angesehen" besteht.
92 Für ein solches aus kriminalpolitischen Gründen *Hörnle* Gutachten 70. DJT **2014** C 60.
93 *Bülte/Becker* JA **2013** 7, 10; **aA** *Valerius* vHH Rdn. 6.1.
94 *Bülte/Becker* JA **2013** 7, 8; missverständlich an dieser Stelle: *Letzgus* FPR **2011** 451, 455.

gegenüber § 240 StGB speziellere Vorschrift dar;[95] soweit **§ 237 StGB nicht eingreift,** bleibt aber die Nötigung (mitunter sogar als unbenannter besonders schwerer Fall) denkbar.[96] Vergleicht man beide Vorschriften ergeben sich diverse Gemeinsamkeiten, aber unter dem Strich auch Unterschiede: Beide Vorschriften sind Erfolgsdelikte, wobei bei **§ 237 Abs. 1 S. 1 StGB** als **verhaltensgebundenem Erfolgsdelikt** auch die Tathandlung neben dem Erfolg näher bestimmt wird.[97] Der Erfolg beider Tatbestände ist in der Hinsicht **unterschiedlich** konzipiert: Während bei der Zwangsheirat nur die Eingehung der Ehe mit dem Tatopfer der eng eingegrenzte Erfolg sein kann, erstreckt sich der Nötigungserfolg im Sinne des § 240 StGB a.F. (der nach § 2 Abs. 4 StGB für Taten die vor dem 01.07.2011 begangen wurden gilt) extensiver auf jede Duldung oder Unterlassung. Anders als beim alten Regelbeispiel stellt sich für den eigenständigen Straftatbestand auch nicht mehr die Frage, ob bzw. es bei der Kombination aus Versuch und Regelbeispiel einen besonders schweren Fall geben kann.[98]

Schlussendlich ist **§ 237 Abs. 1 S. 1 StGB** ein **delictum sui generis** und gerade keine **24**
Qualifikation der Nötigung nach § 240Abs. 1 StGB.[99] Zum einen verweist § 237 StGB, nicht wie ansonsten bei Qualifikationstatbeständen üblich, auf einen Grundtatbestand, sondern regelt die (wenn auch wörtliche) Übernahme der Tatbestandsmerkmale des § 240 Abs. 1 StGB selbst.[100] Zum anderen wäre die Erwähnung der aus § 240 Abs. 2 StGB bekannten Verwerflichkeitsklausel im Tatbestand des § 237 Abs. 1 S. 2 StGB überflüssig, wenn es sich um Grundtatbestand und Qualifikation handeln würde.[101] Auch die Begründung des Gesetzesentwurfs verweist nur materiell auf das Unrechtsgefälle und betont damit einhergehend die unterschiedlichen Strafahmen von § 237 Abs. 1 S. 1 StGB und § 240 StGB, ohne deshalb explizit von einer „Qualifikation" zu sprechen.[102]

2. Tathandlung und Tatmittel

a) **Nötigung.** Gemäß § 237 Abs. 1 StGB ist Tathandlung die Nötigung mit Gewalt **25**
oder Drohung mit einem empfindlichen Übel. Der Begriff des **Nötigens** wird gemeinhin wie in § 240 StGB verstanden (dazu näher § 240 Rdn. 6 ff), also als ein Handeln, welches einem anderen ein bestimmtes Verhalten aufzwingt.[103] Die Erfüllung des Tatbestandes ist damit bei § 237 Abs. 1 StGB ausgeschlossen, wenn das Opfer sein Einverständnis gibt,[104] was allerdings nach allgemeinen Grundsätzen nicht nach Vollendung der Tat möglich ist.[105]

---

95 *Bülte/Becker* JA 2013 7, 8.

96 *Bülte/Becker* JA 2013 7, 10; so im Ergebnis auch *Letzgus* FPR 2011 451, 455, der dem § 237 StGB insoweit eine lediglich deklaratorische Wirkung zuschreibt und aufgrund dessen keine neu entstandenen Auslegungsprobleme sieht.

97 *Bülte/Becker* JA 2013 7, 8; Sch/Schröder/*Eisele* Rdn. 6; *Sonnen* NK Rdn. 19; *Wieck-Noodt* MK Rdn. 14.

98 *Bülte/Becker* JA 2013 7, 8: Da das Regelbeispiel einen besonderen Nötigungserfolg, die Eingehung der Ehe verlangte, kam nur die Konstellation des versuchten Regelbeispiels bei versuchtem Grunddelikt in Betracht.

99 *Bülte/Becker* JA 2013 7, 8; **aA** *Sonnen* NK Rdn. 5.

100 *Bülte/Becker* JA 2013 7, 8.

101 *Bülte/Becker* JA 2013 7, 8.

102 BT-Drs. 17/4401, 12; *Bülte/Becker* JA 2013 7, 9.

103 *Bülte/Becker* JA 2013 7, 9 m.w.N.; *Fischer* Rdn. 9 m.w.N.

104 *Fischer* Rdn. 9.

105 *Schluckebier* SSW Rdn. 9; freilich sind an dieser Stelle erhebliche Nachweisprobleme in der Praxis vorprogrammiert, vgl. *Fischer* Rdn. 9; Sch/Schröder/*Eisele* Rdn. 15.

26 b) **Gewalt.** Nötigungsmittel ist zum einen die **Gewalt** (wie in § 240 StGB), d.h. der physisch vermittelte Zwang zur Überwindung eines geleisteten oder erwarteten Widerstandes[106] (vgl. näher § 240 Rdn. 41 ff). Das Nötigungsmittel der Gewalt wird jedoch im Rahmen des § 237Abs. 1 StGB **meist** nur in Gestalt der **vis compulsiva** (willensbeugend) und nur äußerst selten in der Form der vis absoluta (willensbrechend) auftreten.[107] Denn die Eingehung der Ehe als Nötigungserfolg erfordert die Vornahme einer Handlung durch das Nötigungsopfer.[108]

27 c) **Drohung mit einem empfindlichem Übel.** Zum anderen ist die Drohung mit einem empfindlichen Übel ein taugliches Nötigungsmittel im Rahmen des § 237Abs. 1 StGB. Drohung meint dabei das (jedenfalls konkludente) Inaussichtstellen eines künftigen Übels, auf dessen Eintritt der Drohende vorgibt Einfluss zu haben (vgl. näher § 240 Rdn. 77).[109] Ein empfindliches Übel wird gemeinhin (und etwa bei § 240 StGB) angenommen, wenn der Nachteil bei **objektiver Betrachtung** und bei Betrachtung der persönlichen Verhältnisse des Opfers eine derartige **Erheblichkeit** aufweist, dass nicht erwartet werden kann, dass das Opfer der Drohung mit besonnener Selbstbehauptung standhalten werde.[110] Auch mit dieser Definition sind im vorliegenden Kontext etwa die Drohung des Ausschlusses aus dem Familienverband oder die Androhung eines „Ehrenmordes" sicher zu erfassen.[111]

28 Nicht tatbestandsmäßig (da nicht die **Erheblichkeitsschwelle überschreitend**) sind dagegen die **wiederholte Konfrontation** mit einem Angebot zur Heirat oder die Ausübung lediglich moralischen Drucks, mithin **subtile Druckmittel.**[112] Möglich wäre es in diesen Konstellationen anzunehmen, dass der Handelnde insbesondere schon kein künftiges Übel in Aussicht stellt oder jedenfalls aber keinen Einfluss auf dessen Eintritt hat (z.B. bei drohendem Ehrverlust).[113] Man mag hier freilich bemängeln, dass der Umstand, dass die Nöte des Opfers auch aus der Tradition unserer westlichen Wahrnehmung schwieriger nachvollziehbar sind, manchmal nichts an dem subjektiv empfundenen Druck ändert. Zwar dürfte es letztlich richtig sein, für die Begründung von Kriminalunrecht an solchen Hürden festzuhalten. Dennoch ist die Überlegung von *Hörnle* nicht von der Hand zu weisen, bei einem Tatbestand mit erhoffter Signalwirkung de lege ferenda auch manipulative Verhaltensweisen unterhalb dieser Schwelle zu erfassen;[114] jedenfalls bei minderjährigen Opfern wäre ein niederschwelligeres Einsetzen des Schutzes dem Strafrecht auch keineswegs generell fremd.

29 Dagegen ist es auch rechtspolitisch unproblematisch, dass geringfügige, sozialadäquate oder beziehungstypische Verhaltensweisen vom **Tatbestand ausgeschlossen** sind, also

---

106 *Bülte/Becker* JA **2013** 7, 9.

107 *Bülte/Becker* JA **2013** 7, 9.

108 *Bülte/Becker* JA **2013** 7, 9; theoretisch denkbare Fallkonstellation für Fälle der vis absoluta wäre z.B. die echte Stellvertreterehe, bei der das Opfer gewaltsam daran gehindert wird, sich gegen die Ehe zu wehren; **aA** *Eisele/Majer* NStZ **2011** 546, 548; *Ensenbach* Jura **2012** 507, 509, *Schumann* JuS **2011** 789, 791; die bei vis absoluta schon das Vorliegen einer Ehe mangels Willenserklärung und Handlung verneinen.

109 *Bülte/Becker* JA **2013** 7, 9 m.w.N.

110 BGH MDR **1983** 331; BGH JZ **1984** 423, 426; *Bülte/Becker* JA **2013** 7, 9; *Eisele/Majer* NStZ **2011** 546, 548; im Ergebnis auch *Valerius* JR **2011** 430, 433.

111 BT-Drs. 17/4401 S. 8.

112 *Bülte/Becker* JA **2013** 7, 9; *Yerlikaya/Çakır-Ceylan* ZIS **2011** 205, 207.

113 BR-Drs. 546/05 S. 12; *Bülte/Becker* JA **2013** 7, 9; Sch/Schröder/Eisele Rdn. 9; *Letzgus* FS Puppe **2011** 1231, 1240, für den es naheliegend ist, hier gegebenenfalls schon ein Übel auszuschließen.

114 Vgl. *Hörnle* Gutachten 70. DJT **2014** C 59, 61.

etwa die Androhung **„Schluss zu machen"** oder das Opfer zu **enterben.**[115] Hier ist ebenfalls in Frage zu stellen, ob dies entweder schon kein Übel darstellt oder zwar ein Übel im strafrechtlichen Sinne ist, welches aber in letzter Konsequenz an mangelnder Verwerflichkeit scheitert.

Probleme bereitet die Klassifizierung des sog. **„Machtwortes".** Durch die Befolgung des Machtwortes und seine Häufigkeit insbesondere in patriarchalisch-autoritär geprägten Familien/Kulturen wird zumindest latent konkludent Druck ausgeübt und damit auch ein Übel angedroht. Demgemäß kann in diesen Fällen die Drohung mit einem empfindlichen Übel zu bejahen sein.[116] Dies ist im Besonderen dann der Fall, wenn das Machtwort im Kontext früherer Gewaltanwendungen/Drohungen steht.[117] Abzugrenzen davon sind freilich die weniger intensiven Fälle, in denen lediglich eine **„Empfehlung"** ausgesprochen wird und das Opfer in letzter Konsequenz aus eigener Unsicherheit dieser Empfehlung folgt. **30**

Nicht tatbestandsmäßig sind ferner die **arrangierte Ehe** und das **„ständige In-den-Ohren-Liegen".** Die arrangierte Ehe wird frei von Nötigungsmitteln geschlossen, da die Eltern den Ehepartner lediglich aussuchen, weshalb es sich nicht um eine vom Tatbestand des § 237 StGB erfasste Zwangsehe handelt.[118] Schwieriger ist die Einordnung der Überredung (etwa wenn der Täter das Opfer zu überzeugen versucht, es werde den zukünftigen Ehepartner lieben lernen).[119] Auch hierin ist jedoch keine (konkludente) Drohung mit einem empfindlichen Übel für den Fall der Heiratsverweigerung enthalten, sodass das ständige „In-den-Ohren-Liegen" ebenfalls nicht tatbestandsmäßig ist. **31**

3. **Taterfolg und Kausalität.** Der Taterfolg besteht bei § 237 Abs. 1 StGB in der **Eheschließung.**[120] Dementsprechend tritt mit der Vollendung der Tat auch die Beendigung durch die Eingehung der Ehe ein, da die Eingehung als tatsächliches Geschehen in diesem Zeitpunkt abgeschlossen ist. § 237 Abs. 1 StGB ist dementsprechend nicht Dauer-, sondern **Erfolgsdelikt.**[121] Daraus folgt zwingend der Beginn der Verjährung ab diesem Zeitpunkt gemäß § 78a StGB, die nach § 78 Abs. 3 Nr. 4 StGB fünf Jahre beträgt.[122] Häufig mag die Nötigung auch nach diesem maßgeblichen Zeitpunkt weiter aufrechterhalten werden. Dieser Zeitraum ist allerdings nicht mehr vom tatbestandlichen Erfolg des § 237 StGB umfasst, sondern bildet lediglich die nachtatbestandliche Folge.[123] Doch steht das Opfer diesem Verhalten nicht strafrechtlich schutzlos gegenüber. Vielmehr kann der Täter § 240 StGB oder andere Freiheitsdelikte verwirklichen,[124] wobei bei einer historisch-systematischen Auslegung durchaus nahe liegt, in einem „Aufrechterhalten" einer Ehe mit den Tatmitteln des § 237 StGB einen (unbenannten) besonders schweren Fall des **32**

---

115 *Eisele/Majer* NStZ **2011** 546, 548; *Sering* NJW **2011** 2161, 2162; **aA** *Ensenbach* Jura **2012** 507, 508; *Kubik/Zimmermann* JR **2013** 192, 200 ff mit weiteren Fallgruppen: familiäre Ächtung, Schwangerschaftsabbruch, Sorgerechtsentzug, Suizid und Beendigung eines Doktorandenverhältnisses.

116 So im Ergebnis *Bülte/Becker* JA **2013** 7, 9; krit. *Valerius* JR **2011** 430, 433.

117 Vgl. *Bülte/Becker* JA **2013** 7, 9.

118 So schon:*Karakaşoğlu /Subaşı*, 2007 99, 100; *Bülte/Becker* JA **2013** 7, 9; *Letzgus* FS Puppe **2011** 1231 f; *Schubert/Möbius* ZRP **2006** 33, 34; *Valerius* JR **2011** 430, 433; *ders.* vHH Rdn. 3; **aA** *Yerlikaya* Zwangsehen 2012 27 f; *Yerlikaya/Çakır-Ceylan* ZIS **2011** 205, 206, die maßgeblich auf den Einzelfall abstellen.

119 *Yerlikaya/Çakır-Ceylan* ZIS **2011** 205, 207.

120 Vgl. zum Begriff der Ehe oben Rdn. 16 ff.

121 BT-Drs. 17/4401 S. 12 f; **aA** *Yerlikaya/Çakır-Ceylan* ZIS **2011** 205, 207.

122 *Bülte/Becker* ZIS **2012** 61, 62; *dies.* JA **2013** 7, 10.

123 *Bülte/Becker* JA **2013** 7, 10; **aA** *Yerlikaya/Çakır-Ceylan* ZIS **2011** 205, 207.

124 *Bülte/Becker* JA **2013** 7, 10.

§ 240 StGB zu sehen, da das Unrecht sowohl nahe am früheren Regelbeispiel als auch an einer schärfer bestraften Tat nach § 237 StGB liegt.

33 Maßgeblich für den Eintritt des Tatbestandes ist neben der Eheschließung auch, dass die **Eingehung der Ehe kausal auf der Nötigung beruht**. Geschieht die Eheschließung hingegen unabhängig vom Nötigungsmittel, ist lediglich ein strafbarer Versuch nach § 237 Abs. 3 StGB in Erwägung zu ziehen.[125] Ist bei den wohl nicht selten vielfältigen Einflussnahmen auf das spätere Opfer unklar, welche davon letztlich kausal für die Eheschließung geworden ist, kann (jedenfalls für einen Täter) an eine unechte Wahlfeststellung gedacht werden. Oft wird aber eine insoweit kumulative Kausalität („steter Tropfen höhlt den Stein") vorliegen, so dass das gesamte „Einflussnahme-Verhalten" als kausale Tathandlung in Betracht kommt. Üben mehrere Personen (z.B. beide Eltern) einen tatbestandsmäßigen Druck aus, lässt dies relativ zwanglos die Annahme von Mittäterschaft zu (vgl. auch unten Rdn. 53).

34 **4. Subjektiver Tatbestand.** Für den subjektiven Tatbestand des § 237 Abs. 1 S. 1 StGB ist grundsätzlich Vorsatz in Form des **dolus eventualis** ausreichend. Abweichendes könnte für den Nötigungserfolg gelten, hinsichtlich dessen **Absicht** in Form von zielgerichtetem Handeln zu verlangen ist, falls man dies auch für § 240 Abs. 1 StGB voraussetzt.[126] Vorzugswürdig ist jedoch, auch niedrigere Vorsatzstufen genügen zu lassen: So sollte eine Strafbarkeit etwa nicht in dem Fall a priori ausscheiden, in dem eine Mutter ihre Tochter „um des Familienfriedens Willen zur Ehe nötigt", obwohl ihr die konkrete Ehe „eigentlich unerwünscht" ist.[127]

5. Rechtswidrigkeit

35 a) **Allgemeines.** Die üblichen Rechtfertigungsgründe sind bei § 237 StGB schwer vorstellbar. Das gilt ersichtlich für die Notwehr, aber auch für den rechtfertigenden Notstand, da auf Grund des Menschenwürdebezuges selten einmal ein wesentliches Überwiegen des geschützten Interesses und die Angemessenheit der Notstandshandlung vorliegen werden. Eine Einwilligung wird praktisch deshalb bedeutungslos sein, weil derartige Fälle immer schon auf Tatbestandsebene die Nötigung ausschließen (tatbestandsausschließendes Einverständnis).

36 b) **Verwerflichkeitsklausel.** Nach dem Willen des Gesetzgebers ist für die Rechtswidrigkeit bei § 237 Abs. 1 StGB, der als offener Tatbestand ausgestaltet ist, nach § 237 Abs. 1 S. 2 StGB die Verwerflichkeit der Tat notwendig, sodass eine zu § 240 StGB identische **Verwerflichkeitsklausel** aufgenommen wurde, nach welcher die Rechtswidrigkeit der Tat positiv festgestellt werden muss.[128] Die Tat ist damit nur dann rechtswidrig ist, wenn das angewendete Nötigungsmittel zur Eheschließung als angestrebtem Zweck verwerflich ist.[129] Die Verwerflichkeit liegt vor, wenn das Nötigungsmittel unter der Würdigung der Gesamtumstände sozial unerträgliches Unrecht darstellt, was sich an dem Maßstab inländischer Kulturanschauungen misst.[130]

---

125 *Bülte/Becker* JA 2013 7, 10.
126 *Bülte/Becker* JA 2013 7, 11; *Schumann* JuS 2011 789, 791.
127 Vgl. auch *Schluckebier* SSW Rdn. 6.
128 Vgl. m.w.N.: *Bülte/Becker* JA 2013 7, 11; *Valerius* JR 2011 430, 433.
129 *Bülte/Becker* JA 2013 7, 11; so auch: *Valerius* JR 2011 430, 433.
130 *Bülte/Becker* JA 2013 7, 11; so auch: *Valerius* JR 2011 430, 433.

Ob eine solche **Klausel** bei § 237 StGB **erforderlich und angemessen** ist, ist heftig umstritten. Denn es seien kaum Fälle denkbar, in denen eine Zwangsheirat nicht verwerflich ist,[131] was durch die frühere Regelung des als besonders schwerer Fall der Nötigung ausgestalteten Regelbeispiels nach § 240 Abs. 4 2 Nr. 1 Var. 2 StGB deutlich werde, indem der Gesetzgeber diese Variante nicht nur als verwerflich, sondern als gewichtiges Unrecht bewertet hat.[132] Freilich gibt es Sachverhalte, in denen bei weiter Auslegung der Tathandlung die Verwerflichkeit zumindest nicht selbstverständlich ist und der Wunsch nach einer spezifischen Einzelfallentscheidung durchaus verständlich ist.[133] Dies gilt insbesondere bei der Variante der Drohung, wenn man die Androhung eines empfindlichen Übels zwar bejahen kann,[134] dieses aber nicht verwerflich ist, wie zum Beispiel bei der Ankündigung den Partner (in einer nichtehelichen Lebensgemeinschaft) zu verlassen, wenn er sich nicht zur Eingehung der Eheschließung bereiterklärt.[135] Dies gilt überdies auch für arrangierte Ehen.[136] Letztendlich erfährt die Verwerflichkeitsklausel somit ihre Berechtigung. Sind die Umstände, aus welchen die Verwerflichkeit resultiert, dem Täter bekannt, bewertet er diese aber nicht dementsprechend, ist (nur) ein Erlaubnisirrtum nach § 17 StGB in Betracht zu ziehen.[137] 37

III. Absatz 2: Heiratsverschleppung

1. Allgemeines. Der Tatbestand des Abs. 2 erfasst Verhaltensweisen, die dazu dienen, den Schutz der inländischen Rechtsordnung zu umgehen; insoweit handelt es sich gewissermaßen um ein **Umgehungsverbot.**[138] Das Opfer soll nicht dem tatsächlichen und rechtlichen Schutz des nationalen Strafanwendungsrechts zwecks später erfolgender Nötigung entzogen werden.[139] § 237 Abs. 2 StGB verlagert die Strafbarkeit somit gewollt und bewusst in das Vorbereitungsstadium der Tat nach Abs. 1.[140] Dabei wird zwischen dem Angriffsobjekt der Willensfreiheit und dem Schutzgut der Eheschließungsfreiheit differenziert.[141] 38

Da § 237 Abs. 2 StGB Handlungen im Vorfeld pönalisiert, auf die Abs. 1 aufgrund des Auslandsbezugs nicht anwendbar ist, handelt es sich bei § 237 Abs. 2 StGB um ein **Gefährdungsdelikt.** Denn die Schaffung einer Gefährdungslage für die durch Art. 6 Abs. 1 GG geschützte Freiheit der Eheschließung ist ausreichend, wenn der Täter das Opfer dabei dem Geltungsbereich des StGB entzieht (Erfolgseintritt?).[142] Im Gegensatz 39

---

131 Abgelehnt vom Berliner Entwurf: BR-Drs. 436/05, S. 5; So im Ergebnis auch: *Bülte/Becker* JA **2013** 7, 11; krit. *Letzgus* FPR **2011** 451, 455.

132 So *Bülte/Becker* JA **2013** 7, 11.

133 BT-Drs. 17/4401, S. 12; *Bülte/Becker* JA **2013** 7, 11 *Ensenbach* Jura **2012** 507, 511; *Letzgus* FPR **2011** 451, 455; *Schumann* JuS **2011** 789, 791; *Schluckebier* SSW Rdn. 5; *Kubik/Zimmermann* JR **2013** 192 (194 f, 203).

134 *Valerius* vHH Rdn. 12.1, der bereits eine Drohung mit einem empfindlichen Übel unter dem Aspekt verneint, dass der Betroffene in besonnener Selbstbehauptung selbst frei entscheidet, ob er dem Begehren des Partners nachgibt.

135 S.o. Rdn. 29; *Ensenbach* Jura **2012** 507, 511; *Letzgus* FPR **2011** 451, 455; krit. *Bülte/Becker* JA **2013** 7, 11.

136 S.o. Rdn. 31; *Haas* JZ **2013** 72, 73; *Letzgus* FPR **2011** 451, 455.

137 *Bülte/Becker* JA **2013** 7, 11 m.w.N. insb. *Valerius* JR **2011** 430, 433.

138 BT-Drs. 17/4401, S. 2; *Ensenbach* Jura **2012** 507, 511 m.w.N.

139 BT-Drs. 17/4401 S. 12; *Bülte/Becker* JA **2013** 7, 11.

140 *Bülte/Becker* JA **2013** 7, 11.

141 *Bülte/Becker* JA **2013** 7, 11.

142 *Bülte/Becker* JA **2013** 7, 11; *Sering* NJW **2011** 2161, 2162; *Valerius* JR **2011** 430, 434; *Yerlikaya/Çakır-Ceylan* ZIS **2011** 205, 208; krit. *Ensenbach* Jura **2012** 507, 511.

dazu ist Abs. 1 als Erfolgsdelikt ausgestaltet. Um tatbestandsmäßig im Sinne von Abs. 2 zu handeln, ist es ausreichend, wenn der Täter eine derartige Handlung vornimmt, die bei objektiver Betrachtung dazu führt, dass das Opfer dem nationalen strafrechtlichen Schutzschirm entzogen wird, indem der Täter es in ein Gebiet außerhalb des räumlichen Geltungsbereichs des StGB verbringt, das Opfer veranlasst sich dorthin zu begeben oder eine Rückkehr verhindert.[143] Strukturell betrachtet ist Abs. 2 als **unvollkommen zweiaktiges Delikt** konzipiert (ähnlich wie die Tatbestände der §§ 239a und 239b StGB), da der Täter den Erfolg, welcher über den objektiven Tatbestand hinausgeht, mithin die Eheschließung, oftmals durch eigene Handlungen nach der Erfüllung des Tatbestandes herbeiführen will.[144] Theoretisch muss der Täter freilich gemäß § 237 Abs. 2 StGB nur zur Begehung einer Tat nach Abs. 1 handeln, so dass diese auch von einem Dritten begangen werden kann.[145]

2. Tathandlung und Taterfolg

40 a) **Verbringen.** Als Tathandlung kommt zunächst das Verbringen an einen **Ort außerhalb des räumlichen Geltungsbereichs des Strafgesetzbuches** in Betracht. Darunter versteht man die Begründung eines physischen Herrschaftsverhältnisses des Täters über das Opfer, welches es ihm ermöglicht, das Opfer aus eben jenem Geltungsbereich zu bringen.[146] Ebenso wie §§ **239a StGB** setzt das Verbringen seinerseits ein **Sich-Bemächtigen** voraus.[147]

41 b) **Veranlassen, sich dorthin zu begeben.** Die zweite Tatbestandsvariante besteht darin, dass Opfer zu veranlassen, sich nach außerhalb des räumlichen Geltungsbereichs des StGB zu begeben. **Veranlassen** ist das Verursachen des entsprechenden Entschlusses, ohne dass über das Opfer zum Zeitpunkt des Verlassens eine körperliche Herrschaftsmacht ausgeübt wird.[148]

42 c) **Abhalten, von dort zurückzukehren.** Die letzte Variante besteht im Abhalten, von außerhalb des Geltungsbereichs des StGB zurückzukehren. Dies bedeutet, dass der Täter die Rückkehr durch ein **Hindernis** unmöglich macht.[149] Erforderlich ist, dass das Opfer **tatsächlich** wegen dieses Hindernisses nicht zurückkehren kann.[150] Auf welche Art und Weise, das Opfer den räumlichen Geltungsbereich des Strafgesetzbuches verlassen hat, ist dagegen nicht ausschlaggebend.[151]

43 d) **Kein Erfordernis tatsächlicher Eheschließung.** Die Tatbestandsverwirklichung setzt **nicht** notwendig voraus, dass es tatsächlich zur Eheschließung kommt (Gefährdungsdelikt).[152] Vielmehr ist es ausreichend, wenn der Täter diese als Ziel verfolgt.[153]

---

143 *Sering* NJW **2011** 2161, 2162.
144 *Bülte/Becker* JA **2013** 7, 12. *Wessels/Hettinger* Rdn. 451.
145 *Bülte/Becker* JA **2013** 7, 11f; teilw. *Ensenbach* Jura **2012** 507, 511.
146 *Wieck-Noodt* MK Rdn. 37; *Bülte/Becker* JA **2013** 7, 12; *Ensenbach* Jura **2012** 507, 511.
147 *Wessels/Hettinger* Rdn. 451.
148 *Wieck-Noodt* MK Rdn. 38; *Bülte/Becker* JA **2013** 7, 12; *Ensenbach* Jura **2012** 507, 511.
149 *Bülte/Becker* JA **2013** 7, 12.
150 *Bülte/Becker* JA **2013** 7, 12; *Ensenbach* Jura **2012** 507, 511.
151 *Bülte/Becker* JA **2013** 7, 12.
152 *Sering* NJW **2011** 2161, 2162.
153 *Eisele/Majer* NStZ **2011** 546, 548; *Sering* NJW **2011** 2161, 2162.

3. Tatmittel

a) **Gewalt oder Drohung.** Der tatbestandliche Erfolg muss durch eine der in § 237 Abs. 2 StGB beschriebenen Einwirkungsweisen erreichen werden. Dies können einerseits die in **Abs. 1 genannten Nötigungsmittel** (Gewalt und Drohung) sein (vgl. Rdn. 26 ff). Andererseits kann die Tat durch List begangen werden. 44

b) **List.** Mit List ist ein Handeln gemeint, das darauf abzielt, unter **geflissentlichem** und **geschicktem Verbergen** der wahren Absichten oder Umstände die Ziele des Täters durchzusetzen.[154] Teilweise wird zusätzlich eine Täuschung oder ein Irrtum des Opfers verlangt.[155] Auch für § 237 StGB wird angenommen, dass das Tatopfer nicht zwingend identisch mit dem Adressat der List sein muss.[156] 45

4. Subjektiver Tatbestand

a) **Vorsatz.** Für die Verwirklichung des subjektiven Tatbestandes muss der Täter zunächst mit **Vorsatz** hinsichtlich des objektiven Tatbestandes handeln. Ferner ist Absicht (dh. zielgerichteter Wille) zur Begehung einer Tat nach Absatz 1 erforderlich.[157] Dabei kommt es nicht darauf an, ob nach der Absicht des Täters dieser selbst oder ein Dritter eine Tat nach Abs. 1 begehen soll (vgl. bereits oben Rdn. 39).[158] 46

b) **Verwerflichkeitsklausel.** Die Verwerflichkeitsprüfung des § 237 Abs. 1 S. 2 StGB ist nach ihrer systematischen Stellung zwar **nicht auf die Tat*handlungen*** des Abs. 2 anzuwenden. Allerdings muss die beabsichtigte Tat – als **„Tat nach Abs. 1"** (und nicht etwa als solche nur nach Abs. 1 S. 1) – verwerflich sein, dh. es findet eine **interne Verwerflichkeitsprüfung** statt.[159] 47

5. **Rechtswidrigkeit.** Für die Rechtswidrigkeit einer Tat nach Abs. 2 gelten die **allgemeinen Regeln** (vgl. auch oben Rdn. 35 ff). § 237 Abs. 1 S. 2 StGB gilt nicht entsprechend für das Verbringen etc., sondern (schon, aber auch nur) inzident für die **beabsichtigte Tat nach Abs. 1.**[160] 48

D. Tatbegehung durch Unterlassen

Die Frage, ob eine Tat nach § 237 StGB durch ein **Unterlassen** verwirklicht werden kann, stellt sich unter anderem, wenn nahen Angehörigen des Opfers (wie zum Beispiel den Eltern) bewusst ist, dass Gewalthandlungen durch Dritte, die zur Eheschließung führen, unmittelbar bevorstehen und sie diese nicht verhindern[161] (was allerdings auch als bloße Beihilfe durch Unterlassen bewertet werden könnte, vgl. unten Rdn. 54). Soweit eine entsprechende **Garantenstellung** (etwa aufgrund der **engen Lebensgemeinschaft** 49

---

[154] BGH StV **1997** 303 f; *Sch/Schröder/Eisele* Rdn. 22; *Wieck-Noodt* MK Rdn. 51
[155] *Bülte/Becker* JA **2013** 7, 12 m.w.N.
[156] *Bülte/Becker* JA **2013** 7, 12 .
[157] *Ensenbach* Jura **2012** 507, 511, der dies insbesondere durch die Parallele zu § 234 StGB bekräftigt sieht.
[158] *Bülte/Becker* JA **2013** 7, 12.
[159] *Bülte/Becker* JA **2013** 7, 12; *Ensenbach* Jura **2012** 507, 512; krit. zum Ganzen: *Schumann* JuS **2011** 789, 793.
[160] *Bülte/Becker* JA **2013** 7, 12.
[161] *Wieck-Noodt* MK Rdn. 53; *Bülte/Becker* JA **2013** 7, 9; *Sering* NJW **2011** 2161, 2163.

und/oder eines **sozialen Obhutsverhältnisses**[162]) vorliegt, müssen ferner die Anforderungen an die **Entsprechungsklausel § 13 Abs. 1 a.E. StGB** gewahrt sein,[163] wobei zu berücksichtigen ist, dass § 237 Abs. 1 StGB ein verhaltensgebundenes Erfolgsdelikt ist. Unüberwindbare Probleme dürften damit freilich nicht verbunden sein, zumal derjenige, der Garant dafür ist, dass die Eheschließungsfreiheit nicht beeinträchtigt wird, üblicherweise auch dafür einzustehen haben dürfte, dass das Opfer nicht genötigt wird.[164]

E. Versuchsstrafbarkeit

50 In § 237 **Abs. 3 StGB** wird die Strafbarkeit des Versuchs der Zwangsheirat sowohl für Abs. 1 als auch für Abs. 2 angeordnet. Dieser würde zum Beispiel Anwendung finden, wenn eine Ehe frei von Nötigungsmitteln geschlossen würde. Ein unmittelbares Ansetzen kann für **Abs. 1** (parallel zu § 240 Abs. 3 StGB) bereits bejaht werden sobald der Täter das Nötigungsmittel anwendet.[165]

51 Mit Blick auf **Abs. 2** ist durch Abs. 3 bereits der Versuch der Vorbereitung eines Delikts nach Abs. 1 strafbar. Diese **doppelte Vorverlagerung** gestaltet sich problematisch, da sie insbesondere die Strafverfolgungsbehörden künftig vor praktische Probleme stellt, beispielsweise wenn eine Großfamilie mit Migrationshintergrund am Flughafen eincheckt, um in ihr Heimatland zu reisen. Dabei ist zu fragen, ob die Strafverfolgungsbehörden dabei schon davon ausgehen bzw. erfragen müssen, ob eine dieser Personen unmittelbar dazu ansetzt, eine andere (nothilfefähige) Person in ein Gebiet außerhalb des räumlichen Geltungsbereiches des StGB zu verbringen, um sie dort der Eheschließung durch Zwang zu unterziehen.[166] Ins Feld führen lässt sich für eine derart weite Vorverlagerung der Strafbarkeit freilich der Umstand, dass nach Verlassen des Landes praktisch kaum noch ein großer Einfluss des deutschen Strafrechts gewährleistet werden kann.[167]

52 Ein **untauglicher Versuch** ist vorstellbar, wenn die Heirat mit dem Einverständnis der Frau stattfindet, der Täter von diesem die Straflosigkeit begründenden Umstand jedoch keine Kenntnis hat. Ein untauglicher Versuch kann ferner gegeben sein, wenn der Täter von einem gegenwärtigen Zusammenhang zwischen Eheschließung und Schwächesituation ausgeht, dies tatsächlich aber nicht zutrifft.[168] Dagegen dürfte die Nötigung zu einer nicht von § 237 StGB geregelten Verbindung (d.h. etwa zur Eingehung einer rein religiösen Verbindung oder zur Eingehung einer gleichgeschlechtlichen Lebenspartnerschaft) mit Blick auf die Zwangsverheiratung[169] allenfalls ein strafloses Wahndelikt, nicht aber ein untauglicher Versuch sein: Denn selbst wenn man § 237 StGB mehr oder weniger eng zivilrechtsakzessorisch auslegt, wird eine entsprechende Fehlvorstellung (soweit eine solche denn vorliegt und nachweisbar ist) weniger darauf gerichtet sein, dass die entsprechenden Verbindungen tatsächlich unter den bürgerlich-rechtlichen Begriff der „Ehe" zu subsumieren ist, sondern vielmehr darauf, dass „die Strafnorm der Zwangsverheiratung auch diese Verbindung mit umfasst".

---

162 *Bülte/Becker* JA **2013** 7, 10.

163 Zu diesen *Fischer* § 13 Rdn. 85 m.w.N.

164 Genannt wird das Beispiel der Mutter, die zwar nicht einvernehmlich mit dem Patriarchen agiert aber bei einer Ferienverheiratung die Tochter nicht über das wahre Ziel der Reise aufklärt, *Fischer* Rdn. 24; *Sering* NJW **2011** 2161, 2163).

165 *Letzgus* FS Puppe **2011** 1231, 1244; *Schumann* JuS **2011** 789, 793.

166 *Sering* NJW **2011** 2161, 2163.

167 *Schumann* JuS **2011** 789, 793.

168 *Letzgus* FS Puppe **2011** 1231, 1241 m.w.N.

169 Dazu, dass darin eine Nötigung, ggf. sogar in einem besonders schweren Fall, liegen kann, vgl. bereits oben Rdn. 23.

F. Täterschaft und Teilnahme

Regelmäßig wird die **Alleintäterschaft** bei einer Zwangsheirat i.S.d. § 237 StGB die **Ausnahme** darstellen, da es in den meisten Fallkonstellationen eines strukturell komplexen Zusammenspiels mehrerer (häufig aus dem familiären Kreis beider Eheleute stammender) Personen bedarf, um ein derartiges Vorhaben tatsächlich umzusetzen. Die daraus resultierenden Beteiligungsfragen werden im Grunde unter Anwendung der allgemeinen Regeln bewältigt.[170] So könnte sich beispielsweise eine Mutter, die neben ihrem Mann aus eigenem Antrieb und Wertvorstellungen auf ihre Tochter einwirkt gemäß § 25 Abs. 2 StGB strafbar machen.[171] **53**

Abgrenzungsschwierigkeiten können sich in Einzelfällen bei familienübergreifenden Fällen ergeben, da die Klassifizierung, wer Täter und wer Teilnehmer ist, schwer überschaubar scheint und insbesondere schwer zu ermitteln ist, ob der Ehepartner des Opfers ebenfalls ein Nötigungsopfer ist.[172] Relevanz kann hier auch eine Beihilfe durch Unterlassen erlangen, wenn die Angehörigen des Opfers von der bevorstehenden Zwangsheirat Kenntnis haben, jedoch keine Gegenmaßnahmen ergreifen;[173] diese Konstruktion wird insbesondere dann wichtig, wenn man davon ausgeht, dass der unterlassende Garant neben einem aktiv handelnden Täter regelmäßig „nur“ Randgestalt und damit Gehilfe, nicht aber Täter ist.[174] Freilich ist insbesondere eine Tatherrschaft des „Patriarchen“ (die dann zur Mit- oder mittelbaren Täterschaft führen kann) (auch) dann im Einzelfall begründbar, wenn dieser unmittelbar keine Gewalthandlungen vornimmt.[175] **54**

G. Strafe

Der Strafrahmen des § 237 Abs. 1 und Abs. 2 StGB von **sechs Monaten bis zu fünf Jahren Freiheitsstrafe** und entspricht damit (historisch konsequent) dem des § 240 Abs. 4 StGB für die Nötigung in einem besonders schweren Fall. Der gegenüber dem Grundfall des § 240 StGB erhöhte Strafrahmen ergibt sich aus dem Unrechtsgehalt des spezifischen Nötigungserfolges.[176] **55**

§ 237 Abs. 4 StGB ordnet für minderschwere Fälle eine **obligatorische Strafmilderung** an, die zu einem § 240 StGB vergleichbaren Strafrahmen von **Geldstrafe bis zu drei Jahren Freiheitsstrafe** führt.[177] Ein minderschwerer Fall kommt zum Beispiel in Betracht, wenn die Nötigung nicht als alleiniger Umstand maßgeblich für die Eheschließung war, die Tat (Ehe) nachträglich genehmigt wird oder lediglich geringfügige Nötigungshandlungen verübt wurden.[178] Kein minderschwerer Fall ist demgegenüber anzunehmen, **56**

---

170 *Bülte/Becker* JA **2013** 7, 9; eingehend: *Yerlikaya/Çakır-Ceylan* ZIS **2011** 205, 208 f.

171 Zu weiteren Konstruktionen vgl. *Yerlikaya/Çakır-Ceylan* ZIS **2011** 205, 208 f.

172 Diff. *Sering* NJW **2011** 2161, 2163; *Yerlikaya/Çakır-Ceylan* ZIS **2011** 205, 208, beispielhaft hier: Anrufe von Verwandten aus dem Ausland, die die Frau unter Druck setzen (sollen).

173 *Fischer* Rdn. 24 m.w.N.; *Letzgus* FS Puppe 2011 1231, 1243; Diff. *Sering* NJW **2011** 2161, 2163.

174 Hierfür etwa *Kudlich* vHH § 25 Rdn. 17 ff. (m.w.N. auch zu anderen Auffassungen in diesem Streit).

175 *Wieck-Noodt* MK Rdn. 65; *Letzgus* Puppe-FS 1243, *Yerlikaya/Çakir-Ceylan*, ZIS **2011** 207.

176 BT-Drs. 17/4401 S. 12.

177 *Fischer* Rdn. 25; *Schumann* JuS **2011** 789, 793.

178 BT-Drs. 17/4401 S. 13; *Ensenbach* Jura **2012** 507, 512 m.w.N.; *Schumann* JuS **2011** 789, 793; so in weiten Teilen auch *Fischer* Rdn. 25.

wenn Zwangsverheiratungen in der strukturell patriarchalisch organisierten Gesellschaft des Täters üblich sind, da dies in gravierender Form dem Schutzzweck des § 237 StGB zuwider laufen würde.[179]

H. Konkurrenzen und Bezugnahmen

57 Die Vorschrift **§ 237 Abs. 1 StGB** ist als verselbständigte Qualifikation **lex specialis zu § 240 Abs. 1 StGB.** Tateinheit (des Versuchs) mit § 240 StGB liegt im Rahmen des Möglichen, wenn die Eheschließung als solche scheitert.[180] Wenn die Tathandlung des § 237 Abs. 2 StGB einer Nötigung nach § 240 StGB entspricht, tritt diese dahinter zurück.[181] Ferner könnte § 240 StGB in einem unbenannten besonders schweren Fall zur Anwendung kommen, wenn § 237 StGB nicht eingreift. Maßgeblich sind dafür die Gesamtumstände im Einzelfall.

58 **Tateinheit** besteht auch zwischen **§ 237 Abs. 2 StGB** und einer **Freiheitsberaubung** und dabei mitverwirklichten **Körperverletzung.**[182] Ferner ist, wenn die Zwangsheirat nach der Eheverschleppung durchgeführt wird, § 237 Abs. 2 StGB als mitbestrafte Vortat des Absatzes 1 anzusehen (wenn die Strafbarkeit danach im Inland begründet werden kann). Ob dies auch gelten kann (oder ob nicht Tatmehrheit anzunehmen ist), wenn bei einer Tat nach Abs. 2 mehr Unrecht verwirklicht wurde als bei der darauf folgenden Zwangsverheiratung. (exemplarisch: Der Täter wendet zum Verbringen ein erhebliches Maß an Gewalt an, erreicht aber die Eheschließung mit einem lediglich leichten Drohungsdruck), ist fraglich.[183]

59 § 237 StGB ist eigenständige Katalogtat nach des **§ 397a Abs. I Nr. 5 StPO.** Ein **Strafantrag** ist zur Verfolgung nicht erforderlich. Beim Tatnachweis können insbesondere die **Zeugnisverweigerungsrechte** nach § 52 StPO zu erheblichen praktischen Schwierigkeiten führen.

I. Internationales Strafrecht

60 Von besonderem Interesse bei § 237 StGB ist das Strafanwendungsrecht, weil Zwangsverheiratungen oft grenzüberschreitende Sachverhalte zugrunde liegen werden.[184] Die Aufnahme der Zwangsheirat in den Katalog des § 6 StGB (Weltrechtsprinzip) war in der Vergangenheit diskutiert worden,[185] ist bei Schaffung des § 237 StGB aber letztlich nicht erfolgt. Die Anwendbarkeit deutschen Strafrechts muss daher über **§ 3 StGB (Territorialitätsprinzip**, vgl Rdn. 61 ff) oder über **§ 7 StGB** begründet werden, wenn Täter oder Opfer deutsche Staatsbürger sind und die Tat am Tatort mit Strafe bedroht ist oder der Tatort keiner Strafgewalt unterliegt.[186] Letzteres wird regelmäßig Schwierigkeiten aufwerfen, da Eheschließungen durch Zwang oft mit Migrationshintergründen auf beiden Seiten verbunden sind und zudem die Zwangsverheiratung (von den seltenen Fällen fehlender Strafgewalt) gerade auch in dem Staat, in welchem sie erfolgte,

---

179 BT-Drs. 17/4401, S. 13; so auch: *Ensenbach* Jura **2012** 507, 512 m.w.N.; *Sering* NJW **2011** 2161, 2163.

180 *Schumann* JuS **2011** 789, 794.

181 *Schumann* JuS **2011** 789, 794.

182 *Schumann* JuS **2011** 789, 794.

183 Ingesamt zu den Konkurrenzen: *Schumann* JuS **2011** 789, 794.

184 *Ensenbach* Jura **2012** 507, 512.

185 *Bülte/Becker* JA **2013** 7, 12 m.w.N.

186 *Ensenbach* Jura **2012** 507, 512; *Eisele/Majer* NStZ **2011** 546, 551; *Valerius* JR **2011** 430, 434; für eine Unterstellung der Zwangsehe des Weltrechtsprinzips vgl. insb.: *Letzgus* FS Puppe **2011** 1231, 1238.

strafbar sein muss.[187] Ist das nicht der Fall, kann eine Strafbarkeit aber – soweit die übrigen Voraussetzungen des § 7 StGB erfüllt sind – wegen der zwar regelmäßig zurücktretenden, aber tatbestandlich erfüllten Nötigung begründet werden, wenn zumindest diese ein Pendant im Recht des Tatortstaates hat.

Ob eine Inlandstat zu bejahen ist, richtet sich hinsichtlich der Tathandlung danach, wo der Täter zu dem Tatzeitpunkt körperlich anwesend ist. Wo in Abgrenzung dazu der Taterfolg eingetreten ist, ergibt sich aus § 9 StGB und beurteilt sich **für Abs. 1 und Abs. 2 abweichend.**[188] **61**

Der **Erfolg** von **§ 237 Abs. 1 StGB** liegt in Deutschland, wenn die Ehe im Inland **geschlossen** wird.[189] Einschlägig ist das etwa in der Fallgruppe der Importbräute, sofern es zu Nötigungshandlungen i.S.d. **§ 237 Abs. 1 StGB** kommt, da der Erfolgsort hier in Deutschland liegt, § 9 Abs. 1 StGB.[190] **§ 237 Abs. 2 StGB** knüpft an die Verbringung ins Ausland an. Geht man davon aus, dass es sich hier nur um ein abstraktes Gefährdungsdelikt handelt, könnte man schon deshalb am Vorliegen eines Erfolges i.S.d. § 9 StGB zweifeln; auch wenn man (richtigerweise) beide Fragen trennt, würde der Tathandlungserfolg jedenfalls im Ausland liegen, weil gerade dorthin verbracht worden sein muss.[191] Es bleibt aber bei der Möglichkeit eines inländischen Handlungsortes. **62**

Dagegen ergeben sich für Sachverhalte, die einen reinen Auslandsbezug haben, Strafbarkeitslücken. Solche kommen insbesondere in der Variante des § 237 Abs. 2 Var. 3 StGB (Abhalten von der Rückkehr ins Inland) in Betracht,[192] bei der regelmäßig Handlung und Erfolg im Ausland liegen werden, so dass deutsches Strafrecht nur unter den (mitunter fraglichen, vgl. oben Rdn. 60) Voraussetzungen des § 7 StGB anwendbar ist. Schutzbehauptungen dahingehend, dass der Entschluss zum Abhalten von der Rückkehr erst beim gemeinsamen Auslandsaufenthalt gefasst worden ist, sind im Einzelfall Tür und Tor geöffnet. **63**

§ 238
Nachstellung

(1) Wer einem Menschen unbefugt nachstellt, indem er beharrlich
1. **seine räumliche Nähe aufsucht,**
2. **unter Verwendung von Telekommunikationsmitteln oder sonstigen Mitteln der Kommunikation oder über Dritte Kontakt zu ihm herzustellen versucht,**
3. **unter missbräuchlicher Verwendung von dessen personenbezogenen Daten Bestellungen von Waren oder Dienstleistungen für ihn aufgibt oder Dritte veranlasst, mit diesem Kontakt aufzunehmen,**
4. **ihn mit der Verletzung von Leben, körperlicher Unversehrtheit, Gesundheit oder Freiheit seiner selbst oder einer ihm nahe stehenden Person bedroht oder**
5. **eine andere vergleichbare Handlung vornimmt**

und dadurch seine Lebensgestaltung schwerwiegend beeinträchtigt, wird mit Freiheitsstrafe bis zu drei Jahren oder mit Geldstrafe bestraft.

---

[187] *Ensenbach* Jura 2012 507, 512.
[188] So insbesondere: *Eisele/Majer* NStZ 2011 546, 551.
[189] *Eisele/Majer* NStZ 2011 546, 551; *Ensenbach* Jura 2012 507, 512.
[190] *Bülte/Becker* JA 2013 7, 12 f: Im Fall der Importbräute (vgl. Rdn. 3) werden Frauen aus dem Ausland nach Deutschland gebracht, sodass diese dem deutschen Strafrecht unterfallen können.
[191] *Ensenbach* Jura 2012 507, 512.
[192] *Bülte/Becker* JA 2013 7, 13.

(2) Auf Freiheitsstrafe von drei Monaten bis zu fünf Jahren ist zu erkennen, wenn der Täter das Opfer, einen Angehörigen des Opfers oder eine andere dem Opfer nahe stehende Person durch die Tat in die Gefahr des Todes oder einer schweren Gesundheitsschädigung bringt.

(3) Verursacht der Täter durch die Tat den Tod des Opfers, eines Angehörigen des Opfers oder einer anderen dem Opfer nahe stehenden Person, so ist die Strafe Freiheitsstrafe von einem Jahr bis zu zehn Jahren.

(4) In den Fällen des Absatzes 1 wird die Tat nur auf Antrag verfolgt, es sei denn, dass die Strafverfolgungsbehörde wegen des besonderen öffentlichen Interesses an der Strafverfolgung ein Einschreiten von Amts wegen für geboten hält.

Schrifttum

Strafrecht und Kriminologie

Albrecht Stalking – nationale und internationale Rechtspolitik und Gesetzesentwicklung, FPR 2006 204; *Aul* Stalking – Phänomenologie und strafrechtliche Relevanz (2009); *Balloff* Stalking und Kinder: Kindeswohl, Sorge- und Umgangsrecht, Zeitschrift für Kindschaftsrecht und Jugendhilfe 2008 190; *Beck* Wie besonnen muss ein Stalking-Opfer sein?, GA 2012 722; *Becker/Michelmann* Häusliche Gewalt, Stalking und Einsatz der Polizei, FPR 2011, 214; *Bettermann* Evaluationsbericht: Das Stalking-Projekt der Polizei Bremen (2002); *ders.* Stalking – ein Phänomen ohne klare Grenzen?, KrimJournal 2003 267; *Behrens* Das Verhältnis von Strafrecht, Kriminologie und Kriminalpolitik am Beispiel des § 238 StGB (Nachstellung) (2009); *Bergmann/Kroke* § 4 GewSchG und der Rechtfertigungsgrund der Einwilligung, ZIS 2013 234; *Bettermann/Feenders* (Hrsg.) Stalking: Möglichkeiten und Grenzen der Intervention (2004); *Bieszk/Sadtler* Mobbing und Stalking: Phänomene der modernen (Arbeits-)Welt und ihre Gegenüberstellung, NJW 2007 3382; *Borchert* Stalking – Ein rechtliches Phänomen, FPR 2004 239; *Bülte* Referendarexamensklausur Strafrecht: Verhinderung und Stiftung einer Ehe durch Nötigungsmittel, StudZR 2012 99; *Buettner* Stalking als Straftatbestand: Opferschutz. Ausgestaltung des § 238 I StGB als Antrags- und Privatklagedelikt, ZRP 2008 124; *Buß* Der Weg zu einem deutschen Stalkingstraftatbestand – § 238 StGB (2008); *ders.* Anmerkung zu BGH JR 2011 80 ff, JR 2011 84; *Cirullies* Polizeilicher Schutz bei häuslicher Gewalt und Stalking, FamRB 2014, 229; *Cirullies/Cirullies,* Schutz bei Gewalt und Nachstellung, 2013; *Dessecker* Die fragliche Effektivität des strafrechtlichen Schutzes vor beharrlichen Nachstellungen Maiwald-FS 103 (2010) 103; *ders./Egg* (Hrsg.) Gewalt im privaten Raum (2008); *Dressing* Neue Forschungsergebnisse zu Stalking und deren Bedeutung für die Praxis, in: WEISSER RING, 2010, 16; *Dressing/Maul-Backer/Gass* Forensisch-Psychiatrische Begutachtung bei Stalking NStZ 2007 253; *Eidam* Die Straftaten gegen die persönliche Freiheit in der strafrechtlichen Examensklausur, JuS 2010 869; *Eiden* § 238 StGB: Vier neue Absätze gegen den Stalker, ZIS 2008 123; *Endrass/Rossegger/Noll/Urbaniok* Rechtliche Grundlagen und Interventionen im Umgang mit Stalking, MschrKrim. 2007 1; *Esser/Krickl* Von verhinderten Meistern und hartnäckigen Liebhabern JA 2008 787; *Fölsch* Strafrechtlicher Schutz vor beharrlichen Nachstellungen SchlHA 2008 300; *Freudenberg* Stellungnahme (des Deutschen Juristinnenbundes e.V.) zur öffentlichen Anhörung des Rechtsausschusses des Deutschen Bundestages am Mittwoch, den 18.10.2006, Deutscher Bundestag 16. Wahlperiode, Rechtsausschuss (6. Ausschuss), Protokoll der 30. Sitzung (zit. Prot. RAussch.), S. 57 ff; *dies.* Vorschläge des Deutschen Juristinnenbundes für ein sinnvolles Vorgehen gegen Stalking, NKrimP 2005 84; *dies.* Maßnahmen zum Schutz von Stalking-Opfern, NJ 2006 535; *Frommel* Notwendigkeit eines Stalking-Bekämpfungsgesetzes?, NKrimP 2005 86; *Füllgrabe* Stalking – eine neue Form des Psychoterrors, Kriminalistik 2001 163; *Fünfsinn* Argumente für ein strafrechtliches Stalking-Bekämpfungsgesetz, NKrimP 2005 82; *ders.* Erste praktische Erfahrungen mit dem Straftatbestand der Nachstellung (§ 238 StGB – „Stalking-Bekämpfungsgesetz") Festschrift Kreuzer (2009) 146; *ders.* Praktische Erfahrungen mit dem Tatbestand der Nachstellung (§ 238 StGB) Festschrift Christean Wagner (2013) 127; *Gabel* Öffentliche Anhörung des Rechtsausschusses zu den Gesetzentwürfen zur Stalking-Bekämpfung 18.10.2006, Berlin, Stellungnahme aus der Beratungspraxis. Deutscher Bundestag 16. Wahlperiode, Rechtsausschuss (6. Ausschuss), Protokoll der

30. Sitzung (zit. Prot. RAussch.), 68 ff; *Gazeas* „Stalking“ als Straftatbestand – effektiver Schutz oder strafrechtlicher Aktionismus?, KJ 2006 247; *ders.* Der Stalking-Tatbestand – § 238 StGB (Nachstellung), JR 2007 497; *Gerhold* Der neue Stalking-Tatbestand; ein erster Überblick, NKrimP 2007 2; *ders.* Stalker sind nahezu immer männlich! Ein moderner Mythos? NKrimP 2009 101; *ders.* Das System des Opferschutzes im Bereich des Cyber- und Internetstalking (2010); *Goebel/Lapp* Stalking mit tödlichem Ausgang, Kriminalistik 2003 369; *Greco* Ist der Strafgesetzgeber an das Analogieverbot gebunden?, GA 2012 452; *Grziwotz* Schutz vor Gewalt in Lebensgemeinschaften und vor Nachstellungen, NJW 2002 872; *Gropp* Stalking – Braucht die Polizei strafrechtliche Sondertatbestände, um zu intervenieren? Oder: Wie effektiv ist das zivilrechtliche Gewaltschutzgesetz, NKrimP 2002 112; *Harzer* Stalking: Über den strafrechtlichen Schutz der Freiheitsrechte von Frauen, NKrimP 2009 95; *Hecht* Stellungnahme der Berliner Interventionszentrale bei häuslicher Gewalt – BIG – zum Entwurf eines Gesetzes zur Strafbarkeit beharrlicher Nachstellungen (... StrÄndG) – BT-Drucksache 16/575 – und zum Entwurf eines Stalking-Bekämpfungsgesetzes – BT-Drucksache 16/1030 –, Deutscher Bundestag 16.Wahlperiode, Rechtsausschuss (6. Ausschuss), Protokoll der 30. Sitzung (zit. Prot. RAussch.), 77 ff; *Heghmanns* Zur Auslegung der Nachstellung, ZJS 2010 269; *B. Heinrich* Die strafrechtliche Verantwortlichkeit von Pressemitarbeitern bei der unbefugten Herstellung und Verbreitung fotografischer Darstellungen von Personen, ZIS 2011 416; *Helldrich* Persönlichkeitsschutz und Pressefreiheit nach der EMRK, NJW 2004 2634; *Helmke* Der Normsetzungsprozess des Stalkings in Kalifornien (USA) und in Deutschland (2011); *Hilgendorf/Hong* Cyberstalking, K&R 2003 168; *ders.* Stalking – Forschung und Krisenmanagement, Kriminalistik 2001 34; *ders.* Stalking – Polizeiliche Prävention und Krisenmanagement, Kriminalistik 2003 726; *ders.* Wie wirkt sich das neue Anti-Stalking-Gesetz auf die polizeiliche Arbeit aus? in: Polizei&Wissenschaft 2008 50; *ders./Özsöz* Die Effektivität juristischer Maßnahmen im Umgang mit Stalking Praxis der Rechtspsychologie 2005 269; *Hochmayr* Das sukzessive Delikt – ein neuer Deliktstypus, ZStW 122 (2010) 757; *Holzhauer* Stalking – aus präventiver Sicht, Der Kriminalist 2006 174; *Jahn* Strafrecht BT: Taterfolg der Nachstellung, JuS 2010 81; *ders.* Strafrecht BT: Körperverletzung Jus 2014 559 (zu BGH NJW 2013 3383); *Janovsky* Stellungnahme zu dem Gesetzentwurf der Bundesregierung „Entwurf eines Gesetzes zur Strafbarkeit beharrlicher Nachstellung“ und zu dem Gesetzentwurf des Bundesrates „Entwurf eines Stalking-Bekämpfungsgesetzes“, Deutscher Bundestag 16. Wahlperiode, Rechtsausschuss (6. Ausschuss), Protokoll der 30. Sitzung (zit. Prot. RAussch.), 91 ff; *Jeßberger/Book* Anfängerklausur Strafrecht: Nachstellung und Anstiftung – Studentenleben, JuS 2010 321; *Kaboth* Kontaktverbote und deren prozessuale Durchsetzung zum Schutz vor „Stalking“ ZUM 2003 342; *Käppner* Der Stalking-Tatbestand in der Rechtsprechung seit seiner Einführung (2014); *Keiser* Schadensersatz und Schmerzensgeld bei Stalking?, NJW 2007 3387; *Karl* Der Tatbestand der Nachstellung: Die strafrechtliche Erfassung des Phänomens Stalking unter besonderer Berücksichtigung des verfassungsrechtlichen Bestimmtheitsgrundsatzes (2012); *Kaufmann* Stalking – das Undsoweiter-Delikt, DRiZ 2014, 50; *Kerbein/Pröbsting* Stalking, ZRP 2002 76; *Kinzig* Stalking – Ein Fall für das Strafrecht?, ZRP 2006 255; *ders./Zander* Der neue Tatbestand der Nachstellung (§ 238 StGB), JA 2007 481; *Knauer/Reinbacher* Zur Erweiterung der Untersuchungshaftgründe, StV 2008 377; *Knecht* Stalking. Exzessive Belästigung aufgrund von Liebeswahn? Kriminalistik 2003 364; *Köhne* Zwischenruf – Die Strafbarkeit gleichartiger Verhaltensweisen, ZRP 2009 87; *ders.* „Unerwünschte Nähe“ – Mehr Opferschutz bei der Nachstellung? ZRP 2014 141; *Kraenz* Der strafrechtliche Schutz des Persönlichkeitsrechts (2008); *Kraus* Zivilrechtlicher Schutz gegen Nachstellen (2009); *Krüger* (Hrsg.) Stalking als Straftatbestand (2007); *ders.* Prozessuale Hemmnisse bei der Strafverfolgung von Stalkern, NKrimP 2008 144; *ders.* Zur Deeskalationshaft in Fällen von Stalking NJ 2008 150; *ders.* Stalking in allen Instanzen – Kritische Bestandsaufnahme erster Entscheidungen zu § 238 StGB, NStZ 2010 546; *ders.* Stalking als familien- und strafrechtliches Problem, FPR 2011 291; *Kudlich* Eine verhängnisvolle Affäre – erste höchstrichterliche Äußerung zu den Voraussetzungen des „Stalking-Paragraphen“, JA 2010 389; *ders.* Mobbing als Betriebsaufgabe? – Zur Geschäftsherrenhaftung eines „Vorarbeiters“ bei innerbetrieblichen Körperverletzungen, HRRS 2012 177; *ders.* Straftaten und Strafverfolgung im Internet, StV 2012 560; *Kühl* Stellungnahme – zum Entwurf der Bundesregierung eines Gesetzes zur Strafbarkeit beharrlicher Nachstellungen, BT-Drs. 16/575 v. 8.2.2006 – zum Entwurf eines Stalking-Bekämpfungsgesetzes des Bundesrates, BT-Drs. 16/1013 v. 23.3.2006 – zu einem Formulierungsvorschlag des Bundesministeriums der Justiz, übersandt an den Rechtsausschuss des Deutschen Bundes-

tages am 7.9.2006, Deutscher Bundestag 16. Wahlperiode, Rechtsausschuss (6. Ausschuss), Protokoll der 30. Sitzung (zit. Prot. RAussch.), 97 ff; *Kühner* Stalking-Opfer, die Auswirkungen von Stalking und Abwehrmaßnahmen, FPR **2006** 186; *Kuhlmann* Stalking – die Herstellung der sozialen (Geschlechter-)Ordnung zwischen Individualisierung und Staatsmacht, KrimJournal **2003** 274; *Landau* Die deutsche Strafrechtsdogmatik zwischen Anpassung und Selbstbehauptung – Grenzkontrolle der Kriminalpolitik durch die Dogmatik?, ZStW **121** (2009) 965; *Limmer/Mengel* Konkrete Erfahrungen mit dem Gewaltschutzgesetz: Die Perspektive von Opfern und Antragsgegner(inne)n – Teilstudie III, in Rupp (Hrsg.) Rechtstatsächliche Untersuchung zum Gewaltschutzgesetz (2005); *Löbmann* Stalking – Ein Überblick über den aktuellen Forschungsstand, MschrKrim. **2002** 25; *Löhnig* Zivilrechtliche Probleme des neuen § 238 StGB, FamRZ **2007** 518; *Löhr* Zur Notwendigkeit eines spezifischen Anti-Stalking-Straftatbestandes in Deutschland (2008); *Lörsch* Stalking als Körperverletzung, Streit **2005** 129; *Mann* Zur Rechtswidrigkeit der Herstellung von Lichtbildern AfP **2013** 16; *Meier* Sechs Jahre § 238 StGB – Nachstellung: Eine kritische Betrachtung und Bilanz aus polizeilicher Sicht (2014); *Meyer* Strafbarkeit und Strafwürdigkeit von „Stalking" im deutschen Recht, ZStW **115** (2003) 249; *Mitsch* Der neue Stalking-Tatbestand im Strafgesetzbuch, NJW **2007** 1237; *ders.* Strafrechtsdogmatische Probleme des neuen „Stalking"-Tatbestandes, Jura **2007** 401; *ders.* Anmerkung zu BGH NStZ 2010, 277 NStZ **2010** 513; *Mosbacher* Nachstellung – § 238 StGB, NStZ **2007** 665; *Mrosk* Neue Betrachtungen zum Stalking als Straftatbestand, NJ **2009** 416; *Mühe* Mobbing am Arbeitsplatz – Strafbarkeitsrisiko oder Strafrechtslücke (2006); *F. Müller* Notwendigkeit eines eigenständigen Stalking-Straftatbestandes im Hinblick auf dessen praktische Relevanz, in Krüger (Hrsg.) Stalking als Straftatbestand (2007); *I. Müller* Männer als Opfer von Stalking (2008); *dies./Eisenberg* Der Tatbestand der Nachstellung in der strafjustiziellen Praxis, DRiZ **2013** 364; *P. G. Müller* Zum tatbestandlichen Anwendungsbereich des § 238 Abs. 1 StGB (2013); *Nack* Statement zur Anhörung vor dem Rechtsausschuss am 18. Oktober 2006 zum Entwurf eines Stalking-Bekämpfungsgesetzes, Deutscher Bundestag 16. Wahlperiode, Rechtsausschuss (6. Ausschuss), Protokoll der 30. Sitzung (zit. Prot. RAussch.), 107 ff; *Neubacher* An den Grenzen des Strafrechts – Stalking, Graffiti, Weisungsverstöße, ZStW **118** (2006) 855; *ders./Seher* Das Gesetz zur Strafbarkeit beharrlicher Nachstellungen (§ 238 StGB), JZ **2007** 1029; *Nishihara* Die neue japanische Regelung zur Stalker-Handlung. Eine typische Gesetzgebung der Gegenwart, Festschrift Eser (2005) 577; *Nowicki* Problemfelder des § 238 StGB (Stalking) (2011); *v. Pechstaedt* Stalking: Strafbarkeit nach englischem und deutschem Recht (1999); *ders.* Strafrechtlicher Schutz vor Stalkern und deren Strafverfolgung in Deutschland de lege lata, in Bettermann/Feenders (Hrsg.) Stalking: Möglichkeiten und Grenzen der Intervention (2004) (zit. Schutz); *ders.* Zivilrechtliche Abwehrmaßnahmen gegen Stalking, NJW **2007** 1233; *Peters* Der Tatbestand des § 238 StGB (Nachstellung) in der staatsanwaltlichen Praxis, NStZ **2009** 238; *Pöppelmann* Gemeinsame Stellungnahme zum geplanten Entwurf eines Gesetzes zur Strafbarkeit beharrlicher Nachstellungen – Entwurf der Bundesregierung (BT-Drs. 16/575) – und zum Entwurf eines Stalking-Bekämpfungsgesetzes – Entwurf des Bundesrates (BT-Drs. 16/1030) – von Arbeitsgemeinschaft der öffentlich-rechtlichen Rundfunkanstalten (ARD), Bundesverband Deutscher Zeitungsverleger (BDZV), Deutscher Journalisten-Verband (DJV), Deutsche Journalistinnen- und Journalisten-Union in ver.di (dju/ver.di), Deutscher Presserat, Verband Deutscher Zeitschriftenverleger (VDZ), Verband Privater Rundfunk und Telekommunikation (VPRT), Zweites Deutsches Fernsehen ZDF, Deutscher Bundestag 16. Wahlperiode, Rechtsausschuss (6. Ausschuss), Protokoll der 30. Sitzung (zit. Prot. RAussch.), 114 ff; *Pollähne* Stalking am Rande des Strafrechts, NKrimP **2002** 56; *ders.* Lücken im strafrechtlichen Diskurs – Zu den Gesetzentwürfen zur Verbesserung des Schutzes der Intimsphäre, KritV **2003** 387; *ders.* Grenzen der Strafbarkeit nach § 4 GewSchG (insb. bei sog. „Stalking"), StraFo **2006** 398; *Rackow* Der Tatbestand der Nachstellung (§ 238 StGB) – Stalking und das Strafrecht, GA **2008** 553; *Rieß* Vergessene Schwurgerichtszuständigkeiten, NStZ **2008** 546; *Rinio* Zur Strafbarkeit des Stalking – Gewaltschutzgesetz schließt eine Regelungslücke, Kriminalistik **2002** 531; *Rupp* (Hrsg.) Rechtstatsächliche Untersuchung zum Gewaltschutzgesetz (2005); *Rusch/Stadler/Heubrock* Ergebnisse der Bremer Stalking-Opfer-Studie – Leitlinien zum Umgang mit Opfern, Kriminalistik **2006** 171; *Sadtler* Stalking – Nachstellung (2009); *Schäfer* Stalking – Verehrung durch Aufdringlichkeit, Kriminalistik **2000** 587; *v. Schenck* „Stalking" (Übungsklausur StR), Jura **2008** 553; *ders.* Kein guter Tag für das Strafrecht, Myops **2008** 42; *Schlachter* Eine kritische Analyse des deutschen Stalking-Straftatbestandes (2012); *Schöch* Zielkonflikte beim Stalking-Tatbestand, NStZ **2013** 221; *Schumacher* Stellungnahme zu der Anhörung eines Stalking-Bekämpfungsgesetzes, Deutscher Bundestag 16. Wahlperiode, Rechtsausschuss (6. Ausschuss), Protokoll der 30. Sitzung (zit. Prot. RAussch.), 132 ff; *Seher* Zur Frage der Tatbestandsvoraussetzungen des Stalkings gemäß § 238 StGB JZ **2010** 582; *Seiler* § 238 StGB – Analyse und Auslegung des Nachstellungstatbestandes, Diss. Tübingen 2010; *Seling* § 107a StGB. Eine Strafvorschrift gegen Stalking (2006); *Sering* Das Gewaltschutzgesetz und der Stalking-Tatbestand des StGB, NJW-Spezial **2007** 375; *Sieverding* Stalking – Möglichkeiten und Grenzen polizeilichen Managements, Kriminalistik **2004** 763; *Smischek* Stalking – Eine strafrechtswissenschaftliche Untersuchung (2006); *Sönke* Der neue Stalking-Tatbestand, NKrimP 2007 2; *Sommerfeld/Voß* Stalking als Straftatbestand – Zu unbestimmt und überflüssig?, SchlHA 2005 326; *Stange/Rilinger* Begriff und Erscheinungsformen des Stalking, StraFo **2003** 194; *Steinberg* Nachstellen – Ein Nachruf?, JZ **2006** 30; *Stürmer* Stalking – Interventionen und Möglichkeiten der Polizei, FPR **2006** 190; *Timmermann* Stalking: Einem Delikt auf der Spur, StraFo 2007 **358**; *Utsch* Strafrechtliche Probleme des Stalking (2007); *Vahle* Neues Gesetz gegen das sogenannte Stalking, DVP **2007** 233; *Valerius* Stalking: Der neue Straftatbestand der Nachstellung in § 238 StGB, JuS 2007 319; *Vander* Stalking – Aktuelle Entwicklungen und Tendenzen zur Schaffung eines speziellen Tatbestandes, KritV **2006** 81; *Vanoli* Stalking Ein „neues" Phänomen und dessen strafrechtliche Erfassung in Kalifornien und in der Schweiz (2009); *Voß* Zur öffentlichen Anhörung vor dem Rechtsausschuss des Deutschen Bundestages am 18.10.2006 betreffend den Gesetzentwurf der Bundesregierung BT-Drucksachen 16/575 und 16/1030 Deutscher Bundestag 16. Wahlperiode, Rechtsausschuss (6. Ausschuss), Protokoll der 30. Sitzung (zit. Prot. RAussch.), 135 ff; *Walter* Die Frage nach der Rechtskultur als Brücke zwischen Kriminologie und Strafrecht, ZIS **2011** 626; *Wagner* Stalking – Zur Notwendigkeit eines eigenständigen Straftatbestandes, RuP **2005** 18; *ders.* Bundesratsinitiative von Hessen und Baden-Württemberg zur Schaffung eines Stalking-Straftatbestandes – § 238 StGB: Gründe für das Verwerfen des Gesetzes der Bundesregierung, Familie, Partnerschaft, Recht **2006** 208; *Weber-Hassemer* Der Schutz vor Stalking muss verbessert werden, ZRP **2006** 69; *Weinitschke* Rechtsschutz gegen Stalking de lege lata et ferenda (2009); *Weiß* Stalking und häusliche Gewalt 2. Aufl. (2008); *WEISSER RING e.V.*, Stalking, 2010; *Wendt* Die Privilegien der Medien und der Straftatbestand gegen Stalking (2010); *Werner, S.* Strafrechtliche Grenzen der privaten Nutzung von Drohnen JuS **2013** 1074; *Winterer* Straf- und zivilrechtlicher Umgang mit Stalking in Deutschland – Stalking und häusliche Gewalt, FPR **2006** 199; *Woitkewitsch* Zur Strafbarkeit bei Zuwiderhandlung gegen eine Einstweilige Verfügung nach dem Gewaltschutzgesetz StraFO **2008** 401; *Wondrak* Stalking. Leitfaden für die polizeiliche Praxis (2008).

Psychiatrie, Psychologie und Allgemeinmedizin

Balloff Stalking – eine Fallvignette, Praxis der Rechtspsychologie **2005** 286; *Bettermann* Das Falsche-Opfer-Syndrom in Fällen von Stalking, Praxis der Rechtspsychologie **2005** 253; *Böwering-Möllenkamp* Psychologische Mechanismen seelischer Schädigung durch gewaltlose Gewalt – Falldiskussion Sozialrecht – Tradition und Zukunft **2013** 265; *Dreßing/Gass* Stalking – vom Psychoterror zum Mord, Der Nervenarzt **2002** 1112; *dies.* Stalking! Verfolgung, Bedrohung, Belästigung (2005); *dies.* Stalking – Modethema oder relevant für die forensische Psychiatrie?, in Duncker/Koller/Foerster (Hrsg.) Forensische Psychiatrie – Entwicklungen und Perspektiven, Venzlaff-FS (2006) 131; *Dreßing/Kühner/Gass* Ergebnisse der ersten epidemiologischen Studie zu Stalking in Deutschland (2004) http://idw-online.de/pages/de/news83261; *dies.* Was ist Stalking? – Aktueller Forschungsstand, FPR **2006** 176; *Dreßing/Maul-Backer/Gass* Forensisch-Psychiatrische Begutachtung bei Stalking, NStZ **2007** 253; *Fiebig* Stalking. Hintergründe und Interventionsmöglichkeiten (2005); *Fiedler* Stalking. Opfer, Täter, Prävention, Behandlung (2006); *Habermeyer* Stalking: Forensisch-psychiatrische Aspekte FPR **2006** 196; *Hoffmann* Stalking (2006); *Hoffmann/Küken-Beckmann/Voß* Stalking und häusliche Gewalt aus psychologischer Sicht, FPR **2011** 211; *Hoffmann/Voß* (Hrsg.) Psychologie des Stalking (2005); *Hoffmann/Wondrak* Stalking als neues Aufgabenfeld der Psychologie Praxis der Rechtspsychologie **2005** 173; *Knecht* Stalking – eine moderne Erscheinungsform der Erotomanie, ArchKrim. **2003** 1; *ders.* Stalking – Exzessive Belästigung aufgrund von Liebeswahn?, Kriminalistik **2003** 364; *Krüger/Höffler* Schuld(un)fähigkeits und Prognosefragen bei Stalkern, Praxis der Rechtspsychologie **2012** 166; *Krutzki* Dritter Opferrechtstag am 1.3.2013 ASR **2013** 127; *Küken* Stalking und häusliche Gewalt (2008); *Löbmann* Stalking im Rahmen häuslicher Gewalt

Praxis der Rechtspsychologie **2005** 198; *Loytved* Der tätliche Angriff im Opferentschädigungsgesetz – entspricht der Begriff von 1976 noch den Bedürfnissen und Anforderungen der heutigen Zeit? Sozialrecht – Tradition und Zukunft **2013** 253; *Richner* Stalking – Erscheinungsformen und dessen Auswirkung auf Opfer, Kriminalistik **2008** 449; *Sheridan/Hoffmann* Eine kritische Online-Befragung von Opfern von Stalking Praxis der Rechtspschologie **2005** 213; *Stadtler/Heubrock/Rusch* Hilfesuchverhalten von Stalking-Opfern Praxis der Rechtspsychologie **2005** 235; *Voß* Zur Psychologie des Stalkings, in Bettermann/Feenders (Hrsg.) Stalking: Möglichkeiten und Grenzen der Intervention (2004); *ders.* Stalking im Kontext von Beziehungen, Praxis der Rechtspsychologie **2005** 183; *ders.* Zur Wirksamkeit des Gewaltschutzgesetzes und des § 138 StGB, Praxis der Rechtspsychologie **2011** 322; *ders.* Häusliche Gewalt, Stalking und Familiengerichtsverfahren FPR **2011** 199; *ders./Hoffmann/Wondrak* Stalking in Deutschland aus Sicht der Betroffenen und Verfolger (2006); *ders./Küken* Gibt es ein spezifisches Persönlichkeitsprofil des Stalkers?, FPR **2006** 180; *Will/Hintz/Blättner* Gesundheitliche Folgen von Stalking GesundhWes **2012** 315; *Wondrak/Hoffmann/Voß* Traumatische Belastung bei Opfern von Stalking Praxis der Rechtspsychologie **2005** 222.

Entstehungsgeschichte

Der deutsche Anti-Stalking-Paragraf, die Vorschrift des § 238, geht auf das 40. StRÄndG vom 22. März 2007 (BGBl. I S. 354) zurück.[1] Er ist am 31. März 2007 in Kraft getreten und steht am Ende eines bisweilen als ungewöhnlich bezeichneten Gesetzgebungsverfahrens (vgl. *Fischer*, 58. Aufl., Rdn. 1). Aus dem Jahr 2004 stammt ein erster Entwurf eines „Stalking-Bekämpfungsgesetzes" des Landes Hessen (BRDrucks. 551/04), dem das Land Baden-Württemberg im weiteren Gesetzgebungsverfahren beigetreten ist (Bundesrat, Plenarprotokoll 809, 85). In seiner Sitzung vom 9. Juli 2004 verwies der Bundesrat den Entwurf unter Federführung des Rechtsausschusses in die Ausschüsse (Bundesrat, Plenarprotokolle 802, 370). Am 4. März 2005 legten die Ausschüsse eine abgewandelte Entwurfsfassung vor (BRDrucks. 551/1/04), deren Einbringung in den Deutschen Bundestag der Bundesrat auf seiner Sitzung am 18. März 2005 beschloss (Plenarprotokoll 809, 89; BRDrucks. 551/04 (Beschluss)). Ein vom Land Schleswig-Holstein unterbreiteter Alternativentwurf eines „Stalking-Bekämpfungsgesetzes" (BRDrucks. 551/2/04) wurde damit gegenstandslos. Am 27. April 2005 leitete die Bundesregierung den beschlossenen Entwurf eines Stalking-Bekämpfungsgesetzes, versehen mit einer eigenen Stellungnahme, dem Bundestag zu (BTDrucks. 15/5410). In der 15. Wahlperiode kam es wegen der Wahl eines neuen Bundestages (vgl. *Kinzig/Zander* JA **2007** 481, 482) allerdings nicht mehr zu einer Umsetzung. Der Entwurf wurde in der 16. Wahlperiode jedoch wieder aufgegriffen. Unter dem 20. Januar 2006 beantragte Baden-Württemberg, die Entscheidung über den Entwurf auf die Tagesordnung der Sitzung des Bundesrates am 10. Februar 2006 zu setzen (BRDrucks. 48/06). Zuvor war im Koalitionsvertrag zwischen SPD und CDU/CSU vom 11. November 2005 als rechtspolitisches Ziel festgeschrieben worden, beharrliche Nachstellungen, die einschneidend das Leben des Opfers beeinträchtigten („Stalking"), in einem eigenen Straftatbestand unter Strafe zu stellen, da diese Form des Angriffs auf das Wohlbefinden und die Lebensgestaltung einer Person eine immer größere Rolle spiele.[2]

Auf seiner Sitzung vom 10. Februar 2006 beschloss das Länderparlament die erneute Einbringung des Entwurfs in den Deutschen Bundestag (Plenarprotokoll 819, 10; BRDrucks. 48/06 (Beschluss)). Der Entwurf wurde dem Deutschen Bundestag unter dem 22. März 2006 zugeleitet (BTDrucks. 16/1030).

---

[1] Zur Gesetzgebungsgeschichte umfassend: *Käppner* S. 33 ff.

[2] Koalitionsvertrag vom 11. November 2005, S. 140.

Einen knappen Monat vor dem Entwurf des Stalking-Bekämpfungsgesetzes des Bundesrates, nämlich im Februar 2006, hatte die Bundesregierung einen eigenen Entwurf eines Gesetzes zur Strafbarkeit beharrlicher Nachstellungen beim Bundestag eingebracht (BTDrucks. 16/575), der auf einen Gesetzesvorschlag der Bundesjustizministerin vom 15. April 2004 zurückging. Dieser Vorschlag hatte als Regierungsentwurf bereits im August 2005 im Gesetzgebungsverfahren vorgelegen, war vom Bundesrat in dessen Sitzung vom 23. September 2005 (Plenarprotokoll 814, 327) jedoch abgelehnt worden, nachdem die Ausschüsse, an die er zuvor verwiesen worden war, ihn als völlig unzureichend bezeichnet hatten. Als Grund für diese Einschätzung nannten die Ausschüsse u.a. mangelnden Opferschutz und Strafbarkeitslücken durch Verzicht auf einen Auffangtatbestand für im Gesetz unbenannt gebliebene Stalking-Handlungen (BRDrucks. 617/1/05).

Der Entwurf der Bundesregierung aus dem Februar 2006 sah folgenden § 241b als strafbare Nachstellung vor:

§ 241b Nachstellung

(1) Wer einem Menschen unbefugt nachstellt, indem er beharrlich
1. *seine räumliche Nähe aufsucht,*
2. *unter Verwendung von Telekommunikationsmitteln oder sonstigen Mitteln der Kommunikation oder über Dritte Kontakt zu ihm herzustellen versucht,*
3. *unter missbräuchlicher Verwendung von dessen personenbezogenen Daten Bestellungen von Waren oder Dienstleistungen für ihn aufgibt oder Dritte veranlasst, mit diesem Kontakt aufzunehmen, oder*
4. *ihn mit der Verletzung von Leben, körperlicher Unversehrtheit, Gesundheit oder Freiheit seiner selbst oder einer ihm nahe stehenden Person bedroht,*

und dadurch seine Lebensgestaltung schwerwiegend und unzumutbar beeinträchtigt, wird mit Freiheitsstrafe bis zu 3 Jahren oder mit Geldstrafe bestraft.

(2) Die Tat nach Absatz 1 wird nur auf Antrag verfolgt, es sei denn, dass die Strafverfolgungsbehörde wegen des besonderen öffentlichen Interesses an der Strafverfolgung ein Einschreiten von Amts wegen für geboten hält.

Der Gesetzentwurf des Bundesrates zielte demgegenüber auf die Einführung folgenden § 238 ab:

§ 238 schwere Belästigung

(1) Wer unbefugt und in einer Weise, die geeignet ist, einen Menschen in seiner Lebensgestaltung erheblich zu beeinträchtigen, diesen nachhaltig belästigt, indem er fortgesetzt
1. *ihm körperlich nachstellt oder ihn unter Verwendung von Kommunikationsmitteln verfolgt,*
2. *ihn, einen seiner Angehörigen oder eine andere ihm nahestehende Person mit einem empfindlichen Übel bedroht oder*
3. *andere, ebenso schwerwiegende Handlungen vornimmt,*

wird mit Freiheitsstrafe bis zu drei Jahren oder mit Geldstrafe bestraft.

(2) Bringt der Täter das Opfer, einen Angehörigen des Opfers oder einen anderen dem Opfer nahe stehenden Menschen durch die Tat in die Gefahr einer erheblichen Gesundheitsschädigung, so ist die Strafe Freiheitsstrafe von drei Monaten bis zu fünf Jahren.

(3) Auf Freiheitsstrafe von einem Jahr bis zu zehn Jahren ist zu erkennen, wenn der Täter das Opfer, einen Angehörigen des Opfers oder einen anderen dem Opfer nahe stehenden Menschen bei der Tat körperlich schwer misshandelt oder durch die Tat in die Gefahr des Todes oder einer schweren Gesundheitsschädigung bringt.

(4) Verursacht der Täter durch die Tat den Tod des Opfers, eines Angehörigen des Opfers oder eines anderen dem Opfer nahe stehenden Menschen, so ist die Strafe Freiheitsstrafe nicht unter drei Jahren.

(5) In minder schweren Fällen des Absatzes 3 ist auf Freiheitsstrafe von sechs Monaten bis zu fünf Jahren, in minder schweren Fällen des Absatzes 4 auf Freiheitsstrafe von einem Jahr bis zu zehn Jahren zu erkennen.

(6) In den Fällen des Absatzes 1 wird die Tat nur auf Antrag verfolgt, es sei denn, dass die Strafverfolgungsbehörde wegen des besonderen öffentlichen Interesses an der Strafverfolgung ein Einschreiten von Amts wegen für geboten hält.

Der Gesetzentwurf des Bundesrates hielt zudem Änderungen der Strafprozessordnung bereit. Die schwere Belästigung nach § 238 Abs. 1 sollte in den Katalog der Privatklagedelikte integriert werden. Angedacht war zudem die Aufnahme der Norm in den Kreis der gemäß § 395 Abs. 1 Nr. 1 StPO zur Nebenklage berechtigenden Straftaten. Die wichtigste Änderung betraf allerdings die Vorschrift über die Untersuchungshaft in § 112a StPO. In § 112a Abs. 1 Nr. 1 StPO sollte hinter die Angabe „179" die Angabe „§ 238 Abs. 2 bis 4" eingefügt werden (BTDrucks. 16/1030, S. 5). Die amtliche Begründung des Gesetzentwurfs nennt die Gründe für die Erweiterung der Haftvorschrift. Erfahrungen der Praxis zeigten, dass Opfern in gravierenden Fällen des „Stalkings" oftmals nur dann geholfen werde, wenn der durch den Täter in Gang gesetzte Terror durch dessen Inhaftierung unterbrochen werde. Zur Erreichung dieses Ziels halte das Polizeirecht, das lediglich die zeitlich begrenzte Ingewahrsamnahme kenne, keine effektive Handhabe bereit. Untersuchungshaft sei deshalb zur Verhinderung schwerster körperlicher Schäden des Opfers oder zur Vermeidung von dessen Tötung zwingend erforderlich (BTDrucks. 16/1030, S. 7).

Der Gesetzentwurf der Bundesregierung folgte dem Bundesratsentwurf in seinem Vorschlag zur Änderung der Strafprozessordnung insoweit, als auch er den Stalking-Paragrafen als Privat- und Nebenklagedelikt ausgestalten wollte. Die Eingliederung der Vorschrift in die zur Verhängung der Untersuchungshaft nach § 112a StPO berechtigenden Delikte sah er demgegenüber nicht vor. Bereits in ihrer Stellungnahme zum Gesetzentwurf des Bundesrates in der 15. Wahlperiode hatte die Bundesregierung die Einführung einer sog. „Deeskalationshaft" abgelehnt. Eine solche Haft verfolge allein einen präventiv-polizeilichen Zweck. Die Erweiterung des § 112a StPO um den Tatbestand des Stalking genüge zudem nicht den Anforderungen, die in verfassungsrechtlicher Hinsicht an den Haftgrund der Wiederholungsgefahr zu stellen seien. Stalking-Taten führten nicht generell zu einer schwerwiegenden Beeinträchtigung der Rechtsordnung, wie sie das BVerfG für die Verhängung von Untersuchungshaft nach § 112a StPO verlange (BTDrucks. 15/5410, S. 9).

Am 11. Mai 2006 fand die erste Lesung der Gesetzentwürfe im Deutschen Bundestag statt (Plenarprotokoll 16/35, 2969 ff). Diese waren zu diesem Zeitpunkt allerdings nicht mehr aktuell. Länder und Bundesregierung hatten sich zuvor auf einen Kompromiss geeinigt, der den Parlamentariern vor Beginn der Debatte allerdings nur in Gestalt einer Presseerklärung des BMJ bekannt gemacht wurde.[3] Der Kompromissvorschlag lautete wie folgt:

§ 238 Schwere Belästigung

(1) Wer einen Menschen unbefugt belästigt, indem er beharrlich
1. *seine räumliche Nähe aufsucht*
2. *unter Verwendung von Telekommunikationsmitteln oder sonstigen Mitteln der Kommunikation oder über Dritte Kontakt zu ihm herzustellen versucht*

---

[3] Abrufbar unter http://www.presserelations.de/new/standard/deferrer.cfm?r=232685.

3. *unter missbräuchlicher Verwendung von dessen personenbezogenen Daten Bestellungen von Waren oder Dienstleistungen für ihn aufgibt oder Dritte veranlasst, mit diesem Kontakt aufzunehmen,*
4. *ihn mit der Verletzung von Leben, körperlicher Unversehrtheit, Gesundheit oder Freiheit seiner selbst oder einer ihm nahe stehenden Person bedroht, oder*
5. *eine andere vergleichbare Handlung vornimmt*

und dadurch seine Lebensgestaltung schwerwiegend beeinträchtigt, wird mit Freiheitsstrafe bis zu drei Jahren oder mit Geldstrafe bestraft.

(2) Auf Freiheitsstrafe von drei Monaten bis zu fünf Jahren ist zu erkennen, wenn der Täter das Opfer, einen Angehörigen des Opfers oder einen anderen dem Opfer nahe stehenden Menschen durch die Tat in die Gefahr des Todes oder einer schweren Gesundheitsschädigung bringt.

(3) Verursacht der Täter durch die Tat den Tod des Opfers, eines Angehörigen des Opfers oder eines anderen dem Opfer nahe stehenden Menschen, so ist die Strafe Freiheitsstrafe von einem Jahr bis zu zehn Jahren.

(4) In den Fällen des Absatzes 1 wird die Tat nur auf Antrag verfolgt, es sei denn, dass die Strafverfolgungsbehörde wegen des besonderen öffentlichen Interesses an der Strafverfolgung ein Einschreiten von Amts wegen für geboten hält.

Der Deutsche Bundestag überwies daraufhin die ihm vorliegenden Gesetzentwürfe in die Ausschüsse (Plenarprotokoll 16/35, 2974).

Der Rechtsausschuss des Deutschen Bundestages legte am 29. November 2006 seine auf dem Gesetzentwurf der Bundesregierung basierende Beschlussfassung vor (BTDrucks. 16/3641), die gegenüber dem Kompromissvorschlag lediglich zwei unwesentliche Änderungen enthielt: Der Begriff des Belästigens wurde durch den des Nachstellens ersetzt und aus dem dem Opfer „nahestehenden Menschen“ der Absätze 2 und 3 wurde die dem Opfer „nahestehende Person“. Damit erfüllte die Beschlussempfehlung vorrangig die Anliegen des Bundesrates im Gesetzgebungsverfahren. Der Grundtatbestand der Norm wurde mit der Pönalisierung der „anderen (den sonstigen Tatbestandsalternativen) vergleichbaren Handlung“ um eine als Auffangtatbestand fungierende Unrechtsvariante erweitert. Zugleich sollten nach Vorstellung des Rechtsausschusses auch zwei Qualifikationstatbestände in das Gesetz mit aufgenommen werden. Die Aufnahme eines blanketthaften Auffangtatbestandes in den Grundtatbestand des Stalking-Paragrafen rechtfertigte der Rechtsausschuss mit dem Erfordernis, Strafbarkeitslücken zu schließen und künftigen technischen Entwicklungen, die Einfluss auf die Tatmodalitäten einer beharrlichen Nachstellung haben könnten, Rechnung zu tragen. Verfassungsrechtliche Bedenken an der Bestimmtheit der Tatbestandsfassung meinte der Rechtsausschuss ausschließen zu können. Auffangtatbestände seien im Strafgesetzbuch, wie der Blick auf § 315 Abs. 1 Nr. 4 und § 315b Abs. 1 Nr. 3 zeige, keine Seltenheit und legitimes legislatorisches Mittel, um Straftatbestände sich fortentwickelnden technischen, sozialen und persönlichen Lebensgegebenheiten anzugleichen. Gerade für den Bereich des Stalking seien immer neue Angriffsformen, die durch konkret umschriebene Handlungsalternativen nicht abschließend erfasst werden könnten, typisch. Ihnen könne durch die verfassungsrechtlich zulässige innertatbestandliche Analogie der neuen Handlungsvariante begegnet werden (BTDrucks. 16/3641, S. 14).

Die Qualifikationstatbestände mit ihren angehobenen Strafrahmen seien vonnöten, um dem durch den Eintritt besonders schwerwiegender strafrechtlicher Erfolge gesteigerten Handlungsunrecht ausreichend Rechnung zu tragen. Insbesondere Fälle, in denen das Opfer in den Selbstmord getrieben werde bzw. auf der Flucht vor dem Täter zu Tode komme, überstiegen den Schuldgehalt des im Grundtatbestand pönalisierten Stalking bei weitem (BTDrucks. 16/3641, S. 14). Für diese Qualifikationstatbestände sei es – so die Begründung zum Beschlussentwurf des Rechtsausschusses – auch erforderlich, die Möglichkeit der Untersuchungshaft zu schaffen. Die dort bezeichneten Straftaten seien so schwerwiegend und dem Unrechtsgehalt des § 224 derart vergleichbar, dass zum Schutz des Opfers und zur vorbeugenden Verhinderung massiver Delikte Untersuchungshaft als Mittel der Deeskalation zur Verfügung stehen müsse (BTDrucks. 16/3641, S. 14 f).[4]

Den Gesetzentwurf der Bundesregierung in der vom Rechtsausschuss vorgeschlagenen Fassung nahm der Bundestag in seiner Sitzung vom 30. November 2006 an (BRDrucks. 46/07). Der Gesetzentwurf des Bundesrates (BTDrucks. 16/1030) wurde ebenso wie ein Änderungsantrag der Fraktion BÜNDNIS 90/DIE GRÜNEN (BTDrucks. 16/3663) und Entschließungsanträge der Fraktionen BÜNDNIS 90/DIE GRÜNEN (BTDrucks. 16/3664), FDP (BTDrucks. 16/3662) und DIE LINKE (BTDrucks. 16/3665) abgelehnt (Plenarprotokoll 16/70, 6957).

Materialien

Zu § 238: Gesetzesantrag des Landes Hessen: Entwurf eines Strafrechtsänderungsgesetzes – Gesetz zur Bekämpfung unzumutbarer Belästigungen – („Stalking-Bekämpfungsgesetz" – StrÄndG), BRDrucks. 551/04; Bundesrat, Plenarprotokoll 802, 370; Empfehlungen der Ausschüsse zum Entwurf eines Strafrechtsänderungsgesetzes – Gesetz zur Bekämpfung unzumutbarer Belästigungen – („Stalking-Bekämpfungsgesetz"... StrÄndG) – Antrag des Landes Hessen –, BRDrucks. 551/1/04; Antrag des Landes Schleswig-Holstein: Entwurf eines Strafrechtsänderungsgesetzes – Gesetz zur Bekämpfung unzumutbarer Belästigungen – („Stalking-Bekämpfungsgesetz" ... StrÄndG), BRDrucks. 551/2/04; Bundesrat, Plenarprotokoll 809, 85 ff; Gesetzentwurf des Bundesrates: Entwurf eines Stalking-Bekämpfungsgesetzes BRDrucks. 551/04 (Beschluss); Gesetzentwurf des Bundesrates: Entwurf eines Stalking-Bekämpfungsgesetzes, BTDrucks. 15/5410; Gesetzentwurf der Bundesregierung: Entwurf eines Gesetzes zur Strafbarkeit beharrlicher Nachstellungen (... StrÄndG), BRDrucks. 617/05; Empfehlungen der Ausschüsse zum Entwurf eines Gesetzes zur Strafbarkeit beharrlicher Nachstellungen (... StrÄndG), BRDrucks. 617/1/05; Bundesrat, Plenarprotokoll 814, 326 f; Stellungnahme des Bundesrates zum Entwurf eines Gesetzes zur Strafbarkeit beharrlicher Nachstellungen (... StrÄndG), BRDrucks. 617/05 (Beschluss); Gesetzesantrag des Landes Baden-Württemberg: Entwurf eines Stalking-Bekämpfungsgesetzes, BRDrucks. 48/06; Gesetzentwurf der Bundesregierung: Entwurf eines Gesetzes zur Strafbarkeit beharrlicher Nachstellungen (... StrÄndG), BTDrucks. 16/575; Bundesrat, Plenarprotokoll 819, 8 ff; Gesetzentwurf des Bundesrates: Entwurf eines Stalking-Bekämpfungsgesetzes, BRDrucks. 48/06 und BTDrucks. 16/1030; Sten. Berichte über die Sitzungen des Deutschen Bundestages 16/35, 2969 ff; Beschlussempfehlung und Bericht des Rechtsausschusses (6. Ausschuss): a) zu dem Gesetzentwurf der Bundesregierung – Drucksache 16/575, b) zu dem Gesetzentwurf des Bundesrates – Drucksache 16/1030 –, BTDrucks. 16/3641; Entschließungsantrag der Fraktion der FDP zu der dritten Beratung des Gesetzentwurfs der Bundesregierung – Drucksachen 16/575, 16/3641 –, BTDrucks. 16/3662; Änderungsantrag der Fraktion BÜNDNIS 90/ DIE GRÜNEN zu der zweiten Beratung des Gesetzentwurfs der Bundesregierung – Drucksachen 16/575, 16/3641 – Entwurf eines Gesetzes zur Strafbarkeit beharrlicher Nachstellungen (... StrÄndG), BTDrucks. 16/3663; Entschließungsantrag der Fraktion BÜNDNIS 90/DIE GRÜNEN zu der dritten Beratung des Gesetzentwurfs der Bundesregierung – Drucksachen 16/575, 16/3641 – Entwurf eines Gesetzes zur Strafbarkeit beharrlicher Nachstellungen (... StrÄndG), BTDrucks. 16/3664; Entschließungsantrag der Fraktion DIE LINKE zu der dritten Beratung des Gesetzentwurfs der Bundesregierung – Drucksachen 16/575, 16/3641 – Entwurf eines Gesetzes zur Strafbarkeit beharrlicher Nachstellungen (... StrÄndG), BTDrucks. 16/3665; Sten. Berichte über die Sitzungen des Deutschen Bundestages 16/70, 6948 ff; Gesetzesbeschluss des Deutschen Bundestages: Gesetz zur Strafbarkeit beharrlicher Nachstellungen (... StrÄndG), BRDrucks. 46/07; Unterrichtung durch den Deutschen Bundestag – Entwurf eines Stalking-Bekämpfungsgesetzes, BRDrucks. 48/06 (Beschluss); Bundesrat, Plenarprotokoll 830, 29 ff; Beschluss des Bundesrates: Gesetz zur Strafbarkeit beharrlicher Nachstellungen (... StrÄndG), BRDrucks. 46/07 (Beschluss)

---

[4] BTDrucks. 16/3641, S. 14 f.

Zum Gewaltschutzgesetz: Beschluss des Bundesrates: Aktionsplan der Bundesregierung zur Bekämpfung von Gewalt gegen Frauen, BRDrucks. 139/00 (Beschluss); Gesetzentwurf der Bundesregierung: Entwurf eines Gesetzes zur Verbesserung des zivilgerichtlichen Schutzes bei Gewalttaten und Nachstellungen sowie zur Erleichterung der Überlassung der Ehewohnung bei Trennung, BRDrucks. 11/01; Unterrichtung durch das Europäische Parlament: Entschließung des Europäischen Parlaments zu der Mitteilung der Kommission an den Rat und das Europäische Parlament „Weitere Maßnahmen zur Bekämpfung des Frauenhandels", BRDrucks. 377/00; Antrag der Fraktion der CDU/CSU: Ankündigungen zur Bekämpfung von Gewalt gegen Frauen umsetzen, BTDrucks. 14/5093; Empfehlungen der Ausschüsse zu dem Entwurf eines Gesetzes zur Verbesserung des zivilgerichtlichen Schutzes bei Gewalttaten und Nachstellungen sowie zur Erleichterung der Überlassung der Ehewohnung bei Trennung, BRDrucks. 11/1/01; Bundesrat, Plenarprotokoll 759, 44 ff; Stellungnahme des Bundesrates zum Entwurf eines Gesetzes zur Verbesserung des zivilgerichtlichen Schutzes bei Gewalttaten und Nachstellungen sowie zur Erleichterung der Überlassung der Ehewohnung bei Trennung, BRDrucks. 11/01 (Beschluss); Gesetzentwurf der Bundesregierung: Entwurf eines Gesetzes zur Verbesserung des zivilgerichtlichen Schutzes bei Gewalttaten und Nachstellungen sowie zur Erleichterung der Überlassung der Ehewohnung bei Trennung, BTDrucks. 14/5429; Antrag der Fraktion der PDS: Frauenrechte sind Menschenrechte – Gewalt gegen Frauen effektiver bekämpfen, BT-Drucks. 14/5455; Sten. Berichte über die Sitzungen des Deutschen Bundestages 14/155, 15195 ff; Beschlussempfehlung und Bericht des Rechtsausschusses (6. Ausschuss) zu dem Gesetzentwurf der Bundesregierung – Drucksache 14/5429 – Entwurf eines Gesetzes zur Verbesserung des zivilgerichtlichen Schutzes bei Gewalttaten und Nachstellungen sowie zur Erleichterung der Überlassung der Ehewohnung bei Trennung, BTDrucks. 14/7279; Entschließungsantrag der Fraktion der PDS zu der dritten Beratung des Gesetzentwurfs der Bundesregierung – Drucksachen 14/5429, 14/7279 – Entwurf eines Gesetzes zur Verbesserung des zivilgerichtlichen Schutzes bei Gewalttaten und Nachstellungen sowie zur Erleichterung der Überlassung der Ehewohnung bei Trennung, BTDrucks. 14/7327; Sten. Berichte über die Sitzungen des Deutschen Bundestages 14/198, 19416 ff; Gesetzesbeschluss des Deutschen Bundestages: Gesetz zur Verbesserung des zivilgerichtlichen Schutzes bei Gewalttaten und Nachstellungen sowie zur Erleichterung der Überlassung der Ehewohnung bei Trennung, BRDrucks. 904/01; Bundesrat, Plenarprotokoll 770, 681 ff; Gesetzesbeschluss des Deutschen Bundestages: Gesetz zur Verbesserung des zivilgerichtlichen Schutzes bei Gewalttaten und Nachstellungen sowie zur Erleichterung der Überlassung der Ehewohnung bei Trennung, BRDrucks. 904/01.

Übersicht

I. Phänomenologie des Nachstellens bzw. des „Stalking"

1 **1. Der Begriff des Stalking.** Populär ist der Begriff des Stalking in den neunziger Jahren des 20. Jahrhunderts geworden. Er leitet sich vom englischen Verb „to stalk" ab, welches mit „mit langsamen steifen Schritten oder in einer stolzen, selbstgefälligen oder bedrohlichen Weise gehen" oder mit „sich leise und langsam bewegen, um nahe zu kommen, ohne gesehen zu werden" zu übersetzen ist. In der Jägersprache hat Stalking die Bedeutung von „pirschen oder sich heranschleichen". In den USA, Australien, Kanada und in Großbritannien ist der Begriff des Stalking zunächst von der „Klatsch-Presse" als Phänomen der „Celebrities" bezeichnet worden, bei dem „irre Fans" ihren Idolen nachreisten oder sie zu kontaktieren versuchten.[5] Inzwischen dient Stalking – nicht nur im englischsprachigen Raum – als generalisierende Umschreibung für sämtliche Formen eines **Eindringens in den Lebensbereich einer anderen Person gegen deren Willen,**[6] wobei eine allgemeingültige interdisziplinäre Definition des Stalking noch nicht gefunden ist.[7]

2 **2. Das Phänomen des Stalking.** Der Stalker verfolgt sein Opfer, spioniert es aus; er belästigt oder bedroht es.[8] Unter Umständen kommt es zu körperlichen Übergriffen. Extreme Fälle von Stalking können für das Opfer tödlich enden. Der Stalker, dessen Handlungsmotive unterschiedlicher Natur sein können (vgl. unten Rdn. 7), erzeugt Angst.[9] Furcht und Verunsicherung des Opfers, das dem Eingriff in seine Persönlichkeitssphäre zumeist hilflos gegenüber steht, sind charakteristische Folgen von Stalking.[10] Die Lebensführung des Opfers, die immer mehr darauf ausgerichtet ist, potenzielle Kontakte mit dem Stalker zu vermeiden, wird in unzumutbarer Weise beeinträchtigt.[11] Psychologen sprechen von Stalking bei einem willentlichen und wiederholten Verfolgen oder

---

5 *Bieszk/Sadtler* NJW 2007 3382, 3384.

6 *Kerbein/Pröbsting* ZRP 2002 76, 77; *v. Pechstaedt* Schutz, S. 147; *Sieverding* Kriminalistik 2004 763, 764.

7 *Freudenberg* NJ 2006 535; *Gazeas* KJ 2006 247 f. Ausführlich zum Begriff des Stalking *v. Pechstaedt* S. 18 ff. Zu in- und ausländischen Definitionsansätzen s. *Aul* S. 38 ff.

8 *Wagner* RuP 2005 21.

9 *Dreßing/Maul-Backer/Gass* NStZ 2007 253.

10 *Füllgrabe* Kriminalistik 2001 163; *Löbmann* MschrKrim. 2002 25, 29; *Valerius* v. Heintschel-Heinegg Rdn. 2.1.

11 *Hoffmann* Kriminalistik 2001 34, 36; *Meyer* ZStW 115 (2003) 249, 251.

Belästigen einer Person, deren physische oder psychische Unversehrtheit und Sicherheit dadurch bedroht wird. Stalking sei ein **psychologisches Konstrukt**, das durch Handlungen gekennzeichnet sei, die eine Schädigung der betroffenen Person zur Folge haben, dementsprechend als unerwünscht angesehen werden und in der Regel Angst, Sorge und Panik hervorrufen.[12] Dabei können die einzelnen Stalkinghandlungen – wie eine Kontaktaufnahme mittels Telefon – durchaus sozialadäquat sein. Zur unerträglichen Belastung für den Betroffenen werden sie insbesondere durch ihre **Häufigkeit und Kontinuität.**[13]

3. Zahlen. Wissenschaftlichen Studien zufolge ist Stalking ein gesellschaftlich nicht mehr zu ignorierendes, **weit verbreitetes Phänomen mit hoher Dunkelziffer,**[14] das in den letzten 20 bis 30 Jahren zugenommen hat. Verantwortlich hierfür sollen u.a. das vermehrte Scheitern zwischenmenschlicher Beziehungen, die zunehmende Unsicherheit von Arbeitsplätzen, der Anstieg von Gewalt am Arbeitsplatz und eine höhere Verbrechensangst sein.[15] Schätzungen gehen davon aus, dass etwa 4 bis 7,2 % der Männer und 12 bis 17,5 % der Frauen einmal in ihrem Leben von Stalking betroffen sind. 87,2 % der Stalkingopfer sollen Frauen, nur 12,8 % Männer sein.[16] Typisch für Stalking ist eine 1 : 1-Konstellation. Einem „Täter“ steht zumeist ein „Opfer“ gegenüber. Gemeinschaftliches Stalking mehrerer Täter ist selten.[17] Die errechnete Durchschnittsdauer eines Stalking beträgt 28 Monate. Dabei kommt es in 46 % der Fälle mehrmals täglich zur Konfrontation des Opfers mit dem Stalker. 34,6 % der Stalker sollen ihr Opfer explizit bedrohen; in 30,4 % der Fälle von Stalking soll es zu gewalttätigen Übergriffen kommen.[18] Strebt der Stalker eine Kontaktaufnahme mit dem Opfer an, benutzt er zumeist – nämlich in 84 % der Fälle – das **Telefon.**[19] In Deutschland soll es laut einer Studie der Arbeitsgruppe Stalking der TU Darmstadt aus dem Jahr 2005[20] circa 700.000 Stalkingopfer geben. 0,25 % der Fälle von Stalking sollen mit dem Tod des Opfers enden[21]. Solche Zahlen angeblich explosionsartig zunehmender Kriminalität im sozialen Nahraum mahnen schon, worauf *Fischer* zu Recht hinweist,[22] im Ansatz zur Vorsicht. Sie weisen zum einen auf eine gewisse Hysterisierung, gerade auch unter dem Einfluss der Massenmedien, hin; zum anderen machen sie die Unschärfe des Begriffs „Stalking“ deutlich, unter dem sich eine Vielzahl von Verhaltensweisen verstehen lassen, die mit dem jetzt strafrechtlich erfassten Phänomen nicht viel gemein haben müssen und sich doch in diesen Zahlen wiederfinden. 3

4. Der Täter. Die **Persönlichkeitsstruktur** von Stalkingtätern ist inzwischen ebenfalls wissenschaftlich erforscht. Danach sind etwa 80 % der Stalker männlichen Geschlechts,[23] die meisten von ihnen zwischen 30 und 40 Jahre alt. Viele von ihnen sind arbeitslos, 4

12 *Voß*, S. 37.
13 *Endrass/Rossegger/Noll/Urbaniok* MschrKrim. 2007 2.
14 *Voß* S. 37.
15 *Bettermann* KrimJournal 2003 267, 269.
16 Zahlen bei *Dreßing/Maul-Backer/Gass* NStZ 2007 253.
17 *Schäfer* Kriminalistik 2000 587.
18 *Dreßing/Kühner/Gass* FPR 2006 176, 177.
19 *Voß* Prot. RAussch., S. 135.
20 *Voß/Hoffmann/Wondrak/Weißer Ring (Deutschland)* passim.
21 *Müller* in Krüger S. 24; *Sonnen* NK Rdn. 27.
22 *Fischer* Rdn. 3a.
23 Zw. *Gerhold* NKrimP 2009 101 f, der die Basis entsprechender Erhebungen anzweifelt: Männer empfänden wiederholte Belästigungs- und Verfolgungshandlungen erst wesentlich später als bedrohliches Stalking als Frauen, sodass der Frauenanteil bei Opferuntersuchungen (und damit auch der Männeranteil bei den Tätern) regelmäßig überschätzt werde. S. auch *Krüger/Höffler* Praxis der Rechtspsychologie 22 166, 176 ff.

wobei der Verlust der Arbeitsstelle seine Ursache häufig in dem zur Durchführung des Stalking erforderlichen Zeitaufwand hat. Hoch ist der Anteil von Personen mit gescheiterten Intim- oder Liebesbeziehungen.[24] Statistische Erhebungen zeigen, dass Stalker im Vergleich zu anderen Straftätern signifikant älter, intelligenter und besser ausgebildet sind.[25]

5 **5. Das Opfer.** Opferklassifikationen fallen der Wissenschaft schwerer. Zum Opfer eines Stalkers soll grundsätzlich jedermann werden können.[26] Dennoch lassen sich bestimmte **Opfergruppierungen** ausmachen. Zumeist sind Stalkingopfer weiblichen Geschlechts[27] (vgl. oben Rdn. 3). Ein Großteil von ihnen ist Single oder hat mit dem Stalker in einer Partnerschaft gelebt. Eine andere signifikante Gruppe von Stalkingopfern bilden Personen, die eine berufliche Tätigkeit mit Öffentlichkeitsbezug ausüben. Hierzu zählen nicht nur Schauspieler, Musiker oder TV-Stars. Auch Personen, die in einem begrenzteren Rahmen intensiven Kontakt mit anderen Menschen haben – Ärzte, Professoren oder Lehrer –, laufen vermehrt Gefahr, Opfer von Stalking zu werden.

6 **6. Typisierungen.** Typisiert wird Stalking üblicherweise nach der **Täter-Opfer-Beziehung.**[28] Bestand zwischen Stalker und Opfer vor dem Stalking eine (körperliche) Liebesbeziehung, deren Scheitern das Täterverhalten ausgelöst hat, spricht man vom „after-intimitate-relationship-stalking". Der ehemalige Intimpartner gilt als der beharrlichste Stalker-Typus und zugleich als der mit dem größten Gewaltpotenzial.[29] Waren sich Stalker und Opfer jenseits einer intimen Beziehung vor Beginn des Stalking persönlich bekannt, liegt sog. „acquaintance-stalking" vor.[30] Bei dieser Art des Stalking geht es dem Stalker zumeist darum, Macht oder Kontrolle über sein Opfer zu gewinnen, woraus er für sich Befriedigung zieht.[31] Bei einer dritten Variante des Stalking kennen sich Stalker und Opfer nicht. In diese Kategorie fällt das Stalking Prominenter, das häufig Gegenstand von Presse- oder Fernsehberichterstattung ist.[32] Ungeachtet seiner Medienwirksamkeit ist das Stalking einer unbekannten Person in der Gesamtschau aber eher selten. Die meisten Fälle von Stalking richten sich auf einen ehemaligen Partner.[33]

7 Stalking muss aber nicht zwingend nach der Art der Beziehung des Stalkers zu seinem Opfer definiert werden. Bei einer anderen Typisierung wird nach der **Motivation des Stalkers** unterschieden.[34] So gibt es den nach „Liebe suchenden Stalker", der durch sein Verhalten versucht, Aufmerksamkeit und Zuneigung von seinem Opfer zu erlangen. Ihm korrespondiert der nach „Rache suchende Stalker", dessen Ziel es ist, sein Opfer abzu-

---

24 *Dreßing/Maul-Backer/Gass* NStZ 2007 253.

25 *Schäfer* Kriminalistik 2000 587, 588. Vgl. aber auch *Peters* NStZ 2009 238, der – allerdings ohne Nachweis – Täter von Stalking dem „sozial schlechter gestellten sozialen Milieu" zugehörig sieht.

26 *Dreßing/Maul-Backer/Gass* NStZ 2007 253.

27 *Habermeyer* FPR 2006 196; *Harzer* NKimP 2009 95, 96. Vgl. auch die vom Bureau of Justice Statistics des Justizministeriums der Vereinigten Staaten von Amerika veröffentlichte Studie zu „Stalking Victimization in the United States" (Stand Januar 2009), abrufbar unter http://www.ojp.usdoj.gov/content/pub/pdf/svus.pdf.

28 Zu den Kategorisierungen von Stalking und Stalkern allgemein *Dreßing/Kühner/Gass* FPR 2006 176, 177 ff; *Voß/Küken* FPR 2006 180, 185 f.

29 *Goebel/Lapp* Kriminalistik 2003 369; *Knecht* Kriminalistik 2003 364, 368.

30 *Rackow* GA 2008 552.

31 *Meyer* ZStW **115** (2003) 249, 255.

32 *Stange/Rilinger* StraFo 2003 194.

33 *Meyer* ZStW **115** (2003) 249, 255; s. auch *Voß* Praxis der Rechtspsychologie 2005 183.

34 Zu den Motiven von Stalkern näher *Aul* S. 80 ff; *Sadtler* S. 71 ff.

strafen.[35] Beide Kategorien lassen sich weiter unterteilen. Bei dem nach „Liebe suchenden Stalker" lässt sich zwischen dem „intimacy stalker" und dem „incompetent stalker" unterscheiden. Der „intimacy stalker" ist von dem Bestreben erfüllt, mit dem Opfer eine Liebesbeziehung einzugehen. Dabei lässt er sich selbst von dem Umstand nicht abhalten, dass seine Gefühle nicht erwidert werden. Der Stalker idealisiert sein Opfer und deutet selbst eindeutige Zurückweisungen seiner Bemühungen als kokettierendes „Zieren". Der „incompetent stalker" demgegenüber ist eine Person, dessen Wünsche und Erwartungen in keinem adäquaten Verhältnis zu seinen intellektuellen, sozialen und finanziellen Möglichkeiten bzw. Fähigkeiten stehen. Objekt der Zuneigung solcher Persönlichkeiten sind oft Menschen, die aus diesen Gründen die ihnen entgegengebrachten Liebesgefühle nicht erwidern, was als Reaktion das Stalking auslöst.[36]

Prototyp des Rache-Stalkers ist der zurückgewiesene – „rejected" – Stalker. Dieser **8**
befand sich mit dem Opfer in einer nunmehr beendeten engen persönlichen Beziehung. Sein Verhalten ist vorrangig darauf ausgelegt, das Opfer, welches er für das Scheitern der Beziehung verantwortlich macht, zu bestrafen. Andererseits wird er von dem Wunsch regiert, das Opfer zurück zu gewinnen. Eine andere Intention hat der „resentful" Stalker. Ihm geht es allein darum, sein Opfer in Angst und Schrecken zu versetzen, weil er von diesem ungerecht behandelt wurde oder dies zumindest glaubt.[37]

7. **Erscheinungsformen.** Um ihre auf die Opferperson gerichteten Ziele zu erreichen, **9**
bedienen sich Stalker einer Vielzahl von Verhaltensweisen. **Typisch für Stalking** sind das Verfolgen, das Schreiben von „Liebesbriefen", der Telefonterror – insbesondere Anrufe zur Nachtzeit –, das Hinterlassen von Nachrichten auf dem Anrufbeantworter oder von Geschenken, das Aufsuchen von Örtlichkeiten, an denen auch das Opfer anzutreffen ist – sei es Wohnung oder Arbeitsplatz –, weiterhin Sachbeschädigungen, Verleumdungen oder aber auch das Überwachen des Freundes- und Bekanntenkreises des Opfers. Große Bedeutung hat inzwischen das sog. „Cyberstalking" erlangt, bei dem sich der Stalker des Internets oder der Möglichkeiten von Mobiltelefonen bedient. **„Cyberstalking"** ist zum einen das Versenden von belästigenden – häufig auch obszönen – SMS und E-Mails. Der Begriff erfasst zum anderen aber auch das Verbreiten persönlicher Daten des Opfers in Chatrooms mit ehrenrührigen, z.B. sexuellen, Thematiken oder das Einstellen diskreditierender Fotos in das World-Wide-Web.[38]

Eine Einteilung der möglichen Erscheinungsformen von Stalking erfolgt üblicherweise nach den Kategorien „mild" und „schwer". Als **mildes Stalking** werden zunächst die Handlungen bezeichnet, bei denen der Stalker nicht gezielt bestimmte Rechtsgüter verletzt, wie etwa bei unerwünschten Versuchen von Kontaktaufnahme. Als mildes Stalking gelten aber auch Eingriffe in die Opfersphäre, denen ein lediglich geringer Unwertgehalt anhaftet. Beispiele sind das Verbreiten von Gerüchten oder das Verfolgen bzw. Auflauern. **Schweres Stalking** liegt demgegenüber bei (schweren) Beschimpfungen, Gewaltandrohungen, körperlichen Angriffen, Sachbeschädigungen und sexuellen Belästigungen vor.[39] Nach Erfahrungen der US-amerikanischen Bundespolizei FBI sollen folgende Umstände **Indikatoren für ein schweres Stalking** mit erhöhter Gefährdung des Opfers sein:
- Vordelikte des Täters (vor allem im Bereich der Gewaltkriminalität)
- Alkohol- und Drogenmissbrauch des Täters

---

35 *Rackow* GA 2008 552 f.
36 *Müller* in Krüger S. 27.
37 *Müller* in Krüger S. 26 ff.
38 *Stange/Rilinger* StraFo 2003 194. Zum Cyberstalking vgl. auch *Hilgendorf/Hong* K&R 2003 168 ff.
39 *Löbmann* MschrKrim. 2002 25 f; *Meyer* ZStW **115** (2003) 249, 254.

- Symbolische, physische oder verbale Gewalt (z.B. Töten von Tieren)
- Einsatz von Kindern als Druckmittel
- Mord- oder Suizidankündigungen
- Extreme Kontrollausübung (Observation, Verlangen von Erklärungen)
- Besondere Stressoren für den Täter
- Gewaltanwendung in der Öffentlichkeit
- Waffenbesitz
- Sinkende Konzentration beim Täter/Depression
- Psychische Erkrankungen des Täters
- Verzweiflung
- Schuldzuweisungen an andere, mangelnde Unrechtseinsicht ggf. gekoppelt mit falschen Beschuldigungen des Opfers und Verleumdungen
- Inkonsequentes Opferverhalten gegenüber dem Täter.[40]

10 **8. Die Folgen.** Auch wenn die Zahlen über gewalttätiges oder gar lebensbedrohliches Stalking letztlich zu hoch gegriffen sein sollten, dürfen die Folgen, die der Stalker durch sein Verhalten verursachen kann, nicht unterschätzt werden.[41] Stalking wird von den Opfern als „Terror" begriffen.[42] Es löst bei ihnen eine **chronische Stresssituation** aus, die körperliche und seelische Krankheitszustände hervorrufen oder unterhalten kann.[43] Insbesondere die **Psyche der Opfer** wird betroffen.[44] **Typische Symptomatiken** sind Angstgefühle, Panikattacken, Hypervigilanz, Schlafstörungen, Depressionen, Appetitstörungen und sog. Flashbacks. 24 % der Opfer sollen Selbstmordgedanken hegen.[45] Hoch ist auch der Anteil an posttraumatischen Belastungsstörungen.[46] Weitere Folge des Stalking ist für die meisten Opfer eine **unfreiwillige Veränderung ihrer Lebensumstände**, die darin besteht, bestimmte Orte zu meiden, den Arbeitsplatz zu wechseln oder Freizeitaktivitäten und/oder soziale Kontakte einzuschränken. Auch die berufliche Leistungsfähigkeit der Opfer wird in Mitleidenschaft gezogen.[47]

II. Das Delikt in der strafrechtlichen Praxis

11 Verallgemeinerungsfähige **Erfahrungen der strafrechtlichen Praxis** mit § 238 existierten bis zum Jahr 2009 noch nicht. Es war nicht nur die Anzahl der veröffentlichten strafgerichtlichen Entscheidungen verschwindend gering. Auch fehlten bis in das Jahr 2009 hinein verlässliche Zahlen hinsichtlich der Menge der bundesweit anfallenden Verfahren und des Anzeigeverhaltens der Opfer, was darauf zurückzuführen war, dass die statistische Erfassung von Stalking-Fällen in einigen Bundesländern erst mit dem 1. Januar 2008 einsetzte. Für die Jahre 2008 und 2009 liegen nunmehr aber vollständige Datensätze vor.[48] Danach wurden in 2008 29.273 Fälle von Nachstellung erfasst. Im Jahr 2009

[40] *Goebel/Lapp* Kriminalistik 2003 369, 374 unter Verweis auf *Eugene Rugalla*: Vortrag anlässlich einer internationalen Fachtagung „Operative Fallanalyse" vom 14.10.– 18.10.2002 im Polizeifortbildungsinstitut (PFI) Neuss.

[41] *Smischek* S. 110 f.

[42] *Stange/Rilinger* StraFo 2003 194.

[43] *Dreßing/Maul-Backer/Gass* NStZ 2007 253, 254.

[44] *Harzer* NKrimP 2009 95, 97 spricht in diesem Zusammenhang von „Privat-Terrorismus" und „Psycho-Folter" ohne staatliche Mitwirkung.

[45] *Schäfer* Kriminalistik 2000 587, 588 m.w.N.

[46] *Dreßing/Maul-Backer/Gass* NStZ 2007 253, 254.

[47] *Löbmann* MschrKrim. 2002 25, 28 f.

[48] S. im Einzelnen *Käppner* S. 112 ff.

waren es 28.536 Fälle. Dies entspricht einem Anteil von 0,5 Prozent an sämtlichen in diesem Zeitraum in Deutschland registrierten Straftaten.[49] In 2010 wurden 26.848, in 2011 25.038 Nachstellungen festgestellt; in 2012 und 2013 waren es – weiter rückläufig – 24.592 bzw. 23.831 Taten.[50] Die Aufklärungsquote für Nachstellungen lag im Jahr 2008 bei 88,1 Prozent. In 2009 stieg diese Quote auf 89,5 Prozent an.[51] Für die Jahre 2010 und 2011 ist sie im Wesentlichen konstant geblieben (zwischen 88,3 und 89,5 Prozent)[52]. Von der polizeilichen Erfassung abzugrenzen ist die Behandlung der bekannt gewordenen Stalking-Fälle durch die Justiz. Laut einer unveröffentlichten Statistik der Staatsanwaltschaft bei dem Schleswig-Holsteinischen Oberlandesgericht in Schleswig sind bei den vier Staatsanwaltschaften des Landes Schleswig-Holstein im Zeitraum vom 1. Januar 2008 bis 31. Dezember 2008 insgesamt 1190 Ermittlungsverfahren wegen beharrlicher Nachstellung anhängig gewesen. Davon haben 69 mit einer Anklage geendet. In einem Fall wurde ein Antrag auf Durchführung des Verfahrens gem. § 76 JGG gestellt. In 23 Fällen erfolgte Antrag auf Erlass eines Strafbefehls ohne Freiheitsstrafe. 218 Verfahren endeten mit einer Verweisung auf den Privatklageweg und 317 Verfahren wurden mangels hinreichenden Tatverdachts gemäß § 170 Abs. 2 StPO eingestellt. Der Rest der Verfahren hat auf andere Weise eine Erledigung gefunden – Verfahrensverbindung und -abgabe, Opportunitätseinstellung – oder war zum Erhebungszeitraum noch offen. Erstaunlich ist – wegen der Ausgestaltung des § 238 Abs. 1 als Privatklagedelikt – die Zahl von 167 Einstellungen nach § 153 StPO. Erklärbar ist dies nur durch die Annahme, dass diesen als beharrliche Nachstellung geführten Verfahren (auch) andere Straftaten zugrunde gelegen haben. Ähnliche Zahlen wie in Schleswig-Holstein werden auch aus Berlin gemeldet. Dort ist es – laut Auskunft der Justizsenatorin – binnen des ersten Jahres nach Inkrafttreten des § 238 zu ca. 1000 Anzeigen wegen beharrlicher Nachstellung gekommen. Gegen 110 Personen wurde Anklage erhoben bzw. Strafbefehl erlassen. Im selben Zeitraum kam es in Nordrhein-Westfalen zu rund 4400 Anzeigen, in Rheinland-Pfalz zu ca. 700. Hessen vermeldete für das erste Halbjahr der Geltung des § 238 etwa 500 Anzeigen.[53] Die Verurteiltenstatistik für das Jahr 2012 weist nunmehr 570 Fälle aus, wobei es zu 303 Verurteilungen und 267 anderen Erledigungen kam.[54]

III. Schutzgut der Vorschrift

Als Schutzgut des § 238 bezeichnet der **Gesetzentwurf der Bundesregierung** vom 8. Februar 2006, auf den die aktuelle Gesetzesfassung weitgehend zurückgeht, den **individuellen Lebensbereich des Einzelnen.**[55] Der Begriff des individuellen Lebensbereichs ist weiter als der in § 201a verwandte Begriff des höchstpersönlichen Lebensbereichs. Er geht auch über den Begriff des „intimen" Lebensbereichs hinaus,[56] der mit dem Sexualbereich über das Allgemeine Persönlichkeitsrecht verfassungsrechtlichen Schutz nach 12

[49] PKS 2009, S. 310. Zu Zahlen aus dem Jahre 2007 vgl. *Dessecker* Maiwald-FS. 103, 114.

[50] PKS 2011, S. 48. S. auch PKS 2012 und 2013, Grundtabelle, S. 5.

[51] PKS 2009, S. 36.

[52] PKS 2011, S. 48. S. auch PKS 2012 und 2013, jeweils Grundtabelle, S. 5.

[53] Quelle: Weisser Ring, Die Zeitschrift für Opferschutz und Prävention 3/2008 7; s. zu den Erfahrungen der Justiz aus Hessen auch *Fünfsinn* Kreuzer FS 146, 156 ff.

[54] Statistisches Bundesamt, Fachserie 10, Reihe 3, 2012, S. 66.

[55] BTDrucks. 16/575, S. 6; vgl. auch *Eisele* BT I Rdn. 488: Schutzgut ist die Willensentschließung und Willensbetätigung hinsichtlich der Lebensgestaltung.

[56] *Fischer* Rdn. 2.

Art. 2 Abs. 1 i.V.m. Art. 1 Abs. 1 GG genießt.[57] Die Weite des Begriffs zeigt sich an dem Katalog der Individualrechtsgüter, die der Gesetzentwurf der Bundesregierung als durch Stalking gefährdete Rechtspositionen aufführt. Dort sind neben der psychischen und physischen Gesundheit auch die Gefahren von Verhaltensänderungen genannt.[58] Vorgebeugt werden soll durch den strafrechtlichen Schutz des § 238 einer furchtbedingten Reduzierung sozialer Kontakte, einem Meiden bestimmter Örtlichkeiten, dem Treffen von Sicherheitsvorkehrungen für sich und andere und dem Wechsel von Wohnung und Arbeitsplatz, um dem Verfolger zu entgehen.[59] § 238 will danach die Handlungs- und Entschließungsfreiheit des Opfers schützen.[60] In der **Literatur** wird das Schutzgut des individuellen Lebensbereichs angesichts dieser Facetten schützenswerter Lebensgestaltung als Gesamtheit der im Allgemeinen Persönlichkeitsrecht begründeten individuellen Freiheits-Gewährleistungen begriffen, was auch die Einordnung der Strafvorschrift unter die Delikte des 18. Abschnitts – die Straftaten gegen die persönliche Freiheit – rechtfertige.[61]

13 Dies ist aber nur eine **im Schrifttum** vertretene Auffassung. Einige Autoren sehen, wenn sie nicht außerhalb der Verwirklichung von Straftatbeständen wie Nötigung, Bedrohung, Beleidigung oder Sachbeschädigung, überhaupt jeglichen Rechtsgutsbezug leugnen,[62] die Freiheit nicht als zentralen Schutzaspekt des § 238 an. Für sie ist mit „persönlicher Freiheit" das Schutzgut des Stalking-Paragrafen nur unzureichend umschrieben. Der Sache nach gehe es bei § 238 um den Erhalt seelischen Wohlbefindens. Stalking sei vornehmlich Psychoterror. Deshalb stehe das Anliegen des Opfers im Vordergrund, „in Ruhe" oder in „Frieden" gelassen zu werden.[63] Es sei daher folgerichtig und prägnanter, das Rechtsgut des § 238 im *individuellen Rechtsfrieden*[64] des Stalkingopfers oder im *„Freisein von Furcht"*[65] zu sehen.[66]

14 Eine **eindeutige Rechtsgutsbestimmung** wird zu Recht als schwierig bezeichnet.[67] Welchem grundsätzlichen Ansatz einer Rechtsgutsbestimmung man auch folgt: es handelt sich um ein relativ offenes, unbestimmtes Rechtsgut, das seinerseits keine genauere

[57] Zuletzt BVerfG NJW 2008 1137.

[58] *Schluckebier* SSW-StGB Rdn. 2.

[59] BTDrucks. 16/575, S. 6.

[60] Vgl. *Lackner/Kühl* Rdn. 1; *Rössner/Krupna* NKGesStR Rdn. 1.

[61] *Fischer* Rdn. 2; *Valerius* v. Heintschel-Heinegg Rdn. 1; *Wessels-Hettinger* Rdn. 369a; wohl auch *Schluckebier* SSW-StGB Rdn. 2 und *Sch/Schröder/Eisele* Rdn. 4 sowie *Gericke* MK Rdn. 1; kritisch *Wolters* SK Rdn. 1a, der Differenzierungen im Handlungs- und Erfolgsunrecht zwischen den §§ 239 und 240 einerseits und § 238 andererseits ausmacht und deshalb unter Hinweis auf die inhaltliche Nähe des Stalking-Paragrafen zu § 241 eine Anfügung der Nachstellung an die Bedrohung für vorzugswürdig erachtet hätte. *Karl* S. 124, 126 betont, dass zum Schutzgut nicht nur die äußere Handlungsfreiheit, sondern insbesondere auch die „innere Freiheit" gehöre, seine Lebensgestaltung selbst zu bestimmen; ähnlich *Nowicki* S. 81: Lebensgestaltung als Rechtsgut.

[62] Vgl. *Neubacher* ZStW 118 (2006), 866.

[63] *Joecks* Rdn. 2; *Mitsch* NJW 2007 1237 f.

[64] *Gazeas* JR 2007 498; *Joecks* Rdn. 3; *Meyer* ZStW 115 (2003) 249, 284; *Mitsch* NJW 2007 1238; *Schluckebier* SSW-StGB Rdn. 2; *Sommerfeld/Voß* SchlHA 2005 327; *Timmermann* StraFo 2008, 360.

[65] *Kinzig/Zander* JA 2007 481; *Krüger* in Krüger S. 93 f; *Meyer* ZStW 115 (2003) 249, 284; *Rackow* GA 2008 552, 558.

[66] Vgl. auch *Rössner/Krupna* NKGesStR Rdn. 1, die mit Blick auf das seelische Wohlbefinden des Opfers auch die Gesundheit als Schutzgut des § 238 ansehen. Ähnlich *Endrass/Rossegger/Noll/Urbaniok* MschrKrim 2007 1; *Schluckebier* SSW-StGB Rdn. 2; *Steinberg* JZ 2006 31.

[67] Vgl. nur *Eiden* ZIS 2008 124; *Gazeas* JR 2007 498; *Kinzig* ZRP 2006 257; *Mitsch* NJW 2007 1237; *Steinberg* JZ 2006 31.

Bestimmung des typischen Unrechts leisten kann.[68] Zwar liegen die vertretenen Lösungsansätze inhaltlich nicht weit auseinander. Denn auch die Ansicht, die das Rechtsgut im individuellen Rechtsfrieden sieht, greift bei der Schutzgutbestimmung auf Aspekte persönlicher Freiheit zurück. Individueller Rechtsfrieden bedeutet auch, von Einschränkungen in der Lebensführung durch Belästigungen frei, d.h. nicht dazu gezwungen zu sein, sich durch „Vermeidestrategien" vor Eingriffen in die private Lebensgestaltung schützen und dadurch Einschränkungen an Lebensqualität und im persönlichen Wohlbefinden hinnehmen zu müssen. Und doch können sich Unterschiede ergeben, weil der Schutz des individuellen Rechtsfriedens tendenziell weiter reichen wird als die (bloße) Vermeidung von Eingriffen in die Handlungs- und Entschließungsfreiheit des Einzelnen. Vor dem Hintergrund, dass die systematische Einordnung des § 238 im 18. Abschnitt vor der Freiheitsberaubung nahe legt, dass eine Strafbewehrung nur dann in Betracht zu ziehen sein dürfte, wenn Einschränkungen der persönlichen Freiheit festzustellen sind,[69] wird man zusammenfassend sagen können, dass § 238 den **individuellen Rechtsfrieden eines Menschen vor nicht nur unerheblichen Freiheitsbeschränkungen** schützt.[70] Dies dürfte auch der Lesart des BGH vom Schutzgut der Norm entsprechen, der davon ausgeht, dass der Straftatbestand des § 238 „dem Schutz der eigenen Lebensführung vor gezielten, hartnäckigen und schwerwiegenden Belästigungen der Lebensführung" dient.[71] Insoweit steht auch für den BGH die Wahrung von Freiheitsgewährleistungen des Einzelnen im Vordergrund des durch § 238 gewährten Strafrechtsschutzes.

IV. Verfassungsmäßigkeit der Norm

1. Grundsätzliche verfassungsrechtliche Legitimation. Untrennbar verknüpft mit der Bestimmung eines schützenswerten Rechtsguts ist die Frage der Legitimation einer Strafvorschrift. Straftatbestände greifen wegen ihrer Rechtsfolgenanordnung in schärfster Form in Schutzbereiche von (Freiheits-)Grundrechten ein. Verfassungsrechtlich zulässig ist ein solcher Eingriff nur dann, wenn sich das Strafgesetz als Ausdruck der geschriebenen und ungeschriebenen Schranken der jeweils betroffenen Verfassungsnormen darstellt. Dies ist nur bei **Wahrung des Verhältnismäßigkeitsgrundsatzes** der Fall. Die Norm muss geeignet und erforderlich sein, die gesetzgeberische Intention durchzusetzen. Sie darf darüber hinaus nicht unausgewogen in die Grundrechtspositionen des Normadressaten eingreifen.[72] **15**

a) **Die Erforderlichkeit einer neuen Strafbestimmung.** Zweifel an der verfassungsrechtlichen Legitimation des § 238, der, wie jeder Strafnorm, die Geeignetheit der Zielerreichung kaum abzusprechen sein dürfte,[73] ergeben sich unter dem Gesichtspunkt der **„Erforderlichkeit"**. Klar ist, dass die auch im Gesetzgebungsverfahren angeführte Erwägung, der neue Straftatbestand „solle ein Zeichen setzen", allein den Nachweis für die **16**

---

68 So auch *Lackner/Kühl* Rdn. 1; s. ferner *Eidam* JuS 2010 869, 871; *Rackow* GA 2008 552, 558.

69 BTDrucks. 16/3641, S. 14; *Rengier*, BT II, § 26a Rdn. 2; *Rössner/Krupna* NKGesStR Rdn. 1; *Wolters* SK Rdn. 2.

70 *Matt/Renzikowski-Eidam* Rdn. 1; *Sonnen* NK Rdn. 13. In diesem Sinne wohl auch *Peters* NStZ 2009 238, 239.

71 BGHSt 54 189, 193.

72 Vgl. zuletzt m.w.N. BVerfGE 120, 224, 240 f.

73 S. demgegenüber die Argumentation des Richters *Hassemer* in seinem Minderheitsvotum zur Ungeeignetheit des § 173 Abs. 2 Satz 2 BVerfGE 120, 224, 255 ff.

verfassungsrechtliche Erforderlichkeit einer Strafnorm nicht erbringen kann (vgl. auch weiter unten Rdn. 18).[74] *Symbolische Gesetzgebung*[75] kann eine neue Strafvorschrift für sich gesehen nicht rechtfertigen. Ebenso wenig vermag allein der Gesichtspunkt des zu verbessernden Opferschutzes dies zu leisten; denn mit den Mitteln des Strafrechts kann **Opferschutz** nur dort in Betracht kommen, wo es einen Straftäter gibt, dem tatsächlich strafwürdiges Verhalten vorzuwerfen ist.[76] Zu fragen ist deshalb, ob unter Beachtung des **ultima-ratio-Charakters des Strafrechts**,[77] der vor allem bei der öffentlichen oder politischen, aber zunehmend auch in der wissenschaftlichen Diskussion um die Rechtfertigung neuer Strafnormen außer Acht gelassen wird,[78] eine mit Strafrecht zu schließende **Regelungslücke** besteht.[79] Insoweit ist mit Blick auf das Schutzgut der Norm festzuhalten, dass eine Vielzahl von Verhaltensweisen, die dem Bereich des Stalking zugerechnet werden, bereits existenten Strafnormen unterfällt. Es sind insbesondere die Tatbestände der §§ 123, 177, 185, 201 ff, 223, 229, 240, 241 und 303,[80] nach denen Stalking-Handlungen bestraft werden können. Auch der so genannte **„Telefonterror"**, der häufig zur Legitimierung einer im Kernstrafrecht angesiedelten Strafbarkeit von Stalking herangezogen wird, lässt sich, soweit er Auswirkungen hat, die eine Bestrafung mit Blick auf das Ausmaß der Rechtsgutsbeeinträchtigung rechtfertigen, durch andere Normen des StGB als § 238 erfassen. Ist er derart schwerwiegend, dass die mit ihm verbundene psychische Belastung zu einem somatisch objektivierbaren pathologischen – also physisch erlebten – Zustand führt, greift der Tatbestand der Körperverletzung.[81] Noch weiter gehender ist der strafrechtliche Schutz durch § 223, wenn man mit einer im Vordringen befindlichen Auffassung auch die psychische Gesundheit als Schutzgut der Körperverletzungsdelikte ansieht.[82] Dann können sämtliche psychischen Beeinträchtigungen mit Krankheitswert – insbesondere die als Folge von Stalking häufig auftretenden Depressionen und Angststörungen – als Körperverletzungserfolg angesehen werden.[83] Der Einwand, bei der Prüfung des § 223 sei es problematisch, einen entsprechenden Körperverletzungserfolg nachzuweisen, verfängt nicht.[84] Zunächst ist es fraglich, ob die angeführten Beweisschwierigkeiten überhaupt vorliegen. Der Beweis eines Körperverletzungserfolges dürfte mittels ärztlicher Diagnostik unschwer zu führen sein. Darüber hinaus ist nicht erkennbar, dass der Tatbestand des § 238 im Hinblick auf die Beweisführung einfacher zu handhaben wäre als andere Straftatbestände.[85] Insbesondere das Tatbestandsmerkmal der Beharrlichkeit (der Nachstellung), dessen Feststellung sich aus einer Gesamtwürdigung sämtlicher Handlungen des Täters im Zusammenhang mit den konkreten Gegeben-

---

74 Vgl. auch *Walter* ZIS **2011** 629, 633.

75 Zu § 238 als symbolischer Gesetzgebung *Albrecht* FPR 2006 208; *Kinzig* ZRP **2006** 258; dagegen: *Sch/Schröder-Eisele* Rdn. 3.

76 So auch *Rackow* GA **2008** 552, 556 f.

77 Ausdrücklich im Zusammenhang mit § 238 *Borchert* FPR **2004** 239, 240; *Freudenberg* NJ **2006** 535, 539 f; *Frommel* NKrimP **2005** 86, 87 f; *Steinberg* JZ **2006** 30, 33.

78 Dazu auch *Timmermann* StraFo **2007** 360.

79 Dazu ausf. auch *Fischer* Rdn. 3b. S. ferner *Kinzig* ZRP **2006** 257 f; *Neubacher* ZStW **118** (2006), 865 ff; *Pollähne* StraFo **2006** 401.

80 Vgl. insoweit *Meyer* ZStW **115** (2003) 249, 260 ff; *Winterer* FPR **2006** 199. S. auch Kudlich HRRS **2012** 177 f.

81 OLG Düsseldorf StV **2003** 563; OLG Hamm MDR **1958** 939; LG Bochum, Urt. vom 23. März 2003 – 14 Ns 63 Js 885/03 – juris.; *Brauner/Göhner* NJW **1978** 1469, 1472.

82 *Joecks* MK § 223 Rdn. 4 f; *Sch/Schröder-Eser/Sternberg-Lieben* § 223 Rdn. 1. So auch AG Grevesmühlen Streit **2005** 36 und AG Rheinbach Streit **2005** 126 m. zust. Anm. *Lörsch*.

83 Eingehend *Buß* S. 131 ff.

84 So aber *Janovsky* Prot. RAussch., S. 92.

85 Instruktiv insoweit *Freudenberg* NKrimP **2005** 84, 85; *dies.* NJ **2006** 535, 538.

heiten des Einzelfalls ergeben soll,[86] kann wegen der ihm eigenen inhaltlichen Unbestimmtheit zu Schwierigkeiten bei der Feststellung der Straftat führen (vgl. dazu näher unten Rdn. 58).[87]

Versuche, § 238 **in Abgrenzung zu den Straftatbeständen des StGB** zu einem speziellen Unrechtsgehalt und damit einem eigenen Anwendungsbereich zu verhelfen, vermögen nicht zu überzeugen. So wird für § 238 ins Feld geführt, die Vorschrift erfasse nicht nur belästigende Einzelakte von strafrechtlicher Relevanz, wie eine bestimmte Verletzung des Hausrechts oder einen konkreten Angriff auf die körperliche Integrität, sondern stelle auch die hinter diesen Einzelakten stehende Täterintention einer andauernden Beeinträchtigung der Lebensführung des Opfers unter Strafe. Zudem sei § 238 dazu geeignet, die in fortlaufender Belästigung häufig zu Tage tretende Dynamik, die zu einer – hochrangige Rechtsgüter beeinträchtigenden – Eskalation führen könne, einzudämmen.[88] Dieser Argumentation kann entgegengehalten werden, dass die hinter belästigenden Einzelakten von strafrechtlicher Relevanz stehende Intention des Täters, sein Opfer systematisch zu verfolgen, ihren Niederschlag bei der Strafzumessung finden kann, wenn die Rechtsfolge Tatbeständen wie §§ 223 und 185 entnommen werden muss, und ein Beweis dafür erst noch zu erbringen ist, dass solche Strafen keine deeskalierende Wirkung entfalten. Soweit im Übrigen zugunsten einer neuen Strafnorm angeführt wird, andere Strafvorschriften erfassten nicht Formen des **weichen Stalkings,**[89] trifft dies jedenfalls nicht in dieser Allgemeinheit zu. Zudem ist dadurch allein nicht der Nachweis für die Annahme eines strafwürdigen Verhaltens erbracht. Schließlich führt die Fassung des § 238 mit ihren Tatbestandsvoraussetzungen selbst dazu, dass nicht jede Form weichen Stalkings erfasst wird. 17

aa) **§ 4 Gewaltschutzgesetz.** Mehr noch als die Straftatbestände des StGB scheint allerdings die Existenz von **§ 4 GewSchG (Gewaltschutzgesetz)** dazu geeignet, die Erforderlichkeit von § 238 infrage zu stellen.[90] Der am 1. Februar 2002 in Kraft getretene[91] § 4 GewSchG pönalisiert Verstöße gegen gerichtliche Maßnahmen nach § 1 GewSchG. Gemäß § 1 GewSchG dürfen die Gerichte dem Täter zum Schutz des Opfers einer Nachstellung insbesondere Kontakt- und Wohnungsbetretungsverbote erteilen.[92] Jedoch ist 18

---

[86] BTDrucks. 16/575, S. 7.

[87] Vgl. insoweit auch OLG Rostock, Beschl. vom 27. Mai 2009 – 1 Ss 96/09 I 40/09 – juris (Inhaltsangabe bei *Jahn* JuS **2010** 81 ff): körperliche Folgen eines Stalking (Bluthochdruck) sind nicht Ausdruck einer Änderung der Lebensgestaltung i.S.v. § 238, wohl aber tatbestandliche Erfolge nach §§ 223, 229 StGB.

[88] *Fischer* Rdn. 3b.

[89] So schon BTDrucks. 16/575, S. 1. Vgl. ferner *Fünfsinn* NKrimP **2005** 83; *Kerbein/Pröbsting* ZRP **2002** 78; *Lackner/Kühl* Rdn. 1; *Mitsch* NJW **2007** 1238, *Sadtler* S. 347.

[90] Vgl. insbesondere *Freudenberg* NJ **2006** 535, 539 und *Sonnen* NK Rdn. 27. Zum GewSchG allgemein vgl. *Grziwotz* NJW **2002** 872 ff und *Rinio* Kriminalistik **2002** 531 ff.

[91] BGBl. I, S. 3513.

[92] **§ 1 Gerichtliche Maßnahmen zum Schutz vor Gewalt und Nachstellungen**
(1) Hat eine Person vorsätzlich den Körper, die Gesundheit oder die Freiheit einer anderen Person widerrechtlich verletzt, hat das Gericht auf Antrag der verletzten Person die zur Abwendung weiterer Verletzungen erforderlichen Maßnahmen zu treffen. Die Anordnungen sollen befristet werden; die Frist kann verlängert werden. Das Gericht kann insbesondere anordnen, dass der Täter es unterlässt,
1. die Wohnung der verletzten Person zu betreten,
2. sich in einem bestimmten Umkreis der Wohnung der verletzten Person aufzuhalten,
3. zu bestimmende andere Orte aufzusuchen, an denen sich die verletzte Person regelmäßig aufhält,

dem Strafrechtsschutz nach dem GewSchG **mangelnde Effizienz** vorgeworfen worden.[93] Das Manko des § 4 GewSchG wird in seiner zivilrechtlichen Akzessorietät zu § 1 GewSchG gesehen.[94] Diese Vorschrift setze ein häufig nicht zumutbares eigeninitiatives Tätigwerden des Opfers voraus.[95] Dieses müsse sich nicht nur um den Erlass einer Schutzanordnung bemühen. Auch der Verstoß gegen die ergangene Anordnung müsse aktiv angezeigt werden, um die strafrechtliche Verfolgung in Gang zu setzen.[96] Ändere der Stalker, nachdem eine bestimmte Schutzanordnung gefasst sei, seinen modus operandi, laufe der Strafrechtsschutz leer.[97] Ebenfalls kritisiert wird eine als zu gering empfundene Strafdrohung. Geldstrafe oder Freiheitsstrafe bis zu einem Jahr ermöglichten keine effektive spezialpräventive Einwirkung auf den Täter und könnten keine Untersuchungshaft nach sich ziehen.[98] Erstaunlicherweise stellen die Gesetzentwürfe weniger auf solche Probleme der Strafverfolgung nach dem GewSchG als vielmehr auf die Möglichkeiten einer effektiveren Strafverfolgung durch eine im Kernstrafrecht verankerte Vorschrift über das Stalking ab.[99] Eine solche Vorschrift, die Stalking-Verhalten als schweres, strafwürdiges

---

4. Verbindung zur verletzten Person, auch unter Verwendung von Fernkommunikationsmitteln, aufzunehmen,
5. Zusammentreffen mit der verletzten Person herbeizuführen,

soweit dies nicht zur Wahrnehmung berechtigter Interessen erforderlich ist.

(2) Absatz 1 gilt entsprechend, wenn
1. eine Person einer anderen mit einer Verletzung des Lebens, des Körpers, der Gesundheit oder der Freiheit widerrechtlich gedroht hat oder
2. eine Person widerrechtlich und vorsätzlich
   a) in die Wohnung einer anderen Person oder deren befriedetes Besitztum eindringt oder
   b) eine andere Person dadurch unzumutbar belästigt, dass sie ihr gegen den ausdrücklich erklärten Willen wiederholt nachstellt oder sie unter Verwendung von Fernkommunikationsmitteln verfolgt.

Im Falle des Satzes 1 Nr. 2 Buchstabe b liegt eine unzumutbare Belästigung nicht vor, wenn die Handlung der Wahrnehmung berechtigter Interessen dient.

(3) In den Fällen des Absatzes 1 Satz 1 oder des Absatzes 2 kann das Gericht die Maßnahmen nach Absatz 1 auch dann anordnen, wenn eine Person die Tat in einem die freie Willensbestimmung ausschließenden Zustand krankhafter Störung der Geistestätigkeit begangen hat, in den sie sich durch geistige Getränke oder ähnliche Mittel vorübergehend versetzt hat.

§ 4 Strafvorschriften

Wer einer bestimmten vollstreckbaren Anordnung nach § 1 Abs. 1 Satz 1 oder 3, jeweils auch in Verbindung mit Abs. 2 Satz 1, zuwiderhandelt, wird mit Freiheitsstrafe bis zu einem Jahr oder mit Geldstrafe bestraft. Die Strafbarkeit nach anderen Vorschriften bleibt unberührt.

93 Zu Problemen einer Strafbarkeit nach § 4 GewSchG vgl. *Valerius* v. Heintschel-Heinegg Rdn. 1.2. Zur Voraussetzung einer wirksamen Zustellung der vollstreckbaren Anordnung s. BGH NStZ 2007 484 m. Anm. *Pollähne* StV 2008 143 144; **a**A OLG Oldenburg NStZ 2005 411. Zum Umfang der Prüfungspflicht des Strafgerichts hinsichtlich der Rechtmäßigkeit der getroffenen Anordnung vgl. OLG Celle NStZ 2007 485 m. Anm. *Pollähne* StV 2008 143; OLG Hamm NStZ 2007 486.

94 *Sommerfeld/Voß* SchlHA 2005 326, 327; *Wagner* RuP 2005 23. S. auch *v. Pechstaedt*, Schutz S. 164, der von einem lediglich „bescheidenen" Fortschritt im Opferschutz durch das GewSchG spricht.

95 *Buß* S. 157 f; *Fünfsinn* NKrimP 2005 82, 83.

96 *Gabel* Prot. RAussch., S. 71 f.

97 Vgl. *Fünfsinn* NkrimP 2005 82, 83; *ders.* in Hoffmann/Voß S. 297.

98 *Janovsky* Prot. RAussch., S. 91.

99 Zur Effezienz des § 4 GwSchG als Strafnorm s. *Kraus* S. 122: die Vorschrift erfasst die meisten Nachstellungshandlungen des § 238 StGB. *Kraenz* S. 300 ff zieht hieraus den Schluss, dass statt der Einführung der Nachstellung in das StGB eine Erweiterung des Strafrechtsschutzes des GewSchG vorzugswürdig gewesen wäre.

Unrecht kennzeichne,[100] sei deshalb erforderlich, weil es aus Sicht der Staatsanwälte und Opfer Schwierigkeiten bereite, Polizei und Gerichte von der strafrechtlichen Relevanz von Nachstellungshandlungen zu überzeugen.[101]

Diese gegenüber § 4 GewSchG geäußerten **Vorwürfe** sind **grundlos.**[102] Verweise auf notwendige Eigeninitiative des Opfers zum Ingangsetzen von Strafverfolgung lassen Zweifel an der Eignung zur Bekämpfung von Stalking nicht aufkommen. Anzeigebereitschaft und der damit geäußerte Wille des Opfers, Strafverfolgungsmaßnahmen gegen den Täter auszulösen, sind Faktoren, auf die Strafverfolgung in keinem Deliktsbereich verzichten kann. Nichts anderes gilt für den neu geschaffenen § 238, zumal er in seinem Grundtatbestand als Antragsdelikt ausgestaltet ist (Absatz 4), der Strafverfolgung ohne Willen des Opfers nur bei Vorliegen eines besonderen öffentlichen Interesses ermöglicht. Auch fehlt es an Beweisen für die These, eine Vorschrift im Kernstrafrecht ermögliche eine effektivere Strafverfolgung als eine Bestimmung des Nebenstrafrechts, zumal die strafrechtliche Effizienz des § 238 nicht unerheblich dadurch eingeschränkt wird, dass die Vorschrift in Absatz 1 als Privatklagedelikt ausgestaltet ist, bei dem die Staatsanwaltschaft die Verfolgung nur bei Vorliegen eines öffentlichen Interesses übernimmt.[103] Soweit die Notwendigkeit der Schaffung von § 238 mit der – angeblich – fehlenden spezial- und generalpräventiven Wirkung der Strafdrohung des § 4 GewSchG begründet wird, lässt sich dem entgegenhalten, dass es dem Gesetzgeber freigestanden hätte, diesen Strafrahmen anzuheben. Die Kritik an der geringen Strafandrohung des § 4 GewSchG lässt zudem außer Acht, dass in Fällen schweren Stalkings im Regelfall zugleich auch Straftatbestände des StGB erfüllt sind, die – denkt man etwa an § 224 – die Verhängung höherer und damit in einem stärkeren Maß abschreckend wirkender Strafen ermöglichen.[104] Dass Opfer und Staatsanwaltschaften einen laxen Umgang von Polizei und Gerichten mit § 4 GewSchG vermeinen, ausmachen zu können, dürfte darüber hinaus kaum eine tragfähige Legitimation zur Schaffung einer neuen Strafvorschrift abgeben,[105] zumal alle anderen befragten Gruppen dies gerade nicht meinten. Schließlich spricht auch der Fall des seine Vorgehensweise ändernden Stalkers nicht entscheidend für die Ineffizienz von § 4 GewSchG, der ggf. lediglich nach einer kurzfristig zu schaffenden neuen Anordnung seinen strafrechtlichen Schutz entfaltet. **19**

Zugestanden werden muss den Kritikern des **§ 4 GewSchG** allerdings, dass diese Vorschrift ihrerseits **verfassungsrechtlich nicht unbedenklich** ist. Zweifel an der Konformität mit dem Grundgesetz ergeben sich mit Blick auf das **Bestimmtheitsgebot in Art. 103 Abs. 2 GG.** Nach der Rspr. des BVerfG verpflichtet das Grundgesetz den Gesetzgeber dazu, Inhalt und Grenzen strafbaren Verhaltens selbst festzulegen.[106] Man könnte auf die Idee kommen, dass der Gesetzgeber im Gewaltschutzgesetz diese Aufgabe nicht im vollen Umfang selbst wahrgenommen hat, sondern sie über § 1 Abs. 1 Satz 3 GewSchG teilweise jedenfalls den Gerichten überlässt. Diese können nicht nur die in § 1 Abs. 1 Satz 3 Nr. 1 bis 5 GewSchG ausdrücklich genannten Verfügungen erlassen, deren Ver- **20**

---

[100] So bereits BTDrucks. 15/5410, S. 1.

[101] BTDrucks. 16/575, S. 1; 16/3641, S. 1.

[102] *Borchert* FPR **2004** 239 ff; *Neubacher* ZStW **118** (2006) 855, 867 f.

[103] Kritisch zu der Ausgestaltung des § 238 Abs. 1 als Privatklagedelikt deshalb *Buettner* ZRP **2008** 124 ff; *Freudenberg* NJ **2006** 535, 538; wohl auch *Krüger* NKrimP **2008** 144, 147.

[104] *Pollähne* StraFo **2006** 398, 400.

[105] *Fischer* 55. Aufl. Rdn. 3a spricht in diesem Zusammenhang zutreffend von einer „skurrilen Begründung". Laut BTDrucks. 16/575, S. 1 sollen angeblich neuere empirische Studien belegen, dass viele Opfer sich von der Polizei nicht hinreichend unterstützt fühlten.

[106] U.a. BVerfGE **73** 206, 234; st. Rspr.

letzung über § 4 GewSchG strafbewehrt ist. Ihnen steht, wie der Gesetzeswortlaut über die Formulierung „insbesondere" verdeutlicht, auch die Befugnis zum Erlass sonstiger, inhaltlich vom Gesetz nicht konkretisierter Anordnungen zu.[107] Berücksichtigt man freilich, dass der Gesetzgeber gleichzeitig bestimmt hat, dass die Verfügungen „zur Abwendung weiterer Verletzungen erforderlich" sein müssen, spricht dies dafür, dass er jedenfalls Umfang und Grenzen einer möglichen Strafbarkeit noch hinreichend bestimmt haben könnte. Ob außerhalb des Katalogs des § 1 Abs. 1 Satz 3 GewSchG erlassene Anordnungen danach Grundlage einer Strafbarkeit nach § 4 GewSchG sein können, bleibt aber zumindest zweifelhaft. Davon zu trennen ist die weitere Frage, ob das vom Richter erlassene Verbot seinerseits hinreichend bestimmt ist. Ist das nicht der Fall, kann es – das gilt auch für Anordnungen, die unter den Katalog des Absatzes 1 fallen – nicht Grundlage einer Strafbarkeit sein (vgl. zur vergleichbaren Konstellation beim Berufsverbot *Krehl* LK § 145c Rdn. 10).

21 bb) **Der außerstrafrechtliche Schutz.** Ungeachtet der verfassungsrechtlichen Zweifel an § 4 GewSchG, die sich nur begrenzt auswirken können, sind mit Blick auf die existenten Strafvorschriften des StGB jedenfalls die im Gesetzgebungsverfahren proklamierten **„unerträglichen" Strafbarkeitslücken[108] nicht zu erkennen.**[109] Zunächst ist festzustellen, dass ein **lückenloser Strafrechtsschutz** in einer durch Freiheitsgrundrechte geprägten Rechtsordnung **nicht realisierbar** ist.[110] (Insoweit unvermeidbare) Lücken im strafrechtlichen Schutz vor Stalking werden zudem auf andere Weise ausgeglichen.[111] So ist etwa die – auch – **zivilrechtliche Schutzwirkung des Gewaltschutzgesetzes** so positiv bewertet worden, dass ein im Gesetzgebungsverfahren gehörter Verband – Der Deutsche Juristinnenbund – nicht zuletzt deshalb eine gegen Stalking gerichtete Vorschrift im Kernstrafrecht für verzichtbar hielt.[112] Ihre Stütze findet diese Ansicht in dem Ergebnis der vom Bundesministerium der Justiz in Auftrag gegebenen **„Rechtstatsächlichen Untersuchung" zum Gewaltschutzgesetz.** Nach dieser im Jahr 2005 veröffentlichten Studie haben rund 70 % der Opfer, die einen Antrag nach dem GewSchG gestellt haben, die Antragstellung als „voll und ganz" (56,9 %), jedenfalls aber zumindest als „weitgehend" lohnend (12,5 %) angesehen.[113] Und immerhin ca. 48 % der von häuslicher Gewalt oder Stalking betroffenen Personen, die auf eine Antragstellung verzichtet haben, haben im Rahmen der Studie die Schutzwirkung des GewSchG positiv bewertet.[114]

22 Hinzu kommt nunmehr, dass der Gesetzgeber erhebliche Anstrengungen unternommen hat, die Effektivität des Gewaltschutzgesetzes noch weiter zu verbessern. So sieht der am 1. September 2009 in Kraft getretene § 216a FamFG (Gesetz über das Verfahren in Familiensachen und in den Angelegenheiten der freiwilligen Gerichtsbarkeit) in

107 *Buß* S. 154 f.

108 BTDrucks. 16/575, S. 1.

109 Vgl. auch *Gerhold* NKrimP 2007 2, 3.

110 Vgl. *Kühl* Prot. RAussch., S. 97: „in einem Strafrecht mit fragmentarischem Charakter gehört die Lücke zum Normalbestand"; krit. auch *Pollähne* NKrimP 2002 57 ff. Vgl. auch *Gropp* NKrimP 2002 113, die darauf hinweist, dass der Effektivität des § 238 Abs. 1 dessen einer Opportunitätseinstellung zugängliche Vergehenscharakter entgegen stehe.

111 *Krüger* NKrimP 2008, 144; so auch bereits *Frommel* NKrimP **2005** 86, 87 f. Vgl. auch *Kinzig* ZRP **2006** 255, 258. Zu möglichen eigenen vorbeugenden Maßnahmen der (potenziellen) Opfer – Verheimlichung persönlicher Daten im Bekanntenkreis etc – vgl. *Holzhauer* Der Kriminalist **2006** 174 ff.

112 *Freudenberg* Prot. RAussch., S. 65 f; zu Schadensersatz- und Schmerzensgeldansprüchen bei Stalking vgl. *Keiser* NJW 2007 3387; zum zivilrechtlichen Schutz vor Stalking auch *Utsch* S. 107 ff.

113 *Limmer/Mengel* S. 256 f.

114 *Limmer/Mengel* S. 262.

Verfahren in Gewaltschutzsachen die Verpflichtung der Gerichte vor, Polizeibehörden und „andere öffentliche Stellen, die von der Durchführung" einer Anordnung nach dem GewSchG betroffen sind (Schulen, Kindergärten und Jugendhilfeeinrichtungen in öffentlich-rechtlicher Trägerschaft), vom Inhalt der Entscheidung zu unterrichten.[115] Im Verfahren selbst gilt der Amtsermittlungsgrundsatz, § 26 FamFG, und der Freibeweis ist möglich, §§ 29 Abs. 1, 30 FamFG. Auch können die Polizeibehörden auf Grundlage des § 8 Abs. 1 Nr. 2 RDG (in der Fassung vom 12. Dezember 2007[116]) nunmehr Betroffene – ohne gegen das Anwaltsmonopol zu verstoßen – auf die rechtlichen Möglichkeiten des Gewaltschutzgesetzes hinweisen. Dieser außerstrafrechtliche Schutz wird komplettiert durch die **Möglichkeiten des Polizeirechts.** Gefährderansprachen, Platzverweise, Wohnungsverweise mit Rückkehrverbot und vorbeugende Ingewahrsamnahmen sind Instrumentarien, die vor Eintritt einer Rechtsgutsverletzung beim Opfer gegen Stalker angewandt werden können und denen häufig nicht zuletzt wegen ihres präventiven Charakters eine größere Wirkung als eine strafrechtliche Verhaltensahndung zukommt.[117]

b) **Ergebnis.** Der Schutz, den die Rechtsordnung auf den Gebieten des Zivil-, des Verwaltungsrechts, aber auch des Strafrechts bislang vor Stalking gewährt hat, zeigt, dass es sich bei § 238 um eine Vorschrift handelt, die dem **symbolischen Strafrecht**, d.h. dem Strafrecht zuzurechnen ist, bei dem weniger die praktische Erforderlichkeit der Vorschrift als vielmehr die Dokumentation gesetzgeberischen Bemühens zum Schutz von Rechtsgütern im Vordergrund steht.[118] Die verfassungsrechtliche Legitimität des § 238 wird dadurch in hohem Maße infrage gestellt,[119] auch wenn das BVerfG in jüngerer Vergangenheit anlässlich der verfassungsrechtlichen Prüfung der Strafnorm des § 173 betont hat, dass es grundsätzlich Sache des Gesetzgebers sei, den Bereich strafbaren Handelns „unter Berücksichtigung der jeweiligen Lage" festzulegen.[120] **23**

2. **Zur Vereinbarkeit mit Art. 5 GG.** Soweit im Gesetzgebungsverfahren Bedenken erhoben worden sind, die Norm könne die **Pressefreiheit** (Art. 5 Abs. 1 Satz 2 GG) **24**

115 BGBl. 2008 I, S. 2586 ff.

116 BGBl. I, S. 2840.

117 *Neubacher* ZStW **118** (2006) 855, 867 f; *Stürmer* FPR **2006** 190, 193 f; *Utsch* S. 123 ff. Zu polizeilicher Prävention s. auch *Becker/Michelmann* FPR **2011** 214 f; *Hoffmann* Kriminalistik **2003** 726 ff; *Holzhäuser* Der Kriminalist **2006** 174 ff und *Rusch/Stadler/Heubrock* Kriminalistik **2006** 171 ff.

118 *Eiden* ZIS **2008** 123, 128; *Neubacher/Seher* JZ **2007** 1029, 1030. Vgl. auch *Albrecht* FPR **2006** 204, 208; *Kinzig* ZRP **2006** 255, 258; zum Cyberstalking *Hilgendorf/Hong* K&R **2003** 168, 171 f. S. aber auch *Sadtler* S. 351 ff, die den symbolischen Charakter des § 238 zwar nicht leugnet, dies aber mit Blick auf eine (angeblich) generalpräventive Wirkung der Norm und die Hoffnung, die Vorschrift könne der „Bedrohungsspirale des Stalking" in Zukunft Einhalt gebieten, für unschädlich hält. *Nowicki* S. 35 hält die Regelung des § 238 für erforderlich, da die dem Stalking innewohnende kontinuierliche Belästigung des Opfers durch andere Tatbestände des Strafrechts und auch die Vorschriften des Gewaltschutzgesetzes nicht ausreichend bei der Sanktionierung berücksichtigt werden könne. Demgegenüber ist für *Schlachter* S. 273 die Norm ein Beispiel für ein „ausuferndes Strafrecht", mit dem (in ungeeigneter Form) versucht werden soll, sozialen Problemen zu begegnen.

119 AA *Harzer* NKrimP **2009** 95, 96: „konsequente Fortführung des Gewaltschutzgesetzes". Von einer Verfassungsmäßigkeit der Norm gehen auch *Seiler* S. 227 ff und *Karl* S. 247 ff aus.

120 BVerfGE **120** 224, 240.

unzulässig einschränken,[121] kann dies durch eine dem Gewicht des Grundrechts Rechnung tragende Auslegung des Merkmals der **Unbefugtheit** vermieden werden (vgl. unten Rdn. 72).[122]

25 3. Die **Verhältnismäßigkeit** und **Schuldangemessenheit** der Strafdrohungen in Absatz 2 und 3 ist grundsätzlich im Rahmen des Rechtsfolgensystems des StGB, insbesondere mit Blick auf die dem **Tatopfer** drohenden Folgen, nicht in Frage zu stellen.[123] Ob das in gleicher Weise hinsichtlich dritter Personen (Angehörige und dem Opfer sonst nahe stehender Personen) gilt, kann dahinstehen. Hier wird ohnehin der Nachweis eines dem Täter zuzurechnenden Erfolgs nur schwer gelingen.[124]

26 **4. Die Bestimmtheit der Norm.** Zu den diesbezüglichen **verfassungsrechtlichen Bedenken an Absatz 1 Nr. 5** und den Tatbestandsmerkmalen der **Beharrlichkeit** und der **schwerwiegenden Beeinträchtigung der Lebensgestaltung** vgl. Rdn. 55 f, 58 sowie 63.

V. Tatbestandsstruktur

27 Die Strafvorschrift über die Nachstellung enthält einen **Grundtatbestand** – § 238 Abs. 1 – und zwei **Qualifikationstatbestände** – § 238 Abs. 2 und 3 –. In seinen Nr. 1 bis 5 zählt der Grundtatbestand nachstellendes Verhalten von strafrechtlicher Relevanz auf. In Nr. 1 bis 4 finden sich *konkrete Umschreibungen* strafwürdiger Handlungen Demgegenüber stellt die Tatbestandsvariante des Absatzes 1 Nr. 5 in Form einer *ausfüllungsbedürftigen Generalklausel* die Vornahme von Handlungen unter Strafe, die denen in Absatz 1 bis 4 genannten gleichen (vgl. unten Rdn. 30 ff). Absatz 1 ist als *Erfolgsdelikt* ausgestaltet.[125] Vorschläge, die Norm als Absichts-[126] oder Gefährdungsdelikt[127] auszugestalten, haben sich nicht durchsetzen können.[128] Strafbar ist die Nachstellung erst bei Eintritt einer schwerwiegenden Beeinträchtigung der Lebensgestaltung des Opfers (hierzu unten Rdn. 63 ff). Mit dem Versuch der Kontaktaufnahme mit dem Opfer enthält der Tatbestand unter Nr. 2 die Formulierung eines *unechten Unternehmensdelikts* (vgl. unten Rdn. 39).

28 Absatz 2 erweist sich als dem Regelbeispiel des § 113 Abs. 2 Nr. 2 inhaltlich nahestehender **Qualifikationstatbestand.**[129] Absatz 3 ist **Erfolgsqualifikation** (§ 18). Hierzu näher unten Rdn. 77.

---

121 Vgl. BT, Prot 70. Sitzung, 6948 ff; BTDrucks. 16/3641, S. 6 f.

122 *Fischer* Rdn. 7.

123 **AA** aber die Bundesregierung: BTDrucks. 15/5410, S. 9; so auch *Gazeas* KJ **2006** 249, 260 f.

124 Ebenso *Fischer* Rdn. 8 und 36 f.

125 BTDrucks. 16/3641, S. 13; *Fischer* Rdn. 4; *Gericke* MK Rdn. 2; *Wolters* SK Rdn. 2. Kritisch *Aul* S. 192 f; *Mitsch* NJW **2007** 1237, 1240; *Krüger* NJ **2008** 150 ff; Entschließungsantrag der FDP-Fraktion BTDrucks. 16/3641, S. 7; Befürwortend *Gazeas* KJ **2006** 247, 253; *Schmischek* S. 337; *Valerius* JuS **2007** 319, 323.

126 So *Nack* Prot. RAussch., S. 108.

127 *Janovsky* Prot. RAussch., S. 93. Vgl. schon *Meyer* ZStW **115** (2003) 249, 285; *Sommerfeld/Voß* SchlHA **2005** 326, 328.

128 Vgl. *Lackner/Kühl* Rdn. 1.

129 Vgl. auch *Fischer* Rdn. 4, der auf § 177 Abs. 3 Nr. 3, Abs. 4 Nr. 3 Buchst. b verweist.

VI. Objektiver Tatbestand

Absatz 1 ist ein zweiaktiges Delikt, das sich aus einer **Tathandlung** und einem **Taterfolg** zusammensetzt. **29**

1. Die Tathandlung. Eigentliche **Tathandlung** ist das **unbefugte Nachstellen**, das allerdings nur bei Vorliegen einer der konkretisierenden Handlungen aus dem Katalog in Absatz 1 Nr. 1–5 angenommen werden kann und zudem **beharrliches** Vorgehen voraussetzt. **30**

a) **Das Nachstellen.** Das Unrechtsverhalten, an das Absatz 1, aber auch die Qualifikationstatbestände der Absätze 2 und 3 anknüpfen, ist das **Nachstellen.** Bekannt ist der Begriff der Nachstellung aus der Jägersprache,[130] wo er das Anpirschen und Auflauern des Wildes zum Zweck der Jagd umschreibt. Insoweit besteht Übereinstimmung mit der Unrechtsbezeichnung im Englischen. Auch „to stalk" bedeutet jagen, hetzen und verfolgen (vgl. oben Rdn. 1). Dem Strafgesetzbuch ist der Begriff des Nachstellens nicht fremd. Er findet sich in den § 292 und § 329 Abs. 3 Nr. 6.[131] Dort umschreibt er als Tatbestandshandlung eines unechten Unternehmensdelikts sämtliche Handlungen, die einem Fangen, Erlegen oder Sich-Zueignen des Wildes vorangehen.[132] Der auf das Jagen von Wild bezogene Kontext macht die dort verwandte Begriffsdefinition für eine Übertragung auf § 238 naturgemäß untauglich.[133] Den Materialien ist zu entnehmen, was der Gesetzgeber als Nachstellen ansieht. Er definiert Nachstellungen als Handlungen, die darauf ausgerichtet seien, durch unmittelbare oder mittelbare Annäherungen an das Opfer in dessen persönlichen Lebensbereich einzugreifen und dadurch dessen Handlungs- und Entschließungsfreiheit zu beeinträchtigen.[134] **31**

Zusätzliche Hilfe bei der Begriffsbestimmung leisten die unter Absatz 1 Nr. 1 bis 4 der Vorschrift gelisteten Tatbestandsvarianten.[135] Das Aufsuchen räumlicher Nähe (Absatz 1 Nr. 1), der Versuch, Kontakt mit dem Opfer aufzunehmen (Absatz 1 Nr. 2) bzw. der Versuch, über Dritte diesen Kontakt herzustellen (Absatz 1 Nr. 3 2. Variante), kennzeichnen das Nachstellen als Verhaltensweise, die darauf gerichtet ist, eine lokale und kommunikative Nähe zu einer anderen Person herzustellen,[136] wobei das Bestreben auf Herstellung dieses Näheverhältnisses allein vom Täter ausgeht und gegen den Willen der betroffenen Person geschieht. Auch soweit das Bestellen von Waren oder Dienstleistungen unter missbräuchlicher Verwendung von personenbezogenen Opferdaten als Stalking angesehen wird, fehlt es nicht an einem Bestreben des Täters, ein persönliches Nähever-

---

130 *Buß* S. 210; *Eiden* ZIS 2008 123; *Kinzig/Zander* JA 2007 481; *Küpper* AnwK-StGB Rdn. 4; *Mosbacher* NStZ 2007 665, 666; *Sadtler* S. 292; *Steinberg* JZ 2006 30, 31; *Valerius* JuS 2007 319.

131 *Gazeas* JR 2007 497, 498; *Gerhold* NKrimP 2007 2; hierzu auch *Gericke* MK Rdn. 15.

132 *Fischer* § 292 Rdn. 11 m.w.N.; *ders.* § 329 Rdn. 12.

133 *Gazeas* JR 2007 497, 498; *ders.* KJ 2006 247, 254; *Neubacher/Seher* JZ 2007 1029, 1031; *Sch/Schröder-Eisele* Rdn. 6. S. aber auch *Gerhold* S. 124, der das Merkmal des Nachstellens deshalb für nicht zu unbestimmt hält, weil es im Strafgesetzbuch seit Einführung des Tatbestands der Jagdwilderei „seinen festen Platz" beanspruche.

134 BTDrucks. 16/575, S. 7; s. auch BGHSt 54 189, 193; OLG Brandenburg NStZ 2010 519. Darin sehen *Sch/Schroeder-Eisele* Rdn. 6 und SSW-*Schluckebier* Rdn. 6 die Notwendigkeit eines Handelns mit bestimmter Tätertendenz. Tatsächlich wird mit der Formel wohl lediglich auf den tatbestandlichen Erfolg und das geschützte Rechtsgut Bezug genommen.

135 *Buß* S. 212.

136 *Gerhold* NKrimP 2007 2; *Kinzig/Zander* JA 2007 481, 483; *Valerius* JuS 2007 319, 321.

hältnis zu dem „Leistungs- bzw. Warenempfänger“ herzustellen. Insoweit demonstriert der Täter sein Vermögen, in die persönliche Lebenssphäre des Opfers einzudringen – also dessen Nähe zu erlangen – und über dessen Lebensgestaltung Kontrolle und Macht auszuüben. Nichts anderes gilt für die unter Absatz 1 Nr. 4 aufgeführten Bedrohungen, durch die der Verlust an überragenden und wichtigen höchstpersönlichen Rechtsgütern, wie Leben, körperliche Unversehrtheit, Gesundheit oder Freiheit, in Aussicht gestellt wird.[137] **Typisches Kennzeichen** des Nachstellens ist damit das **einseitige, der Demonstration von Macht und Einflussnahme über das Opferleben dienende Eindringen in den höchstpersönlichen Lebensraum des Opfers.**[138]

32 Die **Nachstellung als Handlungsunrecht** zu definieren, ist nicht deshalb entbehrlich, weil der Katalog von spezifischen Handlungen in Absatz 1 verbindlich vorschreibt, in welchen Fällen ein Nachstellen gegeben ist.[139] Zwar enthalten die Varianten Nr. 1–4 konkretisierte Umschreibungen von Nachstellungsunrecht, die in diesen Fällen weitere Ausdeutungen des Begriffs des Nachstellens obsolet machen. Der Täter stellt laut Gesetz nach, *indem* er die räumliche Nähe des Opfers aufsucht, versucht, mit diesem über Telekommunikationsmittel Kontakt aufzunehmen oder es mit der Verletzung der Gesundheit bedroht etc.[140] Soweit in Absatz 1 Nr. 5 „andere vergleichbare Handlungen“ unter Strafe gestellt sind, ist es aber nicht damit nicht getan, einen Vergleich zu den einzelnen Tatbestandsvarianten in den Nr. 1–4 herzustellen. Erforderlich ist es hier, das abstrakte Tatunrecht des Nachstellens zu kennen, um daran zu messen, ob eine Tathandlung, die nicht die Voraussetzungen der übrigen Kataloghandlungen erfüllt, eine „vergleichbare Handlung“ darstellt.[141] Vergleichbar ist eine solche Handlung nur dann, wenn sie wesensmäßig einem Aufsuchen der räumlichen Nähe zum Opfer oder dem Versuch, über Dritte Kontakt mit diesem aufzunehmen, entspricht. Die Wesensverwandtschaft lässt sich aber nur dann feststellen, wenn abstrakte Kriterien gefunden sind, die das Nachstellende in den Verhaltensumschreibungen des Absatzes 1 Nr. 1 bis 4 ausmachen und als Maßstab für die Bewertung einer „vergleichbaren“ Handlungen dienen können.

33 Schon aus dem Wortsinn des Nachstellens ergibt sich eine **gewisse Dauerhaftigkeit des tatbestandsmäßigen Verhaltens.**[142] Kurze, flüchtige Kontaktaufnahmen oder entsprechende Versuche haben mit einem Verfolgen des Opfers nichts gemein. Das Tatunrecht des Nachstellens wird auch über die Summe der Einzelhandlungen hinaus von dem spezifischen Eigenwert eines gegen das Opfer gerichteten **Verhaltensmusters** gekennzeichnet.[143] Damit wird freilich das Merkmal der Beharrlichkeit (s. dazu unten Rdn. 57 ff) nicht überflüssig.[144]

---

137 *Fischer* Rdn. 9.

138 S. auch *Mrosk* NJ 2010 416 ferner: OLG Brandenburg NStZ 2010 519.

139 *Gazeas* JR 2007 497, 498. So aber *Lackner/Kühl* Rdn. 3; SK-*Wolters* Rdn. 7.

140 *Lackner/Kühl* Rdn. 3; *Wolters* SK Rdn. 7.

141 So wohl auch *Matt/Renzikowski-Eidam*, Rdn. 5; **aA** SK-*Wolters* Rdn. 7: danach kommt dem Begriff des Nachstellens auch bei den „vergleichbaren Handlungen“ der Nr. 5 keine eigenständige Bedeutung zu. Sei die Handlung dem Unrechtsverhalten der Nr. 1 bis 4 vergleichbar, liege ein Nachstellen stets vor. Fehle es an der Vergleichbarkeit, komme es nicht darauf an, ob von ihr als einem Nachstellen gesprochen werden könne. Für *Wolters* handelt es sich bei dem Begriff des Nachstellens deshalb nicht um ein Tatbestandsmerkmal, sondern einen tatbestandliches Unrecht zusammenfassenden Begriff, der die Aufgabe habe, einen Bezugspunkt zu dem sämtliche Tathandlungen umspannenden Adverb „beharrlich“ herzustellen; zw. an der Bedeutung des Tatbestandsmerkmals der Nachstellung auch *Lackner/Kühl* Rdn. 3 und *Rackow* GA 2008 553, 562.

142 *Fischer* Rdn. 9.

143 Vgl. *Meyer* ZStW **115** (2003) 249, 259.

144 *Fischer* Rdn. 9; **aA** *Lackner/Kühl* Rdn. 3.

Die Nachstellung setzt grundsätzlich ein **aktives Tun** des Täters voraus. Strafbares (unechtes) **Unterlassen** ist kaum vorstellbar. Denkbar wäre es allenfalls in den Fällen des unterbliebenen Einschreitens gegen die Kontaktaufnahme durch Dritte, Absatz 1 Nr. 3: Verursacht der Täter unter missbräuchlicher Preisgabe von persönlichen Daten des Opfers fahrlässig eine belästigende Kontaktaufnahme durch einen Dritten und schreitet anschließend vorsätzlich gegen weitere Kontaktierungen nicht ein, die beim Betroffenen zu einer schwerwiegenden Beeinträchtigung der Lebensgestaltung führen, ist ihm eine vorsätzliche unterlassene Erfolgsabwendung vorzuwerfen. Eine Strafbarkeit scheitert jedoch an § 13 Abs. 2, wenn man – wie hier (Rdn. 48) – „veranlassen" gem. Absatz 1 Nr. 3 nicht als bloße Umschreibung von Ursächlichkeit, sondern als Synonym eines zielgerichteten, bestimmenden Handelns ansieht. Einem solchen finalen Tun steht das „bloße" Nichthindern der Kontaktaufnahme durch den Dritten nicht gleich. Zum Aufsuchen der räumlichen Nähe durch Unterlassen s. Rdn. 36. **34**

b) **Der Katalog von Handlungen in Absatz 1 Nr. 1–5.** Ein Nachstellen erfüllt den Tatbestand nur, wenn ein Verhalten nach den Nr. 1–5 vorliegt. Es handelt sich mit Blick auf die unter Nr. 1–4 genannten Verhaltensweisen um solche, die typischerweise immer wieder vorkommen und deshalb das Handlungsunrecht in besonderer Weise kennzeichnen sollen.[145] **35**

aa) **Das Aufsuchen der räumlichen Nähe (Absatz 1 Nr. 1).** Tathandlung ist das **Aufsuchen** räumlicher Nähe, damit eine Handlung, durch die sich der Täter durch Überbrückung vorher bestehender Distanz dem Opfer physisch annähert. Damit greift der Tatbestand nicht ein, wenn Täter und Opfer – etwa trotz gescheiterter Paarbeziehung – noch zusammenleben.[146] Nicht erfasst ist auch das durch den Täter vermittelte Aufsuchen des Opfers durch einen Dritten; die Tat ist **eigenhändiges Delikt.**[147] Ebenso wenig reicht es, wenn räumliche Nähe lediglich zu einem dem eigentlichen Opfer nahe stehenden Dritten hergestellt wird, bei dem es dadurch nicht zu einer schwerwiegenden Beeinträchtigung seiner Lebensverhältnisse kommt. Das Spektrum für ein „Aufsuchen" in Betracht kommender Verhaltensweisen ist groß. Hierunter fällt das Herstellen räumlicher Präsenz an Arbeitsplatz, Wohnung[148] oder der Freizeitgestaltung dienenden Lokalitäten des Opfers ebenso wie das Auflauern und auch das Verfolgen. Erfasst ist auch das Aufstellen an einem bestimmten Ort, um dort auf das Eintreffen des Opfers zu warten.[149] Eine tatsächliche Kontaktaufnahme im Sinne eines Ansprechens oder Berührens ist nicht erforderlich.[150] Dem tatbestandsmäßigen Verhalten wohnt ein **finales Element** inne.[151] Dem Wortsinn nach kann von einem Aufsuchen räumlicher Nähe nur dann gesprochen **36**

---

145 *Matt/Renzikowski-Eidam* Rdn. 12.

146 SSW-*Schluckebier* Rdn. 7, der § 238 insgesamt für unanwendbar hält, wenn Täter und Opfer nicht getrennt leben; *Sering* NJW-Spezial 2007 375 f; ferner *Mitsch* NJW 2007 1237, 1238; *Wolters* SK Rdn. 10.

147 *Sch/Schröder-Eisele* Rdn. 10; *Wolters* SK Rdn. 10; *Kraus* S. 110 f; *Mitsch* NJW 2007 1237, 1239.

148 *Fischer* Rdn. 13 weist zu Recht auf die Fälle des Beziehens einer Wohnung in demselben Haus oder eines Zimmers im selben Hotel hin.

149 *Fischer* Rdn. 13.

150 *Fischer* Rdn. 13: eine die Nähe ausnutzende Kontaktaufnahme, auch etwa Fotografieren, ist nicht vorausgesetzt.

151 *Gericke* MK Rdn. 16 und 17; *Kinzig/Zander* JA 2007 481, 483; *Krüger* S. 110 f; *Mosbacher* NStZ 2007 665, 667; *Valerius* JuS 2007 319, 321; so auch *Gazeas* JR 2007 497, 499, der aber andererseits eine finale Komponente für die Formen strafbaren Nachstellens ablehnt: § 238 bestrafe den objektiv feststellbaren Eingriff in die Opfersphäre. Dass es dem Täter auf diesen Ein-

werden, wenn der Täter beabsichtigt hat, ein räumliches Näheverhältnis zu seinem Opfer herzustellen.[152] Ein nicht intentionales, nur fahrlässiges Aufsuchen ist rein begrifflich nicht möglich. Dementsprechend wollte der Gesetzgeber durch die Tatbestandsformulierung auch ausschließen, dass eine *zufällige zeitgleiche Anwesenheit* von Täter und Opfer an einem Ort dem Tatbestand unterfällt.[153] Das der Tathandlung innewohnende intentionale Element setzt allerdings nicht voraus, dass der Täter sicher weiß, dass sein Verhalten zur Herstellung einer räumlichen Nähebeziehung zum Opfer führen wird. Auch eine letztlich zufällige Begegnung von Täter und Opfer kann den Tatbestand erfüllen, sofern der Täter diesen Zufall für sein Vorgehen mit einkalkuliert hat.[154] Tatbestandsmäßig kann daher auch derjenige handeln, der einen Supermarkt aufsucht, von dem er annimmt, dass das Opfer dort einkaufen werde.[155] Nicht verkannt werden darf, dass der Nachweis des finalen Elements der räumlichen Kontaktaufnahme in der strafrechtlichen Praxis durchaus Probleme bereiten kann. Dies gilt insbesondere dann, wenn Täter und Opfer bereits vor Beginn der strafrechtlich relevanten Handlungen in enger räumlicher Nähe zueinander gelebt haben und nimmer noch leben. Hier werden sich „zufällige" Begegnungen kaum ausschließen lassen.[156]

Ein Aufsuchen der räumlichen Nähe durch Unterlassen scheitert an der Entsprechensklausel des § 13. Das Verweilen beim Opfer nach unvorsätzlicher Annäherung oder nach Aufforderung, sich zu entfernen, steht der zielgerichteten Annäherung im Unrechtsgehalt nicht gleich.[157]

37 Was unter **räumlicher Nähe** zu verstehen ist, lässt sich im Einzelnen dem Gesetz nicht entnehmen.[158] Nach dem Zweck der Norm wird man mit Blick auf das Schutzgut des § 238 eine fehlende Distanz zwischen Täter und Opfer zu verstehen haben, die geeignet ist, die Lebensführung des Stalkingadressaten zu beeinträchtigen.[159] Maßgeblich sind insoweit die Umstände des jeweiligen Einzelfalls,[160] wobei mit Blick auf das Bestimmtheitsgebot ein objektivierter Maßstab angelegt werden muss. Subjektive Empfindungen des „Opfers", belästigt zu werden, reichen für eine Tatbestandsverwirklichung daher nicht aus. Eine räumliche Nähe im Sinne des Tatbestandes wird daher schwerlich bereits dann vorliegen, wenn der „Täter" in dieselbe Stadt oder gegebenenfalls dasselbe Stadt-

---

griff ankomme, sei keine Strafbarkeitsvoraussetzung, JR 2007 497, 498. Zw. an der Intentionalität des Nachstellens auch *Buß* S. 212 und *Neubacher/Seher* JZ 2007 1029, 1031.

152 BGHSt **54** 189, 194; *Küpper* AnwK-StGB Rdn 7; *Sch/Schröder-Eisele* Rdn. 9.

153 BTDrucks. 16/575, S. 7; ebenso *Lackner/Kühl* Rdn. 4; *Rössner/Krupna* NKGesStR Rdn. 5; *Wessels/Hettinger* BT 1 Rdn. 369c; *Wolters* SK Rdn. 10; **aA** *Fischer* Rdn. 13a, der, wie ihm folgend *Matt/Renzikowski-Eidam* Rdn. 13, eine Lösung über den subjektiven Tatbestand bevorzugt. Zufällige Annäherung des Täters an das Opfer ließe den Tatvorsatz entfallen. Hinsichtlich des objektiven Tatbestandes soll demgegenüber die Begründung eines lokalen Näheverhältnisses ausreichen. Dies erscheint zw. Die Begründung eines räumlichen Näheverhältnisses ist nicht gleichzusetzen mit dem Aufsuchen von Nähe. Aufsuchen ist die Umschreibung für ein zielgerichtetes Verhalten.

154 *Buß* S. 232 f; *Wolters* SK Rdn. 10.

155 *Valerius* JuS 2007 319, 321; *Wolters* SK Rdn. 10.

156 *Peters* NStZ 2009 238, 239 f.

157 *Fischer* Rdn. 13; *Sch/Schröder-Eisele* Rdn. 9; *Buß* S. 233; *Mitsch* NJW 2007 1237, 1239; *Mosbacher* NStZ 2007 665, 667; *Mrosk* NJ 2010 416. Ebenso: *Küpper* AnwK-StGB Rdn 7.

158 *Gazeas* KJ 2006 247, 256; *Kinzig/Zander* JA 2007 481, 483.

159 *Fischer* Rdn. 12; SSW-*Schluckebier* Rdn. 7.

160 *Krüger* S. 112; *Mitsch* NJW 2007 1237, 1239.

viertel zieht wie das Opfer.[161] Etwas anderes kann allerdings bei einem Zuzug des Täters in die unmittelbare Nachbarschaft, d.h. dieselbe Straße, gelten. Hier ist die Eignung des Verhaltens, auf die Lebensgestaltung der betroffenen Person Einfluss nehmen zu können, nicht von vornherein von der Hand zu weisen, bedarf aber gleichwohl einer einzelfallbezogenen Feststellung.[162] Als Anhaltspunkt für die Auslegung kann das Näherungsverbot aus § 1 Abs. 1 Nr. 2 GewSchG dienen, auch wenn dieses sicher nicht als starre Grenze zu verstehen ist.[163] Das Näherungsverbot des Gewaltschutzgesetzes wird in der Regel mit einer vom Täter zum Opfer einzuhaltenden Distanz von 200 m bemessen.[164]

Durch Einsatz technischer Mittel, etwa Ferngläser, wird räumliche Nähe nicht hergestellt.[165] Eine Beobachtung des Opfers aus der Ferne kann jedoch ggf. unter die Tatbestandsalternative des Absatzes 1 Nr. 5 fallen.[166] Der Versuch, in die räumliche Nähe des Opfers zu gelangen, reicht nicht aus. Typisches Vermeideverhalten des Opfers lässt daher den Tatbestand entfallen.[167]

Streitig (in der Literatur) ist, ob das Opfer die Annäherung durch den Täter in diesem **38**
Zeitpunkt wahrgenommen haben muss. Nach teilweise vertretener Auffassung ist dies nicht erforderlich. **Heimliches unentdecktes Beobachten** reiche aus, insbesondere wenn es zum Zweck von Straftaten gemäß § 201a geschehe oder dem Opfer nachträglich in demonstrativer Weise offenbart werden soll.[168] Nach der Gegenansicht[169] ist es dagegen erforderlich, dass das Opfer den Täter wahrnimmt, die Nähe des Täters also spürt.[170] Dies soll sich jedenfalls daraus ergeben, dass die Tat eine schwerwiegende Beeinträchtigung der Lebensgestaltung verursachen müsse, was die Wahrnehmung durch das Opfer voraussetze.[171] Dies stellt zwar auch die Gegenmeinung nicht in Abrede, sie lässt freilich die nachträgliche Kenntnis des Opfers genügen, weil auch sie noch zu dem vom Gesetz vorausgesetzten Taterfolg führen könne.[172]

Es erscheint allerdings fraglich, ob diese Sichtweise – ungeachtet der Frage, ob sich womöglich doch aus dem Begriff des „Aufsuchens“ die Notwendigkeit der Wahrnehmung durch den Aufgesuchten ergibt – im Gesetzeswortlaut noch ihre Stütze findet. Denn die schwerwiegende Beeinträchtigung der Lebensgestaltung beruht dann nicht mehr im eigentlichen Aufsuchen der räumlichen Nähe, sondern letztlich allein auf der

---

161 *Fischer* Rdn. 12.

162 Der Zuzug in eine Straße eines kleinstädtischen Wohngebiets besitzt noch eine andere Qualität als die Ansiedlung in einem großstädtischen Wohnviertel. Gleichwohl ist es schwer vorstellbar, dass allein der Zuzug an sich schon die Annahme des Tatbestandes rechtfertigt. Hinzukommen müssen regelmäßig konkrete einzelne Handlungen, die zur schwerwiegenden Beeinträchtigung der Lebensgestaltung führen.

163 Ähnlich *Wolters* SK Rdn. 10; vgl. auch *Mosbacher* NStZ 2007 665, 667.

164 *Gericke* MK Rdn. 19; *v. Pechstaedt* NJW 2007 1233, 1234. Vgl. auch *Kinzig/Zander* JA 2007 481, 483 und *Sonnen* NK Rdn. 32: Sichtweite.

165 *Sch/Schröder-Eisele* Rdn. 8; *Buß* S. 234.

166 *Wolters* SK Rdn. 10.

167 *Fischer* Rdn. 12.

168 *Fischer* Rdn. 12; *Gericke* MK Rdn. 20; *B. Heinrich* ZIS 2011 416, 419; *Sonnen* NK Rdn. 32; *Valerius* v. Heintschel-Heinegg Rdn. 5; *ders.* JuS 2007 319, 321; *Wessels/Hettinger* BT 1 Rdn. 369c; wohl auch *Buß* JR 2011 84, 87.

169 *Gazeas* JR 2007 497, 499; *ders.* KJ 2006 247, 256 f; *Kinzig/Zander* JA 2007 487; *Krüger* S. 113; *ders.* NStZ 2010 546, 550; *ders.* FPR 2011 219, 220; *Löhr* S. 308 f; *Matt/Renzikowski-Eidam* Rdn. 13; *Neubacher/Seher* JZ 2007 1029, 1032; *Rössner/Krupna* NKGesStR Rdn. 5; *Sadtler* S. 303.

170 *Mitsch* NJW 2007 1237, 1239.

171 *Mitsch* NJW 2007 1237, 1239; *Sadtler* S. 302 f.

172 Vgl. etwa *Wessels/Hettinger* BT 1 Rdn. 369c.

Mitteilung über die heimliche Beobachtung,[173] die dann von Absatz 1 Nr. 2 erfasst sein kann. Ein Grund, die Kataloghandlung der Nr. 1 insoweit auszudehnen, ist deshalb nicht anzuerkennen.[174] Ist damit grundsätzlich die **Wahrnehmung der räumlichen Nähe des Täters durch das Opfer erforderlich,** muss diese nicht in jedem Fall visuell erfolgen. Auch aus einem klar auf den Täter hinweisenden akustischen oder olfaktorischen Signal kann sich die Wahrnehmung des Opfers ergeben.[175]

39 **bb) Versuch des Kontaktherstellens (Absatz 1 Nr. 2).** Anders als Absatz 1 Nr. 1 enthält Absatz 1 Nr. 2 nicht die Umschreibung einer erfolgsbezogenen Stalkinghandlung. Der Tatbestand erfasst in Gestalt eines **(echten) Unternehmensdelikts** ausdrücklich auch den Versuch des Täters, Kontakt zu seinem Opfer herzustellen.[176] Das erfolgreiche Herstellen eines Kontakts ist trotz des insoweit missverständlichen Wortlauts von Abs. 1 Nr. 2 auch erfasst.[177] Ein **Kontakt zweier Personen** liegt vor, wenn zwischen ihnen eine kommunikative Verbindung besteht, die auf die *gegenseitige oder auch nur einseitige* Übermittlung sprachlich-gedanklicher Information gerichtet ist.[178] Die Formen der Informationsweitergabe können variieren. Neben Sprache und Schrift kommen auch Bilder, Symbole und andere Zeichen in Betracht.[179] Die Kontaktaufnahme kann sich unter Umständen aber auch in dem Akt der bloßen Kontaktherstellung erschöpfen, ohne dass sie auf die Zuleitung einer besonderen Information gerichtet wäre. Dies ist jedenfalls dann der Fall, wenn der Handlung des Herstellens ihrerseits ein Informationsgehalt beikommt, bereits die Kontaktanbahnung als solche die beabsichtigte Nachricht darstellt. So können etwa Störanrufe, mit denen der Täter lediglich bezweckt, sein Opfer einzuschüchtern, die aber nicht auf die Aufnahme von Kommunikation abzielen, unter Abs. 1 Nr. 2 fallen. Derartige Anrufe, die zwar nicht als Versuch der Anbahnung eines Informationsaustausches gewertet werden können, enthalten für das Opfer häufig die einseitige Botschaft, dem Täter und dessen Handeln hilflos ausgesetzt und ausgeliefert zu sein.[180] Zweifel an der Bestimmtheit der Tatbestandsalternative,[181] insbesondere hinsichtlich der Mehrdeutigkeit des Begriffs des Kommunikationsmittels, sind nicht angebracht, wenn

---

173 Und zwar unabhängig davon, ob die Beobachtung überhaupt stattgefunden hat.

174 Insoweit **aA** *Buß*, S. 233; *Käppner* S. 64.

175 So auch *Wolters* SK Rdn. 10; vgl. aber auch *Gazeas* KJ 2006 247, 256.

176 *Fischer* Rdn. 14; *Gericke* MK Rdn. 21; *Sch/Schröder-Eisele* Rdn. 11; *Wolters* SK Rdn. 11; **aA** *Matt/Renzikowski-Eidam* Rdn. 14; *Mosbacher* NStZ 2007 665, 667: unechtes Unternehmensdelikt. Die Verwendung des Begriffs des Unternehmensdelikts ablehnend *Gerhold* S. 122: da auch der Versuch des Kontaktherstellens einen tatbestandlichen Erfolg in Gestalt einer „schwerwiegenden Beeinträchtigung der Lebensgestaltung" herbeiführen müsse, verbiete sich die Charakterisierung der Unrechtsvariante des Absatz 1 Nr. 2 als Unternehmensdelikt, auch wenn klar sei, dass mit dieser Bezeichnung nicht die Deliktsnatur des § 238 als Erfolgsdelikt geleugnet, sondern lediglich zum Ausdruck gebracht werden solle, dass ein Kontakt zwischen Opfer und Täter nicht stattfinden müsse.

177 BGHSt 54 189, 194; *Fischer* Rdn. 14; *Sch/Schröder-Eisele* Rdn. 11; *Sonnen* NK Rdn. 34.

178 *Fischer* Rdn. 14.

179 Vgl. *Matt/Renzikowski-Eidam* Rdn. 16. S. daneben *Gazeas* JR 2007 497, 500: auch Graffitis oder andere Symbole, auch auf Gegenständen wie Autos oder Hauswänden.

180 *Fischer* Rdn. 14; *Matt/Renzikowski-Eidam* Rdn. 15; *Sonnen* NK Rdn. 33; *Mitsch* NJW 2007 1237, 1239; *Gazeas* JR 2007 497, 499; vgl. auch *Sch/Schröder-Eisele* Rdn. 12; *Käppner* S. 68 und *Smischek* S. 116; **aA** *Wolters* SK Rdn. 11: derartige Verhaltensweisen unterfielen allein Absatz 1 Nr. 5. Die zweite Tatbestandsvariante setzte den Wunsch des Täters auf Kommunikation mit dem Opfer voraus.

181 Vgl. *Mitsch* NJW 2007 1237, 1239; *Wolters* SK Rdn. 11.

dieser Begriff nach teleologischen Maßstäben allein als Synonym für einen Träger gedanklicher Information verstanden wird.

Von Absatz 1 Nr. 2 genannte Form der Kontaktaufnahme ist zunächst die **Verwendung von Telekommunikationsmitteln.** Der Begriff des Telekommunikationsmittels ist § 3 Nr. 22 und 23 TKG entlehnt.[182] Gemeint sind technische Einrichtungen oder Systeme, die ohne körperliche Anwesenheit ihres Nutzers als Nachrichten identifizierbare elektromagnetische oder optische Signale senden, übertragen, vermitteln, empfangen, steuern oder kontrollieren können. In diesem Sinne Telekommunikationsmittel sind Telefon, Internet oder andere Datenübertragungssysteme, etwa auch der Rundfunk.[183] Als typische Beispiele für Kontaktaufnahmen[184] dienen damit Telefongespräche, Faxnachrichten, SMS und MMS sowie E-Mails.[185] Aber auch andere Kontaktaufnahmen via Internet – etwa Eintragungen in Onlineforen, Newsgroups oder Chatrooms sowie Kontaktplattformen (Studivz u.a.[186]) – erfüllen den Tatbestand, sog. „Cyberstalking"[187]. Die Überwachung des Opfers mit GPS oder die Ortung des Mobilfunktelefons ist nicht auf Kontaktherstellung angelegt und wird deshalb nicht erfasst.[188] 40

Nach der Vorstellung des Gesetzgebers[189] fallen unter **sonstige Mittel der Kommunikation** insbesondere die „klassischen" Träger schriftlicher Information, mithin der Brief oder der beschriftete, für das Opfer erkennbar hinterlassene Notizzettel („Zettel an der Windschutzscheibe").[190] Weitere „sonstige" Mittel der Kommunikation sind Bilder, Fotos, Videoaufzeichnungen, Tonaufnahmen, Botschaften an Häuserwänden oder Türeingängen,[191] aber auch elektronische Daten, sofern sie auf portablen Speichermedien wie USB-Sticks oder Disketten hinterlegt und nicht auf elektronischem Weg versandt werden. Ist letzteres der Fall, liegt Kontaktversuch über ein Telekommunikationsmittel vor. 41

Uneinigkeit herrscht über die Tatbestandsmäßigkeit dem Opfer **unerwünscht zugesandter Geschenke,** wie der vom „Verehrer" regelmäßig (anonym) verschickte Blumenstrauß. Teilweise werden solche Geschenke als sonstige Mittel der Kommunikation eingeordnet.[192] Überwiegend herrscht jedoch die Auffassung vor, ihnen fehle ein Informationsgehalt,[193] weshalb das belästigende Beschenken allenfalls nach der Generalklausel des Absatzes 1 Nr. 5 strafbar sein könne.[194] Richtigerweise wird man zu differenzieren haben. Stellen die Geschenke an das Opfer lediglich eine von diesem nicht erwünschte Aufmerksamkeit dar, mag hierin zwar ein (möglicherweise äußerst) belästigendes Verhalten liegen, das Geschenk ist jedoch nicht Träger von Information. Etwas anderes gilt aber dann, wenn die besonderen Umstände des Einzelfalls auf eine bestimmte „Botschaft" des Schenkenden schließen lassen. Nicht ausreichend ist insoweit die angestrebte bloße Übermittlung dem Opfer entgegengebrachter Empfindungen oder Gefühle. Entsprechend 42

---

182 *Gericke* MK Rdn. 22; *Sch/Schröder-Eisele* Rdn. 12; *Mosbacher* NStZ 2007 665, 667.

183 *Krüger* S. 117; *Matt/Renzikowski/Eidam* Rdn. 15.

184 Vgl. BTDrucks. 16/575, S. 7.

185 Vgl. *Fischer* Rdn. 14a; *Küpper* AnwK-StGB Rdn 8; *Mosbacher* NStZ 2007 665, 668; *Rössner/Krupna* NKGesStR Rdn. 6; *Valerius* JuS 2007 319, 321; *Wesssels/Hettinger* BT 1 Rdn. 369d.

186 *Peters* NStZ 2009 238, 240.

187 *Hilgendorf/Hong* K&R 2003 168; *Wolters* SK Rdn. 11.

188 *Sch/Schröder-Eisele* Rdn. 12; *Kraus* S. 76 f.

189 BTDrucks. 16/575, S. 7.

190 *Gazeas* JR 2007 497, 499 f; *Mosbacher* NStZ 2007 665, 668.

191 *Fischer* Rdn. 14b; *Rössner/Krupna* NKGesStR Rdn. 6.

192 *Buß* S. 235; *Fischer* Rdn. 14b; *Käppner* S. 69; *Smischeck* S. 116 f.

193 So ausdrücklich *Sonnen* NK Rdn. 36. Wohl auch: *Küpper* AnwK-StGB Rdn 8.

194 *Sch/Schröder-Eisele* Rdn. 13; *Wolters* SK Rdn. 11; zw. auch *Gazeas* JR 2007 497, 500; *Krüger* S. 119 ff; *Mitsch* NJW 2007 1237, 1239.

dem möglichen Informationsgehalt von **Störanrufen** kann aber auch in der Zusendung unerwünschter Geschenke die (weitergehende) Mitteilung an das Opfer liegen, dessen Lebensgestaltung und Privatsphäre kontrollieren und darüber hinaus beeinflussen zu können.[195] Eine entsprechende Feststellung wird freilich anders als im Fall der telefonischen Störanrufe nur im Ausnahmefall zu treffen sein.

43 Absatz 1 Nr. 2 stellt auch den **Versuch** des Täters, **über dritte Personen Kontakt zum Opfer aufzunehmen**, unter Strafe. Die Tatbestandsalternative ist erfüllt, wenn der Täter offen an Dritte herantritt, um diese zur Weiterleitung von Informationen zu bewegen.[196] Dies kann unmittelbar oder über Kommunikationsmittel geschehen.[197] Der fehlgeschlagene Versuch des Täters, an den Dritten heranzutreten, ist noch kein Versuch der Kontaktaufnahme über Dritte im Sinne von Absatz 1 Nr. 2.[198] Erfasst ist damit die gelungene Einschaltung sog. **Boten;** wer dagegen **„Verbündete"** oder **„Fürsprecher"** gewinnen will, die aus eigener Initiative auf das Opfer einwirken sollen, um dieses von seiner abwehrenden Haltung abzubringen, erfüllt den Tatbestand nicht.[199] Die Abgrenzung im Einzelnen dürfte Schwierigkeiten bereiten. Im Zweifel ist davon auszugehen, dass der Dritte nicht lediglich als bloßer Handlanger eingesetzt werden soll. Dass diese Informationen auch tatsächlich weitergeleitet werden, ist nach der Umschreibung des tatbestandlichen Unrechts an sich nicht erforderlich. Daher könnte bereits das Ausrichten von Grüßen an das Opfer über die gemeinsamen Kinder tatbestandsmäßig sein,[200] falls zugleich auch der nach dem Tatbestand vorausgesetzte Erfolg eingetreten ist. Dies aber ist grundsätzlich erst denkbar bei einer Handlung des Dritten, die als unmittelbares Ansetzen zur Kontaktherstellung qualifiziert werden kann und damit dem Opfer Kenntnis von der auf ihn abzielenden Kontaktaufnahme vermittelt. Erst in diesem Augenblick ist der Eintritt des Erfolgs (schwerwiegende Beeinträchtigung der Lebensgestaltung) denkbar.[201] Nicht erforderlich ist allerdings, dass das Opfer auf die Versuche des Täters reagiert oder sich mit ihm in Verbindung setzt.[202]

44 Eine Kenntnis der als Informationsbote eingesetzten Person von den Motiven des Täters und damit eine Kenntnis vom Unrechtsgehalt des Täterhandelns ist nicht erforderlich. Die vom Täter zur Informationsweitergabe auserkorene Person kann sowohl **bös-** als auch **gutgläubig** sein. Ein **bösgläubiger Bote** kann je nach der Fallgestaltung selbst Täter nach § 238 sein.[203] Bei Einschaltung eines **gutgläubigen** Botens handelt es sich um einen Fall mittelbarer Täterschaft.[204] Die dritte Person wird regelmäßig dem sozialen Umfeld des Opfers (Angehörige, Freunde, Bekannte, Arbeitskollegen des Opfers) angehören,[205] vom Gesetz vorgeschrieben ist das nicht.[206]

---

[195] *Fischer* Rdn. 14; *Gericke* MK Rdn. 23; aA *Sch/Schröder-Eisele* Rdn. 13; *Sonnen* SK Rdn. 36; *Wolters* SK Rdn. 11.

[196] *Gazeas* JR 2007 497, 500.

[197] *Matt/Renzikowski-Eidam* Rdn. 17; *Wolters* SK Rdn. 11.

[198] *Krüger* S. 123 f.

[199] *Fischer* Rdn. 14c; *Gazeas* JR 2007 497, 500; aA *Sch/Schröder-Eisele* Rdn. 14.

[200] *Wolters* SK Rdn. 11.

[201] Dazu ausführlich: *Mitsch* NJW 2007 1237, 1239; unklar SSW-*Schluckebier* Rdn. 8. Vgl. auch *Neubacher/Seher* JZ 2007 1029, 1032: der Versuch einer Kontaktaufnahme kann nach Absatz 1 Nr. 2 nur strafbar sein, wenn das Opfer diesen bemerkt und dem Täter zuordnet. So wohl auch *Buß* S. 237.

[202] *Mitsch* NJW 2007 1237, 1239; *Valerius* JuS 2007 319, 321.

[203] *Krüger* S. 123.

[204] *Gericke* MK Rdn. 24; *Krüger* S. 123; *Mitsch* NJW 2007 1237, 1239. Vgl. auch und insoweit enger *Kraus* S. 107 ff.

[205] *Krüger* S. 122; *Matt/Renzikowski-Eidam* Rdn. 17; *Wolters* SK Rdn. 11; aA *Rössner/Krupna* NKGesStR Rdn. 6; *Gazeas* JR 2007 497, 500.

[206] Vgl. BTDrucks. 16/575, S. 7; aA *Rössner/Krupna* NKGesStR Rdn. 6.

45 cc) **Bestellungen von Waren oder Dienstleistungen; Kontaktaufnahme durch Dritte (Absatz 1 Nr. 3).** Der Tatbestand des Absatzes 1 Nr. 3 enthält *zwei* Unrechtsvarianten, nämlich das Aufgeben von Bestellungen von Waren oder Dienstleistungen für bzw. im Namen des Opfers und das Veranlassen dritter Personen, mit dem Opfer Kontakt aufzunehmen. *Gemeinsam* ist beiden Tatbestandsvarianten, dass sie durch die **missbräuchliche Verwendung personenbezogener Daten des Opfers** begangen werden und der Täter gegenüber dem Opfer **nicht selbst in Kontakt** tritt,[207] sondern Dritte zu Verhalten gegenüber dem Opfer veranlasst.[208] Der Begriff des *personenbezogenen Datums* ist so zu verstehen wie in § 3 Abs. 1 BDSG und den hierzu korrespondierenden Vorschriften der Landesdatenschutzgesetze (vgl. u.a. § 2 Abs. 1 Landesdatenschutzgesetz Schleswig-Holstein; § 3 Abs. 1 Landesdatenschutzgesetz Baden-Württemberg).[209] Danach sind personenbezogene Daten *Einzelangaben über persönliche oder sachliche Verhältnisse* einer bestimmten oder bestimmbaren natürlichen Person. Hierunter fallen Name, Anschrift, Telefonnummern und E-Mail-Adressen, Bankverbindungen, Kenn- und Schlüsselwörter (PIN), Transaktionsnummern (TAN), aber auch Angaben über Einkaufsverhalten, persönliche Vorlieben und Art und Umfang von Freizeitgestaltung.[210] Die Daten, die zum Stalking verwendet werden, müssen nicht geheim sein oder besonderen Schutz genießen.[211] Ausreichend für die Tatbestandsverwirklichung ist die missbräuchliche Verwendung allgemein zugänglicher Daten. **Missbräuchlich** erfolgt die Verwendung der Daten, wenn sie vom Willen des Opfers nicht gedeckt ist.[212] Darf der Täter die Daten wegen Einverständnisses des Opfers zu dem von ihm verfolgten Zweck verwenden, fehlt es daher an einer Erfüllung des Tatbestands.[213] Von der Missbräuchlichkeit der Datenverwendung ist die **„Unbefugtheit“** der Handlung zu trennen. Unabhängig von der Frage, ob die Unbefugtheit als Tatbestandsmerkmal oder lediglich als allgemeines Verbrechensmerkmal anzusehen ist (s. dazu unten Rdn. 67 ff), sind die Begriffsinhalte nicht deckungsgleich.[214] Zwar entfällt bei Vorliegen eines Opfereinverständnisses in jedem Fall die Annahme strafbaren Verhaltens,[215] bei entgegenstehendem Willen aber kann eine dann anzunehmende missbräuchliche Datenverwendung als befugt anzusehen sein, wenn ein allgemeiner Erlaubnissatz eingreift.[216]

46 **Das Aufgeben von Bestellungen oder Dienstleistungen.** Mit dem Aufgeben von Bestellungen oder Dienstleistungen wird eine Form anonymen Stalkings, d.h. ein Nachstellen

---

207 *Gericke* MK Rdn. 25; *Sch/Schröder-Eisele* Rdn. 15.

208 *Matt/Renzikowski-Eidam* Rdn. 18; *Rössner/Krupna* NKGesStR Rdn. 7; *Sonnen* NK Rdn. 38; *Gazeas* JR 2007 497, 500.

209 *Matt/Renzikowski-Eidam* Rdn. 18; *Sch/Schröder-Eisele* Rdn. 17; *Wolters* SK Rdn. 12; *Krüger* S. 126; *Mosbacher* NStZ 2007 665, 668; *Neubacher/Seher* JZ 2007 1029, 1032.

210 *Krüger* S. 127. Kritisch zum Tatbestandsmerkmal des „Verwendens personenbezogener Daten“ *Buß* S. 238: eine Bestellung von Waren und Dienstleistungen ohne eine solche Datenverwendung sei nicht denkbar. Andererseits sei es inkonsequent, dass der Gesetzgeber nicht jede Form des Veranlassens Dritter zur Kontaktaufnahme mit dem Täter unter Strafe gestellt habe.

211 *Fischer* Rdn. 15. *Sch/Schröder-Eisele* Rdn. 17: dies gilt auch, wenn Daten, etwa im Internet, frei abrufbar sind.

212 *Rössner/Krupna* NKGesStR Rdn. 7; *Neubacher/Seher* JZ 2007 1029, 1032; vgl. auch *Steinberg* JZ 2006 30, 32.

213 *Wolters* SK Rdn. 12.

214 So auch *Fischer* Rdn. 15.

215 Dies veranlasst wohl *Krüger* S. 129 dazu, den Begriff der Missbräuchlichkeit als überflüssig anzusehen.

216 Vgl. *Mitsch* Jura 2007 401, 402 f: ein Sohn nennt Adresse und Namen seiner Eltern einem Dritten. Der Dritte soll durch „belästigendes“ Verhalten die älteren Herrschaften zum Auszug aus deren einsturzgefährdeten Haus bewegen.

unter Strafe gestellt, bei dem der Täter dem Opfer im Regelfall unbekannt bleibt und dies – im Gegensatz zu den Tatbestandsvarianten des Absatzes 1 Nr. 1 und 2 – auch sein will. Strafbar ist das Anbringen von Bestellungen oder Dienstleistungen für das Opfer, d.h. in dessen Namen. Ohne Bedeutung ist, ob der Täter unter dem Namen des Opfers oder verschleiert etwa als Bote oder Vertreter auftritt.[217] *Bestellungen* sind Willenserklärungen des Täters gegenüber Herstellern, Händlern, privaten Verkäufer oder Dienstleistern, die auf den Abschluss eines Vertrages über eine Ware oder eine Dienstleistung gerichtet sind. Die von diesem Verhalten ausgehende Belästigung liegt in dem nicht gewünschten Erhalt der vom Täter ausgelösten Warenlieferung bzw. Dienstleistung und der damit verbundenen Folgen, wie vermeintliches Entstehen einer Zahlungsverpflichtung und Schwierigkeiten bei der „Vertragsrückabwicklung".[218] Belästigend kann die unfreiwillige Entgegennahme von Dienstleistungen und Waren zwar auch dann sein, wenn sie für das Opfer nicht mit finanziellen Folgen verknüpft ist. Ein Beispiel ist die Bestellung von Waren gegen Vorkasse, deren Empfang das Opfer zu Recht als ehrenrührig empfinden kann (Artikel aus einem Erotikversand etc.). Dieser Fall des mit einem vollständigen Leistungsaustausch durch den Täter einhergehenden Vertragsschlusses unter dem Namen des Opfers ist aber keine „Bestellung"[219] und kann daher allenfalls von der zweiten Alternative der Nr. 3 erfasst sein. Ein Fall der Bestellung liegt zwar bei einem **Auftrag für eine unentgeltliche Lieferung** vor; tritt der Täter aber offen als Besteller gegenüber dem Dritten auf, um dem Opfer in seinem Namen schenkweise etwas zuzuwenden, ist diese Bestellung „für" dieses erfolgt und deshalb nicht tatbestandsmäßig.[220] Eine bestimmte **Art und Weise der Bestellung** schreibt das Gesetz nicht vor. Die Bestellung kann persönlich, mündlich oder schriftlich, insbesondere durch Einsatz von Telekommunikationsmitteln oder auch über Dritte, erfolgen.[221]

47 Die Bestellung des Täters muss sich auf **Waren** und **Dienstleistungen** beziehen und erfasst damit im Rahmen eines auf Austausch ausgerichteten ökonomischen Systems alle wirtschaftlich relevanten Vorgänge. *Beispielhaft* werden als Warenbestellungen das Abonnement von Zeitschriften oder Büchern, Bestellen von Kleidern, als Auftrag von Dienstleistungen das Herbeirufen von Pizzaboten oder eines Handwerkers, eines Taxis oder eines Notdienstes oder auch die Buchung einer Reise genannt.[222] Obwohl die belästigende Wirkung einer Bestellung von Waren oder Dienstleistungen für das Opfer im Regelfall erst von deren Empfang ausgeht, ist der Eintritt eines solchen Erfolges für die Erfüllung des Tatbestands nicht vorausgesetzt. Bereits mit dem Aufgeben, d.h. mit dem Anbringen der Bestellung, liegt tatbestandsmäßiges Verhalten vor. Allerdings wird es, sofern die Bestellung nicht ausgeführt wird, üblicherweise an einer schwerwiegenden Beeinträchtigung der Lebensgestaltung des Opfers fehlen.

48 **Kontaktaufnahme durch Dritte.** Wie bei der ersten Tatvariante des Absatzes 1 Nr. 3 steht auch bei der durch missbräuchliche Datenverwendung des Opfers veranlassten Kontaktaufnahme durch Dritte das anonyme Stalking im Vordergrund. Der Täter bleibt

[217] *Fischer* Rdn. 15a.
[218] Vgl. auch *Mitsch* NJW 2007 1237, 1240, der auf § 241a BGB hinweist, der klarstellt, dass ein Stalkingopfer keinen Ansprüchen des Warenlieferanten oder Dienstleisters ausgesetzt ist.
[219] So zu Recht *Mosbacher* NStZ 2007 665, 668.
[220] *Gericke* MK Rdn. 27; *Sch/Schröder-Eisele* Rdn. 16; *Kraus* S. 87, **aA** wohl *Fischer* Rdn. 15a; *Gazeas* JR 2007 497, 500.
[221] Vgl. BTDrucks. 16/575, S. 7; *Fischer* Rdn. 15a; *Matt/Renzikowski-Eidam* Rdn. 18.
[222] *Matt/Renzikowski-Eidam* Rdn. 18; *Rössner/Krupna* NKGesStR Rdn. 7; SSW-*Schluckebier* Rdn. 10; *Gazeas* JR 2007 497, 500.

für das Opfer zumeist unerkannt. Die Belästigung geht von einem – im Regelfall gutgläubigen –[223] Dritten aus. Dieser ist **veranlasst**, wenn er durch den Täter zu einem bestimmten Handeln gezielt aufgefordert, angetrieben oder bestimmt wird.[224] Typische Fälle des Veranlassens belästigender Kontaktaufnahme durch Dritte liegen vor, wenn der Täter Name, Anschrift, Telefonnummer oder E-Mail-Adresse des Opfers für eine Annonce (etwa eine Kontaktanzeige mit dem Angebot sexueller Dienstleistungen) verwendet[225] oder bei Sex-Hotlines oder Internetforen für die Partnersuche einstellt.[226] Auch der Fall unerwünscht übersandter Geschenke kann je nach Fallgestaltung hierunter fallen, wobei insbesondere die missbräuchliche Verwendung personenbezogener Daten sorgfältig zu prüfen ist.[227] Nicht erfasst werden Anzeigen anderer Art, wie z.B. wahrheitswidrige Trauer- oder Hochzeitsanzeigen, weil sie nicht dazu dienen, unmittelbar mit dem Opfer in Kontakt zu treten.[228] Nicht tatbestandsmäßig ist auch eine vom Täter verursachte dienstliche Kontaktaufnahme eines Dritten mit dem Opfer. Dies betrifft etwa das vom Täter initiierte Tätigwerden von Strafverfolgungsbehörden aufgrund wider besseres Wissens erstatteter Strafanzeigen oder von Gerichten nach Beantragen eines Mahnbescheids oder Erhebung einer Zivilklage.[229] In diesen Fällen, in denen der Täter offen auftritt und dabei mit unzutreffendem inhaltlichem Vorbringen die Tätigkeit staatlicher Organe erstrebt, fehlt es regelmäßig schon an einer n missbräuchlichen Verwendung personenbezogener Daten.[230]

Die **Vollendung der Tat** setzt nach dem eindeutigen Wortlaut der zweiten Alternative von Nr. 3 nicht voraus, dass der Dritte einen Kontakt zum Opfer hergestellt hat.[231] Es genügt der bloße Versuch der Kontaktaufnahme, die als unmittelbares Ansetzen zur Kontaktherstellung zu qualifizieren ist.[232] Allerdings wird eine fehlgeschlagene Kontaktaufnahme, sofern das Opfer nicht zumindest später davon erfährt, nicht zu einer schwerwiegenden Beeinträchtigung der Lebensgestaltung des Opfers führen und besitzt daher mangels Eignung, den tatbestandlichen Erfolg des § 238 Abs. 1 herbeizuführen, keine messbare Unrechtsqualität.[233] **49**

dd) Bedrohung mit der Verletzung von Leben, körperlicher Unversehrtheit, Gesundheit und Freiheit (Absatz 1 Nr. 4). Eine weitere Form der Nachstellung ist die beharrliche **50**

---

[223] Vgl. SSW-*Schluckebier* Rdn. 10: der Dritte kann aber auch bösgläubig sein. Im Fall der Gutgläubigkeit liegt ein gesetzlich vertypter Fall mittelbarer Täterschaft gemäß § 25 Abs. 1 2. Alt. vor; vgl. *Krüger* S. 130.

[224] *Rössner/Krupna* NKGesStR Rdn. 7.

[225] *Krüger* S. 131. Vgl. dazu auch BGH NStZ 1984, 216 (zur Strafbarkeit nach § 185).

[226] Vgl. BTDrucks. 16/575, S.7; *Fischer* Rdn. 15b; *Matt/Renzikowski-Eidam* Rdn. 18.

[227] So SSW-*Schluckebier* Rdn. 10; **aA** *Sch/Schröder-Eisele* Rdn. 18. S. zum Ganzen schon oben Rdn. 42.

[228] *Küpper* AnwK-StGB Rdn 9; *Lackner/Kühl* Rdn. 4; *Matt/Renzikowski-Eidam* Rdn. 18; *Mosbacher* NStZ 2007 665, 668; **aA** für die Hochzeitsanzeige *Gazeas* JR 2007 497, 500; *Käppner* S. 73 und für die Todesanzeige *Sch/Schröder-Eisele* Rdn. 18; *Kraus* S. 87: Angehörige und gute Bekannte werden beim „Getöteten" nachforschen, ob der Todesfall tatsächlich eingetreten ist.

[229] Vgl. *Fischer* Rdn. 15b mit weiteren Beispielen.

[230] Vgl. *Sch/Schröder-Eisele* Rdn. 18.

[231] So aber *Fischer* Rdn. 15c, der zumindest einen einseitigen Zugang kommunikativer Akte verlangt, ohne dass es freilich zu einer Antwort des Opfers gekommen sein muss. Wohl auch *Sonnen* NK Rdn. 37; *Käppner* S. 73.

[232] *Matt/Renzikowski-Eidam* Rdn.18; *Rössner/Krupna* NKGesStR Rdn. 7; *Gazeas* JR 2007 497, 500; *Mitsch* NJW 2007 1237, 1239.

[233] So wohl auch: *Gericke* MK Rdn. 29; *Sch/Schröder-Eisele* Rdn. 18; *Gazeas* JR 2007 497, 501; *Kraus* S. 107; *Mitsch* NJW 2007 1237, 1239.

Bedrohung des Opfers oder einer diesem nahe stehenden Person mit der Verletzung von Leben, körperlicher Unversehrtheit, Gesundheit oder Freiheit. Die Tatvariante stellt einen Tatbestand dar, dessen Nähe zu *§§ 240, 241* unverkennbar ist. Die Tathandlung als solche ist § 241 entnommen; anders als dort ist aber nicht die Bedrohung mit einem Verbrechen zur Tatbestandserfüllung erforderlich.[234] Genügend ist es, wenn der Täter mit der Verletzung bestimmter Rechtsgüter droht, deren strafrechtlicher Schutz an sich durch Vergehenstatbestände gewährleistet ist. Die Ausdehnung der unter Strafe gestellten Bedrohungshandlungen reicht aber nicht so weit, dass, wie in § 240, jede Drohung mit einem sonstigen empfindlichen Übel ausreichen würde. Die abschließende Aufzählung der vom Drohverhalten des Täters betroffenen Rechtsgüter im Tatbestand schließt diese weitreichende Form eines Nötigungsmittels aus.[235] Anders als § 240 verlangt § 238 in dieser Tatvariante allerdings nicht, dass der Täter die Erreichung eines bestimmten Zieles bezweckt. Gleichwohl erlangt Absatz 1 Nr. 4 lediglich in den Fällen, in denen der Täter mit seiner Drohung dem Opfer allein seine Präsenz in dessen Leben vor Augen führen will, ohne es zu einer Änderung in seiner Lebensführung bewegen zu wollen, originäre Bedeutung.[236] Ansonsten ist ein eigener Anwendungsbereich neben § 240 nicht erkennbar.[237]

51 Das **Bedrohen** ist die Ankündigung eines bestimmten Verhaltens des Täters oder eines Dritten, das in eine vorsätzliche und rechtswidrige Verletzungshandlung mündet.[238] Diese muss sich auf die genannten Rechtsgüter beziehen. Die **körperliche Unversehrtheit** betrifft allein die physische Gesundheit, nicht auch die seelische.[239] Die Nennung der „Gesundheit" daneben ergibt nur dann einen Sinn, wenn man ihr eine eigene Bedeutung zumisst.[240] Über den Begriff der Gesundheit ist neben dem physischen deshalb auch das psychische Wohlergehen geschützt.[241] Mit Freiheit im Sinne des Gesetzes ist die Fortbewegungsfreiheit gemeint,[242] wie sich auch aus einem Vergleich mit dem Gewicht der übrigen durch Absatz 1 Nr. 4 geschützten Rechtsgüter[243] und mit einem Blick auf den die gleichen Rechtsgüter benennenden § 35 Abs. 1 ergibt, der auch nur die körperliche Bewegungsfreiheit erfasst.[244] Die Freiheit der Willensentschließung oder Willensbetätigung kann nicht gemeint sein, weil diese schon durch die Drohung als solche beeinträchtigt wird.

---

234 *Sch/Schröder-Eisele* Rdn. 19.

235 *Fischer* Rdn. 16; *Gericke* MK Rdn. 30; SSW-*Schluckebier* Rdn. 11.

236 *Wolters* SK Rdn. 13; s. auch *Sch/Schröder/Eisele* Rdn. 19. Vgl. aber auch *Mitsch* NJW 2007 1237, 1239, der in der Beeinträchtigung der Lebensgestaltung im Sinne von § 238 zugleich den Nötigungserfolg nach § 240 sieht und von daher für § 238 in dieser Tatvariante noch einen engeren Anwendungsbereich sieht.

237 *Gazeas* JR 2007 497, 501.

238 *Rössner/Krupna* NKGesStR Rdn. 8; *Wolters* SK Rdn. 13.

239 *Gericke* MK Rdn. 31; *Lackner/Kühl* Rdn. 4; *Wolters* SK Rdn. 13.

240 *Wolters* SK Rdn. 13.

241 *Fischer* Rdn. 16; *Matt/Renzikowski-Eidam* Rdn. 19; *Rössner/Krupna* NKGesStR Rdn. 8; *SSW-Schluckebier* Rdn. 11; *Sch/Schröder-Eisele* Rdn. 19; *Sonnen* NK Rdn. 39; *Wolters* SK Rdn. 13; **aA** *Lackner/Kühl* Rdn. 4; S. auch *Dreßing/Maul-Backer/Gass* NStZ 2007 253, 254; *Kühner* FPR 2006 186 f; *Valerius* JuS 2007 319, 320.

242 *Lackner/Kühl* Rdn. 4. Ebenso *Eisele* BT I Rdn. 496: anderenfalls wäre kein hinreichender Unrechtsgehalt verwirklicht. Vgl. auch *Mosbacher* NStZ 2007 665, 668.

243 *Matt/Renzikowski-Eidam* Rdn. 19; *Rössner/Krupna* NKGesStR Rdn. 8; *Valerius* JuS 2007 319, 321.

244 *Krüger* S. 133; *Lackner/Kühl* Rdn. 4; *Matt/Renzikowski-Eidam* Rdn. 19; *Valerius* JuS 2007 319, 321 f; *Wolters* SK Rdn. 13.

Interessanter Weise ist die Umsetzung der angedrohten Rechtsgutsbeeinträchtigung, die **Rechtsgutsverletzung**, weder in Absatz 1 Nr. 4 noch in den anderen Grundtatbeständen des § 238 ausdrücklich unter Strafe gestellt. Dies ist umso verwunderlicher, als etwa der tätliche Angriff auf das Opfer als schärfste Form des Stalking angesehen wird (vgl. schon oben die Entstehungsgeschichte).[245]

Adressat der Bedrohung kann nur das Tatopfer sein,[246] da der erfolgsbezogene Tatbestand des Absatzes 1 eine schwerwiegende Beeinträchtigung von dessen Lebensführung voraussetzt. Dies schließt nicht aus, dass die Bedrohung an das Opfer über gut- oder bösgläubige Dritte herangetragen wird.[247] Die Drohung muss das Tatopfer aber erreichen und muss von diesem zur Kenntnis genommen werden.[248] Unerheblich ist, ob die Drohung vom Täter ernst gemeint ist und vom Opfer als solche ernst genommen wird. Entscheidend ist die beabsichtigte Wirkung beim Tatopfer zur Erreichung des Taterfolgs.[249] Die ausgesprochene Bedrohung selbst kann sich neben dem Tatopfer auch **gegen eine diesem nahe stehende Person** richten. Das sind wie bei § 241 Menschen, die dem Opfer so verbunden sind, dass es eine Gefahr für jene auch für sich selbst als Drucksituation empfinden kann, insbesondere Verwandte, Lebensgefährten, nahe Freunde oder Hausgenossen.[250] Im Unterschied zu den Absätzen 2 und 3 wird der *„Angehörige"* gem. § 11 Abs. 1 Nr. 1 als Beispiel einer nahe stehenden Person in Absatz 1 nicht ausdrücklich genannt. Hieraus allerdings den Schluss zu ziehen, bei Absatz 1 Nr. 4 sei für Angehörige des Tatopfers im Einzelfall zu prüfen, ob sie diesem nahe stünden, dürfte allerdings zu weit gehen.[251] Die Nichtaufzählung des Angehörigen in Absatz 1 Nr. 4 ist auf ein Redaktionsversehen zurückzuführen, das dem Umstand zu schulden sein dürfte, dass die aktuelle Gesetzesfassung aus zwei unterschiedlichen Entwürfen zusammengestellt wurde.[252] Darüber hinaus machte die gesonderte Prüfung eines Näheverhältnisses von Tatopfer und Angehörigen auch mit Blick auf die Qualifikationstatbestände der Absätze 2 und 3 keinen Sinn. Dort reicht bei Hinzutreten eines weiteren Gefährdungserfolges die Bedrohung auch eines dem Tatopfer nicht besonders verbundenen Angehörigen zur Tatbestandserfüllung aus. Nichts anderes kann insofern für den Grundtatbestand des Absatzes 1 gelten.[253] **52**

ee) **Andere vergleichbare Handlungen (Absatz 1 Nr. 5).** Absatz 1 Nr. 5 bestraft als Nachstellung **andere vergleichbare Handlungen**. Dabei bezieht sich „vergleichbar" auf die Tatbestände des Absatzes 1 Nr. 1 bis 4.[254] Wie an anderer Stelle bereits dargestellt **53**

245 *Neubacher/Seher* JZ 2007 1029, 1032.

246 *Fischer* Rdn. 16; *Gericke* MK Rdn. 32; *Sch/Schröder-Eisele* Rdn. 19; *Krüger* S. 137; *Valerius* JuS 2007 319, 322.

247 Allerdings muss die Drohung das Opfer erreichen. Von diesem nicht wahrgenommene Drohungen erfüllen den Tatbestand nicht; vgl. KG, Beschl. vom 6. Dezember 2013 – (2) 161 Ss 229/13 (54/13), 2 Ws 550/13 – juris.

248 KG Berlin, Beschluss vom 6. Dezember 2013 – 2 Ws 550/13: nicht gelesene, sogleich an den Anwalt oder Strafverfolgungsbehörden ungelesen weitergereichte Schreiben reichen nicht aus, weil der Versuch nach § 238 nicht strafbar ist. Möglicherweise ist dann aber die Variante nach Abs. 1 Nr. 2 gegeben.

249 *Fischer* Rdn. 16. Vgl. auch *Lackner/Kühl* Rdn. 4.

250 *Matt/Renzikowski-Eidam* Rdn. 19; SSW-*Schluckebier* Rdn. 11; *Kinzig/Zander* JA 2007 483 f; *Krüger* S. 136 f; *Mosbacher* NStZ 2007 665, 668; *Rössner/Krupna* NKGesStR Rdn. 8.

251 So aber *Krüger* S. 137.

252 *Sch/Schröder-Eisele* Rdn. 20; *Wolters* SK Rdn. 13.

253 *Gericke* MK Rdn. 32; *Wolters* SK Rdn. 13.

254 *Mosbacher* NStZ 2007 668. Einschränkend *Neubacher/Seher* JZ 2007 1029, 1032: zu den unter Absatz 1 Nr. 1 und 2 genannten Verhaltensweisen gebe es keine vergleichbaren Stalkinghandlungen. Absatz 1 Nr. 1 stelle Stalking durch Annäherung unter Strafe, dem ein „Distanz wahrendes"

(vgl. oben bei der Entstehungsgeschichte), sieht der Gesetzgeber in Absatz 1 Nr. 5 einen *Auffangtatbestand*,[255] der erforderlich sei, „weil vielfältige, häufig wechselnde und immer neue Angriffsformen, die durch konkret umschriebene Handlungsalternativen nicht abschließend erfasst werden können, für dieses Delikt typisch sind".[256] Auch – so ein weiteres Argument – ließe sich der Fortschritt der technischen Entwicklung auf dem Gebiet der digitalen Kommunikationsmittel in den nächsten Jahren nicht absehen, weshalb es eines offenen, die zukünftigen technischen Neuerungen berücksichtigenden Tatbestandes bedürfe. Es habe – so die Bundesjustizministerin anlässlich der abschließenden Beratung zu § 238 in der Sitzung des Bundestags vom 30. November 2006 –[257] vor geraumer Zeit niemand für möglich gehalten, Personen durch SMS oder Handyanrufe aus dem Schlaf zu holen. In der Entwurfsbegründung zu § 238 wird die Erforderlichkeit des Auffangtatbestandes letztlich damit begründet, dass es vonnöten sei, dem Erfindungsreichtum von Stalkern entgegenzuwirken, so dass auch innovative, nicht unter die konkreten Handlungen der Nr. 1 bis 4 fallenden Stalkinghandlungen sanktionierbar würden.[258] In concreto sei eine generalklauselartige Unrechtsvariante erforderlich, weil sich „der durch den ‚Stalker' vollführte Terror einer abschließenden gesetzlichen Eingrenzung entziehe".[259] **Typische Fälle** Absatz 1 Nr. 5 unterfallenden Stalkings seien das Schalten „unrichtiger Anzeigen in Zeitungen (etwa Hochzeits- oder Todesanzeigen), das Hinterlassen von Mitteilungen, das Aufsuchen der Arbeitsstelle des Opfers, das Verächtlichmachen des Opfers bei Freunden oder Kollegen, die Überwachung des Freundes- und Bekanntenkreises des Opfers, die Bestellung von Waren oder das Abonnieren unter dem Namen des Opfers oder die Beschädigung von Sachen von Angehörigen, Freunden oder Kollegen des Opfers wie etwa das Zerkratzen von Fahrzeugen oder das Aufstechen von Reifen".[260]

54 Im Anschluss an die Überlegungen im Gesetzgebungsverfahren werden im Schrifttum eine **Fülle unterschiedlichster Verhaltensweisen** genannt,[261] die den anderen Tathandlungen vergleichbar und von der Generalklausel erfasst sein sollen oder zumindest sein könnten: Veranlassung inhaltlich unzutreffender Hochzeits- oder Todesanzeigen,[262] Ausspionieren persönlicher Daten, Gewohnheiten, Aufenthaltsorte – ggf. mit Hilfe von Dritten –[263], die Überwachung des Freundes- und Bekanntenkreises des Opfers,[264] das Verächtlichmachen des Opfers bei Dritten (Formen des „Mobbing"),[265] Ausgeben für das Tatopfer oder eine ihm nahestehende Person gegenüber Dritten,[266] die Veröffentlichung unzutreffender oder sensibler Daten im Internet,[267] Drohungen mit Strafanzeigen oder

Belästigen nie entsprechen könne. Absatz 1 Nr. 2 bestrafe Stalking durch Kontaktaufnahme. Nachstellung ohne Kontaktaufnahme sei hierzu nicht äquivalent.

255 BTDrucks. 16/3641, S. 30.
256 BTDrucks. 16/3641, S. 14.
257 BTProt. 16/70, S. 6948.
258 Zustimmend *Sommerfeld/Voß* SchlHA 2005 326, 328.
259 BTDrucks. 16/1030, S. 7.
260 BTDrucks. 16/1030, S. 7.
261 S. etwa die Auflistung bei *Sch/Schröder-Eisele* Rdn. 22.
262 *Matt/Renzikowski-Eidam* Rdn. 20; *Rössner/Krupna* NKGesStR Rdn. 9; *Sonnen* NK Rdn. 40; SSW-*Schluckebier* Rdn. 12; *Mosbacher* NStZ 2007 665, 668.
263 *Fischer* Rdn. 17a; *SSW-Schluckebier* Rdn. 12.
264 *Fischer* Rdn. 17a; *Matt/Renzikowski-Eidam* Rdn. 20; *Sonnen* NK Rdn. 40; *Mosbacher* NStZ 2007 665, 668.
265 *Fischer* Rdn. 17a; *Matt/Renzikowski-Eidam* Rdn. 20; *Sonnen* NK Rdn. 40; SSW-*Schluckebier* Rdn. 12; *Mosbacher* NStZ 2007 665, 668.
266 *Fischer* Rdn. 17a.
267 *Fischer* Rdn. 17a; *Matt/Renzikowski-Eidam* Rdn. 20; *Rössner/Krupna* NKGesStR Rdn. 9; *Sonnen* NK Rdn. 40; *Valerius* v. Heintschel-Heinegg Rdn. 9.

anonymen Hinweisen oder Erstatten von Strafanzeigen,[268] Beobachten des Opfers mit dem Fernglas,[269] Einsatz von Drohnen zum Ausspionieren des Privatbereichs,[270] das Zusenden oder Hinterlassen von Geschenken oder Gegenständen,[271] das Drohen mit dem eigenen Suizid,[272] Herstellen unbefugter Tonaufzeichnungen oder Bildaufnahmen,[273] Sachbeschädigungen,[274] Telefonterror oder dauernde Lärmbeschallung,[275] sexuelle Belästigungen oder Körperverletzungen *unterhalb* der Schwelle der (eigentlich) einschlägigen Delikte.[276]

Der Inhalt des Begriffs **vergleichbar** ergibt sich aus dem Gesetz nicht (zu den hieraus resultierenden verfassungsrechtlichen Problemen vgl. unten Rdn. 56). Als vergleichbar wird üblicher Weise eine Handlung angesehen, die nach Art und Schwere des damit verbundenen Eingriffs den anderen Katalogtaten entspricht[277] bzw. den Unrechtsgehalt einer dieser Taten erreicht.[278] Der Gesetzgeber wollte Handlungen erfasst sehen, die sowohl quantitativ als auch qualitativ eine vergleichbare Schwere wie die Taten nach den Nr. 1–4 aufweisen und in ihrem Handlungs- und Erfolgsunwert diesen gleichkommen.[279] Unverzichtbar dürfte es sein, nicht nur – wovon sich in überwiegendem Maße die Literatur leiten lässt – einen Vergleich hinsichtlich der Schwere der mit der Tat verbundenen Belästigung, sondern auch bezogen auf die Art der kontaktsuchenden Handlung anzustellen.[280] Eingehende Begründungen, warum die eine oder andere der Verhaltensweisen nach diesem oder einem anderen Maßstab von Absatz 1 Nr. 5 erfasst sein soll, finden sich – soweit ersichtlich – bisher nicht.

Verfassungsmäßigkeit des Auffangtatbestandes. Die Anwendbarkeit von Absatz 1 Nr. 5 **55**
begegnet grundsätzlichen Bedenken. Denn die Norm stößt an verfassungsrechtliche Grenzen. Bereits die nach dem verfassungsrechtlichen Verhältnismäßigkeitsprinzip notwendige gesetzgeberische Erforderlichkeit der Regelung ist äußerst zweifelhaft.[281] Die Aufzählung möglichen tatbestandlichen Unrechts in den Gesetzesmaterialien zeigt mit hinreichender Deutlichkeit, dass es durchaus möglich ist, strafwürdiges Stalking konkret zu umschreiben. Zum Schließen vorhandener Strafbarkeitslücken bedarf es daher von vornherein keines Rückgriffs auf einen generalklauselartigen Straftatbestand. Der Gesetzgeber hätte hinsichtlich der für strafwürdig erachteten typischen Verhaltensweisen

---

268 *Fischer* Rdn. 17a; *Matt/Renzikowski-Eidam* Rdn. 20; *Rössner/Krupna* NKGesStR Rdn. 9.

269 *Matt/Renzikowski-Eidam* Rdn. 20; *Wolters* SK Rdn. 14.

270 *Werner* JuS **2013** 1074, 1076.

271 *Fischer* Rdn. 17a; *Kinzig/Zander* JA 2007 481, 484; *Matt/Renzikowski-Eidam* Rdn. 20; *Valerius* v. Heintschel-Heinegg Rdn. 9; *Wolters* SK Rdn. 14; einschränkend *Krüger* S. 145 f, der eine erhebliche und damit strafbare Belästigung nur bei zugesandten Gegenständen annimmt, derer sich der Empfänger nur unter besonderen Mühen entledigen kann.

272 *Fischer* Rdn. 17a.

273 *Fischer* Rdn. 17a; *Werner* JuS **2013** 1074, 1076 unter Einsatz einer Drohne. Im Zusammenhang mit Aufnahmen durch sog. Paparazzi *Mann* AfP **2013** 16.

274 *Rössner/Krupna* NKGesStR Rdn. 9; SSW-*Schluckebier* Rdn. 12; *Mosbacher* NStZ 2007 665, 668; **aA** *Lackner/Kühl* Rdn. 5.

275 *Sch/Schröder-Eisele* Rdn. 22.

276 *Matt/Renzikowski-Eidam* Rdn. 20; *Mosbacher* NStZ 2007 665, 668; *Valerius* JuS 2007 319, 322.

277 *Valerius* v. Heintschel-Heinegg Rdn. 9.

278 *Rössner/Krupna* NKGesStR Rdn. 9.

279 Vgl. BTDrucks. 16/3641, S. 14. S. dazu *Krüger* S. 159, der den Bezug auf die quantitative Dimension und den Erfolgsunwert für überflüssig erachtet.

280 So zu Recht *Valerius* JuS 2007 319, 322. Wohl auch *Mosbacher* NStZ 2007 665, 668; kritisch *Köhne* ZRP 2009 87, 88.

281 *Buß* S. 241; *Gazeas* KJ 2006 247, 257; *ders.* JR 2007 497, 502; *Krüger* S. 160; *Mitsch* NJW 2007 1237, 1239; *Wolters* SK Rdn. 14.

von Stalkern konkrete Tathandlungen formulieren und stattdessen die „Flucht in die Generalklausel" vermeiden können.[282] Ohnehin zeugt das Bedürfnis, reale oder auch nur angenommene Lücken im strafrechtlichen Regelungswerk zu schließen, von einer bedauerlichen Entwicklung in der Gesetzgebung, die dem Charakter des Strafrechts nicht gerecht wird. Strafrecht ist ultima ratio im Umgang des Staates mit seinen Bürgern und daher naturgemäß fragmentarisch. Es kann deshalb nicht Ziel gesetzgeberischer Bemühungen sein, den Bereich straflosen Verhaltens gegenüber dem Bereich strafbaren Verhaltens zurückzudrängen, wenn hierfür kein zwingendes legislatorisches Erfordernis besteht. Und ein solches ist nicht zu erkennen, wenn zur Rechtfertigung von Absatz 1 Nr. 5 auf potenzielle technische Entwicklungen im Bereich der digitalen Kommunikationsmittel verwiesen wird. Insoweit besitzt § 238 mit den „sonstigen Mitteln" der Kommunikation in Absatz 1 Nr. 2 bereits eine tatbestandliche Regelung, über die auch neuartige Formen und Varianten der distanzüberwindenden Kommunikation erfasst werden können.[283] Die mangelnde Erforderlichkeit zeigt sich auch an anderen vom Gesetzgeber zur Rechtfertigung dieser Vorschrift herangezogenen Verhaltensweisen. Bei entsprechender Fallkonstellation mit besonderer Schwere und Zielrichtung des Vorgehens lassen sich das das Zusenden von Geschenken,[284] das Hinterlassen von Mitteilungen, das Aufsuchen an der Arbeitsstelle und das Bestellen bzw. Abonnieren von Waren und Dienstleistungen unter die Tatbestände des Absatzes 1 Nr. 1, 2 und 3 fassen.[285] Dies gilt auch für den sog. „investigativen" Journalismus, die verdeckte Ausforschung einer Person und ihres Umfelds durch Angehörige der Informationsmedien[286]. Grundsätzlich steht journalistische Tätigkeit unter dem Schutz von Art. 5 Abs. 1 Satz 2 GG.[287] Schutz genießt dabei auch sog. „unangenehme" Pressearbeit, also etwa das beharrliche Auffordern einer Person, zu einem bestimmten Thema Stellung zu nehmen.[288] Überschritten ist die Grenze von erlaubtem journalistischem Handeln zu unangemessenem belästigendem Verhalten allenfalls dann, wenn die der Pressetätigkeit durch die Pressegesetze der Länder gesetzten Rahmen nicht eingehalten werden. Im Regelfall dürften dann aber bereits die spezialgesetzlich geregelten Unrechtsvarianten des Absatzes 1 Nr. 1 bis 4 – insbesondere der Versuch der Kontaktaufnahme – eine strafrechtliche Ahndung dieses Verhaltens erlauben. Sachbeschädigungen und ehrenrührige Äußerungen sind über die Beleidigungstatbestände und § 303 strafbewehrt. Die Veröffentlichung diffamierender Bilder genießt strafrechtlichen Schutz über die Strafvorschriften des Kunsturhebergesetzes (§§ 22, 33 KUG; strafbarer Verstoß gegen das Recht am eigenen Bild) und zusätzlich die Beleidigungsdelikte.[289] Auch sog. Paparazzi-Verhalten erzwingt deshalb nicht die Existenz einer gene-

---

282 So verhält es sich beispielsweise mit dem Zusenden „schockierender" oder Ekel erregender Gegenstände, etwa von Tierkadavern. Der japanische Gesetzgeber hat diese Unrechtsvariante eigenständig unter Strafe gestellt, ein Weg, der, würde in unserem Rechtskreis ein ernstzunehmendes Regelungsbedürfnis bestehen, auch der deutschen Legislative offen gestanden hätte. Zur japanischen Regelung vgl. *Nishihara* FS Eser S. 577, 581: als Stalking gilt das Zusenden von Dreck, Tierleichen oder sonstigen Sachen, die das Gefühl des Unbehagens oder des Ekels erregen, oder das Einbringen solcher Gegenstände in die Wahrnehmungssphäre.

283 *Buß* S. 241; *Fischer* Rdn. 17; *Krüger* S. 140.

284 S. dazu oben Rdn. 42.

285 Das sieht auch *Mitsch* NJW **2007** 1237, 1240.

286 *Wendt* S. 214 f, 217 fordert daher ein im Tatbestand des § 238 verankertes Medienprivileg, gemeint ist eine Sonderstellung der Medien, die eine Strafbarkeit von Medienvertretern nach dieser Norm verhindert.

287 Vgl. u.a. die Äußerung des Abgeordneten *van Essen* anlässlich der Sitzung des Bundestags am 30. November 2006, BTProt. 16/70, S. 6949.

288 *Pöppelmann* Prot. RAussch., S. 118 ff.

289 *Krüger* S. 147.

ralklauselartigen Stalking-Vorschrift. Hinzu kommt, dass das Fertigen von Bildaufnahmen von Personen in Wohnungen bzw. in gegen Einblick besonders geschützten Räumen nach § 201a sanktioniert wird.[290] Soweit sich der Paparazzi seinem Opfer in wiederholter Weise zur Fertigung von Fotoaufnahmen aufdringlich nähert, wird sein Handeln ohnehin bereits durch Nr. 1 des Absatzes 1 erfasst. Der spezifische Schutz, den diese Vorschriften bieten, lässt eine Bestrafung auch als Stalking entbehrlich erscheinen.[291] Die **Androhung einer Selbsttötung** kann nach § 240 strafbar sein, sofern sie dazu dient, Interessen des Drohenden, etwa die Fortsetzung einer Partnerschaft, durchzusetzen.[292] Ist dies nicht der Fall, stellt sich die schon oben angesprochene Frage, warum der Gesetzgeber – etwa in Absatz 1 Nr. 4 – ein möglicherweise für strafwürdig erachtetes Verhalten nicht konkret einer Regelung zugeführt hat. Schließlich lässt sich die Schaffung einer offenen Generalklausel nicht mit Blick auf Verhaltensweisen rechtfertigen, auf deren Pönalisierung der Gesetzgeber in diesem oder auch einem anderen Gesetzgebungsvorhaben verzichtet hat. Dies gilt etwa für die **„Bedrohung von Angehörigen des Tatopfers“** oder auch das **„Mobbing am Arbeitsplatz“**. So war die sog. mittelbare Bedrohung Gegenstand des Bundesratsentwurfs vom 10. Februar 2006, wurde aber im späteren Gesetzgebungsverfahren als Tatbestandshandlung gestrichen.[293] Im Hinblick auf Mobbing ist zu berücksichtigen, dass der Gesetzgeber es nicht für erforderlich gehalten hat, ein im Gespräch gewesenes spezielles Anti-Mobbing-Gesetz zu schaffen.[294] Es widerspräche insoweit der gesetzgeberischen Intention, über Absatz 1 Nr. 5 nunmehr eine solche Strafbarkeit herbeizuführen oder auch nur die Existenz der Generalklausel mit der Strafwürdigkeit des Mobbing zu begründen.[295] An möglicher gesetzgeberischer Rechtfertigung bleibt so letztlich allein die Erwägung übrig, eine generalklauselartige Regelung sei vonnöten, weil sich der durch den Stalker vollzogene Terror einer abschließenden gesetzlichen Regelung entziehe. Ließe sich deshalb womöglich aus verfassungsrechtlicher Sicht des Verhältnismäßigkeitsprinzips eine allgemeinere Umschreibung strafbaren Verhaltens noch rechtfertigen, bleibt doch zu fragen, ob die gefundene Formulierung in ihrer abstrakten Fassung den sich aus Art. 103 Abs. 2 GG ergebenden Anforderungen an die Bestimmtheit einer Norm genügt.

Die Bestimmtheit der Norm (Art. 103 Abs. 2 GG). Es liegt auf der Hand, dass Absatz 1 **56**
Nr. 5 mit seiner Öffnungsklausel, die auch als gesetzliche Aufforderung zur (im Strafrecht an sich) verbotenen Analogie zu Ungunsten des Täters bezeichnet wird,[296] mit Blick auf den Bestimmtheitsgrundsatz aus Art. 103 Abs. 2 GG gewichtigen Bedenken unterliegt.[297] Bereits im Gesetzgebungsverfahren sind solche Bedenken aus den Reihen der parlamentarischen Opposition geäußert worden.[298] Angemahnt wurde die Verfas-

290 *Buß* S. 150 f.
291 Vgl. auch *Matt/Renzikowski-Eidam* Rdn. 20, 22.
292 OLG Hamm NStZ **1995** 547, 548.
293 *Krüger* S. 144.
294 *Krüger* S. 149. Zu den Plänen eines Anti-Mobbing-Gesetzes vgl. *Mühe* S. 290 ff.
295 *Sonnen* NK Rdn. 41; *Krüger* S. 147.
296 *Lackner/Kühl* Rdn. 5; s. auch *Nowicki* S. 131; s. auch *Greco* GA **2012** 452, 465 f, der ein Analogiegestaltungsverbot des Gesetzgebers entwickelt und Ausnahmen nur unter bestimmten Voraussetzungen gestattet.
297 Vgl. bereits *Gazeas* KJ **2006** 247, 257; *Vander* KritV **2006** 81, 89 sowie nunmehr *Greco* St **2012** 452, 466; *Löhr* S. 327, *Nowicki* S. 120 ff und *Sonnen* NK Rdn. 28; vgl. auch *Schlachter* S. 92; **aA** *Gericke* MK Rdn. 35; *Meyer* ZStW 115 (**2003**) 249, 288.
298 Die FDP-Fraktion hat auf eine „Vielzahl von unbestimmten Rechtsbegriffen“ hingewiesen, BTDrucks. 16/3662, S. 2. Bündnis 90/die Grünen monierten eine „erhebliche Unbestimmtheit und Konturenlosigkeit“ des Tatbestandes, BTDrucks. 16/3663, S. 2. Von der Fraktion der Linken wurde die aus ihrer Sicht verfassungswidrige „generalklauselartige Umschreibung“ gerügt, BTDrucks. 16/3665, S. 3.

sungswidrigkeit auch anlässlich der Expertenanhörung im Rechtsausschuss.[299] Der Gesetzgeber hat die vorgebrachten Zweifel letztlich nicht als durchgreifend angesehen, obwohl die Bundesregierung noch in ihrem Entwurf zu § 241b eine Auffangklausel, wie Absatz 1 Nr. 5, wegen offensichtlichen Verstoßes gegen Art. 103 Abs. 2 GG entschieden abgelehnt hatte.[300] Zur Begründung der Verfassungsgemäßheit der Norm hat der Gesetzgeber auf die Straftatbestände der § 315 Abs. 1 Nr. 4 und § 315b Abs. 1 Nr. 3 verwiesen. Diese enthielten ebenfalls innertatbestandliche Verweise, bei denen zur Bestimmung des Unrechtsverhaltens auf andere, konkret ausformulierte Tatbestände Bezug genommen werde.[301] Das Argument ist zirkelschlüssig. Dass der Gesetzgeber in §§ 315, 315b innertatbestandliche Analogien verankert hat,[302] ist kein Beleg für die Zulässigkeit dieser legislatorischen Vorgehensweise.[303] Weder § 315 noch § 315b haben bislang auf dem Prüfstand des BVerfG gestanden, weshalb ihnen gegenüber ebenfalls der Vorwurf gemacht werden könnte – und durchaus auch gemacht wird –, strafrechtlich relevantes Verhalten nicht ausreichend im Sinne des Art. 103 Abs. 2 GG zu beschreiben.[304] Hinzu kommt, dass sowohl in § 315 als auch in § 315b zur Ausfüllung der blanketthaft gehaltenen Unrechtsvarianten auf klar umrissene und konkret umschriebene Tatbestände als Vergleichsmaßstab zurückgegriffen wird,[305] was zur Herausbildung fester Parameter für die Bestimmung eines „ähnlichen, ebenso gefährlichen Eingriffs" – Eingriff von außen, unmittelbare Einwirkung auf den Verkehrsvorgang – geführt hat.[306] Demgegenüber nimmt Absatz 1 Nr. 5 auf Tatbestände Bezug, die sich wegen der in ihnen enthaltenen Tatbestandsmerkmale „unbefugt", „beharrlich", „Lebensgestaltung" und „schwerwiegend" ihrerseits an der Grenze tatbestandlicher Bestimmtheit bewegen,[307] jedenfalls – gerade auch in ihrer Heterogenität – keinen präzisen Bezugspunkt abgeben, an denen sich „andere vergleichbare Handlungen" orientieren könnten.[308] Darüber hinaus existiert zu §§ 315 Abs. 1 Nr. 3, 315b Abs. 1 Nr. 3 inzwischen eine gefestigte Rechtsprechung zur Auslegung des dort normierten „ähnlichen, ebenso gefährlichen Eingriffs".[309] Damit ist aber eine grundsätzliche Voraussetzung erfüllt, die das BVerfG für die Verfassungsmäßigkeit einer blanketthaft gehaltenen Norm anlässlich seiner Überprüfung der Regelung über unechtes Unterlassen in § 13 aufgestellt hat:[310] die Generalklauseln gewinnen hier ihre Bestimmtheit aus tradierter und konstanter Kasuistik. Auf eine vergleichbare Rechtsprechung kann bei § 238 nicht zurückgegriffen werden. Die Gerichte sind in der Bewertung des Unrechtsverhaltens weitgehend frei. Greifbare Maßstäbe zur Abgrenzung straflosen Verhaltens von strafbarem Verhalten liefern die ihrerseits interpretationsbedürftigen Tatbestände der Nr. 1 bis 4 nicht in genügender Weise.[311] Der Tatbe-

---

299 *Kühl* Prot. RAussch., S. 104 f.

300 BTDrucks. 16/575, S. 10 i.V.m. BTDrucks. 15/5410, S. 9.

301 BTDrucks. 16/3641, S. 14.

302 Vgl. aber *Sch/Schröder-Eisele* Rdn. 23: zulässige Analogie.

303 So auch *Buß* S. 242; *Mitsch* NJW 2007 1237, 1239. Dagegen *Mosbacher* NStZ 2007 665, 668.

304 So für § 315 Abs. 1 Nr. 4 etwa *Bruns* GA **1986** 1, 14; *Isenbeck* NJW **1969** 174.

305 *Sch/Schröder-Eisele* Rdn. 23.

306 *Gazeas* JR 2007 497, 501 f.

307 *Gazeas* KJ 2006 247, 266; *ders.* JR 2007 497, 501; *Kinzig/Zander* JA 2007 481, 486; aA *Krüger* S. 157.

308 *Fischer* Rdn. 17; wohl auch *Matt/Renzikowski-Eidam* Rdn. 21. Ebenso *Buß* S. 242; *Gazeas* KJ 2006 247, 266; *Kinzig/Zander* JA 2007 481, 486; *Neubacher* ZStW 118 (2006) 855, 869; *Vander* KritV 2006 81, 89.

309 Zu § 315 Abs. 1 Nr. 4 vgl. u.a. BGHSt **24** 231; OLG Hamburg NZV **1997** 237. Zu § 315b Abs. 1 Nr. 3 vgl. u.a. BGHSt **28** 87; **26** 176; OLG Hamm NStZ-RR **2001** 104, 105.

310 BVerfG JZ 2004 303, 304.

311 *Eiden* ZIS 2008 123, 127; aA *Rössner/Krupna* NKGesStR Rdn. 9.

stand öffnet sich – entsprechend der Absicht des Gesetzgebers – gegenüber jeglichen Formen durch den „Stalker vollführten Terrors“, soweit diese nur in ihrer Wirkung eine „schwerwiegende Beeinträchtigung der Lebensgestaltung“ nach sich ziehen. Eine Anbindung an bestimmte Handlungsformen erfolgt nicht, ist – wie die Beispiele des Gesetzgebers für die Notwendigkeit der Vorschrift zeigen – auch gar nicht gewollt.[312] Es ist letztlich mangels ausreichender gesetzlicher Vorgabe dem Richter überlassen, strafbares Verhalten vom straflosen abzugrenzen. Insoweit wird Absatz 1 Nr. 5 angesichts des gesetzgeberischen Regelungsdefizits als Strafnorm auch nicht der durch Art. 103 Abs. 2 GG vorgegebenen Aufgabe gerecht, dem Normadressaten eine klare Trennung erlaubten und nicht erlaubten Verhaltens zu ermöglichen.[313] Der Tatbestand des Absatzes 1 Nr. 5 steht deshalb mit Art. 103 Abs. 2 GG nicht in Einklang.[314]

Auch der **BGH** hegt erhebliche Zweifel an der Bestimmtheit der Generalklausel, da diese in „kaum überschaubarer Weise jegliches Tätigwerden in die Strafbarkeit einbeziehe, das den von § 238 Abs. 1 bis 4 erfassten Handlungen vergleichbar sei“. Letztlich hat das Gericht die Frage der Verfassungsgemäßheit aber offen gelassen.[315]

Die **Gegenansicht**, die den Auffangtatbestand noch mit Art. 103 Abs. 2 GG für vereinbar hält,[316] ist gehalten, im Wege einer konkreten Normauslegung jeweils einen unmittelbaren Bezug zu den anderen unter Strafe gestellten Tathandlungen herzustellen und eine Vergleichbarkeit mit der dem Wortlaut nach von diesen nicht erfassten „anderen Handlung“ herzustellen. Kriterium soll dabei nicht nur die Schwere der mit der Handlung verbundenen Belästigung, die als „Nachstellen“ zu qualifizieren sein muss, sondern auch die Art der kontaktsuchenden Handlung sein (s. schon oben Rdn. 54). Bei Handlungen, die an sich dem Katalog der Nr. 1–4 angehören, aber nach Schwere und Relevanz gleichwohl nicht darunter fallen, scheidet damit die Annahme einer „vergleichbaren“ Handlung aus.[317] Ob sich bei einem solchen Verständnis der Norm ein praktisch relevanter Anwendungsbereich ergibt, mag bezweifelt werden.[318] Hinzu kommt, dass der Begriff der Vergleichbarkeit, der unter Bezugnahme auf die Tatbestände der Nr. 1–4 die Bestimmtheit des Auffangtatbestandes gewährleisten soll, mit Blick auf Art. 103 Abs. 2

---

312 So auch überzeugend *Fischer* Rdn. 17b.

313 Vgl. zum Maßstab zuletzt BVerfGE **105** 135, 153 f.

314 *Fischer* Rdn. 17c; *Matt/Renzikowski-Eidam* Rdn. 21; *Sch/Schröder-Eisele* Rdn. 23; wohl auch *Wolters* SK Rdn. 14; ebenso *Aul* S. 201 f; *Buß* S. 243; *Eiden* ZIS **2008** 123, 127; *Gazeas* NJW **2010** 1684, 1685. *Kinzig/Zander* JA **2007** 481, 485 f; *Rackow* GA **2008** 553, 565; *Sadtler* S. 317 ff. Ebenfalls zweifelnd *Landau* ZStW **121** 965, 968: „verfassungsrechtlich teilweise sehr bedenklich.“ Wohl auch *Sonnen* NK Rdn. 41.

315 BGHSt **54** 189, 193 f. Dazu: *Gazeas* NJW **2010** 1684, 1685; *Krüger* NStZ **2010** 546, 549. S. auch *Krey/Heinrich* BT 1 Rdn. 388b: „in Nr. 5 hat fragwürdige Kriminalpolitik über berechtigte Verfassungsbedenken aus Art 103 Abs. 2 GG gesiegt.“

316 *Gericke* MK Rdn. 35 f; *Lackner/Kühl* Rdn. 5; *Rössner/Krupna* NKGesStR Rdn. 9; *Gerhold* S. 124; *ders.* NKrimP **2007** 2, 3; *Karl* S. 215 ff; *Mosbacher* NStZ **2007** 665, 668; *Valerius* JuS **2007** 319, 322; *Weinitschke* S. 136 ff. Wohl auch SSW-*Schluckebier* Rdn. 12, der von der Aufgabe der Rechtsprechung spricht, der „offen gefassten Tatbestandsvariante im Wege der Auslegung kasuistisch ausgerichtete Konturen beizulegen“.

317 *Gazeas* JR **2007** 497, 502; *Lackner/Kühl* Rdn. 5; für enge Auslegung ebenfalls *Krüger* S. 143 ff, 158; dagegen *Fischer* Rdn. 17; *Sch/Schröder-Eisele* Rdn. 21.

318 Vgl. etwa *Krüger* S. 159: Versenden von Geschenken oder Androhung des eigenen Suizids; *Valerius* JuS **2007** 319, 322: sexuelle Belästigungen oder tätliche Angriffe unterhalb der Erheblichkeitsschwelle der §§ 177, 223 ff; *Wolters* SK Rdn. 14: Zusenden von Geschenken, Beobachten mit dem Fernglas.

GG seinerseits nicht unbedenklich ist. Das Gesetz nennt Parameter für eine Vergleichbarkeit nicht. Dass damit eine Übereinstimmung im Unrechtsgehalt – wie allgemein angenommen (vgl. oben Rdn. 54) – gemeint sein könnte, ist mit Blick auf die Gesetzeshistorie nicht unzweifelhaft. Der Gesetzgeber hat sich bei der Fassung des Auffangtatbestands des Absatzes 1 Nr. 5 bewusst gegen die im Gesetzgebungsverfahren (BTDrucks. 15/5410, S. 5) diskutierte Formulierung der „anderen, ebenso schwerwiegenden Handlung", die eine Parallelität im Unrechtsausmaß ausdrückt, entschieden. Nicht unproblematisch ist auch die Lesart der Vergleichbarkeit als weitgehende äußerliche Identität der Unrechtshandlungen. Tathandlungen, die den unter Absatz 1 Nr. 1–4 genannten vom Erscheinungsbild her entsprechen, zugleich aber diesen Tatbeständen nicht unterfallen, sind nur schwer vorstellbar.

Abs. 1 Nr. 5, der ohnehin keine praktische Bedeutung erlangt hat,[319] sollte deshalb im Zuge einer anstehenden Reform **gestrichen** werden.

57 c) **Beharrlichkeit.** Nach dem Willen des Gesetzgebers konkretisiert der Begriff der Beharrlichkeit das spezifische Stalkingunrecht der „fortwährenden Verfolgung".[320] Der Terminus findet sich im StGB in § 184d, aber auch in Vorschriften des AT, wie §§ 56d Abs. 3 S. 2, 56f Abs. 1 Nr. 2 und 3, 67g Abs. 1 Nr. 2 und 3 sowie 70b Abs. 1 Nr. 2 und 3 wieder. Eng angelehnt an die Auslegung des Begriffs in § 184d versteht die **Gesetzesbegründung** unter Beharrlichkeit ein wiederholtes oder andauerndes Verhalten, das allerdings noch nicht bei bloßer Wiederholung gegeben ist, sondern darüber hinaus eine in der Tatbegehung zum Ausdruck kommende besondere Hartnäckigkeit und gesteigerte Gleichgültigkeit gegenüber dem gesetzlichen Verbot voraussetzt, wodurch zugleich die Gefahr weiterer Begehung indiziert wird. Erforderlich ist danach, dass der Täter aus Missachtung des entgegenstehenden Willens des Opfers, die aus Gleichgültigkeit gegenüber dessen Wünschen resultiert, mit dem Ziel handelt, sich auch in Zukunft immer wieder entsprechend zu verhalten[321]. Die Beharrlichkeit ergibt sich danach aus einer Gesamtwürdigung der verschiedenen Handlungen unter besonderer Berücksichtigung ihres zeitlichen Abstands und ihres inneren Zusammenhangs.[322] Ihr wohnen objektive Momente der Zeit sowie subjektive und normative Elemente der Uneinsichtigkeit und Rechtsfeindlichkeit[323] inne.[324]

58 Vereinzelt sind in der Literatur gegen das Tatbestandsmerkmal der Beharrlichkeit, das ein besonderes persönliches Merkmal im Sinne des § 28 Abs. 1 ist,[325] **verfassungsrechtliche Bedenken** erhoben worden. Dieses sei zu unbestimmt.[326] Kritisiert werden das Erfordernis eines „schwammigen" Gesinnungselements, das im Übrigen nur sehr schwer nachweisbar sei[327] und das Fehlen konkreter Ausführungen des Gesetzgebers zu der objektiven Häufigkeit eines als beharrlich anzusehenden Täterhandelns.[328] Die geäußer-

---

[319] *Schöch* NStZ 2013, 221, 222.

[320] BTDrucks. 16/575, S. 6. So jetzt auch BGHSt **54** 189, 195 m. Anm. *Mitsch* NStZ 2010 513.

[321] In diesem Sinne auch BGH NStZ-RR 2014, 208 f.

[322] BTDrucks 16/575, S. 7; so auch *Gericke* MK Rdn. 44.

[323] Krit hiergegen: *Seher* JZ 2010 582.

[324] So ausdrücklich BGHSt **54** 189, 195; s. auch LG Arnsberg, Urt. vom 27. Februar 2012 – II-6 KLs 294 Js 32/11 – 17/11 – juris.

[325] *Fischer* Rdn. 20; *Rössner/Krupna* NKGesStR Rdn. 4; *Sch/Schröder-Eisele* Rdn. 24; *Sonnen* NK Rdn. 42; *Eisele* BT I Rdn. 499.

[326] Vgl. *Sch/Schröder-Eisele* Rdn. 24.

[327] *Matt/Renzikowski-Eidam* Rdn 11; *v. Schenck* Jura **2008** 553, 554; *Utsch* S. 241.

[328] *Mitsch* NJW **2007** 1237, 1240; *Steinberg* JZ **2006** 30, 32.

ten Bedenken sind durchaus ernst zu nehmen.[329] Wie oft der Täter gegen das Opfer vorgegangen sein muss, ist nach dem Gesetzestext vollkommen offen und richterlicher Dezision überlassen.[330] Insoweit kann eine Entscheidung des LG Lübeck, die zwei Nachstellungshandlungen im Abstand von 6 Monaten genügen lässt und dabei die Erwägungen in der Gesetzesbegründung weitgehend missachtet, nicht überraschen.[331] Mit Blick auf die Verwendung des Begriffs der Beharrlichkeit in anderen Normen des StGB, an deren (verfassungsrechtlich nicht zu beanstandender)[332] Auslegung man sich orientieren kann, wird sich freilich ein Begriffsinhalt finden lassen, mit dessen Hilfe den Voraussetzungen des Art. 103 Abs. 2 GG Genüge getan ist.[333] Dies ändert jedoch nichts an dem im Übrigen zutreffend erhobenen Vorwurf, der Begriff sei problematisch, weil er eine bestimmte Haltung oder innere Einstellung verlange, die mit einem Tatstrafrecht nicht verträglich sei.[334] Zu übersehen ist allerdings nicht, dass die subjektive Komponente dazu dienen soll, die Annahme strafbaren Verhaltens zu beschränken.[335]

Beharrlichkeit setzt in **objektiver Hinsicht** eine gewisse Dauer der Nachstellung voraus, die sich nicht in einzelnen, möglicherweise auch wiederkehrenden Tathandlungen erschöpft.[336] Erforderlich ist zunächst eine Mindestanzahl von Tathandlungen, auch in verschiedenen Formen der unter Strafe gestellten Verhaltensweisen.[337] Eine einzelne Wiederholung reicht nach den Materialien nicht aus; der Gesetzgeber hat mit seinem Hinweis in der Gesetzesbegründung[338] – auch wenn dies im Wortlaut keinen eindeutigen Niederschlag gefunden hat – klar zu erkennen gegeben, dass jedenfalls mehr als zwei Tatbestandverwirklichungen (die nicht vor Inkrafttreten des § 238 begangen sein dürfen)[339] vonnöten sind.[340] Dass mindestens fünf Handlungen bzw. Handlungsbündel gegeben sein müssen, wie das einige Stimmen in der Literatur grundsätzlich fordern,[341] lässt sich dagegen nicht mit dem Willen des historischen Gesetzgebers begründen. Entsprechende **59**

---

329 *Sch/Schröder-Eisele* Rdn. 24; aA *Fischer* Rdn. 18; *Gericke* MK Rdn. 45.

330 Vgl. *Mitsch* NJW 2007 1237, 1240.

331 LG Lübeck SchlHA 2008 213 m. Anm. *Jahn* JuS 2008 553. Ablehnend AG Löbau StV 2008 647.

332 Vgl. zu § 184d StGB: BVerfG NVwZ 2009 239, 240.

333 Sicher wird man dabei – worauf *Mosbacher* NStZ 2007 665, 666 zu Recht hinweist – darauf zu achten haben, dass eine strikte Orientierung, etwa an § 184d, nicht in Betracht kommt. Das ändert allerdings nichts daran, dass eine Heranziehung dortiger Begriffsinhalte zu einer Konkretisierung des Begriffs der Beharrlichkeit in § 238 beitragen kann.

334 *Lackner/Kühl* Rdn. 3.

335 BGHSt 54 189, 195. Vgl. dazu auch *Matt/Renzikowski-Eidam* Rdn. 11.

336 *Sch/Schröder-Eisele* Rdn. 25.

337 *Küpper* AnwK-StGB Rdn. 6; *Rössner/Krupna* NKGesStR Rdn. 4; *Sch/Schröder-Eisele* Rdn. 25; *Wolters* SK Rdn. 15; *Valerius* JuS 2007 319, 322; *Wessels/Hettinger* BT 1 Rdn. 369 f.

338 BTDrucks. 16/575, S. 7; *Gericke* MK Rdn. 44.

339 OLG Zweibrücken, Urt. vom 15. Januar 2010 – 1 Ss 10/09 – juris = OLGSt StGB § 238 Nr. 2 = NJW 2010 1827 (Ls).

340 Viel zu weitgehend deshalb LG Lübeck SchlHA 2008 213 m. Anm. *Jahn* JuS 2008 553; auch: *Fischer* Rdn. 2; *Mitsch* NStZ 2010 513, 514. Gleichwohl nicht ablehnend SSW-*Schluckebier* Rdn 13. S. auch *Mosbacher* NStZ 2007 665, 666, der aber zumindest verlangt, dass dem Täter nach dem ersten Nachstellen nicht unerhebliche Hindernisse entgegengestanden haben. Nunmehr auch OLG Zweibrücken, Urt. vom 15. Januar 2010 – 1 Ss 10/09 – juris (insoweit nicht abgedruckt in NJW 2010 1827) mit Anm. *Schäfer* jurisPR-StrafR 12/2010 Anm. 2: zwei Tatbestandsverwirklichungen reichen aus. Nicht tragend auch: BGHSt 54 189, 198. Krit. insoweit: *Sonnen* SK Rdn. 43.

341 *Kinzig/Zander* JA 2007 481, 484; *Matt/Renzikowski-Eidam* Rdn. 9; *Valerius* JuS 2007 319, 322.

Überlegungen des Gesetzgebers dienten lediglich der Auslegung des Merkmals „wiederholt“. Auch der BGH hält eine Mindestanzahl von fünf Handlungen zur Tatbestandsverwirklichung nicht für erforderlich. Bereits die einfache Wiederholung soll ausreichen, wenn der Täter besonders intensiv in die Rechte des Opfers eingreife.[342] Der Streit darüber, ob drei bzw. erst fünf oder sogar schon zwei Handlungen die Annahme beharrlichen Handelns rechtfertigen, dürfte im Übrigen kaum von praktischer Relevanz sein, weil ein strafbares Handeln erst vorliegt, wenn es auch zu der „schwerwiegenden Beeinträchtigung der Lebensgestaltung“ gekommen ist. Sie wird aber häufig – man stelle sich etwa belästigende Telefonanrufe vor – erst nach einer deutlich über fünf Tathandlungen liegenden Frequenz anzunehmen sein.[343] Insoweit kann es auch an einem beharrlichen Handeln fehlen, wenn weitaus mehr als fünf einzelne Akte festzustellen sind. Jenseits einer bloßen einfachen Tatwiederholung gibt es keine feste zahlenmäßige Festlegung.[344] Zu beachten ist darüber hinaus, dass sich die Tathandlungen grundsätzlich über mehrere Tage erstrecken müssen.[345] Ein „Beharren“ kann nach dem Wortsinn zudem nur angenommen werden, wenn zwischen den einzelnen Handlungen keine allzu großen Abstände liegen.[346] Ansonsten fehlt es an dem notwendigen **inneren Zusammenhang** der Tathandlungen.[347] Liegen zwischen einzelnen Handlungen sechs Monate, kann in ihrer Verwirklichung „beharrliches“ Vorgehen nicht mehr gefunden werden;[348] ohne dass es hier feste zeitliche Maßstäbe geben kann, muss die nachfolgende Handlung immer als Fortsetzung eines ersten Tuns erscheinen, dessen Ziel nicht erreicht worden ist, aber nunmehr mit neuem Mittel erneut in den Blick genommen wird. So wünschenswert insgesamt feste quantitative Vorgaben für die Rechtssicherheit auch wären,[349] so werden doch die Zahl der Tathandlungen und ihr zeitlicher Abstand nur (wesentliche) Aspekte im Rahmen der zur Feststellung der „Beharrlichkeit“ vorzunehmenden Gesamtwürdigung sein.[350]

60 Prägend für die Beharrlichkeit ist aber auch ein **subjektives Element.**[351] Beharrlich handelt, wer stringent zur Verfolgung eigener Ziele tätig wird und dabei bezogen auf das

---

342 BGHSt **54** 189, 198 f mit insoweit zustimmender Anm. *Gazeas* NJW **2010** 1684; *Seher* JZ **2010** 582; ebenfalls befürwortend *Krüger* NStZ **2010** 546, 550. S. auch OLG Zweibrücken, Urteil vom 15. Januar 2010 – 1 Ss 10/09 – juris (Leitsatz in NJW **2010** 1827 und NStZ-RR **2010** 145 f) mit dem zutreffenden Hinweis, dass es nicht zu einer Verwirklichung des Tatbestandes kommt, wenn die durch den Täter einmal wiederholte Handlung vor Inkrafttreten des § 238 stattgefunden hat.

343 Das hängt freilich auch – worauf *Rössner/Krupna* NKGesStR Rdn. 4 zu Recht hinweisen – vom Handlungs- und Erfolgsunwert der einzelnen Akte ab.

344 *Buß* S. 216; *Gazeas* JR 2007 497, 502; *Krüger* S. 165. Missverständlich insoweit *Schluckebier* SSW-StGB Rdn 13: eine Mindesthäufigkeit oder eine Mindestdichte sei nicht gefordert.

345 S. *Matt/Renzikowski-Eidam* Rdn. 9.

346 So zu Recht *Wolters* SK Rdn. 15; **aA** wohl ohne nähere Begründung BGHSt **54** 189, 201.

347 Vgl. *Rössner/Krupna* NKGesStR Rdn. 4.

348 OLG Celle, Beschl. vom 21. September 2011 – 32 Ss 96/11 – juris = OLGSt StGB § 238 Nr. 3. Nicht nachvollziehbar deshalb LG Lübeck SchlHA **2008** 213 m. Anm. *Jahn* JuS **2008** 553. Gleichwohl nicht ablehnend: SSW-*Schluckebier* Rdn 13. Unschädlich soll demgegenüber ein Abstand von sechs Wochen zwischen einzelnen Nachstellungshandlungen sein, BGHSt **54** 189, 196.

349 S. etwa *Smischek* S. 324, der mindestens 10 Handlungen in einem Zeitraum von einem Monat fordert.

350 *Buß* S. 216; *Mitsch* NJW **2007** 1237, 1240. Zum ganzen auch ausführlich: *Matt/Renzikowski-Eidam* Rdn. 9.

351 Vgl. *Lackner/Kühl* Rdn. 3: eine innere Haltung oder Einstellung; s. auch *Sonnen* NK Rdn. 42; **aA** aber *Mosbacher* NStZ **2007** 665, 666, der eine subjektive Komponente beim Beharren entgegen der gesetzgeberischen Intention leugnet, schon weil – wie er sagt – dies den Strafrechtsschutz unnötig einschränken würde. So auch *Neubacher/*

Schutzgut des § 238 den ausdrücklich oder konkludent geäußerten entgegenstehenden Willen des Opfers bewusst missachtet, weil ihm dessen Interessen entweder gleichgültig sind oder es aber konkret darauf anlegt, diese zu verletzen.[352] Die Beharrlichkeit muss sich aus der Tathandlung im Zusammenhang mit vorangegangenen Nachstellungen des Opfers ergeben. Dazu gehört, dass die Bereitschaft des Täters offenbar wird, weitere Eingriffe in die Lebenssphäre des Opfers vornehmen zu wollen.[353] Ihr ist immanent, dass der Täter uneinsichtig auf seinem Standpunkt besteht und zäh an seinem Entschluss festhält, obwohl ihm die entgegenstehenden Interessen des Opfers bekannt sind.[354] Ob Beharrlichkeit vorliegt, ist eine Frage des Einzelfalls, die die Gerichte anhand einer Gesamtwürdigung der in Rede stehenden Handlungen vorzunehmen haben.[355] Zu berücksichtigen sind insbesondere die Häufigkeit des Täterhandelns, die zeitlichen Abstände zwischen einzelnen Handlungsakten sowie ein innerer Zusammenhang zwischen den einzelnen Tathandlungen und die Entwicklung des Täterhandelns.[356] Dieses Verständnis der „Beharrlichkeit" wirft Beweisschwierigkeiten in der Praxis nicht auf,[357] ist aber mit dem Problem behaftet, dass es mit der auf den Richter übertragenen Gesamtwürdigung Entscheidungen weniger voraussehbar macht. Wer aus „übertriebener Zuneigung" handelt und nicht in erster Linie aus gesteigerter Gleichgültigkeit gegenüber dem Willen des Opfers, erfüllt dennoch die subjektive Komponente der Beharrlichkeit. Denn auch derjenige kann sich in nicht hinnehmbarer Weise über die Wünsche des Opfers hinwegsetzen, mag auch sein „Motiv" vordergründig in eine andere Richtung weisen.[358] Für das Vorliegen von Beharrlichkeit ist eine **zurückweisende Reaktion durch das Opfer** nicht erforderlich.[359] Allerdings kann eine solche Zurückweisung oder Abmahnung den Beweis für ein beharrliches Nachstellen erleichtern. Handelt der Täter erneut, obwohl das Opfer ihn zurückgewiesen hat, er durch anwaltliches Abmahnungsschreiben oder durch eine Gefährdungsansprache der Polizei auf sein Fehlverhalten hingewiesen wurde, zeigt er im Regelfall, dass ihm der Opferwillen mit Blick auf die Verfolgung eigener Interessen gleichgültig ist.

Nach der Vorstellung des Gesetzgebers soll bei der Auslegung des Merkmals „beharrlich" auch die **Handlungsfreiheit** des Täters berücksichtigt werden. Demnach erfüllt das Merkmal nicht, wer als Elternteil wiederholt den ehemaligen Partner zu kontaktieren **61**

Seher JZ 2007 1029, 1032. **Krit:** *Dessecker* Maiwald-FS 103, 106.

352 BGHSt **54** 189, 195; OLG Brandenburg NStZ **2010** 519, 520; *Jeßberger/Book* JuS **2010** 321, 322; *Sch/Schröder-Eisele* Rdn. 25. Gegen ein subjektives Element bei der Beharrlichkeit demgegenüber *Seher* JZ **2010** 582 f; *Mosbacher* NStZ **2007** 665, 666.

353 *Fischer* Rdn. 19; *Gazeas* KJ **2006** 247, 254.

354 BGHSt **54** 189, 195. Krit. im Hinblick auf die Rechtsfeindlichkeit, weil § 238 zum Teil sozialadäquate Verhaltensweisen erfasst und er nicht konkret an ohnehin bestehende Rechtspflichten anknüpft, sondern dieses Tun erst zu einer strafwürdigen Handlung akkumuliert, und die Annahme, Handeln gegen den Willen des Opfers sei Tatbestandsmerkmal: *Seher* JZ **2010** 582 f.

355 BTDrucks. 16/575, S. 7. *Mosbacher* NStZ **2007** 665, 666; *Rössner/Krupna* NKGesStR Rdn. 4; *Valerius* v. Heintschel-Heinegg Rdn. 12; *ders.* Jus **2007** 319, 322. Unausgesprochen kritisch zur „Gesamtwürdigungslösung" *Fischer* Rdn. 19.

356 *Gazeas* KJ **2006** 249, 255; s. auch *Valerius* JuS **2007** 319, 322.

357 *Wolters* SK Rdn. 15; **aA** aber *Kinzig/Zander* JA **2007** 481, 484; *v. Schenck* Jura **2008** 551, 554.

358 Vgl. dazu *Mosbacher* NStZ **2007** 665, 666, der daraus die Konsequenz ziehen will, auf die „subjektive Komponente" beim Beharren zu verzichten.

359 *Fischer* Rdn. 20; *Sch/Schröder-Eisele* Rdn. 25; vgl. auch *Lackner/Kühl* Rdn. 3; *Matt/Renzikowski-Eidam* Rdn. 11, der auf Beweisprobleme in diesen Fällen hinweist. Ebenso *Buß* S. 214.

versucht, um mit ihm Absprachen über das Umgangsrecht mit dem gemeinsamen Kind zu treffen. Dies gilt auch für den Gläubiger, der mehrmals eine fällige Forderung anmahnt, oder den Journalist, der wiederholt zu einer Stellungnahme in einer bestimmten Sache auffordert.[360] Ob ein solches Verhalten im Einzelfall nicht auch „beharrlich" im oben verstandenen Sinne sein kann, erscheint allerdings fraglich. Näher liegend scheint es zu sein, diese sozial adäquaten Handlungen nicht als „unbefugt" anzusehen und sie erst bei diesem Tatbestandsmerkmal aus dem Tatbestand auszuscheiden.[361]

62 Der Umstand, dass Beharrlichkeit in objektiver Hinsicht **wiederholtes Unrechtsverhalten** erfordert, darf nicht zu dem Schluss verleiten, bei § 238 handele es sich um ein Dauerdelikt.[362] Zwar schwebte dem Gesetzgeber ursprünglich die Konzeption der Vorschrift als Dauerdelikt vor, was durch die tatbestandliche Umschreibung der „fortgesetzten" Belästigungshandlung im Gesetzentwurf des Bundesrats zum Ausdruck gebracht werden sollte.[363] Im weiteren Gesetzgebungsverfahren ist der Begriff „fortgesetzt" dann aber gestrichen worden. Gegen die Annahme, der ihn ersetzende Terminus „beharrlich" bringe in gleicher Weise die Struktur des § 238 als Dauerdelikt zum Ausdruck, sprechen rechtsdogmatische Gründe. Ein Dauerdelikt ist dadurch gekennzeichnet, dass der Täter sein deliktisches Handeln ständig perpetuiert oder einen von ihm herbeigeführten rechtswidrigen Zustand willentlich aufrecht erhält.[364] Der rechtswidrige Zustand, der bei der beharrlichen Nachstellung eintreten kann, ist die schwerwiegende Beeinträchtigung der Lebensgestaltung des Opfers (vgl. dazu näher unten Rdn. 63 ff). Dieser Zustand kann aber selbst dann noch vorliegen, wenn der Täter sein Unrechtshandeln endgültig eingestellt[365] bzw. die Kontrolle über das Geschehen – der Täter befindet sich im Krankenhaus; das Opfer hat sich durch Antritt eines Urlaubs seiner Einflusssphäre entzogen – kurzzeitig verloren hat. Denn erst, wenn sich das Opfer nicht mehr belästigt fühlt, fehlt es an einer schwerwiegenden Beeinträchtigung von dessen Lebensgestaltung.[366] Es verbietet sich aber, Gegebenheiten, auf die der Täter keinen Einfluss mehr hat, diesem als vorsätzliches Verhaltensunrecht zuzurechnen.[367] Zudem ist es nicht angängig, dem vom Täter nicht mehr oder nicht aktuell verfolgten Opfer ein Notwehrrecht zuzubilligen, solange es sich belästigt fühlt. Begriffe man § 238 als Dauerdelikt, wäre das Opfer, das unter den Folgen eines zwischenzeitlich beendeten Stalking leidet, zu „abwehrenden" Angriffen auf seinen ehemaligen Peiniger berechtigt,[368] da bei Dauerdelikten die Notwehrlage bis zur Beendigung des einmal herbeigeführten rechtswidrigen Zustandes andauert.[369] Letztlich sprechen auch kriminalpolitische Bedenken gegen die Annahme eines Dauerdelikts bei § 238. Wäre die Vorschrift Dauerdelikt, würden während des Andauerns der Nachstellung zum Nachteil des Opfers begangene andere Straftaten ideal konkurrierend verklammert. Mehrere Nötigungen oder Körperverletzungen des Täters stünden über § 238 in Tateinheit zueinander. Folge wäre eine unangemessene Privilegierung des schweren gegenüber dem milden Stalker, die der Gesetzgeber so nicht beabsichtigt haben dürfte.[370]

---

360 BTDrucks 16/575, S. 7.

361 Dazu *Sonnen* SK Rdn. 42; *Wolters* SK Rdn. 15; *Valerius* JuS **2007** 319, 322.

362 BGHSt **54** 189, 199; OLG Brandenburg NStZ **2010** 519, 520; *Buß* JR **2011** 84, 86; *Hochmayr* ZStW **122** (2010) 757, 766; *Karl* S. 156; *Weinitschke* S. 180 ff; **aA** aber *Mitsch* NStZ **2010** 513, 514 (für Absatz 1 Nr. 1 und 5); *Smischek* S. 322; wohl auch *Gerhold* NKrimP **2007** 2, 3.

363 BTDrucks. 16/1030, S. 7.

364 *Rissing-van Saan* LK Vor §§ 52 ff Rdn. 49.

365 *Valerius* JuS **2007** 319, 323 f.

366 *Gazeas* KJ **2006** 247, 263.

367 *v. Schenck* Jura **2008** 553, 556; *Valerius* v. Heintschel-Heinegg Rdn. 25.

368 *Buß* S. 220.

369 *Rönnau/Hohn* LK § 32 Rdn. 149.

370 *Buß* S. 221 f; *Gazeas* JR **2007** 497, 504; *ders.* KJ **2006** 247, 262. *Hochmayr* ZStW

2. Der Taterfolg. *Ursprünglich* war vorgeschlagen, den Tatbestand des Absatzes 1 als **Gefährdungsdelikt** auszugestalten.[371] Von diesem Plan ist der Gesetzgeber namentlich wegen der Befürchtung mangelnder Bestimmtheit der Vorschrift im Sinne von Art. 103 Abs. 2 GG abgerückt.[372] Als tatbestandlicher Erfolg ist deshalb die **schwerwiegende Beeinträchtigung der Lebensgestaltung** des Opfers in das Gesetz aufgenommen worden. Ob der Gesetzgeber damit sein Ziel – einen Verstoß gegen Art. 103 Abs. 2 GG zu vermeiden – erreicht hat, ist zweifelhaft.[373] Auch die schwerwiegende Beeinträchtigung der Lebensgestaltung ist ein in hohem Maße abstrakter und wertausfüllungsbedürftiger Begriff,[374] der Bedenken ob seiner tatbestandlichen Bestimmtheit hervorruft.[375] Ungeachtet dessen ist die Einschränkung des Tatbestandes durch einen tatbestandlich umschriebenen Erfolg zu begrüßen.[376] Sie ist eine notwendige Konsequenz aus der Einsicht, dass im Tatbestand eine „Abgrenzung der Freiheitssphären von Täter und Opfer" vorzunehmen ist[377] und die bloße Ausgestaltung als Gefährdungs- oder Eignungsdelikt die Gefahr in sich getragen hätte, zu einer noch weitergehenderen Vorverlagerung der Strafbarkeit jenseits eines zu schützenden Rechtsguts zu führen.[378] Auf die zunächst vorgesehene weitere Präzisierung des Erfolgs durch die kumulative Verwendung des Begriffs „unzumutbar" wurde im Gesetzgebungsverfahren verzichtet: neben dem Merkmal „schwerwiegend" komme diesem keine eigenständige Bedeutung zu.[379] Dies erscheint zwar zweifelhaft, weil die Unzumutbarkeit im Gegensatz zur schwerwiegenden Beeinträchtigung, die auf ein bestimmtes tatsächliches Ausmaß an Folgen abstellt, normative Aspekte im Blick hat, bei deren Vorliegen bestimmte Beeinträchtigungen hinzunehmen sein können. Doch mit Blick auf den Willen des Gesetzgebers, der mit ihr keine inhaltliche Änderung verbinden wollte, hat die Streichung keine Folgen. Eine Zumutbarkeitsprüfung findet danach im Rahmen des Merkmals „schwerwiegend" statt.[380] 63

---

122 (2010) 757, 770 ff begreift § 238 als sukzessives Delikt, da die Deliktsvollendung die Vornahme mehrerer Unrechtshandlungen voraussetze. Obwohl damit – wie beim Dauerdelikt – ein einheitliches Delikt vorliegt, soll Notwehr des Opfers nur möglich sein, wenn eine – der sukzessiv vorzunehmenden – Nachstellungshandlungen konkret droht.

371 BTDrucks. 15/5410, S. 7.

372 BTDrucks. 16/575, S. 8.

373 Befürwortend demgegenüber *Gazeas* KJ **2006** 247, 253, der die Ausgestaltung des § 238 als Verletzungsdelikt als angemessen und dadurch zugleich den Verhältnismäßigkeitsgrundsatz als gewahrt ansieht.

374 *Rackow* GA **2008** 552, 561. S. auch *Löhr* S. 339 ff: „beträchtliche Weite" und „diffizile Wertungsfrage".

375 *Aul* S. 201; *Buß* S. 223 ff; *Eiden* ZIS **2008** 123, 127; *Eisele* BT I Rdn. 503; *Freudenberg* NJ **2006** 535, 537; *Kinzig/Zander* JA **2007** 481, 485; *Krüger* NStZ **2010** 546, 551; *Löhr* S. 339 ff; *Steinberg* JZ **2006** 30, 32.

376 *Wolters* SK Rdn. 3; *Gericke* MK Rdn. 2; *Lackner/Kühl* Rdn. 2; *Kühl* Sachverständigenanhörung vom 18. Oktober 2006, Prot. Nr. 30 15, 54, **aA** *Mitsch* NJW **2007** 1237, 1240, der das Erfolgsmerkmal als unnötig erachtet und hinsichtlich des bezweckten Opferschutzes für kontraproduktiv ansieht. Ähnlich: *Seher* JZ **2010** 582, 583. Ferner: *Meyer* ZStW **115** 249, 285; *Sommerfeld/Voß* SchlHA **2005** 326, 328; *Janovsky* Sachverständigenanhörung vom 18. Oktober 2006, Prot. Nr. 30, 14.

377 Vgl. BTDrucks. 16/575, S. 8. S. auch *Mosbacher* NStZ **2007** 665, 667 und *Peters* NStZ **2009** 238, 241 sowie *Krüger* NStZ **2010** 546, 551.

378 Vgl. auch *Gazeas* KJ **2006** 247, 253, der bei einer Ausgestaltung als Gefährdungsdelikt eine Unvereinbarkeit mit rechtsstaatlichem Tatstrafrecht sieht. *Karl* S. 140 weist darauf hin, dass die Einführung eines Erfolgsmerkmals in den Tatbestand der Wahrung des Übermaßverbotes diene.

379 Vgl. BTDrucks. 16/3641, S. 31.

380 So auch *Mosbacher* NStZ **2007** 665, 667; anders aber *Wolters* SK Rdn. 6, der die dabei zu prüfenden Aspekte beim Begriff „schwerwiegend" und bei der Unbefugtheit unterbringen möchte.

Die Verbesserung des Opferschutzes, die notwendig sein soll, weil die Ausgestaltung als Erfolgsdelikt zu einer Schutzlosigkeit vor allem derjenigen Opfer führe, die des strafrechtlichen Schutzes besonders bedürften,[381] ist *nunmehr* erneut Ausgangspunkt von Überlegungen, § 238 als Eignungsdelikt auszugestalten.[382] Sowohl die Justiz- als auch die Innenministerkonferenz haben zwischenzeitlich entsprechende Beschlüsse gefasst,[383] der Koalitionsvertrag von CDU, CSU und SPD für die 18. Legislaturperiode sieht vor, „die tatbestandlichen Hürden für eine Verurteilung zu senken", was den Verzicht auf eine Ausgestaltung der Vorschrift als Erfolgsdelikt jedenfalls als eine denkbare Möglichkeit gesetzgeberischer Reaktion erscheinen lässt. Ob eine Verbesserung des Opferschutzes wirklich vonnöten ist,[384] erscheint nicht nur im Hinblick auf die zivilrechtlichen Möglichkeiten und das Gewaltschutzgesetz,[385] sondern auch mit Blick auf das Rechtsgut (vgl. Rdn. 14: individueller Rechtsfrieden vor nicht nur unerheblichen Freiheitsbeschränkungen) mehr als zweifelhaft. Kommt es – weil das Opfer sich von den Nachstellungshandlungen unbeeindruckt zeigt – nicht zu einer schwerwiegenden Beeinträchtigung der Lebensgestaltung, liegt ein Eingriff in das genannte Rechtsgut noch nicht vor; auch wenn der individuelle „Rechtsfrieden" des Opfers tangiert sein mag. Ein Verzicht auf den beschriebenen Erfolg hätte deshalb zur Voraussetzung, den Rechtsgrund für eine Strafbarkeit von Nachstellungshandlungen neu zu bestimmen. Will man etwa besonders widerstandsfähige oder tapfere Opfer, die ihre Lebensumstände gegen den Druck des Täters behaupten, oder sozial schwache Opfer, denen die Möglichkeiten oder Mittel zur Veränderung ihrer Lebensumstände fehlen, besser strafrechtlich schützen,[386] lässt sich dies nicht mehr auf den Eingriff in „Freiheitsgewährleistungen" stützen. Die Strafwürdigkeit von „Belästigungshandlungen", die nicht zu einer Beschränkung von Freiheitsgewährleistungen führen, bedarf aber besonderer Rechtfertigung, weil insoweit in Abgrenzung der Freiheitssphären von Täter und Opfer und mit Blick auf das „ultima ratio-Prinzip" nicht jeder Übergriff die Anwendung von Strafrecht rechtfertigen kann.[387] Die Ausgestaltung als **Eignungsdelikt** („Wer einem Menschen in einer Weise unbefugt nachstellt, die geeignet ist, ihn in seiner Lebensgestaltung schwerwiegend zu beeinträchtigen, indem er ...)[388] vermittelt zwar den Eindruck, als zielte der strafrechtliche Schutz weiter auf die Behauptung der Freiheitsgewährleistungen des Opfers; tatsächlich soll aber damit der strafrechtliche Schutz des Opfers gerade auf solche Fälle ausgedehnt werden,

---

[381] Dazu im Einzelnen: *Schöch* NStZ **2013**, 221, 223, der unter Hinweis auf eine geringe Verurteilungsquote das äußerst restriktive Vorgehen der Strafverfolgungsbehörden bemängelt und daraus den Handlungsbedarf herleitet. Dagegen: *Köhne* ZRP **2014** 141, 142, der der Annahme, die Opferzahlen würden einen akuten Änderungsbedarf nahe legen, mit guten Gründen entgegentritt.

[382] Vgl. *Köhne* ZRP **2014** 141, 142, der skeptisch ist, ob die Ausgestaltung als Eignungstatbestand überhaupt mehr Opferschutz bringt (Gefahr einer milderen Bestrafung).

[383] S. Nachweise bei Kaufmann DRiZ **2104** 50, 51; *Käppner* S. 86.

[384] Dagegen etwa *Gericke* MK Rdn. 2; *Käppner* S. 87.

[385] Sofern *Schöch* NStZ **2013** 221, 223 deren Effektivität bemängelt, lässt sich daraus nicht die Notwendigkeit eines weitergehenden strafrechtlichen Schutzes durch § 238 herleiten. Insofern müssen zunächst die der Wirksamkeit dieser Möglichkeiten entgegenstehende Hemmnisse in den Blick und möglichst beseitigt werden. Dazu auch: *Köhne* ZRP **2014** 141, 142.

[386] So *Schöch* NStZ **2013**, 221, 223 f; wohl auch *Fischer* Rdn. 22.

[387] So auch: *Gericke* MK Rdn. 2. Vgl. auch *Käppner* S. 87.

[388] So zitiert *Schöch* NStZ **2013** 221, 224 einen Vorschlag aus dem Bayerischen Staatsministerium der Justiz und für Verbraucherschutz.

in denen es nicht zu der schwerwiegenden Beeinträchtigung der Lebensgestaltung kommt. In dieser Form verlagerte die Vorschrift – wie bei Gefährdungsdelikten üblich – nicht lediglich den Schutzbereich der Vorschrift nach vorn, sondern kreierte einen Anwendungsbereich für Fälle, die mangels betroffenen Schutzguts bisher nicht von ihr erfasst waren.[389] Ungeachtet dessen begegnete der Begriff der „Eignung, die Lebensgestaltung schwerwiegend zu beeinträchtigen" Bedenken im Hinblick auf seine Bestimmtheit (Art. 103 Abs. 2 GG).[390] So ist zwar der bisherigen Rechtsprechung zu entnehmen, was unter einer „schwerwiegenden Beeinträchtigung der Lebensgestaltung" zu verstehen ist (s. unten Rdn. 64 f). Welches Verhalten aber die erforderliche Eignung aufwiese, die schwerwiegende Beeinträchtigung der Lebensgestaltung herbeizuführen, ergäbe sich weder aus der bisherigen Judikatur noch aus der vorgeschlagenen Gesetzesformulierung. So bliebe es letztlich allein dem Richter überlassen zu entscheiden, in welchen Fällen – über diejenigen hinaus, in denen es dazu tatsächlich gekommen ist – das Verhalten hierzu geeignet und deshalb strafbar wäre. Im Hinblick auf die Gesetzesbestimmtheit wäre es deshalb aus Sicht derjenigen, die einen weitergehenden Opferschutz für erforderlich halten,[391] vorzugswürdiger, Abstriche beim Erfolg vorzunehmen und etwa den Begriff „schwerwiegend" durch „nachhaltig" zu ersetzen.[392] Letztlich ergeben sich aber aus den neuen Bemühungen zur Ausweitung einer Strafbarkeit keine Gesichtspunkte, die der Gesetzgeber nicht schon berücksichtigt hätte, so dass für eine Korrektur des Gesetzes insoweit kein Anlass ersichtlich ist.[393]

Die **Lebensgestaltung** einer Person umfasst nach Ansicht des Gesetzgebers ganz allge- **64**
mein die Freiheit der menschlichen Entschlüsse und Handlungen.[394] Diese müssen – damit man von „Gestaltung" reden kann – in der äußerlichen Welt ihren Ausdruck finden. In der Person des Einzelnen bleibende Auswirkungen von Nachstellungen, die – wie Angst, Furcht, Nervosität, Depressionen oder schlichte Störung des Seelenfriedens – allein das subjektive Wohlbefinden beeinträchtigen, ohne dass sie sich in bestimmter Weise auf das äußerlich wahrnehmbare Leben auswirken, fallen von vornherein nicht unter den vom Gesetz vorausgesetzten Taterfolg.[395] Dazu zählen auch Schlafstörungen des Opfers.[396] Mag man das auch als unbefriedigend empfinden, sind doch gerade dies die typischen Folgen des Stalkings.[397] **Beeinträchtigt** wird die Lebensgestaltung, wenn das Opfer objektiv wahrnehmbar Änderungen in der äußeren Gestaltung seines Lebens vornimmt,[398] also ein Verhalten an den Tag legt, das es ohne Veranlassung durch den

---

389 *Käppner* S. 90.

390 So auch *Köhne* ZRP **2014** 141, 142; *Käppner* S. 91.

391 Vgl. auch *Köhne* ZRP **2014** 141, 142 und *Kaufmann* DRiZ **2014** 50, 51, die daran zweifeln, ob die vorgeschlagene Umwandlung in eine Eignungs- oder Gefährdungsdelikt überhaupt mehr Opferschutz bringen würde.

392 Nicht ausreichend wäre es freilich, etwa allein auf eine „unzumutbare Belästigung" abzustellen. Auch diese Formulierung stünde mit Art. 103 Abs. 2 GG nicht in Einklang (vgl. *Käppner* S. 137).

393 So ausdrücklich zu den neuen Bemühungen: *Köhne* ZRP **2014** 141, 142. S. auch *Kaufmann* DRiZ **2014** 50, 51, die stattdessen die Nutzung vorhandener Möglichkeiten und finanzielle Mittel für Fortbildungen, Sonderdezernate und mehr Personal fordert.

394 S. auch BGHSt **54** 189, 196 und BGHR StGB § 238 Schwerwiegende Beeinträchtigung 2.

395 *Fischer* Rdn. 22; *Matt/Renzikowsk-Eidam* Rdn. 23; *Sch/Schröder-Eisele* Rdn. 30; *Wolters* SK Rdn. 4; **aA** wohl *Rössner/Krupna* NKGesStR Rdn. 10. S. insoweit auch *Buß* S. 226; *Neubacher/Seher* JZ **2007** **1029**, 1034; *Peters* NStZ **2009** 241.

396 AG Löbau StV **2008** 646; OLG Rostock, Beschl. vom 27. Mai 2009 – 1 Ss 96/09 I 40/09 – juris; *Krüger* NStZ **2010** 546, 552.

397 So etwa *Wolters* SK Rdn. 3.

398 *Gericke* MK Rdn. 47; *Kinzig/Zander* JA **2007** 481, 484. Das subjektive Empfinden des Opfers, es erleide eine Einbuße an

Täter nicht gezeigt hätte.[399] Dieses Verhalten kann ein Tun oder Unterlassen sein, so wenn das Opfer Örtlichkeiten meidet, an denen es auf den Täter treffen könnte, Veranstaltungen oder Termine nicht wahrnimmt, die zu einem Kontakt mit dem Stalker führen könnten oder Maßnahmen ergreift, die dem Täter eine Kontaktaufnahme erschweren oder unmöglich machen oder auch nur in der Aufnahme therapeutischer Behandlungen bestehen können.[400] Beeinträchtigt kann die Lebensgestaltung auch sein, wenn auf diese nicht durch das Opfer selbst, sondern durch **Dritte** gegen oder ohne den Willen des Opfers Einfluss genommen wird.[401] Von der Beeinträchtigung ist die bloße **Gefährdung der Lebensgestaltung** abzugrenzen,[402] die etwa dann gegeben ist, wenn das Opfer noch überlegt, auf das nachstellende Verhalten des Täters zu reagieren, sich womöglich in Gesprächen dazu entschlossen zeigt, aber selbst noch keine Verhaltensänderung ins Werk gesetzt hat. Immer festzustellen ist danach eine erzwungene Veränderung der Lebensumstände.[403] Dies wird freilich – abgesehen von den geschilderten Verhaltensweisen im Vorfeld einer Verhaltensanpassung – angesichts der Weite des Begriffs der (äußeren) „Lebensgestaltung“, die von der jeweiligen Tathandlung berührt sein muss, selten zu Problemen führen.[404]

65 **Schwerwiegend** ist eine ins Gewicht fallende, gravierende und ernstzunehmende Beeinträchtigung, die über durchschnittliche, regelmäßig hinzunehmende und zumutbare Belastungen erheblich und objektiv messbar hinausgeht.[405] Mit diesem Merkmal[406] erfährt der Tatbestand eine nicht zu unterschätzende Einschränkung,[407] die sich auch in

---

Lebensqualität, reicht für eine Beeinträchtigung nicht aus, OLG Brandenburg NStZ 2010 519, 520; *Sonnen* NK Rdn. 45; so auch *Sch/Schröder-Eisele* Rdn. 30.

399 *Fischer* Rdn. 22; *Matt/Renzikowski-Eidam* Rdn. 23; SSW-*Schluckebier* Rdn. 15; *Wolters* SK Rdn. 5. Nicht ausreichend sind Empfindungen des Opfers, die sich nicht in einem wahrnehmbaren Verhalten manifestieren. So reicht es für eine Beeinträchtigung der Lebensgestaltung nicht aus, dass das Opfer „in einer Atmosphäre der ständigen Bedrohung gelebt“ hat; OLG Rostock, Beschl. vom 27. Mai 2009 – 1 Ss 96/09 I 40/09 – juris, zustimmend *Kudlich* JA 2010 389, 390; ebenso OLG Hamm StRR 2009 234 f, insoweit nicht abgedruckt in NStZ-RR 2009 175; **aA** AG Augsburg, Urt. vom 17. Dezember 2007 – 2 Ds 407 Js 129019/07 – juris (Angstzustände) und *Seher* JZ 2010 582 f, der den Zuschnitt des tatbestandlichen Erfolges auf äußerliche Verhaltensänderungen für verfehlt hält. Die Lebensgestaltung sei bereits schwerwiegend beeinträchtigt, wenn die Bewältigung des Alltags für das Opfer durch psychische Belastungen erheblich erschwert werde.

400 Dazu ausdrücklich: *Rössner/Krupna* NKGesStR Rdn. 10. S. auch *Fischer* Rdn. 22, der mögliche Verhaltensänderungen, zu denen es immer wieder kommen kann, aufzählt: Änderungen des Freizeit- oder Sozialverhaltens, Verschieben, Aufgeben oder Umsetzen von Plänen etwa zu Umzug, Arbeitsplatzwechsel oder Reisen, Einschränken von Kommunikation oder sozialen Kontakten, Verstärken von Vorkehrungen oder Verhaltensweisen zur Sicherheit.

401 *Fischer* Rdn. 22.

402 Vgl. *Kinzig/Zander* JA 2007 481, 484.

403 BTDrucks 16/575, S. 8.

404 *Lackner/Kühl* Rdn. 2.

405 BTDrucks. 16/575, S. 8; BTDrucks. 16/3641, S. 14; *Fischer* Rdn. 23; *Gazeas* KJ 2006 247, 259; *ders.* JR 2007 497, 503; *Gerhold* NKrimP 2007 3; *Lackner/Kühl* Rdn. 2; *Matt/Renzikowski/Eidam* Rdn. 23; *Wessels/Hettinger* BT 1 Rdn. 369h. S. auch LG Arnsberg LG Arnsberg, Urt. vom 27. Februar 2012 – II-6 KLs 294 Js 32/11 – 17/11 – juris.

406 Vgl. *Fischer* Rdn. 23, der auf die gleichartige Verwendung des Begriffs in § 218a, dort allerdings bezogen auf den Gesundheitszustand (der Schwangeren), hinweist. S. auch *Gazeas* KJ 2006 247, 258 f: dort entwickelte Kasuistik hilft bei Auslegung im Rahmen von § 238 nicht weiter.

407 BGHSt 54 189, 197; *Gericke* MK Rdn. 48; *Jeßberger/Book* JuS 2010 321, 322; *Sch/Schröder-Eisele* Rdn. 29; demgegenüber

einigen gerichtlichen Entscheidungen zugunsten des Täters ausgewirkt hat.[408] Ausgangspunkt der Entscheidungen ist die gesetzgeberische Erwägung, weniger gewichtige Maßnahmen der Eigenvorsorge[409] nicht als ausreichenden Taterfolg genügen zu lassen. Dazu zählen etwa die Anschaffung und Nutzung eines Anrufbeantworters oder die Einrichtung einer sog. Fangschaltung zum Zweck der Beweissicherung,[410] ferner die Installation einer Alarmanlage,[411] das Austauschen einer Telefonnummer oder einer E-Mail-Adresse[412] sowie auch die Beantragung von Maßnahmen nach dem Gewaltschutzgesetz.[413] Auch ein nur wenige Tage andauernder zeitweiliger Umzug in eine andere Wohnung, die vorübergehende Einschränkung der Nutzung eines Wochenendgrundstücks oder der kurzfristige Verzicht auf die Entgegennahme von Anrufen im beruflichen Umfeld stellen noch keine schwerwiegende Beeinträchtigung dar,[414] ebenso wenig die ständige Verdunkelung der Wohnungsfenster.[415] Gleiches gilt für das Verschließen von Haus- und Hoftür oder das auf das Kippen der Fenster beschränkte Lüften des Hauses.[416] Nicht erfasst sind auch durch Nachstellungshandlungen hervorgerufene telefonische Rückrufe, das Besorgen von Zigaretten für den Täter oder das Unterlassen von Besorgungen angesichts der Befürchtung, ihn ansonsten zu treffen.[417] Die Gegenmeinung, die auf eine eingehende Würdigung der Umstände des Einzelfalls abstellt und auch in diesen Fällen ein tatbestandsmäßiges Handeln nicht ausschließen will,[418] ignoriert den klaren Willen des Gesetzgebers, der bei weniger gewichtigen Beeinträchtigungen eine Strafbarkeit ausschließen will. Dies ändert freilich nichts daran, dass bei Änderungen der Daten, die eine persönliche Erreichbarkeit des Opfers sicherstellen, Anlass zu sorgfältiger Prüfung besteht, ob nicht ein für das Opfer nicht mehr hinnehmbarer Eingriff in das Privatleben gegeben ist. Der Gesetzgeber nennt für eine schwerwiegende Beeinträchtigung Beispiele wie einen Wohnungs- oder Arbeitsplatzwechsel oder auch den Umstand, dass das Opfer seine Wohnung nur noch in Begleitung verlässt.[419] Ebenfalls als tatbestandsmäßige Beeinträchtigung müssen ein Namenswechsel,[420] erhebliche Änderungen im Sozialverhal-

---

sprechen *Lackner/Kühl* Rdn. 2 nur von einer „gewissen" Einschränkung.

408 AG Löbau StV 2008 647; OLG Hamm NStZ-RR 2009 175; BGH, Beschl. vom 12. Oktober 2010 – 3 StR 289/10.

409 So ausrücklich: OLG Brandenburg NStZ 2010 519, 520.

410 BTDrucks. 16/575, S. 8; BGHSt 54 189, 197; *Küpper* AnwK-StGB Rdn 13; *Mosbacher* NStZ 2007 665, 667; *Valerius* JuS 2007 319, 323.

411 *Fischer* Rdn. 25.

412 *Fischer* Rdn. 24; *Gericke* MK Rdn. 48; *Sch/Schröder-Eisele* Rdn. 31; *Gazeas* JR 2007 499, 503; AG Löbau StV 2008 647; **aA** *Mosbacher* NStZ 2007 667; *Mitsch* Jura 2007 405; wohl auch *Krüger* NStZ 2010 546, 551. Die Nutzung einer Geheimnummer sieht – ohne überzeugenden Grund – *Wolters* SK Rdn. 6 als genügend an.

413 *Sch/Schröder-Eisele* Rdn. 31; OLG Hamm StRR 2009 234 f, insoweit nicht abgedruckt in NStZ-RR 2009 175.

414 AG Löbau StV 2008 647.

415 **AA** *Wolters* SK Rdn. 6 und nunmehr BGHSt 54 189, 197 mit insoweit ablehnender Anm. *Heghmanns* ZJS 2010 269, 271. S. auch *Krüger* NStZ 2010 546, 552.

416 *Sch/Schröder-Eisele* Rdn. 31; OLG Rostock, Beschl. vom 27. Mai 2009 – 1 Ss 96/09 I 40/09 – juris.

417 BGH, Beschl. vom 12. Oktober 2010 – 3 StR 289/10.

418 Vgl. auch *Rössner/Krupna* NKGesStR Rdn. 10: Wechsel von Telefonnummer, E-Mail-Adresse und Austritt aus einem Online-Netzwerk können nach Lage des Einzelfalls eine schwerwiegende Beeinträchtigung der Lebensgestaltung sein. Ebenso *Wessels-Hettinger* BT 1 Rdn. 369h.

419 BTDrucks 16/575, S. 8. Dem folgend die h.M. in der Literatur; s. dazu nur *Fischer* Rdn. 23; *Lackner/Kühl* Rdn. 2.

420 *Fischer* Rdn. 24; *Matt/Renzikowski-Eidam* Rdn. 23.

ten wie das Aufgeben von Arbeitsplatz oder bestimmter Freizeitaktivitäten[421] oder auch die Entscheidung, die Wohnung nur selten bzw. nur zu bestimmten Zeiten zu veranlassen,[422] angesehen werden. Auch die Kumulation einer Mehrzahl für sich allein nicht schwer wiegender Beeinträchtigungen kann in einer Zusammenschau zur Annahme einer schwerwiegenden Beeinträchtigung führen.[423] In diesem Fall „nähert" sich der Täter dem tatbestandlichen Erfolg nach und nach.[424]

66 Dabei ist für das Merkmal schwerwiegend auf die **objektiv-konkret feststellbaren Gegebenheiten** abzustellen.[425] Es kommt nicht darauf an, ob eine Person in angemessener Selbstbehauptung nachstellendem Verhalten hätte standhalten müssen,[426] ebenso wenig ist es von Bedeutung, dass etwa ein „vernünftiger" Dritter auf die Nachstellungshandlungen – anders als das robuste Opfer ohne Reaktion – längst eine auch als schwerwiegend empfundene Veränderung der Lebenssituation herbeigeführt hätte. Auch das Opfer, das aus „übertriebener" Furcht seine Lebensgestaltung unter dem Eindruck nachstellenden Verhaltens ändert, wird durch den Tatbestand geschützt,[427] sofern bereits eine beharrliche Nachstellung gegeben ist,[428] wohingegen die Person, die nicht oder noch nicht auf die Nachstellungen reagiert, ohne strafrechtlichen Schutz bleibt.[429] Entscheidend ist die Beeinträchtigung des Freiheitsbereichs der konkreten Person;[430] ist deren Belastbarkeit geringer, wird es eher Veränderungen in seinem Leben vornehmen und dies auch eher als „schwerwiegend" empfinden als ein robusteres Opfer, das auch geringeren strafrechtlichen Schutz benötigt. Individuelles Opferverhalten steuert damit Strafbar-

[421] *Fischer* Rdn. 24; *Matt/Renzikowski-Eidam* Rdn. 23; *Mosbacher* NStZ 2007 665, 667; *Neubacher/Seher* JZ 2007 1032, 1034.

[422] LG Heidelberg, Urt. vom 6. Mai 2008 – 2 KLs 22 Js 6935/07 – juris; LG Potsdam, Beschl. vom 15. September 2010 – 24 Qs 94/10 – juris; *Krüger* S. 177; *Matt/Renzikowski/Eidam* Rdn. 23; *Mosbacher* NStZ 2007 665, 667.

[423] *Fischer* Rdn. 24; *Gericke* MK Rdn. 48; *Lackner/Kühl* Rdn. 2; *Matt/Renzikowski-Eidam* Rdn. 23; *Rössner/Krupna* NKGesStR Rdn. 10; *Sch/Schröder-Eisele* Rdn. 31; *Wessels/Hettinger,* BT 1, Rdn. 369h; *Krüger* S. 179 f; *Valerius* JuS 2007 319, 323. LG Heidelberg, Urt. vom 6. Mai 2008 – 2 KLs 22 Js 6935/07 – juris. Ebenso AG Löbau StV 2008 647 und OLG Rostock, Beschl. vom 27. Mai 2009 – 1 Ss 96/09 I 40/09 – juris.

[424] BGHSt 54 189, 201 mit Anm. *Seher* JZ 2010 582, 584, der darauf hinweist, dass eine sukzessive Tatbestandsverwirklichung voraussetzt, dass der Täter bei Vornahme jeder Einzelhandlung den Vorsatz haben muss, eine schwerwiegende Beeinträchtigung der Lebensgestaltung als tatbestandlichen Erfolg herbeizuführen.

[425] Vgl. auch SSW-*Schluckebier* Rdn. 15. Wohl auch *Krüger* NStZ 2010 546, 552.

[426] So aber *Valerius* JuS 2007 319, 323, der übertriebenen Opferreaktionen vorbeugen will; ihm folgend *Sch/Schröder-Eisele* Rdn. 30; *Jahn* JuS 2010 81, 82; *Kraus* S. 55; *Krüger* S. 182; *Mrosk* NJ 2010 416, 419; vgl. auch BGHSt 54 189, 197, der sich hierzu nicht ausdrücklich äußert. Dagegen zu Recht *Matt/Renzikowski-Eidam* Rdn. 24 unter Hinweis darauf, dass eine solche Ansicht im Wortlaut keine Stützte findet und Aspekte des Erfolgserfordernisses und der Zurechnung verengt. Ähnlich *Rössner/Krupna* NKGesStR Rdn. 10. S. dazu auch *Gazeas* JR 2007 497, 503; *Neubacher/Seher* JZ 2007 1029, 1034 f.

[427] So auch *Fischer* Rdn. 24; *Matt/Renzikowski-Eidam* Rdn 24; **aA** BGHSt 54, 189, 197; *Mitsch* NJW 2007 1237, 1240.

[428] Vgl. *Sch/Schröder-Eisele* Rdn. 29: nicht geschützt ist also, derjenige, der sogleich beim Beginn der Nachstellungshandlungen seine Lebensgestaltung umstellt.

[429] BGHSt 54 189, 197: kein Schutz für besonders Hartgesottene.

[430] Vgl. *Krüger* NStZ 2010 546, 551: Schutz eines Teils der Freiheit des Opfers in Abgrenzung der freiheitssphären von Täter und Opfer („Sphärentheorie").

keit.[431] In Fällen völlig „übertriebener Furchtreaktionen" des Opfers, die außerhalb der Lebenserfahrung liegen und etwa auf einer außergewöhnlichen, für den Täter nicht vorhersehbaren psychischen Disposition beruhen oder erst im Zusammenwirken mit anderen nicht im Vorfeld zu erkennenden Belastungen entstanden sind, kann allerdings die **objektive Zurechnung** des Täterverhaltens für den eingetretenen tatbestandlichen Erfolg entfallen lassen.[432] Anhaltspunkt dafür, dass ein solcher Fall gegeben sein könnte, ist vor allem ein krasses Missverhältnis von Nachstellungshandlungen auf der einen und Opferreaktionen auf der anderen Seite.[433] Davon zu trennen ist die **Kausalität** der Tathandlung für die Beeinträchtigung. Daran fehlt es, wenn Veränderungen der Lebensgewohnheiten schon aus anderen Gründen eintreten. Vonnöten ist insoweit eine unmittelbare Ursächlichkeit des nachstellenden Handelns für die Reaktion des Opfers. So ist der Tatbestand des Absatzes 1 nicht erfüllt, wenn das Opfer nach Beendigung einer Lebenspartnerschaft mit dem Täter einen Ortswechsel vornimmt, ohne dass dies durch ein nach Nr. 1 bis 5 tatbestandsmäßiges Verhalten veranlasst worden wäre.[434]

3. **Unbefugtheit.** Strafbar ist nur das unbefugte Nachstellen. Nach der Vorstellung des **67**
Gesetzgebers,[435] der ein Teil der Literatur gefolgt ist,[436] handelt es sich um einen zum Tatbestand gehörenden Umstand, der dessen Anwendungsbereich auf die strafwürdigen Fälle beschränkt. Danach werde klargestellt, dass ein ausdrückliches oder konkludentes Einverständnis des Opfers den Tatbestand ausschließe und der Täter nicht unbefugt handele, wenn er sich auf eine Befugnisnorm berufen könne.

Diese Auffassung ist in anderen Teilen der **Literatur** auf Kritik gestoßen. Sozialadä- **68**
quate Handlungen seien nur bei den Tatbeständen des Absatzes 1 Nr. 1 und 2 denkbar. Die Tatbestände der Nr. 3 und 4 umschrieben demgegenüber kein sozialadäquates, sondern mit einem Unwerturteil behaftetes Verhalten.[437] Bei ihnen wirke eine Befugnis zur Vornahme der in Rede stehenden Handlungen daher lediglich als Rechtfertigungsgrund[438] (vgl. auch oben Rdn. 45). Weitergehend wird das Merkmal der „Unbefugtheit" sogar lediglich als bloßer Hinweis darauf verstanden, dass das Unrecht der Strafvorschrift in zahlreichen Fällen nicht gegeben sei. Dies sei Anlass, das Vorliegen von Rechtfertigungsgründen in allen Tatbestandsvarianten in besonderer Weise zu prüfen. Sowohl

---

[431] Vgl. *Neubacher/Seher* JZ 2007 1029, 1034. *Rackow* GA 2008 552, 561 hegt deshalb Bedenken hinsichtlich der „Vagheit" des Tatbestandsmerkmals. *Peters* NStZ 2009 238, 241 beklagt damit einhergehende Beweisschwierigkeiten in der strafrechtlichen Praxis; so auch *Küpper* AnwK-StGB Rdn. 13. Kritisch auch *Eiden* ZIS 2008 123, 127.

[432] *Fischer* Rdn. 25 unter Hinweis auf den Gedanken der Risikoverteilung; s. auch *Matt/Renzikowski-Eidam* Rdn. 24.

[433] Vgl. *Rössner/Krupna* NKGesStR Rdn. 10; *Valerius* v. Heintschel-Heinegg Rdn. 17: Wohnortwechsel bei mehreren Liebesbriefen.

[434] *Fischer* Rdn. 25; *Sch/Schröder-Eisele* Rdn. 32. Vgl. auch *Kinzig* ZRP 2006 256; *Löhr* S. 343.

[435] BTDrucks. 16/575, S. 7.

[436] *Lackner/Kühl* Rdn. 6; *Küpper* AnwK-StGB Rdn. 5; *Mosbacher* NStZ 2007 665, 668; *Mrosk* NJ 2010 416, 418; *Rössner/Krupna* NKGesStR Rdn. 3; *Sadtler* S. 298 ff; *Valerius* JuS 2007 319, 322; *Wessels/Hettinger* BT 1 Rdn. 369g. Wohl auch SSW-*Schluckebier* Rdn 14 und *Weinitschke* S. 146 f.

[437] *Sch/Schröder-Eisele* Rdn. 26.

[438] Vgl. insb. *Buß* S. 228 f; *Fischer* Rdn. 26 und *Mitsch* NJW 2007 1237, 1240; *ders.* Jura 2007 401 f. S. auch *Kinzig/Zander* JA 2007 481, 483; ferner *Gazeas* JR 2007 497, 503. *Gericke* MK Rdn.42 hält bei Nr. 3 und 4 ein Einverständnis dogmatisch für möglich, hält aber bei Nr. 4 eine Einwilligung des Opfers in Bedrohungshandlungen kaum für denkbar.

Befugnisnormen wie auch das Einverständnis des Opfers ließen deshalb nicht den Tatbestand, sondern erst die Rechtswidrigkeit entfallen. Der entgegenstehende gesetzgeberische Wille sei unbeachtlich, da er im Gesetz keinen Ausdruck gefunden habe.[439]

69 Die Annahme, das Merkmal „unbefugt“ sei lediglich ein deklaratorischer Hinweis auf mögliche Rechtfertigungsgründe, vermag nicht zu überzeugen. Nicht jedes Nachstellen ist nach zutreffender Ansicht des Gesetzgebers strafwürdig. Dies ist auch im Gesetzestext in genügender Weise zum Ausdruck gekommen. Damit kommt der „Unbefugtheit“ im Rahmen der **Tatbestandsprüfung** die zentrale Aufgabe zu, sozialadäquates Verhalten aus dem Tatbestand auszuschließen.[440] Nicht von der Hand zu weisen ist freilich, dass die Tathandlungen nach Absatz 1 Nr. 3 und vor allem Nr. 4 entgegen der gesetzgeberischen Einschätzung regelmäßig „strafwürdiges Verhalten“ (missbräuchliche Verwendung personenbezogener Daten zum Zwecke der Warenbestellung; Bedrohung einer Person) enthalten und insoweit der gesetzgeberische Zweck, über die Unbefugtheit den Tatbestand auf strafwürdiges Verhalten zu begrenzen, von vornherein nicht eingreift. Insoweit ist das Merkmal in diesen Fällen lediglich als das „Fehlen von Rechtfertigungsgründen“ zu verstehen, während es hinsichtlich der anderen Tatvarianten als unrechtsbegründender Umstand wirkt. Es ist dementsprechend festzustellen, dass der Täter gegen den Willen oder ohne Einverständnis des Opfers und ohne eine Befugnis gehandelt hat.[441] Die differenzierende dogmatische Einordnung[442] bleibt allerdings ohne Folgen. Ein Irrtum über die Unbefugtheit in den Fällen des Absatzes 1 Nr. 1 und 2 ist Tatbestandsirrtum[443] ansonsten Erlaubnistatbestandsirrtum[444], der auch eine Vorsatzstrafbarkeit ausschließt. Auch bei Absatz 1 Nr. 5 schließt der Irrtum über die Unbefugtheit bereits den Vorsatz aus, weil dieser Auffangtatbestand aufgrund seiner blanketthaften Formulierung auch sozialadäquate Handlungen zu erfassen vermag.[445]

70 Das ausdrückliche oder konkludente **Einverständnis** des Tatopfers stellt den wichtigsten Fall befugten Handelns dar.[446] Maßgeblich für die Verwirklichung des Tatunrechts ist das Fehlen eines solchen Einverständnisses, nicht die positive Feststellung einer Sozialadäquanz des Täterverhaltens.[447] Dabei sind Inhalt und Reichweite eines möglichen Einverständnisses konkret und im Einzelfall zu bestimmen. Es kann z.B. nur für bestimmte Bereiche erteilt sein. So kann eine Frau ihrem geschiedenen Ehemann zwar gestatten, sie telefonisch zur jeweiligen Klärung der Besuchszeiten für das gemeinsame Kind anzurufen, ihn jedoch darauf hinweisen, dass anderweitige Kontaktaufnahmen nicht gewünscht sind.[448] Häufige Kontaktaufnahmen im Ergebnis auch unwillkommener Verehrer dürften

---

439 *Wolters* SK Rdn. 8; So auch *Gerhold* S. 125 ff; *ders.* NKrimP 2007 2, 3, der „unbefugt“ als Hinweis auf das allgemeine Deliktsmerkmal der Rechtswidrigkeit versteht.

440 *Matt/Renzikowski-Eidam* Rdn. 6.

441 Wie hier *Fischer* Rdn. 26; *Sch/Schröder-Eisele* Rdn. 26; *Gazeas* JR 2007 497, 502; *Mitsch* NJW 2007 1237, 1240. Im Ergebnis ebenso, wenn auch mit unklarer Begründung *Matt/Renzikowski-Eidam* Rdn. 6 f.

442 Vgl. insoweit auch zustimmend *Sonnen* NK Rdn. 50.

443 *Mosbacher* NStZ 2007 665, 669; *Rössner/Krupna* NKGesStR Rdn 3; *Valerius* JuS 2007 319, 322.

444 *Sch/Schröder-Eisele* Rdn. 26.

445 *Sch/Schröder-Eisele* Rdn. 26. Vgl. auch *Gazeas* JR 2007 497, 502.

446 *Sch/Schröder-Eisele* Rdn. 27.

447 So aber wohl *Matt/Renzikowski-Eidam* Rdn. 7; *Wessels/Hettinger* BT 1 Rdn. 369g; s. auch *Valerius* JuS 2007 319, 322 zum Beispiel eines Täters, der seiner (nicht abgeneigten) Angebetenen unzählige Liebesbriefe schreibt und mehrere Blumensträuße zusendet. Nach hier vertretener Ansicht ist das ein Fall mutmaßlichen Einverständnisses, das seine Grenze in der Erklärung des Opfers findet, diese Annäherungen nicht zu wünschen.

448 Vgl. dazu *Gazeas* JR 2007 497, 503. S. auch *Matt/Renzikowski-Eidam* Rdn. 7, der dies

auch im Rahmen menschlicher Partnersuche von einem **mutmaßlichen Einverständnis** solange getragen sein, bis durch eine entgegenstehende Willensäußerung geklärt ist, dass sie nicht gewünscht sind.[449] Das vorliegende Einverständnis kann etwa auch auf bestimmte Formen der Kontaktaufnahme beschränkt sein. Dies wird anzunehmen sein, wenn z.B. das Opfer dem Täter nicht absolut ablehnend gegenüber steht, jedoch klar ist, dass eine bestimmte Art der Kontaktaufnahme oder ihr Umfang bzw. ihre Intensität von diesem nicht gebilligt wird.[450] Auch enthält die Zustimmung zur Veröffentlichung personenbezogener Daten in Verzeichnissen (z.B. Telefonbücher, Branchen- oder Personalverzeichnisse) oder die Angabe von Klarnamen oder Anschriften in Internetforen oder bei Internetanbietern regelmäßig kein Einverständnis in „beharrliche" Tathandlungen des Nachstellens.[451] Die Abgrenzung befugter von unbefugten Handlungen kann nicht dadurch ersetzt werden, dass man beispielsweise feststellt, diese oder jene Verhaltensweise habe ohnehin nicht zu einer „schwerwiegenden Beeinträchtigung der Lebensverhältnisse" geführt.[452] In Fällen, in denen erst eine Gesamtheit von Handlungen zu dem nach Absatz 1 notwendigen Taterfolg führt, ist sorgfältig festzustellen, welche dieser Verhaltensweisen von einem Einverständnis gedeckt und daher bei einer Gesamtbetrachtung nicht berücksichtigt werden dürfen.[453]

Befugnisse zur Vornahme von Tathandlungen können sich aus dem Bereich des **71** öffentlichen Rechts wie auch des Zivilrechts ergeben.[454] So sind zum einen Ermittlungshandlungen von Verwaltungsbehörden, Polizei und Staatsanwaltschaft ebenso erlaubt wie die Tätigkeit eines Gerichtsvollziehers.[455] Zum anderen kann auch die Verfolgung

---

weniger unter dem Gesichtspunkt einer Absprache als vielmehr einer berechtigten Wahrnehmung von Interessen diskutiert.

449 Vgl. dazu auch *Matt/Renzikowski-Eidam* Rdn. 7.

450 *Rössner/Krupna* NKGesStR Rdn. 3; *Valerius* JuS 2007 319, 322.

451 *Fischer* Rdn. 27. Vgl. aber auch *Sch/Schröder-Eisele* Rdn. 27: Einverständnis bei Nr. 3 kann missbräuchliche Verwendung von Daten entfallen lassen.

452 Vgl. *Mosbacher* NStZ 2007 665, 668; SSW-*Schluckebier* Rdn 14.

453 *Sch/Schröder-Eisele* Rdn. 27; *Valerius* v. Heintschel-Heinegg StGB Rdn. 15.

454 *Sch/Schröder-Eisele* Rdn. 27. In diesen Kontext fällt auch die Frage, ob der für § 4 GewSchG beachtliche Rechtfertigungsgrund der „Wahrnehmung berechtigter Interessen" aus § 1 Abs. 2 S. 2 GewSchG auch für § 238 Bedeutung erlangt. Dafür: *Kraus* S. 162; **aA** *Sch/Schröder-Eisele* Rdn. 28: weitergehend als die Regelungen des GewSchG setze § 238 den Erfolg der schwerwiegenden Beeinträchtigung der Lebensgestaltung voraus. Zudem sei die Schutzrichtung des GewSchG mit der Sanktionierung gerichtlicher Anordnungen eine andere. Diese Auffassung erscheint vorzugswürdig, da der Gesetzgeber trotz entsprechender Thematisierung – u.a. BTDrucks. 16/3641, S. 7 („berechtigte Interessen von Journalisten") – darauf verzichtet hat, die „Wahrnehmung berechtigter Interessen" als Tatbestandsausschluss oder Rechtfertigungsgrund in § 238 ausdrücklich zu verankern; s. auch § 238 Rdn. 78. Dabei darf allerdings nicht aus dem Blick geraten, das einzelne Fälle der „Wahrnehmung berechtigter Interessen" – wie die Kontaktaufnahme zwecks Umgang mit den gemeinsamen Kindern (vgl. *Krüger* MK (BGB) GewSchG § 1 Rn. 23) – auch die Unbefugtheit bei § 238 entfallen lassen. Zur Kritik an der Unbestimmtheit von § 1 Abs. 2 S. 2 GewSchG vgl. im Übrigen LG Oldenburg, Beschl. vom 4. September 2007 – 5 T 874/07 – juris.

455 *Fischer* Rdn. 27; *Lackner/Kühl* Rdn. 6; *Rössner/Krupna* NKGesStR Rdn. 3; SSW-*Schluckebier* Rdn. 14. *Matt/Renzikowski/Eidam* Rdn. 7 will dagegen – wie auch *Wolters* SK Rdn. 8 – ohne recht einleuchtende Erklärung – (außerhalb der Norm stehende Befugnisse) öffentlich-rechtliche Erlaubnissätze lediglich als Rechtfertigungsgründe ansehen. Dass dies bei § 239 so beurteilt wird, spricht nicht ohne weiteres für eine Übertragung auf § 238: hier geht es anders als bei der Freiheitsberaubung gerade um sozialadäquate Verhaltensweisen.

berechtigter zivilrechtlicher Ansprüche die Unbefugtheit nachstellenden Verhaltens entfallen lassen. Darunter fällt etwa die wiederholte Geltendmachung zivilrechtlicher Ansprüche im Mahn- und Inkassowesen oder die Kontaktaufnahme mit dem ehemaligen Partner zur Abstimmung über das gemeinsame Sorgerecht.[456] Solche Fälle nur aus dem Tatbestand auszuscheiden, weil sie nicht „beharrliches" Vorgehen darstellen,[457] erscheint wenig sachgerecht. Immerhin handelt es sich regelmäßig um ein von der Rechtsordnung anerkanntes Vorgehen zur Durchsetzung eigener Rechte.[458] Ob die öffentliche Bloßstellung oder das bedrohliche Verfolgen von Schuldnern dagegen als „unbefugt" anzusehen ist,[459] erscheint zumindest zweifelhaft.

72 Eine aus **Art. 5 Abs. 1 GG** folgende unmittelbare verfassungsrechtliche Ermächtigung von Pressevertretern zu Eingriffen in die Privatsphäre wird – zu Recht – verneint.[460] Das Grundrecht stellt auf „allgemein zugängliche Quellen" ab und gibt kein Recht zu einem schwerwiegenden Eingriff in die private Lebensgestaltung. Maßgeblich für die Frage der Befugtheit journalistischer Arbeit sind die sich aus den Pressegesetzen unter Berücksichtigung von Art. 5 Abs. 1 Satz 2 GG ergebenden Grenzen.[461] Danach ist der Anwendungsbereich des § 238 eröffnet, wenn für die Informationsmedien Tätige unter Überschreitung der ihnen durch die Pressegesetze gesetzten Grenzen Personen belästigen, verfolgen, in ihrem Privatbereich stören oder zum Zweck der Bloßstellung Taterfolge nach Absatz 1 verwirklichen.[462] Die Trennlinie von erlaubtem und unerlaubtem Verhalten wird man ähnlich wie bei der Norm des § 201a zu ziehen haben.[463] Bei dieser können beharrliche Eingriffe in den Intimbereich einer Person gerechtfertigt sein, wenn die Bildaufnahme den Aufgenommenen bei Vornahme eines gravierenden, in den Augen der Öffentlichkeit skandalösen Rechtsverstoßes abbildet und erforderlich ist, um diesen Rechtsverstoß zu dokumentieren. Dabei ist zu berücksichtigen, dass das bloße Interesse der Medien, die Öffentlichkeit über das Intimleben einer sog. „absoluten Person der Zeitgeschichte" i.S. des § 23 Abs. 1 Nr. 1 KUG auf dem Laufenden zu halten, zur Rechtfertigung allein nicht ausreicht.[464] Für diese Personen wie auch Personen, die aus eigenem Antrieb in verstärktem Maße die Aufmerksamkeit durch Presse oder sonstige Informationsmedien suchen, gilt jedoch, dass sie in erheblich größerem Umfang ihr Privatleben ausforschendes Verhalten hinzunehmen haben als andere.[465]

---

456 *Fischer* Rdn. 27; *Sch/Schröder-Eisele* Rdn. 27; *Rössner/Krupna* NKGesStR Rdn. 3; *Gazeas* JR 2007 497, 503; *Valerius* JuS 2007 319, 322.

457 So aber BTDrucks. 16/575, S. 7.

458 Wie hier *Gazeas* JR 2007 497, 503.

459 So aber *Fischer* Rdn. 28.

460 *Lackner/Kühl* Rdn. 8; *Sonnen* NK Rdn. 50; *Wolters* SK Rdn. 17; *Mitsch* NJW 2007 1237, 1240. Unklar *Rössner/Krupna* NKGesStR Rdn. 3.

461 BTDrucks. 16/575, S. 7; *Gazeas* KJ 2006, 255 f; *ders.* JR 2007 497, 503; *Kinzig/Zander* JA 2007 481, 483; *Mosbacher* NStZ 2007 667; *Matt/Renzikowski-Eidam* Rdn. 7; *Sch/Schröder-Eisele* Rdn. 28; *Wagner* FPR **2006** 210 f. Kritisch wegen unzureichenden Schutzes der Pressefreiheit BTDrucks 16/3641, S. 7; s. auch *Sommerfeld/Voß*, SchlHA **2005**, 326, 329; *Kraenz* S. 318 ff; *Kraus* S. 127 ff. Unklar *Eiden* ZIS **2008** 126.

462 So auch *Fischer* Rdn. 28.

463 *Fischer* Rdn. 28, der auch auf Grenzlinien nach §§ 185, 201 verweist.

464 *Hoyer* SK § 201a Rdn. 26.

465 *Fischer* Rdn. 28: allerdings nicht in beliebigem Umfang; **aA** *Lackner/Kühl* Rdn. 8. SSW-*Schluckebier* Rdn. 14 sucht hier – nicht überzeugend – die Lösung im Merkmal der „schwerwiegenden Beeinträchtigung".

VII. Subjektiver Tatbestand

Strafbar bei § 238 ist nur die vorsätzliche Begehung. Dabei reicht **dolus eventualis,** der grundsätzlich hinsichtlich aller Tatbestandsmerkmale festzustellen ist, aus.[466] Eine Begründung hierfür nennen die Materialien nicht. *Krüger* (S. 183 f) vermutet – unter Rückgriff auf die Materialien zu der Parallelvorschrift des § 107a im österreichischen Strafrecht (vgl. dazu unten Rdn. 92 ff) – Beweisschwierigkeiten in der Praxis als Ursache für den Verzicht auf direkten Vorsatz zur Tatbestandserfüllung. Täter könnten sich darauf berufen, aus Zuneigung zum Opfer gehandelt zu haben, ohne dass es ihnen darauf angekommen sei, dessen Lebensgestaltung schwerwiegend zu beeinträchtigen.[467] Zu berücksichtigen ist aber, dass neben Eventualvorsatz das subjektive Element des **beharrlichen** Vorgehens gegeben sein muss (oben Rdn. 60). Dies setzt zumindest sicheres Wissen von der Missachtung des Opferwillens voraus.[468] Umstritten ist, ob hinsichtlich der Tathandlung des Aufsuchens räumlicher Nähe gesteigerte subjektive Voraussetzungen anzunehmen sind.[469] Tatsächlich wohnt dem Begriff des Aufsuchens ein **finales Element** inne[470], das freilich bedingt vorsätzliches Handeln nicht ausschließt (s. dazu im Einzelnen oben Rdn. 36). Hinsichtlich des Taterfolges der schwerwiegenden Beeinträchtigung der Lebensgestaltung genügt für die Annahme vorsätzlichen Handelns die Feststellung, dass der Täter die Möglichkeit des Taterfolges erkannt und diese billigend in Kauf genommen hat.[471] Ausreichend ist dabei die Kenntnis der zugrunde liegenden tatsächlichen Umstände und – ohne dass der Täter das „schwerwiegende" der Rechtsgutverletzung im juristischen Sinne erfassen müsste – eine Parallelwertung in der Laiensphäre.[472] Der Vorsatz muss sich – jedenfalls bei den Tathandlungen nach Absatz 1 Nr. 1, 2 und 5 – auch auf die **Unbefugtheit** beziehen. Ein diesbezüglicher Irrtum über das Vorliegen einer Erlaubnis oder das Einverständnis des Opfers schließt deshalb als Tatbestandsirrtum auch im Falle seiner Vermeidbarkeit eine Strafbarkeit aus (dazu schon oben Rdn. 69). **73**

VIII. Qualifikationstatbestände

1. Gefahr des Todes oder einer schweren Gesundheitsschädigung (Absatz 2). Qualifizierend wirkt die Verursachung der Gefahr des Todes oder einer schweren Gesundheitsschädigung für das **Opfer**, einen **Angehörigen des Opfers** (§ 11 Abs. 1 Nr. 1) oder eine **dem Opfer nahe stehende Person**, von der nur auszugehen ist, wenn bei einer auf Dauer angelegten engen persönlichen Beziehung ein an Intensität des Zusammengehörigkeitsgefühls zwischen Angehörigen vergleichbares Band besteht (vgl. im Einzelnen *Zieschang* LK § 35 Rdn. 33 ff; s. auch *Valerius* JuS 2007 319, 323). Die Einbeziehung von Angehörigen und dem Opfer nahe stehender Personen in den Schutzbereich des Absatzes 2 ist in der Literatur auf Kritik gestoßen. Beklagt wird ein Systembruch. Die von Absatz 2 **74**

---

466 Vgl. nur *Gericke* MK Rdn. 51; *Lackner/Kühl* Rdn. 7, *Matt/Renzikowski-Eidam* Rdn. 27; *Mosbacher* NStZ 2007 665, 669; *Sch/Schröder-Eisele* Rdn. 33.

467 So auch *Buß* S. 245; *Peters* NStZ 2009 238, 242.

468 Wohl auch *Fischer* Rdn. 30; *Sonnen* NK Rdn. 49; SSW-*Schluckebier* Rdn 18.

469 Dafür: *Küpper* AnwK-StGB Rdn 14; *Lackner/Kühl* Rdn. 7; *Gazeas* JR 2007 497, 499, 503, die ein gezieltes Vorgehen verlangen. Wohl auch BTDrucks 16/575, S. 7. Dagegen *Fischer* Rdn. 30.

470 *Gericke* MK Rdn. 51.

471 Vgl. *Mosbacher* NStZ 2007 665, 669 unter Hinweis auf mögliche Beweisschwierigkeiten, die jedenfalls dann nicht gegeben sein dürften, wenn der Täter vom Opfer oder einem Dritten zur Abstandnahme von seinem Handeln aufgefordert worden ist.

472 *Fischer* Rdn. 30; *Sonnen* NK Rdn. 49; *Krüger* S. 184 f.

genannten Dritten seien nicht Adressaten der Unrechtshandlungen in Absatz 1. Deshalb seien sie im Regelfall vom Stalking nur mittelbar betroffen, was es verbiete, zu ihrem Nachteil eintretende Rechtsgutsgefährdungen dem Täter strafschärfend anzulasten.[473] Diese Argumentation ist jedenfalls nicht stimmig, soweit der Täter den Grundtatbestand des Absatzes 1 Nr. 4 verwirklicht, bei dem es um die Drohung mit dem Eintritt einer Rechtsgutsverletzung bei einem Dritten geht. Aber auch die Einbeziehung dritter Personen in den Schutz des Qualifikationstatbestands bei der Verwirklichung der anderen Tatbestände des Absatzes 1 erscheint sachgerecht. Dem Opfer nahe stehende Personen können von der Nachstellung ebenso berührt sein;[474] zudem ist es durchaus tätertypisch, beim Stalking auch das Umfeld des Opfers in das Unrechtshandeln miteinzubeziehen.[475]

75 Absatz 2 ist ein **konkretes Gefährdungsdelikt.**[476] Hinsichtlich der Gefahrverursachung ist deshalb **Vorsatz** erforderlich, § 18 greift nicht ein.[477] Die eintretende Gefahr des Todes oder der schweren Gesundheitsschädigung muss konkret sein.[478] Der auch in anderen Vorschriften, z.B. in §§ 113 Abs. 2 Nr. 2, 221 Abs.2 Nr. 2, 235 Abs. 4 Nr. 1, 239 Abs. 3 Nr. 2, 306a Abs. 2, 306b Abs. 1, 308 Abs. 2, 309 Abs. 3, 312 Abs. 3, 315 Abs. 3 Nr. 2, 318 Abs. 3 und 328 Abs. 1 Nr. 2, verwendete Begriff der schweren Gesundheitsschädigung umfasst zunächst die in § 226 Abs. 1 beschriebenen schweren Folgen, reicht jedoch weiter. Einzubeziehen sind Gesundheitsschäden, die nach Art und Verlauf den in § 226 Abs. 1 genannten Folgen im Schweregrad gleichkommen, so etwa eine lebensbedrohende, eine qualvolle oder eine ernste und langwierige Krankheit, auch psychischer Art (etwa Depressionen mit Krankheitswert).[479] Die erhebliche Beeinträchtigung der Arbeitskraft an sich reicht nicht aus,[480] mit ihr muss eine schwere Gesundheitsschädigung der beschriebenen Art einhergehen.

76 Der Eintritt der Gefahr muss **durch die Tat verursacht** sein. Unter Tat ist dabei die den Tatbestand des Absatzes 1 erfüllende Nachstellung zu verstehen. Die Annahme von Absatz 2 setzt demnach voraus, dass zuvor auch die vollständige Verwirklichung von Absatz 1 festgestellt ist.[481] Führt der Täter den Gefahrerfolg bereits durch die erste Nachstellung herbei und sieht dann von weiteren Maßnahmen ab, bleibt er straflos.[482] Strafbarkeit nach Absatz 1 scheidet mangels Beharrlichkeit aus, versuchtes Stalking steht

473 *Fischer* Rdn. 36; *Krüger* S. 199 ff.
474 *Lackner/Kühl* Rdn. 10; *Wolters* SK Rdn. 20; *Mitsch* NJW 2007 1237, 1241; *Valerius* JuS 2007 319, 323.
475 BTDrucks. 16/3641, S. 14.
476 *Gericke* MK Rdn. 53; *Matt/Renzikowski-Eidam* Rdn. 28; SSW-*Schluckebier* Rdn. 16; S. auch *Buß* S. 249; *Gazeas* JR 2007 497, 504 mit ausführlicher Begründung; *Rackow* GA 2008 552, 566; **aA** *Valerius* JuS 2007 319, 323: Erfolgsqualifikation.
477 *Gericke* MK Rdn. 53; *Fischer* Rdn. 35; *Lackner/Kühl* Rdn. 10; *Kinzig/Zander* JA 2007 481, 485; *Rössner/Krupna* NKGesStR Rdn. 11; *Sonnen* NK Rdn. 56; SSW-*Schluckebier* Rdn. 16; *Wolters* SK Rdn. 20; *Mitsch* Jura 2007 401, 406.
478 *Fischer* Rdn. 35; *Wolters* SK Rdn. 20. Zur Konkretheit einer Gefahr s. auch *König* LK § 315 Rdn. 52 ff.
479 *Rössner/Krupna* NKGesStR Rdn. 11; SSW-*Schluckebier* Rdn 16; *Sch/Schröder-Eisele* Rdn. 37; *Sonnen* NK Rdn. 54; *Valerius* JuS 2007 319, 323; s. auch *Mosbacher* NStZ 2007 665, 669, der allerdings einen § 226 vergleichbaren Schweregrad nicht fordert. Ausführlich *König* LK § 315 Rdn. 120. Wohl auch BGH NStZ-RR **2011** 12.
480 BGH NStZ-RR **2011** 12, 13; *Küpper* AnwK-StGB Rdn 20: Herabsetzung der Erwerbsfähigkeit um mindestens 50 %; **AA** die h.M, vgl. nur *Sch/Schröder-Eisele* Rdn. 37; *Fischer* § 306b Rdn. 4; *Valerius* JuS 2007 319, 323 unter Hinweis auf BTDrucks. 13/8587, S. 27 f; 16/3641, S. 31.
481 *Sch/Schröder-Eisele* Rdn. 37; *Gazeas* KJ **2006** 247, 258; Mitsch NJW **2007** 1241.
482 *Buß* S. 250.

nicht unter Strafe.[483] Kausalität der Tat allein reicht für die Annahme des Absatzes 2 nicht aus. Erforderlich ist ein **spezifischer Ursachenzusammenhang,**[484] es muss sich die im Grundtatbestand angelegte Gefahr für Leib oder Leben verwirklichen,[485] wobei es unerheblich ist, ob es sich insoweit um eine Gefahr der Nachstellungshandlung oder des durch sie eingetretenen Erfolgs handelt.[486] So liegt eine für eine Nachstellungshandlung typische Gefahr einer schweren Gesundheitsschädigung vor, wenn sich aus der Waffe, mit der der Täter dem Opfer droht, versehentlich ein Schuss löst.[487] Dies gilt auch, wenn es beim Opfer als Folge des Täterverhaltens zu schweren physischen oder psychischen Erkrankungen (s. dazu Rdn. 75) kommt.[488] Zugerechnet werden dem Täter auch solche Gefahren, die ihre letzte Ursache erst in einem Verhalten des Opfers haben. Genannt werden hier insbesondere die versuchte Selbsttötung und die waghalsige Flucht des Opfers, bei der es zur Personengefährdung kommt.[489] Dazu zählen aber auch sonstige selbstzerstörerische Handlungen wie erheblicher Tabletten- oder Drogenmissbrauch sowie auch Alkoholsucht.[490] Hinsichtlich des versuchten Suizides ist die Erfüllung des Qualifikationstatbestandes allerdings zweifelhaft, da die autonome Selbsttötung und die Teilnahme daran grundsätzlich straflos sind (s. dazu auch Rdn. 77).[491] Auch die Gefährdung eines Dritten, der dem Nachstellungsopfer zur Hilfe eilt, kann den Tatbestand erfüllen.[492] Allerdings ist bei Gefährdungen, die nur mittelbar auf ein Verhalten des Täters zurückzuführen sind, deren endgültige Ursache vom Opfer selbst oder einer dritten Person gesetzt wurde, der Zurechnungszusammenhang zum Unrechtsverhalten einer besonders genauen Prüfung zu unterziehen. Nur typische, nicht aus dem Rahmen fallende und vorhersehbare Folgen einer Nachstellung können zugerechnet werden.[493] An diesem Zusammenhang fehlt es etwa bei irrationalen oder mit Blick auf die Nachstellungshandlung unverhältnismäßigen Reaktionen des Opfers oder eines Dritten oder auch in den Fällen, in denen der Gefährdungserfolg auf einer Sorgfaltswidrigkeit beruht – das Opfer erhöht die Dosis seines Schlafmittels, um Ruhe zu finden[494] – oder Ausdruck des „allge-

---

483 *Wolters* SK Rdn. 20; *Gazeas* JR 2007 497, 504; *Mitsch* NJW 2007 1237, 1241; S. ferner *Rackow* GA 2008 552, 566.

484 *Krüger*, S. 205.

485 Dies bezweifelt entgegen der gesetzgeberischen Entscheidung *Fischer* Rdn. 36 bei Dritten und will deshalb wohl auf eine Anwendung von Absatz 2 bei Gefahren für dritte Personen verzichten. Ihm ist jedenfalls insoweit zuzustimmen, als hier besonders sorgfältig zu prüfen ist, ob die für den Dritten bestehende Gefahr tatbestandstypisch ist.

486 *Wolters* SK Rdn. 20. Zum spezifischen Gefahrenzusammenhang auch *Fischer* Rdn. 37a, der ihn annimmt, wenn es sich um eine unmittelbar aus der Tathandlung ergebende Folge handelt. Ferner *Valerius* JuS 2007 319, 323. Kritisch *Eiden* ZIS 2008 123, 127.

487 *Wolters* SK Rdn. 20. *Mosbacher* NStZ 2007 665, 669 spricht insoweit von gefährlichen Stalkingmethoden; ähnlich mit Beispielen SSW-*Schluckebier* Rdn. 16. S. auch *Gazeas* JR 2007 497, 504: z.B. Verfolgen mit dem Auto.

488 SSW-*Schluckebier* Rdn. 16; *Wolters* SK Rdn. 20.

489 BTDrucks. 16/3641, S. 14 zu Abs. 3. Dazu SSW-*Schluckebier* Rdn 16; *Gazeas* JR 2007 497, 504; *Valerius* JuS 2007 319, 323.

490 *Mosbacher NStZ* 2007 665, 669 mit dem Hinweis, dass eine individuelle Schadensdisposition (besondere Erregbarkeit oder Herzschwäche) – sofern vom Vorsatz umfasst – zu berücksichtigen sei.

491 *Freudenberg* NJ 2006 535, 536. Offener: SSW-*Schluckebier* Rdn. 16; *Mitsch* NJW 2007 1237, 1240.

492 *Wolters* SK Rdn. 20.

493 *Wolters* SK Rdn. 20 nimmt das an, wenn sie aus der Perspektive des Gefährdeten einsichtig motiviert sind.

494 *Wolters* SK Rdn. 20; **aA** *Sonnen* NK Rdn. 57; *Mitsch* Jura 2007 401, 406.

meinen Lebensrisikos" ist: Das Opfer, das sich wegen des Täters entschließt, seinen Nachhauseweg von der Arbeit zu ändern, erleidet auf der neuen Route einen Verkehrsunfall.[495]

77 **2. Verursachung des Todes (Absatz 3).** Die Regelung enthält eine **Erfolgsqualifikation**[496] in Gestalt eines Verbrechens. Der Täter muss den Erfolg, den Tod des Opfers, eines Angehörigen des Opfers bzw. einer dem Opfer auf andere Weise nahe stehenden Person wenigstens fahrlässig herbeigeführt haben (§ 18).[497] Eine vorsätzliche Verwirklichung ist möglich.[498] Erforderlich für die Todesverursachung ist auch hier ein tatspezifischer Zusammenhang, wobei es aber, wie bei Absatz 2, nicht entgegensteht, wenn die letzte zum Erfolg führende Ursache vom betroffenen Rechtsgutsträger selbst gesetzt wird (Tötung anlässlich gefährlicher Fluchtreaktion).[499] Erfasst werden insbesondere Fälle, in denen das Opfer (oder ein Dritter)[500] auf der Flucht stirbt[501] oder in den Suizid getrieben wird.[502] Letzteres kann freilich nur angenommen werden, wenn ein eigenverantwortliches Handeln des Opfers nicht vorliegt,[503] dieses vielmehr vom Opfer zwanghaft in den Tod getrieben wurde.[504] Dies dürfte regelmäßig kaum festzustellen sein.[505] Zu einer möglichen Versuchsstrafbarkeit s. unten Rdn. 83.

IX. Rechtswidrigkeit

78 Als besonders in Betracht zu ziehende Rechtfertigungsgründe kommen insbesondere das **Einverständnis** des Opfers (dazu schon Rdn. 70) und gesetzliche **Befugnisnormen** (dazu Rdn. 71) in Betracht, sofern sie nicht schon den Tatbestand ausschließen (hierzu Rdn. 68 f). Rechtfertigungsgründe können sich im Einzelfall auch aus § 34[506] und § 32

---

495 *Wolters* SK Rdn. 20; *Sonnen* NK Rdn. 57.

496 *Sch/Schröder-Eisele* Rdn. 38; *Sonnen* NK Rdn. 57.

497 *Gericke* MK Rdn. 54; *Rössner/Krupna* NKGesStR Rdn. 12; *Sch/Schröder-Eisele* Rdn. 38. Kritisch *Gazeas* KJ 2006 247, 260 f, der ebenso wie *Eiden* ZIS 2008 123, 127, eine wenigstens leichtfertige Begehung gefordert hat.

498 *Fischer* Rdn. 37.

499 *Fischer* Rdn. 37a; *Gazeas* JR 2007 497, 504.

500 Für problematisch hält *Fischer* Rdn. 37a in diesen Fällen die Annahme des erforderlichen spezifischen Ursachenzusammenhangs; ebenso *Matt/Renzikowski-Eidam* Rdn. 29. S. auch *Mosbacher* NStZ 2007 665, 669, der Absatz 3 in dem Fall unproblematisch für anwendbar hält, in dem erfundene Todesmeldungen bei betagten Angehörigen zum Tode führen. *Sch/Schröder-Eisele* Rdn. 38, *Rengier* BT II § 26a, Rdn. 15 bejahen ihn nur, wenn der Dritte selbst Opfer einer der vorherigen Tathandlungen geworden ist.

501 Zu Recht aber *Küpper* AnwK-StGB Rdn 21: nicht erfasst werden Folgen, die „gelegentlich" der Täterhandlung eintreten. So keine strafrechtliche Verantwortlichkeit, wenn das Opfer seinen Heimweg ändert und in einen tödlichen Verkehrsunfall gerät, weil sich hier lediglich einn allgemeines Lebensrisiko verwirklicht.

502 *Gazeas* JR 2007 497, 504; *Gericke* MK Rdn. 54; *Lackner/Kühl* Rdn. 11; *Matt/Renzikowski-Eidam* Rdn. 29; *Sch/Schröder-Eisele* Rdn. 38.

503 *Lackner/Kühl* Rdn. 11; *Sch/Schröder-Eisele* Rdn. 38; *Buß* S. 251; *Kinzig/Zander* JA 2007 485; *Neubacher/Seher* JZ 2007 1029, 1035.

504 *Gazeas* JR 2007 497, 504; *Rackow* GA 2008 552, 566 f.

505 Ausführlich dazu: *Rackow* GA 2008 552, 567. S. auch *Neubacher/Seher* JZ 2007 1029, 1035.

506 Ausdrücklich hierzu *Wolters* SK Rdn. 17 im Falle des investigativen Journalismus, allerdings zu Recht nur bei einem überragenden Informationsinteresse der Allgemeinheit (Aufdeckung von gravierenden Rechtsverstößen des Opfers). S. dazu auch: *Sommerfeld/Voß* SchlHA 2005 326, 328.

ergeben. Ebenso sind auch Fälle der Pflichtenkollision denkbar.[507] Art. 5 Abs. 1 Satz 2 GG kann nicht über die sich aus den Pressegesetzen ergebenden Befugnis hinaus als Grundlage einer selbständigen Rechtfertigung dienen.[508] Ebenso kommt eine analoge Anwendung von § 193 (Wahrnehmung berechtigter Interessen) nicht in Betracht. Der Gesetzgeber hat bewusst darauf verzichtet, einen entsprechenden speziellen Rechtfertigungsgrund zu schaffen; insoweit liegt eine Regelungslücke nicht vor.[509]

X. Schuld

Für die Mehrzahl der praktisch vorkommenden Fallgestaltungen gelten keine Besonderheiten. Allerdings können **obsessives Verfolgen** des Opfers und **gesteigerte, massivere Formen des Stalking** Anhaltspunkte für eine Einschränkung der Einsichts- oder Steuerungsfähigkeit des Täters liefern,[510] der Ausschluss der Schuldfähigkeit wird eine Ausnahme bleiben.[511] Die Unmöglichkeit, das Täterhandeln rational nachzuvollziehen, reicht jedoch als alleiniges Indiz für die Annahme der Eingangsvoraussetzungen der §§ 20, 21 nicht aus.[512] Vielmehr ist anhand der Tatmotivation unter Einschaltung eines Sachverständigen im konkreten Einzelfall zu prüfen, ob eine Eingangsvoraussetzung der §§ 20, 21 vorliegt und wie sich diese konkret auf die Schuldfähigkeit des Täters (und dessen Gefährlichkeit)[513] auswirkt.[514] Bloße Verhaltensauffälligkeiten sind noch kein Indiz für eine die Unterbringung rechtfertigende wahnhafte Störung.[515] **79**

Die psychiatrische Forensik unterscheidet innerhalb der Tätertypologie[516] zwischen *uneingeschränkt schuldfähigen Stalkern*, den *psychotischen Stalkern*, d.h. den Tätern, bei denen Wahnvorstellungen – Liebeswahn, Verfolgungswahn und Beeinträchtigungswahn – das Stalkingverhalten auslösen und die Eingangsvoraussetzungen der §§ 20, 21 regelmäßig gegeben sind,[517] und sog. *„intermediären" Stalkern*, d.h. solchen Personen, bei denen – zumeist aufbauend auf einer noch nicht krankheitswertigen Persönlichkeitsstörung – erst die Dynamik des belästigenden Verhaltens zu einem psychopathologischen Zustand führt, der ähnlich wie bei einer Sucht oder einer Zwangstörung Verhaltensmuster determiniert und Auswirkungen auf die strafrechtliche Verantwortlichkeit nehmen kann.[518] Besonders in diesen Fällen bedarf es einer hinreichend nachvollziehbaren Einschätzung, ob die ggf. angenommene „Persönlichkeitsstörung" – u.U. im Zusammen- **80**

---

507 *Fischer* Rdn. 29.
508 Dazu auch: *Wolters* SK Rdn. 17; **aA** *Gazeas* KJ 2006 247, 256. Großzügiger hier auch *Lackner/Kühl* Rdn. 8. Vgl. auch *Kraenz* S. 340, der für die Übernahme der nebenstrafrechtlichen Ausnahmeregelung für die Tätigkeit der Medien eintritt.
509 *Fischer* Rdn. 29; *Gericke* MK Rdn. 55: *Sch/Schröder-Eisele* Rdn. 28; *Wolters* SK Rdn. 17; *Kraus* S. 136; s. aber *Krüger* S. 189.
510 Vgl. *Mosbacher* NStZ 2007 665, 669.
511 *Sonnen* NK Rdn. 51.
512 *Fischer* Rdn. 31; *Gericke* MK Rdn. 56.
513 Zur Frage einer Unterbringung nach § 63 s. unten Rdn. 85.
514 Vgl. dazu BGH StraFO 2004 390 m. Anm. *Pollähne* R&P 2005 86.
515 BGH WuM 2011 295, 296.
516 Zu einer US-amerikanischen Typologie vgl. *Sonnen* NK Rdn. 51; *I. Müller* S. 88 f.
517 S. BGH, Beschl. vom 25. Oktober 2006 – 5 StR 370/06: auch hier ist freilich eine konkrete Begründung für den Ausschluss der Steuerungsfähigkeit nicht entbehrlich. Dazu auch *Mosbacher* NStZ 2007 665, 669.
518 *Dreßing/Maul-Backer/Gass* NStZ 2007 253, 254 f. Vgl. Auch *Smischek* S. 75: Stalking zu vielschichtig, um zu einheitlichen Klassifizierungen zu gelangen.

wirken mit Alkohol- oder Drogenmissbrauch –[519] zum Vorliegen einer „schweren seelischen Abartigkeit", einer „krankhaften seelischen Störung" und zur erheblichen Beeinträchtigung der Steuerungsfähigkeit geführt hat.[520]

XI. Täterschaft und Teilnahme

81 Täterschaft und Teilnahme bestimmen sich nach den allgemeinen Regeln. Mittäterschaft und mittelbare Täterschaft – insbesondere bei Verwirklichung der Tathandlungen, in denen dies bereits nach dem Wortlaut angelegt ist (Absatz 1 Nr. 2 und 3) – sind möglich. Grenzen ergeben sich bei Absatz 1 Nr. 1 als **eigenhändigem Delikt**[521] und mit Blick auf das Merkmal der **Beharrlichkeit,** das in seinem subjektiven Element bei jedem Mittäter vorliegen muss.[522] Die Beharrlichkeit ist im Übrigen strafbegründendes persönliches Merkmal, so dass insoweit § 28 Abs. 1 anzuwenden ist.[523] Bedient sich der Täter in den Tatbeständen der Nr. 2 und 3 dritter Personen, sind diese bei Bösgläubigkeit Gehilfen.[524]

XII. Vollendung und Versuch

82 **Vollendung** tritt bei Vorliegen der schwerwiegenden Beeinträchtigung der Lebensgestaltung des Opfers ein. Der **Versuch** der Nachstellung im Sinne der Absätze 1 und 2 ist nicht strafbar. Zu beachten ist allerdings Absatz 1 Nr. 2. Führt bereits der Versuch der Kontaktaufnahme durch den Täter unter den dort beschriebenen Voraussetzungen zur Herbeiführung des tatbestandlichen Erfolges, liegt Vollendung und damit ein strafbares Verhalten vor. Unberührt bleibt die Strafbarkeit versuchter Delikte, die – wie eine Körperverletzung – anlässlich des Stalking begangen werden.

83 Demgegenüber stellt sich bei **Absatz 3** die Frage der Versuchsstrafbarkeit. Der Qualifikationstatbestand ist Verbrechen. Ein strafbarer Versuch ist daher in der Gestalt möglich, dass der Grundtatbestand verwirklicht und die schwere Folge versucht wird.[525] Zweifelhaft ist die Strafbarkeit des sog. **„erfolgsqualifizierten Versuchs"** (vgl. hierzu allgemein ausführlich *Hillenkamp* LK Vor § 22 Rdn. 108 ff), d.h. des Versuchs des Grunddelikts, bei dem die schwere Folge bereits eintritt.[526] Der „erfolgsqualifizierte Versuch" wird überwiegend für straflos gehalten, da der Versuch des Grunddelikts, der Versuch des Absatzes 1, nicht unter Strafe steht.[527] Zum Teil wird Strafbarkeit bejaht, da bereits

---

519 Vgl. Insoweit unter Auswertung empirischer Studien zum Täterprofil des Stalkers *Sonnen* NK Rdn. 52; *Smischek* S. 100: 15 % aller Fälle mit endogener Psychose, 11 % mit Schizophrenie, 10 % mit antisozialer Persönlichkeitsstörung.

520 BGH StraFO 2004 390 m. Anm. *Polllähne* R&P 2005 86; R&P 2007 150 m. Anm. *Pollähne*; R&P 2008, 226; dazu auch *Mosbacher* NStZ 2007 665, 669.

521 *Gericke* MK Rdn. 57; *Küpper* AnwK-StGB Rdn 18; *Wolters* SK Rdn. 23; allgemein *Schünemann* LK § 25 Rdn. 167: keine uneigenhändige Mittäterschaft.

522 *Mitsch* Jura 2007 401, 405; *Sch/Schröder-Eisele* Rdn. 35, *Wolters* SK Rdn. 23; allgemein *Schünemann* LK § 25 Rdn. 168.

523 *Buß*, S. 216; *Fischer* Rdn. 33; *Wolters* SK Rdn. 23.

524 *Fischer* Rdn. 33; *Sch/Schröder-Eisele* Rdn. 35.

525 *Rössner/Krupna* NKGesStR Rdn. 12.

526 Vgl. *Mitsch* NJW 2007 1237, 1241: das Problem stellt sich im StGB zurzeit nur bei §§ 221 Abs. 2, 3 und 236 Abs. 5.

527 *Fischer* Rdn. 37; *Lackner/Kühl* Rdn. 11; *Rössner/Krupna* NKGesStR Rdn. 12; *Sonnen* NK Rdn. 58; *Gazeas* JR 2007 497, 504 f.

der Nachstellungshandlung auch ohne die Folge einer schwerwiegenden Beeinträchtigung der Lebensgestaltung eine sich im Erfolg des Absatzes 3 realisierende Gefährlichkeit innewohnen könne. Dies sei etwa der Fall, wenn das Stalking den Seelenfrieden des Opfers derartig erschüttere, dass dieses zur Selbsttötung greife oder eine zum Tode führende Fluchtreaktion zeige.[528] Nicht nur die Überlegung, der Erfolgseintritt nach Absatz 3 habe im Falle des versuchten (aber straflosen) Grunddelikts strafbegründende, nicht lediglich – wie von § 18 gefordert – straferhöhende Wirkung, spricht für Straflosigkeit. Auch das Übermaßverbot stützt dieses Ergebnis.[529] Da der Versuch der Nachstellung sehr früh beginnt, etwa schon dann, wenn der Täter erstmalig sein Opfer zu Hause aufsucht, soweit er den Vorsatz hat, ihm auch künftig nachzustellen, kommt es im Falle des Erfolgseintritts zu einem – verfassungsrechtlich bedenklichen – Strafrahmensprung, der zum Bezugspunkt einer möglichen Tat nach Absatz 1 außer Verhältnis steht.[530] Denkbar ist dagegen ein strafbarer Versuch, wenn auch hinsichtlich der Folge in Abs. 3 Vorsatz gegeben ist (**versuchte Erfolgsqualifikation**), allerdings nur, wenn der Grundtatbestand nach Abs. 1 vollendet gegeben ist.[531]

XIII. Rechtsfolgen

1. Strafrahmen. Das Gesetz sieht für die nach **Absatz 1** strafbare Nachstellung Geld- **84**
strafe oder Freiheitsstrafe bis zu drei Jahren vor. Bei der Strafzumessung zu berücksichtigen sind insbesondere die Intensität und die Anzahl der Nachstellungshandlungen, dies freilich nur insoweit, als diese über das für die Tatbestandserfüllung erforderliche „beharrliche" Vorgehen hinausgehen (§ 46 Abs. 3). Strafmildernd können bei gescheiterten Beziehungen die Vorgeschichte und auch das mitunter in diesen Fällen widersprüchliche Opferverhalten zu Buche schlagen. Die Verhängung einer Freiheitsstrafe wird bei einer Erstverurteilung schon mit Blick auf § 47 Abs. 1 kaum in Betracht zu ziehen sein.[532] **Absatz 2** sieht eine schärfere Strafdrohung vor (Freiheitsstrafe von 3 Monaten bis zu 5 Jahren), wobei der Gesetzgeber – anders als bei § 177 und § 250 – darauf verzichtet hat, beiden in Absatz 2 enthaltenen Gefahrqualifikationen unterschiedliche Strafrahmen zuzuweisen. Der Strafrahmen von **Absatz 3** reicht von einem Jahr bis zu zehn Jahren Freiheitsstrafe. Er ist im Vergleich zu anderen Todeserfolgsqualifikationen, wie etwa § 251, niedrig bemessen. Dahinter mag die Erwägung des Gesetzgebers stehen, dass Stalking mit tödlichem Ausgang eher selten,[533] zumindest aber nur sehr schwer nachweisbar ist.[534] Gleichwohl ist der Qualifikationstatbestand des Absatzes 3 wegen seiner

---

[528] *Wolters* SK Rdn. 22, der allerdings ein Ansetzen zur beharrlichen Nachstellung fordert. S. auch *Mitsch* Jura 2007 401, 407; *ders.* NJW 2007 1237, 1241 unter Hinweis darauf, dass ansonsten besonders intensive Stalking-Akte, die das Opfer schon vor Erreichen der Beharrlichkeitsgrenze töten, zur bloßen fahrlässigen Tötung herabgestuft würden. Vgl. auch *Mosbacher* NStZ 2007 665, 669.

[529] *Buß* S. 251.

[530] So auch *Gazeas* JR 2007 497, 505 und im Ergebnis *Krüger* S. 207; *Küpper* AnwK-StGB Rdn 22.

[531] **AA** *Sch/Schröder-Eisele* Rdn. 38; *Rackow* GA 2008 566; weitergehend wohl *Sonnen* NK Rdn. 58: strafbar auch bei nur versuchtem Grunddelikt, zusätzlich mit dem Hinweis allerdings, dass dann regelmäßig auch versuchter Totschlag vorliege, hinter dem § 238 Abs. 3 zurücktrete. Ebenso *Lackner/Kühl* Rdn. 11.

[532] Dazu: BGH NStZ-RR **2011** 12.

[533] *Rackow* GA 2008 553, 566 f.

[534] *Kinzig/Zander* JA 2007 481, 485.

Strafandrohung auf verfassungsrechtliche Bedenken gestoßen. Er verletze den Verhältnismäßigkeitsgrundsatz und verstoße gegen das Gebot schuldangemessenen staatlichen Strafens. Die im Ergebnis nicht durchgreifende Kritik macht sich an der bei § 238 Abs. 3 eröffneten theoretischen (hier nicht für durchgreifend erachteten) Möglichkeit des „erfolgsqualifizierten Versuchs" fest (vgl. dazu oben Rdn. 83). Führe der Täter den tatbestandlichen Erfolg – etwa den Tod des Opfers – bereits durch den Versuch des Grunddelikts, der an sich nicht unter Strafe stehe, herbei, sei die Anwendung eines Strafrahmens, der die Verhängung einer Freiheitsstrafe von einem bis zehn Jahren erlaube, dem Unrechtsgehalt der Tat nicht korrespondierend.[535] Im Rahmen **der konkreten Strafzumessung** ist zu bedenken, dass im Merkmal der „Beharrlichkeit" eine besondere Hartnäckigkeit und gesteigerte Gleichgültigkeit des Täters gegenüber dem gesetzlichen Verbot zum Ausdruck kommt; dies legt einen Verstoß gegen § 46 Abs. 3 StGB nahe.[536]

85 **2. Unterbringung im psychiatrischen Krankenhaus (§ 63).** Die Verhängung einer Maßregel nach § 63 ist trotz des Strafrahmens, der den Tatbestand als Delikt im Bereich allenfalls mittlerer Kriminalität ausweist, nicht ausgeschlossen, dürfte aber selten in Betracht kommen, da Nachstellungen, selbst wenn sie mit einer beträchtlichen Belastung für das Opfer verbunden sind, in den wenigsten Fällen als Straftat von erheblicher Bedeutung[537] im Sinne von § 63 anzusehen sind[538]. Jedoch kann das Drohen der in Absatz 1 Nr. 4 aufgeführten Rechtsgutsbeeinträchtigungen (als Eskalation der eigentlichen Drohung) ebenso wie eine im Raum stehende besonders schwerwiegende Beeinträchtigung der Lebensgestaltung, die über die bloße Feststellung des für eine Nachstellung erforderlichen Taterfolgs allerdings weit hinausgehen muss, die für die Unterbringung des Täters erforderliche Gefährlichkeitsprognose erbringen.[539] Erforderlich ist wie bei der Bedrohung, dass diese in ihrer konkreten Ausgestaltung die nahe liegende Gefahr ihrer Verwirklichung in sich trägt.[540] Nur bei strikter Orientierung an diesen engen Vorgaben wird die **Verhältnismäßigkeit** der Maßnahme gewahrt werden können.[541] Ist allerdings das Stalkingopfer dem Einflussbereich des Täters, etwa durch Wegzug, entzogen oder der Konflikt in anderer Weise bewältigt, fehlt es an der notwendigen Wahrscheinlichkeit zukünftiger erheblicher Straftaten.[542] Eine Maßregelanordnung wird zudem auch dann nicht in Betracht kommen, wenn trotz Vorliegens von Anzeichen für eine generelle Ver-

---

[535] *Buß* S. 251; *Gazeas* KJ **2006** 247, 261; kritisch auch die Stellungnahme des Deutschen Richterbundes „zu der vom Rechtsausschuss empfohlenen Fassung des Entwurfs eines Stalking-Bekämpfungsgesetzes" Ziff. 4; abrufbar unter http://www.drb.de.

[536] Zu großzügig: BGH NStZ-RR **2014**, 208, 209; s. auch BGHSt **54**, 189, 195.

[537] BVerfG R&P 2014, 31, 34: § 238 nicht generell als Straftat von erheblicher Bedeutung, allenfalls bei aggressiven Übergriffen.

[538] BVerfG R&P **2014**, 31 34; LG Darmstadt NStZ-RR **2012** 44; BGH NJW 2013, 3383, 3385; vgl. aber auch sehr weitgehend gegen BGH NStZ-RR **2011** 12, 13; BGH NJW-Spezial **2013**, 665 f: Massive chronische posttraumatische Belastungsstörung beim Opfer rechtfertigt Unterbringung.

[539] LG Heidelberg, Urt. vom 6. Mai 2008 – 2 KLs 22 Js 6935/07 – juris. Vgl. dazu auch BGH R&P **2008** 226 m. Anm. *Braasch* jurisPR-StrafR 15/2008 Anm. 1 in einem Stalkingfall, allerdings nicht zu § 238, sondern zu Taten nach §§ 123, 185. Vgl. auch OLG Köln NJW **2007** 3590.

[540] BGH NJW 2013, 3383, 3385: der Besitz eines in der Wohnung aufgefundenen Schlagrings begründet eine solche Gefahr für sich genommen noch nicht.

[541] Dazu BGH R&P **2008** 226 m. Anm. *Braasch* jurisPR-StrafR 15/2008 Anm. 1, s. auch BGH NStZ-RR **2011** 12.

[542] *Fischer* Rdn. 34.

anlagung des Täters zu nachstellenden Handlungen eine Auswirkung auf die Steuerungsfähigkeit des Täters nicht festzustellen ist.[543] Schließlich muss der notwendige Zusammenhang zwischen der psychischen Erkrankung und der Nachstellungstat belegt sein; das Vorhandensein einer paranoiden Schizophrenie reicht nicht aus, wenn die Taten Ausfluss der Verliebtheit und der Unfähigkeit des Betroffenen sind, mit der ablehnenden Haltung des Opfers umzugehen.[544]

XIV. Konkurrenzen

§ 238 ist kein **Dauerdelikt** (s. schon oben Rdn. 62). Dies ist dadurch gekennzeichnet, **86** dass der Täter durch mehrere strafbare Verhaltensweisen den von ihm in deliktischer Weise geschaffenen rechtswidrigen Zustand willentlich aufrechterhält oder die deliktische Tätigkeit ununterbrochen fortsetzt. Demgegenüber zeichnen sich Stalkingtaten durch zeitlich getrennte, wiederholende Handlungen aus, die nicht zu einem gleichbleibenden und überbrückenden deliktischen Zustand führen.[545] **Mehrere Verhaltensweisen des Nachstellens** zum Nachteil desselben Tatopfers bilden **eine Tat**, soweit erst durch die wiederholte Vornahme von Tathandlungen ein „beharrliches" Handeln vorliegt[546] und in ihrem Zusammenwirken die schwerwiegende Beeinträchtigung der Lebensführung eingetreten ist.[547] Dies gilt unabhängig davon, ob eine der Nachstellungshandlungen unter § 238 Abs. 1 Nr. 5 fällt oder nicht.[548] Anders ist es hingegen, wenn mehrere Nachstellungshandlungen vorliegen, die jeweils für sich gesehen das Merkmal der Beharrlichkeit erfüllen und zu unterschiedlichen Taterfolgen führen.[549] In diesem Fall liegen auch mehrere materiell selbständige Taten der Nachstellung vor, sofern sich im Übrigen ausschließen lässt, dass die bereits zum ersten Taterfolg führenden Handlungen auch zur weiteren schwerwiegenden Beeinträchtigung der Lebensgestaltung beigetragen haben. Im Zweifel liegt die Annahme einer einzigen Tat nahe.[550] Gleichzeitige **Nachstellungen gegen mehrere Personen** stehen im Verhältnis der (gleichartigen) **Idealkonkurrenz.**[551] Mit **Straftaten, die anlässlich oder zum Zweck des Nachstellens** begangen werden, besteht wegen des unterschiedlichen Schutzzwecks der Strafnormen regelmäßig **Tateinheit**, typi-

---

543 BGH StraFo 2004 390 m. Anm. *Pollähne* R&P 2005 86. Dazu auch *Schöch* LK § 63 Rdn. 66.

544 So überzeugend: BGH, Beschluss vom 27. Mai 2014 – 3 StR 113/14.

545 BGHSt 54 189, 200: Fall der tatbestandlichen Handlungseinheit.; OLG Brandenburg NStZ 2010 519, 520.Vgl. aber auch *Mitsch* NStZ 2010 513, 514: es seien aber auch Konstellationen vorstellbar, in denen ein Dauerdelikt anzunehmen sein könnte, etwa eine Dauerobservation als Tat nach Abs. 1 Nr. 1. Anders noch *Smischek* S. 322; BTDrucks. 15/5410, s. 7.

546 Vgl. nur *Gericke* MK Rdn. 59; *Küpper* AnwK-StGB Rdn 19 und *Valerius* JuS 2007 319, 323: Beharrlichkeit setzt begriffsnotwendig wiederholte Belästigungen voraus.

547 BGHSt 54 189, 201 f mit zustimmender Anm. *Winkel* jurisPR-StrafR 4/2010 Anm. 1; *Lackner/Kühl* Rdn. 12; *Matt/Renzikowski-Eidam* Rdn. 31; *Sch/Schröder-Eisele* Rdn. 39; *Sonnen* NK Rdn. 60; SSW-*Schluckebier* Rdn. 23; *Wolters* SK Rdn. 24; *Mosbacher* NStZ 2007 665, 669; *Seher* JZ 2010 582, 584.

548 *Sch/Schröder-Eisele* Rdn. 39; *Mosbacher* NStZ 2007 665, 669; *Rössner/Krupna* NKGesStR Rdn 13; **aA** *Lackner/Kühl* Rdn. 12: Tat nach Absatz 1 Nr. 5 sei exklusiv, weil sie voraussetze, dass keine Tat nach Absatz 1 Nr. 1–4 vorliege.

549 BGH NJW 2013, 3383, 3385. Vgl. auch *Sch/Schröder-Eisele* Rdn. 39: erneutes Ansetzen nach Umzug als schwerwiegender Beeinträchtigung der Lebensgestaltung.

550 So auch *Mosbacher* NStZ 2007 665, 669. Vgl. in diesem Sinn auch *Fünfsinn* FS Kreuzer, 146, 159.

551 *Fischer* Rdn. 39; *Gericke* MK Rdn. 59.

sche Begleittaten sind etwa §§ 123, 164, 185, 223, 240[552], 303[553]; in Betracht kommen aber auch Strafnormen wie §§ 177, 263, 267.[554] Die Annahme von Tateinheit gilt aus Klarstellungsgründen auch für § 241 im Verhältnis zu Absatz 1 Nr. 4, da § 241 – anders als der Tatbestand des § 238 – die Bedrohung mit einem Verbrechen voraussetzt.[555] Dagegen treten Taten nach § 4 i.V.m. § 1 Abs. 2 Satz 1 Nr. 2 Buchst. b GewSchG aus Subsidiaritätsgründen gegenüber § 238 zurück. Das Tatunrecht des § 4 GewSchG wird von § 238 erfasst; weder Gründe der Klarstellung noch etwa der Umstand, dass der § 4 GewSchG immanente Verstoß gegen eine gerichtliche Anordnung dann in der Verurteilung nicht zum Ausdruck käme, noch der gesetzliche Hinweis in § 4 GewSchG, dass andere Strafbarkeiten unberührt blieben[556], rechtfertigen die Annahme von Tateinheit.[557] Grundsätzlich kann § 238 – auch wenn es sich nicht um ein Dauerdelikt, sondern um eine zeitlich gestreckte, sukzessiv begangene Straftat handelt –[558] *Tateinheit zwischen an sich selbständigen Tatbeständen* herstellen, wenn es zu jedem der beiden anderen ideell konkurriert[559]. Der Eintritt der sog. *Klammerwirkung* hängt freilich davon ab, dass der Unrechtsgehalt der Taten vergleichbar ist[560], wobei es ausreicht, dass die verbindende Nachstellung einen annähernden Unrechtsgehalt wie eine der zu ihr in Tateinheit stehenden Taten aufweist.[561] Zur Klammerwirkung kommt es daneben, wenn sich § 238 als das schwerste der im Raum stehenden Delikte herausstellt.[562] Während einer zeitlich gestreckten Nachstellungstat nacheinander begangene Delikte des Hausfriedenbruchs, der Beleidigung, der Bedrohung oder der Sachbeschädigung können danach problemlos über das Band des § 238 zur Tateinheit verklammert werden. Schließlich können *mehrere an sich selbständige Taten nach § 238* ihrerseits zur *Tateinheit* verbunden werden, wenn sie als Teilakte zu einem bestimmten am Ende stehenden Erfolg (Körperverletzung/Tod) anzusehen sind.[563] § 238 Abs. 3 verdrängt § 222 im Wege der Gesetzeskonkurrenz.[564]

---

552 Nach *Matt/Renzikowski-Eidam* Rdn. 31 soll § 240 hinter einer Tat nach Absatz 1 Nr. 4 zurücktreten. Ebenso: *Gazeas* JR 2007 497, 501.

553 *Gericke* MK Rdn. 59.

554 Vgl. *Fischer* Rdn. 39; *Lackner/Kühl* Rdn. 12; *Matt/Renzikowski-Eidam* Rdn. 31; *Sch/Schröder-Eisele* Rdn. 39; *Rössner/Krupna* NKGesStR Rdn. 13; *Mosbacher* NStZ 2007 665, 670; *Valerius* JuS 2007 319, 323.

555 *Lackner/Kühl* Rdn. 12; *Sch/Schröder-Eisele* Rdn. 39; *Sonnen* NK Rdn. 60; *Wolters* SK Rdn. 24; *Valerius* JuS 2007 319, 323; **aA** *Arzt/Weber-Weber* BT 2, 9/120, *Buß* S. 239; *Kinzig/Zander* JA 2007 481, 485; *Mitsch* NStZ 2010 513, 515: Konsumtion. Differenzierend *Matt/Renzikowski-Eidam* Rdn. 31, der bei Drohen mit einem Verbrechen § 241 zurücktreten lässt (Konsumtion).

556 Dies besagt nichts über die Anwendung von Konkurrenzregeln.

557 *Fischer* Rdn. 39; **aA** *Matt/Renzikowski-Eidam* Rdn. 31; *Schönke/Schröder-Eisele* Rdn. 39; *Sonen* NK Rdn. 60; SSW-*Schluckebier* Rdn. 23; *Wolters* SK Rdn. 24; *Kinzig/Zander* JA 2007 485; *Kraenz* S. 333; *Mosbacher* NStZ 2007 665, 670. So auch OLG Karlsruhe, Beschl. v. 14. Mai 2008 – 2 Ws 142/08.

558 Zu einem vergleichbaren Fall: BGH NStZ 2000, 25. Abweichend *Valerius* JuS 2007 319, 323 f.

559 U.a. *Gerhold* S. 143; **aA** OLG Brandenburg NStZ 2010 519, 520; *Rössner/Krupna* NKGesStR Rdn. 13; *Valerius* JuS 2007 319, 323 f.

560 *Fischer* Rdn. 39; *Mosbacher* NStZ 2007 665, 670.

561 *Fischer* vor § 52 Rdn. 30.

562 BGHSt **54** 189, 201. zustimmend: *Lackner/Kühl* Rdn. 12. Krit. im Hinblick auf die damit verbundene Besserstellung aggressiv agierender Stalker *Seher* JZ 2010 582, 584.

563 BGH NStZ 2000, 25: durch mehrjährige Belästigungen herbeigeführter Körperverletzungserfolg (mit Selbstmordgedanken einhergehende depressive Verstimmung). Dazu auch *Mosbacher* NStZ 2007 665, 670.

564 *Sch/Schröder-Eisele* Rdn. 39.

XV. Strafantrag (Absatz 4)

Strafantragserfordernis. Nach **Absatz 4** ist zur Verfolgung einer **Nachstellung im Sinne des Absatzes 1,**[565] soweit sie nicht mit einem Offizialdelikt (etwa § 4 GewSchG) zusammentrifft,[566] grundsätzlich das Vorliegen eines Strafantrags erforderlich. Nach dem Willen des Gesetzgebers soll dies sicherstellen, dass dem Verletzten, d.h. der von der Nachstellung betroffenen Person[567] oder auch einem Dritten, der durch die Vorschrift geschützt ist,[568] die Entscheidungsmöglichkeit darüber verbleibt, ob er sich den Belastungen eines Strafverfahrens aussetzen will.[569] Das Strafantragserfordernis dient damit dem **Opferschutz.**[570] Es kann sich in dieser Funktion aber durchaus auch als kontraproduktiv erweisen, wenn es den Täter dazu „einlädt", erneut gegen das Opfer anzugehen, um es zur Rücknahme des Strafantrags zu bewegen.[571] Im Gesetzgebungsverfahren ebenfalls laut gewordenen Bedenken, die Ausgestaltung des Grundtatbestandes der Nachstellung als Antragsdelikt werde zur Verfolgungsunwilligkeit bei den Staatsanwaltschaften und einer erhöhten Bereitschaft führen, anhängige Verfahren auf den Privatklageweg zu verweisen,[572] ist dadurch Rechnung getragen worden, dass eine Strafverfolgung auch bei **Vorliegen eines besonderen öffentlichen Interesses** möglich ist. Ein besonderes öffentliches Interesse ist im Regelfall anzunehmen, wenn der Täter einschlägig vorbestraft ist, die Tat gravierend ist, es dem Opfer wegen einer persönlichen Beziehung zum Täter nicht zugemutet werden kann, Strafantrag zu stellen oder die Vermutung besteht, es werde aus Angst auf eine Initiierung der Strafverfolgung verzichten (vgl. insoweit Nr. 86, 234 RiStBV).[573] Zusätzlich ist in praktisch allerdings wohl eher seltenen Fällen daran zu denken, dass nach dem Tod des antragsberechtigten Stalking-Opfers ein Bedürfnis nach Strafverfolgung besteht.[574] Ein Strafantrag liegt regelmäßig in der Erstattung einer Strafanzeige. Sie kommt schon in Betracht, wenn die Nachstellungen begonnen haben, das Delikt aber – mangels Erfolgseintritts – noch nicht vollendet ist. Die dreimonatige Antragsfrist nach § 77b Abs. 1 Satz 1 beginnt mit der Kenntnis des Antragsberechtigten von Tat und Täter, endet aber nicht bei einer zeitlich gestreckten Tat wie § 238 Abs. 1 vor Kenntnis vom Ende der letzen Nachstellungshandlung. Dies wird regelmäßig erst in einem zeitlichen Abstand zur Begehung des letzten Handlungsteils der Fall sein, es sei denn, der Täter verbindet diese Handlung mit einer entsprechenden Ankündigung, seine Nachstellungen nunmehr einzustellen.[575] 87

565 *Matt/Renzikowski-Eidam* Rdn. 32: Absätze 2 und 3 sind Offizialdelikte.

566 *Matt/Renzikowski-Eidam* Rdn. 32; aA *Mitsch* NJW 2007 1237, 1241: kein Offizialverfahren, wenn Opfer Strafverfolgung wegen § 238 nicht wünscht. Ähnlich: *Sch/Schröder-Eisele* Rdn. 40: jedenfalls hinsichtlich von § 238 verdrängter Delikte. S. auch *Arzt/Weber-Weber,* Strafrecht BT 2, 9/118.

567 *Fischer* Rdn. 38.

568 *Mosbacher* NStZ 2007 665, 670: nicht verletzt ist etwa ein ansonsten durch die Tat Geschädigter, beispielsweise ein Versandhändler.

569 BTDrucks. 16/575, S. 8.

570 Ausführlich dazu *Mitsch* NJW 2007 1237, 1241. Kritisch allerdings, weil der Gesetzgeber es verpasst habe, einen effektiveren Opferschutz zu gewährleisten *Buettner* ZRP 2008 124, 127 und *Löhr* S. 367 ff.

571 *Sch/Schröder-Eisele* Rdn. 40; *Krüger* S. 195.

572 BTDrucks. 16/3641, S. 9.

573 Vgl. *Gericke* MK Rdn. 61; *Mosbacher* NStZ 2007 665, 669; *Rössner/Krupna* NKGesStR Rdn. 15 wollen demgegenüber mit Blick auf den Opferschutz für eine noch weitgehendere Verfolgung als Offizialdelikt eintreten. Dagegen *Lackner/Kühl* Rdn. 13.

574 *Mitsch* NJW 2007 1237, 1241: mangels Fehlen einer Antragsrechtsübergangsklausel.

575 Zum Ganzen *Buettner* ZRP 2008 124, 126 f.

XVI. Strafprozessuales

88 **1. Privatklage.** § 238 Abs. 1 ist Privatklagedelikt (§ 374 Abs. 1 Nr. 5 StPO). Auch im Falle eines Strafantrags verfolgt die Staatsanwaltschaft nur bei Vorliegen eines öffentlichen Interesses.[576] Der Verletzte trägt nicht nur die Last der Verfahrensdurchführung, sondern auch das Kostenrisiko im Falle der Verfahrenseinstellung oder eines Freispruchs.[577] Gegenüber einem **Jugendlichen** ist – anders als bei einem Heranwachsenden (§ 109 JGG) – die Privatklage allerdings ausgeschlossen. Verfolgt die Staatsanwaltschaft ein Offizialdelikt (auch § 4 GewSchG), ist Privatklage im Hinblick auf den durch dieselbe Tat begangenen § 238, der im Offizialverfahren mitverfolgt wird, ausgeschlossen.[578] Das Privatklageverfahren soll dazu dienen, weniger gravierendende Taten von einer öffentlichen Strafverfolgung auszunehmen. Beispielhaft werden „im unteren Unrechtsbereich liegende typische Beziehungstaten" genannt (*Peters* NStZ **2009** 238, 242). Gerade bei diesen Taten steht der Durchführung des Privatklageverfahrens jedoch Nr. 86 Abs. 2 Satz 2 RiStBV entgegen, wonach der Verletzte im Regelfall nicht auf den Privatklageweg verwiesen werden darf, wenn ihm die Privatklage wegen seiner persönlichen Beziehung zum Täter nicht zugemutet werden kann (*Krüger*, S. 198).

89 **2. Nebenklage.** Opfern von Nachstellungen steht nach § 395 Abs. 1 Nr. 4 StPO der Weg zur Nebenklage offen, nicht dagegen im Verfahren gegen Jugendliche[579], wohl aber gegen Heranwachsende (§ 80 Abs. 3 JGG).[580] Unter den Voraussetzungen des § 397a Abs. 2 StPO können sie (in Fällen von Abs. 1) auf Gewährung von Prozesskostenhilfe zur Hinzuziehung eines Rechtsanwalts antragen. Liegen die in Abs. 1 Nr. 3 und 5 des § 397a StPO genannten Erfordernisse vor, ist dem nebenklageführenden Stalkingopfer auf Antrag ein anwaltlicher Beistand zu bestellen.[581] Auf das Recht zum Anschluss und die Antragsrechte nach § 397a StPO sind Verletzte von Nachstellungen gemäß 406h Nr. 1 StPO hinzuweisen.

90 **3. Untersuchungshaft.** Besteht die Gefahr einer wiederholten Begehung der Qualifikationstatbestände des § 238, kann die sog. **„Deeskalationshaft"** angeordnet werden. Die Absätze 2 und 3 des § 238 sind in den Katalog des § 112a StPO integriert worden. Diese gesetzgeberische Maßnahme ist im Schrifttum teilweise auf erhebliche Kritik gestoßen. Obwohl das BVerfG in zwei Entscheidungen vom 15. Dezember 1965[582] und 7. August 1972[583] die grundsätzliche Vereinbarkeit des Haftgrunds der Wiederholungsgefahr mit dem Grundgesetz festgestellt hat, werden – nicht zu Unrecht –[584] verfassungsrechtliche Bedenken wegen der Möglichkeit einer präventiven Freiheitsentziehung aufgrund eines

---

[576] Kritisch insoweit: *Buettner* ZRP 2008 124, 125.

[577] Dazu *Mitsch* NJW **2007** 1237, 1241; vgl. auch *Mosbacher* NStZ **2007** 665, 670, der dies nicht für glücklich hält.

[578] *Buettner* ZRP **2008** 124, 125; *Mitsch* NJW **2007** 1237, 1241; *Mosbacher* NStZ **2007** 665, 671.

[579] Der Anschluss zur Nebenklage ist Jugendlichen dagegen nicht verwehrt.

[580] Vgl. Meyer-Goßner StPO Vorbem. § 395 Rdn. 5, 6.

[581] Vgl. auch *Sonnen* NK Rdn. 65.

[582] BVerfGE **19** 342 ff.

[583] BVerfGE **35** 185 ff.

[584] *Gazeas* KJ 2006 247, 265; *Kinzig/Zander* JA **2007** 486; *Neubacher* ZStW **118**, 855, 871; *Sommerfeld/Voss* SchlHA **2005** 326, 330; *Vander* KritV **2006 81, 92;** *Weber-Hassemer* ZRP **2006** 69, 70; wohl auch *Lackner/ Kühl* Rdn. 14. Scheinbar emotionslos *Lackner/Kühl* Rdn. 14; *Sonnen* NK Rdn. 61; *Wolters* SK Rdn. 26; **aA** *Mitsch* NJW **2007** 1237, 1241 f; *Mosbacher* NStZ **2007** 665, 670; *Rössner/Krupna* NKGesStR Rdn. 16.

unbewiesenen Verdachts der Nachstellung erhoben.[585] Die qualifizierten Stalking-Tatbestände wiesen durchgängig nicht die Unrechtsschwere auf, die für Anlasstaten nach § 112a StPO als verfassungsrechtlich unbedenklich angesehen würden (zur identischen Auffassung der Bundesregierung in ihrem Gesetzentwurf vgl. oben bei der Entstehungsgeschichte). Dass in gravierenden Fällen dem Opfer nur dadurch wirksam geholfen werden könne, dass eine bereits eingetretene Eskalation durch die Verhängung von Untersuchungshaft unterbrochen werde, um dadurch vorhersehbar schwersten Straftaten gegen Leib oder Leben vorzubeugen,[586] rechtfertige nicht ohne Weiteres die Ausdehnung der präventiv-polizeilichen Sicherungshaft in § 112a StPO. Zudem sprächen gegen die Deeskalationshaft kriminologische Gründe: sie dauere zumeist nur kurz an und könne deshalb einen durch ihren Vollzug frustrierten Täter zu weiterem Stalking verleiten.[587] Voraussetzung für eine Anordnung von Untersuchungshaft ist der dringende Tatverdacht einer Straftat nach § 238 Abs. 2 oder Abs. 3; der Täter muss das Opfer zumindest in die **Gefahr einer schweren Gesundheitsbeschädigung** gebracht haben (s. oben Rdn. 77). Weiter muss eine **Wiederholungsgefahr** hinsichtlich weiterer erheblicher **Straftaten gleicher Art** vorliegen. Diese muss konkret belegt sein. Wer allerdings in der Vergangenheit „beharrlich" nachgestellt hat, bei dem besteht eine gewisse Vermutung dafür, dass er sein Tun fortsetzt. Als gleichartige Taten kommen zwar solche mindestens mittlerer Kriminalität in Betracht; sie müssen aber im Erscheinungsbild mit den bisherigen Taten übereinstimmen. Dies führt dazu, dass regelmäßig Taten nach § 238 Abs. 1, einfache Körperverletzungen oder sonstige typische Begleittaten des Nachstellens im Hinblick auf den Erfolgsunwert des Anlassdelikts nicht als diesem gleichwertig angesehen werden können.[588] Mit dem Tod des Opfers endet die Wiederholungsgefahr,[589] es sei denn, es besteht die Gefahr, dass sich der Täter ein anderes Opfer sucht. Die vom Beschuldigten ausgehenden Gefahren dürfen schließlich nicht durch andere Maßnahmen gleich wirksam bekämpft werden können. Als solche Maßnahmen kommen auch Maßnahmen nach dem GewSchG in Betracht, sofern sie nicht bereits erfolglos versucht worden sind.[590] In der Praxis spielt die Deeskalationshaft bisher keine Rolle.[591]

4. Zuständigkeit. Eine Zuständigkeit der **Schwurgerichtskammer** ist für Taten nach Absatz 3, was von der Literatur kritisiert wurde,[592] lange Zeit nicht begründet gewesen. Nun folgt sie aus § 74 Abs. 2 Nr. 9a GVG. **91**

XVII. Rechtsvergleichung

Deutschland ist im internationalen Vergleich ein Nachzügler in der Gesetzgebung gegen Stalking.[593] Ein erstes Anti-Stalking-Gesetz ist bereits im Jahr 1990 im US-amerikanischen Bundesstaat Kalifornien in Kraft getreten (Section 646.9 Penal Code California), die im Jahr 1994 grundlegend reformiert wurde.[594] Danach begeht Stalking, wer „eine vernunftbegabte Person durch gewisse Verhaltensweisen gezielt und absichtlich in **92**

585 *Gazeas* KJ 2006 247, 265; *Sommerfeld/Voß* SchlHA 2008 326, 330; vgl. auch *Schlachter* S. 273: Haft allein mit dem Ziel der Straftatenverhütung. S. auch *Käppner* S. 108.
586 Vgl. BTDrucks 16/3641, S. 32.
587 *Vander* KritV 2006 81, 92 f.
588 AA *Mosbacher* NStZ 2007 665,670.
589 *Krüger* NJ 2008 150, 152 f; wohl auch *Gericke* MK Rdn. 63.
590 Dazu auch *Mosbacher* NStZ 2007 665, 670.
591 Vgl. dazu *Peters* NStZ 2009 238, 242 f.
592 *Mitsch* NJW 2007 1237, 1241; kritisch *Mosbacher* NStZ 2007 665,669; *Rieß* NStZ 2008 546, 547 f.
593 *Gazeas* JR 2007 497. Zu den Entwicklungen im Ausland vgl. *Albrecht* FPR 2006 204 ff.
594 *Helmke* S. 53, 114 ff.

einen Zustand versetzt, in dem sie Angst um ihre Sicherheit haben muss".[595] Inzwischen steht Stalking in allen Bundesstaaten der **USA** unter Strafe.[596] Obwohl die Tatbestände von Bundesstaat zu Bundesstaat divergieren, sind gewisse strukturelle Übereinstimmungen festzustellen. Im Mittelpunkt der Vorschriften steht das „Harassment", d.h. das „Schikanieren" oder „Belästigen" einer Person.[597] Häufig genannte Tathandlungen sind das Verfolgen des Opfers oder die (versuchte) Kommunikationsaufnahme mit diesem, speziell durch Telefon oder elektronische Medien.[598] Auch in **Australien** ist belästigendes Verhalten flächendeckend unter Strafe gestellt. Entsprechende Regelungen wurden in den Jahren 1993 bis 1996 in allen Bundesstaaten des Kontinents eingeführt. Grund war eine vom Gesetzgeber – angeblich – festgestellte Ineffizienz zivilrechtlichen Persönlichkeitsschutzes gegen belästigendes Verhalten. Beispielhaft ist das Anti-Stalking-Gesetz des Bundesstaates Victoria, das typische, dem Begriff Stalking zugeordnete Verhaltensweisen unter Strafe stellt, und insoweit inhaltliche Parallelen zu § 238 aufweist. Strafbar ist das Verfolgen des Opfers, die Kontaktaufnahme durch Telefon oder mittels elektronischer Nachrichten oder die Vornahme jeder anderen Handlung, die nach „vernünftigen Maßstäben" die Angst des Opfers um seine eigene Sicherheit hervorrufen könnte.[599] Auch in **Kanada** ist Stalking seit 1993 strafbewehrt (Section 264 Criminal Code of Canada).[600] Vorreiter bei der Schaffung von Gesetzen gegen Stalking in Europa sind **Großbritannien**[601] und **Irland.** In beiden Staaten existieren Strafvorschriften seit dem Jahr 1997. **Belgien** hat im Jahr 1998 einen Stalking-Tatbestand geschaffen.[602] Die **Niederlande** haben mit Art. 285b ihres Strafgesetzbuches im Jahr 2000 nachgezogen. Strafbar ist dort der vorsätzliche widerrechtliche und systematische Eingriff in die persönliche Lebenssphäre eines anderen in der Absicht, diesen dazu zu zwingen, etwas zu tun, nicht zu tun oder zu dulden, oder diesem Furcht einzujagen.[603] In Österreich ist mit § 107a öStGB in 2006 ein Gesetz gegen Stalking geschaffen worden.[604] Der Tatbestand ähnelt in vielen Bereichen der deutschen Strafvorschrift, so dass er sich in besonderem Maße zu rechtsvergleichenden Betrachtungen eignet.[605] Er hat folgenden Inhalt:

§ 107a Beharrliche Verfolgung

(1) Wer eine Person widerrechtlich beharrlich verfolgt (Abs. 2), ist mit Freiheitsstrafe bis zu einem Jahr zu bestrafen.

(2) Beharrlich verfolgt eine Person, wer in einer Weise, die geeignet ist, sie in ihrer Lebensführung unzumutbar zu beeinträchtigen, eine längere Zeit hindurch fortgesetzt
1. *ihre räumliche Nähe aufsucht,*
2. *im Wege einer Telekommunikation, oder unter Verwendung eines sonstigen Kommunikationsmittels oder über Dritte Kontakt zu ihr herstellt,*
3. *unter Verwendung ihrer personenbezogenen Daten Waren oder Dienstleistungen für sie bestellt oder*
4. *unter Verwendung ihrer personenbezogenen Daten Dritte veranlasst, mit ihr Kontakt aufzunehmen.*

---

595 *Kerbein/Pröbsting* ZRP 2002 76, 78.
596 Zum Gesetzgebungsverfahren im Bundesstaat Kalifornien vgl. *Helmke* S. 89 ff. S. dazu auch *Endrass/Rossegger/Noll/Urbaniok* MSchKrim 2007 1, 9; *Löhr* S. 214 ff. Vgl. auch *Löbmann* MSchrKrim 2002 25.
597 *Steinberg* JZ 2006 30 Fn. 1.
598 Vgl. u.a § 565.225. und § 565.090. – Crime of Stalking and Harassment (Missouri); abrufbar bei http://www.moga.mo.gov/statues.
599 *Stange/Rilinger* StraFo 2003 194, 197.
600 http://www.laws.justice.gc.ca.
601 Dazu *Löhr* S. 238 ff; *v. Pechstaedt* S. 30 ff.
602 Nachweise bei *Gazeas* JR 2007 497 Fn 3.
603 *Stange/Rilinger* StraFo 2003 194, 196.
604 Hierzu *Seling* passim.
605 *Gazeas* JR 2007 497 Fn. 4.

Trotz der **Gemeinsamkeiten** – insbesondere bei der Beschreibung der strafbaren Varianten des Stalking –, ist auffällig, dass das **österreichische Recht** für das tatbestandsmäßige Verhalten einen anderen Oberbegriff als das deutsche Recht gewählt hat.[606] Während das deutsche Recht in Anlehnung an die angelsächsische Typologie den der Jägersprache entstammenden Begriff des „Nachstellens" verwendet, umschreibt der österreichische Gesetzgeber das Tatunrecht mit dem Begriff der Verfolgung. Grund für diese Wortwahl ist zum einen eine bewusste Vermeidung dem angelsächsischen Rechtskreis entstammender Begrifflichkeiten. Zum anderen sah es der österreichische Gesetzgeber durch seine von ihm als weit begriffene Beschreibung des Unrechtsverhaltens – anders als im deutschen Recht – als gewährleistet an, sämtliche – auch zukünftig denkbaren – Formen von strafbarem Stalking erfassen zu können.[607] **93**

Auf die Formulierung eines **tatbestandsmäßigen Erfolges**, wie ihn das deutsche Strafrecht mit der „Beeinträchtigung der Lebensgestaltung" des Opfers enthält, ist im öStGB letztlich bewusst verzichtet worden. Zur Begründung wurde angeführt, dass das Phänomen Stalking weniger durch einen eingetretenen Erfolg als vielmehr durch ein intensives Täterverhalten gekennzeichnet sei. Als Strafbarkeitskorrektiv wirke die notwendige Eignung des Täterhandelns zu unzumutbarer Beeinträchtigung der Lebensführung des Opfers.[608] Die Strafvorschrift des § 107a öStGB ist insoweit zugleich Tätigkeits- als auch Eignungsdelikt. Der österreichische Gesetzgeber versteht sie zudem als Dauerdelikt. Über die Tatbestandsmerkmale „beharrlich" und „eine längere Zeit hindurch fortgesetzt" will er klargestellt wissen, dass der Tatbestand solange weiter verwirklicht wird, wie der Täter sein Verhalten fortführt und dadurch den rechtswidrigen Zustand aufrechterhält[609] (hierzu krit. *Buß*, S. 221 f). Von der Schaffung von Qualifikationstatbeständen, wie sie § 238 Abs. 2 und 3 enthalten, ist im österreichischen Recht Abstand genommen worden. Die Norm ist zudem als Offizialdelikt ausgestaltet. Ein ehemals in Absatz 3 der Vorschrift enthaltenes Strafantragserfordernis für die Fälle des Absatz 2 Ziffer 2 ist durch das 93. Bundesgesetz, mit dem die Strafprozessordnung 1975, das Strafgesetzbuch, das Jugendgerichtsgesetz 1988 und das Finanzstrafgesetz geändert wurden (öBGBl. I Nr. 93/2007), zum 1. Januar 2008 in Fortfall geraten. Auch hierin liegt ein bedeutsamer Unterschied zum deutschen Recht.[610] Wie das deutsche kennt allerdings auch das österreichische Recht die Möglichkeit, wegen drohender Wiederholungsgefahr Untersuchungshaft gegen den Beschuldigten zu verhängen („Tatbegehungsgefahr"; § 173 Abs. 2 öStPO). **94**

---

606 Vgl. zum Ganzen näher *Hochmayr*, ZStW **122** (2010) 759 ff.

607 Bundesministerium der Justiz, Entwurf eines Bundesgesetzes, mit dem das Strafgesetzbuch, die Strafprozessordnung 1975 und die Exekutionsordnung geändert werden (Strafrechtsänderungsgesetz 2006) – 349/ME XXII. GP, S. 16 f; http://www.parlament.gv.at.

608 Regierungsvorlage zum Bundesgesetz, mit dem das Strafgesetzbuch, die Strafprozessordnung 1975, die Exekutionsordnung und das Sicherheitspolizeigesetz zur Verbesserung des strafrechtlichen Schutzes gegen beharrliche Verfolgung und des zivilrechtlichen Schutzes vor Eingriffen in die Privatsphäre geändert werden (Anti-Stalking-Gesetz) – 1316 der Beilagen XXII. GP – Regierungsvorlage – Materialien (Vorlagematerialien), S. 4; http//www.parlament.gv.at.

609 Vorlagematerialien (1316 b.B.), S. 4.

610 Vertiefend zum österreichischen Recht *Buß* S. 85 ff; *Krüger* S. 81 ff. *Wolfrum/Diemel* ÖJZ 2006 475

§ 239
Freiheitsberaubung

(1) Wer einen Menschen einsperrt oder auf andere Weise der Freiheit beraubt, wird mit Freiheitsstrafe bis zu fünf Jahren oder mit Geldstrafe bestraft.

(2) Der Versuch ist strafbar.

(3) Auf Freiheitsstrafe von einem Jahr bis zu zehn Jahren ist zu erkennen, wenn der Täter
1. das Opfer länger als eine Woche der Freiheit beraubt oder
2. durch die Tat oder eine während der Tat begangene Handlung eine schwere Gesundheitsschädigung des Opfers verursacht.

(4) Verursacht der Täter durch die Tat oder eine während der Tat begangene Handlung den Tod des Opfers, so ist die Strafe Freiheitsstrafe nicht unter drei Jahren.

(5) In minder schweren Fällen des Absatzes 3 ist auf Freiheitsstrafe von sechs Monaten bis zu fünf Jahren, in minder schweren Fällen des Absatzes 4 auf Freiheitsstrafe von einem Jahr bis zu zehn Jahren zu erkennen.

Schrifttum

Bloy Freiheitsberaubung ohne Verletzung fremder Autonomie? ZStW **96** (1984) 703; *Cho* Strafgrund der erfolgsqualifizierten Freiheitsberaubung: „Tatsachenblindheit“ als Strafgrund bei § 239 Abs. 2 und 3 StGB, Diss. Bonn **1991**; *Esser/Fischer* Menschenrechtliche Implikationen der Festnahme von Piraterieverdächtigen, JR **2010** 513; *Fahl* Schlaf als Zustand verminderten Strafrechtsschutzes? Jura **1998** 456; *Fahl* Macht sich das Kabinenpersonal nach §§ 239, 240 StGB strafbar, wenn es Passagiere vor dem Abflug am Verlassen des Flugzeugs hindert? JR **2009** 100; *Fezer* Die persönliche Freiheit im System des Rechtsgüterschutzes, JZ **1974** 599; *Geppert/Bartl* Probleme der Freiheitsberaubung, insbesondere zum Schutzgut des § 239 StGB, Jura **1985** 221; *Hirsch* JR **1980** 115 (Urteilsanm.); *Kargl* Die Freiheitsberaubung nach dem 6. StrRG, JZ **1999** 72; *Meyer-Gerhards* Sexueller Missbrauch, Entführung und Freiheitsberaubung bei Bewusstlosigkeit des Opfers – BGHSt **25**, 237, JuS **1974** 566; *Mitsch* Verspätungen im Zugverkehr und Freiheitsberaubung (§ 239 StGB) NZV **2013** 417; *Mitsch* Strafbarer Arbeitnehmerwiderstand gegen Arbeitsplatzabbau – dargestellt am Beispiel des „Bossnapping“ JR **2013** 351; *Müller* Freiheitsberaubung durch unterbringungsähnliche Maßnahmen bei Minderjährigen im Krankenhaus, MedR **2011** 339; *Orth* Rechtsgut und Tatopfer der Freiheitsberaubung, Diss. Gießen **1988**; *Park/Schwarz* Die Freiheitsberaubung (§ 239 StGB), Jura **1995** 294; *Sack/Denger* Freiheitsberaubung bei ungenehmigter Unterbringung von Kindern in jugendpsychiatrischen Kliniken? MDR **1982** 972; *Schumacher* Freiheitsberaubung und „fürsorglicher Zwang“ in Einrichtungen der stationären Altenhilfe, Festschrift Stree und Wessels (1993) 431 ff; *Valerius* Zur Sozialadäquanz im Strafrecht JA **2014** 561; *Widmann* Die Freiheitsberaubung mit Todesfolge als erfolgsqualifizierte Straftat mit eingeschränktem Ursachenrahmen, MDR **1967** 972.

Entstehungsgeschichte

Der Tatbestand ist seit seiner Einführung durch das RStGB 1871 im Kern nicht verändert worden.[1] Seine jetzige, seit dem 1. April 1998 geltende Fassung ist mit dem 6. StrRG[2] in Kraft getreten. Der bis zum 31. März 1998 geltende Tatbestand lautete:

---

[1] *Horn/Wolters* SK Rdn. 1. Zu den historischen Wurzeln vgl. *Maurach/Schroeder/Maiwald*[9] BT Tb 1 S. 155 = § 14 Rdn. 1; *Bloy* ZStW 96 (1984), 703, 706 f; *Sonnen* NK Rdn. 3.

[2] Art. 1 Nr. 43 des Sechsten Gesetzes zur Reform des Strafrechts vom 26. Januar 1998, BGBl. I S. 164, 177. Siehe Regierungsentwurf, Stellungnahme des BR und Gegenäußerung

(1) Wer widerrechtlich einen Menschen einsperrt oder auf andere Weise des Gebrauchs der persönlichen Freiheit beraubt, wird mit Freiheitsstrafe bis zu fünf Jahren oder mit Geldstrafe bestraft.

(2) Wenn die Freiheitsentziehung über eine Woche gedauert hat oder wenn eine schwere Körperverletzung (§ 224) des der Freiheit Beraubten durch die Freiheitsentziehung oder die ihm während derselben widerfahrene Behandlung verursacht worden ist, so ist auf Freiheitsstrafe von einem Jahr bis zu zehn Jahren zu erkennen. In minder schweren Fällen ist die Strafe Freiheitsstrafe bis zu fünf Jahren oder Geldstrafe.

(3) Ist der Tod des der Freiheit Beraubten durch die Freiheitsentziehung oder die ihm während derselben widerfahrene Behandlung verursacht worden, so ist auf Freiheitsstrafe nicht unter drei Jahren zu erkennen. In minder schweren Fällen ist die Strafe Freiheitsstrafe von drei Monaten bis zu fünf Jahren.

Der Vergleich der Fassungen verdeutlicht, dass mit dem 6. StrRG der Grundtatbestand (Absatz 1) in erster Linie sprachlich, weniger inhaltlich geändert worden ist (vgl. hierzu Rdn. 9). Auch für ihn gilt nunmehr – das ist neu – die Strafbarkeit des Versuchs (Absatz 2). Die Qualifikationen (Absätze 3 und 4) sind jetzt im Aktiv formuliert, was für die Alternative des Absatz 3 Nr. 1 nach einer verbreiteten Literaturmeinung Folgen auf der subjektiven Tatseite haben soll (s. Rdn. 33; einwöchige Dauer der Freiheitsberaubung als Vorsatz erforderndes Tatbestandsmerkmal oder als besondere Tatfolge, für die Fahrlässigkeit genügt? §§ 15, 18).[3] Für die minder schweren Fälle der Qualifikationen sind die Strafrahmen (Mindeststrafe) geringfügig verändert worden.

Bereits früher gab es *Reformbestrebungen* (vgl. §§ 163 bis 164a StGB-Entwurf 1962; § 119 des *Alternativ-Entwurfes*, Besonderer Teil „Straftaten gegen die Person", 1. Halbband 1970): Schon der E 1962 sah u.a. die Strafbarkeit des Versuchs der Freiheitsberaubung vor; der Alternativ-Entwurf verzichtete darauf, „da die hierfür grundsätzlich zu fordernde typische Gefährlichkeit des Versuchs bei der Freiheitsberaubung bisher nicht festgestellt ist" (Begr. S. 69). Durch das EGStGB vom 2. März 1974[4] wurden, von rein redaktionellen Änderungen abgesehen, Absatz 2 Satz 2 und Absatz 3 Satz 2 der alten Fassung dem neuen Rechtsfolgensystem angepasst (Ersetzung der „mildernden Umstände" durch den „minder schweren Fall"; Streichung der erhöhten Mindestfreiheitsstrafe und wahlweise Androhung von Geldstrafe in Absatz 1). Die Sondervorschrift der „Freiheitsberaubung im Amt" (§ 341 a.F.) wurde aufgehoben.

Übersicht

der BReg BTDrucks. 13/8587, S. 41 f, 62 f, 84 und BTDrucks. 164/97 (Beschluss), S. 17 f; Rechtsausschuss-Bericht BTDrucks. 13/9064, S. 15; siehe zu den Änderungen weiter *Nelles*, in Dencker/ Struensee/Nelles/Stein, Einführung in das 6. StrRG, S. 54–58.

[3] Dazu *Nelles*, Dencker/Struensee/Nelles/Stein, Einführung in das 6. StrRG, S. 56.

[4] BGBl. I 469.

I. Allgemeines

1 **1. Geschütztes Rechtsgut** des § 239 ist die *potentielle persönliche Bewegungsfreiheit*. Der Tatbestand schützt also nicht nur die *Verwirklichung* des auf eine Ortsveränderung gerichteten Willensentschlusses, sondern bereits die bloße Möglichkeit des Ortswechsels. Diese wird auch dann eingeschränkt, wenn der von der Tathandlung Betroffene sich gar nicht fortbewegen will. Entscheidend ist allein, ob es ihm unmöglich gemacht wird, seinen Aufenthalt nach eigenem Belieben zu verändern, ob er sich also ohne die vom Täter ausgehende Beeinträchtigung seiner Bewegungsmöglichkeit fortbegeben könnte, wenn er es wollte (BGHSt **14** 314, 316; **32** 183, 188; vgl. auch RGSt **61** 239, 241 f).[5]

Dem Schutzbereich des Tatbestandes unterfällt hingegen *nicht* eine Beschränkung in der Wahl des Aufenthaltsortes nach dieser oder jener konkreten Richtung oder eine bloße Erschwerung der freien Bewegung. Unerheblich ist es deshalb, wenn jemand lediglich daran gehindert wird, einen bestimmten Ort aufzusuchen oder gezwungen wird, einen bestimmten Ort zu verlassen.[6] So verhält es sich beispielsweise, wenn der Streikposten den Arbeitswilligen am Betreten des Arbeitsplatzes hindert oder wenn jemand von einem bestimmten Platz verjagt wird. In solchen Fällen kommt Nötigung in Betracht.

Damit erfasst § 239 lediglich einen Ausschnitt aus der generellen Freiheit jeglicher Willensbetätigung, die sehr viel weitergehend durch den Nötigungstatbestand (§ 240) geschützt wird. Dennoch ist der Freiheitsberaubungstatbestand kein Spezialfall der Nötigung, sondern eigenständiges Delikt mit eigenen Voraussetzungen (BGHR StGB § 239 Abs. 1 Freiheitsberaubung 2, **aA** *Fischer*[61] Rdn. 5). Sein strafrechtlicher Schutz reicht allerdings weniger weit als der des Freiheitsgrundrechts aus Art. 2 Abs. 2 Satz 2 GG. Dieses gewährt *grundsätzlich* auch die Freiheit, einen tatsächlichen oder rechtlich zugänglichen Ort aufzusuchen und sich dort aufzuhalten (BVerfGE **94** 166, 198; **128** 226, 250 f; *Dreier/Schulze-Fielitz*[3] GG Art. 2 Abs. 2 Rdn. 99; *Jarass/Pieroth*[13] GG Art. 2 Rdn. 112).

[5] Heute ganz h.M.; früher noch auf den Schutz des aktuell betätigten Fortbewegungswillens abstellend: RGSt **33** 234, 236; vgl. zur h.M. auch OLG Köln NJW **1986** 333, 334; OLG Karlsruhe NJW **1986** 1358; *Wieck-Noodt* MK Rdn. 1; *Sch/Schröder/Eser/Eisele* Rdn. 1; *Horn/Wolters* SK Rdn. 2; *Geppert/Bartl* Jura **1985** 221; *Meyer-Gerhards* JuS **1974** 566; *Park/Schwarz* Jura **1995** 294; Kargl JZ 1999, 73; **aA**: *Fischer* Rdn. 3–5; *Bloy* ZStW **96** (1984) 718; *Küper* BT S. 142: Verfügbarkeit eines elementaren Bewegungsraumes.

[6] BGHSt **32** 183, 188; BGH bei Holtz MDR **1979** 280.

2. Die **Struktur der Strafvorschrift** stellt sich wie folgt dar: Absatz 1 normiert den Grundtatbestand der Freiheitsberaubung, der zu den Vergehen zählt, weshalb der Versuch in Absatz 2 ausdrücklich als strafbar zu erklären war. Mit der Versuchsstrafbarkeit soll dem Rechtsgut der Fortbewegungsfreiheit derselbe Schutz gewährt werden wie dem Eigentum und dem Vermögen. Zudem sollen Strafbarkeitslücken vermieden werden.[7] Absatz 3 enthält Qualifikationen mit weiter gefasstem und deshalb flexiblerem Strafrahmen, die – anders formuliert – an den früheren Qualifikationstatbestand des Absatz 2 a.F. (siehe oben Entstehungsgeschichte) anknüpfen und als Verbrechen ausgewiesen sind. Absatz 4 sieht für die Todesfolge einen eigenständigen, ebenfalls als Verbrechen eingestuften Qualifikationstatbestand vor.[8] Absatz 5 erhöht die Strafrahmenflexibilität noch einmal: Er weist für die Qualifikationstatbestände des Absatzes 3 und des Absatzes 4 differenziert jeweils einen minder schweren Fall mit besonderen Strafrahmen aus. Diese Regelungstechnik verfeinert den Beurteilungsmaßstab des Tatrichters für schuldangemessenes Strafen. 2

3. Die **Verjährungsfrist** für die Freiheitsberaubung nach § 239 Abs. 1 beträgt fünf Jahre (§ 78 Abs. 3 Nr. 4), für diejenige nach § 239 Abs. 3 zehn Jahre (§ 78 Abs. 3 Nr. 3) und für die Freiheitsberaubung mit Todesfolge (§ 239 Abs. 4) sogar 20 Jahre (§ 78 Abs. 3 Nr. 2). 3

II. Tatobjekt

1. Objekt der Tat kann **jeder Mensch** sein, sofern er nur im natürlichen Sinn die Fähigkeit hat, willkürlich seinen Aufenthaltsort zu verändern, sei es auch unter Inanspruchnahme der Hilfe anderer (BGHSt **32** 183, 187 f). Unter diesen Voraussetzungen gilt das auch für psychisch Kranke (RGSt **62** 160) und Kinder (BayObLG JZ **1952** 237). Als Opfer einer Freiheitsberaubung kommt somit unumstritten nur in Betracht, wer generell, d.h. seiner Konstitution nach in der Lage ist, einen Fortbewegungswillen zu fassen und seinen Aufenthaltsort willkürlich zu verändern.[9] Hinsichtlich der Auslegung des Merkmals, jemanden „der Freiheit" zu berauben, besteht im Randbereich Streit (zusammenfassende Darstellung bei *Park/Schwarz* Jura **1995** 294 ff). Ausgangspunkt für das Verständnis des Merkmals sind die verschiedenen Fallkonstellationen in tatsächlicher Hinsicht: Es geht um Kleinstkinder, Bewusstlose, Tiefschlafende und sinnlos Betrunkene, um geistig, aber auch körperlich Schwerstbehinderte. 4

2. Herrschender Auffassung entspricht heute, dass das **Fehlen eines aktuellen Fortbewegungswillens unerheblich** ist, also die Eignung des Tatopfers als Tatobjekt im Sinne des § 239 nicht beseitigt.[9a] Das betrifft etwa den bloß Bettlägrigen, den Ruhebedürftigen, aber auch denjenigen, der die objektive Beraubung seiner Freiheit nicht bemerkt und 5

---

[7] Vgl. Regierungsentwurf zum 6. StrRG BTDrucks. 13/8587, Begründung S. 41.

[8] Vgl. Regierungsentwurf BTDrucks. 13/8587, S. 41; siehe auch *Nelles*, Dencker/Struensee/Nelles/Stein, Einführung in das 6. StrRG, S. 54–58.

[9] Vgl. *Fischer*[61] Rdn. 2; *Wieck-Noodt* MK Rdn. 7 ff; *Sch/Schröder/Eser/Eisele*[29] Rdn. 3; *Lackner/Kühl*[28] Rdn. 1; *Geppert/Bartl* Jura **1985** 221, 222 m.w.N.

[9a] AA *Horn/Wolters* SK Rdn. 2a; *Fischer* Rdn. 3–5; *Sonnen* NK[3] Rdn. 8, mit der Konsequenz, dass Vollendung erst dann anzunehmen sei, wenn das Opfer tatsächlich einen aktuellen Fortbewegungswillen bildet.

mithin von ihr nichts weiß.[10] Diese Personen sind jedenfalls zur Willensbildung und Ortsveränderung fähig. Da es auf die *potentielle* Bewegungsfähigkeit ankommt (s. oben Rdn. 1), sind die Genannten taugliche Tatobjekte (vgl. BGHSt **14** 314, 316; **32** 183, 188).

6 3. Bei **generell ausgeschlossenem natürlichem Fortbewegungswillen**, also bei Personen, die einen solchen Willen gar nicht haben können, versagt der Schutz des Tatbestandes. Solches kommt in Betracht bei **Kleinstkindern** und **geistig Schwerstbehinderten**. Im Einzelfall ist dies Tatfrage. Ein etwa einjähriges Kind ist bereits in der Lage, einfache, nur mit einer Ortsveränderung verbundene Wünsche zu bilden, etwa an einen ihm vertrauten Ort oder zu engen Bezugspersonen wie zur Mutter oder Großmutter zu gehen oder krabbeln zu wollen; es vermag solche Wünsche begrenzt auch zu realisieren (vgl. BayObLG JZ **1952** 237).[11] Regelmäßig haben auch psychisch Schwerkranke und hochgradig Schwachsinnige eine entsprechende natürliche Fähigkeit (RGSt **62** 160; BGHSt **32** 183, 187/188),[12] es sei denn, sie stehen hinsichtlich ihres Willensbildungs- und Willensbetätigungsvermögens einem Kleinstkind (Säugling) gleich.

Bei einem Kleinstkind, dem der natürliche Fortbewegungswille fehlt, kann *nicht* auf den Willen der Pflegeperson abgestellt werden (gesetzlicher Vertreter, Familienangehöriger, Betreuer). Eine Zurechnung fremden Willens, wie etwa im Vertretungsrecht des BGB, ist dem Strafrecht fremd. Der Tatbestand stellt gerade auf die natürliche, tatsächliche Fähigkeit des von der Tathandlung *Betroffenen* ab. Wird ein Kleinstkind eingeschlossen und so auch der Mutter der Zugang zu ihm verwehrt, so wird nicht das Kind seiner Freiheit beraubt, sondern die Mutter genötigt (BayObLG JZ **1952** 237).

7 Der **BGH** hat bislang – soweit ersichtlich – offen gelassen, ob auch der **Bewusstlose** seiner Freiheit beraubt werden kann, Freiheitsberaubung indessen dann angenommen, wenn das Opfer vor Eintritt der Bewusstlosigkeit das Verlangen geäußert hat, an einen bestimmten Ort gebracht zu werden, der Täter es aber in eine andere Richtung fährt (BGH, Urt. vom 4. Mai 1965 – 1 StR 136/65). Dies ist folgerichtig: Bildet sich das Opfer vor dem Ausschluss seines Willens noch einen solchen, der seine Ortsveränderung betrifft, so wirkt dieser fort. Ähnlich verhält es sich, wenn das Opfer während der Freiheitsberaubung das Bewusstsein wiedererlangt; spätestens dann ist es taugliches Objekt der Freiheitsberaubung. Bei schon zu Beginn und während der Freiheitsberaubung durchgehend ausgeschlossener natürlicher Willensbildungs- und Willensbetätigungsfreiheit wird in der Literatur unterschiedlich argumentiert (vgl. zum Streitstand im Einzelnen die Übersicht bei Fischer Rdn. 3; *Park/Schwarz* Jura **1995** 294; *Geppert/Bartl* Jura **1985** 221, jew. mit weit. Nachw.).

8 Nach *Schäfer* (LK[10] Rdn. 13) ist bei der Frage, ob auch in solchen Fällen ein Strafbedürfnis bestehe, vor allem zu berücksichtigen, dass § 239 eine Vorschrift zum Schutz der Freiheit der Person ist und dass der Verfassungsgeber die persönliche Freiheit für ein so wichtiges Rechtsgut ansah, dass er sie zum Grundrecht erhoben hat (Art. 2 Abs. 2, 104 GG). Das lege eine weit gehende Auslegung des Begriffs der „Beraubung der Freiheit" nahe. Dem entspreche es, wenn es nach h.M. nicht auf den aktuellen, sondern nur auf den potentiellen Fortbewegungswillen ankomme, so dass durch § 239 auch Strafschutz genieße, wer sich nicht fortbewegen wolle oder wer die Einsperrung nicht bemerke, weil

10 Schon RGSt 7 259, 260; **61** 239, 241 f hoben hervor, dass es nicht darauf ankomme, ob sich das Opfer seiner Freiheitsberaubung bewusst sei.

11 BayObLG JZ **1952** 237 spricht einem einjährigen Kind diese Fähigkeit noch ab. Vgl. auch *Kindhäuser* LPK Rdn. 4; *Geppert/Bartl* Jura **1985** 221, 222.

12 *Geppert/Bartl* Jura **1985** 221, 222; *Geerds* JR **1984** 430; *Herzberg/Schlehofer* JZ **1984** 481.

er etwa durch Lektüre oder Fernsehen so gefesselt oder durch Gemütserregung oder Wachträume so bewegt sei, dass ihm die Vorgänge in der Umgebung entgingen. Von diesem Zustand der Willenspassivität oder hoher Gleichgültigkeit gegenüber Vorgängen in der Umgebung bis zum Schlaf sei es nur ein verhältnismäßig kleiner Schritt. Wenn zudem – mit Recht – einem Fortbewegungswillen, den das Opfer vor dem Eintritt der Bewusstlosigkeit kundgegeben habe, Wirkung auch für die Zeit der Bewusstlosigkeit beigelegt werde (vgl. BGH Urteil vom 4. Mai 1965 – 1 StR 136/65), so erscheine es auch in denjenigen Fällen, in denen eine solche Kundgabe nicht erfolgt sei, angemessen, auf den *mutmaßlichen* Willen des Opfers abzustellen. Damit würden der *potentielle* Wille dessen, der einen Fortbewegungswillen betätigen könnte, wenn er es wollte, und der potentielle (mutmaßliche) Wille dessen gleichstehen, der vor dem Verlust der Willensbetätigungsfähigkeit für dessen Dauer eine Bestimmung hätte treffen können, wenn er es gewollt hätte. Ein solches Abstellen auf den mutmaßlichen Willen sei nicht ohne Vorbild; eine gewisse Parallele biete etwa der Fall, dass zur Rechtfertigung eines ärztlichen Eingriffs die mutmaßliche Einwilligung des bewusstlosen Patienten genügen könne. Eine solche Betrachtungsweise bringe das Gewicht des geschützten Rechtsguts besser zur Geltung. Dessen Bedeutung widerstreite es, wenn ein zur Willensbetätigung vorübergehend nicht fähiger Mensch unter Verletzung des Respekts vor der Persönlichkeit „wie eine Sache" straflos eingesperrt oder beliebig hin und her transportiert werden dürfe. Wenn es anerkannten Rechts sei, dass im Sinn des § 242 auch der sinnlos Betrunkene oder der Bewusstlose seinen Gewahrsam behalte, obwohl er während dieses Zustandes außerstande sei, einen natürlichen Beherrschungswillen zu haben und betätigen zu können, so sei nicht einzusehen, warum das Rechtsgut der persönlichen Freiheit während einer vorübergehenden Unfähigkeit zur Betätigung des Freiheitswillens einen geringeren Schutz genießen solle. Selbst ein Kranker, der die Fähigkeit zur Willensbildung verloren habe und bis zum Tod nicht wieder erlange, behalte in dieser Zeit Gewahrsam an seinen Sachen, „weil der Mensch auch in seinem Todeskampf noch als Persönlichkeit respektiert wird, auch wenn er nicht mehr imstande ist, seine Persönlichkeit durch Willensakte zu äußern" (so *Schröder*, Urteilsanmerkungen [1971] 151 f gegen BayObLG NJW **1961** 1978). Der Schutz der persönlichen Freiheit könne nicht geringer veranschlagt werden.

Hiergegen wird eingewandt (vgl. die zusammenfassende Übersicht bei *Park/Schwarz* **9** aaO), die Ausdehnung der Strafbarkeit auch auf den Fall der Beeinträchtigung eines mutmaßlichen oder hypothetischen Willens des Bewusstlosen oder Schlafenden verstoße gegen das Analogieverbot. Der Hinweis auf den auch beim Schlafenden oder Bewusstlosen bejahten Gewahrsamswillen im Sinne des § 242 verfange nicht; während eines solchen Zustandes wolle man zwar Gewahrsam an seinen Sachen behalten, sich aber nicht fortbewegen.[13]

Ausgehend vom Rechtsgut des § 239, dessen Schutz durch die Entscheidung des Ge- **10** setzgebers, nunmehr auch die versuchte einfache Freiheitsberaubung unter Strafe zu stellen (siehe Rdn. 21 sowie Entstehungsgeschichte), an Gewicht gewinnt, spricht viel dafür, dass auch derjenige seiner persönlichen Freiheit objektiv beraubt werden kann, der vorübergehend seinen Fortbewegungswillen aus allein in seiner Person liegenden Gründen nicht bilden kann. Der Tatbestand schützt in vertretbarer Auslegung die Möglichkeit des Ortswechsels, die potentielle persönliche Bewegungsfreiheit. Wenn der BGH zutreffend festhält, in diese werde auch dann eingegriffen, wenn der Betroffene sich gar nicht fort-

---

13 Siehe auch *Fischer*[61] Rdn. 4; *Horn/Wolters* SK Rdn. 2a–4; *Geppert/Bartl* Jura **1985** 221.

bewegen wolle (BGHSt **32** 183, 188), so liegt es nicht fern, im Blick auf den hohen Rang der Freiheit der Person (vgl. Art. 2 Abs. 2 Satz 2 GG) und im Interesse eines optimalen Grundrechtsschutzes des Opfers hier auch das vorübergehende Unvermögen zu einer Ortsveränderung wegen kurzzeitigen Ausschlusses der Fähigkeit zur Willensbildung in den Anwendungsbereich des Tatbestandes einzubeziehen.[14] Es kommt dann nicht darauf an, aus welchem Grunde der Betroffene den Fortbewegungswillen aktuell nicht hat: ob mangels gefassten Entschlusses hierzu oder wegen fehlender aktueller Entschlussfähigkeit. Maßgeblich ist, dass er *grundsätzlich* zu solcher Entschließung – nach Beseitigung des vorübergehenden Entschlusshindernisses – in der Lage ist. Der Hinweis auf das Analogieverbot als Gegenargument verfängt nicht mehr: Während die alte Fassung des Tatbestandes verlangte, dass das Opfer „*des Gebrauchs* der persönlichen Freiheit beraubt" wurde, stellt die Neufassung durch das 6. StrRG nur noch darauf ab, dass es „der Freiheit beraubt" wird. Der neue Wortlaut, der stärker an der objektiven Lage ausgerichtet ist, trägt ersichtlich die hier vertretene Auslegung. Dass auch Bewusstlosigkeit den Menschen – so benennt die Vorschrift das Tatopfer – nicht verändert, ihn nicht einer Sache gleichstellt, versteht sich von selbst. Dass er aus anderen, aus medizinischen Gründen seine Freiheit vorübergehend nicht nutzen kann, kann an seiner Schutzbedürftigkeit und der Schutzwürdigkeit des Rechtsgutes nichts ändern. Diese an die potentielle Fortbewegungsfreiheit anknüpfende Betrachtung käme auch praktischen Bedürfnissen entgegen und wäre lebensnah; schwierige Abgrenzungen würden entbehrlich:[15] Auch der **Schlafende** kann plötzlich wieder erwachen, der sinnlos Betrunkene sich jedenfalls teilweise wieder besinnen. Ähnliches wird häufig für den Bewusstlosen gelten. In tatsächlicher Hinsicht sind die Grenzen oft fließend. Für den Fall der intensivmedizinischen Behandlung eines zunächst ins Koma versetzten und danach fixierten renitent-aggressiven Patienten, der sich entfernen will, hat das OLG Bamberg in einem Zivilprozess (NJW-RR **2012** 467) schon den freiheitsentziehenden Charakter der Maßnahmen verneint, weil in dieser Sondersituation wegen der lebensbedrohlichen Erkrankung für die Annahme eines anzuerkennenden hypothetischen Fortbewegungswillens von vornherein kein Raum sei; darüber hinaus bestehe in solchen Fällen eine Notstandslage, § 34. Zutreffend wäre allein die Lösung über die Rechtfertigung gewesen.

11 4. Auch **in der Fortbewegung ohnehin schon beschränkte Personen** können ihrer Freiheit beraubt werden. **Hilfsbedürftigen Personen**, die ihren Willen, den Aufenthaltsort zu verändern, **nur mit Hilfe Dritter oder bestimmter Hilfsmittel** verwirklichen können, kann die Fortbewegungsfreiheit dadurch genommen werden, dass ihnen die Hilfe der anderen Personen oder das Hilfsmittel entzogen wird. So kann es sich verhalten, wenn es dem Gelähmten unmöglich gemacht wird, die Hilfsperson heranzurufen, die ihn im Rollstuhl fortbewegen kann, oder wenn der Hilfsperson der Zutritt unmöglich gemacht wird mit dem Vorsatz, den Gelähmten an der Fortbewegung zu hindern; wenn der Blinde von

---

[14] Auf die Schutzbedürftigkeit des Kranken und Ruhebedürftigen stellt auch BGHSt **14** 314, 316 ab mit dem bündigen Hinweis, anderes „könne nicht rechtens sein".

[15] Vgl. die vermittelnde Auffassung bei *Wessels/Hettinger* Strafrecht BT/1[34] Rdn. 370: Strafbarkeit jedenfalls dann, wenn die Möglichkeit des Erwachens nicht sicher ausschließbar sei und die Tat nach dem Willen des Täters gerade für diesen Fall ihre Wirkung entfalten solle; dazu auch *Fahl* Jura **1998** 456. Versuchsstrafbarkeit in solchen Fällen nimmt *Fischer* Rdn. 5 an, wenn der Täter die Möglichkeit billigt, dass das nicht willensbildungsfähige Opfer seinen Fortbewegungswillen während der Einsperrung doch wieder aktualisieren könnte; ist das nicht der Fall, soll die Tatbestandsmäßigkeit entfallen; ähnlich *Sonnen* NK[3] Rn. 9; wie hier *Wieck-Noodt* MK Rdn. 13.

seinem Begleiter getrennt oder sein Blindenhund eingesperrt wird, wenn dem Beinamputierten die Prothese, dem hochgradig Sehbehinderten die Brille genommen wird und ohne diese Hilfsmittel eine gefahrlose Betätigung des Fortbewegungswillens nicht möglich ist.[16] Selbst einem plötzlich Gelähmten oder durch schwere Erkrankung fortbewegungsunfähig Gewordenen, dem keine ständige Betreuungsperson zur Verfügung steht, bleibt die Freiheit der Fortbewegung, wenn er sich durch Rufen oder auf ähnliche Weise noch bemerkbar machen und so mit Hilfe Dritter eine Fortbewegung herbeiführen kann; er wird der Freiheit beraubt, wenn ihm durch einen Mundknebel das Rufen unmöglich oder durch das Schließen von Fenstern und Türen sein Rufen unhörbar gemacht wird (siehe auch *Schäfer* LK[10] Rdn. 5).

5. Ebenso können Personen, denen die **Freiheit rechtmäßig entzogen** worden ist oder **12**
entzogen werden darf, einer **verbliebenen Restfreiheit beraubt werden.** Das kommt dann in Betracht, wenn dem auf tragfähiger rechtlicher Grundlage in seiner Freiheit Beschränkten die Fortbewegungsfreiheit in noch weiterem Umfang entzogen wird, als das nach der im Einzelfall maßgebenden Rechtsgrundlage zulässig oder im Blick auf den Zweck der freiheitsbeschränkenden oder -entziehenden Maßnahme notwendig ist. Beispiele: Der Kriegsgefangene, der in seiner verbliebenen Bewegungsfreiheit weiter beschränkt wird, BGH LM Nr. 2 zu § 3 a.F.; der Gefangene oder nach § 127 StPO vorläufig Festgenommene wird ohne sachliche Notwendigkeit gefesselt oder angebunden, RGSt **17** 127, 128; der zur Blutentnahme in den polizeilichen Wachraum verbrachte „Verkehrssünder" wird in der Arrestzelle eingeschlossen, obwohl dafür hinreichende Gründe fehlen, OLG Hamburg VRS **38** 440; der in „familiärer Selbsthilfe" (rechtfertigender Notstand) eingeschlossene geisteskranke Verwandte wird über die Einschließung in einem Raum hinaus am Boden festgekettet, so dass er keinen Schritt gehen kann, RG JW **1925** 973; vgl. auch BGHSt 13, 197; kritisch *Sonnen* NK[3] Rdn. 22.

III. Tathandlung

1. Als typische Ausführungshandlung der Freiheitsberaubung nennt Absatz 1 das **Ein- 13**
sperren.

a) Einsperren bedeutet: eine Person durch äußere, meist mechanische Vorrichtungen oder sonstige Vorkehrungen daran zu hindern, **sich nach ihrem potentiellen Willen aus dem Raum fortzubewegen, in dem sie sich befindet.** Dieser Raum kann auch eine bewegliche Sache wie ein Schiff, ein Wagen (RGSt **25** 147, 148), ein Kraftfahrzeug (BGHSt **21** 188; OLG Karlsruhe NJW **1986** 1358, 1359; OLG Koblenz VRS **49** 347, 350) oder ein Luftfahrzeug sein. Bei einem umschlossenen Raum kann das Einsperren neben dem Verschließen der Ausgänge auch durch das Verhindern der Benutzung nicht verschlossener Ausgänge erfolgen, beispielsweise durch das Aufstellen von Wachtposten oder das Umherlaufenlassen bissiger Hunde.

b) Die **Einsperrung** braucht **keine absolute, unüberwindliche** zu sein. Es genügt, dass **14**
die Benutzung der zum regelmäßigen Ausgang bestimmten Vorrichtungen für den Zurückgehaltenen ausgeschlossen erscheint; das heißt auch, dass für ihn die Entfernung auf außergewöhnlichem Wege oder mit ungewöhnlichen Mitteln nicht in Betracht kommt.[17]

---

16 Vgl. *Maurach/Schroeder/Maiwald*[9] BT Tb 1 S. 155 = § 14 Rdn. 4.

17 RGSt 8 210, 211; RG LZ **1915** 695; BGH NStZ **2001** 420.

Letzteres ist im Einzelfall Tatfrage.[18] Kann die Bewegungsfreiheit nur auf gefährlichem Wege wiedererlangt werden, unter Gefahr für Leib oder Leben, wird regelmäßig ein Eingesperrtsein anzunehmen sein (z.B. Sprung aus einem fahrenden Auto oder aus einem hochgelegenen Fenster oder vom Heuboden nach Wegnahme der Zugangsleiter; bei Androhung von Schusswaffengebrauch oder von Schlägen). Ist die Befreiung auf nur ungewöhnlichem, beschwerlichem oder als anstößig empfundenem Wege oder nur unter Inkaufnahme anderweitiger Nachteile möglich, scheidet *Eingesperrtsein* aus (z.B. Weggang durch das ebenerdige Fenster, in Unterbekleidung, gegebenenfalls auch unbekleidet).[19] Hier kommt allerdings die Freiheitsberaubung „auf andere Weise" in Betracht, gegebenenfalls auch Nötigung.

15 Wer einen vorhandenen, nicht verschlossenen **Ausgang nicht kennt**, kann eingesperrt sein (RG JW **1929** 2729); wer ihn dagegen kennt, aber irrtümlich für verschlossen oder unbegehbar hält, *glaubt* lediglich eingesperrt zu sein, ist es aber nicht. Eingesperrt kann sein, wer eine Tür trotz Benutzung der zur Öffnung vorhandenen und dienlichen Vorrichtungen nicht zu öffnen versteht oder die Vorrichtung nicht kennt oder nicht aufzufinden weiß. Wer aber in der irrigen Annahme, er vermöge nicht zu öffnen, den Versuch unterlässt, die ihm mögliche Befreiung herbeizuführen, bildet sich nur ein, eingesperrt zu sein (RG LZ **1915** 695). Findet das Opfer einen verborgenen Türdrücker nicht, so ist entscheidend, ob der nur vermeintlich Eingesperrte unter den gegebenen Umständen das scheinbare Hindernis bei gewöhnlicher Aufmerksamkeit mit den ihm zur Verfügung stehenden Mitteln hätte beseitigen können (RGSt **27** 360, 361; vgl. auch RG Rspr **7** 657; **8** 128, 129; RGSt **33** 234, 235). Getrauen sich Jugendliche aus Angst vor Schlägen und weil sie sonst im Freien übernachten müssten nicht, eine Kellerschachtsicherung mittels eines Werkzeugs zu entfernen und zu flüchten, und würdigt der Tatrichter dies unter den gegebenen konkreten Umständen dahin, dass damit für die Opfer eine unüberwindliche psychische Schranke vor einer Flucht auf schwierigem und außergewöhnlichem Wege errichtet gewesen sei, so kann das aus Rechtsgründen tragfähig sein (BGH NStZ **2001** 420).In jedem Fall gilt, dass die Beantwortung der Frage, ob Einsperrung vorliegt, im Wesentlichen tatsächlicher Natur ist und ganz von den Umständen des Einzelfalles abhängt (so auch RGSt **2** 292, 296; **27** 360, 361).

16 2. Die Freiheitsberaubung kann auch **auf andere Weise** als durch Einsperren erfolgen. Diese Begehungsform kennt hinsichtlich des Tatmittels keine Begrenzung. Es reicht vielmehr jedes Mittel aus, das geeignet ist, einem anderen die Fortbewegungsfreiheit zu nehmen. Das Opfer muss zum „Gefangenen oder absolut Unfreien" werden; seine Fortbewegungsfreiheit muss vollständig aufgehoben sein (BGH NJW **1993** 1807). In erster Linie kommen *Gewaltanwendung*, aber auch *Drohung* und ***List*** als geeignete Mittel in Betracht. Die List ist zwar in § 240 nicht als Nötigungsmittel genannt; § 239 grenzt die Mittel der Freiheitsberaubung aber nicht ein, ist vielmehr offen formuliert („auf andere Weise"; vgl. BGH NJW **1993** 1807). Freiheitsberaubung durch *List* kann etwa dadurch erfolgen, dass dem Opfer eine Ortsveränderung lediglich als unmöglich vorgetäuscht wird (Beispiele: Vorspiegeln, der tatsächlich unverschlossene Ausgang sei fest verschlossen; das Opfer sieht sich einem falschen Polizisten gegenüber, der es für vorläufig festgenommen erklärt). In Betracht kommt weiter das Errichten einer für das Opfer unüberwindlichen psychischen Schranke. Bei einer ***Drohung*** ist zu differenzieren: Erreicht sie

[18] Vgl. RGSt **2** 292, 296; **27** 360, 361.

[19] Vgl. dazu RGSt **6** 231; **8** 210, 211; s. auch *Sch/Schröder/Eser/Eisele*[29] Rdn. 6 f; *Horn/Wolters* SK Rdn. 5; *Sonnen* NK[3] Rdn. 17 f.

den Grad einer gegenwärtigen Gefahr für Leib oder Leben, wird das regelmäßig für die Annahme einer Freiheitsberaubung ausreichen (z.B. beim Vorhalten einer Pistole); andererseits ist nicht schon jedes angedrohte empfindliche Übel (im Sinne des § 240) von solchem Gewicht, dass es geeignet erschiene, dem Bedrohten die Fortbewegungsfreiheit zu nehmen (vgl. BGH NJW **1993** 1807).

Im Einzelfall können sich die Begehungsformen des *Einsperrens* und der *Freiheitsberaubung auf andere Weise* überschneiden.

Kasuistik: Folgende Fallgestaltungen der Freiheitsberaubung **„auf andere Weise"** **17**
kommen in Betracht: Betäubung oder Hypnose (RGSt **61** 239, 241), gewaltsames Festhalten (OLG Hamm JMBlNRW **1964** 31, 39), Mitzerren eines anderen auf der Straße (BGH Urteil vom 21. Dezember 1956 – 1 StR 207/56 – bei *Pfeiffer Maul Schulte* S. 636), Bedrohung mit dem Tode für den Fall, dass der Bedrohte einen ihm zugewiesenen, eng umgrenzten räumlichen Bereich verlässt (OLG Hamm Beschluss vom 24.1.2013 – III – 3 Ws 13/13, juris Rdn. 22), Blockieren aller Ausgänge einer im Übrigen lückenlos umzäunten Kaserne durch untergehakte, eine Menschenmauer bildende Demonstranten (OLG Köln NJW **1986** 333, 334); gezieltes Versperren eines Saalausgangs durch eine Menschenmenge (OLG Braunschweig NdsRpfl. **1953** 53, 55); Anbinden (RGSt **17** 127, 128: Anbinden eines Kindes; RG JW **1925** 973: Anketten eines psychisch Kranken), Fesselung an Armen und Beinen, Zwang zum Abtransport auf einem bewachten Wagen (OGH St **1** 310, 311), gewaltsames Hindern eines Mitfahrers am Aussteigen mittels verriegelter Kindersicherung und durch Weiterfahrt (BGH NZV **2001** 352, 353), schnelles Weiterfahren des Kraftfahrzeugs, um den darin befindlichen Insassen am Aussteigen zu hindern (vgl. RGSt **25** 147, 148; dazu auch OLG Celle HESt. **1** 303, 305) und an einen von ihm nicht gewünschten Ort zu verbringen (BGH NStZ **1992** 33, 34),[20] bei riskanter, die Fahrzeuginsassen gefährdender Fahrweise soll die fruchtlose Aufforderung zu deren Änderung nicht genügen; hinzukommen muss der unmissverständliche Wunsch eines Mitfahrers, das Fahrzeug unter den gegebenen Umständen verlassen zu wollen; an der Annahme einer Freiheitsberaubung ändert es dann auch nichts, dass der Fahrer verkehrsbedingt kurz anhält, etwa an einer Lichtzeichenanlage auf der linken Fahrspur einer mehrspurigen Straße, wo ein Aussteigen nur unter erheblicher Eigengefährdung möglich wäre (BGH NStZ **2005** 507); Fahren eines Lkw mit einem mitfahrenden Polizeibeamten, der Fahrzeug und Fahrer zur Wache leiten wollte, gegen dessen Widerspruch in eine andere Richtung (OLG Hamm BB **1962** 663), Verbringung von Stadtstreichern aufs Land ohne tragfähige polizeirechtliche Grundlage (LG Mainz MDR **1983** 1044); Verbringung an einen entlegenen Ort nach grundloser Festnahme durch Polizeibeamte (BGHR StGB § 239 Abs. 1 Konkurrenzen 9), Vortäuschen einer polizeilichen Festnahme durch einen Nichtpolizeibeamten, durch die das Opfer sich gezwungen sieht, dem Täter auf dem angeblichen Weg zur Polizeiwache zu folgen, Entführung aus dem damaligen Westsektor Berlins in den Ostsektor Ende Juli 1945 und Verbringen in ein östliches Lager (BGHSt **1** 391); unter besonderen rechtlichen Umständen: Antrag auf Schutzhaft und damit Verursachung der Verbringung in ein KZ (BGHSt **2** 20), Herbeiführen der Verhaftung durch bewusst unwahre Anzeige (BGHSt **3** 4); inhaltlich wahre Anzeige, die – voraussehbar – zu Todesurteil und Inhaftierung zum Zwecke der Vollstreckung des Todesurteils führt, wenn das Urteil rechtswidrig ist, sei es, dass der Sachverhalt nicht die Anwendung des jeweiligen Strafgesetzes rechtfertigt, sei es, dass die Strafe außer jedem Verhältnis zum Schuld- und Unrechtsgehalt der Tat steht – Kriegsgerichtsfall – (BGHSt **3** 110, 120; siehe in diesem Zusammenhang zur so genannten Rechtsbeugungssperre

---

[20] Mit Anm. *Keller* JR **1992** 246.

BGHSt **40** 125, 136); wer mehr unternommen hat, als bloß eine seiner staatsbürgerlichen Pflicht als DDR-Bürger entsprechende Anzeige wegen Vorbereitung der sog. Republikflucht aus der ehemaligen DDR zu erstatten und überdies als Lockspitzel die Vorbereitungen beobachtet, sich daran beteiligt und so zur Inhaftierung des Opfers beigetragen hat (LG Berlin NJ **1995** 381) oder über die Anzeige und Zeugenaussage hinaus schwere und offensichtliche Menschenrechtsverletzungen gegenüber dem angezeigten Opfer billigend in Kauf genommen hat (BGHSt **40** 125, 134; BGH NStZ **1995** 288);[21] rechtsbeugerische Verurteilung zu Freiheitsstrafe durch einen Richter (BGHSt **40** 125, 136; **41** 247, 255);[22] wer als Bürger der Bundesrepublik Fluchtpläne eines ehemaligen DDR-Bürgers denunziert und so dessen Inhaftierung bewirkt hat, kann wegen Freiheitsberaubung unabhängig davon bestraft werden, ob er dabei eine offensichtliche, schwere Menschenrechtsverletzung zum Nachteil des Opfers in seinen Vorsatz aufgenommen hat (BGHSt **42** 275).

18 § 239 ist dagegen *unanwendbar*, wenn sich die Inhaber einer Wohnung in der begründeten Befürchtung der Wiederholung nächtlicher Einbrüche des gleichen Täters gehalten sehen, ihre Wohnung zur Nachtzeit nicht mehr zu verlassen (*Hirsch* JR **1980** 115). Eine Freiheitsberaubung „auf andere Weise“ liegt schließlich nicht schon dann vor, wenn für den Fall des Verlassens des Ortes die Auflösung des Arbeitsverhältnisses angedroht wird (BGH NJW **1993** 1807). So wird auch die Wegnahme der Bekleidung nicht mehr ohne weiteres als Freiheitsberaubung auf andere Weise gewürdigt werden können.[23] Hier kommt es auf die Umstände des konkreten Falles an.

19 3. Die Freiheitsberaubung kann auch **durch Unterlassen** begangen werden, wenn für den Täter aufgrund einer Garantenstellung (§ 13) eine Rechtspflicht zum Handeln besteht.[24] Dem Täter muss aber die unterlassene Handlung zumutbar gewesen sein; hat z.B. der Mitfahrer eines Fahrzeuges einen Dritten zur Mitfahrt eingeladen und versprochen, ihn an bestimmter Stelle abzusetzen, so ist er, wenn er merkt, dass der Führer des Fahrzeuges eine andere Richtung einschlägt, zwar verpflichtet, diesen nachdrücklich zur Umkehr oder zum Halten zu bewegen; bleibt dies erfolglos, ist er aber nicht gehalten, während schneller Fahrt die Handbremse zu ziehen, wenn dadurch die Gefahr eines Unfalls entsteht (BGH GA **1963** 16). Wer aus Versehen einen anderen eingesperrt hat, macht sich aus § 239 strafbar, wenn er ihn nicht freilässt, nachdem er sein Versehen erkannt hat (RGSt **24** 339). Nach RG GA Bd. **62** (1916) 348[25] ist aber ein Hausbesitzer nicht ohne weiteres verpflichtet, einer versehentlich und ohne seine Einwirkung im Hause eingesperrten Person die Tür zu öffnen. Anders kann es sich dann verhalten, wenn besondere Umstände hinzutreten, die eine Rechtspflicht zum Handeln begründen.[26] Wer es übernommen hat, einen anderen in einem Fahrzeug zu einem bestimmten Ziel zu befördern, beraubt ihn der Freiheit, wenn er am Fahrziel nicht anhält. Der Zugführer

---

21 Ebenso BGHSt **42** 275, 278; BGH Urt. vom 23.10.1996 – 5 StR 695/95 – NStZ-RR **1997**, 100. Siehe auch OLG Dresden ZAP-Ost Aktuell **1999** 33 (konspirative Ermittlungen von MfS-Mitarbeitern außerhalb des Einflussbereiches von Staatsanwaltschaft und Gericht sowie vorläufige Festnahme Ausreisewilliger unter Missachtung geltender gesetzlicher Bestimmungen).

22 Siehe überdies BGH Urt. vom 22.10.1996 – 5 StR 140/96.

23 So noch RGSt **6** 231; vgl. nun BGH bei *Miebach* NStZ **1995** 225 Nr. 32; *Wieck-Noodt* MK Rd. 25.

24 *Sch/Schröder/Eser/Eisele*[29] Rdn. 7 m.w.N.; *Fischer*[61] Rdn. 10.

25 Archiv für Strafrecht und Strafprozessrecht, Vorläufer von Goltdammers Archiv (GA).

26 Vgl. BGHSt **30** 391, 395.

sperrt den Reisenden ein, wenn er die Abteiltür nicht auf dessen berechtigtes Verlangen öffnet (RG JZ **1908** 764). Ein Anzeigender, dessen falsche Anzeige, und ein Zeuge, dessen objektiv falsche Aussage zur Festnahme eines anderen geführt hat, sind zu alsbaldigem Widerruf verpflichtet, auch wenn sie sich dadurch der Gefahr eigener Strafverfolgung aussetzen (RG HRR **1935** Nr. 471; s. auch BGH LM Nr. 6 über die Pflicht eines Denunzianten in der Zeit der NS-Herrschaft, den Angezeigten vor einer „dem unantastbaren Kernbereich des Rechts" zuwiderlaufenden Behandlung durch die Gestapo zu bewahren, mögen der Denunziation auch „wahre" Tatsachen zu Grunde liegen). Ein Heimleiter verletzt die ihm gegenüber altersverwirrten Heimbewohnern obliegende Garantenpflicht grundsätzlich nicht, wenn er sich hinsichtlich der Erforderlichkeit einer regelmäßigen Fixierung auf eine entsprechende ärztliche Anordnung verlässt. Unterlässt er eine Mitteilung über die regelmäßige Fixierung an das Vormundschaftsgericht (vgl. § 1906 Abs. 1 bis 3 BGB), so kommt eine Freiheitsberaubung durch Unterlassen nur in Betracht, wenn das Gericht die Anordnung zur Fixierung aufgehoben hätte (s. auch Rdn. 24).[27] Ein Staatsanwalt beging auch in der ehemaligen DDR Freiheitsberaubung, wenn er im Wissen um das Fehlen eines Haftgrundes weder die Aufhebung eines Untersuchungshaftbefehles noch die Entlassung des Beschuldigten aus der Haft anordnete, obwohl er dazu von Gesetzes wegen verpflichtet und in der Lage war (LG Berlin NJ **1997** 36, 37).

4. **Vollendet** ist die Tat, sobald die Fortbewegungsfreiheit vollständig aufgehoben ist.[28] *Beendet* ist die Freiheitsberaubung, die kein Zustands-, sondern ein *Dauerdelikt* ist,[29] wenn die Fortbewegungsfreiheit zurückerlangt wird.[30] An einer vollständigen Aufhebung der Fortbewegungsfreiheit fehlt es, wenn die Dauer der Einschränkung der persönlichen Bewegungsfreiheit ganz unerheblich ist, etwa bloß einen Augenblick oder gar nur einige Sekunden dauert (**Bagatellfälle**).[31] Grundsätze über eine bestimmte Mindestdauer der Entziehung lassen sich jedoch nicht aufstellen. Ausreichend ist jedenfalls eine solche von der Dauer einer halben Stunde (BGHSt **14** 314); genügen kann auch schon eine solche „etwa ein Vaterunser lang" (RGSt **7** 259, 260), von zwei bis drei Minuten (RGSt **33** 234, 235), ja sogar von einer Minute (vgl. dazu BGH NJW **1967** 941) oder „für eine gewisse Zeit" über einige Sekunden hinaus, wenn es sich um eine besonders intensive Einwirkung auf die Bewegungsfreiheit handelt;[32] ein nur kurzzeitiges Festhalten des Gegners im Verlaufe einer körperlichen Auseinandersetzung (das Fixieren des Oberkörpers auf dem Waldboden) erweist sich hingegen regelmäßig als zeitlich nur unerhebliche Beeinträchtigung der Fortbewegungsfreiheit BGH NStZ **2003** 371). **20**

5. Der nunmehr strafbare **Versuch** (Absatz 2) liegt nach allgemeinen Grundsätzen vor, wenn der Täter unmittelbar zur Freiheitsberaubungshandlung ansetzt (§ 22). Es darf indessen noch nicht zu der gewollten völligen Aufhebung der Fortbewegungsfreiheit gekommen sein. Mit der Einfügung des Absatz 2 soll der Schutz des Rechtsguts der persönlichen Freiheit dem des Eigentums und des Vermögens gleichgestellt werden (RegE **21**

---

[27] LG Hamburg vom 20.4.1988 – (38) Qs 3/88, RsDE Nr. 5, 87–91.

[28] BGH bei Holtz MDR **1979** 281.

[29] BGHSt **20** 227, 228. *Sch/Schröder/Eser/Eisele*[29] Rdn. 11.

[30] RGSt **25** 147, 149; BGHSt **20** 227, 228; BGH bei Holtz MDR **1979** 281.

[31] Vgl. RGSt **2** 292, 297; **7** 259, 260; BGH Urteil vom 15.5.1975 – 4 StR 147/75; OLG Hamm JMBl. NRW **1964** 31, 32; *Schröder* JZ **1964** 31.

[32] OLG Hamm JMBl. NRW **1964** 31, 32. Siehe auch AG Frankfurt/Main NJW-RR **1996** 1244, 1245 zum Festhalten eines Verdächtigen durch Bankmitarbeiter bis zum Eintreffen der Polizei als „geringfügigem" Eingriff.

des 6. StrRG, BTDrucks. 13/8587 S. 41). In der Praxis wird die Bedeutung der Versuchsstrafbarkeit – von den Fällen des untauglichen Versuchs abgesehen – nur gering sein (vgl. Rdn. 6–9 zu den Fällen des untauglichen Tatobjekts).[33]

IV. Rechtswidrigkeit

22 1. **Grundsätze:** Die frühere Fassung des Tatbestandes hob das Erfordernis der Widerrechtlichkeit der Freiheitsberaubung als allgemeines Verbrechensmerkmal ausdrücklich hervor. Diese Aufnahme in den Tatbestand hatte Mahnfunktion: Sie sollte zu sorgfältiger Prüfung anhalten, weil gerade die Freiheitsberaubung durch zahlreiche in Betracht kommende Gründe gerechtfertigt sein kann.[34] Dabei stehen amtliche und gesetzlich eingeräumte Befugnisse im Vordergrund. Überall dort, wo nach spezieller rechtlicher Regelung eine Freiheitsbeschränkung Platz greift, ist – im Sinne der Einheit der Rechtsordnung – eine strafrechtliche Ahndung ausgeschlossen. Das gilt unverändert auch für die derzeitige Tatbestandsfassung (vgl. dazu Regierungsentwurf BTDrucks. 13/8587, S. 41).

23 Die objektiv tatbestandsmäßige Freiheitsberaubung ist gerechtfertigt, wenn sie sich als Freiheitsentziehung auf tragfähiger **gesetzlicher Grundlage** erweist. Voraussetzung ist indessen, dass die *rechtlichen Grenzen der Eingriffsgrundlage* gewahrt werden. Sind sie überschritten, ist die Freiheitsentziehung – vollständig oder gegebenenfalls teilweise – rechtswidrig. In solchen Fällen können Fragen des Vorsatzes und des Irrtums besondere Bedeutung erlangen. Ist für die Anordnung einer Freiheitsentziehung ein bestimmtes Verfahren gesetzlich vorgeschrieben, führt nicht schon jeder *Verfahrensmangel* zur Rechtswidrigkeit des Vollzuges. Das gilt etwa dann, wenn eine Unterbringung auf der Grundlage des Gutachtens eines „falschen Amtsarztes" erfolgt, die sachlichen Voraussetzungen für die Freiheitsentziehung aber vorgelegen haben.[35] Ähnlich verhält es sich, wenn der Richter, der die Untersuchungshaft angeordnet hat, vom Richteramt ausgeschlossen war, die angeordnete Haft jedoch sachlich gerechtfertigt war.[36] Wird das vorgeschriebene Verfahren zum Zwecke der Anordnung einer freiheitsentziehenden Maßnahme jedoch gar nicht erst betrieben, sondern umgangen, kann auch dann eine rechtswidrige Freiheitsberaubung vorliegen, wenn die sachlichen Anordnungsvoraussetzungen gegeben waren.

24 Sind Merkmale einer Rechtsgrundlage für die Anordnung freiheitsentziehender Maßnahmen **auszulegen** und anzuwenden, führt eine abweichende Würdigung im Rahmen einer verfahrensmäßig vorgesehenen Nachprüfung nicht dazu, die korrigierte Anordnung als *rechtswidrige* und tatbestandsmäßige Freiheitsberaubung zu bewerten (Beispiel: Aufhebung eines Haftbefehls auf Beschwerde hin). Selbst ein Rechts*fehler* des ersten Richters macht dessen Entscheidung nicht rechts*widrig*; diese ist lediglich anfechtbar und aufhebbar. Leitet der Richter indessen eine Haftbeschwerde aus sachfremden Erwägungen verzögert an das Beschwerdegericht weiter, um die Freilassung des Inhaftierten zu einen früheren Zeitpunkt *gezielt* zu verhindern, kommt – neben Rechtsbeugung – tateinheitlich begangene Freiheitsberaubung in Betracht (BGHSt 47 105, 115 = NJW **2001** 3275, 3277 – Fall der Ordnungshaft).[36a] Die **polizeirechtlich rechtswidrige Ingewahrsamnahme** nach

---

[33] Vgl. aber *Fischer* Rdn. 5, 14 sowie *Sonnen* NK[3] Rdn. 8: Vollendung erst, wenn das Tatopfer einen aktuellen Fortbewegungswillen bildet.

[34] *Park/Schwarz* Jura **1995** 294, 297.

[35] OLG Schleswig NJW **1985** 693 m. Anm. *Otto* NStZ **1985** 757 sowie *Amelung/Brauer* JR **1985** 474.

[36] BGH bei Holtz MDR **1978** 624.

[36a] Mit Anm. *Böttcher* NStZ **2002** 146; *Müller* StV 2002 303; *Foth* JR **2002** 254; *Kühl/Heger* JZ **2002** 198.

einem Platzverweis aus einer Polizeiwache soll nicht sogleich auch zur strafrechtlichen Rechtswidrigkeit führen, wenn der anordnende Polizeibeamte aufgrund pflichtgemäßer Überlegung in verantwortungsbewusster Weise um die Wahrung des Beurteilungs- oder Ermessensspielraums bemüht war und sich die Amtshandlung objektiv im Rahmen des Vertretbaren hielt (OLG Hamm Beschl. vom 20.9.2007 – 3 Ws 230, 231/07, juris, unter Bezugnahme auf BGHSt **4** 161; **21** 334; **21** 363). Begründet wird dies damit, dass der strafrechtliche Rechtswidrigkeitsbegriff dem Gesichtspunkt Rechnung trage, dass sich der Vollstreckungsbeamte häufig in der Lage sehe, in einem schwierig gelagerten Fall Entscheidungen treffen zu müssen und es ihm nicht stets möglich sei, die gesamten Umstände in den Blick zu nehmen und richtig zu würdigen. Werde bei solcher Sachlage der strenge verwaltungsrechtliche Rechtmäßigkeitsbegriff zu Grunde gelegt, so sei das Risiko des Beamten zu groß und dadurch die Gefahr gegeben, dass seine Initiative gelähmt werde (OLG Hamm aaO.). Ob dieser Sichtweise ohne weiteres zugestimmt werden kann, erscheint im Blick auf das Prinzip von der Einheit der Rechtsordnung fragwürdig. Grenzfällen wird durch die Möglichkeit der Einstellung des Verfahrens wegen Geringfügigkeit Rechnung getragen werden können. Für nicht-richterliche Maßnahmen, die eine gesetzmäßige Freiheitsentziehung intensivieren, etwa besondere Sicherungsmaßnahmen im Maßregelvollzug, ist anerkannt, dass z.B. dem anordnenden Arzt ein Beurteilungsspielraum hinsichtlich der Geeignetheit und Erforderlichkeit, aber auch zur vorauszusetzenden Gefahrenlage zukommt. Erst wenn die Maßnahme sich erkennbar auf sachwidrige Erwägungen stützt oder aus anderen Gründen objektiv willkürlich erscheint, sind die Grenzen des Beurteilungsspielraumes überschritten. Erst dann ist die Maßnahme und mithin die Freiheitsbeschränkung insoweit rechtswidrig (OLG Hamburg NStZ **1999** 431, 432).

Entwürdigende Begleitumstände einer gerechtfertigten Freiheitsentziehung führen **25** *nicht ohne weiteres* dazu, die Maßnahme deswegen als rechtswidrig zu erachten. Eine rechtmäßig angeordnete Haft wird nicht dadurch zu einer rechtswidrigen Freiheitsberaubung, dass der Häftling etwa von einem Angehörigen des Bewachungspersonals vereinzelt beleidigt, misshandelt oder schikaniert wird, was selbstverständlich nach anderen Bestimmungen strafbar ist.[37] Anders kann es allerdings liegen, wenn es systematisch und offenkundig zu willkürlichen Überschreitungen des Festnahmezwecks kommt, die einen an sich berechtigten Freiheitsentzug so sehr prägen, dass er in eine rechtswidrige Freiheitsberaubung umschlägt. Für die Bewertung sind Festnahme und Festhaltung als Einheit anzusehen; alle Umstände, die die Maßnahme kennzeichnen, sind in die Beurteilung einzubeziehen (BGHSt **1** 391, 396).[38]

2. **Fallgruppen, Einzelfälle:** Nicht rechtswidrig ist die Freiheitsentziehung, wenn dem **26** Betroffenen die persönliche Freiheit genommen wird durch *Inhaftierung* oder *Unterbringung* auf gesetzlicher Grundlage (vorläufige Festnahme, Untersuchungshaft, Strafhaft, Maßregelvollzug, Unterbringung nach den landesgesetzlichen Unterbringungsregelungen).[39] Gleiches gilt für die gesetzlich vorgesehenen *Anhalte- und Kontrollbefugnisse* nach

[37] Selbstverständlich ist dort bei der Strafzumessung das „Ausgeliefertsein" des gefangenen Opfers strafschärfend zu berücksichtigen.

[38] Vgl. für Fälle von Gestapo-Haft unter der NS-Herrschaft BGH Urt. vom 28.5.1953 – 4 StR 760/52; OGHBrZ NJW **1950** 435, 436; vgl. weiter RGSt **17** 127, 128 f; RG JW **1925** 973 Nr. 24; siehe auch Rdn. 23.

[39] RGSt **13** 426; **34** 443; RG HRR **1938** Nr. 1568; *Fischer*[61] Rdn. 12; vgl. zu einem Fall der (rechtmäßigen) vorläufigen Festnahme zur Identitätsfeststellung durch (Bundes-)Polizeibeamte außerhalb ihres Zuständigkeitsbereichs nach §§ 127, 163b StPO: OLG Koblenz VR **2009** 32.

den Polizeigesetzen der Länder und des Bundes, die präventiv-polizeiliche Ingewahrsamnahme zur Verhinderung eines Suizidversuches, die *Sistierung* zur Identitätsüberprüfung einschließlich einer etwaigen erkennungsdienstlichen Behandlung, zur ärztlichen Untersuchung oder zur Entnahme einer Blutprobe. Aber auch entlegene, spezielle Gesetze sehen zum Teil ähnliche Befugnisse vor, so etwa die Landesjagdgesetze das Anhalten durch den Jagdschutzberechtigten (vgl. etwa § 225 BJagdG). In Betracht kommen auch ausländerrechtliche Maßnahmen, namentlich solche im Rahmen einer *Abschiebung*.[40] Als gerechtfertigt erachtet wurde die vom Kapitän eines DDR-Schiffes angeordnete Maßnahme, der über Bord gesprungene Republik-Flüchtlinge wieder zurückholen ließ und in Gewahrsam nahm (unter Anwendung von DDR-Recht gemäß § 2 Abs. 3): BGH NStZ-RR **1998** 173.[41] Zur Rechtswidrigkeit einer *Einkesselung von Demonstranten* durch die Polizei mangels tragfähiger Rechtsgrundlage siehe BGH Beschluss vom 27. April 1993 – 5 StR 695/92 („Hamburger Kessel"). Rechtswidrig kann die Freiheitsentziehung auch sein, wenn Stadtstreicher ohne hinreichende rechtliche Grundlage aufs Land oder Drogensüchtige aus der sogenannten offenen Drogenszene in entlegene Stadtteile verbracht werden („*Verbringungsgewahrsam*").[42] Das gilt jedoch nur für die Dauer der Verbringung; nur in dieser Zeit ist die Fortbewegungsfreiheit aufgehoben. Wer in einem gerichtlichen Verfahren an der Inhaftierung des Verfolgten mitwirkt und dabei eine Rechtsbeugung begeht, kommt auch als Täter einer darauf beruhenden Freiheitsberaubung in Betracht.[43]

27 Die **Entlassung eines Festgenommenen** ist in dem Augenblick zu verfügen und unverzüglich zu vollziehen, in dem sich herausstellt, dass die Voraussetzungen der Festnahme nicht mehr gegeben sind (vgl. OLG Frankfurt/Main HESt **2** 350). Etwaige verfahrensrechtliche Maßgaben, z.B. hinsichtlich der Freilassungskompetenz und der Erledigung erforderlicher Formalitäten, sind zu wahren; allerdings ist die Angelegenheit in einer dem Gewicht des Freiheitsgrundrechts Rechnung tragenden Weise schleunigst zu erledigen. Wird der Festgenommene bewusst und ohne stichhaltigen Grund weiter festgehalten, so ist die Freiheitsentziehung fortan rechtswidrig. Umstritten ist, wie es sich bei der Überschreitung der **Frist für die Vorführung** eines Festgenommenen **beim Richter** verhält (Art. 104 Abs. 2, Abs. 3 GG; vgl. beispielsweise § 115a Abs. 1, § 128 Abs. 1, § 129 StPO). Nach einer älteren Entscheidung des OLG Frankfurt/Main (HESt **2** 350) ist der Festgenommene bei Fristüberschreitung zu entlassen, weil anderenfalls seine Freiheitsentziehung von nun an rechtswidrig wird (vgl. auch BGH NStZ **1988** 233). In der strafprozessrechtlichen Literatur wird überwiegend die Auffassung vertreten, die Fristüberschreitung müsse nicht ohne weiteres zur Freilassung führen (vgl. nur *Meyer-Goßner/Schmitt*[57] StPO § 115 Rdn. 5, § 115a Rdn. 3).[44] Der Fall ist unter Zugrundelegung der allgemeinen Grundsätze zu entscheiden (Rdn. 23). Da die Vorführungsfrist verfassungsrechtlich verbürgt ist, muss die Höchstgrenze grundsätzlich als absolute Zeitgrenze verstanden werden (*Maunz/Dürig*, GG Art. 104 Rdn. 41; siehe auch BVerfG, Kammer, NJW **2001** 2247). Kommt es zur Verzögerung wegen außergewöhnlicher Besonderheiten, z.B. bei vorgreiflicher intensivmedizinischer Behandlung des bewusstlosen Festgenommenen (BGH StV **1995** 283) oder infolge höherer Gewalt (z.B. Unwettereinbruch beim Transport, Unfall), wird Ähnliches gelten wie bei einem Verfahrensmangel (oben Rdn. 20).

---

40 Vgl. BVerwG DVBl. **1981** 1108.

41 Dazu *Lemke* NJ **1998** 265.

42 Vgl. LG Mainz MDR **1983** 1044; LG Hamburg NVwZ-RR **1997** 537 m. Bespr. *Leggereit* NVwZ **1999** 263.

43 BGHR StGB § 336 Staatsanwalt 1.

44 Siehe weiter KK[6]-*Graf* § 115 Rdn. 5; KMR-*Wankel* § 115 Rdn. 6; **aA:** *Löwe/Rosenberg/Hilger*[26] § 115 Rdn. 9; *Kühne* Strafprozessrecht[7] Rdn. 433 ff; *Schlothauer/Weider*, Untersuchungshaft Rdn. 272, 336.

Danach ist die fortdauernde Freiheitsentziehung nicht rechtswidrig, wenn und so lange ihre materiellen Voraussetzungen vorliegen. Zu verlangen ist aber weiter, dass die Möglichkeiten einer so genannten symbolischen Vorführung genutzt werden (vgl. Nr. 51 RiStBV), d.h. dass der Richter, wenn irgend möglich, wenigstens durch Aktenvorlage oder telefonisch befasst wird. Wenngleich die Vorführung die persönliche Anwesenheit des Festgenommenen erfordert, ist dies in den bezeichneten extremen Ausnahmefällen tatsächlicher Unmöglichkeit dasjenige, was von der verfahrensrechtlichen Verbürgung noch leist- und einlösbar ist.[45] Getragen wird diese Auffassung letztlich von dem Gedanken der Pflichtenkollision; denn die sofortige Freilassung eines dringend Tatverdächtigen, bei dem – wenn auch zunächst nur nach polizeilicher oder staatsanwaltlicher Würdigung – ein Haftgrund (Flucht-, Verdunklungs- oder Wiederholungsgefahr) besteht, wäre ihrerseits geeignet, gewichtige Rechtsgüter zu gefährden oder gar zu beeinträchtigen. Handelt es sich hingegen um eine Fallgestaltung, bei der die freiheitssichernde Funktion der Pflicht zur Vorführung umgangen wird und die fristgerechte Vorführung ohne stichhaltigen Grund unterbleibt, so ist die Freiheitsentziehung fortan rechtswidrig. Hier hat das Vorgehen der Amtspersonen nicht mehr den Charakter eines Verfahrensverstoßes, sondern es verletzt die die Festnahmevoraussetzungen begrenzenden verfassungsrechtlichen Grundlagen, ohne dass zwingende Hinderungsgründe eine wirkliche Kollisionslage ergäben (vgl. auch den Fall BGH NStZ **1988** 233).[46]

Für die besondere Situation der **Festnahme von Piraterieverdächtigen** durch deutsche Marinesoldaten **im hoheitsfreien Raum** der Hohen See, für die die StPO nach § 4 Abs. 1 SeeAufgG anwendbar ist und die Grundrechtsbindung gilt (Art. 104 Abs. 2 i.V.m. Art. 1 Abs. 3 GG),[47] wird erwogen, in Ermangelung schnell erreichbarer justizieller Ressourcen auf hoher See und fern der Heimat die Vorführhöchstfrist „im Rahmen des menschenrechtlich Zulässigen“ für einschränkbar zu erachten, soweit unverzüglich „irgendein Richter“ – auch eines fernen Staates – befasst wird (problematisch; vgl. zur Diskussion angesichts der Marine-Mission „Atalanta“ *Esser/Fischer* JR **2010** 513 [526]).[48]

Neben der klassischen **Notwehr** (§ 32)[49] und dem **rechtfertigenden Notstand** (§ 34), **28**
die vielfältige Sachverhalte abdecken, ist als weitere Fallgruppe der Rechtfertigung die der **zivilrechtlichen Selbsthilfe** (§ 229 BGB, vgl. Rönnau LK[12] vor § 32 Rdn. 27a f) anerkannt.[50] Dazu kommen Maßnahmen im Rahmen der **Personensorge** (Recht und Pflicht der Eltern zur Erziehung, Beaufsichtigung und Bestimmung des Aufenthaltsorts der Kinder unter Ausschluss entwürdigender Maßnahmen, § 1631 Abs. 2 BGB) und der **Betreuung.** Das Zivilrecht unterwirft sie jedoch strengen Anforderungen.[51] Für die freiheitsentziehende Unterbringung eines Kindes im Rahmen der Personensorge bedarf es der Genehmigung des Familiengerichts (§ 1631b BGB).[52] Die mit Freiheitsentziehung

---

45 Vgl. *Maunz-Dürig* GG Art. 104 Rdn. 42 (Ziffer 4b) bb)); *Rüping* in Bonner Kommentar zum GG Art. 104 Rdn. 78; vgl. weiter *Löwe-Rosenberg/Hilger*[26] § 115 Rdn. 6, 9, 13.

46 Zu weiteren Fallgestaltungen vgl. *Schlothauer/Weider* Untersuchungshaft[4] Rdn. 223, 338, 350: Verwertungsverbot bei Fristüberschreitung zugunsten polizeilicher Vernehmung.

47 Zum Festnahmerecht gegenüber Piraten auf Hoher See siehe Art. 105 SeeRÜbK.

48 Zur Verneinung einer Verletzung von Art. 5 Abs. 3 EMRK (unverzügliche Richtervorführung) bei Festnahme von Piraten durch niederländische Marinesoldaten, die nicht an Art. 104 Abs. 1 GG gebunden sind, und zur Ablehnung eines Verfahrenshindernisses für ein anschließendes deutsches Strafverfahren siehe LG Hamburg Urt. vom 19.10.2012 – 603 KLs 17/10 –, juris Rdn. 760 ff.

49 Vgl. RGSt **8** 210, 212.

50 Vgl. RGSt **7** 259, 261; **41** 82; RG Rspr. 3 416, 418; GA Bd. 53 (1906) S. 72.

51 Vgl. *Sack/Denger* MDR **1982** 972.

52 Fälle eines mehr symbolischen **„Stubenarrests“** werden von der Personensorge dann

verbundene zivilrechtliche Unterbringung eines Volljährigen im Rahmen eines Betreuungsverhältnisses ist nur unter bestimmten Voraussetzungen statthaft (§ 1906 Abs. 1 BGB); zur Entscheidung ist das Vormundschaftsgericht berufen. Beide Regelungen sehen für den Gefahrenfall eine vorübergehende genehmigungslose Unterbringung vor (§ 1631b Satz 2, § 1906 Abs. 2 Satz 2 BGB). *Betreute*, die sich – ohne förmlich untergebracht zu sein – in einem **Heim** oder in einer **Klinik** aufhalten und sonstigen freiheitsentziehenden Maßnahmen ausgesetzt sind (z.B. Fixieren, Bettgitter, ruhigstellende Medikamente), unterliegen insoweit ebenfalls dem Schutz der genannten Bestimmungen (§ 1906 Abs. 4 BGB), wenn sie dadurch über einen längeren Zeitraum oder regelmäßig wiederkehrend die Freiheit verlieren.[53] Zu ambulant freiheitseinschränkenden und -entziehenden Maßnahmen in der häuslichen Pflege siehe *Klie* BtPrax **2011** 154. Besteht ein rechtliches Betreuungsverhältnis (§§ 1896 ff BGB) nicht, kann die Annahme rechtfertigenden Notstandes (§ 34) bei sachlicher Notwendigkeit solcher Maßnahmen nur vorübergehend helfen. Wird die zivilrechtlich erforderliche Genehmigung nicht eingeholt und ein Antrag auf Betreuung nicht gestellt, verlagert sich die Frage der Strafbarkeit auf die Ebene von Vorsatz und Irrtum; möglicherweise ist – je nach Lage des Einzelfalles – auch die verfahrensrechtliche Behandlung nach dem Opportunitätsprinzip in den Blick zu nehmen (§§ 153, 153a StPO). In diesem Zusammenhang sind auch die Fälle der *Einschränkung* der **Fortbewegungsfreiheit Behinderter in Heimen** aus Bequemlichkeit oder Nachlässigkeit des Heimpersonals zu sehen (vgl. dazu *Arians*, Behindertenrecht [**1994**] 145).[54]

29 Unter dem Begriff **„familiäre Selbsthilfe“** versteht man Maßnahmen, die innerhalb einer Familiengemeinschaft für die Betreuung schwer kranker, geistig verwirrter Angehöriger getroffen werden, um sie vor Selbstgefährdung zu schützen. Nach einer überwiegend gebilligten, allerdings älteren Rechtsprechung sollen solcherart Kranke auch ohne Anrufung des Gerichts oder sonstige behördliche Billigung vorübergehend eingeschlossen werden dürfen, soweit dies durch den jeweiligen Krankheitszustand des Pflegebedürftigen geboten erscheint, um ihn vor Schaden zu bewahren (BGHSt **13** 197, 201 f).[55] Die Rechtfertigung der Einschließung soll voraussetzen, dass die Freiheitsentziehung nicht über das akut erforderliche Maß ausgedehnt und dem Kranken die weiterhin gebotene Sorge zuteil wird. Dass die dauernde Einsperrung eines psychisch kranken Familienangehörigen unter Vernachlässigung der erforderlichen Versorgung nicht zu rechtfertigen ist und als Freiheitsberaubung beurteilt werden muss, gegebenenfalls in Tateinheit oder Tatmehrheit mit Körperverletzung (RGSt **62** 160), steht außer Frage. Die sachgerechte Lösung solcher Fälle ist heute über die Bestimmung zum rechtfertigenden Notstand (§ 34) zu suchen. Im Übrigen sind die speziellen Gesetzesvorschriften des Betreuungsgesetzes[56] zu beachten. Für den inneren Tatbestand werden die ihm zugrunde liegenden tatsächlichen Umstände allerdings nach wie vor bedeutsam sein.[57]

---

gedeckt sein, wenn sie keinen entwürdigenden Charakter haben, sich auf kurze Zeit beschränken und die sorgende Betreuung jederzeit sichergestellt ist, also der Rahmen des § 1631 BGB gewahrt ist. Vgl. *Horn/Wolters* SK Rdn. 12a.

[53] Vgl. *Münch-Komm-Schwab* BGB[4] zu § 1906 Rdn. 31 ff.

[54] Siehe auch *Gastiger* Freiheitsschutz und Haftungsrecht in der stationären und ambulanten Altenhilfe **1993**, Kap. V (Strafrechtsschutz); *Schumacher* FS Stree/Wessels 1993, S. 431 ff.

[55] BGHSt **13** 197, 198 = LM Nr. 15 m. Anm. *Martin* = NJW **1959** 1595 mit krit. Anm. *Sax* JZ **1959** 776, 778; *Fischer*[61] Rdn. 12, *Sch/Schröder/Eser/Eisele* Rdn. 8; a.A. *Arzt-Weber* Strafrecht BT § 9 Rdn. 28 (S. 229); *Sonnen* NK[3] Rdn. 22.

[56] Dazu Regierungsentwurf BTDrucks. 11/4528.

[57] Siehe dazu aber *Fischer*[61] Rdn. 12; *Horn/Wolters* SK Rdn. 12; *Sch/Schröder/Eser/Eisele*[29] Rdn. 8.

Blockadeaktionen, die andere *gezielt* der persönlichen Freiheit *vollständig* berauben, sind nicht durch das Demonstrationsgrundrecht (Art. 8 GG) gerechtfertigt.[58] Der Straftatbestand schützt das Freiheitsgrundrecht der Tatopfer (Art. 2 Abs. 2 Satz 2 GG). Ein zwischen den gegenläufigen Grundrechtspositionen vorzunehmender Ausgleich („praktische Konkordanz") kann in solchen Fällen nicht einseitig zulasten des Freiheitsgrundrechts gehen. Das gilt beispielsweise für das gezielte Versperren *aller* Zuwege zu Kasernen, Kraftwerksanlagen oder anderen Objekten. Anders verhält es sich, wenn im Gefolge einer Demonstration die Beweglichkeit Dritter nur *eingeschränkt* ist, etwa Umwege vonnöten sind, um eine Ortsveränderung vorzunehmen. Solchenfalls ist schon der Tatbestand nicht erfüllt. Die Blockierung einer Autobahn im Rahmen einer Demonstration stellt sich daher grundsätzlich nicht als Freiheitsberaubung dar; vielmehr kommt Nötigung (§ 240) in Betracht (BGHSt **41** 182; OLG Hamm JMBl. NW **1996** 248; siehe weiter Altvater LK § 240 Rdn. 144 ff). – Das sogen. **„Bossnapping"**, d.h. das Einsperren von Managern und leitenden Angestellten in ihren Büroräumen durch aufgebrachte Arbeitnehmer, die um ihre Arbeitsplätze und den Fortbestand des Betriebs fürchten, lässt sich weder rechtfertigen noch entschuldigen (vgl. *Mitsch* JR **2013** 351 ff). **30**

3. Die **Einwilligung** des Betroffenen hat zwar nach allgemeinen Grundsätzen rechtfertigende Wirkung. Für das Delikt der Freiheitsberaubung, das die Einschränkung der Willens- und Bewegungsfreiheit sanktioniert, muss jedoch anderes gelten. Hier setzt schon der Tatbestand ein Handeln gegen *den Willen* des Betroffenen voraus. Rechtsprechung[59] und Schrifttum[60] nehmen daher mit Recht an, dass die wirksame Einwilligung den Tatbestand ausschließt. Beruht die Einwilligungserklärung auf einer Täuschung durch den Täter, so entfaltet sie keine Wirkung. Gleiches kann gelten, soweit sonstige dem Täter zuzurechnende, für das Tatgeschehen erhebliche Willensmängel das Opfer zur Einwilligungserklärung veranlasst haben (zur Problematik insgesamt siehe *Rönnau* LK vor § 32 Rdn. 198 ff). Linienbusfahrer, Zugbegleiter, Schiffskapitäne und das Bordpersonal von Verkehrsflugzeugen handeln nach dem freiwilligen Zusteigen des Fahr- oder Fluggastes und dem Schließen der Türen, dem Ablegen oder dem Rollen zur Startbahn nicht strafbar, wenn sie dem plötzlich geänderten Willlen des Fahr- oder Fluggastes (etwa wegen Angst vor dem Fliegen) nicht nachkommen. Von Sondersituationen mit Gefahr für Leib oder Leben abgesehen wird hier anzunehmen sein, dass die grundsätzlich freie Widerruflichkeit einer Einwilligung ausnahmsweise nicht als uneingeschränkt und jederzeit disponibel anzuerkennen ist, sondern die Einwilligung bis zum Erreichen des nächsten Haltepunkts oder bis zur planmäßigen Landung fortwirkt und bindet (problematisch; vgl. *Fahl* JR **2009** 100 m.w.N.). Das gilt zumal deshalb, weil hier auch Andere betroffen sind, die – auf der Grundlage ihrer Selbstbestimmung – plangemäß und zügig das Transportversprechen eingelöst wissen wollen. Die daraus resultierende „Pflichtenkollision" ist zu berücksichtigen. Sie führt – abhängig von den Umständen des Falles – zu differenzierten Lösungen, die auch die rechtlich geschützten Belange der anderen Passagiere sowie die Verkehrssicherheit mit berücksichtigen müssen (ähnlich *Valerius* JA **2014** 561, 565 f). *Mitsch* zieht für den Reisezugverkehr bei Änderung des Willens des Reisenden den Beför- **31**

---

58 Vgl. BGHSt 44 34, 41 f; OLG Köln NStZ **1985** 550, 551.

59 BGH Urt. v. 25.2.1993 – 1 StR 652/92 = BGHR StGB § 239 Abs. 1 Freiheitsberaubung 2; BGH NStZ **2005** 507, 508.

60 *Schäfer* LK[10] Rdn. 26; ebenso *Horn/Wolters* SK Rdn. 9; *Sch/Schröder/Eser/Eisele*[29] Rdn. 8; vgl. auch *Fischer*[61] Rdn. 12; *Lackner/Kühl*[28] Rdn. 5; **aA** *Jescheck/Weigend* § 34 I 1c.

derungsvertrag zur Rechtfertigung einer objektiven Freiheitsberaubung heran; die Beförderungsbedingungen der Bahn gäben dem Reisenden auch bei Verspätungen kein Recht auf Abstandnahme von dem Beförderungsvertrag (*Mitsch* NZV **2013** 417, 420).

V. Subjektive Tatseite

32 1. Der Grundtatbestand des § 239 Abs. 1 erfordert **Vorsatz**; bedingter Vorsatz genügt. Zum Vorsatz gehört das Wissen und Wollen *vollständiger* Aufhebung der Fortbewegungsfreiheit (RGSt **6** 231, 232; BGHSt **32** 183, 187 ff; BGHR StGB § 239 Abs.1 Freiheitsberaubung 2). Die Freiheitsentziehung braucht nicht der einzige Zweck der Handlung zu sein (der Täter verschließt die Tür, um zugleich den Zutritt Dritter zu dem Opfer zu hindern) und auch nicht ihr Endzweck (der Täter sperrt den anderen vorübergehend ein, um ihn so zum Verlassen des Aufenthaltsortes zu zwingen, vgl. RGSt **7** 259, 261).

33 Am Vorsatz der Freiheitsberaubung fehlt es, wenn der Täter den Raum, in dem sich ein anderer befindet, nur verschließt, um den Eintritt Dritter zu verhindern, nicht aber dem Anderen das Verlassen des Raumes zu verwehren (BGH NJW **1967** 941).

34 2. Nimmt der Täter irrig Tatsachen an, die ihm nach der Rechtsordnung ein Recht zur Aufhebung der Fortbewegungsfreiheit des anderen geben, so steht dieser **Irrtum** einem Tatbestandsirrtum i.S. des § 16 gleich; es liegt keine vorsätzliche Freiheitsberaubung vor. Bloßer Verbotsirrtum ist hingegen gegeben, wenn er über die rechtliche Bedeutung von Umständen irrt, die nach der Rechtsordnung kein Eingriffsrecht gewähren.[61]

35 Glaubt der Täter oder Gehilfe ein Recht zum Eingriff in die Freiheit des anderen aus Umständen herleiten zu können, die nach der Rechtsordnung einen Rechtfertigungsgrund unter keinem Gesichtspunkt darstellen, weil ihre Anerkennung gegen die jeden Gesetzgeber verpflichtenden Grundsätze der Gerechtigkeit und der Menschlichkeit verstieße, so ist auch ein solcher Irrtum nach den Grundsätzen über den Verbotsirrtum zu behandeln; er hindert die Verurteilung aus § 239 nicht, wenn der Täter bei gehöriger Anspannung seines Gewissens die Widerrechtlichkeit des Eingriffs hätte erkennen können (BGHSt **3** 357, 364 f).[62]

36 3. Haben **Richter und Staatsanwälte der ehemaligen DDR** bei Anwendung des politischen Strafrechts der DDR eine Freiheitsentziehung angeordnet, so sind sie wegen Freiheitsberaubung nur dann strafbar, wenn sie damit *zugleich Rechtsbeugung* begangen haben („Sperrwirkung des Rechtsbeugungstatbestandes", BGHSt **41** 247, 255). Dafür hat der BGH drei Fallgruppen herausgearbeitet:

- Fälle, in denen Straftatbestände unter Überschreitung des Gesetzeswortlautes und unter Ausnutzung ihrer Unbestimmtheit bei der Anwendung derart überdehnt worden sind, dass eine Bestrafung, zumal mit Freiheitsstrafe, als offensichtliches Unrecht anzusehen ist;

---

61 Vgl. BGHSt **3** 105, 271, 357; zu einem Einzelfall s. auch AG Grevenbroich NJW **1983** 528, 529: Unvermeidbarer Verbotsirrtum des in der islamischen Tradition verhafteten Ehemannes bei Freiheitsberaubung zum Nachteil seiner Ehefrau.

62 So der BGH zu dem Fall, in dem der Täter im Jahre 1941 als Polizeipräsident an einer Verschleppung von Juden mitwirkte und dabei nicht die Vernichtungsabsicht erkannte, aber eine auf rassischen Gründen beruhende Verfolgungsmaßnahme sah, die er für zulässig hielt.

- ferner Fälle, in denen die verhängte Strafe in einem unerträglichen Missverhältnis zu der abgeurteilten Handlung gestanden hat, so dass die Strafe, auch im Widerspruch zu Vorschriften des DDR-Strafrechts, als grob ungerecht und schwerer Verstoß gegen die Menschenrechte erscheinen muss;
- des Weiteren schwere Menschenrechtsverletzungen durch die Art und Weise der Durchführung von Verfahren, namentlich Strafverfahren, in denen die Strafverfolgung und die Bestrafung überhaupt nicht der Verwirklichung von Gerechtigkeit, sondern der Ausschaltung des politischen Gegners oder einer bestimmten sozialen Gruppe gedient haben.[63]

Auch bei diesen Fallgruppen genügt es, wenn der Täter bedingt vorsätzlich gehandelt hat.[64]

VI. Mittelbare Täterschaft, Anstiftung

1. Nach allgemeinen Grundsätzen kann Freiheitsberaubung in mittelbarer Täterschaft **37** auch in der Weise begangen werden, dass der Täter vorsätzlich eine objektiv unrechtmäßige Freiheitsentziehung *durch die öffentliche Gewalt* herbeiführt, deren Organe ihrerseits bei der Anordnung und Durchführung der Freiheitsentziehung jedoch rechtmäßig handeln. So kann es liegen, wenn der Täter durch eine bewusst *unwahre* Anzeige einen Polizeibeamten zu einer vorläufigen Festnahme oder den Richter zum Erlass eines Haftbefehls veranlasst,[65] oder wenn der Zeuge durch falsche Aussagen, denen das Gericht Glauben schenkt, die Verhängung und Vollstreckung einer Freiheitsstrafe gegen einen Unschuldigen herbeiführt.[66]

Durch eine *wahre Aussage* als Zeuge vor Gericht (auch vor einem ausländischen **38** Gericht) kann grundsätzlich Freiheitsberaubung *nicht* begangen werden, auch wenn die mit der wahren Aussage für den Angeklagten verbundene Folge der Verurteilung zu Freiheitsstrafe noch so schwer wiegend ist.[67] Jedoch kommt Teilnahme an einer Freiheitsberaubung durch Erstattung einer inhaltlich *wahren Anzeige* dann in Betracht, wenn das erwartete, zur Freiheitsentziehung führende Urteil absehbar *rechtswidrig* ist, sei es, dass der angezeigte Sachverhalt nicht die Anwendung des Strafgesetzes rechtfertigt, auf welches das Urteil sich stützt, sei es, dass die Strafe außer jedem Verhältnis zum Schuld- und Unrechtsgehalt der Tat steht. Hinzukommen muss indessen, dass der Anzeigende ein im Widerspruch zur wahren Rechtslage stehendes Urteil für möglich hält, damit rechnet und auch für diesen Fall die Anzeige erstattet haben will.[68] Solches wird de facto allerdings nur für die Justiz eines Unrechtsregimes in Betracht kommen.

---

[63] Zusammenfassend BGH NStZ **1997** 127 = StV **1997** 131; siehe auch BGHSt **40** 30, 42 f; **41** 247, 254.

[64] BGH NJW **1958** 874 = LM Nr. 14 m. Anm. *Martin* = MDR **1958** 534; OLG Düsseldorf NJW **1979** 59, 60. Vgl. auch *Spendel* LK[11] § 339 Rdn. 76 ff; *Fahl* JuS **1995** 1067.

[65] BGHSt **34** 365, 367; vgl. weiter BGH NJW **1952** 984; BGHSt **10** 306, 307.

[66] Zu Fällen, in denen nicht festgestellt werden kann, ob die Mitglieder eines Gerichts, das auf eine Denunziation hin zu einer Freiheitsstrafe verurteilte, gut- oder bösgläubig waren vgl. die bei Pfeiffer/Maul/Schulte S. 635 mitgeteilten Entscheidungen des BGH; zur subjektiven Tatseite bei objektiver Falschaussage vgl. OLG Koblenz NStZ-RR **2005** 79, 80; kritisch *Sonnen* NK[3] Rdn. 25.

[67] BGH NJW **1958** 874 = LM Nr. 14 m. Anm. *Martin* = MDR **1958** 534; OLG Düsseldorf NJW **1979** 59, 60. Vgl. auch *Fahl* JuS **1995** 1067.

[68] BGHSt **3** 110, 121 = LM Nr. 7 = NJW **1952** 1024; s. auch OLG Düsseldorf NJW **1979** 59, 60 (betr. § 241a).

39 2. Wer als **früherer DDR-Bürger** wahrheitsgemäß und nach dem Recht der DDR auch pflichtgemäß eine *geplante „Republikflucht" angezeigt* und damit für ihn voraussehbar die Inhaftierung des Betroffenen bewirkt hat, ist wegen der für alle Teilnehmer einheitlich zu beurteilenden Frage der Rechtswidrigkeit der Freiheitsberaubung nur dann schuldig, wenn der DDR-Richter nach dortigem Recht rechtsbeugerisch gehandelt hat („Sperrwirkung des Rechtsbeugungstatbestandes").[69] Dies wiederum setzt in aller Regel voraus, dass die Rechtswidrigkeit der Entscheidung so offensichtlich war und insbesondere die Rechte anderer, hauptsächlich ihre Menschenrechte, derart schwerwiegend verletzt worden sind, dass sich die Entscheidung als Willkürakt darstellt.[70] Anders verhält es sich bei der Beurteilung der Denunziation einer Republikflucht durch einen **Bürger der Bundesrepublik** (alte Bundesländer). Denn dessen Verhalten war nicht wie dasjenige des DDR-Bürgers an der Rechtsordnung der DDR zu messen (s. Art. 315 Abs. 1, 4 EGStGB).[71] Das bedeutet: Der Bürger der Bundesrepublik Deutschland, der Fluchtpläne eines DDR-Bürgers denunziert und so dessen Inhaftierung bewirkt hat, kann wegen Freiheitsberaubung unabhängig davon bestraft werden, ob eine offensichtliche, schwere Menschenrechtsverletzung von seinem Vorsatz umfasst war, die auch eine Strafbarkeit des verantwortlichen DDR-Richters wegen Rechtsbeugung begründet hätte.[72]

VII. Schwere Freiheitsberaubung (Absatz 3)

40 Absatz 3 ist ein Qualifikationstatbestand, der die Tat zum Verbrechen erhebt. Bei beiden Alternativen (Nrn. 1 und 2) handelt es sich um **Erfolgsqualifikationen**, die **besondere Tatfolgen i.S. des § 18** umschreiben; diese müssen vom Täter wenigstens fahrlässig herbeigeführt worden sein. Vorsatz ist hinsichtlich der Tatfolgen nicht erforderlich. Das war in der Rechtsprechung zur alten, vor dem 6. StrRG geltenden Fassung (Absatz 2 a.F.) auch für die länger als eine Woche dauernde Freiheitsberaubung anerkannt,[73] ist heute allerdings umstritten. In der Literatur wird zum Teil die Auffassung vertreten, Absatz 3 *Nr. 1* enthalte – anders als deren alte Fassung (§ 239 Abs. 2 Alt. 1 a.F.)[74] – keine Erfolgsqualifikation (i.S. des § 18), sondern eine „echte" tatbestandliche Qualifikation; der mindestens bedingte Vorsatz müsse deshalb auch die lange Dauer der Freiheitsberaubung umfassen (s. § 15; so Fischer Rdn. 15).[75] Das wird daraus hergeleitet, dass die qualifizierende Dauer der Freiheitsberaubung anders als in der bis dahin geltenden Fassung im Aktiv formuliert ist. Früher hieß es: „wenn die Freiheitsberaubung über eine Woche gedauert hat"; jetzt lautet die Wendung: „wenn der Täter das Opfer länger als eine Woche der Freiheit beraubt". Damit soll der bisherigen, am Wortlaut orientierten Einordnung als Erfolgsqualifikation (BGHSt **10** 306, 307) der Boden entzogen sein (so *Nelles* Fn. 71). Dem kann nicht gefolgt werden. Bereits zur früheren Fassung war schließlich – auch in Rücksicht auf die zugrunde liegende Gesetzesentwicklung (dazu BGHSt **10**

---

69 BGHSt **40** 125, 136 m.w.N.; **41** 247, 255; **42** 275, 278.

70 BGHSt **40** 30, 41; 40 272, 283; **41** 157, 163 f; **41** 247, 253; **42** 275, 278; BGH Urt. v. 22.10.1996 – 5 StR 140/96 – und – 5 StR 232/96.

71 BGHSt **39** 1, 6 ff; **40** 125, 127 ff.

72 BGHSt **42** 275, 276.

73 Siehe dazu BGHSt **10** 306, 310; s. weiter RGSt **61** 179.

74 Zu der es bereits einen ähnlich gelagerten Meinungsstreit gab; siehe dazu BGHSt **10** 306, 307 f.

75 Ebenso *Horn/Wolters* SK Rdn. 16; *Wieck-Noodt* MK Rdn. 38; *Sch/Schröder/Eser/Eisele*[29] Rdn. 12; *Nelles* in Dencker/Struensee/Nelles/Stein, Einführung in das 6. StrRG, S. 56 m.w.N.; *Wessels/Hettinger* Strafrecht BT/1 23. Aufl. Rdn. 377; *Sonnen* NK[3] Rdn. 27.

306, 308 ff) – anerkannt, dass es sich bei sämtlichen Qualifikationsgründen der Sache nach um eine Erfolgshaftung handelt. Auch die Materialien zur jetzigen Gesetzesfassung ergeben, dass Absatz 3 besondere Tatfolgen, nicht aber Tatbestandsmerkmale normiert.[76] Für eine Umgestaltungsabsicht des Gesetzgebers fehlt nicht nur jeder Anhalt; aus der Gegenäußerung der Bundesregierung zur Stellungnahme des Bundesrates und vor allem aus dem Bericht des Rechtsausschusses des Bundestages ergibt sich vielmehr, dass einfache Fahrlässigkeit hinsichtlich der schweren Tatfolge genügen soll (Rechtsausschussbericht BTDrucks. 13/9064 S. 15). Entscheidend aber ist, dass Absatz 3 Nr. 1 mit der zeitlichen Dauer des Zustandes, der durch die tatbestandsmäßige Handlung, die Freiheitsberaubung, vom Täter bewirkt wird, einen intensivierten, eben einen qualifizierten Erfolg umschreibt, der der *Vollendung* der Tat in zeitlichem Abstand nachfolgt. Die zur vollendeten Freiheitsberaubung führende tatbestandsmäßige Handlung als solche wird durch die Dauer ihrer Wirkung nicht mitgeprägt (siehe zu diesen Kriterien auch *Vogel* LK § 18 Rdn. 12, 17). Überdies wäre eine unterschiedliche dogmatische Bewertung zu Absatz 3 Nr. 1 einerseits und Nr. 2 andererseits (hier besondere Tatfolge, dort „echtes" Tatbestandsmerkmal) systematisch kaum zu rechtfertigen.[77]

Bei der langdauernden Freiheitsberaubung (Nr. 1) muss diese im Stadium der Voll- **41**
endung, also der vollständigen Aufhebung der potenziellen Bewegungsfreiheit **ununterbrochen länger als eine Woche** angedauert haben. Eine zwischenzeitliche, vorübergehende Wiedererlangung der Freiheit schließt die Anwendung dieser Vorschrift aus. In subjektiver Hinsicht muss die lange Dauer der Freiheitsberaubung für den Täter wenigstens voraussehbar gewesen sein (§ 18).

Der **Versuch** einer Straftat nach § 239 Abs. 3 Nr. 1 ist möglich, setzt aber voraus, dass **42**
der Täter auch im Blick auf die Dauer der Freiheitsberaubung mindestens bedingt vorsätzlich handelt.[78]

Die Qualifikationsalternative der Verursachung einer **schweren Gesundheitsschädigung** **43**
(Nr. 2) geht von der gesetzlichen Definition der Körperverletzung in § 223 Abs. 1 aus. Die dort als Taterfolg genannte Gesundheitsschädigung muss, soll § 239 Abs. 3 Nr. 2 eingreifen, sich als *schwere* Schädigung darstellen. Auf die frühere Konkretisierung durch Verweisung auf den Tatbestand der schweren Körperverletzung (§ 224 a.F., jetzt § 226) hat der Gesetzgeber bei der Neufassung der Strafvorschrift durch das 6. StrRG verzichtet. Eine Restriktion ist daraus nicht herzuleiten. Nach wie vor gilt, dass eine Gesundheitsschädigung, die den Tatbestand der schweren Körperverletzung (§ 226) erfüllt, auch als schwere Gesundheitsschädigung nach § 239 Abs. 3 Nr. 2 zu werten ist, wenn sie durch die Freiheitsberaubung oder durch eine Handlung des Täters während der Freiheitsentziehung verursacht wurde.[79] Andererseits ermöglicht die Neufassung es nun, auch Körperverletzungen zu erfassen, die nicht die Voraussetzungen des § 226 Abs. 1 erfüllen, im Blick auf die Folgen der Tat aber gleichfalls als schwere Gesundheits-

---

[76] Vgl. Gesetzentwurf BTDrucks. 13/8587 S. 84 (Gegenäußerung der BReg), siehe auch ebendort S. 41/42, 62 f; ebenso Bericht des Rechtsausschusses BTDrucks. 13/9064 S. 15.

[77] Im Ergebnis wie hier: *Maurach/Schroeder/Maiwald* Strafrecht BT[9] Tb 1 S. 159 = § 14 Rdn. 17; *Krey/Heinrich* Strafrecht BT[13] Bd. 1 Rdn. 321; *Rengier* Strafrecht BT II[10] § 22 Rdn. 19 ff; *Lackner/Kühl*[28] Rdn. 9; **aA:** *Fischer*[61] Rdn. 15 f; *Horn/Wolters* SK Rdn. 16; *Wieck-Noodt* MK Rdn. 38; *Sch/Schröder/Eser/Eisele*[29] Rdn. 12; *Sonnen* NK[3] Rdn. 27.

[78] Vgl. BGH GA **1958** 304; *Maurach/Schroeder/Maiwald* Strafrecht BT[9] Tb 1 S. 159 = § 14 Rdn. 17.

[79] Vgl. Regierungsentwurf BTDrucks. 13/7164 S. 42; BTDrucks. 13/8587 S. 41.

schädigung im Sinne von § 239 Abs. 3 Nr. 2 zu werten sind.[80] Diese Gesundheitsschädigung muss dann allerdings von solchem Gewicht sein, dass sie sich als einschneidend, ernstlich oder nachhaltig charakterisieren lässt (z.B.: Erforderlichkeit lebensrettender intensivmedizinischer Maßnahmen; umfangreiche, langwierige Rehabilitationsmaßnahmen zur Wiederherstellung der Gesundheit; erhebliche und langwierige Beeinträchtigung der physischen oder psychischen Leistungsfähigkeit des Opfers; vgl. *Schroth* NJW **1998** 2861, 2865);[81] Versuche, die Schwere der Gesundheitsbeschädigung als „relativen Begriff" zu verstehen und eine etwaige Leistungsbeeinträchtigung des Opfers berufsbezogen zu bestimmen (etwa bei einer langwierigen Handverletzung eines Chirurgen oder Pianisten), können nicht überzeugen.[82] Es handelt sich um ein objektiv einzugrenzendes gesetzliches Merkmal; für dessen Auslegung ist der vom Opfer ausgeübte Beruf nicht entscheidend. Deshalb ist es nicht unproblematisch, wenn der Begriff nach den Vorstellungen im Gesetzgebungsverfahren – undifferenziert – auch solche Gesundheitsschäden erfassen soll, die das Tatopfer in seiner Arbeitsfähigkeit nachhaltig beeinträchtigen.[83] Diese können allenfalls in einem ganz allgemeinen Sinne von indizieller Bedeutung sein. Der richtige Ort, spezielle berufsorientierte Tatfolgen beim Opfer zu berücksichtigen, ist die Strafzumessung (vgl. § 46 Abs. 2: Auswirkungen der Tat).

44 Zwischen der schweren Gesundheitsbeschädigung und der Freiheitsberaubung muss ein **ursächlicher Zusammenhang** bestehen (*durch* die Tat oder *durch* eine während dieser begangenen Handlung). Die Folge muss wenigstens fahrlässig herbeigeführt worden sein (§ 18).

45 In Betracht kommen als Ursachen etwa mangelnde Versorgung oder eine nach den Umständen gesundheitsschädliche Unterbringung, aber auch eine direkte Körperverletzung (BGHSt 28 18 m. Anm. *Hürxthal* LM Nr. 1). Bedeutungslos ist, ob die Folgen während der Freiheitsberaubung oder erst nach dem Wiedererlangen der Freiheit eintreten, so wenn das Opfer erst nach wiedererlangter Freiheit an einer Herzerkrankung stirbt, die durch die Belastungen der Freiheitsberaubung verursacht oder verstärkt wurde. Gleiches gilt, wenn die schwere Gesundheitsbeschädigung durch den **Versuch der Selbstbefreiung** des Opfers – nach vollendeter Freiheitsberaubung – eintritt (Beispiele: Sprung aus dem fahrenden Fahrzeug oder aus dem Fenster im zweiten Stock eines Gebäudes). Es kommt indessen darauf an, ob dies für den Täter voraussehbar war (§ 18). Das wird im Blick auf das als natürlich zu erachtende Bestreben des Menschen, sich einer Freiheitsberaubung zu entziehen, in der Regel zu bejahen sein („natürlicher Freiheitsdrang"). Auch mit **Befreiungsversuchen Außenstehender** wird grundsätzlich gerechnet werden müssen. Bei gesundheitlichen Spätfolgen wird die Prüfung von Kausalität und Fahrlässigkeit mitunter schwierig sein (vgl. auch Rdn. 38). Bleibt es beim **Versuch der Freiheitsberaubung**, führt dieser aber dennoch zu einer schweren Gesundheitsschädigung, ist der – gegebenenfalls nach Versuchsgrundsätzen gemilderte (§ 23 Abs. 2, § 49 Abs. 1) – Strafrahmen des Absatz 3 zugrundezulegen.[84]

---

[80] Vgl. Regierungsentwurf BTDrucks. 13/8587 S. 27 f; siehe zu einem Fall nach Schädelhirntrauma und Oberschenkelfraktur BGH NStZ **2005** 507, 508.

[81] Siehe dazu auch § 121 Abs. 3 S. 2 Nr. 3, § 177 Abs. 3 Nr. 3, § 218 Abs. 2 S. 2 Nr. 2, § 221 Abs. 1, § 250 Abs. 1 Nr. 1c, § 308 Abs. 2, § 313 Abs. 2, § 315 Abs. 3 Nr. 2, § 315b Abs. 3, § 330 Abs. 2 Nr. 1; siehe weiter *Schumacher* in Schlüchter, Bochumer Erläuterungen zum 6. StrRG § 239 Rdn. 7.

[82] So aber *Schroth* NJW **1998** 2861, 2865.

[83] Vgl. Regierungsentwurf BTDrucks. 13/8587 S. 27 f.

[84] Vgl. BGHSt 7 37, 39 zu den Brandstiftungsdelikten; vgl. zu den Fragen des erfolgsqualifizierten Versuchs auch bei § 239a Rdn. 31.

Die Qualifikation nach Absatz 3 hat im **Urteilstenor** Ausdruck zu finden (§ 260 Abs. 4 Satz 1 StPO). Eine aus sich heraus verständliche kurze Bezeichnung kann „wegen schwerer Freiheitsberaubung" lauten. **46**

VIII. Freiheitsberaubung mit Todesfolge (Absatz 4)

Auch Absatz 4 ist ein eigenständiger **Qualifikationstatbestand** (Erfolgsqualifikation), der als Verbrechen ausgewiesen ist. Er setzt neben der Erfüllung des Grundtatbestandes der Freiheitsberaubung nach Absatz 1 weiter voraus, dass durch die Freiheitsberaubung (Alternative 1) oder durch eine während der Freiheitsentziehung begangene Handlung (Alternative 2) der Tod des Opfers verursacht worden ist. Die freiheitsberaubende Handlung des Täters muss bei der ersten Alternative unter den vom Täter vorgegebenen oder vorgefundenen Rahmenbedingungen für den Tod zurechenbar kausal, der Tod also Folge der Freiheitsentziehung sein. Ist eine während der Freiheitsberaubung begangene Handlung ursächlich für den Tod des Opfers (Alternative 2), so muss zwischen der Freiheitsentziehung und der Tötungshandlung ein unmittelbarer innerer Zusammenhang bestehen (vgl. BGHSt **28** 18).[85] Das ergibt sich aus der Zwecksetzung des Qualifikationstatbestandes und seiner systematischen Verknüpfung mit dem Grundtatbestand. Der BGH hat einen solchen inneren Zusammenhang zwar in Einzelfällen als gegeben erachtet, letztlich aber doch offen gelassen, wie es sich verhielte, wenn er fehlte.[86] Dass sich überdies – noch weiter gehend – in der Todesfolge ein so genannter qualifikationsspezifischer Gefahrzusammenhang oder ein tatbestandsspezifisches Risiko verwirklicht, ist nicht erforderlich. Entsprechende Bemühungen der Rechtsprechung um eine insoweit einschränkende Auslegung des Tatbestandes der Geiselnahme mit Todesfolge sind nicht auf § 239 Abs. 4 übertragbar, weil jene Erwägungen maßgeblich an die hohe Strafrahmenuntergrenze bei § 239b Abs. 2 (i.V.m. § 239a Abs. 3) und die „Strenge der Sanktion" anknüpften (vgl. BGHSt **33** 322, 324 f; siehe dazu auch § 239a Rdn. 23, 24). **47**

Die Todesfolge muss vom Täter wenigstens *fahrlässig* zu verantworten sein (§ 18). Sie kann auch erst nach Beendigung der Freiheitsberaubung eingetreten sein, wenn diese nur Ursache ist oder die ursächliche Handlung während der Freiheitsberaubung begangen ist. Der Tod ist durch die Freiheitsberaubung auch dann verursacht, wenn ihn das Opfer unmittelbar bei dem Versuch erleidet, sich der Freiheitsberaubung zu entziehen (BGHSt **19** 382, 386 f; **aA** *Widmann* MDR **1967** 972). **48**

Die **subjektiven Voraussetzungen** (Vorsatz hinsichtlich der Freiheitsberaubung, Fahrlässigkeit hinsichtlich der Todesfolge) müssen während der Tatbegehung vorliegen. Ein erst *nach* Beendigung der Freiheitsberaubung, d.h. nach dem Wiedererlangen der Freiheit durch das Opfer vom Täter gefasster und umgesetzter Tötungsvorsatz reicht nicht.[87] An der Voraussehbarkeit des Todes kann es fehlen, wenn das Opfer, nachdem es die Freiheit durch Flucht wiedererlangt hat, verunglückt und sich dieser Unfall gleichsam als Ver- **49**

---

[85] Vgl. auch BGH Beschlüsse vom 24.9.1997 – 2 StR 443/97 – und vom 6.11.1997 – 4 StR 498/97 – o BGH Beschluss vom 23.5.2000 – 4 StR 135/00 – bei *Pfister* NStZ-RR **2000** 353, 360 f. (Festhalten des Opfers über Stunden hinweg, Vergewaltigung und Ermordung); BGH NStZ **2005** 507, 508 (Verkehrsunfall mit tödlichem Ausgang bei Freiheitsberaubung durch gefährdende Fahrweise und ignoriertem Willen des Mitfahrers, aussteigen zu wollen); *Horn/Wolters* SK Rdn. 22: „spezifische Zurechnungsverbindung".

[86] BGH Beschlüsse vom 24.9.1997 – 2 StR 443/97 – und vom 6.11.1997 – 4 StR 498/97.

[87] Vgl. BGHSt **21** 288, 291.

wirklichung eines Alltags- oder Jedermannsrisikos darstellt, auch wenn sich dieses ohne die vorangegangene Freiheitsberaubung so nicht ergeben hätte. Dagegen muss der Täter im Blick auf den natürlichen Freiheitsdrang des Menschen i.d.R. selbst dann mit der *Flucht* des Opfers und deren Folgen rechnen, wenn diese nach den gegebenen Umständen nur unter erheblichen Risiken möglich ist (Sprung aus großer Höhe, im unwegsamen Gelände oder aus einem fahrenden Fahrzeug). Ein *Selbstmord* des der Freiheit Beraubten ist dem Täter dann zuzurechnen, wenn er für ihn als Folge der Freiheitsberaubung oder der dem Opfer widerfahrenen Behandlung voraussehbar war.[88] Im Einzelnen ist all dies Tatfrage; es kommt auf die jeweiligen Umstände des Falles an (vgl. Rdn. 45; § 239a Rdn. 24–27).

50 **Wahlfeststellung** ist zulässig, soweit es darum geht, ob die Todesfolge durch die Freiheitsberaubung oder durch eine während dieser begangene Handlung des Täters eingetreten ist; Gleiches gilt auch hinsichtlich der Frage, ob die Folge mit oder ohne Zutun des Verletzten eingetreten ist.

51 Auch der **Versuch** der Freiheitsberaubung, bei dem die Todesfolge eintritt, ist als „versuchte Freiheitsberaubung mit Todesfolge" strafbar (§ 23 Abs. 1; vgl. Vogel LK[12] § 18 Rdn. 72 ff).[89] Vgl. zu den Fragen des erfolgsqualifizierten Versuchs § 239a Rdn. 31 und oben Rdn. 45.

52 Der **Schuldspruch** lautet auf „Freiheitsberaubung mit Todesfolge". Die gesetzliche Überschrift des § 239 (Freiheitsberaubung) würde die Tat nur unvollkommen kennzeichnen (vgl. § 260 Abs. 4 Satz 1, 2 StPO).

IX. Zusammentreffen

53 1. Soweit die Freiheitsberaubung nur *Bestandteil oder Mittel der Begehung anderer Straftaten* ist, die regelmäßig mit Freiheitsentziehung verbunden sind, kommt Tateinheit im allgemeinen nicht in Betracht; es besteht **Gesetzeskonkurrenz**, weil die betreffenden Strafvorschriften gegenüber § 239 spezieller sind. Das gilt z.B. beim Zusammentreffen mit den §§ 177, 239a, 239b sowie mit den §§ 249 ff.[90] Der Versuch der Freiheitsberaubung soll auch hinter § 241a als der spezielleren Straftat zurücktreten (BGH NJW **1960** 1211; siehe auch § 241a Rdn. 24). Zum Zusammentreffen mit § 234a siehe *Gribbohm* LK[11] § 234a Rdn. 65 f. Je nach Fallgestaltung ist aber auch **Tateinheit** oder Tatmehrheit möglich, so z.B. zwischen Vergewaltigung (§ 177) und Freiheitsberaubung, wenn die Freiheitsberaubung über das hinausgeht, was zur Verwirklichung der Vergewaltigung gehört (BGHSt **28** 18, 19; BGH NStZ **1999** 83),[91] oder wenn die Vergewaltigung zwar während der Dauer der Freiheitsberaubung begangen wurde, aber nicht die Freiheitsberaubung, sondern ein anderes Mittel, etwa Drohung mit Erschießen, das Opfer zur Hin-

---

88 Siehe auch BGH LM Nr. 3 zu § 346; vgl. auch *Fischer*[61] Rdn. 16; *Sch/Schröder/Eser/Eisele*[29] Rdn. 12.

89 Zur a.F. vgl. BGH GA 58 304 für einen Fall, in dem die schwere Folge gewollt war, aber nicht eingetreten ist.

90 RG LZ **1921** 659; BGH LM Nr. 8 zu § 177 a.F.; BGHR § 239a Konkurrenzen 1; BayObLGSt **1994** 158 163; OLG Koblenz Beschluss vom 9.1.2007 – 1 Ss 353/06 zum Verhältnis der Freiheitsberaubung zum Betrug (Freiheitsberaubung als Wegnahmemittel, Gesetzeskonkurrenz).

91 Siehe weiter BGHSt **18** 26, 27; LM Nr. 1; BGHR § 239 Abs. 1 Konkurrenzen 4, 7; BGHR § 177 Abs. 1 Konkurrenzen 5, 8, 9, 10, 11; BGH *bei Pfister* NStZ-RR **2000** 353, 360 f; Beschluss vom 15.11.2006 – 2 StR 447/6.

gabe zwang.[92] Vergewaltigung in Tateinheit mit Freiheitsberaubung[93] ist danach gegeben, wenn Vergewaltigungsmittel Schläge gegen Kopf und Körper des Opfers sowie das Würgen bis zur Bewusstlosigkeit sind, das Abschließen der Wohnungstür indessen dazu dienen soll, ein Entfliehen des Tatopfers zu verhindern und tatsächlich das Einschreiten hilfsbereiter Dritter verhindert hat. Tateinheit zwischen sexueller Nötigung und Freiheitsberaubung kannn vorliegen, wenn der Bruder des Tatopfers eingesperrt und so auch die schutzlose Lage des Opfers begründet wird (BGH StraFo **2005** 82). Ebenso ist Tateinheit mit Körperverletzung anzunehmen, wenn sie begangen wird, um das Opfer der Freiheit zu berauben. Dagegen tritt § 239 zurück, wenn die Freiheitsentziehung nur Nebenfolge der Körperverletzung ist.[94] Eine länger andauernde Freiheitsberaubung nach Abs. 1 ist nicht geeignet, währenddessen begangene mehrere schwere Vergewaltigungen und gefährliche Körperverletzungen zur Tateinheit zu verklammern (BGH NStZ 2008 209; NStZ-RR **2013** 273 m. Anm. *Putzke* ZJS **2013** 620).[95]

Trifft allerdings die Freiheitsberaubung mit der *Entziehung Minderjähriger* (§ 235 **54**
Abs. 1 bis 3) zusammen, liegt nicht Gesetzeskonkurrenz (Spezialität) vor, sondern Tateinheit; beide Vorschriften schützen verschiedene Rechtsgüter. Aus dem gleichen Grund schlägt auch das Strafantragserfordernis für die Verfolgung der Entziehung Minderjähriger (§ 235 Abs. 7) hier nicht auf die Freiheitsberaubung durch (BGHSt **39** 239, 241 ff zu § 235 a.F., vor dem 6. StrRG).[96]

2. **Nötigung** (§ 240) ist neben den insoweit spezielleren Tatbeständen des § 239 un- **55**
anwendbar, wenn der Täter mit der Nötigungshandlung nicht mehr als die Freiheitsentziehung erreichen will (RGSt **31** 301; **55** 239, 241).[97] Tateinheit ist indessen gegeben, wenn die Freiheitsberaubung der Erzwingung eines über deren bloße Duldung hinausgehenden Verhaltens dient.[98]

3. Tateinheit kommt ferner in Betracht mit **falscher Verdächtigung** (§ 164) oder **56**
Falschaussage (§§ 153 f),[99] mit tätlicher Beleidigung,[100] mit §§ 113, 132,[101] im Fall des Absatzes 3 mit § 225, im Fall des Absatz 4 mit §§ 211, 212 und 222.[102] Die Freiheitsberaubung als **Dauerdelikt** vermag aber auch ein mehraktiges Tatgeschehen, bei dem mehrere, an sich in Tatmehrheit zueinanderstehende Delikte begangen werden, nach allgemeinen Konkurrenzregeln zur Tateinheit zusammenzufassen.[103] Das gilt allerdings nicht, wenn die Freiheitsberaubung einen geringeren Unwert verkörpert als die anderen Taten.[104]

---

92 BGH bei *Dallinger* MDR **1956** **144**; LM Nr. 8 zu § 177 a.F.; BGH Beschluss vom 22.4.1999 – 1 StR 46/99.

93 BGHR § 239 Abs. 1 Konkurrenzen 7.

94 Vgl. auch *Sch/Schröder/Eser/Eisele*[29] Rdn. 14.

95 Ebenso BGH NStZ-RR **2009** 106, 107; **2011** 142, 143.

96 Vgl. zur früheren Rechtslage und einem auf § 239 „durchschlagenden" Strafantragserfordernis beim Zusammentreffen mit § 237 a.F. (i.V.m. § 238 Abs. 1 a.F. – Entführung gegen den Willen der Entführten): BGHR § 239 Abs. 1 Strafantrag 1.

97 Siehe weiter OLG Koblenz VRS **49** 347 350; *Sch/Schröder/Eser/Eisele*[29] Rdn. 14.

98 RGSt **25** 147; **31** 30, 301; **55** 239, 241; **59** 291, 298; BGHSt **30** 235.

99 Vgl. BGH LM Nr. 14.

100 BGH GA **1963** 16.

101 RGSt **59** 291, 298.

102 BGHSt **9** 135, 137; **19** 102, 106; BGHR § 239 Abs. 1 Konkurrenzen 6; BGH Beschluss vom 14.7.2005 – 4 StR 134/05.

103 BGHR § 239 Abs. 1 Konkurrenzen 9 sowie BGHR § 52 Abs. 1 Handlung, dieselbe 16 und Klammerwirkung 2. Zur Klammerwirkung von Absatz 4 bei Mord und Vergewaltigung vgl. BGH Beschluss vom 6.11.1997 – 4 StR 498/97 –. Vgl. ferner BGH NStZ-RR 1998, 234, 235 (Klammerwirkung bei sexueller Nötigung und räuberischer Erpressung).

104 BGHSt **18** 26, 28; BGHR § 177 Abs. 1 Konkurrenzen 3.

X. Internationale Bezüge

57 Nach § 239 Abs. 2 strafbare *Handlungen im Ausland*, die bei der Verfolgung ethnischer Minderheiten begangen worden sind (etwa die „ethnischen Säuberungen" in Bosnien-Herzegowina im Jahr 1992), unterliegen dem deutschen Strafrecht, wenn und soweit im Einzelfall eine völkervertragsrechtliche Verpflichtung Deutschlands zur Verfolgung dieser Auslandstaten besteht (§ 6 Nr. 9). Eine solche Verpflichtung folgt aus der IV. Genfer Konvention zum Schutz von Zivilpersonen in Kriegszeiten vom 12.8.1949 mit den Zusatzprotokollen I und II vom 8.6.1977[105]. Zu Einzelheiten vgl. BGHSt **46** 292, 302 = NJW **2001** 2728, 2730.

XI. Recht des Einigungsvertrages

58 § 239 gilt mit dem Wirksamwerden der Beitrittserklärung zur Bundesrepublik Deutschland am 3. Oktober 1990 auch in den auf dem Gebiet der früheren DDR gegründeten Bundesländern.[106] Zu beachten ist Art. 315 Abs. 1, Abs. 4 EGStGB i.d.F. der Anlage I zum Einigungsvertrag (Kap. III Sachgebiet C Abschn. II Ziffer 1 Buchst. b). Gravierende Besonderheiten ergeben sich daraus nicht, da der Tatbestand der Freiheitsberaubung auch im DDR-Strafrecht enthalten war und in seiner Grundstruktur § 239 sehr ähnlich war. § 131 DDR-StGB lautete:[107]

§ 131 Freiheitsberaubung

(1) Wer einen Menschen einsperrt oder auf andere Weise rechtswidrig der persönlichen Freiheit beraubt, wird mit Freiheitsstrafe bis zu zwei Jahren oder mit Verurteilung auf Bewährung, Geldstrafe oder mit öffentlichem Tadel bestraft oder von einem gesellschaftlichen Organ der Rechtspflege zur Verantwortung gezogen.

(2) Wer durch die Freiheitsberaubung eine schwere Körperverletzung fahrlässig verursacht oder sie auf andere, die Menschenwürde besonders verletzende Art und Weise begeht, wird mit Freiheitsstrafe bis zu fünf Jahren, und wer durch sie den Tod des Opfers fahrlässig verursacht, mit Freiheitsstrafe von zwei bis zu zehn Jahren bestraft.

(3) Der Versuch ist strafbar.

---

[105] Deutschland ist dem Abkommen mit Gesetzen vom 21.8.1954 (BGBl. 1954 II S. 781) und vom 11.12.1990 (BGBl. 1990 II S. 1550) beigetreten.

[106] Art. 8 EV vom 31.8.1990 (BGBl. II S. 889) i.V.m. dem Einigungsvertragsgesetz vom 23.9.1990 (BGBl. II S. 885) und dem Gesetz der Volkskammer vom 20.9.1990 (BGBl. II S. 1627) sowie der Bekanntmachung über das Inkrafttreten des Einigungsvertrages pp. vom 16.10.1990 (BGBl. II S. 1360).

[107] DDR-StGB vom 12.1.1968 i.d.F. der Bekanntmachung vom 14.12.1988 (GBl. I 1989 S. 33).

§ 239a
Erpresserischer Menschenraub

(1) Wer einen Menschen entführt oder sich eines Menschen bemächtigt, um die Sorge des Opfers um sein Wohl oder die Sorge eines Dritten um das Wohl des Opfers zu einer Erpressung (§ 253) auszunutzen, oder wer die von ihm durch eine solche Handlung geschaffene Lage eines Menschen zu einer solchen Erpressung ausnutzt, wird mit Freiheitsstrafe nicht unter fünf Jahren bestraft.

(2) In minder schweren Fällen ist die Strafe Freiheitsstrafe nicht unter einem Jahr.

(3) Verursacht der Täter durch die Tat wenigstens leichtfertig den Tod des Opfers, so ist die Strafe lebenslange Freiheitsstrafe oder Freiheitsstrafe nicht unter zehn Jahren.

(4) Das Gericht kann die Strafe nach § 49 Abs. 1 mildern, wenn der Täter das Opfer unter Verzicht auf die erstrebte Leistung in dessen Lebenskreis zurückgelangen lässt. Tritt dieser Erfolg ohne Zutun des Täters ein, so genügt sein ernsthaftes Bemühen, den Erfolg zu erreichen.

Schrifttum

Backmann Geiselnahme bei nicht ernst gemeinter Drohung, JuS **1977** 444; *Blei* Erpresserischer Menschenraub und Geiselnahme, JA **1975** 91; *Bohlinger* Bemerkungen zum 12. StÄG, JZ **1972** 230; *Brambach* Probleme der Tatbestände des erpresserischen Menschenraubes und der Geiselnahme, Diss. Köln **1998**; *Elsner* §§ 239a, 239b StGB in der Fallbearbeitung – Deliktsaufbau und … Einzelprobleme, JuS **2006** 784; Fahl Zur Problematik der §§ 239a, b StGB bei der Anwendung auf „Zwei-Personen-Verhältnisse", Jura **1996** 456; *Forster* Die Zwei-Personen-Verhältnisse beim erpresserischen Menschenraub und der Geiselnahme, Diss. Fraunkfurt/M. 2002; *Hansen* Tatbild, Tatbestandsfassung und Tatbestandsauslegung beim erpresserischen Menschenraub, GA **1974** 353; *Immel* Zur Einschränkung der §§ 239a I, 239b I StGB in Fällen „typischer" Erpressung/Nötigung im Drei-Personen-Verhältnis, NStZ **2001** 67; *Immel* Die Gefährdung von Leben und Leib durch Geiselnahme (§§ 239a, 239b StGB), Diss. Bochum 2001; *Maurach* Probleme des erfolgsqualifizierten Delikts bei Menschenraub, Geiselnahme und Luftpiraterie, Festschrift-Heinitz (1972) 403; *Middendorf* Menschenraub, Flugzeugentführungen, Geiselnahme, Kidnapping (1973); *Müller-Emmert und Maier*, Erpresserischer Menschenraub und Geiselnahme, MDR **1972** 97; *Nikolaus* Zu den Tatbeständen des Menschenraub und der Geiselnahme, Diss. Berlin 2003; *Rebmann* Probleme und Möglichkeiten des internationalen Terrorismus, NJW **1985** 1735; *Renzikowski* Erpresserischer Menschenraub und Geiselnahme im System des BT des StGB, JZ **1994** 492; *ders.* Zur Anwendbarkeit der StGB §§ 239a, 239b neben Nötigungsdelikten, JR **1995** 349; *Rheinländer* Erpresserischer Menschenraub und Geiselnahme (§§ 239a, 239b), Diss. Hagen 1999; *Salewski* Geiselnahme und erpresserischer Menschenraub: Eine interaktionsanalytische und motivationspsychologische Studie (1979); *Satzger* Erpresserischer Menschenraub (§ 239a StGB) und Geiselnahme (§ 239b StGB) im Zweipersonenverhältnis, Jura **2007** 114; *Tenckhoff/Baumann* Zur Reduktion der Tatbestände §§ 239a, 239b, JuS **1994** 836; *Zwieschack* Geiselnahme und erpresserischer Menschenraub (§§ 239a, 239b StGB) im Zwei-Personen-Verhältnis, Diss. Fraunkfurt/M. 2001.

Über statistisches Material zu § 239a siehe *Brambach* aaO S. 42 ff und *Wolter* JR **1986** 465.

Entstehungsgeschichte

§ 239a geht auf das 12. StÄG vom 16. Dezember 1971[1] zurück; die Vorschrift trat an die Stelle des früheren Tatbestandes über den erpresserischen Kindesraub.[2] Ihre Fassung

1 BGBl. I 1979.

2 Zu den rechtsgeschichtlichen Ursprüngen vgl. *Brambach* S. 23 ff; *Maurach/Schroeder/Maiwald* BT[9] Tb 1 S. 160 = § 15 Rdn. 1 f. Jene

beruht auf einer Formulierungshilfe des Bundesjustizministeriums, die vorsah, den Fall der Geiselnahme in einer gesonderten Vorschrift (§ 239b) zu erfassen und in § 239a die Tathandlung in Anlehnung an die Vorschläge des E 1962 (§ 165) zu umschreiben. Der Sonderausschuss für die Strafrechtsreform stimmte dem zu. Verlauf und Ergebnis der Beratungen sind in dem schriftlichen Bericht des Sonderausschusses dargestellt (BTDrucks. VI/2722).[3] Der Bundestag beschloss am 22. Oktober 1971 die vom Sonderausschuss vorgeschlagene Fassung (Prot. VI S. 8403 ff). Das Gesetz wurde als 12. StÄG (im Entwurf noch als 13. StÄG bezeichnet) verkündet.

Eine wesentliche Änderung erfuhr der Tatbestand durch das StÄG 1989[4]: In der Folge Aufsehen erregender Entführungen wurde die Mindeststrafe auf fünf Jahre angehoben, zugleich aber ein besonderer Strafrahmen für den minder schweren Fall eingeführt (Absatz 2), nicht zuletzt auch, um „Verhandlungen" zwischen Tätern und Polizei während andauernder Taten zu erleichtern.[5] Darüber hinaus wurden in den Tatbestand auch diejenigen Fälle ausdrücklich einbezogen, in denen sich die Nötigungshandlung nicht gegen einen Dritten (so genanntes Dreiecksverhältnis), sondern gegen die Person richtet, die der Täter in seine Gewalt gebracht hat (so genanntes Zwei-Personen-Verhältnis)[6]. Geringfügige Änderungen hauptsächlich sprachlicher Natur (geschlechtsneutrale Ausdrucksweise) brachte das 6. StrRG;[7] es stellt in Absatz 3 nun auch klar, dass der Tod des Opfers *wenigstens* leichtfertig verursacht sein muss.

Übersicht

Vorläuferbestimmung war durch Gesetz vom 22.6.1936 eingeführt worden (RGBl. I 493). Mit ihr sollte der Entführung fremder Kinder begegnet werden. Eine andere Fassung erhielt dieser Tatbestand durch das 3. StÄG vom 4. August 1953 (BGBl. I 735). Vgl. zu der auf der Entstehung in der NS-Zeit lastenden „schweren Hypothek" (Rückwirkung und Todesstrafe) *Hansen* GA **1974** 353 und *Maurach* JZ **1962** 559.

3 Siehe weiter: Entwurf des Bundesrates BTDrucks. VI/2139; Beratungen des Sonderausschusses Prot. VI S. 1547, 1565 ff, 1571, 1577.

4 Vom 9.6.1989, BGBl. I 1057; RegE BTDrucks. 11/2834 S. 9; Bericht des BT-Rechtsausschusses BTDrucks. 11/4359 S. 5, 13, 17.

5 Kritisch zu den Strafrahmen *Kunert/Bernsmann* NStZ **1989** 451; vgl. auch *Sonnen* NK[3] Rdn. 9–15.

6 Vgl. dazu auch BGHSt 40 350, 356 f m.w.N.

7 Vom 26.1.1998, BGBl. I 164; vgl. dazu insbesondere RegE BTDrucks. 13/8587 S. 8, 63, 84; Bericht des BT-Rechtsausschusses BTDrucks. 13/9064 S. 12; zur **Kritik** u.a. *Nelles* in Dencker/Struensee/Nelles/Stein, Einführung in das 6. StrRG S. 58; *Freund* ZStW **109** 481; *Sander/Hohmann* NStZ **1998** 274.

I. Allgemeines; geschütztes Rechtsgut

Die angedrohte gewichtige Strafe spiegelt den hohen Unrechtsgehalt der Tat wider. Geschützt werden mehrere Rechtsgüter. Es geht um die **persönliche Freiheit des Opfers** und sein seelisches wie körperliches *Wohlbefinden*; weiter um die *Entschließungsfreiheit* des sich sorgenden Dritten, des Opfers selbst sowie um den Schutz des *Vermögens* des Erpressten. Bei alledem wird das Rechtsgut der Freiheit des Opfers im Vordergrund stehen, das folgerichtig auch den systematischen Standort des Tatbestandes im Gesetz bestimmt.[8] **1**

Die Strafnorm ist als ein unvollkommen zweiaktiges Delikt ausgewiesen. Der erste Teilakt, das *Entführen* oder *Sichbemächtigen*, stellt sich als objektive Tathandlung dar; der zweite Teilakt liegt zunächst in der Vorstellung des Täters (Absatz 1 Halbsatz 1) oder knüpft an die geschaffene Ausgangslage an (Absatz 1 Halbsatz 2; vgl. BGHSt **40** 350, 355). **2**

Der Tatbestand des erpresserischen Menschenraubes steht neben dem der Geiselnahme. Hier (§ 239a) ist der Angriff auf die Freiheit des Opfers Grundlage einer *Erpressung*; dort (§ 239b) dient eine qualifizierte Drohung weitergehend einer *Nötigung*.[9] **3**

Die **Verjährungsfrist** für die Tat nach Absatz 1 beträgt 20 Jahre (§ 78 Abs. 3 Nr. 2); für die Erfolgsqualifikation nach Absatz 3 sind es 30 Jahre (§ 78 Abs. 3 Nr. 1). **4**

II. Äußere Tathandlung

Sie besteht darin, dass der Täter **einen Menschen entführt oder sich seiner bemächtigt.** **5**

1. Tatobjekt kann jeder Mensch ohne Rücksicht auf sein Alter sein. Handelt es sich um ein Kind, so braucht es nicht mehr „fremd“ zu sein (dazu BGHSt **26** 70, 71; BGH GA **1975** 53); diese vor dem 12. StÄG von 1971 im Tatbestand enthaltene Einschränkung wurde aus kriminalpolitischen Gründen aufgegeben (Bericht des Sonderausschusses BTDrucks. VI/2722 S. 2). Auch ein leiblicher Elternteil kann mithin sein *eigenes Kind* entführen oder sich seiner bemächtigen. Ebenso kann ein Bewusstloser entführt werden (BGHSt **25** 237 zu § 237 a.F.); er ist auch in diesem Zustand „ein Mensch“ und mithin nach dem Wortlaut des Tatbestandes geeignetes Tatobjekt. **6**

---

[8] *Fischer*[61] Rdn. 2: Schutz der „psycho-physischen Integrität“, und zwar auch die des sich sorgenden Dritten; vgl. BGH GA **1975** 53; *Hansen* GA **1974** 353, 363; *Sonnen* NK[3] Rdn. 11 f.

[9] Vgl. *Maurach/Schroeder/Maiwald* BT[9] Tb 1 S. 163 = § 15 Rdn. 18.

7 Taugliches Tatopfer ist auch derjenige, der „freiwillig" an die Stelle eines anderen Opfers tritt (so genannte **„Ersatzgeisel"**), etwa der Sohn an die Stelle der Mutter, weil er glaubt, den dieser drohenden Gefährdungen eher gewachsen zu sein. Hierbei handelt es sich lediglich um einen für die Tatbestandsmäßigkeit und Rechtswidrigkeit der Tathandlung bedeutungslosen Tatopferwechsel (vgl. BGHSt **26** 70, 72). Der vom Täter geschaffene rechtswidrige Zustand, dass ein Mensch von ihm illegal beherrscht wird und als Mittel einer Erpressung ausgenützt werden soll, ändert sich durch den unter dem Druck der Situation – nach Abwägung durch das „Ersatzopfer" – vollzogenen Tatopferwechsel nicht und bleibt nach wie vor rechtswidrig. Das Ersatzopfer handelt nicht wirklich freiwillig. Sein „Einverständnis" ist durch die Lage des ursprünglichen Opfers bedingt und insoweit unbeachtlich; das Ersatzopfer ist allenfalls einverstanden, „Geisel zu werden, nicht aber damit, Geisel zu sein" (so *Brambach* S. 102).[10] Im Übrigen werden sich die Stadien des Sichbemächtigens für beide Personen – ursprüngliches Tatopfer und „Ersatzopfer" – oft zumindest kurze Zeit überschneiden (im Ergebnis h.M., vgl. *Sch/Schröder/Eser/Eisele*[29] Rdn. 9; *Horn/Wolters* SK Rdn. 5; *Maurach/Schroeder/Maiwald* BT[9] Tb 1 § 15 Rdn. 23).

8 Das Einverständnis eines Sorgeberechtigten mit der Entführung eines Kleinstkindes hat weder tatbestandsausschließende noch rechtfertigende Wirkung; denn der Gesetzgeber wollte gerade auch Kindern Schutz vor den eigenen Eltern zukommen lassen. Dem entsprechend hat er mit dem 12. StÄG vom 16. Dezember 1971 den Tatbestand des „erpresserischen Kindesraubes", der lediglich „fremde Kinder" schützte, abgelöst; der alte Zustand sollte durch die Neufassung ausdrücklich beseitigt werden (vgl. BGHSt **26** 70, 72; Sonderausschuss-Bericht BTDrucks. VI/2722 S. 2; oben Rdn. 6).

9 Kein taugliches Tatopfer kann hingegen derjenige sein, der sich in Absprache mit dem Täter von vornherein aus freien Stücken als **„Scheinopfer"** zur Verfügung stellt, um eine Entführung oder ein Sichbemächtigen lediglich vorzutäuschen. Hier liegt weder ein Entführen noch ein Sichbemächtigen vor. Allerdings kommt, wird der Tatentschluss verwirklicht, *mittäterschaftlich* begangene Erpressung in Betracht (§ 253).[11] Wer den Tod eines Menschen ausnützt und sich der Leiche bemächtigt, um unter Vorspiegelung der „Geiselnahme" die unwissenden Angehörigen zu erpressen, handelt ebenfalls nicht tatbestandsmäßig (vgl. *Brambach* S. 87; siehe zur Tötung des Opfers auf der Grundlage einer noch zu dessen Lebzeit herbeigeführten Bemächtigungslage und anschließender Erpressung aber unten Rdn. 17, 32).

10 **2. a)** Das Merkmal des **Entführens** setzt eine Verbringung des Opfers von seinem bisherigen Aufenthaltsort voraus, typischerweise wider dessen Willen. Das ergibt sich aus dem sprachlichen Bedeutungsgehalt. Der Täter übernimmt die Aufenthaltsbestimmung; er begründet die physische Gewalt über das Opfer (vgl. BGH NStZ **1993** 539). Kennzeichnend für die Entführung ist, dass das Opfer durch die *Verbringung an einen anderen Ort* in seinen *Schutz- und Verteidigungsmöglichkeiten* in einem Maße *eingeschränkt* wird, dass es dem *ungehemmten Einfluss des Täters ausgesetzt* ist[12]. Dabei kommt es im

---

10 Nach *Backmann* JuS **1977** 444, 449 ist das Einverständnis mit einem Mangel behaftet.

11 Vgl. *Lackner/Kühl*[28] Rdn. 3; *Horn/Wollters* SK Rdn. 5. Zum Scheinopfer vgl. weiter BGH NStZ **1985** 408 = JZ **1985** 1059 mit krit. Anm. *Zaczyk*; *Maurach/Schroeder/Maiwald* BT[9] Tb 1 S. 165 = § 15 Rdn. 23; *Wessels/Hettinger* BT 1 Rdn. 454, 455; *Backmann* JuS **1977** 444, 449; *Lampe* JR **1975** 424, 425.

12 Vgl. BGHSt **22** 178, 179; **29** 233, 237; BGH GA **1966** 310, 311, jeweils zu §§ 236, 237 a.F.; BGHSt **40** 350, 359 zu § 239b; BGH NJW **1989** 917 zu § 237 a.F.; *Renzikowski* MK Rdn. 29 ff.

Einzelfall auch auf die Disposition, die Befindlichkeit und die seitherigen Schutzmöglichkeiten des Opfers an. Ein solch bestimmender Einfluss des Täters setzt aber nicht die völlige Aufhebung der persönlichen Freiheit des Opfers voraus; ebenso wenig ist eine ständige und aktuelle Wirkung physischer Gewalt erforderlich, mag dies auch meist der Fall sein (vgl. *Lackner/Kühl*[28] Rdn. 3).[13] Andererseits reicht nicht jede vom Täter bewirkte Ortsveränderung aus. Es kommt darauf an, dass das Opfer durch die Herausnahme aus seiner bisherigen Umgebung in seinen Möglichkeiten, sich dem Einfluss des Entführers zu entziehen, entscheidend beeinträchtigt wird (vgl. BGH GA **1966** 310, 311 zu § 236 a.F.). Hat es sich schon vorher in einem gewissen Abhängigkeits- oder faktischen Herrschaftsverhältnis zum Täter befunden (z.B. Mitfahrt in dessen Auto), kommt es auf den Vergleich der Schutz- und Verteidigungsmöglichkeiten vor und nach der vom Täter – mit der entsprechenden subjektiven Vorstellung – bewirkten Ortsveränderung an (vgl. BGH GA **1968** 246, 247 zu § 236 a.F.).

Das *Entführen* umfasst auch Fallgestaltungen, in denen das Tatopfer *nicht* durch **11**
Gewalt gehindert wird, sich aus der Einwirkung des Täters zu entfernen. **List** und **Verlockung** kommen hier gleichermaßen als geeignete Tatmittel in Betracht. Als ***List*** ist ein Verhalten zu verstehen, das darauf abzielt, unter geschicktem Verbergen der wahren Zwecke die Ziele des Täters durchzusetzen. Der Täter muss beim Opfer zunächst falsche Vorstellungen über den Sinn der Ortsveränderung wecken (BGH NStZ **1996** 276, 277). Überredet der Täter ein vertrauensseliges Kind, ihm zu folgen, kann vollendete Entführung schon gegeben sein, wenn er mit dem Kind ein Beförderungsmittel benutzt (Linienbus, Bahn), mit dem die Aufenthaltsveränderung durchgeführt wird, und dies selbst dann, wenn das Kind zu diesem Zeitpunkt noch von hilfsbereiten Personen umgeben ist und der Täter die physische Gewalt über das Opfer noch nicht erlangt hat (vgl. dazu Prot. VI/S. 1562; *Müller-Emmert/Maier* MDR **1972** 97, 98). Voraussetzung ist allerdings, dass eine gewisse, zur Erpressung ausnutzbare Lagestabilisierung eingetreten ist (vgl. dazu Rdn. 17) und List oder Verlockung entsprechend wirken. Das wiederum hängt im Einzelfall von der Einsichtsfähigkeit und den Einsichtsmöglichkeiten des Opfers ab.[14] Die Begehungsform des Entführens bezieht mithin auch die Fälle so genannter extremer sozialer Herrschaft ein, wie sie sich typischerweise bei erfolgreichem Weglocken von Kindern einstellt und sich damit letztlich auch als körperliche Gewalt über das Opfer ausweist.[15] Danach wird es als Entführung zu beurteilen sein, wenn ein Kind in das fremdsprachige Ausland gelockt wird, wo es zwar vom Täter nicht gehindert wird, sich frei zu bewegen, tatsächlich aber auf den Täter angewiesen ist und von seiner Bewegungsfreiheit keinen Gebrauch machen kann, weil es der Örtlichkeit unkundig und der fremden Sprache nicht mächtig ist, sich also niemandem verständlich machen kann. Ausreichend sein kann aber auch schon das Locken eines kleineren Kindes auf einen Rummelplatz, um es sodann in eine fremde, „feindliche Umgebung“ zu verbringen.

b) Der Begriff des **Sichbemächtigens** ist hier ebenso zu verstehen wie in § 234;[16] er **12**
setzt die Begründung der physischen Herrschaft, gleichsam der tatsächlichen Verfügungsgewalt des Täters über das Opfer voraus, wobei weder eine Ortsveränderung erforderlich ist noch der Tatbestand der Freiheitsberaubung erfüllt sein muss (BGH NStZ **1986** 166; **1996** 277; **1999** 509; **2006** 448; **2010** 516; BGHR StGB § 239a Abs. 1 Sichbemächtigen

---

[13] Siehe auch *Renzikowski* JZ **1994** 492, 495.
[14] Vgl. *Sch/Schröder/Eser/Eisele*[29] Rdn. 6.
[15] Vgl. Sonderausschuss-Beratungen Prot. VI S. 1562, 1571 f; Sonderausschuss-Bericht BTDrucks. VI/2722 S. 2; *Maurach/Schroeder/Maiwald*[8] BT Tb 1 S. 164 = § 15 Rdn. 22.
[16] Vgl. dazu *Gribbohm* LK[11] § 234 Rdn. 3 f.

3, 6; vgl. auch BGHSt **26** 70, 72; BGH bei Holtz MDR **1978** 987; **krit.** *Küper* Jura **1983** 206, 210). Das Opfer muss an der freien Bestimmung über sich selbst gehindert sein. Daran fehlt es, wenn es sich der vom Täter herbeizuführenden Bemächtigungslage noch risikolos und ohne weiteres entziehen kann, z.B. durch Flucht (BGHR StGB § 239a Abs. 1 Sichbemächtigen 3, 6). Der Begriff des Sichbemächtigens ist anstelle des Begriffs der Freiheitsberaubung gewählt worden, um auch solche Fälle zu erfassen, in denen eine Freiheitsberaubung nicht in Betracht kommt, weil das Opfer einen natürlichen Fortbewegungswillen nicht haben kann (vgl. § 239 Rdn. 6). Insbesondere sollten auch Sachverhalte erfasst werden, in denen der Täter die Gewalt über ein *Kleinstkind* begründet, ohne dessen Aufenthalt zu verändern, er jedoch Sorgeberechtigte oder eine Aufsichtsperson zwingt – etwa durch Bedrohen mit einer Pistole oder auf andere Weise –, sich vom Aufenthaltsort des Opfers zu entfernen, das Opfer „zu verlassen".[17]

13 Auch der *Sorgeberechtigte* kann sich seines eigenen Kindes bemächtigen. Er hat kraft zivilrechtlicher Regelung zwar gewisse, allerdings stets am Kindeswohl auszurichtende Herrschaftsbefugnisse (vgl. §§ 1626 ff BGB). Dieses Sorgerechtsverhältnis kann aber missbraucht und von einem etwaigen Bemächtigungsverhältnis überlagert werden, wenn das Handeln des Täters von „feindseliger Absicht" getragen und nicht Ausdruck der Konkretisierung des Sorgerechts ist (vgl. BGHSt **26** 70, 72; *Brambach* S. 103/104). Ein Bemächtigen kannn auch in der Begleitung eines Opfers durch einen *physisch überlegenen Bewacher* liegen, der entschlossen ist, etwaige Fluchtversuche zu unterbinden (Beispiel: Verschleppen des Opfers unter Vorhalt eines Messers zu einem Geldautomaten). Das Bemächtigen setzt keine so umfassende Sicherung voraus, dass die Möglichkeit einer Flucht (Rdn. 12) oder des Schutzes durch zufällig hilfsbereite Dritte ausgeschlossen wäre (BGH NStZ-RR **2007** 77; vgl. BGH NStZ-RR **2006** 12, 13).

14 3. Bestimmte **Mittel der Bemächtigung** sind im Gesetz nicht vorgeschrieben (BGH NStZ **1999** 509). Im Allgemeinen werden die in § 234 Genannten in Betracht kommen (Gewalt, Drohung, List). Jedenfalls müssen es solche sein, die geeignet sind, die körperliche Herrschaft über das unmittelbare Tatopfer zu begründen. Eine Drohung muss nicht ausdrücklich ausgesprochen werden; es genügt, wenn sie konkludent mit der Tathandlung als solcher verbunden ist (BGH Urteil vom 2. Mai 1984 – 2 StR 80/84). Des weiteren genügt die Bedrohung mit einer Schusswaffe, auch wenn diese nicht geladen ist, oder mit einer Schreckschusspistole oder einer Pistolenattrappe, wenn der Täter dadurch die Verfügungsgewalt über die Person des anderen begründet.[17a] Bemächtigen kann sich der Täter des Opfers auch, indem er dieses über eine größere Distanz mit einer scheinbar echten Schusswaffe bedroht und in Schach hält (BGHR StGB § 239a Abs. 1 Sichbemächtigen 6; *Rengier* GA **1985** 314). In Betracht kommt weiter die Beseitigung von Bewegungs- und Befreiungsmöglichkeiten (*Sch/Schröder/Eser/Eisele*[29] Rdn. 7). Ohne Bedeutung ist, ob für das Opfer wirklich eine Gefahr entsteht und ob es seine Lage erkennen kann, wenn die Sorge eines Dritten – und nicht die des Opfers selbst – zur Erpressung ausgenutzt werden soll (BGH GA **1975** 53; BGH NStZ **1985** 455 zu § 239b; BGHR StGB § 239a Abs. 1 Sichbemächtigen 6).

15 4. Das **Verhältnis des Entführens und Sichbemächtigens** ist nicht näher bestimmt. Eine Einengung dieser Merkmale ist mit ihrem Nebeneinander nicht verbunden. Beide

---

[17] Vgl. Sonderausschuss-Bericht BTDrucks. VI/2722 S. 2.

[17a] **AA** *Fischer* Rdn. 4a ff: Erforderlich sei der objektive Eintritt einer abstrakt gefährlichen Bemächtigungslage.

Begehungsformen können sich überschneiden, haben aber durchaus ihren selbstständigen Anwendungsbereich. Die Ansicht von *Sch/Schröder/Eser/Eisele*[29] Rdn. 6,[17b] derzufolge die Entführung eine Vorstufe des Sichbemächtigens sei[18] und deshalb dann, wenn es „am Beginn des Sichbemächtigens" fehle, der Fall nicht im Anwendungsbereich des Tatbestands liege, findet insoweit im Gesetz keine Stütze.[19] Richtig ist, dass sich die zur Entführung notwendige Ortsveränderung mitunter als Vorstufe zum Sichbemächtigen darstellen oder gar zeitlich bereits mit diesem zusammenfallen wird (vgl. BGHSt **39** 330, 332/333). Daraus lässt sich aber eine einengende Auslegung des Begriffs der Entführung nicht herleiten. Gerade solches war nicht beabsichtigt. Der Bericht des Sonderausschusses (BTDrucks. VI/2722 S. 2) hebt ausdrücklich hervor, beide Begriffe würden im Tatbestand verwendet, weil möglicherweise nicht alle denkbaren Fälle einer Entführung unter das Merkmal des Sichbemächtigens subsumiert werden könnten (siehe auch die Diskussion im Sonderausschuss, Prot. VI S. 1571; vgl. *Müller-Emmert/Maier* MDR **1972** 97, 98). Der Begriff des Entführens ist also insofern enger, als er eine Ortsveränderung voraussetzt; er kann aber im Randbereich – besonders in Fällen der Anwendung von List – auch weiter greifen als der des Sichbemächtigens.

III. Innerer Tatbestand

Neben dem **Vorsatz** zur eigentlichen Tathandlung (Entführen, Sichbemächtigen) ist die **Absicht** erforderlich, die Sorge eines Dritten um das Wohl des Opfers oder die des Opfers um sein eigenes Wohl zu einer Erpressung (§ 253) auszunutzen. Bei der ersten Alternative (Absatz 1 Halbsatz 1) muss diese Absicht schon bei der Entführung oder im Zeitpunkt des Sichbemächtigens gegeben sein; bei der zweiten Alternative (Absatz 1 Halbsatz 2) tritt die Zielsetzung der Erpressung erst später hinzu. Zwischen dem äußeren Teilakt, der bewirkten Bemächtigungslage, und der beabsichtigten Erpressung muss ein **funktionaler und zeitlicher Zusammenhang** bestehen (BGHSt **40** 350, 355; siehe dazu Rdn. 34 ff). **16**

1. Mit der Entführung oder dem Sichbemächtigen in der vorbezeichneten Absicht ist die Tat **nach der ersten Alternative** rechtlich **vollendet**; ob der Täter tatsächlich Schritte zur Verwirklichung seiner Erpressungsabsicht ergreift, ist ohne Bedeutung (BGHSt **16** 316, 317 = NJW **1962** 164). An der Vollendung der Tat ändert sich auch nichts, wenn der Täter nach dem Entführen (Sichbemächtigen) freiwillig seine Absicht aufgibt und tätige Reue übt; dies kann nur unter den Voraussetzungen des Absatzes 4 zu einer Strafmilderung führen. Rechtlich bedeutungslos ist, ob der Täter Willens ist, das Opfer nach Erlangung des erpressten Vorteils freizulassen. Entscheidend ist, dass er beim Entführen (Sichbemächtigen) die Absicht hat, die Sorge um das Wohl des Opfers zu einer Erpressung auszunutzen. Daher ist der Tatbestand auch dann erfüllt, wenn der Täter das Opfer alsbald nach dem Entführen (Sichbemächtigen) tötet und dies gar von vornherein beabsichtigt hat. Der Strafgrund des § 239a, auch Dritte vor der verwerflichen Ausnutzung ihrer Sorge um das Wohl des Opfers zu schützen, trifft auch hier zu. Der „Dritte" ist der verwerflichen Ausnutzung seiner Sorge auch dann ausgesetzt, wenn das Opfer schon getötet **17**

17b Vgl. auch *Horn/Wolters* SK Rdn. 4; *Sonnen* NK[3] Rdn. 18.

18 BGHSt **39** 330, 332/333 kann allerdings dahingehend missverstanden werden.

19 Wie hier im Ergebnis *Lackner/Kühl*[23] Rdn. 3; *Maurach/Schroeder/Maiwald* BT[9] Tb 1 S. 164 f = § 15 Rdn. 22. Vgl. zur Diskussion auch *Renzikowski* MK Rdn. 39.

ist oder getötet werden soll, der Täter aber gleichwohl seine Herausgabe nach Erlangung des erstrebten Vorteils in Aussicht stellt (BGHSt **16** 316, 317 f; anders nur, wenn sich der Täter von vornherein einer Leiche bemächtigt; vgl. oben Rdn. 9).

18 2. Mit der Änderung des Tatbestandes durch das StÄG 1989 kommt neben der **Sorge eines Dritten** auch die **Sorge des Opfers** um sein *eigenes Wohl* als Grundlage der Ausnutzung für eine Erpressung in Betracht (siehe oben Entstehungsgeschichte).

19 a) Das Merkmal der **Sorge um das Wohl** ist weit und allgemein gehalten. Die Anforderungen liegen insoweit deutlich niedriger als beim Tatbestand der Geiselnahme, der eine qualifizierte Drohung – mit dem Tod, einer schweren Körperverletzung oder einer langdauernden Freiheitsentziehung zum Nachteil des unmittelbaren Tatopfers – erfordert. In praxi wird auch beim erpresserischen Menschenraub die Besorgnis um das Wohl des unmittelbaren Opfers oft aus den übermittelten Drohungen folgen. Voraussetzung ist das indessen nicht. Regelmäßig ergibt sich eine solche Sorge schon aus dem bloßen Herbeiführen der Bemächtigungs- oder Entführungslage; sie wird erst mit deren Beendigung entfallen. Deshalb wäre es verfehlt, bei einem Täter, der zwar in der Entführung des Opfers das geeignete Mittel für eine erfolgreiche Erpressung sieht, sein Vorgehen aber nicht mit Drohungen unterstreicht, eventuell sogar am Wohlergehen des Opfers keinen Zweifel aufkommen lassen will, eine „Ausnutzung der Sorge um das Wohl des Opfers" zu verneinen (so aber *Müller-Emmert/Maier* MDR **1972** 97, 98). Wer einen anderen entführt und wer auf dieser Grundlage erpressen will, der *muss* auf die Sorge eines Dritten um das Wohl des Opfers setzen; bloße „Wohlergehenszusicherungen" des Täters würden daran nichts ändern.

20 b) Der sich sorgende **Dritte** und der Nötigungsadressat (der Erpresste) müssen nicht identisch sein. Das folgt aus dem Wortlaut der Vorschrift, der die Ausnutzung zu *einer*, d.h. irgendeiner Erpressung genügen lässt. Diese Auslegung trägt dem Schutzzweck des Tatbestandes und der gesetzgeberischen Absicht Rechnung. Erfasst werden sollen auch die Fälle, in denen Sorge tragende Angehörige zwar vorhanden, praktisch aber „untaugliche" Nötigungsadressaten sind, weil es ihnen an den Mitteln fehlt, das etwa geforderte Lösegeld aufzubringen, und in denen dann – wie die Erfahrung lehrt – hilfsbereite andere Personen oder Stellen einspringen. Hierher gehören auch die selteneren Fälle, in denen lediglich die Allgemeinheit sich um das Wohl des Opfers sorgt, weil dieses allein stehend und ohne Angehörige oder Freunde ist (vgl. Prot. VI S. 1553).

21 Dritter kann jeder sein, der sich um das Schicksal des Opfers sorgt. Es genügt, dass der Täter in der Erwartung handelt, **irgendjemand** werde um das leibliche und seelische Wohl des Opfers besorgt sein, auch wenn das tatsächlich nicht zutreffen sollte.[20] Es bedarf mithin nicht der Feststellung eines konkreten „Dritten", der Sorge um das Wohl des Opfers trägt.

22 c) Die **eigene Sorge des Opfers** kommt als Anknüpfungspunkt für eine Erpressung ebenfalls in Betracht. Die Neuregelung des Tatbestandes durch das StÄG 1989 hat das frühere Erfordernis eines Dreiecksverhältnisses zwischen Täter, Opfer und Erpresstem aufgegeben und auch das so genannte *Zwei-Personen-Verhältnis* in den Anwendungsbereich des Tatbestandes einbezogen.

---

[20] *Fischer*[61] Rdn. 5; *Renzikowski* MK Rdn. 50; *Sch/Schröder/Eser/Eisele*[29] Rdn. 13; *Backmann/Müller-Dietz* JuS **1975** 38, 41; *Blei* JA **1975** 20; vgl. auch *Hansen* GA **1974** 353, 366.

3. Das **Ziel des Täters** muss **eine Erpressung** (§ 253) sein, d.h. er muss beabsichtigen, die Entführungs- oder Bemächtigungslage und die dadurch hervorgerufene Sorge um das Wohl des Opfers als Mittel einzusetzen, um jemanden – als dessen erstrebte „Gegenleistung“ für die Freigabe des Opfers – zu einer vermögensrelevanten (vgl. Vogel LK § 253 Rdn. 12) Handlung, Duldung oder Unterlassung zu zwingen, durch die der Täter oder ein Anderer zu Unrecht bereichert wird, und zwar zum Nachteil des Vermögens des sich sorgenden Dritten oder eines Anderen, möglicherweise auch des Opfers selbst. Der Entführte oder der Bemächtigungssituation Ausgesetzte kann also zugleich Opfer der beabsichtigten Erpressung sein (BGH NStZ **1993** 39). § 239a ist auch anwendbar, wenn das Verlangen sich nicht an bestimmte Personen oder Stellen richten sollte. „Erpresster“ kann auch die Öffentlichkeit, die Allgemeinheit (der Staat, eine Gemeinde, die Kirche, Verbände) oder irgendeine Person oder Stelle sein, die, gleichviel aus welchen Gründen (aus Mitgefühl, humanitärem Verantwortungsbewusstsein, sittlicher Pflicht u.Ä.), sich um das Wohl des Opfers sorgt und bereit sein kann, eine vermögenswerte Leistung zu erbringen, um dem Verlangen des Täters zu entsprechen und um Nachteile für das Wohl des Opfers abzuwenden. Bei Kidnapping-Fällen ist stets davon auszugehen, dass eine breite Öffentlichkeit bei ihrem Bekanntwerden teilnimmt und sich irgendeine Person oder Stelle findet, letztlich eine staatliche Stelle, die sich aus rechtlichen oder moralischen Erwägungen gehalten sieht, für das Wohl des Opfers einzustehen. **23**

Will der Täter mit dem zu erzwingenden vermögensrelevanten Handeln, Dulden oder Unterlassen lediglich eine *Gewahrsamslockerung* bewirken, dann aber selbst den Bereicherungsakt – nach Beendigung der Bemächtigungslage (Rdn. 18) – vollziehen, kommt es darauf an, ob schon mit der Gewahrsamslockerung eine schadensgleiche konkrete Vermögensgefährdung einträte (vgl. Vogel LK § 253 Rdn. 14, 24). *Bei erzwungener Bekanntgabe des Codes* eines Tresors, die den Täter in den Stand setzen soll, die Beute später selbst wegzunehmen, soll die Bemächtigungslage nicht zu einer Erpressung ausgenutzt werden; es sei denn, die durch die Offenbarung des Codes eingetretene Gewahrsamslockerung führt bereits dazu, dass das Opfer die Nutzung des Codes nicht mehr zu hindern vermag. In Betracht kommt dann ein Schuldspruch wegen Geiselnahme in Tatmehrheit mit Diebstahl. Vergleichbar verhält es sich, wenn dem Opfer die Preisgabe der Geheimzahl seiner EC-Karte abgezwungen wird. Hier kann es darauf ankommen, ob dem Täter die EC-Karte selbst bereits verfügbar ist und deshalb die für den Eintritt eines Vermögensnachteils i.S.d. § 253 ausreichende Vermögensgefährdung angenommen werden kann (BGH NStZ-RR **2004** 333, 334).[20a] Besteht das abgepresste Verhalten in der Begehung eines Einbruchs, soll dem für sich gesehen noch kein Vermögenswert (i.S.e. messbaren wirtschaftlichen Vorteils) zukommen, auch wenn der Täter sich eine Beute erhofft (BGH NStZ-RR **2009** 106). An der Bereicherungsabsicht soll es weiter fehlen, wenn der Täter den mit der Tat verbundenen Vermögensvorteil nur als notwendige oder mögliche Folge seines ausschließlich auf einen anderen Zweck gerichteten Verhaltens voraussieht, etwa dann, wenn er dem Opfer nur einen Denkzettel verpassen oder „ein Zeichen setzen“ willl (BGH StraFo **2011** 409). **24**

Eine Erpressungsabsicht i.S. des zweiten Teilaktes des erpresserischen Menschenraubes liegt auch dann vor, wenn der Täter nach seiner Tatplanung – unter Ausnutzen der Bemächtigungslage – einen *Raub* anstatt einer Erpressung beabsichtigt, und sei es auch nur eventualiter, je nach Entwicklung der Tatsituation (Beispiel: eigenhändige Wegnahme des Kassenbestandes statt des Erzwingens seiner Herausgabe). Der engere Tatbestand des **25**

[20a] Vgl. auch BGH Beschluss vom 4. Juni 2003 – 2 StR 169/03.

Raubes schließt zwar die Anwendung des weiteren Tatbestandes der räuberischen Erpressung insoweit aus, wie seine Voraussetzungen vorliegen. Das ändert aber nichts daran, dass neben dem speziellen Tatbestand des Raubes zugleich auch der allgemeinere Tatbestand der räuberischen Erpressung erfüllt ist. Dies rechtfertigt es, für die tatbestandsmäßige Absicht i.S. des § 239a Abs. 1 auch den vom Täter geplanten Raub genügen zu lassen.[20b]

26 Die Rechtswidrigkeitsklausel (Zweck-Mittel-Relation) des § 253 Abs. 2 spielt praktisch keine Rolle, da die *Verwerflichkeit* immer gegeben ist, wenn die übrigen Voraussetzungen des Tatbestandes des erpresserischen Menschenraubes vorliegen. Das Erstreben eines rechtmäßigen Vermögensvorteils, etwa die Begleichung einer fälligen Geldforderung, erfüllt nicht den Tatbestand.[21] Der Täter will sich in solchen Fällen nicht „zu Unrecht bereichern“; dies aber ist wegen der Verweisung auf § 253 Voraussetzung der Strafbarkeit nach § 239a. Sie entfällt danach, wenn etwa ein Gastwirt den Gast, der die Zeche nicht zahlen kann, festhält und dessen Angehörigen gegenüber die Freilassung von der Zahlung der Zechschuld abhängig macht.[22] Der *Vorsatz* kann schließlich auch fehlen, wenn der Täter glaubt, eine Forderung zu haben.[22a] In diesen Fällen sind aber andere Tatbestände zu prüfen (u.a. § 239b).

27 4. Das Merkmal der **Ausnutzung der Bemächtigungssituation oder der Entführungslage** ist gesondert zu prüfen. Einer etwaigen Bemächtigungslage muss eigenständige Bedeutung für die abgenötigte Handlung (Erpressung) zukommen. Der Täter muss beabsichtigen, die durch die Entführung oder das Sichbemächtigen für das Opfer geschaffene Lage als solche auszunutzen und gerade durch sie zu nötigen (vgl. BGHSt **40** 350, 355 zu § 239b; BGH NStZ **1999** 509; **2006** 448, 449; siehe dazu auch Rdn. 16).

28 Durch die Einbeziehung des so genannten **Zwei-Personen-Verhältnisses** („um die Sorge des Opfers um sein Wohl auszunutzen“) und die Anhebung der Mindestfreiheitsstrafe auf fünf Jahre durch das StÄG 1989 (siehe Entstehungsgeschichte) erschien nunmehr als problematisch, dass die Vorschriften der §§ 239a, 239b auch Sachverhalte erfassen, die bereits nach anderen Bestimmungen zu ahnden sind (§§ 253, 255) und nun der relativ hohen Strafdrohung des § 239a mit fünf Jahren Mindeststrafe unterfallen. Der daraus resultierende Meinungsstreit in Schrifttum[23] und Rechtsprechung[24], bei dem es im Kern um die Suche nach einer Möglichkeit der Eingrenzung des Anwendungsbereichs der §§ 239a und 239b ging, hat zwar durch die Entscheidung des Großen Senats BGHSt **40** 350 ff eine gewisse Lösung gefunden. Eine allseits zufriedenstellende und auch praktikable Antwort für die vielgestaltigen Sachverhalte mit einschlägiger Problematik wird aber auch sie kaum geben können.

[20b] BGH NStZ 2002 31, 32, NStZ **2003** 604, 605; **2006** 38.

[21] Vgl. BGHSt **16** 316, 320; **48** 322 zu Durchsetzung der Bezahlung von Betäubungsmitteln als unrechtmäßiger Bereicherung; *Fischer*[50] Rdn. 4.

[22] Zu diesem Beispiel: *Müller-Emmert/Maier* MDR **1972** 97, 98; Sonderausschuss-Beratungen Prot. VI S. 1551.

[22a] Zu Fragen des Irrtums vgl. BGHSt **48** 322, 328; BGH StV **2002** 426.

[23] *Geerds* JR **1993** 424; *Renzikowski* JZ **1994** 492; vgl. weiter *Bohlander* NStZ **1993** 439; *R. Keller* JR **1994** 428; *Tenckhoff/Baumann* JuS **1994** 836; *Fahl* Jura **1996** 459; *Heinrich* NStZ **1997** 365; vgl. dazu auch *Sch/Schröder/Eser/Eisele*[29] Rdn. 13a.

[24] BGHSt **39** 36; **39** 330; BGH NStZ **1994** 481, 482; NJW **1994** 2162, 2163; NStZ **1994** 283 und 284; Vorlagebeschluss BGH NStZ **1994** 430; anschließend Beschluss des Großen Senats für Strafsachen, BGHSt **40** 350 ff.

Der Große Senat für Strafsachen des BGH (BGHSt 40 350; Vorlagebeschluss NStZ **1994** 430)[25] geht zutreffend davon aus, dass die Gesetzesänderung das alternativ tatbestandsmäßige „Dreiecksverhältnis“ nach §§ 239a, 239b nicht berührt. Den Lösungsansatz für die Problematik des „Zwei-Personen-Verhältnisses“ sieht er in der Struktur des Tatbestandes als „unvollkommen zweiaktiges Delikt“ (vgl. Rdn. 10); der Täter nach § 239a muss *beabsichtigen,* durch die von ihm geplante und danach vollzogene Entführung oder das Sichbemächtigen für das Opfer eine Lage zu schaffen, die ihm zur *weiteren* qualifizierten Nötigung (Erpressung) dienlich zu sein scheint und dienlich sein soll. Im unmittelbaren (funktionalen) Zusammenhang mit der Bemächtigung oder dem Entführungszustand soll die Sorge um das Wohl des Opfers vom Täter als Mittel eingesetzt werden, seinen weitergreifenden Tatplan, die Erpressungsabsicht, ins Werk zu setzen und zu verwirklichen. Eine derartige **ausnutzbare Lage** setzt eine **gewisse Stabilisierung** voraus. Ist diese Lagestabilisierung im Blick auf die Entführung oder das Sichbemächtigen noch nicht eingetreten, wird es in der Regel am Merkmal des „Ausnutzens“ fehlen; so wenn die abgenötigte Handlung (Erpressung) durch die unmittelbare Bedrohung mit einer Waffe durchgesetzt wird, *ohne* dass der *Bemächtigungssituation* die vom Tatbestand (Ausnutzen) vorausgesetzte *eigenständige Bedeutung* zukommt (so BGHSt 40 350, 359). Erforderlich ist danach für das *Ausnutzen* der Eintritt einer stabilen Zwischenlage als Basis für die weitere Erpressung (BGHR StGB § 239a Abs. 1 Sichbemächtigen 4; BGH NStZ **2006** 448 449; **2007** 32). Deren Feststellung, ihre Abgrenzung und Differenzierung wird allerdings in der Praxis nicht selten schwierig sein.[26] **29**

Die Rechtsprechung schien diese strengen Anforderungen zunächst *nur* für das sog. Zwei-Personen-Verhältnis gelten lassen zu wollen, wie es dem Beschluss des Großen Senats für Strafsachen des BGH zugrunde lag (BGHSt 40 350). Die eigenständige Bedeutung der Bemächtigungssituation, ihr Ausnutzen zu einer weitergehenden Nötigung wird in der Spruchpraxis des BGH für das Mehrpersonenverhältnis eher großzügig beurteilt. Während sich BGHR StGB § 239a Abs. 1 Sichbemächtigen 4 strikt an der Entscheidung des Großen Senats orientierte und auch BGH NStZ **1999** 509 sich mit diesen Anforderungen noch auseinandersetzte, sind später ohne weitere Erörterung Schuldsprüche auch nach § 239a in Banküberfallsachen unbeanstandet geblieben, in denen eine „stabile Zwischenlage“ nicht gegeben war. In einem Falle hatte der Täter die Waffe „zeitweise“ aus einer Entfernung von ca. 2,5 Metern auch auf einen Bankkunden gerichtet (BGH StV **1999** 646); in einem anderen hatte er die Pistole abwechselnd auf die Kassiererin und eine Kundin gerichtet und mehrfach „große Geldscheine“ verlangt (BGH NStZ-RR 2000 367)[26a]. Nicht zu unrecht wird danach von der Kritik eine einheitliche Auslegung des Tatbestandes für Zweipersonenverhältnisse und für die Dreiecksstruktur vermisst (*Renzikowski StV* **1999** 647, 648 f; vgl. auch *Fischer*61 Rdn. 8). Im Blick auf die einheitliche Fassung des Tatbestandes und die daran anknüpfende einschränkende Auslegung des Großen Senats, die dem Wortlaut der Strafvorschrift voll gerecht wird, sollte an der eigenständigen Bedeutung der Bemächtigungslage in dem zweiaktigen Geschehen festgehalten werden. In den sog. Banküberfallsachen und im Mehrpersonenverhältnis wird für die tateinheitliche Anwendung des § 239a deshalb vorauszusetzen sein, dass auch hier eine vom Täter geschaffene, für die beabsichtigte Erpressung „ausnutzbare“ Bemächti- **30**

---

[25] Siehe dazu *Hauff* NStZ **1995** 184; *Jung* JuS **1995** 556; *Renzikowski* JR **1995** 349; *Fahl* Jura **1996** 456.

[26] **Kritisch** deshalb: *Fischer*[61] Rdn. 8; *Sch/Schröder/Eser/Eisele*[29] Rdn. 13a.

[26a] BGH NStZ **2002** 31, 32 lässt die „eigenständige Bedeutung“ der Bedrohung des Bankkunden für die Nötigung des Kassierers genügen.

gungslage (stabile Zwischenlage) vorliegt. Bedroht der Bankräuber Kassierer wie Kunde gleichsam *uno actu* und erreicht er so unmittelbar die Herausgabe der Beute, wird vom Ausnutzen einer Bemächtigungssituation auch im Mehrpersonenverhältnis kaum die Rede sein können. Der BGH hat indessen im **Mehrpersonenverhältnis** (typischerweise Kassierer-Bankkunde-Täter) weiterhin und ohne auf die Kritik näher einzugehen eine stabile Bemächtigungslage als regelmäßig gegeben erachtet und dabei auf die Sorge des Kassierers um das Wohl des bedrohten Bankkunden abgestellt (BGH NStZ **2002** 31, 32; NStZ-RR **2002** 213). Diese vom BGH vertretene unterschiedliche Auslegung des Tatbestandes für das so genannte Zwei- und das Mehrpersonenverhältnis ist in der Literatur denn auch fortdauernd Gegenstand kritischer Betrachtung. Zu Recht wird eingefordert, die Zweiaktigkeit der Tathandlung bei beiden Tattypen zu verneinen, wenn das Bemächtigungsmittel mit dem Mittel zur Erpressung identisch ist.[27]

31 Mittlerweile hat der **BGH** auch seine **Rechtsprechung zum Zwei-Personen-Verhältnis** fortgeführt. Danach ist für die eigenständige Bedeutung der Bemächtigungslage darauf abzustellen, ob *über die Beherrschungssituation hinaus*, die in jeder mit Gewalt verbundenen Nötigungslage besteht, eine *weitergehende Drucksituation für das Opfer* gerade aus der stabilen Bemächtigungslage heraus gegeben ist. Der erforderliche funktionale Zusammenhang liegt demnach dann *nicht* vor, wenn sich der Täter des Opfers durch Nötigungsmittel bemächtigt, die zugleich unmittelbar der beabsichtigten Erpressung dienen, wenn also Bemächtigungs- und Nötigungsmittel zusammenfallen. Eine besondere Drucksituation für das Opfer und damit eine stabile Bemächtigungslage ist indessen in einem Fall bejaht worden, in dem eine Angestellte eines Verbrauchermarktes unter Schlägen und Todesdrohungen in das Büro gezwungen und von ihr der Tresorschlüssel herausverlangt wurde. Obgleich der gesamte Tatablauf nur etwa sechseinhalb Minuten dauerte, hat der BGH aufgrund des ungehemmten Einflusses und der Übermacht der beiden Täter sowie der fortwirkenden Einschüchterung als Folge der Misshandlungen eine Ausnutzung der „besonderen Drucksituation" und damit eine stabile Bemächtigungslage angenommen (BGH NStZ **2007** 32; siehe auch BGH NStZ **2006** 448, 449; **2011** 106 [107], Verbringen eines Opfers zum Geldautomaten, um Geld abzuheben und auszuhändigen).

32 Aus dem für die Erfüllung des Tatbestandes erforderlichen funktionalen und zeitlichen Zusammenhang zwischen der Bemächtigungslage und der beabsichtigten Erpressung muss zu ersehen sein, dass der Täter das Opfer oder einen Dritten **während der Dauer der Zwangslage erpressen** will. Nach der Vorstellung des Täters muss die Sorge um das Wohl des Opfers zu der erstrebten Vermögensverfügung führen. Die *Ausnutzungsabsicht* fehlt, wenn die vom Täter erstrebte Leistung erst nach Beendigung der Zwangslage erbracht werden soll (so BGH NStZ **1996** 277; StV **1997** 302; NStZ **2005** 508; NStZ-RR **2007** 343; StraFo **2007** 354; NStZ-RR **2008** 109; **2009** 16).[28] Gleiches gilt, wenn der Täter bereits zu Beginn der Entführungshandlung etwa den erstrebten Besitz am Pkw des Opfers erlangt (BGH NStZ-RR **2003** 328) Für das so genannte Dreiecksverhältnis (Täter-Entführungsopfer-Dritter/Erpresster) wird allerdings insoweit auf die Außensicht abzustellen sein: Es kommt auf die Perspektive des sich sorgenden Dritten und des Erpressten an, so dass es unerheblich bleibt, wenn der Täter den Entführten bereits getötet hat, das aber noch nicht bekannt ist. Auch dann kann der Täter nach seiner Vorstellung die aus der Sicht des Dritten noch fortbestehende Bemächtigungssitua-

---

[27] Vgl. *Fischer* Rdn. 8a; *Renzikowsi* MK § 239a Rdn. 56; *Küper* S. 256; *Immel* S. 218 ff, S. 284 ff fordert für die Bemächtigungslage ein zeitlich hinreichend gestrecktes Herrschaftsverhältnis; vgl. auch *Immel* NStZ **2001** 67; siehe auch *Satzger* Jura **2007** 114.

[28] So auch *Fischer*[61] Rdn. 5a; vgl. auch BGH Beschluss vom 31.7.1996 – 3 StR 273/96.

tion ausnutzen; die von ihm ausgelöste Bedrohungs- und „Sorgelage" dauert aufgrund der Fehlvorstellung des sich sorgenden Dritten und Erpressten an (anders aber, wenn der Täter sich nur einer Leiche bemächtigt hat; siehe Rdn. 4). Nicht tatbestandsmäßig im Sinne des § 239a Abs. 1 ist dagegen das Unterfangen, das Tatopfer aufzusuchen, sich seiner nur vorübergehend zu bemächtigen, die Herausgabe von Geldbeträgen zu verlangen, es dann aber mit der Ankündigung „wiederzukommen" sich selbst zu überlassen in der Erwartung, dass diese „Warnung" genüge, das Opfer aus Sorge um das eigene Wohl zur Zahlung zu veranlassen. Hier folgt die Sorge um das Wohl nicht aus der aktuellen Bemächtigungs- oder Entführungslage; ebenso wenig soll die vom Täter erstrebte Leistung dazu dienen, eine solche Lage zu beenden (so BGH NStZ **1996** 277).

Nutzt der Täter indessen die Bemächtigungslage, um dem unmittelbaren Tatopfer **33** einen Schuldschein abzupressen, den er erst nach der Beendigung dieser Lage zu seiner unrechtmäßigen Bereicherung präsentieren will, so kann bereits in der Angabe des Schuldscheins eine Bereicherung liegen. Im Einzelfall kommt es darauf an, ob schon durch die Schuldscheinhingabe das *Vermögen konkret gefährdet*, also mit wirtschaftlichen Nachteilen ernstlich zu rechnen ist (vgl. BGHSt **34** 394, 395; siehe auch BGH NStZ-RR **1998** 233; NStZ **1999** 618, 619; **2000** 197).

IV. Ausnutzungsvariante (Absatz 1 Halbsatz 2)

Das Ausnutzen einer bereits geschaffenen Bemächtigungs- oder Entführungslage setzt **34** voraus, dass der Täter erst später die *von ihm* geschaffene Lage zu einem Angriff auf das Vermögen des Erpressten nutzt, die Ausnutzungsabsicht also erst später hinzutritt. Der Täter selbst muss die Ausgangslage herbeigeführt haben; das ergibt sich aus dem Wortlaut der Vorschrift („von ihm"). Dazu genügt jedoch, dass er Mittäter einer von einem anderen begangenen Entführung oder Bemächtigung ist, die er sich zurechnen lassen muss.[29] Der Tatbestand in der Ausnutzungsvariante ist mithin *nicht* erfüllt, wenn jemand einem Dritten nur vorspiegelt, er habe das – in Wirklichkeit von einem anderen entführte – Opfer in der Hand und ihn auf diese Weise zu erpressen versucht („*Trittbrettfahrer*-Fälle"; vgl. BGHSt **23** 294 = NJW **1970** 1855). Bei dieser Tatbestandsvariante (Ausnutzungsvariante) hat der Täter typischerweise entweder die ursprüngliche Motivation aufgegeben (etwa ein Sexualdelikt) und auf eine Erpressungsabsicht umgestellt, oder der Erpressungsentschluss tritt neben den weiter andauernden ursprünglichen Beweggrund. Auch eine ungeklärte Ursprungsmotivlage genügt. In Betracht kommt auch der Fall einer zufälligen Einschließung des Opfers, die der Täter dann – jetzt vorsätzlich handelnd – für eine Erpressung aufgreift. Bemächtigt sich der Täter eines Taxis und zwingt dessen Fahrer, ihn zu einem bestimmten Ort zu fahren, und nötigt er ihm weiter Geld und die Nutzung des Mobiltelefons ab, kann auch darin ein Ausnutzen der Bemächtigungslage gesehen werden (BGH NStZ **2003** 35; siehe weiter BGH NStZ-RR **2003** 45).

Anders als bei der ersten Form der Tatbestandsverwirklichung (Absatz 1 Halbsatz 1) **35** muss der Täter indessen nicht nur die – hinzugetretene – Erpressungsabsicht hegen; er muss vielmehr tatsächlich **in erpresserischer Richtung tätig werden**, mithin in das *Versuchsstadium der Erpressung* eintreten (vgl. BGH StV **1987** 483; BGHSt **26** 309, 310 zur Geiselnahme). Das ergibt sich schon aus dem Sprachgebrauch („zu … einer Erpressung

[29] Vgl. *Sch/Schröder/Eser/Eisele*[29] Rdn. 21; Festschrift *Maurach* Heinitz (1972) S. 403, 407.

ausnutzt"; hingegen Halbsatz 1: „um ... auszunutzen"). Ausreichend für die Feststellung eines vollendeten erpresserischen Menschenraubes nach Absatz 1 Halbsatz 2 ist der Versuch der Erpressung. Es genügt, dass der Täter zum zweiten Teilakt, der Erpressung unmittelbar angesetzt hat (BGH Urteil vom 21. Juli 1976 – 2 StR 340/76; BGH StV **1987** 483; NStZ **2007** 32, 33; NStZ-RR **2010** 46, 47; NStZ-RR **2012** 173; s.a. *Fischer*[61] Rdn. 12 f; *Sch/Schröder/Eser/Eisele*[29] Rdn. 24; *Müller-Emmert/Maier* MDR **1972** 97, 98; **aA** hingegen *Maurach/Schroeder/Maiwald* BT[9] Tb 1 § 15 Rdn. 24, die darin eine Abweichung vom Gesetzeswortlaut und einen Verstoß gegen Art. 103 Abs. 2 GG sehen. S.a. *Horn/Wolters* SK Rdn. 15). Dieses Verständnis der Ausnutzungsvariante (Absatz 1 Halbsatz 2) entspricht wohl eher dem systematischen Zusammenhang mit Absatz 1 Halbsatz 1, wo die Erpressungsabsicht beim Sichbemächtigen ausreicht. Dass bei bereits bestehender Bemächtigungslage mehr zu verlangen wäre als der Versuch der Erpressung, nämlich deren Vollendung, würde zu einem Wertungswiderspruch führen (vgl. *Fischer*[61] Rn. 13). Die Kritik an der Rspr. des BGH hebt demgegenüber darauf ab, dass die Ausnutzung zu einer „Erpressung" deren gesetzliche Tatbezeichnung (§ 253) meine, diese aber i.S.d. § 11 Nr. 5 als rechtswidrige Tat die Verwirklichung, d.h. Vollendung umschreibe (vgl. *Renzikowski* MK Rn. 68). Auch *Fischer* (Rn. 13) wiest darauf hin, dass der Begriff des „Ausnutzens" zumeist i.S.d. Verwirklichung des Taterfolges gebraucht werde (Hinweis auf § 177 Abs. 1 Nr. 3, § 182 Abs. 1, § 232 Abs. 1, § 291 Abs. 1 Satz 2, § 264 Abs. 2 Nr. 3; kritisiert wird in diesen „Freiheitsberaubungsfällen mit hinzutretender ‚bloß' versuchter Erpressung" auch die hohe Mindestfreiheitsstrafe von fünf Jahren).

36 Auch bei der zweiten Alternative (Absatz 1 Halbsatz 2) ist ohne Bedeutung, ob der Täter das Opfer später freilassen will oder etwa von vornherein vorhat, es zu töten (BGHSt **16** 316, 317). Hat er hingegen das nicht in Erpressungsabsicht entführte Kind bereits vor Beginn des Erpressungsversuches getötet, kommt erpresserischer Menschenraub (Absatz 1 Halbsatz 2) nicht in Betracht, weil für den Erpressungsversuch objektiv die Entführungs- oder Bemächtigungslage fehlt (*Sch/Schröder/Eser/Eisele*[29] Rdn. 23; *Blei* JA **1972** 180). Dagegen kommt hier die Anwendung der §§ 253, 255 in Frage, weil diese nicht voraussetzen, dass die Drohung auch realisiert werden kann.

V. Strafzumessung

37 Der Normalstrafrahmen reicht von fünf bis zu 15 Jahren Freiheitsstrafe (Absatz 1 in Verbindung mit § 38 Abs. 2), der Strafrahmen für den minder schweren Fall von einem bis zu 15 Jahren (Absatz 2 i.V.m. § 38 Abs. 2). Ein *minderschwerer Fall* kann in Betracht kommen, wenn vermutete Veruntreuungen des Opfers dem Täter Anlass zur Tat gegeben haben und er etwa die Begebung eines Schuldscheins erreichen wollte (so BGH StV **2004** 316). Vgl. zu den Absätzen 3 und 4 Rdn. 29, 39.

VI. Erpresserischer Menschenraub mit Todesfolge (Absatz 3)

38 **1. Allgemeines.** Eine erhöhte Mindeststrafe (Freiheitsstrafe nicht unter zehn Jahren) und lebenslange Freiheitsstrafe sieht Absatz 3 vor, wenn der Täter durch die Tat **wenigstens leichtfertig den Tod des Opfers** verursacht hat. Diese Erfolgsqualifikation, die an § 239 Abs. 4 anknüpft, setzt voraus, dass zwischen der Tat und dem Tod des Opfers ein ursächlicher Zusammenhang besteht und der Täter bei der Verursachung des Todes mindestens leichtfertig (grob fahrlässig, Rdn. 43 ff) gehandelt hat.

2. Eine **Erfolgsverursachung durch die Tat** liegt bei der ersten Alternative des Absatzes 1 sowohl dann vor, wenn der Tod schon durch den Akt der Entführung oder des Sichbemächtigens (z.B. bei Gegenwehr des Opfers) verursacht wird, als auch dann, wenn er während des durch die Entführung (Bemächtigung) geschaffenen Zustandes, insbesondere als Folge der dem Opfer widerfahrenen Behandlung eintritt (lebensgefährliche Unterbringungsbedingungen, unzureichende Ernährung oder Versorgung). Todesverursachung durch „die Tat" im Sinne des Absatz 3 ist auch möglich, wenn die Tat sich lediglich als *Versuch* darstellt[30] (siehe auch Rdn. 31). In Betracht kommen aber auch Fallgestaltungen, in denen das Opfer nach wiedererlangter Freiheit (nach „Zurückgelangen in seinen Lebenskreis", Absatz 4) an einer Erkrankung stirbt, beispielsweise an einem Herzleiden, das durch die Tat verursacht oder verschlimmert wurde, etwa durch mangelnde ärztliche Versorgung, Aufregung oder Ähnliches. **39**

3. Mittelbare Todesverursachung; Eingreifen Dritter. Wird der Tod des Opfers nicht unmittelbar durch das Handeln oder Unterlassen des Täters herbeigeführt, sondern durch das hinzutretende Eingreifen Dritter oder ein hinzukommendes Verhalten des Opfers selbst (z.B. bei waghalsiger Flucht des Opfers, bei risikobehafteten Befreiungsmaßnahmen; vgl. auch § 239 Rdn. 36, 38), lässt sich die Frage der Zurechnung des Erfolges nicht allein mit dem Hinweis auf den Ursachenzusammenhang beantworten.[31] Das folgt schon aus einer systematischen Erwägung: Die Strafdrohungen des § 239a Abs. 3 einerseits und des § 212 weisen deutliche Unterschiede auf. Die Strafuntergrenze bei § 239a Abs. 3 (Leichtfertigkeit) liegt doppelt so hoch wie die des normalen, Vorsatz erfordernden Totschlagstatbestandes. Es bedarf daher eines zusätzlichen Merkmals, das geeignet erscheint, die hohe Strafdrohung des Absatz 3 (die „Strenge der Sanktion") zu rechtfertigen (so BGHSt **33** 322 f). Zu verlangen ist deshalb neben der Verursachung im Sinne der Bedingungstheorie, dass sich im Tode des Opfers **tatbestandsspezifische Risiken** realisieren, die typischerweise mit der Verwirklichung des Grundtatbestandes einhergehen (BGHSt **33** 322, 324).[32] Der spezifische Zusammenhang zwischen Grunddelikt und Todeseintritt wird dadurch vermittelt, dass der tödliche Geschehensablauf durch die Zwangslage ausgelöst wird, in die der Täter das Opfer (den Entführten) versetzt hat. Ein solcher qualifikationsspezifischer Gefahrzusammenhang besteht regelmäßig, wenn der Tod als Folge einer Befreiungsaktion eintritt, die vom Opfer selbst, von der Polizei oder von Dritten ausgeht und die die Beendigung der Entführungs- oder Bemächtigungssituation bezweckt. **40**

An einem solchen Zusammenhang soll es nach BGHSt **33** 322, 325 hingegen fehlen, wenn der Tod des Opfers nicht unmittelbar auf Maßnahmen zurückzuführen ist, die naturgemäß mit dem Versuch zur Bewältigung einer tattypischen Zwangslage verbunden sind, sondern aus einer Verkennung der Situation bei der Verfolgung der flüchtenden Straftäter hervorgeht: Dem Schusswaffengebrauch der verfolgenden Polizeibeamten lag die irrige Annahme zugrunde, die Verfolgten seien allesamt Täter; tatsächlich befand sich aber auch eine Geisel in deren Fahrzeug. Hier soll lediglich fahrlässige Tötung durch die Täter in Betracht kommen, weil der Gesichtspunkt der tatbestandsspezifischen Gefahrverwirklichung keine Rolle gespielt habe. Diese Ausgrenzung vom Anwendungsbereich **41**

---

30 *Fischer*[61] Rdn. 18; *Sch/Schröder/Eser/Eisele*[29] Rdn. 30.

31 *Sch/Schröder/Eser/Eisele*[29] Rdn. 30.

32 Dazu *Küpper* NStZ **1986** 117; *Fischer* NStZ **1986** 314; *Krehl* StV **1986** 432; *Wolter* JR **1986** 465; *Löffler* JA **1986** 288; *Sowada* Jura **1994** 650; siehe weiter: *Sch/Schröder/Eser/Eisele*[29] Rdn. 30; *Horn/Wolters* SK Rdn. 28; *Renzikowski* MK Rdn. 73.

des Absatzes 3 erscheint nicht unproblematisch, zumal nicht auf die objektive Lage und das Wissen des Täters um diese, sondern auf die subjektive Vorstellung des eingreifenden Dritten abgestellt wird (kritisch insoweit auch *Maurach/Schroeder/Maiwald*[9] BT Tb 1 § 15 Rdn. 31; vgl. weiter BGHSt **38** 295, 298 zum Raub mit Todesfolge).

42 **Nicht zuzurechnen** sein wird danach der Tod des Opfers infolge eines Verkehrsunfalles auf der Rückfahrt im Anschluss an seine Befreiung oder Freilassung oder auch auf dem Transport des Opfers durch den Täter während der Entführungs- und Bemächtigungslage; Rückausnahmen kommen aber bei der letzten Alternative dann in Betracht, wenn der Unfall auf besondere tatbestandstypische Risiken zurückgeht, etwa auf ein verfolgungsbedingt besonders waghalsiges Fahrmanöver des Täters. Im Einzelnen wird dies stets Tatfrage sein. Zu fordern ist aber immer, dass sich typische Risiken realisieren, die sich aus der Bemächtigungslage in ihrer konkreten Ausgestaltung durch den Täter in Verbindung mit der individuellen Disposition des Opfers – soweit der Täter um sie weiß oder mit ihr rechnen muss – ergeben. Verwirklicht sich gleichsam nur ein Jedermanns- oder Alltagsrisiko, wird die Annahme eines qualifikationsspezifischen Gefahrzusammenhanges ausscheiden; die Strafbarkeit des Täters wird in diesen Fällen zudem am „Filter" der Leichtfertigkeit scheitern (siehe Rdn. 26 f).

43 4. Der Täter muss den Tod **leichtfertig** verursacht haben; einfache Fahrlässigkeit genügt – anders bei § 239 Abs. 3 (i.V.m. § 18) – nicht. Erforderlich ist also ein hoher Grad von Fahrlässigkeit, der etwa der groben Fahrlässigkeit des Bürgerlichen Rechts entspricht. Leichtfertig handelt, wer die sich ihm aufdrängende Möglichkeit eines tödlichen Verlaufs aus besonderem Leichtsinn oder aus besonderer Gleichgültigkeit außer Acht lässt (BGHSt **33** 66, 67).

44 Die mit dem Erfordernis der Leichtfertigkeit verbundene Einschränkung für die Verhängung der hohen Strafe nach Absatz 3 beruht vor allem auf der Erwägung, dass es in Fällen, in denen die Tat von Mittätern begangen wird, als zu weitgehend erachtet wurde, einen Mittäter für das einfache fahrlässige Verursachen des Todes durch einen anderen Mittäter in einer Lage haften zu lassen, in der „mit Konfliktsituationen, mit Nervosität, mit einem auseinander gehenden Handeln des einen und des anderen Mittäters gerechnet werden muss" (vgl. die Stellungnahme des Regierungsvertreters Prot. VI S. 1550, 1572 f; Sonderausschuss-Bericht BTDrucks. VI 2722 S. 2). Der weite Normalstrafrahmen des Absatz 1 (fünf bis fünfzehn Jahre Freiheitsstrafe) lässt zudem Raum, den durch einfache Fahrlässigkeit verursachten Tod des Opfers bei der Strafzumessung hinreichend zu berücksichtigen (vgl. § 46 Abs. 2: „verschuldete Auswirkungen der Tat").

45 Ob sich die Möglichkeit eines tödlichen Verlaufs für den Täter aufdrängen musste und er sie aus besonderer Gleichgültigkeit oder besonderem Leichtsinn außer Acht gelassen hat, ist Tatfrage. Es kommt auf die Umstände des Einzelfalles an. In der Regel wird der Täter des erpresserischen Menschenraubes mit – auch riskanten – Fluchtversuchen des Opfers zu rechnen haben, das unter dem Druck des Tatgeschehens, in seinem Bestreben nach Freiheit, dazu in der Furcht vor der weiteren Entwicklung seiner Lage sich stets auch zu unüberlegten, unbesonnenen Aktionen und Reaktionen entschließen kann. Bei entsprechender Disposition des Opfers oder einem das Opfer unter starken, andauernden und quälenden Druck setzenden Handeln des Täters wird auch ein Suizid des Opfers als leichtfertig ausgelöst zu gelten haben. Mit Befreiungsversuchen und den – je nach Lage – dadurch bedingten spezifischen Begleitrisiken ist fast immer zu rechnen. Insgesamt wird daher bei Entführungs- und Bemächtigungslagen schon allein aufgrund der so vom Täter geschaffenen Situation oft von einem in besonderer Weise gleichgültigen Außerachtlassen der Möglichkeit eines tödlichen Verlaufs auszugehen sein (vgl. BGHSt **33** 322, 324).

Generell bei – aus objektiver Sicht – „grob fahrlässigen" Befreiungsunternehmungen des Opfers oder von Dritten einen „Unglücksfall" anzunehmen, würde ins Abseits führen (so aber *Bussmann* GA **1999** 21, 32).

5. Bei **vorsätzlicher Verursachung** des Todes des Opfers ist Tateinheit mit §§ 211, 212 möglich, aber auch Tatmehrheit, wenn die Tötungshandlung weder ganz noch teilweise mit der tatbestandsmäßigen Handlung des erpresserischen Menschenraubes zusammenfällt. Ihre Gleichzeitigkeit zur andauernden Entführung muss noch nicht Tateinheit begründen (so BGHSt **16** 316, 320; *Fischer*[50] Rdn. 18). **46**

6. Die **Strafdrohung** lautet auf lebenslange oder auf zeitige Freiheitsstrafe von zehn bis fünfzehn Jahren. Zu der Frage, wann der Übergang von der zeitigen zur lebenslangen Strafe, die der Strafe für die Vorsatzverbrechen des Mordes und des Totschlags im besonders schweren Fall entspricht, in Betracht kommt, lässt sich allgemein nur sagen, dass die lebenslange Strafe einen gegenüber dem „Normalfall" der leichtfertigen Todesverursachung wesentlich gesteigerten Unrechtsgehalt voraussetzt. Dies wird etwa einen besonders hohen Grad der Leichtfertigkeit oder grausames Vorgehen des Täters voraussetzen (so *Sch/Schröder/Eser/Eisele*[29] Rdn. 32). Auch ist der Richter nicht gehindert, Misshandlungen des Opfers und eine besonders lange Dauer der Bemächtigungslage bei der Strafzumessung angemessen zu berücksichtigen (vgl. § 46 Abs. 2: „Art der Ausführung der Tat"). Gleiches gilt für einen Selbsttötungsversuch des Opfers (BGH NStZ-RR **2004** 237, 238). **47**

VII. Versuch und Teilnahme

Der **Versuch** ist stets strafbar, weil § 239a ein Verbrechenstatbestand ist (§ 23 Abs. 1).[33] Bei der ersten Tatbestandsvariante (Absatz 1 Halbsatz 1) muss der Täter in Erpressungsabsicht unmittelbar zum Entführen oder Sichbemächtigen angesetzt haben (§ 22). Bedroht der Täter das Opfer, um es zu entführen, wehrt sich dieses erfolgreich (Hilfeschreie, körperlicher Widerstand) und lässt der Täter daraufhin von ihm ab, weil er seinen Plan auch nicht mit anderen sofort einsatzbereiten Mitteln durchsetzen könnte, so liegt ein fehlgeschlagener Versuch vor (vgl. BGH Beschluss vom 25.6.1992 – 1 StR 325/92). Vollendet wird die Tat erst sein, wenn die erforderliche „stabile Zwischenlage" vorliegt, auf deren Grundlage die Erpressungsabsicht verwirklicht werden soll (dazu Rdn. 29). Daraus folgt, dass bis zu dieser Lagestabilisierung strafbefreiender Rücktritt vom Versuch möglich ist (§ 24; vgl. weiter zur Vollendung Rdn. 16). **48**

Bei der zweiten Tatbestandsvariante (Absatz 1 Halbsatz 2) muss für die Versuchsstrafbarkeit die Entführungs- oder Bemächtigungslage bereits bestehen. Setzt der Täter dann unmittelbar zur Erpressung an (Erpressungsversuch), ist damit die Tat bereits vollendet (vgl. Rdn. 35). De facto bleibt für eine Strafbarkeit des Versuchs bei dieser Tatbestandsvariante kaum Raum (vgl. *Fischer* Rdn. 14; anders etwa *Renzikowski* MK Rdn. 68, der beim Versuch der Erpressung in der Ausnutzungsvariante auch nur versuchten erpresserischen Menschenraub annehmen will). **49**

---

[33] Zur Abgrenzung von Vorbereitung und Versuch vgl. BGH NStZ **1999** 395 m. Anm. *Marten* JR 2000 295.

50 Verursacht der Täter noch **vor Vollendung** des Grunddelikts **den Tod** des Opfers (Absatz 3, erfolgsqualifizierter Versuch), etwa indem er es während des Bemächtigungsaktes tötet, so ist fraglich, ob wegen vollendeten erfolgsqualifizierten Delikts (erpresserischer Menschenraub mit Todesfolge) oder wegen des Versuchs der Erfolgsqualifikation (versuchter erpresserischer Menschenraub mit Todesfolge) zu verurteilen ist. Nach einer Auffassung in der Literatur soll der Täter des erpresserischen Menschenraubes mit Todesfolge schuldig sein (so etwa *Sch/Schröder/Eser/Eisele*[29] Rdn. 30). Absatz 3 stelle auf „die Tat" ab; das sei die nach dem Grundtatbestand strafbare Handlung, mithin auch der Versuch. Dieser führe dann wegen des eingetretenen Erfolges zur Strafe nach Absatz 3 wegen *vollendeter* Erfüllung der Qualifikation. Hiergegen wird eingewandt, dass dem Täter so die Strafrahmenmilderungsmöglichkeit nach Versuchsgrundsätzen verloren gehe. Zudem habe die Erfolgsqualifikation strafschärfenden Charakter. Dem widerspreche es, wenn trotz nicht vollendeten Grunddelikts wegen erfolgsqualifizierter Vollendung bestraft werde (Festschrift *Maurach* Heinitz (1972) S. 403, 413; vgl. *Horn/Wolters* SK Rdn. 27; *Brambach* S. 87 f, 147 ff; *Sowada* Jura **1995** 644, 651; siehe grundsätzlich auch *Vogel* LK § 18 Rdn. 49, 72 ff). Der BGH hat zu der ähnlich gelagerten Fragestellung beim Raub mit Todesfolge den Versuch des Grunddelikts mit Todesfolge angenommen (BGHSt **42** 158, 160 f). Der Grundtatbestand und die Erfolgsqualifikation könnten nicht wegen des Eintritts der schweren Folge durch Auslegung zu einem Unternehmensdelikt verschmolzen werden. Die Möglichkeit des strafbefreienden Rücktritts müsse erhalten bleiben. Anderenfalls würden die Grenzen der Strafbarkeit in einer Weise zum Nachteil des Täters ausgedehnt, die mit dem Gesetzlichkeitsprinzip nicht vereinbar sei (BGHSt **42** 158, 160/161). Dieser Auffassung dürfte auch für den Versuch des erpresserischen Menschenraubs mit Todesfolge der Vorzug gebühren (vgl. die Darstellung bei *Brambach* S. 148 m.w.N.; siehe auch *Horn/Wolters* SK Rdn. 27; *Schluckebier* LK § 239 Rdn. 51). Das bedeutet, dass der Strafrahmen des Absatz 3 zugrunde zu legen und sodann ggf. nach Versuchsgrundsätzen zu mildern ist (§ 23 Abs. 2, § 49 Abs. 1). Rücktritt vom Grunddelikt ist denkbar (vgl. BGHSt **42** 158 zu § 251). Die bereits eingetretene Todesfolge wäre dann nach den anderen Tatbeständen der Tötungsdelikte zu beurteilen (z.B. fahrlässige Tötung, bedingt vorsätzlicher Totschlag oder Mord). Regelmäßig wird allerdings der Tod des (einzigen) Tatopfers im Versuchsstadium zum Fehlschlag des Versuchs und mithin dazu führen, dass ein strafbefreiender Rücktritt nicht möglich ist (vgl. *Fischer*[61] § 24 Rdn. 7 f; *Renzikowski* MK § 239a Rdn. 91; *Lilie/Albrecht* LK § 24 Rdn. 460 ff).

51 **Versuch nach Absatz 3** kommt grundsätzlich aber auch dann in Betracht, wenn der Tod nicht eingetreten ist, der Täter aber sein Entführungsopfer in einer Weise behandelt hat, die von – etwa bedingtem – Tötungsvorsatz getragen ist (sog. versuchte Erfolgsqualifikation).[34]

52 Für **Mittäterschaft, Anstiftung und Beihilfe** gelten die allgemeinen Regeln. Kenntnis des Teilnehmers von der Erpressungsabsicht (Absatz 1 Halbsatz 1) bzw. dem unmittelbaren Ansetzen zur Erpressung (Absatz 1 Halbsatz 2) ist erforderlich, um die Zurechenbarkeit dieser Umstände zu begründen. Bei der Erpressungsabsicht handelt es sich nicht um ein besonderes persönliches Merkmal im Sinne des § 28 (so auch *Horn/Wolters* SK Rdn. 11; *Sch/Schröder/Eser/Eisele*[29] Rdn. 26; siehe auch *Fischer*[61] Rdn.15). Die Todesfolge (Absatz 3) ist nur zuzurechnen, wenn dem Mittäter oder Teilnehmer hinsichtlich dieser Folge ebenfalls Leichtfertigkeit zur Last fällt (§ 18; vgl. BGHSt **39** 100 zu § 251).

---

[34] Vgl. BGH, Beschluß vom 29.3.2001 – 3 StR 46/01 – zu § 251.

VIII. Tätige Reue (Absatz 4)

1. Grundgedanke. Die fakultative Strafmilderung für die vollendete Tat in Anwendung des nach § 49 Abs. 1 gemilderten Strafrahmens ist von zwei Voraussetzungen abhängig: a) dass der Täter auf die erstrebte Leistung verzichtet und b) dass er das Opfer in seinen Lebenskreis zurückgelangen lässt. Auch der Teilnehmer, der sich dementsprechend verhält, kann so des persönlichen Strafmilderungsgrundes teilhaftig werden. Von der Strafmilderung ausgeschlossen ist danach der Täter, der zwar das Opfer freigibt, nachdem er die geforderte Leistung erhalten hat, das Erlangte jedoch nicht zurückgibt, sondern für sich behält (z.B. in der Form, dass er das Lösegeld vergräbt, um zu gegebener Zeit darüber verfügen zu können). Die Beibehaltung der Worte „unter Verzicht auf die erstrebte Leistung“ war im Sonderausschuss für die Strafrechtsreform umstritten. Gegenüber dem Wunsch, sie zu streichen, um den Täter leichter zur Herausgabe des Opfers bewegen zu können, setzte sich schließlich die Auffassung durch, dass es nicht angebracht sei, „eine ausgesprochene Unrechtshandlung zu prämieren“ (Prot. VI S. 1581). 53

Dass der Täter **aus freien Stücken (freiwillig)** handelt, wird – abweichend von den allgemein für die tätige Reue geltenden Grundsätzen – vom Gesetz **nicht gefordert.** Dem Gesetzgeber kam es darauf an, dem Täter so weit als rechtsstaatlich möglich entgegen zu kommen und dadurch zu erreichen, dass das Opfer überhaupt gerettet wird.[35] Die Strafrahmenmilderung kommt mithin grundsätzlich auch dann in Betracht, wenn der Täter mit seinem Opfer etwa in einem Gebäude umstellt ist, er die Situation für ausweglos hält und jetzt das Opfer freilässt.[36] Die ausschlaggebenden Gründe für den „Rücktritt“ werden aber bei der Ermessensausübung (Kannvorschrift) zu berücksichtigen sein (vgl. zur Auslegung der Vorschrift im Blick auf ichre Zielsetzung auch BGH NStZ **2003** 605 zur Geiselnahme). 54

2. Zurückgelangenlassen in seinen Lebenskreis. Erforderlich ist nicht eine Herausgabe des Opfers im Sinne einer körperlichen Übergabe in die Hand eines Sorgeberechtigten oder einer anderen sorgebereiten Person oder eine Zurückverbringung an den Entführungsort, den Wohn- oder gewöhnlichen Aufenthaltsort des Opfers. Vielmehr ist der Begriff in einem weiteren Sinne zu verstehen, der eine örtliche Fixierung des „Lebenskreises“ (etwa im Sinne des regelmäßigen Wohn- oder Aufenthaltsortes) ausschließt.[37] Das folgt aus der ratio legis, durch die Zulassung einer Strafmilderung trotz vollendeter Tat die Möglichkeit zu verbessern, „dass das Opfer überhaupt gerettet werde“. So bedeutet bei Erwachsenen das Zurückgelangen in den eigenen Lebenskreis die Wiederherstellung der nach den Umständen realisierbaren Fähigkeit, einen frei bestimmten Aufenthaltsort frei zu erreichen. Hat sich der Täter also der Geisel in deren Lebensbereich, etwa der Wohnung, bemächtigt und ist es auch im weiteren Verlauf nicht zu einer Ortsveränderung gekommen, so genügt es, wenn der Geisel die freie und ungehinderte Wahl ihres Aufenthaltes wieder ermöglicht wird. Darauf, ob diese überhaupt eine Ortsveränderung vornehmen willl, kommt es nicht an (BGH NJW **2001** 2895 f = NStZ **2001**.[38] Bei Kindern, gebrechlichen und älteren Personen muss der Täter überdies sicherstellen, dass sie nach erlangter Freiheit in die Obhut sorgepflichtiger oder sorgebereiter Personen und Stellen (auch der Polizei) gelangen (so auch; *Lackner/Kühl*[28] Rdn. 10; *Sch/Schröder/Eser/Eisele*[29] Rdn. 36 ff vgl. weiter *Horn/Wolters* SK Rdn. 21).[39] 55

---

35 *Sch/Schröder/Eser/Eisele*[29] Rdn. 33; *Bohlinger* JZ **1972** 230, 232.
36 So auch *Sch/Schröder/Eser/Eisele*[29] Rdn. 40.
37 Vgl. *Fischer*[61] Rdn. 19.
38 Vgl. *Renzikowski* MK Rdn. 94.
39 Zu einem Einzelfall vgl. BGHR StGB § 239a Abs. 3 Verzicht 1 (Hereinlassen von Polizeibeamten in die Wohnung durch den sich

56 Das **Zurückgelangenlassen** des Opfers in seinen Lebensbereich fordert vom Täter dessen Freilassung. Das kann auch dadurch geschehen, dass der Täter bewußt darauf verzichtet, die mögliche Flucht des Opfers zu verhindern. Reichen die eigenen Kräfte und Fähigkeiten des Opfers zur Rückkehr in seinen Lebenskreis nicht aus, sind unterstützende Maßnahmen des Täters zur Erreichung dieses Ziels geboten. So genügt die bloße Freilassung des Opfers nicht, wenn der Täter sich von dem ins Ausland entführten Opfer trennt, seine Einflussnahme beendet und es dann hilf- und mittellos seinem Schicksal überlässt; ebenso wenig genügt es, das Opfer zwar aus der angemaßten Gewalt zu entlassen, es aber gefesselt und mit verbundenen Augen oder in krankem oder geschwächtem Zustand an einsamer Stelle abzusetzen und es dem Zufall zu überlassen, ob und wann es gefunden wird. Der Täter muss vielmehr alle Schritte ergreifen, die nötig sind, damit das Opfer wieder in seinen Lebenskreis gelangen kann. Dazu gehört es, den Entführten, der sich zwar selbstständig bewegen kann, aber aller Mittel entblößt ist, mit dem auszustatten, was die Möglichkeit der Rückkehr eröffnet, oder – bei Kindern und Gebrechlichen – Dritte zu benachrichtigen und sie zu veranlassen, das Opfer abzuholen und in ihre Obhut zu nehmen. Das Risiko, dass das Opfer nicht zurückgelangen kann, weil es auf dem Rückweg ohne Verschulden des Täters verstirbt, trägt der Täter.[40] Aus dem Wortlaut der Vorschrift des Absatzes 4 („zurückgelangen lässt") und dem systematischen Zusammenhang zwischen Satz 1 und Satz 2 des Absatzes folgt, dass die Rückkehr des Opfers in seinen Lebenskreis *eintreten muss*, um die Möglichkeit der Privilegierung des Täters zu eröffnen.

57 Dass das Opfer **in körperlich unversehrtem Zustand** in seinen Lebenskreis zurückgelangt, wird **vom Gesetz nicht verlangt**. Dem Vorschlag, Unversehrtheit zu fordern, wurde bei den Beratungen des Sonderausschusses entgegengehalten, dass das Opfer schon vor der Entführung krank sein oder während der Dauer der Entführung erkranken könne, ohne dass den Täter daran ein Verschulden treffe, dass aber selbst bei vom Täter verschuldeter Verletzung, etwa als Folge von Misshandlungen, im Interesse des Opfers die „goldene Brücke" offen bleiben müsse; entscheidend sei, dass das Opfer überhaupt gerettet werde (Prot. VI S. 1575; Bericht BTDrucks. VI 2722 S. 3). Damit ist jedoch nicht ausgeschlossen, verschuldete körperliche und seelische Beeinträchtigungen des Opfers bei der Ermessensausübung („kann ... gemildert werden") und auch bei Anwendung des Absatzes 4 im Rahmen der Strafzumessung zu berücksichtigen.

58 **3. Verzicht auf die erstrebte Leistung.** Die Vorschrift deckt sowohl den Fall, dass der Täter auf die Realisierung der erpresserischen Absicht verzichtet, also – seine ursprüngliche Absicht korrigierend – kein Lösegeldverlangen mehr stellt oder das Opfer unter ausdrücklicher oder stillschweigender Abstandnahme von seiner ursprünglichen Forderung freigibt, als auch die Sachverhalte, in denen der Täter aus freien Stücken vor oder bei der Freigabe des Opfers, wenigstens aber im unmittelbaren zeitlichen Zusammenhang mit der Freigabe das Erpresste (oder ein an seine Stelle getretenes und noch vorhandenes Surrogat) dem Geber (nicht einem Dritten) zurückgewährt.[41]

Im Fall der Rückgewähr einer bereits erlangten Bereicherung hindert es im Blick auf den Zweck des Absatz 4, dem Täter eine goldene Brücke zu bauen, die Strafrahmenmilderung nicht, wenn der Täter zur Rückgabe der empfangenen Leistung nicht mehr *in*

---

beruhigenden Täter, der sich seiner Tochter bemächtigt hatte).

40 *Sch/Schröder/Ese/*Eisele[29] Rdn. 36–38; *Renzikowski* MK Rdn. 95.

41 Zu einem Einzelfall bei § 239b LG Mainz MDR 1984 687.

vollem Umfang in der Lage ist. Das kommt insbesondere in Betracht, wenn er einen Teil des Lösegeldes für seinen eigenen Unterhalt und den des Opfers verausgabt hat (vgl. Prot. VI S. 1550 und die Äußerung des Regierungsvertreters Prot. VI S. 1580, das BMJ gehe davon aus, „dass das, was der Täter nicht zurückgeben könne, ihm auch nicht abverlangt werden könne"). Folgerichtig kann es auch nicht darauf ankommen, ob der verbrauchte Teil einer sparsamen Lebensführung entsprach, oder über den notwendigen oder angemessenen Bedarf hinausging. Kein Anwendungsfall des Absatz 4 wäre es, wenn der Täter sich erst längere Zeit nach der Freilassung des Opfers zur Rückgabe des Lösegeldes oder eines Restes entschließt. Dies ließe sich mit dem Wortlaut der Vorschrift („unter Verzicht ... zurückgelangen lässt") nicht in Einklang bringen, der als Ausdruck tätiger Reue einen zeitlichen Zusammenhang von Freigabe und Verzicht verlangt. Eine „verspätete" Rückgabe kann jedoch allgemein strafmildernd berücksichtigt werden. Ist eine Rückerstattung nicht möglich, weil der Täter das Erlangte bereits anderweitig verbraucht oder verwertet hat, scheidet eine Privilegierung nach Absatz 4 aus.[42] Der im Sonderausschuss-Bericht (BTDrucks. VI 2722 S. 3) enthaltene Hinweis, die gewählte Formulierung der Vorschrift gebe der Rechtsprechung die Möglichkeit, auch in Grenzfällen sachgerechte Lösungen zu finden, erlaubt nicht, in Abweichung vom Gesetzestext auch dann nach Absatz 4 zu verfahren, wenn es an jeglicher Rückerstattung fehlt.

4. **Ernsthaftes Erfolgsbemühen.** Absatz 4 Satz 2 lässt für die Strafrahmenmilderung **59** auch das ernsthafte Bemühen des Täters um die Erfolgserreichung (das Zurückgelangenlassen des Opfers unter Verzicht auf die erstrebte Leistung) genügen, wenn dieser Erfolg ohne Zutun des Täters eintritt. Dies ist eine für die Fälle tätiger Reue übliche Klausel, allerdings hier in eingeschränkter Form, da auf das Erfordernis der Freiwilligkeit verzichtet wird. Ein ernsthaftes Bemühen wird vorliegen, wenn der Täter erkennbar das Opfer freigeben will, ohne etwa zu wissen, dass dieses durch Flucht bereits in seinen Lebenskreis zurückgelangt ist, oder wenn er sich um die Herbeischaffung der von ihm bereits empfangenen und versteckten Leistung bemüht, ohne zu wissen, dass diese schon von der Polizei entdeckt ist. Hat er die Leistung an den Erpressten auf den Weg gebracht, ist diese aber unterwegs außer Kontrolle geraten, fehlt es am Eintritt des Erfolges (Zurückgelangenlassen des Opfers und Leistungsverzicht); auch insoweit geht das Risiko zu Lasten des Täters.

5. **Ermessensausübung.** Sind die Voraussetzungen des Absatz 4 gegeben, so hat das **60** Gericht bei der Entscheidung der Frage, ob es von der Milderungsmöglichkeit Gebrauch machen und eine Strafe innerhalb des nach § 49 Abs. 1 Nr. 3 gemilderten Rahmens (Freiheitsstrafe von zwei Jahren bis zu elf Jahren und drei Monaten) auswerfen will, alle für das Tat- und das Täterbild wesentlichen Umstände abzuwägen und zu berücksichtigen. Gründe, die eine negative Entscheidung rechtfertigen, können etwa in brutalen Misshandlungen, erheblichen Gesundheitsschädigungen, der Herbeiführung von Todesgefahr für das Opfer oder in einer ungewöhnlich langen Tatdauer liegen. Wenngleich das Gesetz auch auf das Erfordernis der Freiwilligkeit für die tätige Reue verzichtet, wird für die Ermessensausübung doch von Bedeutung sein, ob sich der Täter aus freien Stücken von der Tat distanziert oder ob er das Opfer erst freigibt, nachdem er bereits von der Polizei umstellt ist (*Horn/Wolters* SK Rdn. 22). Liegen die Voraussetzungen des Absatz 4

---

[42] *Fischer*[61] Rdn. 20; *Lackner/Kühl*[28] Rdn. 10; *Renzikowskis* MK Rdn. 96; **aA** *Horn/Wolters* SK Rdn. 23; *Sch/Schroeder/Eser/Eisele*[29] Rdn. 39; vgl. weiter *Müller-Emmert/Maier* MDR **1972** 97; *Bohlinger* JZ **1972** 230, 233.

Satz 1 vor, kann der Tatrichter auch Anlass haben zu prüfen, ob dies allein oder im Verbund mit weiteren Milderungsgründen die Annahme eines minder schweren Falles im Sinne des Absatz 2 rechtfertigt (BGH Beschluss vom 14. Mai 1993 – 2 StR 127/93 –, in StV 1994, 17 nicht abgedruckt); denn die Mindeststrafe nach Absatz 2 liegt niedriger als die des über Absatz 4 i.V.m. § 49 Abs. 1 gemilderten Strafrahmens.

61 Für den Fall einer Strafrahmenmilderung wird vereinzelt die Auffassung vertreten, dass die Rahmenmilderung auch auf tateinheitlich begangene Delikte erstreckt werden müsse, namentlich bei tateinheitlich vollendeter Erpressung (so *Sch/Schröder/Eser/Eisele*[29] Rdn. 44). Anderenfalls laufe Absatz 4 weitgehend leer. Dem kann nicht gefolgt werden. Die Vorschrift über die im Falle von Tateinheit anzuwendenden Strafrahmen ist eindeutig (§ 52 Abs. 2). Im Übrigen ergibt sich für diese Fragestellung gerade auch aus dem Verhältnis zu § 239 und § 253 keine Notwendigkeit, da beide Tatbestände einen Rahmen für Freiheitsstrafe von lediglich einem Monat bis zu fünf Jahren ausweisen, der gemilderte Rahmen nach § 239a Abs. 4 aber zwei Jahre Mindestfreiheitsstrafe vorsieht. Unbillig erscheinende Ergebnisse sind daher insoweit nicht zu besorgen. Auch im Blick auf andere etwa tateinheitlich begangene Delikte hat es bei der strikten Anwendung des § 52 Abs. 2 zu bleiben. Der Täter kann nicht deshalb günstiger stehen, weil er noch einen weiteren Tatbestand erfüllt hat.

IX. Zusammentreffen

62 Die §§ 239, 240 werden verdrängt, weil der Tatbestand des erpresserischen Menschenraubes spezieller ist.[43] § 222 tritt hinter § 239a Abs. 3 zurück. *Tateinheit* ist möglich mit den §§ 223 ff und mit §§ 211, 212. Ebenfalls kommt Tateinheit mit § 235 in Betracht (**aA** *Fischer*[61] Rdn. 21; wie hier *Horn/Wolters* SK Rdn. 19 und *Lackner/Kühl*[28] Rdn. 11). Der Tatbestand der Entziehung Minderjähriger (§ 235) weist einige Besonderheiten auf, die ein eigenes Unrecht charakterisieren und die auch neben einer Verurteilung wegen erpresserischen Menschenraubes zum Ausdruck gebracht werden müssen (Alter des Opfers, Fälle der Auslandsverbringung). Auch mit räuberischem Angriff auf einen Kraftfahrer kann Tateinheit bestehen (BGH NStZ **2004** 626; siehe aber auch BGH NStZ-RR **2002** 108 f)

63 Zwischen § 239a und §§ 253, 255 ist Tateinheit möglich, weil § 239a nur die Absicht der Erpressung, nicht deren Verwirklichung voraussetzt (so auch BGHR StGB § 239a Sichbemächtigen 1; BGH NStZ **1986** 166; **1987** 222, 223; **1993** 39; *Sch/Schröder/Eser/Eisele*[29] Rdn. 45; Vogel LK § 253 Rdn. 52; vgl. weiter BGHSt **16** 316, 317). Hinsichtlich des **Verhältnisses von § 239a zu § 239b** ist zu differenzieren: Greift der Täter sowohl das Rechtsgut des Vermögens als auch das der allgemeinen Entscheidungsfreiheit an, handelt er also in der Absicht sowohl der Erpressung als auch der Nötigung (z.B. Abpressen von Geld und Erzwingen gewaltsamen Geschlechtsverkehrs), stehen die Tatbestände in Tateinheit (BGHSt **25** 386, 387; **26** 24, 28; BGHR StGB § 239a Abs. 1 Konkurrenzen 1). Verfolgt der Täter hingegen allein das Ziel, eine unrechtmäßige Bereicherung zu erwirken, so ist nur § 239a anzuwenden; § 239b tritt als subsidiär zurück (BGH aaO; BGHR StGB § 239b Konkurrenzen 1).

---

[43] BGH Beschl. vom 13. Dezember 2001 – 1 StR 49901.

64 Bei **mehreren Tatopfern** kommt natürliche Handlungseinheit in Betracht (BGH Urteil vom 21. Juli 1976 – 2 StR 340/76; Beschluss vom 23.7.1997 – 3 StR 36/97). Werden **Waffen** mitgeführt, kann auch tateinheitliche Begehung eines Waffendelikts in Frage kommen (BGH bei Holtz MDR **1995** 443).

X. Bezüge zu anderen Straftaten; StPO

65 Zur Androhung, Vortäuschung und Billigung von Taten nach § 239a, zur Anleitung zu solchen Taten sowie zur Strafbarkeit ihrer Nichtanzeige vgl. § 126 Abs. 1 Nr. 4, § 130a Abs. 1, Abs. 2, § 138 Abs. 1 Nr. 6, § 139 Abs. 3 Nr. 3, §§ 140, 145d Abs. 1 Nr. 2, Abs. 2 Nr. 2; zur Bildung von Vereinigungen vgl. § 129 Abs. 4 Halbsatz 2, § 129a Abs. 1 Nr. 2.

66 Zu möglichen **besonderen Ermittlungsmaßnahmen:** § 100a Abs. 2 Nr. 1 Buchst. i StPO (Telefonüberwachung), § 100c Abs. 2 Nr. 1 Buchst. g StPO (akustische Wohnraumüberwachung), § 100f Abs. 1 StPO (akustische Überwachung außerhalb von Wohnungen), § 100g Ab. 1 Nr. 1 StPO (Erhebung von Verkehrsdaten), § 100i Abs. 1 StPO (Maßnahmen bei Mobilfunkgeräten). Zur **Verfolgbarkeit von Auslandstaten** siehe § 239b Rdn. 17.

XI. Recht des Einigungsvertrages

67 § 239a gilt mit dem Wirksamwerden der Beitrittserklärung zur Bundesrepublik Deutschland am 3. Oktober 1990 auch in den auf dem Gebiet der früheren DDR gegründeten Bundesländern.[44] Für zuvor dort begangene Taten ist Art. 315 Abs. 1, Abs. 4 EGStGB zu beachten.

§ 239b
Geiselnahme

(1) Wer einen Menschen entführt oder sich eines Menschen bemächtigt, um ihn oder einen Dritten durch die Drohung mit dem Tod oder einer schweren Körperverletzung (§ 226) des Opfers oder mit dessen Freiheitsentziehung von über einer Woche Dauer zu einer Handlung, Duldung oder Unterlassung zu nötigen, oder wer die von ihm durch eine solche Handlung geschaffene Lage eines Menschen zu einer solchen Nötigung ausnutzt, wird mit Freiheitsstrafe nicht unter fünf Jahren bestraft.

(2) § 239a Abs. 2 bis 4 gilt entsprechend.

Schrifttum

Siehe zu § 239a sowie: *Backmann* Geiselnahme bei nicht ernst gemeinter Drohung, JuS 1977 444; *Brambach* Probleme der Tatbestände des erpresserischen Menschenraubes und der Geiselnahme, Diss. Köln **1998**; *Elsner* §§ 239a, 239b StGB in der Fallbearbeitung – Deliktsaufbau und …

44 Art. 8 EV vom 31. August 1990 (BGBl. II 889) i.V.m. dem EV-Gesetz vom 23. September 1990 (BGBl. II 885) und dem Gesetz der DDR-Volkskammer vom 20. September 1990 (BGBl. II 1627) sowie der Bekanntmachung über das Inkrafttreten des EV usw. vom 16. Oktober 1990 (BGBl. II 1360).

Einzelprobleme, JuS **2006** 784; *Forster* Die Zwei-Personen-Verhältnisse beim erpresserischen Menschenraub und der Geiselnahme, Diss. Frankfurt/M. 2002; *Hauf* Zur Strafbarkeit einer Entführung zum Zwecke der Vergewaltigung nach StGB § 239b, NStZ **1995** 184; *Heinrich* Zur Notwendigkeit der Einschränkung des Tatbestandes der Geiselnahme, NStZ **1997** 365; *Immel* Zur Einschränkung der §239a I, 239b I StGB in Fällen „typischer" Erpressung/Nötigung im Drei-Personen-Verhältnis, NStZ **2001** 67; *Immel* Die Gefährdung von Leben und Leib durch Geiselnahme (§§ 239a, 239b StGB), Diss. Bochum 2001; *Krey/Meyer* Zum Verhalten von Staatsanwaltschaft und Polizei bei Delikten mit Geiselnahme, ZRP **1973**, 1; *Müller-Dietz* Der Tatbestand der Geiselnahme in der Diskussion – BGH NJW 1995 471, JuS **1996** 110; *Nikolaus* Zu den Tatbeständen des Menschenraub und der Geiselnahme, Diss. Berlin 2003; *Rheinländer* Erpresserischer Menschenraub und Geiselnahme (§§ 239a, 239b), Diss. Hagen 1999; *Salewski* Geiselnahme und erpresserischer Menschenraub: Eine interaktionsanalytische und motivationspsychologische Studie, Wiesbaden 1979; *Satzger* Erpresserischer Menschenraub (§ 239a StGB) und Geiselnahme (§ 239b StGB) im Zweipersonenverhältnis, Jura **2007** 114; *Schmoller* Zur Verabredung eines Verbrechens, JR **1993** 247; *Sundermann* Polizeiliche Befugnisse bei Geiselnahmen, NJW **1988** 3192; *Zwieschack* Geiselnahme und erpresserischer Menschenraub (§§ 239a, 239b StGB) im Zwei-Personen-Verhältnis, Diss. Frankfurt/M. 2001.

Materialien zu internationalen und europäischen Abkommen bei Delikten gegen die Zivilluftfahrt und gegen Geiselnahme vgl. BGBl. II **1969** 121 (Abkommen vom 14. September 1963 über strafbare und bestimmte andere an Bord von Luftfahrzeugen begangene Handlungen); **1972** 1505; **1975** 1204 (Übereinkommen vom 16. Dezember 1970 zur Bekämpfung der widerrechtlichen Inbesitznahme von Luftfahrzeugen); **1977** 1229 (Übereinkommen vom 23. September 1971 zur Bekämpfung widerrechtlicher Handlungen gegen die Sicherheit der Zivilluftfahrt); **1978** 321, 907 (Europäisches Übereinkommen vom 27. Januar 1977 zur Bekämpfung des Terrorismus). Hervorzuheben ist das Internationale Übereinkommen vom 18. Dezember 1979 gegen Geiselnahme, das völkervertragliche Pflichten für die Verfolgung von Geiselnahmen begründet (BGBl. II **1980** 1361 – Wortlaut; BGBl. II **1983** 461 – Bekanntmachung zum Inkrafttreten).

Entstehungsgeschichte

Auch der Tatbestand der Geiselnahme geht – wie § 239a – auf das 12. StÄG vom 16. Dezember 1971 zurück.[1] Ausschlaggebend waren seinerzeit spektakuläre Fälle von Geiselnahmen, mit denen ein bestimmtes Handeln Dritter, namentlich staatlicher Stellen, erzwungen werden sollte. Die Fassung wurde durch das StÄG 1989 geändert,[2] insbesondere der Strafrahmen den fortschreitenden rechtspolitischen Anforderungen angepasst (vgl. bei § 239a Entstehungsgeschichte). Weiter wurden Vorschläge aufgenommen, wonach der Tatbestand nicht nur das so genannte Dreiecksverhältnis erfassen sollte, bei dem neben dem Täter zwischen Entführtem und Genötigtem unterschieden wurde, sondern nunmehr auch für das so genannte Zwei-Personen-Verhältnis gelten sollte: Einbezogen werden seither grundsätzlich auch die Fälle, in denen die Person, die der Täter in seine Gewalt gebracht hat, selbst Opfer der Nötigung ist.[3] Eine redaktionelle und sprachliche Änderung erfolgte zuletzt durch das 6. StrRG.[4]

---

[1] BGBl. I 1979; vgl. dazu Entwurf des Bundesrates BTDrucks. VI/2139 zu § 239a; Bericht des Sonderausschusses BTDrucks. VI/2722; Beratungen des Sonderausschusses Prot. VI/1547, 1465 ff.

[2] Gesetz vom 9.6.1989 (BGBl. I 1057); vgl. dazu Regierungsentwurf BTDrucks. 11/2834 S. 9; Bericht des BT-Rechtsausschusses BTDrucks. 11/4359 S. 5, 13, 17.

[3] Vgl. dazu auch die vorausgegangenen Gesetzentwürfe BTDrucks. 7/4004; 7/3661; siehe weiter BGHSt 40, 350, 356 f.

[4] Vom 26.1.1998 (BGBl. I 164); Regierungsentwurf BTDrucks. 13/8587 S. 9, 20; Bericht des BT-Rechtsausschusses BTDrucks. 13/9064 S. 17.

Übersicht

I. Allgemeines; geschütztes Rechtsgut

Der Tatbestand steht neben dem des erpresserischen Menschenraubes (§ 239a). Er schützt wie jener grundsätzlich allgemein die **persönliche Freiheit** des Opfers. Überdies hat der Schutz der *körperlichen Integrität* des Opfers hier großes Gewicht (§ 239a: Sorge um das Wohl des Opfers, § 239b: qualifizierte Drohung mit schwerer Körperverletzung, Tod oder langdauernder Freiheitsberaubung). Während durch § 239a auch das Vermögen des Erpressten geschützt wird, geht es beim Tatbestand der Geiselnahme neben dem Schutz von Leib und Leben des Opfers vor schwer wiegenden Eingriffen auch ganz allgemein um den Schutz der Entschließungsfreiheit von Opfer und genötigtem Dritten. Tatziel ist hier letztlich nicht die Bereicherung durch Zugriff auf das Vermögen des Opfers oder des Dritten (wie bei § 239a), sondern das Erreichen einer bestimmten Handlung, Duldung oder Unterlassung (allgemeine Nötigungsabsicht). Die Tat ist ein so genanntes unvollkommen zweiaktiges Delikt. **1**

Die äußere **Tathandlung** (Entführen, Sichbemächtigen) ist die gleiche wie in § 239a. Der Tatbestand setzt seiner Struktur nach voraus, dass der Täter sich eines Menschen bemächtigt oder ihn entführt (1), um durch eine qualifizierte Drohung (2) sein Nötigungsziel (3) zu erreichen. Dabei kann die spezielle Zielsetzung auch erst später hinzutreten (Ausnutzungsvariante, Absatz 1 Alternative 2). **2**

II. Äußerer Tatbestand

Der Tatbestand erfordert, dass sich der Täter eines Menschen bemächtigt oder ihn entführt. **3**

1. **Tatobjekt** kann auch hier jeder Mensch ohne Rücksicht auf sein Alter sein (dazu weiter bei § 239a Rdn. 2–4; dort auch zur so genannten Ersatzgeisel, zum Schein-Entführten und zu Kindern bei Entführung durch einen Sorgeberechtigten). **4**

2. Für das **Sichbemächtigen** und **Entführen** gilt hier das Gleiche wie für den Tatbestand des § 239a (siehe dort Rdn. 5–9). **5**

III. Nötigungsabsicht

6 Neben der äußeren Tathandlung ist eine Nötigungsabsicht des Täters erforderlich, der – sogleich oder später – die von ihm geschaffene Entführungs- oder Bemächtigungslage ausnutzen und dazu weiter bestimmte, **qualifizierte Drohmittel** einsetzen will.

7 **1.** Über den schon im Sichbemächtigen liegenden Zwang hinaus muss daher weiterer, den eigentlichen Zielen des Täters dienender Zwang gewollt sein (BGHSt **40** 350, 356 f). Dem Täter muss es darum gehen, die von ihm geschaffene Lage des Opfers zu einer qualifizierten Nötigungshandlung auszunutzen. Er muss mit **dem Tod** oder einer **schweren Körperverletzung** im Sinne des § 226 drohen wollen, oder aber mit einer **Freiheitsberaubung von mehr als einer Woche** (qualifizierte Drohung). Diese Beschränkung der Nötigungsmittel wird aus kriminalpolitischer Sicht kritisiert, weil sie zu eng sei. Sie erfasse beispielsweise die Drohung mit einer Vergewaltigung oder mit Folterungen unterhalb der Schwelle des § 226 nicht (*Sch/Schröder/Eser/Eisele*[29] Rdn. 4). Im Blick auf die hohe Strafdrohung für die Geiselnahme ist es indessen durchaus konsequent, lediglich den Einsatz besonderer, qualifizierter Drohmittel dem Tatbestand zu unterstellen. Gerade das kennzeichnet die Abgrenzung zu den Tatbeständen der Freiheitsberaubung und der Nötigung, auf die in den verbleibenden Fällen zurückzugreifen ist (vgl. BGH NJW **1990** 57). Die Beschränkung der Nötigungsmittel und das Erfordernis einer qualifizierten Drohung hat auch sonst gute Gründe für sich: Der Tatbestand soll nicht schon Fälle erfassen wie etwa den, dass ein Gastwirt den Gast, der seine Zeche nicht bezahlen kann, einsperrt und den Angehörigen mitteilen lässt, der Gast werde nur gegen Zahlung der Zeche freigelassen (vgl. Beratungen des Sonderausschusses Prot. VI S. 1551), oder etwa den, dass der geschiedene Ehegatte das gemeinsame, bei ihm zu Besuch weilende Kind – bei ordnungsgemäßer Versorgung und Betreuung – so lange zurückzubehalten droht, bis der allein sorgeberechtigte andere Elternteil sich mit einer anderen Ausbildung des Kindes einverstanden erklärt (Bericht des Sonderausschusses BTDrucks. VI/2722 S. 3).

8 Bei der Drohung mit einer **Freiheitsentziehung von über einer Woche Dauer** gelten die zu § 239 Abs. 3 Nr. 1 entwickelten Maßstäbe (siehe dort Rdn. 33 f). Die herkömmliche Auslegung lässt es genügen, eine Freiheitsberaubung von wenigstens dieser Dauer *anzudrohen* (so wohl BGH Beschluss vom 19. Februar 1997 – 5 StR 643/96).[5] Der Wortlaut ließe auch ein Verständnis zu, demzufolge die Freiheitsentziehung bereits eine Woche angedauert haben muss, um auf ihrer Grundlage im Sinne des Tatbestandes nötigen zu können („... durch *die Drohung mit* ... *oder mit* dessen *Freiheitsentziehung von über eine Woche Dauer* ... *zu nötigen*“). Bei zutreffender systematischer Einordnung wird man die Freiheitsentziehung von über einer Woche auf die im Text vorangestellte Drohung beziehen müssen. Die ausgesprochene Drohung muss also dezidiert eine länger andauernde, nach den Umständen mehr als einwöchige Freiheitsentziehung beinhalten. In der Praxis wird diese Tatbestandsalternative oft deshalb Schwierigkeiten bereiten, weil der Täter zumeist zu Beginn der Geiselnahme nicht konkret eine bestimmte Zeitdauer benennen wird, über die hinweg er die Geisel halten will. Regelmäßig werden die Fälle dadurch gekennzeichnet sein, dass eine bestimmte Dauer der Freiheitsentziehung oder ein bestimmter Zeitpunkt der Freilassung nicht genannt werden; erfahrungsgemäß werden die Bedingungen mitgeteilt, unter denen der Täter die Freilassung der Geisel in Aussicht stellt (i.d.R. zählt dazu auch das abzunötigende Verhalten). Die dadurch bedingten

---

[5] Bei *Kusch* NStZ **1998** 27 insoweit nicht abgedruckt.

Beweisschwierigkeiten bei dieser Tatvariante werden indessen dann nicht gegeben sein, wenn die Freiheitsentziehung tatsächlich über eine Woche angedauert hat (vgl. zu dieser Problematik *Rheinländer* S. 118 ff). Die Drohung mit einer solchermaßen langdauernden Freiheitsentziehung kann auch konkludent erfolgen; sie kann sich etwa aus den tatsächlichen Umständen der Tat ergeben.[6]

Die **Drohung mit dem Tode** oder einer **schweren Körperverletzung** (vgl. dazu bei § 226) kann auch in dem Androhen eines Unterlassens liegen, das eine solche Folge verursacht (Androhung, dass die Versorgung mit Nahrungsmitteln oder einer erforderlichen ärztlichen Hilfe unterbleiben werde). Zum Begriff der Drohung vgl. auch *Altvater* LK § 240 Rdn. 77 ff). Einer Feststellung der Verwerflichkeit (Zweck-Mittel-Relation), wie beim Nötigungstatbestand (§ 240 Abs. 2) gefordert, bedarf es hier nicht. Der Einsatz der für die Geiselnahme erforderlichen schwer wiegenden Drohung ist stets als verwerflich und rechtswidrig zu bewerten. Ohne Bedeutung ist weiter, ob die Drohung ausführbar ist. Es ist auch nicht erforderlich, dass der Täter entschlossen ist, seine Drohung ggf. wahr zu machen. Ebenso wenig muss er den Adressaten von der Ernsthaftigkeit der Drohung überzeugen wollen. Es genügt, dass er weiß oder billigend damit rechnet, die Drohung sei geeignet, in dem Betroffenen Furcht vor ihrer Verwirklichung hervorzurufen. Dafür kann es ausreichen, dass der Betroffene die Ausführung der Drohung nur für möglich halten soll. Denn schon ein Zweifel, ob der Täter die Drohung wahrmachen werde, kann die Freiheit der Willensentschließung und der Willensbetätigung beeinträchtigen (BGHSt **26** 309, 310; BGH NStZ 1985 455). **9**

Ob die Drohung von dem zu Nötigenden tatsächlich als Zwang empfunden wird, ist unerheblich; es kommt darauf an, dass sie nach der Vorstellung des Täters dazu geeignet ist (BGH NStZ **1985** 455; *Sch/Schröder/Eser/Eisele*[29] Rdn. 6). **10**

2. Die **Absicht** des Täters muss darauf gerichtet sein, einen Dritten oder das Bemächtigungsopfer selbst **zu nötigen**. Der Begriff des Nötigens ist der gleiche wie in § 240 (vgl. dort Rdn. 65). Der Täter will den Genötigten zwingen, sich seinem Verlangen entsprechend in bestimmter Weise zu verhalten. Dabei kommt es nicht darauf an, ob das erstrebte Verhalten im Einklang mit der Rechtsordnung steht oder ihr widerspricht (Bericht des Sonderausschusses BTDrucks. VI/2722 S. 3). Unter den Tatbestand fällt daher auch eine Geiselnahme, durch die der Täter etwas ihm rechtlich Zustehendes (anders bei § 239a, siehe dort Rdn. 15) oder ein sonstiges dem Gesetz entsprechendes Verhalten, z.B. die vorschriftsgemäße Behandlung eines Untersuchungsgefangenen durch die zuständigen Behörden erzwingen will (Beratungen des Sonderausschusses Prot. VI S. 1558; vgl. *Fischer*[61] Rdn. 4). Das Strafwürdige der Tat folgt hier im Kern aus dem besonders verwerflichen Mittel, das der Täter durch die qualifizierte Drohung zur Erreichung seines Zieles einzusetzen beabsichtigt, nicht aus der Art des erstrebten Ziels. In Betracht kommt als zu erzwingende Handlung beispielsweise „freies Geleit“ für Räuber, die Freilassung von Inhaftierten, das Verlesen von Erklärungen in Telemedien, gegebenenfalls auch die Zusage irgendeines zukünftigen Verhaltens (siehe zu letzterem aber Rdn. 10), die Duldung sexueller Handlungen (vgl. dazu BGH NStZ **2002** 317, 318)[6a] oder – im Rahmen einer Machtdemonstration – das Eingeständnis, am finanziellen Ruin des Täters Schuld zu sein (BGH NStZ **2003** 605 f). **11**

---

[6] Vgl. BGH Beschluss vom 19.2.1997 – 5 StR 643/96.

[6a] Siehe dazu auch BGH Urt. vom 9. April 2003 – 2 StR 421/02.

12 Hinsichtlich aller **übrigen Merkmale** des Tatbestandes (jenseits der Nötigungsabsicht) genügt einfacher (also auch bedingter) **Vorsatz.**

13 3. **Nötigungsadressat** kann ein beliebiger Dritter, aber auch – unter bestimmten Voraussetzungen – das Bemächtigungsopfer selbst sein. Der Begriff des **Dritten** bezeichnet hier keine bestimmte Person, sondern ist im weitesten Sinne zu verstehen. Der Tatbestand weist keine nähere Charakterisierung des Nötigungsadressaten aus. Bei ihm muss es sich auch nicht um eine Einzelperson handeln; in Frage kommt auch eine unbestimmte Vielzahl von Personen oder eine Gruppe, aber auch jedermann, „den es angeht", mithin auch eine Vereinigung, Behörde oder sonstige Stelle, schließlich auch die Allgemeinheit, von der der Täter erwartet und will, dass sie sich durch ihre Sorge um das Opfer veranlasst sieht, sich dem Täterwillen gemäß zu verhalten. Deshalb ist es unerheblich, ob der Täter sich mit seinem Verlangen an eine *zuständige* Stelle oder Behörde wenden will oder tatsächlich wendet. In vielen Fällen wird es eine solche zuständige und entscheidungsbefugte Stelle, die den Handlungs- und Entscheidungsspielraum zu dem abgenötigten Verhalten hätte, gar nicht geben. Als Dritte kommen z.B. auch in Betracht: politische Parteien, Gewerkschaften oder Verbände, aber auch Privatpersonen (vgl. Beratungen des Sonderausschusses Prot. VI S. 1551). Dass auch das Entführungsopfer selbst bedroht wird oder dass es von der an den Dritten gerichteten Drohung mit Tod, schwerer Körperverletzung oder langdauernder Freiheitsberaubung Kenntnis erhält, gehört bei dieser Alternative (Nötigungsadressat: Dritter) nicht zum Tatbestand (BGH NStZ **1985** 455). Die Erfüllung dieser Tatbestandsvariante setzt auch nicht voraus, dass das Opfer seine Lage erkannt hat (BGH GA **1975** 53; NStZ **1985** 445).

14 Auch das **Bemächtigungsopfer** selbst kann der Genötigte sein. Das hat der Gesetzgeber durch die Änderung des Tatbestandes mit dem StÄG 1989 ausdrücklich klargestellt („um *ihn* oder einen Dritten ..."). Neben dem tatbestandsmäßigen „Dreiecksverhältnis" (Täter-Entführungsopfer-Genötigter), das dem überlieferten Begriff der Geiselnahme am ehesten entspricht, kommt seither auch das so genannte Zweipersonenverhältnis hinzu, bei dem sich die Nötigungshandlung gegen das unmittelbare Opfer (Geisel) der Tat richtet. Der Gesetzgeber wollte bewusst auch diejenigen Fälle einbeziehen, in denen auf den Entführten selbst weiterer Zwang ausgeübt werden soll, um ihn zu einem bestimmten Verhalten zu bewegen (Regierungsentwurf BTDrucks. 11/2834, S. 9; vgl. BGHSt **40** 350, 356 f). Die sich daran zunächst anschließenden Versuche einer einschränkenden Auslegung für die Fälle, in denen das Sichbemächtigen oder Entführen unmittelbares Nötigungsmittel einer alsbald durchgeführten sexuellen Nötigung sein soll und in denen eine über das hierdurch begründete unmittelbare Gewaltverhältnis zwischen Täter und Opfer hinausreichende (Außen-)Wirkung des abgenötigten Verhaltens nach der Vorstellung des Täters nicht eintreten soll (so BGHSt **39** 36; BGHR StGB § 239b Entführen 1; Vorlagebeschluss BGH NStZ **1994** 430), hat der Große Senat für Strafsachen des Bundesgerichtshofes verworfen (BGHSt **40** 350): Das abzunötigende Verhalten, auf das die Absicht des Täters gerichtet sein muss, ist durch die Tatbestandsfassung nicht eingegrenzt. Es kann daher auch in der Duldung des Beischlafes oder anderer sexueller Handlungen bestehen (BGH aaO).[7] Eine Einschränkung ergibt sich allerdings daraus, dass der Täter die Absicht hegen muss, die durch die Bemächtigungs- oder Entführungslage des Opfers entstandene Situation zu einer weiter gehenden Nötigungshandlung *auszunutzen.*

---

[7] Siehe dazu auch *Bohlander* NStZ **1993** 439; *Renzikowski* JZ **1994** 492, 498; vgl. weiter *Tenckhoff/Baumann* JuS **1994** 836, 838.

Eine solche Lage setzt eine gewisse Stabilisierung voraus. Der Eintritt dieser so genannten **stabilen Zwischenlage** als Basis der beabsichtigten weiteren Nötigung ist mithin unerlässlich. Fehlt es an ihr, so wird oft der Bemächtigungssituation für die Nötigung (noch) keine eigenständige Bedeutung zukommen, die Nötigung des Bemächtigungsopfers sich vielmehr unmittelbar auf die Drohung gegen das Entführungsopfer stützen (BGHSt **40** 350, 359; BGH NStZ **1999** 509; siehe auch BGH StV **1996** 266; NStZ-RR **1996** 141 f; NStZ-RR **2005** 173). Obgleich der Wortlaut des Tatbestandes der Geiselnahme nach § 239b Abs. 1 Alt. 1 – anders als der des § 239a Abs. 1 Alt. 1 und anders auch als die Ausnutzungsvariante nach § 239b Abs. 1 *Alt.* 2 – kein Merkmal des „Ausnutzens" formuliert, ist ein solches nach der Systematik doch – in die Absicht des Täters vorverlegt – im Tatbestand enthalten: Der Täter handelt beim Entführen oder Sichbemächtigen, „um zu nötigen"; d.h. um die von ihm zu schaffende Bemächtigungslage zu einer weiter gehenden Nötigung auszunutzen (BGHSt **40** 350, 355/356). Am Ausnutzen der Bemächtigungslage zur qualifizierten Drohung fehlt es, wenn das abgenötigte Handeln oder Unterlassen ausschließlich durch die Bedrohung mit einer Waffe durchgesetzt wird, ohne dass der Bemächtigungslage hierfür nach der Vorstellung des Täters eine eigenständige Bedeutung zukommt (BGH NStZ-RR **2006** 141, 142: Bedrohung des Gerichtsvollziehers, um ihn von der Räumungsvollstreckung abzuhalten; NStZ **2006** 340: Bedrohung der Ehefrau, um sie am Verlassen der Wohnung und der Wahrnehmung des Scheidungstermins zu hindern).

4. Zwischen der Entführung oder der Bemächtigungslage einerseits und der beabsichtigten Nötigung andererseits muss ein **funktionaler und zeitlicher Zusammenhang** bestehen (BGHSt **40** 350, 355, 359; BGHR StGB § 239b Entführen 4; BGH NStZ **2006** 36, 37 mit Anm. *Jahn/Modlich* NStZ **2006** 340; NStZ-RR **2007** 279). **15**

Das Erfordernis des **funktionalen Zusammenhanges** zwischen dem ersten, für die Vollendung der Tat objektiv zu verwirklichenden Teilakt des Entführens oder Sichbemächtigens und dem zweiten, in die Vorstellung des Täters vorverlagerten Teilakt der angestrebten weiter gehenden Nötigung dient auch dazu, die Geiselnahme von anderen Nötigungsdelikten abzugrenzen. Der Täter muss beabsichtigen, die durch die Entführung oder das Sichbemächtigen für das Opfer geschaffene Lage zu einer weiteren Nötigung auszunutzen (BGHSt **40** 350, 355; BGH NStZ **1999** 509). Weiß z.B. in einem Dreiecksverhältnis der Genötigte nichts davon, dass der Täter eine Geisel hält, will der Täter dies und droht mit anderen Maßnahmen, so fehlt es an dem funktionalen Zusammenhang (BGH StV **1997** 302). **16**

Der **zeitliche Zusammenhang** erfordert grundsätzlich, dass der Täter den Dritten oder das Entführungsopfer *während der Dauer der Entführung* nötigen will (vgl. BGHSt **40** 350, 355, 359; BGHR StGB § 239b Entführen 4; BGH NStZ **2006** 36, 37 mit Anm. *Jahn/Modlich* NStZ **2006** 340; NStZ-RR **2007** 279). Die abgenötigte Handlung soll nach seiner Vorstellung während der Dauer der Zwangslage vorgenommen werden. Grundsätzlich ist der Tatbestand mithin dann *nicht* erfüllt, wenn im Zweipersonenverhältnis der Täter beabsichtigt, das Opfer durch Entführung und qualifizierte Drohung zu bestimmen, erst nach Beendigung der Zwangslage (Entführung, Bemächtigungslage) die abgenötigte Handlung, Duldung oder Unterlassung vorzunehmen (BGHR StGB § 239b Entführen 4). So liegt es, wenn der Täter das Opfer veranlassen will, nach seiner Freilassung unter dem Eindruck der Bedrohung eine bereits getätigte Zeugenaussage bei der Polizei zu widerrufen. Anders – und mithin als Geiselnahme – ist der Sachverhalt zu bewerten, wenn dem Opfer während der Zwangslage die ernstliche Erklärung seiner Bereitschaft zum Widerruf der Aussage abgepresst werden soll (BGHR StGB § 239b Entführen 4). Bei solchen Gemengelagen steht der Tatbestandserfüllung nicht entgegen, **17** dass die vom Täter in erster Linie erstrebte Handlung des Opfers erst nach Beendigung der Entführungs- oder Bemächtigungslage erfolgen soll, wenn aber bereits während der Zwangssituation eine Handlung abgenötigt wird, die aus Sicht des Täters gegenüber dem erstrebten Endzweck selbstständige Bedeutung hat (BGHR StGB § 239b Nötigungserfolg 1). Demnach genügt es, wenn der Täter während der Bemächtigungslage nur ein Zwischenziel anstrebt, das nach seiner Vorstellung als Teilerfolg eine eigenständige Vorstufe des gewollten Enderfolges darstellt (Abnötigen einer ernst gewollten Zusage oder eines „Ehrenwortes"; vgl. BGHR StGB § 239b Nötigungserfolg 1; BGH NStZ **2006** 36, 37; zur Abgrenzung vgl. BGH NStZ **2002** 489, 490). Dieses Verständnis der Vorschrift entspricht dem zum Nötigungstatbestand. Auch dort kann es zur Tatbestandsvollendung ausreichen, dass der Täter einen Teilerfolg erreicht, der im Blick auf ein weiter gehendes Ziel jedenfalls vorbereitend wirkt. In solchen Fällen kommt es daher darauf an, ob der Täter einen aus seiner Sicht selbstständig bedeutsamen Taterfolg erreichen will. Die *vollständige* Erfüllung seines Zieles bereits während der Bemächtigungslage ist bei solchen Fallgestaltungen nicht erforderlich. Auch wenn der Täter die Beendigung der für das Opfer bedrohlichen Zwangslage nur von der Verwirklichung eines Teils seiner Pläne abhängig macht, liegt für das Opfer eine Gefahrenlage vor, die die hohe Strafdrohung des Tatbestandes rechtfertigt (BGHR StGB § 239b Nötigungserfolg 1; BGH NStZ **2006** 36, 37).

IV. Ausnutzungsvariante

18 Das **Ausnutzen** einer **bereits geschaffenen Bemächtigungs- oder Entführungslage** (Absatz 1 Halbsatz 2) erfasst – wie bei § 239a Abs. 1 Halbsatz 2 – den Fall, dass der Täter erst später den Entschluss fasst, die *von ihm* zuvor geschaffene Lage des Opfers zu einer Nötigung mit der erforderlichen qualifizierten Drohung auszunutzen (vgl. im Einzelnen bei § 239a Rdn. 34–35). Der Täter muss – anders als in der ersten Alternative – die Nötigung begehen und nicht nur die Absicht zu ihr haben, wie bei Absatz 1 Alt. 1; d.h., er muss wenigstens zur Nötigung unmittelbar angesetzt haben (Versuch), damit der Ausnutzungstatbestand vollendet ist (BGHSt **26** 309, 310; BGH StV **1987** 483; **1997** 302; siehe auch bei § 239a Rdn. 20).[8]

V. Geiselnahme mit Todesfolge (Absatz 2 i.V.m. § 239a Abs. 3)

19 Für die Erfolgsqualifikation gelten die Maßgaben wie zum Paralleltatbestand des erpresserischen Menschenraubes mit Todesfolge (§ 239a Abs. 3; dort Rdn. 22 ff; siehe dort auch zur Todesfolge nach dem Eingreifen Außenstehender zur Befreiung der Geisel oder nach einem Fluchtversuch; zum erfolgsqualifizierten Versuch bei § 239a Rdn. 31).

VI. Versuch und Teilnahme

20 Sie sind nach allgemeinen Grundsätzen strafbar (siehe im Einzelnen bei § 239a Rdn. 30–32).

---

8 Kritisch *Fischer*[61] Rdn. 9.

VII. Tätige Reue (Absatz 2 i.V.m. § 239a Abs. 4)

Insoweit gelten die Erläuterungen zu § 239a Rdn. 33–40. An die Stelle des in § 239a Abs. 4 geforderten Verzichts auf die erstrebte Leistung tritt hier das **Abstandnehmen** des Täters **von der Weiterverfolgung des Nötigungsziels**, also der Verzicht auf die nach dem ursprünglichen Tatvorsatz abzunötigende Handlung, Duldung oder Unterlassung. Daraus folgt, dass die in Rede stehende Regelung auch nach der Vollendung der Geiselnahme eingreifen kann. Der kriminalpolitische Sinn der Bestimmung liegt gerade darin, durch die Zulassung der Strafrahmenmilderung trotz vollendeter Tat die Möglichkeiten zu verbessern, das Opfer zu retten und die Geiselnahme ohne eine in vielfacher Hinsicht risikobehaftete polizeiliche Rettungsaktion oder eine waghalsige Flucht des Opfers zu beenden. In der Praxis wird diese Gesetzeslage oft auch ein wichtiger Gesichtspunkt bei den „Verhandlungen" zwischen Geiselnehmer und Polizei sein, die letztlich mit dem Ziel der Aufgabe des Täters geführt werden. Damit ist indessen nicht gesagt, dass die Strafrahmenmilderung bei Vorliegen ihrer gesetzlichen Voraussetzungen regelhaft vorzunehmen wäre. Eröffnet ist tatrichterliches Ermessen, das unter Berücksichtigung aller insoweit in Betracht zu ziehenden Umstände ausgeübt werden muss. Dazu müssen sich die Urteilsgründe verhalten (so BGH NStZ 2003 605 f). Die Strafrahmenverschiebung ist nicht ausgeschlossen, wenn der Täter die Geisel zwar freigelassen, aber dabei nicht freiwillig gehandelt hat, etwa weil er in Panik ob der Herzattacke eines nahen Angehörigen des Opfers (BGH NStZ-RR 2002 235) oder weil er von der Polizei umstellt war (BGH NStZ 2001 532). Neben der Abstandnahme von der weiteren Verfolgung des Nötigungsziels kommt auch die Rückgewähr des Abgenötigten in Betracht, soweit dies nach den Umständen des Falles möglich ist (vgl. bei § 239a Rdn. 37 ff).[9] 21

Bei der **Strafzumessung** kann neben den allgemeingültigen Zumessungsgesichtspunkten auch das verfolgte Nötigungsziel von wesentlicher Bedeutung sein (BGH StV 2004 316). 22

VIII. Der reguläre **Strafrahmen** reicht von fünf bis zu 15 Jahren Freiheitsstrafe (Absatz 1 i.V.m. § 38 Abs. 2), für den minder schweren Fall von einem bis zu 15 Jahren und für den Fall der wenigstens leichtfertigen Todesverursachung droht er Freiheitsstrafe nicht unter zehn Jahren, aber auch lebenslange Freiheitsstrafe an (zu deren Verhängung vgl. bei § 239a Rdn. 29). Zur fakultativen Strafrahmenmilderung bei tätiger Reue (Absatz 2 i.V.m. § 239a Abs. 4) vgl. bei § 239a Rdn. 39. Der Strafrahmen reicht im Falle der Milderung wegen tätiger Reue von zwei Jahren bis zu elf Jahren und drei Monaten Freiheitsstrafe (§ 49 Abs. 1 Nr. 3). Zur Strafrahmenwahl bei einer Verzweiflungstat vgl. BGH NStZ-RR 2005 142. 23

IX. Zusammentreffen

Tateinheit ist möglich mit den §§ 105, 106, 211, 223 ff, aber auch mit §§ 24, 27 WStG. Gegenüber § 239a ist § 239b grundsätzlich subsidiär (BGHSt **25** 386, 387; **26** 24, 28; BGHR StGB § 239b Konkurrenzen 1). Hat der Täter die Geisel allein zu dem Zwecke genommen, sich durch Bedrohung des Opfers unrechtmäßig zu bereichern und verfolgt er keine anderen Ziele, so ist allein § 239a anzuwenden (BGHR StGB § 239b Konkurrenzen 1). Tateinheit ist hingegen möglich, wenn neben der Erpressung auch eine 24

---

[9] Vgl. dazu auch *Fischer*[61] Rdn. 8a; *Renzikowski* MK Rdn. 39.

weiter gehende Nötigung beabsichtigt ist (vgl. bei § 239a Rdn. 41. Zu einem Fall des Erzwingens von freiem Abzug nach der Erlangung von Lösegeld vgl. BGHSt **26** 24, 28. An eine schwere räuberische Erpressung kann sich tateinheitlich eine Geiselnahme anschließen, die der endgültigen Beutesicherung dient (BGH Urt. vom 7. November 2000 – 1 StR 377/00). Im Verhältnis zur sexuellen Nötigung (§ 177) ist keine Spezialität gegeben. Jener Tatbestand enthält weder sämtliche Voraussetzungen des § 239b Abs. 1 noch weist er zusätzliche privilegierende Merkmale aus (BGHR StGB § 239b Konkurrenzen 3). Deshalb ist Tateinheit möglich (vgl. aber zum Erfordernis der „stabilen Zwischenlage" für § 239b bei Rdn. 8; siehe zum Verhältnis der Geiselnahme zur Vergewaltigung auch BGH NStZ **2001** 247, 248). Das gilt auch für das Zusammentreffen mit der Entziehung Minderjähriger (§ 235) wegen des dort geschützten Rechtsguts der elterlichen Sorge.[10] Die Tatbestände der §§ 239, 240 werden hingegen verdrängt.

X. Bezüge zu anderen Straftaten und Auslandsstrafen

25 § 239b spielt eine Rolle in § 126 Abs. 1 Nr. 4 (Androhung einer Geiselnahme, die geeignet ist, den öffentlichen Frieden zu stören), § 130a Abs. 1, Abs. 2 (Anleitung zur Geiselnahme), § 138 Abs. 1 Nr. 6, § 139 Abs. 3 Nr. 3 (Nichtanzeige einer geplanten Geiselnahme), § 140 (Belohnung oder Billigung einer Geiselnahme), § 145d Abs. 1 Nr. 2, Abs. 2 Nr. 2 (Vortäuschen einer bevorstehenden Geiselnahme, Täuschung über einen Beteiligten an einer Geiselnahme). Zu Organisationsdelikten vgl. § 129 Abs. 4 Halbsatz 2, § 129 Abs. 1 Nr. 2. Zu besonderen Ermittlungsmaßnahmen siehe § 100a Abs. 2 Nr. 1 Buchst. i StPO (Telefonüberwachung), § 100c Abs. 2 Nr. 1 Buchst. g StPO (akustische Wohnraumüberwachung), § 100f Abs. 1 StPO (akustische Überwachung außerhalb von Wohnungen), § 100g Abs. 1 Nr. 1 StPO (Erhebung von Verkehrsdaten), § 100i Abs. 1 StPO (Maßnahmen bei Mobilfunkgeräten).

26 Für die Verfolgung von **Auslandstaten** gelten die allgemeinen Grundsätze (§§ 3 ff). So kann eine im Ausland zum Nachteil eines deutschen Amtsträgers oder Soldaten während deren Dienstausübung begangene Geiselnahme hier verfolgt werden (§ 5 Nr. 14). Zur Auslandstat gegen international geschützte Rechtsgüter vgl. § 6 Nr. 9, Art. 4 Abs. 1 Haager Übereinkommen vom 16. Dezember 1970 zur Bekämpfung der widerrechtlichen Inbesitznahme von Luftfahrzeugen (BGBl. II **1972** 1505; **1975**, 1204; siehe auch BGH NJW **1991** 3104). Vor allem: § 7.

XI. Recht des Einigungsvertrages

27 § 239b gilt mit dem Wirksamwerden der Beitrittserklärung zur Bundesrepublik Deutschland am 3. Oktober 1990 auch in den auf dem Gebiet der früheren DDR gegründeten Bundesländern.[11] Für zuvor dort begangene Taten ist Art. 315 Abs. 1, Abs. 4 EGStGB zu beachten. Auch das DDR-Strafrecht enthielt einen Tatbestand der Geiselnahme; § 130a DDR-StGB lautete:[12]

---

[10] Vgl. auch bei § 239a Rdn. 41.

[11] Art. 8 EV vom 31.8.1990 (BGBl. II S. 889) i.V.m. dem Einigungsvertragsgesetz vom 23.9.1990 (BGBl. II S. 885) und dem Gesetz der Volkskammer vom 20.9.1990 (BGBl. II S. 1627) sowie der Bekanntmachung über das Inkrafttreten des Einigungsvertrages vom 16.10.1990 (BGBl. II S. 1360).

[12] DDR-StGB vom 12.1.1968 i.d.F. vom 14.12.1988 (GBl. I. 1989 Nr. 3 S. 33) und i.d.F. des 6. Strafrechtsänderungsgesetzes vom 29.6.1990 (GBl. I Nr. 39 S. 526).

§ 130a Geiselnahme

(1) Wer einen Menschen als Geisel in seine Gewalt bringt oder in seiner Gewalt hält und mit der Tötung, mit Körperverletzung oder mit der Fortdauer der Freiheitsberaubung der Geisel droht, um andere Personen, Organisationen, Einrichtungen oder staatliche Organe zu einer Handlung, Duldung oder Unterlassung als ausdrückliche oder stillschweigende Voraussetzung für die Freigabe der Geisel zu nötigen, wird mit Freiheitsstrafe bis zu fünf Jahren bestraft.

(2) Wer

1. *bei der Geiselnahme die Anwendung von Waffen oder gemeingefährlichen Mitteln androht oder das Leben einer Vielzahl von Menschen gefährdet;*
2. *mehrere Personen als Geisel nimmt;*
3. *durch die Tat eine schwere Körperverletzung vorsätzlich oder fahrlässig verursacht,*

wird mit Freiheitsstrafe von zwei bis zu zehn Jahren bestraft.

(3) Wer durch die Tat den Tod eines Menschen fahrlässig verursacht, wird mit Freiheitsstrafe nicht unter fünf Jahren bestraft.

(4) Die Vorbereitung und der Versuch sind strafbar.

(5) Lässt der Täter die Geisel unter Aufgabe seiner rechtswidrigen Ziele frei, kann auf eine geringere als die angedrohte Mindeststrafe erkannt oder von Strafe abgesehen werden.

§ 239c
Führungsaufsicht

In den Fällen der §§ 239a und 239b kann das Gericht Führungsaufsicht anordnen (§ 68 Abs. 1).

Die Vorschrift ist auch bei Versuch, Teilnahme und versuchter Beteiligung anwendbar. Auf die Erläuterungen zu § 68 wird verwiesen.

§ 240
Nötigung

(1) Wer einen anderen Menschen rechtswidrig mit Gewalt oder durch Drohung mit einem empfindlichen Übel zu einer Handlung, Duldung oder Unterlassung nötigt, wird mit Freiheitsstrafe bis zu drei Jahren oder mit Geldstrafe bestraft.

(2) Rechtswidrig ist die Tat, wenn die Anwendung der Gewalt oder die Androhung des Übels zu dem angestrebten Zweck als verwerflich anzusehen ist.

(3) Der Versuch ist strafbar.

(4) In besonders schweren Fällen ist die Strafe Freiheitsstrafe von sechs Monaten bis zu fünf Jahren. Ein besonders schwerer Fall liegt in der Regel vor, wenn der Täter

1. **eine andere Person zu einer sexuellen Handlung nötigt,**
2. **eine Schwangere zum Schwangerschaftsabbruch nötigt oder**
3. **seine Befugnisse oder seine Stellung als Amtsträger missbraucht.**

Schrifttum

Allgaier Vorrang des Wartenden statt Recht des Schnelleren beim Einfahren in eine Parklücke, DAR **1987** 371; *Angerer/Stumpf* Nochmals: Auswirkungen der neuen Sitzblockade-Entscheidung des BVerfG, NJW **1996** 2216; *Altvater* Anm. zu BVerfGE 92,1, NStZ **1995** 274 *Amelung* Sitzblockaden, Gewalt und Kraftentfaltung, NJW **1995** 2584; *ders.* Zur Strafbarkeit einer Straßenblockade als Nötigung, NStZ **1996** 230; *ders.* Über Freiwilligkeit und Freiheit auf der Opferseite einer Strafnorm, GA **1999** 182; *Arnold* Die „neue" Auslegung des Gewaltbegriffs des § 240 StGB – eine Nötigung der Strafrechtsdogmatik? JuS **1997** 289; *Arzt* Zum Zweck und Mittel der Nötigung, Festschrift Welzel (1974) 823; *ders.* Notwehr, Selbsthilfe, Bürgerwehr, Festschrift Schaffstein (1975) 77; *ders.* Zwischen Nötigung und Wucher, Festschrift Lackner (1987) 641; *ders.* Anm. zu BGHSt. 32, 165 JZ **1984** 428; *Bandemer* Der Gewaltbegriff im Strafrecht, JA **1995** 568; *Baumann* Demonstrationsziel als Bewertungsposten bei der Entscheidung nach § 240 II StGB, NJW **1987** 36; *ders.* Der Entwurf des 3. Strafrechtsreformgesetzes, JZ **1970** 113; *ders.* Notwehr im Straßenverkehr? NJW **1961** 1745; *Bergerhoff* Nötigung durch Boykott (1998); *Bergmann* Das Unrecht der Nötigung (1983); *ders.* Zur strafrechtlichen Beurteilung von Sitzblockaden als Nötigung (§ 240 StGB) unter Berücksichtigung der jüngsten Rechtsprechung, Jura **1985** 457; *Bertuleit* Verwerflichkeit von Sitzblockaden, JA **1989** 16; *ders.* Der Fernzielbeschluss des 1. Strafsenats des BGH vor dem BVerfG, ZRP **1992** 46; *ders.* Sitzdemonstrationen zwischen prozedural geschützter Versammlungsfreiheit und verwaltungsakzessorischer Nötigung (1993); *Bertuleit/Herkströter* Nötigung durch Versammlung, KJ **1987** 331; *Berz* Die Grenzen der Nötigung, JuS **1969** 367; ders. Zur Nötigung im Straßenverkehr nach der „Sitzdemonstration" – Entscheidung des BVerfG, NZV **1995** 297; *BKA* (Hrsg.) Was ist Gewalt I–III (1986–1989); *Blei* Zum strafrechtlichen Gewaltbegriff, NJW **1954** 583; *ders.* Die Auflösung des strafrechtlichen Gewaltbegriffs, JA **1970** StR 1, 19 ff, 77 ff, 141 ff; *Blesius* Raub-Gewalt. Welche Auswirkung hat die verfassungsgerichtliche Kassation des vergeistigten Gewaltbegriffs auf §§ 249, 255 StGB? (2004); *Bockelmann* Anm. zu OLG Stuttgart, Urt. v. 6.12.1965, NJW **1965** 745; *Boeckmann* Was ist Gewalt? JZ **1986** 1050; *Böhme* Ziviler Ungehorsam (1984); *Bohnert* Gibt es eine Drittbeziehung bei der strafrechtlichen Nötigung? JR **1982** 397; *Böttcher* Strafbare Nötigung oder Ausübung von Grundrechten? Die gerichtliche Auseinandersetzung mit den Sitzblockaden gegen den NATO-Doppelbeschluss. In: Kramer/Wette (Hrsg.), Recht ist, was den Waffen nützt (2004) 295 ff; *Brendle* Lärm als körperliche Einwirkung – Gewaltbegriff und Einheit der Rechtsordnung, NJW **1983** 727; *Brink/Keller* Politische Freiheit und strafrechtlicher Gewaltbegriff, KJ **1983** 107; *Brohm* Demonstrationsfreiheit und Sitzblockaden, JZ **1985** 501; *Buchwald* Die objektive Bindungswirkung der Sitzblockaden-Entscheidung des Bundesverfassungsgerichts, DRiZ **1997** 513; *Busse* Nötigung im Straßenverkehr (1968); *Callies* Der strafrechtliche Nötigungstatbestand und das verfassungsrechtliche Gebot der Tatbestimmtheit, NJW **1985** 1506; *ders.* Der Begriff der Gewalt im Systemzusammenhang der Straftatbestände (1974); ders. Sitzdemonstrationen und strafbare Nötigung in verfassungsrechtlicher Sicht, NStZ **1987** 209; *Caspari* Der Wolf im Schafspelz DRiZ **2011** 126; *Chemnitz* Zur Verfassungsmäßigkeit von § 240 StGB, DAR **1996** 140; *Dearing* Sitzblockade und Gewaltbegriff, StV **1986** 125; *Decruppe* Aufrufe zu „Flashmob" – Aktionen als ergänzende Arbeitskampfmittel zu einem laufenden Streik jurisPR-ArbR 1/2009 Anm. 1; *Deutscher Richterbund* Landesverband Hessen (Hrg.) Demonstrationsfreiheit, Strafrecht und Staatsgewalt; *Dierlamm* Sitzblockade und Gefahrenabwehr, NStZ **1992** 573; *Dietmeier* Zur Strafbarkeit einer Gleisblockade durch Anbringen von Hindernissen und zu den Folgen von Zuständigkeitsfehlern, JR **1998** 470; *Donath/Mehle* Drohung durch den Rechtsanwalt NJW **2009** 2363; *Dreher* Das 3. Strafrechtsreformgesetz und seine Probleme, NJW **1970** 1153; *Dreier* Der Rechtsstaat im Spannungsverhältnis zwischen Gesetz und Recht, JZ **1985** 353; *Edenfeld* Der Schuldner am Pranger – Grenzen zivilrechtlicher Schuldenbeitreibung, JZ **1988** 645; *Eichelberger* Das Blockieren einer Internet-Seite als strafbare Nötigung, DuD **2006** 490; *Eilsberger* Die Kölner Straßenbahnblockade, JuS **1970** 165; *Eisele/Majer* Strafbarkeit der Zwangsheirat im Lichte des internationalen Straf- und Privatrechts NStZ **2011** 546; *Erb* Anm. zu OLG Düsseldorf, Beschl. v. 25.2.1999 – 1 Ws 16/99, NStZ **2000** 199; *Ermer* Politisch motivierte Sitzstreiks als Problem der strafbaren Nötigung (1987); *Eschenbach* Der spezifische Zusammenhang zwischen Nötigungsmittel und Erfolg, Jura **1995** 16; *Eser* Irritationen um das Fernziel – zur Verwerflichkeitsrechtsprechung bei Sitzblockaden, Festschrift Jauch (1990) 35; *Fabricius* Die Formulierungsgeschichte des § 240 StGB (1991); *Fahl* Nötigung, JA **1998** 274; *Fezer* Zur jüngsten Auseinandersetzung um das Rechtsgut des § 240, GA **1975** 353; *ders.* Die persönliche Freiheit im System des Rechtsgüterschutzes, JZ **1974** 599; *Fössler* Die Friedlichkeit als Voraussetzung der Demonstrationsfreiheit (1985); *Frankenberg* Ziviler Ungehorsam und rechtsstaatliche Demokratie, JZ **1984** 266; *Frommel* Zur Strafbarkeit von Sitzblockaden, KJ **1990** 484; *Geerds* Sachbeschädigungen, Formen und Ursachen der Gewalt gegen Sachen aus der Sicht von Kriminologie und Kriminalistik (1983); *Geilen* Neue Entscheidungen zum strafrechtlichen Gewaltbegriff, Festschrift H. Mayer (1966) 445; *ders.* Lebensgefährdende Drohung als Gewalt in § 251 StGB? JZ **1970** 521; *ders.* Zur Problematik der gewaltsamen Entführung (§ 237 StGB), JZ **1971** 540; *Gercke* Anm. zu AG Frankfurt/Main, MMR **2005** 868; *Giehring* Verkehrsblockierende Demonstrationen und Strafrecht, in Lüderssen/Sack (Hrsg.) Vom Nutzen und Nachteil der Sozialwissenschaften für das Strafrecht (1980) 513; *Gössel* Anm. zu BGH, Urt. v. 15.10.2003 – 2 StR 283/03, JR **2004** 254; *Goldschmidt* Die Strafbarkeit der widerrechtlichen Nötigung, Strafrechtl. Abhandl. Nr. 6 (1897); *Grabow* Eine Kritik der Sicherungserpressung auf Grundlage der Rechtsprechung, NStZ **2014** 121; *Graßhof, M.* Auswirkungen der neuen Sitzblockadeentscheidung des BVerfG, NJW **1995** 3085; *Graul* Nötigung durch Sitzblockade, JR **1994** 51; *dies.* Anm. zu BGHSt 45 253, JR **2001** 117; *Günther* Verwerflichkeit von Nötigungen trotz Rechtfertigungsnähe, Festschrift Baumann (1992) 213; *Gusy* Anm. zu BVerfG, Beschl. v. 10.1.1995 – 1 BvR 718/89, JZ **1995** 778; *Gutmann* Freiwilligkeit als Rechtsbegriff (2001); *Haffke* Gewaltbegriff und Verwerflichkeitsklausel, ZStW **1972** 37; *Hagen* Widerstand und ziviler Ungehorsam (1990); *Hansen* Die tatbestandliche Fassung von Nötigungsunrecht (1972); *Hassemer* Gegen die Berufung auf ein „besseres Recht" als Rechtfertigungsgrund, Festschrift Wassermann (1985) 325; *ders.* Anm. zu BGH, Beschl. v. 21.3.1992 JuS **1992** 81; *Haubrich* Verkehrsrowdytum auf den Autobahnen und seine strafrechtliche Würdigung, NJW **1989** 1197; *Heger* Die Nötigung im Straßenverkehr, Festschrift Geppert (2011) 153; *Heinitz* Nötigung, Aufruhr und Landfriedensbruch bei Streikausschreitungen, JR **1956** 3; *von Heintschel-Heinegg* Die Gewalt als Nötigungsmittel im Strafrecht, Diss. Regensburg 1975; *Helmken* Vergewaltigung in der Ehe (1979); *ders.* Wider Schulmeisterei und Faustrecht auf deutschen Straßen, NZV **1991** 372; *Herzberg* Strafbare Nötigung durch Versperren des Fahrwegs, GA **1996** 557; *ders.* Die nötigende Gewalt, GA **1972** 251; *ders.* Noch einmal – zum Gewaltbegriff in § 240 StGB und zu seiner subjektiv-historischen Auslegung, JuS **1997** 1067; *ders.* Die Sitzblockade als Drohung mit einem empfindlichen Übel, GA **1998** 211; *Hirsch* Zum Spannungsverhältnis von Theorie und Praxis im Strafrecht, Festschrift Tröndle (1989) 19; *Hoffmann* Scheinbare Anschläge – zur Strafbarkeit sog. Trittbrettfahrer, GA **2002** 385; *Horn* Die Drohung mit einem erlaubten Übel: Nötigung? NStZ **1983** 497; *ders.* Die Nötigung des Ehegatten zum Beischlaf – strafbar? ZRP **1985** 265; *Hoyer* Straßenblockade als Gewalt in mittelbarer Täterschaft, JuS **1995** 264; *ders.* Der Sitzblockadenbeschluss des BVerfG und seine Konsequenzen für den Begriff der Drohung, GA **1998** 211; *Hruschka* Die Nötigung im System des Strafrechts, JZ **1995** 737; *ders.* Die Blockade einer Autobahn durch Demonstranten – eine Nötigung? NJW **1996** 160; *Isenbeck* Anm. zu BGH Urt. v. 11.5.1962, NJW **1963** 116; *Jakobs* Nötigung mit Gewalt, Festschrift H. Kaufmann (1986) 791; *ders.* Nötigung durch Drohung als Freiheitsdelikt, Festschrift Peters (1974) 69; ders. Anm. zu BGH, Beschl. v. 24.4.1986, JZ **1986** 1063; *Janknecht* Verfassungs- und strafrechtliche Fragen zu Sitzstreiks, GA **1969** 33; *ders.* Sitzstreik als Nötigung, NJW **1986** 2411; *Jean d Heur* Bestimmtheitsgrundsatz und Gesetzesauslegung, NJ **1995** 465; *Huhn* Nötigende Gewalt mit und gegen Sachen (2007); *Jäger, Chr.* Die Grenzen strafbarer Nötigung bei Drohungen mit einem Unterlassen, Festschrift Krey (2010) 193; *Kaiser* Gewalt im Straßenverkehr, Festschrift Salger (1995) 55; *Kadelbach/Petersen* Europäische Grundrechte als Schranken der Grundfreiheiten, EuGRZ **2003** 693; *Kargl* Die Freiheitsberaubung nach dem 6. Gesetz zur Reform des Strafrechts, JZ **1999** 72; *ders.* Zur objektiven Bestimmung der Nötigung, Festschrift Roxin (2001) 905; *Karpen* „Ziviler Ungehorsam" im demokratischen Rechtsstaat, JZ **1984** 249; *Kaufmann* Der BGH und die Sitzblockade, NJW **1988** 2581; *Kelker* Online-Demonstrationen – ein Fall additiver Mittäterschaft, GA **2009** 86; *Keller* Strafrechtlicher Gewaltbegriff und Staatsgewalt (1982); *Keller* Die neue Entwicklung des strafrechtlichen Gewaltbegriffs in der Rechtsprechung, JuS **1984** 109; *Kitz* Der Gewaltbegriff im Informationszeitalter und die strafrechtliche Beurteilung von Onlineblockaden, ZUM **2006** 730; *Knemeyer/Deubert* Kritische Überlegungen zum Verhältnis Staatsanwaltschaft – Polizei/Polizei – Staatsanwaltschaft, NJW **1992** 3131; *Knodel* Der Begriff der Gewalt im Strafrecht (1962); *ders.* Zum Gewaltbegriff in § 249 StGB, JZ **1963** 701; *Köhler* Vorlesungsstörung als Gewaltnötigung? NJW **1983** 1595; *ders.* Nötigung als Freiheitsdelikt, Festschrift Leferenz (1983)

511; *Koffka* Besprechung von Knodel, Der Begriff der Gewalt, JR **1963** 701; *Kostaras* Zur strafrechtlichen Problematik der Demonstrationsdelikte (1982); *Kraft/Meister* Rechtsprobleme virtueller Sit-ins, MMR **2003** 366; *dies.* Die Strafbarkeit von Internetdemonstrationen, K+R **2005** 458; *Krause* Gedanken zur Nötigung und Erpressung durch Rufschädigung, Festschrift Spendel (1992) 547; *Krauß* Die Beurteilung „passiver Resistenz" – restriktive oder extensive Auslegung der Gewaltnötigung? NJW **1984** 905; *Krey* Probleme der Nötigung mit Gewalt – dargelegt am Beispiel des Fluglotsenstreiks, JuS **1974** 418; *ders.* Anm. zu BGH NStZ **1995** 541; *ders.* Kritische Anmerkungen anlässlich des Sitzblockadenbeschlusses des 1. Senats vom 10. Januar 1995, JR **1995** 265; *Krey/Jäger* Sitzblockaden als tatbestandsmäßige Nötigung mit Gewalt, in Guggenberg (Hrsg.) Hüter der Verfassung oder Lenker der Politik (1997) S. 151; *Kröpil* Ziviler Ungehorsam und strafrechtliches Unrecht, JR **2011** 283; *Kropp* Strafverschärfung der Nötigung im Straßenverkehr, ZRP **2004** 4; *Kubik/Zimmermann* Sozialadäquate Zwangsverheiratungen? JR **2013** 192; *Kudlich* Straßenblockade als Gewalt in mittelbarer Täterschaft, JuS **1996** 664; *Kühl* Sitzblockaden vor dem Bundesverfassungsgericht, StV **1987** 122; *Kümmel* Nötigung durch Folter: Eine rechtliche Betrachtung der Folter als Mittel der Gefahrenabwehr unter besonderer Berücksichtigung des Nötigungstatbestands, Diss. Heidelberg (2008); *Küper* Drohung und Warnung; zur Rekonstruktion und Revision des klassischen Drohungsbegriffs, GA **2006** 439; *ders.* Verwerflichkeit und Rechtfertigung bei der Nötigung, JZ **2013** 449; *Küpper* Nötigung durch Blockade, Rote Robe **1984** 145; *Küpper/Bode* Neuere Entwicklungen zur Nötigung durch Sitzblockaden, Jura **1993** 187; *Lampe* Die strafrechtliche Bewertung des Anzapfens nach § 240 StGB und § 12 UWG, – Festschrift Stree/Wessels 449; *Lesch* Ist die Sitzblockade einer Straße eine Nötigung anderer mit Gewalt? StV **1996** 152; *ders.* Bemerkungen zum Nötigungsbeschluss des BVerfG vom 10.1.1995, JA **1995** 889; *ders.* Die Nötigung als Delikt gegen die Freiheit, Festschrift Rudolphi (2004) 483; *ders.* Gewalt als Tatbestandsmerkmal des § 240 StGB, Festschrift Jakobs (2007) 327; *Letzgus* Strafrechtliche Bekämpfung der Zwangsheirat Festschrift Puppe (2011) 1231; *Linck* Protestaktionen gegen Castor-Transporte und das geltende Recht ZRP **2011** 44; *Loderbauer* Nötigungsfälle im fließenden Straßenverkehr, Diss. Regensburg (2001); *Löhle* Straßenverkehrsgefährdungen, Nötigung durch dichtes Auffahren, Rechtsüberholen, NZV **1994** 302 *Löwisch/Krauß* Die rechtliche Bewertung von Betriebsblockaden nach der Sitzblockadeentscheidung des Bundesverfassungsgerichts, DB **1995** 1330; *Maatz* Kann ein (nur) versuchtes schwereres Delikt den Tatbestand eines vollendeten milderen Delikts verdrängen? NStZ **1995** 209; *Maatz* Nötigung im Straßenverkehr, NZV **2006** 337; *Magnus* Der Gewaltbegriff der Nötigung (§ 240 StGB) im Lichte der neuesten BVerfG-Rechtsprechung, NStZ **2012** 538; *Maier* Sitzblockade keine Gewalt, JuS **1996** 278; *Manalich-Raffo* Nötigung und Verantwortung: Rechtstheoretische Untersuchungen zum präskriptiven und askriptiven Nötigungsbegriff im Strafrecht, Diss. Bonn 2009; *Martin*, Zur strafrechtlichen Beurteilung „passiver Gewalt" bei Demonstrationen, Festschrift BGH 25 Jahre (1975) 211; *Martin, S.* Unterbrechung eines Bahntransports als Nötigung – Castor, JuS **1998** 957; *ders.* Keine Wiederaufnahme von Sitzblockade-Entscheidungen, JuS **1997** 566; *Marxen* Demonstrationsfreiheit und strafrechtlicher Gewaltbegriff, KJ **1984** 54; *Meurer/Bergmann* Gewaltbegriff und Verwerflichkeitsklausel, JR **1988** 49; *Michale* Recht und Pflicht zur Zwangsernährung (1983); *Meyer* Ausschluss der Autonomie durch Irrtum, 1984; *Morbach, Hannah* Die Chantage: Rechtfertigungs- und Entschuldigungsgründe des sich wehrenden Opfers einer Schweigegelderpressung, Diss. Passau 2007; *Müller-Dietz* Zur Entwicklung des strafrechtlichen Gewaltbegriffs, GA **1974** 74; *Murr* Die Akzessorietät des Strafrechts zum Versammlungsrecht (2002); *Nauditt*, Die Eingriffsbefugnisse der Polizei im Arbeitskampf, AuR **1987** 153; *Niese* Streik und Strafrecht (1954); *Nussstein* Die Verwerflichkeit der Nötigung – ein Dilemma ohne Ausweg, StV **1987** 223 *Olbrich* Die Betriebsbesetzung als Arbeitskampfmaßnahme (1990); *Offenloch* Geforderter Rechtsstaat – Gedanken nach $1^1/_2$ Jahren Blockadeverfahren, JZ **1986** 11; *ders.* Der Streit um die Blockaden in rechts- und verfassungstheoretischer Sicht, JZ **1994** 433; *Ostendorf* Anm. zu OLG Hamburg, NJW **1980** 2593; *ders.* Das Recht zum Hungerstreik, GA **1984** 308; *ders.* Kriminalisierung des Streikrechts (1987); *ders.* Anm. zu BVerfGE 92,1, AuR **1995** 274; *Ott* Rechtsprobleme bei der Auflösung einer Versammlung in Form eines Sitzstreiks, NJW **1985** 2384; *ders.* Anm. zu BGH, NJW **1969** 2023; *Otto* Sitzdemonstrationen und strafbare Nötigung in strafrechtlicher Sicht, NStZ **1987** 212; *ders.* Strafbare Nötigung durch Sitzblockaden in der höchstrichterlichen Rechtsprechung und die Thesen der Gewaltkommission zu § 240 StGB, NStZ **1992** 568, *ders.* Anm. zu BGH, Urt. v. 15.10.2003 – 2 StR 283/03, JZ **2004** 364; *Paeffgen* Unzeitgemäße (?) Überlegungen zum Gewalt und Nötigungsbegriff, Festschrift Grünwald (1999)

433; *Paul* Nötigung durch kurzes Anhalten au dem linken Fahrstreifen der BAB bei Stau auf dem rechten Fahrstreifen, NZV **1988** 312; *Pelke* Die strafrechtliche Bedeutung der Begriffe „Übel" und „Vorteil" (1990); *Preuß* Nötigung durch Demonstration – zur Dogmatik des Art. 8 GG, Festschrift R. Schmid (1985) 419; *Priester* Der Verfassungsgerichts-Beschluss zur Nötigung durch Sitzblockaden – ein Schlag ins Wasser? Festschrift Bemmann (1997) 387; *Prittwitz* Sitzblockaden – ziviler Ungehorsam und strafbare Nötigung, JA **1987** 17; *Puppe* Anm. zu BGH, JZ **1989** 595; *Radtke* Zum Verhältnis von „zivilem Ungehorsam" zur „Gewissenstat", GA **2000** 19; *Rheinländer* Sitzblockaden und/ oder Gewaltbegriffentscheidung? – Zum Geltungsbereich von BVerfGE 92, 1, Festschrift Bemmann (1997) 387; *Reents* Die Verwerflichkeitsklausel, Diss. Göttingen 1969; *Reichert-Hammer* Politische Fernziele und Unrecht (1991); *Rusteberg* Die Verhinderungsblockade, NJW **2011** 2999; *Rölle* Unterlassen im Rahmen des Nötigungstatbestandes, Diss. Köln 2006; *Roellecke* Bio-Recht oder die Sanftmut von Gesäß-Protestierern, NJW **1995** 1525; *Rössner* Gewaltbegriff und Opferperspektive bei der Vergewaltigung, Festschrift Leferenz (1983) 527; *Roggemann* Der Friede – ein Strafrechtsgut wie jedes andere? JZ **1989** 1108; *Roxin* Verwerflichkeit und Sittenwidrigkeit als unrechtsbegründende Merkmale im Strafrecht, JuS **1964** 373; *ders.* Anm. zu BGH, Urt. v. 13.1.1983, JR **1983** 333; *ders.* Strafrechtliche Bemerkungen zum zivilen Ungehorsam, Festschrift Schüler-Springorum (1993) 441; *Ruß* Anm. zu BGH, Urt. v. 16.11.1962, NJW **1963** 1165; *Schaffstein* Vom crimen vis zur Nötigung, Festschrift Lange (1976) 983; *ders.* Die Vollendung der Unterlassung, Festschrift Dreher (1977) 147; *Scheffler, U.* Zur Strafbarkeit der Schuldeneintreibung mittels „Schwarzen Mannes", NJ **1995** 573; *Schlüchter* Zum Minimum bei der Auslegung normativer Merkmale im Strafrecht, NStZ **1984** 300; *Schmitt* Der Anwendungsbereich von § 1 StGB (Art. 103 Abs. 1 GG), Festschrift Jescheck (1985) 227; *Schieder* Die Verwaltungsakzessorietät der Nötigung durch Sitzblockaden, BayVBl. **2004** 22; *Schmitt Glaeser* Politisch motivierte Gewalt und ihre Fernziele, BayVBl. **1988** 454; *ders.* Private Gewalt im politischen Meinungskampf (1992); *Scholz* Rechtsfrieden im Rechtsstaat, NJW **1983** 705; *ders.* Sitzblockade und Verfassung – zur neuen Entscheidung des BVerfG, NStZ **1995** 417; *Sonnen* Hausfriedensbruch und Nötigung durch Störung von Universitätsveranstaltungen, JA **1982** 217; *Schröder* Nötigung und Erpressung durch Fordern von Gegenleistungen, JZ **1983** 286; *Schröder* Streik und Strafrecht, BB **1953** 1015; *Schroeder* Widerstand gegen Willensvermittler als Nötigung? NJW **1985** 2392; *ders.* Sitzblockade keine Gewalt, JuS **1995** 875; *ders.* Schreien als Gewalt und Schuldspruchberichtigung durch Beschluss – BGH NJW 1982 184, JuS **1982** 491; *ders.* Die Grundstruktur der Nötigung und die Möglichkeit zur Beseitigung der durch das BVerfG geschaffenen Lücken, NJW **1996** 2627; *ders.* Zur Sitzblockade als Drohung mit einem empfindlichen Übel, Meurer Gedächtnisschrift (2002) 237; *ders.* Die drei Arten der Nötigung, Festschrift Gössel (2002) 415; *Schünemann* Raub und Erpressung, JA **1980** 349; *Schürmann* Der Begriff der Gewalt im schweizerischen Strafgesetzbuch (1985); *Schroth* Vorsatz und Irrtum (1998); *Schulte* Gewaltloser Widerstand – Ziviler Ungehorsam, Recht und Politik **1983** 140; *Seibt* Der Kampf um die Parklücke geht weiter, DAR **1978** 99; *Sick* Sexuelles Selbstbestimmungsrecht und Vergewaltigungsbegriff (1991); *Simmler* Boykott und Strafrecht, Diss. Freiburg i.Br. 1979; *Singelnstein* Polizei, Gewalt und Strafrecht. Zu den Änderungen beim Widerstand gegen Vollstreckungsbeamte, NJW **2011** 3473; *Sinn* Die Nötigung im System des heutigen Strafrechts (2000); *ders.* Anm. zu BGH, Beschl. v. 22.4.1998, NStZ **2000** 195; *ders.* Gewaltbegriff – quo vadis, NJW **2002** 1024; *Sommer* Lücken im Strafrechtsschutz des § 240 StGB? NJW **1985** 769; *Steinberg/Herbert* Grenzen politischer Meinungsäußerungen auf der Straße, JuS **1980** 108; *Stoffers* Drohung mit dem Unterlassen einer rechtlich nicht gebotenen Handlung im Rahmen der §§ 240, 253 StGB, JR **1988** 492; *Ternig* Nötigung im Straßenverkehr am Beispiel des dichten Auffahrens, Verkehrsdienst **2004** 321 ff *Tiedemann* Bemerkungen zu der Rechtsprechung in den sog. Demonstrationsprozessen, JZ **1969** 717; *ders.* Wettbewerb und Strafrecht (1976); *ders.* Verfassungsrecht und Strafrecht (1991); *Timpe* Die Nötigung (1989); *ders.* Nötigende Gewalt durch Unterlassen, JuS **1992** 748; *Tröndle* Ein Plädoyer für die Verfassungsmäßigkeit des § 240 StGB, Festschrift Lackner (1987) 625; *ders.* Sitzblockaden und ihre Fernziele, Festschrift Rebmann (1989) 481; *ders.* Zwangsernährung und Rechtsstaat, Festschrift Kleinknecht (1985) 411; *ders.* Irrungen und Wirrungen der verfassungsgerichtlichen Rechtsprechung zu Sitzblockaden, BGH-Festgabe (2000) 527; *Valerius* Gedanken zum Straftatbestand der Zwangsheirat (§ 237 StGB) JR **2011** 430; *Volk* Nötigung durch Drohung mit Unterlassen, JR **1981** 274; *Wagner* Selbstmord und Selbstmordverhinderung (1975); *Wallau* Der „Mensch" in §§ 240, 241, 253 StGB und die Verletzung der Rechte juristischer Personen, JR **2000** 312; *Warda* Vorsatz und Schuld bei ungewisser

Tätervorstellung über das Vorliegen strafbarkeitsausschließender, insbesondere rechtfertigender Tatumstände, Festschrift Lange (1976) 119; *Weichert* Verwaltungsakzessorietät bei Feststellung der Rechtfertigung nach § 240 StGB, StV **1989** 459; *Weingärtner* Demonstration und Strafrecht (1986); *Wesch* Neue Arbeitskampfmittel (1992); *Wieczorek* Sitzblockade – keine Gewalt und deshalb straflos? Kriminalistik **1985** 222; *Winkler* Der Begriff der Gewalt im Strafrecht, Strafr. Abhandl. Nr. 85; *de With* Von der Notwendigkeit, den Nötigungsparagraphen zu reformieren, in Diekwisch/Wolfgramm (Hrsg.) Recht und Pflicht (1992) 129; *Wohlers* Die polizeilich vereitelte Sitzblockade als vollendete Nötigung, NJW **1992** 1432; *Wolter* Verfassungskonforme Restriktion und Reform des Nötigungstatbestandes, NStZ **1986** 241; *ders.* Gewaltanwendung und Gewalttätigkeit, NStZ **1985** 193 245; *Zechlin* Streikposten und Nötigung, AuR **1986** 289; *ders.* Streik, Strafrecht und Polizei (1986); *Zöller* Der Gewaltbegriff des Nötigungstatbestandes: Zur Strafbarkeit sog. Sitzblockaden, GA **2004** 147; *Zopfs* Drohen mit einem Unterlassen? JA **1998** 813; ders. Der „Widerstand gegen Vollstreckungsbeamte" als privilegierte Form der „Nötigung" oder der „Körperverletzung", GA 2000 527.

Entstehungsgeschichte

Das ALR bedrohte in § 1077 II 20 die Überschreitung des privaten Selbsthilferechts mit Strafe. Die Vorschrift diente wohl primär der Durchsetzung des staatlichen Gewaltmonopols[1] und wurde insoweit als Ausprägung des gemeinrechtlichen crimen vis verstanden, eines subsidiären Auffangtatbestandes, der Störungen der öffentlichen Sicherheit und des öffentlichen Friedens durch Privatgewalt erfasste.[2] Neben dem Schutz öffentlicher Interessen verfolgte die Vorschrift auch den Zweck, die Freiheit des Einzelnen zu schützen.[3] Dies machte sie zum Vorläufer des modernen Nötigungstatbestandes. Freilich verzichtete das ALR noch auf eine nähere Bezeichnung der Nötigungsmittel. Die im 19. Jh. entstehenden Partikulargesetzbücher nannten hingegen – mit Ausnahme des preußischen Strafgesetzbuchs vom 14. April 1851[4] – bereits die Nötigungsmittel Gewalt und Drohung, wobei allerdings das Merkmal der Drohung unterschiedlich ausgestaltet war.[5] Die seit 1871 im Deutschen Reich geltende Nötigungsvorschrift geht auf das Strafgesetzbuch für den Norddeutschen Bund zurück. Die Vorschrift lautete:

> „Wer einen anderen widerrechtlich durch Gewalt oder Bedrohung mit einem Verbrechen oder Vergehen zu einer Handlung Duldung oder Unterlassung nötigt ..."

Wegen der Einschränkung des Nötigungsmittels „Drohung" wurde diese Fassung schon früh als zu eng empfunden[6], außerdem bestanden Meinungsverschiedenheiten darüber, ob das Merkmal „widerrechtlich" auf das Nötigungsmittel[7] oder auf den Nötigungszweck[8] zu beziehen sei. Die Gesetzentwürfe der Folgezeit sind deshalb vom Bemühen um eine Reform der Vorschrift gekennzeichnet.[9] Bereits bei den Beratungen über

1 *Fabricius* S. 24 f.

2 Vgl. NK-*Toepel* Rdn. 2; eingehender 1. Aufl. Rdn. 4 ff, 12; *Lesch* FS Jacobs S. 327, 328; **aA** *Sinn* Die Nötigung S. 174 ff; jeweils m.w.N.

3 Die Überschrift des zugehörigen Abschnitts lautet: „Von den Beleidigungen der Freiheit".

4 Dieses erwähnt das Nötigungsmittel der Gewalt nicht, dazu aus der Sicht des Zeitgenossen *Dalcke* GA **1869** 3 ff.

5 *Hansen* S. 30 f.

6 *J. Goldschmidt* Die Strafbarkeit der widerrechtlichen Nötigung (1897) S. 3 ff; *v. Buri* Der Gerichtssaal **1875** 517ff (530); *Sinn* S. 45.

7 RGSt **1** 5, 6; **54** 152, 156 f m.w.N.

8 Vgl. die Nachweise bei *Hansen* S. 33.

9 So etwa § 240 VE 1909; § 310 E 1913; § 312 E 1919; § 246 f E 22; § 253 E 25; § 279 ff E 1927; § 277 E 33 § 88, § 430 E 36; Texte jeweils bei *Fabricius* S. 175 ff und *Sinn* Die Nötigung S. 44 ff.

den Entwurf 1927 wurde eine Definition der Drohung erwogen, die in ihren einschränkenden Merkmalen der sog. Verwerflichkeitsklausel des geltenden Abs. 2 nahe kam.[10] Hinweise dafür, dass das Merkmal der Gewalt in ähnlicher Weise als problematisch angesehen wurde, fehlen; jedenfalls gab es keine gesetzgeberischen Vorstöße mit dem Ziel, dieses Nötigungsmittel neu zu bestimmen. § 240 blieb bis zum Inkrafttreten der Strafrechtsangleichungsverordnung vom 29. Mai 1943[11] unverändert. Durch Art. 10 dieser Verordnung erhielt die Vorschrift folgende Fassung:

„1. Wer einen anderen rechtswidrig mit Gewalt oder durch Drohung mit einem empfindlichen Übel zu einer Handlung, Duldung oder Unterlassung nötigt, wird wegen Nötigung mit Gefängnis oder mit Geldstrafe, in besonders schweren Fällen mit Zuchthaus oder Gefängnis nicht unter sechs Monaten bestraft.

2. Rechtswidrig ist die Tat, wenn die Anwendung der Gewalt oder die Zufügung des angedrohten Übels zu dem angedrohten Zweck dem gesunden Volksempfinden widerspricht.

3. ... (betr. Versuch)"

Die Neuerung bestand vor allem in der Erweiterung der bisher auf Vergehen und Verbrechen beschränkten (sog. unbedingten) Drohmittel auf empfindliche Übel aller Art. Der neue Abs. 2 stellte einschränkend klar, dass es nicht auf die Bewertung des Nötigungsmittels für sich allein ankommen sollte, sondern auf die am Maßstab des „gesunden Volksempfindens" zu beurteilende Unangemessenheit der Verbindung des gewählten Mittels mit dem im Einzelfall angestrebten Zweck. Dieses „tatbestandsregulierende Korrektiv"[12] wurde erforderlich, weil der erweiterte Tatbestand zwangsläufig auch nicht strafwürdiges Handeln erfasste; zugleich wurde damit der Streit über die Auslegung des Merkmals „rechtswidrig" in der ursprünglichen Fassung vom Gesetzgeber entschieden. Nach der Rspr. des BGH blieb die Strafvorschrift in dieser Fassung auch nach dem Untergang des „Dritten Reichs" in Kraft; sie verstieß nicht gegen Besatzungsrecht.[13] Erst durch Art. 2 Nr. 38 des 3. StrÄndG vom 4. August 1953[14] wurde der Maßstab des gesunden Volksempfindens durch die geltende Verwerflichkeitsklausel (§ 240 Abs. 2) ersetzt und zugleich klargestellt, dass es für die Verwerflichkeit der Drohung nicht auf die Zufügung, sondern auf die Androhung des Übels zum angestrebten Zweck ankomme. Gleichzeitig wurde das Höchstmaß der für besonders schwere Fälle angedrohten Freiheitsstrafe auf zehn Jahre herabgesetzt. Eine weitere Milderung der in Abs. 1 angedrohten Strafe brachte das 1. StrRG.[15] Art. 8 des Schwangeren- und Familienhilfegesetzes[16] fügte die Nötigung zum Schwangerschaftsabbruch als Regelbeispiel für einen besonders schweren Fall an. Durch das 6. StrRG[17] wurde der Katalog um zwei weitere Beispiele ergänzt und in einen eigenen Abs. 4 eingestellt. Das 37. StrÄndG vom 11. Februar 2005[18] nahm die Nötigung zur Eingehung der Ehe als Regelbeispiel in Abs. 4 auf. Diese Ergänzung erwies

---

[10] § 9 Nr. 7 i.d.F. des Beschlusses des 21. Ausschusses lautete: „eine Drohung ... mit einem anderen empfindlichen Übel, dessen Androhung oder Zufügung zu dem ... verfolgten Zweck gegen die guten Sitten verstößt" (zit. nach *Fabricius* S. 178); ähnlich § 88 Nr. 1 E 1936.

[11] RGBl. I 339.

[12] So BGHSt **2** 194, 195 m. Anm. *Welzel* JZ **1952** 340; vgl. auch BVerfGE 73 206, 238.

[13] Vgl. BGHSt **1** 13, 18 ff; 84, 86 f.

[14] BGBl. I 735.

[15] Vom 25. Juni 1969, BGBl. I 645; vgl. dazu BTDrucks. V/4094 S. 36.

[16] Vom 21. August 1995, BGBl. I 1050.

[17] Vom 26. Januar 1998, BGBl. I 164; RegE: BTDrucks. 13/8587.

[18] BGBl. I 239.

sich als kurzlebig: Bereits mit Gesetz vom 23.6.2011[19] wurde die sog. Zwangsheirat wieder ausgegliedert und in § 237 als eigenständiger Straftatbestand geregelt.

Übersicht

[19] Gesetz zur Bekämpfung der Zwangsheirat und zum besseren Schutz der Opfer von Zwangsheirat sowie zur Änderung weiterer aufenthalts- und asylrechtlicher Vorschriften, BGBl. I 1266; Regierungsentwurf: BTDrucks. 17/4401; Beschlussempfehlung und Bericht des federführenden Innenausschusses: BTDrucks. 17/5093; vgl. *Letzgus* Strafrechtliche Bekämpfung der Zwangsheirat, Festschrift Puppe (2011) 1231; *Eisele/Majer* Strafbarkeit der Zwangsheirat im Lichte des internationalen Straf- und Privatrechts NStZ **2011** 546; *Valerius* JR **2011** 430.

I. Geschütztes Rechtsgut

Die Vorschrift schützt nach heute nahezu einhelliger Meinung die **Freiheit** der **Willensbildung** und der **Willensbetätigung.**[20] Demzufolge erfasst der Tatbestand nicht nur die Beugung des Willens, sondern auch das Erwirken eines Verhaltens durch unwiderstehlichen Zwang. Dass der Nötigungstatbestand die Freiheit der Willensbildung oder (besser) der **Willensentschließung** schützt, ist heute unstreitig. Die in der älteren Literatur bisweilen vertretene Meinung, die Vorschrift schütze nur die Willensbetätigung,[21] erkannte stets an, dass diese auch „mittelbar" durch Einwirkung auf die Willensentschließung in strafbarer Weise angegriffen werden könne. Damit gelangten auch diese Stimmen – wenngleich auf methodisch anderem Wege – zu einer Einbeziehung der Willensbildung in den Schutzbereich der Norm. Dies folgt auch aus dem gesetzlichen Tatbestand: Der dort bezeichnete Begriff der Handlung als abgenötigtes Verhalten umschreibt ein vom Willen getragenes Gebaren.[22] Erfolgreiches Nötigen zu einem solchen Verhalten setzt voraus, dass das Opfer seinen Willen dem Täter unterordnet. 1

Dass der Nötigungstatbestand daneben auch die Freiheit der **Betätigung des unbeeinflussten Willens** schützt, legt bereits der Wortlaut der Vorschrift nahe. Dulden bezeichnet ein Verhalten, für das der entgegenstehende Wille des Genötigten geradezu typisch ist.[23] Die Erfassung dieser Fallgruppe entspricht auch einem Gebot der Billigkeit: Es macht keinen Unterschied, ob der Täter den Genötigten dazu zwingt, sich *entgegen* seinem unbeeinflussten Willen zu verhalten, oder ob er den Willen des Opfers *beugt*, um es sich gefügig zu machen.[24] Die Grenzziehung zwischen diesen Fallgestaltungen kann im Einzelfall erhebliche Schwierigkeiten aufwerfen. Das Beispiel eines Tauchers, dem die Atemluft abgeschnitten wird, um ihn zum Auftauchen zu zwingen, mag dies verdeutlichen.

---

[20] Vgl. BVerfGE 73 236, 237; RGSt 64 113, 115; BGHSt 37 350, 353; *Lackner/Kühl* Rdn. 1; *Maurach/Schroeder/Maiwald* BT Teilbd. 1 § 13 I Rdn. 6; HK-GS *Rössner/Putz* Rdn. 1; NK-*Toepel* Rdn. 13; SK-*Horn/Wolters* Rdn. 2; *Sch/Schröder/Eser/Eisele* Rdn. 1; *Preisendanz* Rdn. 1; *Fischer* Rdn. 2; v. Heintschel-Heinegg-*Valerius* Rdn. 1; Matt/Renzikowski/*Eidam* Rdn. 3; *Wessels/Hettinger* BT/1 § 8 III 1.

[21] Etwa *von Liszt* (22. Aufl.) S. 335, Fn. 1 m.w.N. aus der zeitgenössischen Literatur.

[22] Vgl. *Hruschka* JZ 1995 737, 742.

[23] Vgl. *Sch/Schröder/Eser/Eisele* Rdn. 1a; aA *Hruschka* aaO. und MK-*Sinn* Rdn. 10, der den Begriff „dulden" nicht im Sinne von „erdulden" versteht und ihm damit eine andere Bedeutung beilegt als ihm etwa in § 177 Abs. 1 StGB beigelegt wird.

[24] So bereits RGSt 2 287, 288.

Die Zuordnung hängt häufig von der Haltung des Opfers ab, die vielfach für den Täter[25] weder erkennbar noch beeinflussbar ist. Die Frage, ob sich das Opfer im Bewusstsein seiner Unterlegenheit in die ihm vorgegebene missliche Lage fügt (dann Willensbeugung) oder ob es noch einen entgegenstehenden Willen bildet, ist im Nachhinein nicht immer und im Voraus fast nie zu entscheiden, Der Täter kann dies oft nicht beeinflussen; meist wird es ihm auch gleichgültig sein. Für die Bewertung der Tat ist die Unterscheidung ohne Bedeutung.

2 Die in der älteren Literatur vertretene,[26] zwischenzeitlich als überwunden betrachtete,[27] neuerdings aber wieder aufgegriffene[28] Meinung, der Nötigungstatbestand erfasse **ausschließlich die Beugung des Willens**, erscheint zu eng. Im Wortlaut des Gesetzes findet sie keine Stütze.[29] Sie berücksichtigt auch nicht, dass Willensbildung und Möglichkeit zur Willensbetätigung nicht isoliert zu sehen sind: Gerade in der Realisierbarkeit unterscheidet sich der Wille von der Wunschvorstellung. Die Einengung der Handlungsalternativen, d.h. der möglichen Felder der Willensbetätigung, wird deshalb in aller Regel auch die Bildung des Willens selbst beeinflussen.[30] Ferner würde es einen kaum nachvollziehbaren Wertungswiderspruch bedeuten, wenn die oft gefährlicheren und meist auch strafwürdigeren Fälle, in denen sich der Täter mit Brachialgewalt über den Willen des Opfers hinwegsetzt, nicht als Nötigung bestraft werden könnten.[31] Dass dies nicht angemessen wäre, zeigt ein Blick auf § 177. Würde man die Nötigung mit unwiderstehlicher Gewalt vom Tatbestand ausnehmen, so könnten die „klassischen" Fälle der Vergewaltigung/sexuellen Nötigung nicht mehr als solche bestraft werden, es sei denn, man würde diesen Tatbeständen einen anderen Nötigungsbegriff zuschreiben. Vergleichbares würde für den Tatbestand des Raubs gelten. Der verschiedentlich erhobene Einwand, die Einbeziehung der Willensbetätigung in den Schutzbereich der Norm bedeute eine Rückkehr zum „crimen vis"[32] ist als historisierende und für die Gegenwart kaum bedeutsame Betrachtung schon an sich wenig aussagekräftig. Er trifft im Übrigen auch deshalb nicht zu, weil das crimen vis vornehmlich Angriffe auf den öffentlichen Frieden erfasste und nicht oder jedenfalls nicht in erster Linie dem Schutz privater Rechtsgüter diente.

3 Das durch den Tatbestand der Nötigung geschützte Rechtsgut kann schließlich auch nicht auf die **rechtlich „anerkannte"**[33] **oder „garantierte"**[34] **Freiheit** beschränkt werden.[35] Bereits die Prämisse, ein dem Recht zuwiderlaufendes Verhalten könne nicht den Schutz des Rechts genießen, ist unrichtig. Die menschliche Selbstbestimmung umgreift

---

[25] Oftmals wohl auch für das Opfer.

[26] Vgl. *John* ZStW **1** (1881) 238 ff; *Oppenhoff* Strafgesetzbuch für das Deutsche Reich, 10. Aufl. (1885) § 240 Anm. 1; *Rühdorf* Strafgesetzbuch für das Deutsche Reich mit Kommentar, 3. Aufl. (1881) § 240 Anm. 1.

[27] *v. Heintschel-Heinegg* S. 35; *Knodel* S. 26.

[28] *Hruschka* JZ **1995** 737; *Köhler* Festschrift Leferenz S. 516 f; im Ergebnis wohl auch *Marxen* KritJ **1984** 55, 56.

[29] **AA** *Hruschka* JZ **1995** 737, 742 u. NJW **1996** 160, 162, sowie MK-*Sinn* Rdn. 10, der davon ausgeht, der im Tatbestand genannte Nötigungserfolg impliziere ein willensgetragenes Verhalten des Opfers, das über das Erleiden von Gewalt hinausgehen müsse; das gilt indessen nur dann, wenn man unter „Duldung" eine über das bloße Erleiden hinausgehende Unterwerfung versteht.

[30] Vgl. *von Liszt* S. 335, Fn. 1 m.w.N.

[31] Vgl. *Knodel* S. 29.

[32] So *Köhler* und *Marxen* jeweils aaO; *John* ZStW **1** (1881) 241; dagegen NK-*Toepel* Rdn. 13 ff.

[33] SK-*Horn/Wolters* Rdn. 3; *Timpe* S. 27; *Lesch* JA **1995** 889, 896; *ders.* FS Rudolphi S. 483, 486.

[34] *Gutmann* S. 276; *Jakobs* FS Peters S. 69 ff; *Lesch* FS Jacobs S. 330 ff; *Wallau* JR 2000 312.

[35] So zutreffend BayObLG bei *Janiszewski* NStZ **1986** 541; *Amelung* GA **1999** 182, 190 f; NK-*Toepel* Rdn. 21 ff.

auch die Möglichkeit, sich gegen das sittlich oder rechtlich Gebotene zu entscheiden. Diese Freiheit ist jedenfalls insoweit schutzwürdig, als es nicht erlaubt sein sollte, mit jedem geeignet erscheinenden Mittel einzugreifen. Ein solcher Freiraum wird auch durch das Recht respektiert. Dies zeigt sich schon darin, dass die staatlichen Zwangsmittel zur Durchsetzung öffentlicher oder privater Pflichten beschränkt sind, obwohl es dem Betroffenen vielfach frei steht, sich durch die Vornahme der rechtlich gebotenen Handlung dem Zwang zu entziehen (vgl. etwa § 70 Abs. 2, 3 StPO, § 96 Abs. 3 OWiG, § 888 Abs.1 ZPO). Ob diese Zurückhaltung von Verfassungs wegen geboten ist, mag hier dahinstehen. Jedenfalls handelt es sich um ein durchgehendes Prinzip unserer Rechtsordnung, der nicht jedes Mittel recht ist, um Pflichten des Bürgers durchzusetzen. Sind der staatlichen Gewalt bei der Durchsetzung öffentlicher und privater Rechte Grenzen gesetzt, so gilt dies auch und erst recht für das Verhältnis zwischen den Bürgern. Denn der gesetzlich geregelte staatliche Zwang ersetzt und verdrängt in seinem Bereich die vordem bestehenden Möglichkeiten privater Rechtsdurchsetzung. Der sich notwendigerweise und unverzichtbar auf das staatliche Gewaltmonopol stützende Rechtsstaat kann weder ein allgemeines „Unrechtsverhinderungsrecht" zulassen noch kann er dulden, dass die Bürger ihr Recht in die eigene Hand nehmen. Für Maßnahmen mit dem Ziel, rechtlich gebotenes Handeln zu erzwingen, ist dies evident: Dem Gläubiger ist es grundsätzlich verboten, seine Ansprüche gewaltsam durchzusetzen;[36] nur unter den besonderen Bedingungen der Selbsthilfe i.S.d. § 229 BGB führt die Herausgabepflicht des Schuldners ohne weiteres zu einem Recht des Gläubigers auf gewaltsame Wegnahme.[37] Aber auch für Handlungen, die einen anderen von unerlaubtem Verhalten abhalten sollen, gilt im Grundsatz nichts anderes.[38] Der Gesetzgeber hat in § 154c Abs. 1 StPO zum Ausdruck gebracht, dass die Androhung einer (stichhaltigen) Strafanzeige, mithin eines nicht nur rechtmäßigen, sondern darüber hinaus auch vom Bürger zu erwartenden Verhaltens, das der Straftäter ohne weiteres zu dulden hat, Mittel der Nötigung sein kann. Auch dies deutet darauf hin, dass die Nötigungshandlung keine rechtlich anerkannten oder garantierten Verhaltensfreiheiten berühren muss.[39]

Dass die Vorschrift das **staatliche Gewaltmonopol** selbst schützen soll,[40] erscheint allerdings mehr als fraglich. Gewiss hat der Tatbestand der Nötigung zentrale Bedeutung für die Verhinderung von Privatgewalt. Dies gilt aber auch für andere Strafbestimmungen, die, wie das Strafrecht überhaupt, auf die Zurückdrängung der privaten Vergeltung und auf die Konzentration der Strafgewalt in der Hand des Staates angelegt sind. In diesem weiteren, übertragenen Sinn hat § 240 sicherlich auch „staatsschützende Funktion". Dem spezifischen Staatschutzstrafrecht ist er indes schon deshalb nicht zuzuordnen, weil er den öffentlichen Frieden nicht unmittelbar, sondern nur mittels des Schutzes privater Interessen bewahren soll. Gegen eine solche Zuordnung spricht ferner, dass die Tat von Amtsträgern in Ausübung ihres Amtes begangen werden kann (Abs. 4 Nr. 3). Allerdings ist die Strafvorschrift insoweit mit dem Gewaltmonopol verknüpft, als sie ihre Rechtfertigung darin findet, dass der Staat gewillt und generell in der Lage ist, seine Rechtsordnung durchzusetzen. Nur unter dieser Voraussetzung besitzt er die Legitimation, den **4**

[36] BGH StV **1988** 385, 386; BGHR StGB § 240 Abs. 1 Gewalt 1; BayObLG bei *Rüth* DAR **1982** 249; *Arzt* FS Welzel S. 835; *Herzberg* GA **1997** 251, 254 ff.

[37] *Amelung* GA **1999** 190.

[38] BayObLG bei *Janiszewski* NStZ **1986** 541; vgl. auch BGHSt **18** 389, 393; VRS **40** 104, 107.

[39] Vgl. NK-*Toepel* Rdn. 21 f auch zur Gegenmeinung.

[40] So *Krey* in BKA (Hrsg.) Was ist Gewalt? Bd. III S. 35 f.

Bürger zu hindern, sein Recht selbst in die Hand zu nehmen.[41] Kann oder will der Staat dem nicht nachkommen, so kann dem Einzelnen ein Notwehr- oder Nothilferecht zuwachsen;[42] bei entsprechender Fallgestaltung könnte in solcher Lage die tatbestandsmäßige Nötigung nicht rechtswidrig i.S.d. Abs. 2 sein.[43]

II. Tatobjekt

5 Tatobjekt ist ein anderer Mensch; juristische Personen scheiden als Opfer der Nötigung aus.[44] Die Tat kann sich nur gegen **bestimmte Einzelpersonen** oder gegen eine **Mehrzahl** bestimmter Einzelpersonen nebeneinander richten. Diese letztere Voraussetzung kann auch dann gegeben sein, wenn etwa in einer öffentlichen Boykottandrohung auf die Willensentschließung einer Mehrzahl von Personen eingewirkt werden soll, die nicht ausdrücklich genannt sind oder die nur durch eine zusammenfassende Bezeichnung kenntlich gemacht werden, sofern durch entsprechende Individualisierung zur Tatzeit zweifelsfrei beurteilt werden kann, gegen welche Einzelpersonen sich die Beeinflussung richtet.[45] Der Angegriffene muss einer natürlichen Willensbildung oder -betätigung fähig sein; die Nötigung kann deshalb auch gegen Kinder, Geisteskranke oder Betrunkene begangen werden. Ist das Opfer allerdings nicht in der Lage, einen dem Ansinnen des Täters entgegenstehenden natürlichen Willen zu bilden, so scheidet Nötigung aus. Gegen Ohnmächtige oder „sinnlos" Betrunkene kann die Tat daher nicht begangen werden.[46] Dadurch unterscheidet sich die Nötigung etwa von der Freiheitsberaubung, die nach h.M. auch die potentielle Fortbewegungsfreiheit schützt[47] und deshalb nicht nur eine spezielle Form der Nötigung ist. Die scheinbar abweichende Entscheidungspraxis des BGH zum Tatbestand des Raubs[48] ist ersichtlich darauf zurückzuführen, dass der zu brechende Gewahrsam keinen aktuellen Gewahrsamswillen voraussetzt, der dem Opfer bewusst sein müsste;[49] gewaltsame Wegnahme ist deshalb auch zum Nachteil von Bewusstlosen möglich. Für die Auslegung des Nötigungstatbestandes lässt sich daraus nichts herleiten.[50] Willigt der andere ein, z.B. bei vis haud ingrata, so entfällt bereits der Tatbestand, weil dann von nötigendem Zwang nicht die Rede sein kann. Bei der Prüfung, ob eine Einwilligung vorliegt, ist allerdings Vorsicht geboten: Die frühere Rechtsprechung,

---

41 Vgl. *Isensee* Das Grundrecht auf Sicherheit S. 56; *Kühl* JuS **1993** 177, 179.

42 Vgl. *Pelz* NStZ **1995** 305, 307.

43 Vgl. hierzu etwa BGHSt **17** 328 ff, der dem Unvermögen, staatlichen Schutz zu erlangen, Bedeutung bei der Frage der Verwerflichkeit privater „Selbsthilfe" beimisst; sowie BGHSt **39** 133, 137 f, wo der bewusste Entschluss, staatliche Hilfe auszuschalten, die Rechtswidrigkeit mitbegründet.

44 HK-GS *Rössner/Putz* Rdn. 4; NK-*Toepel* Rdn. 31; Matt/Renzikowski/*Eidam* Rdn. 10; Dies folgt bereits aus der Bestimmung des Rechtsguts und wird durch die auf das 6. StrRG zurück gehende (geschlechtsneutrale) Fassung lediglich verdeutlicht. **AA** allerdings *Wallau* JR **2000** 312, der von einer sachlichen Änderung ausgeht; durch die Gesetzesmaterialien wird dies nicht gestützt. *Lesch* FS Jacobs S. 337 sieht in der Fassung des Gesetzes einen „naturalistischen Fehlgriff" des Gesetzgebers.

45 RG JW **1931** 942 m. Anm. *Honig;* SSW-*Schluckebier* Rdn. 2.

46 Vgl. *Wolter* NStZ **1985** 245, 247; zu § 239 StGB: BGHSt **32** 183, 187 ff; zu § 177 StGB: BGHSt **36** 145 ff; BGH NStZ **2000** 140; *Joecks* Studienkommentar Rdn. 11; wohl auch MK-*Sinn* Rdn. 26 (jedenfalls hinsichtlich der vis absoluta).

47 Str., zum Meinungsstand vgl. *Fischer* § 239 Rdn. 3 f; *Kargl* JZ **1999** 72 ff.

48 BGHSt **4** 210, 212; vgl. auch RGSt **67** 183, 186.

49 Vgl. *Sch/Schröder/Eser/Bosch* § 242 Rdn. 30.

50 **AA** *Schäfer* LK[10] § 240 Rdn. 3.

die solches mitunter bei Sexualstraftaten angenommen hat,[51] beruhte häufig auf der Annahme von Konventionen, die heute nicht mehr ohne weiteres Geltung beanspruchen können.[52] Ob die Genötigten das Gesamtgeschehen als nicht störend oder als Spaß hinnehmen, ist für die Vollendung des Tatbestandes ohne Belang, weil es hierbei um eine subjektive Einschätzung geht, die in der Regel erst nach der Beeinträchtigung der Willensbetätigung, d.h. nach der Vollendung der Tat, erfolgen kann. Es handelt sich um Bewertungen, die vom Willen zu unterscheiden sind.[53]

III. Die Nötigungsmittel im Allgemeinen

Als Nötigungsmittel nennt das Gesetz **Gewalt** oder **Drohung** mit einem empfindlichen Übel. Andere Nötigungsmittel erfüllen den Tatbestand nicht, insbesondere ist List kein Nötigungsmittel i.S.d. § 240. Der sog. dämonische Zwang (suggestive, Entsetzen ausstrahlende Kraft der Persönlichkeit) scheidet in gleicher Weise aus, wie Hörigkeit, die Erzeugung moralischen oder sozialen Drucks oder sonstiger Formen „struktureller“ Gewalt, so auch die in § 108 Abs. 1 StGB bezeichneten Nötigungsmittel des wirtschaftlichen Drucks bzw. des Missbrauchs eines Abhängigkeitsverhältnisses. Nicht ausreichend ist das bloße Ausnutzen einer schutzlosen Lage,[54] mag sie auch durch Dritte oder – ohne Nötigungsvorsatz – durch den Täter selbst[55] gewaltsam herbeigeführt worden sein. Verkehrt der Täter mit einer nach mehreren Vergewaltigungen völlig apathischen Frau, so lag nach *früherem* Recht nicht § 177, möglicherweise aber § 179 vor.[56] Kein Raub ist ferner gegeben, wenn – abgesehen von den Fällen der Mittäterschaft – die durch andere verursachte Gewalt ausgenutzt wird, der Täter sich etwa eine Schlägerei zunutze macht, um einem wehrlosen Kontrahenten die Geldbörse zu entwenden.[57] Anderes kann allerdings dann gelten, wenn die zuvor ausgeübte Gewalt als aktuelle Drohung fortwirkt.[58] Auch kann das gewaltsame Vorverhalten eine Garantenstellung begründen, so dass Gewalt durch Unterlassen in Betracht kommen kann;[59] Raub, nicht Diebstahl liegt deshalb vor, wenn der Täter das Opfer zunächst ohne Wegnahmevorsatz fesselt und dies sodann ausnutzt um Gegenstände zu entwenden.[60] Bei der Vergewaltigung/sexuellen Nötigung nach 6

51 Vgl. die Nachweise bei *Laufhütte* LK[11] § 177 Rdn. 8.
52 Vgl. *Hörnle* LK § 177 Rdn. 25; *Goy/Lohstötter* StV **1982** 20; *Sick* ZStW **103** (1991) 43, 57 ff.
53 Vgl. OLG Stuttgart NJW **1989** 1620, 1621.
54 Anders nunmehr § 177 Abs. 1 Nr. 3; **kritisch** zu dieser Vorschrift *Fischer* Rdn. 23 ff; *Renzikowski* NStZ **1999** 377 (379); zur Abgrenzung von § 179 vgl. BGH NStZ **2000** 140 (Nrn. 6 u. 7.) m. krit. Anm. *Fischer*; *Graul* JR **2001** 117.
55 Vgl. BGH NStZ **2000** 140.
56 Vgl. BGH NStZ **1985** 70; anders aber, wenn das Verhalten als konkludente Drohung mit weiterer Gewalt zu verstehen war, vgl. *Renzikowski* NStZ **1999** 380. Heute würde dieser Fall durch § 177 Abs. 1 Nr. 3 erfasst, wenn – wie es in solchen Fällen regelmäßig der Fall ist – das Tatopfer aus Furcht vor möglichen (körperlichen) Einwirkungen des Täters auf einen ihm grundsätzlich möglichen Widerstand verzichtet; vgl. hierzu etwa BGHSt 50 359.
57 Vgl. BGH NStZ **1999** 510, Beschl. v. 10.5.2012 – 3 StR 68/12.
58 Zur finalen Verknüpfung von Gewalt und Wegnahme beim Raub vgl. etwa BGH NStZ **2004** 154 m. Anm. *Walter*; zur fortwirkenden Gewalt bei räuberischer Erpressung: BGH NStZ **2004** 556, bei Vergewaltigung BGH NStZ **2010** 570 571.
59 BGHSt **48** 365 m. Anm. *Gössel* JR **2004** 252; *Eser* NJW **1965** 377; *Sch/Schröder/Eser/Bosch* § 249 Rdn. 6b m.w.N.
60 Vgl. im Einzelnen unten Rdn. 73; zum Nachwirken begangener Gewalt als Drohung Rdn. 77.

§ 177 Abs. 1 Nr. 3 StGB kann das Ausnutzen einer hilflosen Lage zwar Nötigungsmittel sein;[61] den Tatbestand des § 240 erfüllt dies aber nicht. Die Eignung des Nötigungsmittels, den Genötigten im Sinne des Täterverlangens zu motivieren, soll nach der Rechtsprechung nicht nur faktische, sondern normative Tatbestandsvoraussetzung sein.[62] Sie soll entfallen, wenn von dem Genötigten in seiner Lage erwartet werden kann, dass er dem Angriff in „besonnener Selbstbehauptung" standhält. Das ist richtig, soweit es sich um das Nötigungsmittel der Drohung handelt, weil der gesetzliche Tatbestand durch das Merkmal „empfindlich" zu erkennen gibt, dass nur Handlungen von einigem Gewicht erfasst werden sollen.[63] Bei dem Nötigungsmittel der Gewalt fehlen indes vergleichbare Anhaltspunkte, die eine einschränkende Auslegung nahe legen könnten. Allerdings muss auch die Gewalt eine gewisse Intensität erreichen, die geeignet ist, den Genötigten in die gewünschte Richtung zu beeinflussen;[64] hierdurch unterscheidet sie sich von der Belästigung oder von der Behinderung. Ob allerdings nötigende Gewalt schon dann entfällt, wenn ein Standhalten des Genötigten zu erwarten ist,[65] erscheint zweifelhaft und dürfte nur dort anzunehmen sein, wo es um die Nötigung staatlicher Organe geht; Strafrahmen und Staatsschutzcharakter des § 105 legen hier eine Einengung des Tatbestandes auf erhebliche Druckmittel nahe.[66] Zu weit ginge es jedenfalls, wollte man auch bei der „einfachen" Nötigung nur solche Verhaltensweisen genügen lassen, die das Opfer in eine notstandsähnliche Lage versetzen.

IV. Gewalt

7 **1. Begriff und Formen.** (Nötigende)[67] Gewalt ist nach der herkömmlichen und im Grundsatz bis heute aufrechterhaltenen Begriffsbestimmung die Entfaltung physischer (körperlicher) Kraft, um den Angegriffenen zu einem von ihm nicht gewollten Verhalten durch Beseitigung eines tatsächlich geleisteten oder zu erwartenden Widerstandes zu zwingen.[68] Gewalt muss eine gewisse Erheblichkeit aufweisen. Das Nötigungsmittel unterscheidet sich hierdurch von der bloßen Belästigung oder Behinderung, eine Unterscheidung, die vor allem im Straßenverkehrsrecht von Bedeutung ist, weil sie eine der

---

[61] Vgl. BGHSt **45** 253 m. **krit.** Anm. *Fischer* NStZ **2000** 142, der darauf hinweist, dass „Ausnutzen" nicht mit „Nötigen" bzw. mit „Zwingen" gleichzusetzen ist; ähnlich *Graul* JR **2001** 117; BGHSt **50** 359 trägt dieser Kritik ersichtlich Rechnung indem er voraussetzt, dass das Tatopfer unter dem Eindruck seines schutzlosen Ausgeliefertseins aus Furcht vor möglichen Einwirkungen des Täters auf einen ihm grundsätzlich möglichen Widerstand verzichtet. Die Voraussetzung einer Willensbeugung nähert die Tatbestandsalternative wieder dem herkömmlichen Begriff der Nötigung an.

[62] Vgl. BGHSt **31** 195, 201; **32** 165, 174; NStZ **2011** 156, 157.

[63] Vgl. BGHSt **31** 195, 201; wistra **1992** 181.

[64] Vgl. die Beispiele bei *Sch/Schröder/Eser/Eisele* Rdn. 24 zur Nötigung im Straßenverkehr.

[65] So BGHSt **32** 165, 174 zur Nötigung von Verfassungsorganen; im konkret entschiedenen Fall lag Drohung vor, weil eine körperliche Einwirkung auf die Landesregierung nicht beabsichtigt war.

[66] Zum Verhältnis von § 240 und § 105 vgl. Rdn. 161; zur Nötigung von Amtsträgern Rdn. 80, 125 ff.

[67] Bis auf wenige Ausnahmen (vgl. etwa § 130 Abs. 1, § 225 Abs. 1 Nr. 3) gebraucht das StGB den Gewaltbegriff im Sinne der nötigenden Gewalt; vgl. *Blesius* S. 18.

[68] Vgl. u.a. RGSt **64** 113, 115); **66** 353, 356; **73** 343, 344 f; BayObLG NJW **1959** 495, 496; OLG Celle NJW **1959** 1597 f; vgl. auch BGHSt **25** 237 f und – **kritisch** zur Überwindung eines nur erwarteten Widerstandes – *Geilen* JZ **1974** 540 (542).

möglichen Grenzlinien zwischen strafbarem und ordnungswidrigem Verhalten aufzeigt.[69] Unwiderstehlich muss sie indessen nicht sein. Herkömmlich ist die Unterscheidung zweier Formen der Gewalt, nämlich der **vis absoluta**, d.h. der körperlichen Einwirkung auf den Genötigten, bei der ihm die Willensbildung (z.B. durch betäubendes Niederschlagen) oder die Betätigung seines vorhandenen Willens (z.B. durch Festhalten, Fesseln) absolut unmöglich gemacht wird,[70] und der **vis compulsiva**, d.h. der Entfaltung körperlicher Kraft, die den Willen des anderen zu beugen und seine Willensbetätigung in eine bestimmte Richtung zu treiben sucht. Vis compulsiva kann durch unmittelbare Einwirkung auf den Körper des anderen ausgeübt werden, so wenn der Angegriffene durch Schläge veranlasst wird, sich an die von dem Täter gewünschte Stelle zu begeben; sie kann auch den anderen nur mittelbar erfassen, so z.B. wenn der Täter mit seinem Kraftfahrzeug auf einen anderen zufährt, um ihn zu zwingen, seinen Platz durch Beiseitespringen zu räumen. Auch in letzterem Falle liegt bereits die Anwendung von Gewalt, nicht nur die Drohung mit Gewalt, vor; denn die körperliche Kraftentfaltung des Täters wird schon jetzt als gegenwärtige Einwirkung körperlich empfunden, während die Drohung ein Übel für die – wenn auch nächste – Zukunft in Aussicht stellt und dadurch als seelischer Zwang wirkt.[71]

Die Abgrenzung zwischen beiden Formen der Gewalt ist in Grenzbereichen schwierig. **7a**
Ist das Opfer bei einem längeren Angriff nicht mehr in der Lage, einen eigenen Willensentschluss zu bilden, so geht die kompulsive Gewalt in die vis absoluta über, ohne dass sich die Scheidelinie immer genau bestimmen ließe.[72] Die Frage, ob der noch aktuelle Widerstand des Opfers gebrochen wird oder ob der in Kenntnis seiner Unterlegenheit nur halbherzig kämpfende Genötigte seine Abwehr schließlich willentlich (aber unfrei) aufgibt, wird sich oft auch bei einem brutalen Straßenraub nicht eindeutig beantworten lassen. Zum „Nachwirken" der Gewalt als Drohung vgl. unten Rdn. 77.

Die Gewalt muss sich nicht notwendig unmittelbar gegen den Genötigten richten. **8**
Auch die Einwirkung auf **Sachen**[73] kann ausreichen, wenn sie eine bestimmte Willensbetätigung unmöglich macht, so etwa durch das Zerstören eines Fahrzeugs,[74] durch die Entziehung von Geschäftsunterlagen,[75] durch das Abdrehen von Strom,[76] durch das Ausräumen einer Wohnung,[77] oder wenn sie geeignet ist, den Willen des Genötigten in eine bestimmte Richtung zu lenken. Nach der Rechtsprechung des BGH kann nötigende Gewalt auch gegen **dritte Personen** eingesetzt werden, wenn dies von dem Genötigten als Zwang empfunden wird.[78] Dass zwischen dem Dritten und dem zu Nötigenden verwandtschaftliche oder freundschaftliche Beziehungen bestehen, ist nicht erforderlich. Danach genügt es also, wenn ein Bankkunde mit einer Waffe in Schach gehalten[79] oder körperlich misshandelt wird, um den Kassier zur Herausgabe von Geld zu nötigen. Nach der hier vertretenen Meinung ist in diesem Fall allerdings nur das Nötigungsmittel der Drohung gegeben, weil Gewalt eine körperliche Zwangswirkung auf den Genötigten voraussetzt,[80] die in solchen Fällen regelmäßig nicht vorliegt.

---

69 Vgl. *Loderbauer* Nötigungsfälle S. 57 ff; *Maatz* NZV **2006** 338 ff; im Einzelnen unten Rdn. 128 ff.
70 H.M.; **aM** *Hruschka* JZ **1995** 737 (742); *Köhler* FS Leferenz S. 511; dagegen wiederum *Wolter* NStZ **1985** 248.
71 Vgl. BGHSt **23** 126, 127 f.
72 Vgl. *Knodel* S. 33.
73 Vgl. im Einzelnen unten Rdn. 60 ff.
74 Vgl. OLG Köln MDR **1979** 777; **aA** *Schmidhäuser* II 48.
75 BGH JR **1988** 75 f; BGHR StGB § 240 Gewalt 1.
76 OLG Hamm NJW **1983** 1505, 1506.
77 OLG Köln NJW **1996** 472 f.
78 Vgl. RGSt **17** 82 f; BGHSt **42** 378, 379 f (sexuelle Nötigung durch Gewalt gegen schutzbereite Person).
79 Vgl. BGHSt **23** 126, 127.
80 Vgl. dazu im Einzelnen Rdn. 46.

9 **2. Die Entwicklung in der Rechtsprechung.** Die Entwicklung des Gewaltbegriffs in der Rechtsprechung ist dadurch gekennzeichnet, dass zwar die **Entfaltung körperlicher Kraft** als essentiell gefordert wurde, das Maß der körperlichen Kraftentfaltung aber mehr und mehr an Bedeutung verloren hat, so dass bereits ein nicht erheblicher Kraftaufwand genügte. Dafür wurde das Maß der bei dem Genötigten eingetretenen **Zwangswirkung** als entscheidend erachtet. Diese, zunächst im Schrifttum, nunmehr aber auch in der Rechtsprechung des BVerfG missbilligend als „Ausuferung des Gewaltbegriffs" bezeichnete Entwicklung hat schon vor langer Zeit begonnen. Das mag an einigen aus der Fülle der Entscheidungen herausgegriffenen markanten Beispielen illustriert werden. Es spielt dabei keine Rolle, dass diese Entscheidungen nicht alle zu § 240, sondern z.T. auch zu anderen Vorschriften ergangen sind, in denen die Anwendung von nötigender Gewalt zum Tatbestand gehört. Denn wenn auch der in den einzelnen Vorschriften verwendete Gewaltbegriff nicht immer der gleiche sein mag, so weist er doch gewisse gemeinsame Grundelemente auf.

10 a) Das **Reichsgericht** hatte, den Unterschied zwischen Gewalt als physischer und Drohung als psychischer Einwirkung betonend, den Grundsatz entwickelt, dass *Gewalt* gegen eine Person nur dann vorliege, wenn die durch *körperliche Kraftanwendung* entfaltete Einwirkung als *körperlicher*, nicht bloß als seelischer *Zwang* empfunden werde. Es hatte diesen Grundsatz aber in sehr unterschiedlicher Weise gehandhabt. Als Gewaltanwendung wurde auch die Entfaltung einer nur geringfügigen physischen Kraft angesehen, sofern der Täter nur das Fehlende aus dem angewendeten Mittel zog und sich dessen in einer Weise bediente, dass mittelbar eine erhebliche Kraft gegen den erwarteten Widerstand entwickelt wurde.[81] Das Einsperren (§ 239) eines anderen war danach Gewalt, auch wenn das Umdrehen des Schlüssels zum Verschließen der Tür nur wenig Kraft erfordert.[82] Trotz des nur geringfügigen Kraftaufwands bei der Betätigung der Abzugsvorrichtung war auch die Abgabe eines Schusses Gewalt und zwar nicht nur die eines scharfen Schusses, sondern auch die eines objektiv ungefährlichen *Schreckschusses* aus einer Schreckschusspistole, die bei dem zu Nötigenden den Eindruck eines auf ihn abgegebenen scharfen Schusses hervorrufen sollte und hervorrief. Die körperliche Einwirkung wurde darin gesehen, dass der Schuss unmittelbar auf die Sinne des Angegriffenen (Gesicht, Gehör, Geruch) einwirkte, ihn in den Zustand starker Nervenerregung versetzte und so sein ganzes körperliches Empfinden und damit auch die körperlichen Voraussetzungen der Freiheit seiner Willensentschließung oder Willensbetätigung beeinflusste.[83]

11 Andererseits wurde die Anwendung **betäubender Mittel** (Narkose) nur dann als Gewalt angesehen, wenn das Mittel gewaltsam eingeflößt wurde, also nicht bei überraschender oder heimlicher (gewaltloser) Beibringung.[84] Auch die Anwendung von Hypnose wurde nicht als Gewalt bewertet, weil sie ohne Rücksicht auf das Maß der körperlichen Anstrengung des Täters „lediglich eine rein psychische Beeinflussung" des anderen darstelle.[85] Aber schon das RG hatte diese Ergebnisse als nicht befriedigend empfunden und, als das Gesetz vom 28. Juni 1935[86] die strafbegründende Analogie zuließ, die gewaltlose Anwendung von betäubenden Mitteln „wie" Gewaltanwendung behandelt.[87]

---

81 Vgl. RGSt **69** 327, 330.
82 RGSt **27** 405 f; **69** 327, 330; **73** 344, 345; BGH GA **1965** 57 f.
83 RGSt **60** 157 f; **66** 353, 355.
84 RGSt **58** 98 f.
85 RGSt **64** 113, 115.
86 RGBl. I 839.
87 RGSt **72** 349, 351: „raubähnlicher" und deshalb als Raub zu bestrafender Diebstahl unter Beibringung von betäubenden Mitteln; s. auch RGSt **72** 352 f: Verführungsversuch durch Hypnose; vgl. auch *Fischer* Rdn. 24.

b) Der (4. Strafsenat des) **BGH** gab alsbald die Rechtsprechung des Reichsgerichts, wonach die gewaltlose Beibringung von betäubenden oder **psychotropen Mitteln** keine Gewaltanwendung darstelle, auf.[88] Nach dem Gesetzeszweck komme es nur darauf an, ob der Täter durch eine körperliche Handlung die Ursache dafür setze, dass der wirkliche oder erwartete Widerstand des anderen durch ein unmittelbar auf den Körper wirkendes Mittel gebrochen oder verhindert werde, und zwar ohne Rücksicht auf das Maß der gebrauchten Körperkraft. Das Auslösen der rasch lähmenden Wirkung eines chemischen Stoffes sei daher nicht anders zu beurteilen, als die Beibringung eines betäubenden Schlages oder die Ausübung eines anderen körperlichen Zwanges. Dass das Opfer in aller Regel ahnungslos sei, mithin überlistet werde, stehe der Bejahung des Gewaltbegriffs in diesen Fällen der mittelbaren Einwirkung auf den Körper nicht entgegen. Ausgangspunkt für die erweiternde Ausdeutung des Gewaltbegriffs waren die in Rdn. 10 angesprochenen Entscheidungen des Reichsgerichts RGSt 73 344 (Freiheitsberaubung durch bloßes Einschließen) und RGSt **60** 157 (Schreckschuss). Dem ist beizupflichten: Heute gehen etwa das Kriegswaffenkontrollgesetz[89] und die Kriegswaffenliste[90] ohne weiteres davon aus, dass chemische und bakteriologische Substanzen auch dann Mittel Kampfführung (und damit der Gewaltanwendung) sein können, wenn sie nicht gewaltsam beigebracht werden. **12**

c) Der Bedeutungsverlust, den das Merkmal der körperlichen Kraftentfaltung durch diese Entwicklung erfahren hat, lässt es nur als folgerichtig erscheinen, auch die Einwirkung auf den Willen eines anderen durch **Hypnose** als Anwendung von Gewalt anzusehen; das entspricht der h.M.[91] und wurde – wie bereits in früheren Entwürfen – vom E 1962 als ausdrückliche Regelung in § 11 Abs. 2 vorgesehen. Der Anwendung von betäubenden Mitteln und von Hypnose steht es weiterhin gleich, wenn auf den Körper eines anderen ohne dessen Einwilligung[92] mit berauschenden Mitteln,[93] mit Chloroformdämpfen[94] oder ähnlichen Stoffen (z.B. Psychopharmaka) eingewirkt wird, um ihn bewusstlos oder widerstandsunfähig zu machen.[95] **13**

d) In der Folgezeit stellte sich der BGH bei der Auslegung des Begriffs der Gewalt in § 81 Abs. 1 auf den Standpunkt, dass **Massen- oder Generalstreiks**, die die Änderung der auf dem GG beruhenden verfassungsmäßigen Ordnung durch Ausschaltung von Bundesregierung und Bundestag zum Ziel haben, Gewalt i.S. der Vorschrift darstellten, auch **14**

---

88 BGHSt **1** 145, 146 ff (schwerer Raub durch gewaltloses Beibringen von Chloraethyl); BGH NJW **1953** 351; NStZ **1992** 490; BGHR StGB § 249 Gewalt 6; zur Beibringung von Ko-Tropfen als gefährliche Körperverletzung in Form eines hinterlistigen Überfalls: BGH NStZ-RR **1996** 100 f.

89 Vom 20. April 1961 (BGBl. I 444).

90 I.d.F. der Bekanntmachung v. 22. November 1990, BGBl. I 2506, zuletzt geändert am 11.10.2002 (BGBl. I 3970).

91 Vgl. etwa *Sch/Schröder/Eser/Eisele* vor § 234 Rdn. 21 aber auch Rdn. 7; *Fischer* Rdn. 24; *Welzel* S. 325.

92 Anders verhält es sich, wenn das Opfer mit der Anwendung des Mittels einverstanden ist: Keine Gewalt also, wenn das Opfer in die Betäubung – etwa im Rahmen einer Heilbehandlung – einwilligt, mag auch das Einverständnis vom Täter erschlichen worden sein. Nutzt der Täter die von ihm herbeigeführte Situation aus, um sexuelle Handlungen vorzunehmen, kommt nicht § 177, sondern § 179 in Betracht, vgl. *Fischer* § 177 Rdn. 16 und unten Rdn. 58.

93 BGH NJW **1960** 639 betr. Alkohol.

94 BGH, Beschl. v. 12. März 1980 – 1 StR 769/79 – versuchte sexuelle Nötigung durch Betäuben mit Chloroform.

95 Vgl. § 11 Abs. 2 E 1962, BTDrucks. IV/650.

wenn eine körperliche Einwirkung auf deren Mitglieder nicht beabsichtigt sei.[96] Diese Entscheidung stellt zwar auf den Zweck des § 81 ab, indem sie ausführt, körperliche Kraftentfaltung zu fordern, würde die praktische Bedeutung dieser Vorschrift weitgehend entwerten; sie hat deshalb für den Gewaltbegriff der Nötigung keine unmittelbare Bedeutung. Jedoch kommt ihr insofern eine für die Entwicklung der Rechtsprechung zum Gewaltbegriff wegbereitende Funktion zu, als der BGH hier in der *Zwangswirkung* das allein entscheidende Merkmal sieht und diese Auffassung als Konsequenz einer Entwicklung bezeichnet, die der Begriff der Gewalt allgemein in Schrifttum und Rechtsprechung genommen habe.[97]

15 e) Aber auch im unmittelbaren Bereich des § 240 setzte sich die „Verfeinerung" des Gewaltbegriffs in der Rechtsprechung fort. Entgegen einer verbreiteten Meinung war das zwar noch nicht der Fall, als in der **Verhinderung des Überholens durch Fahrbewegungen** (Linksfahren) des vorausfahrenden Kfz die Anwendung von Gewalt i.S. § 240 gesehen wurde.[98] Denn als Gewaltanwendung hatte schon das Reichsgericht den vergleichbaren Sachverhalt bezeichnet, dass Menschen sich hinstellten und als „lebende Mauer" einen Weg versperrten, um einen anderen an der Fortbewegung zu hindern, auch wenn eine unmittelbare Einwirkung auf dessen Körper unterblieb.[99] Hierbei handelt es sich um eine Einwirkung, die als unmittelbarer körperlicher Zwang empfunden wird, weil die Aufstellung von Menschen wie ein mechanisches Hindernis – etwa wie eine Barrikade – wirkt und dem Festhalten mit den Händen gleich steht.

16 Die Fortentwicklung des Gewaltbegriffs zeigt sich aber bei Entscheidungen, die das **Erzwingen des Überholens** zum Gegenstand hatten. Der BGH[100] hatte über den Fall zu entscheiden, dass sich auf der Normal- und Überholspur der Autobahn je eine Fahrzeugkette befand, und der Täter mit hoher Geschwindigkeit dicht an den letzten Wagen auf der Überholspur heranfuhr und ihm unter ständigem Hupen und Blinken folgte, um dessen Führer von der Überhol- auf die Normalspur zu verdrängen. Die Ausübung nicht nur seelisch, sondern auch physisch spürbaren Zwangs und damit die Anwendung von Gewalt i.S. des § 240 wurde hier bejaht und zwar unter der Verwendung derselben Argumente, die das Reichsgericht die Schreckschüsse als Gewalt bewerten ließen.[101] Sie wurde darin gesehen, dass ein durchschnittlicher Fahrer unter solchen Umständen in Sorge und Furcht vor einer schweren Schädigung seiner selbst oder anderer geraten, nervös und fahrunsicher werden und dadurch veranlasst werden könne, der gefährlichen Lage durch Einbiegen in die Normalspur auszuweichen. Das genüge zur Bejahung von Gewalt, denn seit BGHSt 1, 145 stehe es in der Rechtsprechung des BGH fest, dass Gewalt gegen einen anderen auch ohne eigene erhebliche Körperkraft ausgeübt werden könne; wesentlich dafür sei vielmehr die Zwangswirkung auf den Genötigten. Zu dessen Körper gehöre auch das Nervensystem, auf dessen Funktionen die Willensausübung mitberuhe. Zwischen den körperlichen und geistig – seelischen Funktionen bestehe eine Wechselwirkung; bei den Reaktionen, auf denen auch das sichere Verhalten im Straßenverkehr beruhe, ließen sich die Eindrücke körperlicher und seelischer Art nicht trennen. Die weitere Auf-

[96] BGHSt **8** 102, 103 f.
[97] S. dazu auch *Willms* LK[10] § 81 Rdn. 19 ff; dagegen *Laufhütte* LK[11] § 81 Rdn. 12 ff, 15, *Laufhütte/Kuschel* LK Rdn. 20.
[98] Z.B. BGHSt **18** 389, 391 = LM Nr. 9 m. Anm. *Martin* = JZ **1964** 30 m. Anm. *Schröder.*
[99] RGSt **45** 153 ff.
[100] BGHSt **19** 263, 265 f = LM Nr. 10 m. Anm. *Krumme.*
[101] RGSt **60** 157 ff.

gabe der Rechtsprechung bestand nunmehr darin, anhand von Einzelfällen die Voraussetzungen näher zu bestimmen, unter denen verkehrswidriges Verhalten beim Überholvorgang geeignet ist, einen durchschnittlichen Fahrer in Furcht und Sorge zu versetzen.[102]

f) Dass diese Argumentation über das Straßenverkehrsrecht hinaus die Entwicklung **17**
des Gewaltbegriffs beeinflusste, liegt auf der Hand. Die Abgabe eines Schreckschusses hatte schon das Reichsgericht als Gewaltanwendung angesehen; der BGH ist ihm darin gefolgt[103] und sah dann auch Gewalt (i.S. des § 251 a.F.) schon als gegeben an, wenn der Täter eine durchgeladene und entsicherte **Schusswaffe** mit dem Finger am Abzug aus nächster Entfernung auf einen anderen richtete.[104] Die Entscheidungsgründe belegen, dass der BGH dabei durchaus an der Begriffsbestimmung der Gewalt – körperliche, wenn auch nicht notwendig erhebliche Kraftanwendung, die von der Person, gegen die sie gerichtet ist, als nicht nur seelischer, sondern auch als körperlicher Zwang empfunden wird – festhalten wollte; die körperliche Kraftentfaltung des Täters sei in dem Vorhalten der Waffe zu sehen, der körperlich empfundene Zwang beim Opfer aber liege – hier kehren die Gedankengänge von RGSt **60** 157 und BGHSt **19** 263 wieder – in der unmittelbaren Einwirkung auf seine Sinne; die durch die Wahrnehmung hervorgerufene seelische Erregung beeinflusse sein ganzes körperliches Empfinden und damit auch die körperlichen Voraussetzungen der Freiheit seiner Willensentscheidung oder Willensbetätigung in hohem Maß. Ein grundlegender Unterschied zwischen diesem Fall und dem nötigenden Überholen[105] sei nicht zu erkennen. Das Bedenken, es liege nicht gegenwärtige Gewalt, sondern nur Bedrohung mit Gewalt vor, wird mit der Begründung zurückgewiesen, dass das Verhalten des Täters, das eine gewisse körperliche Kraftentfaltung zum Gegenstand hatte, vom Opfer schon als gegenwärtiges Übel (sinnlich) empfunden worden sei, während bei der Drohung die Gewaltanwendung erst für die Zukunft befürchtet werde; im Übrigen könnten oft die Vornahme von Gewalt in der Form der vis compulsiva und die Anwendung von Drohung mit Gewalt ineinander übergehen; in der vis compulsiva könne auch das Element der Drohung enthalten sein.[106] In dieser Argumentation des Gerichts ist zwar noch kein Bruch mit der bisherigen Rechtsprechung zu sehen; die tragenden Erwägungen waren schon früher angestellt worden.[107] Jedoch hat die Entscheidung im Schrifttum neben Zustimmung[108] überwiegend Ablehnung erfahren.[109]

g) Eine nachhaltige Zäsur brachte dagegen die gleichzeitig ergangene „Sitzstreik" – **18**
Entscheidung (oder **„Laepple – Urteil"**) des 2. Strafsenats des BGH.[110] Danach nötigen Studenten, wenn sie sich bei einer Protestaktion auf den Gleiskörper einer Straßenbahn setzen, die Führer der Straßenbahnen *mit Gewalt*, ihre Fahrzeuge anzuhalten. In der Auslegung des Gewaltbegriffs i.S. des § 240 unterscheidet sich das Urteil, sieht man von

---

102 Vgl. dazu KG VRS **35** 437 f.

103 BGH GA **1962** 145 f: Gewaltanwendung durch Schuss aus einer Gaspistole außerhalb des Wirkungsbereichs der Waffe, sofern bei dem zu Nötigenden der Eindruck eines scharfen Schusses entsteht.

104 BGHSt **23** 126 ff.

105 BGHSt **19** 263 ff.

106 Ebenso *Sch/Schröder/Eser/Eisele* Rdn. 16 vor § 234 m.w.N.

107 Vgl. oben Rdn. 7.

108 *Backmann/Müller-Dietz* JuS **1975** 38, 39.

109 *Geilen* JZ **1970** 521, *Vogel* LK § 249 Rdn. 6; *Lackner/Kühl* Rdn. 7; *Rüping/Kamp* JuS **1976** 660 (663).

110 BGHSt **23** 46 = LM Nr. 11 m. Anm. *Kohlhaas*; **kritisch** *Ott* NJW **1969** 2023; *Eilsberger* JuS **1970** 165; zur Entwicklung der Rechtsprechung zu Sitzblockaden: *Böttcher* Strafbare Nötigung S. 295 ff; zum politischen Hintergrund der Entscheidung *Magnus* NStZ **2012** 358 (359).

BGHSt **8** 102 ab, grundsätzlich von den bisher erörterten Entscheidungen des BGH, indem es zwar an dem Erfordernis eines, wenn auch geringen körperlichen Kraftaufwands des Täters festhält, auf die Ingangsetzung einer psychophysischen (psychosomatischen) Einwirkung auf den Genötigten aber verzichtet. Die Gewaltanwendung wird in der Entscheidung nicht wie beim Versperren des Weges durch Menschen als lebende Mauer[111] oder bei der Verhinderung des Überholens durch Fahrbewegungen des vorausfahrenden Kfz[112] in einer mittelbaren, als Zwang empfundenen (physischen) Einwirkung auf den Körper des Straßenbahnführers gesehen. Auch der Gesichtspunkt einer unmittelbaren Einwirkung auf die Sinne mit der Folge einer Einwirkung auf das Nervensystem und der dadurch hervorgerufenen Reaktionen körperlicher und seelischer Art wird hier – anders als bei der Abgabe von Schreckschüssen,[113] dem Vorhalten einer Pistole[114] und dem Erzwingen des Überholens[115] – nicht ins Feld geführt. Die Gewaltanwendung wird vielmehr darin erblickt, dass die Sitzstreikenden mit nur **geringem körperlichem Kraftaufwand** (dem Niedersetzen und Verharren auf dem Gleiskörper) einen (lediglich) **„psychisch determinierten Prozess** in Lauf setzen". Einziges Korrektiv, das einer Ausuferung des Gewaltbegriffs vorzubeugen sollte, bildet die Intensität dieser ausschließlich psychischen Einwirkung. Jedenfalls dann, wenn sich ein Mensch der Straßenbahn entgegenstelle, liege für den Straßenbahnfahrer *unwiderstehlicher* Zwang vor; er müsse halten, weil er sonst einen Totschlag beginge. Schließlich bemüht sich die Entscheidung nicht – wie etwa BGHSt **23** 126 – darum, die Annahme gegenwärtiger Gewalt gegen die bloße Bedrohung mit einem empfindlichen Übel abzugrenzen, sondern ebnet den Unterschied ein, wenn sie ausführt, ein Verhalten könne beide Alternativen erfüllen und unter den rechtlichen Gesichtspunkten der Gewalt und der Drohung strafbar sein.

19 An diesem Begriff der Gewalt, der – weil schwerpunktmäßig auf die **Zwangswirkung** gestützt – auf opferbezogener Betrachtung beruht, hat der BGH in der Folgezeit festgehalten. Die nachfolgenden Entscheidungen fordern einerseits eine körperliche Kraftentfaltung beim Täter und lassen eine bloß verbale Einwirkung auf das Opfer nicht genügen.[116] Andererseits soll auch eine nur geringfügige Anwendung von Körperkraft ausreichen, sofern sie unmittelbar oder mittelbar zu einer Lage führt, die vom Opfer als übermächtiger und „deshalb" von der Rechtsprechung als körperlicher und nicht nur als seelischer Zwang empfunden wird.

20 Die Auffassung des BGH, wonach Gewaltanwendung auch dann vorliegen kann, wenn der **Abbruch einer Lehrveranstaltung** durch Geschrei oder durch das Absingen von Liedern erzwungen wird,[117] verlässt diesen Rahmen nicht. Denn dieses Verhalten erfüllt alle Bedingungen des Gewaltbegriffs, nämlich körperliche Kraftentfaltung durch den Täter und körperliche Einwirkung auf das Opfer.[118] Da die menschliche Stimme hier nicht als Medium des Informationsaustausches oder der verbalen Kommunikation, sondern als unmittelbar wirkendes Zwangsmittel eingesetzt wurde („Niederbrüllen"), lag keine bloß verbale Einwirkung vor. Den Tätern ging es nicht darum, das Opfer durch den Inhalt ihrer Äußerungen zu überzeugen oder zu motivieren; ihr Ziel war vielmehr, durch den Einsatz von Lärm ein bestimmtes Verhalten zu erzwingen bzw. zu vereiteln. Der im Schrifttum vorgebrachte Einwand, dem Opfer sei es möglich gewesen, weiter zu

[111] RGSt **45** 153 ff – Sargträger.
[112] BGHSt **18** 389, 391.
[113] Dazu Rdn. 10.
[114] BGHSt **23** 126, 127 f.
[115] BGHSt **19** 263 f.
[116] Vgl. BGH NStZ **1981** 218.
[117] BGH NJW **1982** 189 f = NStZ **1982** 158 m. Anm. *Dingeldey; Schroeder* JuS **1982** 491.
[118] So zutreffend *Brendle* NJW **1982** 727; **kritisch** hingegen *Köhler* NJW **1983** 10 und Leferenz-Festschrift S. 515; *Wolter* NStZ **1985** 245, 246.

reden, deshalb sei nicht ein bestimmtes Verhalten unterbunden, sondern nur sein Erfolg vereitelt worden,[119] verschließt die Augen vor den psycho-vegetativen Folgen massiv provozierenden Lärms und den Auswirkungen auf eine Tätigkeit, die geistige Konzentration erfordert. Es kann deshalb keine Rede davon sein, dass der Dozent des Ausgangsfalls in der Lage gewesen wäre, seinen Vortrag fortzusetzen.[120] Er – und seine Zuhörer[121] – waren vielmehr einem nachhaltigen Zwang ausgesetzt, ihr Vorhaben aufzugeben. Dass solche, letztlich durch das Nervensystem vermittelte Zwangswirkungen (auch) körperlicher Natur sind, ist in der Rechtsprechung seit langem anerkannt.[122]

Die viel diskutierte Entscheidung zur **Blockade des Frankfurter Flughafens** (BGHSt 32 165) durch sog. Startbahngegner[123] hatte einen Aufruf zu einer gewalttätigen Demonstration zum Gegenstand. Der BGH hat die Verurteilung des Angeklagten wegen Nötigung der von der Blockade betroffenen Bürger bestätigt,[124] den Schuldspruch wegen versuchter Nötigung von Verfassungsorganen (§§ 105, 22) zum Nachteil der Landesregierung hingegen aufgehoben. Dies wurde damit begründet, dass das Nötigungsmittel nicht geeignet gewesen sei, die Regierung im Sinne des Täterverlangens zu motivieren; von ihr müsse erwartet werden, einer solchen Drucksituation standzuhalten. Die Zwangsintensität des Nötigungsmittels sei nicht nur „faktische, sondern auch normative" Voraussetzung des Tatbestandes, bei deren Nichtvorliegen auch eine Bestrafung wegen Versuchs entfalle. Es dürfte zu weit gehen, wollte man bereits dieser Entscheidung entnehmen, dass die Nötigungsmittel – auch das Merkmal der Gewalt – in § 240 *generell* einer einschränkenden, am zumutbaren Widerstand des Opfers orientierten Auslegung zu unterziehen seien.[125] Das Besondere der Tat – ein kollegiales Verfassungsorgan sollte zu einer hoheitlichen Handlung genötigt werden[126] – steht so weit reichenden Konsequenzen entgegen, insbesondere verbieten die Besonderheiten des Staatsschutzstrafrechts[127] eine schematische Übertragung von Auslegungsgrundsätzen. Vor allem aber sollten die Mitglieder der Regierung gerade nicht mit Gewalt im Sinne des Nötigungstatbestandes genötigt werden, weil ihnen gegenüber eine körperliche Zwangswirkung nicht beabsichtigt war. Insoweit kam lediglich Drohung in Betracht, die nur dann Nötigungsmittel ist, wenn sie ein „empfindliches" Übel in Aussicht stellt. Empfindlich ist ein Übel 21

---

119 So *Köhler* aaO; wohl auch *Schröder* JuS **1982** 491, 493.

120 *Brendle* NJW **1983** 727, 728.

121 OLG Koblenz MDR **1987** 162 f.

122 Vgl. RGSt **60** 157 f; **66** 353, 355 – Schreckschüsse –; BGHSt **19** 263, 265 f – dichtes Auffahren im Straßenverkehr.

123 BGHSt **32** 165, ausführlich dazu *Schäfer* LK[10] Rdn. 21c. Die Verfassungsbeschwerde des Verurteilten wurde durch BVerfGE **82** 236 zurückgewiesen.

124 Die Grundsätze der Entscheidung BGHSt **23** 46 bedurften hier keiner Erörterung, weil zu gewaltsamem Verhalten aufgerufen wurde.

125 Vgl. hierzu *Arzt*, JZ **1984** 428 f; *Schäfer* LK[10] Rdn. 21c; dazu *Laufhütte/Kuschel* LK § 81 Rdn. 17.

126 Diesem Gesichtspunkt misst der BGH augenscheinlich Bedeutung bei, vgl. BGHSt **32** 165, 174 f, wo ausdrücklich offen bleibt, ob versuchte Nötigung i.S.d. §§ 240, 22 gegeben wäre, wenn die Regierung zu einer nicht hoheitlichen Handlung genötigt werden sollte. Mit der gebotenen Vorsicht kann dies u.U. als Hinweis darauf gewertet werden, dass nicht die „Unempfindlichkeit" des ausersehenen Opfers, sondern der Staatsschutzcharakter der Tat den Ausschlag gegeben hatte.

127 Die Stoßrichtung der Straftat kann, wenn sie gegen die Grundlagen der Staatsordnung zielt, zur Verfolgungszuständigkeit des Generalbundesanwalts und zur Gerichtsbarkeit des Bundes führen (Art. 96 Abs. 5 GG, § 120 Abs. 2, 4 GVG; vgl. BGH NStZ 2000 161 f); dies und der Strafrahmen des § 105 legen eine einschränkende Auslegung des Tatbestands, insbesondere das Ausscheiden von geringfügigen Beeinträchtigungen nahe.

aber dann nicht, wenn es keine motivierende Kraft entfaltet. Ob dies allerdings dazu führt, dass Nötigung stets auszuscheiden hat, wenn von dem Opfer erwartet werden kann, dass es der Drohung in besonnener Selbstbehauptung standhält,[128] ist zweifelhaft.[129]

22 Die Entscheidung BGHSt **34** 71[130] hatte erneut vorsätzliche und gezielte **Verkehrsbehinderungen durch Demonstranten** zum Gegenstand. Der BGH hat seine Sicht des Gewaltbegriffs bekräftigt,[131] aus der „Vergeistigung" des Gewaltbegriffs aber die nicht unbedeutende Folgerung gezogen, dass die Anwendung von **Gewalt** nicht in jedem Fall die **Rechtswidrigkeit der Tat indiziere.** Auf einen Vorlegungsbeschluss des OLG Stuttgart[132] hin wurde dies dahin präzisiert, dass eine Abwägung stattzufinden habe, in die nur die Nahziele, nicht aber auch die sog. **Fernziele** einzubeziehen seien.[133]

23 Nach BGHSt **37** 350[134] ist Gewalt auch dann gegeben, wenn der vom Täter ausgeübte Zwang nicht unmittelbar auf den Genötigten einwirkt. Der Entscheidung lag eine **Straßenblockade** zugrunde, *bei der der Verkehr von der Polizei angehalten und umgeleitet worden war*, so dass es nicht zu einer direkten Konfrontation zwischen den Kraftfahrern und den Blockierern kam. Der BGH hat Nötigung mit Gewalt bejaht.[135] Die Entscheidung ist nur insoweit überholt, als sie den durch Sitzblockaden und polizeiliche Anhaltesignale vermittelten Zwang ohne weiteres als körperliche Einwirkung einstuft und deshalb als Gewalt bewertet.[136] Nach wie vor aktuell sind aber die Ausführungen zur ursächlichen Verknüpfung von Nötigungshandlung und Nötigungserfolg. Errichtet die Polizei im räumlichen Umkreis einer Straßenblockade eine auch physisch wirkende Absperrung, ist die Entscheidung weiterhin von praktischer Bedeutung. Der Meinung des BGH, wonach der Ursachenzusammenhang zwischen der Blockade und dem Anhalten der Kraftfahrer durch das **Dazwischentreten der Polizei** nicht unterbrochen wird, kann schwerlich entgegengehalten werden, der Verkehr reagiere nicht auf die Blockade sondern auf eine rechtmäßige Diensthandlung von Polizeivollzugsbeamten.[137] Die Zwangswirkung der Polizeisperre ist durch die Blockade verursacht; ein Grund, Ursache und Wirkung einer getrennten Betrachtung zu unterziehen, besteht nicht.[138] Die Nötigung ist

---

128 So BGHSt **31** 195, 201. Die Entscheidung ist vor dem Hintergrund zu sehen, dass der BGH einerseits die Möglichkeit der Nötigung durch die Androhung des Unterlassens einer rechtlich nicht gebotenen Handlung bejahen, andererseits aber eine uferlose Ausdehnung des Nötigungstatbestands verhindern wollte. Von daher verbietet sich eine Übertragung der dort dargelegten Grundsätze auf andere Formen der Drohung; ähnlich BGH NStZ **2011** 157 158 wonach die Nötigung zur Fortsetzung der Prostitution durch die Drohung, eine Beziehung aufzukündigen und die Wohnung des Täters verlassen zu müssen, den Tatbestand des § 232 Abs. 4 Nr. 1 (Menschenhandel) nicht erfüllt.

129 Vgl. oben Rdn. 6, unten Rdn. 80 f.

130 Ergangen auf Vorlegungsbeschluss des OLG Köln NStZ **1986** 30.

131 So auch BGHR StGB § 240 Abs. 1 Gewalt 1.

132 OLG Stuttgart NStZ **1988** 129 ff m. Anm. *Miebach*, das nur auf den unmittelbaren Zweck des nötigenden Verhaltens abstellen und damit von OLG Köln NJW **1986** 2443, 2444; OLG Düsseldorf MDR **1987** 692, 693 und OLG Zweibrücken NJW **1988** 716, 717 f abweichen wollte.

133 BGHSt **35** 270; soweit BVerfGE **92** 1 diese Entscheidung im Tenor als „gegenstandslos" bezeichnet, ist dies offensichtlich verfehlt, vgl. *Krey* JR **1995** 265, 272.

134 Ergangen auf Vorlegungsbeschluss des BayObLG NStZ **1990** 281.

135 Ebenso OLG Stuttgart MDR **1986** 602 **aA** OLG Köln NJW **1983** 2206 f; OLG Düsseldorf NStZ **1987** 368 f; OLG Zweibrücken NStE Nr. 2 zu § 240.

136 BVerfGE **92** 1 ff; dazu Rdn. 27.

137 Vgl. hierzu *Dierlamm* NStZ **1992** 573, 575.

138 **AA** *Schäfer* LK[10] § 240 Rdn. 22a.

weder ein eigenhändiges Delikt noch kann die Notwendigkeit einer unmittelbaren Beziehung zwischen Nötiger und Genötigtem aus dem Gewaltbegriff abgeleitet werden; auch die frühe Rechtsprechung des Reichsgerichts hat solches nicht gefordert.[139] Da Blockaden nahezu zwangsläufig polizeiliches Eingreifen auslösen und dies von Veranstaltern und Teilnehmern meist so vorausgesehen wird, kann der Nötigungserfolg auch in aller Regel subjektiv zugerechnet werden.

Hinsichtlich der Rechtsprechung der Oberlandesgerichte, der Landgerichte und der Amtsgerichte darf auf die umfassende Darstellung bei Schäfer in der 10. Auflage des LK, dort Rdn. 22 bis 24 verwiesen werden. **24**

d) **Ergebnis.** Der Gewaltbegriff des § 240 ist in der Rechtsprechung des Reichsgerichts und des BGH laufend fortentwickelt worden. Leitend war dabei das Bestreben, als strafwürdig empfundenes Verhalten zu erfassen und mögliche Strafbarkeitslücken zu vermeiden.[140] Ob die bekannten Schlagworte von der „Vergeistigung“ oder „Entmaterialisierung“ des Gewaltbegriffs diesen Prozess zutreffend charakterisieren, mag zweifelhaft sein. Denn die in der Rechtsprechung entschiedenen Fälle, die landläufig als Beleg für diese Ansicht herangezogen werden, sind meist recht handfester Natur;[141] sie als „geistige“ oder gar als „immaterielle“ Beeinträchtigungen abzutun, würde dem jeweiligen Geschehen nicht gerecht werden. Richtig ist allerdings, dass von der ursprünglichen Definition, wonach Gewalt die Entfaltung unmittelbar wirkender Kraft zur Überwindung eines aktuellen oder erwarteten Widerstandes sei (vis corporis corpori afflicta), nicht viel übrig geblieben ist. Die Abkehr von einem dergestalt im Körperlichen verhafteten Gewaltbegriff ist jedoch keine neue Entwicklung, sondern lässt sich schon für frühe Entscheidungen des Reichsgerichts nachweisen,[142] wenngleich das Gericht noch längere Zeit an dieser Definition formal festgehalten hat.[143] Die Rechtsprechung hat den Gewaltbegriff ersichtlich von Anfang an unter zwei verschiedenen Blickwinkeln betrachtet, nämlich unter dem täterbezogenen Gesichtspunkt der **Ausübung von körperlicher Kraft** und dem mehr opferbezogenen Aspekt der **Zwangswirkung.**[144] Zwischen diesen Polen wurden die Gewichte zum einen dahin verschoben, dass die Anforderungen an die Kraftentfaltung stark reduziert wurden, ohne dass dieses Merkmal gänzlich aufgegeben worden wäre.[145] Zum anderen wurde der Begriff der Zwangswirkung erweitert. Schon das Reichsgericht ging davon aus, dass das Nötigungsmittel nicht unmittelbar auf den Körper des Genötigten einwirken müsse. Bei Gewaltanwendung gegen Sachen konnte es ausreichen, wenn der Täter eine nur mittelbare Einwirkung auf den Körper erzielte.[146] Auch Einwirkungen auf das Nervensystem wurden als körperlicher Zwang bewertet.[147] Der BGH ließ schließlich – unter Verzicht auf das Merkmal der Körperlichkeit – rein psychische Einwirkungen ausreichen, sofern diesen ein gewisses (in der Regel unwiderstehliches) Gewicht beizumessen war.[148] **25**

---

139 Vgl. etwa RGSt **13** 49, 51.
140 Vgl. BVerfGE **73** 206, 239).
141 Vgl. etwa BGHSt **19** 263, 265 f – Bedrängen auf der Autobahn –; BGHSt **23** 126, 127 f – Vorhalt einer Schusswaffe.
142 Vgl. RGSt **13** 49, 51.
143 Vgl. RGSt **56** 87, 88 f; **64** 113, 115.
144 V. Heintschel-Heinegg-*Valerius* Rdn. 6 ff.
145 RGSt **13** 49, 51 – Einsperren; **45** 153, 155 f – Versperren eines Weges; **60** 157 f – Schreckschüsse; BGHSt **1** 145, 146 f – listiges Beibringen eines betäubenden Mittels (in Abkehr von RGSt **56** 87, 88 f; **58** 98 f; **72** 349, 351); BGHSt **23** 126, 127 f – Vorhalt einer Schusswaffe; **23** 46, 53 ff – Sitzblockade.
146 Vgl. RGSt **7** 269, 270 f; **9** 58, 59 f; **20** 354, 355 f.
147 Vgl. etwa RGSt **60** 157 f; **66** 353 f; BGHSt **19** 263, 265 f; **23** 126, 127 f.
148 BGHSt **23** 46, 54; BGHR StGB § 240 Abs. 1 Gewalt 1; vgl. auch BayObLG NJW **1963** 1261.

26 Ob die Entwicklung der Rechtsprechung in verschiedene Schritte oder Phasen gegliedert werden kann,[149] mag zweifelhaft sein. Die Erweiterung des Gewaltbegriffs ist keineswegs gleichmäßig im Sinne einer kontinuierlich fortschreitenden Bewegung verlaufen;[150] auch liegen sehr frühe Entscheidungen des Reichsgerichts vor, die den derzeitigen Stand der Rechtsprechung gleichsam vorwegnehmen. So hat das Reichsgericht schon sehr früh ausgesprochen niedrige Anforderungen an das Merkmal der Kraftentfaltung gestellt, in späteren Entscheidungen jedoch einen mehr traditionellen Gewaltbegriff vertreten.[151] Dass der Körperbezug beim Opfer in den Hintergrund treten werde, war im Grunde schon dadurch vorgezeichnet, dass „bloße" Einwirkungen auf das Nervensystem als körperlich bewertet wurden.[152] Die Einbeziehung des **psycho-vegetativen** Bereichs mag aus kriminologischer Sicht notwendig und vom Standpunkt der Biologie aus gesehen richtig sein; sie hat aber viel dazu beigetragen, die Konturen des Merkmals der Körperlichkeit zu verwischen[153] und damit den Weg zum Verzicht auf dieses Merkmal in BGHSt **23** 46 geebnet. Das Besondere dieser Entscheidung liegt allerdings nicht darin, dass der nur psychisch determinierte Zwang als Gewaltwirkung anerkannt wurde. Im Blick auf die Entwicklung der Rechtsprechung erscheint dies als eine zwar bedeutsame, im Grunde aber längst überfällige Konsequenz. Grundlegend neu war vielmehr, dass das Herbeiführen einer Situation, in der sich der Genötigte vor der Wahl sieht, entweder den Täter in verwerflicher Weise zum Opfer zu machen oder von seinem Tun abzulassen, als Gewalt bezeichnet wurde. Im Grunde war der Genötigte durchaus in der Lage, sein Ziel weiter zu verfolgen. Im Wege standen ihm „nur" die Rechtsordnung des Staates und seine eigenen Hemmungen. Der daraus resultierende Zwang mag unüberwindlich gewesen sein. Ob das Herbeiführen einer solchen Lage aber noch unter den Begriff der Gewalt subsumiert werden kann oder ob damit die Grenzen der Auslegung überschritten wurden, kann in der Tat bezweifelt werden.

27 **e) aa)** Das **BVerfG** hat mit Beschluss vom 10. Januar 1995 (BVerfGE **92** 1 ff) die erweiternde Auslegung des Gewaltbegriffs, wie sie der BGH seit BGHSt 23, 46 im Zusammenhang mit Sitzblockaden vorgenommen hatte, beanstandet.[154] Zwar sei der Tatbestand des § 240 Abs. 1 auch insoweit hinreichend bestimmt, als er das Nötigungsmittel Gewalt benenne; die Auslegung, die dieses Merkmal durch die Rechtsprechung erfahren habe, sei jedoch den Gerichten durch Art. 103 Abs. 2 GG als **„tatbestandsausweitende Interpretation"** untersagt. Das Merkmal der Gewalt sei in einer Weise entgrenzt worden, dass es die ihm vom Gesetzgeber zugedachte Funktion, unter notwendigen, unvermeidbaren oder alltäglichen Zwangswirkungen die strafwürdigen zu bestimmen, weitgehend verloren habe.[155] Dass eine gefestigte höchstrichterliche Rechtsprechung bestehe, die das Risiko der Bestrafung sichtbar mache, stehe dem nicht entgegen.[156] Solches sei nur bei

---

149 So BVerfGE **73** 206, 239 im Anschluss an die Darstellung von *Blei* JA **1970** 19 ff; *Zöller* GA 2004 147; **kritisch** *Starck* JZ **1987** 145 f.

150 Vgl. *Blei* aaO S. 77.

151 Vgl. oben Rdn. 10, 11; ergänzend *Blei* aaO S. 78.

152 Vgl. etwa RGSt **60** 157 f – Schreckschüsse.

153 Vgl. *Geilen* JZ **1970** 521, 523; *Rüping/Kamp* JuS **1976** 660, 663; *Busse*, Nötigung im Straßenverkehr S. 110 ff.

154 BVerfG m. Anm. *Altvater* NStZ **1995** 275 ff; *Gusy* JZ **1995** 782 f; *Krey* NStZ **1995** 541 f; *Ostendorf* AuR **1995** 274 ff; vgl. auch *Amelung* NJW **1995** 2584 ff; *Berz* NZV **1995** 297 ff; *Hruschka* JZ **1995** 737 ff; NJW **1996** 160 ff; *Lesch* JA **1995** 889, 921; *Roellecke* NJW **1995** 1525 ff; *Scholz* NStZ **1995** 417 ff; *Schroeder* JuS **1995** 875 ff.

155 Ähnlich bisher *Köhler* NJW **1983** 10, 12; *Krauß* NJW **1984** 905 f; *Sommer* NJW **1985** 769, 770 f; *Wolter* NStZ **1985** 245, 246; *A. Kaufmann* NJW **1988** 2581, 2582 f.

156 BVerfGE **92** 1, 18 f; **kritisch** hierzu *Lesch* und *Scholz*, jeweils aaO.

der Bewertung von Rechtsnormen von Bedeutung; eine Auslegung, die die Unbestimmtheit einer unvermeidlich vagen Rechtsnorm noch weiter erhöhe, sei damit nicht zu rechtfertigen.

Die Entscheidung ist auf **Kritik** gestoßen. Dies mag zum einen darauf zurückzuführen **28**
sein, dass der Senat von zwei früheren Entscheidungen[157] abgewichen ist, ohne dies durch neue, über die Erwägungen der früher unterlegenen Richter hinausweisende Argumente zu stützen. Von der Sache her bedenklich ist der verfassungsrechtliche Maßstab, der auf den nach einfachem Recht zu bestimmenden „Inhalt" der „Sanktionsnormen"[158] abstellt und deshalb nahezu allen Problemen des Strafrechts eine verfassungsrechtliche Dimension verleihen kann.[159] Der unmittelbare Zugriff auf das materielle Strafrecht ist um so bedauerlicher, als das Gericht die sich geradezu aufdrängende (verfassungsrechtliche) Frage des Verhältnisses zwischen den Grundrechten aus Art. 5 Abs. 1 und Art. 8 Abs. 1 GG einerseits und der Schutzpflicht des Staates gegenüber den Freiheitsrechten der Bürger andererseits nicht erörtert,[160] statt dessen die Entscheidung auf einem Feld sucht, das bisher der strafrechtlichen Diskussion vorbehalten war.

bb) Bedeutung und Reichweite der verfassungsgerichtlichen Entscheidung sind um- **29**
stritten. Schon der Umfang der förmlichen **Bindungswirkung** des § 31 Abs. 1 BVerfGG ist bisher wenig geklärt.[161] Als gesichert dürfte gelten, dass frühere, entgegen gesetzte Entscheidungen der bindenden Kraft nicht entgegenstehen; hat das BVerfG zu einer bestimmten Frage seine Rechtsprechung aufgegeben, ist diese überholt.[162] Aus der Bin-

[157] BVerfGE 73 206 ff; 76, 211 ff; Die Behauptung in BVerfGE 92 1, 14, die Frage der Auslegung des Gewaltbegriffs sei in diesen früheren Entscheidungen unentschieden geblieben, ist nicht haltbar: Die tragenden Grundlagen einer gerichtlichen Entscheidung können nicht offen bleiben und sind in diesen Beschlüssen auch nicht offen geblieben; vgl. *Krey* JR **1995** 265, 269; *Starck* FS Geck S. 789, 799 ff; *Tröndle* FS Rebmann S. 481, 487 ff und FS Odersky S. 259, 287; *Ulsamer* in Maunz u.a. (Hrsg.) BVerfGG § 15 Rdn. 14; im Sinne von BVerfGE **92** 1, 14) allerdings bereits BVerfGE **76** 211, 217 sowie *Fritz* FS Simon S. 403, 425.

[158] BVerfGE **92** 1, 12; ebenso bereits BVerfGE **71** 108, 115. Mit ähnlichen Erwägungen hatte das Reichsgericht am archaischen Gewaltbegriff der „vis corporis corpori afflicta" festgehalten, vgl. RGSt **56** 86, 89.

[159] Vgl. *Altvater* NStZ **1995** 274, 280.

[160] Zu solchen Tendenzen in der Rechtsprechung des BVerfG vgl. *Campbell* NStZ **1995** 328, 329 sowie BVerfG NStZ **1995** 383, 388; BVerfGE **126** 170, 199 (Untreue); **130** 1, 43 (Betrug).

[161] Vgl. *Buchwald* DRiZ **1997** 513, 515; *Schnapp/Henkenötter* JuS **1994** 121 ff; Ein wesentliches Problem ergibt sich daraus, dass das Gericht an seine Entscheidungen nicht gebunden ist (vgl. hierzu *Bethge* in Maunz u.a. (Hrsg.) BVerfGG § 31 Rdn. 118 ff).

[162] Entgegen der von *Ulsamer* in Maunz u.a. (Hrsg.) BVerfGG, § 79 Rdn. 17 bis zur 19. Lieferung vertretenen Meinung steht die Bindungswirkung früherer Entscheidungen der Wiederaufnahme nach § 79 Abs. 1 BVerfGG nicht entgegen; die Wiederaufnahme von Strafverfahren, die vor dem 10.1.1995 rechtskräftig abgeschlossen wurden, scheitert deshalb nicht schon an der von BVerfGE 73 206 ff, **76** 211 ff ausgehenden Bindung. Wortlaut und Sinn der hier in Betracht kommenden Vorschriften des BVerfGG legen eine Beschränkung der Wiederaufnahmemöglichkeiten nicht nahe; ein Interesse am Bestand verfassungswidriger Strafurteile dürfte nicht bestehen. Die praktische Folge der hier abgelehnten Meinung, nämlich dass vor BVerfGE 73 206 ff abgeschlossene Verfahren wieder aufgenommen werden könnten, spätere hingegen nicht, muss auf Bedenken stoßen. Eigenartige Folgen würden sich auch dann ergeben, wenn das BVerfG einen erneuten Kurswechsel vornehmen sollte.

dungswirkung allein muss aber noch nicht folgen, dass die Teilnahme an einer „einfachen" Sitzblockade keine Nötigung sein kann. Das BVerfG hatte nur die Erwägungen zu prüfen, die für die Fachgerichte bei der Auslegung des Gewaltbegriffs leitend waren. Deshalb ist mit bindender Wirkung lediglich entschieden, dass ein körperkraftloses Verhalten (nach BVerfGE 92, 1, 18: „Die bloße körperliche Anwesenheit"), das eine nur psychische Zwangswirkung auf das Opfer ausübt, das Merkmal der Gewalt aus verfassungsrechtlicher Sicht nicht erfüllt. Dies schließt nicht aus, dass eine Strafbarkeit wegen Nötigung durch andere, vertretbare und deshalb verfassungsrechtlich unbedenkliche Überlegungen zum sog. einfachen Recht begründet werden könnte.[163] Danach könnte etwa das Verhalten der Blockierer als aktives Tun bewertet[164] und unter diesem Blickwinkel nötigende Gewalt bejaht werden. Dass das BVerfG von einer Unterlassenstat ausgegangen ist,[165] ist eine Aussage zum materiellen Recht, die an der Bindungswirkung nicht teilhat, zumal die Entscheidung keine verfassungsrechtlichen Vorgaben für die Abgrenzung des strafrechtlich bedeutsamen Tuns vom Unterlassen enthält. Auch könnte das Verhalten ohne Verstoß gegen die formelle Bindungswirkung als Drohung bewertet werden;[166] dies scheitert nicht am Verfassungsrecht, sondern an der (einfach – rechtlichen) Erwägung, dass die Drohung das In-Aussicht-Stellen eines vom Willen des Täters abhängigen Übels voraussetzt, solches aber bei Sitzblockaden nicht vorliegt.[167] Nicht ausgeschlossen wäre es ferner, das Merkmal der Gewalt mit der vom BVerfG nicht geprüften (und deshalb nicht mit bindender Wirkung verworfenen) Erwägung zu bejahen, die Zwangswirkung auf die Blockierten sei nicht nur psychischer, sondern auch physischer Natur gewesen.[168]

30 Über solchen Erwägungen, wie sie nach BVerfGE 92, 1 ff vielfach angestellt wurden, sollte nicht aus dem Blick verloren werden, dass die Rechtsprechung des BVerfG auch dort **Leitlinien** aufzeigt, wo sie den unabhängigen Richter nicht im formellen Sinne festlegt.[169] Das Gericht hat nicht nur ein beliebig austauschbares dogmatisches Konstrukt angegriffen; es wollte vielmehr die strafrechtliche Ahndung der damaligen Beschwerdeführer auch in der Sache beanstanden. Ferner werden sich die Auswirkungen der Entscheidung nicht auf die – inzwischen seltener gewordenen – Fälle der Sitzblockaden beschränken lassen.[170] Zwar spricht nahezu alles dafür, dass der Senat gerade diese, an anderer Stelle als „hochpolitisch"[171] bezeichnete Fallgruppe im Blick hatte.[172] Die breit

---

163 Zur Beschränkung der Prüfung auf Verfassungsfragen und zur Möglichkeit, aufgrund anderer einfach-rechtlicher Erwägungen zu demselben Ergebnis zu gelangen vgl. BVerfGE **35** 324, 334, 344 ff.

164 Vgl. *Otto* NStZ **1992** 568, 570.

165 So ersichtlich BVerfGE **92** 1, 18 f, das den Schwerpunkt der Vorwerfbarkeit in der bloßen körperlichen Anwesenheit sieht; ebenso bereits BVerfGE 73 206, 244; **kritisch** hierzu: OLG Karlsruhe NJW **1996** 1551, 1552; *Altvater* NStZ **1995** 274, 280; *Krey* JR **1995** 265, 268.

166 In diesem Sinne etwa *Herzberg* GA **1996** 557 ff und bereits *Offenloch* JZ **1988** 12, 13; dazu **krit.** *Hoyer* GA **1997** 451 ff; vgl. auch *Paeffgen* in FS Grünwald S. 464 ff; *Bergmann/Meurer* JR **1988** 49 f; *Schroeder* in Meurer GedS S. 237, 238; Der BGH hat die Frage ausdrücklich dahinstehen lassen, vgl. BGHSt **41** 182, 187.

167 So zutreffend *Priester* FS Bemmann S. 387 ff, dessen Annahme, die Verneinung der Drohungsalternative sei bereits durch die Bindungswirkung des § 31 BVerfGG geboten, allerdings zu weit gehen dürfte; zur Unterscheidung der Drohung von der hier allenfalls vorliegenden Warnung vgl. auch Rdn. 56 a.E.

168 Vgl. *Krey* JR **1995** 265, 270 f; dazu Rdn. 32.

169 Vgl. *Lechner* BVerfGG, 3. Aufl. S. 231.

170 Vgl. *Berz* NZV **1995** 297, 298; *Maatz* NZV **2006** 337, 339.

171 So BVerfGE **73** 206, 246.

172 BVerfGE **73** 206 ff und BVerfGE **76** 211 ff belegen, dass in dieser Frage erhebliche Differenzen bestanden, die im Wesentlichen den Standpunkten in der strafrechtlichen Litera-

angelegte Begründung, die sich gerade nicht mit den Grundrechten aus Art. 5 Abs. 1 und Art. 8 Abs. 1 GG, sondern mit der Auslegung des Gewaltbegriffs befasst, verbietet aber eine derartige Einschränkung.[173] Sie legt die Prüfung nahe, ob und in welchem Umfang an der bisherigen Auslegung des Gewaltbegriffs festgehalten werden kann.

cc) Das Verständnis des Beschlusses wird dadurch erschwert, dass er nicht trennscharf zwischen den Elementen des „klassischen" Gewaltbegriffs unterscheidet, nämlich der **Kraftentfaltung** auf Seiten des Täters und der **Zwangswirkung** beim Opfer. Der tragende Vorwurf, die Herbeiführung eines rein psychischen Hindernisses durch die bloße Anwesenheit des Täters werde von der Rechtsprechung bereits als Gewalt bewertet,[174] spricht beide Elemente an, lokalisiert den eigentlichen Verfassungsverstoß aber nicht näher. Die Annahme, das BVerfG habe kurzerhand ein Mehr an Körperkraft gefordert, erscheint vorschnell und liefe Gefahr, die Grenzen zur Gewalttätigkeit zu verwischen.[175] Das Merkmal der Körperkraft sagt wenig über das Vorliegen von Gewalt aus: Setzt sich etwa ein Erwachsener auf die Brust eines Säuglings und bringt ihn damit zu Tode, ist Gewalt unzweifelhaft gegeben.[176] Daraus erhellt, dass der mit dem „Sich-Hinsetzen" verbundene Kraftaufwand genügen kann. Maßgebend ist danach nicht das Maß der Kraftentfaltung, sondern die Frage, wie das Verhalten des Täters auf das Opfer einwirkt, ob psychisch oder physisch wirkender Zwang ausgeübt wird. Dies hängt von Situation und Opfer ab.[177] **31**

Bei Sitzblockaden wird eine körperliche Einwirkung nicht schlechthin damit bejaht werden können, dass die Blockierer ein körperliches Hindernis bilden.[178] Gewalt muss zwar nicht unwiderstehlich sein;[179] sie muss aber über eine bloße Belästigung hinausgehen und geeignet sein, **motivierende Kraft** zu entfalten. Vorauszusetzen ist danach in der Regel ein physisches Hindernis, das von den Betroffenen nicht oder nur mit einer gewissen Anstrengung überwunden werden kann.[180] Im entschiedenen Fall bildeten die Beschwerdeführer kein Hindernis in diesem körperlichen Sinne.[181] Die betroffenen Fahr- **32**

---

tur entsprachen. Verfassungsgerichtliche Entscheidungen, die den weiten Gewaltbegriff der Rechtsprechung in Bezug auf die allgemeine Kriminalität beanstandet hätten, sind nicht bekannt geworden; zur verfassungsrechtlichen Bewertung des „vergeistigten" Gewaltbegriffs im Straßenverkehr, vgl. BVerfG NStZ **2007** 397 f.

173 **AA** wohl *Gusy* JZ **1995** 782, 783.

174 BVerfGE **92** 1, 17.

175 Vgl. dazu BVerfGE **37** 305, 309; RGSt **29** 11, 12 f; BGHSt **23** 46, 53; *Ermer* aaO S. 35; *Knodel*, Gewaltbegriff S. 172 ff.

176 Vgl. *Altvater* NStZ **1995** 274, 280; *von Heintschel-Heinegg* S. 66; des Rückgriffs auf Fallgestaltungen, in denen sich der Täter eines Werkzeugs bedient, bedarf es nicht. Den Entscheidungen RGSt **13** 49 ff; **60** 157 ff; BGHSt **1** 145 ff, die bisweilen als Beispiele für körperkraftlose Gewalt herangezogen werden, könnte man entgegenhalten, dass der Täter seine Körperkraft multipliziert, indem er das Fehlende aus dem angewendeten Mittel zieht; vgl. RGSt **69** 327, 330.

177 Vgl. *Magnus* NStZ **2012** 538 (540).

178 So aber BVerfGE **92** 1, 22 – abweichende Meinung.

179 So bereits RGSt **13** 49, 51.

180 Vgl. hierzu RGSt **45** 153 ff – Sargträger; RG DJZ **1923** 372 f – Aufhalten eines Pferdefuhrwerks; RG HRR **42** Nr. 193 – Versperren eines Weges durch Fahrradfahrer; BGH Urt. v. 13. Juli 1960 – 2 StR 291/60 – Straßensperre durch sitzende Jugendliche, der 2. StS hat hier – wohl zu weitgehend – Nötigung in Tateinheit mit Landfriedensbruch angenommen; *anders* OLG Düsseldorf NJW **1999** 2912, das im Versperren eines Wegs durch Dazwischentreten stets nur eine psychische Zwangswirkung anzunehmen scheint; *krit.* hierzu *Erb* NStZ **2000** 200 f.

181 Vgl. *Gusy* JZ **1995** 782, 783; *Roellecke* NJW **1995** 1525, 1526.

zeuge hielten nicht wegen der körperlichen Wirkung, sondern allein deshalb an, weil sich die Fahrer aus Respekt vor den geltenden Gesetzen oder aus anderen Gründen scheuten, Menschen zu überfahren. Die vom BVerfG ausdrücklich kritisierte[182] Entscheidung BGHSt **23** 46 ff hat dies als Gewaltwirkung bezeichnet mit der Begründung, der Zwang zum Anhalten sei unwiderstehlich gewesen.[183] Damit sind die Elemente einer Gewaltwirkung, die nach herkömmlicher Anschauung gegenwärtig[184] und körperlich spürbar[185] sein muss, nicht belegt. Auch das Argument, der Genötigte müsse seinerseits Gewalt anwenden, um den Widerstand zu überwinden, greift zu kurz,[186] weil es die mögliche Reaktion des Opfers, nicht das Verhalten des Täters charakterisiert.[187] Die Erwägung, Körperlichkeit sei schon deshalb zu bejahen, weil die Konfrontation beim Opfer zu körperlich messbaren Reaktionen führen könne,[188] geht fehl. Sie übersieht, dass solche psycho-vegetative Störungen auch durch nicht körperliche Einwirkungen ausgelöst werden können.[189]

33 Zwangswirkungen dieser Art, die für Blockadeaktionen geradezu typisch sind, dürften nach der Entscheidung des BVerfG nicht mehr zur Begründung des Nötigungsmittels der Gewalt ausreichen. Wenn Blockierer den Anspruch erheben, „friedlich" oder „gewaltfrei" zu handeln, so stützen sie sich hauptsächlich auf das Argument, sie setzten ausschließlich das **Mittel der „Wehr- und Gewaltlosigkeit"** ein.[190] Mag dies auch anfechtbar und verfälschend sein, so weist es doch auf die Besonderheit hin, dass der „Genötigte" physisch nicht gehindert ist, die beabsichtigte Handlung vorzunehmen; nicht die Grenzen des Könnens, sondern die des rechtlichen und moralischen Dürfens werden ihm aufgezeigt. Die daraus folgende Zwangswirkung ist nicht körperlich. Ihre Wirkkraft beruht nicht darauf, dass der Nötiger dem Genötigten soweit an Kräften überlegen ist, dass er die Lage physisch beherrscht; er agiert vielmehr aus einer Position der kräftemäßigen Unterlegenheit heraus. Insoweit ist die Situation vergleichbar mit anderen Formen des „gewaltfreien" Widerstandes, etwa der Besetzung einer zur Versenkung bestimmten Bohrinsel oder des Eindringens in ein militärisches Sperrgebiet zur Verhinderung von Waffenversuchen. Im sog. Dachbesetzer-Fall[191] müsste die Frage der Gewalt heute anders entschieden werden.

34 Der Erste Senat des BVerfG hat in einer Folgeentscheidung die Bejahung des Merkmals der Gewalt nicht beanstandet, wenn die Teilnehmer an einer Blockadeaktion über die durch ihre bloße körperliche Anwesenheit verursachte psychische Einwirkung hinaus

---

182 BVerfGE **92** 1, 15.

183 BGHSt **23** 46, 54.

184 Vgl. BVerfG **73** 206, 236 ff; *Vogel* LK § 249 Rdn. 6; *Sch/Schröder/Eser/Eisele* Rdn. 6 ff vor § 234 ff, jeweils m.w.N.

185 BGH, st. Rspr., vgl. etwa BGHR StGB § 177 Abs. 1. Gewalt 3, 4, 7; *von Heintschel-Heinegg* S. 59 m.w.N.; grundsätzlich ablehnend *Knodel*, S. 42 ff.

186 *Tröndle* FS Lackner S. 627, 630; *Offenloch* JZ **1988** 12, 13.

187 Dies gilt jedenfalls dann, wenn die Gewaltanwendung für den „Genötigten" mit keiner Mühe verbunden ist, sondern ihm nur das abverlangt, was er ohnedies tun würde, nämlich weiterzufahren. Damit soll nicht ausgeschlossen werden, dass die Notwendigkeit einer gewaltsamen Befreiung in anderen Fällen – etwa beim Einsperren – ein Hinweis auf Gewalt sein kann.

188 Vgl. RGSt **60** 157, 158; BGHSt **19** 263, 269.

189 Die Begriffe Zornesröte, Schreckensblässe oder Angstschweiß belegen dies; vgl. *Lesch* StV **1996** 152, 153.

190 Vgl. BVerfGE **73** 206, 244; *Stöcker* JZ **1969** 396, 397.

191 OLG Köln NJW **1985** 2434 f; gegen die Annahme von Gewalt in den sog. Hausbesetzer-Fällen bereits OLG Hamm NJW **1982** 2676, 2678, das aber (zutreffend, vgl. Rdn. 77 a.E.) die konkludente Drohung mit der Fortsetzung der Besetzung als taugliches Nötigungsmittel bewertet.

eine **physische Barriere** errichteten, indem sie sich **anketteten.**[192] In der Literatur wurde dies als bewusste Relativierung der sehr weitgehenden Grundsätze von BVerfGE 92,1 verstanden;[193] in diese Richtung weist auch die abweichende Meinung zweier Richter.[194] Die 3. Kammer des Zweiten Senats hat die Errichtung eines so geringfügigen Hindernisses wie das Aufstellen von Tapeziertischen als physisches Hemmnis in Betracht gezogen, das den verfassungsrechtlichen Anforderungen an die Auslegung des Gewaltbegriffs des § 240 StGB genügen kann.[195] Auch dem kann entnommen werden, dass die Verfassung an die Körperlichkeit des Hindernisses nur geringfügige Anforderungen stellt. Die 1. Kammer des Zweiten Senats hat die Rechtsprechung der Strafgerichte, wonach dichtes Auffahren im Straßenverkehr unter Einsatz von Signalhorn und Lichthupe Gewalt im Sinne des Nötigungstatbestandes sein kann, als mit dem Grundgesetz vereinbar bezeichnet;[196] dieselbe Kammer hatte eine Verfassungsbeschwerde, die sich gegen die „Zweite-Reihe"-Rechtsprechung des Bundesgerichtshof[197] richtete, in einem nicht mit Gründen versehenen Beschluss mangels Erfolgsaussicht nicht zur Entscheidung angenommen.[198] Zwischenzeitlich hat die 1 Kammer des Ersten Senats ausdrücklich klargestellt, dass die sog. **Zweite-Reihe-Rechtsprechung** des BGH nicht gegen das verfassungsrechtliche Analogieverbot des Art. 103 Abs. 2 GG verstößt;[199] die Verfassungsbeschwerde hatte letztlich gleichwohl Erfolg, weil dem Grundrecht der Versammlungsfreiheit bei der Prüfung der Rechtswidrigkeit nicht hinreichend Rechnung getragen worden war.

Zur Bewertung einer Sitzblockade als **Drohung** vgl. unten Rdn. 78.

f) Der unmittelbar nach der Entscheidung des BVerfG erwartete Umbruch in der **35**
Rechtsprechung der Fachgerichte ist ausgeblieben. Nach wie vor als Nötigung strafbar sind Blockadeaktionen, durch die **physisch spürbare Hindernisse** gebildet werden, die schon durch ihre Körperlichkeit geeignet sind, den Willen zu beeinflussen.[200] Dies ist nicht nur dann der Fall, wenn Barrikaden oder Straßensperren[201] errichtet werden, sondern kann bereits dann gegeben sein, wenn eine dicht gedrängte Menschenmenge das Durchkommen erheblich erschwert oder faktisch unmöglich macht.[202]

Der **BGH** bejaht Nötigung auch in den Fällen, in denen Kraftfahrer „gewaltlos"[203] **36**
an der Weiterfahrt gehindert und deren Fahrzeuge bewusst dazu benutzt werden, die Durchfahrt für weitere Kraftfahrer tatsächlich zu versperren[204]. In diesen Fällen liegt

---

192 BVerfGE **104** 92 ff (Wackersdorf) m. Anm. *Ostendorf* AuR **2002** 389 f; *Vahle* Kriminalistik **2002** 695 ff; s.a. *Heger* Jura **2003** 112 ff; *Mittelsdorf* JuS **2002** 1062 f; *Sinn* NJW **2002** 1024 f.

193 *Zöller* GA **2004** 147, 155; *Maatz* NZV **2006** 337, 339; *Ostendorf* AuR **2002** 389 f; *Sinn* NJW **2002** 1024 f.

194 *Jaeger* und *Bryde* BVerfGE **104** 125 ff.

195 BVerfG (Kammer) NStZ-RR **2000** 297; die Verfassungsbeschwerde scheiterte letztlich an formellen Voraussetzungen.

196 BVerfG NJW **2007** 1669 f.

197 BGHSt **41** 182 ff dazu unten Rdn. 36

198 Beschl. v. 8.12.2005 – 2 BvR 777/01.

199 BVerfG NJW **2011** 3020, 3021; Anm. *Sinn* ZJS **2011** 283, *Jahn* JuS **2011** 565; kritisch Matt/Renzikowski/*Eidam* Rdn. 19, *Magnus* NStZ **2012** 538 (541 f).

200 BVerfGE **104** 92 ff; BGH NJW **1995** 2643; BayObLGSt **1995** 204; *Altvater* NStZ **1995** 274, 280; *Krey* JR **1995** 265, 267.

201 Dabei kann das Aufstellen von Tapeziertischen genügen, vgl. BVerfG NStZ-RR 2000 297.

202 Vgl. RGSt **45** 153 ff – Sargträger.

203 Nach den Maßstäben von BVerfGE **92** 1 ff.

204 BGHSt **41** 182 m. Anm. *Krey/Jaeger* NStZ **1995** 542 ff; vgl. dazu auch *Lesch* JA **1995** 921; *Hoyer* JuS **1996** 200 ff; *Amelung* NStZ **1996** 230 f; *Herzberg* GA **1996** 557, 562; *Hruschka* NJW **1996** 160 ff; *Kudlich* JuS **1996** 664; *Schroeder* JuS **1995** 875, 878; *Sinn* NJW **2002** 1024 f; *Zöller* GA **2004** 147, 149, 155; zustimmend OLG Karlsruhe NJW **1996** 1551, 155; BayObLGSt. **95** 167, 168; **ablehnend** OLG Koblenz NJW **1996** 3351, 3352.

Gewalt zwar nicht in Bezug auf die unmittelbar von der Konfrontation betroffenen Kraftfahrer vor, weil diese einem nur psychischen Zwang ausgesetzt sind. Indessen ist eine physische Wirkung und deshalb Gewaltnötigung in Bezug auf die „zweite Reihe“ gegeben. Literaturstimmen haben in der Rechtsprechung des BGH eine Missachtung der Entscheidung des BVerfG gesehen.[205] Eine *Senats*entscheidung des BVerfG zu der Frage, ob die Auslegung des Gewaltbegriffs im Sinne der so genannten **„Zweite-Reihe-Rechtsprechung“** mit dem Grundgesetz vereinbar ist, liegt noch nicht vor.[206] Allerdings wurde ein Urteil des Kammergerichts, das die Blockade eines Schienenwegs in ähnlicher Weise beurteilt hatte, nicht beanstandet: Bei einer Blockade des Bahnhofs Zoo hatte das Kammergericht Gewaltnötigung in Bezug auf den unmittelbar mit den Blockierern konfrontierten Zug verneint, in Bezug auf die Folgezüge indessen bejaht. Die hiergegen gerichtete Verfassungsbeschwerde der wegen Nötigung verurteilten Blockierer wurde von der 1. Kammer des 2. Senats des BVerfG – leider ohne nähere Begründung – nicht zur Entscheidung angenommen.[207] Nunmehr hat die 1 Kammer des 1. Senats in Bezug auf eine Sitzblockade ausdrücklich festgestellt, dass die Zweite-Reihe-Rechtsprechung nicht gegen das Analogieverbot des Art. 103 Abs. 2 GG verstößt.[208] Da bei nahezu jeder Blockadeaktion eine Nötigung der sog. zweiten Reihe verwirklicht oder versucht wird, dürfte es bei der grundsätzlichen Strafbarkeit von Sitzblockaden verbleiben. Die Entscheidung BVerfGE 92,1 hat damit auch im Bereich des Demonstrationsstrafrechts wenig bewirkt.[209] Die Wiederaufnahme von rechtskräftig abgeschlossenen Verfahren wird unter diesen Umständen nur in seltenen Fällen in Betracht kommen.[210] Zur Frage der mittelbaren Gewalt durch das Verursachen eines Staus oder polizeilicher Absperrmaßnahmen vgl. Rdn. 57; zur Frage der Verwerflichkeit Rdnrn. 144 ff.

37 Wird durch die **Blockade von Bahngeleisen** ein unmittelbar physisches und nicht nur psychisches Hindernis bereitet[211] ist auch nach den Maßstäben der neueren Rechtsprechung des BVerfG Gewalt bereits gegenüber der ersten Reihe gegeben. Deshalb liegt Gewaltnötigung vor, wenn sich Demonstranten an Schienen festketten oder im Gleisbett einbetonieren. Die Frage der physischen Wirkung ist letztlich Tatfrage und hängt von der Beurteilung des Einzelfalls ab. Dabei können auch Gesichtspunkte der **bahntechnischen Fahrsicherheit** ins Gewicht fallen; ein physisches Hindernis wird etwa dann zu bejahen sein, wenn die Schienen so unterhöhlt werden, dass eine weitere Benutzung zwar möglich aber nicht mehr zulässig wäre. Die Frage, ob die Nötigungshandlung mit einem erheblichen Aufwand an Körperkraft verbunden ist, ist hingegen ohne Belang. Bei der Blockade von Schienenwegen ist ferner der Bußgeldtatbestand des § 64b Abs. 2 Nr. 2 EBO zu berücksichtigen;[212] § 316b StGB setzt hingegen nach h.M. auch in der Alternative des „Unbrauchbarmachens“ eine Einwirkung auf Substanz oder Funktionsfähigkeit des

205 Vgl. etwa *Amelung* NStZ **1996** 230 f; *Herzberg* GA **1996** 557, 562; *Lesch* StV **1996** 152 ff.

206 Ausdrücklich offen gelassen von BVerfGE **104** 92, 103; vgl. auch BVerfG (Kammer) NJW **2002** 2308 ff.

207 KG Beschl. v. 26.3.2001 – (4) 1 Ss 361/00 (30/01) zit. nach juris; BVerfG, 1. Kammer des 2. Senats, Beschl. v. 8.12.2005 – 2 BvR 777/01.

208 BVerfGK **18** 365; Anm. *Jahn* JuS **2011** 563; *Offenloch* JZ **2011** 688; *Magnus* NStZ **2012**538.

209 Vgl. *Sch/Schröder/Eser/Eisele* Rdn. 10a vor § 234.

210 Vgl. BVerfG (Kammer) NJW **2002** 2308 ff; OLG München NStZ-RR **1997** 174 f; OLG Zweibrücken NJW **1996** 866, 867; **aA** OLG Koblenz NStZ-RR **1998** 44 ff; zu § 79 Abs. 1 BVerfGG vgl. auch *Angerer/Stumpf* NJW **1996** 2216.

211 Vgl. BGHSt **44** 34, 39 ff.

212 Zur Verfassungsmäßigkeit dieser Norm vgl. BVerfG – Kammer – NStZ **1998** 359.

Bahnkörpers voraus, die bei einfachen Blockadeaktionen in der Regel nicht gegeben ist.[213] Andere Anwendungsbereiche des Nötigungstatbestandes werden durch die Entscheidung des BVerfG allenfalls geringfügig betroffen; so ist die frühere Rechtsprechung zur Nötigung im Straßenverkehr in ihren wesentlichen Grundzügen nach wie vor verbindlich.[214] Keine Gewalt und deshalb keine Nötigung ist es allerdings, wenn ein Fußgänger den Verkehr durch bewusst verkehrswidriges Gehen auf der Fahrbahn behindert und dabei ausschließlich seinen Körper einsetzt;[215] anderes gilt für das Verhindern des Überholens durch einen bewusst langsam fahrenden Radfahrer.[216]

3. Die Elemente der Gewalt

a) Das StGB enthält, obwohl die Gewalt eine zentrale Stellung einnimmt, keine gesetzliche Definition.[217] Der umgangssprachliche Gewaltbegriff ist mehrdeutig; er bezieht sich nicht nur auf Handlungen im physischen Sinne, sondern kann auch sprachliche Äußerungen, Organisationsformen oder Abhängigkeitsverhältnisse kennzeichnen, die mit dem Tatbestand der Nötigung nichts zu tun haben.[218] Selbst in der Rechtssprache wird die Gewalt vielfach nicht als Tätigkeit, sondern als die Fähigkeit begriffen, andere dem eigenen Willen unterzuordnen (statische Gewalt).[219] Das StGB kennt in den Körperverletzungs- und Tötungsdelikten Gewalt ohne Zwang[220] und – etwa im Menschenhandel (§§ 232, 233 StGB) – Zwangslagen, die nicht auf Gewalt beruhen. Die nötigende Gewalt ist etwas anderes als die nackte oder zerstörende Gewalt. Auch die sog. **Überraschungsgewalt** scheidet als Nötigungsmittel aus,[221] weil ihr die Komponente des Zwangs fehlt. Andererseits erschöpft sich die nötigende Gewalt nicht in der irgendwie gearteten Herbeiführung einer Zwangssituation, so dass die Definition, (Kompulsiv-)Gewalt sei die gegenwärtige Zufügung eines (empfindlichen) Übels,[222] zu kurz greift. Der Begriff der nötigenden Gewalt kennzeichnet einen zweigliedrigen Sachverhalt, der einerseits ein körperliches Verhalten des Täters und andererseits die Auswirkung dieses Verhaltens beim Opfer erfasst. Verfehlt wäre es allerdings, nötigende Gewalt als bloße Kombination von Brachialgewalt und Zwangswirkung zu begreifen. Wo das Gesetz die aggressive Entfaltung von Körperkraft fordert, verwendet es den Begriff der Gewalttätigkeit.[223] Dabei 38

---

213 Vgl. OLG Celle NStZ **2005** 217 f; **aA** noch LG Lüneburg NStZ **2002** 598 f.

214 Vgl. OLG Stuttgart NZV **1995** 285, 286; *Berz* NZV **1995** 297, 300; *Hentschel* NJW **1996** 628, 637.

215 Vgl. BGHSt **41** 231, 241.

216 OLG Koblenz bei *Himmelreich/Lessing* NStZ **2002** 302; bei kurzer Dauer der Gewalteinwirkung ist allerdings die Verwerflichkeit i.S.d. Abs. 2 zu verneinen.

217 Zur Problematik einer Legaldefinition, vgl. *Müller-Emmert*, Sonderausschuss für die Strafrechtsreform, Prot. V 289; *Diemer-Nicolaus* Prot. VI 315; Begründung zum AE-StGB § 116 S. 65; E 1962 BTDrucks. IV 650 (Bundestagsvorlage) S. 120.

218 Vgl. *Krauß* NJW **1984** 905; *Marxen* KritJ **1984** 54, 56; *Müller-Dietz* GA **1974** 33, 34; *Zöller* GA **2004** 147, 154.

219 Vgl. hierzu die Begriffe der „Schlüsselgewalt" (1357 Abs. 1 BGB) oder der „elterlichen Gewalt" (nunmehr „elterliche Sorge"); das StGB verwendet den Begriff in § 225 Abs. 1 Nr. 3 in ähnlichen Sinne; zu den möglichen Bedeutungen des Gewaltbegriffs vgl. *Blesius* S. 17 ff; *Lesch* FS Jacobs S. 329 f.

220 Vgl. *von Heintschel-Heinegg* S. 21; *Knodel* S. 21.

221 Vgl. BGHSt **31** 76 ff; m. Anm. *Lenckner* JR **1983** 159, 160; NK-*Toepel* Rdn. 57.

222 So *Herdegen* LK[11] § 249 Rdn. 4; *Knodel* S. 54; SK-*Horn/Wolters* Rdn. 9, 11a; *Sch/Schröder/Eser/Eisele* Rdn. 6, 8 vor § 234; **aA** *Fischer* Rdn. 12a; NK-*Toepel* Rdn. 36 ff; *Koffka* JR **1964** 39; *Küpper/Bode* Jura **1993** 187; vgl. auch *Maurach/Schroeder/Maiwald* BT Teilbd. 1 § 13 II Rdn. 15.

223 Vgl. etwa § 121 Abs. 3 S. 1; § 124; § 125 Abs. 1.

handelt es sich um ein „Mehr" auf der Seite des Täters, das über die einfache nötigende Gewalt hinausgeht.

39 b) Die herkömmliche Meinung sieht in der **Entfaltung körperlicher Kraft** das kennzeichnende Kriterium der Gewalt.[224] Die Rechtsprechung hält, obschon sie an das Maß der angewandten Kraft nur geringe Anforderungen stellt, an diesem Erfordernis fest.[225] Dies gilt auch für die Entwicklung in der ehemaligen DDR.[226] Entgegen einer im Schrifttum verbreiteten Meinung handelt es sich dabei nicht um ein bloß formales Festhalten am Begriff ohne materielle Konsequenzen.[227] Insbesondere trifft es nicht zu, dass das Kriterium der Kraftentfaltung durch BGHSt 1, 145 aufgegeben worden sei. Der damalige Sachverhalt – das Beibringen eines betäubenden Mittels – erforderte allerdings nur einen geringen Einsatz von körperlicher Kraft. Dieser war aber hier erforderlich, um die Tat begehen zu können, und kann schon deshalb nicht als eine zu vernachlässigende Größe abgetan werden.

40 Das Erfordernis der Körperkraft wird überwiegend mit dem allgemeinen Sprachgebrauch und mit der **geschichtlichen Entwicklung** des Gewaltbegriffs begründet. Beide Überlegungen führen nicht zu überzeugenden oder gar zwingenden Ergebnissen. Der allgemeine Sprachgebrauch ist uneinheitlich und gibt für die Definition der nötigenden Gewalt wenig her.[228] Auch die Versuche einer geschichtlichen Herleitung überzeugen nicht. Die apodiktische Behauptung, Gewalt sei „von jeher" mit der Anwendung körperlicher Kraft verbunden gewesen,[229] trifft jedenfalls so nicht zu.[230] Aus dem „crimen vis" lässt sich für das Erfordernis von Körperkraft nichts herleiten. Zum einen war seit jeher umstritten, ob „vis" mit „vis corporis" gleichzusetzen sei,[231] zum anderen ist – wollte man dies bejahen – der Nötigungstatbestand nicht logische und konsequente Fortentwicklung des „crimen vis".[232] Viele seiner Schutzrichtungen, insbesondere die körperliche Gewalt am ehesten nahe legenden Aspekte des öffentlichen Friedens werden heute von anderen Tatbeständen wahrgenommen, die überwiegend das Merkmal der Gewalttätigkeit enthalten (vgl. etwa § 124, § 125) und mithin mehr verlangen, als die nötigende Gewalt.

41 Gleichwohl sollte das Merkmal der Körperkraft nicht aufgegeben werden. Die obergerichtliche Rechtsprechung hält konsequent an diesem Element fest[233] und hat dadurch eine Kontinuität der Auslegung geschaffen, die auch vom Gesetzgeber akzeptiert wurde. Gewalt ist danach **physisch ausgeübter** und **physisch wirkender Zwang.**[234] Auch im deutschsprachigen Ausland verbindet sich mit dem Gewaltbegriff überwiegend die Vorstellung körperlicher Kraftentfaltung.[235] Ferner sind derzeit keine brauchbaren Merk-

---

224 *V. Liszt/Schmidt* Lb S. 521; *v. Hippel* Lb S. 205 Anm. 5; *Niethammer* BT S. 233, 255; weitere Nachweise aus der älteren Literatur bei *von Heintschel-Heinegg* S. 46.

225 Vgl. BGHSt **23** 126, 127; **37** 350, 353; NStZ **1995** 230 Nr. 10.

226 Vgl. OGSt 12, 116; Kommentar zum Strafgesetzbuch, 5. Aufl. § 121 Anm. 3; *Buchholz* NJ **1957** 337.

227 So aber *Blei* JA **1970** 77, 79; *von Heintschel-Heinegg* S. 56; *Knodel* S. 35 f.

228 Vgl. oben Rdn. 38.

229 RGSt **56** 87, 88.

230 Vgl. *Keller*, Strafrechtlicher Gewaltbegriff S. 87 ff; *Timpe* JuS **1992** 748.

231 Vgl. *Knodel* S. 41 m.w.N.

232 Vgl. *Hruschka* JZ **1995** 737, 742.

233 Vgl. etwa BGH NStZ **1995** 230.

234 So BVerfG, 1. Kammer des Zweiten Senats, Beschl. v. 29.3.2007 – 2 BvR932/06.

235 Österreich: *Foregger/Fabrizy* StGB 9. Aufl. (2006) § 98 Rdn. 3; Schweiz: *Delnon/Rüdy* in Basler Kommentar StGB II Art. 181 Rdn. 20; *Schubarth* BT/III Art. 181 Rdn. 13; *Thormann/v. Overbeck* StGB Art. 181 Rdn. 8; differenzierend *Schürmann* Der Begriff der Gewalt im Schweizerischen Strafgesetzbuch (1985) S. 6 ff; vgl. auch *Paeffgen* in FS Grünwald S. 433, 445.

male ersichtlich, die Gewalt von anderen Zwangsausübungen abgrenzen könnten. Dies ist aber erforderlich, weil das Tatmittel der Gewalt nicht mit der dadurch ausgelösten Zwangswirkung gleichgesetzt werden kann, sondern ein „Mehr" sein muss. § 240 erfasst nicht die Ausübung eines bestimmten Grades von Zwang, sondern die Herbeiführung einer Zwangslage mit näher bezeichneten Mitteln. Die Erheblichkeit des Zwangs sagt über das Mittel nichts aus, weil sie nur eine Aussage über die Wirkung beim Opfer enthält. Deshalb ist es verfehlt, unwiderstehlichen Zwang mit Gewalt gleichzusetzen.[236] Gleiches gilt im Grundsatz für das Kriterium der Gegenwärtigkeit der Übelszufügung. Dieses mag im Einzelfall dazu geeignet sein, die Drohung vom Begriff der Gewalt abzugrenzen; ob eine Handlung aber Gewalt ist, lässt sich danach nicht bestimmen. Die Opfer von Drangsalierungen durch Arbeitgeber oder Kollegen (sog. **Mobbing**[237]) werden ihre Situation als gegenwärtiges – bisweilen auch körperliches – Übel empfinden. Dass aber Gewalt vorliegt, wird sich meist, insbesondere wenn sich das Mobbing in den Formen des Ignorierens oder des Totschweigens vollzieht,[238] nicht sagen lassen.[239]

Dass die Nötigung nach ganz herrschender Meinung auch durch **Unterlassen** began- **42** gen werden kann. steht dem Merkmal der Kraftentfaltung nicht entgegen.[240] Die Strafbarkeit des Unterlassens beruht nicht auf der Zurechnung einzelner Handlungsmodalitäten, sondern auf der (garanten-)pflichtwidrigen Nichtabwendung des tatbestandlichen Erfolgs. Deshalb können auch an sich verhaltensgebundene Straftaten durch Unterlassen begangen werden.[241] Die Problematik liegt dann in der Frage des Entsprechens von Tun und Unterlassen, d.h. darin, ob das Verhalten des Täters gleichwertig (nicht aber gleich) dem positiven Tun ist.[242]

Die **Kraftentfaltung muss keine erhebliche sein.**[243] Dies gilt zunächst dann, wenn der **43** Täter ein Werkzeug einsetzt und seine Körperkraft durch das angewandte Mittel ergänzt.[244] Die dadurch mittelbar entfaltete Kraft ist dem Täter zuzurechnen, weil Gewalt sich nicht auf den unmittelbaren Zusammenprall körperlicher Kräfte beschränkt, mithin nicht „eigenhändig"[245] verwirklicht werden muss. Obwohl mit keiner nennenswerten Anstrengung verbunden, werden das Verschließen einer Tür,[246] das Abdrücken einer Schusswaffe[247] oder das Betätigen eines Gaspedals[248] seit jeher als Gewalt bewertet. Entsprechendes gilt für den Mausklick, der ein Computerprogramm in Gang setzt.[249] Aber auch die unmittelbar auf den Körper eines anderen gerichtete Gewalt setzt eine nachhaltige Kraft-

236 Vgl. oben Rdn. 32.

237 Zu dieser Erscheinung vgl. LAG Schleswig-Holstein DB **2002** 1056; *Aigner* BB **2001** 1354 ff; *Bennecke* NZA-RR **2003** 225; *Däubler* BB **1995** 1347 ff; *Faber* JR 2004 218; *Hoss* AuB **1994** 325 ff; *Warschkow/Erdmann* AiB **1995** 509 ff.

238 Vgl. *Grunewald* NZA **1993** 1071 f.

239 Zur strafrechtlichen Behandlung vgl. *Däubler* aaO; *Gralka* BB **1995** 2651, 2652; *Wilhelm* AuA **1995** 234 f.

240 So wohl *von Heintschel-Heinegg* S. 56; *Knodel* S. 35 f.

241 *Herzberg* Die Unterlassung im Strafrecht und das Garantenprinzip, S. 15 f aber auch S. 151 f; Jescheck LK[11] § 13 Rdn. 5; vgl. auch Weigend LK § 13 Rdn. 77.

242 Vgl. hierzu Rdn. 42 ff; dort auch zur Abgrenzung von Gewalt und Drohung durch Unterlassen.

243 BGHSt **5** 245 f; **23** 126, 127 (st. Rspr.); **aA** noch *Meyer/Allfeld* Lb d. dt. Strafrechts 8. Aufl. S. 285; wohl auch *Frank* StGB 18. Aufl. § 52 Anm. 1; *Klug* Demonstrationsfreiheit S. 29; *Ott* NJW **1969** 2023 f; AG Nürnberg StV **1984** 29 f; einen „nicht nur unerheblichen Kraftaufwand" fordern Matt/Renzikowski/*Eidam* Rdn. 22.

244 Vgl. RGSt **69** 327, 330.

245 Vgl. *Geilen* FS H. Mayer S. 445, 449.

246 Vgl. RGSt **13** 327, 330.

247 Vgl. RGSt **60** 157, 158.

248 BVerfG – Kammer – NStZ **2007** 397.

249 AG Frankfurt/Main CR **2005** 897 ff m. Anm. *Gercke* MMR **2005** 868 f.

entfaltung nicht voraus. Das erforderliche Maß bestimmt sich entscheidend nach dem Kräfteverhältnis und der Tatsituation: Ob der Starke einen Schwachen oder einen Ebenbürtigen überwindet, ist zwar für den erforderlichen Kraftaufwand, nicht aber für die strafrechtliche Bewertung von Bedeutung.[250] Der Tritt auf den nackten Zeh, das Sich-fallenlassen auf ein Opfer oder das Versperren eines engen Weges[251] sind Formen der Gewalt, obwohl sich der körperliche Einsatz auf das beschränkt, was zu einer **bloßen Ortsveränderung** erforderlich ist.[252] Die aufgewandte physische Kraft ist zwar aus der Sicht des Täters gering; für das Opfer in seiner spezifischen Situation kann sie „überwältigend" sein.

44 Allerdings kann nicht jede aktive Handlung die Voraussetzungen der Gewalt erfüllen. Dem Merkmal würde jegliche Unterscheidungskraft genommen, wenn es mit dem Handlungsbegriff der allgemeinen Verbrechenslehre zusammenfiele.[253] Die Körperkraft muss vielmehr darauf abzielen, beim Opfer eine **körperliche Wirkung** auszulösen; sie muss entweder auf den Körper gerichtet sein oder dessen Verhaltensalternativen beeinflussen. Deshalb unterfallen rein verbale Äußerungen, obwohl sie die Betätigung der Sprechmuskulatur voraussetzen, nicht dem Gewaltbegriff.[254]

45 **c) aa)** Nötigende Gewalt setzt ferner eine beabsichtigte oder eingetretene **Zwangswirkung** auf das Opfer voraus; dadurch unterscheidet sie sich von der zerstörenden oder verletzenden Gewalt, wie sie etwa bei den Körperverletzungs- oder Sachbeschädigungsdelikten gegeben ist. Je nach Zielrichtung, Stärke und Angriffsobjekt kann der Zwang in unterschiedliche Kategorien eingeteilt werden; er kann den Willen beugen (**vis compulsiva**) oder aber die Willensbildung oder die Willensbetätigung ausschalten (**vis absoluta**); ferner kann er unmittelbar gegen den Körper gerichtet sein oder körperliche Wirkungen über das Nervensystem des Genötigten auslösen. Die heute nahezu uneingeschränkt herrschende Meinung rechnet sowohl die absolute als auch die kompulsive Gewalt dem Gewaltbegriff zu.[255]

46 Die **ältere Literatur** stellte zumeist auf die Form des erzeugten Zwangs ab. Im Anschluss und als Konsequenz der Auffassung, der Nötigungstatbestand schütze ausschließlich die Freiheit der Willensentschließung,[256] wurde die Meinung vertreten, nötigende **Gewalt sei nur als vis compulsiva möglich**, weil allein sie auf den Willen des Opfers einwirke.[257]

---

[250] Vgl. *Heilborn* ZStW **18** 187.

[251] Vgl. RG DJZ **1923** 371; *von Heintschel-Heinegg* S. 99.

[252] Wenn das „Sich Hinsetzen" in besonderen Zusammenhängen, etwa bei Sitzblockaden, bisweilen nicht die Merkmale der Gewalt erfüllt, ist dies keine Frage der Körperkraft sondern der Zwangswirkung. Dies erhellt bereits daraus, dass Gewalt unzweifelhaft vorliegt, wenn sich der Täter auf ein ihm unterlegenes Opfer setzt und es hierdurch verletzt oder tötet (Kleinkind!).

[253] Vgl. *Blei* NJW **1954** 583, 585; *von Heintschel-Heinegg* S. 54 f; *Knodel* S. 35; *Herzberg* GA **1996** 557, 566; *Paeffgen* FS Grünwald S. 433, 445, der einen Krafteinsatz „in besonderer Weise" fordert.

[254] Vgl. BGH NStZ **1981** 218; anderes gilt aber für die Fälle des Niederschreiens o.ä., weil diese Handlungen nicht an den Intellekt, sondern gegen den Körper gerichtet sind, vgl. oben Rdn. 20.

[255] Vgl. *Lackner/Kühl* Rdn. 5; SK-*Horn/Wolters* Rdn. 9, 23; *Sch/Schröder/Eser/Eisele* Rdn. 12 ff vor § 234; HK-GS *Rössner/Putz* Rdn. 8; NK-*Toepel* Rdn. 47 ff; *Fischer* Rdn. 9; einen nicht nur unerheblichen Kraftaufwand fordert Matt/Renzikowski/*Eidam* Rdn. 26; SSW-*Schluckebier* Rdn. 7, von Heintschel-Heinegg/*Valerius* Rdn. 25 jew. m.w.N.

[256] Vgl. oben Rdn. 2.

[257] Vgl. *Oppenhoff* § 240 Anm. 1; *Meves* § 240 Anm. 5; *Rüdorff* § 240 Anm. 4, *John* ZStW **1** (1881) 237, 244; vgl. auch *Manalich-Raffo* S. 206 f zum Versuch, den Gewaltbegriff mit Blick auf das jeweilige Nötigungsziel (Handlung, Duldung, Unterlassung) aufzuspalten.

In der Rechtsprechung fand diese Ansicht zunächst Anklang;[258] das Reichsgericht trat ihr aber bereits früh entgegen.[259] Heute wird sie von einer starken Mindermeinung vertreten, die vor allem in der jüngsten Zeit wieder Zulauf erfährt.[260] Die Meinung kann sich zwar auf die Erwägung stützen, dass die Vorstellung eines nicht-kompulsiven Zwanges widersprüchlich wäre;[261] sie geht aber von einer zu engen Auffassung von dem geschützten Rechtsgut aus.[262] Soweit ihre Vertreter die geschichtlichen Wurzeln des Nötigungstatbestands ins Feld führen,[263] werden der unmittelbaren Entstehungsgeschichte der Vorschrift und dem Gang der Gesetzgebung nicht das ihnen gebührende Gewicht beigemessen.[264] Die Frage, ob die historische Kontinuität eine andere Sicht der Nötigung hätte nahe legen können, mag verschiedener Betrachtung zugänglich sein; entscheidend ist, dass der Gesetzgeber solchen historischen Leitbildern nicht gefolgt ist. Bereits der Umstand, dass das Gesetz die Duldung als Nötigungsziel benennt, deutet darauf hin, dass die vis absoluta in den Tatbestand einzubeziehen ist: Für die Duldung ist der entgegenstehende Wille des Genötigten typisch. Die dagegen bisweilen ins Feld geführte Erwägung, Duldung setze die Möglichkeit des Duldenden voraus, das geduldete Ereignis zu verhindern,[265] trifft nur dann zu, wenn man diesen Begriff im Sinne des „Zulassens“ versteht. Bei diesem engen Verständnis hat aber das Dulden neben dem ebenfalls im Gesetz genannten Unterlassen keine eigenständige Bedeutung.[266] Im Übrigen legt bereits der allgemeine Sprachgebrauch dem Begriff eine weiter gehende Bedeutung zu. Dulden bedeutet danach auch „Erleiden“ bzw. „Erdulden“[267] und setzt gerade nicht voraus, dass das Opfer die Tat verhindern oder ihr ausweichen kann. Dass auch das Gesetz einem weiten Verständnis zuneigt, wird durch den Straftatbestand der Sexuellen Nötigung/Vergewaltigung (§ 177) verdeutlicht: Das Dulden im Sinne dieser Vorschrift ist (auch) im Sinne eines „Erleidens“ zu verstehen; eine Beugung des Willens wird nicht gefordert. Vergewaltiger ist danach auch und gerade derjenige, der mit unwiderstehlicher Brachialgewalt vorgeht. Nicht nur bei den Sexualdelikten würde die Beschränkung der Nötigungsmittel auf kompulsive Gewalt zu dem kriminalpolitisch unerwünschten Ergebnis führen, dass besonders schwerwiegende Taten aus dem Anwendungsbereich der Nötigung herausgenommen werden müssten;[268] auch dies spricht für ein weiteres Verständnis. Mag auch das „erst recht“ Argument Bedenken ausgesetzt sein,[269] so kann doch eine Auslegung nicht überzeugen, die – setzte sie sich in der Praxis der Rechtsprechung durch –

---

258 Preuß. Obertribunal GA **23** 531.

259 Vgl. RGSt **2** 184, 186); **4** 429.

260 MK-*Sinn* Rdn. 61; *Hruschka* JZ **1995** 737; *Köhler* FS Leferenz S. 516; *Marxen* KritJ **1984** 555.

261 *Hruschka* NJW **1996** 160, 162 bezeichnet die vis compulsiva als „nötigende“ Gewalt und stellt ihr die vis absoluta als „nicht nötigende“ Gewalt entgegen.

262 Vgl. oben Rdn. 2.

263 *Köhler* und *Hruschka* jeweils aaO.

264 Vgl. hierzu RGSt **4** 429, 430; *von Heintschel-Heinegg* S. 39 f.

265 In diesem Sinne *Hruschka* JZ **1995** 737, 742; MK-*Sinn* Rdn. 61.

266 Darauf weist bereits RGSt **4** 429, 431 zutreffend hin; zu den Nötigungszielen und der Zuordnung der jeweiligen Zwangsmittel: *Schroeder* FS Gössel S. 415, 423.

267 So bereits RGSt **4** 429, 430, das unter „Dulden“ auch das Erdulden eines unabwendbaren Übels versteht; vgl. auch RGSt **33** 339, 340; die Formulierungsvorschläge von *Welzel* und *Lange*, Niedschr. Bd. 5 S. 301, die den Begriff „Dulden“ durch „Erdulden“ ersetzen wollten, haben sich in den Beratungen der Großen Strafrechtskommission nicht durchgesetzt; der spätere § 170 StGB-E 62 greift sie nicht mehr auf.

268 Vgl. oben Rdn. 1; dort auch zur Unschärfe der Grenzlinie zwischen Willensbildungs- und Willensbetätigungsfreiheit, die in der Unterscheidung zwischen vis compulsiva und vis absoluta ihre Entsprechung findet.

269 Vgl. *Hruschka* NJW **1996** 160, 162.

wegen handgreiflicher Wertungswidersprüche nahezu zwangsläufig den Ruf nach dem Gesetzgeber nach sich ziehen müsste. Die einschränkende Auslegung des Nötigungsbegriffs in § 253 durch Teile des Schrifttums[270] beruht auf der Forderung nach einer Vermögensverfügung, die die (räuberische) Erpressung vom Raub abgrenzen soll; Folgerungen für die Reichweite des Tatbestands der Nötigung sollten daraus nicht gezogen werden.

47 Die Meinung, der Gewaltbegriff erfasse ausschließlich die **vis absoluta**, während die Freiheit der Willensentschließung nur durch das Nötigungsmittel der Drohung angegriffen werden könne,[271] hat heute keine Bedeutung mehr. Sie rechnete die kompulsive Gewalt der Drohung zu, weil der Wille des Genötigten nicht durch die bereits verübte Gewalt, sondern durch die Furcht vor weiterem Übel gebeugt werde.[272] Gegen diese feinsinnige Erwägung spricht, dass kompulsive Gewalt zermürbend wirken und bereits dadurch den Willen beeinflussen kann.[273] Ein Ausklammern der kompulsiven Gewalt würde ferner ein gewisses Spannungsverhältnis zu anderen Vorschriften aufwerfen, die schon nach ihrem Wortlaut unter dem Gewaltbegriff auch die „vis compulsiva" erfassen (etwa §§ 253 Abs. 1, 255; § 343 Abs. 1).[274] Ihre die Strafbarkeit begrenzende Bedeutung hat diese Lehre verloren, nachdem die Drohungsalternative durch die StrafrechtsangleichungsVO erweitert worden war[275] und die Rechtsprechung Gewalt und Drohung in Bezug auf die Rechtswidrigkeit gleich behandelte.[276] Die Grenzziehung zwischen Gewalt und Drohung hat heute im Tatbestand der Nötigung nur noch terminologische Bedeutung.[277] Zum „Nachwirken" der Gewalt als Drohung vgl. unten Rdn. 77.

48 bb) Die derzeit **herrschende Meinung** sieht in der körperlichen Einwirkung auf den zu Nötigenden das die Gewalt kennzeichnende Kriterium.[278] In der Frage, wie dieser **Körperbezug** beschaffen sein muss, gehen die Auffassungen allerdings stark auseinander. Bereits die Diktion des Reichsgerichts ist keinesfalls einheitlich gewesen. Grundsätzlich wurde gefordert, dass sich die nötigende Gewalt direkt oder indirekt gegen die Person des Opfers richten muss.[279] Einige Entscheidungen sprechen von einer Einwirkung auf

---

270 Vgl. *Herdegen* LK[11] § 253 Rdn. 3; *Fischer* § 253 Rdn. 5; SK-*Sinn* § 253 Rdn. 8; **aA** BGHSt **25** 224, 228, **41** 123, 125; *Vogel* LK § 255 Rdn. 3,6; die Rechtsprechung sieht im Raub einen Spezialfall der räuberischen Erpressung, vgl BGHSt **42** 196, 199 und bereits RGSt **4** 429, 432.

271 Vgl. *Binding* Lb., 2. Aufl. BT, Bd. 1 82 f; *Hälschner* Lb 2 S. 119 f; *Liliental* ZStW 7, 375; weitere Nachweise bei *von Heintschel-Heinegg* S. 42; NK-*Toepel* Rdn. 55.

272 Ähnlich wohl *Busse* Nötigung im Straßenverkehr S. 115 ff; *Herzberg* GA **1996** 557, 558.

273 Vgl. *Geilen* JZ **1970** 521, 525; *Knodel* S. 32; vermutlich greifen beide Momente ineinander: Der kompulsive Zwang enthält zum einen Elemente der Drohung, andererseits wird die motivierende Kraft der Furcht durch Zermürbung unterstützt.

274 Vgl. *Geilen* aaO.

275 Vgl. Entstehungsgeschichte vor Rdn. 1.

276 BGHSt **34** 71, 75, vgl. Rdn. 20.

277 Vgl. SK-*Horn/Wolters* Rdn. 22; *Sch/Schröder/Eser/Eisele* Rdn. 16.

278 BGH in ständ. Rspr., vgl. BGHR StGB § 177 Abs. 1 Gewalt 3, 4, 7; NStZ **1995** 230; zustimmend: *Blei* NJW **1954** 586; *Hoffmeister* S. 89; *Hoffmann* GA **2002** 397 f; *Sommer* NJW **1985** 769; *Fischer* Rdn. 8 ff, 17; wohl auch *Callies* Gewalt im Systemzusammenhang des Strafrechts S. 12; **ablehnend:** SK-*Horn/Wolters* Rdn. 11 ff; *Sch/Schröder/Eser* 25. Aufl. vor § 234 Rdn. 8, skeptisch die 28. Aufl. Rdn. 10a a.E.; *Knodel* S. 33 ff; *von Heintschel-Heinegg* S. 81 ff; von Heintschel-Heinegg/*Valerius* Rdn. 22

279 Vgl. RGSt **3** 113, 115 mit Hinweisen auf die Gesetzgebungsgeschichte, **kritisch** dazu *Knodel* S. 40 f; vgl. auch RGSt **15** 138, 140; **27** 405, 406.

einen anderen,[280] bisweilen muss die Gewalt gegen den Körper gerichtet sein.[281] Häufig wird gefordert, dass die Einwirkung nicht nur als seelisch/psychischer sondern auch als körperlicher Zwang empfunden werden muss.[282] Die Unterschiede in den Formulierungen sind nicht nur terminologischer Natur, sondern deuten den Übergang von einer mehr am Ziel der Handlung und deshalb täterorientierten Betrachtungsweise zu einer opferbezogenen Sicht an.

Die Zwangswirkung erfordert keine unmittelbare und gegenwärtige Beeinträchtigung **49**
des Wohlbefindens des Opfers. Es genügt die Herstellung einer Lage, in der der Genötigte in seinen körperlichen Handlungsalternativen eingeschränkt ist. Der Eingesperrte ist physisch und nicht nur psychisch betroffen, mag er gegen die Wände seines Gefängnisses anrennen oder nicht.[283] Gleiches gilt für das Aussperren[284] oder für das Versperren eines Weges.[285] Auch die Wegnahme von körperlichen Hilfsmitteln wie Krücken oder Sehhilfen führt den Betroffenen in eine physische und nicht nur psychische Zwangslage. Körperlich ist ferner die oft (ungenau) als Gewalt gegen Sachen bezeichnete mittelbare Einwirkung auf den Genötigten, sofern sie die Handlungsmöglichkeiten tatsächlich beschneidet und nicht nur auf die Psyche einwirkt. Auch die **Wegnahme von Sachen** kann Gewalt sein und – wenn sie sich nicht im bloßen Sachentzug erschöpft – die Voraussetzungen der Nötigung erfüllen.[286] Werden allerdings die Handlungsmöglichkeiten des Opfers nicht beschnitten, sondern lediglich der von ihm angestrebte Erfolg vereitelt, liegt keine körperliche Zwangswirkung vor. In der Blockade einer Homepage durch einen programmgesteuerten massenhaften Zugriff liegt schon deshalb keine nötigende Gewalt.[287]

Die Meinung, es genüge jede Zwangswirkung, die als **gegenwärtiges Übel** empfunden **50**
werde,[288] ist mit der Entscheidung BVerfGE **92** 1 ff schwerlich zu vereinen. Zwar geht die Erwägung des Senats, eine Gleichsetzung von Gewalt mit Zwang lasse die tatbestandsbegrenzende Funktion der Nötigungsmittel entfallen,[289] zu weit; „Nötigen" ist nicht (nur) „Zwingen"[290] und List, Überredung, Suggestion sowie das Ausnutzen einer schutzlosen Lage könnten auch bei diesem Verständnis aus dem Kreis der Nötigungsmittel ausgeschieden werden. Der Verzicht auf das Merkmal der Körperlichkeit würde aber zu einer weiteren Ausdehnung des Nötigungstatbestandes führen,[291] mit der Folge, dass

---

280 RGSt **64** 113, 115; **73** 343, 344.

281 RG GA **35** 63, 64.

282 RGSt **45** 153, 156; **60** 157, 158; DJZ **1923** 371.

283 RGSt **13** 49; **27** 405 f; **41** 82; **73** 343, 344; BGHSt **20** 194, 195.

284 RGSt **69** 327, 330; BGHSt **18** 133, 134; BayObLG LZ **1929** 1220.

285 RG DJZ **1923** 371; RGSt **45** 153 – Sargträger; **aA** OLG Düsseldorf NJW **1999** 2911 m. *krit.* Anm. *Erb* NStZ **2000** 200.

286 Zur Gewalt gegen Sachen vgl. unten Rdn. 60 f.

287 Sehr str., vgl. OLG Frankfurt StV **2007** 244 ff; **aA** noch AG Frankfurt CR **2005** 897; im Einzelnen unten Rdn. 71.

288 *von Heintschel-Heinegg* S. 81 ff; *Herdegen* LK[11] § 249 Rdn. 4; *Knodel* S. 33 ff; *Sch/Schröder/Eser/Eisele* Rdn. 8, aber auch 10a vor § 234; SK-*Horn/Wolters* Rdn. 9 ff.

289 Vgl. BVerfGE **92** 1, 17 f.

290 Es sei denn, man geht von einem weiten Begriff des Zwangs aus, der etwa auch nachhaltiges Bitten oder Überreden als Nötigungsmittel ansieht; vgl. hierzu Rdn. 65. Der Umgangssprache entspricht dies nicht: Die Hausfrau, die den Gast zum Essen nötigt, drängt zwar auf eine bestimmte Verhaltensweise hin, nimmt aber keine „Zwangsernährung" vor. Zur Bedeutung des Begriffs „nötigen" vgl. ferner 1. Sam. 28,23 und Luk. 24,29; vgl. auch BVerfG NStZ **2005** 30 zu § 177 Abs. 1 Nr. 3 StGB: Danach kann der Nötigungsbegriff im Kontext verschiedener Vorschriften unterschiedliche Bedeutung haben.

291 *Busse* Nötigung im Straßenverkehr S. 101; *Geilen* H. Maier-Festschrift S. 455 ff; *Koffka* JR 1964, 39.

die Hauptlast der Abgrenzung strafwürdigen Unrechts der Verwerflichkeitsklausel des Abs. 2 zufallen müsste.[292] Ferner könnte das Merkmal der Drohung mit Gewalt in anderen Strafvorschriften (etwa in den § 81, § 82, § 105, § 107, § 113) entwertet werden, wenn Gewalt mit der gegenwärtigen Zufügung jedweden Übels gleichgesetzt würde; gerade der Umstand, dass das Gesetz die Drohung mit Gewalt und die Drohung mit einem empfindlichen Übel als voneinander zu unterscheidende Nötigungsmittel benennt, verbietet die Gleichsetzung von Gewalt und (sonstigem) Übel.[293] Die Erwägung, wenn die nötigende Drohung mit einem Übel strafbar sei, müsse dies „erst recht" für die Zufügung gelten,[294] trägt schon deshalb nicht, weil die Drohung nicht ein weniger, sondern etwas anderes ist als das Zufügen eines Übels.[295] Für einen Schluss „a maiore ad minus"[296] ist mithin kein Raum. Die Erstattung einer Strafanzeige oder der Abbruch von Geschäftsbeziehungen können zur Drohung geeignete empfindliche Übel sein; um Gewalt handelt es sich aber nicht. Ein Wertungswiderspruch[297] liegt schon deshalb nicht vor, weil die Drohung das Opfer nachhaltiger beeinträchtigen kann als die eigentliche Zufügung des Übels. Ein so banaler Vorgang, wie die Blutentnahme mittels einer Kanüle mag das verdeutlichen.

51 Dass sich in § 253 und § 255 die Begriffe „Gewalt" und „Gewalt gegen eine Person" gegenüberstehen, zwingt nicht zu der Annahme, der Personen – oder Körperbezug könne kein Merkmal einfacher Gewalt sein[298] (vgl. hierzu unten Rdn. 52).

4. Besondere Formen der Gewalt

52 a) Die §§ 249, 252 und 255 enthalten den Begriff **„Gewalt gegen eine Person"**. In § 255 kennzeichnet das Merkmal eine Qualifikation gegenüber der (einfachen) Erpressung und setzt deshalb mehr voraus, als dem Gewaltbegriff ohnedies anhaftet. Da bereits die einfache Gewalt personenbezogen sein muss, ist die Abgrenzung nicht unproblematisch. Um ein Fassungsversehen des Gesetzgebers[299] handelt es sich nicht.[300] Keine Stütze im Gesetz findet die Meinung, Gewalt gegen eine Person erfordere besonders schwere Gewalt[301] oder erhebliche physische Kraft.[302] Die Ansicht, das Nötigungsmittel müsse eine gegenwärtige Gefahr für Leib oder Leben herbeiführen,[303] ist mit dem Wortlaut des § 255, der dieses Merkmal nur der Drohung zuschreibt, nicht zu vereinen.[304] Für die noch weiter gehende Auffassung, die räuberische Gewalt setze eine tatbestandliche Verletzung der §§ 223, 212 oder § 239 StGB voraus,[305] gilt Entsprechendes. Ersichtlich geht es um die Richtung der Gewaltwirkung: Gewalt gegen eine Person richtet sich unmittelbar gegen den Genötigten, während die einfache nötigende Gewalt auch an Sachen, d.h.

---

292 *Geilen* S. 462; *Hoffmeister* S. 106.

293 So *Hoffmeister* S. 111.

294 *Hoyer* GA **1997** 450; *Knodel* S. 54; *Schroeder* NJW **1996** 2627, 2628; missverständlich BGH wistra **1987** 212 f.

295 Vgl. *Koffka* JR **1964** 39; *Haffke* ZStW **96** (1984) 64; *Hoffmeister* S. 108; *Sommer* NJW **1985** 769; *Wolter* NStZ **1985** 195.

296 So *Knodel* S. 54.

297 So möglicherweise *Dreher* NJW **1970** 1153, 1157; *Sch/Schröder/Eser/Eisele* Rdn. 17a vor §§ 234 ff.

298 So *Knodel* S. 148 ff, 159.

299 So *Binding* Lb 1 S. 377; *Kollmann* Die Lehre von der Erpressung im deutschen Recht, S. 48.

300 BGHSt 18, 75, 76 unter Hinweis auf mehrfache Änderungen des § 253 ohne dass der Gesetzgeber den Tatbestand „berichtigt" hätte.

301 *Schwarze* Sächs. Gerichtszeitung Bd. **16** 48 f.

302 *Thurow* Beiträge zur Lehre von der Erpressung, Diss. Rostock (1902) S. 24.

303 *Von Wächter* GS 27, 173; *Welzel* S. 309.

304 BGHSt **18** 75, 76.

305 *Blesius* S. 102 ff.

mittelbar, verübt werden kann.[306] Die Unmittelbarkeit der körperlichen Einwirkung kennzeichnet einen besonders intensiven und gefährlichen Eingriff, der erhöhtes Unrecht begründet.[307] Gewalt gegen eine Person ist dann gegeben, wenn der Täter – sei es eigenhändig oder durch ein Mittel oder Werkzeug[308] – unmittelbar auf den Körper seines Opfers einwirkt. Der Sachentzug oder andere Formen der Gewalt gegen Sachen[309] erfüllen dieses Merkmal regelmäßig nicht. Wer ein Auto beschädigt, um dessen Eigentümer andernorts ungestört bestehlen zu können, begeht Sachbeschädigung und Diebstahl und unter Umständen Nötigung, hingegen keinen Raub.[310]

b) **Gewalttätigkeiten** können gegen Menschen oder gegen Sachen begangen werden.[311] Gewalttätigkeit gegen Menschen ist ein aktives, aggressives Verhalten, durch das unter dem Einsatz von physischer Kraft unmittelbar oder mittelbar auf den Körper eines anderen in einer dessen leibliche oder seelische Unversehrtheit beeinträchtigenden oder konkret gefährdenden Weise eingewirkt wird.[312] Das Merkmal unterscheidet sich in mehrfacher Hinsicht von der nötigenden Gewalt: Es setzt keinen Erfolg im Sinne einer Wirkung beim betroffenen Subjekt oder Objekt voraus, so dass auch ein fehlgehender Steinwurf erfasst wird, der vom Opfer nicht wahrgenommen werden muss.[313] Ferner fordert Gewalttätigkeit ein aktives aggressives Tun, wobei allerdings keine allzu großen Anforderungen an den Einsatz von Körperkraft zu stellen sind.[314] Rohheit oder Brutalität werden nicht gefordert.[315] Durch Unterlassen können Gewalttätigkeiten aber nicht begangen werden.[316] Die Gewalttätigkeit ist in der Regel nicht Nötigungsmittel; einen zu brechenden Widerstand setzt sie nicht voraus.[317] Sie kann sich vielmehr auch als rein zerstörerische Kraft darstellen. Die Frage der Zwangswirkung spielt keine Rolle. **53**

5. Einzelheiten zum Begriff der Gewalt

a) **Allgemeines.** Gewalt muss nicht unwiderstehlich sein; gleichgültig ist, ob der Betroffene sich ihrer durch Widerstand, Flucht oder Inanspruchnahme staatlicher Hilfe entziehen könnte,[318] Ob die Zwangswirkung das Maß erreichen muss, dass das Opfer ihr nicht, nur mit erheblichem Kraftaufwand oder in unzumutbarer Weise begegnen kann,[319] erscheint fraglich und dürfte maßgeblich vom Verständnis des unscharfen Begriffs der Zumutbarkeit abhängen. Zu fordern ist jedenfalls, dass die Gewalt geeignet ist, **motivierende Kraft** zu entfalten. Minima, die den Grad bloßer Belästigungen nicht überschreiten, sind keine Gewalthandlungen. Bereits unter diesem Blickwinkel scheidet ein kurzfristiges Versperren des Wegs als Nötigungsmittel aus.[320] Eine Kette von Belästigungen kann allerdings in der Zusammenschau so schwer wiegen, dass Gewalt im Sinne einer **54**

306 BGHSt **18** 75 f.
307 Vgl. *Hoffmeister* S. 123.
308 Vgl. BGHR StGB § 249 Abs. 1 Gewalt 6 – Beibringen eines betäubenden Mittels; *Vogel* LK § 249 Rdn. 5.
309 Vgl. unten Rdn. 60 ff.
310 So treffend *Sch/Schröder/Eser/Eisele* vor §§ 234 ff Rdn. 27.
311 § 125 Abs. 1 Nr. 2; vgl. BGHSt **23** 46, 52.
312 BVerfG NStZ **1993** 75 f m.w.N.; vgl. auch BGHSt **23** 46, 51, der eine Verletzung oder Gefährdung nicht für erforderlich erachtet; *Joecks* Vor § 232 Rdn. 11, 28.
313 Vgl. E 1962 – Bundestagsvorlage – BTDrucks. IV/650, S. 468; RGSt **47** 178, 180; BGHSt **23** 46, 52; *Krauß* LK § 125 Rdn. 28.
314 *Knodel* S. 175.
315 BGHSt **23** 46, 51.
316 *Krauß* LK § 125 Rdn. 28.
317 Vgl. *Knodel* S. 173 m.w.N.
318 RGSt **7** 269 ff; **13** 49, 51.
319 So BayObLGSt. **89** 115, 116; *Otto* NStZ **1992** 568, 570.
320 OLG Karlsruhe NJW **2003** 1263 f.

auch körperlich spürbaren Beeinträchtigung zu bejahen ist.[321] (Nur) unter dieser Voraussetzung kann das neuerdings mit dem Begriff „Stalking" bezeichnete beharrliche Nachstellen den Gewaltbegriff erfüllen; Nötigung scheidet indessen zumeist deshalb aus, weil der Täter kein bestimmtes Verhalten des Opfers erzwingen will.[322] Die Brechung eines aktuellen Widerstands wird nicht verlangt;[323] das Beibringen eines betäubenden Mittels zur Ausschaltung einer nur erwarteten Gegenwehr genügt. Setzt der Täter aber nur auf das Überraschungsmoment, d.h. auf Schnelligkeit oder List, dann wendet er keine Gewalt an. Das überraschende Wegnehmen einer Sache ist kein Raub,[324] weil der Täter nicht auf den Gewahrsamsinhaber sondern auf die Beute zielt: Widerstand wird nicht erwartet und die Körperkraft wird nicht zu dessen Überwindung eingesetzt.[325] Die sog. Überraschungsgewalt[326] richtet sich zwar unmittelbar gegen den Körper des Opfers und erfüllt alle Kriterien der Gewalt. Es handelt sich aber nicht um ein Nötigungsmittel, weil sie Willensbildung oder Willensbetätigung nicht beeinflusst, sondern umgeht.

55 b) Gewalt gegen **dritte Personen** kann Nötigungsmittel sein.[327] Die Fälle der gewaltsamen „Dreiecksnötigung" sind dadurch gekennzeichnet, dass der Nötigende gegen einen Dritten Gewalt ausübt, um den zu Nötigenden zu einem bestimmten Verhalten zu zwingen.[328] Die Nötigungsbeziehung und die Anwendung der Nötigungsmittel laufen nicht parallel, sondern fallen auseinander. Dass dies der Annahme von Nötigung nicht entgegensteht, kann im Grundsatz nicht bezweifelt werden.[329] Nach dem hier vertretenen Gewaltbegriff[330] liegt allerdings dann keine Gewaltnötigung vor, wenn auf das Nötigungsopfer nicht körperlich eingewirkt wird. Dass Gewalt gegen Dritte als gegenwärtiges Übel empfunden werden und auf diese Weise motivierend wirken kann, reicht als solches nicht aus.[331] Wenn die körperliche Zwangswirkung beim Genötigten wesentliches Element der Gewalt ist, kann es einen von der Sorge um Dritte abgeleiteten Begriff der mittelbaren Gewalt nicht geben,[332] weil diese nicht auf den Körper wirken würde. Gegen die Einbeziehung solcher Fälle in den Gewaltbegriff spricht auch, dass es für Art und Intensität der Zwangswirkung ohne Belang wäre, ob die Gewalt gegen den Dritten aus-

321 Vgl. BGH NStZ **1982** 158 ff m. Anm. *Dingeldey* – „Pfeifkonzert".

322 Vgl. *Meyer* ZStW **115** (2003) 249, 263; vgl. nunmehr § 238 StGB.

323 RG Rspr. **8** 188; GA **53** 72; RGSt **69** 325, 330; BGHR StGB § 249 Abs. 1 Gewalt 6.

324 BGHR StGB § 249 Abs. 1 Gewalt 1, 2 und 4; anders noch BGHSt **18** 329 ff.

325 BGHR StGB § 249 Abs. 1 Gewalt 4; *Knodel* JZ **1963** 701 f.

326 Vgl. BGHSt **31** 76, 77 f m. Anm. *Lenckner* JR **1983** 160; OLG Karlsruhe NJW **2003** 1263 f – überraschende Vornahme einer sexuellen Handlung durch Griff oder Schlag gegen den Genitalbereich; OLG Bamberg Urt. v. 28.9.2006 – 3 Ss 48/06.

327 RGSt **17** 82, 83; BGH GA **1961** 82 f; *Sch/Schröder/Eser/Eisele* Rdn. 6; SK-*Horn/Wolters* Rdn. 11c; *Fischer* Rdn. 26; HK-GS *Rössner/Putz* Rdn. 10; SSW-*Schluckebier* Rdn. 11.

328 *Bohnert* JR **1982** 397; *Fischer* aaO.

329 SK-*Horn/Wolters* aaO.

330 Vgl. oben Rdn. 48; ebenso MK-*Sinn* Rdn. 66; *Joecks* Rdn. 14.

331 SK-*Horn/Wolters* Rdn. 11c; *Schmidhäuser* BT 48; *Schünemann* JA **1980** 349, 350; NK-*Toepel* Rdn. 60; *Fischer* § 177 Rdn. 10, anders mglw. aber § 240 Rdn. 26 wo eine (auch nicht körperliche?) Zwangswirkung auf den Genötigten genügen soll; **aA** *Eser* aaO; *Paeffgen* FS Grünwald S. 447 f; *Lackner/Kühl* Rdn. 11.

332 **AA** *Schäfer* LK[10] § 240 Rdn. 39, wo insoweit eine psychische Einwirkung als ausreichend angesehen wurde; vgl. auch *Bohnert*, JR **1982** 397 ff, der die Gewalt im Dreiecksverhältnis nur auf der Grundlage eines „vergeistigten" Gewaltbegriffs für möglich hält.

geübt oder nur vorgespiegelt wird.[333] Nutzt der Täter lediglich die Sorge um das Wohl des Opfers aus, ist demzufolge nicht Gewalt, sondern Drohung in Betracht zu ziehen;[334] dieses Nötigungsmittel ist bei der ganz überwiegenden Mehrzahl der Dreiecksnötigungen gegeben, weil die Ausübung der Gewalt zugleich die Drohung enthält, diese fortzusetzen oder andauern zu lassen. Eine Sonderbeziehung oder ein Näheverhältnis zwischen dem unmittelbar Betroffen und der eigentlichen Zielperson ist nicht stets erforderlich; im Einzelfall kann davon allerdings abhängen, ob der Gegenstand der Drohung für die Zielperson ein Übel und ob dieses empfindlich ist.[335] Politisch motivierte Sitzblockaden sind auch nach der jüngeren Rechtsprechung in der Regel Gewalt gegenüber den betroffenen Verkehrsteilnehmern;[336] auf die politischen Entscheidungsträger wirken sie zumeist[337] nicht körperlich und sind deshalb insoweit keine Gewaltnötigungen.[338] Nötigung kann auch in diesem Verhältnis vorliegen, dann aber in der Form der Drohung.[339] Bei **Sexualdelikten** bejaht der BGH Gewaltnötigung allerdings auch dann, wenn der Täter gewaltsam gegen einen schutzbereiten Dritten vorgeht;[340] auf die Frage, ob der Dritte dem Genötigten nahe steht, kommt es nicht an. Dieser im wesentlichen durch den Schutzzweck der Sexualdelikte begründeten Auffassung sollte jedenfalls für § 240 *nicht* gefolgt werden, weil ein Verzicht auf den Körperbezug der Zwangswirkung der durch das BVerfG beanstandeten „Entgrenzung“ des Merkmals der Gewalt Vorschub leisten könnte.[341] Die Tatbestände des **Raubs** und der räuberischen Erpressung benennen das Opfer der Gewalt („eine Person“) neben dem Opfer der Wegnahme bzw. der Nötigung („einen anderen“, bzw. „einen Menschen“) und lassen deshalb schon nach ihrem Wortlaut Gewalt gegen Dritte genügen. Deshalb kann eine (qualifizierte) räuberische Erpressung auch dadurch begangen werden, dass eine Schutzgeldforderung durch bewaffnete Gewalt gegen Angestellte oder Geschäftspartner unterstrichen wird.[342] Für die Auslegung des § 240 lässt sich daraus nichts herleiten; ebenso wenig aus dem Umstand, dass die Aussageerpressung (§ 343) Gewalt gegen Dritte als Nötigungsmittel ausdrücklich ausschließt.

Gewalt gegen Dritte kann Gewalt gegen den Genötigten *nur* dann sein, wenn sie sich **56**
auch auf ihn physisch auswirkt, etwa wenn der Insasse einer Kutsche durch Einwirkungen auf den Kutscher[343] oder wenn ein Blinder durch Gewalt gegen den Blindenführer[344] aufgehalten wird. Keine Gewaltnötigung liegt vor, wenn die Gewaltanwendung gegen

---

333 Vgl. hierzu allerdings BGH JZ **1985** 1059 (schwere räuberische Erpressung durch vorgetäuschte Bedrohung eines Tatgenossen mit einer Schusswaffe) m. **abl.** Anm. *Zacyk.*

334 *Schmidhäuser*, StrafR BT, 2. Aufl. Rdn. 15; *Schünemann* JA **1980** 349, 350; SK-*Horn/Wolters* Rdn. 11c.

335 *Bohnert* JR **1982** 397, 398; SK-*Horn/Wolters* Rdn. 11c.

336 Vgl. oben Rdn. 35 ff.

337 Ausnahmen sind etwa bei der Blockade eines Parlaments oder beim Lahmlegen der Versorgung denkbar.

338 So BGHSt **23** 46, 50, allerdings mit der überholten Begründung, die Gewalt werde nicht in Gegenwart der Entscheidungsträger verübt.

339 Zur Nötigung politischer Gremien vgl. BGHSt **32** 165 ff; dazu Rdn. 21.

340 BGHSt **42** 378 ff; zustimmend: *Hörnle* LK § 177 Rdn. 51 f; kritisch: SK-*Wolters/Horn* § 177 Rdn. 12; *Fischer* § 177 Rdn. 11.

341 Die Aufnahme der Modalität des Ausnutzens einer schutzlosen Lage in § 177 könnte allerdings diesen – und einige andere – Sonderwege, die die Rechtsprechung im Bereich der Sexualdelikte eingeschlagen hat, überflüssig machen (vgl. hierzu BGH NStZ **2000** 140 ff m. **krit.** Anm. *Fischer* = JR **2001** 114 m. krit. Anm. *Graul;* einschränkend nun wiederum BGHSt **50** 339 ff).

342 Vgl. etwa BGH Urt. v. 5.5.2004 – 2 StR 379/03.

343 RGSt **17** 82 ff; Matt/Renzikowski/*Eidam* Rdn. 29.

344 *Otto* BT § 27 I 2 f 1; *Sch/Schröder/Eser/Eisele* vor § 234 ff Rdn. 19; NK-*Toepel* Rdn. 59.

den Dritten lediglich einen „geistig-seelischen“ Einfluss auf den Genötigten bewirken soll, und letztlich die Sorge den Willen beugt,[345] so etwa Gewalt gegen eine Geisel, um einen Dritten zur Zahlung zu bewegen. Solche Fälle sind der Drohung zuzuordnen. Soll indessen eine Mutter durch Einsperren ihres Kleinkindes genötigt werden,[346] ist Gewalt gegeben, und zwar deshalb, weil die Mutter ausgesperrt, mithin physisch und nicht nur psychisch an der Kontaktaufnahme gehindert ist. In diesen Fällen liegt aber neben der Gewalt gegen den Dritten auch Gewalt gegen den Genötigten vor, so dass es hier auf die **Drittbeziehung**[347] des Nötigungsmittels nicht ankommt. Kein „Dreieck“ sondern eine „Kette“ liegt vor, wenn ein Dritter gewaltsam genötigt wird, das eigentliche Opfer unter Druck zu setzen. Hier ist eine gewaltsame Nötigung zunächst gegenüber dem Dritten gegeben. Ob auch im Verhältnis zum Opfer Gewaltnötigung vorliegt, hängt davon ab, ob der Dritte seinerseits gewaltsam vorgeht, insbesondere, ob der Genötigte in eine physische und nicht nur in eine psychische Zwangslage versetzt wird;[348] je nach Sachlage gelten die Grundsätze der Anstiftung oder der mittelbaren Täterschaft.

57 c) Wird ein Dritter eingeschaltet, um gegen das Opfer Gewalt zu üben, so kann dies dem Täter nach allgemeinen Grundsätzen – etwa unter den Gesichtspunkten der Anstiftung oder der mittelbaren Täterschaft – zugerechnet werden. **Gewalt in mittelbarer Täterschaft** setzt nicht voraus, dass die Merkmale der Gewalt auch im Verhältnis zwischen Täter und Tatmittler vorliegen.[349] Allein entscheidend ist, dass der Genötigte unter physischen und nicht nur unter psychischen Zwang gesetzt wird und – nach der hier vertretenen Meinung[350] – zudem, dass Täter oder Tatmittler das Merkmal der körperlichen Kraftentfaltung verwirklicht. Hinsichtlich des Ursachenzusammenhangs zwischen Nötigungshandlung und Zwangswirkung reicht einfache Kausalität i.S. der „conditio sine qua non“-Formel aus. Ein besonderer „Unmittelbarkeitszusammenhang“,[351] etwa in dem Sinne, dass die Willensentscheidung unter direkter Gewaltwirkung zustande kommen muss,[352] ist nicht gefordert und kann aus dem Gesetz auch nicht hergeleitet werden.[353] Dem Begriff „Nötigen“ ist diese Voraussetzung nicht zu entnehmen.[354] Dass der Genötigte die Ursache des Zwangs oder gar die Person des Nötigers erkennt, wird beim Einsatz von Gegenständen, etwa beim Beibringen betäubender Mittel[355] nicht gefordert; dass bei der Einschaltung eines Tatmittlers anderes gelten soll,[356] leuchtet nicht

[345] MK-*Sinn* Rdn. 66; NK-*Toepel* Rdn. 60; *Kubik/Zimmermann* JR **2013** 192, 197.
[346] BayObLG JZ **1952** 237 f.
[347] Kritisch hierzu *Bohnert* JR **1982** 397, 399.
[348] NK-*Toepel* Rdn. 61.
[349] Vgl. BGHSt **41** 182, 186; die bei HK-GS *Rössner/Putz* Rdn. 35 genannten Rechtsprechungsnachweise zur Gegenansicht dürften durch die auf (Divergenz-)Vorlage des BayObLG ergangene Entscheidung des BGH überholt sein.
[350] Vgl. dazu Rdn. 30.
[351] Vgl. *Hoyer* JuS **1996** 200, 203.
[352] So *Schäfer* LK[10] § 240 Rdn. 22a; ebenso OLG Köln NJW **1983** 2206 f; OLG Zweibrücken, StV **1986** 102 f; OLG Düsseldorf NStZ **1987** 368 f; BayObLG NJW **1990** 59 f; *Altvater* NStZ **1995** 274, 281 f; *Hruschka* NJW **1996** 160, 161 f; Wohlers NJW **1992** 1432 f.
[353] BGHSt **37** 350, 352 ff; **41** 182, 186; OLG Stuttgart NJW **1989** 1620 f; dazu SK-*Horn/Wolters* Rdn. 6; *Sch/Schröder/Eser/Eisele* Rdn. 14a; *Hoyer* JuS **1996** 200 ff; der in BGHSt **23** 46, 50; **37** 350, 353 geforderte spezifische Zusammenhang zwischen Nötigungshandlung und Nötigungserfolg erschöpft sich ersichtlich darin, dass die Zwangswirkung physisch wirksam und vom Vorsatz des Täters erfasst sein muss, vgl. BGHSt **41** 182, 186.
[354] So aber BayObLG NJW **1990** 59 f.
[355] Vgl. BGHSt **1** 145, 147 f.
[356] So OLG Zweibrücken StV **1986** 102, 103, das eine „Konfrontation“ zwischen Nötiger und Genötigtem fordert.

ein. Wenn – wie allgemein anerkannt – bei der zerstörenden Gewalt der Körperverletzungs- und Tötungsdelikte ein über die Anforderungen des Kausalzusammenhangs hinausgehender Bezug zwischen Handlung und Erfolg nicht voraus gesetzt wird, können an die nötigende Gewalt schwerlich weitergehende Anforderungen gestellt werden. Gewalt liegt deshalb vor, wenn eine Sitzblockade zu einem Verkehrsstau führt, der sich für Kraftfahrer als physisches Hindernis auswirkt,[357] oder wenn Polizeibeamte Sperren errichten, um den Verkehr umzuleiten.[358] Die Erwägung, in solchen Fällen gehe der Zwang nicht von den Teilnehmern der Blockade aus,[359] übersieht, dass die Blockade nicht hinweg zu denkende Bedingung für den Erfolg ist und dass das Verhalten der Tatmittler – seien es die den Stau verursachenden Kraftfahrer oder die Polizeibeamten – von den Blockierern zumindest in Kauf genommen wird. Dass der Verkehr spätestens an der Blockade und dort nach BVerfGE 92,1 „gewaltlos" zum Stillstand gekommen wäre,[360] stellt den Zusammenhang zwischen Tathandlung und Taterfolg schon deshalb nicht in Frage, weil es bei vorsätzlichen Erfolgsdelikten auf den tatsächlichen und nicht auf einen hypothetischen Kausalverlauf ankommt, der an anderer Stelle und zu anderer Zeit zu einem gleichwertigen Erfolg geführt hätte. Bei Nötigungen der sog. zweiten Reihe[361] könnte sich die hypothetisch angenommene Situation nur dann verwirklichen, wenn die Vorderleute die Blockade passieren würden; dies ist von den Blockierern nicht gewollt und würde den angestrebten Erfolg der Aktion in Frage stellen.

d) **Mittelbare Gewalt** kann auch in der Weise ausgeübt werden, dass der Täter das Opfer dazu veranlasst, sich selbst zu beeinträchtigen. Unproblematisch sind die Fälle, in denen gewaltsam zur Selbstschädigung genötigt wird, etwa durch das gewaltsame Beibringen von **Alkohol.**[362] Gewalt liegt aber auch dann vor, wenn der Täter das Opfer durch Täuschung veranlasst, ein zu körperlicher Widerstandsunfähigkeit führendes Mittel einzunehmen,[363] etwa durch das heimliche Beibringen betäubender Stoffe (sog. Ko-Tropfen). Dies gilt allerdings nur dann, wenn das Opfer außerstande ist, die Handlung, die zu seiner Widerstandsunfähigkeit führt, in ihrer Tragweite einzuschätzen. Das bloße Betrunken-machen durch Zureden, Mitzechen oder Zuprosten ist ebenso wenig Gewalt,[364] wie die Narkose im erschlichenen Einverständnis des Opfers. Keine sexuelle Nötigung/Vergewaltigung liegt deshalb vor, wenn ein Arzt seine Patientin unter dem Vorwand therapeutischer Notwendigkeit mit ihrer Einwilligung narkotisiert, um sich an ihr zu vergehen.[365] Ob Gewalt zu bejahen ist, wenn das Opfer zu Sportübungen veranlasst wird, bis es wegen Ermüdung und körperlicher Erschöpfung dem Drängen des Täters 58

[357] Vgl. BGHSt **41** 182 ff; dazu *Krey/Jaeger* NStZ **1995** 542, 544; NK-*Toepel* Rdn. 62; *Lesch* JA **1995** 921 f; *Hoyer* JuS **1996** 200 ff; *Hruschka* NJW **1996** 160 f; *Amelung* NStZ **1996** 230 f; die sog. Zweite-Reihe-Rechtsprechung des BGH verstößt nach der Rechtsprechung der 1. Kammer des Ersten Senats des BVerfG nicht gegen das Analogieverbot des § 103 Abs. 2 GG, vgl. BVerfG NJW **2011** 3020, 3021.

[358] BGHSt **37** 350 m. Anm. *Dierlamm* NStZ **1992** 573 f; OLG Stuttgart NJW **1989** 1620 f.

[359] So OLG Zweibrücken StV **1986** 102 f.

[360] Vgl. *Hoyer* JuS **1996** 200, 203.

[361] Vgl. oben Rdn. 36.

[362] Vgl. BGHSt **14** 81, 82.

[363] BGHSt **1** 145, 147; BGHR StGB § 177 Abs. 1 Gewalt 9; BGH NStZ **1992** 490 (Nr. 7).

[364] BGHSt **14** 81, 82.

[365] BGH NJW **1959** 1092 (Nr. 18); NStZ-RR **1997** 98 (Nr. 3); vgl. auch *Laufhütte* LK[11] § 179 Rdn. 11; *Hörnle* LK § 177 Rdn. 55; *Sch/Schröder/Eisele* § 179 Rdn. 10; auch § 177 Abs. 1 Nr. 3 erfasst Fälle, in denen das Opfer keinen entgegenstehenden Willen bilden kann, nicht; vgl. BGH NStZ **2000** 140 (Nr. 6).

nachgibt,[366] ist zweifelhaft. Voraussetzung ist zunächst, dass das sich selbst beeinträchtigende Opfer in der konkreten Tatsituation als **Werkzeug des Täters** gesehen werden kann. Gewalt kann demnach zu bejahen sein, wenn der Täter die Selbstschädigung durch das Ausnutzen einer überlegen Machtposition erzwingt oder wenn er über die Auswirkungen des Opferverhaltens auf die Widerstandskraft täuscht, ein unerfahrenes und seine Kräfte überschätzendes Opfer etwa dazu bringt, sich zu übernehmen. Vom Standpunkt der Rechtsprechung dürfte mittelbare Gewalt aber dann zu verneinen sein, wenn der Täter lediglich seine Motive verheimlicht: Die durch Täuschung veranlasste Selbstbeeinträchtigung kann schwerlich anders behandelt werden als das erschlichene Einverständnis mit der Fremdbeeinträchtigung.

59 Das Vortäuschen eines Anschlags durch sog. **Trittbrettfahrer** ist keine Gewalt. Allerdings können in einer entsprechend aufgeladenen Situation von einem angeblich mit Milzbrandbakterien verseuchten Brief oder von einer Bombenattrappe erhebliche Zwangswirkungen ausgehen. Diese sind aber nicht physischer Natur und unterfallen deshalb nicht dem hier vertretenen Gewaltbegriff.[367] Drohung kommt als Nötigungsmittel nur dann in Betracht, wenn der Täter vorgibt, auf das angeblich bevorstehende Übel Einfluss nehmen zu können;[368] dies ist bei der bloßen Konfrontation mit angeblich gefährlichen Gegenständen meist nicht der Fall.

e) **Gewalt gegen Sachen**

60 aa) **Allgemeines.** Gewalt gegen Sachen ist streng genommen kein Nötigungsmittel. Der eingebürgerte, deshalb auch hier gebrauchte Begriff ist in mehrfacher Weise missverständlich: Zum einen wird kein gewaltsames Einwirken i.S. einer Substanzverletzung vorausgesetzt, zum anderen tritt die Zwangswirkung nicht bei der Sache selbst, sondern bei der genötigten Person auf. In Wirklichkeit handelt es sich um **(indirekte) Gewalt gegen Personen**, die durch die Einwirkung auf Sachen (mittelbar) ausgeübt wird.[369] Die Elemente der unter diesem Begriff zu verstehenden Form der Gewalt sind die des allgemeinen Gewaltbegriffs, nämlich körperliche Kraftentfaltung auf Seiten des Täters, physische und nicht nur psychische Zwangswirkung auf Seiten des Opfers.[370] Notwendigkeit und Erklärungswert des Begriffs werden bezweifelt;[371] dies mit Recht, wenn man bereits den Einsatz von Waffen, das Einsperren oder das Hetzen von Tieren als Gewalt gegen Sachen versteht.

61 Problematisch und im Einzelnen umstritten sind die Fallgruppen der Wegnahme oder der Zerstörung von Gegenständen oder allgemein solcher **Einwirkungen auf die Umwelt des Opfers**, die dessen Handlungsmöglichkeiten beschränken. Solche Handlungen können nicht ohne weiteres als nötigende Gewalt eingestuft werden, weil dies dazu führen würde, dass Diebstähle und Sachbeschädigungen, aber auch straflose Sachentziehungen oder die Verletzung von vertraglichen Pflichten den Tatbestand der Nötigung erfüllten.[372] Andererseits ginge es zu weit, die mit Sachentziehung oder Sachbeschädigung verbundenen Zwänge kurzerhand als nicht physisch zu bezeichnen,[373] um sie auf diese

---

366 So BGH NStZ **1996** 276 (Nr. 4): 10-jährige wird durch Stiefvater zu mehrstündigem Waldlauf veranlasst; vgl. hierzu *Hörnle* LK § 177 Rdn. 45, auch zur (überwiegenden) Gegenmeinung.

367 *Hoffmann* GA **2002** 385, 397 ff.

368 **aA** *Hoffmann* aaO.; *Sinn* Die Nötigung S. 234 ff.

369 Vgl. *Knodel* S. 92 ff; ähnl. BGHSt **18** 133, 134.

370 Vgl. BGHSt **18** 133, 134; RGSt **27** 405 f; **61** 156, 158; *Fischer* Rdn. 25; *Welzel* S. 325.

371 So *Knodel* S. 94 ff m.w.N.

372 *Geilen* FS H. Mayer S. 461; *Hoffmeister* S. 102; *Blesius* S. 69.

373 So möglicherweise *Hoffmeister* S. 102.

Weise generell aus dem Gewaltbegriff auszuscheiden. Der Betroffene kann in diesen Fällen nicht nach seinem Willen handeln; das dem entgegenstehende Hindernis ist durchaus körperlicher und nicht nur psychischer Natur. Zu kurz greift ferner die Überlegung, das Opfer handle nach seinem Willen, wenn es sich den tatsächlichen Veränderungen in seiner Umwelt entsprechend verhalte,[374] weil dies wohl auch für den Eingesperrten gelten müsste, der nicht sinnlos gegen die Wände seines Gefängnisses anrennt.[375] Auch die Erwägung, Nötigung setze als Freiheitsverschiebungsdelikt einen der Einbuße beim Opfer entsprechenden Zuwachs von Handlungsmöglichkeiten beim Täter voraus,[376] führt nicht zu einer sinnvollen Abschichtung. Der Dieb erwirbt durch seine Tat gerade die Verfügungsmöglichkeiten, die das Recht dem Bestohlenen zuordnet; sein Gewinn an Freiheit entspricht der Einbuße beim Opfer. Die Beschränkung auf durch Sachgewalt verstärkte Drohungen[377] würde die Fallgruppe nur unvollkommen erfassen. Das vom Bundesgerichtshof als Gewaltnötigung bewertete Ausräumen eines Ladens, um die Einstellung des Gewerbebetriebs zu erzwingen,[378] ist keine Drohung, sondern wirkt unmittelbar durch die Schaffung vollendeter Tatsachen. Der In-Aussicht-Stellung eines weiteren Übels bedarf es nicht.

Die unter dem Begriff der Gewalt gegen Sachen erörterten Einwirkungen auf die Umwelt des Opfers sind nicht schon dann als Nötigung zu bewerten, wenn der Eingriff die Kriterien der Kraftentfaltung und des Körperbezugs erfüllt. Erschöpft sich die Tathandlung in der Schaffung vollendeter Tatsachen und verfolgt der Täter damit kein weitergehendes Ziel oder kommt es ihm nicht gerade auf diese Wirkung beim Opfer an, so liegt keine Nötigung vor.[379] Dass das Opfer zumindest vorläufig gezwungen ist, sich in die ihm unangenehme Situation zu fügen, reicht hier nicht aus, mag dies auch körperlicher Zwang sein und damit Gewalt bedeuten. Erforderlich ist, dass es dem Täter um mehr geht, als um die unmittelbare Zufügung eines Nachteils; Nötigung ist kein Schädigungsdelikt, sondern richtet sich gegen die Freiheit der Willensbildung oder der Willensentschließung. Der Entzug von Geschäftsunterlagen mag rein faktisch den Betrieb eines Unternehmens still legen; Nötigung ist dies aber nur, **wenn es dem Täter gerade auf diese Wirkung ankommt** oder wenn er weitergehende Ziele, etwa die Aufgabe des Geschäftsbetriebs oder dessen Übertragung auf sich selbst erstrebt.[380] Vergleichbares gilt für die Wegnahme von Kleidungsstücken: Nötigung liegt nur dann vor, wenn es dem Täter über die bloße Enteignung hinaus darum geht, den Bestohlenen an einem bestimmten Verhalten zu hindern, etwa die Badeanstalt zu verlassen. Dass die Erfüllung des Tatbestandes in diesen Fällen von der inneren Willensrichtung des Täters abhängt, mag auf den ersten Blick befremden. Letztlich handelt es sich aber um ein finales Kriterium, das bereits im Begriff des Nötigens angelegt ist. Solche subjektiven Abgrenzungsmerkmale sind nichts Ungewöhnliches und rechtfertigen insbesondere nicht den Vorwurf des „Gesinnungsstrafrechts"; so wird etwa die Frage, ob an sich neutrale Handlungen als Beihilfe zu bewerten sind, gemeinhin mit Blick auf den inneren Tatbestand beantwortet.[381] Auch die Rechtsprechung zur Nötigung im Straßenverkehr stellt bisweilen darauf ab, ob die nötigende Einwirkung Zweck oder bloße Folge des Regelverstoßes ist.[382] 62

---

374 *Geilen* FS H. Mayer S. 463; *Haffke* ZStW 84 (1972) 62; ähnlich *von Heintschel-Heinegg* S. 129.

375 So *Maurach/Schroeder/Maiwald* BT Teilbd. 1 § 13 II Rdn. 16; *Jakobs* FS Peters S. 77.

376 So wohl *Jakobs* FS Peters S. 79.

377 So *Blesius* S. 71 f.

378 BGH JR **1988** 75 f = wistra **1987** 212.

379 *Sch/Schröder/Eser/Eisele* Rdn. 13a vor § 234.

380 So der Fall BGH wistra **1987** 212.

381 Vgl. etwa BGH NStZ 2000 34 ff; dazu *Wohlers* NStZ 2000 169 ff; *Schünemann* LK § 27 Rdn. 17 ff; *Roxin* LK[11] § 27 Rdn. 17 ff.

382 Vgl. etwa OLG Hamm NStZ 2009 213, OLG Düsseldorf NStZ 2008, 38, jew. mwN.

bb) Einzelfälle

63 (a) Nötigende Gewalt liegt vor, wenn der Vermieter Türen und Fenster zerstört, um einen **Mieter zum Auszug** zu zwingen.[383] Die körperliche Zwangswirkung liegt bereits darin, dass die Wohnung nicht mehr bewohnbar ist; ob das Wohlbefinden auch durch die Witterung beeinträchtigt wird, ist daneben ohne Belang.[384] Keinen Unterschied macht es ferner, ob die Tat in Anwesenheit oder in Abwesenheit des Mieters begangen wird.[385] Letzteres gilt auch, wenn der Auszug durch Ausräumen der Mieträume erzwungen werden soll. Der Meinung des Reichsgerichts, wonach Nötigung in solchen Fällen nur dann gegeben sei, wenn die Räumung in Gegenwart des Mieters stattfinde,[386] ist der BGH bei einer vergleichbaren Fallgestaltung – mit Recht – nicht gefolgt.[387] Da die physische Komponente der Zwangswirkung nicht von der Anwesenheit des Genötigten abhängt, war die Unterscheidung des Reichsgerichts durchgreifenden Einwendungen ausgesetzt.[388] Auf die Bedrohlichkeit der Gesamtsituation konnte sie schwerlich gestützt werden,[389] weil dieses Merkmal außerhalb des Tatbestandes liegt und nicht körperlich ist;[390] die Erwägung, der Abwesende empfinde die Wirkung nicht physisch, weil er bei seiner Rückkehr vollendete Tatsachen vorfinde,[391] geht fehl.

64 (b) **Die Unterbrechung der Versorgung** kann nötigende Gewalt sein; das (extreme) Beispiel eines Tauchers, dessen Luftzufuhr unterbrochen wird, um ihn zum Auftauchen zu zwingen, mag das belegen. Ob das Abschneiden von anderen Versorgungsleitungen als Gewalt bewertet werden kann, hängt von den Umständen, insbesondere von der Dringlichkeit des Bedarfs ab. Danach ist zu unterscheiden, ob bereits das Ausbleiben der Leistung körperlich wirkt und diese physische Wirkung geeignet ist, den Betroffenen unmittelbar zu motivieren. Ist das der Fall, liegt Gewalt vor; motiviert die Furcht, der gegenwärtig noch hinnehmbare Zustand werde in Zukunft unerträglich werden, ist eher an Drohung zu denken. Das Abdrehen der Heizung im Winter ist Gewalt; im Sommer kann dies gegebenenfalls als konkludente Drohung aufgefasst werden, die Wärmezufuhr werde auch in Zukunft ausbleiben. Schließt die Eigentümergemeinschaft einer Wohnanlage ein Mitglied wegen Zahlungsrückständen von der Versorgung mit Heizenergie und Warmwasser aus, kann dies durch § 273 BGB gerechtfertigt sein;[392] dies gilt auch dann, wenn das Sondereigentum vermietet ist, weil dem Mieter nicht mehr Rechte zustehen können, als dem Wohnungseigentümer, von dem er seine Rechte ableitet.[393] Nach Ende des Mietvertrags ist der Vermieter dem die Mieträume weiter nutzenden Mieter jedenfalls dann nicht zur Fortsetzung der vertraglich übernommenen Versorgungsleistungen verpflichtet, wenn sich der Mieter mit Mietzins und Nutzungsentschädigung im Zahlungsverzug befindet.[394]

---

[383] RGSt 7 269 ff; **61** 156 ff; BGH, Urt. v. 17.11.1953 – 1 StR 804/52 – spricht hier von „mittelbarer Gewalt" gegen die Bewohner.

[384] Vgl. *Knodel* S. 102.

[385] RGSt 20 354, 355; OLG Köln NJW **1996** 472 f.

[386] RGSt 20 346, 349; **61** 156, 158.

[387] BGH wistra **1987** 212 (Ausräumen einer Boutique um die Übergabe des Geschäfts zu erzwingen).

[388] Vgl. OLG Karlsruhe MDR **1959** 233 (Nr. 119) gegen OLG Neustadt MDR **1957** 309 f.

[389] **AA** *Schäfer* LK[10] § 240 Rdn. 44.

[390] Vgl. OLG Karlsruhe MDR **1959** 233 (Nr. 119).

[391] So RGSt 20 354, 356 vgl. dazu oben Rdn. 61 f.

[392] BGH NJW **2005** 2622 m. Anm. *Schmidt* ZWE **2005** 400 f.

[393] Vgl. KG NZM **2002** 221; **aM** OLG Köln NJW RR **2001** 301.

[394] BGH NJW **2009** 1947 1948.

(c) Möglich sind auch Fälle, in denen die **Drohung in Gewalt umschlägt:** So ist etwa das Unterbrechen der Müllabfuhr in den ersten Tagen als Drohung zu bewerten; dauert der Zustand an und werden die Lebensverhältnisse unerträglich, wird Gewalt anzunehmen sein. Auch hier kommt es nicht darauf an, ob die Tathandlung in Anwesenheit oder in Abwesenheit des Betroffenen vorgenommen wird.[395] **65**

(d) Versucht der Vermieter, die Mieter zur Zahlung einer überhöhten Heizkostenpauschale zu veranlassen, indem er – vertragswidrig – die **Lieferung von Heizöl** für die Sammelheizanlage untersagt,[396] so ist Gewalt nicht schon deshalb abzulehnen, weil Körperkraft nicht aufgewendet wird.[397] Bei der Einschaltung eines Dritten ist es nicht erforderlich, dass der Nötigende das Merkmal der Kraftentfaltung in eigener Person verwirklicht; Gewalt durch Unterlassen könnte auch in mittelbarer Täterschaft begangen werden und würde Körperkraft nicht voraussetzen.[398] Das Verhalten dürfte hier jedoch deshalb eher als Drohung bewertet werden, weil das in Aussicht gestellte Übel nicht als gegenwärtige körperliche Einwirkung empfunden wird, das Ausbleiben der Lieferung vielmehr nur die Ankündigung zukünftiger Unbewohnbarkeit der Mieträume enthält.[399] Entsprechendes gilt für den (erfolgreichen) **Boykottaufruf:** Die Unmöglichkeit, abschlusswillige Vertragspartner zu finden, wirkt in aller Regel nicht körperlich auf den Verrufenen ein. Anderes mag für den Fall gelten, dass die Belieferung mit unmittelbar lebenswichtigen Gütern unterbleibt.[400] Außerhalb dieser – wohl nur theoretischen – Fallgestaltung, ist vor allem das Nötigungsmittel der Drohung in Betracht zu ziehen; dies jedenfalls dann, wenn man – mit der Rechtsprechung – das Unterlassen einer nicht durch eine Rechtspflicht gebotenen Handlung als möglichen Gegenstand einer Drohung bewertet.[401] **66**

(e) Gewalt ist ferner das **Aussperren** eines anderen,[402] etwa das Auswechseln des Schlosses an der Tür der Mietwohnung durch den Vermieter. Dies wirkt ebenso körperlich wie das Einsperren; der Zwang, bestimmte Örtlichkeiten nicht betreten zu dürfen, reicht zur Erfüllung des Tatbestandes aus. Im Ergebnis ist das Aussperren nicht anders zu bewerten als das Ausräumen des Mobiliars und steht in seiner Wirkung dem Entfernen mit Brachialgewalt gleich. **67**

(f) Auch die – ihrerseits gewaltlose – **Wegnahme einer Sache**, mit dem Ziel einen anderen zu einem bestimmten Verhalten zu zwingen, kann Gewalt sein. Nötigung liegt etwa vor, wenn der Täter das Inventar einer Boutique entwendet, um den Inhaber zur Geschäftsaufgabe und zur Übertragung an den Täter zu veranlassen.[403] Der BGH bejaht ferner (Gewalt-)Nötigung, wenn einer Frau die Handtasche weggenommen wird, um sie zu zwingen, dem Täter zu folgen;[404] näher liegt hier aber die Annahme einer Drohung **68**

---

395 Vgl. OLG Karlsruhe MDR **1959** 233 (Nr. 119); OLG Hamm NJW **1983** 1505, 1506; *Sch/Schröder/Eser/Eisele* vor § 234 ff Rdn. 18; SK-*Horn/Wolters* Rdn. 11b; **aA** BayObLG NJW **1959** 495; OLG Neustadt MDR **1957** 309 f.

396 Vgl. OLG Hamm NJW **1983** 1505 ff.

397 **AA** *Schäfer* LK[10] § 240 Rdn. 43.

398 Vgl. oben Rdn. 57; zur mittelbaren Täterschaft durch aktives Tun beim Unterlassensdelikt, vgl. *Jescheck* LK[11] § 13 Rdn. 54; vgl. auch *Weigend* LK § 13 Rdn. 86 f; zur Gewaltnötigung durch Unterlassen Rdn. 41.

399 Vgl. hierzu OLG Hamm NJW **1983** 1505, 1506; *Horn* NStZ **1983** 497 ff.

400 Etwa durch die Einstellung der Belieferung mit Heizmaterial zur Winterszeit; vgl. *Simmler* S. 228.

401 Vgl. unten Rdn. 86.

402 BGHSt **18** 133 ff m. Anm. *Ruß* NJW **1963** 1165; RG JW **1927** 1757 m. Anm. *Grünhut*; OLG Celle NStE Nr. 6. zu § 113 StGB; **aA** RG GA **1916** (Bd. 62) 131, 132 f.

403 BGH wistra **1987** 212.

404 BGH, Urt. v. 24.10.1967 – 1 StR 454/67 – Der Senat konnte deshalb die Frage, ob bereits die Wegnahme gewaltsam erfolgt war, dahinstehen lassen.

(mit der endgültigen Enteignung des Opfers). Die eigenmächtige **Inpfandnahme** einer Sache zur Erzwingung einer (tatsächlich geschuldeten) Zahlung kann zwar Gewalt sein,[405] Nötigung wird hier aber in aller Regel schon deshalb nicht vorliegen, weil der Täter keinen über die Entziehung hinausgehenden Zweck erstrebt, wenn er sich ein Pfandrecht, mithin weniger als das Eigentum zueignet.[406] Anderes kann aber dann gelten, wenn es ihm gerade darauf ankommt, dass das Opfer die entzogene Sache nicht mehr nutzen kann. Das Zerschneiden der Kleidung ist nur dann Gewalt, wenn das Opfer nicht nur eingeschüchtert, sondern einer unmittelbaren körperlichen Zwangswirkung ausgesetzt wird.[407]

69 (g) Gewalt soll auch im **Versperren einer Ausfahrt** aus einem Hof[408] oder im Zuparken eines Parkplatzes[409] liegen. Das „Reservieren" einer Parklücke durch den Beifahrer[410] ist – wie allgemein das Verstellen eines Fahrweges durch Personen – nur dann Gewalt, wenn ein physisches und nicht nur psychisches Hindernis errichtet wird.[411] Gewalt ist ferner das Errichten von Barrikaden oder das Anbringen eines Hindernisses, das die Benutzung eines Schienenwegs unmöglich macht.[412]

70 (h) Keine Gewaltnötigung liegt vor, wenn einem Hund Gift verabreicht wird, um den Halter in seiner Sorge für das kranke Tier an einer Reise zu hindern.[413] Dagegen kann zwar nicht eingewandt werden, der Genötigte beuge sich nicht dem Zwang, sondern folge seinem Willen, wenn er sich zum Bleiben entschließe.[414] Denn dieser Wille ist nicht frei; der Betroffene handelt vielmehr, dem Plan des Täters entsprechend, unter dem Einfluss des ihm zugefügten Übels. Nötigende Gewalt liegt aber deshalb nicht vor, weil die Einwirkung nicht körperlich ist. Der Hundefreund ist physisch nicht gehindert, die Reise anzutreten; was ihn abhält ist die sittliche Pflicht, sein krankes Tier nicht im Stich zu lassen.[415] Ähnlich liegt es, wenn einem abergläubischen Künstler ein Maskottchen weggenommen wird, um ihn am Auftreten zu hindern.[416] Hier ist keine Gewalt gegeben, weil der Täter keinen körperlich wirksamen Zwang ausübt, sondern sich den **Aberglauben** des Opfers zunutze macht. Anders wäre es aber zu bewerten, wenn es sich um die Entwendung einer speziellen Konzertgeige handeln würde: Weil der Auftritt mit einem künstlerischen Ansprüchen nicht genügenden Instrument nicht möglich oder nicht zumutbar ist, liegt ein (auch) körperliches Hindernis vor. Gewalt ist ferner dann gegeben, wenn einem Spitzensportler hochwertiges, nicht zu ersetzendes Sportgerät entzogen wird. Auch hier ist der Athlet physisch gehindert: Es ist ihm nicht zuzumuten, mit Massenware einen chancenlosen Wettkampf anzutreten.[417] Wie in anderen Fällen der Wegnahme von Sachen ist aber stets vorauszusetzen, dass der Täter ein über den bloßen Sachentzug hinausgehendes Ziel verfolgt.

---

405 *Schäfer* LK[10] § 240 Rdn. 47; **aA** RGSt **3** 179, 180; OLG Köln StV **1990** 266 f.

406 Vgl. OLG Köln StV **1990** 266 f; *Sch/Schröder/Eser/Eisele* vor § 234 ff Rdn. 13a; *Blesius* S. 68.

407 BGH NStZ **2005** 35 (Nr. 6).

408 BayObLG NJW **1963** 1261 f.

409 OLG Koblenz VRS **20** 436 f; MDR **1975** 243 f.

410 Vgl. BayObLG NJW **1953** 1723; **1963** 824 f.

411 Vgl. BGH NStZ **1995** 541 m. Anm. Krey/Jaeger.

412 BGHSt **44** 34, 39 ff m. Anm. *Krüßmann* JA **1998** 626 ff; *Dietmeier* JR **1998** 470 ff, der hier allerdings das Vorliegen einer Drohung annimmt; *Martin* JuS **1998** 957f; *Otto*, NStZ **1998** 513 f.

413 **AA** *Schäfer* LK[10] § 240 Rdn. 42; *Knodel* S. 45.

414 *Geilen* FS H. Mayer S. 463.

415 Mit anderen Worten: Er befindet sich in einer Situation des „Könnens aber nicht Dürfens" vgl. BGH NStZ **1995** 541.

416 Vgl. *Koffka* JR 1964, 39.

417 Zur Freiheitsberaubung bei nicht zumutbaren Alternativmöglichkeiten vgl. RGSt 8 210, 211 f.

(i) Die rechtliche Beurteilung von sog. **Online-Blockaden oder -Demonstrationen**[418], d.h. der organisierten Unterbindung eines Internetzugangs durch softwaregestützte massenhafte Parallelzugriffe, ist streitig.[419] Nach der hier vertretenen Ansicht liegt zwar Gewalt gegen Sachen vor: Der Mausklick enthält eine – wenn auch geringe – Kraftentfaltung, die jedenfalls dann zur Erfüllung des Gewaltbegriffs hinreicht, wenn sie durch spezielle Software in ihrer Wirkung gesteigert wird. Die Bewertung als (Gewalt-)Nötigung scheitert aber daran, dass die Zwangswirkung nicht körperlicher Natur ist.[420] Weder richtet sich die Gewalt gegen den Körper der Zielpersonen, noch schränkt sie deren Verhaltensmöglichkeiten physisch spürbar ein: Der potentielle Nutzer des Zugangs ist im Umgang mit seinem Rechner nicht beeinträchtigt und kann mit diesem weiterhin nach seinem Belieben verfahren. Für ihn führt die Blockade lediglich dazu, dass der Erfolg einer möglichen Operation vereitelt wird. Insoweit unterscheidet sich die Sachlage vom „gewaltlosen“ Entzug eines Gegenstandes mit dem Ziel, den Berechtigten vom Gebrauch abzuhalten: In diesen Fällen ist der Betroffene bereits körperlich in seinen Verhaltensmöglichkeiten beschränkt.[421] Auch der Betreiber der Homepage unterliegt keinem körperlichen Zwang:[422] Dass die Blockade ähnliche Auswirkungen hat, wie das Unbrauchbarmachen oder der Entzug eines (virtuellen) Gegenstandes,[423] reicht nicht aus, um den Gewaltbegriff zu erfüllen. Die Blockade einer gewerblich genutzten Internetseite stellt für den Betreiber in der Regel aber ein empfindliches Übel dar; die Ankündigung kann deshalb Gegenstand einer Drohung sein.[424] **71**

f) Gewalt kann auch durch **Unterlassen** begangen werden.[425] Gewaltnötigung ist so wenig wie Körperverletzung oder Tötung in dem Sinne ein verhaltensgebundenes Delikt, dass Unterlassenstäterschaft ausgeschlossen wäre.[426] Nötigende Gewalt liegt etwa vor, **72**

---

418 Vgl. dazu die Nachweise bei *Kitz* ZUM 2006 730.

419 Nötigung nehmen an: AG Frankfurt/Main CR 2005 897 ff zur Aktion „Lufthansa goes offline“ mit zust. Anm. von *Eichelberger* DuD 2006 490; *Kraft/Meister* K&R 2005 458; *dies.* MMR 2003 366, **aA** *Gercke* MMR 2005 868, der Datenveränderung nach § 303a StGB annimmt; Nach OLG Frankfurt StV 2007 244 kommen allenfalls Ordnungswidrigkeiten nach den §§ 116, 118 OWiG in Betracht; *Kitz* ZUM 2006 730 ff stimmt der Ablehnung von Gewaltnötigung zu, nimmt aber u.U. Datenunterdrückung (§ 303a Abs. 1 StGB) bzw. Computersabotage (§ 303b Abs. 1 Nr. 1 StGB) an; vgl. auch *Hoffmanns* ZIS 2012 409: Strafbarkeit nach § 303b StGB nur beim Einsatz von Zugriffsprogrammen; ansonsten Straflosigkeit; weitere Nachweise zum Meinungsstand bei Kelker GA 2009 86, die die Voraussetzungen der (additiven) Mittäterschaft verneint und deshalb zur Straflosigkeit gelangt.

420 Matt/Renzikowski/*Eidam* Rdn. 28

421 Vgl. BGH wistra 1987 212 = JR 1988 75 f.

422 So auch *Eichelberger* DuD 2006 490, 492, der zu Recht darauf hinweist, dass die Zugriffsmöglichkeiten des Seitenbetreibers nicht beeinträchtigt werden.

423 So *Kraft/Meister* K&R 2005 458, 459.

424 *Eichelberger* DuD 2006 490, 492.

425 Vgl. BGHSt 48 365, 370 m. Anm. *Gössel* JR 2004 254 f und *Otto* JZ 2004 364 f; RGSt 13 49, 50; BayObLG NJW 1963 1261 f; OLG Düsseldorf NStE § 240 Nr. 13; *Eser* NJW 1965 377, 379; *Lackner/Kühl* Rdn. 9a; NK-*Kindhäuser* vor § 249 Rdn. 28, einschränkend § 249 Rdn. 25; *Sch/Schröder/Eser/Eisele* vor § 234 Rdn. 20; SK-*Horn/Wolters* Rdn. 34; *Fischer* Rdn. 22; AK-*Wolter* § 105 Rdn. 11; HK-GS *Rössner/Putz* Rdn. 12; **aA** MK-*Sinn* Rdn. 67, die allerdings darauf hinweisen, dass in der Nichtbeseitigung einer Zwangslage die Ankündigung der Aufrechterhaltung des Zwangs, mithin eine Drohung liegen kann.

426 So aber *Keller* Strafrechtlicher Nötigungsbegriff und Staatsgewalt S. 257 ff, 260; dagegen *Timpe* Nötigung S. 92; ähnlich MK-*Sinn* Rdn. 67: Dem Unterlassen sei ein Moment der Passivität eigen, das der Gewalt fehle.

wenn das Krankenhauspersonal einen Bettlägerigen hungern oder in seinen Exkrementen verkommen lässt, um ihn zu einer begünstigenden letztwilligen Verfügung zu veranlassen.[427] Dass Nötigungsabsicht vorausgesetzt wird, steht der Verwirklichung des Tatbestandes durch Unterlassen nicht entgegen;[428] Unterlassen und Absicht sind keine Gegensätze, die sich ausschlössen.[429] Auch die hier vertretene Meinung, Gewalt durch aktives Tun setze die Entfaltung körperlicher Kraft voraus, ist mit der Feststellung einer Nötigung durch Unterlassen vereinbar.

73 Schwierigkeiten können sich allerdings bei der Frage des **Entsprechens von Tun und Unterlassen** ergeben. Unproblematisch ist die Annahme von Gewalt, wenn das Unterlassen als massive physische Beeinträchtigung empfunden wird, wenn etwa die Pflegerin dem bettlägerig Kranken Kost und Medikamente verweigert; hier steht das Unterlassen der Versorgung der Wegnahme durch aktives Tun gleich. Gleiches gilt für das Nichtbeseitigen einer unvorsätzlich herbeigeführten Zwangslage, z.B. wenn der Täter einen von ihm versehentlich eingesperrten Menschen nicht befreit, um ihn zu einem bestimmten Verhalten zu zwingen.[430] Wird eine ohne Wegnahmevorsatz begonnene und noch andauernde Freiheitsberaubung durch Fesselung des Opfers auf Grund eines späteren Entschlusses zum Zwecke der Wegnahme ausgenutzt, liegt nach neuerer Rechtsprechung Raub vor.[431] Ob Gewaltanwendung durch positives Tun und Wegnahme zeitlich und räumlich dicht beieinander liegen müssen,[432] erscheint zweifelhaft; vielmehr dürfte es ausreichen, dass eine körperlich spürbare Zwangswirkung noch gegenwärtig spürbar ist und die Wegnahme ermöglicht. Als Nötigungsmittel kommt in solchen Fällen nur Gewalt durch Unterlassen in Betracht, weil sich die finale Verknüpfung zwischen Gewalt und Wegnahme nur auf diese Weise darstellen lässt.[433] Schlägt der Täter das Opfer bewusstlos und fasst er erst dann den Entschluss zur Wegnahme, liegt kein Raub, sondern Körperverletzung und Diebstahl vor.[434] Gewalt durch Unterlassen scheidet hier schon deshalb aus, weil die Gewaltwirkung (Bewusstlosigkeit) durch den Täter nicht beseitigt werden kann. Gewalt durch Unterlassen ist indessen gegeben, wenn der Hundehalter seinen angreifenden Hund nicht zurückpfeift, sondern die Bedrängnis des Angegriffenen ausnutzt, um ihm die Geldbörse abzunehmen; dass hier Raub und nicht nur Diebstahl vorliegt, sollte nicht zweifelhaft sein. Gewalt durch Unterlassen ist ferner auch dann zu bejahen, wenn ein Kraftfahrer nicht abbremst und dadurch einen anderen von der Fahrbahn drängt:[435] Das Nicht – Abbremsen steht dem Gasgeben gleich. Die Auffassung, Gewalt durch Unterlassen sei nur dann zu bejahen, wenn ein Dritter aktiv Gewalt ausübe, die der Täter als Garant nicht hindere,[436] ist zu eng.[437]

74 Differenzierter Betrachtung bedürfen die Fälle, in denen das Unterlassen in der **Nichterfüllung von Verbindlichkeiten** besteht. In Betracht kommt etwa die Verweigerung der

---

427 Vgl. *Knodel* S. 118.

428 **AA** *Bergmann* Das Unrecht der Nötigung, S. 64.

429 *Timpe* Nötigung S. 93 Fn. 43.

430 Vgl. RGSt **13** 49, 50; *Sch/Schröder/Eser/Eisele* vor § 234 Rdn. 20.

431 BGHSt **48** 365 ff m. Anm. *Gössel* JR 2004 254 f; Otto JZ **2004** 364 f.

432 So wohl BGHSt **48** 365, 370.

433 Vgl. *Eser* NJW **1965** 377, 379; *Gössel* JR 2004 254, 255.

434 BGH NStZ **2006** 508 f mit dem Hinweis, dass das Opfer keinen Widerstand leisten könne; insoweit anders aber BGHSt **4** 210, 212, wonach die Gewaltanwendung als Mittel der Wegnahme auch darin liegen kann, dass ein Bewusstloser zum Zwecke der Ausplünderung an einen anderen Ort verbracht wird; **kritisch** dazu *Herdegen* LK[11] § 249 Rdn. 7, im Sinne der Rechtsprechung nunmehr *Vogel* LK § 249 Rdn. 11.

435 *Timpe* S. 91.

436 So für den Raub NK-*Kindhäuser* § 249 Rdn. 25; zustimmend Otto JZ **2004** 364 f.

437 Vgl. BGHSt **48** 365, 370.

Herausgabe einer Sache an den Eigentümer,[438] die Nichträumung von Wohnraum[439] oder die Nichterfüllung von Zahlungspflichten. Nötigung wird hier *nur* dann in Betracht kommen, wenn ein Zweck verfolgt wird, der über den Sachentzug hinausgeht,[440] oder wenn es dem Täter gerade darauf ankommt, das Opfer an der Nutzung der Sache zu hindern.[441] Deshalb stellt es keine Nötigung dar, wenn der Eigentümer eines Grundstückes die Herausgabe eines unberechtigt abgestellten PKW verhindert, indem er sich weigert, das Hoftor zu öffnen.[442] Wollte man dies anders sehen, müsste man konsequenterweise den unbefugten Gebrauch fremder Gegenstände als Nötigung bewerten, weil dieser – jedenfalls in aller Regel – mit vorübergehendem Sachentzug verbunden ist. Dies würde zur Strafbarkeit des „furtum usus" führen, den das Gesetz nur ausnahmsweise mit Strafe bedroht. Der Mieter, der nach Ablauf der Mietzeit die Mietsache nicht zurückgibt, übt keine nötigende Gewalt; räumt der Vermieter auf eigene Faust, ist er nicht durch Notwehr gerechtfertigt, sondern begeht verbotene Eigenmacht, gegebenenfalls auch Nötigung, gegen die sich der Mieter seinerseits zur Wehr setzen darf.[443]

Im Bereich des Unterlassens ist die Grenzlinie zwischen **Gewalt und Drohung** nicht **75**
immer leicht zu ziehen, weil die Nichtvornahme der gebotenen Handlung in der Regel die Ankündigung enthält, auch in Zukunft untätig zu bleiben. Ob im Einzelfall die durch diese Ankündigung ausgelöste Furcht oder ob die durch die Untätigkeit ausgelöste Zwangslage unmittelbar motivierend wirkt, kann Schwierigkeiten bei der Abgrenzung hervorrufen. Für den Tatbestand der Nötigung ist dies allerdings von untergeordneter Bedeutung, weil die Nötigungsmittel gleichwertig sind und deshalb gleich behandelt werden können.[444] Zur Nachwirkung bereits ausgeübter Gewalt als Drohung vgl. unten Rdn. 77.

V. Drohung mit einem empfindlichen Übel

1. Verhältnis zur Gewalt. Dem weiteren Nötigungsmittel, der Drohung mit einem **76**
empfindlichen Übel, misst das Gesetz gleiches Gewicht wie der Gewalt zu. Eine **alternative Feststellung** bzgl. der Mittel ist deshalb zulässig.[445] Der BGH geht davon aus, dass ein Verhalten sowohl die Voraussetzungen der Gewalt, als auch die der Drohung erfüllen und unter beiden Blickwinkeln strafbar sein kann.[446] Zum „Nachwirken" der Gewalt als Drohung vgl. unten Rdn. 77.

2. Drohung. Drohung ist die Ankündigung (das Inaussichtstellen) eines zukünftigen, **77**
(angeblich oder wirklich) vom Täterwillen abhängigen Übels, das verwirklicht werden

---

438 BayObLG NJW **1963** 1261 f.

439 RGSt **36** 322 f; hier allerdings der umgekehrte Fall, dass der Vermieter gegen den nicht weichenden Mieter zwangsweise vorgeht.

440 *Sch/Schröder/Eser*/Eisele vor § 234 Rdn. 13a; die Lage ist hier ähnlich wie bei der Wegnahme von Sachen.

441 In Anlehnung an BGHR StGB § 240 Abs. 1 Gewalt 1 ist etwa an das Vorenthalten von Inventar zu denken, wenn es dem Täter darauf ankommt, einen Geschäftsbetrieb lahm zu legen.

442 *Geilen* FS H. Mayer S. 453 f; **aA** *Schäfer* LK[10] § 240 Rdn. unter Berufung auf BayObLG NJW **1963** 1261 f; anders ist der Fall natürlich dann zu bewerten, wenn der Täter die Herausgabe von einer inkonnexen Gegenleistung abhängig machen will.

443 Vgl. *Spendel* LK[11] § 32 Rdn. 48; *Rönnau/Hohn* LK § 32 Rdn. 105 f.

444 Vgl. BVerfGE **73** 206, 256; BGHSt **34** 71, 77; **35** 270, 273 f; zur früheren Rechtslage vgl. RGSt **12** 194, 197.

445 Vgl. oben Rdn. 75.

446 Vgl. BGHSt **23** 46, 54.

soll, wenn der Bedrohte sich nicht dem Willen des Täters entsprechend verhält. Das braucht nicht mit dürren Worten sondern kann auch versteckt „zwischen den Zeilen" geschehen.[447] Auch kann nach der Anwendung von Gewalt die Drohung im Raum stehen, erneut Gewalt anzuwenden, bis der Wille gebeugt ist. Diese **„Nachwirkung" der Gewalt als fortwirkende Drohung** kann sich der Täter als Nötigungsmittel zu Nutze machen.[448] Dabei ist unerheblich, ob die Gewalt ursprünglich zu anderen Zwecken angewandt wurde.[449] Nötigung durch Drohung sollte in diesen Fällen allerdings nur dann in Betracht gezogen werden, wenn zwischen Gewaltanwendung und Nötigung ein enger zeitlicher Zusammenhang besteht. Zum einen muss die Gewaltanwendung noch so gegenwärtig sein, dass sie dem Opfer nicht erneut vor Augen gestellt werden muss. Zum anderen muss dem Täter nachgewiesen werden, dass er um diese Wirkung wusste. Von Bedeutung ist dies insbesondere bei sexuell motivierten Nötigungen durch häusliche Gewalt: Liegt zwischen Gewaltanwendung und sexueller Handlung ein längerer Zeitraum, etwa von Wochen oder Monaten, ist die Feststellung einer sexuellen Nötigung durch Drohung meist nicht möglich,[450] und zwar schon deshalb, weil der Nachweis, dass der Täter das Bewusstsein hatte, sich die Nachwirkung der Gewalt als stillschweigende Drohung zu Nutze zu machen, nicht zu führen ist.[451] Das angedrohte Übel kann im Übrigen als unmittelbar bevorstehend oder auch als erst später eintretend hingestellt werden.[452] Die Drohung kann auch bedingt sein,[453] das Übel muss allerdings hinreichend konkretisiert und erkennbar sein.[454] Nach der Rechtsprechung setzt die Drohung nicht voraus, dass der Drohende die Initiative ergreift und den Bedrohten zu einem bestimmten Verhalten auffordert. Erpressung wird demnach nicht dadurch ausgeschlossen, dass das Opfer von sich aus zu den Tätern Kontakt aufnimmt und Geld oder Vermögenswerte anbietet, um ein angekündigtes Übel abzuwenden.[455] Ist aber das Inaussichtstellen des Übels als solches nicht rechtswidrig und beschränkt sich der Täter auf die **Annahme eines Angebots des Opfers**, liegt Erpressung nur dann vor, wenn er bereits bei der Ankündigung des Übels mit Nötigungsvorsatz und in Bereicherungsabsicht gehandelt hat; die Nötigungshandlung muss vom Nötigungsvorsatz getragen sein. Drohung durch Unterlassen unter dem Blickwinkel der Ingerenz kommt in solchen Fällen nicht in Betracht, weil das Vorverhalten nicht rechtswidrig war.[456] Die Grenze zur Erpressung ist jedenfalls dann überschritten, wenn der Täter in Verhandlungen mit dem Opfer eintritt und seinerseits Forderungen aufstellt: Keine (straflose) Bestechlichkeit, sondern Erpressung liegt deshalb vor, wenn sich ein Kaufhausdetektiv die Anzeige gegen die Bezahlung eines Geldbetrags abhandeln lässt, mag das Angebot, die Sache durch eine Zahlung zu

[447] Vgl. BayObLGSt **60** 296, 299; *Vogel* LK § 253 Rdn. 6.
[448] BGH NStZ-RR **2006** 269 f; NStZ **2010** 570, 571.
[449] Vgl. BGH NStZ-RR **2003** 42, 44.
[450] Vgl. BGHSt **42** 107, 111; BGH NStZ **1986** 409 f; **2003** 424 f, dort auch zu den notwendigen Feststellungen zur Ursächlichkeit der Gewaltanwendung; NStZ-RR **2003** 42, 44; bei Pfister NStZ-RR **2000** 355; Beschl. v. 17. April 2007 – 4 StR 34/07.
[451] Zu den Anforderungen an die Beweiswürdigung vgl. BGH NStZ **2010** 570, 571.
[452] BGHSt **16** 386, 387; MDR **1957** 691 (Nr. 61); BGHR StGB § 177 Abs. 1 Drohung 8.
[453] RGSt **12** 194, 197; BGHSt **16** 386, 387.
[454] BGH MDR bei Holtz **1987** 281; NJW **1989** 1289 (Nr. 16).
[455] Vgl. BGH bei Dallinger MDR **1952** 408; BGHR StGB § 253 Abs. 1 Drohung 4; OLG Karlsruhe NJW **2004** 3724 f.
[456] BGH NJW **1953** 1400 f: Straflosigkeit eines gehörnten Ehemannes, der sich die (ursprünglich ernsthaft in Betracht gezogene) Scheidungsklage und die (nach damaligem Verständnis existenzvernichtende) Benennung seines Nebenbuhlers als Ehebruchszeugen abkaufen ließ.

bereinigen auch ursprünglich von dem ertappten Ladendieb ausgegangen sein.[457] Schafft der Täter eine länger andauernde Zwangslage – stellt er etwa eine Presseveröffentlichung oder die Erstattung einer Strafanzeige in Aussicht –, genügt es, wenn der Nötigungsvorsatz in dem Zeitpunkt vorliegt, in dem er die Forderung stellt; je nach Sachlage kann die Nötigungshandlung im Aufrechterhalten der Drohkulisse oder in der Ankündigung bestehen, die Zwangslage nicht beseitigen zu wollen.[458]

Das Opfer ist der Drohung unterworfen, wenn es weiß, dass das Übel nicht unabwendbar ist aber eintreten wird, wenn die Verhandlungen mit dem Täter scheitern.[459] Nicht erforderlich ist, dass der Täter die eigenhändige Verwirklichung des Übels ankündigt, vielmehr genügt die Ankündigung der **Übelszufügung durch einen Dritten.**[460] Der Drohende muss aber zum Ausdruck bringen, dass er das Verhalten des Dritten steuern, d.h. sein Tun veranlassen oder verhindern kann. Ist das nicht der Fall, so liegt eine bloße Warnung vor, die kein vom Tatbestand erfasstes Nötigungsmittel ist.[461] Selbstverständlich schließt dies nicht aus, dass der Warnende Gehilfe des nötigenden Täters ist.[462] Der nötigende Täter muss aber tatsächlich oder nach der Befürchtung des Bedrohten **Herr des Geschehens** sein; beim Opfer muss der Eindruck entstehen dass die Herbeiführung oder Verhinderung des angekündigten Nachteils in seiner Macht steht.[463] Nach der Rechtsprechung gilt dies auch für die Fälle der **fraudulösen Warnung**, d.h. der Vortäuschung eines nicht in der Hand des Ankündigenden stehenden Übels, meist mit dem Ziel, den Getäuschten zu einer Vermögensverfügung zu veranlassen.[464] Danach liegt nur Betrug, nicht aber Erpressung vor, wenn der Täter dem Opfer lediglich vortäuscht, es werde von Dritten bedroht und bleibe unbehelligt, wenn es ihm Geld gebe, das er sodann an die unbekannten Dritten weiterleiten werde.[465] Keine Drohung liegt auch in dem Hinweis eines Anwalts, er werde als Verteidiger ausgeschlossen und könne deshalb die Verteidigung nicht fortführen, wenn der Mandant sich weigere, dem Verdacht der Strafvereitelung entgegenzutreten; dies gilt auch dann, wenn der Verteidiger die Wirkung seiner Warnung dadurch verstärkt, dass er den Wegfall einer Verfahrensabsprache mit der Staatsanwaltschaft vorspiegelt.[466] Dem wird entgegengehalten, dass es aus der Sicht des Opfers keinen Unterschied mache, ob es den Drohenden als Quelle des in Aussicht gestellten Übels ansieht oder ob es dahinter einen ungenannten Dritten vermutet; in beiden Fällen werde es sein Verhalten nicht als freiwillig sondern als erzwungen bewerten.[467] **78**

457 OLG Karlsruhe NJW **2004** 3724 f; JR **2005** 157 f.

458 Vgl. BGHR StGB § 253 Abs. 1 Drohung 4; OLG Karlsruhe NJW **2004** 3724.

459 BGH, Urt. v. 6.5.1953 – 2 StR 602/51, insoweit bei Dallinger MDR **1952** 408 nicht abgedruckt.

460 Das kann auch eine Behörde oder ein Gericht sein, etwa wenn der Täter droht, diese zu einer dem Opfer nachteiligen Verfügung zu veranlassen.

461 RGSt **27** 307, 308; **34** 15, 19; **54** 236 f; BGHSt **7** 197 f; **16** 386, 387; NStZ **2014** 149 m. Anm. *Becker;* BayObLG NJW **1960** 1965 f; HK-GS *Rössner/Putz* Rdn. 15; Matt/Renzikowski/*Eidam* Rdn. 38; eingehend zum Verhältnis von Drohung und Warnung: Küper GA **2006** 439.

462 OLG Karlsruhe Justiz **2005** 17.

463 BGHSt **31** 195, 201; *Gutmann* S. 269; *Joecks* Vor § 232 Rdn. 7; **aA** *Hoffmann* GA **2002** 385, 399, der die Täuschung über ein bevorstehendes Übel als Drohung bewertet.

464 BGHSt **7** 197 f; NStZ **1996** 435 (Nr. 6); **kritisch** Küper, GA **2006** 439, 457 ff.

465 BGH NStZ **1996** 435 (Nr. 6).

466 BGH NStZ-RR **2001** 171, 172.

467 *Puppe* JZ **1989** 596, 597; MK-*Sinn* Rdn. 72 ff der darauf abstellen will, ob der Täter das Geschehen in der Hand hat und das Opfer in den Zustand des Bedrohtseins versetzen kann. Diese – mit dem Wortlaut der Vorschrift vereinbare – Auslegung vermeidet Lücken in der Strafbarkeit, bezieht aber eine Vielzahl nicht strafwürdiger Verhaltensweisen in den Tatbestand ein; vgl.

Andererseits kann die begriffliche Trennung zwischen (täuschender) Ankündigung und Drohung den Wortlaut des § 126 Abs. 1, 2 StGB für sich in Anspruch nehmen: Die Vorschrift unterscheidet zwischen dem Vorspiegeln eines drohenden Übels und der Drohung selbst.[468] Sieht man das Tatmittel der Drohungsalternative in der Ausübung offenen Zwangs durch das Hervorrufen von Furcht, so liegt es nahe, dass das Opfer gerade durch die Furcht vor dem Täter zu dem verlangten Tun oder Unterlassen veranlasst werden muss. Danach kann der bloße Hinweis auf ein von dritter Hand drohendes Übel ebenso wenig genügen, wie die das Vorspiegeln von Gefahren, die nicht von Menschen ausgehen, etwa von Seuchen oder angeblich bevorstehenden Naturkatastrophen.[469] Dies schließt allerdings nicht aus, dass die Ankündigung, ein solches Übel nicht oder nur zu unangemessenen Bedingungen abwenden zu wollen, Gegenstand einer Drohung sein kann.[470] Keine Drohung, sondern nur eine Warnung liegt vor, wenn der Täter auf eine von ihm selbst geschaffene Gefahr hinweist: Wer auf einer Straße Krähenfüße ausstreut, um Verfolger abzuschütteln, und sie dann darüber informiert, droht nicht, sondern warnt, weil die Gefahr bereits eingetreten ist und unabhängig von seinem künftigen Zutun besteht.[471] Diese Überlegung steht auch der Einstufung von **Sitzblockaden als Drohung**[472] entgegen: Entschlösse sich der Genötigte, die Demonstranten kurzerhand zu überfahren, so würden die damit verbundenen, für Täter und Opfer gleichermaßen unangenehmen Folgen unabhängig vom – und natürlich auch gegen den – Willen der Blockierer eintreten.[473] Zwischen Täuschung und nötigendem Zwang ist der Fall angesiedelt, dass der Täter das Opfer durch Tatgenossen erpresserisch bedrohen lässt, um sodann – als vermeintlich uneigennütziger Retter in der Not – gegen (sehr großzügige) Erstattung angeblicher Auslagen Hilfe anzubieten. Hier entfalten sowohl die Täuschung als auch der Zwang motivierende Kraft; beides muss sich der Täter zurechnen lassen (§ 25 Abs. 2). Dies rechtfertigt die Annahme von Tateinheit zwischen Erpressung und Betrug. Die begriffliche Unterscheidung zwischen Drohung und Warnung sollte nicht den

auch NK-*Toepel* Rdn. 100; *Jakobs* FS Peters S. 84; Hofmann GA **2002** 385, 399; *Küper* GA **2006** 439, 466 rechnet die fraudulöse Warnung der Drohung zu, weil sie die Freiheit des Betroffenen ohne Kompensation einschränke.

468 Gegen die Übertragung der Unterscheidung der Tatalternativen des § 126 Abs. 1, 2 StGB auf die Nötigung: *Hoffmann* GA **2002** 385, 399 mit dem Hinweis auf die unterschiedliche Schutzrichtung der Vorschriften.

469 Der Verkauf von Wundermitteln gegen erdichtete Gefahren wird seit jeher als Betrug und nicht als Erpressung bewertet.

470 Zur Drohung mit einem Unterlassen vgl. unten Rdn. 85 ff.

471 Vgl. *Priester*, FS Bemmann 369; im Beispielsfall liegt allerdings Gewaltnötigung vor, wobei die Gewaltanwendung im Ausbringen der physisch wirkenden Hindernisse liegt. **AA** allerdings RGSt **27** 307, das den Hinweis auf eine selbst geschaffene Gefahr als tatbestandsmäßige Drohung ansah, mag sie auch zum Zeitpunkt dieses Hinweises durch den Drohenden nicht mehr abwendbar sein. Zur sog. retrospektiven Drohung: Küper GA **2006** 339, 348.

472 In diesem Sinne etwa *Herzberg* GA **1996** 557 ff und bereits *Offenloch* JZ **1988** 12, 13); dazu **krit.** *Hoyer* GA **1997** 451 ff; vgl. auch *Bergmann/Meurer* JR **1988** 49 f; *Paeffgen* FS Grünwald S. 464 ff; eingehend *Schroeder* in Meurer GedS S. 238. Der BGH hat die Frage ausdrücklich dahinstehen lassen, vgl. BGHSt **41** 182, 187.

473 Entsprechendes soll für die Verwendung sog. *menschlicher Schutzschilde* gelten. Nach OLG Köln NStZ **2000** 667 f verstieß das Verbringen von Ausländern an Zielorte möglicher Luftangriffe durch den Irak im Golfkrieg deshalb nicht gegen das internationale Übereinkommen v. 18.12.1979 gegen Geiselnahme (BGBl. II **1980** 1361) mit der Folge, dass das ehemalige Staatsoberhaupt des Irak wegen dieser Taten in der Bundesrepublik nicht verfolgt werden konnte.

Blick darauf verstellen, dass die Drohung auch in den Wortlaut einer bloßen Warnung gekleidet sein kann; sie erfüllt jedenfalls dann den Tatbestand, wenn sie auch Furcht vor dem „Warnenden" erweckt[474] bzw. hierzu geeignet ist.

Ob der Täter die Drohung verwirklichen kann oder nicht, ist unerheblich.[475] Auch **79** kann die Drohung von Täuschung begleitet und durch diese verstärkt werden.[476] Das Opfer muss auch nicht von ihrer Ernsthaftigkeit überzeugt sein. Es genügt, wenn der Genötigte die Ausführung der Drohung nur **für möglich hält**, weil bereits der Zweifel die Freiheit der Willensentschließung beeinträchtigen kann.[477] In der unmittelbaren Zufügung eines Übels kann unter Umständen die stillschweigende Drohung liegen, dieses Verhalten fortzusetzen; soll gerade die Furcht vor der Fortsetzung auf das Opfer motivierend wirken, kann Nötigung durch Drohung vorliegen.[478] Bei der Deutung von Realakten ist allerdings Zurückhaltung geboten: Der Beginn der Ausführungshandlung enthält nicht stets auch die Ankündigung der Fortsetzung der begonnenen Straftat;[479] anderenfalls wäre beim Rücktritt vom Verbrechensversuch in aller Regel nach § 241 zu bestrafen.

3. **Empfindliches Übel.** Übel ist – im Gegensatz zur bloßen Unannehmlichkeit,[480] zur **80** Enttäuschung, zur nicht näher konkretisierten Weiterung oder zur Schwierigkeit – **jeder Nachteil oder jede Einbuße an Werten** oder – mit anderen Worten – eine nachteilige Veränderung der Außenwelt.[481] Ob ein Übel empfindlich ist, ist als Frage des Einzelfalls unter normativer Bewertung zu ermitteln. Die in der Rechtsprechung bisweilen verwendete Formel, wonach Drohungen bereits dann vom Tatbestand auszunehmen sind, wenn von dem Bedrohten erwartet werden kann, dem Ansinnen in besonnener Selbstbehauptung standzuhalten,[482] ist unklar; sie ginge auch – würde sie konsequent angewandt[483] – zu weit. Der Tatbestand fordert nicht, dass das Opfer durch die Drohung in eine notstandsähnliche Lage versetzt wird. Allerdings muss ein nicht unerhebliches Maß an Druck erreicht werden. Zu berücksichtigen sind sowohl die **Persönlichkeit des Opfers** und seine Lebensumstände, als auch das Verhältnis zwischen angedrohtem und gefordertem Verhalten.[484] Der rein objektive Maßstab, der auf die Verhältnisse eines „besonnenen (Durchschnitts-)Menschen" abstellt,[485] ist zu formalistisch und wird den Fällen

---

474 Vgl. RGSt **54** 236, 237.

475 BGHSt **23** 294, 295 f m. Anm. *Küper* NJW **1970** 2253 f; JZ **1985** 1059 f m. Anm. *Zaczyk*.

476 RGSt **56** 429, 431; BGHSt **23** 294, 296; *Otto* ZStW **79** (1967) 59, 96; *Joecks* Vor § 232 Rdn. 7: „täuschungsverstärkte Drohung"; *Günther* ZStW **88** (1976) 960, 964.

477 BGHSt **23** 294, 295 f; BGHSt **26** 309, 310 f.

478 BGH NJW **1984** 1632; OLG Hamburg NJW **1983** 1505, 1506; OLG Koblenz NJW **1993** 1808, 1809; *Lackner/Kühl* Rdn. 12.

479 BGH NStZ **1984** 454 (Nr. 5).

480 Vgl. RG JW **1935** 864; BGH NJW **1976** 760; NStZ **1982** 287 f; OLG Bremen NJW **1957** 151 f; OLG Koblenz VRS **1951** 208 f.

481 BGH NStZ **2014** 149.

482 BGHSt **31** 195, 201 m. Anm. *Roxin* JR **1983** 333 ff; BGH NStZ **1992** 278 (Nr. 6); NStZ **2011** 156, 157 (zu § 232 Abs. 4 Nr. 1); NStZ **2014** 149 m. Anm. *Becker*; vgl. auch BGHSt **32** 165, 174; OLG Hamburg HESt **2** 293; OLG Karlsruhe Justiz **2005** 17; **kritisch** unter dem Blickwinkel der Bestimmtheit *Amelung* GA **1999** 182, 192; *Gutmann* S. 272.

483 So wäre etwa die Drohung mit *arbeitsrechtlichen Konsequenzen*, gegen die der Rechtsweg mit Erfolg beschritten werden könnte, nicht auf ein empfindliches Übel gerichtet, weil der Rechtsstaat vom Bürger verlangt, (zunächst) um gerichtliche Hilfe nachzusuchen. Diese Konsequenz zieht die Rechtsprechung nicht; vgl. OLG Karlsruhe Justiz **2005** 17. Zur Nötigung trotz Möglichkeit des Polizeischutzes BGH wistra **1984** 22 f.

484 BGHSt **31** 195, 201, **32** 165, 174.

485 BGH NStZ **1982** 287 (Nr. 8); *Lackner/Kühl* Rdn. 13; *Sch/Schröder/Eser/Eisele* Rdn. 9;

nicht gerecht, in denen der Täter die Wirkung des Zwangsmittels bei besonders disponierten Opfern ausnutzt.[486] Er verursacht ferner unnötige Diskrepanzen zum Nötigungsmittel der Gewalt, bei dem es auch auf die Beschaffenheit des Opfers ankommt. Dies bedeutet allerdings nicht, dass von einem rein individualisierenden Maßstab auszugehen wäre, der ausschließlich auf den Angegriffenen abstellt und besondere nicht ohne weiteres nachvollziehbare Empfindlichkeiten einbezieht. Solches wäre mit dem Wortlaut des Gesetzes, das auf die Empfindlichkeit des Übels, nicht des Genötigten abstellt, nicht zu vereinen und würde im Ergebnis dazu führen, dass genötigt wäre, wer sich genötigt fühlt.[487] Angemessen erscheint demgegenüber ein individuell-objektiver Maßstab: Auszuklammern sind einerseits ungewöhnliche (Extrem-)Reaktionen von Überängstlichen, während andererseits die Persönlichkeit des Genötigten nicht völlig außer Betracht bleiben kann. So wird die Drohung mit der Wegnahme eines Stofftieres in der Regel kein empfindliches Übel sein; handelt es sich um den Lieblingsteddy eines Kindes, kann eine andere Bewertung angezeigt sein. Eine den Tatbestand erfüllende Drohung kann ferner gegeben sein, wenn sich der Täter eine Phobie des Opfers zunutze macht. Auch dann, wenn nur der Aberglaube das Angedrohte als Übel erscheinen lässt, kann Nötigung vorliegen;[488] Voraussetzung ist aber stets, dass der Täter den Eindruck erweckt, er sei jedenfalls insoweit Herr des Geschehens, als er Einfluss auf den Eintritt des Übels habe.[489] Dass der Betroffene gegen das Ansinnen des Täters den Rechtsweg mit Aussicht auf Erfolg beschreiten könnte, steht der Annahme eines empfindlichen Übels nicht entgegen.[490] Kein empfindliches Übel i.S.d. Abs. 1 wird in der Regel in der **Aufkündigung einer freundschaftlichen Beziehung** liegen;[491] jedenfalls aber kann eine darauf gestützte Drohung nicht rechtswidrig sein, weil Freundschaft von Sympathie abhängt und diese an jedwede Bedingung geknüpft sein kann, kurzum: im völlig freien Belieben steht. Gleiches gilt für die **Enterbung.** Der Ausschluss von der Erbfolge mag zwar ein empfindliches Übel sein;[492] die Erbeinsetzung steht jedoch im freien Belieben des Erblassers und ist letztlich so zu behandeln, wie ein Geschenk, auf das der Bedachte keinen Anspruch hat.[493] Bei der **Androhung familiärer Ächtung** ist zu unterscheiden: Die Aufkündigung des familiären Verhältnisses zu dem „Drohenden" („du bist mein Sohn nicht mehr") ist ebenso zu behandeln, wie die Beendigung eines freundschaftlichen Verhältnisses. Die Ankündigung familiärer Konsequenzen („die Familie wird dich verstoßen") ist Warnung, nicht

---

anders aber BGH wistra **1984** 22, 23; NStZ **1992** 278 (Nr. 6), NStZ **2014** 149 (Rdn. 49); wo auf „den" Bedrohten in „seiner" Lage abgestellt wird.

486 Vgl. *Maurach/Schroeder/Maiwald* BT Teilbd. 1 § 13 II Rdn. 25; *Schroeder* JZ **1983** 284, 287.

487 *Maurach/Schroeder/Maiwald* BT Teilbd. 1 § 13 II Rdn. 25.

488 BGHR StGB § 253 Abs. 1 Drohung 1; **aA** *Sch/Schröder/Eser/Eisele* Rdn. 9, die zwischen der Ausnutzung von Aberglauben und Dummheit unterscheiden wollen; m.E. handelt es sich aber beim Aberglauben wohl um eine spezifische Form der Fehleinschätzung, wenn man so will: der Dummheit; *Schall* JuS **1979** 104, 105.

489 Sonst liegt nur eine (täuschende) Warnung vor, die gegebenenfalls zu einer Bestrafung wegen Betrugs (nicht aber wegen Erpressung) führen kann, vgl. oben Rdn. 78.

490 BGH wistra **1984** 22 f; OLG Karlsruhe Justiz **2005** 17.

491 BGH NStZ **1982** 287 (Nr. 8); *Kubik/Zimmermann* JR **2013** 192, 196.

492 **AA** *Valerius* JR **2011** 430, 433.

493 **AA** *Kubik/Zimmermann* JR **2013** 192, 199, die in Bezug auf die Zwangsheirat eine inkonnexe und deshalb verwerfliche Drohung annehmen. Wie u.a. § 311b Abs. 4 BGB zu entnehmen ist, ist die über den Pflichtteil hinausweisende Position des gesetzlichen Erben indessen so schwach, dass ihr Entzug keine rechtlich relevante Drohung sein dürfte.

Drohung. Die Ankündigung des Täters, er werde dafür sorgen, dass andere Familienangehörige den Kontakt abbrechen werden, kann Gegenstand einer widerrechtlichen Drohung sein.[494] Zu weit geht die Meinung, die Drohung mit der gerichtlichen **Geltendmachung einer (erdichteten) Forderung** aus der (angeblichen) Inanspruchnahme von Telefonsex-Leistungen stelle schon kein empfindliches Übel in Aussicht.[495] Die Erwägung, auch dem zu Unrecht Gemahnten sei es zuzumuten, der Drohung in besonnener Selbstbehauptung standzuhalten, überzeugt nicht; zu Recht mutet man dem von einer erdichteten Strafanzeige Bedrohten solches nicht zu. An der Rechtswidrigkeit fehlt es indessen, wenn entsprechende Dienstleistungen tatsächlich in Anspruch genommen wurden und lediglich Zweifel hinsichtlich des Umfangs und des rechtlichen Bestehens der Entgeltforderung bestehen. Dass es dem Anspruchsteller nicht in erster Linie um die Erlangung eines vollstreckbaren Titels geht, vielmehr der von der drohenden Klage ausgehende Druck unmittelbar die Zahlung erzwingen soll, ändert daran nichts.[496] Die Einforderung unberechtigter Zahlungsansprüche aus einem Internet-Gewinnspiel in einem **anwaltlichen Mahnschreiben** kann hingegen – zumal dann, wenn sie unter Vorbehalt einer Strafanzeige erfolgt – (versuchte) Erpressung oder (etwa bei rechtlicher Fehlbewertung) Nötigung sein.[497] Richtet sich die Tat gegen den Staat oder gegen staatliche Organe neigt die Rechtsprechung bisweilen dazu, besondere Anforderungen an das Gewicht des angedrohten Übels zu stellen. Die gegen Beamte der Staatsanwaltschaft ausgesprochene Drohung, Beweismittel im Falle der Nichtzahlung eines hierfür geforderten Kaufpreises nicht herauszugeben, stellt danach keine Drohung mit einem empfindlichen Übel dar.[498]

Den §§ 177, 249, 255 ist zu entnehmen, dass die **gegenwärtige Gefahr für Leib oder Leben** stets als empfindliches Übel zu werten ist. Naturgemäß gilt dies auch für den Ausgangstatbestand der Nötigung. Ferner erfüllt die Bedrohung mit einem gegen den Genötigten bzw. gegen dessen Angehörige gerichteten **Vergehen oder Verbrechen** ohne Weiteres den Tatbestand.[499] Dies kann bereits daraus geschlossen werden, dass die Neufassung der Vorschrift durch die StrafrechtsangleichungsVO 1943[500] auf eine Erweiterung, nicht auf eine Beschränkung des Nötigungsmittels der Drohung abzielte. **81**

4. **Drohung mit erlaubtem Übel.** Für die Erfüllung des Tatbestandes ist unerheblich, ob die Zufügung des angedrohten Übels rechtswidrig wäre oder nicht.[501] Die Drohung mit einem erlaubten Übel in ein Angebot begünstigenden Verhaltens umzudeuten, das den Freiheitsbereich des Adressaten erweitere und nicht beschränke,[502] erscheint nicht angemessen. Zwar enthält die nötigende Drohung in diesen Fällen unter Umständen ein Angebot, sich von einem im Belieben des Drohenden stehenden Übel „freizukaufen", und mag deshalb den Bedrohten insoweit besser stellen, als er ohne die Drohung stünde. Indessen kann auch das **Angebot eines Vorteils Zwang ausüben.** In der strafprozessualen Diskussion um die Zulässigkeit verfahrensbeendender Absprachen ist allgemein aner- **82**

---

494 **AA** *Kubik/Zimmermann* JR **2013** 192, 200.

495 So OLG Karlsruhe JZ **2004** 101, 102 a.E., das auch bei bösgläubigen Tätern Straflosigkeit annimmt; **aA** bereits RGSt **20** 326, 328 ff.

496 Im Ergebnis zutreffend deshalb OLG Karlsruhe NStZ-RR **1996** 296 f.

497 BGH NStZ **2014** m. Anm. *Becker* = NJW **2014** 406 m. Anm. Tsambikakis = BRAK-Mitt. **2014** 47 m. Anm. *Möller.*

498 OLG Hamm StV **2014** 294.

499 **AA** *Sch/Schröder/Eser/Eisele* Rdn. 9.

500 Vgl. vor Rdn. 1. Entstehungsgeschichte.

501 Vgl. *Gutmann* S. 274; *Lackner/Kühl* Rdn. 13; *Sch/Schröder/Eser/Eisele* Rdn. 9; **aA** *Horn* NStZ **1983** 497; *Jakobs* FS Peters S. 69 (83).

502 So *Gutmann* aaO; *Jakobs* aaO; *Schroeder* JZ 1983, 284, 286.

kannt, dass nicht nur die Drohung mit überhöhten Sanktionen, sondern auch das Inaussichtstellen einer unangemessen niedrigen Strafe die Willensbildung erheblich beeinflussen und die Annahme freiwilligen Handelns in Frage stellen kann.[503] Auch die Androhung eines erlaubten Übels kann massiven Druck ausüben und dem Bedrohten ein Verhalten aufnötigen, das so von ihm nicht verlangt werden kann. Wer einen anderen mit einer **Strafanzeige**[504] oder mit der **Weitergabe von Kontendaten an die Finanzbehörden** erpresst,[505] mag es in der Hand haben, in die persönliche Freiheit des Erpressten einzugreifen, indem er sein Wissen den Strafverfolgungsbehörden preisgibt. Andere Eingriffe in die Freiheit sind ihm aber regelmäßig verwehrt. Insbesondere kann er die von ihm erstrebte Verfügung über das Vermögen in der Regel nicht verlangen; in diesen Freiheitsbereich greift er dann rechtswidrig ein.[506] Nötigung kann begangen werden durch die Drohung mit der (ordentlichen) **Kündigung eines Arbeits- oder Mietverhältnisses**,[507] mit der sog. Auslistung von Erzeugnissen des Betroffenen aus dem Sortiment eines (Groß-)Händlers,[508] mit der öffentlichen Bekanntgabe privater Meinungsverschiedenheiten,[509] gegebenenfalls auch mit einer wahrheitsgemäßen oder jedenfalls durch das Grundrecht der Pressefreiheit (Art. 5 Abs. 1 S. 2 GG) geschützten **Veröffentlichung in der Presse**,[510] mit Indiskretionen aller Art, mögen sie beleidigend sein oder nicht.[511] Das in Form einer Veröffentlichung in Aussicht gestellte Übel ist allerdings nur dann als Nötigungsmittel geeignet, wenn es „empfindlich" ist, d.h. wenn es dem Betroffenen in seinem Lebenskreis nicht unerheblich beeinträchtigen würde. Bei im öffentlichen Leben stehenden Personen geht die Rechtsprechung teilweise bedenklich weit gehend davon aus, es sei den Betroffenen zuzumuten, der Bedrohung in „besonnener Selbstbehauptung" standzuhalten.[512] Als Nötigungsmittel kommen ferner die Drohung mit dem **Abbruch geschäftlicher Beziehungen**[513] oder mit der Anstrengung eines Zivilprozesses in Betracht, allerdings nur, wenn dies missbräuchlich oder schikanös ist.[514] Auch die Androhung eines **Boykottaufrufs** (§ 21 Abs. 1 GWB) kann taugliches Nötigungsmittel sein. Dass die Empfänger des Aufrufs in der Regel nicht zum Vertragsabschluss verpflichtet sind und sich deshalb rechtmäßig verhalten würden, steht dem nicht entgegen: Abgesehen davon, dass auch rechtmäßiges Verhalten (und zwar Tun und Unterlassen!) Gegenstand einer Drohung sein kann, handelt der Verrufer nach gesetzlicher Wertung ordnungswidrig, was zugleich die Verwerflichkeit indiziert. Kein geeignetes Nötigungsmittel ist aber die Dro-

---

503 Vgl. statt vieler *Kölbel* NStZ **2003** 232, 234 f m.w.N.; vgl. auch die hinter dem Verbot des Versprechens gesetzlich nicht vorgesehener Vorteile in § 136a Abs. 1 StPO stehende gesetzliche Bewertung.

504 *Kudlich/Melloh* JuS **2005** 912.

505 Vgl. BGHSt **5** 254, 258; NStZ-RR **2011** 143 144; der Gesetzgeber greift diese Bewertung in § 154c StPO auf.

506 Anderes gilt allerdings dann, wenn derselbe Sachverhalt, aus dem sich das Recht zur ergibt, den Anspruch begründet und dessen Bedeutung nicht im Missverhältnis zum Gewicht der Drohung steht, vgl. BGHSt **5** 254, 258, *Donath/Mehle* NJW **2009** 2363 2364.

507 *Sch/Schröder/Eser/Eisele* Rdn. 9; *Fischer* Rdn. 33.

508 *Lampe* Stree/Wessels-FS S. 451.

509 OLG München, NJW **1950** 714.

510 BGH NStZ **1992** 278 (Nr. 6); NJW **1993** 1484, 1485; OLG Hamm NJW **1957** 1081 f.

511 Zur Chantage vgl. *Vogel* LK § 253 Rdn. 49, *Morbach* S. 9 f.

512 Vgl. BGH NStZ **1992** 278 (Rdn. 6) – Information der Medien über angeblichen Bestechungsskandal in der Stadtverwaltung soll kein empfindliches Übel für den Bürgermeister sein.

513 RGSt **72** 75, 76; nunmehr aber stark einschränkend BGHSt **44** 251, 252 f, der ein „empfindliches" Übel nur unter der Voraussetzung wirtschaftlich existenzieller Not annehmen will.

514 Vgl. die Nachweise bei *Vogel* LK § 253 Rdn. 10.

hung mit dem **Abbruch einer persönlichen Beziehung** oder mit der Aufkündigung der Freundschaft, mag sie auch mit einschneidenden Konsequenzen verknüpft sein, so etwa mit dem Zwang, die Wohnung des Drohenden verlassen zu müssen.[515] Die **Androhung eines rechtswidrigen Streiks** kann Nötigungsmittel sein; wäre der angedrohte Streik hingegen rechtmäßig, liegt Nötigung nicht vor. Die Streikdrohung ist eine herkömmliche Form des Arbeitskampfes, die zur Verwirklichung der Tarifautonomie erforderlich ist und deshalb den Schutz der Verfassung genießt.[516] Die Geltendmachung eines Zurückbehaltungsrechts an Mandantenunterlagen wegen ausstehender Honorarforderungen durch einen Rechtsanwalt kann rechtswidrig sein, sofern sie zur Unzeit erfolgt.[517]

5. Dreiecksverhältnisse. Das angedrohte Übel kann – wie die Gewalt – unmittelbar gegen den Bedrohten gerichtet sein oder einem Dritten gelten. Dabei muss es sich nicht um eine nahe stehende Person handeln.[518] Die Drohung kann sogar einem Menschen gelten, der dem Bedrohten unbekannt ist[519] und der im Zeitpunkt der Tathandlung noch nicht einmal feststeht.[520] Voraussetzung ist allerdings, dass der Eintritt des Übels auch den Genötigten empfindlich treffen würde,[521] denn das Nötigungsmittel und seine Wirkung sind stets aus der Sicht des Genötigten zu bestimmen. Die Drohung, einen Unbekannten zu verletzen oder zu töten,[522] reicht aus, weil es sich um ein i.S.d. § 255 qualifiziertes Nötigungsmittel handelt. Das angedrohte Übel kann sich im Übrigen für den Genötigten und für den Dritten auf durchaus unterschiedliche Weise darstellen: Bei der sog. **Produkterpressung** genügt es etwa, wenn der Genötigte Umsatzeinbußen infolge von Presseberichten über die Vergiftung eines Käufers seiner Erzeugnisse befürchtet. Gewalt gegen einen Dritten, die sich auf den Genötigten nicht physisch auswirkt, ihn indessen in Sorge um das Wohl des Dritten versetzt, kann unter Umständen Drohung sein, so etwa die Misshandlung einer Geisel, um Angehörige unter Druck zu setzen.[523] Angedrohtes Übel kann auch die Bedrohung eines Dritten sein, so etwa die Drohung, Kunden einzuschüchtern oder unter Druck zu setzen, um sie hierdurch vom Besuch einer Gaststätte oder vom Kauf der Produkte des Genötigten abzuhalten. Auch die Androhung eines unberechtigten Bombenalarms in den Geschäftsräumen des Genötigten gehört zu dieser Fallgruppe. Erforderlich ist aber stets, dass sich die nötigende Drohung gegen die Person richtet, deren Willen gebeugt werden soll.[524] Wird ein Dritter auf der Täterseite eingeschaltet, kommt Anstiftung oder mittelbare Täterschaft in Betracht. Beim **Boykott** ist zu unterscheiden: Die Drohung mit einem Boykottaufruf kann Nötigungsmittel im Verhältnis zu dem Verrufenen sein,[525] aber auch gegenüber dem Adressaten sind Nötigungshandlungen mit dem Ziel der Durchsetzung der Sperre möglich. 83

---

515 BGH NStZ **2011** 156, 157; vgl. oben Rdn. 80.
516 Vgl. BVerfGE **88** 103, 114.
517 BGHR StGB § 240 Abs. 2 Rechtswidrigkeit 3; *Donath/Mehle* NJW **2009** 2509.
518 BGH NStE Nr. 23 zu § 240; offen in BGHR StGB § 177 Abs. 1, Drohung 9.
519 BGHR StGB § 255 Genötigter 1 – Nötigung des Kassiers durch Bedrohung eines Bankkunden.
520 BGHR StGB § 255 Drohung 6 – Produkterpressung.
521 RG Rspr. **3** 316, 317 f; BGHSt **16** 316, 318; **23** 294 ff; GA **61** 82, 83; JZ **1985** 1059 m. Anm. *Zaczyk*; NStZ **1987** 222, 223; *Bohnert* JR **1982** 397 ff.
522 Vgl. etwa BGHSt **38** 83, 86.
523 Vgl. oben Rdn. 56.
524 So schon RGSt **53** 281, 283.
525 Vgl. oben Rdn. 82; **aA** *Simmler* S. 293 ff, der insoweit nur eine Ordnungswidrigkeit annimmt.

84 6. **„Ernstlichkeit" der Drohung.** Ob die Drohung ausführbar ist, ist ohne Bedeutung.[526] Nötigung kann deshalb auch dann vorliegen, wenn der Täter **abergläubische Vorstellungen** des Opfers ausnutzt.[527] Es kommt ferner nicht darauf an, ob die Drohung ernstlich gemeint ist; es genügt, dass sie geeignet ist, einen ernsthaften Eindruck zu machen, der Täter dies weiß oder zumindest billigend in Kauf nimmt und den Willen hat, dadurch zu nötigen.[528] Nicht notwendig ist es, dass der Täter den Betroffenen von der Ernsthaftigkeit seiner Drohung überzeugen will. Denn schon Zweifel daran, ob die Drohung wahr gemacht wird, können die Willensfreiheit des Geschädigten beeinträchtigen.[529] Bei der Auslegung von Bekundungen ist nicht nur vom Wortlaut auszugehen; bei Streitigkeiten zwischen Bekannten o.ä. fallen bisweilen Äußerungen, die einem Außenstehenden bedrohlich erscheinen, aber weder so gemeint sind, noch so verstanden werden.[530] Andererseits muss die Drohung nicht wörtlich ausgesprochen werden; auch ist die Ankündigung eines konkreten Übels nicht erforderlich. Wird unter zweideutigen Ankündigungen **Schutzgeld** in der Sprache der Mafia gefordert, so kann dies als Drohung mit gegenwärtiger Gefahr für Leib oder Leben ausgelegt werden.[531] Nimmt das Opfer die Drohung als ernstlich auf, so werden Feststellungen zur Vorstellung des Täters im Allgemeinen nur dann erforderlich sein, wenn dieser in Abrede stellt, mit der Eignung zur Nötigung gerechnet zu haben.[532] Ohne Bedeutung sind **unterschiedliche Vorstellungen über Art und Verwirklichung des angedrohten Übels** bei Nötiger und Genötigtem. Vollendete Nötigung liegt vor, wenn der Täter die dem Opfer entwendete Waffe für eine schussbereite Feuerwaffe hält, das Opfer aber weiß, dass es sich um eine ungeladene Scheinwaffe handelt und ihren Einsatz nur als Schlagwerkzeug fürchtet,[533] oder wenn sich der mit der Waffe bedrohte Bankangestellte sicher fühlt, aber eine – vom Täter so nicht beabsichtigte – Verletzung von Kunden befürchtet.[534] Die Annahme einer Drohung wird nicht ohne weiteres dadurch ausgeschlossen, dass die Zufügung des in Aussicht gestellten Nachteils von dem ungewissen Eintritt oder Nichteintritt eines weiteren Umstandes abhängen soll und dass der Drohende auf die Erfüllung dieser Bedingung keinen Einfluss hat.[535] Wird ein Übel aber nur **bedingt** angekündigt, kann vom Grad der Ungewissheit des Eintritts der Bedingung abhängen, ob der „Drohende" überhaupt mit dem Willen und in der Vorstellung gehandelt hat, durch seine Äußerung im Anderen Furcht vor der Verwirklichung eines Übels zu erwecken. Je unsicherer und ungewisser der Eintritt der Bedingung ist, an den nach dem Inhalt der Äußerung die Verwirklichung eines Übels geknüpft ist, um so mehr wird sich die Annahme aufdrängen, der Handelnde gehe nicht davon aus, dass der „Bedrohte" die Ankündigung ernst nehmen wird.[536] Drohung kann durch **Unterlassen** verübt werden. Voraussetzung ist aber, dass der Täter die

---

[526] Vgl. RGSt 3 262 ff; BGHSt **23** 296 ff m. Anm. *Küper* NJW **1970** 2253 f.

[527] Vgl. oben Rdn. 80; der Drohende muss aber den Eindruck erwecken, er könne Einfluss auf das drohende Übel nehmen; der Hinweis auf die Macht des Schicksals genügt nicht.

[528] RGSt **12** 194, 198; **60** 157, 158; BGHSt **16** 386, 387; **23** 294, 295 f; **26** 309, 310 f; BGH, Urt. v. 5.8.2010 – 3 StR 210/10 Rdn. 13, zit. nach juris; BayObLG NJW **1963** 824 f.

[529] BGH Urt. v. 5.8.2010 – 3 StR 210/10 zit. nach juris.

[530] Vgl. RGSt **32** 391, 392; BayObLG NJW **1963** 824 f.

[531] Vgl. BGHR StGB § 255 Drohung 7 „mazzetta".

[532] RGSt **32** 102 f; einschränkend BGHR StGB § 255 Drohung 3.

[533] So BGH, Urt. v. 18. Januar 1983 – 1 StR 689/82.

[534] Vgl. BGHR StGB § 255 Drohung 4.

[535] BGH Urt. v. 31. März 1954 – 6 StR 8/54 – Drohung mit Anzeige für den Fall eines politischen Umsturzes.

[536] Vgl. BGHSt **16** 386, 387.

Rechtspflicht hat, eine bestehende Bedrohungslage zu beseitigen.[537] Kein Unterlassen, sondern Drohen durch Tun ist das Herbeiführen einer Lage, in der das Schweigen als beredte Drohung aufgefasst wird. Vom Drohen durch Unterlassen ist die Drohung mit Unterlassen zu unterscheiden.[538] Beide Formen der Drohung können aber zusammentreffen.[539]

7. Drohung mit einem Unterlassen. Auch durch die Ankündigung eines Unterlassens kann ein empfindliches Übel in Aussicht gestellt werden. Dies entspricht allgemeiner Ansicht, soweit der Täter eine Rechtspflicht zum Handeln hat,[540] ist aber umstritten, wenn eine solche Rechtspflicht nicht besteht.[541] Sofern man Nötigung durch die *Androhung rechtmäßigen Handelns* für möglich erachtet, rechtmäßiges Tun mithin nicht grundsätzlich aus dem Bereich des empfindlichen Übels entlässt,[542] liegt es nahe, das Unterlassen nicht anders zu behandeln. Tun und Unterlassen sind mitunter nicht nur schwer zu unterscheiden;[543] sie können auch – werden sie zum Gegenstand einer Drohung gemacht – ähnliches Gewicht besitzen.[544] Ob mit der Erstattung einer Strafanzeige oder mit der **Drohung, eine bereits gestellte Anzeige nicht zurückzunehmen**, erpresst wird, ist in gleichem Maße geeignet, Druck auf den Genötigten auszuüben, und erscheint bei natürlicher Betrachtung als ebenso strafwürdig.[545] **Die Verweigerung rechtlich nicht** 85

---

537 Vgl. *Puppe* JZ **1989** 596, 597; SK-*Horn/Wolters* Rdn. 21; *Sch/Schröder/Eser/Eisele* Rdn. 35 vor § 234; zu denken ist etwa an die stillschweigende Ausnutzung einer unbeabsichtigt herbeigeführten bedrohlich erscheinenden Situation.

538 Vgl. unten Rdn. 85.

539 Wenn etwa die Pflegerin durch Unterlassen die Befürchtung erweckt, sie werde den hilflosen Pflegebefohlenen verhungern oder verkommen lassen.

540 Vgl. BGH GA 60 277, 278; NStZ **1982** 287 (Nr. 8); **2000** 86, 87; OLG Hamburg MDR **1974** 330; NJW **1980** 2592 m. Anm. *Ostendorf*; *Jäger* FS Krey S. 193, *Schubarth* JuS **1981** 726 ff; HK-GS *Rössner/Putz* Rdn. 19.

541 **Bejahend**, wenngleich mit unterschiedlichen Modifizierungen: BGHSt **31** 195 ff; NJW **1993** 1807 f; OLG Oldenburg NStZ **2008** 691 zu § 253 Abs. 1; *Arzt* JZ **1984** 428, 429; *Bergmann* S. 132; *Fischer* Rdn. 34a; *Jäger* FS Krey S. 200 f; *Klein* Zum Nötigungstatbestand, S. 136 ff; *Kohlrausch/Lange* Anm. 1; *Maurach/Schroeder/Maiwald* BT Teilbd. 1 § 13 II Rdn. 27; *Niese* Streik und Strafrecht, S. 18, 22; *Sch/Schröder/Eser/Eisele* Rdn. 20a; *Stoffers* JR **1988** 492; *Volk* JR **1981** 274, 277; **verneinend:** BGH NStZ **1982** 287 (Nr. 8); OLG Hamburg MDR **1970** 330; *Haffke* ZStW **84** (1972) 37, 71; *Horn* NStZ **1983** 497; *Jakobs* FS Peters S. 69, 88; *Roxin* JuS **1964** 373, 377; einschränkend aber JR **1983** 333 ff; *Schubarth* JuS **1981** 726 ff; *Schünemann* MSchrKrim **1970** 250, 261; SK-*Horn/Wolters* Rdn. 16; unentschieden nunmehr BGHSt **44** 68, 75 betreffend einen Fall staatlich veranlassten Unrechts in der ehemaligen DDR; dazu Anmerkungen von *Lagodny/Hesse* JZ **1999** 313 ff und *Sinn* NStZ **2000** 195 ff. Zur Rechtsprechung des Reichsgerichts zu § 253 StGB a.F. vgl. *Timpe* Nötigung S. 161 (beim ursprünglichen Nötigungstatbestand konnte das Problem nicht auftreten, vgl. BGHSt **31** 195, 199; dem Vorschlag des AE, die Drohung mit einem straflosen Unterlassen vom Tatbestand auszunehmen, ist der Gesetzgeber nicht gefolgt).

542 Vgl. oben Rdn. 82; dazu auch *Volk* JR **1981** 274, 275.

543 *Schubarth* NStZ **1983** 312; *Horn* NStZ **1983** 498; *Keller* Zum Nötigungstatbestand S. 9 ff.

544 Für den Motivationsdruck, der von einer Drohung ausgeht, und damit für die Frage des „empfindlichen" Übels ist es nicht entscheidend, ob ein Tun oder ein Unterlassen in Aussicht gestellt wird und ob das angedrohte Verhalten rechtswidrig ist. Maßgeblich ist allein, mit welchen nachteiligen Folgen das Opfer zu rechnen hat, kommt es dem Verlangen des Täters nicht nach.

545 BGHSt **31** 195 ff; *Volk* JR **1981** 274, 276; vgl. auch SK-*Horn/Wolters* Rdn. 43 f, die allerdings – zu weit gehend – die Drohung mit der Zufügung eines erlaubten Übels

geschuldeten Verhaltens kann ein Übel sein und vom Opfer so empfunden werden.[546] „Vorenthalten eines Vorteils" und „Übel" sind keine sich ausschließenden Begriffe,[547] sondern können auf dasselbe Verhalten passen, je nachdem, ob es aus der Perspektive des Täters oder des Opfers gesehen wird. Dass die an Bedingungen geknüpfte Drohung, ein nicht geschuldetes Tun zu unterlassen, den Freiheitsbereich des Bedrohten erweitere und nicht beschränke,[548] kann so nicht immer gesagt werden. Der Drohende gewährt zwar in einem Bereich mehr Freiheit, indem er Hilfe in Aussicht stellt, nimmt sie aber dort wieder weg, wo er das Opfer unter Druck setzt, seinem Willen nachzugeben. Dass die unter Druck zu treffende Wahl einen zusätzlichen Freiheitsraum schaffe, wird nicht in jedem Fall zutreffen.[549] Der Einwand, das Unterlassen eines nicht zum Handeln Verpflichteten sei als allgemeines Lebensrisiko hinzunehmen,[550] greift zu kurz: Für rechtmäßiges *Tun* könnte nichts anderes gelten, obschon das Androhen solchen Tuns nach nahezu allgemeiner Ansicht Nötigungsmittel sein kann. Entscheidend ist nicht, was der Täter tun oder unterlassen darf und ob das Opfer dieses Verhalten hinzunehmen hätte. Es kommt ausschließlich darauf an, wie die Drohung zu bewerten ist.[551] In Notlagen steht es dem nicht Handlungspflichtigen zwar regelmäßig frei, seine Hilfe zu leisten oder zu verweigern. Es ist ihm aber nicht erlaubt, das Hilfsangebot mit inadäquaten Forderungen zu verknüpfen, weil er dadurch das Opfer neuen Pressionen aussetzt. Dieses wird häufig überfordert und in seinen Entschlüssen nicht frei (d.h. eben nicht „autonom") sein; seine Lage ist mit der eines Bewucherten vergleichbar.[552] Deshalb kann Nötigung vorliegen, wenn der Täter eine Schwächesituation des Opfers ausbeutet, indem er seine Hilfe an unangemessene Bedingungen knüpft.[553] Unter diesem Blickwinkel kommt es nicht darauf an, ob das in Aussicht gestellte Handeln rechtmäßig oder rechtswidrig wäre. Auch die Drohung, ein rechtlich verbotenes Handeln zu unterlassen, kann Mittel der Nötigung sein.[554] Dass die sog. **Sanktionsschere** in der strafprozessualen Absprachen- oder Verständigungspraxis auch dann als freiheitsbeschränkendes Druckmittel gesehen wird, wenn keine übersetzte Strafe angedroht wird,[555] widerlegt die These, wonach das Angebot einer nicht geschuldeten Leistung die Freiheit stets erweitere.

86 Nach der Rechtsprechung des **BGH** ist durch normative Wertung aller Umstände zu prüfen, ob das Inaussichtstellen eines *nicht rechtswidrigen oder rechtlich gar gebotenen* Unterlassens eine verwerfliche Drohung mit einem empfindlichen Übel darstellen kann.

---

generell von der Strafbarkeit als Nötigung ausnehmen und gegebenfalls Wucher annehmen wollen.

546 *Roxin* JR **1983** 333, 336.

547 So wohl *Pelke* Die strafrechtliche Bedeutung der Begriffe „Vorteil" und „Übel" S. 82 f, 147 f; *Schroeder* JZ **1983** 284; *Volk* JR **1981** 274, 275.

548 *Jakobs* FS Peters S. 69 ff (76, 82); SK-*Horn/Wolters* Rdn. 16; ähnlich *Wessels/Hettinger* § 8 III 3 (Rdn. 414); *Gutmann* S. 278.

549 Vgl. *Keller* S. 87; *Sonnen* JA **1982** 371; in anderem Zusammenhang auch Kölbel NStZ **2003** 232, 235, der darauf hinweist, dass der von einer Strafmilderungsofferte im Rahmen einer Verfahrensabsprache ausgehende Geständnisdruck grundrechtsbeschränkende Wirkung haben kann.

550 *Frohn* StV **1983** 365 f; *Roxin* JuS **1964** 373, 377.

551 *Sch/Schröder/Eser/Eisele* Rdn. 20a; *Fischer* Rdn. 34, 34a; *Stoffers* JR **1988** 492, 496.

552 Wucher und Erpressung können in Tateinheit stehen, vgl. RG GA **46** 318.

553 Vgl. *Volk* JR **1981** 274, 277; grundsätzlich **aA** *Gutmann* S. 276 mit der Erwägung, die Konnexität zwischen Drohung und Forderung sei „freiheitsindifferent".

554 OLG Oldenburg NStZ **2008** 691: Das Angebot, gegen Entgelt Einfluss auf den sachbearbeitenden Staatsanwalt zu nehmen mit dem Ziel der Einstellung eines Ermittlungsverfahrens kann Erpressung sein.

555 BGHSt **50** 40, 50.

So wurde Nötigung im Fall eines Kaufhausdetektivs bejaht, der die Rücknahme einer Anzeige wegen (Laden-)Diebstahls an die Bedingung sexueller „Gegenleistungen" knüpfte.[556] Bei der Beurteilung solcher Fallgestaltungen sollen nach BGHSt **31** 195 die folgenden **einschränkenden Kriterien** zu beachten sein: 1. Der Nachteil muss von solcher Erheblichkeit sein, dass seine Ankündigung geeignet erscheint, den Bedrohten im Sinne des Täterverlangens zu motivieren. Diese nicht nur faktische, sondern normative Bedingung liegt nicht vor, wenn nach der Lage des Einzelfalls von dem konkreten Bedrohten in seiner Lage erwartet werden kann, dass er der Bedrohung in besonnener Selbstbehauptung standhält.[557] 2. Der Täter muss tatsächlich oder nach den Befürchtungen des Opfers Herr des Geschehens in dem Sinne sein, dass die Herbeiführung oder Verhinderung des angekündigten Nachteils in seiner Macht steht oder zu stehen scheint. 3. Die Verwerflichkeit der Koppelung von Mittel und Zweck entfällt, wenn nur der Handlungsspielraum erweitert, die Autonomie der Entschlüsse des Betroffenen aber nicht in strafwürdiger Weise beeinträchtigt wird.

Bedeutung und Nutzen dieser Einschränkungen sind fragwürdig.[558] Dass der Drohende **Herr des Geschehens** zu sein oder als solcher zu scheinen hat, enthält eine Voraussetzung, die sich ohnedies aus dem Begriff der Drohung ergibt.[559] Der Hinweis, es fehle wegen mangelnder Motivationskraft an der Empfindlichkeit des angedrohten Übels, wenn vom Bedrohten in seiner Lage erwartet werden kann, dass er der Bedrohung standhält, soll nach der Rechtsprechung auch für die Drohung mit aktivem Tun gelten;[560] der BGH hält diese im **Selbstbehauptungsprinzip**[561] wurzelnde Anforderung augenscheinlich auch bei der Anwendung von Gewalt für geboten.[562] Soweit auf die Erweiterung des Handlungsspielraums des Bedrohten und auf die Autonomie seiner Entschlüsse abgestellt wird, scheint die Entscheidung dem **Autonomieprinzip**[563] zu folgen. Praktisch wird dieses aber verneint, weil vom Standpunkt dieser Lehre im entschiedenen Fall eine Erweiterung des Handlungsspielraums angenommen und Nötigung abgelehnt werden müsste. Die Problematik der Abgrenzung wird hauptsächlich auf die Ebene der Verwerflichkeitsprüfung verlagert.[564] Wegen der Weite und Unbestimmtheit der Verwerflichkeitsklausel ist dies zwar nicht unbedenklich; die damit verbundenen Schwierigkeiten sind jedoch hinzunehmen, weil ansonsten keine Kriterien ersichtlich sind, die eine bessere Abgrenzung des strafwürdigen Unrechts ermöglichen könnten. Soweit demgegenüber bisweilen das Vorliegen eines Verstoßes gegen elementare sozialethische Grundsätze gefordert wird,[565] ist – jedenfalls was die Bestimmtheit angeht – gegenüber der allgemeinen Verwerflichkeitsklausel nichts oder wenig gewonnen. Hat der Täter eine gewisse Erwartung auf die (bedingungslose) Vornahme der Handlung hervorgerufen, so *kann* dies zwar ein beachtlicher Gesichtspunkt sein,[566] zumal die Schaffung eines Vertrauenstatbestandes u.U. eine Rechtspflicht zum Handeln begründet. Aber nicht jede Erwartung ist schutz- 87

[556] BGHSt **31** 195 ff, NStZ **1983** 311 m. Anm. *Schubarth*; ähnlich NStZ **2000** 86 f – Nötigung zur Prostitution durch Vorenthalten von Ausweispapieren. Nach OLG Karlsruhe NJW **2004** 3724 f begeht ein Kaufhausdetektiv, der eine Anzeige gegen Entgelt „fallen lässt" auch dann Erpressung, wenn der Vorschlag auf ein Angebot des ertappten Diebs zurückgeht.

[557] Vgl. dazu auch BGHSt **32** 195 ff; NStZ **1992** 278 (Nr. 6) sowie oben Rdn. 82.

[558] So auch *Gutmann* S. 298 ff.

[559] Vgl. Rdn. 57.

[560] Vgl. etwa BGH NStZ **1992** 278 (Nr. 6).

[561] Vgl. *Arzt* FS Spendel S. 836; *Volk* JR **1981** 274, 275.

[562] BGHSt **32** 165 (174); Vgl. oben Rdn. 6.

[563] Vgl. *Roxin* JuS **1964** 373 ff, einschränkend JR **1983** 333, 335 ff.

[564] Vgl. *Klein* Zum Nötigungstatbestand S. 118.

[565] Vgl. *Hansen* Die tatbestandliche Erfassung von Nötigungsunrecht S. 130.

[566] Vgl. *Schroeder* JR **1977** 357, 358.

würdig und strafwürdiger Zwang kann nicht nur bei bereits bestehendem Kontakt ausgeübt werden.[567] Nicht sachgerecht ist es ferner, die Strafbarkeit auf solche Fälle zu beschränken, in denen es um die Abwendung eines vom Drohenden oder von einem Dritten bereits in Gang gesetzten aber noch bevorstehenden Übels geht.[568] Auf der Grundlage des Autonomieprinzips ist diese Einschränkung nicht begründbar, weil der Täter nicht handeln muss und das Opfer den rechtmäßig in Gang gesetzten Kausalverlauf als Belastung seines Lebensbereichs hinnehmen müsste. Ferner sind Sachverhalte denkbar, in denen die Fortdauer eines (bereits eingetretenen) Übels ein besonderes, dem Eintritt eines neuen Übels gleichstehendes Gewicht besitzt. Der Begriff der Drohung würde verkürzt, wenn stets das Inaussichtstellen eines neuen Übels im Sinne einer Verschlechterung der gegenwärtigen Lage vorauszusetzen wäre.[569]

88 Die Drohung mit einem **nicht pflichtwidrigen Unterlassen** ist danach im Wesentlichen so zu behandeln, wie die Drohung mit einem rechtmäßigen Tun. Allerdings kann sich die Minderbewertung, die das Unterlassen gegenüber dem aktiven Tun im Recht erfährt (vgl. § 13), in dem Sinne auswirken, dass Bagatellfälle konsequent auszuscheiden sind. Deshalb ist zu fordern, dass dem Opfer ein gewichtiger Nachteil droht, soll das Unterlassen ein dem aktiven Tun gleichstehendes „empfindliches" Übel sein. Keine Nötigung liegt deshalb vor, wenn der Regisseur einer Schauspielerin ankündigt, er werde ihr eine Rolle nicht geben, wenn sie nicht mit ihm schlafe. Dass die Entscheidung BGHSt **31** 195 der Sache nach richtig ist, lässt sich kaum bestreiten. Bei natürlicher Betrachtung erscheint die unter Druck gesetzte Diebin als Opfer fremdbestimmenden Zwangs und gerade nicht als frei handelnde Person, die sich gleich einer Prostituierten nicht geschuldete oder nicht verdiente Vorteile durch sexuelle Handlungen zu erkaufen sucht. Erpressung liegt vor, wenn eine Schmiergeldforderung mit der Drohung verknüpft wird, eine **laufende Geschäftsbeziehung** auf die der Bedrohte existentiell angewiesen ist, nicht fortzuführen.[570] Ob die Verknüpfung des Angebots, in einem **DDR – Ausreiseverfahren** als Anwalt zu vermitteln, mit der Forderung nach vorheriger Übertragung eines Grundstücks die Androhung eines empfindlichen Übels darstellte, hat der BGH offen gelassen,[571] weil die Tat jedenfalls nicht rechtswidrig gewesen sei.[572] Die zu diesem Ergebnis führende Er-

---

567 Vgl. *Volk* JR **1981** 274, 277.

568 *Roxin* JR **1983** 333, 336; zustimmend *Herdegen* LK[11] § 253 Anm. 4 („Eingriffsunterlassensnötigung"); zustimmend *Vogel* LK § 253 Rdn. 11; Matt/Renzikowski/*Eidam* Rdn. 42, mglw. auch *Fischer* Rdn. 34a; **kritisch** *Gutmann* S. 308 ff.

569 So BGHSt **44** 68, 76, **aA** aber *Herdegen* LK[11] § 253 Rdn. 4 und im Anschluss daran Vogel LK § 253 Rdn. 11; *Jäger* FS Krey S. 200, der allerdings Rückausnahmen von diesem Grundsatz für geboten erachtet.

570 BGH NJW **1999** 800, 801. Der entschiedene Fall weist aber zwei Besonderheiten auf: Zum einen war der Drohende gesetzlich (§ 299; früher § 12 UWG) und vertraglich verpflichtet, die Vergabe von Aufträgen nicht an das sachfremde Kriterium des Schmiergeldes zu knüpfen; das angedrohte Unterlassen war deshalb jedenfalls in dem Sinne rechtswidrig, als es so nicht motiviert sein durfte. Zum anderen kann die Aufkündigung einer Geschäftsbeziehung auch als Tun begriffen werden.

571 Vgl. BGHSt **44** 68, 74 zum Merkmal „Drohen mit einem schweren Nachteil" i.S.d. Erpressungs- bzw. Nötigungstatbestände im Strafrecht der ehem. DDR (§ 127, § 129); Anm. *Lagodny/Hesse* JZ **1999** 313 ff; *Sinn* NStZ **2000** 195 ff.

572 Dagegen KG, Beschl. v. 12.11.1998 – 5 Ws 763/97. In der Tat bestehen Bedenken gegen die Anwendung der Verwerflichkeitsklausel, die das DDR – Recht nicht kannte (vgl. *Sinn* NStZ **2000** 196); insoweit ist allerdings festzustellen, dass das Recht der DDR – möglicherweise in entsprechender Anwendung des § 3 StGB-DDR – zu ähnlichen Ergebnissen gelangte wie das in den alten Bundesländern geltende Recht.

wägung, eine Ausreisegenehmigung sei ohne Grundstücksübertragung in jedem Fall versagt worden, lässt eher daran denken, dass sich der Fordernde nicht als „Herr des Geschehens" gerierte, mithin nicht „Drohender" sondern „Warnender" war.[573] Die Frage der Beihilfe zu einer Erpressung oder Nötigung eines DDR-Entscheidungsträgers wurde vom Senat im Blick auf die durch § 258 StGB-DDR (Handeln auf Befehl) gezogenen Grenzen der Strafbarkeit verneint.[574]

VI. Die Tathandlung

1. Allgemeines. Die **Tathandlung** besteht in der Nötigung zu einem vom Genötigten ursprünglich nicht gewollten Verhalten, – zu einer Handlung (= positives Tun), zu einer Duldung (= Hinnahme, Ertragen) des Tuns des Täters oder zu einer Unterlassung (= Nichtvornahme beabsichtigten Tuns) – indem der Täter dem Opfer seinen Willen zu dem erstrebten Verhalten aufzwingt oder aufdrängt. Gemeinhin wird Nötigen mit Zwingen gleichgesetzt.[575] Nach der hier vertretenen Meinung ist dieses Verständnis zu eng, es sei denn, man rechnet auch die Willensbeeinflussung durch nachhaltiges Bitten oder durch Überreden zum Zwang.[576] Erfasst ist **jede Einwirkung auf den Willen** des anderen.[577] Eine Beugung des Willens, also seine bewusste Anpassung an das vom Täter Gewollte ist aber nicht erforderlich und muss auch nicht beabsichtigt sein. Nötigung (etwa zu einem Dulden) kann nach h.M. auch dann vorliegen, wenn eine Willensbildung (so etwa durch Betäuben) von vornherein ausgeschlossen wird.[578] Andererseits kann Nötigung auch dann gegeben sein, wenn sich der Genötigte erst nach reiflicher Überlegung in die Zwangslage fügt;[579] Übereilung setzt der Tatbestand nicht voraus. Keine Nötigung ist indessen das überraschende Wegnehmen einer Sache und (generell) die **Überraschungsgewalt**: Der schnelle Schlag gegen die Genitalregion kann zwar sexuelle Handlung (§ 184c Nr. 1) sein, ist aber keine sexuelle Nötigung;[580] die überraschende Wegnahme einer Handtasche ist kein Raub.[581] Der Tatbestand entfällt nicht dadurch, dass der Genötigte *an unerlaubtem Handeln* gehindert wird,[582] dies kann aber unter dem Blickwinkel der Verwerflichkeitsklausel des Abs. 2 von Bedeutung sein. Das **Einverständnis** des Betroffenen schließt den Tatbestand aus, wenn es bereits vor der Tat vorliegt und während der Tat noch anhält, da in diesem Fall auf Willensentschließung oder Willensbetätigung nicht nötigend eingewirkt wird; die Veranlassung zu einem Verhalten, zu dem das Opfer ohnedies entschlossen ist, ist keine – jedenfalls keine vollendete – Nötigung.[583] **89**

573 Vgl. *Jäger* FS Krey S. 198; *Lagodny/Hesse* JZ **1999** 313, 315; s. auch Rdn. 57.

574 BGHSt **44** 68, 79 unter Bezugnahme auf BGHSt **44** 52, 61.

575 Vgl. *Kargl* FS Roxin S. 906 f m.w.N.

576 Zu diesen Mitteln der Nötigung vgl. *Grimm* Deutsches Wörterbuch, 7. Aufl. (1970), 943. Nach BVerfG – Kammer – NStZ **2005** 30 kann der Nötigungsbegriff in unterschiedlichen Vorschriften verschiedene Bedeutung haben.

577 Vgl. BGHSt **45** 253, 258 f = NStZ **2000** 140, 141 m. Anm. *Fischer*.

578 Vgl. oben Rdn. 45; zur Gegenmeinung Rdn. 46 f; vgl. auch *Lenckner* JR **1983** 159, 160.

579 Vgl. etwa RGSt **64** 16 f.

580 BGHSt **31** 76 m. Anm. *Lenckner* JR **1983** 159, 160; zum Handtaschenraub vgl. *Vogel* LK § 249 Rdn. 12; zur Strafbarkeit einer überraschenden sexuellen Attacke als Beleidigung: OLG Bamberg, Urt. v. 28.9.2006 – 3 Ss 48/06.

581 BGHR StGB § 249 Abs. 1 Gewalt 6; **aA** noch BGHSt **18** 329, 330 f der hier von der Überwindung eines nur erwarteten Widerstandes ausging, der für die Erfüllung des Tatbestandes genüge; weitere Nachw. bei *Vogel* LK § 249 Rdn. 12.

582 BayObLG bei *Janiszewski* NStZ **1986** 541.

583 **AA** möglicherweise *Kargl* FS Roxin S. 914.

Maßgebend ist der Zeitpunkt des abgenötigten Verhaltens: Vollendete räuberische Erpressung liegt deshalb vor, wenn ein Passant von einem aggressiven Bettler gewaltsam zur Herausgabe seiner Barschaft genötigt wird, mag er auch ursprünglich zu einer Spende entschlossen gewesen sein. Andererseits ist es unschädlich, wenn die Initiative zu der Tat von dem (nicht freien) Opfer ausgeht: Das Angebot eine Strafanzeige gegen Entgelt „fallen zu lassen" kann auch dann Erpressung sein, wenn es ursprünglich auf einen Vorschlag des Täters zurückgeht.[584] **Ohne Bedeutung sind die Empfindungen des Opfers,** wenn es sein Verhalten nicht an seinem Willen, sondern an dem des Täters ausrichtet.[585] Nötigung liegt also auch dann vor, wenn die vor einer Blockade zum Halt gebrachten Personen das Geschehen belustigt oder – etwa wegen des Dienstausfalls – erfreut zur Kenntnis nehmen. Allein entscheidend ist, dass sie an ihrem ursprünglichen Vorhaben gewaltsam gehindert wurden. Ist der nötigende Zwang in diesem Sinne für das Verhalten des Opfers ursächlich geworden, spielt es keine Rolle, ob der Genötigte sich auch ohne die Einwirkung des Nötigungsmittels so verhalten, etwa einer höflichen Bitte ohne weiteres entsprochen hätte. War der Druck seitens des Täters wenigstens mitbestimmend, so entfällt seine Ursächlichkeit nicht deshalb, weil daneben noch ein anderer Beweggrund vorlag, der für sich allein zu demselben Entschluss hätte führen können. Auch hier gilt der Grundsatz, dass der tatsächliche Verlauf einer Willensbildung seine rechtliche Bedeutung nicht dadurch verliert, dass an seine Stelle ein anderer hätte treten können, aber nicht getreten ist.[586] Dass das Opfer unter dem Druck des Nötigungsmittels von sich aus die vom Täter erstrebte Leistung erbringt, etwa ohne ausdrückliche Aufforderung einen Geldbetrag anbietet, steht der Erfüllung des Tatbestands nicht entgegen.[587] Keine Nötigung ist der Einsatz eines Druckmittels, ohne dass der Täter ein konkretes Nötigungsziel verfolgt. Schließt der Bürgermeister einen Unternehmer von der Vergabe öffentlicher Aufträge aus, weil er sich über dessen Kritik geärgert hat, so ist dies zwar verwaltungsrechtswidrig, erfüllt aber den Tatbestand der Nötigung nicht, sofern der Betroffene nicht zu einem bestimmten Verhalten angehalten werden soll. Das generelle Ziel, den Gegner zu einem grundsätzlichen Wohlverhalten zu zwingen oder ihm „den Mund zu stopfen", reicht nicht aus.[588] Zur Zeit des Einsatzes des Nötigungsmittels muss das abgenötigte Verhalten indessen noch nicht konkretisiert sein. Wird eine Prostituierte von ihrem Zuhälter gewaltsam dazu gezwungen, entgegen ihrem erklärten Willen auch übergewichtige Freier zu akzeptieren, liegt sexuelle Nötigung/Vergewaltigung vor, sobald es zu einem solchen, von dem Opfer abgelehnten Verkehr kommt. Nicht erforderlich ist, dass die sexuelle Handlung oder die Person des Dritten bereits im Zeitpunkt der Nötigungshandlung individuell bestimmt ist.[589]

90 **2. Vollendung/Versuch.** Die Nötigung ist als Erfolgsdelikt ausgestaltet. Die Anwendung des Nötigungsmittels muss in kausalem Sinn zu dem vom Täter geforderten Verhalten des Opfers führen.[590] Die **Vollendung** der Tat setzt indessen nicht voraus, dass die Nötigungshandlung zu dem vom Täter erstrebten (End-)Erfolg geführt hat. Geschütztes

---

584 BGH bei Dallinger MDR **1952** 408; OLG Karlsruhe NJW **2004** 3724 f; vgl. auch BGHSt **44** 68 ff (Freikauf aus der ehemaligen DDR).

585 OLG Stuttgart NJW **1989** 1620, 1621; SK-*Horn/Wolters* Rdn. 7a; *Jakobs* Gedächtnisschrift H. Kaufmann S. 791, 800; **aA** *Schroeder* NJW **1985** 2392, 2393.

586 Vgl. BGHSt **13** 13, 14f zur Frage der Ursächlichkeit des Irrtums beim Betrug.

587 Vgl. BGHR StGB § 253 Abs. 1 Drohung 4.

588 Vgl. OLG Frankfurt/Main NStZ **2000** 146.

589 BGH NStZ **2004** 682 f; zur Abgrenzung zwischen sexueller Nötigung und Menschenhandel vgl. BGH bei Holtz MDR **1983** 984.

590 BGHSt **33** 350 353.

Rechtsgut ist die Freiheit des Genötigten; diese ist bereits dann beeinträchtigt, wenn das Opfer beginnt, sich dem Willen des Täters zu beugen. Diese Wirkung muss nach außen hin erkennbar werden. Zielt die Nötigung auf ein Handeln, tritt Vollendung ein, sobald das Opfer unter der Einwirkung des Nötigungsmittels mit der vom Täter **geforderten Handlung beginnt.**[591] Dabei ist der Beginn schon früh anzunehmen; geht der Zwang auf den Bau eines Hauses, so ist damit schon begonnen, wenn der Genötigte sich Werkzeuge und Materialien beschafft oder sonstige Vorbereitungen trifft.[592] Beim Zwang zu einem Unterlassen gilt Entsprechendes. Auch hier entscheidet nicht die vom Täter letztlich erstrebte vollständige und endgültige Aufgabe der beabsichtigten Handlung, sondern bereits die nach außen erkennbare Beeinträchtigung der Willensfreiheit des Opfers. Will der Täter ein Tun verhindern, das der Betroffene jederzeit vornehmen und zu dem er sich jederzeit entschließen könnte, ist die Tat vollendet, sobald das Tun unter dem Eindruck des Nötigungsmittels auch nur vorläufig aufgeschoben wird. Vollendung – nicht nur Versuch – ist gegeben, wenn der Genötigte zunächst nachgibt, sich sodann aber ermannt und doch noch tätig wird.[593] Vollendete Nötigung liegt auch vor, wenn das Opfer eine Strafanzeige vorübergehend unterlässt, mag es auch fest entschlossen sein, dies alsbald nach dem Wegfall des Zwangs nachzuholen. Schaltet der Täter die Willensfreiheit des Opfers durch absoluten Zwang aus, so ist damit die Tat vollendet. Wendet er **vis compulsiva** an, tritt Vollendung ein, sobald sich der Genötigte dem Zwang beugt und dies nach außen zutage tritt. In beiden Fällen kommt es nicht auf einen hypothetischen Zeitpunkt an, in dem das Opfer bei einem nicht durch das Nötigungsmittel beeinflussten Lauf der Dinge die Handlung mutmaßlich vorgenommen hätte.[594] Vollendete Nötigung liegt auch dann vor, wenn sich der zunächst unschlüssige Betroffene erst unter dem Eindruck des Nötigungsmittels zur Erstattung einer Strafanzeige entschließt, die Verwirklichung seines Entschlusses aber unter dem Druck des Täters aufschiebt oder aufgibt.[595] Dass der Einsatz des Nötigungsmittels „unter dem Strich" nicht zu einer Verhaltensänderung geführt hat, stellt weder den Ursachenzusammenhang noch die Vollendung der Tat in Frage. Das Zeitmoment ist von Bedeutung, wenn der Täter das Opfer von einem Tun abhalten will, das *nur* zu einem bestimmten Zeitpunkt stattfinden soll; hier kommt es auf diesen Zeitpunkt an: Keine Vollendung ist danach gegeben, wenn der Täter das Opfer niederschlägt, um es von der Wahrnehmung eines Termins abzuhalten, das Opfer aber vorher erwacht und den Termin wahrnimmt. Weder Vollendung noch Versuch liegt vor, wenn der Täter mit unklarem Motiv das Opfer niederwirft und am Boden kurzfristig fixiert, an weiteren Übergriffen sodann gehindert wird: Die vom Täter erstrebte Handlung des Opfers muss über die mit der Körperverletzung verbundene Beeinträchtigung hinausgehen; der Nachweis einer versuchten Eigentums- oder Sexualstraftat scheitert an der fehlenden Aufklärbarkeit des Vorsatzes.[596] Ähnliche Probleme können auftreten, wenn es dem Täter bei einem möglicherweise *nicht ernst gemeinten Überfall* letztlich nur darum geht, festgenommen zu werden: Der Versuch eines Raubs setzt den Nachweis voraus, dass eine Wegnahme – zumindest als Zwischenziel – beabsichtigt war; Nötigung zur Benachrichtigung der Polizei kommt in der Regel nicht in Betracht, weil dieses Verhalten vom Opfer nicht

591 RGSt **64** 16 f; BGH bei Holtz MDR **1979** 280 f; NStZ **1987** 70 f; BGHR StGB § 240 Nötigungserfolg 3,4; KG JR **1979** 162, 163.

592 SK-*Horn/Wolters* Rdn. 5, **kritisch** Matt/Renzikowski/*Eidam* Rdn. 51.

593 *Schaffstein* FS Dreher S. 147, 160.

594 *Sch/Schröder/Eser/Eisele* Rdn. 13; **aA** SK-*Horn/Wolters* Rdn. 25; *Schaffstein* FS Dreher, S. 160 f.

595 Etwa weil er erst jetzt den Ernst der Lage erkennt oder sich die Einmischung in seine Belange nicht bieten lassen will.

596 BGH NStZ-RR **2006** 77 unter Hinweis auf *Hruschka* NJW **1996** 160, 162.

verlangt wurde.[597] Strebt der Täter einen Enderfolg an, der über ein abgenötigtes Zwischenziel erreicht werden soll, so ist für die Frage der Vollendung dieses Zwischenziel bestimmend. Will der er etwa eine Frau gewaltsam entführen, um sich sodann an ihr zu vergehen, ist die Nötigung vollendet, sobald er das Opfer in sein Fahrzeug gedrängt hat.[598] Anders verhält es sich aber, wenn der genötigte Schuldner Ratenzahlungen verspricht, sodann aber nicht einhält: Hier liegt nur Versuch vor, weil die erstrebte Handlung noch nicht begonnen wurde. Der Täter kann deshalb noch mit strafbefreiender Wirkung zurücktreten.[599] Vergleichbar ist der Fall, dass das Opfer dazu genötigt werden soll, eine Erklärung vor einer bestimmten Stelle abzugeben: Die Tat ist nicht vollendet, wenn sich das Opfer zwar zu dieser Stelle begibt, die Erklärung aber nicht abgibt, weil die Ortsveränderung noch keine Vorstufe des gewollten Enderfolgs darstellt.[600] Die Nötigung zum Unterlassen soll voraussetzen, dass das Opfer willens oder in der Lage gewesen wäre, die betreffende Handlung vorzunehmen;[601] konsequenter und vorzugswürdig ist es aber, Vollendung auch dann anzunehmen, wenn der Genötigte zur *Aufgabe eines untauglichen Versuchs* gezwungen wird. Die Vollendung wird ferner nicht dadurch in Frage gestellt, dass neben dem Druck des Täters weitere Bedingungen als „Reserveursachen“ in Bereitschaft standen, die letztlich zu dem gleichen Ergebnis geführt hätten,[602] wenn sie denn zum Tragen gekommen wären.

91 Zur Vollendung der gegen die Willensbetätigungsfreiheit durch Gewalt oder durch Drohung gerichteten Nötigung gehört regelmäßig das **Bewusstsein des Opfers, unter Zwang zu stehen**. Die Freiheitsberaubung ist mit dem Einsperren des Opfers beendet;[603] Nötigung liegt aber erst dann vor, wenn das Opfer dies auch bemerkt.[604] Anders verhält es sich indessen, wenn das Nötigungsmittel bereits die Willensbildung unterdrückt, der Täter etwa dem Genötigten betäubende Mittel beibringt oder es hinterrücks niederschlägt. Zwischen Nötigungsmittel und Nötigungserfolg muss ferner ein ursächlicher Zusammenhang bestehen. Beim Merkmal der Gewalt reicht dies – jedenfalls in der Regel – auch aus. Ein darüber hinausgehender *„Unmittelbarkeitszusammenhang“*, etwa in dem Sinne, dass das abgenötigte Verhalten unter der direkten Gewalteinwirkung des Täters zustande kommt, ist nicht gefordert; vollendete Nötigung liegt etwa auch dann vor, wenn die Polizei anlässlich einer Blockadeaktion den Verkehr anhält.[605] Eine auf ein bestimmtes Verhalten gerichtete Drohung muss aber, um ursächlich zu sein, bis zum Erfolg fortwirken. Dabei genügt es allerdings, wenn die Furcht vor der Verwirklichung der Drohung nur mitwirkende oder mittelbare Triebfeder für das Verhalten des Opfers ist. Vollendung, nicht nur Versuch liegt deshalb vor, wenn das Erpressungsopfer auf den Rat der Polizei hin zahlt[606] oder der Bankangestellte sich aufgrund bankinterner Weisung dem Verlangen des Täters beugt.[607] Anderes gilt aber dann, wenn der Bedrohte die verlangte Handlung gänzlich unbeeinflusst von der Drohung vornimmt, etwa freiwillig handelt oder gar den Spieß herumdreht und nur scheinbar mitwirkt, um den Täter zu überführen.[608] Am erforderlichen Wirkungszusammenhang zwischen Nötigungsmittel und

---

597 Vgl. BGH NStZ **2004** 385, 386.
598 BGH NStZ **1987** 70, 71.
599 Vgl. BGH NStZ **1996** 96, 97.
600 BGH NStZ **2004** 442, 443.
601 Vgl. *Sch/Schröder/Eser/Eisele* Rdn. 14a.
602 Vgl. BGHSt **13** 13 ff zur Ursächlichkeit einer Täuschungshandlung beim Betrug.
603 BGHSt **14** 314, 315 f **aA** noch RGSt **33** 234, 236.
604 *Sch/Schröder/Eser/Eisele* Rdn. 13.
605 Vgl. oben Rdn. 57.
606 BGHSt **41** 368, 371; BGH NJW **1997** 265 ff = JR **1999** 117 m. Anm. *Joerden.*
607 BGH NJW **1989** 176.
608 BGH bei Dallinger, MDR **1953** 722; OLG Hamburg JR **1974** 473 m. Anm. *Jakobs.*

Nötigungserfolg fehlt es auch dann, wenn das Opfer mit dem ihm abverlangten Verhalten einverstanden ist und dies seinem Willen entspricht.[609] In diesen Fällen kommt Versuch in Betracht.

Versuch liegt vor, wenn der Täter mit der Anwendung der Nötigungsmittel nur begonnen oder sie zwar angewandt hat, der Erfolg aber ausgeblieben ist.[610] Nur Versuch ist ferner gegeben, wenn der Genötigte keinen Entschluss gefasst hat[611] oder sich zu dem geforderten Verhalten zwar entschlossen, seinen Entschluss aber noch nicht nach außen betätigt hat. **92**

VII. Die Rechtswidrigkeitsregel des Abs. 2 im Allgemeinen

1. Allgemeines. Die durch die Rechtsangleichungsverordnung 1943 geschaffene Regelung des § 240 Abs. 2 ist Folge der gleichzeitigen Erweiterung des Tatbestandsmerkmals der Drohung, für dessen Erfüllung nunmehr die **Androhung jedes empfindlichen Übels** genügte. Der Tatbestand erfasste danach eine solche Vielzahl nicht strafwürdiger Verhaltensweisen, dass seine Erfüllung auch im Blick auf die allgemeinen Rechtfertigungsgründe nicht mehr als Indiz für die Rechtswidrigkeit dieser Begehungsalternative gelten konnte. Diese Entstehungsgeschichte[612] würde es an sich nahe legen, die Regel nur auf das Nötigungsmittel der Drohung anzuwenden.[613] Gegen eine solche Einschränkung spricht aber bereits der Wortlaut der Vorschrift, der die Anwendung von Gewalt ausdrücklich benennt. Auch lässt es die zwischenzeitlich erfolgte Erweiterung des Gewaltbegriffs durch die Rechtsprechung als geboten erscheinen, die Rechtswidrigkeit bei der Gewaltnötigung positiv festzustellen.[614] **93**

Rechtsprechung[615] und Teile der Literatur[616] werten Abs. 2 als eine Rechtswidrigkeitsregel i.S. eines **allgemeinen Verbrechensmerkmals**, während andere Stimmen mit jeweils im Einzelnen voneinander abweichenden Konzepten ein Tatbestandskorrektiv annehmen.[617] Wenngleich die Annahme eines offenen, die Rechtswidrigkeit nicht indizierenden Tatbestandes ungewöhnlich und nicht unproblematisch ist,[618] dürfte eine Einordnung auf der Ebene des Tatbestandes nicht in Betracht kommen: Schon der Wortlaut („Rechtswidrig ist die Tat …") spricht dagegen. Vollends muss die Vorstellung, es könne verwerfliche aber gleichwohl gerechtfertigte Verhaltensweisen geben, befremdend erscheinen.[619] Die Erwägung, die Verwerflichkeitsklausel sei zwar Ergänzung des Tatbestandes, gleichwohl aber mit Rücksicht auf die allgemeinen Rechtfertigungsgründe aus- **94**

---

609 SSW-*Schluckebier* Rdn. 13.

610 BGH VRS **46** 105 f; bei Holtz MDR **1979** 280 f.

611 Vgl. RGSt **48** 346, 351.

612 Vgl. vor Rdn. 1 Entstehungsgeschichte. Allerdings hatte die Strafrechtsangleichungs-VO 1943 nicht nur strafbarkeitserweiternde Funktion, sondern sollte den vielfach auch als zu weit empfundenen Tatbestand (vgl. *Kohlrausch/Lange* StGB, 38. Aufl., 1944, § 240 Rdn. 2; ähnlich E 1936 Begründung zu § 430) durch das zeitgenössische Merkmal des „gesunden Volksempfindens" eingrenzen.

613 Vgl. *Isenbeck* NJW **1963** 116, 117.

614 Vgl. BVerfGE **73** 206, 247 ff.

615 Vgl. BGHSt **2** 194, 195 f; **35** 270, 275 f, 279); BayObLG NJW **1963** 824 f; OLG Braunschweig NJW **1976** 60, 62.

616 Vgl *Bergmann* S. 171 ff; *Otto* NStZ **1992** 568, 571 zusammenfassend *Fischer* Rdn. 38 ff.

617 Vgl. *Sch/Schröder/Lenckner/Eisele* vor § 13 Rdn. 66; – *Eser/Eisele* Rdn. 16; *Schröder* ZStW **65** 201 f; zum Streitstand *Rönnau* LK vor § 32 Rdn. 35 ff; vgl. auch *Hirsch* LK[11] vor § 32 Rdn. 19 ff; *Lackner/Kühl* Rdn. 25.

618 Vgl. *Jakobs* AT 6. Abschn. Rdn. 61 ff.

619 Vgl. *Otto* NStZ **1992** 571 Fn. 40; *Günther* FS Baumann S. 213, 223.

zulegen,[620] vermeidet zwar diesen Widerspruch, gibt aber die tradierte Abgrenzung zwischen Tatbestand und Rechtswidrigkeit auf.

95 Die Ausgestaltung der Nötigung als offener Tatbestand hängt eng mit dem geschützten Rechtsgut und mit den auf dessen umfassenden Schutz zielenden Tendenzen in Rechtsprechung und Gesetzgebung zusammen. Die Freiheit der Willensbetätigung ist kein fest umrissenes Gut, dessen Verletzung ohne weiteres rechtswidrig oder gar strafwürdig wäre. Damit unterscheidet sie sich von anderen strafrechtlich geschützten Objekten. Während der Einzelne sich normalerweise seines Lebens, seines Briefgeheimnisses oder seines Eigentums erfreuen kann und Eingriffe nur im Ausnahmefall hinzunehmen hat, steht ihm die Freiheit, seinen Willen zu betätigen, von vornherein nur eingeschränkt zu.[621] Mit anderen Worten: Dem geschützten Rechtsgut ist die **soziale Bindung immanent**. Das ansonsten übliche Bild von Regel und Ausnahme, von Rechtsgutverletzung und Rechtfertigung versagt, weil der Mensch ein gemeinschaftsgebundes Wesen ist, dem völlige Freiheit nicht zukommen kann.[622] Dies macht die Aufgabe der Verwerflichkeitsklausel deutlich: Es geht um die **Grenzlinie zwischen sozialüblichem und sozialwidrigem Druck**. Insoweit stellt die Regelung klar, dass es weder auf die Rechtswidrigkeit des Nötigungsmittels oder des Nötigungszwecks für sich allein ankommt, sondern dass der Vorwurf der rechtswidrigen Nötigung durch die (bei konkret – normativer Bewertung) sozialwidrige Verknüpfung des gewählten Mittels zu dem erstrebten Zweck im Einzelfall begründet wird.[623] Auch der an sich erlaubte Zweck rechtfertigt nur die Anwendung sozial hinnehmbarer Mittel; überschreitet der angewandte Zwang diese Grenze, so ist er auch bei berechtigtem Zweck rechtswidrig, unter Umständen sogar dann, wenn das Mittel für sich allein betrachtet rechtmäßig ist.[624] Das entscheidende Kriterium ist die soziale Verträglichkeit, *nicht* eine in unmittelbarem Zugriff auf das Sittengesetz zu bestimmender „Grad sittlicher Missbilligung,“[625] ein Gesichtspunkt, der nicht nur Legitimität und Moralität vermengt, sondern auch den Richter in eine Rolle drängen würde, die nicht ihm, sondern dem Gesetzgeber zusteht.[626]

96 § 129 **StGB – DDR**, der die Nötigung mit Gewalt oder mit einem schweren Nachteil erfasste, kannte keine dem § 240 Abs. 2 entsprechende Klausel. Gleichwohl wurde in der ehemaligen DDR das allgemeine Verbrechensmerkmal der Rechtswidrigkeit in ähnlicher Weise ausgelegt, wie dies in der Alt – Bundesrepublik der Fall war.[627] Auch dort wurde der Erfüllung des Tatbestandes nicht ohne weiteres Unrechts indizierende Wirkung beigemessen, sondern die Rechtswidrigkeit der Tat aus der **Relation zwischen Mittel und Zweck** hergeleitet.

---

620 Vgl. *Sch/Schröder/Eser/Eisele* Rdn. 33 dagegen *Günther* FS Baumann S. 213, 223.

621 Vgl. *Roxin* JuS **1964** 373, 374.

622 Vgl. BVerfGE **80** 367, 373 m.w.N.

623 Vgl. BGHSt **18** 389, 391 ff; **35** 270, 277; BayObLG JZ **1986** 404, 405; NJW **1988** 718, 719; **1992** 521 f; OLG Düsseldorf NJW **1986** 942, 943; OLG Stuttgart NStZ **1988** 129, 130 m. Anm. *Miebach*; **aA** OLG Zweibrücken StV **1987** 441 f, das auf eine sittliche Bewertung abstellt.

624 Dies wäre etwa dann der Fall, wenn eine Ehefrau durch die Drohung mit einer Strafanzeige zur Erfüllung ihrer ehelichen Pflichten angehalten oder wenn die Einlösung eines Eheversprechens durch die Drohung mit einer Strafanzeige erzwungen würde.

625 So noch BGHSt **17** 328, 332); **kritisch** nunmehr BGHSt **35** 270, 276 ff.

626 Bedenklich ist es deshalb, wenn BGHSt **1** 84, 86 f; **5** 254, 256; **17** 328, 331 auf das Rechtsempfinden des Volkes abheben. Dieses festzustellen und normativ umzusetzen, ist Aufgabe des Gesetzgebers, nicht des Richters; **kritisch** dazu auch *Roxin* JuS **1964** 373, 377 und BGHSt **35** 270, 277 f.

627 Vgl. *Duft* u.a., Kommentar zum Strafgesetzbuch (DDR) § 129 Anm. 3; dazu auch BGHSt **44** 68, 76.

97 **2. Verfassungsrechtliche Bedenken.** Dass im Einzelfall die richterliche Bewertung des Unrechtsgehalts über die Strafbarkeit des Verhaltens des Täters entscheiden soll, hat den bis in die jüngste Zeit wiederholten Einwand hervorgerufen, die Vorschrift umschreibe das strafbare Unrecht so unscharf, dass sie gegen das **Bestimmtheitsgebot des Grundgesetzes** (Art. 103 Abs. 2 GG) verstoße.[628] Begünstigt wird diese Auffassung durch die wenig glückliche Formulierung des Großen Senats für Strafsachen, der Richter habe „an Stelle des Gesetzgebers" durch unmittelbare Wertung zu entscheiden, ob die tatbestandsmäßige Nötigung im Einzelfall strafbar sei oder nicht.[629] Das BVerfG hat die Verwerflichkeitsklausel, die es als Ausdruck des Grundsatzes der Verhältnismäßigkeit deutet,[630] ursprünglich für verfassungsgemäß erachtet,[631] in einer späteren Entscheidung aber deutliche Zweifel geäußert.[632] Auf diese Zweifel ist das Gericht in der Folgezeit indessen in späteren Entscheidungen nicht zurückgekommen.

98 Die verfassungsrechtlichen Bedenken greifen nicht durch. Ob dies allerdings schon damit begründet werden kann, die Verwerflichkeitsklausel schränke die Strafbarkeit ein,[633] mag zweifelhaft sein.[634] Fraglich ist ferner, ob die These, Art. 103 Abs. 2 GG sei auf Rechtfertigungsgründe nicht anwendbar[635] – ihre grundsätzliche Richtigkeit unterstellt[636] – auch für einen offenen Tatbestand gilt, bei dem die Verwirklichung der gesetzlich bestimmten Tatbestandsmerkmale nicht ausreicht, um die Rechtswidrigkeit zu indizieren. Immerhin ließe sich dagegen einwenden, dass Abs. 2 nicht nur unrechtsbeschränkende Funktion besitzt, sondern das **Unrecht begründet**, das der Tatbestand allein nicht zu begründen vermag.

99 Die unrechtsbegründenden Merkmale im Strafrecht können nicht auf die Verwendung von Begriffen verzichten, die formal nicht eindeutig zu umschreiben sind und in besonderem Maß der Deutung und Auslegung durch den Richter bedürfen.[637] Auch dieses Rechtsgebiet stellt den Gesetzgeber vor die Notwendigkeit, der Vielgestaltigkeit des Lebens Rechnung zu tragen und strafbedürftiges und strafwürdiges Verhalten auch dort zu erfassen, wo es nicht mit leicht verständlichen Begriffen umschrieben werden kann. Mit dem resignierenden Hinweis auf den fragmentarischen Charakter des Strafrechts kann er sich nicht bescheiden. Insoweit sind im Grenzbereich einer Strafvorschrift **gewisse Unschärfen hinzunehmen.**[638] Soweit Art. 103 Abs. 2 GG aus der Sicht des Normadressaten die Vorhersehbarkeit der Bestrafung sicherstellen will, kann es genügen, wenn das Risiko der Strafbarkeit erkennbar wird.[639] Sieht man in Art. 103 Abs. 2 GG ein Element

---

628 Vgl. AG Hagen MDR **1985** 601 f; *Kaufmann* NJW **1983** 2581, 2582; *Krauß* NJW **1984** 905, 906; *Köhler* NJW **1983** 10, 12; s. zu dieser Frage auch *Roxin* JR **1983** 333, 335; *Welzel* S. 327; *Callies* NJW **1985** 1506; *Horn* NStZ **1983** 497, 498; *Schroeder* JZ **1983** 286.

629 BGHSt **2** 194, 195 f, dazu BVerfGE **73** 206, 238.

630 BVerfGE **73** 206, 253; **kritisch** dazu *Starck* JZ **1987** 145, 147; *Tröndle/Fischer* 49. Aufl. Rdn. 22; *Offenloch* JZ **1992** 438, 442 mit der – durch BVerfGE **90** 145 überholten – Erwägung, der Grundsatz der Verhältnismäßigkeit sei kein Kriterium für das „Ob" des Strafens.

631 BVerfGE **73** 206, 237.

632 BVerfGE **92** 1, 14.

633 So BVerfGE **73** 206, 238 f.

634 Jedes Merkmal des gesetzlichen Tatbestandes hat strafbarkeitsbegrenzende Funktion, ohne dass unter diesem Blickwinkel geringere Anforderungen an die Bestimmtheit gestellt werden könnten.

635 Vgl. *Bergmann* S. 198; *Krey* BKA I S. 269; *Tröndle/Fischer*, 49. Aufl. Rdn. 22.

636 Zum Streitstand vgl. *Rönnau* LK vor § 32 Rdn. 62 ff.

637 Vgl. *Gribbohm* LK[11] § 1 Rdn. 46 m. Nachw. aus der Rspr. des BVerfG; *Dannecker* LK § 1 Rdn. 199 ff.

638 Vgl. BVerfGE **75** 329, 341 f.

639 BVerfGE **73** 206, 235; str.

der Gewaltenteilung, das es der vollziehenden und rechtsprechenden Gewalt verwehrt, die normativen Voraussetzungen der Strafbarkeit festzulegen,[640] folgen daraus keine weiter gehenden Anforderungen an die Gesetzesbestimmtheit. Dies zeigt bereits ein Blick auf das Nebenstrafrecht, das die Konkretisierung strafrechtlicher Normen durch Verordnung oder Verwaltungsakt in weitem Umfang kennt[641] und damit der Exekutive erhebliche Spielräume einräumt.

100 Das Maß der gebotenen Bestimmtheit hängt von der zu regelnden Materie, insbesondere ihrer Komplexität ab.[642] Auch hier gilt der Grundsatz, dass **Unmögliches nicht gefordert werden kann.**[643] Dass das Streben nach festen Konturen gerade bei einem allgemeinen Freiheitsdelikt wie der Nötigung schnell auf Grenzen stößt, belegen vielfache, letztlich vergebliche Reformbestrebungen. Die Versuche, dem Tatbestand durch Einschränkung des Nötigungsmittels der Drohung (wieder) unrechtsindizierende Kraft zu verleihen,[644] sind wohl endgültig gescheitert.[645] Dies war nicht anders zu erwarten, weil die Probleme, die zur Erweiterung der gesetzlichen Nötigungsmittel geführt hatten, fortbestehen, eine Rückkehr zu dem Rechtszustand vor 1943 deshalb nicht vertretbar wäre und – soweit ersichtlich – auch nicht gefordert wird. Der hohe Rang des geschützten Rechtsguts und das Grundanliegen des modernen Staates, Selbsthilfe und Privatgewalt möglichst umfassend zurückzudrängen, verlangen eine einigermaßen vollständige Erfassung des strafbaren Unrechts. Lösungen auf der Ebene des Tatbestandes können dies nicht leisten; dies jedenfalls dann nicht, wenn sie ihrerseits auf wertausfüllungsbedürftige Begriffe verzichten wollen.[646] Bei dieser „Offenheit der Diskussion" erscheinen die immer wieder erhobenen Vorwürfe gegen den Gesetzgeber nicht haltbar.[647] Hinzu kommt, dass zu Abs. 2 eine gefestigte Rechtsprechung vorliegt, die eine zuverlässige Grundlage für die Auslegung und Anwendung der Norm bietet und ihr auch dadurch die erforderliche Bestimmtheit sichert.[648] Die Unschärfe der Vorschrift mag allerdings im Grenzbereich eine behutsame Auslegung nahe legen.[649]

101 Dass der Gesetzgeber bei der Schaffung von Straftatbeständen auch im Kernstrafrecht auf die Verwendung wertausfüllungsbedürftiger Begriffe *angewiesen* ist, war von jeher anerkannt[650] und ist heute besonders augenfällig bei den Strafvorschriften zum Schutz der Umwelt.[651] Die dadurch entstehenden Auslegungsprobleme sind von Verfassungs

---

[640] BVerfG **78** 374, 382 m.w.N.

[641] Vgl. dazu BVerfGE **75** 329, 342; BVerfG NJW **1993** 1909, 1910; BayObLG NStZ **1995** 194 f; *Kühl*, StV **1987** 122, 124.

[642] Vgl. BVerfGE **41** 314, 320; *Dannecker* LK § 1 Rdn. 199; *Jakobs* AT S. 64.

[643] Vgl. OLG Stuttgart NJW **1982** 115 f.

[644] So § 170 Abs.1, § 11 Abs.1 Nr. 7 StGB – E 1962; § 161 AE.

[645] Vgl. Dreher NJW **1970** 1153, 1161, aber auch *Wolter* NStZ **1986** 241, 248.

[646] Dies zeigt ein Blick auf die Drohung, ein rechtlich nicht gebotenes Handeln zu unterlassen (vgl. BGHSt **31** 195), die durch die Lösungsversuche des E 1962 und des AE nicht befriedigend erfasst wird.

[647] Vgl. *Sch/Schröder/Eser/Eisele* Rdn. 18; *Tröndle/Fischer* 49. Aufl. Rdn. 2d; *Brohm* JZ **1985** 501, 505.

[648] Vgl. BVerfGE **45** 363, 371 f; **86** 288, 311; **96** 68, 98.

[649] Vgl. BGHSt **4** 24, 32 (Bestimmungsmensur) zum Begriff des Sittenverstoßes im früheren § 226a (jetzt § 228).

[650] Vgl. etwa § 94 Abs. 2 – besonders schwerer Fall (BVerfGE **45** 363, 370 ff; **86** 288, 314), dazu *Schmidt* LK § 94 Rdn. 15 ff; § 130 Abs. 1 – Angriff gegen die Menschenwürde (BVerfGE **87** 209, 224 ff); § 184c – sexuelle Handlung von „einiger Erheblichkeit"; § 226a – Verstoß gegen die guten Sitten; § 360 Nr. 11 a.F. – grober Unfug (BVerfG NJW **1969** 1759 m. krit. Anm. *Schroeder* JZ **1969** 775).

[651] Vgl. dazu etwa *Steindorf* LK[11] § 324 Rdn. 25 ff.

wegen hinzunehmen. Vor unüberwindliche Orientierungsfragen stellen sie den Bürger als Normadressaten erfahrungsgemäß nicht; die befürchteten Schwierigkeiten scheinen vielmehr meist akademischer Natur zu sein. Im Grenzbereich können die **Irrtumsregelungen** nicht schuldhaftes Handeln von der Strafbarkeit ausnehmen. Das deutschsprachige Ausland hat das Problem auf vergleichbare Weise gelöst: Österreich kennt eine geschriebene Rechtswidrigkeitsklausel,[652] in der Schweiz wird die Regelung gewohnheitsrechtlich angewandt.[653]

VIII. Die Verwerflichkeitsklausel im Einzelnen

1. „Offener" Tatbestand. Die materielle Umschreibung der Rechtswidrigkeit in Abs. 2 **102**
ist notwendig, weil die Verwirklichung des Tatbestandes nicht ohne weiteres unrechtsindizierende Kraft hat, die Rechtswidrigkeit vielmehr besonderer Prüfung und Feststellung bedarf. Das in vielfältiger Weise angreifbare Schutzgut bedingt eine weite Fassung. Diese umgreift auch solche Sachverhalte, die keinen hinreichenden Unwert besitzen, um das generelle Verdikt der Rechtswidrigkeit zu rechtfertigen. Die Vorschrift nennt die Elemente der Abwägung und die Voraussetzung, unter der die Rechtswidrigkeit festgestellt werden kann: Der Prüfungsvorgang erfolgt dadurch, dass **Nötigungsmittel und Nötigungszweck zueinander in Beziehung gesetzt** werden. Die Rechtswidrigkeit ist festgestellt, wenn eine wertende Betrachtung diese Relation als verwerflich bezeichnet und keine allgemeinen Rechtfertigungsgründe eingreifen. Das Bild eines „zu weiten" Tatbestandes weist darauf hin, dass § 240 Abs. 1 einen Kernbereich umfasst, der durch seinen Unrechtsgehalt ohne weiteres die Rechtswidrigkeit indiziert. Abs. 2 hat mithin nur für die Sachverhalte Bedeutung, die diesen Kern gleichsam als Hof umlagern; im Übrigen kann es mit der Prüfung der allgemeinen Rechtfertigungsgründe sein Bewenden haben. Dass die Rechtswidrigkeitsregel des Abs. 2 nach ihrem Wortlaut ohne Einschränkung für alle Fälle der Nötigung gilt, schließt dies nicht aus: es sind Sachverhalte möglich, bei denen das Ergebnis der Wertung durch den Unwert von Nötigungsmittel oder Nötigungszweck ohne weiteres vorgegeben ist.

2. Rechtswidrigkeit und Gewalt. Es wurde bereits dargelegt, dass der Einsatz von Ge- **103**
walt allein eine Abwägung nicht entbehrlich macht.[654] Diese Meinung wird zwischenzeitlich auch von der Rechtsprechung vertreten,[655] die ihre frühere Auffassung, wonach die Anwendung von Gewalt das Unrecht „praktisch" indizierte,[656] aufgegeben hat.[657] In Fällen der „echten" oder Brachialgewalt mag die Prüfung in aller Regel zur Feststellung der Rechtswidrigkeit führen, weil die Anwendung unmittelbar körperlich wirkender Gewalt sozial unüblich, wenn nicht verpönt ist und deshalb in der Regel höheres Gewicht hat, als andere Formen der „vergeistigten" Gewalt.[658] Entbehrlich ist eine Abwägung

---

652 § 105 Abs. 2 öStGB.
653 Schweiz BG, BGE 87 IV 14; *Rölle* S. 129.
654 Vgl. oben Rdn. 94.
655 Seit BGHSt **34** 71 ff st. Rspr. des BGH.
656 Vgl. etwa BGHSt **23** 46, 55 mit dem (nicht stichhaltigen) Argument, nur die Erweiterung des Nötigungsmittels der Drohung habe die Klausel erforderlich gemacht, deshalb könnten nur ausnahmsweise besondere Umstände das Verwerflichkeitsurteil ausschließen; ebenso: BGH NJW **1982** 189 f; OLG Celle NJW **1970** 206, 208; OLG Stuttgart NJW **1984** 1909 ff; OLG Düsseldorf NJW **1986** 942, 943.
657 Vgl. hierzu auch BVerfGE 73 206 (Leitsatz 2).
658 In § 255 begründet die Anwendung von „Gewalt gegen eine Person" den gegenüber der einfachen Erpressung qualifizierten Tatbestand der räuberischen Erpressung.

gleichwohl auch in diesen Fällen nicht, da es das zur Strafbarkeit erforderliche erhöhte Maß der Missbilligung festzustellen gilt. Daran kann es bei verständlichen Überschreitungen des Selbsthilferechts,[659] bei der Verhinderung strafbaren oder ordnungswidrigen Verhaltens,[660] bei der gewaltsamen Verhinderung eines Selbstmordes[661] oder bei der maßvollen körperlichen Einwirkung aus erzieherischen Gründen[662] fehlen. Entsprechendes gilt für die Gewalttätigkeit.[663] Die Rechtswidrigkeit ist allerdings **indiziert, wenn Gewaltanwendung oder Gewalttätigkeit ihrerseits einen Straftatbestand**, etwa den der Sachbeschädigung[664] oder der Körperverletzung **erfüllen**: In einer widerspruchsfreien Rechtsordnung, die das Strafrecht als „ultima ratio" begreift, sind strafbare Handlungen verwerflich, wenn nicht (ausnahmsweise) ein Rechtfertigungsgrund eingreift. Für Ordnungswidrigkeiten gilt dies nicht: Nach gesetzlicher Wertung des § 21 OwiG ist der Bußgeldtatbestand gegenüber der Straftat ein „Weniger" mit der Folge, dass etwa behindernde Verkehrsordnungswidrigkeiten nicht stets, sondern nur ausnahmsweise den Tatbestand der Nötigung erfüllen.

104 3. **Rechtswidrigkeit der Drohung.** Dass die Drohung, d.h. das In – Aussicht – Stellen eines empfindlichen Übels, nicht ohne weiteres unrechtsindizierende Funktion haben kann, liegt auf der Hand.[665] Das Ausüben von offenem oder verdecktem Druck ist so sehr Bestandteil zwischenmenschlicher Kommunikation, dass es als sozialübliches Verhalten nicht Indikator des Unrechts sein kann. Der Versuch, anhand abstrakter Kriterien einen Kanon unrechtsindizierender Drohungen zu bestimmen, dürfte nicht aussichtsreich sein; § 170 i.V.m. § 11 Abs. 1 Nr. 7 StGB-E 62, der solches versucht hatte, konnte auf eine Verwerflichkeitsregel nicht verzichten. Die Maßstäbe außerstrafrechtlicher Vorschriften versprechen nicht stets eine verlässliche Auskunft: Die Ausübung von wirtschaftlichem Druck zur Erzielung günstiger Vertragsbedingungen ist nicht schon dann verwerflich, wenn er wettbewerbswidrig ist.[666] Das Ausnutzen einer (wirklichen oder vermeintlichen) Machtposition ist der Drohung gleichsam immanent und rechtfertigt das Verwerflichkeitsurteil auch dann nicht, wenn sich das Opfer dem Druck nicht entziehen kann.[667] Selbst die Bedrohung mit einer Straftat indiziert das Unrecht nicht ohne weiteres. Zwar wäre in diesen Fällen die Zufügung des in Aussicht gestellten Übels schon kraft gesetzlicher Vorschrift regelmäßig rechtswidrig. Für die Drohung muss dies jedoch nicht gelten, weil Ankündigung und Verwirklichung auch in rechtsethischem Sinne unterschiedliche Bewertung verdienen können;[668] insoweit gilt das zur Androhung rechtmäßigen Verhaltens Gesagte[669] entsprechend. Aus der Gesetzesgeschichte ergibt sich nichts anderes, zu-

---

659 Vgl. BGHSt **17** 328, 332, der unter Rückgriff auf den Rechtsgedanken der §§ 199, 213 und 233 StGB und auf die „allgemeine Volksüberzeugung" dem geprellten „Freier" einer Dirne „begreiflichen Ärger" zubilligt, und die gewaltsame Wegnahme des Dirnenlohns nicht mit dem Verdikt erhöhter Missbilligung versieht.

660 Vgl. BGHSt **34** 238 („Verkehrserziehung" durch Verhindern des Überholens); vgl. auch BayObLG VRS **71** 299 f; **aA** OLG Schleswig VerkMitt **1977** 61.

661 Vgl. etwa BGHSt **6** 147, 153, der allerdings den Willen zur Selbsttötung für sittenwidrig und unbeachtlich erachtet.

662 Und zwar unabhängig davon, ob ein Züchtigungsrecht (vgl. etwa BGHSt **11** 241, 244 f) vorliegt.

663 Vgl. *Lackner/Kühl* Rdn. 19.

664 Vgl. BGHSt **44** 34, 42; *Fischer* Rdn. 45.

665 *Amelung* GA **1999** 182, 191 bezeichnet das Ziel, die Freiheit der Bürger vor der Bedrohung mit einem empfindlichen Übel zu schützen, als „vermessen".

666 Vgl. *Lampe* FS Stree/Wessels S. 457 ff.

667 **AA** *Rölle* S. 68.

668 Vgl. BayObLG MDR **1993** 156, 157.

669 Vgl. oben Rdn. 82.

mal die RechtsangleichungsVO 1943 nicht nur auf die Erweiterung der Strafbarkeit zielte, sondern auch um eine Begrenzung von Auswüchsen bemüht war.[670] Die Erwägung, jedenfalls dem bis dahin geltenden engeren Drohungsbegriff sei unrechtsindizierende Wirkung beizumessen, trägt deshalb nicht. Ferner dürfte die beträchtliche Ausweitung, die der Bereich des Strafbaren in der letzten Zeit erfahren hat, der Annahme entgegenstehen, jede Androhung strafbaren Verhaltens indiziere ohne weiteres das Unrecht. Die in einigen Strafvorschriften genannte Androhung von **„gegenwärtiger Gefahr für Leib oder Leben"** wird vom Gesetzgeber allerdings als besonders schwerwiegend eingestuft;[671] die Abwägung wird deshalb bei diesem Nötigungsmittel in aller Regel zum Verdikt der Rechtswidrigkeit führen. Unrechtsindizierende Wirkung kommt dieser qualifizierten Drohung aber nur dann zu, wenn sie mit den jeweils im Gesetz genannten Nötigungszielen – etwa der unrechtmäßigen Bereicherung oder der sexuellen Handlung – verbunden wird. Erfüllt die Drohung mit einem Verbrechen aber die Voraussetzungen des § 241 StGB, ist die Rechtswidrigkeit der Tat indiziert, ohne dass es auf eine Abwägung ankommt.[672]

4. Der angestrebte Zweck

a) **Allgemeines.** Was unter dem weiteren Element, nämlich unter dem angestrebten **105**
Zweck, zu verstehen ist, ist dem Wortlaut der Vorschrift nicht zweifelsfrei zu entnehmen. Danach kann sowohl das Ziel der Zwangsausübung, nämlich das abgenötigte Handeln, Dulden oder Unterlassen,[673] als auch das über die unmittelbare Beeinträchtigung des Opfers hinausweisende (**Fern-**)**Ziel** des Täters[674] gemeint sein. Die Rechtsprechung folgt zwischenzeitlich[675] im Wesentlichen der ersteren Sicht; die Anschauungen in der Literatur sind geteilt. Das BVerfG hat diese Frage offen gelassen, zugleich aber zu erkennen gegeben, dass alle wesentlichen Umstände und Beziehungen zu bewerten seien.[676] Dabei sind vielerlei **Zwischenziele** denkbar: Wie – einer Anekdote zufolge – ein Steinmetz in einer Handlung einen Quader bearbeiten, seinen Lebensunterhalt verdienen und eine Kathedrale bauen kann, verursacht ein Demonstrationsteilnehmer einen Verkehrsstau, tut seine Meinung kund und versucht zugleich, seine Vorstellung von einer besseren Welt in die Tat umzusetzen.[677] Mit Blick auf diese Unsicherheit erscheint es verständlich, dass die Rechtsprechung nicht die Zielsetzung des Täters, sondern die **Situation des Opfers** für maßgebend erachtet. Der für die Akzeptanz einer Handlung maßgebliche soziale Sinn wird sich aber nicht allein durch den Blick auf das abgenötigte Verhalten erschließen lassen, sondern ist unter Einbeziehung weitergehender Vorstellungen zu ermitteln. Für die Verwerflichkeit der Tat macht es sicher einen Unterschied, ob ein Kraftfahrer aus purer

---

[670] Vgl. E 1936, Begründung zu § 430 – Nötigung.
[671] Vgl. etwa § 177, § 255.
[672] Dass die Bedrohung hinter der Nötigung, nach BGHR StGB § 240 Konkurrenzen 2 auch hinter den Nötigungsversuch, zurücktritt, steht dem nicht entgegen.
[673] So etwa BGHSt **35** 270, 276; OLG Stuttgart NStZ **1988** 129 f m. Anm. *Miebach*; BayObLG NJW **1995** 270; *Arzt* JZ **1988** 775, 776; *Gössel* FS Tröndle S. 366; *Graul* JR **1994** 51, 52; *Schmitt Gläser* BayVerwBl. **1988** 454, 457; *Tröndle/Fischer* 49. Aufl. Rdn. 24, differenzierend 53. Aufl. Rdn. 43 f.
[674] Vgl. OLG Düsseldorf MDR **1987** 692 f; OLG Oldenburg StV **1987** 489, 490; OLG Stuttgart StV **1987** 538 f; OLG Zweibrücken NJW **1988** 716, 717; LG Bad Kreuznach NJW **1988** 2624, 2627, *Bertuleit* JA **1989** 16, 24; *Frommel* KritJ **1989** 484; *Kramer* StV **1990** 265 f; *Ostendorf* StV **1988** 488 ff; *Reichert-Hammer* S. 297 ff; *Roggemann* JZ **1988** 1108, 1109; *Roxin* FS Schüler – Springorum S. 450; *Sch/Schröder/Eser/Eisele* Rdn. 29.
[675] Nach BGHSt **35** 270 ff.
[676] BVerfGE 73 206 (255); StV **1990** 491 ff.
[677] Zur Mehrgliedrigkeit der angestrebten Zwecke vgl. BayObLG JZ **1986** 404, 405.

Schikane zum Anhalten gezwungen wird oder wegen hinter einer Kurve spielender Kinder, die er ansonsten gefährden würde.[678] Von Belang ist es auch, ob ein Kraftfahrer anhält, um den Verkehr zu behindern, oder ob er seiner Frau eine unaufschiebbare Mitteilung zukommen lassen möchte.[679] Andererseits wäre es verfehlt, auf weitere, über dieses „unmittelbare" Nötigungsziel[680] hinausweisende Ziele abzustellen.[681] Insbesondere steht es dem Richter nicht zu, die mit Sitzblockaden oder mit anderen strafrechtlich relevanten Formen politischer Meinungskundgabe verbundenen Bestrebungen zu bewerten. Eine Differenzierung danach, ob die Ziele einer Kundgabe in die politische Landschaft passen, würde Meinungs- und Versammlungsfreiheit grundsätzlich in Frage stellen, da diese gerade den Einsatz für Bestrebungen schützen, die dem Zeitgeist nicht als edel und nicht als wichtig erscheinen.[682] Die Freiheit, mit dem Strom zu schwimmen, ist ebenso selbstverständlich wie belanglos; verfassungsrechtlichen Schutzes bedarf sie jedenfalls nicht. Der Umstand, dass es dem Täter um Fragen von „existentieller" Wichtigkeit geht, ist nicht geeignet, berechtigte und unberechtigte Protestformen von einander abzugrenzen.[683] Solche Bewertung hängen letztlich von der **Abstraktionshöhe** ab: Begnügt man sich mit allgemeinen Kategorien wie Friede, Menschenrechte, Umweltschutz oder nationales Interesse, wird es kaum ein Anliegen geben, das sich nicht unter einen solchen positiv geprägten Oberbegriff einordnen ließe.[684] Nimmt man hingegen die konkret erhobene Forderung in den Blick, so eröffnen sich Wertungsspielräume, die nicht mit rechtlichen, sondern mit politischen Erwägungen zu füllen sind und die sich deshalb der Bewertung durch den Richter entziehen.[685] Dass das strafrechtliche Verwerflichkeitsurteil von diesem – letztlich beliebigen – Maßstab nicht abhängen kann, entspricht allgemeiner Ansicht.[686] Aber auch auf die Frage, ob das verfolgte Ziel nach den Wertungen des Grundgesetzes positiv zu bewerten ist,[687] kann es nicht ankommen. Zum einen sagt die Verfassung zu politischen Zielen wenig, zum anderen schützt sie auch Meinungsäußerungen, die ihr nicht entsprechen.[688] Aus der Unterscheidung zwischen „eigennützigem" und „gemeinwohlorientiertem" Handeln[689] lässt sich kein allgemein gültiges Kriterium für die Grenzziehung zwischen rechtmäßigem und rechtswidrigen Handeln herleiten. Der Einsatz für einen eigennützigen Zweck, wie etwa den Erhalt des Arbeitsplatzes ist nicht von vornherein geringer zu bewerten als Aktionen zugunsten fremder Interessen, die den Handelnden streng genommen nichts angehen und bisweilen der Befriedigung fehlgeleiteter Eitelkeiten zu dienen scheinen.[690] Außerhalb des Bereichs politischer Willensbekun-

---

678 Beispiel nach *Eser* FS Jauch S. 31; ähnlich *Roxin* FS Schüler – Springorum S. 250.

679 Vgl. BayObLG NJW **1986** 2443, 2444 l. Sp.

680 Begriff nach *Eser* FS Jauch S. 31.

681 So aber OLG Köln NJW **1986** 2443, 2444; AG Nürnberg StV **1984** 30.

682 Vgl. *Baumann* NJW **1987** 36, 37; *Reichert-Hammer* S. 309.

683 So aber OLG Köln NJW **1986** 2443, 2445.

684 Vgl. BGHSt **35** 270, 281.

685 Die Frage, wie sich das Gute und Schöne im Rahmen der staatlichen Ordnung verwirklichen lässt, ist politischer, nicht rechtlicher Natur.

686 Vgl. BVerfGE **73** 206, 258; *Reichert-Hammer* S. 308.

687 Vgl. *Reichert-Hammer* S. 308.

688 Auch nach der Entscheidung BVerfGE **83** 37 stehen etwa Demonstrationen für ein umfassendes Ausländerwahlrecht unter dem Schutz der Verfassung.

689 Vgl. BVerfGE **73** 206, 258 – nicht tragende Meinung –; vgl. auch OLG Düsseldorf MDR **1987** 692, 693; NStZ **1987** 368; OLG Zweibrücken NJW **1988** 716, 717.

690 Vgl. BGHSt **35** 270, 281 f; **aA** BVerfG – Kammer – NJW **1993** 1519 in einer im Ergebnis freilich zutreffenden Entscheidung; protestieren Arbeitnehmer gegen die Schließung von Kernkraftwerken und damit gegen den drohenden Verlust ihrer Arbeitsplätze, sind sie in gleicher Weise durch Art. 8 GG geschützt wie Kernkraftgegner.

dungen spielt die Frage eines über das Nötigungsziel hinausweisenden Fernziels keine Rolle. Dass etwa die Abnötigung eines sexuellen Entgegenkommens rechtswidrig ist und zwar unabhängig davon, ob der Täter eine Lebensgemeinschaft oder nur kurzfristige Befriedigung erstrebt, wird nirgends in Zweifel gezogen.

Vom Nötigungszweck zu unterscheiden ist der bloße **Hintergedanke**; dieser ist für die Bewertung einer Nötigung irrelevant. So ist etwa die Mahnung, eine rechtlich geschuldete Tätigkeit aufzunehmen, unabhängig von den damit verbundenen weiteren Absichten zu beurteilen. Nicht rechtswidrig handelt deshalb ein Arbeitgeber, der eine Arbeitnehmerin zum Erscheinen am Arbeitsplatz auffordert, mag er damit auch sexuelle Absichten verfolgen. Anders liegt der Fall natürlich dann, wenn die Beschäftigte infolge früherer Übergriffe ein Recht hat, die Dienstleistung zu verweigern.[691] **106**

b) Fernziel – Nahziel: Nach der *Rechtsprechung* ist unter Zweck i.S.d. Abs. 2 ausschließlich das vom Täter erstrebte Handeln, Tun oder Unterlassen des Opfers zu verstehen, das **unmittelbares Ziel der Zwangsausübung ist;**[692] weiter gehende Fernziele sind nicht bei der Prüfung der Rechtswidrigkeit, sondern allenfalls bei der Strafzumessung zu berücksichtigen. Begründet wird dies mit der Funktion der Verwerflichkeitsklausel, die darin gesehen wird, die Merkmale des Tatbestandes (Abs. 1) zueinander in Beziehung zu setzen.[693] Dies schließe es nicht aus, subjektiven Momenten Bedeutung für die Frage der Verwerflichkeit beizumessen, sofern sie auf die Relation zwischen Nötigungsmittel und Nahziel bezogen seien.[694] Brauchbare Kriterien für die Abschichtung von privilegierenden Fernzielen seien bisher nicht gefunden worden, zumal die politischen Ziele der Täter der richterlichen Kontrolle entzogen seien; das Begriffspaar „eigennützig – altruistisch"[695] sei hierzu ebenso wenig geeignet wie die bisher entwickelten Lösungsansätze. Da die Rechtswidrigkeit zugleich die Grenzen des Notwehrrechts betroffener Dritter aufzeige, komme ihrer Feststellung auch eine die Strafbarkeit begründende Funktion zu; die Grenze zwischen rechtmäßigem und rechtswidrigem Handeln müsse deshalb sicher zu ziehen sein. Bei politisch motivierten Nötigungen führe die Anerkennung von Fernzielen zu einer unerwünschten Unklarheit über die Grenzen des Erlaubten und leiste der Radikalisierung der politischen Auseinandersetzung Vorschub. **107**

Der Rechtsauffassung des BGH, nahezu programmatisch zusammengefasst in BGHSt 35 270, 275 ff, ist zwar im Grundsatz zuzustimmen. Ausgangspunkt und Schwerpunkt der Gesetzesinterpretation muss das abgenötigte Verhalten des Opfers sein. Dass aber *nur dieses* der angestrebte Zweck i.S.d. Abs. 2 sein könne, lässt sich jedenfalls dem Wortlaut der Vorschrift nicht entnehmen.[696] Unmittelbarer Taterfolg und Zweck können **108**

---

691 Vgl. BGH NStZ **1997** 494.

692 Vgl. etwa BGHSt **35** 270, 276; OLG Stuttgart NStZ **1988** 129 f; BayObLG NJW **1995** 269, 270; dazu **zustimmend:** *Arzt* JZ **1988** 775, 776; *Gössel* FS Tröndle S. 366; *Graul* JR **1994** 51, 52; *Miebach* NStZ **1988** 129; *Schmitt Gläser* BayVerwBl. **1988** 454, 457; *Tröndle/Fischer* bis 49. Aufl. (dort Rdn. 24), nunmehr einschränkend *Fischer* Rdn. 43; **ablehnend:** LG Bad Kreuznach NJW **1988** 2624, 2627, *Bertuleit* JA **1989** 16, 24; *Frommel* KritJ **1989** 484 f; *Kramer* StV **1990** 265 f; *Ostendorf* StV **1988** 488 ff; *Reichert-Hammer* S. 297 ff; *Roggemann* JZ **1988** 1109; *Roxin* FS Schüler – Springorum S. 450; *Sch/Schröder/Eser/Eisele* Rdn. 29; vgl. auch *Lackner/Kühl* Rdn. 18a; *Hassemer* JuS **1988** 822; *Jahn* JuS **1988** 946; *Otto* NStZ **1992** 568, 571.

693 Vgl. BGHSt **35** 270, 276.

694 Vgl. BGH aaO unter Bezugnahme auf BGHSt **17** 328, 332 („begreifliche Wut") und BGHSt **18** 389, 392 („vorübergehende Unmutsaufwallung").

695 So BVerfGE 73 206, 258 – nicht tragende Meinung.

696 Vgl. *Bertuleit* JA **1989** 16, 20; *Ostendorf* StV **1988** 488, 489.

durchaus verschieden sein. Auch folgen Rechtfertigungsgründe meist aus Umständen, die außerhalb des gesetzlichen Tatbestandes liegen. Dass Abs. 2 eine Regelung der Rechtswidrigkeit enthält, bedeutet deshalb nicht, seine Voraussetzungen müssten sich allein an den Merkmalen des Tatbestandes orientieren.[697] Der Grundsatz der Gesetzesbestimmtheit (Art. 103 Abs. 2 GG) mag zwar eine möglichst genaue Umschreibung des strafbaren Unrechts fordern; er zwingt aber nicht ohne weiteres zu einem Rückgriff auf den objektiven Tatbestand, sondern lässt auch die Berücksichtigung von Absichten zu, die über den Tatbestand hinausweisen. Auch inhaltlich erscheint die Entscheidung als zu eng: Wer einen endlos Telefonierenden aus einer Telefonzelle drängt, um einen Notruf durchzugeben, handelt ebenso wenig rechtswidrig, wie derjenige, der einen Autofahrer zum Anhalten zwingt, um einen Schwerverletzten ins Krankenhaus zu bringen.[698] Dies gilt auch dann, wenn die Voraussetzungen des Notstandes nicht vorliegen. Entscheidend für das Verwerflichkeitsurteil wird dabei eine **Zielsetzung, die sich nicht in dem Verhalten erschöpft, das dem Opfer abgenötigt werden soll.** Die jeglicher weiter gehender Motivation entkleidete Nötigungshandlung und ihr unmittelbarer Erfolg können bei solchen Fallgestaltungen nicht die alleinige Grundlage für die Bestimmung der Rechtswidrigkeit sein. Bei „unpolitischen" Sachverhalten sieht dies die Rechtsprechung wohl ähnlich. Fälle aus dem Bereich des Straßenverkehrs[699], der Suizidverhinderung[700] oder solche mit sexueller Tendenz[701] belegen dies.

109 c) Der Begriff des Zwecks muss danach so weit angelegt sein, dass **der soziale Sinn** des vom Tatbestand erfassten „Gesamtvorgangs" sichtbar wird und gemäß der Funktion des Abs. 2 beurteilt werden kann, ob ein sozial unverträgliches Missverhältnis gegeben ist.[702] Der Zweck ist also nicht allein anhand der Einbuße an Rechtsgütern beim Opfer zu bestimmen; er fordert auch die Berücksichtigung der Ziele des Täters, soweit diese *unmittelbar* mit der Nötigung verbunden sind.[703] Die gewaltsame Wegnahme eines als Waffe verwendbaren Gegenstandes kann nicht unabhängig davon beurteilt werden, ob der Täter mit räuberischer Absicht handelt oder ob er einen Selbstmord verhindern will.[704] Wie die Handlung selbst und ihre Wirkung beim Genötigten, so ist auch der Wille, von dem sie getragen wird, für die soziale Bewertung von Bedeutung; bei der Beurteilung der Frage der Sozialwidrigkeit kann er schwerlich ausgeklammert werden. Dies gilt allerdings nur für das **unmittelbare Nötigungsziel.** Die dahinter liegenden Vorstellungen und Beweggründe sind nicht in die Bewertung einzubeziehen. Solche Motivationen verflüchtigen sich schnell in einen Bereich nebulöser Vagheit oder berühren Bereiche, die aus tatsächlichen und rechtlichen Gründen einer allgemeinen und für jedermann verbindlichen Bewertung nicht zugänglich sind. Der soziale Sinn einer Demonstration erschöpft sich nicht in der Schaffung eines Verkehrshindernisses; sie dient vielmehr dem unmittelbaren Zweck der Meinungskundgabe. Hierdurch unterscheidet sie sich von einer Ansammlung; deshalb nimmt sie am Schutz der „Kommunikationsgrundrechte" aus Art. 5 I und Art. 8 I GG teil.[705] Bei der Abwägung ist dieses unmittelbare Handlungsziel zu be-

---

697 Vgl. *Reichert-Hammer* S. 51.
698 Beispiele nach LG Kreuznach NJW **1988** 2624, 2628.
699 OLG Düsseldorf NStE Nr. 24 zu § 240 StGB; BayObLG NStE Nr. 29 zu § 240 StGB.
700 OLG Zweibrücken GA **1991** 323 ff.
701 BGH NStZ **1997** 494; NStE Nr. 1 zu § 178.
702 Matt/Renzikowski/*Eidam* Rdn. 62.
703 V. Heintschel-Heinegg/*Valerius* Rdn. 50 ff; vgl. *Arzt* JZ **1988** 776, 777.
704 Vgl. OLG Zweibrücken GA **1991** 323 f; vgl. auch SK-*Horn/Wolters* Rdn. 37a.
705 Vgl. BVerfGE **69** 315, 343 ff; **84** 203, 209; SSW-*Schluckebier* Rdn. 17.

achten. Ob die Meinung, für die geworben wird, richtig oder falsch, ob sie wertvoll oder überflüssig ist, ist hingegen unbeachtlich.[706]

d) Zwecke, die das Unrecht ohne weiteres begründen, sind zunächst die in **Abs. 4 Nr. 1 und 2 genannten Nötigungsziele.** Die Nötigung einer Schwangeren zum Schwangerschaftsabbruch ist Unrecht und zwar auch dann, wenn die in § 218a Abs. 2, 3 genannten Voraussetzungen für eine medizinische oder kriminologische Indikation vorliegen. Auf die strafrechtsdogmatische Einordnung der Indikationen[707] kommt es nicht an, weil nur der im Einvernehmen mit der Schwangeren erfolgende Eingriff akzeptiert werden kann, strafrechtlich relevante Einwilligung und Nötigung sich aber ausschließen. Die Nötigung zu einer sexuellen Handlung[708] indiziert das Unrecht; dies gilt auch nach Inkrafttreten des Prostitutionsgesetzes.[709] Eine nach § 184c Nr. 1 erhebliche Handlung muss aber Ziel der Tat, nicht nur Hintergedanke des Täters sein.[710] Bei der Nötigung durch Drohung kann nicht strafwürdiger sozialer Druck im Einzelfall durch das Erfordernis der „Empfindlichkeit“ des Übels ausgeschieden werden, so etwa im Fall der Drohung mit Selbstmord. Die Gewaltnötigung zu sexuellen Handlungen wird aber stets das Verdikt der Rechtswidrigkeit verdienen. Die Nötigung zur Eingehung einer Ehe ist nicht per se rechtswidrig; dies bringt § 237 Abs. 1 Satz 2 zum Ausdruck. Dem wird zugleich zu entnehmen sein, dass auch in den spezialgesetzlich nicht geregelten und deshalb dem allgemeinen Nötigungstatbestand unterfallenden Fällen der Nötigung zum Unterlassen einer Eheschließung oder einer Scheidung[711] die Rechtswidrigkeit nicht ohne weiteres indiziert wird. Verwerflich ist indessen stets die Nötigung zu einer Straftat,[712] weil dies zugleich mittelbare Täterschaft oder Anstiftung ist.[713] Auch die Nötigung zu einer Ordnungswidrigkeit indiziert das Unrecht und ist als verwerflich zu bewerten. Allgemein wird die **Nötigung zu sozialwidrigem Verhalten** ihrerseits sozialwidrig d.h. verwerflich sein: Die Tathandlung nimmt an der sozialen Bewertung des abgenötigten Verhaltens teil. **110**

5. **Die Bedeutung der allgemeinen Rechtfertigungsgründe.** Nach heute wohl überwiegend vertretener und als richtig anzuerkennender Auffassung ist die Rechtswidrigkeit der Gewaltanwendung oder Übelsandrohung ohne weiteres ausgeschlossen, wenn die allgemeinen (herkömmlichen) Rechtfertigungsgründe eingreifen, wenn die Rechtsordnung dem Handelnden also ein Recht zur unmittelbaren Anwendung von Zwang oder zur **111**

---

706 Vgl. BayObLG NStE Nr. 36 zu § 240. Der Gegenstand einer Kundgebung kann allerdings die äußere Form der Veranstaltung beeinflussen; so werden etwa Proteste gegen die Schließung einer Schule auch dann in der Nähe der Anstalt zu dulden sein, wenn damit nachhaltigere Beeinträchtigungen des Verkehr verbunden sind. Die Behörden sind nicht gehalten, vor dem Ziel einer Demonstration die Augen zu verschließen; sie dürfen es aber nicht bewerten.

707 Vgl. hierzu *Tröndle/Fischer* 49. Aufl. § 218a Rdn. 9c, vor § 218 Rdn. 14k; 53. Aufl. § 218a Rdn. 14 f.

708 Da § 177 als speziellerer Tatbestand die Nötigung verdrängt, kommen hier vor allem die Drohung mit einem empfindlichen Übel und der Zwang zu sexuellen Handlungen ohne Körperkontakt in Betracht.

709 Vom 20.12.2001 BGBl. I 3983, vgl. BGH NStZ **2011** 278.

710 Vgl. Rdn. 106.

711 Vgl. Fischer § 237 Rdn. 3

712 *Küper* JZ **2013** 449; **aA** SK-*Horn/Wolters* Rdn. 45 die im Fall der Androhung eines rechtlich nicht verbotenen Handelns nur Anstiftung annehmen; vgl. dazu auch *Roxin* JR **1983** 333, 335 sowie oben Rdn. 82 ff, 85.

713 Zwischen Nötigung und der Teilnahme an der abgenötigten Straftat besteht Tateinheit, vgl. *Fischer* Rdn. 63a; zur mittelbaren Täterschaft bei einem volldeliktisch handelndem Werkzeug vgl. BGH NStZ **1994** 537.

Androhung eines empfindlichen Übels zwecks Erzwingung eines Verhaltens einräumt.[714] Das bedeutet, dass **zunächst selbständig zu prüfen ist, ob ein allgemeiner Rechtfertigungsgrund eingreift**; erst dann, wenn dies zu verneinen ist oder zweifelhaft bleibt, ist die Bahn frei für die Prüfung, ob nach § 240 Abs. 2 eine Bestrafung entfällt, weil die Anwendung von Zwang nach den Umständen des Einzelfalls nicht verwerflich ist. Nach anderer Auffassung[715] – insbesondere wenn man in Abs. 2 ein tatbestandseinschränkendes Merkmal sehen will – kann die (an sich verwerfliche) Anwendung des Nötigungsmittels im Einzelfall auch durch die allgemeinen Rechtfertigungsgründe erlaubt sein. Danach ist zunächst die Frage der Verwerflichkeit nach § 240 Abs. 2 zu prüfen, sodann schließt sich die Prüfung der allgemeinen Rechtfertigungsgründe an. Auf den ersten Blick befremdlich erscheint allerdings, dass hier die Möglichkeit verwerflicher aber gleichwohl gerechtfertigter Tatbegehung gewissermaßen vorausgesetzt wird. Der Unterschied gegenüber der h.M. wird jedoch durch das Anerkenntnis eingeebnet, dass durch die in den allgemeinen Rechtfertigungsgründen enthaltenen Wertungen „regelmäßig schon das Urteil der Verwerflichkeit in concreto mitbeeinflusst wird".[716] Eine Prüfung der Rechtswidrigkeitsfrage (zunächst) ohne Rückgriff auf § 240 Abs. 2 kommt danach z.B. in Betracht, wenn die Voraussetzungen der Notwehr,[717] des Notstandes,[718] der berechtigten Selbsthilfe,[719] des Erziehungsrechts, der vorläufigen Festnahme (§ 127 StPO)[720] oder amtlicher bzw. dienstlicher Befugnisse zur Anwendung von Zwang oder Drohungen[721] in Frage stehen. Eine Beschränkung dieser Befugnisse kann sich hier aus dem das amtliche Vorgehen beherrschenden Grundsatz der Verhältnismäßigkeit des angewandten Mittels zu dem erstrebten Zweck ergeben, im Übrigen (insbes. bei Not- oder Besitzwehrrechten) aus dem Verbot des Übermaßes oder des Rechtsmissbrauchs; dann ist die Rechtswidrigkeit nach § 240 Abs. 2 zu prüfen.[722]

112 Scheitert im konkreten Fall die Berufung auf einen allgemeinen Rechtfertigungsgrund daran, dass einzelne seiner Voraussetzungen fehlen, so können die vorliegenden Merkmale eine **„Rechtfertigungsnähe"** begründen, die bei der Verwerflichkeitsprüfung ins Gewicht fallen kann. Je knapper eine solche Rechtfertigung scheitert, desto eher wird die Verwerflichkeit nach § 240 Abs. 2 zu verneinen sein.[723] Trotz „Rechtfertigungsnähe" ist aber die Nötigung zum Unterlassen eines noch nicht gegenwärtigen rechtswidrigen Angriffs verwerflich, wenn sie mit verbotenen Mitteln (nämlich unter Verstoß gegen das Waffengesetz) und unter bewusster Ausschaltung der Polizei begangen wird.[724] Unter

---

714 Vgl. BayObLG JR **1994** 112 f m. Anm. *Dölling*; LG Bonn, StV **1985** 191, 193; *Fischer* Rdn. 38a; SK-*Horn/Wolters* Rdn. 51; *Lackner/Kühl* Rdn. 17; *Joecks* Rdn. 8; *Bergmann* Jura **1985** 461 f, *Küper* JZ **2013** 449, 451.

715 Vgl. *Sch/Schröder/Eser/Eisele* Rdn. 33 m.w.N.

716 *Eser* aaO.

717 Vgl. RGSt **32** 391, 393; BGHSt **5** 245 ff; VRS **30** 281 ff; BayObLG NJW **1963** 824 f; OLG Hamm GA **1961** 181 ff.

718 Vgl. OLG Köln NJW **1985** 2434, 2435; NStZ **1986** 30, 31.

719 §§ 229, 230, 561, 859 BGB; vgl. RGSt **28** 98 aber auch BayObLG NZV **1994** 116 f.

720 Vgl. RGSt **34** 443, 446; **65** **392**, 396; **69** 308, 312; **72** 305, 306; BGH VRS **40** 104, 106.

721 Etwa bei der Androhung des Schusswaffengebrauchs gegenüber dem fliehenden Verbrecher.

722 Vgl. BGH bei Dallinger MDR **1968** 200 f; BayObLGSt **63** 17 f; NJW **1965** 163 f; OLG Saarbrücken VRS **17** 25, 27 f; OLG Karlsruhe NJW **1986** 1358, 1360.

723 Vgl. etwa BGHSt **17** 328, 331 f; OLG Stuttgart NStZ **1991** 333 m. Anm. *Otto*; *Sch/Schröder/ Eser/Eisele* Rdn. 33 m.w.N.; *Günther* FS Baumann S. 213, 214 ff.

724 Vgl. BGHSt **39** 133, 137 m. Anm. *Roxin* NStZ **1993** 335 f; *Lesch* StV **1993** 578 ff; *Drescher* JR **1994** 423 ff.

dem Gesichtspunkt des **„zivilen Ungehorsams“**[725] der sich nach seinem Selbstverständnis gegen den Staat richtet, kann die Nötigung von Privatpersonen schon deshalb nicht gerechtfertigt werden, weil die Genötigten letztlich nur als Mittel zur Erzwingung öffentlicher Aufmerksamkeit und zur Beeinflussung der Entscheidungsträger des Staates benutzt werden, ungeachtet dessen, ob sie die Meinungen und Ziele der Täter teilen oder nicht. Solches kann den Eingriff das Freiheitsrecht Unbeteiligter nicht rechtfertigen. Keiner weiteren Vertiefung bedarf deshalb die Frage, ob und unter welchen Voraussetzungen ein Rechtsstaat überhaupt Rechtfertigungsgründe anerkennen kann, die per definitionem die Illegalität mit dem Risiko entsprechender Sanktionen einschließen.[726]

6. Die Verwerflichkeit als Ergebnis der Abwägung. Rechtswidrig ist die Tat, wenn die Verknüpfung des Nötigungsmittels mit dem erstrebten Ziel, d.h. mit dem über das abgenötigte Verhalten hinausweisenden unmittelbaren Nötigungsziel,[727] *verwerflich* ist. Nach der ursprünglichen Fassung setzte die Rechtswidrigkeit voraus, dass die Tat dem „gesunden Volksempfinden“ widersprach. Der Regierungsentwurf des 3. StrÄndG wollte diese – durch den nationalsozialistischen Sprachgebrauch diskreditierte – Formel ursprünglich ohne inhaltliche Änderung durch die Fassung „gegen die guten Sitten verstößt“ ersetzen. Diese wurde in den Beratungen des Bundestags als zu weitgehend empfunden;[728] an ihre Stelle trat die geltende Fassung. Der Begriff „verwerflich“ sollte danach den Kreis der missbilligten Verhaltensweisen in stärkerem Maße einengen, er meint aber im Grunde nichts anderes als eine an objektiven Maßstäben ausgerichtete sittliche Missbilligung.[729] Die vom Gesetzgeber erstrebte Einschränkung lässt sich nur dann verwirklichen, wenn die Interpretation nicht *unmittelbar* auf Maßstäbe der Moral und Ethik zurückzugreifen versucht, die sich in einer pluralistischen Gesellschaft mit ihrer anerkannten Vielfalt von Strömungen und Gesinnungen ohnehin nicht als einigermaßen brauchbare und einheitliche Größen feststellen lassen.[730] Richtschnur für das, was die „Sitte“ verlangt, werden heute im gesellschaftlichen Raum die Erfordernisse **sozialgerechten Verhaltens** sein müssen. Verwerflichkeit bedeutet danach *einen erhöhten Grad* sozialwidrigen Verhaltens.[731] Die geltende Fassung des Gesetzes macht dies allerdings nicht hinreichend deutlich, so dass der Ruf nach einem treffenderen Ausdruck auf Verständnis stoßen müsste,[732] wäre er von brauchbaren Alternativen begleitet. Wenn bisweilen von sozialer Missbilligung oder von sozialer Unverträglichkeit[733] die Rede ist, so sind diese Begriffe weder eindeutig noch frei von wertenden Elementen, knüpfen sie doch an die Gesellschaft an, nicht wie sie ist, sondern wie sie sein sollte. Sie sind in gleicher Weise dem Wandel unterworfen und können in gleicher Weise als Einbruchsstellen des „mainstreams“ der gesellschaftlichen Vorstellungen in das Gefüge des Strafrechts missverstanden werden. 113

---

[725] Vgl. BVerfGE **73** 206, 250 ff; dazu *Karpen* JZ **1984** 249 ff; *Hassemer* FS Wassermann S. 326; *Reichert-Hammer* S. 213; *Radtke* GA **2000** 19, 28 ff.

[726] Verneinend BVerfGE **73** 206, 252.

[727] Vgl. oben Rdn. 109.

[728] Vgl. Abg. *Dr. Schneider* 265. Sitzg. v. 12.5.1953, Prot. S. 12 996.

[729] Vgl. BGHSt **17** 329, 331; **18** 389, 391; **19** 263, 268; **35** 270, 276 f; BGH VRS 40 107; BayObLG NJW **1971** 768, 769; OLG Hamburg NJW **1968** 662, 663; OLG Köln NJW **1986** 2443 f; OLG Hamm NJW **1970** 2074, 2075.

[730] Vgl. *Brohm* JZ **1985** 501, 505, *Schäfer* LK[10] Rdn. 70.

[731] Vgl. OLG Celle NJW **1959** 1597; OLG Stuttgart NStZ **1988** 129 f; *Sch/Schröder/Eser/Eisele* Rdn. 18; SK-*Horn/Wolters* Rdn. 39; *Fischer* Rdn. 41, 41a; *Küper* JZ **2013** 449.

[732] Vgl. *Bergmann* Jura **1985** 457, 465; *Kühl* StV **1987** 122, 126; *Fischer* Rdn. 41 m.w.N.

[733] Vgl. *Bertuleit* JA **1989** 16, 20.

114 In der Rechtsprechung des **BGH** findet sich **keine einheitliche Terminologie.** Bisweilen wurde – in Anlehnung an die ursprüngliche Fassung – darauf abgestellt, ob das Verhalten „unter Beachtung des Rechtsempfinden des Volkes" anstößig war.[734] Teils wurde die Grenzlinie zum Verwerflichen und damit zum Strafbaren an das Kriterium gebunden, dass das Verhalten unter Berücksichtigung aller Umstände als gröberer Angriff auf die Entschlussfreiheit erscheinen und der Zurechtweisung durch die Strafgerichte bedürfen musste.[735] Andere Entscheidungen heben darauf ab, ob die Tat „nach richtigem allgemeinem Urteil sittlich zu missbilligen ist", oder ob sie „so verwerflich ist, dass sie ein als Vergehen strafwürdiges Unrecht", bzw. ein „über die Erfüllung eines bloßen Übertretungstatbestandes hinausgehendes Unrecht" darstellt,[736] ob sie „sittlich besonders zu missbilligen ist und als schwerwiegendes Unrecht" zu gelten hat, oder ob das Verhalten „von jedem Verständigen sittlich missbilligt und als sozial unerträglich, als Unrecht empfunden wird".[737] Nach anderen Entscheidungen soll es darauf ankommen, ob das Verhältnis von Nötigungsmittel zu Nötigungszweck „nach richtigem allgemeinem Urteil sittlich zu missbilligen ist und... <ob das angewandte Nötigungsmittel>.. über das zu billigende Maß hinausgeht... <und deshalb>.. sozial unerträglich ist".[738] Gelegentlich wird auch mit der verkürzten Formel „verwerflich = sittlich zu missbilligen = so verwerflich, dass das Verhalten ein als Vergehen strafbares Unrecht darstellt"[739] gearbeitet. Ähnliche Wendungen finden sich in der Rechtsprechung der Oberlandesgerichte. Dort wird der Begriff „verwerflich" bisweilen als ein Verhalten definiert, das nach sittlichen Wertmaßstäben erheblich zu missbilligen ist;[740] vielfach wird darunter aber auch ein Handlungsweise verstanden, die sittlich so zu missbilligen ist, dass sie sich als ein gesteigertes, als Vergehen strafbares Unrecht darstellt.[741] Mitunter wird Verwerflichkeit dann angenommen, wenn die Tat unter Berücksichtigung aller Umstände eindeutig so anstößig ist, dass es einer Bestrafung als Nötigung bedarf.[742]

115 Die Versuche der Rechtsprechung, den Begriff der Verwerflichkeit genau zu umschreiben vermitteln nur zum Teil bessere Einsicht, teilweise sind sie tautologisch und pleonastisch. Soweit sie fordern, die Tat müsse so schwer wiegen, dass sie einer Ahndung als Vergehen bedürfe, sind sie von **zweifelhaftem Erklärungswert.** Wenn das Gesetz zu bestimmen hat, was strafwürdig und strafbedürftig und deshalb zu bestrafen ist (Art. 103 Abs. 1 GG), kann das Strafbedürfnis nicht ein Merkmal sein, das die Rechtswidrigkeit begründet. Soweit das Anstandsgefühl „aller billig und gerecht Denkenden" als Maßstab herangezogen wird,[743] bleibt unklar, wer zu diesem Kreis gehört und welche Positionen innerhalb dieses Kreises vertreten werden (dürfen?). Verfehlt wäre es jedenfalls, die Feststellung der Verwerflichkeit auf einen „Akt der empirischen Feststellung bestehender

---

734 So BGHSt 5 254, 256 und noch BGHSt **17** 328, 331.

735 Vgl. BGHSt **17** 328, 256 der den Affekt des Beschuldigten (begreifliche Wut) in die Wertung einbezieht; **kritisch** hierzu *Roxin* JuS **1964** 373, 377.

736 Vgl. BGHSt **18** 389, 391 zur Verkehrsnötigung durch Verhinderung des Überholens. Die Entscheidung ist vor dem Hintergrund zu sehen, dass § 366 Nr. 2 StGB a.F. das mutwillige Verhindern des Überholens als Übertretung erfasste.

737 Vgl. BGHSt **5** 254, 256.

738 Vgl. BGH VRS **40** 103, 107; NStZ **2014** 149 Rdn. 58.

739 Vgl. BGHSt **19** 263, 268.

740 Vgl. OLG Hamm NJW **1970** 2074, 2075.

741 BayObLG NJW **1989** 1621 f; OLG Hamburg NJW **1968** 662, 663.

742 Vgl. OLG Koblenz NJW **1985** 2432, 2433.

743 So BGHSt **4** 24, 32 (Bestimmungsmensur) zum – vergleichbare Probleme aufwerfenden – Begriff der guten Sitten in § 226a StGB (nunmehr § 228).

Moralüberzeugungen“[744] reduzieren zu wollen, weil es sich um eine normative Bewertung handelt.

116 Im **Schrifttum** differieren die Begriffsbestimmungen des Verwerflichen in ähnlicher Weise. Hier ist nicht der Raum, dies im Einzelnen nachzuzeichnen.[745] Der Hinweis, dass es meist darum geht, die heute überwiegend als maßgebender unrechtsbegründender Faktor anerkannte „Sozialwidrigkeit“[746] des Handelns anhand weiterer Kriterien näher auszuleuchten,[747] mag genügen. Den Begriff der Verwerflichkeit ohne die Hilfe außerrechtlicher Kriterien zu bestimmen, ist bisher nicht gelungen und wird wohl auch nicht gelingen. Es ist zwar möglich, die Rechts- oder Gesetzwidrigkeit von Zwecken oder Mitteln zu bestimmen. Für die Verwerflichkeitsprüfung nach Abs. 2 reicht dies aber nicht aus, weil es entscheidend auf die Verknüpfung von Mittel und Zweck ankommt; u.U. kann sogar die Drohung mit einem rechtmäßigen Verhalten zur Erzwingung eines legitimen Zwecks verwerflich sein.[748] Zur Bewertung solcher Relationen enthält das Recht keine sicheren Maßstäbe und macht letztlich doch auch den *Zugriff auf außerrechtliche sozialethische Wertungen* erforderlich.[749] Soweit bisweilen gefordert wird, den Begriff „verwerflich“ durch einen treffenderen, moralisch nicht negativ belegten Ausdruck zu ersetzen,[750] mag dem eine gewisse Berechtigung nicht abzusprechen sein. Überzeugende Vorschläge für eine Neufassung des Gesetzes liegen aber nicht vor. Dass der – von Anfang an umstrittene – Begriff der Verwerflichkeit in andere Vorschriften Eingang gefunden hat,[751] spricht für sich.

7. Fallgruppen

117 a) **Bagatellfälle.** Die Ausübung belanglosen Zwanges ist nicht verwerflich. Abs. 2 dient hier auch der Ausscheidung von Beeinträchtigungen mit Bagatellcharakter. Deshalb fehlt es an der Verwerflichkeit einer Gewaltanwendung, wenn sie wegen geringer Dauer des Zwangs und geringfügiger Folgen nicht sozialschädlich ist.[752] Bei Drohungen mit Lappalien wird es an der **„Empfindlichkeit“ des Übels** fehlen; das Geringfügigkeitsprinzip geht in das sog. Selbstverantwortungsprinzip über mit der Folge, dass Bagatellfälle bereits auf der Ebene des Tatbestandes ausgesondert werden. Die Frage der Erheblichkeit

---

744 So BGHSt **49** 34, 41 zum Sittenverstoß der Einwilligung bei § 228; kritisch hierzu *Fischer*, § 228 Rdn. 11.

745 Vgl. insoweit *Schäfer* LK[10] § 240 Rdn. 72 sowie die Darstellungen bei *Bergmann* Nötigung, S. 185 ff; *Busse* S. 148 ff; *Hansen* S. 119 ff.

746 So *Lackner/Kühl* Rdn. 18; SK-*Horn/Wolters* Rdn. 39 ff; *Sch/Schröder/Eser/Eisele* Rdn. 18; *Fischer* Rdn. 41; *Roxin* JuS **1964** 373 f; NStZ **1993** 335 f.

747 Vgl. hierzu insbes. *Roxin* JuS **1964** 373 f; *Hansen* S. 157 ff; *Bergmann* Nötigung S. 169; SK – *Horn/Wolters* Rdn. 39 ff.

748 Etwa die Drohung, einen „Seitensprung“ publik zu machen, um die Zahlung von Schulden zu erzwingen.

749 Vgl. *Dannecker* LK § 1 Rdn. 206; *Bergerhoff* Boykott S. 171, der zutreffend darauf hinweist, dass die sozialen Ordnungsprinzipien nicht allesamt aus der Rechtsordnung heraus interpretierbar sind.

750 So *Bergmann* Jura **1985** 457, 465; *Kühl* StV **1987** 122, 126; wohl auch *Fischer* Rdn. 41.

751 Vgl. § 74a Nr. 2; § 74f Abs. 2 Nr. 2, § 237 Abs. 1 Satz 2 StGB; § 23 Nr. 2; § 28 Abs. 2 Nr. 2 OWiG.

752 Vgl. BayObLG NJW **1992** 521 f; OLG Stuttgart NJW **1991** 994 f m. Anm. *Otto* NStZ **1991** 334; OLG Koblenz NJW **1985** 2432, 2433 OLG Köln NJW **1986** 2443, 2444; LG Koblenz StV **1985** 151, 152 f; *Arzt* FS Welzel S. 825; SK-*Horn/Wolters* Rdn. 49 f; *Brohm* JZ **1985** 501, 504; *Roxin* JuS **1964** 373, 376; *Sch/Schröder/Eser/Eisele* Rdn. 17, 29; *Fischer* Rdn. 47; *Wolter* NStZ **1985** 193, 195.

bestimmt sich nach dem vom Täter angestrebten Erfolg: Hindert er im Straßenverkehr das Opfer am Überholen, um so dessen Teilnahme an einem wichtigen Treffen zu vereiteln,[753] so besteht der Nötigungserfolg sowohl in der Verhinderung des Überholmanövers als auch in der Vereitelung des Termins. Dies kann die Tat aus dem Bereich der Bagatelle, als die die vorübergehende Beschränkung der Freiheit zum Überholen mglw. zu verstehen ist, auf die Ebene der Verwerflichkeit heben. Als Schulbeispiele für Bagatellfälle mögen das kurzzeitige Zuhalten einer Tür,[754] der Zwang zur Benutzung eines Nebeneingangs durch Versperren des Hauptzutritts[755] oder die kurzzeitige Blockade eines Verkehrswegs durch Demonstranten[756] angeführt werden. Eine besondere Rolle spielt dieser Gedanke auch bei der sog. **Verkehrsnötigung,**[757] bisweilen wird bei kurzfristigen Behinderungen bereits das Vorliegen von Gewalt verneint.[758] Bei Straftaten gegen die sexuelle Selbstbestimmung werden Bagatellfälle bereits durch die Definition der sexuellen Handlung in § 184g Nr. 1 ausgeschieden. Bei der Bewertung von Drohungen eines **Strafverteidigers** gegenüber dem Gericht soll eine zurückhaltende Auslegung des Merkmals der Verwerflichkeit geboten sein.[759]

118 **b) Drohung mit Strafanzeige, Klage, Zwangsvollstreckung; Beitreibung von Schulden.** Die Drohung mit einer Strafanzeige zur Beitreibung rechtlich zweifelhafter Forderungen ist rechtswidrig. Ein Rechtsanwalt, der seine Autorität als Organ der Rechtspflege zur Verfügung stellt, um auf diese Weise Druck auszuüben, handelt verwerflich; sein Mahnschreiben erfüllt den Tatbestand der (versuchten) Nötigung oder Erpressung.[760] Hingegen darf der durch eine Straftat Verletzte den Täter durch Androhung einer *Strafanzeige* zum (rechtlich nicht umstrittenen[761]) Schadensersatz oder zur Erfüllung anderer durch die Tat begründeter oder damit zusammenhängender Ansprüche veranlassen.[762] soweit nicht ausnahmsweise ein Missverhältnis zwischen Zweck und Drohung vorliegt.[763] Die früher sehr streitige Frage, ob der Geschäftsinhaber von einem ertappten Ladendieb einen Geldbetrag fordern kann, den er für die Entdeckung von Diebstählen

---

753 Beispiel nach SK-*Horn/Wolters* Rdn. 49.

754 Vgl. *Roxin* JuS **1964** 373, 376; *Schröder* JZ **1964** 30, 31; *Sch/Schröder/Eser/Eisele* Rdn. 17.

755 Vgl. Schäfer LK[10] § 240 Rdn. 75.

756 Vgl. etwa BayObLG NJW **1993** 213 f (weniger als eine Minute); OLG Koblenz NJW **1985** 2432 f (eine Ampelphase); zu weitgehend: OLG Zweibrücken NJW **1991** 52, 55 (15 Minuten bei geplanten 30–40 Minuten) ähnlich OLG Stuttgart NStZ **1991** 333 m. krit. Anm. *Otto.*

757 Vgl. *Loderbauer* 138 ff auch OLG Karlsruhe NStZ-RR **1998** 58 f (kurzzeitiges zu dichtes Auffahren); OLG Koblenz bei *Himmelreich/Lessing* NStZ **2002** 302 (Verhinderung des Überholens für etwa eine Minute); *Maatz* NZV **2006** 344.

758 OLG Dresden NZV 1998 83 m. **krit.** Anm. *Paul* aaO 312 (Blockieren einer Fahrbahn durch LKW für 6 Minuten); vgl. auch *Maatz* NZV **2006** 337, 343; *Lohmann* 26. VGT (1988) S. 165, 168.

759 Vgl. OLG Frankfurt StV **2001** 407, 408 zu der Drohung, den Prozess platzen zu lassen, wenn Sicherungsmaßnahmen nicht aufgehoben werden; vgl. auch BGH StV 1981 133, 135 der das Verlassen des Sitzungssaals als Reaktion auf eine rechtlich umstrittene oder rechtswidrige Maßnahme des Vorsitzenden für nicht standeswidrig erachtet hat. Allgemein zu Drohungen des Rechtsanwalts: *Donath/Mehle* NJW **2009** 2509, 2363.

760 BGH NStZ **2014** 149 m. Anm. *Becker.*

761 Vgl. OLG Koblenz JR **1976** 69, das die Forderung einer – damals noch rechtlich zweifelhaften – Fangprämie als rechtswidrig erachtete, m. abl. Anm. *Roxin,* der auf den insoweit fehlenden Vorsatz der Angekl. hinweist.

762 So bereits BGHSt 5 254; BayObLG MDR **1957** 309.

763 Vgl. etwa BGH NJW **1957** 596; *Donath/Mehle* NJW **2009** 2363, 2364.

ausgelobt hat,[764] ist vom BGH zugunsten der **Fangprämie** entschieden worden.[765] Die Drohung mit einer Strafanzeige mit dem Ziel, die Zahlung einer (angemessenen) Prämie zu erzwingen, ist deshalb nicht verwerflich. Veranlasst der durch eine Straftat Verletzte die Ehefrau des Täters durch Androhung einer Strafanzeige gegen den Ehemann zur Übernahme einer Bürgschaft für den von diesem angerichteten Schaden, so ist dies jedenfalls dann nicht rechtswidrig, wenn die Frau aus der Straftat ihres Mannes Vorteile gezogen hat.[766] Als nicht verwerflich wurde es angesehen, wenn die Ehefrau im **Scheidungsprozess** den Ehemann damit bedrohte, sie werde seine sexuellen Verfehlungen zum Nachteil der Stieftochter vortragen (mit der zwangsläufigen Folge eines Strafverfahrens), wenn er nicht seine Alleinschuld an der Scheidung anerkenne.[767] Durch die Änderung des Scheidungsrechts hat diese Entscheidung zwar ihre unmittelbare Bedeutung verloren. Sie wird aber dort noch heranzuziehen sein, wo es um die Abnötigung von Zugeständnissen geht, die mit dem aufzudeckenden Fehlverhalten im Zusammenhang stehen; nicht verwerflich wäre danach etwa die Drohung, wenn es um die Regelung des Umgangs mit dem geschädigten Mädchen ginge, verwerflich aber, wenn die Ehefrau gleichsam als Schweigegeld einen unangemessen hohen Unterhalt erreichen wollte.[768] Die Drohung mit der Weitergabe rechtswidrig erlangter Kontounterlagen an die Finanzbehörden kann Nötigungsmittel sein.[769]

Nicht rechtswidrig ist die Drohung, das Entgelt für die Inanspruchnahme von „**Telefonsex"-Angeboten** einzuklagen.[770] Auch die Ankündigung eines Inkasso-Büros, die Nichtzahlung durch Eintragung in einer **Schuldnerliste** bekannt zu geben, ist nicht verwerflich;[771] entsprechendes gilt für die verbreitete Übung, die Beitragsrückstände von Mitgliedern in der Vereinszeitung zu veröffentlichen. Anders soll es sich verhalten, wenn die Forderung zweifelhaft ist;[772] in solchen Fällen wird Nötigung aber meist am fehlenden (Nachweis des) Vorsatz(es) scheitern.[773] Richtigerweise ist die Verwerflichkeit auszuschließen, wenn das in Aussicht gestellte zivilprozessualen Verfahren und die geltend gemachte Forderung konnex sind und der Anspruch aus Gläubigersicht besteht.[774] Wird mit einer beleidigenden Bekanntmachung gedroht, so liegt die Drohung mit einer Straftat vor; dies ist – sofern keine Rechtfertigungsgründe vorliegen – stets rechtswidrig.

Unzulässig ist die Drohung mit einer Strafanzeige, wenn sie den anderen von der Inanspruchnahme der gerichtlichen Nachprüfung zweifelhafter Ansprüche abhalten soll.[775] Gleiches gilt für die Androhung, Abschiebemaßnahmen durch die Ausländerbehörde zu veranlassen für den Fall, dass eine (auch berechtigte) Forderung nicht erfüllt wird.[776] Rechtswidrig ist auch die Drohung mit einer Anzeige, wenn der ihr zugrunde liegende Sachverhalt zu dem verfolgten Zweck in **keinerlei inneren Beziehung** steht.[777] **119**

---

764 Vgl. dazu OLG Koblenz JR **1976** 69 f m. Anm. *Roxin*; *Blei* JA **1976** 390; *Mertins* GA **1980** 41, 47; *Meurer* JuS **1976** 300 f; *Schulz* MDR **1981** 372, 373.

765 Vgl. BGHZ **75** 230 ff.

766 Vgl. *Schäfer* LK[10] § 240 Rdn. 76.

767 Vgl. OLG Hamm JMBl. NW **1963** 206.

768 **AA** *Schäfer* LK[10] § 240 Rdn. 76.

769 BGH NStZ-RR **2011** 143, 144.

770 OLG Karlsruhe NStZ-RR **1996** 296 f, JZ **2004** 101, 102. Den Entscheidungen ist beizupflichten, soweit es um die Beitreibung von Forderungen geht, die der Gläubiger für berechtigt erachtet; soweit allerdings bereits die Empfindlichkeit des angedrohten Übels verneint wird, mit der Folge, dass es auf die Berechtigung der Forderung nicht ankommen soll, geht diese Sicht zu weit, vgl. Rdn. 57.

771 Vgl. RGSt **6** 405 ff.

772 Vgl. OLG Koblenz OLGSt Nr. 24.

773 So zutreffend *Roxin* JR **1976** 73.

774 *Donath/Mehle* NJW **2009** 2363, 2364.

775 Vgl. BGH NJW **1957** 596 ff: Androhung einer Anzeige, um die Einlegung eines Rechtsmittels zu verhindern.

776 Vgl. OLG Düsseldorf NStZ-RR **1996** 5 ff.

777 Vgl. BGHSt **5** 254, 256 f.

Der Gläubiger, der dem säumigen Schuldner die Erstattung einer Strafanzeige wegen einer (tatsächlich von ihm begangenen) Straftat androht, um ihn zur Rückzahlung eines fälligen Darlehens zu veranlassen, handelt daher rechtswidrig, wenn die anzuzeigende Tat auf einem ganz anderen Lebensvorgang beruht, sie also unter keinem Gesichtspunkt mit der Säumnis im Zusammenhang steht.[778] Verwerflich ist die Mittel-Zweck-Relation ferner dann, wenn die Androhung einer Strafanzeige zwar auf die Erfüllung berechtigter Schadensersatzansprüche zielt, zugleich aber zu einer **vom Gesetz nicht vorgesehenen Schädigung** des anderen führt. Rechtswidrig wäre etwa die Androhung einer Strafanzeige, um den mittellosen Schuldner zur Verwertung unpfändbarer Sachen zu veranlassen. Auch die Androhung einer Strafanzeige gegen einen Dritten, die der Bedrohte als eigenes Übel empfindet, kann den Nötigungstatbestand erfüllen.[779] Insgesamt hängt die Frage der Verwerflichkeit von den Umständen des Einzelfalls ab; eine gewisse Rechtsunsicherheit ist unvermeidlich.[780] Zu weit geht die Meinung, rechtlich zweifelhafte Forderungen dürften mit den Nötigungsmitteln des Abs. 1 *generell* nicht durchgesetzt werden.[781]

120 Die Androhung des Gläubigers gegenüber dem Schuldner, zur Durchsetzung einer ihm tatsächlich oder jedenfalls nach seiner Meinung zustehenden Forderung die **zulässigen gesetzlichen Maßnahmen** *(Klagerhebung, Auftrag zur Zwangsvollstreckung, Ausübung eines Zurückbehaltungsrechts)* ergreifen zu wollen, ist grundsätzlich sozialadäquat. Jedoch können übertreibende und verzerrende Angaben über mögliche Gesetzesübel, die geeignet sind, auch einen besonnenen Adressaten kopflos zu machen und zu veranlassen, ohne weitere Prüfung dem Täter willens zu sein, verwerflich sein.[782] Rechtswidrig soll auch die Drohung mit der *Zwangsvollstreckung* aus einem formal ordnungsgemäßen, aber erschlichenen Titel sein.[783] Dem ist nicht beizupflichten: Um ein Auseinanderklaffen von zivilprozessualer und strafrechtlicher Lage zu vermeiden, ist Verwerflichkeit nur dann anzunehmen, wenn zugleich die Voraussetzungen für die Durchbrechung der Rechtskraft nach § 826 BGB oder anderer Einwendungen vorliegen, die der Zwangsvollstreckung entgegengehalten werden können. Die objektive Unrichtigkeit des Titels und die subjektive Kenntnis des Vollstreckungsgläubigers reichen dazu nicht aus.[784] Das *Zurückbehaltungsrecht* des § 273 BGB berechtigt eine Wohnungsgemeinschaft bei nachhaltigem Zahlungsrückstand eines Eigentümers zur Androhung (und Verhängung) einer Versorgungssperre durch Unterbrechung der Zuleitung von Heizenergie und Warmwasser;[785] das gilt auch dann, wenn das Sondereigentum vermietet ist, weil dem Mieter nicht mehr Rechte zustehen können als dem Wohnungseigentümer, von dem er seine Rechte ableitet.[786] Für die Unterbrechung von Versorgungsleistungen durch ein Versorgungsunternehmen gelten die in den AVB niedergelegten besonderen Anforderungen des Grundsatzes der Verhältnismäßigkeit. Werden diese Grenzen eingehalten, ist eine **Versorgungs-**

---

[778] Vgl. OLG Hamburg HESt. **2** 293.

[779] Vgl. BGH, Urt. v. 10.11.1959 – 1 StR 417/59 – (Strafanzeige gegen nahen Angehörigen); BGH AnwBl. **1955** 69 (Rechtsanwalt nötigt den Vertreter des Gegners zum Rechtsmittelverzicht durch Drohung mit Strafanzeige gegen den Mandanten).

[780] *Lackner/Kühl* Rdn. 24 a.E.

[781] OLG Koblenz JR **1976** 69 f m. abl. Anm. *Roxin*; die Entscheidung ist durch BGHZ **75** 230 ff (Fangprämie) teilweise überholt.

[782] Vgl. OLG Köln JMBl. NRW **1962** 32 – wahrheitswidrige Drohung mit der Vorladung zur Abgabe der eidesstattlichen Versicherung.

[783] RGSt **26** 305 ff; **34** 279 ff.

[784] Vgl. BGHZ **101** 380, 383 ff; *Zöller/Vollkommer* ZPO, 22. Aufl. Rdn. 72 ff vor § 322.

[785] BGH NJW **2005** 2622 ff m. Anm. Schmidt ZWE **2005** 400.

[786] Vgl. KG NZM **2002** 221; **aM** OLG Köln NJW RR **2001** 301 ff.

sperre auch dann zulässig, wenn es um einen Zahlungsrückstand des Vermieters geht.[787] Entsprechende Maßstäbe sollen für eine Versorgungssperre durch den Vermieter gelten, wenn dieser gegenüber den Versorgungsunternehmen in Vorlage zu treten hat und der Mieter die vereinbarten Vorauszahlungen nicht erbringt;[788] geht man gleichwohl von einem zivilrechtswidrigen Verhalten aus, so müsste die Verwerflichkeit im Sinne des Abs. 2 verneint werden. Die gegen eine frühere Ankündigung verstoßende und deshalb unter dem Blickwinkel des „venire contra factum proprium" treuwidrige Ausübung eines Zurückbehaltungsrechts zur Erzwingung einer berechtigten Schadensersatzforderung aus unerlaubter Handlung soll verwerflich sein.[789] Dieser Sicht ist nur dann beizupflichten, wenn besondere Umstände vorliegen; allein ein Verstoß gegen die Grundsätze von Treu und Glauben (§ 242 BGB) begründet zwar den Vorwurf zivilrechtswidrigen, nicht aber zugleich auch verwerflichen Verhaltens. Nach einer im Zivilrecht verbreiteten Meinung soll hinsichtlich lebender Haustiere ein Zurückbehaltungsrecht nicht bestehen.[790] Die Verurteilung des Leiters eines Tierheims, der die Herausgabe einer Fundkatze zunächst gleichwohl von der vorherigen Entrichtung der Futterkosten abhängig machen wollte.[791] geht allerdings zu weit; hier mag zwar ein Verstoß gegen eine zivilrechtliche Herausgabepflicht vorliegen, verwerflich i.S.d. § 240 Abs. 2 ist dieses Verhalten aber nicht. Rechtswidrig ist hingegen die Drohung, ein rechtmäßiges Vorhaben des Gegners durch aussichtslose Rechtsmittel zu verzögern, um dadurch wirtschaftlichen Druck auszuüben. Wer in dieser Absicht ein solches Rechtsmittel einlegt und es sich sodann „abkaufen" lässt, kann Erpressung begehen. Das schließt es allerdings nicht aus, tatsächlich oder rechtlich zweifelhafte Forderungen zunächst einzuklagen, um das Verfahren sodann im Vergleichswege zu erledigen. Die *Beitreibung von Schulden* durch Methoden, die mit einer öffentlichen Prangerwirkung verbunden sind, kann gegen das Persönlichkeitsrecht der betroffenen Schuldner verstoßen und aus diesem Grund verwerflich sein. Ein **Inkassodienst**, der sich „Schwarzer Männer" bedient, die sich an die Fersen der Schuldner heften und sie in der Öffentlichkeit bloßstellen, verhält sich deshalb nicht nur wettbewerbswidrig,[792] sondern handelt meist auch verwerflich. Die Beitreibung von Schulden mit dem Druckmittel der öffentlichen Bloßstellung ist aber nicht stets rechtswidrig i.S.d. Abs. 2. Die Frage der Verwerflichkeit hängt vielmehr maßgeblich vom Vorgehen des Gläubigers sowie vom Verhalten des Schuldners ab. Wer dem Pfändungsschutz der §§ 811 ff, 850 ff unterliegt, muss sich nicht zur Zahlung zwingen lassen. Verweigert hingegen ein nur zahlungsunwilliger Schuldner die ihm obliegende Leistung in provokanter Form oder verhält er sich in anderer Weise sozialwidrig, so kann grundsätzlich auch in der Öffentlichkeit Druck gegen ihn ausgeübt werden.[793] Dabei kann auch die Frage, ob der Anspruch mit dem gesetzlichen Instrumentarium von Klage und Zwangsvollstreckung mit Aussicht auf Erfolg durchzusetzen ist, an Bedeutung gewinnen;[794] stets ist aber in den Blick zu nehmen, dass die Rechtsordnung grundsätzlich kein privates Faustrecht dulden kann. Ein Rechtsanwalt, der Unterlagen seines Mandanten wegen ausstehender Honorarforderungen zur Unzeit zurückbehält, kann sich der Nötigung schuldig machen.[795]

---

787 Vgl. *Palandt/Grüneberg* § 273 Rdn. 18; dort auch zu dem in den jeweiligen AVB konkretisierten Grundsatz der Verhältnismäßigkeit.

788 Vgl. *Palandt/Bassenge* § 862 Rdn. 4.

789 So OLG Stuttgart VRS **78** 205, 206 f.

790 Vgl. OLG Stuttgart NJW-RR **1991** 446; MK-BGB *Krüger*, 4. Aufl. § 273 Rdn. 47.

791 Vgl. LG Tübingen, Urt. v. 15.12.1999 – 2 Ns 28 Js 5789/98.

792 Vgl. LG Leipzig NJW **1995** 3190 ff – Schwarze Schatten.

793 Vgl. *Edenfeld* JZ **1998** 645, 648 m. Nachw. aus der Rspr. des Österr. OGH.

794 Vgl. BGHSt **17** 328, 332.

795 BGHR StGB § 240 Abs. 2 Rechtswidrigkeit 3; *Donath/Mehle* NJW **2009** 2509.

121 c) **Androhung öffentlicher Mitteilung, insbesondere der Presseveröffentlichung.** Rechtswidrig ist es, zur Durchsetzung zivilrechtlicher Ansprüche statt einer Strafanzeige die Bloßstellung durch öffentliche Mitteilung der Straftat anzudrohen.[796] Die Androhung von Veröffentlichungen aus dem Intimleben des Opfers – seien sie zutreffend oder nicht – ist verwerflich, sofern sich der Täter sein Schweigen abkaufen lässt oder andere **inkonnexe Ziele** verfolgt. Dabei ist unerheblich, ob das Zahlungsangebot vom Täter oder vom Opfer ausgeht; maßgeblich ist allein, dass das Opfer nicht frei entscheidet. Ohne Belang ist ferner der Wert, den die „Story" auf dem Nachrichtenmarkt hat, sofern sich dieser nur durch einen Eingriff in die Persönlichkeitsrechte des Geschädigten realisieren ließe; das Angebot, sich eine Nachricht zum „Marktpreis" abkaufen zu lassen, kann deshalb rechtswidrige Drohung sein.[797] Die Drohung eines Zeitungsverlags mit der Veröffentlichung wahrheitsgemäßer aber nachteiliger Berichte über ein Unternehmen ist mangels Sozialadäquanz rechtswidrig, wenn der Drohende damit Aufträge für Inserate erzwingen will.[798] Dass die Veröffentlichung vom Grundrecht der *Pressefreiheit* (Art. 5 Abs. 1 GG) gedeckt und unter diesem Gesichtspunkt an sich rechtmäßig wäre, steht dem nicht entgegen; die nötigende Drohung mit Indiskretionen genießt den Schutz der Verfassung nicht. Zulässiges Druckmittel ist dagegen die öffentliche Ausbietung einer Forderung gegenüber dem hartnäckig/böswillig säumigen Schuldner[799] oder die Androhung des Inkassobüros, die Säumnis durch **Eintragung in Schuldnerlisten**, die zur Mitteilung an die Klienten bestimmt sind, bekannt zu geben.[800] Nicht verwerflich ist ferner die Androhung, die Presse einzuschalten, um im Interesse des Opfers eines ärztlichen „Kunstfehlers" die Herausgabe von Krankenunterlagen zu erzwingen. Dies soll nach der Rechtsprechung jedenfalls dann gelten, wenn der Täter nicht eigennützig handelt und mit einer Berichterstattung ohnedies zu rechnen ist.[801] Darüber hinaus ist es regelmäßig nicht verwerflich, die Mitteilung wirklicher oder vermeintlicher Missstände an die Presse anzudrohen, sofern es dem Drohenden um die Beseitigung dieser Missstände geht. Insoweit gilt im Grundsatz nichts anderes als bei der Drohung mit der Erstattung einer Strafanzeige. Die Drohung kann allerdings verwerflich sein, wenn der mit der Veröffentlichung verbundene Schaden außer jedem Verhältnis zum angestrebten Zweck steht.[802]

122 d) Nötigung kann auch dadurch begangen werden, dass der Täter einen anderen durch unverhältnismäßige Mittel zu **Aussagen oder Äußerungen** veranlasst. Für den Schuldspruch ist es ohne Belang, ob der andere zur Aussage verpflichtet ist und ob die abgenötigte Erklärung der Wahrheit entspricht; dies kann allenfalls bei der Strafzumessung Berücksichtigung finden.[803]

123 e) **Drohung mit Selbsttötung, Hungerstreik.**[804] Die Frage, ob die Drohung mit einer Selbstbeschädigung oder – vernichtung taugliches Nötigungsmittel sein kann, wurde im

---

796 Vgl. BGHSt 5 254, 258 ff.
797 Vgl. BGHR StGB § 253 Abs. 1 Drohung 4.
798 Vgl. OLG Hamm NJW **1957** 1081 f.
799 Vgl. RG GA 57 209; OLG Hamm DRiZ **1933** Nr. 122.
800 Vgl. RGSt **6** 405, 411.
801 Vgl. BVerfG – Kammer – NJW **1993** 1519, weiter Nachweise bei *Donath/Mehle* NJW **2009** 2509.
802 BayObLG wistra **2005** 235.
803 Vgl. BGH bei Herlan MDR **1955** 528.
804 Vgl. hierzu *Arndt/Olshausen* JuS **1975** 143; *Böhm* JuS **1975** 288; *Bottke* Suizid und Strafrecht (1982) S. 81, 107, ders. GA **1982** 346, 354; *Geppert* Jura **1982** 184 ff; *Jakobs* ZStW **95** (1983), 669, 677; *Jekewitz* GA **1984** 334 f; *Kühne* NJW **1975** 671, 675; *Linck* NJW **1975** 18 ff; *Michale* Recht und Pflicht zur Zwangsernährung (1983); *Nöldeke/Weichbrodt* NStZ **1981** 281; *Ostendorf* Das Recht zum Hungerstreik (1983); ders. GA **1984** 308 ff; *Rudolphi*

E 1962[805] und im Alternativentwurf 1970[806] verneint. Nach geltendem Recht ergeben sich Probleme sowohl auf Seiten des Suizidwilligen als auch des Suizidverhinderers.[807]

Der **Suizid** eines anderen, insbesondere eines nahe stehenden Menschen kann ein empfindliches Übel, die Drohung damit deshalb taugliches Nötigungsmittel sein. Dies ist unproblematisch, wenn der Täter ankündigt, einen anderen in den Selbstmord zu treiben; insoweit gilt nichts anderes, als bei der Gewalt gegen Dritte.[808] Nach der Rechtsprechung kann aber auch die Androhung des eigenen Selbstmords den Tatbestand erfüllen.[809] Dieser Sicht steht nicht schon das durch Art. 2 Abs. 1 GG verbürgte Selbstbestimmungsrecht über Leben und Gesundheit[810] entgegen: Auch nicht verbotenes und den Schutz der Verfassung genießendes Verhalten kann Gegenstand einer Drohung i.S.d. § 240 Abs. 1 sein. Problematisch ist aber, ob der Selbstmord des Täters für das Opfer ein **„empfindliches" Übel** ist und – vor allem – ob die Drohung damit verwerflich ist. Vor allem letzteres wird häufig zu verneinen sein[811] und allenfalls dann angenommen werden können, wenn ein rechtswidriger oder ein nichtkonnexer Zweck verfolgt wird.[812] Rechtsprechung liegt nur zu außergewöhnlichen Sachverhalten vor. Danach soll etwa die Drohung mit Selbstmord den Tatbestand der Nötigung erfüllen können, wenn durch sie der Beischlaf erzwungen wird.[813] Suiziddrohungen sind im privaten Bereich, d.h. im Verhältnis der Bürger untereinander nicht selten. Der Tatbestand der Nötigung ist dort aber nur im Ausnahmefall gegeben, weil ein empfindliches Übel und damit ein taugliches Nötigungsmittel in der Regel nur dann anzunehmen ist, wenn ein Näheverhältnis zwischen Täter und Opfer vorliegt. Liegt ein solches Verhältnis aber vor, wird die Rechtswidrigkeit meist zu verneinen sein, weil gerade die Sonderbeziehung, die den Tod des Täters für das Opfer zu einem empfindlichen Übel macht, die Tat als **nicht verwerflich** erscheinen lässt. Wenn durch Selbstmorddrohung ein Partner einer nichtehelichen Lebensgemeinschaft, ein Verlobter oder Ehegatte den anderen Teil zur Aufrechterhaltung von Gemeinschaft, Verlöbnis oder Ehe oder etwa die Tochter den Vater zur Einwilligung in die Eheschließung veranlassen will, so ist dies nicht verwerflich und gehört nicht vor den Strafrichter. 124

Sollen Behörden oder Unternehmen genötigt werden, steht der politische oder wirtschaftliche Schaden im Vordergrund; unter den Bedingungen der Mediendemokratie kann dieser beträchtlich sein. Die Suiziddrohung besitzt deshalb häufig hinreichendes Gewicht, um als taugliches Nötigungsmittel die betroffenen Entscheidungsträger zu motivieren. Die Androhung eines **Hungerstreiks** ist allerdings nur dann erheblich, wenn die Fortsetzung bis zum Tode in Aussicht gestellt wird.[814] Ist dies zu bejahen, so liegt der Schwerpunkt der Prüfung auf der Frage, ob das Vorgehen des Täters im Sinne des Abs. II 125

FS Bruns S. 324; *Tröndle* FS Kleinknecht (1985) 411 ff; *Wagner* Selbstmord und Selbstmordverhinderung (1975) S. 128; *Weichbrodt* NJW **1983** 311 ff.

805 Der Entwurf BTDrucks. V/32 enthielt einen abschließenden Katalog von „gefährlichen Drohungen" (§ 11 Abs. 1 Nr. 7); nur diese konnten den Tatbestand der Nötigung (§ 170 Abs. 1) erfüllen.

806 Begr. S. 67.

807 Vgl. *Sch/Schröder/Eser/Eisele* Rdn. 30.

808 Vgl. *Bohnert* JR **1982** 397 ff.

809 Nach BGH NStZ **1982** 286 soll die Nötigung zum Beischlaf durch Selbstmorddrohung zwar nicht den Tatbestand des § 177, aber den des § 240 erfüllen können.

810 Vgl. hierzu *Ostendorf* Hungerstreik S. 145 ff, der dieses Recht – zu weitgehend – für nicht einschränkbar erachtet.

811 Vgl. *Lackner/Kühl* Rdn. 13; *Fischer* Rdn. 51.

812 Vgl. *Bohnert* JR **1982** 397, 398 f; *Sch/Schröder/Eser/Eisele* Rdn. 31.

813 Vgl. BGH NStZ **1982** 286 unter teilweiser Aufhebung eines Schuldspruchs wegen Vergewaltigung; dazu *Schäfer* LK[10] Rdn. 82 f.

814 Vgl. BGHSt **27** 325, 329; NK-*Toepel* Rdn. 122.

verwerflich ist. Wird der Hungerstreik in der eigenen Wohnung zur Durchsetzung politischer Ziele angedroht, dürfte dies in aller Regel straflos sein.[815] Der Bereich der Privatheit ist aber verlassen, wenn die Aktion von Sonderpflichtigen im öffentlichen Raum durchgeführt werden soll, etwa von Studenten in Universitätsräumen oder von Gefangenen im Strafvollzug. Die Grundrechte aus Art. 4 Abs. 1, Art. 5 Abs. 1 und Art. 8 GG gewährleisten die Möglichkeit des Hungerstreiks weder in individueller noch in kollektiver Form.[816] Der Hungerstreik von Strafgefangenen verletzt die Pflicht aus § 56 Abs. 2 StVollzG;[817] gleichwohl ist seine Androhung nicht verwerflich, wenn dies der Durchsetzung humaner (und damit berechtigt erscheinender) Haftbedingungen dient.[818] Anders verhält es sich allerdings dann, wenn der Gefangene nicht gerechtfertigte Vorteile erstrebt. Soll die Freilassung von Gesinnungsgenossen erzwungen werden, ergibt sich die Verwerflichkeit daraus, dass ein Verhalten erstrebt wird, das den Tatbestand einer Straftat (§ 258a Abs. 2) erfüllt. Der Hungerstreik ist ferner dann rechtswidrig, wenn es sich um eine Kampfmaßnahme handelt, die der **Festigung des Zusammenhalts einer kriminellen oder terroristischen Vereinigung** (§§ 129, 129a) dienen oder zu Unruhen bzw. zu Anschlägen auf Personen des öffentlichen Lebens führen soll.[819] Das angekündigte Übel liegt in solchen Fällen allerdings nicht nur im Tod der Gefangenen, sondern vor allem in den zu erwartenden und von den Streikenden in aller Regel auch beabsichtigten Reaktionen von Gesinnungsgenossen. Dies hat zur Folge, dass die Empfindlichkeit des Übels und die Verwerflichkeit der Zweck-Mittel-Relation ohne weiteres zu bejahen sind.[820] Ähnliche Grundsätze gelten für die Drohung mit Selbstverbrennung zur Erreichung politischer Ziele.[821]

126 f) **Suizidverhinderung.** Die Verhinderung einer Selbsttötung mit Nötigungsmitteln ist, sofern der Grundsatz der Verhältnismäßigkeit gewahrt bleibt, nicht verwerflich. Dies ist unproblematisch, wenn es sich um einen nicht frei verantworteten Suizidversuch handelt, bei dem eine Pflicht zur Verhinderung besteht,[822] oder wenn die Selbstmorddrohung selbst als Nötigungsmittel eingesetzt wird.[823] Die **Zwangsernährung** von im Hungerstreik befindlichen Gefangenen ist durch strafvollzugsrechtliche Vorschriften dahingehend geregelt, dass bei schwerwiegenden Gesundheitsgefahren die Möglichkeit, bei Wegfall der Willensfreiheit die Pflicht hierzu besteht;[824] als mildere Maßnahme kommt der Wasserentzug bei gleichzeitigem Angebot eines nährstoffhaltigen Getränks in Betracht.[825] Nötigung scheidet in diesen Fällen schon wegen der spezialgesetzlichen Regelung

---

815 Vgl. NK-*Toepel* Rdn. 122; anderes dürfte allerdings gelten, wenn der Täter einen verwerflichen, insbesondere strafbaren Zweck verfolgt, etwa eine kriminelle oder terroristische Vereinigung zu unterstützen sucht.

816 Vgl. *Jakobs* ZStW **95** (1983) 669, 680; *Arloth/Lückemann* StVollzG (2004) § 101 Rdn. 3; **aA** *Ostendorf* GA **1984** 308, 312 m.w.N., der von einem Recht auf Hungerstreik ausgeht.

817 Vgl. *Calliess/Müller*-Dietz, StVollzG[10] § 101 Rdn. 1.

818 Vgl. *Sch/Schröder/Eser/Eisele* Rdn. 31.

819 Vgl. *Bottke* JR **1985** 122 f.

820 Vgl. zur rechtlichen Bewertung organisierter Hungerstreiks *Spendel* LK[11] § 323c Rdn. 56.

821 Vgl. OLG Hamm NStZ **1995** 547, 548.

822 *Spendel* LK[11] § 323c Rdn. 54; *Sch/Schröder/Eser/Eisele* Rdn. 32; zur Häufigkeit nicht frei verantworteter Selbstmorde, vgl. *Jähnke* LK[11] Rdn. 27 vor § 211; *Herzberg* JZ **1998** 182, 185.

823 *Sch/Schröder/Eser/Eisele* Rdn. 32.

824 § 101 Abs. 1 StVollzG; *Calliess/Müller-Dietz* Rdn. 3; **krit.** hierzu: *Ostendorf* GA **1984** 308, 326; *Tröndle* FS Kleinknecht S. 411; *Ziegert* StV **1985** 127.

825 LG Nürnberg-Fürth ZfStrVo SH **1978** 36; *Arloth/Lückemann* StVollzG § 101 Rdn. 3 m.w.N.

aus.[826] Im Übrigen ist die Verhinderung auch eines frei verantworteten Suizids nicht rechtswidrig. Dabei kommt es nicht darauf an, ob und unter welchen Voraussetzungen eine Pflicht zur Lebensrettung besteht.[827] § 240 schützt nicht das Leben, sondern die Freiheit der Willensentschließung und der Willensbetätigung. Von Bedeutung ist deshalb allein die Frage, ob es verwerflich ist, dem Todeswunsch des Suizidenten mit Nötigungsmitteln entgegenzutreten. Dies ist regelmäßig zu verneinen, weil der Wille zum Freitod nach gesetzlicher Wertung (§ 216) allenfalls sehr eingeschränkt beachtlich ist und hinter dem Ziel der Lebenserhaltung zurücktritt.[828] Dem steht nicht entgegen, dass die **medizinische Zwangsbehandlung** eines Patienten wegen des entgegenstehenden Selbstbestimmungsrechts selbst dann verwerflich ist, wenn sie zur Rettung des Lebens geboten wäre.[829] Die eigenmächtige Verfügung über das eigene Leben ist ethisch und rechtlich anders zu bewerten, als der Wunsch, dem nahenden Tod keinen Widerstand mehr zu leisten.[830]

g) **Quasinotwehr und Quasiselbsthilfe.** Verwerflich kann eine erhebliche Überschrei- **127**
tung der Grenzen eines an sich bestehenden Not- oder Besitzwehrrechts sein. Das gilt auch, wenn der Täter sich in einem vermeidbaren Verbotsirrtum über den Umfang oder die Grenzen der vermeintlichen Befugnis befindet oder wenn ein den Vorsatz ausschließender Irrtum über die tatsächlichen Voraussetzungen eines Notwehr- oder Selbsthilferechts nicht verneint werden kann. So ist es verwerflich, wenn der Täter im guten Glauben an das Bestehen einer Forderung das vermeintliche Selbsthilferecht in der Weise ausübt, dass er den „Schuldner" brutal misshandelt.[831] Verwerflich ist es ferner, einen Wanderer, der nicht ahnt, dass er sich auf einem nicht freigegebenen Privatweg befindet, durch die Androhung des Hetzens von Hunden oder des Schusswaffengebrauchs am Weitergehen zu hindern.[832] Gleiche gilt für den Jagdpächter, der einen Reiter durch die Drohung, das Pferd durch Schüsse scheu zu machen, zum Verlassen des Reviers zwingen will.[833] Verwerflichkeit wird auch zu bejahen sein, wenn der Vermieter die Räumung durch Unterbrechung der Strom- oder Wasserzufuhr erzwingt, mag die Kündigung auch berechtigt sein; anderes gilt allerdings, wenn ein Zurückbehaltungsrecht wegen Nichtentrichtung der Nebenkosten besteht.[834] In den vorgenannten Fällen scheitert Nötigung jeweils nicht daran, dass der Nötigende einen **Anspruch auf das abgenötigte Verhalten** hat oder zumindest zu haben glaubt. Hingegen kann – trotz Vermeidbarkeit des Verbotsirrtums über das Bestehen eines Selbsthilferechts – die Verwerflichkeit entfallen, wenn der Täter im guten Glauben an das Bestehen eines Anspruchs einen vom Genötigten ausgeübten verwerflichen Druck auf der Stelle erwidert.[835] Verwerflichkeit kann ferner zu

[826] Die Frage, ob der Hungerstreik ein Fall der Selbsttötung ist, kann deshalb auf sich beruhen; vgl. hierzu aber *Ostendorf* GA **1984** 308, 309 ff.

[827] Dazu *Spendel* LK[11] § 323 Rdn. 48 ff; aus polizeirechtlicher Sicht VG Karlsruhe JZ **1988** 208 ff; **krit.** *Herzberg* JZ **1985** 182, 188.

[828] BGHSt **6** 147, 153 und BGHSt **32** 365, 375 bezeichnen den Willen zum Freitod sogar als unbeachtlich. Zum Zwang zur Nahrungsaufnahme durch Nadelstiche vgl. OLG Zweibrücken GA **1991** 323, 324 f; im Übrigen *Lackner/Kühl* Rdn. 20; *Sch/Schröder/Eser/Eisele* Rdn. 32.

[829] Vgl. *Kaufmann* ZStW **73** (1961) 362; *Spendel* LK[11] § 323c Rdn. 52; *Tröndle* FS Kleinknecht 411, 421.

[830] Vgl. *Kutzer* MDR **1985** 710, 713.

[831] Vgl. BGH bei Dallinger MDR **1968** 200.

[832] Vgl. BayObLG NJW **1965** 163 f.

[833] Vgl. OLG Koblenz VRS **68** 207, 209.

[834] Vgl. oben Rdn. 64.

[835] Vgl. BGHSt 17, 328, 331 f – geprellter Freier holt den Dirnenlohn gewaltsam zurück; **aA** *Welzel* S. 327; vgl. auch *Hirsch* JZ **1963** 149 ff.

verneinen sein, wenn Gewalt angewandt wird, um eine Lage abzuwehren, die durch ein nötigendes oder der Nötigung nahe kommendes Verhalten herbeigeführt wurde, so etwa wenn ein Kraftfahrer anhält, um einen hierdurch gleichfalls zum Anhalten gezwungenen „Drängler“ zur Rede zu stellen.[836] Allgemein gilt, dass die Annahme von Verwerflichkeit umso weniger in Betracht kommt, je mehr der **Sachverhalt einem anerkannten Rechtfertigungsgrund nahe kommt.**[837] Die Nötigung zum Unterlassen eines noch nicht gegenwärtigen rechtswidrigen Angriffs kann indessen verwerflich sein, wenn sie mit verbotenen Mitteln, etwa mit illegalen Waffen und unter bewusster Ausschaltung der Polizei erfolgt.[838]

128 h) aa) **Verkehrsnötigung.**[839] Das Straßenverkehrsrecht dient der Sicherheit und Leichtigkeit des Verkehrs, indem es Verhaltensweisen untersagt, die zu Behinderungen oder Gefährdungen anderer Verkehrsteilnehmer führen können. Überschneidungen zwischen den straßenverkehrsrechtlichen Vorschriften, die dieses Ziel verfolgen, und dem Tatbestand der Nötigung sind deshalb nicht nur möglich sondern gleichsam im „System“ angelegt. Verkehrsordnungswidriges Verhalten kann grundsätzlich auch als Nötigung strafbar sein. Allerdings setzt dies das **Überschreiten einer Relevanzschwelle** voraus;[840] beginge jeder, der behindernd überholt oder parkt zugleich auch eine Nötigung, hätten die diesbezüglichen Bußgeldtatbestände des Straßenverkehrsrechts keine Bedeutung mehr. Geringer wiegende Behinderungen, insbesondere solche im fließenden Verkehr, sind keine Straftaten; mit der Ahndung als Verkehrsordnungswidrigkeiten hat es sein Bewenden.[841] Solche Bagatellfälle, die die Grenze der Strafbarkeit nicht überschreiten, werden in der Regel mithilfe der Verwerflichkeitsklausel des Abs. 2 ausgeschieden;[842] häufig ist aber auch schon das hier zumeist in Betracht kommende Nötigungsmittel der Gewalt zu verneinen.[843] Dieses setzt einen nicht nur psychisch wirkenden, sondern einen körperlich empfundenen Zwang voraus, der allerdings bereits bei „physisch merkbaren Angstreaktionen“ vorliegen kann.[844] Das *Antippen des Bremspedals*, um die Bremslichter aufleuchten zu lassen, überschreitet die Schwelle zur Gewalt noch nicht und ist deshalb keine Nötigung des nachfolgenden Verkehrs;[845] Drohung liegt nicht vor, weil das Bremsmanöver nicht als künftiges Übel in Aussicht gestellt, sondern als angeblich gegenwärtige Gefahr vorgespiegelt wird. Keine Gewalt ist ferner das andauernde *Hupen*, um einen haltenden Kraftfahrer zur Weiterfahrt zu veranlassen, oder das bewusst rechtswidrige und behindernde *Gehen auf der Fahrbahn.*[846] Gewalt ist hingegen zu bejahen, wenn

---

836 Vgl. OLG Frankfurt DAR **1967** 222 f.

837 Zur Rechtfertigungsnähe vgl. oben Rdn. 112.

838 Vgl. BGHSt **39** 133 ff m. Anm. *Roxin* NStZ **1993** 335 f; *Drescher* JR **1994** 423; *Lesch* StV **1993** 578 ff.

839 Vgl. dazu *Voß-Broemme* NZV **1988**1 ff; *Heger* FS Geppert S. 155 ff, *Kaiser* FS Salger S. 55, sowie die jährlichen Rechtsprechungsübersichten von *Tolksdorf* DAR **2001** 193; **2002** 193 fortgesetzt von *Tepperwien* DAR **2003** 289; **2004** 242; **2005** 241; **2006** 242, **2009** 241, **2010** 241.

840 NK-*Toepel* Rdn. 182; *Loderbauer* Nötigungsfälle 57 ff; OLG Frankfurt NZV **2004** 158 f.

841 Grundsätzlich **kritisch** zur Anwendung des § 240 auf Verkehrsverstöße *Nehm* DAR **1996** 432, 436.

842 NK-*Toepel* Rdn. 182 m.w.N.; vgl. etwa OLG Köln NZV **2000** 99 f.

843 Vgl. im Einzelnen *Loderbauer* Nötigungsfälle S. 57 ff.

844 Vgl. SSW-*Schluckebier* mit Hinweis auf BVerfG NJW **2007** 1669, 1670 und BGHSt **19** 263, 266.

845 Vgl. OLG Köln NZV **1997** 318 f; dazu *Fahl* JA **1998** 274 ff; *Loderbauer* Nötigungsfälle S. 117 f; zum „Ausbremsen“ vgl. aber unten Rdn. 130.

846 Vgl. BGHSt **41** 231, 241; **kritisch** *Meurer* Blutalkohol **1996** 161 ff, der in solchen Fällen Drohung annehmen will. Insoweit

ein Radfahrer durch bewusstes *Langsamfahren* das Überholen verhindert; dauert der Vorgang nur kurzzeitig an, fehlt es aber an der Verwerflichkeit.[847] Auf der Grenze dürfte der Fall liegen, dass sich ein *Fußgänger* mit dem Oberkörper auf die Motorhaube eines Kraftfahrzeugs legt, um dieses an der Weiterfahrt zu hindern. Der 1. Strafsenat des BGH hat Gewaltnötigung bejaht;[848] ein gewisses Spannungsverhältnis zu der Sitzblockadenentscheidung des BVerfG[849] dürfte aber schwerlich zu verneinen sein. Verwerflichkeit scheidet aus bei bloßen *Vorfahrtsverletzungen* oder beim Blockieren eines Fahrstreifens durch das Verlassen des Fahrzeugs im Stau aus ungeklärtem Beweggrund.[850] Andererseits ist ein Bagatellfall ausgeschlossen und *Verwerflichkeit* regelmäßig *gegeben*, wenn die Voraussetzungen der §§ 315 ff StGB vorliegen.[851] Belehrungs- oder *(Verkehrs-)Erziehungsabsichten* des behindernden Kraftfahrers lassen die Verwerflichkeit auch dann nicht ohne weiters entfallen, wenn ihnen ein Fehlverhalten des Genötigten zu Grunde liegt;[852] anderes kann allerdings dann gelten, wenn der Behindernde Opfer dieses Verstoßes ist.[853] Ob die Grenze zwischen strafbarer Nötigung und „nur" verkehrsordnungswidrigem Verhalten allgemein dort gezogen werden kann, wo die Einwirkung auf andere Verkehrsteilnehmer nicht die bloße Folge, sondern der Zweck des verbotswidrigen Verhaltens ist,[854] mag für das behindernde Parken und für andere, dem Sachentzug nahe kommende Verstöße im ruhenden Verkehr erwogen werden. Für den fließenden Verkehr ist die Unterscheidung zweifelhaft, weil sich die Zwecke rücksichtslosen Fahrens in aller Regel überlagern und nicht voneinander scheiden lassen: Der nötigende Fahrer bedrängt, *weil* er schneller vorwärts kommen will; mit seiner Fahrweise verfolgt er einen Verkehrszweck, dem er die Belange anderer unterordnet. Auch solche Fälle können von § 240 erfasst werden, wenn sie hinreichendes Gewicht besitzen.[855] Eine Beschränkung der Verkehrsnötigung auf Fälle der „zweckfreien" Schikane erscheint nicht angemessen.

bb) Das **Verhindern des Überholtwerdens** durch verkehrswidriges Linksfahren ist nur unter besonderen Umständen als Nötigung strafbar, so etwa bei wiederholter schikanöser **129**
Behinderung über eine längere Strecke[856] oder wenn es zur Gefährdung anderer Verkehrsteilnehmer kommt.[857] Kurzfristige Behinderungen, die zu keiner Gefährdung führen, sind als Bagatellfälle auszuscheiden.[858] Verwerflichkeit liegt nicht vor, wenn das Überholen nur durch Überschreiten der zulässigen Höchstgeschwindigkeit möglich wäre,[859] wenn der die Überholspur benutzende Kraftfahrer befürchtet, nach dem Ein-

liegt jedoch nur eine den Tatbestand nicht erfüllende Warnung vor; vgl. oben Rdn. 78.

847 OLG Koblenz bei *Himmelreich/Lessing* NStZ 2002 302.

848 BGH NStZ-RR 2002 236 f.

849 BVerfGE 92 1.

850 Vgl. BayObLG NJW **1989** 1621 f.

851 Vgl. NK-*Toepel* Rdn. 182; *Sch/Schröder/Eser/Eisele* Rdn. 24.

852 BGHSt **18** 389 ff; OLG Köln DAR **2004** 469 f; BayObLG NZV **2001** 527 f; *Maatz* NZV **2006** 337, 344.

853 Vgl. *Maatz* NZV **2006** 337, 345, der zu Recht darauf hinweist, dass dies nur dann gelten kann, wenn Unbeteiligte nicht gefährdet werden.

854 So OLG Hamm NStZ **2009** 213, ähnl. OLG Düsseldorf NStZ **2008** 38.

855 Vgl. etwa OLG Stuttgart NJW **1995** 2647, OLG Köln NZV **2000** 99.

856 Vgl. BGHSt **18** 389 ff; BayObLG NJW **1989** 1621 f und VRS **70** 441 ff.

857 Vgl. *Voß-Broemme* NZV **1988** 1, 3.

858 OLG Koblenz bei *Himmelreich/Lessing* NStZ 2002 302 (Verhinderung des Überholens durch einminütiges Langsamfahren).

859 BGHSt **34** 238 ff verneint in diesem Fall sogar das Vorliegen einer Behinderung i.S.d. § 1 Abs. 2 StPO; ebenso BayObLG VerkMitt **1968** 59, 60; **aA** OLG Schleswig VerkMitt **1977** 61; *Helmken* NZV **1991** 372 ff; BayObLG bei *Janiszewski* NStZ **1986** 541, das Nötigung durch Verkehrserziehung angenommen hatte, ist durch die Entscheidung des BGH überholt.

scheren nicht mehr auf die Überholspur zurück fahren zu können,[860] oder wenn der Überholte ein Einscheren des Überholers, das den Sicherheitsabstand unter das erforderliche Maß verkürzen würde, durch dichteres Auffahren verhindert.[861] Die Verurteilung wegen Nötigung durch Blockieren der Überholspur setzt Angaben über die Anzahl der auf der rechten Spur fahrenden Fahrzeuge, die Zwischenräume, die Fahrgeschwindigkeiten und die Dichte des Verkehrs voraus; ob bei der Verwerflichkeitsprüfung darüber hinaus eine möglichen Provokation des Täters durch den Nachfahrenden zu berücksichtigen ist, erscheint fraglich, zumal auch ein begreiflicher Ärger verkehrswidriges Verhalten, das zwangsläufig Dritte in Mitleidenschaft zieht, nicht rechtfertigen könnte.[862] Das riskante Mehrfachüberholen („Kolonnenspringen") kann Nötigung sein, wenn entgegenkommende und/oder überholte Fahrzeuge zum Bremsen gezwungen werden.[863] Gleiches gilt für das sog. *„Drängeln"*, d.h. für das Erzwingen des Überholens durch **dichtes Auffahren** gegebenenfalls verbunden mit der Abgabe von Licht- oder Schallzeichen.[864] Das BVerfG hat diese Auslegung des Gewaltbegriffs nicht beanstandet.[865] Allerdings sind auch hier Einwirkungen von Gewicht gefordert;[866] das Nachfahren über 170 m bei einer Geschwindigkeit von 120 km/h und einem Abstand von 5 m soll (noch) nicht ausreichen.[867] Maßgebend ist der Einzelfall, wobei es auf die Streckenlänge, die Dauer und die Intensität des nötigenden Verhaltens ankommt.[868] Dabei kann sowohl ein kurzfristiges Auffahren mit minimalem Abstand, als auch ein weniger krasses, sich aber über einen längeren Zeitraum erstreckendes Bedrängen verwerflich sein.[869] Zu weit geht die Forderung das Verhalten müsse geeignet sei, einen durchschnittlichen Kraftfahrer „in Furcht und Schrecken" zu versetzen.[870] Verwerflichkeit setzt nicht stets eine bewusst gefährdende Fahrweise voraus. Die Verwerflichkeit des Drängelns kann u.U. ausgeschlossen sein, wenn der Auffahrende seinerseits durch den Vordermann rechtswidrig blockiert wird.[871]

---

[860] Vgl. BayObLG DAR **1990** 187 f.

[861] Vgl. OLG Celle NZV **1990** 239 f. Anderes muss allerdings gelten, wenn die Handlung zu einer Gefährdung des Überholers oder des Gegenverkehrs führt.

[862] Vgl. OLG Stuttgart NStE Nr. 32 zu § 240 StGB: Nach den Feststellungen benutzte der Angeklagte auf einer Strecke von 40 km (!) durchgängig die linke Fahrspur. Vgl. auch BGHSt **18** 389 ff.

[863] OLG Köln VRS **57** 196 f, zum „Schneiden" beim Überholen vgl. OLG Stuttgart NZV **1995** 285 f; OLG Köln NZV **1995** 405.

[864] Vgl. dazu BGHSt **19** 263 ff; OLG Düsseldorf NJW **1989** 51; NZV **1996** 288 f; OLG Hamm NJW **1991** 3230; OLG Karlsruhe VRS **94** (1998) 262 ff; BayObLG NJW **1993** 2882 f; dies gilt auch nach der Entscheidung BVerfGE **92** 1 ff, vgl. OLG Hamm DAR **2000** 368 ff; OLG Köln NZV **1995** 405; **2000** 99 f; NStZ-RR **2006** 280 f; *Berz* NZV **1995** 297, 299; *Maatz* NZV **2006** 337, 340; *Ternig* Verkehrsdienst **2004** 321. Zur Abgrenzung zwischen ordnungswidrigem und strafbarem Verhalten: *Brozat* DAR **1980** 335 ff.

[865] BVerfG – 1. Kammer des Zweiten Senats – NJW **2007** 1669 f.

[866] *Haubrich* NJW **1989** 1197 f; *Maatz* NZV **2006** 337, 341 unter Hinweis darauf, dass selbst das gefährdende Unterschreiten des Sicherheitsabstandes nach der Wertung des Bußgeldkatalogs Ordnungswidrigkeit sei.

[867] Vgl. BayObLG NZV **1990** 238 f; noch weitergehend bei *Janiszewski* NStZ **1990** 272: Aufschließen auf 2 m über eine Strecke von 49 m bei einer Geschwindigkeit von 110 km/h; OLG Hamm DAR **1990** 392 ff: Keine Nötigung bei Auffahren auf $^1/_2$–1 m über eine Strecke von 150 m bei 80 km/h.

[868] Vgl. *Hentschel* StVR Rdn. 16 zu § 4 StVO, Rdn. 72 zu § 5 StVO m.w.N.; OLG Frankfurt NZV **2004** 158 f.

[869] Vgl. *Voß-Broemme* NZV **1988** 1, 3.

[870] Vgl. OLG Hamm NJW **1991** 3230 m.w.N.; **kritisch** zum Kriterium eines durchschnittlichen Fahrers: *Lohmann* 26. VGT **1988** 165, 170.

[871] Vgl. *Maatz* NZV **2006** 337, 345 auch zur Frage der Notwehr im Straßenverkehr.

cc) Nötigung kann auch durch **„Ausbremsen"**, d.h. durch starkes Abbremsen began- **130** gen werden, das den nachfolgenden Verkehr zu nicht angemessenen Bremsmanövern zwingt;[872] ein Bremsen bis zum Stillstand ist nicht gefordert, es genügt, wenn der Nachfolgende die ihm aufgezwungene unangemessene Geschwindigkeit nicht durch Ausweichen oder Überholen vermeiden kann.[873] Gewalt liegt hier vor, weil der Vorausfahrende ein nicht nur psychisches, sondern auch physisch wirkendes Hindernis bildet.[874] Verwerflich ist die Tat jedenfalls dann, wenn der Täter den Genötigten aus Verärgerung oder Rache reglementieren will; eine konkrete Gefährdung wird nicht vorausgesetzt.[875] Andererseits kann bei ungeklärtem Motiv auch die besondere Gefährlichkeit des Mittels allein hinreichender Anlass zur Missbilligung der Tat sein.[876] Das von Abs. 2 vorausgesetzte erhöhte Maß an Missbilligung soll nicht erreicht sein, wenn ein Kraftfahrer anhält um einen dadurch zum Halten gezwungenen „Drängler" zur Rede zu stellen;[877] insoweit wird es darauf ankommen, ob das Verhalten des „Genötigten" Anlass zu Gegenmaßnahmen gegeben hat und ob die Tat als verstehbare Reaktion gewertet werden kann. Bei einer Gefährdung des Betroffenen oder bei einer Behinderung dritter Personen werden allerdings solche Überlegungen die Verantwortlichkeit nicht in Frage stellen können. Ohnedies ist die Absicht einer verkehrserzieherischen Maßregelung allein nicht geeignet, die Verwerflichkeit auszuschließen.[878] Rechtswidriges Handeln ist ferner anzunehmen, wenn der Täter den anderen, um ihn wegen seiner Fahrweise zur Rede zu stellen, über eine längere Strecke bis in eine Seitenstraße verfolgt, ihn dort stellt, beschimpft und an der Weiterfahrt hindert.[879] Verwerflichkeit kann dagegen nicht festgestellt werden, wenn die Blockade einer Fahrspur durch ein ungefährliches Fahrmanöver herbeigeführt wird und der Beweggrund des Anhaltenden nicht aufklärbar ist.[880] Anderes gilt aber, wenn den folgenden Fahrzeugen jede Möglichkeit zur Weiterfahrt genommen wird, der Täter also eine länger andauernde Totalblockade herbeiführt.[881] Auch durch das mit dem „Ausbremsen" eng verwandte sog. **Schneiden** kann Nötigung begangen werden.[882] Entscheidend ist auch hier die Intensität der Einwirkung: Ein kurzes Bedrängen des Überholten wegen nahenden Gegenverkehrs ist keine Nötigung, auch wenn dieser zum Ausweichen gezwungen wird, anders aber, wenn der Überholte zu einer Notbremsung gezwungen wird.[883] Das verkehrsordnungswidrige und behindernde, aber objektiv ungefährliche *Einscheren* in eine ins Stocken geratene Fahrzeugkolonne, verletzt zwar das Vorfahrtsrecht anderer Verkehrsteilnehmer, überschreitet aber die Schwelle zur Nötigung nicht.[884] Die Freiheit des Kraftfahrers, sich ohne verkehrsfremde Beeinträchtigungen im Straßenverkehr zu bewegen, ist ein notwehrfähiges Rechtsgut.[885]

---

872 BGH NJW **1995** 3131, 3133; OLG Düsseldorf VRS **73** 41 ff; *Kaiser* FS Salger S. 61; *Maatz* NZV **2006** 337, 342.

873 BayObLG NJW **2002** 628 f; NZV **2001** 527 f.

874 Vgl. BGH NJW **1995** 3131, 3133; *Berz* NZV **1995** 297, 298; Kropp ZRP **2004** 4.

875 Vgl. BGHSt **18** 389, 392; KG JR **1969** 389 f; *Berz* NZV **1995** 297, 298.

876 Vgl. *Sch/Schröder/Eser/Eisele* Rdn. 24.

877 Vgl. OLG Frankfurt DAR **1967** 222 f.

878 BayObLG NZV **2001** 527 f.

879 Vgl. BayObLGSt **1970** 71 ff, das allerdings von einem durch BVerfGE **92** 1 ff überholten Gewaltbegriff ausgeht.

880 Vgl. BayObLG NStE Nr. 30 zu § 240.

881 Vgl. OLG Koblenz MDR **1975** 243 f zur hartnäckigen Blockade eines Parkplatzes.

882 Vgl. OLG Celle NdsRpfl. **1962** 88; OLG Stuttgart NZV **1995** 285 f; OLG Köln NZV **1995** 405; Berz NZV **1995** 297, 299.

883 *Hentschel* StVR § 5 StVO Rdn. 72 m.w.N.

884 OLG Köln NZV **2000** 99 f.

885 BayObLG JR **1994** 112 f m. Anm. *Dölling*; **aA** wohl OLG Stuttgart NJW **1966** 745, 748.

131 dd) Beim Einfahren in eine **Parklücke** hat der KFZ – Führer Vortritt, der sie zuerst erreicht, auch wenn er zunächst vor – oder rückwärts einrangieren muss (§ 12 Abs. 5 StVO),[886] nicht aber der, der sie zuerst entdeckt hat, oder dem es gelingt, zuerst in sie einzufahren. Erlaubt ist das Zurücksetzen, um in die Parklücke einzufahren, auch wenn der Nachfolgende deshalb seinerseits zurücksetzen muss.[887] Dieser Vorrang gilt auch gegenüber demjenigen, der auf das Freiwerden eines Parkplatzes wartet.[888] Das vorrangige Parkrecht ist aber kein notwehrfähiges individuelles Rechtsgut.[889] Der danach Berechtigte darf zwar durch das Besetzen der Parklücke andere an der Einfahrt hindern. Unzulässig und verwerflich ist es aber, das Vorrecht mit der Drohung durchzusetzen, das Fahrzeug des Gegners „kaputtzufahren".[890] Das *„Reservieren" von Parkmöglichkeiten* durch Fußgänger ist unzulässig, weil der Vortritt nur dem Fahrzeugführer gebührt.[891] Der Fußgänger, der dem Parkwilligen gleichwohl die Einfahrt versperrt, begeht aber in aller Regel schon deshalb keine Nötigung, weil er nach der Rechtsprechung des BVerfG keine Gewalt anwendet;[892] die früher kontrovers diskutierte Frage, ob sein Verhalten verwerflich ist,[893] hat deshalb keine praktische Bedeutung mehr. Der Kraftfahrer, der den Fußgänger mit seinem Fahrzeug zur Seite drückt, handelt jedenfalls dann verwerflich, wenn er diesen gefährdet.[894] Rechtswidrig ist ferner die – auch konkludent geäußerte – Drohung, den anderen zu überfahren; verursacht ein Kraftfahrer im Zuge eines solchen Drohmanövers vorsätzlich oder fahrlässig eine Körperverletzung, so ist Verwerflichkeit ohne weiteres zu bejahen.[895] Dabei ist es ohne Belang, ob er ein vorrangiges Parkrecht hat oder nicht. Selbst wenn es um eine notwehrfähige Position ginge,[896] wäre die Ausübung eines Notwehrrechts auf diese Weise rechtsmissbräuchlich.[897] Anderes ist allerdings dann anzunehmen, wenn der Berechtigte die Einfahrt durch langsames, den Fußgänger nicht gefährdendes Fahren erzwingt.[898] In diesem Fall mag zwar der „klassische" Rechtfertigungsgrund der Notwehr versagen;[899] Verwerflichkeit ist aber gleichwohl zu verneinen, weil der Täter in einer insgesamt verstehbaren Reaktion ein Verhalten abwehrt, das seinerseits einer Nötigung nahe kommt.[900]

---

886 Vgl. *Hentschel* StVR § 12 StVO Rdn. 59 m.w.N.; zur früheren Rechtslage vgl. *Möller* DAR **1969** 1; *Seibt* DAR **1978** 99; *Allgaier* DAR **1987** 371.

887 Vgl. *Hentschel* § 12 StVO Rdn. 62 m.w.N.

888 OLG Düsseldorf NZV **1992** 199, 200; *Fuchs-Wissemann* DAR **1989** 54.

889 OLG Stuttgart NJW **1966** 745, 748.

890 Vgl. OLG Düsseldorf NZV **1992** 199, 200.

891 Vgl. BayObLG NZV **1995** 327; *Hentschel* aaO.

892 Vgl. BVerfGE **92** 1 ff; *Berz* NZV **1995** 297, 300; *Fischer* Rdn. 49 m.w.N.

893 Vgl. *Schäfer* LK[10] § 240 Rdn. 86 sowie *Fischer* aaO jew. m.w.N.; ob die Meinung, die Tat sei unter dem Blickwinkel der Geringfügigkeit als nicht verwerflich einzustufen, auch heute noch – in Zeiten der Parkplatznot – vertreten werden kann, erscheint fraglich, braucht hier aber nicht vertieft werden.

894 Vgl. OLG Hamm NJW **1970** 2074 f; BayObLG NJW **1995** 2646.

895 Vgl. BayObLG NZV **1995** 327.

896 So OLG Schleswig NJW **1984** 1470, 1471; BayObLG NJW **1963** 824, 825; **1995** 2646; *Möhl* JR **1966** 229; **aA** OLG Stuttgart NJW **1966** 745 ff; verneinend bei nur fahrlässigen Behinderungen im Straßenverkehr OLG Düsseldorf NJW **1961** 1783 f; vgl auch *Rönnau/Hohn* LK § 32 Rdn. 89; *Baumann* NJW **1961** 1745 sowie *Schäfer* LK 10 § 240 Rdn. 87 f.

897 Vgl. BayObLG NZV **1995** 327; OLG Hamm NJW **1970** 2074 f.

898 Vgl. OLG Stuttgart NJW **1966** 745 ff m. abl. Anm. *Bockelmann*; OLG Hamburg NJW **1968** 662 ff; OLG Naumburg NZV **1998** 163 f; **aA** *Rasehorn* NJW **1968**, 1246.

899 Vgl. *Spendel* LK[11] § 32 Rdn. 317 m.w.N.

900 Vgl. hierzu – auf anderem Gebiet liegend – BGHSt **17** 328 ff; von Bedeutung mag hier sein, dass in beiden Fällen staatliche Hilfe nicht mit Aussicht auf Erfolg in Anspruch genommen werden kann.

Ähnliche Probleme können sich ergeben, wenn nur ein bestimmter Personenkreis zur Nutzung eines Parkplatzes berechtigt ist und ein Befugter einen **Nichtbefugten am Parken hindern** will. Der Taxifahrer, der einen unbefugt auf einem für Taxis reservierten Droschkenhalteplatz parkenden Kraftfahrer zur Weiterfahrt veranlassen will, soll nicht verwerflich i.S.d. Abs. 2 handeln, wenn er das Freimachen des Parkplatzes durch die Drohung mit einem die körperliche Unversehrtheit nicht gefährdenden Übel (Ablassen der Luft aus den Reifen) durchsetzen will.[901] Verwerflich handelt dagegen der Kraftfahrer, der das Parken auf einem nur für Anlieger bestimmten privaten Parkplatz dadurch zu erzwingen sucht, dass er auf den den Zugang versperrenden Parkwächter langsam zufährt und ihn verletzt (Schwellungen am Bein).[902] 132

ee) Nötigung kann ferner durch das **Versperren** einer Hofausfahrt[903] oder durch das **Zuparken** eines Parkplatzes begangen[904] werden. Wer versehentlich so parkt, dass er einem anderen Ausfahrt oder Fahrweg verlegt, muss diesen Zustand unverzüglich beseitigen; er kann (Gewalt-)Nötigung durch Unterlassen begehen. Nach der hier vertretenen Meinung[905] gilt dies aber nur dann, wenn es dem Täter gerade auf die Beschneidung der Handlungsmöglichkeiten des Genötigten ankommt oder wenn er, über den bloßen Sachentzug hinaus, auf den Willen des Fahrzeugbesitzers einwirken will; wollte man dies anders sehen, wäre das Parken vor Grundstückseinfahrten (§ 12 Abs. 3 Nr. 3 StVO) regelmäßig zugleich auch versuchte oder vollendete Nötigung, weil meist mit der Benutzung der Ausfahrt zu rechnen ist. 133

ff) Fährt der Täter auf Menschen zu, um sie zum **Beiseitespringen** und zur Freigabe eines Fahrweges zu zwingen, so wird zunächst zu prüfen sein, ob die Tat über einen Angriff auf die Freiheit der Willensbetätigung und Willensbildung eines einzelnen hinausgeht, sich als Angriff auf die Sicherheit des öffentlichen Straßenverkehrs darstellt und etwa § 315b Abs. 1 Nr. 3 unterfällt. Entsprechendes gilt für das Abdrängen von Fahrzeugen und ähnliche gefährliche Verhaltensweisen im fließenden Straßenverkehr. Die Vorschrift setzt allerdings stets eine grobe, mit erheblicher Gefährdung verbundene Einwirkung des Täters auf den Verkehrsablauf voraus; bloß vorschriftswidriges Verkehrsverhalten oder Verstöße geringeren Gewichts scheiden von vornherein aus.[906] Nach der neueren Rechtsprechung des BGH genügt es nicht mehr, dass der Täter verkehrsfeindlich unter bewusster Zweckentfremdung des Fahrzeugs handelt; es wird nunmehr zumindest bedingter Schädigungsvorsatz gefordert.[907] Die frühere Rechtsprechung zu den sog verkehrsfremden Inneneingriffen in den fließenden Straßenverkehr ist danach weitgehend überholt;[908] vielfach liegt in diesen Fällen nur noch Nötigung vor. Das absichtliche Zufahren auf einen den Weg versperrenden Verkehrsteilnehmer, um ihn zur Freigabe des Fahrweges zu zwingen, kann durch **Notwehr** gerechtfertigt sein, wenn der Einsatz des gefährlichen Abwehrmittels erforderlich ist, dem Handelnden also kein anderes, weniger einschneidendes, aber ebenso wirksames Mittel zur Verfügung steht und der dem Ver- 134

---

901 Vgl. BayObLG NJW **1971** 768.
902 OLG Schleswig SchlHA **1968** 265.
903 Vgl. BayObLG NJW **1963** 1261 f.
904 OLG Koblenz VRS **20** 436 f; MDR **1975** 243 f zur Verlegung eines schienengebundenen Fahrwegs vgl. BGHSt **44** 34, 39 ff m. Anm. *Krüßmann* JA **1998** 626; *Otto* NStZ **1998** 514.
905 Vgl. oben Rdn. 62.
906 Aus der früheren Rechtsprechung vgl. BGHSt **22** 6 ff; 67, 74 f; 365, 366; **41** 231, 239; VRS **77** 359 f m. Anm. *Molketin* NZV **1990** 35; NStZ **1995** 31; NStZ-RR **1998** 7 f.
907 BGHSt **48** 233, 237 f (Abdrängen) **kritisch** hierzu *König* NStZ **2004** 175; BGH StraFo **2006** 122 (Ausbremsen); BGH DAR **2006** 30 (Zufahren).
908 Vgl. *Fischer* § 315b Rdn. 14.

sperrenden drohende Schaden nicht ganz außer Verhältnis zu dem dem Handelnden drohenden Unrecht steht.[909] *Verwerflich* handelt ein Kraftfahrer, der nach der Begehung einer geringfügigen, nur den eigenen Wagen schädigenden Verkehrszuwiderhandlung Straßenbenutzern, die ihn – zu Unrecht – bis zum Eintreffen der Polizei am Tatort zurückhalten wollen, mit „Kaputtfahren" droht; nicht auf die Rechtmäßigkeit des Verhaltens des Genötigten, sondern auf das Verhältnis des Nötigungsmittels zu dem erstrebten Zweck kommt es an.[910] Drängt der Führer eines LKW einen die Fahrbahn versperrenden Fußgänger, der ihn in der Annahme eines Selbsthilfe- oder Festnahmerechts an der Weiterfahrt hindern will, mit seinem Fahrzeug zur Seite, so handelt er verwerflich. Dies gilt auch dann, wenn das Opfer die Grenzen des Festnahmerechts nach § 127 Abs. 1 StPO überschreitet und sich deshalb seinerseits widerrechtlich verhält.[911]

135 i) **Nötigung von Amtsträgern.** Bis zum Inkrafttreten des 3. StrRG[912] wurde die *Nötigung von Beamten und Soldaten* zur Vornahme oder Unterlassung einer Diensthandlung durch die Spezialvorschrift des § 114 erfasst, die dem § 240 vorging.[913] Diese Vorschrift wurde aufgehoben. Nunmehr erfassen die §§ 113, 114 Abs. 1, 2 nur den Widerstand gegen bzw. den tätlichen Angriff auf Vollstreckungsbeamte und ihnen gleichstehende Personen; Tathandlung des Widerstandes ist die (vollendete oder versuchte) Nötigung näher bezeichneter Hoheitsträger zum Unterlassen einer Diensthandlung durch Gewalt oder durch Drohung mit Gewalt. § 114 Abs. 3[914] erfasst darüber hinaus tätliche Angriffe auf oder Behinderungen von Hilfe leistenden Angehörigen der Feuerwehr, des Katastrophenschutzes oder anderer öffentlicher oder privater Hilfsorganisationen durch Gewalt oder durch die Drohung mit Gewalt. Sofern ihre Voraussetzungen gegeben sind, sind die **§§ 113, 114 leges speciales gegenüber § 240.**[915] Sind diese Vorschriften nicht anwendbar, so greift – zugleich die bisher in § 114 a.F. geregelten Fälle erfassend – § 240 ein.[916] Richtet sich die Tat gegen Amtsträger, diesen gleichgestellte Personen oder gegen die Unterstützer von Diensthandlungen privilegieren die §§ 113, 114 Abs. 1,2 gegenüber dem sonst anzuwendenden § 240 durch die Irrtumsregelungen in § 113 Abs. 3, 4 mit der Möglichkeit der Strafmilderung sowie des Absehens von Strafe.[917] Ferner sollen beim Widerstand höhere Anforderungen an den Gewaltbegriff zu stellen sein.[918] Dadurch ergeben sich gewisse Spannungen.[919] Diese folgen daraus, dass die vorgenannten Privi-

---

909 Vgl. BGH VRS 30 281 f – Erzwingen des Zugangs zur eigenen Wohnung, den andere rechtswidrig versperren; BGH VRS 40 104, 107 – Erzwingen der Flucht vor einer gewaltbereiten Menschenmenge.

910 BGH Urt. v. 8.7.1954 – 4 StR 94/54 – bei *Pfeiffer/Maul/Schulte* 3; die Frage des Festnahmerechts blieb offen.

911 Vgl. OLG Hamm NJW **1972** 1826, 1827.

912 V. 20.5.1970 (BGBl. I 505).

913 RGSt **31** 3, 4; KG VRS **11** 198, 199.

914 In der Fassung des 44. Gesetzes zur Änderung des Strafgesetzbuchs – Widerstand gegen Vollstreckungsbeamte – vom 1.11.2011, BGBl. I 2130.

915 RGSt **31** 3 f; **34** 113 f; BGH VRS **35** 174, 175; **50** 94, 95 f; KG VRS **11** 198 ff; BayObLG JR **1989** 24 f m. Anm. *Bottke*; *Singelnstein* NJW **2011** 3473, 3475; **aA** *Schmid* JZ **1980** 58, der Tateinheit annimmt.

916 Vgl. BGHSt **24** 262, 266; **aA** *Lesch* FS Jacobs S. 338, der die Störung von Amtshandlungen vom Gewaltbegriff ausnehmen will, weil es nicht um Rechte der Amtsträger sondern um solche des Staates geht.

917 Für Altfälle kommt der günstigere Grundstrafrahmen der bis zum 5.11.2011 geltenden Fassung des § 113 Abs. 1 hinzu.

918 Vgl. *die Beispiele bei Fischer* § 113 Rdn. 23 ff; weitergehend *Paeffgen* FS Grünwald S. 433, 464.

919 Vgl. *Rosenau* LK § 113 Rdn. 89 ff; *Dreher* NJW **1970** 1153 ff; vgl. auch *Fischer* § 113 Rdn. 23 ff.

legierungen entfallen, wenn andere als die in den §§ 113, 114 Abs. 1, 2 bezeichneten Personen zur Unterlassung von Amtshandlungen genötigt werden oder wenn der Täter einen Vollstreckungsbeamten oder eine nach § 114 Abs. 1, 2 gleichgestellte Person zur **Vornahme einer Amtshandlung** nötigt, weil dann § 240 anzuwenden ist. Dasselbe gilt, wenn als Nötigungsmittel nicht die Drohung mit Gewalt, sondern die Androhung eines anderen empfindlichen Übels – etwa die Drohung mit Selbstverbrennung[920] – zum Einsatz kommt. So greift § 113 – auch mit seinen Abs. 3, 4 – ein, wenn der Täter es unternimmt, einen Polizeibeamten durch Androhung von Gewalt an der Festnahme eines Dritten zu hindern, dagegen § 240, wenn er mit einem anderen empfindlichen Übel droht oder wenn er versucht, die Festnahme zu erzwingen. Dass der mit Gewalt drohende Täter u.U. privilegiert wird, vermag nicht zu befriedigen. Diese Bedenken können nicht ausgeräumt werden, indem § 113 kurzerhand eine weiter gehende Sperrwirkung beigemessen wird, etwa in dem Sinne, dass der Rückgriff auf den allgemeinen Nötigungstatbestand ausgeschlossen sein soll, wenn der Täter gegen Amtspersonen eine nicht qualifizierte Drohung als Nötigungsmittel einsetzt. Eine solche Auslegung würde zu nicht hinnehmbaren Lücken in der Strafbarkeit führen und fände auch in der Rechtsprechung zum früheren § 113 a.F. keine Stütze.[921] Bei Angriffen oder Behinderungen des in § 114 Abs. 3 bezeichneten Personenkreises (Angehörige von Feuerwehr, Katastrophenschutz oder Rettungsdiensten) treten diese Spannungen nicht auf, weil die Sonderregelungen der § 113 Abs. 3, 4 hinsichtlich der Rechtswidrigkeit auf diese Fälle nicht anwendbar sind (keine Diensthandlung) und weil die Strafdrohungen durch das 44. StrÄndG angeglichen wurden.

Die aufgezeigten Wertungswidersprüche lassen sich bis zu einer gewissen Grenze mit der Verwerflichkeitsklausel des Abs. 2, durch die Regelungen über den Verbotsirrtum sowie – bei Altfällen – dadurch vermeiden, dass sich die Strafzumessung am Strafrahmen des § 113 ausrichtet.[922] Im Übrigen gilt:[923] **136**

– Leistet der Täter Widerstand nicht durch die Androhung von Gewalt, sondern durch die **Drohung mit einem anderen empfindlichen Übel** und führt § 240 Abs. 2 nicht zu den Ergebnissen, die sich bei der Androhung von Gewalt aus den Privilegierungen des § 113 ergeben würden, so sind die Abs. 3, 4, des § 113 *zugunsten des Täters* analog anzuwenden.[924] Bei der Strafzumessung ist ein durch die Konfrontation mit der Staatsgewalt etwa entstandener Affekt mildernd zu berücksichtigen;
– nötigt der Täter einen Amtsträger zur **Vornahme einer nicht rechtmäßigen Amtshandlung**, so ist grundsätzlich Rechtswidrigkeit i.S. des § 240 Abs. 2 zu bejahen;[925]
– die Nötigung eines Amtsträgers zur Vornahme einer **rechtmäßigen Amtshandlung** ist im Allgemeinen deshalb verwerflich, weil die Freiheit amtlicher Entschließung grundsätzlich nicht durch Zwang beeinflusst werden darf, sofern es sich nicht um die

[920] Vgl. OLG Hamm NStZ **1995** 547, 548.

[921] Vgl. RGSt **31** 3, 4 wonach „die Möglichkeit einer Idealkonkurrenz des § 240 mit § 113 für diejenigen Fälle verneint werden (muss), in welchen die besonderen Voraussetzungen des § 113 gegeben sind"; BGH VRS **35** 174 f; bei Spiegel DAR **1981** 189; OLG Frankfurt NJW **1973** 1806, 1807; im Sinne einer privilegierenden Spezialität BGHSt **30** 235, 236; eingehend *Zopfs* GA 2000 527, 541 f.

[922] Vgl. *Rosenau* LK § 113 Rdn. 89 ff m.w.N.; wegen der Angleichung der Strafrahmen durch das 44. StRÄndG spielt die Strafzumessungslösung bei Neufällen keine Rolle mehr.

[923] Im Anschluss an *Dreher* NJW **1970** 1153, 1157.

[924] Vgl. *von Bubnoff* LK[11] § 113 Rdn. 3, 65; *Lackner/Kühl* § 113 Rdn. 26 m.w.N.; *Maurach/Schröder/Maiwald* BT Teilbd. 2 § 71 Rdn. 23; *Fischer* Rdn. 52, auch zu Gegenstimmen **aA** Rosenau LK § 113 Rdn. 92 ff, der für Straffreiheit wegen privilegierender Spezialität eintritt.

[925] Vgl. BayObLGSt **1988** 7, 9.

Ankündigung zulässiger Rechtsbehelfe handelt. Solche Sachverhalte sind vergleichbar mit dem – nach § 333 strafbaren – Angebot eines Vorteils für eine rechtmäßige Diensthandlung;

– die Nötigung zur **Aufhebung einer nicht rechtmäßigen Diensthandlung** kann bei bloßer Bedrohung mit einem empfindlichen Übel rechtmäßig sein; bei der Anwendung oder Androhung von Gewalt kommt es auf die Umstände des Einzelfalles an, vor allem darauf, ob es dem Täter zuzumuten ist, den Rechtsweg zu beschreiten.[926]

Soweit die Irrtumsregelungen der § 113 Abs. 3, 4 auf Nötigungen entsprechend anwendbar sind, gelten sie als **Sonderregelungen**, die den allgemeinen Vorschriften vorgehen.[927] Ist das nicht der Fall, erkennt der Täter etwa nicht, dass er einen Amtsträger vor sich hat,[928] oder nötigt er zur Vornahme einer Handlung, so ist der Irrtum über die Rechtmäßigkeit der Diensthandlung bei fehlerhafter Bewertung zutreffend erkannter Tatsachen Verbotsirrtum; irrt der Täter über die Tatsachen, die die Rechtmäßigkeit der Diensthandlung bestimmen, so sind die Grundsätze des Tatbestandsirrtums (entsprechend) anzuwenden.

137 Für die Frage, was bei der Nötigung von Amtsträgern zur Vornahme oder Unterlassung von Amtshandlungen als eine den Vorwurf der Verwerflichkeit begründende Androhung eines empfindlichen Übels anzusehen ist, kann die **Rechtsprechung zu § 114 a.F.** weiter von Bedeutung sein. Danach ist die Androhung von Übeln nicht verwerflich, mit denen nach der Verkehrsauffassung auf die Entschließung des Beamten eingewirkt werden darf, wie etwa die Androhung einer Dienstaufsichtsbeschwerde zur Herbeiführung einer anderen Entscheidung,[929] einer Klage auf Schadensersatz, die der Täter für begründet hält,[930] oder der Geltendmachung von (sc. berechtigten) Schadensersatzansprüchen bei der höchsten vorgesetzten Dienstbehörde.[931] Die Androhung, den Fall „in die Presse zu bringen",[932] ist jedenfalls dann kein sozialadäquates Mittel, wenn eine Form der Veröffentlichung angekündigt wird, die entstellende Wiedergabe und persönliche Angriffe erwarten lässt.[933] Unzulässig ist die Androhung von Strafanzeigen oder Presseveröffentlichungen, wenn deren Gegenstand in keiner inneren Beziehung zu dem verfolgten Zweck steht, z.B. die Drohung, die belastende Vergangenheit des Vaters des Amtsträgers an die Öffentlichkeit zu bringen.[934] Nicht rechtswidrig ist die Drohung, die Presse einzuschalten, um ein Krankenhaus zur – ohnedies geschuldeten – Herausgabe von Krankenunterlagen zu zwingen.[935] Ein empfindliches Übel kann auch vorliegen, wenn es den Amtsträger nicht persönlich trifft, sondern nur die ordnungsgemäße Durchführung der ihm obliegenden Dienstgeschäfte erschweren würde und der Täter eine solche Drohung für geeignet hält, den Willen des Amtsträgers zu beugen.[936] Der Eintritt des Übels kann auch erst in späterer Zukunft liegen [937] oder von einer Bedingung abhängig sein.[938] Die gene-

926 *Fischer* Rdn. 52.
927 Vgl. hierzu im Einzelnen *Rosenau* LK[11] § 113 Rdn. 68 ff.
928 Dann gilt § 240, vgl. *Rosenau* LK § 113 Rdn. 96; *Fischer* § 113 Rdn. 29; *Maurach/Schroeder/Maiwald* aaO § 71 Rdn. 20, die Vorauflage hatte noch Versuch angenommen …
929 Vgl. RG JW **1928** 799; OLG Celle NJW **1957** 1847; OLG Koblenz VRS **51** 208 f.
930 Vgl. RG LZ **1916** 1036.
931 BGH Urt. v. 28.3.1961 – 1 StR 67/61 bei *Pfeiffer/Maul/Schulte* Anm. 3.
932 Vgl. dazu oben Rdn. 121.
933 OLG Bremen NJW **1957** 151 f; OLG Celle NJW **1957** 1847; OLG Frankfurt NJW **1953** 1362 f m. Anm. *Mezger*.
934 Vgl. OLG Hamm NJW **1965** 1495 f.
935 Vgl. BVerfG – Kammer – NJW **1993** 1519.
936 RGSt **55** 37 ff; RG JW **1922** 711: Strafgefangene drohen dem Anstaltsleiter mit Arbeitsverweigerung.
937 Vgl. RGSt **56** 225, 226 f.
938 Vgl. BGHSt **16** 386 ff.

relle Eignung des Übels, den Amtsträger im Sinne des Täterverlangens zu motivieren, ist (normatives) Merkmal des Tatbestandes;[939] der Täter muss an diese Eignung glauben.[940]

k) Der rechtmäßige (d.h. der gewerkschaftlich organisierte, auf tarifvertragliche Regelungen gerichtete und verhältnismäßige) **Streik** sowie die zulässige **Aussperrung**[941] sind legale Mittel des Arbeitskampfes und genießen als solche den Schutz des Grundgesetzes (Art. 9 Abs. 3 GG) und einiger Landesverfassungen.[942] Ihre Androhung ist grundsätzlich nicht verwerflich.[943] Die Grundsätze des Arbeitskampfrechts sind nicht gesetzlich geregelt; sie wurden jedoch – in verfassungsrechtlich zulässiger Weise[944] – in der Rechtsprechung des BAG entwickelt. Hält sich ein Arbeitskampfmittel im Rahmen der durch das Richterrecht vorgegebenen Regeln, ist es ohne weiteres rechtmäßig und kann – auch wenn es sich als tatbestandsmäßige Gewalt oder Drohung darstellt[945] – nicht über die Annahme einer verwerflichen Zweck-Mittel-Relation zu strafrechtlichem Nötigungsunrecht werden.[946] Ob dies allerdings auch im umgekehrten Sinne gilt, mit der Folge, dass arbeitsrechtswidrige Formen des Arbeitskampfes ohne weiters verwerflich und als Nötigung oder Erpressung zu bestrafen sind, muss bezweifelt werden. Das dem Prinzip der Verhandlungsparität verpflichtete Arbeitskampfrecht wird durch Änderungen der Wirtschaftsbedingungen in hohem Maße beeinflusst[947] und unterliegt deshalb ständigen Wandlungen, die von den Tarifparteien immer wieder aufs Neue ausgelotet werden müssen. In diesem Rahmen können etwa das „ultima ratio“ Prinzip und das Übermaßverbot Probleme aufwerfen, die die rechtliche Bewertung von Maßnahmen des Arbeitskampfes erschweren und den effektiven Einsatz von Arbeitskampfmitteln mit nicht immer absehbaren Risiken belasten können.[948] Die Wahl der Mittel, welche die Koalitionen zur Zweckerreichung für geeignet halten, obliegt diesen selbst, so dass eine Bewertung von Arbeitsmaßnahmen als rechtswidrig durch die Fachgerichte nur dann in Betracht kommt, wenn eine solche Maßnahme offensichtlich ungeeignet, nicht erforderlich oder unverhältnismäßig ist.[949] Schon deshalb sollten weniger schwer wiegende Regelverletzungen nicht ohne weiteres das Verdikt der Verwerflichkeit nach sich ziehen. Ferner mag *die wirtschaftliche Stärke der Tarifparteien eine großzügigere Handhabung des Bagatellprinzips* nahe legen. Die Tarifverträge tragen den Risiken des Arbeitskampfes dadurch Rechnung, dass sie in aller Regel Maßregelungsverbote vorsehen, die die zivilrechtliche Haftung ausschließen. Auch diese weit verbreitete und seit langem übliche Praxis lässt es nicht als geboten erscheinen, den Arbeitskampf mit einem – durch ein Maßregelungsverbot nicht abwendbaren – gesteigerten strafrechtlichen Risiko zu bedrohen. Verwerflich sind des- **138**

---

[939] Vgl. BGHSt **31** 195, 201; NStZ **1987** 222 f m. Anm. *Jakobs* JR **1987** 340 ff.

[940] Vgl. *Tröndle/Fischer*[49] Rdn. 31.

[941] Vgl. hierzu BAGE **71** 92 ff.

[942] Art. 9 Abs. 3 GG; dazu etwa BVerfGE **88** 103 ff – Streikrecht; BVerfGE **84** 212, 225 – Aussperrung; BremVerf. Art. 51 Abs. 3; HessVerf. Art. 29 Abs. 4; Rh.-Pf. Verf. Art. 66 Abs. 2; das in der Verfassung Hessens verankerte Verbot der Aussperrung ist wegen Verstoßes gegen Bundesrecht kein geltendes Recht, vgl. BAG DB **1988** 1902; Art. 44 Abs. 3 DDR-Verf. u. § 18 Abs. 2 GewerkschaftsG-DDR sahen ebenfalls das Verbot der Aussperrung vor.

[943] So bereits BAGE **1** 291, 300.

[944] Vgl. BVerfGE **84** 212, 226.

[945] Zur Frage, wann Streiks als Gewalt zu bewerten sind, vgl. BGHSt **8** 102, 103 f; LM Nr. 6 zu § 81 StGB.

[946] So zutreffend SK-*Horn/Wolters* Rdn. 48.

[947] Vgl. *Zechlin* Streik S. 36.

[948] Der Wandel in der Bewertung von Warnstreiks (vgl. BAGE **46** 322 einerseits und BAGE **58** 364 andererseits) mag das beleuchten.

[949] BAG NJW **2010** 631, 635 m.w.N.

halb nur grobe Verstöße, so etwa wenn sich **Streikposten** nicht mit verbalen Einwirkungen begnügen, sondern Arbeitswillige mit Gewalttätigkeiten am Zugang zur Arbeitsstätte hindern.[950] Nach der Rechtsprechung sollen streikbegleitende **Flashmob-Aktionen**[951] von Art. 9 Abs. 3 GG gedeckt und deshalb weder sittenwidrig i.S.d. § 826 BGB noch verwerflich i.S.d. § 240 Abs. 3 sein.[952] Rechtswidrig sind indessen **Betriebsbesetzungen,**[953] die in aller Regel auch als Hausfriedensbruch geahndet werden können, sowie **Betriebsblockaden.**[954] In solchen Fällen kann außer den unmittelbar Beteiligten auch die ortsabwesende Streikleitung zur Verantwortung gezogen werden und zwar nicht nur arbeitsrechtlich,[955] sondern auch strafrechtlich. Mittel und Zweck müssen auch hier in einem adäquaten Verhältnis zueinander stehen. Das ist nicht der Fall, wenn der Arbeitskampf um politische Ziele oder um andere Anliegen geführt wird, die schlechthin nicht Gegenstand einer tariflichen Regelung sein können. **Sympathiestreiks** sind – sofern sie nicht nur eine unerhebliche Zeit in Anspruch nehmen – regelmäßig auch (straf-)rechtswidrig, weil sie nicht auf den Abschluss eines Tarifvertrags mit dem bestreikten Unternehmen oder mit dessen Dachverband gerichtet sind.[956] Rechtswidrig ist ferner ein Streik mit dem Ziel, die Entlassung bzw. das Verbot der Neueinstellung nichtorganisierter Arbeitnehmer durchzusetzen,[957] weil sich dieses Ziel gegen die negative Koalitionsfreiheit von am Arbeitskampf nicht beteiligten Personen richtet. Die Nötigung zum Eintritt oder zum Austritt aus einer Gewerkschaft durch Androhung wirtschaftlicher Nachteile ist als Verletzung der negativen bzw. positiven Koalitionsfreiheit stets verwerflich.[958]

139 Verwerflich ist die *Drohung mit arbeitsrechtlichen Konsequenzen*, für den Fall, dass der Arbeitnehmer seine Rechte wahrnimmt (§ 612a BGB). Nötigung liegt deshalb etwa dann vor, wenn dem Angestellten einer Krankenkasse mit der Versetzung in den Innendienst gedroht wird, für den Fall, dass er bei seiner früheren Kasse verbleibt. Die aussichtsreiche Möglichkeit, den Rechtsweg zu beschreiten, steht der Empfindlichkeit der Drohung nicht entgegen.[959]

140 Bummelstreiks, „Dienst nach Vorschrift" oder andere **verdeckte Arbeitskampfmaßnahmen von Beamten** sind unter zweierlei Blickwinkeln rechtswidrig: Zum einen steht Beamten kein Streikrecht zu, zum anderen ist der rechtmäßige Streik ein offener Arbeitskampf und keine verschleierte Maßnahme unter dem Schein grundsätzlicher Dienstbereitschaft. Solche Aktionen verstoßen gegen die Dienstpflichten und können, sofern sie von Nötigungsmitteln begleitet werden, Nötigung gegenüber dem Dienstherrn und – bei entsprechender Fallgestaltung – auch gegenüber dem Publikum sein.[960] Die Ankündi-

---

950 Vgl. *Zechlin* Streik S. 43; BayObLG NJW **1955** 1806 f, *Heinitz* JR **1956** 3 ff; erachten ersichtlich die Grenze zur Verwerflichkeit bereits bei einfacher Gewalt für überschritten.

951 D.h. die Störung betrieblicher Abläufe einer Einzelhandelsfiliale durch viele Teilnehmer, die koordiniert zur gleichen Zeit geringwertige Artikel einkaufen, um so den Kassenbereich zu blockieren, oder die Einkaufswagen befüllen, um diese dann an der Kasse oder im Filialbereich stehen zu lassen.

952 BAG NJW **2010** 631, 634, 638 m. abl. Anm. Brötzmann NJW **2010** 638, Schmidt-Rolfes AuA **2009** 631; die 3. Kammer des 1. Senats des BVerfG hat die Verfassungsbeschwerde eines Arbeitgeberverbandes gegen die Entscheidung des BAG nicht zur Entscheidung angenommen, Beschl. v. 26.3.2014 – 1 BvR 3185/09.

953 Vgl. dazu *Ostendorf* Die Kriminalisierung des Streikrechts S. 43 ff.

954 Vgl. BayObLG NJW **1955** 1806 f; **aA** *Zechlin* Streik S. 50 ff.

955 Vgl. ArbG Köln DB **1984** 1681 f.

956 Vgl. BAG JZ **1986** 195, 197.

957 Vgl. *Sch/Schröder/Eser/Eisele* Rdn. 25; Begr. S. 83 zu § 116 Abs. 2 AE 1970.

958 Vgl. BayObLGSt **1960** 296.

959 OLG Karlsruhe Justiz **2005** 17 f.

960 Vgl. *Krey* JuS **1974** 418; *Blei* JA **1973** 188, 203 und **1974** 138 zum Fluglotsenstreik.

gung einer (sc. unberechtigten) Krankmeldung bei missliebiger Arbeitszuweisung soll – unabhängig von der Arbeitnehmer/Beamteneigenschaft – regelmäßig versuchte Nötigung sein.[961] **„Vorlesungsstreiks“** von Studenten können sich schon deshalb nicht auf das Streikrecht stützen, weil zwischen der Universität und ihren Studenten kein Arbeitsverhältnis besteht.[962] Gleiches gilt für die sog. Schulstreiks. Den Tatbestand der Nötigung erfüllen diese Formen des Protests nicht, weil die Weigerung, als Nutznießer staatlicher (Unterrichts-)Leistungen aufzutreten, weder Gewalt ist, noch ein empfindliches Übel darstellt.

l) **Demonstrationen, Sitzstreiks und Verkehrsblockaden:** Nach der Rechtsprechung **141**
des BGH und der Mehrzahl der Obergerichte erfüllen **Blockadeaktionen** nach wie vor das Merkmal der *Gewalt*,[963] sei es, dass die Blockierer unmittelbar ein physisches Hindernis bilden, sei es dass durch „gewaltlose“ Maßnahmen die zum Anhalten gezwungenen Fahrzeuge dem nachfolgenden Verkehr gleichsam als Barrikaden entgegenstehen.[964] Die Entscheidung des BVerfG zum Gewaltbegriff bei Sitzblockaden[965] hat insoweit nur wenig geändert.[966] Weitgehend dürfte auch Einigkeit darüber bestehen, dass der Wert oder der Unwert des politischen (Fern-)Ziels einer Aktion zur Frage der Verwerflichkeit nichts beiträgt.[967]

An sich friedliche **Demonstrationen** können als Nebenfolge zu Verkehrsbehinderun- **142**
gen führen, die von dritten Verkehrsteilnehmern als körperlicher Zwang, mithin als Gewalt empfunden werden, ohne dass diese Behinderungen beabsichtigt oder gar Ziel des Aufzugs wären. Dies gilt auch für das kurzfristige Anhalten von Fahrzeugen zur Verteilung von Flugblättern oder für den vorübergehenden Aufenthalt zur Kundgabe von Parolen, selbst wenn hierdurch andere in ihrer Bewegungsfreiheit gehindert werden. Solche *vorübergehenden Behinderungen*, die zwangsläufige Folge oder regelmäßige Begleiterscheinung der Massenhaftigkeit der Ausübung der Grundrechte aus Art. 5 und Art. 8 GG sind, werden grundsätzlich durch die verfassungsrechtlichen Gewährleistungen gedeckt. Sie sind nicht rechtswidrig i.S.d. Abs. 2;[968] Dritte haben Beeinträchtigungen, die sich ohne Nachteil für den Veranstaltungszweck nicht vermeiden lassen, im Allgemeinen hinzunehmen.[969] Grundsätzlich sind Versammlungen „einseitig“ *verwaltungsakzessorisch*:[970] Ist die Teilnahme nach den Vorschriften des Verwaltungsrechts rechtmäßig, kann sie wegen des Grundsatzes der Einheit der Rechtsordnung unter dem Blickwinkel des § 240 nicht strafrechtswidrig sein.[971] Dabei gelten allerdings zwei Vorbehalte: Zunächst gilt dies nur für die Teilnahme „an sich“, nicht aber für Exzesse. Der Gewalttäter kann sich ebenso wenig auf die Friedfertigkeit der ihn umgebenden Demonstranten be-

---

961 ArbG Kiel DB **1975** 84; ArbG Düsseldorf BB **1981** 365.
962 Vgl. BGH NJW **1982** 189 f.
963 Vgl. oben Rdn. 35 ff und insb. BGHSt **41** 182 ff.
964 BGHSt **41** 182, 185 f; BVerfG NJW **2011** 3020.
965 BVerfGE **92** 1 ff.
966 Vgl. *Lackner/Kühl* Rdn. 22; *Sch/Schröder/Eser/Eisele* Rdn. 10 vor § 234; zur Entwicklung der Rechtsprechung: *Böttcher* Strafbare Nötigung S. 295 ff.
967 Vgl. oben Rdn. 105 ff; *Baumann* NJW **1987** 36, 38; *Miebach* NStZ **1988** 131.
968 BVerfGE 73 206 (250); *Brohm* JZ **1985** 501, 505; *Erichsen* Jura **1979** 449 ff; *Lackner/Kühl* Rdn. 22; *Roxin* FS Schüler – Springorum S. 441, 448.
969 Vgl. BVerfGE **69** 315 ff.
970 Mit anderen Worten: Der Verstoß gegen Verwaltungsrecht ist notwendige, aber nicht hinreichende Bedingung für strafbares Unrecht.
971 Vgl. SK-*Horn/Wolters* Rdn. 48 ff; *Sch/Schröder/Eser/Eisele* Rdn. 28.

rufen, wie Ausschreitungen Einzelner einer friedlichen Mehrheit zugerechnet werden können.[972] Ferner kommt es auf die materielle Vereinbarkeit mit dem Versammlungsrecht an. Der Umstand, dass die *Versammlung (noch) nicht verboten und/oder aufgelöst* ist, steht der Bestrafung wegen Nötigung nicht entgegen,[973] weil Polizei und Verwaltungsbehörden weder über das Freiheitsrecht des Genötigten noch über das Grundrecht aus Art. 8 GG verfügen können und weil dem bloßen „Geschehen-Lassen" einer Versammlung keine Regelungswirkung beizumessen ist, wie sie etwa einer verwaltungsrechtlichen Erlaubnis zukommen würde. Dass die behördliche Duldung u.U. einen Verbotsirrtum begründen kann, steht auf einem anderen Blatt. Der Verstoß gegen (materielle) versammlungsrechtliche Vorschriften ist zwar notwendige, aber nicht hinreichende Voraussetzung für strafbares Unrecht, weil solche Verstöße nicht stets zur Verwerflichkeit nötigender Begleiterscheinungen der Versammlung führen müssen.[974] Nach der hier vertretenen Meinung führt der Umstand, dass eine Versammlung rechtmäßig aufgelöst werden kann, aber dazu, dass sich die Teilnehmer nicht auf Art. 8 GG berufen können.[975] Eines förmlichen Einschreitens, etwa der Auflösung der Versammlung bedarf es nicht, weil die Reichweite des Grundrechts nicht von einem Verwaltungsakt abhängen kann, der zudem im Ermessen von Polizei oder Verwaltungsbehörde steht. Es müsste im Gegenteil befremden, wenn die Versammlungsfreiheit gerade durch dasjenige staatliche Verhalten inhaltlich bestimmt werden könnte, vor dem sie vornehmlich schützen soll. *Demgegenüber geht das BVerfG in nunmehr gefestigter Rechtsprechung davon aus, dass der Schutz des Grundrechts bis zur tatsächlichen Auflösung der Versammlung fortbesteht.* Im Einzelnen nicht näher bestimmt werden dabei allerdings Umfang und Reichweite des verfassungsrechtlichen Schutzes von Versammlungen, die von Rechts und Verfassungs wegen aufgelöst werden können, aber noch nicht aufgelöst sind. In Bezug auf Nötigungen durch Blockadeaktionen mit physischen Barrieren misst das BVerfG der Versammlungsfreiheit jedenfalls keine rechtfertigende oder die Verwerflichkeit ohne weiters ausschließende Wirkung zu; das Grundrecht soll aber bei der Verwerflichkeitsprüfung zu berücksichtigen sein und zudem bei der Strafzumessung ins Gewicht fallen.[976]

---

[972] Vgl. BVerfGE **69** 315 ff (Leitsatz 4).

[973] *Murr* Die Akzessorietät des Strafrechts zum Versammlungsgesetz S. 173 f; **aA** *Bertuleit* Sitzdemonstrationen S. 147 ff; *Knemeyer/Deubert* NJW **1992** 3131, 3134 unter Bezug auf die verwaltungsakzessorischen Vorschriften des Umweltstrafrechts. Diese Bezugnahme krankt daran, dass die Behörden zwar über das Rechtsgut Umwelt, nicht aber über die Freiheitsrechte des Genötigten verfügen können und dass die behördlichen Erlaubnisse des Umweltrechts idR rechtsgestaltende Wirkungen haben, die dem „kontrollierten Geschehenlassen" (so Kniesel NJW **1992** 863) einer (erlaubnisfreien) Versammlung gerade nicht zukommt; zur Verwaltungsakzessorietät aus polizeirechtlicher Sicht vgl. auch *Schieder* BayVBl. 2004 678.

[974] Vgl. OLG Köln NStZ **1986** 30, 31; *Amelung* NJW **1995** 2584, 2589.

[975] So BVerfGE **82** 236, 264 zum Aufruf zu einer unfriedlichen Versammlung.

[976] BVerfGE **104** 92, 106. Entgegen *Schieder* BayVBl. 2004 687 kann dieser Entscheidung nicht entnommen werden, dass eine Strafbarkeit wegen Nötigung erst nach der formellen Auflösung der Versammlung in Betracht kommt; dies folgt aus der Erwägung, dass Nötigung auch durch ein Verhalten im Schutzbereich des nach der Auflösung nicht mehr anwendbaren Art. 8 GG verwirklicht werden kann (aaO 106, 109). Die Entscheidung des BVerfG wird von drei abweichenden Meinungen begleitet; im Schrifttum wird ihr mangelnde Konsequenz vorgeworfen; vgl. *Ostendorf* AuR **2002** 389; *Vahle* Kriminalistik **2002** 695; vgl. auch *Sinn* NJW **2002** 1024 f und nunmehr BVerfG – 1. Kammer des Ersten Senats – NJW **2011** 3020, 3022.

Online-Demonstrationen (oder virtuelle Sit-ins), d.h. Blockaden fremder Internet-Zugänge durch organisierte Parallelzugriffe, erfüllen nach der hier vertretenen Meinung nicht die Voraussetzungen nötigender Gewalt, weil sie auf die Betroffenen nicht körperlich wirken; die Aktionen an sich[977] stellen schon deshalb keine strafbare Nötigung dar.[978] Stellt man sich auf den gegenteiligen Standpunkt, so gilt folgendes: In den Schutzbereich des Art. 8 GG fallen diese Formen des elektronischen Protests nicht, weil es sich nicht um Versammlungen, d.h. um Zusammenkünfte von Menschen an einem geografischen Punkt, handelt.[979] Auch die Meinungsäußerungsfreiheit (Art. 5 Abs. 1 Satz 1, 1. Halbsatz GG) schützt solches Verhalten nicht. Das Grundrecht ist nicht betroffen, wenn der Zugriff nicht der Kundgabe einer Meinung dient, sondern die Website des Gegners durch massenhaften Aufruf blockieren soll. Der Fall liegt ähnlich wie das Stören einer Versammlung durch Niederschreien des Redners.[980] Art. 5 Abs. 1 GG verleiht nicht das Recht, von anderen gehört zu werden; die Möglichkeit, fremde Briefkästen mit unerwünschten Nachrichten zu füllen und damit unbrauchbar zu machen, ist verfassungsrechtlich nicht geschützt, gleichviel ob die betroffenen Empfangsvorrichtungen körperlicher oder elektronischer Natur sind. Das „Zuschütten" mit gleich lautenden e-Mails ist jedenfalls dann verwerflich, wenn der **Zugriff elektronisch unterstützt** wird und erst dadurch seine massenhafte Wirkung erhält. In diesen Fällen steht die Beeinträchtigung, nicht die Meinungsäußerung im Vordergrund. Bei der „manuellen" Versendung elektronischer Post, etwa im Rahmen eines „virtuellen Protestmarsches" gegen eine öffentliche Institution,[981] wird hingegen Verwerflichkeit in aller Regel nicht in Betracht kommen: Diese Protestform ist ähnlich zu bewerten, wie die Versendung vorformulierter „körperlicher" Schreiben. Sie fällt grundsätzlich in den Schutzbereich des Art. 17 GG, wenn sich die elektronische Post an einen dort genannten Adressaten richtet. **143**

Blockaden unterfallen dem Schutzbereich der Versammlungsfreiheit nur dann, wenn sie auf eine kollektive Meinungsäußerung gerichtet sind. Wollen die Teilnehmer eine Forderung unmittelbar durchsetzen, ist das nicht der Fall. Die Blockade eines Grenzübergangs mit dem Ziel, die Einreise zu erzwingen, wird deshalb weder von Art. 8 noch von Art. 5 GG erfasst.[982] Anderes gilt für Blockadeaktion, bei denen die Gewalt eine vornehmlich symbolische Funktion hat, die den Widerstand gegen ein öffentliches oder privates Vorhaben zum Ausdruck bringen will. Entscheidend ist das Gesamtgepräge der Veranstaltung; der kommunikative Zweck muss im Vordergrund stehen.[983] Blockaden aus Anlass von Castor Transporten erfüllen diese Voraussetzung schon deshalb, weil diese Aktionen vornehmlich auf die politische Meinungs- und Willensbildung abzielen. Dass die Teilnehmer davon ausgehen könnten, sie seien in der Lage, weiter Atommülltransporte unmittelbar im Wege der Selbsthilfe zu verhindern, ist nicht anzunehmen.[984] Solche Aktionen sind, sofern sich die Teilnehmer auf passive Resistenz beschränken, nicht unfriedlich i.S.d. Art. 8 Abs. 2 GG und deshalb nicht von vornherein vom Schutz dieses Grundrechts ausgenommen: **Der verfassungsrechtliche Begriff der Friedlichkeit** **144**

977 Anderes kann für die Drohung mit entsprechenden Attacken gelten.
978 Zur – sehr streitigen – rechtlichen Beurteilung vgl. oben Rdn. 71.
979 AG Frankfurt/Main MMR 2005 866 m. insoweit zust. Anm. *Gercke*; *Kraft/Meister* K&R 2005 460.
980 Vgl. oben Rdn. 20.
981 Beispiele bei *Kraft/Meister* MMR 2003 366 ff.
982 BVerfGE 104 92, 105; zur sog. Verhinderungsblockade *Rusteberg* NJW 2011 2999.
983 BVerfGE 104 92, 98 f, kritisch *Rusteberg* NJW 2011 299, 3001.
984 Vgl. *Rusteberg* aaO 3001.

kann nicht durch den weiten Gewaltbegriff der Nötigung bestimmt werden.[985] Die Grenze zur (verfassungsrechtlichen) Unfriedlichkeit ist aber dann überschritten, wenn die Teilnehmer Gewalttätigkeiten gegen Personen oder Sachen verüben oder (etwa für den Fall der zwangsweisen Räumung) planen[986]. Mit der Verortung des Verhaltens im Schutzbereich der Versammlungsfreiheit ist die Frage der Strafbarkeit nicht im negativen Sinne entschieden: Selbst wenn die Versammlung als solche nicht unfriedlich ist und deshalb grundsätzlich vom Schutzbereich des Art. 8 GG erfasst wird, kann das Verhalten der Blockierer durch die Rechtsordnung sanktioniert werden, zumal die Versammlungsfreiheit nicht uneingeschränkt gewährleistet ist. Beschränkungen sind jedenfalls dann möglich, wenn die Behinderung Dritter nicht nur als „demonstrationstypische" Nebenfolge in Kauf genommen, sondern beabsichtigt wird, um die Aufmerksamkeit für das kollektive Anliegen zu erhöhen[987]. Denn die Grundrechte aus Art. 5, 8 GG verleihen nicht die Befugnis, andere gewaltsam zu einem Tun oder Unterlassen zu nötigen. Dritte dem Zwang auszusetzen, fremde Meinungsäußerungen anzuhören, ist im Gegenteil mit ihrem friedlichen, auf geistige Auseinandersetzung angelegten Charakter nicht vereinbar.[988] Die Beschränkung auf geistige und friedliche Mittel gilt auch dann, wenn den Demonstranten die Ausübung der Grundrechte im gesetzlich zulässigen Rahmen als nicht ausreichend erscheint, um die Öffentlichkeit im Sinne ihrer Ziele aufzurütteln.[989] Der **gewaltsame Eingriff in die Rechte Dritter** ist vielmehr in aller Regel schon deshalb nicht von der Verfassung gedeckt, weil Unbeteiligte gleichsam als Werkzeuge zur Schaffung von Publizität und zur Verbreitung fremder Meinungen benutzt werden, und zwar gleichviel, ob sie diese Meinungen teilen oder nicht.[990] Von den Grundrechten aus Art. 5, 8 GG nicht gedeckt sind ferner Aktionen, die die Willensbildung politischer Entscheidungsträger im Sinne der Handelnden beeinflussen wollen, indem sie die Rechte von Bürgern und potentiellen Wählern gezielt verletzen und dadurch einen Zustand schaffen, der von Politikern nicht ohne weiteres hingenommen werden kann. Der „zivile Ungehorsam" kann im institutionalisierten Rechtsstaat, der für sich das Gewaltmonopol in An-

---

[985] Vgl. BVerfGE **73** 206, 248; **87** 399, 406. Nur „passive Resistenz" soll auch dann vorliegen, wenn sich Teilnehmer anketten, um hierdurch eine Räumung zu verhindern, vgl. BVerfGE **73** 206, 210; **104** 92 105 f. Nach *Herzog* in Maunz/Dürig GG Art. 8 Rdn. 72 ist eine Versammlung unfriedlich, wenn sie einen gewalttätigen oder aufrührerischen Verlauf nimmt oder zu nehmen droht; BVerfGE **87** 399, 406 und **104** 92, 106 nehmen Unfriedlichkeit nur dann an, wenn es zu Handlungen von „einiger Gefährlichkeit" kommt; bloße Behinderungen reichen auch dann nicht aus, wenn sie absichtlich herbeigeführt werden.

[986] Vgl. BVerfGE **69** 315, 360.

[987] Vgl. BVerfGE **73** 206, 250; **82** 236, 264; BGHSt **23** 46, 56; **35** 270, 282 f; *Brohm* JZ **1985** 501 ff; *Tröndle* FS Rebmann S. 505; **aA** *Bertuleit* JA **1989** 16, 17, der in solchen Aktionen nur symbolische Herausforderungen sieht; vgl. auch *Sch/Schröder/Eser/Eisele* Rdn. 28, die darauf hinweisen, dass aus der mangelnden Grundrechtsgemäßheit eines Verhaltens noch nicht zwingend seine Strafbarkeit folgt.

[988] Vgl. BayObLG NJW **1969** 1127 f; **1993** 212 f; OLG Celle NJW **1970** 206, 207; *Herzog* in Maunz/Dürig GG Art. 8 Rdn. 61 ff nimmt die Sitzblockade vom Schutzbereich der Art. 5, 8 GG aus, weil es sich nicht um eine Form der geistigen Auseinandersetzung handelt.

[989] Möglicherweise **aA** *Weichert* StV **1989** 459, 460, der ersichtlich aus der mangelnden Resonanz sogenannter „Latschdemos" weitergehende Rechte zur Weckung öffentlicher Aufmerksamkeit herleiten will.

[990] Nach BGH NStZ **2005** 35, 36 liegt bei einer politisch motivierten Tötung von unbeteiligten Zufallsopfern durch einen Sprengstoffanschlag die Annahme niedriger Beweggründe i.S.d. § 211 Abs. 2 nahe.

spruch nimmt, kein Rechtfertigungsgrund sein.[991] Im Ergebnis kann die gezielte kollektive Behinderung durch Gewalt deshalb auch dann als Nötigung bestraft werden, wenn sie der Meinungskundgabe dient.[992] Geboten ist allerdings stets eine Abwägung der „demonstrationsspezifischen" Belange (vgl. unten Rdn. 146). Der vorherigen Auflösung der Versammlung bedarf es nicht,[993] nach der – hier abgelehnten – Rechtsprechung des BVerfG führt allerdings erst die Auflösung dazu, dass der bei der Abwägung zu berücksichtigende Schutzbereich des Art. 8 GG verlassen wird.[994] Desgleichen ist unerheblich, ob die Blockadeaktion durch die anwesenden Polizeibeamten geduldet wird, weil diese nicht über die verletzten Individualrechtsgüter verfügen können.[995]

Beeinträchtigt eine Blockade den **grenzüberschreitenden Verkehr innerhalb der EU,** **145**
kann die *Warenverkehrsfreiheit* im Sinne der Art. 34 AEUV berührt sein. Allerdings findet diese Grundfreiheit ihre Schranken in den Grund- und Menschenrechten, zu denen auch die Meinungsäußerungsfreiheit zählt. Bei der Abwägung der widerstreitenden Interessen räumt der EuGH den Mitgliedstaaten ein breites Ermessen ein. Danach verstößt die Hinnahme geordneter und zeitlich begrenzter Aktionen nicht gegen Gemeinschaftsrecht.[996] Anderes kann für die Duldung gewaltsamer Übergriffe gelten, die sich gezielt gegen ausländische Waren richten.[997] Diese Rechtsprechung befasst sich mit den *Schutzpflichten der Mitgliedstaaten* zur Durchsetzung des gemeinsamen Marktes. Für die Frage der Verwerflichkeit des Verhaltens der Blockierer gibt sie wenig her: Insbesondere führt die Verneinung einer gemeinschaftsrechtlichen Pflicht zum Eingreifen nicht dazu, dass das betroffene Verhalten innerstaatlich als rechtmäßig zu gelten hat.

Dient eine Blockadeaktion der Meinungskundgabe, so ist die Rechtswidrigkeit im **146**
Wege einer grundrechtsbezogenen **Abwägung der „demonstrationsspezifischen" Umstände** festzustellen.[998] Besondere Bedeutung kommt hierbei dem **Geringfügigkeitsprinzip** zu. Danach kann die strafrechtliche Ahndung einer nur auf kurze Zeit angelegten, eher symbolhaften Anwendung passiver Gewalt, die insgesamt unter der Schwelle strafrechtlicher Erheblichkeit bleibt, gegen den Grundsatz der Verhältnismäßigkeit verstoßen. Als maßgebliche Umstände werden von der Rechtsprechung genannt: Der zu erwartende Dienstbetrieb, die Dauer und Intensität der Aktionen, deren vorherige Bekanntgabe,

---

991 BVerfGE 73 206, 250; *Linck* ZRP **2011** 44, 45; *Kröpil* JZ **2011** 283, jeweils m.w.N.

992 Vgl. BVerfGE 82 236, 268; *Fischer* Rdn. 46 f; *Lackner/Kühl* Rdn. 22.

993 Vgl. BVerfGE 82 236, 268; *Schwabe* NStZ **1998** 22 f; **aA** *Weichert* StV **1989** 459 f; *Rinken* StV **1994** 95, 104; *Kniesel* NStZ **1998** 286, 288; *Fritz* Simon-Festschrift S. 429, die m.E. nicht hinreichend berücksichtigen, dass Nötigung kein Ungehorsamstatbestand ist, der vom Vorliegen eines Verwaltungsakts abhängig gemacht werden könnte; ferner kann eine Strafvorschrift zum Schutz individueller Freiheitsrechte nicht davon abhängen, ob der Verstoß von den Behörden wahrgenommen wird und ob diese zum Einschreiten bereit sind.

994 BVerfGE **104** 92, 106; NJW **2011** 3020, 3022; zu den Bedenken gegen diese Auffassung vgl. oben Rdn. 142.

995 Vgl. *Tröndle* 48. Aufl. Rdn. 26; nach BVerfG NJW **2011** 3020 markiert die Auflösung einer Versammlung allerdings die Grenze des Schutzbereichs der Grundrechte aus Art. 5, 8 GG mit der Folge, dass bis zu diesem Zeitpunkt die „demonstrationsspezifischen Belange" bei der Prüfung der Rechtswidrigkeit zu beachten sind.

996 Vgl. EuGH EuGRZ 2003 492 ff – Brenner-Blockade; *Kadelbach/Petersen* EuGRZ 2003 693 ff.

997 EuGH EuGRZ 1997, 620 ff – staatlich geduldete Plünderungen ausländischer LKW durch französische Bauern.

998 BVerfGE **104** 92, 109 ff, BVerfG – 1. Kammer des Ersten Senats – NJW **2011** 3020 3022 f.

Ausweichmöglichkeiten über andere Zufahrten, u.U. auch die Zahl der Demonstranten und die Dringlichkeit der verhinderten Transporte und Fahrten[999]. Auf der anderen Seite ist der **Sachbezug der handelnden und der betroffenen Personen** zum Gegenstand der Meinungskundgabe in die Abwägung einzustellen. Stehen die äußere Gestaltung – etwa die Wahl des Versammlungsorts – und die durch sie ausgelösten Behinderungen in einem Zusammenhang mit dem Versammlungsthema oder betrifft das Anliegen auch die von der Demonstration nachteilig Betroffenen, kann die Beeinträchtigung ihrer Freiheitsrechte unter Berücksichtigung der jeweiligen Umstände möglicherweise eher sozial erträglich sein und dann in größerem Maße hinzunehmen sein, als wenn das nicht der Fall ist.[1000] Danach werden ganz kurzzeitige Straßenblockaden nicht als rechtswidrig bewertet;[1001] längere Behinderungen wurden bisweilen toleriert, weil die Blockierer selbst betroffen waren, sich etwa wegen mangelnder Informationen über Unfälle durch eine Raketenbasis gefährdet fühlten.[1002] Die *Dauer der Behinderung* muss vom *Vorsatz* erfasst sein. Deshalb liegt kein Nötigungsversuch vor, wenn die Polizei eine Blockade innerhalb einer kurzen Zeit von nicht mehr als zehn Minuten beendet und dieser Ablauf dem Vorstellungsbild der Teilnehmer entspricht.[1003] Ein gravierender Eingriff und damit die Verwerflichkeit wurden ferner verneint, wenn eine zumutbare Möglichkeit zum Ausweichen bestand, wenn etwa nur ein Tor zu einem militärischen Bereich blockiert war, ein in unmittelbarer Nähe befindlicher Zugang aber frei blieb,[1004] dies selbst dann, wenn die Behinderung länger andauerte.[1005] Ob das Anliegen der Demonstranten als nützlich oder wertvoll einzuschätzen ist, ist für die Abwägung ohne Belang; dem Strafrichter steht eine Bewertung nicht zu.[1006]

147 Die von der Rechtsprechung entwickelten Kriterien sind zu begrüßen, soweit sie geringfügige Beeinträchtigungen vom Verdikt der Verwerflichkeit ausnehmen. Bei kurzfristigen Blockaden (bis ca. 10 Minuten) und/oder zumutbaren Alternativen des Zugangs ist das für Abs. 2 erforderliche erhöhte Maß an Missbilligung nicht erfüllt. Im Übrigen kommt dem Katalog allenfalls untergeordnete Bedeutung zu: Das Kriterium der vorherigen Bekanntgabe der Aktion will es ersichtlich den Blockierten erleichtern, Gegenmaßnahmen zu treffen. Darin erschöpft sich dann allerdings auch seine Bedeutung. Werden keine Vorkehrungen getroffen, so kann aus der Ankündigung nichts hergeleitet werden; insbesondere verbietet sich die **Zurechnung eines Mitverschuldens**, weil einerseits keine Obliegenheit zur Abwendung des strafbaren Erfolgs besteht, andererseits die Möglichkeit dazu meist nicht bei den Nötigungsopfern, nämlich bei den behinderten Passanten liegt. Die Frage der Vermeidbarkeit der Störung des Dienstbetriebs kann allenfalls unter dem Blickwinkel der Zahl der Nötigungsopfer und der Erheblichkeit des Zwangs in die Prüfung einfließen. Da § 240 nicht die Aufrechterhaltung des ungestörten Betriebs staatlicher Einrichtungen schützt, kann aus dessen Beeinträchtigung wenig für die Frage der

---

999 Vgl. BVerfG – Kammer – NJW **1991** 971 f; *Lackner/Kühl* Rdn. 22; **kritisch**, soweit diese Kriterien auf die Aufforderung zu strafbaren Blockadeaktionen angewandt werden sollen: BayObLG JR **1993** 117 m. Anm. *Nehm*; *Otto* JR **1993** 258 ff; *Graul* JR **1994** 51 ff.

1000 BVerfG NJW **2011** 3020 3023; kritisch *Fischer* Rdn. 47.

1001 So BayObLG NJW **1993** 213, 214 (eine Minute); OLG Koblenz NJW **1985** 2432, 2433 (eine Ampelphase); OLG Stuttgart StV **1984** 28 f (5–10 Minuten); ähnl. BayObLG NJW **1992** 521 f.

1002 Vgl. LG Heilbronn MDR **1987** 430; OLG Stuttgart NStZ **1991** 333 f, das eine der Rechtfertigung angenäherte Situation annimmt, m. krit. Anm. *Otto*.

1003 Vgl. BayObLG NJW **1992** 521 f.

1004 Vgl. *Otto* NStZ **1991** 334 f.

1005 Vgl. OLG Stuttgart NStZ **1991** 333; NJW **1992** 2713 f dazu *Graul* JR **1994** 51, 54.

1006 BVerfG NJW **2011** 3020 Rdn. 39.

Rechtswidrigkeit hergeleitet werden.[1007] Das Kriterium des Sachbezugs der von der Blockade betroffenen Personen zum Protestgegenstand ist auch dann problematisch, wenn es den Täter entlasten soll. Ob darin bereits eine unzulässige Berücksichtigung von Fernzielen liegt,[1008] mag unterschiedlicher Betrachtung zugänglich sein. Jedenfalls aber ist die Willensfreiheit von Soldaten (bei Kasernenblockaden) oder von zivilen Bediensteten (etwa bei der Belagerung von kerntechnischen Anlagen) nicht weniger schutzwürdig und vom Gesetz auch nicht weniger geschützt, als die Freiheit anderer Menschen. Von einer gesteigerten Gefahrtragungspflicht dieses Personenkreises kann nicht gesprochen werden.[1009] Bei Arbeitnehmern, die einer legalen Beschäftigung nachgehen, versteht sich das von selbst; für Soldaten gilt nichts anderes: Die Pflicht zu Tapferkeit und zu besonderem Einsatz besteht nur gegenüber dem Dienstherrn, nicht aber gegenüber Demonstranten.[1010] Soweit das Gesetz Straftaten gegen Hoheitsträger bisweilen milder beurteilt,[1011] sind solche Privilegierungen auf die Annahme geringerer Schuld, nicht geringeren Unrechts gestützt; allgemeine Schlüsse in Bezug auf die Frage der Verwerflichkeit verbieten sich daher. Die *fehlende Dispositionsmöglichkeit des Genötigten über den Protestgegenstand* kann allerdings zum Nachteil des Täters ins Gewicht fallen: Die Nötigung Unbeteiligter, um auf den eigentlichen Entscheidungsträger Druck auszuüben, wird regelmäßig verwerflich sein. Die Frage des Sachbezugs des Täters kann hingegen allenfalls bei der Schuld ins Gewicht fallen. Ob er für eigene Interessen eintritt oder ob er aus altruistischen Beweggründen handelt, ist für die Frage der Rechtswidrigkeit ohne Bedeutung.

Für Demonstrationen und Blockaden, die sich nicht gegen staatliches Handeln rich- **148**
ten, gilt das oben Ausgeführte entsprechend. Verwerflich ist etwa die **Blockade eines Gewerbebetriebs** *zur Verhinderung der Auslieferung einer Zeitung*,[1012] weil sich eine solche Maßnahme privater Zensur gezielt gegen den durch Art. 5 Abs. 1 Satz 1 GG geschützten Freiheitsbereich richtet.[1013] Ob sich die Blockierer durch kritische Berichterstattung getroffen fühlen, ist – wie allgemein die Frage des Sachbezugs – für die Frage der Rechtswidrigkeit der Nötigung ohne Belang. Das Recht zum „Gegenschlag"[1014] erlaubt nur publizistische Mittel, nicht aber die Zuflucht zu Gewalt oder Drohung; dass der Gegner über ein besonderes publizistisches oder wirtschaftliches Wirkungspotential verfügt, rechtfertigt keinen Druck, der an die Stelle des Arguments die Blockade setzt. Regelmäßig unzulässig ist ferner die *Betriebsbesetzung* oder -blockade,[1015] sei es zum Zwecke des Arbeitskampfes oder aus anderen Gründen. Die Besetzung von Diensträumen durch Studenten erfüllt allerdings das Merkmal der Gewalt dann nicht, wenn die dort arbeitenden Bediensteten zwar in ihrer Arbeit behindert werden, diese das Verhalten der Demonstranten aber nicht als physische, gegen ihre Person gerichtete Gewalt empfinden.[1016] Solche, früher als „Sit-in" oder „Go-in" bezeichnete Aktionen werden als Hausfriedensbruch zu ahnden sein. Nötigung kann aber dann vorliegen, wenn die Besetzer drohen, diesen Zustand herbeizuführen oder fortdauern zu lassen. Ähnlich verhält es

---

1007 Vgl. OLG Köln NJW **1986** 2443, 2444.

1008 So *Graul* JR **1994** 51, 55.

1009 So aber OLG Stuttgart NJW **1991** 994, 995; dagegen *Graul* JR **1994** 51, 55, Fn. 51.

1010 Es müsste auch geradezu widersprüchlich erscheinen, wenn der Staat einerseits Personen mit bestimmten Aufgaben betraute, sie andererseits aber wegen dieses Auftrags als nur eingeschränkt schutzwürdig erachtete.

1011 Vgl. etwa § 113; dazu *Rosenau* LK[11] § 113 Rdn. 5.

1012 Vgl. BGHZ **59** 30 ff; OLG Stuttgart NJW **1969** 1543 f.

1013 Zur „Drittwirkung" dieses Grundrechts vgl. etwa BVerfGE **25** 256 ff – Blinkfüer –.

1014 Vgl. BVerfGE **12** 113, 126 ff; **54** 129, 136; *Kriele* NJW **1994** 2926, 2928.

1015 Vgl. oben Rdn. 138.

1016 Vgl. OLG Stuttgart NJW **1969** 1776 f.

sich bei **Hausbesetzungen:** Der durch die bloße Anwesenheit der Besetzer verursachte Zwang, vom Abbruch der besetzten Anwesen abzusehen, ist nicht körperlich und deshalb keine Gewalt i.S.d. § 240 Abs. 1;[1017] die Tat ist deshalb nicht als Nötigung, sondern allenfalls als Hausfriedensbruch[1018] strafbar. Nötigung kann aber begangen werden durch die (auch konkludente) Drohung, ein Haus zu besetzen oder weiterhin besetzt zu halten.[1019]

IX. Die Schuld

149 § 240 setzt **Vorsatz** voraus, der zur Zeit der Nötigungshandlung, d.h. bei der Anwendung der Gewalt oder bei der Ankündigung des Übels vorliegen muss.[1020] Das bloße Ausnutzen einer unvorsätzlich herbeigeführten Zwangslage genügt grundsätzlich nicht. Vom bloßen Ausnutzen zu unterscheiden sind allerdings die Fälle der Gewalt durch Unterlassen,[1021] der Drohung mit dem Unterlassen einer rechtlich gebotenen Hilfeleistung und das an eine inkonnexe Gegenleistung geknüpfte Hilfsangebot,[1022] die ihrerseits Nötigungsmittel sein können.

150 **Bedingter Vorsatz** genügt.[1023] Weder dem Begriff des Nötigens noch dem Wortlaut des Abs. 2 („zu dem angestrebten Zweck") kann entnommen werden, dass weiter gehende Anforderungen an den inneren Tatbestand zu stellen sind, die über den bedingten Vorsatz hinausreichen.[1024] Es genügt deshalb, wenn der Täter lediglich billigend in Kauf nimmt, dass das Opfer zu einem bestimmten Verhalten gezwungen wird. Wendet der Täter aber sog. *Gewalt gegen Sachen*[1025] an, so ist hinsichtlich des abgenötigten Verhaltens Absicht im Sinne eines zielgerichteten Verhaltens erforderlich:[1026] Wer ein Kraftfahrzeug entwendet oder zerstört, ist nicht deshalb zugleich wegen Nötigung zu bestrafen, weil er weiß oder damit rechnet und es billigend in Kauf nimmt, dass der Geschädigte gezwungen ist, zu Fuß nach Hause zu gehen. In solchen Fällen wird der Unrechtsgehalt der Tat in vollem Umfang durch das Eigentumsdelikt erfasst; eine Bestrafung des Täters auch wegen Nötigung kommt nur in Betracht, wenn das Fahrzeug gerade mit dem Ziel entwendet oder zerstört wird, den Eigentümer zum Fußmarsch zu zwingen.[1027] Nach h.M. muss der Vorsatz auch die Umstände erfassen, die die Bewertung der Tat als rechtswidrig erlauben. Kein Nötigungsversuch liegt deshalb vor, wenn die Teilnehmer an einer Blockade davon ausgehen, dass die Aktion noch vor dem Zeitpunkt enden wird, der die Grenze zur Verwerflichkeit bezeichnet.[1028]

[1017] Vgl. oben Rdn. 60 ff; die Entscheidung OLG Köln NJW **1985** 2434 f ist durch BVerfGE **92** 1 ff überholt.

[1018] Vgl. OLG Köln JR **1984** 28 ff m. Anm. *Degenhart*; **krit.** *Schön* NJW **1982** 1126.

[1019] Vgl. OLG Hamm NJW **1982** 2676, 2678.

[1020] Vgl. BGH NJW **1953** 1400 f zur Erpressung.

[1021] Vgl. oben Rdn. 72 ff.

[1022] Vgl. oben Rdn. 85 ff.

[1023] Vgl. BGHSt 5 245, 246; v. Heintschel-Heinegg/*Valerius* Rdn. 42 m. Nachw. auch zur Gegenmeinung.

[1024] Vgl. BGHSt 5 245, 246 – Störung einer Filmvorstellung durch Stinkbomben, wobei der Abbruch billigend in Kauf genommen wurde.

[1025] Zum Begriff vgl. oben Rdn. 60 ff.

[1026] Vgl. *Bergmann* Jura 1985, 458; *Sch/Schröder/Eser/Eisele* Rdn. 34; *Schroeder* NJW **1985** 2392, 2393.

[1027] Vgl. BayObLG NJW **1963** 1261, 1262; **1989** 1621 f.

[1028] Vgl. BayObLG NJW **1992** 521, 522.

Zum **Vorsatz** gehören: 151
a. Das Bewusstsein, Gewalt oder Drohung mit einem Übel einzusetzen mit dem Willen, dadurch das Verhalten eines anderen zu erzwingen;[1029]
b. die Kenntnis (oder das „In-Kauf-Nehmen") der Umstände, die das angedrohte Übel als empfindlich erscheinen lassen;
c. die Kenntnis (oder das „In-Kauf-Nehmen") der Umstände, die den Einsatz des Nötigungsmittels zu dem angestrebten Zweck als verwerflich und damit die Tat als rechtswidrig erscheinen lassen,[1030] nicht aber das Bewusstsein der Rechtswidrigkeit.

Die Nötigung durch Drohung setzt nicht voraus, dass der Täter ernstlich entschlossen ist, das Angedrohte zu verwirklichen;[1031] es genügt dass er Druck ausüben will und dabei weiß oder es für möglich hält, dass sein Verhalten geeignet ist, Furcht hervorzurufen und den Genötigten zu motivieren.[1032] Hegt der Täter Zweifel am Vorliegen entlastender Umstände oder rechnet er mit belastenden Momenten, so wird häufig bedingter Vorsatz gegeben sein.[1033]

152 Ein auf fehlerhafter Bewertung richtig erkannter Tatsachen beruhender Irrtum des Täters, das angedrohte Übel sei nicht empfindlich, ist **Verbotsirrtum.**[1034] Gleiches gilt für die irrige Annahme des Täters, sein Verhalten sei nicht verwerflich und deshalb nicht rechtswidrig. Insoweit genügt es, wenn er bei gehöriger Anspannung seines Gewissens das Bewusstsein haben kann, mit der Nötigung Unrecht zu tun.[1035] Das Bewusstsein der Rechtswidrigkeit gehört nicht zum Vorsatz; sein Fehlen begründet einen Verbotsirrtum,[1036] der bei Vermeidbarkeit die Möglichkeit der Strafmilderung, bei Unvermeidbarkeit zwingend den Schuldausschluss und damit Straflosigkeit nach sich zieht. Zielt der Täter auf einen unerlaubten Zweck, so liegt ein unvermeidbarer Verbotsirrtum im Allgemeinen fern. Anderes kann dann gelten, wenn der Täter ein an sich erlaubtes Ziel verfolgt.[1037] Die fehlerhafte Einschätzung der sozialen Adäquanz eines Druckmittels ist als Verbotsirrtum zu behandeln. Die Versteh- oder Nachvollziehbarkeit eines Irrtums über die Grenzen eines Selbsthilfe- oder Notwehrrechts kann aber – selbst wenn der Irrtum vermeidbar ist – der Tat die Verwerflichkeit nehmen.[1038] Maßgebend hierfür ist allerdings nicht der Irrtum als solcher, sondern die objektive Lage, die das Handeln des Täters nicht als sozial unerträglich erscheinen lässt. In solcher Lage kann es dann allerdings nicht entscheidend darauf ankommen, ob der Täter sein Tun für erlaubt oder für verboten hält.[1039]

153 Der Irrtum über den der Wertung als verwerflich zugrunde liegenden Sachverhalt wird von der Rechtsprechung und der h.L. als oder gleich einem **Tatbestandsirrtum** behandelt. Für die Stimmen, die in Abs. 2 ein Korrektiv des Tatbestands sehen,[1040] liegt

---

1029 Vgl. BGHR § 240 Abs. 1 Vorsatz 1.

1030 BGH LM Nr. 3; NJW **1954** 480; BayObLG NJW **1992** 521 f; OLG Karlsruhe NJW **1973** 378, 380 m.w.N.; *Fischer* Rdn. 54 m.w.N.

1031 Vgl. BGHSt **38** 84, 86 f – vorgetäuschte Geiselnahme eines Mitgefangenen.

1032 BGH, Urt. v. 5.8.2010 – 3 StR 210/10 Rdn. 13, zit nach juris.

1033 Vgl. *Warda* FS Lange S. 119, 193.

1034 Vgl. *Tröndle* 48. Aufl. Rdn. 34; *Fischer* Rdn. 54.

1035 BGHSt **2** 194, 200 ff.

1036 Vgl. BGHSt **2** 194 ff; *Lackner/Kühl* Rdn. 25; *Maurach/Schroeder/Maiwald* BT Teilbd. 1 § 13 II Rdn. 42.

1037 Vgl. *Schäfer* LK[10] § 240 Rdn. 106 m.w.N.; allgem. zur Vermeidbarkeit des Verbotsirrtums: *Vogel* LK § 17 Rdn. 35 ff.

1038 Vgl. BGHSt **17** 328, 331; dazu auch BGH NJW **1984** 931, 935.

1039 **AA** wohl BGH NJW **1984** 931, 935, der die Selbsteinschätzung des Täters, er handle rechtmäßig, gleich einem subj. Rechtfertigungsmerkmal behandelt.

1040 Vgl. dazu die Darstellung bei *Hirsch* LK[11] vor § 32 Rdn. 20 ff, vgl. auch *Rönnau* LK vor § 32 Rdn. 35 f sowie oben Rdn. 94 f.

dies ohnedies nahe; folgt man dieser Sicht nicht, so gelten die Regeln des Irrtums über die tatsächlichen Voraussetzungen von Rechtfertigungsgründen, der – nach den hier nicht im Einzelnen darzustellenden Theorien[1041] – überwiegend als Fall des § 16 gesehen oder gleich einem solchen behandelt wird.[1042] Die Anwendung des § 16 kann bei vermeidbarem Irrtum nicht wegen Nichterfüllung einer Prüfungspflicht ausgeschlossen werden,[1043] mag dies auch wegen der fehlenden Strafbarkeit von Fahrlässigkeitstaten vordergründig als wünschenswert erscheinen. In der Praxis dürfte ein Bedürfnis für die Annahme einer solchen (systemfremden) Pflicht nicht bestehen; erfahrene Tatrichter werden unglaubwürdige Schutzbehauptungen ohnedies im Wege der Beweiswürdigung zur Seite schieben und dadurch eine Ausuferung von Irrtumsfällen verhindern. Für den **umgekehrten Irrtum** gilt entsprechendes: Fehlt dem Täter die Kenntnis von (tatsächlich vorliegenden) Umständen, die die Verwerflichkeit der Nötigung ausschließen würden, oder nimmt er irrig Umstände an, die die Verwerflichkeit begründen könnten, so liegt Versuch vor.[1044] Versuchte Nötigung also, wenn der Täter nicht weiß, dass der mit einer (konnexen, vgl. oben Rdn. 118) Anzeige Bedrohte die Tat in Wirklichkeit begangen hat, oder wenn er irrig annimmt, der mit der Drohung einer Zivilklage „erpresste" Schuldner habe die geschuldete Leistung bereits erbracht.

X. Versuch

154 Der Versuch[1045] ist **strafbar**. Er beginnt mit dem Einsatz des Nötigungsmittels.[1046] Der *Aufbau einer „Drohkulisse"* vor der Kontaktaufnahme zum Opfer ist Vorbereitungshandlung; Schüsse gegen das Anwesen oder die Vergiftung des Haushundes überschreiten die Schwelle zum Versuch auch dann nicht, wenn sie die Drohung vorbereiten und in ihrer Wirkung verstärken sollen. Da die Tat bereits dann vollendet ist, wenn das Opfer mit der ihm angesonnenen Handlung begonnen hat,[1047] ist der Bereich der versuchten Nötigung relativ eng. Versuch ist zum einen in der Form möglich, dass es schon nicht zum Wirksamwerden der Nötigungsmittel kommt, wenn etwa der Drohbrief verloren

---

[1041] Vgl. hierzu eingehend *Vogel* LK § 16 Rdn. 110 ff.

[1042] Vgl. BGH LM Nr. 3; NStZ **2014** 149 Rdn. 62. BayObLG NJW **1992** 521, 522; OLG Frankfurt/M. DAR **1967** 222, 223; *Lackner/Kühl* Rdn. 25; *Schroth* Vorsatz S. 65; *Fischer* Rdn. 54; *Wessels/Beulke* § 11 III (Rdn. 468 ff). Die sog. strenge Schuldtheorie behandelt auch den Irrtum über die tatsächlichen Voraussetzungen eines Rechtfertigungsgrundes als Verbotsirrtum, vgl. hierzu im einzelnen *Vogel* LK § 16 Rdn. 114 ff.

[1043] Vgl. die Bezugnahme bei SK-*Horn/Wolters* Rdn. 53 auf BGH bei Dallinger MDR 1968, 200 f, eine Fundstelle, die aber möglicherweise anders zu verstehen ist. *Horn/Wolters* aaO gehen im Sinne der von ihnen vertretenen strengen Schuldtheorie von Vorsatztat und Verbotsirrtum aus.

[1044] **AA** SK-*Horn/Wolters* Rdn. 53 die unter Bezug auf BGHSt **2** 111, 114 Vollendung annehmen. Diese Sicht trifft vom Standpunkt der strengen Schuldtheorie aus gesehen zu; nach der eingeschränkten Schuldtheorie und ihren Ableitungen könnte sie nur dann richtig sein, wenn die Kenntnis dieser Umstände gleichsam als subjektives Rechtfertigungsmerkmal zu bewerten wäre. Bei einem „offenen" Tatbestand wie der Nötigung verbietet sich dies, zumal das Regel – Ausnahme – Verhältnis von (regelmäßig) unrechtsbegründendem Tatbestand und (ausnahmsweiser) Rechtfertigung hier nicht gilt.

[1045] Vgl. hierzu auch oben Rdn. 91 ff.

[1046] Vgl. OLG Koblenz VRS **68** 207, 209; *Sch/Schröder/Eser/Eisele* Rdn. 37.

[1047] Im Einzelnen s. oben Rdn. 91.

geht und deshalb sein Ziel nicht erreicht. Versuchte Nötigung ist auch dann gegeben, wenn die Nötigungsmittel nicht zum Erfolg führen, der Genötigte entweder unbeeinflusst bleibt[1048] oder seinen beeinflussten Willen nicht nach außen betätigt.[1049] Versuch liegt ferner vor, wenn der Genötigte nicht infolge der Nötigung, sondern aus anderen Gründen handelt, etwa ausschließlich[1050] deshalb, weil er den Täter überführen will.[1051] Insoweit reicht die bloße *Kausalität zwischen Handlung und Erfolg* zur Vollendung nicht aus; vielmehr ist ein darüber hinausgehender spezifischer Zusammenhang gefordert.[1052] Dieser ist aber auch dann gegeben, wenn das Erpressungsopfer auf den Rat der Polizei oder der Bankangestellte auf eine hausinterne Weisung hin bezahlt, sofern das Nötigungsmittel daneben wirksam bleibt. Ob der Genötigte mit Missbehagen, ohne innere Anteilnahme oder gar gerne das ihm angesonnene Verhalten zeigt, ist unerheblich, sofern er das ursprünglich und in erster Linie gewollte Vorhaben aufgrund des Nötigungsmittels aufgibt. Die Vollendung einer Nötigung durch die Blockade einer Kaserne wird deshalb nicht dadurch in Frage gestellt, dass die am Zutritt gehinderten Soldaten den Dienstausfall erfreut zur Kenntnis nehmen. Insoweit ist zwischen dem Willen und den Empfindungen des Nötigungsopfers zu unterscheiden.[1053] Vollendete Nötigung liegt auch dann vor, wenn eine Blockade zur Folge hat, dass Polizeibeamte im räumlich – zeitlichen Zusammenhang den Verkehr anhalten und umleiten oder wenn der Fahrweg für den folgenden Bahnverkehr nicht freigegeben wird.[1054] Mangels Vorsatzes scheidet ein Nötigungsversuch allerdings aus, wenn die Täter fest davon ausgehen, dass ihre Blockade in kürzester Zeit noch vor dem Erreichen der Erheblichkeitsschwelle durch die Polizei beendet werden wird.[1055]

XI. Die Strafe

1. Die Strafe ist im Regelfall *Freiheitsstrafe* bis zu drei Jahren oder *Geldstrafe*. Innerhalb dieses Strafrahmens kann eine Strafschärfung nicht schon auf die Erwägung gestützt werden, der Täter habe sich bis zum Schluss uneinsichtig gezeigt, indem er das Versperren von Straßen und Zugängen für öffentliche Verkehrsmittel oder Privatfahrzeuge durch „Sitzblockaden" als gesetzlich zulässiges, weil „gewaltfreies" Mittel zur Durchsetzung seiner politischen Ziele angesehen habe. Als strafschärfend darf dies nur dann gewertet werden, wenn daraus unter Berücksichtigung von Tat und Täterpersönlichkeit auf Rechtsfeindschaft und auf die Gefahr künftiger Rechtsbrüche zu schließen wäre.[1056] **155**

1048 Vgl. RGSt **48** 346, 351.
1049 Vgl. BGH bei Holtz MDR **1979** 280 f; VRS **46** 105, 106.
1050 Vgl. BGHSt **41** 368, 371. Vollendung aber, wenn die eingesetzten Nötigungsmittel mitursächlich für den Erfolg werden, das Opfer einer Erpressung etwa unter Druck, aber mit dem (Neben-)Zweck der Überführung des Täters bezahlt.
1051 Vgl. BGH b. Dallinger MDR **1953** 722; OLG Hamburg JR **1974** 473 m. Anm. *Jakobs*.
1052 Vgl. BGHSt **37** 350, 353 f.
1053 Vgl. OLG Stuttgart NJW **1989** 1620, 1621.
1054 Vgl. BGHSt **37** 350, 354; **41** 182, 185 f; OLG Stuttgart MDR **1986** 602 f; wohl auch NK-*Toepel* Rdn. 63 m.w.N.; KG Beschl. v. 26.3.2001 – (4) 1 Ss 361/00 (30/01) juris KORE 409812001 (Umleitung des Bahnverkehrs). Die gegen die Entscheidung des KG erhobene Verfassungsbeschwerde, mit der ein Verstoß gegen die Grundrechte aus Art. 5 und 8 GG geltend gemacht wurde, wurde ohne nähere Begründung nicht zur Entscheidung angenommen durch BVerfG, 1. Kammer des 2. Senats, Beschl. v. 8.12.2005 – 2 BvR 777/01
1055 Vgl. BayObLG NJW **1992** 521, 522.
1056 Vgl. BGH NJW **1984** 931, 935; allgemein zur „fehlenden Reue": BGH NStZ **1983** 433 m.w.N.

156 2. Für **besonders schwere Fälle** droht Abs. 4 Freiheitsstrafe von 6 Monaten bis zu 5 Jahren an. Der Katalog der Regelbeispiele wurde durch das 6. StrRG[1057] ergänzt und neu gefasst; seine tatsächlichen Voraussetzungen müssen vom Vorsatz des Täters erfasst sein.[1058] Die wenig systematische[1059] Zusammenstellung berührt die verschiedensten Bereiche des Strafrechts (Sexualstraftaten, Tötungs- und Amtsdelikte) und erweckt den Anschein des Zufälligen; Anspruch auf eine auch nur einigermaßen vollständige Erfassung der besonders strafwürdigen Fälle erhebt sie ersichtlich nicht. Dies gilt es bei der Gewichtung der „Leitbildfunktion" der benannten Regelbeispiele zu beachten: **Der unbenannte „sonstige" besonders schwere Fall**[1060] hat im Rahmen dieser Vorschrift **größere Bedeutung** als bei den dichter und stringenter gefassten Katalogen, etwa des § 243 Abs. 1 oder des § 263 Abs. 3 StGB. Als besonders schwer in diesem Sinne wird häufig die Drohung mit einem Verbrechen anzusehen sein[1061] oder wenn die Tat – entsprechend § 18 für den Täter voraussehbar – zur Folge hat, dass der Genötigte oder die dritte Person, die das angedrohte Übel treffen soll, sich tötet oder zu töten versucht. Bereits § 171 Nrn. 1, 3 E 1962 hatten diese Umstände als besonders schweres Unrecht bewertet und als „Schwere Nötigung" in einen Qualifikationstatbestand eingestellt. Ein (unbenannter) besonders schwerer Fall ist ferner auch dann in Betracht zu ziehen, wenn zu einer Straftat genötigt wird; dies gilt jedenfalls dann, wenn es sich nicht um eine bloße Bagatelle handelt. Die gemeinhin als besonders schwer zu bewertenden Nötigungen im sexuellen Bereich werden durch das Regelbeispiel des Abs. 4 Nr. 1 bzw. durch den erweiterten § 177 erfasst, der nach der Neufassung durch das 33. StrÄndG[1062] auch die Notzucht des Ehegatten unter Strafe stellt und in seinen Nötigungsmitteln um das „Ausnutzen einer schutzlosen Lage" ergänzt wurde.[1063] Ein sonstiger besonders schwerer Fall soll bei der Beteiligung an einer Autobahnblockade in Betracht kommen.[1064] Die Forderung, auch die Nötigung im Straßenverkehr generell den besonders schweren Fällen zuzurechnen,[1065] geht zu weit.

Nach der Erweiterung des § 395 Abs. 1 Nr. 4 StPO durch das 2. OpferRRG[1066] ist der Verletzte in den Fällen des Abs. 4 zum Anschluss als Nebenkläger befugt. Die Anschlussbefugnis besteht nur, wenn ein Regelbeispiel verwirklicht wurde, nicht bereits dann, wenn ein sonstiger (unbenannter) besonders schwerer Fall vorliegt.

157 a) Das Regelbeispiel der Nötigung zu einer **sexuellen Handlung** verwendet diesen Begriff undifferenziert und weicht damit von anderen Vorschriften ab, die nach der Person des Handelnden und nach der Art der Handlung unterscheiden.[1067] Daraus ziehen

---

1057 V. 26. Januar 1998, BGBl. I S. 164.

1058 Vgl. *Ruß* LK[11] § 243 Rdn. 35 m.w.N.

1059 *Fischer* ZStW **112** (2000) 75, 79 (Fn. 30); *Heger* FS Geppert S. 169.

1060 Vgl. *Theune* LK vor § 46–50 Rdn. 15 ff; *Gribbohm* LK[11] vor § 46 ff Rdn. 25; *Ruß* LK[11] § 243 Rdn. 3.

1061 So bereits *Schäfer* LK[10] Rdn. 107 unter Bezugnahme auf § 171 StGB E 62 und § 117 AE. Der Gesetzgeber hat auf die Aufnahme eines entsprechenden Regelbeispiels verzichtet, um Unstimmigkeiten im Verhältnis zu § 241 zu vermeiden, vgl. BTDrucks. 13/9064 S. 17.

1062 V. 1. Juli 1997, BGBl. I S. 1607.

1063 Vgl. dazu BGHSt 45 253 ff = NStZ 2000 140 ff m. krit. Anm. *Fischer*; einschränkend nunmehr BGHSt 50 359 ff.

1064 Vgl. BGH NStZ-RR **1997** 196; *Sch/Schröder/EserEisele* Rdn. 38.

1065 *Kropp* ZRP **2004** 4 f, kritisch *Heger* FS Geppert S. 169.

1066 Vom 29.7.2009, BGBl. I 2280; zur bisherigen Rechtslage vgl. *Lehmann* NStZ 2002 353

1067 Vgl. etwa § 176 Abs. 1, Abs. 2 Nr. 1, 2; § 177 Abs. 1.

Rechtsprechung[1068] und die herrschende Meinung in der strafrechtlichen Literatur[1069] den Schluss, nur die Nötigung zur Vornahme sexueller Handlungen sei erfasst, nicht hingegen der Zwang zur Duldung. Der Wortlaut fordert diese enge Auslegung indessen nicht; vielmehr ist der ähnlich undifferenziert ausgestaltete § 184 Abs. 3 („sexuelle Handlungen von Menschen mit Tieren") weiter auszulegen. Folgt man der engeren Auslegung und verneint man die Regelwirkung, müsste die Nötigung zur Duldung einer sexuellen Handlung – wie bisher[1070] – als „unbenannter" besonders schwerer Fall bewertet werden. Sexuelle Handlungen sind nur solche, die die Erheblichkeitsschwelle des § 184g Nr. 1 erreichen.[1071] Ohne Belang ist es, ob die Handlungen am Körper oder „vor" einer anderen Person vorgenommen werden sollen; auch die Nötigung zu sexuellen Handlungen an sich selbst ist erfasst.[1072] Wegen der Erweiterung des § 177, der bereits im Regelstrafrahmen eine höhere Strafdrohung aufweist, ist die **Bedeutung der Strafzumessungsregel gering**. Den Strafrahmen bestimmt sie nur dann,[1073] wenn Fallgestaltungen vorliegen, die nicht zugleich auch von § 177 erfasst werden, so etwa die Nötigung durch Drohung mit einem empfindlichen Übel, die Nötigung zu sexuellen Handlungen ohne Körperkontakt oder zu solchen, die das Nötigungsopfer an sich selbst vornimmt.[1074]

b) Die als jüngstes Regelbeispiel durch das 37. StrÄndG[1075] in Nr. 1 eingefügte Nöti- **158**
gung zur Eingehung der Ehe erfasste die Nötigung zur Eheschließung mit dem Täter selbst oder mit einer dritten Person.[1076] Die sog. Zwangsheirat (besser: Zwangsverheiratung) wurde bereits mit Gesetz vom 23.6.2011 wieder ausgegliedert und durch § 237 in einem eigenen Tatbestand erfasst.[1077] Das Regelbeispiel ist danach nur noch für Altfälle von Bedeutung.[1078] Ersichtlich sollte es **Fälle der Zwangsheirat** erfassen, wie sie in patriarchalisch geprägten Kulturkreisen vorkommen.[1079] Dies mag erklären, weshalb der Gesetzgeber den Zwang, eine gleichgeschlechtliche Lebenspartnerschaft (i.S.d. § 1

1068 BGH, Beschl. v. 26.11.2008 – 5 StR 506/08 – Rdn. 17, zit. nach juris.

1069 So *Fischer* Rdn. 59; *Fischer* ZStW **112** (2000) 75 ff, HK-GS *Rössner/Putz* Rdn. 37; **aA** SK-*Horn/Wolters* Rdn. 59; *Renzikowski* NStZ **1999** 440.

1070 Vgl. *Schäfer* LK[10] Rdn. 107.

1071 Trotz ihrer Stellung im Sexualstrafrecht bezieht sich die Vorschrift schon nach ihrem Wortlaut auf das gesamte StGB; vgl. *Fischer* Rdn. 59.

1072 Vgl. SK-*Horn/Wolters* Rdn. 59.

1073 Zur Frage des Verhältnisses zwischen § 240 Abs. 4 Nr. 1 und Sexueller Nötigung/Vergewaltigung, vgl. *Gössel* Hirsch-Festschrift (1999) S. 183 (194); *Renzikowski* NStZ **1999** 440; *Tröndle/Fischer* Rdn. 59.

1074 BGH StV **2011** 160; Urt. v. 19.11.2009 – 3 StR 87/09 – zit. nach juris, insoweit nicht in NStZ-RR **2010** 140 abgedruckt; vgl. *Renzikowski* NStZ **1999** 440; *Fischer* Rdn. 59.

1075 Vom 11.2.2005 BGBl. I 239.

1076 *Tröndle/Fischer*, 56. Aufl., Rdn. 59a; zum Ehebegriff bei Fällen mit Auslandsberührung und zu den Folgen der Ehenichtigkeit vgl. *Eisele/Majer* NStZ **2011** 549 ff.

1077 Gesetz zur Bekämpfung der Zwangsheirat und zum besseren Schutz der Opfer von Zwangsheirat sowie zur Änderung weiterer aufenthalts- und asylrechtlicher Vorschriften, BGBl. I 1266; Regierungsentwurf: BTDrucks. 17/4401; Beschlussempfehlung und Bericht des federführenden Innenausschusses: BT-Drucks. 17/5093; kritisch: *Fischer* § 237 Rdn. 2a

1078 Wegen Identität der Strafrahmen des § 237 Abs. 1 und des § 240 Abs. 4 sowie des Umstandes, dass § 237 Abs. 4 für minder schwere Fälle der Zwangsheirat einen Strafrahmen vorsieht, der dem Regelstrafrahmen des § 240 Abs. 1 entspricht, ist das zur jeweiligen Tatzeit geltende Strafrecht anzuwenden.

1079 Zur Definition und zu den Erscheinungsformen der Zwangsheirat vgl. *Schubert/Moebius* ZRP **2006** 33, 34.

LPartG) einzugehen, nicht erfasst hat.[1080] Nicht erfasst wurde und wird ferner der auf die Verhinderung einer Ehe gerichtete Zwang; insoweit wird allerdings ein unbenannter besonders schwerer Fall in Betracht zu ziehen sein. Die Zielrichtung des Regelbeispiels legt es nahe, die Regelwirkung auf Fälle zu beschränken, die dem Leitbild der Zwangsheirat[1081] entsprechen. Danach dürfte ein besonders schwerer Fall etwa dann zu verneinen sein, wenn die Tat darauf gerichtet ist, eine bereits bestehende nichteheliche Lebensgemeinschaft in eine Ehe umzuwandeln.

159 c) Das bereits durch Art. 8 des Schwangeren – und Familienhilfegesetzes[1082] eingefügte Regelbeispiel der Nötigung zum **Schwangerschaftsabbruch** soll dem verfassungsrechtlichen Gebot, die Schwangere vor Zumutungen und Druck aus dem sozialen Umfeld zu schützen,[1083] in plakativer Weise Rechnung tragen.[1084] Dabei ist gleichgültig, ob der Abbruch der Schwangerschaft für die Schwangere oder für den beteiligten Arzt strafbar ist,[1085] insbesondere ob die in § 218a Abs. 2 bezeichnete „medizinisch – soziale" Indikation vorliegt. Dies ist für die geschützten Rechtsgüter, nämlich die Willensfreiheit der Schwangeren und das Leben der Leibesfrucht ohne Belang. Der Erschwerungsfall kann bereits bei einem nicht zum vollendeten Schwangerschaftsabbruch führenden Nötigungsversuch vorliegen. In der rechtlichen Praxis spielt die Nötigung zum Schwangerschaftsabbruch allerdings nur eine geringe Rolle. Die bloße Hilfsunwilligkeit des beruflichen und sozialen Umfelds der Schwangeren erfüllt den Tatbestand des § 240 nicht; anders aber die Ankündigung einer strafbaren Unterhaltsverletzung oder die Androhung der Kündigung von Wohnung oder Arbeitsplatz, des Hinauswurfs aus der Familienwohnung oder der Wegnahme des Kindes.[1086] Hinweise auf die mit einer Niederkunft verbundenen belastenden Folgen oder die Drohung, eine persönliche Beziehung zu beenden, stellen keine geeigneten Nötigungsmittel dar.[1087] Damit werden gerade solche Verhaltensweisen, die Schwangere in besonderem Maße belasten und die die hauptsächlichen Ursachen für Schwangerschaftsabbrüche bilden, nicht erfasst. Die Nötigung zur **Fremdabtreibung** wird in aller Regel als sonstiger besonders schwerer Fall außerhalb der Regelbeispiele zu bewerten sein.

160 d) Nach Abs. 4 Nr. 3 liegt ein besonders schwerer Fall in der Regel vor, wenn der Täter seine Befugnisse oder seine Stellung als **Amtsträger** missbraucht. Das Regelbeispiel greift auf die § 370 Abs. 3 Nr. 2 AO und § 264 Abs. 2 Nr. 2 zurück; durch das 6. StrRG wurde es ferner wortgleich in § 267 Abs. 3 Nr. 4 und in § 263 Abs. 3 Nr. 4 eingefügt. Bis zur Aufhebung des § 339[1088] war die Nötigung im Amt als Sonderdelikt ausgestaltet; auch § 171 Nr. 2 E 1962 sah für die Nötigung durch Amtsträger einen qualifizierten Tatbestand vor. Die Amtsträgereigenschaft bestimmt sich nach § 11 Abs. 1 Nr. 2[1089]; auch

---

1080 Anders ersichtlich das österreichische und das künftige schweizerische Strafrecht, vgl. *Eisele/Majer* NStZ **2011** 546, 549 Fn. 62

1081 Zu den Erscheinungsformen vgl. Eisele/Majer NStZ **2011** 546, 547.

1082 Vom 21. August 1995, BGBl. I 1050.

1083 Vgl. BVerfGE **88** 204, 296 ff.

1084 Vgl. BTDrucks. 13/1850 S. 26; zur Alibifunktion der Regelung vgl. *Tröndle* NJW **1995** 3009, 3017 und *Tröndle/Fischer* 49. Aufl. Rdn. 15c vor § 218 m.w.N; vgl. dazu auch 53. Aufl. Rdn. 60.

1085 Vgl. SK-*Horn/Wolters* Rdn. 60.

1086 *Sch/Schröder/Eser* Rdn. 38, Fischer Rn. 60.

1087 Vgl. oben Rdn. 77 ff, 80; dazu auch *Tröndle/Fischer* Rdn. 60.

1088 Durch Art. 10 der RechtsangleichungsVO v. 29. Mai 1943, RGBl. I S. 339.

1089 Vgl. hierzu im Einzelnen *Hilgendorf* LK § 11 Rdn. 19 ff.

der Richter ist Amtsträger.[1090] Die für den öffentlichen Dienst besonders Verpflichteten werden vom Regelbeispiel nicht erfasst; insoweit ist allerdings ein unbenannter besonders schwerer Fall zu erwägen.[1091] Die Amtsträgereigenschaft ist **besonderes persönliches Merkmal**, auf das § 28 Abs. 2 entsprechend anzuwenden ist. Der seine Befugnisse oder seine Stellung als Amtsträger missbrauchende Teilnehmer kann deshalb das Regelbeispiel verwirklichen,[1092] während der mit einem Amtsträger zusammenwirkende Dritte nur den Grundtatbestand verwirklicht. Die Amtsträgereigenschaft muss tatsächlich vorliegen;[1093] ein Irrtum ist – im Guten wie im Bösen – unbeachtlich. Missbrauch setzt vorsätzliches und rechtswidriges – auch ermessensfehlerhaftes – Handeln voraus. Der Amtsträger missbraucht seine Befugnisse, wenn er innerhalb seiner an sich gegebenen Zuständigkeit handelt; er missbraucht seine Stellung, wenn sein Handeln außerhalb seines Zuständigkeitsbereichs liegt, er aber die Möglichkeiten ausnutzt, die ihm durch sein Amt gegeben sind.[1094] Der Begriff des Missbrauchens bringt zum Ausdruck, dass die bloße Amtsträgereigenschaft des Täters nicht ausreicht, das Amt vielmehr für die Tat nutzbar gemacht werden muss.[1095] Die hohe Strafdrohung und der Vergleich mit den anderen Regelbeispielen legen es nahe, die Strafzumessungsregel auf grobe Missbrauchshandlungen zu beschränken. In leichteren Fällen des Amtsmissbrauchs dürfte der Strafrahmen des Grundtatbestands ausreichen, so wenn etwa im schulischen Bereich nicht gerechtfertigte Strafarbeiten aufgegeben und durchgesetzt oder wenn überzogene Schularreste verhängt werden.

XII. Zusammentreffen

1. Spezialität

a) Der durch bestimmte Mittel ausgeübte Zwang zu einem bestimmten Verhalten ist Tatbestandsmerkmal in einer Reihe von selbständigen Delikten, so etwa in den §§ 81, 82, 105, 106, 107, 113 – auch in Verbindung mit § 114 –,[1096] 177, 181, 234, 234a, 235, 237, 239, 249, 252, 253, 343. Da diese Tatbestände entweder das Nötigungsmittel, das Opfer oder das zu erzwingende Verhalten genauer als § 240 bestimmen, besteht grundsätzlich Gesetzeskonkurrenz in der Form der Spezialität. Bei der *Nötigung von Verfassungsorganen* soll dies selbst dann gelten, wenn die strengeren Anforderungen, die § 105 an das Nötigungsmittel stellt, nicht erfüllt sind.[1097] Diese Sicht ist durch die Besonderheiten des Staatsschutz – Strafrechts geprägt und sollte nicht verallgemeinert werden. § 240 ist deshalb anwendbar, wenn – außerhalb der §§ 81 f, 105 ff – zwar die *Nötigung, nicht aber das speziellere Delikt verwirklicht* ist. Gleiches gilt, wenn ein Verfassungsorgan nicht zur Ausübung seiner Befugnisse i.S.d. § 105, sondern zu einem anderen, außerhalb der Grenzen seiner Zuständigkeit liegenden Verhalten genötigt werden soll.[1098] Die – von 161

1090 § 11 Abs. 1 Nr. 2a; entgegen *Sch/Schröder/Eser* Rdn. 38 bedarf es des Rückgriffs auf die allgemeine Verschärfungsklausel nicht.

1091 *Sch/Schröder/Eser* Rdn. 38.

1092 Vgl. *Tiedemann* LK § 264 Rdn. 171 m.w.N.; *Fischer* Rdn. 61; dazu auch *Ruß* LK[11] § 243 Rdn. 39.

1093 Vgl. *Lackner/Kühl* Rdn. 28.

1094 Vgl. *Tiedemann* LK[11] § 264 Rdn. 150; *Sch/Schröder/Perron* § 264 Rdn. 76.

1095 Vgl. *Tröndle/Fischer* 49. Aufl. Rdn. 37.

1096 Dies gilt auch nach der Erweiterung der Vorschrift auf Hilfeleistende bei Unglücksfällen durch das 44 StrÄndG v. 1.11.2011 (BGBl. I 2130), vgl. hierzu *Singelnstein/Puschke* NJW **2011** 3473 3474 f.

1097 Vgl. BGHSt **32** 165, 176 f m. Anm. Willms JR **1984** 120.

1098 BGH NStZ-RR **2012** 76 zu § 106; noch offen gelassen in BGHSt **32** 165, 177; vgl. auch *Fischer* § 105 Rdn. 3, unklar Rdn. 5.

§ 177 nicht erfasste – Nötigung zu einer *sexuellen Handlung, die das Opfer an sich selbst vornehmen soll*, ist nach § 240 strafbar.[1099] Die Vorschrift ist ferner anzuwenden, wenn der Täter vom Spezialstraftatbestand zurücktritt[1100] oder wenn er ein weiteres, von der speziellen Norm nicht erfasstes Ziel verfolgt.[1101] Tätigkeiten, die der unmittelbaren Vorbereitung und Durchführung der speziellen Straftat dienen, haben keine selbständige Bedeutung und treten deshalb im Wege der Gesetzeskonkurrenz zurück.[1102] So liegt nur sexuelle Nötigung bzw. Vergewaltigung vor, wenn der Täter das Opfer festhält, um sich an ihm zu vergehen. Zu weit geht aber die Annahme, die vor der Vergewaltigung begangene Todesdrohung für den Fall der Strafanzeige gehe nicht über das zur Begehung der Sexualstraftat Erforderliche hinaus und sei gleichsam deren unselbständiger Bestandteil.[1103] Dies gilt jedenfalls dann, wenn die Drohung nicht nur der Erzwingung der sexuellen Handlung, sondern auch der Verdeckung der Tat dient; erfolgen solche Drohungen nach einer Vergewaltigung, liegt nach allgemeiner Ansicht auch (versuchte oder vollendete) Nötigung vor. *§ 240 tritt in aller Regel hinter den §§ 113, 114 zurück*. Das kann aber anders sein, wenn der Täter nicht nur Widerstand leistet, sondern zugleich die Vornahme einer Handlung erzwingen will.[1104] Ähnliches gilt für *§ 253 (Erpressung)*: Ausnahmsweise liegt Tateinheit zwischen Erpressung und Nötigung vor, wenn neben der Bereicherung auch ein anderer Zweck verfolgt wird[1105] oder wenn die Nötigung vollendet, die Erpressung aber nur versucht wurde.[1106] Nötigung, nicht Erpressung ist anzunehmen, wenn das Opfer durch Drohung dazu veranlasst wird, auf die Geltendmachung einer Forderung aus einem gesetzwidrigen und deshalb nichtigen Veräußerungsvertrag zu verzichten.[1107] Tateinheit zwischen räuberischer Erpressung und Nötigung liegt vor, wenn die Nötigungshandlung der Beendigung einer bereits vollendeten räuberischen Erpressung durch das Ermöglichen der Flucht und der Sicherung der Beute dient.[1108] Tatmehrheit zwischen Nötigung und Erpressung ist aber anzunehmen, wenn die Nötigungshandlung erst die Gelegenheit für eine Erpressung schaffen soll.[1109] Der neue *§ 237 (Zwangsheirat)* erfasst die Nötigung zur Verhinderung einer Ehe nicht; dieses Verhalten ist deshalb weiterhin als Nötigung strafbar. Hinter § 239 tritt die Nötigung zurück, wenn der Täter mit der Nötigungshandlung nicht mehr als den Freiheitsentzug erreichen will.[1110] Tateinheit ist aber dann gegeben, wenn die Freiheitsberaubung der Erzwingung eines anderen Verhaltens, etwa sexueller Handlungen,[1111] dienen soll; besteht dieses Ver-

---

1099 Vgl. BGH NStZ **1982** 286 Nr. 7, StV **2011** 160, Beschl. v. 26.11.2008 – 5 StR 506/08 – Rdn. 17, zit. nach juris.

1100 Vgl. BGH NStE Nr. 1 zu § 178 – die Entscheidung betrifft einen „doppelten" Rücktritt von der sexuellen Nötigung und von der Nötigung.

1101 Vgl. BGHSt **37** 256, 259: Nötigung in Tateinheit mit räuberischer Erpressung, wenn das Opfer durch eine einheitliche Tat zunächst zu einer körperlicher Auseinandersetzung und sodann zur Herausgabe von Geld gezwungen wird.

1102 Vgl. BGHSt **18** 26, 27.

1103 Vgl. BGHR StGB § 240 Abs. 3 Konkurrenzen 1.

1104 Vgl. dazu im Einzelnen *Rosenau* LK[11] § 113 Rdn. 92 sowie oben Rdn. 135, 136.

1105 Vgl. RG GA **48** 451.

1106 Vgl. *Herdegen* LK 11 § 253 Rdn. 34; die dort zitierte Gegenansicht dürfte durch BGHR StGB 211 Abs. 1 Konkurrenzen 3 überholt sein.

1107 BGH NStZ **2008** 627.

1108 BGH NStZ **2005** 387 Nr. 8 (Bedrohung von Verfolgern nach Banküberfall).

1109 Vgl. BGH Urt. v. 30.7.1953 – 4 StR 265/53; der Täter hatte das Opfer durch Drohung bestimmt, den Tatort aufzusuchen, um es dort erpressen zu können.

1110 Vgl. RGSt **31** 301 f; **55** 239, 241; OLG Koblenz VRS **49** 347, 350; *Sch/Schröder/Eser/Eisele* Rdn. 41.

1111 Zur Klammerwirkung der Freiheitsberaubung als Nötigungsmittel BGH NStZ **1999** 83 Nr. 4.

halten im Unterlassen einer Handlung, die durch das Einsperren unmöglich wird,[1112] gilt dies nur, wenn es dem Täter gerade auf diesen Erfolg ankommt.[1113] Je nach Sachlage liegt Tateinheit oder Tatmehrheit[1114] vor, wenn das Opfer während der Gefangenschaft zu einem Tun, etwa zur Änderung eines Testaments, genötigt wird. Soweit die Rechtsprechung die mit Nötigungsmitteln versuchte Freiheitsberaubung als versuchte Nötigung bewertet hat,[1115] ist dies durch die Einführung der Versuchsstrafbarkeit bei § 239 überholt. Ist die Einschränkung der Bewegungsfreiheit nur notwendige Begleiterscheinung der Nötigung, so findet nur § 240 Anwendung;[1116] kommt es dem Täter aber auch auf diese Einschränkung an, so liegt Tateinheit vor.[1117] Die gewaltsame Sicherung eines betrügerisch erlangten Vorteils ist Nötigung; räuberische Erpressung scheidet aus, weil dem Opfer kein erneuter Schaden zugefügt, die Beeinträchtigung des Vermögens damit durch die Bestrafung wegen Betrugs mitabgegolten wird.[1118] Zugleich mit der Nötigung verwirklichte **Verkehrsordnungswidrigkeiten** treten hinter § 240 StGB zurück (§ 21 Abs. 1 OWiG). Gleiches gilt für die *Kartell-Ordnungswidrigkeit* des § 21 Abs. 1 § 81 Abs. 3 Nr. 1 GWB (Boykottaufruf); die Annahme, der Bußgeldtatbestand sei gegenüber § 240 lex specialis, verbietet sich schon deshalb, weil nicht jeder Boykottaufruf das Ziel verfolgt, den Boykottierten zu nötigen.[1119] Entsprechendes gilt für die mit Bußgeld bedrohte Anwendung von Druck- oder Lockmitteln zur Veranlassung wettbewerbswidrigen Verhaltens i.S.d. § 21 Abs. 2 § 81 Abs. 3 Nr. 2 GWB. Durch § 22 VersG wird die Nötigung nicht im Wege der Gesetzeskonkurrenz (privilegierende Spezialität) verdrängt; beide Straftaten können vielmehr tateinheitlich verwirklicht werden. Die versammlungsrechtliche Vorschrift dient ausschließlich dem Schutz der ungestörten Wahrnehmung der Ordnungsbefugnisse durch den Veranstaltungsleiter und dessen Ordner, nicht aber auch dem persönlichen Schutz dieser Personen vor Gewaltakten.[1120]

b) Soll die Nötigung durch **Drohung** verwirklicht werden, so geht § 241 in dem spe- **162**
zielleren § 240 auf.[1121] Ob dies auch dann gilt, wenn die Nötigung nur versucht, die Bedrohung aber vollendet wurde,[1122] ist nach der Änderung der Rechtsprechung zum Zusammentreffen von versuchter Tötung und vollendeter Körperverletzung[1123] zweifel-

---

1112 Durch das Einsperren der Tochter wird ein Rendezvous, durch das Einsperren der Ehefrau die Teilnahme an einem Scheidungstermin verhindert.

1113 BGH NStZ 2006 340 ff und Beschl. vom 20.12.2005 – 3 StR 406/05: Nötigung in Tateinheit mit Freiheitsberaubung (aber keine Geiselnahme), wenn der Täter das von ihm erstrebte Unterlassen des Opfers bereits unmittelbar durch die Entführung oder durch das Sich-Bemächtigen erreichen will.

1114 Die bloße Gleichzeitigkeit führt noch nicht zur Tateinheit; anderes gilt aber dann, wenn gerade der Freiheitsentzug als Mittel der Nötigung eingesetzt wird.

1115 Vgl. BGHSt 30 235 f; einschränkend *Sch/Schröder/Eser* 25. Aufl. Rdn. 41.

1116 So wenn der Genötigte gezwungen wird einen Garten umzugraben, den er nicht verlassen kann (Beispiel nach *Sch/Schröder/Eser/Eisele* Rdn. 41).

1117 Vgl. *Sch/Schröder/Eser* Rdn. 41.

1118 BGH JR **1984** 387 f m. Anm. *Kienapfel*; *Rissing-van Saan* LK vor § 52 Rdn. 158.

1119 Zur sog. privilegierenden Spezialität vgl. BGHSt **49** 34, 37 m.w.N.; zur Nötigung durch Aufruf zum Boykott vgl. oben Rdn. 66, 82, 83.

1120 OLG Dresden, Beschl. v. 7.12.2009 – 2 Ss 542/09 zit. nach juris; MK-*Altenhain/Tölle* § 22 VersammlG Rdn. 2; **aA** BayObLG NJW **1956** 153.

1121 Vgl. RGSt **36** 131, 133; 54, 288 f, weitere Hinweise bei *Schäfer* LK[10] Rdn. 108.

1122 So die bisherige Rechtsprechung, vgl. etwa BGHR StGB § 240 Abs. 3 Konkurrenzen 2; BGH GA 1970 372, 373; *Fischer* Rdn. 63.

1123 Vgl. BGHR StGB § 211 Abs. 1 Konkurrenzen 3.

haft geworden. Soll der Schuldspruch das verwirklichte Unrecht vollständig erfassen, müsste Tateinheit angenommen werden, um die keineswegs selbstverständliche[1124] Vollendung der Bedrohung im Tenor zum Ausdruck zu bringen.[1125] Gleichwohl geht der BGH davon aus, dass die **Bedrohung auch hinter der nur versuchten Nötigung zurücktritt**, weil § 241 ein abstraktes Gefährdungsdelikt sei und weil der abstrakte Rechtsgüterschutz nach allgemeinen Konkurrenzgesichtspunkten hinter dem konkreten zurücktreten müsse.[1126]

163 2. **Konsumtion** ist anzunehmen, wenn die Nötigung zur Erduldung einer Straftat so regelmäßig deren Begleiterscheinung bildet, dass die Strafe für diese das Unrecht der Nötigung mit abgilt. Die Grenzlinie zur Spezialität ist nicht immer scharf zu ziehen.[1127] Tötung und Körperverletzung werden zwar regelmäßig durch Gewaltanwendung begangen und entfalten stets körperliche Zwangswirkung, jedoch liegt nicht in jeder Tötung oder Körperverletzung regelmäßig zugleich eine Nötigung. Tateinheit zwischen § 223 und § 240 kommt in Betracht, wenn die zur Erreichung eines weitergehenden Zweckes angewandte Gewalt Körperverletzung ist, wenn z.B. ein Mensch geschlagen wird, um ihn zum Weggehen zu veranlassen, oder wenn ein Kraftfahrer rasch auf einen Menschen zufährt, um ihn zum Beiseitesprigen zu zwingen und dabei billigend in Kauf nimmt, dass der Genötigte bei dem Ausweichen körperliche Verletzungen erleidet,[1128] oder wenn bei langsamem Zufahren zugleich der Druck des Fahrzeugs wie auch die beim Anfahren zugefügten Verletzungen die Mittel sind, die Räumung des versperrten (Park-)Platzes zu erzwingen.[1129] Tateinheit kommt auch in Betracht, wenn der Täter Gewalt anwendet, um den anderen zur Erduldung einer Körperverletzung zu zwingen, z.B. ihn gewaltsam festhält und durch das Zuhalten des Mundes am Hilferufen hindert, um ihn misshandeln zu können,[1130] und erst recht, wenn die Gewaltanwendung weiter geht als zur Erduldung der Körperverletzung erforderlich ist, z.B. wenn der Täter die Kleider einer Frau herunterreißt, die er durch Festhalten zur Erduldung einer Misshandlung nötigt, und sie zwingt, sich die Betrachtung des entblößten Körpers gefallen zu lassen.[1131] Konsumtion der Nötigung kommt in Betracht, wenn diese nur eine nebensächliche Begleiterscheinung der das Tatbild prägenden Tötung oder Körperverletzung ist, z.B. der Täter beim Einschlagen auf das Opfer dessen Abwehrbewegungen hindert, indem er dessen schützend vorgehaltene Hand zur Seite drückt. Wird ein Kind zum Verzehr stark versalzener und deshalb gesundheitsschädlicher Speisen gezwungen, so soll der Nötigung keine eigenständige Bedeutung neben der Körperverletzung zukommen, die die Aufnahme in den Schuldspruch gebietet.[1132] Keine Nötigung liegt vor, wenn das Opfer eines KFZ-Diebstahls als Folge der Tat zu einem Fußmarsch gezwungen ist. Anders verhält es sich aber

---

1124 Die Vollendung der Nötigung könnte etwa daran scheitern, dass der Drohbrief verloren geht und den Empfänger deshalb nicht erreicht.

1125 Allgemein zum Zusammentreffen von versuchten schwereren und vollendeten milderen Delikten vgl. *Maatz* NStZ **1995** 209 ff.

1126 BGH, Beschl. v. 8.11.2005 – 1 StR 455/05; ebenso BGH Beschl. v. 8.2.2000 – 4 StR 652/99 unter Bezugnahme auf BGHR StGB § 240 Abs. 3 Konkurrenzen 2; für Tateinheit indessen BayObLG NJW **2003** 911, 912 m. abl. Anm. *Jäger* JR **2003** 478.

1127 Vgl. *Rissing-van Saan* LK vor §§ 52 ff Rdn. 116.

1128 Vgl. OLG Hamm VRS **27** 30 f.

1129 Vgl. OLG Schleswig SchlHA **1968** 265 f.

1130 Vgl. OLG Hamm JMBl. NRW **1964** 31.

1131 Vgl. RGSt **33** 339, 340; *Sch/Schröder/Eser* Rdn. 40; ähnlich für das Verhältnis zwischen Vergewaltigung und Freiheitsberaubung BGHSt **18** 26, 27.

1132 BGH NJW **2006** 1822, 1824.

dann, wenn es dem Täter auch oder gerade auf diesen Erfolg ankommt;[1133] in diesem Fall ist Diebstahl in Tateinheit mit Nötigung gegeben. Gleiches gilt für andere Fälle der Sachzerstörung oder des Sachentzugs: auch hier ist der mit dem Nutzungsausfall verbundene Zwang, sich anders zu behelfen, regelmäßige Begleiterscheinung der Tat und als solche mit abgegolten.[1134] Nötigt ein Räuber den Beraubten, von der unmittelbaren Verfolgung abzusehen, so soll dieser – ausschließlich der Sicherung des Gewahrsams dienenden – Handlung neben § 249 keine eigenständige Bedeutung zukommen.[1135]

3. Tateinheit ist im Übrigen z.B. möglich mit § 123,[1136] § 125,[1137] § 132,[1138] § 177,[1139] **164** § 185,[1140] § 315b Abs. 1 Nr. 3,[1141] § 315c[1142] sowie mit § 22[1143] und § 26 Nr. 2 VersammlG.[1144] Nach der hier vertretenen Ansicht entfalten Online-Blockaden, die die Internetplattform eines Unternehmens durch massenhaften Zugriff lahm legen, keine körperliche Zwangswirkung und sind deshalb nicht als (Gewalt-)Nötigung zu bewerten,[1145] indessen kommen die Straftatbestände der Datenveränderung (§ 303a) bzw. der Computersabotage (§ 303b) sowie der Bußgeldtatbestand des § 118 Abs. 1 OWiG in Betracht.[1146] § 240 dient als Auffangtatbestand für das Erzwingen sexueller Handlungen durch Gewalt oder durch Drohung, das nicht als Vergewaltigung/sexuelle Nötigung erfasst wird, nach der Rechtsprechung etwa die Nötigung zum Geschlechtsverkehr durch Drohung des Täters mit Selbstmord[1147] oder die Nötigung zur Vornahme von sexuellen Handlungen ohne Körperkontakt bzw. zu Handlungen des Opfers an sich selbst.[1148] Sexuelle Nötigung und Nötigung stehen zueinander in Tateinheit, wenn die Nötigung über die Vollendung des § 177 hinaus andauert oder wenn sie einem anderen Zweck als der Erzwingung sexueller Handlungen dient.[1149] Zum Verhältnis zwischen Freiheitsberaubung und Nötigung vgl. oben Rdn. 161. Wer sich einen durch Betrug oder (außerhalb des raum-zeitlichen Zusammenhangs des § 252 begangenen) Diebstahl erlangten Vermögensvorteil dadurch sichert, dass er auf Grund eines neuen Entschlusses den Geschädigten mit Gewalt an der Durchsetzung seiner Ansprüche hindert, macht sich nicht der räu-

---

1133 Vgl. oben Rdn. 62.

1134 Dies folgt mittelbar auch aus den §§ 247, 248a, 248b, 303c; die Ausgestaltung als Antragsdelikt würde jedenfalls teilweise unterlaufen, wenn man stets Tateinheit mit Nötigung annehmen würde.

1135 So BGH, Beschl. v. 19.10.1999 – 4 StR 467/99 = NStZ-RR 2000 106. Dort ist allerdings sehr missverständlich vom „spezielleren“ Tatbestand des Raubes die Rede; möglicherweise ist dies vor dem Hintergrund zu verstehen, dass der 4. Strafsenat Betrug und Nötigung annimmt, wenn der betrügerisch erlangte Vermögensvorteil aufgrund eines neuen Tatentschlusses gewaltsam gesichert wird; vgl. BGH NJW **1984** 501.

1136 Vgl. BGH NStZ **1982** 158.

1137 Vgl. BGH NJW **1984** 931, 935.

1138 Vgl. RGSt **59** 291, 298.

1139 Vgl. RGSt **11** 387 f; vgl. aber auch BGHR StGB § 177 Abs. 1 Konkurrenzen 2, 12.

1140 Vgl. RG DJZ **1904** 748; Zurückhaltung ist aber bei der Bewertung des Abnötigens sexueller Handlungen als Beleidigung geboten, vgl. BGHR StGB § 185 Ehrverletzung 1, dazu jedoch auch aaO, Konkurrenzen 3.

1141 Vgl. BGHSt **22** 365, 366 f; BGHR StGB § 315b Abs. 1 Nr. 3 Eingriff 2.

1142 Vgl. OLG Celle VRS **38** 431, 433.

1143 OLG Dresden, Beschl. v. 15.7.2009 – 2 Ss 542/09 zit. nach juris.

1144 Vgl. BGHSt **23** 46, 60.

1145 Vgl. oben Rdn. 71, OLG Frankfurt StV 2007 244 ff, zustimmend: *Kitz* ZUM 2006 730 **aA** AG Frankfurt am Main CR 2005 897 ff m. Anm. *Gehrke*; *Kraft/Meister* K&R 2005 458; *Eichelberger* DuD 2006 491 ff.

1146 Vgl. Kitz ZUM **2006** 730.

1147 Vgl. BGH NStZ **1982** 286 (dort Nr. 7); vgl. hierzu aber Rdn. 124.

1148 Vgl. BGH NStZ **1982** 286 (dort Nr. 6).

1149 Vgl. *Fischer* § 177 Rdn. 105a.

berischen Erpressung, sondern des Betrugs bzw. des Diebstahls und der Nötigung schuldig.[1150] Wendet der Täter Gewalt zur Sicherung der Beute eines (qualifizierten) Raubs an, so tritt der räuberische Diebstahl hinter dem Raub zurück. Richtet sich diese Gewalt allerdings nicht gegen das ursprüngliche Tatopfer, sondern gegen einen Dritten, kann eine Verurteilung auch nach § 240 in Betracht kommen.[1151] (Vollendeter) Betrug und Nötigung, ggf. in Tateinheit mit § 315b Abs. 1 Nr. 3, Abs. 3 liegt dann vor, wenn der zahlungsunwillige Kraftfahrer nach dem Tanken an einer Tankstelle auf den Tankwart losfährt um ihn zur Freigabe des Wegs zu zwingen.[1152] Versuchter Betrug in Tateinheit mit räuberischer Erpressung ist hingegen gegeben, wenn die Täuschung im unmittelbaren Zusammenhang mit dem Leistungsaustausch bemerkt wird und der Betrug noch nicht vollendet ist, weil mangels Sicherung des Vermögensvorteils auf Seiten des Täters noch kein endgültiger Schaden eingetreten ist.[1153] Die Abnötigung einer verbotenen Leistung ist – weil diese Leistung keinen Marktwert besitzt – Nötigung, nicht (räuberische) Erpressung.[1154] Entsprechendes soll für die Abnötigung der Dienstleistung einer Prostituierten gelten: Auch nach Inkrafttreten des ProstG[1155] ist die Tat (nur) als sexuelle Nötigung/Vergewaltigung nicht (auch) als räuberische Erpressung strafbar.[1156] Die Anwendung eines **einheitlichen Nötigungsmittels**, das zur Verwirklichung verschiedener Delikte eingesetzt wird, verbindet diese Straftaten zur Tateinheit.[1157]

165 Wird der Genötigte zu einer strafbaren Handlung oder zu einer Ordnungswidrigkeit bestimmt, so bleibt er in der Regel nur in den Fällen der §§ 34, 35 StGB oder des § 16 OWiG frei von straf/bußgeldrechtlicher Verantwortung.[1158] Unabhängig davon ist der Nötiger insoweit als **Anstifter**, gegebenenfalls auch als mittelbarer Täter[1159] strafbar; zwischen der Nötigung, die wegen des Unwerts des erstrebten Ziels stets verwerflich ist,[1160] und der Teilnahme an der abgenötigten Straftat oder Ordnungswidrigkeit besteht Tateinheit.[1161]

[1150] BGH NJW **1984** 501, NStZ **2008** 627, **2012** 95 kritisch Grabow NStZ **2014** 121; zur sog. Sicherungserpressung vgl. *Schröder* JZ **1950** 94 ff.

[1151] BGH NStZ **2002** 542, 544 m.w.N.

[1152] Vgl. BGH NJW **1984** 501. Zu Straftaten im Zusammenhang mit dem Tanken an SB-Tankstellen vgl. *Ruß* LK[11] § 242 Rdn. 36a; *Fischer* § 263 Rdn. 33 jeweils m.w.N.

[1153] BGHSt **25** 224, BGH NStZ-RR **1997** 297.

[1154] Fischer § 253 Rdn. 13 m.N.

[1155] Gesetz zur Regelung der Rechtsverhältnisse der Prostituierten v. 20.12.2001 (BGBl. I 3983).

[1156] BGH NStZ 2011, 278, die Erpressung einer Prostituierten durch Abnötigung des Verzichts auf das Entgelt kommt nur in Betracht, wenn Entgelt und sexuelle Handlung vereinbart wurden; kritisch Hecker, FS Kühne (2013) S. 81 ff.

[1157] Vgl. *Rissing-van Saan* LK § 52 Rdn. 20 m.w.N.; BGH NStZ **1999** 83.

[1158] Sofern man eine Drohung mit einem „empfindlichen" Übel nur dann bejahen will, wenn von dem Bedrohten nicht erwartet werden kann, dass er der Bedrohung in „besonnener Selbstbehauptung" standhält (vgl. oben Rdn. 21, 80 f.) wäre in diesen Fällen eine Exkulpation nach Notstandsgrundsätzen allerdings die Regel.

[1159] Zur mittelbaren Täterschaft bei volldeliktisch handelndem Werkzeug vgl. BGH NStZ **1994** 537 ff.

[1160] Vgl. *Roxin* JuS **1964** 371, 376; einschränkend SK-*Horn/Wolters* Rdn. 45, der davon auszugehen scheint, dass mit rechtmäßigem Handeln nicht rechtswidrig gedroht werden könne, und *Arzt* FS Welzel S. 837, der von einem verfehlten Begriff der „Ganovenehre" ausgeht.

[1161] Vgl. BGH Urt. v. 12.5.1953 – 1 StR 190/53 (Nötigung in Tateinheit mit Anstiftung zur Abtreibung); *Olshausen* 16a; *Fischer* Rdn. 63a.

XIII. Recht des Einigungsvertrags

Die ehemalige DDR bedrohte die Nötigung in § 129 StGB – DDR mit Freiheitsstrafe bis zu 2 Jahren, mit Verurteilung auf Bewährung, mit Geldstrafe oder mit öffentlichem Tadel. Der Versuch war strafbar. Als Nötigungsmittel nannte das Gesetz Gewalt oder die Drohung mit einem schweren Nachteil; sie wurden ähnlich ausgelegt, wie die ihnen entsprechenden Merkmale im Recht der alten Bundesländer. Gewalt gegen nahe stehende Personen und gegen Sachen wurde für ausreichend erachtet;[1162] der angedrohte Nachteil konnte auch in einem rechtmäßigen Handeln, so etwa in der Erstattung einer Strafanzeige, oder in einem Unterlassen bestehen.[1163] Eine Verwerflichkeitsklausel i.S.d. Abs. 2 war dem DDR – Recht fremd; diese wurde ersichtlich als Ausdruck und Erbe des „faschistischen Strafrechts“ bewertet[1164] und fand deshalb keinen Eingang in das Strafgesetzbuch. Gleichwohl orientiert sich der BGH bei der Prüfung der Rechtswidrigkeit auch dann an den besonderen Anforderungen des § 240 Abs. 2, wenn er das Recht der ehemaligen DDR anwendet.[1165] Unter systematischen Gesichtspunkten mag die Anwendung dieses Maßstabs angreifbar sein.[1166] Die weite Fassung der Vorschrift legt aber eine solchermaßen einschränkende Auslegung nahe, weil der offene Tatbestand die Rechtswidrigkeit nicht indizieren kann. Der Grundsatz der strikten Alternativität[1167] steht dem nicht entgegen; bereits die Auslegungspraxis der ehem. DDR war zu vergleichbaren Ergebnissen gelangt. 166

§ 241
Bedrohung

(1) Wer einen Menschen mit der Begehung eines gegen ihn oder eine ihm nahe stehende Person gerichteten Verbrechens bedroht, wird mit Freiheitsstrafe bis zu einem Jahr oder mit Geldstrafe bestraft.

(2) Ebenso wird bestraft, wer wider besseres Wissen einem Menschen vortäuscht, dass die Verwirklichung eines gegen ihn oder eine ihm nahe stehende Person gerichteten Verbrechens bevorstehe.

1162 Strafrecht der Deutschen Demokratischen Republik – Kommentar, 5. Aufl. § 129 Anm. 2, 3. Ob die Androhung des „Verbleibenmüssens“ in der DDR als schwerer Nachteil i.S.d. § 129 StGB-DDR bewertet werden kann, wurde in BGHSt **44** 68, 76 bezweifelt, letztlich aber offen gelassen.

1163 Zur Frage der Drohung mit dem Unterlassen einer rechtlich nicht gebotenen Handlung, die augenscheinlich entsprechend dem Recht der Bundesrepublik und der hierzu vorhandenen Rechtsprechung und Literatur beurteilt werden soll, vgl. BGHSt **44** 68, 76 sowie oben Rdn. 85 ff.

1164 Vgl. *Sinn* NStZ 2000 195, 196 unter Hinweis auf den früheren Wortlaut und die Entstehungsgeschichte des Abs. 2.

1165 Vgl. BGHSt **44** 68, 76 m. Anm. *Lagodny/Hesse* JZ **1999** 313 ff; *Sinn* NStZ 2000 195 ff.

1166 Vgl. die Kritik bei *Sinn* aaO, der den Zugriff auf das Korrektiv des § 3 StGB-DDR vorschlägt; die Vorschrift vermag allerdings die Verwerflichkeitsklausel schon deshalb nicht zu ersetzen, weil sie auf wiederholte Straftaten nicht anwendbar ist, vgl. StGB Kommentar § 3 Anm. 3.

1167 Vgl. dazu BGHR StGB § 2 Abs. 3 DDR-StGB 10.

Schrifttum

Jakobs Kriminalisierung im Vorfeld einer Rechtsgutsverletzung, ZStW Bd. 97 (1985) S. 751; *Laufhütte* Das 14. StÄG, MDR **1976** 441; *Schluckebier* Über die Bedrohung, NJW – Sonderheft für Gerhard Schäfer, 2002 61; *F. C. Schroeder* Die Bedrohung mit Verbrechen, Festschrift Lackner (1987) 665; *Spendel* Zum Problem der Bedrohung durch einen Gewalttäter Festschrift R.Schmitt (1992) 205; *Stree* Strafrechtsschutz im Vorfeld von Gewalttaten, NJW **1976** 1177; *Sturm* Zum 14. StÄG, JZ **1976** 347; *Teuber* Die Bedrohung – § 241 I StGB, Diss. Freiburg 2001.

Entstehungsgeschichte

Die Rechtsordnungen sahen schon früh Regelungen für den Fall der Drohung mit der Begehung von Straftaten vor. Dabei standen zum Teil auch sichernde Maßnahmen im Vordergrund (Carolina von 1532, Codex Juris Bavarici Criminalis 1751, Strafgesetzbücher von Württemberg 1839 – Art. 282, Sachsen-Altenburg 1841 – Art. 170, Thüringen 1850 – Art. 160, Sachsen 1855 – Art. 206; vgl. die historische Darstellung bei *F. C. Schroeder* FS Lackner – S. 665–669).[1] Durch das Reichsstrafgesetzbuch von 1871 wurde die Bedrohung in § 241 pönalisiert. 1876 wurde der Tatbestand vom Antragsdelikt zum Offizialdelikt erhoben und 1921 zum Privatklagedelikt umgestaltet.[2] Andere Lösungsmodelle, die etwa die Instrumente einer so genannten Friedensbürgschaft, die Hinterlegung einer Kaution oder polizeiliche Aufsicht vorsehen, wurden in Deutschland für das Strafrecht nicht mehr aufgegriffen (dazu *F. C. Schroeder* FS Lackner S. 665, 669, 670, 674).

Das EGStGB vom 2. März 1974 hat die Höchststrafdrohung mit Freiheitsstrafe von zunächst sechs Monaten auf ein Jahr angehoben.[3] Art. 1 Nr. 8 des 14. StÄ vom 22. April 1976[4] fügte den neuen Absatz 2 (Vortäuschungstatbestand) an und in dem nunmehrigen Absatz 1 die „nahe stehende Person" als Bedrohungsopfer ausdrücklich in den Tatbestand ein. Durch das 6. StrRG vom 26. Januar 1998[5] ist lediglich eine redaktionelle Anpassung erfolgt: Der Begriff des „Anderen" als Tatobjekt ist seither durch das Wort „Mensch" ersetzt.

Reformbestrebungen haben sich nicht durchgesetzt: § 169 StGB E 1962[6] schlug eine grundlegende Umgestaltung des § 241 vor, die den Tatbestand teils einschränken, teils erweitern sollte. Die objektive Eignung der Drohung, den Bedrohten in Angst und Schrecken zu versetzen, sollte als Tatbestandsmerkmal aufgenommen, gleichzeitig aber der Tatbestand ausgedehnt werden auf die Bedrohung mit einem Vergehen, das mit einer Gewalttätigkeit oder mit Gefahr für Leib oder Leben oder für Sachen von bedeutendem Wert verbunden ist. Ferner sollte die Bedrohung wieder Antragsdelikt werden. Wegen der Einzelheiten vgl. die Begründung zum Entwurf 1962 S. 308. § 118 des Alternativent-

---

1 Siehe weiter *Maurach/Schroeder/Maiwald* Strafrecht BT[9] Tb 1 § 16 Rdn. 1; *Teuber* aaO S. 7 ff; *Toepel* NK[3] Rdn. 2.

2 Dazu *Möhrenschlager* Sonderausschuss Prot. 7/2298.

3 BGBl. I 469, 489; Regierungsentwurf BTDrucks. 7/550 S. 246 (wegen besonders beunruhigender Drohungen extremistischer Gruppen).

4 BGBl. I 1056, 1057; Regierungsentwurf BTDrucks. 7/3030 S. 4, 9; vgl. Bundesratsentwurf BTDrucks. 7/2854 S. 5, 10. Sonderausschuss-Bericht BTDrucks. 7/4549 S. 13; Beratungen des Sonderausschusses Prot. 7/2237 ff, 2298, 2381.

5 BGBl. I 164, 177; Regierungsentwurf BTDrucks. 13/8587 S. 9.

6 Regierungsentwurf eines StGB BTDrucks. IV/650.

wurfes[7] übernahm – mit gewissen Abweichungen – die Grundgedanken des § 169 StGB E 1962. Auch danach war die Bedrohung als Antragsdelikt konzipiert, dies jedoch mit der Einschränkung, dass Offizialverfolgung nur dann eintreten sollte, wenn der Schutz des Opfers oder der Allgemeinheit eine Strafverfolgung von Amts wegen erfordert; gedacht war dabei insbesondere an den Fall, dass der Bedrohte aus Angst vor der Bedrohung keinen Strafantrag zu stellen wagt. Diese Vorschläge sind nicht verwirklicht worden.

Übersicht

I. Allgemeines; geschütztes Rechtsgut

1 Der Tatbestand dient dem **Schutz des individuellen Rechtsfriedens**, des Gefühls der Sicherheit des Einzelnen und seines Vertrauens auf seinen persönlichen Frieden. Letztlich soll so auch die allgemeine Handlungsfreiheit (Art. 2 Abs. 1 GG) unbeeinträchtigt von der Bedrohung mit Verbrechen gewährleistet werden. Die Schutzrichtung lässt sich auch dahin kennzeichnen, dass es die „Freiheit des Einzelnen von Furcht" zu gewährleisten gilt (*F. C. Schroeder* FS Lackner 665, 671). Wer sich aufgrund der Bedrohung mit einem Verbrechen in hohem Maße beunruhigt fühlt, der wird sich oft in der Freiheit seiner Entschließungen und Handlungen behindert sehen; er wird sich naheliegenderweise nicht mehr unbeschwert bewegen, etwa bestimmte Orte meiden und Schutzvorkehrungen treffen (so *Spendel* FS R. Schmitt 205, 207).[8] Hierin liegt eine Störung des persönlichen Friedens; die Vorschrift ist mithin Ausdruck des „Anspruchs des Bürgers auf Sicherheit" (in diesem Sinne schon RGRspr 8 362).

2 § 241 ist ein **abstraktes Gefährdungsdelikt** (Freiheitsgefährdung). Der Tatbestand erfordert nicht, dass der Bedrohte sich tatsächlich gefährdet sieht (BVerfG-Kammer NJW **1995** 2776, 2777; siehe auch RGRspr 8 362, 363; RGSt **20** 180; **32** 102; Sonderausschuss Prot. 7/2298).[9]

3 Die Strafvorschrift ergänzt den Tatbestand des § 126 (Störung des öffentlichen Friedens durch Androhung von Straftaten), der den Schutz des *öffentlichen* Rechtsfriedens bezweckt

[7] Alternativentwurf eines StGB, Besonderer Teil – Straftaten gegen die Person, 1. Halbband 1970.

[8] Vgl. auch *Möhrenschlager* Sonderausschuss Prot. 7/2298. Zu abweichenden Versuchen, die Berechtigung des Tatbestandes zu begründen *Jakobs* ZStW Bd. 97 (1985) S. 751, 774, 775 ff: „flankierende Norm".

[9] Siehe weiter: *Fischer*[61] Rdn. 2; *Sch/Schröder/Eser/Eisele* Rdn. 2; *Horn/Wolters* SK Rdn. 2; *Gropp/Sinn* MK Rdn. 5; *Laufhütte* MDR **1976** 441, 443; *Stree* NJW **1976** 1177, 1182; *Sturm* JZ **1976** 347, 351.

und gewährleisten soll, dass die Allgemeinheit in Ruhe und Frieden leben kann. Jener Tatbestand ist vergleichbar strukturiert. Allerdings sind in § 126 bestimmte Delikte aufgeführt, mit deren Begehung gedroht werden muss; für die individuelle Bedrohung (§ 241) genügt ganz allgemein die Androhung eines Verbrechens. In § 126 wird die Eignung der Drohung zur Friedensgefährdung *ausdrücklich* gefordert; in § 241 ist das zwar nicht ausdrücklich in den Tatbestand aufgenommen worden; gleichwohl ist es für die Auslegung der Strafvorschrift bedeutsam (vgl. RGSt. **32** 102; BGH bei Dallinger MDR **1975** 22).[10]

4 In **kriminalpolitischer Hinsicht** ist die Präventionswirkung des Tatbestandes bezweifelt und der nur unzureichende Schutz von Bedrohungsopfern beanstandet worden (vgl. die mit eindrucksvollen Fallbeispielen versehenen Aufsätze von *F.C. Schroeder* FS Lackner 665, 669 ff und *Spendel* FS R. Schmitt S. 205, 209). Die richterliche Erfahrung deutet darauf hin, dass ein beachtlicher Anteil der Tötungsdelikte aus Beziehungskonflikten und Streitigkeiten einander bekannter Personen resultiert; in vielen dieser Fälle gehen der Tat ernst genommene Drohungen voraus.[11] Da allein die Erfüllung des Tatbestandes der Bedrohung – nicht zuletzt im Blick auf die eher niedrige Höchststrafdrohung – kaum je zur Anordnung von Untersuchungshaft führen wird, kommen einer Strafanzeige des Opfers wegen Bedrohung, der Einleitung eines Ermittlungsverfahrens und einer etwaigen Beschuldigtenvernehmung zunächst lediglich den Täter mahnende und warnende Wirkung zu. Das (präventive) Polizeirecht wird nur in schwerwiegenden Fällen vorübergehend verlässlich schützende Wirkung zeitigen können, sei es durch Ingewahrsamnahme des Drohenden, sei es durch polizeiliche Schutzmaßnahmen für den Bedrohten. Diese Defizite sind in der Vergangenheit besonders bei den Fallgestaltungen der beharrlichen Nachstellung („Stalking"), zumeist aus einseitig beendeten Partnerbeziehungen heraus, zu Tage getreten (vgl. nur Valerius JuS **2007** 319). Der Gesetzgeber hat deshalb den Tatbestand der Nachstellung (§ 238) geschaffen, der dem Opfer im Alltag einen deutlich breiteren Schutz sichern soll, zumal auch die Möglichkeit der Anordnung von Sicherungshaft vorgesehen ist (§ 112a Abs. 1 Nr. 1 StPO).

5 Die **Verjährungsfrist** für die Bedrohung beträgt lediglich drei Jahre (§ 78 Abs. 2 Nr. 5).

II. Bedrohungstatbestand

6 Der Tatbestand setzt die Bedrohung eines Menschen mit der Begehung eines gegen ihn oder eine ihm nahe stehende Person gerichteten Verbrechens voraus.

7 **1. Drohungsadressat** kann jeder Mensch sein. Er muss grundsätzlich im Stande sein, die Bedrohung dem Sinne nach zu erfassen und als solche zu verstehen. Daher können auch kleinere Kinder und psychisch Schwerkranke betroffen sein. Im Einzelfall kann die Abgrenzung schwierig sein und ausdrücklicher tatrichterlicher Würdigung bedürfen. Dabei kommt es darauf an festzustellen, ob der Adressat aufgrund seines Wahrnehmungs- und Erkenntnisvermögens in der Lage ist, sich durch den angekündigten Sachverhalt bedroht zu fühlen.

---

10 Vgl. auch Regierungsentwurf BTDrucks. 7/3030 S. 9; Sonderausschuss Prot. 7/2298 f. Siehe weiter *Fischer*[61] Rdn. 1, 5; *Lackner/Kühl*[28] Rdn. 2; *Sch/Schröder/Eser/Eisele*[29] Rdn. 2; *Küper* JuS **1996** 783; *Laufhütte* MDR **1976** 441.

11 Vgl. *F. C. Schroeder* FS Lackner 665 mit Hinweis auf die Erfahrungen des vormaligen Schwurgerichtsvorsitzenden und späteren Bundesrichters Hans Joachim Brüning.

Die Bedrohung kann sich an *eine*, aber auch zugleich an *mehrere* Personen richten. Der Adressat muss jedoch stets konkret bestimmbar sein. Im Blick auf die personenbezogene Fassung („Mensch") erscheinen Fallgestaltungen möglich, in denen der Tatbestand die Androhung bestimmter Verbrechen nicht erfasst. Wird etwa mit dem Niederbrennen eines Waldbestandes gedroht (§ 306 Nr. 5), so wird als Bedrohter wohl derjenige benannt oder gemeint sein, der durch die Tat Verletzter im Rechtssinne wäre. Ist der Eigentümer eine juristische Person, soll der Tatbestand nicht greifen (so *Wallau* JR 2000 313, 315 f). Es erscheint in der Tat fraglich, ob die Strafvorschrift so ausgelegt werden kann, dass in solchen Fällen auch der oder die hinter der juristischen Person stehenden Gesellschafter als Bedrohte gelten.[12] Dies dürfte zu verneinen sein. Allerdings wird im konkreten Fall zu prüfen sein, ob die für die operativen Entscheidungen Verantwortlichen (z.B. die zuständigen Vorstandsmitglieder) in Betracht zu ziehen sind. Meist wird der Sachverhalt näheren Aufschluss geben, welches Ziel der Täter mit seiner Drohung verfolgt und welche Personen durch sie unter Druck gesetzt werden sollen[12a]. Gleiches wird bei der Androhung eines Sprengstoffanschlages in einem öffentlichen Gebäude gelten[13]. Eine Strafbarkeitslücke wird in solchen Fällen schon deshalb nicht entstehen, weil zumeist auch eine Störung des öffentlichen Friedens (§ 126 Abs. 1 Nr. 6) vorliegen wird; zwischen den beiden Tatbeständen kann Tateinheit bestehen (siehe Rdn. 27). **8**

2. Potenzielles Verbrechensopfer kann der Bedrohte selbst, aber auch eine ihm nahe stehende Person sein. Zum Begriff der nahe stehenden Person wird auf die Erläuterung zu § 35 verwiesen (vgl. dort *Zieschang* Rdn. 33 bis 35). Dazu zählen Personen, die dem Drohungsadressaten in solcher Weise verbunden sind, dass dieser die Drohung gegen jene für sich selbst als Drucksituation, als psychische Zwangslage empfinden kann. Neben einem generellen Sichnahestehen[14] wird regelmäßig eine auf längere Dauer angelegte, auf Gegenseitigkeit beruhende persönliche Beziehung erforderlich sein, die im Zeitpunkt der Tat noch besteht und ihrer Intensität nach einem Angehörigenverhältnis (vgl. § 11 Abs. 1 Nr. 1) vergleichbar ist (siehe *Zieschang* LK § 35 Rdn. 33 m.w.N.). Ohne Bedeutung ist, ob das Verhältnis in irgendeiner Form rechtlich anerkannt ist. Die Fassung des Tatbestandes trägt gerade dem Umstand Rechnung, dass der schutzwürdige individuelle Rechtsfriede davon nicht abhängig sein kann; für ihn kommt es allein darauf an, welche Qualität die in Rede stehende zwischenmenschliche Beziehung hat. Daraus ergibt sich, dass stets auch Angehörige und Eheleute unter das Merkmal der nahe stehenden Personen fallen. Bei Arbeitsverhältnissen, Beaufsichtigungs- und Betreuungsverhältnissen und anderen Beziehungen kommt es auf die jeweiligen Umstände an. In jedem Falle sind persönliche Bindungen vonnöten, soll das Tatbestandsmerkmal erfüllt sein (vgl. Zieschang LK § 35 Rdn. 33 m.w.N.).[15] Wird mit der Begehung eines Verbrechens gegen eine *vermeintlich* nahe stehende Person gedroht, die in Wirklichkeit nicht existiert (Drohung gegenüber der kinderlosen Frau, ihr Kind umzubringen), so ist der Tatbestand nicht erfüllt. Der Begriff der „nahe stehenden Person" setzt einen tatsächlich existierenden **9**

---

[12] Vgl. auch *Fischer*[61] Rdn. 3; in anderen Fällen wird mitunter auch eine Störung des öffentlichen Friedens im Sinne des § 126 vorliegen; vgl. zu dem von *Wallau* JR 2000 313, 315 f gebildeten Beispiel § 126 Abs. 1 Nr. 6.

[12a] Vgl. BGH Beschluss vom 12. Juni 2001 – 4 StR 80/01.

[13] Vgl. den Fall BGHR StPO § 22 Nr. 1 Verletzter 1.

[14] Vgl. *Horstkotte* Sonderausschuss Prot. V 1844.

[15] Bei Gerichtsbediensteten im Verhältnis zum Gerichtspräsidenten kann das zweifelhaft sein; vgl. BGH, Beschluss vom 3.4.2001 – 1 StR 90/01.

Menschen voraus. Gibt es diesen nicht, kann auch eine Beziehung persönlichen Charakters nicht bestehen (so BVerfG-Kammer NJW **1995** 2776, 2777 m.w.N.; dazu *Küper* JuS **1996** 783 ff).

10 3. Eine **Bedrohung**[16] erfordert die Inaussichtstellung eines Verbrechens, durch die beim Bedrohten der Eindruck der Ernstlichkeit der Ankündigung erweckt werden soll und die dazu objektiv grundsätzlich auch geeignet ist. Unerheblich ist, ob der Täter tatsächlich willens ist, die Tat auszuführen oder ob er dazu überhaupt in der Lage ist. Auch kommt es nicht darauf an, ob der Drohungsadressat die Drohung wirklich für ernst nimmt, sein Rechtsfrieden also tatsächlich beeinträchtigt wird (BVerfG-Kammer NJW **1995** 2776, 2777 m.w.N.; BGH bei Dallinger MDR **1975** 22).[17] Deshalb erfüllt auch die Drohung mit einer *Scheinwaffe* den Tatbestand, wenn der Täter den Eindruck der Ernsthaftigkeit erwecken will, der Bedrohte aber sich nicht täuschen lässt und die Scheinwaffe als solche erkennt.[18] Zur Ankündigung einer „Schießerei" im Sozialamt gegenüber dessen Mitarbeitern: BGH NStZ-RR **2011** 109.

11 Die Drohung ist **in jeder Form möglich**, also in jeder Weise übermittel- und darstellbar. Sie kann mündlich, schriftlich, aber auch durch schlüssiges Verhalten Ausdruck finden (vgl. RGRspr **1** 73; **8** 362); so kann beispielsweise schon allein die Abgabe von Schreck- und Warnschüssen als konkludente Ankündigung eines gezielten Schusses zu verstehen und zu werten sein (vgl. RGSt **12** 194, 198; *Sch/Schröder/Eser/Eisele*[29] Rdn. 4).

12 Eine Konkretisierung in **zeitlicher Hinsicht** muss die Drohung nicht enthalten. Anders als bei Absatz 2 muss die Tatbegehung nicht als nahe bevorstehend dargestellt werden. Eine in die fernere Zukunft gerichtete Drohung kann jedoch möglicherweise nicht mehr den Eindruck der Ernstlichkeit vermitteln (vgl. BGHSt **16** 386, 387 f; *Sch/Schröder/Eser/Eisele*[29] Rdn. 5; *Stree* NJW **1976** 1177, 1180, 1182; *Toepel* NK Rdn. 12). Hat die Tatausführung bereits begonnen, verdrängt der Verbrechensversuch die Bedrohung (BGH NStZ **1984** 454).

13 Grundsätzlich kann die Drohung auch *bedingt* ausgesprochen sein (BGHSt **16** 386, 387; OLG Köln NJW **2007** 1150, 1151; vgl. auch RGRspr **8** 362, 363; RGSt **20** 180). Hier wird oft aber der – vorgehende – Tatbestand der Nötigung (§ 240) greifen. Wird für den Fall eines etwaigen rechtswidrigen Verhaltens des Adressaten gedroht, so wird zu prüfen sein, ob die angedrohte Tat möglicherweise gerechtfertigt ist und somit das Tatbestandsmerkmal der „Drohung mit einem Verbrechen" nicht erfüllt (siehe unten Rdn. 16).

14 Unter bestimmten **Begleitumständen** kann der **Drohcharakter fehlen**, weil der sich Äußernde nicht den Eindruck der Ernstlichkeit erwecken will (siehe näher zur subjektiven Tatseite Rdn. 17) oder aber die Äußerung ohnehin objektiv ungeeignet ist, Drohwirkung zu zeitigen. Dem Tatbestand unterfallen nicht Handlungen und Äußerungen, die zwar nach außen hin eine „Verbrechensdrohung" zu enthalten scheinen, die aber nach ihrer konkreten Erscheinungsform und den individuellen Gegebenheiten nicht die Besorgnis zu rechtfertigen vermögen, dass ein „normal empfindender Mensch" durch sie ernstlich beunruhigt werden könnte („kein Schutz Überempfindlicher", *Küper* JuS **1996** 783, 789). So sind *bloße Verwünschungen*, derbe Flüche und Beschimpfungen (RGSt **32** 102: „Verrecken sollst du") keine Drohung (ebenso nicht die Verwünschung unter Vor-

---

[16] Vgl. dazu auch *Altvater* LK § 240 Rdn. 77–79.

[17] So auch BGH Beschluss vom 25.8.1992 – 1 StR 355/92; BayObLG JR 2003 477, 478; OLG Köln NStE Nr. 1 zu § 241; früher bereits RGRspr. **1** 73, 74; **4** 705; vgl. *Fischer*[61] Rdn. 3.

[18] Vgl. *Sch/Schröder/Eser/Eisele*[29] Rdn. 5.

halt der Faust: „Was willst Du überhaupt, Du kleiner Wichser?", OLG Bremen NJW-RR **2010** 1591). Auch eine in höchster Erregung ausgesprochene Drohung mit Totschlagen soll je nach den Umständen nur eine bloße Verwünschung und augenblicklicher Ausdruck des Zorns sein können (BGH NJW **1953** 1440, 1441). Auszugrenzen sind auch *prahlerische Redensarten*, grotesk übertriebene, nicht ernst gemeinte „Sprüche" oder maßlose Unmutsäußerungen (z.B. am Biertisch: „Ich mache dich kalt!", „Ich schlage dich an die Wand, dass du auf der anderen Seite als Relief erscheinst!", „Ich schlage dich ungespitzt in den Boden!", „Du wirst noch etwas erleben und keine ruhige Minute haben!"). Im Einzelfall bedarf es der Würdigung unter Berücksichtigung des Gesamtgeschehens und des Umfeldes, wobei es insbesondere auf die Eigenart der beteiligten Personen, die zwischen ihnen bestehende Beziehung, den gebräuchlichen „Umgangston" und den Anlass der „wortstarken Auseinandersetzung" ankommen wird. Es gilt, bloß unflätiges, großmäuliges oder wichtigtuerisches Daherreden – etwa in einem gruppen- oder situationsüblichen Jargon – abzugrenzen von ernst gemeinten und so auch verstehbaren Bedrohungen, die in den entsprechenden Begrifflichkeiten zum Ausdruck gebracht werden. Lässt eine Äußerung verschiedene Deutungen zu, sind diese zu erörtern; es ist in den Urteilsgründen darzulegen, weshalb der einen oder anderen der Vorzug gebührt (OLG Köln NJW **2007** 1150, 1151). An der Ernstlichkeit der Drohung kann es aufgrund der Begleitumstände etwa fehlen, wenn unter Jugendlichen in momentaner Erregung angekündigt wird, man werde mit „Kumpels vorbeikommen und ihn (den Bedrohten) totschlagen" (AG Saalfeld NStZ-RR **2004** 264). Auch die Frage: „Soll ich euch beide umbringen?", während der der Fragende vor eine Schublade mit großen Messern steht, genügt für sich gesehen nicht. Es bedarf der *Bewertung des Gesamtverhaltens* des Fragenden und der sonstigen Rahmenumstände, namentlich der Entstehung und Entwicklung der Situation (OLG Koblenz NJW **2006** 3015 f). Zur „Bedrohung" mit „Totbeten", „Verhexen" o.Ä. vgl. KG JW **1930** 3433.

4. Mittel der Drohung muss die Ankündigung der **Begehung eines Verbrechens** sein. **15**
Verbrechen sind nach der Legaldefinition des § 12 Abs. 1 rechtswidrige Taten, die im Mindestmaß mit Freiheitsstrafe von einem Jahr bedroht sind. Der Inhalt der Drohung muss deshalb eine Handlung erkennen lassen, die – gegebenenfalls unter Berücksichtigung der Begleitumstände – die wesentlichen Merkmale eines bestimmten Verbrechenstatbestandes beinhaltet.[19] Es genügt, dass ein bestimmtes tatsächliches Verhalten angedroht ist, das als Verbrechen zu beurteilen wäre (BGHSt **17** 307, 308; BGH NStZ **1984** 454; BGH bei Holtz MDR **1986** 795; BGH NStZ-RR **2003** 45; OLG Düsseldorf JMBl. NW **1990** 43, 44; OLG Köln StV **1994** 244, 246). Eine Drohung mit Worten, die für sich allein genommen noch nicht die tatsächlichen Merkmale eines Verbrechens umschreibt, kann den Tatbestand nur dann erfüllen, wenn sie im Zusammenhang mit anderen Umständen, etwa einer die Äußerung begleitenden Geste oder der Anspielung auf Vorgänge, die den Beteiligten geläufig sind, den Schluss auf die Ankündigung eines hinreichend bestimmten tatsächlichen Verhaltens ermöglicht, das als Verbrechen zu beurteilen wäre (BGH NStZ-RR **2003** 45). Ruft beispielsweise der Täter einem Reiter zu: „Wenn Sie nur noch ein Wort sagen, so fliegen Sie vom Pferd herunter!" und macht er dabei mit einem Gewehr eine Bewegung, als mache er es schussfertig, so kann darin die Androhung des Herunterschießens vom Pferd und damit der Begehung eines Verbrechens (der Tötung oder eines Tötungsversuchs) gesehen werden (vgl. RGSt **4** 326, 328). Genügen kann

---

[19] Vgl. auch *Fischer*[61] Rdn. 4; *Gropp/Sinn* MK Rdn. 6 ff; *Sch/Schröder/Eser/Eisele*[29] Rdn. 5.

ebenso die Androhung, es werde dem Bedrohten A „wie dem X ergehen", wenn dem A das Schicksal des X bekannt ist und gegen diesen ein Verbrechen verübt worden ist. Nicht ausreichend sind dagegen ganz allgemeine Wendungen wie die, es werde dem Bedrohten schlimm ergehen oder er werde keine ruhige Minute mehr haben (vgl. BGHSt **17** 307, 308), mag sich auch der Bedrohte darunter die Bedrohung mit irgendeinem Verbrechen vorstellen.

16 Stellt der Tatrichter fest, dass in der Drohung des Täters die Ankündigung eines hinreichend bestimmten tatsächlichen Verhaltens liegt, das bei androhungsgemäßer Verwirklichung als Verbrechen zu beurteilen wäre, so ist er nicht in jedem Falle gehalten, die *Art* des angedrohten Verbrechens – z.B. Mord oder Totschlag, oder gar die Abgrenzung zum minder schweren Fall des Totschlags – im Urteil darzulegen; es genügt, dass die Tatsachen angegeben sind, in denen die Merkmale eines Verbrechens zu sehen sind (RGSt **4** 326, 328). In der Praxis wird sich allerdings eine rechtliche Einordnung und deren Mitteilung in den Urteilsgründen empfehlen.

17 Der Inhalt der Drohung muss den **objektiven Tatbestand** eines **rechtswidrigen Verbrechens** erfüllen. Dabei ist § 12 Abs. 3 zu beachten, wonach Schärfungen oder Milderungen für besonders schwere oder minder schwere Fälle für die Kategorisierung als Verbrechen außer Betracht bleiben. Ausreichend ist auch die Bedrohung mit einer im Zustand der Schuldunfähigkeit zu begehenden Tat. Es genügt ein der Drohung immanenter natürlicher Vorsatz im Blick auf das angedrohte Verbrechen, wenn der Äußerung nur dessen objektive Merkmale und die Rechtswidrigkeit inne wohnen.[20] Droht der Täter, er werde den anderen totschlagen, sobald er sich betrunken habe, kommt es nicht darauf an, ob es sich als actio libera in causa um ein vorsätzliches Verbrechen handelt; eine solche Drohung hat nicht nur die Begehung eines Vergehens des Vollrausches nach § 323a, sondern die Begehung eines Verbrechens zum Gegenstand. Strafbar ist dies aber nur dann, wenn jedenfalls die Bedrohung im schuldfähigen Zustand ausgesprochen wird.

18 Bei der Androhung einer Körperverletzung etwa mittels eines Messers ist zu beachten, dass die gefährliche Körperverletzung (§ 224) *kein* Verbrechen ist. Es kommt deshalb darauf an, ob die Drohung sich auf eine der schweren Folgen des Verbrechenstatbestandes der schweren Körperverletzung erstreckt (§ 226 Abs. 1). In diesen Fällen bedarf es der Feststellung, ob der Täter dem Opfer entsprechend tiefgreifende Verletzungen in Aussicht stellen wollte (BGH bei Holtz MDR **1986** 795; OLG Köln StV **1994** 244, 246). Nicht jede Stich- oder Schnittverletzung führt zu einer schweren Folge i.S.d. § 226 Abs. 1.

19 5. Die Bedrohung muss nach dem Willen des Täters **zur Kenntnis des Bedrohten bestimmt sein.** Dabei genügt auch die Übermittlung durch einen beauftragten oder – erwartungsgemäß – zutragenden Mittelsmann.

20 6. Für die Frage der **Rechtfertigung** gelten die allgemeinen Regeln. Zu beachten ist hier allerdings, dass der Tatbestand, ähnlich wie in § 126, die Androhung eines Verbrechens als rechtswidrige Tat voraussetzt (§ 12 Abs. 1; siehe dazu Rdn. 13). Nicht genügend ist mithin die Androhung einer Tat, die gerechtfertigt und deshalb nicht rechtswidrig wäre. Daher ist der Tatbestand nicht erfüllt, wenn etwa mit „rücksichtsloser Ausübung des Notwehrrechts" gedroht wird (RG GA Bd. **49** 265[21]). Soll eine Drohung der Verteidi-

---

20 *Fischer*[61] Rdn. 4; *Gropp/Sinn* MK Rdn. 6; *Hilgendorf* LK § 12 Rdn. 2; *Lackner/Kühl*[27] Rdn. 2; *Sch/Schröder/Eser/Eisele*[29] Rdn. 5; vgl. auch Krauß LK § 126 Rdn. 25.

21 Damals noch „Archiv für Strafrecht": Vorläufer von Goltdammers Archiv (GA).

gung und Abwehr eines Angriffs dienen, kann sie auch dann gerechtfertigt sein, wenn ihre Umsetzung in die Tat an sich rechtswidrig wäre (*Sch/Schröder/Eser/Eisele*[29] Rdn. 5) So soll etwa die Ankündigung, sich gegenüber dem für rechtswidrig erachteten Eindringen auf das Grundstück eines Schutzhundes zu bedienen, als Ausübung der Besitzwehr (§ 859 Abs. 1 BGB) gelten können, selbst wenn sie in drastische Formulierungen gekleidet ist (OLG Köln NJW **2007** 1150, 1151 f: „... wird das Tier Sie stellen. Ob der Abtransport dann noch im Krankenwagen oder in einer schwarzen ‚Limousine' erfolgt, bleibt abzuwarten."). In solchen Fällen bedarf die in Rede stehende Äußerung sorgfältiger Würdigung, ob der Erklärende sich noch im Rahmen des rechtlich Zulässigen bewegt hat (OLG Köln aaO.).

7. Auf der **subjektiven Tatseite** genügt bedingter Vorsatz. Der Täter muss um den Drohcharakter seiner Äußerung oder seines Verhaltens wissen und wenigstens billigend damit rechnen, dass der Adressat die Drohung für ernst halten könnte und dass sie dazu objektiv und grundsätzlich auch geeignet ist. Bedingter Vorsatz ist daher möglich, wenn der Täter weiß, dass die nicht ernstlich gemeinte Drohung nach ihrer Beschaffenheit vom Adressaten als ernst aufgefasst werden kann, und er diesen möglichen Erfolg für den Fall seines Eintritts billigt. Der Drohende muss das Bewusstsein haben, durch die Drohung könne bei dem Bedrohten die Befürchtung erregt werden, dass ein Verbrechen gegen ihn geplant ist (OLG Schleswig bei *Lorenzen* SchlHA **1987** 105, 106; enger OLG Köln NStE Nr. 1 zu § 241: Der *Wille* des Täters muss darauf gerichtet sein, dass der Bedrohte die Bedrohung ernst nimmt[22]). Eine prahlerische Redensart, die der Angesprochene (z.B. ein mit den Besonderheiten des lokalen Idioms nicht vertrauter Ausländer) zwar ihrem Wortsinn nach verstehen kann, in ihrer wirklichen Bedeutung indessen nicht zu erfassen vermag, kann zwar Drohwirkung zeitigen; allerdings wird sich in solchen Fällen der sich Äußernde des Drohcharakters nicht bewusst sein und in der Regel ohne Vorsatz handeln (RGSt 32 102). **21**

Das Bewusstsein, dass das angedrohte Verhalten *rechtlich* die Erfüllung des Tatbestandes eines Verbrechens bedeutet, muss der Täter nicht haben (BGHSt **17** 307, 308 f); erforderlich ist aber die Vorstellung und die Kenntnis der Tatsachen, die das angedrohte Verhalten rechtlich als Verbrechen charakterisieren (BGH aaO). Dabei wird das – einer Wertung in der Laiensphäre entsprechende – Bewusstsein genügen, mit einer schweren Straftat zu drohen (so auch *Sch/Schröder/Eser/Eisele*[29] Rdn. 7). Für die Bedrohung mit einer schweren Körperverletzung ist erforderlich, dass der Täter für möglich hält und billigend in Kauf nimmt, seine Drohung erstrecke sich auf eine der schweren Folgen im Sinne des § 226 Abs. 1 und werde vom Bedrohten auch so aufgefasst und dahin ernst genommen (OLG Köln StV **1994** 244, 246 f; vgl. Rdn. 18). **22**

Der Wille, den Adressaten einzuschüchtern, also in Furcht und Schrecken zu versetzen, ist nicht erforderlich. Kennt z.B. der Täter den Bedrohten als Furchtlosen, ihm an Kräften weit Überlegenen, so dass eine konkrete Gefährdung seines Rechtsfriedens ausgeschlossen erscheint, so ist dadurch nicht zugleich auch der Vorsatz ausgeschlossen. Auch dem Furchtlosen kann ernsthaft gedroht werden.[23] Nimmt der Täter an, der Bedrohte werde den Drohcharakter der Äußerung gar nicht verstehen, so fehlt indessen der Vorsatz. Will der Täter den Angesprochenen rechtswidrig zu einem bestimmten Verhalten zwingen, kommt § 240 in Frage (siehe Rdn. 9, 27). Will er den öffentlichen Rechtsfrieden stören, ist § 126 anwendbar. **23**

---

22 So beiläufig wohl auch BVerfG-Kammer NJW **1995** 2776, 2777.

23 Siehe auch *Stree* NJW **1976** 1177, 1182.

24 8. Die **Vollendung** der Tat tritt ein, sobald die Bedrohung mit dem Willen des Täters dem Adressaten zur Kenntnis gelangt. Dieser muss fähig sein, die Drohung als solche zu empfinden. Auch beim Drohungsadressaten bedarf es nicht der Erkenntnis, dass die Verwirklichung der Drohung ein Verbrechen im Rechtssinne ist (§ 12 Abs. 1; siehe Rdn. 18). Zur Vollendung gehört schließlich nicht, dass im Bedrohten tatsächlich die Furcht vor der Verbrechensverübung erregt oder dass er in seinem subjektiven Rechtsfrieden wirklich gestört wird (siehe Rdn. 6). Solche Umstände haben lediglich Bedeutung im Rahmen der Strafzumessung. Der **Versuch** der Tat ist nicht strafbar (vgl. § 23 Abs. 1).

25 9. **Täter** kann derjenige sein, der die Drohung gegenüber dem Adressaten selbst unmittelbar ausspricht, aber auch derjenige, der sich eines Übermittlers oder einer Übermittlungstechnik bedient. Er muss die Tat als eigene wollen. Nicht erforderlich ist, dass der Täter mit der *eigenhändigen* Verbrechensbegehung droht. Es genügt, dass er zu erkennen gibt, er sei in der Lage, den Willen eines Dritten entsprechend zu beeinflussen, dass jener das Verbrechen begehen werde (RGSt **5** 214 f; **24** 151, 152 zu § 240; *Sch/Schröder/Eser/Eisele* Rdn. 8). Der die Drohung Übermittelnde kann **Gehilfe** sein. Will er das Opfer allerdings lediglich warnen, fehlt es am Gehilfenvorsatz hinsichtlich der Bedrohung.

III. Vortäuschungstatbestand (Absatz 2)

26 Der Tatbestand ergänzt zum Schutze des individuellen Rechtsfriedens den Bedrohungstatbestand des Absatz 1. Das Schutzgut ist nicht nur dann betroffen, wenn jemand mit der Begehung eines Verbrechens direkt bedroht wird, sondern auch, wenn wider besseres Wissen die Verwirklichung eines Verbrechens gegen ihn oder eine ihm nahe stehende Person als bevorstehend vorgetäuscht wird. Der Tatbestand enthält zum Teil dieselben Merkmale wie der Bedrohungstatbestand (gegen ihn oder eine ihm nahe stehende Person, siehe dazu Rdn. 4 f; Verbrechen siehe Rdn. 11–14). Die Abgrenzung von Absatz 1 gründet vornehmlich darauf, dass der Täter hier vorspiegelt, in einer Position zu sein, in der die Verbrechensverwirklichung unabhängig von seinem Willen sei, diese also von einem Dritten drohe, oder aber dass er selbst eine von ihm nicht mehr unterbrechbare Kausalkette in Gang gesetzt habe (vgl. *Sch/Schröder/Eser*^{29} Rdn. 10). Beide Tatbestände (Absatz 1 und Absatz 2) schließen sich wechselseitig aus.

27 Die bevorstehende **Verbrechensverwirklichung** muss **vorgetäuscht** sein, d.h. die Ankündigung oder Warnung muss objektiv falsch sein. Die Handlung des Täters muss wie bei Absatz 1 dazu den *Eindruck der Ernstlichkeit* erwecken und dazu auch geeignet sein.[24] Auch das Vortäuschen kann in jeder Form erfolgen, kann also auch konkludent zum Ausdruck kommen (z.B. durch das Einbringen einer Sprengsatzattrappe).[25] Zum Versenden angeblich mit Milzbrandsporen versehener Briefe („Pseudo-Milzbrandbriefe“) vgl. OLG Frankfurt/M. NStZ-RR **2002** 209, 210; *Schramm* NJW **2002** 419, 421. Nimmt der Täter lediglich an, ein von ihm als ernst weitergegebener Hinweis sei tatsächlich nicht ernstlich gemeint, ist die Verbrechensverwirklichung aber doch in Kürze geplant, so fehlt es an der Vortäuschung; die Tat steht vielmehr objektiv bevor. Da das Verbrechen als *bevorstehend* dargestellt werden muss, bedarf es der Erweckung des Anscheins, die angekündigte Tat befinde sich bereits in der Ausführung oder sei sofort, alsbald oder

---

[24] *Sch/Schröder/Eser/Eisele*^{29} Rdn. 10; *Laufhütte* MDR **1976** 441, 443; *Sturm* JZ **1976** 347, 351.

[25] Vgl. Gesetzentwurf der CDU/CSU-Fraktion BTDrucks. 7/2772 S. 8.

jedenfalls in Kürze zu befürchten. Hinweise auf Planungen, deren Verwirklichung in weiter Ferne liegt, erfüllen nicht den Tatbestand (*Stree* NJW **1976** 1177, 1180, 1182).[26]

Auf der **subjektiven Tatseite** ist Vorsatz erforderlich. Hinsichtlich der angeblich bevorstehenden Verbrechensverwirklichung muss der Täter **wider besseres Wissen** handeln. Er muss also annehmen, das von ihm als bevorstehend dargestellte Verbrechen werde tatsächlich nicht stattfinden. Durch diese hohe Schwelle wird bewirkt, dass die Anzeigepflicht nach § 138 unberührt bleibt; auch Warnungen auf unsicherer Grundlage sollen ohne das Risiko persönlicher Strafbarkeit möglich bleiben.[27] **28**

IV. Die Tatbestände sind **Privatklagedelikte** (§ 374 Abs. 1 Nr. 5 StPO), hingegen keine Antragsdelikte. **29**

V. Als **Strafe** ist Geldstrafe – gemäß § 40 bis zu 360 Tagessätzen – oder Freiheitsstrafe bis zu einem Jahr vorgesehen (beachte dazu § 47). Konkretisierte, ernst zu nehmende Bedrohungen mit schweren Verbrechen können im Einzelfall durchaus als erheblich i.S.v. § 63 angesehen werden und die **Unterbringung** rechtfertigen (BGH NStZ-RR 2006 338 f). **30**

VI. Zusammentreffen

Idealkonkurrenz ist möglich mit § 126 und § 145d, aber auch mit § 185 (ehrenrührige Behandlung); ebenso bei gleichzeitiger Bedrohung mehrerer Personen (*Sch/Schröder/Eser/Eisele*[29] Rdn. 16), weil hier unterschiedliche individuelle Rechtsgüter betroffen sind. Gesetzeskonkurrenz (Zurücktreten des § 241) besteht zu §§ 113 f, wenn der Widerstand durch eine Drohung nach § 241 Abs. 1 geleistet wird (RG GA Bd. **47** 434; RGSt **54** 206; BGH bei Dallinger MDR **1973** 902; BGH Beschluss vom 30. Mai 1978 – 4 StR 243/78; BGH NJW **1990** 1055; Beschluss vom 25. März 1998 – 1 StR 96/98). Ebenso geht § 241 auf in der Nötigung nach § 240, auch im bloßen Nötigungsversuch (BGH NStZ **2006** 342 m. ausführl. Begründung gegen BayObLG NJW **2003** 911, 912; vgl. auch RGSt **36** 131, 133; BGH bei Holtz MDR **1979** 280, 281; BGHR StGB § 240 Abs. 3 Konkurrenzen 2; OLG Koblenz MDR **1984** 1040) und der Erpressung nach § 253 und § 255 auf (RGSt **41** 276, 277; **54** 288, 289; BGHR StGB § 253 Abs. 1 Konkurrenzen 3; *Lackner/Kühl*[27] Rdn. 4; siehe auch bei § 240 Rdn. 161). Bei einem Wechsel des Vorsatzes während der Tat kann sich § 241 in eine Nötigung fortsetzen. Tateinheit mit räuberischer Erpressung oder Raub erscheint indessen dann möglich, wenn ein bis dahin durch die Tat nicht geschädigter Verfolger bedroht wird (vgl. BGH NStZ **2002** 542, 544). Wird das angedrohte Verbrechen tatsächlich vom Täter an dem Bedrohten begangen oder versucht, wird bei unmittelbarem zeitlichen Zusammenhang die Bedrohung konsumiert, so bei § 211 (BGH NJW **2005** 1203, 1205) und bei § 177 (BGH GA **1977** 306 f; BGH bei Miebach NStZ **1994** 225); Gleiches gilt für § 113 (BGH bei Dallinger MDR **1973** 902; **aM** *Schmid* JZ **1980** 56, 58). § 241 tritt hinter §§ 177, 178 zurück, wenn das Opfer zur Durchführung jener Taten bedroht worden ist (vgl. BGH NStZ-RR **2002** 235) oder etwa die Todesdrohung Mittel einer Freiheitsberaubung (§ 239) ist (BGH Beschluss vom 24. September 1997 – 2 StR 443/97). Die Bedrohung kann aber auch in solchen Fällen wieder Bedeutung gewinnen, wenn der Täter mit der Bedrohung ein über die Erzwingung **31**

26 Regierungsentwurf BTDrucks. 7/3030 S. 7; *Sch/Schröder/Eser*[26] Rdn. 12.

27 Vgl. *Sch/Schröder/Eser/Eisele*[29] Rdn. 11; siehe Regierungsentwurf BTDrucks. 7/3030 S. 7.

sexueller Handlungen hinausgehendes Ziel verfolgt (BGH NStZ-RR **2002** 235) oder wenn er sich durch Rücktritt vom Versuch des Verbrechens insoweit Straffreiheit verschafft (*Willms* JZ **1970** 385). Anders liegt es, wenn der zum Verbrechen entschlossene Täter mit dessen Ausführung – ohne vorangegangene Bedrohung – beginnt, dann aber freiwillig zurücktritt. In diesem Fall kann der Beginn der Ausführung nicht zugleich als Androhung gerade des begonnenen Verbrechens bezeichnet werden, da die Drohung nur einen Hinweis auf etwas Zukünftiges darstellt und in der Verwirklichung eines Geschehens nicht zugleich eine Inaussichtstellung liegen kann (BGH NStZ **1984** 454; z.B. Vorhalten der Schusswaffe und sofortige Schussabgabe, d.h. Drohung mit Erschießen und sofortige Umsetzung genau dieser Drohung). Bleibt offen, ob der die Waffe anlegende Täter den anderen sogleich töten wollte oder – durch Abgabe fehlgehender Schüsse – nur bedroht hat, so kann es im Blick auf den Zweifelssatz geboten sein, von der dem Täter günstigsten Möglichkeit (Bedrohung) auszugehen (vgl. BGH NJW **1997** 471[28]). Versuchter Raub oder der Versuch einer räuberischen Erpressung, von denen der Täter strafbefreiend zurücktritt, können allerdings eine – dann zum Zuge kommende – Bedrohung mit einem weiteren (*anderen*) Verbrechen enthalten, etwa dem des Mordes oder Totschlags (BGH NStZ **1984** 454).[29]

32 Einen im Verhältnis zu § 241 spezielleren Tatbestand (Sondervorschrift) enthält **§ 23 WehrstrafG** („Wer im Dienst oder in Beziehung auf eine Diensthandlung einen Vorgesetzten mit der Begehung einer Straftat bedroht, wird mit Freiheitsstrafe bis zu drei Jahren bestraft"). Zu dem neu geschaffenen Tatbestand der **Nachstellung** (§ 238, „Stalking") wird grundsätzlich Tateinheit anzunehmen sein (vgl. *Valerius* JuS **2007** 319, 323). Das gilt auch, soweit es um eine beharrliche Bedrohung mit Taten gegen Leben und körperliche Unversehrtheit geht, die Verbrechenscharakter haben (Abs. 1 Nr. 4 der Vorschrift). Der Bedrohungstatbestand setzt die Drohung mit einem Verbrechen voraus; bei § 238 Abs. 1 Nr. 4 muss diese Qualität nicht zwingend gegeben sein, so dass der Schuldspruch nach § 238 Abs. 1 Nr. 4 den Unwertgehalt der Tat nicht ohne weiteres erschöpft, auch wenn § 238 den höher reichenden Strafrahmen vorsieht. Die Annahme von Tateinheit auch insoweit dient zudem der Klarstellung des Unrechtsgehalts im Schuldspruch (ebenso *Wolters* SK § 238 Rdn. 24; *Sonnen* NK³ § 238 Rdn. 60).

VII. Recht des Einigungsvertrages

33 § 241 gilt mit dem Wirksamwerden der Beitrittserklärung zur Bundesrepublik Deutschland am 3. Oktober 1990 auch in den auf dem Gebiet der früheren DDR gegründeten Bundesländern.[30] Siehe zur Geltung des Tatbestandes für in der DDR begangene Taten Art. 315 ff EGStGB. Auch das DDR-Strafrecht enthielt mit § 130 DDR-StGB einen vergleichbaren Bedrohungstatbestand wie § 241 Abs. 1.[31]

[28] Insoweit in BGHSt **42** 294 und NStZ **1997** 95 nicht abgedruckt.

[29] Siehe auch BGH Urteil vom 21.6.1977 – 5 StR 310/77.

[30] Art. 8 EV vom 31.8.1990 (BGBl. II S. 889) i.V.m. dem Einigungsvertragsgesetz vom 23.9.1990 (BGBl. II S. 885) und Gesetz der Volkskammer vom 20.9.1990 (BGBl. II S. 1627) sowie die Bekanntmachung über das Inkrafttreten des Einigungsvertrages pp. vom 16.10.1990 (BGBl. II S. 1360).

[31] DDR-StGB vom 12.1.1968 i.d.F. vom 14.12.1988 (GBl. I. 1989 Nr. 3 S. 33) und i.d.F. des 6. Strafrechtsänderungsgesetzes vom 29.6.1990 (GBl. I Nr. 39 S. 526).

§ 241a
Politische Verdächtigung

(1) Wer einen anderen durch eine Anzeige oder eine Verdächtigung der Gefahr aussetzt, aus politischen Gründen verfolgt zu werden und hierbei im Widerspruch zu rechtsstaatlichen Grundsätzen durch Gewalt- oder Willkürmaßnahmen Schaden an Leib oder Leben zu erleiden, der Freiheit beraubt oder in seiner beruflichen oder wirtschaftlichen Stellung empfindlich beeinträchtigt zu werden, wird mit Freiheitsstrafe bis zu fünf Jahren oder mit Geldstrafe bestraft.

(2) Ebenso wird bestraft, wer eine Mitteilung über einen anderen macht oder übermittelt und ihn dadurch der in Absatz 1 bezeichneten Gefahr einer politischen Verfolgung aussetzt.

(3) Der Versuch ist strafbar.

(4) Wird in der Anzeige, Verdächtigung oder Mitteilung gegen den anderen eine unwahre Behauptung aufgestellt oder ist die Tat in der Absicht begangen, eine der in Absatz 1 bezeichneten Folgen herbeizuführen, oder liegt sonst ein besonders schwerer Fall vor, so kann auf Freiheitsstrafe von einem Jahr bis zu zehn Jahren erkannt werden.

Schrifttum

Bath Innerdeutsches Strafrecht und politische Verdächtigung, Jura **1985** 197; *Franßen* Der Denunziant und sein Richter, NJ **1997** 169; *König* Denunziantentum und Rechtsbeugung, JR **1997** 317; *Krakowsky* Die Aufarbeitung des SED-Unrechts durch BGH und Literatur – ein Vergleich, Diss. Regensburg 2000 195 ff; *Krey/Arenz* Schutz von DDR-Bürgern durch das Strafrecht der Bundesrepublik Deutschland? JR **1995** 399; *Maurach* Das Gesetz zum Schutz der persönlichen Freiheit, NJW **1952** 163; *Renzikowski* Vergangenheitsbewältigung durch Vergeltung? JR **1992** 270; *F.C. Schroeder* Zur Verurteilung wegen politischer Verdächtigung nach der Vereinigung Deutschlands, NStZ **1997** 436; *Seebode* Denunziation in der DDR und Anwendung des § 241a, JZ **1995** 417; *Wagner* Zur Auslegung der Staatsschutzvorschriften über den Schutz der persönlichen Freiheit, MDR **1967** 797; ferner die Rechtsprechungsübersichten GA **1962** 198; **1963** 305; **1966** 77, 307; **1968** 297; *Wassermann* Die DDR-Denunzianten und der BGH, NJW **1995** 931.

Entstehungsgeschichte

Der Tatbestand wurde – wie auch die Parallelvorschrift des § 234a – mit dem Gesetz zum Schutz der persönlichen Freiheit vom 15. Juli 1951 in das StGB eingefügt.[1] Anlass waren Verschleppungen in den damals kommunistischen Machtbereich sowie Fälle von politischer Verdächtigung (Denunziation), die zu rechtsstaatswidriger Verfolgung in diesem Bereich geführt hatten (vgl. BGHSt 30 1, 2).[2] Unmittelbarer Auslöser für die Gesetzesinitiative war der Fall des Rechtsanwalts Dr. Kemritz, der über seine Ost-Berliner Anwaltskanzlei Deutsche den sowjetischen Stellen in die Hände gespielt hatte. Diese waren darauf in östlichen Lagern „verschwunden" (vgl. die Darstellung bei *Bath* Jura

[1] BGBl. I 448; Gesetzentwurf BTDrucks. I/2344; Bericht des Rechtsausschusses BTDrucks. I/2377; Denkschrift des BMJ BAnz. vom 28.6.1951 und DRiZ **1951** 162; zu den zu Grunde liegenden Erwägungen siehe weiter BT-Prot., 85. Sitzung am 14.9.1950, 1. WP S. 3188, 3193; *Maurach* NJW **1952** 163; *Toepel* NK³ Rdn. 2; *Wagner* MDR **1967** 629, 709 und 797.

[2] Siehe auch die Entschließung des Bundestages vom 14.9.1950, Prot. der 85. Sitzung S. 3187, 3193.

1985 197). Ergänzend wird auf die Erläuterungen zu § 234a (Entstehungsgeschichte) verwiesen. Die Vorschrift, die bis zum 31. März 1970 eine Entsprechung im Berliner Landesrecht hatte (Freiheitsschutzgesetz vom 14. Juni 1951, GVBl. S. 417), gilt seit dem 1. April 1970 auch im Land Berlin (Art. 103 Abs. 2 des 1. StrRG). Sie ist seit ihrem Inkrafttreten im Wesentlichen unverändert geblieben. Durch das EGStGB 1974 erfolgte lediglich eine terminologische Anpassung („besonders schwerer Fall"). Die Vorschrift ist nach der Wiedervereinigung Deutschlands 1990 erneut in den Blick gerückt, weil zahlreiche so genannte DDR-Alttaten aufgeklärt und verfolgt werden konnten. Dabei ging es namentlich um Republikflucht-Fälle, die nach DDR-Recht eine Anzeigepflicht auslösten und zum Teil zu hohen Freiheitsstrafen führten.

Übersicht

I. Allgemeines; geschütztes Rechtsgut

1 Der Tatbestand, ein Vergehen, schützt *mehrere Rechtsgüter*: die körperliche Unversehrtheit, die persönliche Freiheit, aber auch das Eigentum. Die systematische Stellung im Abschnitt über die Straftaten gegen die **persönliche Freiheit** verdeutlicht, dass der Gesetzgeber hier einen Schwerpunkt des Schutzes gesehen hat. Der Tatbestand bezweckt ganz allgemein den Schutz vor der Gefahr politisch motivierter rechtsstaatswidriger Verfolgung, die durch Denunziation und Anschwärzung in einem totalitären Regime ausgelöst werden kann. Damit wird zugleich dem Schutz der Menschenwürde Rechnung getragen, aber auch der Verpflichtung eines rechtsstaatlichen, auf Grundrechte verpflichteten Gemeinwesens, für die Werte einzustehen, die dieses tragen, und einer totalitär-rechtsstaatswidrigen willkürlichen Strafverfolgung auch mit den Mitteln des Strafrechts entgegenzuwirken. In diesem Sinne ist das Schutzgut des Tatbestandes ein kombiniertes.[3] Die Vorschrift hat auch nach dem Ende der Ost-West-Konfrontation ihre werteprägende Bedeutung und ist zudem im Blick auf totalitäre Regime in anderen Ländern nicht entbehrlich geworden.

---

[3] Denkschrift des BMJ DRiZ **1951** 162; vgl. auch *Bath* Jura **1985** 197; ausführlich *Toepel* NK Rdn. 3.

Der Tatbestand weist die Tat als **konkretes Gefährdungsdelikt** aus. Schon die Verursachung einer Gefahr für die in Rede stehenden Rechtsgüter genügt. Dessen bedarf es, weil die in der Sphäre des totalitären Staates veranlassten rechtsstaatswidrigen Verfolgungsmaßnahmen in ihren Einzelheiten oft nicht mehr aufklärbar sind; das gilt insbesondere für „verschwundene" Tatopfer. Hier lässt sich zwar meist feststellen, *dass* sie angezeigt oder verdächtigt worden sind; der Nachweis, dass sie aufgrund dessen auch tatsächlich etwa der Freiheit beraubt wurden, ist meist schwer zu führen (vgl. Denkschrift des BMJ DRiZ **1951** 162). Deshalb hat der Gesetzgeber aus gutem Grund den Eintritt der konkreten *Gefahr* rechtsstaatswidriger Verfolgung genügen lassen (siehe dazu Rdn. 12). Unter den Tatbestand fällt auch die inhaltlich wahre Denunziation, die von der Vorschrift des § 164 nicht erfasst wird. 2

Die Strafvorschrift gegen die *Verschleppung* (§ 234a) schützt dieselben Rechtsgüter. Die Tatbestände unterscheiden sich lediglich durch die Mittel der Tatausführung: dort ist es die Verschleppung, hier die Denunziation. 3

Die **Verjährung** beginnt mit dem Eintritt des Gefährdungserfolges (§ 78a; BGHSt **32** 293, 294). Die Verjährungsfrist beträgt fünf Jahre (§ 78 Abs. 3 Nr. 4). In so genannten DDR-Fällen hat die Verjährung nicht etwa zwischenzeitlich geruht; die Voraussetzungen des § 78b Abs. 1 Nr. 2 haben nicht vorgelegen (OLG Frankfurt/Main NStZ **1991** 585).[4] 4

II. Objektiver Tatbestand

1. Geschützter Personenkreis. Tatopfer kann nach der Fassung des Tatbestandes jeder andere sein, also grundsätzlich **jedermann**, unabhängig von seiner Staatsangehörigkeit und grundsätzlich auch von seinem Aufenthaltsort. Bei Auslandstaten kann sich aus § 5 Nr. 6 eine Einschränkung ergeben: Danach gilt der Tatbestand hier nur dann, wenn die Tat sich gegen einen Deutschen richtet, der im Inland seinen Wohnsitz oder gewöhnlichen Aufenthalt hat. Eine weiter gehende Einschränkung kann sich aus der Zielsetzung ergeben, dass der Tatbestand dem Verlust der grundgesetzlichen Schutzgarantien begegnen soll; deshalb wird man verlangen müssen, dass das Tatopfer in einer räumlich-persönlichen Beziehung zur Bundesrepublik steht (zu den Einzelheiten insoweit siehe *Gribbohm* LK[11] § 234a Rdn. 4–7; anders jetzt *Krehl* LK[12] § 234a Rdn. 3). 5

Die Norm ist auch auf eine von einem früheren DDR-Bürger begangene politische Verdächtigung zum Nachteil eines Mitbürgers der DDR anwendbar, obgleich § 5 Nr. 6 den Inlandsbezug verlangt. Nach der Rechtsprechung des Bundesgerichtshofs wäre es eine normzweckwidrige Verkürzung des Universalitätsgrundsatzes (der §§ 241a, 5 Nr. 6), den Schutz gegen politische Verdächtigung, den die zitierten Bestimmungen allen nicht im Ausland ansässigen Deutschen gewähren, gerade den in der DDR ansässig gewesenen Deutschen vorzuenthalten (BGHSt **30** 1, 2 f; vgl. weiter BGHSt **32** 293, 294 f; **40** 125, 131; BGH NStZ **1995** 288; **1997** 435 mit Anm Schroeder).[5] Auch nach der Wiedervereinigung hat sich daran nichts geändert (Art. 315 Abs. 4 EGStGB). 6

---

4 Mit Besprechung *König* NStZ **1991** 566; Anm. *Lemke* und *Hettinger* StV **1991** 421.

5 Vgl. *Reimer* NStZ **1995** 83; *Seebode* JZ **1995** 417; *Toepel* NK[3] Rdn. 6; siehe auch die kritisch-bilanzierende Aufarbeitung bei *Krakowsky* S. 195–214; Kurzer Überblick bei *Koch* NJW **2005** 943, 944.

2. Tathandlungen

7 a) **Anzeige oder Verdächtigung.** Die Tathandlungen gehen begrifflich ineinander über. Auf die Erläuterungen zu § 164 (*Ruß* LK Rdn. 5 ff) wird verwiesen. Verdächtigen bedeutet auch hier das Wecken, Umlenken oder Bestärken eines Verdachts (BGHSt **14** 240, 246). Beide Merkmale setzen voraus, dass es sich um belastende Angaben handelt. Maßstab dafür ist die Ordnung des totalitären Staates und letztlichen Adressaten der Anzeige oder Verdächtigung.

8 b) Einbezogen sind auch einfache **Mitteilungen** (Abs. 2). Diese Erweiterung des Tatbestandes zielt gegen Bespitzelung aus politischen Gründen, die der Einschüchterung der Gegner einer Gewalt- und Willkürherrschaft und zugleich der Vorbereitung anderer Maßnahmen gegen die persönliche Freiheit des Bespitzelten dient. Alle drei Varianten erfordern indes eine gewisse **Eigeninitiative des Täters.** Wer etwa bei einer Vernehmung durch Organe eines totalitären Staates nur eine Frage wahrheitsgemäß beantwortet und so eine das Tatopfer belastende Tatsache bestätigt, macht keine Mitteilung im Sinne des Tatbestandes (BGHSt **11** 91, 93; siehe auch BGH bei Wagner GA **1962** 200 Nr. 17). Er handelt nicht mit der tatbestandsspezifischen Stoßrichtung; er könnte sich überdies auch selbst der Gefahr strafgerichtlicher oder politischer Verfolgung aussetzen, wenn er die Frage nicht oder falsch beantworten würde. Es ist nicht der Sinn des Tatbestandes, einen in solcher Lage befindlichen Vernommenen in eine Situation zu bringen, in der er sich entweder wegen wahrheitswidriger Angaben selbst der Verfolgung in dem totalitären Staat aussetzt oder sich nach § 241a strafbar macht (BGH aaO).

9 c) **Adressat** der Verdächtigung, Anzeige oder Mitteilung muss nicht unmittelbar eine offizielle Institution oder Behörde des totalitären Staates sein. Auch Personen, Parteien oder Organisationen jedweder Art kommen in Betracht, wenn sich der totalitäre Staat ihrer zur Durchsetzung seiner Ziele bedient. Um einen wirksamen Schutz sicherzustellen, darf der Kreis der für die Entgegennahme der Anzeige, Verdächtigung oder Mitteilung in Betracht kommenden Stellen nicht etwa wie bei der falschen Anschuldigung nach § 164 eingeschränkt werden (Denkschrift des BMJ DRiZ **1951** 162, 164). Das gilt zumal vor dem Hintergrund, dass die Verhältnisse in totalitären Staaten oft nicht dem herkömmlichen Verständnis vom Aufbau einer staatlichen Struktur entsprechen und Besonderheiten aufweisen (Privat- und Parteimilizen, sonstige Organisationen mit quasi-staatlicher Macht). Erforderlich ist aber stets, dass staatliche Macht den handelnden Adressaten mindestens deckt und dass ein „sittenwidriges Machtgefälle" gegenüber dem Opfer ausgenutzt wird (*Maurach* NJW **1952** 163, 165). Gibt es keine staatliche Macht im staatsrechtlichen Sinne, kommt es darauf an, ob faktisch entsprechende Macht, eben eine Gewalt- und Willkürherrschaft, ausgeübt wird. Politisch motivierte „private" Mordkommandos kommen als Verfolger im Sinne des Tatbestandes nicht in Betracht, es sei denn, sie sind in eine quasi-staatliche Machtstruktur und Willkürherrschaft eingebunden.

10 Erforderlich ist in jedem Falle, dass der Mitteilungsempfänger mit Stellen in Verbindung steht, die die in § 241a bezeichneten Maßnahmen zu ergreifen vermögen.[6] Auch die Weiterleitung über Mittelsmänner kommt in Betracht. Ebenso die Mitteilung etwa an die Botschaft eines solchen Staates.[7] *Behörden der Bundesrepublik* scheiden als Mitteilungsempfänger grundsätzlich aus; einen gewissen Schutz bieten insoweit Vorschriften über

[6] Vgl. *Sinn* MK Rdn. 5 ff; *Bath* Jura **1985** 197, 198.

[7] Vgl. LG Koblenz NStZ **1983** 508 (damals: sowjetische Botschaft).

Delikte im Amt. Anders kann es sich nur dann verhalten, wenn ungetreue Bedienstete sich pflichtwidrig als Mittelsmänner einer totalitären Macht betätigen und der Täter dies bewusst ausnutzt.[8]

d) **Inhalt** der Verdächtigung, Anzeige oder Mitteilung kann eine unwahre Behauptung, können aber *auch wahre Tatsachen* sein.[9] Der Tatbestand enthält keinerlei Einschränkung dahin, dass Wahres, als Denunziation lanciert, bei Eintritt der entsprechenden Gefahr vom Anwendungsbereich ausgenommen sein soll. Damit sind die Grenzen der Haftung weit gezogen. Ein Korrektiv ist der Gefährdungsvorsatz (siehe Rdn. 23). Die Mitteilung braucht auch nicht neu zu sein (vgl. BGH bei Wagner GA **1962** 203 Nr. 2; KG ebendort S. 206 Nr. 21), wenn sie eine bereits beim Adressaten vorliegende Erkenntnis bestätigt oder verstärkt. Anders verhält es sich, wenn die Information nur wohl bekannte und unbezweifelbare Tatsachen enthält; dann fehlt es in aller Regel an dem ursächlichen Zusammenhang zwischen Mitteilung und Gefährdung (KG bei Wagner GA **1962** 206 Nr. 21). **11**

3. Tatfolgen

a) Die Tathandlung muss **ursächlich** eine **konkrete Gefahr** in dem vom Tatbestand umschriebenen Sinne bewirken. Die Verfolgung aus politischen Gründen muss aber nicht wirklich stattfinden; es genügt die ernste und nahe liegende Besorgnis, die Verfolgung werde sich verwirklichen. In diesem Sinne handelt es sich um ein *konkretes Gefährdungsdelikt* (vgl. BGHSt **14** 104, 108; **40** 125, 135). Es müssen mithin tatsächliche Umstände feststellbar sein, welche die Wahrscheinlichkeit begründen, das Opfer werde das im Tatbestand beschriebene Schicksal erleiden (siehe *Krehl* LK[12] § 234a Rdn. 14 f). Diese Möglichkeit muss nahe liegen. Dass sie sicher zu erwarten ist, ist nicht erforderlich (BGHSt **14** 104, 108; vgl. weiter BGH bei Wagner GA **1962** 197 Nr. 14, 198 Nr. 7, 201 Nr. 24; GA **1966** 307 f Nr. 36; LG Koblenz NStZ **1983** 508, 509). Wird jemand, der in Deutschland lebt, bei der Botschaft eines totalitären Staates angeschwärzt, kann eine konkrete Gefahr nur unter besonderen Umständen angenommen werden, beispielsweise bei einer geplanten, bevorstehenden Reise des Verdächtigten in dieses Land. Die allgemeine Möglichkeit, er könne irgendwann einmal dorthin reisen, genügt für sich zur Annahme einer konkreten Gefahr nicht (LG Koblenz NStZ **1983** 508, 509; siehe auch *Krehl* LK[12] § 234a Rdn. 15). **12**

b) Die drohende **Verfolgung** muss eine **politisch** begründete sein. Dieses normative Merkmal hat der Bundesgerichtshof wiederholt konkretisiert. Als politisch ist jede Verfolgung zu verstehen, die entweder durch kein Gesetz erlaubt ist oder deren Rechtsgrundlage rechtsstaatlichen Grundsätzen widerspricht. Hinzu kommen auch solche Verfolgungsmaßnahmen, die zwar formell im Rahmen des positiven Rechts eines autoritären Zwangsstaates vor sich gehen, tatsächlich aber nur unter dem Deckmantel geschehen, kriminelles Unrecht nach Strafgesetzen ahnden zu wollen, wie sie auch in einem Rechtsstaat gelten, die aber in Wahrheit und jedenfalls vornehmlich politisch motiviert sind. Das ist der Fall, wenn die Verfolgung nur oder wenigstens auch dem Zweck dient, den Bestand und die Sicherheit eines totalitären Regimes zu erhalten und seine Entwicklung **13**

---

8 *Fischer*[61] Rdn. 3; *Sinn* MK Rdn. 5 ff; *Horn/Wolters* SK Rdn. 5; **aA:** *Sch/Schröder/Eser/Eisele*[29] Rdn. 3; *Toepel* NK[3] Rdn. 12.

9 So die Denkschrift des BMJ DRiZ **1951** 162, 164. Siehe weiter *Maurach* NJW **1952** 163, 165; vgl. auch BGHSt **42** 275, 277/278.

durch Zwangsmaßnahmen gegen die eigenen Einwohner zu fördern. So kann es sich verhalten, wenn derjenige, der solche Verbote eines Zwangsregimes übertritt, gerade wegen dieser Übertretung als politischer Gegner angesehen wird (so die Konkretisierung des Merkmals in der Rechtsprechung des BGH aus dem Jahr 1960, vgl. BGHSt **14** 104, 106; siehe auch BGHSt **6** 166, 167).[10]

14 Eine sachgerechte Unterscheidung zwischen der Verfolgung strafbaren Unrechts und der Verfolgung aus politischen Gründen im Sinne des § 241a wird sich danach orientieren müssen, ob die Verfolgung zum Zwecke des Rechtsgüterschutzes aufgrund einer mit rechtsstaatlichen Grundsätzen übereinstimmenden Ordnungsaufgabe oder zur Förderung eines Zwangsregimes geschieht (BGHSt **14** 104, 106/107; LG Koblenz NStZ **1983** 508 f). Früher hat der BGH die Gefahr einer Verfolgung aus politischen Gründen auch dann angenommen, wenn die wahrheitsgemäße Verdächtigung der Spionage gegen einen totalitären Staat in Rede stand. Zwar werde eine solche Tat auch in einem Rechtsstaat verfolgt; die Verdächtigung der Spionage gegen einen totalitären Staat lasse aber eine „politische Auswertung" zu und berge die Gefahr, dass unter dem Deckmantel, kriminelles Unrecht sühnen zu wollen, vornehmlich politische Ziele verfolgt würden (BGHSt **6** 166, 167; BGH bei Wagner GA **1966** 77 Nr. 31, 33).

15 Ob der sanktionierte Verstoß gegen Vorschriften der Devisenbewirtschaftung, die den Grundsätzen staatlich gelenkter Wirtschaft folgt, die konkrete Gefahr birgt, als politischer Gegner betrachtet und *deswegen* aus politischen Gründen verfolgt zu werden, ist Tatfrage und war zuletzt für die damalige DDR zu verneinen (BGHSt **33** 238).[11] Die zentrale Erwägung zu Devisenbewirtschaftungsmaßnahmen und der Strafbarkeit von Zuwiderhandlungen gegen deren Regeln ging dahin, dass grundsätzlich auch in totalitären Systemen eine Devisenzwangswirtschaft möglich ist, die sich jeder politischen Verfolgung mittels Gewalt- und Willkürmaßnahmen enthält (BGHSt **33** 238, 239 f).

16 c) Weiter setzt der Tatbestand eine **bestimme Qualität der** drohenden **Verfolgung** voraus: Die Verfolgungsmaßnahmen müssen im *Widerspruch zu rechtsstaatlichen Grundsätzen* stehen und sich als *Gewalt- oder Willkürmaßnahmen* erweisen. Dieses Merkmal verdeutlicht, dass es sich um ein so genanntes Humanitätsverbrechen handelt (*Maurach* NJW **1952** 163, 165); es setzt sich aus zwei Komponenten zusammen,[12] von denen jede ihre Bedeutung hat, die tatsächlich aber eng miteinander verbunden sind und sich überschneiden. Gewalt- und Willkürmaßnahmen widersprechen in besonders schwerer Weise rechtsstaatlichen Grundsätzen. In ihrer Verknüpfung mit politischen Gründen der Verfolgung können sie sich ergeben aus (siehe *F. C. Schroeder* JR **1986** 162, 164): der fehlenden Rechtsgrundlage, dem Anlass der Verfolgung, dem Ausmaß der zu erleidenden Nachteile, ihrer Begründung und der Gestaltung und Handhabung des Verfahrens, dessen Ziel eine Bestrafung ist, die in einem unerträglichen Missverhältnis zur Tat steht, mithin als grob ungerecht und als offensichtlicher, schwerer Verstoß gegen die Menschenrechte erscheinen muss (grob unverhältnismäßige Bestrafung).[13] Zu letzterem gehört, dass in solchen Ermittlungs- oder Strafverfahren auch sonst mit schweren Verstößen gegen die Menschenrechte zu rechnen ist (BGH NStZ **1995** 288; **1997** 435). In Betracht kommen insbe-

[10] Siehe weiter die Zusammenstellung bei *Bath* Jura **1985** 197, 198; LG Koblenz NStZ **1983** 508 f.

[11] Dazu die Anm. von *F. C. Schroeder* JR **1986** 162.

[12] *F. C. Schroeder* JR **1986** 162, 163.

[13] Vgl. BGH bei Wagner GA **1962** 207 Nr. 27; **1966** 307 f Nr. 36 a.E.; *Gribbohm* LK[11] § 234a Rdn. 36.

sondere Verfahrensverstöße, die massiv grundlegende Rechte der Verteidigung verletzen (BGH NStZ **1997** 435). Dazu zählen vor allem Fälle, in denen der Verfolgte einen Verteidiger zugeordnet bekommt, der unter Missbrauch seiner Stellung als verlängerter Arm der „zuständigen Organisation" (etwa eines Geheimdienstes) des totalitären Staates agiert und der Verfolgte so von vornherein völlig dem staatlichen Geheimdienst ausgeliefert ist. Dass Folter oder gar ein schlichtes „Verschwindenlassen" des Verdächtigten als Gipfel rechtsstaatswidriger Verfolgung zu werten sind, versteht sich von selbst.

Ganz allgemein lässt sich zur Abgrenzung gegenüber dem nicht Strafbaren sagen, dass nicht alle Maßnahmen eines Staates, dessen Verfassung in der Lebenswirklichkeit den rechtsstaatlichen Maßstäben des Grundgesetzes – in mancher Hinsicht vielleicht auch nachhaltig – widerspricht, im Blick auf eine Schadensfolge im Sinne des § 241a Abs. 1 als Gewalt- und Willkürmaßnahmen gewertet werden können; dies gilt erst recht, wenn sie die Durchsetzung eines staatlichen Konzepts sichern sollen, wie es auch in einem Rechtsstaat praktiziert werden könnte. Die drohende Verfolgung muss vielmehr in einem solchen Grade rechtsstaatlichen Grundsätzen widersprechen, dass sie die Kennzeichnung als Gewalt- oder Willkürmaßnahme verdient (BGHSt **33** 238, 240). **17**

Ein offensichtlicher Widerspruch gegen international anerkannte Rechtsgrundsätze ist *beispielsweise* bei der Verfolgung von „ungesetzlichen Grenzübertritten" in großem Stile gegeben. Sie zerstört, gehandhabt wie beim Grenzregime der früheren DDR, die Substanz des Rechts auf Ausreisefreiheit, das in völkerrechtlichen Konventionen und Abkommen als Menschenrecht anerkannt ist (vgl. Art. 13 der Allgemeinen Erklärung der Menschenrechte vom 10. Dezember 1948; Art. 12 des internationalen Paktes für bürgerliche und politische Rechte vom 19. Dezember 1966). „Mauer, Stacheldraht, Todesstreifen und Schießbefehl" sind deutliche Zeichen eines solchen Zustandes (BGHSt **42** 275, 280). Freilich darf auch die Ausreisefreiheit gesetzlichen Einschränkungen unterworfen werden; diese müssen indessen sachgerecht sein und Ausnahmecharakter haben. Wird ein Ausreisewilliger durch eine politische Verdächtigung in eine Situation gebracht, die eine Verfolgung gegen ihn auslöst, kann dies den Tatbestand des § 241a erfüllen. Ging die Verdächtigung von einem zur Anzeige nach dortigem Recht verpflichteten ehemaligen DDR-Bürger aus, soll dem Bundesgerichtshof zufolge allerdings eine tatbestandseinschränkende Auslegung Platz greifen (BGHSt **40** 125, 136; BGH NStZ **1995** 288, 289; siehe auch BGHSt **42** 275, 281). Die Frage, ob die herbeigeführte Strafverfolgung rechtmäßig oder rechtswidrig war, sei bei der Anzeige eines wahren Sachverhaltes und dessen zutreffender richterlicher Ermittlung in einem für sich nicht zu beanstandenden Verfahren für alle Beteiligten – für den Anzeigenden wie letztlich den für Richter – nur einheitlich zu beurteilen („Einheitlichkeit der Rechtswidrigkeit"; BGH aaO unter Bezugnahme auf BGHSt **3** 110). Auf diese Weise soll die für den Richter geltende so genannte Sperrwirkung des Rechtsbeugungstatbestandes auch zu Gunsten eines DDR-Bürgers als Anzeigeerstatter eingreifen. Für Nicht-DDR-Bürger soll diese Schwelle nicht gelten (BGHSt **42** 275, 278). Diese Rechtsprechung hat zu recht Kritik erfahren (vgl. *Gribbohm* LK[11] § 234a Rdn. 38 f), zum einen weil die „Rechtsbeugungsschwelle" nur überschritten wird, wenn ein schwerer, offensichtlicher Verstoß gegen die Menschenrechte in Rede steht, zum anderen, weil die tatbestandsmäßige Handlung nach § 241a nicht mit der Tätigkeit des Richters verglichen werden kann. **18**

Die einschränkende Auslegung durch den BGH im Blick auf die Verhältnisse in der früheren DDR ändert aber nichts daran, dass für die Annahme der erforderlichen Verfolgungsqualität grundsätzlich unbeachtlich ist, ob nach dem Recht des totalitären Staates entsprechende Erlaubnissätze oder Anzeigepflichten bestehen. Insoweit kann allein unter den Voraussetzungen der §§ 34, 35 eine *Rechtfertigung oder Entschuldigung* in Betracht **19** kommen.[14] Grundsätzlich gilt, dass gerade dann, wenn der Täter in der Bundesrepublik lebt, deren Rechtsordnung für ihn verbindlich bleibt (BGHSt **42** 275, 278).

20 Die Verknüpfung des Merkmals der „Verfolgung aus politischen Gründen" mit der („hierbei") Kennzeichnung der Verfolgungsmaßnahmen (im Widerspruch zu rechtsstaatlichen Grundsätzen durch Gewalt- oder Willkürmaßnahmen) hat ihren guten Grund. Beide Tatbestandserfordernisse stehen nebeneinander und beide müssen erfüllt sein. Vgl. dazu näher *Krehl* LK[12] § 234a Rdn. 33–35.

21 d) Weiter muss die verfolgungsbedingt drohende **Gefahr eine bestimmte Qualität** haben: Drohen muss ein Schaden an Leib oder Leben, eine (rechtswidrige) Freiheitsberaubung oder eine empfindliche Beeinträchtigung der beruflichen oder wirtschaftlichen Stellung des Opfers. Diese Tatfolge muss letztlich ursächlich im Sinne einer konkreten Gefahr mit der Verdächtigung verknüpfbar sein (vgl. Rdn. 16; *Krehl* LK[12] § 234a Rdn. 38 f; zur Art der drohenden Schäden siehe ebendort Rdn. 36 f).

22 4. Zur Frage einer etwaigen **Rechtfertigung** oder **Entschuldigung** gelten die allgemeinen Regeln (siehe Rdn. 19).

III. Subjektive Tatseite

23 Der Tatbestand erfordert **Vorsatz**, wobei bedingter Vorsatz genügt.[15] Er muss sich auf die Tathandlung und die Tatfolgen erstrecken. Der Täter muss also wenigstens damit rechnen und billigend in Kauf nehmen, dass er durch sein Handeln das Opfer der konkreten Gefahr von Verfolgungsmaßnahmen der bezeichneten Art aussetzt. Hinsichtlich der im Tatbestand verwendeten Begrifflichkeiten zur Charakterisierung der rechtsstaatswidrigen Verfolgung genügt die Parallelwürdigung in der Laiensphäre (siehe auch *Krehl* LK[12] § 234a Rdn. 41). Angesichts der Weite namentlich der Tatbestandsvariante des „Mitteilens" (Absatz 2) liegt auf der subjektiven Tatseite ein Korrektiv, aus dem sich eine gewisse Begrenzung der Strafvorschrift ergibt.[16]

IV. Versuch, Vollendung und Beteiligung

24 Die Tat ist erst dann vollendet, wenn der Taterfolg eingetreten ist, der Verdächtigte also **tatsächlich** in die **konkrete Gefahr** der qualifizierten Verfolgung und entsprechender Schädigung geraten ist.[17] Vorher kann es nur um den *Versuch* gehen, der allerdings *strafbar* ist (gemäß Absatz 3 i.V.m. § 23 Abs. 1). Für die Abgrenzung zwischen strafloser Vorbereitungshandlung und strafbarem Versuch gelten die allgemeinen Grundsätze.

25 **Mittäterschaft und Teilnahme** sind ebenfalls nach allgemeinen Maßstäben möglich.

---

14 Vgl. *Sinn* MK Rdn. 12; *Horn/Wolters* SK Rdn. 9.

15 BGH bei Wagner GA **1966** 77 Nrn. 31, 33; siehe weiter BGH ROW **1961** 22 f; OLG Düsseldorf NJW **1979** 59, 60; *Sch/Schröder/Eser/Eisele*[29] Rdn. 5; siehe auch *Maurach* NJW **1952** 163, 165.

16 So auch *Maurach* NJW **1952** 163, 165.

17 LG Koblenz NStZ **1983** 508, 509; *Horn/Wolters* SK Rdn. 5.

V. Strafe

Der Normalstrafrahmen reicht bis zu fünf Jahren Freiheitsstrafe; auch Geldstrafe kommt in Betracht. Die Vorschrift sieht für besonders schwere Fälle aber auch Freiheitsstrafe zwischen einem Jahr und zehn Jahren vor. Ein **benannter besonders schwerer Fall** liegt vor (Absatz 4), wenn zu der Verdächtigung eine **unwahre Behauptung** aufgestellt wird oder die Tat in der **Absicht** begangen wird, die in Absatz 1 beschriebenen Folgen herbeizuführen. Daneben sind auch unbenannte besonders schwere Fälle möglich. Bei der Würdigung aller in Betracht zu ziehenden Umstände kann es im Einzelfalle geboten sein, eine besonders geartete Pflichtensituation des Täters zu bedenken. 26

VI. Zusammentreffen

Wird die Verdächtigung gegen mehrere Personen ausgesprochen, ist die Tat in mehreren Fällen begangen, die zueinander in Tateinheit stehen (BGH bei Wagner GA **1963** 305).[18] Tateinheit ist zudem möglich mit den Landesverratsdelikten, den Beleidigungsdelikten sowie mit § 164, aber auch – wenn die konkrete Gefahr sich realisiert hat – mit Tötungs- und Körperverletzungsdelikten, ebenso mit Freiheitsberaubung (vgl. KG NJW **1989** 1372, 1373). Der Versuch der Freiheitsberaubung soll allerdings nach BGH NJW **1960** 1211 (zur früheren Tatbestandsfassung des § 239) hinter § 241a als der spezielleren Vorschrift zurücktreten.[19] Der Unrechts- und Schuldgehalt sei durch die Verurteilung nach § 241a voll ausgeglichen. Geschütztes Rechtsgut sei hier wie dort die Freiheit. Diese Ansicht überzeugt nicht (so schon kritisch *K. Schäfer* (LK[10] Rdn. 11). Jedenfalls die Erfolgsqualifikationen nach § 239 Abs. 3 und 4 setzen schwer wiegende, über die bloße Freiheitsberaubung hinausgehende Rechtsgutsverletzungen voraus, deren unrechtsprägendem Charakter eine Verurteilung allein wegen politischer Verdächtigung auch dann nicht vollends Rechnung tragen kann, wenn die qualifizierte „langdauernde" Freiheitsberaubung lediglich versucht wurde. 27

VII. Verschiedenes

Zuständig ist die Staatsschutzkammer des Landgerichts (§ 74a Abs. 1 Nr. 6 GVG), es sei denn, der Generalbundesanwalt übernimmt wegen der besonderen Bedeutung des Falles die Verfolgung; dann gehört die Sache zur Verhandlung und Entscheidung im ersten Rechtszug vor das Oberlandesgericht (§ 120 Abs. 2 Nr. 1 GVG). 28

Da es sich um ein Staatsschutzdelikt handelt, sind für die Strafverfolgung § 153c Abs. 3 und 4, §§ 153d, 153e StPO zu beachten. § 153d StPO eröffnet bei besonderer Fallgestaltung die Möglichkeit, **von der Verfolgung** der Tat **abzusehen**, wenn die Durchführung des Verfahrens die Gefahr eines schweren Nachteils für die Bundesrepublik Deutschland herbeiführen würde oder wenn der Verfolgung sonstige überwiegende öffentliche Interessen entgegenstehen. 29

---

18 *Sch/Schröder/Eser/Eisele*[29] Rdn. 8.

19 Mit zustimmender Anm. *Baumann* JZ **1961** 99; ebenso *Lackner/Kühl*[27] Rdn. 3; **aA:** *Fischer*[61] Rdn. 9; *Horn/Wolters* SK Rdn. 10.

Sachregister

Die fetten Zahlen verweisen auf die Paragraphen, die mageren auf die Randnummern.

Kolibri 360 GmbH
Ferdinand-Jühlke-Straße 7
99095 Erfurt, Deutschland
produktsicherheit@kolibri360.de